EUROPA LEHRMITTEL

EUROPA-FACHBUCHREIHE
für metalltechnische Berufe

Tabellenbuch
Wärme • Kälte • Klima

11. überarbeitete Auflage

VERLAG EUROPA-LEHRMITTEL · Nourney, Vollmer GmbH & Co. KG
Düsselberger Straße 23 · 42781 Haan-Gruiten

Europa-Nr.: 1731X

Autoren:

Ewald Bach	Oberstudienrat
Peter Bertrand	Studienrat
Walter Bierwerth	Studiendirektor a. D., Dipl.-Ing.
Baha Yücel	M.Sc., Dipl.-Ing. (FH) VDI

Lektorat:
Walter Bierwerth

Autor und Leiter des Arbeitskreises bis 2013:
Dipl.-Ing. Horst Herr   Fachoberlehrer a. D. VDI, DKV

Bildbearbeitung:
Michael M. Kappenstein
Zeichenbüro des Verlages Europa-Lehrmittel, Ostfildern

Die Bilder des Buches, für die keine Quellen aufgeführt sind, wurden von den Autoren erstellt oder entworfen und vom Zeichenbüro des Verlags gezeichnet.

Als Service für interessierte Leser bieten wir wichtige Hinweise, Aktualisierungen, Erläuterungen und Ergänzungen unter www.europa-lehrmittel.de/1731X an.

In diesem Tabellenbuch wurden die neuesten Ausgaben der DIN-Normen und der sonstigen Regelwerke zugrunde gelegt. In die Auflage aus zeitlichen Gründen noch nicht eingeflossene neue Normen sind, laufend aktualisiert, auf der Infoseite des Verlags unter **www.europa-lehrmittel.de/1731X** genannt. Es wird jedoch darauf hingewiesen, dass nur die DIN-Normen selbst verbindlich sind. Diese können in den öffentlichen Normen-Infopoints, die über ganz Deutschland verteilt sind (z. B. in Universitätsbibliotheken) eingesehen oder durch die Beuth Verlag GmbH, Am DIN-Platz, Burggrafenstraße 6, 10787 Berlin, bezogen werden.

Obwohl die DIN-Normen mit großer Sorgfalt recherchiert wurden, können Autoren und Verlag keinerlei Gewährleistung übernehmen.

Bei anderen in diesem Tabellenbuch genutzten technischen Regelwerken gilt dies sinngemäß.

11. Auflage 2024

Druck 5 4 3 2 1

ISBN 978-3-7585-1441-8

Satz: rkt, 51379 Leverkusen, www.rktypo.com
Umschlag: G. Kuhl mediacreativ, 40724 Hilden
Druck: mediaprint solutions GmbH, 33100 Paderborn

Die Summe unserer Erkenntnis besteht aus dem,
was wir gelernt, und dem, was wir vergessen haben.
Marie von Ebner-Eschenbach

Die Zusammenhänge zwischen den berechenbaren und den messbaren Größen in Naturwissenschaft und Technik werden fast immer in ihrer kürzesten Ausdrucksweise, durch **Formeln,** repräsentiert. Somit liegt es auf der Hand, diese in Formelsammlungen zusammenzustellen, denn wegen der großen Anzahl der notwendigen Informationen ist es unmöglich, jede in einem bestimmten Fachgebiet benötigte Formel abrufbereit im Kopf zu haben. Das diesem Vorwort vorangestellte Motto von Marie von Ebner-Eschenbach unterstreicht dies sehr deutlich.

Neben der Vielzahl der Formeln werden in jedem technischen Fachgebiet auch umfangreiche **Tabellen,** oft auch in der Form von **DIN-Blättern** und sonstigen technischen Regelwerken, benötigt. In allen technischen Hauptrichtungen – wie etwa im Maschinenbau, der Elektrotechnik oder der Bautechnik – gehört es seit langem zur guten Tradition, die benötigten Formeln und Tabellen in einem **Tabellenbuch** zusammenzufassen. Hauptorientierungsmerkmale sind dabei die entsprechenden **Verordnungen über die Berufsausbildung** sowie die Lehrpläne für die **Meister- und Technikerausbildung.** Dies will nun auch das

Tabellenbuch Wärme • Kälte • Klima

Orientierungsgrundlagen waren dabei vor allem die Verordnungen über die Berufsausbildung, und zwar für **Mechatroniker für Kältetechnik** und **Anlagenmechaniker SHK.** Die Lerninhalte der **beruflichen Erstausbildung** wurden durch solche der **Meister- und Technikerausbildung** ergänzt. Von vornherein war also beabsichtigt, ganze Berufsfelder und nicht nur deren Kernbereich zu erfassen. Des Weiteren wurde versucht – dem Buchtitel gemäß – mehrere Berufsfelder zu verbinden. Damit wurde auch dem Trend in Richtung Universalität der Berufsausübung bzw. Berufsausbildung Rechnung getragen.

Bei der Festlegung der Buchinhalte wurde also strikt darauf geachtet, dass auch das *„was man sonst noch braucht“* seinen Platz gefunden hat. Exemplarisch sind hier die *Mathematik,* die *Technische Kommunikation,* die *Stoffkunde* und die *Fertigungstechnik* zu nennen. Im Abschnitt **Technische Physik** sind bereits viele Lehrinhalte aus der *Anlagentechnik* enthalten bzw. solche Lehrinhalte, die in der Anlagentechnik vorausgesetzt werden. Mit den **acht Hauptabschnitten** (s. Seite 4) wird zwar eine grobe Gliederung der Lehrinhalte erreicht, manche Themenbereiche sind jedoch dort eingegliedert, wo man sie bei der praktischen Anwendung sucht.

Die in einem Tabellenbuch nicht vollständig abdeckbare Stofffülle bringt es mit sich, dass die Auswahl der Themenbereiche und die Breite, in der sie dargestellt werden, subjektiv ist. Wie sich dieses Buch in seinen späteren Auflagen entwickelt, wird ganz wesentlich durch die Reaktionen der Leser und Fachkollegen – worum wir ausdrücklich bitten – beeinflusst.

In der vorliegenden 11. Auflage wurden die wichtigsten Normen aktualisiert und notwendige Änderungen und Ergänzungen vorgenommen. Wegen der Vielzahl der Normen, die derzeit fortwährend im Fachgebiet neu herausgegeben oder ersetzt werden, wird es immer Normen geben, die erst nach Redaktionsschluss oder während der Laufzeit einer Auflage erschienen und deshalb noch nicht berücksichtigt sind. Eine Liste aller entsprechenden Normen kann auf der Internetseite des Verlags, aufrufbar über den QR-Code bzw. unter **www.europa-lehrmittel.de/1731X**, eingesehen werden.

Wir danken allen, die durch Hinweise und Vorschläge zur weiteren Verbesserung des Tabellenbuches beigetragen haben.

Hinweise und Verbesserungsvorschläge können dem Verlag und damit den Autoren unter **lektorat@europa-lehrmittel.de** übermittelt werden.

Herbst 2024

Das Autorenteam

Hinweise zur Arbeit mit diesem Tabellenbuch

Das Tabellenbuch ist in **8 Hauptabschnitte** eingeteilt, und zwar

1	Grundlagen	**GR**
2	Technische Physik	**TP**
3	Technische Kommunikation	**TK**
4	Stoffkunde	**SK**

5	Fertigungstechnik	**FT**
6	Klimatechnik	**KL**
7	Kältetechnik	**KT**
8	Allgemeine Anlagentechnik	**AT**

Die **8 Hauptabschnitte** sind deutlich durch das praktische **Daumenregister** voneinander getrennt.

Hauptabschnitt 8 „Allgemeine Anlagentechnik" ist nochmals in 11 Unterabschnitte durch angedeutete Tabs unterteilt.

Am Anfang dieser Hauptabschnitte befindet sich jeweils ein ausführliches Inhaltsverzeichnis. Daraus ist zu ersehen, dass die Hauptabschnitte nochmals in **Unterabschnitte** unterteilt sind.

Aus den Unterabschnitten sind die Themenüberschriften mit den entsprechenden Seitenzahlen zu ersehen.

Der Wert eines Fachbuches hängt auch sehr stark vom Umfang des **Sachwortverzeichnisses** ab. Hierauf wurde ein besonderer Wert gelegt. Das Sachwortverzeichnis dieses Tabellenbuches enthält über 1900 Begriffe.

Es ist ganz normal, dass in einem Fachbuch zum gleichen Begriff an mehreren Stellen Aussagen gemacht werden. Dies geht aus den Seitenzahlen im Sachwortverzeichnis hervor.

Orientieren Sie sich in diesem Tabellenbuch vor allem mit Hilfe des Sachwortverzeichnisses.

Eine **Besonderheit dieses Tabellenbuches** besteht jedoch darin, dass durch rote Hinweispfeile (→) die Sachverhalte miteinander verkettet wurden. Die Hinweispfeile zeigen Ihnen also, wo Sie noch weitere Informationen zu der von Ihnen gewünschten Formel, Tabelle oder zu einem gewünschten Begriff finden können.

Ein roter Pfeil (→) zeigt an, dass Sie dort noch weitere Informationen finden.

Das **Tabellenbuch Wärme • Kälte • Klima** wurde von Herrn Dipl.-Ing. Horst Herr – initiiert durch seine langjährige Tätigkeit an der Bundesfachschule Kälte-Klima-Technik in Maintal – realisiert.

Symbol für die globale Erwärmung: Erdball und Heizthermostat

Sonnenuntergang mit Windrädern

1

1

Griechisches Alphabet

Groß-buchstabe	Klein-buchstabe	Bedeu-tung	Name	Groß-buchstabe	Klein-buchstabe	Bedeu-tung	Name
A	α	a	Alpha	N	ν	n	Ny
B	β	b	Beta	Ξ	ξ	x	Xi
Γ	γ	g	Gamma	O	o	o	Omikron
Δ	δ	d	Delta	Π	π	p	Pi
E	ε	e	Epsilon	P	ϱ	rh	Rho
Z	ζ	z	Zeta	Σ	σ	s	Sigma
H	η	e	Eta	T	τ	t	Tau
Θ	ϑ	th	Theta	Y	υ	y	Ypsilon
I	ι	i	Jota	Φ	φ	ph	Phi
K	$\varkappa$	k	Kappa	X	χ	ch	Chi
Λ	λ	l	Lambda	Ψ	ψ	ps	Psi
M	μ	m	My	Ω	ω	o	Omega

Römische Ziffern

Römische Ziffern	Arabische Ziffern	Römische Ziffern	Arabische Ziffern	Römische Ziffern	Arabische Ziffern
I	1	XX	20	CC	200
II	2	XXX	30	CCC	300
III	3	XL	40	CD	400
IV	4	L	50	D	500
V	5	LX	60	DC	600
VI	6	LXX	70	DCC	700
VII	7	LXXX	80	DCCC	800
VIII	8	XC	90	CM	900
IX	9	C	100	M	1000
X	10				

B 84 = LXXXIV 99 = XCIX 691 = DCXCI 2016 = MMXVI

Um Verwechslungen zu vermeiden, darf vor einem Zahlzeichen immer nur **ein** kleineres stehen (z. B. für die Zahl 48: XLVIII und nicht IIL).

Basisgrößen in ISQ[1] und Basiseinheiten (SI-Einheiten[2])

Basisgrößen und Basiseinheiten nach DIN EN ISO 80000-1:2023-08

Basisgrößen		Basiseinheiten	
Name	Formelzeichen	Name	Zeichen
Länge	l, L	Meter	m
Masse	m	Kilogramm	kg
Zeit	t	Sekunde	s
Elektrische Stromstärke	I	Ampere	A
Thermodynamische Temperatur	T	Kelvin	K
Stoffmenge	n	Mol	mol
Lichtstärke	I_v	Candela	cd

[1] International System of Quantities (Internationales Größensystem)

[2] SI ist die Abkürzung für Systeme International d'Unitès (Internationales Einheitensystem)

1

Vorsätze vor Einheiten (→ Potenzrechnung) (nach **DIN 1301-1**:2010-10)

Vorsatzzeichen	Vorsatz	Bedeutung	Vorsatzzeichen	Vorsatz	Bedeutung
Y	Yotta	10^{24}	d	Dezi	10^{-1}
Z	Zetta	10^{21}	c	Zenti	10^{-2}
E	Exa	10^{18}	m	Milli	10^{-3}
P	Peta	10^{15}	μ	Mikro	10^{-6}
T	Tera	10^{12}	n	Nano	10^{-9}
G	Giga	10^{9}	p	Pico	10^{-12}
M	Mega	10^{6}	f	Femto	10^{-15}
k	Kilo	10^{3}	a	Atto	10^{-18}
h	Hekto	10^{2}	z	Zepto	10^{-21}
da	Deca	10^{1}	y	Yokto	10^{-24}

Der Vorsatz gibt den Faktor an, mit dem die Einheit zu multiplizieren ist.

B 1 kW = $1 \cdot 10^3$ W = 1000 W   1 μm = $1 \cdot 10^{-6}$ m = 0,000 001 m

Formelzeichen und Einheiten (Auswahl nach **DIN EN ISO 80000-1** bis **-12** (z. T. noch **DIN 1304-1** und **DIN 1301-1**)

Name/Bedeutung	Formelzeichen	SI-Einheit Zeichen	SI-Einheit Name	Bemerkung/wichtige Beziehungen
Raumgrößen und Zeitgrößen				
Abklingkoeffizient	δ	1/s		
Ausbreitungsgeschwindigkeit einer Welle	c	m/s		
Beschleunigung → Kältetechnik, Formelzeichen	a	m/s²		
Breite	b	m		
Dehnung (relative Längenänderung)	ε	1		
Dicke, Schichtdicke	δ, d	m		
Durchbiegung, Durchhang	f	m		
Durchmesser	d, D	m		
Ebener Winkel, Drehwinkel (bei Drehbewegungen)	α, β, γ	rad		
Flächeninhalt, Fläche, Oberfläche	A, S	m²		
Frequenz, Periodenfrequenz	f, ν	Hz		
Geschwindigkeit	v, u, w, c	m/s		
Höhe, Tiefe	h, H	m		
Kreisfrequenz, Pulsatanz (Winkelfrequenz)	ω	1/s		
Länge → Formelzeichen, Regelung	l	m		

Achtung: Formelzeichen und Einheiten betreffend

Die Formelzeichen und Einheitenzeichen sind **Grundformen** und sollten möglichst bevorzugt verwendet werden.

Darüber hinaus gibt es für ganz spezielle Bereiche der Technik auch **Fachnormen.**

Beispiele:

DIN EN 764-1 „Druckgeräte" für Arbeitstemperatur t_0.

DIN 1304-1 für Celsiustemperatur ϑ oder t.

DIN 1304-1 für Zeit t.

DIN 1304-1 für (→) Trockenkugeltemperatur t_{sic} [sic steht für siccus (trocken)].

In der Praxis der Klimatechnik steht für Trockenkugeltemperatur ϑ_{tr} oder ϑ_{TK}.
In Analogie: (→) Feuchtkugeltemperatur ϑ_f oder ϑ_{FK}.

Viele weitere Beispiele zeigen, dass es keine einheitliche Bezeichnungsweise bezüglich der Formeleichen gibt.

Konsequenz:

In diesem Buch werden die Formelzeichen entsprechend des gerade anstehenden Technikbereiches gewählt.

1

Formelzeichen und Einheiten (Fortsetzung)

Name/Bedeutung	Formelzeichen	SI-Einheit Zeichen	SI-Einheit Name	Bemerkung/wichtige Beziehungen
Raumgrößen und Zeitgrößen (Fortsetzung)				
Periodendauer, Schwingungsdauer	T	s		
Phasenverschiebungswinkel	φ	rad	Radiant	
Phasenwinkel	φ(t)	rad	Radiant	
Querschnittsfläche, Querschnitt	S, q	m^2		
Radius, Halbmesser, Abstand	r	m		
Repetenz (Wellenzahl)	σ	1/m		$\sigma = 1/\lambda$
Ruck	r, h	m/s^3		
Drehzahl (Umdrehungsfrequenz)	n	1/s		Kehrwert der Umdrehungsdauer T: $n = 1/T$
Volumen, Rauminhalt	V, τ	m^3		
Volumenstrom, Volumendurchfluss	$\dot{V}, q_V$	m^3/s		$\dot{Q} = V/t$ bzw. $\dot{Q} = A \cdot v$
Weglänge, Kurvenlänge	s	m		
Wellenlänge	λ	m		
Winkelbeschleunigung, Drehbeschleunigung	α	rad/s^2		$\alpha = \omega/t$ bzw. $\alpha = \Delta\omega/\Delta t$
Winkelgeschwindigkeit, Drehgeschwindigkeit	ω	rad/s		$\omega = 2 \cdot \pi \cdot n$
Zeit, Zeitspanne, Dauer	t	s		Auch Abklingzeit
Zeitkonstante	τ, T	s		
Mechanische Größen				
Absoluter Druck	p_{abs}	Pa	Pascal	$1\ Pa = 1\ N/m^2$
Arbeit	W, A	J, Nm	Joule	$W = F \cdot s$; 1 J = 1 Nm
Arbeitsgrad, Nutzungsgrad	ζ	1		Arbeitsverhältnis, Energieverhältnis
Atmosphärische Druckdifferenz, Überdruck	p_e	Pa	Pascal	$p_e = p_{abs} - p_{amb}$
Bewegungsgröße, Impuls	p	kg · m/s		1 mbar = 1 hPa
Biegemoment	M_b	N · m		
Dehnung, relative Längenänderung	ε	1		$\varepsilon = \Delta l/l$ $l = l_0$ = Ausgangslänge
Dichte, Massendichte, volumenbezogene Masse	ϱ, ϱ_m	kg/m^3		$\varrho = m/V$
Direktionsmoment, winkelbezogenes Rückstellmoment	D	N · m/rad		$D = M_T/\varphi$ (φ = Torsionswinkel)
Drall, Drehimpuls	L	$kg \cdot m^2/s$		
Drehstoß	H	N · m · s		
Drillung, Verwindung	$\Theta, \varkappa$	rad/m		
Druck	p	Pa	Pascal	$p = F/A$; $1\ Pa = 1\ N/m^2$
Dynamische Viskosität	η	Pa · s		$\eta = \tau/D$ τ = Schubspannung D = Schergeschwindigkeit

Formelzeichen und Einheiten (Fortsetzung)

Name/Bedeutung	Formelzeichen	SI-Einheit Zeichen	SI-Einheit Name	Bemerkung/wichtige Beziehungen
Mechanische Größen (Fortsetzung)				
Elastizitätsmodul	E	N/m^2, N/mm^2		$E = \sigma/\varepsilon$ $1\ N/mm^2 = 10^6\ N/m^2$
Energie	E, W	J	Joule	1 J = 1 Nm = 1 Ws
Energiedichte, volumenbezogene Energie	w	J/m^3		
Flächenbezogene Masse, Flächenbedeckung	m''	kg/m^2		$m'' = m/A$
Flächenmoment 1. Grades	H	m^3		
Flächenmoment 2. Grades	I	m^4		Früher: Flächenträgheitsmoment
Gewichtskraft	F_G, F_g, G	N	Newton	Nach DIN EN ISO 80000-4 nur noch F_g
Gravitationskonstante	G, f	$N \cdot m^2/kg$		$F = G \cdot m_1 \cdot m_2/r^2$ $G = 6{,}67259 \cdot 10^{-11}\ m^3/(kg \cdot s^2)$
Grenzflächenspannung, Oberflächenspannung	σ, γ	N/m		
Isentropische Kompressibilität	χ_S, $\varkappa$	1/Pa		
Isothermische Kompressibilität	χ_T, $\varkappa$	1/Pa		
Kinematische Viskosität	ν	m^2/s		$\nu = \eta/\varrho$
Kinetische Energie	E_k, W_k, T	J	Joule	$E_k = {}^1/_2 \cdot m \cdot v^2$ (Nach DIN EN ISO 80000-4 nur noch E_k und T)
Kompressionsmodul	K	N/m^2		$K = -p/\vartheta$ (ϑ = relative Volumenänderung)
Kraft	F	N	Newton	$F = m \cdot a$
Kraftmoment, Drehmoment	M	$N \cdot m$		$M = F \cdot r$ F = Tangentialkraft r = senkrechter Abstand zwischen Drehpunkt und Wirkungslinie der Kraft
Kraftstoß	I	$N \cdot s$		
Längenbezogene Masse	m'	kg/m		$m' = m/l$
Leistung	P	W	Watt	$P = W/t$
Leistungsdichte, volumenbezogene Leistung	φ	W/m^3		$\varphi = w/t$ w = Energiedichte
Masse, Gewicht als Wägeergebnis	m	kg		
Massenstrom, Massenstromrate, Massendurchsatz	q_m, $\dot{m}$	kg/s		$q_m = m/t$ (nach DIN EN ISO 80000-4 nur „Massenstromrate")
Massenstromdichte	I	$kg/(m^2 \cdot s)$		$I = q_m/S = \varrho \cdot v$
Normalspannung, Zug- oder Druckspannung	σ	N/m^2, N/mm^2		
Poisson-Zahl	μ, ν	1		$\mu = \varepsilon_q/\varepsilon$
Potenzielle Energie	E_p, V	J	Joule	$E_p = m \cdot g \cdot h$ (nach DIN EN ISO 80000-4 nur noch E_p und V)
Querdehnung	ε_q	1		$\varepsilon_q = \Delta d/d$ (bei kreisförmigem Querschnitt)

1

Formelzeichen und Einheiten (Fortsetzung)				
Name/Bedeutung	Formelzeichen	SI-Einheit Zeichen	Name	Bemerkung/wichtige Beziehungen
Mechanische Größen (Fortsetzung)				
Reibungszahl	μ, f	1		$\mu = F_R / F_N$ F_R = Reibungskraft F_N = Normalkraft
Relative Dichte	d	1		
Relative Volumenänderung, Volumendilatation	ϑ, η	1		$\vartheta = \Delta V / V$ bzw. ϑ (in %) $= \Delta V \cdot 100\ \% / V$
Rohrwiderstandszahl Rohrreibungszahl	λ	1		$\lambda = (p_1 - p_2) \cdot 2 \cdot d / (\varrho \cdot l \cdot v^2)$ (bei geradem Rohr mit kreisförmigem Querschnitt)
Schiebung, Scherung	γ	1		
Schubmodul	G	N/m^2, N/mm^2		$G = \tau / \gamma$ (γ = Schiebung)
Schubspannung	τ	N/m^2, N/mm^2		
Spezifische Arbeit, massenbezogene Arbeit	Y	J/kg		$Y = W/m$
Spezifisches Volumen, massenbezogenes Volumen	v	m^3/kg		$v = V/m$
Torsionsmoment, Drillmoment	M_t, T	N · m		
Trägheitsmoment, Massenmoment 2. Grades	J	$kg \cdot m^2$		Früher: Massenträgheitsmoment
Trägheitsradius	i, r_i	m		
Umfang	U, l_u	m		
Umgebender Atmosphärendruck	p_{amb}	Pa, N/m^2	Pascal	
Volumenstrom, Volumendurchfluss	q_V, $\dot{V}$	m^3/s		Nach DIN EN ISO 80000-4 nur noch q_V
Widerstandskraft	F_w	N	Newton	
Widerstandsmoment	Z, (W)	m^3, mm^3		
Wirkungsgrad	η	1		Leistungsverhältnis
Größen der Thermodynamik, Wärmeübertragung und physikalischen Chemie				
Anzahl Teilchen, Teilchenzahl	N	1		→ Kältetechnik, Formelzeichen
Affinität einer chemischen Reaktion	A	J/mol		
Avogadro-Konstante	N_A, L	1/mol		$N_A = N / n$ (n = Stoffmenge) $N_A = 6{,}022\,141\,79 \cdot 10^{23}\ mol^{-1}$
Boltzmann-Konstante	k	J/K		$k = R / N_A = 1{,}380\,650\,4 \cdot 10^{-23}$ J / K (R = universelle Gaskonstante)
Celsiustemperatur	t, ϑ, Θ	°C		$t = T - T_0$ $T_0 = 273{,}15$ K
Chemisches Potenzial eines Stoffes B	μ_B	J/mol		
Diffusionskoeffizient	D	m^2/s		
Dissoziationsgrad, Dissotiationsanteil → Formelzeichen, Regelung	α	1		$\alpha = N_{diss} / N_{ges}$ (Anzahl der dissoziierten Moleküle zur Gesamtzahl der Moleküle)

Formelzeichen und Einheiten (Fortsetzung)

Name/Bedeutung	Formelzeichen	SI-Einheit Zeichen	SI-Einheit Name	Bemerkung/wichtige Beziehungen
Größen der Thermodynamik, Wärmeübertragung und physikalischen Chemie (Fortsetzung)				
Enthalpie	H	J	Joule	
Entropie	S	J/K		
Faraday-Konstante	F	C/mol		$F = N_A \cdot e$ (e = Elementarladung) $F = 96\,485{,}3399$ C/mol
Spezifische Gaskonstante	R_s	J/(kg · K)		$R_s = R / M$ (R = universelle Gaskonstante)
Innere Energie	U	J	Joule	
Isentropenexponent	$\varkappa$	1		Für ideale Gase: $\varkappa = c_p / c_V$
Ladungszahl eines Ions, Wertigkeit eines Stoffes B	z_B	1		
Molalität einer Komponente B	b_B, m_B	mol/kg		
Relative Atommasse eines Nuklids oder eines Elementes	A_r	1		Zahlenwert gleich dem Zahlenwert für die Atommasse in der atomaren Masseneinheit u und gleich dem Zahlenwert der stoffmengenbezogenen Masse M in g/mol
Relative Molekülmasse eines Stoffes	M_r	1		Zahlenwert gleich dem Zahlenwert für die Atommasse in der atomaren Masseneinheit u und gleich dem Zahlenwert der stoffmengenbezogenen Masse M in g/mol
Spezifische Enthalpie, massenbezogene Enthalpie	h	J/kg		→ Kältetechnik, Formelzeichen
Spezifische Entropie, massenbezogene Entropie	s	J/(kg · K)		
Spezifische innere Energie, massenbezogene innere Energie	u	J/kg		
Spezifischer Brennwert, massenbezogener Brennwert	H_o, $H_{o,n}$ s. Anmerkung	J/kg		Früher: oberer Heizwert $H_{o,n}$ u. $H_{u,n}$ sind volumenbezogen
Spezifischer Heizwert, massenbezogener Heizwert	H_u, $H_{u,n}$ s. Anmerkung	J/kg		Früher: unterer Heizwert
Spezifische Wärmekapazität, massenbezogene Wärmekapazität	c	J/(kg · K)		
Spezifische Wärmekapazität bei konstantem Druck	c_p	J/(kg · K)		
Spezifische Wärmekapazität bei konstantem Volumen	c_V	J/(kg · K)		
Spezifischer Wärmewiderstand	ϱ_{th}	K · m/W		
Stöchiometrische Zahl eines Stoffes B in einer chemischen Reaktion	ν_B	1		
Stoffmenge	n, ν	mol		$n_B = m_B / M_B$ (m_B = Masse des Stoffes B, M_B = stoffmengenbezogene Masse des Stoffes B)

Anmerkung:
DIN 1304 ist noch gültig, jedoch in der neuesten Normung wird mit den **Indizes s und i** gearbeitet. Somit:

H_o entspricht H_s
H_u entspricht H_i

Die Werte in dieser Tabelle sind in **kJ/kg** und in **kJ/m³** angegeben. Es kann eine Umrechnung in die Einheiten **Wh/kg und Wh/m³** erfolgen. Dabei sind die Tabellenwerte lediglich durch **3,6** zu teilen.

Formelzeichen und Einheiten (Fortsetzung)

Name/Bedeutung	Formelzeichen	SI-Einheit Zeichen	SI-Einheit Name	Bemerkung/wichtige Beziehungen
Größen der Thermodynamik, Wärmeübertragung und physikalischen Chemie (Fortsetzung)				
Stoffmengenbezogene (molare) Masse eines Stoffes B	M_B	kg/mol		$M_B = m_B / n_B$ (m_B = Masse des Stoffes B, n_B = Stoffmenge des Stoffes B)
Stoffmengenkonzentration eines Stoffes B	c_B	mol/m³		$c_B = n_B / V$ (V = Volumen der Mischphase)
Stoffmengenstrom	$\dot{n}$	mol/s		
Temperatur, thermodynamische Temperatur	T, ϑ	K	Kelvin	
Temperaturdifferenz	ΔT, Δt, $\Delta\vartheta$	K	Kelvin	in der Praxis auch °C
Temperaturleitfähigkeit	a	m²/s		
(Thermischer) Linearer Längenausdehnungskoeffizient	α_l, α	1/K		$\alpha_l = \Delta l / (l \cdot \Delta T)$
Thermischer Leitwert	G_{th}	W/K		$G_{th} = 1 / R_{th}$
(Thermischer) Spannungskoeffizient	α_p	1/K		$\alpha_p = \Delta p / (p \cdot \Delta T)$
(Thermischer) Volumenausdehnungskoeffizient	α_V, γ	1/K		$\alpha_V = \Delta V / (V \cdot \Delta T)$
Thermischer Widerstand, Wärmewiderstand	R_{th}	K/W		$R_{th} = \Delta T / \dot{Q}$ ($\dot{Q}$ = Wärmestrom)
(Universelle) Gaskonstante	R	J/(mol · K)		R = 8,314 472 J/(mol · K)
Verhältnis der spezifischen Wärmekapazitäten	γ, $\varkappa$	1		$\gamma = c_p / c_V$ in der Praxis meist $\varkappa$
Wärme, Wärmemenge	Q	J	Joule	
Wärmedichte, volumenbezogene Wärme	w_{th}	J/m³		
Wärmedurchgangskoeffizient	k, K	W/(m² · K)		nach DIN EN ISO 6946:2018-03 auch U-Wert (nach DIN EN ISO 80000-5 U nicht mehr empfohlen) $U = k$
Wärmedurchlasswiderstand	R	m² · K/W		
Wärmestrom	$\dot{Q}$	W	Watt	(z. T. noch Φ gebräuchlich)
Wärmeübergangszahl	α, h	W/(m² · K)		
Elektrische und magnetische Größen				
Elektrische Durchflutung	Θ	A	Ampere	
Elektrische Feldkonstante	ε_0	F/m		ε_0 = 8,854 187 817 pF/m
Elektrische Feldstärke	E	V/m		
Elektrische Flussdichte	D	C/m²		
Elektrische Kapazität	C	F	Faraday	$C = Q / U$
Elektrische Ladung	Q	C	Coulomb	
Elektrische Leitfähigkeit, Konduktivität	γ, σ, $\varkappa$	S/m		$\gamma = 1/\varrho$ (ϱ = spezifischer elektrischer Widerstand)
Elektrische Spannung, elektrische Potenzialdifferenz	U	V	Volt	
Elektrische Stromdichte	J	A/m²		heute meist A für Oberflächen S für Querschnittsflächen
Elektrische Stromstärke	I	A	Ampere	
Elektrischer Fluss	Ψ, Ψ_e	C	Coulomb	

1

Formelzeichen und Einheiten (Fortsetzung)

Name/Bedeutung	Formelzeichen	SI-Einheit Zeichen	SI-Einheit Name	Bemerkung/wichtige Beziehungen
Elektrische und magnetische Größen (Fortsetzung)				
Elektrischer Leitwert	G	S	Siemens	
Elektrischer Widerstand, Wirkwiderstand, Resistanz	R	Ω	Ohm	
Elektrisches Dipolmoment	p, p_e	C · m		
Elektrisches Potenzial	φ, φ_e	V	Volt	
Elementarladung	e	C	Coulomb	Ladung eines Protons, $e = 1{,}602\,176\,487 \cdot 10^{-19}$ C
Energie, Arbeit	W	J	Joule	1 J = 1 Nm = 1 Ws
Flächenladungsdichte, Ladungsbedeckung	σ	C/m²		
Induktivität, Selbstinduktivität	L	H	Henry	
Magnetische Feldkonstante	μ_0	H/m		$\mu_0 = 1{,}256\,637\,061\,4\ldots$ µH/m
Magnetische Feldstärke	H	A/m		
Magnetische Flussdichte	B	T	Tesla	$B = \varphi / S$
Magnetische Spannung	U_m	A		
Magnetischer Fluss	Φ	Wb	Weber	
Permeabilität	μ	H/m		
Permeabilitätszahl, relative Permeabilität	μ_r	1		$\mu_r = \mu / \mu_0$
Permittivität	ε	F/m		$\varepsilon = D / E$
Permittivitätszahl, relative Permittivität	ε_r	1		$\varepsilon_r = \varepsilon / \varepsilon_0$
Raumladungsdichte, Ladungsdichte, volumenbezogene Ladung	ϱ, ϱ_e, η	C/m³		
Spezifischer elektrischer Widerstand, Resistivität	ϱ	Ω · m		1 Ω · m = 100 Ω · cm 1 Ω · m = 10^6 Ω · mm²/ m
Windungszahl	N	1		
Wirkleistung	P, P_p	W	Watt	
Größen elektromagnetischer Strahlungen				
Absorptionsgrad	α, a	1		
Beleuchtungsstärke	E_v	lx	Lux	
Brechwert von Linsen	D	1/m		$D = n / f$
Brechzahl	n	1		$n = c_0 / c$
Brennweite	f	m		
Emissionsgrad	ε	1		
Leuchtdichte	L_v	cd/m²		
Lichtgeschwindigkeit im leeren Raum	c_0	m/s		$c_0 = 2{,}997\,924\,58 \cdot 10^8$ m/s
Lichtmenge	Q_v	lm · s		
Lichtstärke	I_v	cd	Candela	

1

Formelzeichen und Einheiten (Fortsetzung)				
Name/Bedeutung	Formelzeichen	SI-Einheit Zeichen	SI-Einheit Name	Bemerkung/wichtige Beziehungen
Größen elektromagnetischer Strahlungen (Fortsetzung)				
Lichtstrom	Φ_v	lm	Lumen	
Reflexionsgrad	ϱ	1		
Stefan-Boltzmann-Konstante	σ	$W/(m^2 \cdot K^4)$		$\sigma = 5{,}670\,400 \cdot 10^{-8}\ W/(m^2 \cdot K^4)$
Strahlungsenergie, Strahlungsmenge	Q_e, W	J	Joule	
Strahlungsenergiedichte, volumenbezogene Strahlungsenergie	w, u	J/m^3		
Strahlungsleistung, Strahlungsfluss	Φ_e, P	W	Watt	
Transmissionsgrad	τ	1		
Größen der Atom- und Kernphysik				
Äquivalentdosis	H	Sv	Sievert	
Aktivität einer radioaktiven Substanz	A	Bq	Bequerel	
Atommasse	m_a	kg		
Bohr-Radius	a_0	m		$a_0 = 0{,}529\,177\,208\,59 \cdot 10^{-10}\ m$
Energiedosis	D	Gy	Gray	
Gyromagnetischer Koeffizient	γ	$A \cdot m^2/(J \cdot s)$		
Halbwertszeit	$T_{1/2}$	s		$T_{1/2} = \tau \cdot \ln 2$
Ionendosis	J	C/kg		
Kerma	K	Gy	Gray	
Magnetisches (Flächen-) Moment eines Teilchens	μ	$A \cdot m^2$		
Mittlere Lebensdauer	τ	s		
Neutronenzahl	N	1		
Nukleonenzahl, Massenzahl	A	1		$A = Z + N$
Planck-Konstante, Planck'sches Wirkungsquantum	h	$J \cdot s$		$h = 6{,}626\,068\,96 \cdot 10^{-34}\ J \cdot s$
Protonenzahl	Z	1		
Reaktionsenergie	Q	J	Joule	
Ruhemasse des Elektrons	m_e	kg		$m_e = 9{,}109\,382\,15 \cdot 10^{-31}\ kg$
Rydberg-Konstante	R_∞	1/m		$R = 10\,973\,731{,}568\,527\ m^{-1}$
Sommerfeld-Feinstruktur-Konstante	α	1		$\alpha = 7{,}297\,352\,5376 \cdot 10^{-3}$
Teilchenstrom	I	1/s		
Zerfallskonstante	λ	1/s		$\lambda = 1/\tau$
Größen der Akustik				
Schalldruck	p	Pa, N/m^2	Pascal	
Schallgeschwindigkeit	c, c_0	m/s		
Schallintensität	I, J	W/m^2		
Schallleistung	P, P_a	W	Watt	

1

Grundrechenarten

Addition (Zusammenzählen)

Natürliche Zahlen

15 + 26 = **41**

Summand plus Summand gleich Summe

Mögliche Rechenschritte:

$15 + 26 = 15 + (5 + 21) = (15 + 5) + 21 = 20 + 21$
$= 20 + (20 + 1) = (20 + 20) + 1 = 40 + 1 = \mathbf{41}$

Beachte:

$8 + (-6) = 8 - 6 = \mathbf{2}$ (vgl. *Klammerregeln*)

Gemeine Brüche

Bei gleichnamigen Brüchen die Zähler unter Beibehaltung des Nenners addieren und dann, wenn möglich, kürzen:

$$\frac{2}{4} + \frac{6}{4} = \frac{2+6}{4} = \frac{8}{4} = \mathbf{2}$$

Ungleichnamige Brüche zunächst durch Hauptnennerbildung (vgl. *Bruchrechnen*) und Zählererweiterung gleichnamig machen:

$$\frac{1}{2} + \frac{2}{3} = \frac{1 \cdot 3}{2 \cdot 3} + \frac{2 \cdot 2}{3 \cdot 2} = \frac{3}{6} + \frac{4}{6} = \mathbf{\frac{7}{6}} = \mathbf{1\frac{1}{6}}$$

Gemischte Zahlen zunächst in unechte Brüche verwandeln (vgl. *Bruchrechnen*)

Allgemeine Zahlen

$a + a = 2a$

$a + b = c$

$a + b = b + a$ (Kommutativgesetz)

$a + (b + c) = (a + b) + c = a + b + c$
(Assoziativgesetz)

Größen

Nur gleichartige Größen lassen sich addieren. Eventuell müssen Einheiten umgerechnet werden!

5 kg + 7 kg = **12 kg**

8,0 kg + 500 g = 8,0 kg + 0,5 kg = **8,5 kg**

6,00 m + 40 cm = 600 cm + 40 cm = **640 cm**

Subtraktion (Abziehen)

Natürliche Zahlen

14 − 8 = **6**

Minuend minus Subtrahend gleich Differenz

$16 - (8 - 3) = 16 - 8 + 3 = \mathbf{11}$

$16 - (8 + 3) = 16 - 8 - 3 = \mathbf{5}$

Klammerregeln beachten (vgl. *Klammerrechnung*)

Gemeine Brüche

Bei gleichnamigen Brüchen die Zähler unter Beibehaltung des Nenners voneinander subtrahieren und dann, wenn möglich, kürzen:

$$\frac{3}{2} - \frac{1}{2} = \frac{3-1}{2} = \frac{2}{2} = \mathbf{1}$$

Ungleichnamige Brüche zunächst durch Hauptnennerbildung (vgl. *Bruchrechnen*) und Zählererweiterung gleichnamig machen:

$$\frac{7}{8} - \frac{2}{3} = \frac{7 \cdot 3}{3 \cdot 8} - \frac{2 \cdot 8}{3 \cdot 8} = \frac{21}{24} - \frac{16}{24} = \frac{21-16}{24} = \mathbf{\frac{5}{24}}$$

Gemischte Zahlen zunächst in unechte Brüche verwandeln (vgl. *Bruchrechnen*)

Allgemeine Zahlen

$3a - 2a = 1a = a$

$a - b = c$ (c = Differenz aus a und b)

$ab - (c - d) = ab - c + d$

$ab - (c + d) = ab - c - d$

Klammerregeln beachten (vgl. *Klammerrechnung*)

Größen

Nur gleichartige Größen lassen sich voneinander subtrahieren. Eventuell müssen Einheiten umgerechnet werden.

$16\ m^3 - 4\ m^3 = \mathbf{12\ m^3}$

$5{,}0\ m^3 - 100\ dm^3 = 5{,}0\ m^3 - 0{,}1\ m^3 = \mathbf{4{,}9\ m^3}$

2,000 L − 58 mL = 2000 mL − 58 mL = **1942 mL**

1

Grundrechenarten (Fortsetzung)

Multiplikation (Vervielfachen)

Natürliche Zahlen

6 · 4 = **24**

Faktor mal Faktor gleich Produkt oder
Multiplikand mal Multiplikator gleich Produkt

Das Produkt 6 · 4 ist die Kurzschreibweise für die Summe 6 + 6 + 6 + 6 bzw. 4 + 4 + 4 + 4 + 4 + 4.

Beachte: Jede Zahl mit 0 multipliziert ergibt 0, z. B.

$5 \cdot 0 = \mathbf{0}$

Gemeine Brüche

Zwei Brüche werden miteinander multipliziert, indem man Zähler mit Zähler und Nenner mit Nenner multipliziert. Dabei kann vor dem Multiplizieren gekürzt werden.

$$\frac{5}{6} \cdot \frac{3}{4} = \frac{5 \cdot 3}{6 \cdot 4} = \frac{5 \cdot 1}{2 \cdot 4} = \mathbf{\frac{5}{8}}$$

$$3 \cdot \frac{5}{10} = \frac{3 \cdot 5}{10} = \frac{3 \cdot 1}{2} = \mathbf{\frac{3}{2}} = \mathbf{1\,\frac{1}{2}}$$

Gemischte Zahlen werden zunächst in unechte Brüche verwandelt (vgl. *Bruchrechnen*)

Allgemeine Zahlen

$a \cdot b = ab$ bzw. $a \cdot b = c$ (c = Produkt aus a und b)

$a \cdot 0 = 0$

$a \cdot b = b \cdot a$ (Assoziativgesetz)

$a \cdot (b + c) = ab + ac$ (Distributivgesetz)

Vorzeichenregeln:

$(+a) \cdot (+b) = ab$ $\quad (+a) \cdot (-b) = -ab$

$(-a) \cdot (-b) = ab$ $\quad (-a) \cdot (+b) = -ab$

Klammerregeln beachten (vgl. *Klammerrechnung*)

Größen

Zwei Größen werden miteinander multipliziert, indem man Zahlenwerte (Maßzahlen) und Einheiten miteinander multipliziert:

$4\ \text{m} \cdot 6\ \text{m} = 4 \cdot 6 \cdot \text{m} \cdot \text{m} = \mathbf{24\ m^2}$

$10\ \text{N} \cdot 2\ \text{m} = \mathbf{20\ Nm}$

Division (Teilen)

Natürliche Zahlen

10 : 5 = **2** oder

10 / 5 = **2**

Dividend durch Divisor gleich Quotient

oder

$\frac{10}{2} = \mathbf{5}$ (10 = Zähler, 2 = Nenner, 5 = Quotient)

Beachte: Eine Division durch 0 gibt es nicht!

Gemeine Brüche

Man dividiert durch einen Bruch, indem man mit dem Kehrbruch (Kehrwert) multipliziert:

$$\frac{3}{8} : \frac{4}{5} = \frac{3}{8} \cdot \frac{5}{4} = \frac{3 \cdot 5}{8 \cdot 4} = \mathbf{\frac{15}{32}} \quad \text{bzw.} \quad \frac{\frac{3}{8}}{\frac{4}{5}} = \frac{3 \cdot 5}{8 \cdot 4} = \mathbf{\frac{15}{32}}$$

$$3 : \frac{2}{5} = 3 \cdot \frac{5}{2} = \frac{3 \cdot 5}{2} = \mathbf{\frac{15}{2}} = \mathbf{7\,\frac{1}{2}}$$

Bei der Division durch eine gemischte Zahl wird diese zunächst in einen unechten Bruch verwandelt.

Allgemeine Zahlen

$\frac{a}{b} = a : b = c$ (c = Quotient aus a und b, $b \neq 0$)

$$\frac{a}{b} : \frac{c}{d} = \frac{a}{b} \cdot \frac{d}{c} = \frac{ad}{bc}$$

$$a : (b : c) = a : \frac{b}{c} = \frac{a}{\frac{b}{c}} = a \cdot \frac{c}{b} = \frac{ac}{b}$$

Vorzeichenregeln:

$$\frac{(+a)}{(+b)} = \frac{a}{b} \qquad \frac{(-a)}{(+b)} = -\frac{a}{b}$$

$$\frac{(-a)}{(-b)} = \frac{a}{b} \qquad \frac{(+a)}{(-b)} = -\frac{a}{b}$$

Größen

Zwei Größen werden durcheinander dividiert, indem man Zahlenwerte (Maßzahlen) und Einheiten durcheinander dividiert:

$$\frac{6\ \text{m}^3}{2\ \text{m}^2} = \frac{6}{2} \cdot \frac{\text{m}^3}{\text{m}^2} = 3\,\frac{\text{m} \cdot \text{m} \cdot \text{m}}{\text{m} \cdot \text{m}} = \mathbf{3\ m}$$

$$\frac{20\ \text{N}}{4\ \text{m}^2} = \frac{20}{4} \cdot \frac{\text{N}}{\text{m}^2} = \mathbf{5\,\frac{N}{m^2}}$$

Klammerrechnung (Rechnen mit Summen)

Steht ein „+"-Zeichen vor der Klammer, so kann diese entfallen, ohne dass sich der Wert der Summe ändert:

$5 + (6 - 3) = 5 + 6 - 3 = \mathbf{8}$ $\qquad a + (2b - 3c) = a + 2b - 3c$

Steht ein „–"-Zeichen vor der Klammer, so müssen bei deren Weglassen alle innerhalb der Klammer vorhandenen Vorzeichen umgekehrt werden:

$12 - (2 + 8 - 6) = 12 - 2 - 8 + 6 = \mathbf{8}$ $\qquad -(3a + 2b - c) = -3a - 2b + c$

Klammerausdrücke (bzw. Summen) werden miteinander multipliziert, indem jedes Glied der einen Klammer mit jedem Glied der anderen Klammer multipliziert wird:

$(a + b)c = ac + bc$

$d(ab - c) = abd - cd$

$(a + b)(c + d) = ac + ad + bc + bd$

$(a + b)(c - d) = ac - ad + bc - bd$

Binomische Formeln:

$(a + b)^2 = (a + b)(a + b) = a^2 + 2ab + b^2$

$(a - b)^2 = (a - b)(a - b) = a^2 - 2ab + b^2$

$(a + b)(a - b) = a^2 - b^2$

Beispiele praktischer Formeln:

$L = L_0(1 + \alpha\Delta T) = L_0 + L_0\alpha\Delta T$ $\qquad p = x_1p_1 + (1 - x_1)p_2 = x_1p_1 + p_2 - x_1p_2$

$Q = kA(T_1 - T_2) = kAT_1 - kAT_2$ $\qquad L = \frac{1}{2}(n + 2)(n + 1) = (\frac{n}{2} + 1)(n + 1) = \frac{n^2}{2} + \frac{n}{2} + n + 1 = \frac{n^2}{2} + \frac{3n}{2} + 1$

Klammerausdrücke (bzw. Summen) werden durch einen Divisor (Nenner) dividiert, indem jedes Glied der Klammer (bzw. jeder Summand des Zählers) durch den Divisor (Nenner) dividiert wird:

a) Division durch ein Produkt: $\frac{a + b}{ab} = \frac{a}{ab} + \frac{b}{ab} = \frac{1}{b} + \frac{1}{a}$

b) Division durch eine Summe: $(a + b - c) : (a - d) = \frac{a + b - c}{a - d} = \frac{a}{a - d} + \frac{b}{a - d} - \frac{c}{a - d}$

Beispiele praktischer Formeln:

$\eta_v = \frac{\dot{V}_{th} - \dot{V}_v}{\dot{V}_{th}} = 1 - \frac{\dot{V}_v}{\dot{V}_{th}}$ $\qquad m_1 = m_0\frac{h_2 - h_0}{h_2 - h_1} = \frac{m_0(h_2 - h_0)}{h_2 - h_1} = \frac{m_0h_2 - m_0h_0}{h_2 - h_1} = \frac{m_0h_2}{h_2 - h_1} - \frac{m_0h_0}{h_2 - h_1}$

Gemeinsame oder beliebige Faktoren, die in jedem Summanden (bzw. Glied) der Klammer vorkommen, können vor die Klammer gezogen (ausgeklammert) werden:

$(ab + ac) = a(b + c)$ $\qquad (-25 - 5p) = -5(5 + p)$ $\qquad (2x + y) - 10b = 10b\left(\frac{2x + y}{10b} - 1\right)$

Ausdrücke (Summen) mit mehreren Klammern werden umgewandelt, indem man die Klammern von innen her auflöst:

$a - \{b + [3c - (2d + b)]\} = a - \{b + [3c - 2d - b]\} = a - \{b + 3c - 2d - b\} = a - b - 3c + 2d + b = a - 3c + 2d$

Beispiel einer praktischen Formel:

$h = c_L(T - T_0) + Y[h_V + c_D(T - T_0)] = c_LT - c_LT_0 + Y[h_V + c_DT - c_DT_0] = c_LT - c_LT_0 + Yh_V + Yc_DT - Yc_DT_0$

1

Bruchrechnung

Erweitern und Kürzen

Zähler und Nenner des Bruches werden mit der gleichen Zahl multipliziert oder durch die gleiche Zahl dividiert:

$$\frac{3}{4} = \frac{3 \cdot 5}{4 \cdot 5} = \mathbf{\frac{15}{20}}$$ (Erweitert mit der Zahl 5)

$$\frac{16}{12} = \frac{16 : 4}{12 : 4} = \mathbf{\frac{4}{3}}$$ (Gekürzt mit der Zahl 4)

Gekürzt werden darf nur aus Produkten, nie aus Summen:

$$\frac{ab - a}{2ab} = \frac{a\,(b-1)}{2ab} = \frac{b-1}{2b}$$ (Gekürzt mit *a*. Aus der Summe kann *b* nicht gekürzt werden.)

Umwandeln gemischter Zahlen in unechte Brüche

Zum Produkt aus Nenner und ganzer Zahl wird der Zähler addiert. Dies ergibt den Zähler des unechten Bruches:

$$6\,\frac{2}{3} = \frac{6 \cdot 3 + 2}{3} = \mathbf{\frac{20}{3}}$$

Umwandeln unechter Brüche in gemischte Zahlen

Der Zähler des unechten Bruches wird in eine Summe zerlegt, die den größten Summanden enthält, der noch ohne Rest durch den Nenner teilbar ist. Dann – nach dem Auftrennen in zwei Teilbrüche – kürzen:

$$\frac{18}{5} = \frac{15+3}{5} = \frac{15}{5} + \frac{3}{5} = 3 + \frac{3}{5} = \mathbf{3\,\frac{3}{5}}$$

Hauptnennerbildung

1. Produktbildung aus den beteiligten Nennern:

$$\frac{3}{8} + \frac{2}{3} = \frac{3 \cdot 3}{8 \cdot 3} + \frac{2 \cdot 8}{3 \cdot 8} = \frac{9}{24} + \frac{16}{24} = \frac{9+16}{24} = \mathbf{\frac{25}{24}}$$

Der Zähler wird mit dem gleichen Faktor erweitert, der beim Nenner erforderlich ist, um den Hauptnenner zu erhalten.

$$\frac{a}{a+b} + \frac{c}{d} = \frac{a \cdot d}{(a+b) \cdot d} + \frac{c \cdot (a+b)}{d \cdot (a+b)}$$

$$= \frac{ad + c\,(a+b)}{d\,(a+b)}$$

2. Suche nach dem kleinsten gemeinsamen Vielfachen (kgV) der beteiligten Nenner:
   a) Zerlegung aller Nenner in ihre kleinsten Faktoren,
   b) Anordnung der Faktoren entsprechend dem unten gezeigten Schema,
   c) Produktbildung aus allen vorkommenden Faktoren (diese jeweils in der Anzahl ihrer größten Häufigkeit in einer Zeile).

Beispiel:

$$\frac{1}{14} + \frac{1}{3} + \frac{2}{10} + \frac{8}{60} + \frac{5}{72}$$

$$= \frac{1 \cdot 180 + 1 \cdot 840 + 2 \cdot 252 + 8 \cdot 42 + 5 \cdot 35}{2520} = \mathbf{0{,}808}$$

Nenner	kleinste Faktoren	Erweiterungsfaktor für den Zähler
14	2 · 7	2 · 2 · 3 · 3 · 5 = 180
3	3	2 · 2 · 2 · 3 · 5 · 7 = 840
10	2 · 5	2 · 2 · 3 · 3 · 7 = 252
60	2 · 2 · 3 · 5	2 · 3 · 7 = 42
72	2 · 2 · 2 · 3 · 3	5 · 7 = 35
k. g. V.	2 · 2 · 2 · 3 · 3 · 5 · 7 = **2520** = Hauptnenner	

Prozentrechnung

Formeln	Beispiele
$p\,\%$ von $G = \frac{p}{100} \cdot G = P$ *p* Prozentsatz *G* Grundwert *P* Prozentwert	20 % von 1200 kg = $\frac{20}{100} \cdot$ 1200 kg = 240 kg Prozentsatz Grundwert Prozentwert
$P = \frac{p \cdot G}{100\,\%}$	20 % von 1200 kg sind 240 kg $\quad \frac{20\,\% \cdot 1200\text{ kg}}{100\,\%} = \mathbf{240\text{ kg}}$
$p = \frac{100\,\% \cdot P}{G}$	240 kg von 1200 kg entsprechen einem Anteil von 20 % $\quad \frac{100\,\% \cdot 240\text{ kg}}{1200\text{ kg}} = \mathbf{20\,\%}$
$G = \frac{100\,\% \cdot P}{p}$	Wenn 240 kg einem Anteil von 20 % entsprechen, beträgt der Grundwert 1200 kg $\quad \frac{100\,\% \cdot 240\text{ kg}}{20\,\%} = \mathbf{1200\text{ kg}}$

1

Potenzrechnung

Zehnerpotenzen

Zahlen über 1	Zahlen unter 1
Zahlen über 1 können als Vielfache von Zehnerpotenzen dargestellt werden, mit einem positiven Exponenten, dessen Wert um 1 niedriger liegt, als die Zahl Stellen vor dem Komma besitzt: $1253{,}65 = 1{,}25365 \cdot 1000 = \mathbf{1{,}25365 \cdot 10^3}$	Zahlen unter 1 können als Vielfache von Zehnerpotenzen dargestellt werden, mit einem negativen Exponenten, dessen Wert der Anzahl der Stellen entspricht, um die das Komma der Ausgangszahl nach rechts gerückt wurde: $0{,}0025 = \frac{25}{10\,000} = \frac{2{,}5}{1\,000} = \frac{2{,}5}{10^3} = \mathbf{2{,}5 \cdot 10^{-3}}$
$10^1 = 10$ $\quad 10^4 = 10\,000$ $10^2 = 100$ $\quad 10^5 = 100\,000$ $10^3 = 1\,000$ $\quad 10^6 = 1\,000\,000$	$10^0 = 1$ $\quad 10^{-3} = \frac{1}{1\,000} = 0{,}001$ $10^{-1} = \frac{1}{10} = 0{,}1$ $\quad 10^{-4} = \frac{1}{10\,000} = 0{,}000\,1$ $10^{-2} = \frac{1}{100} = 0{,}01$ $\quad 10^{-5} = \frac{1}{100\,000} = 0{,}000\,01$ $10^{-6} = \frac{1}{1\,000\,000} = 0{,}000\,001$

Beispiele aus der Praxis:

Längenausdehnungszahl von Stahl: $\alpha = 1{,}2 \cdot 10^{-5}\,\mathrm{K}^{-1} = 0{,}000\,012\,\frac{1}{\mathrm{K}}$

Avogadro-Konstante: $N_A = 602\,213\,670\,000\,000\,000\,000\,000 \approx 6{,}022 \cdot 10^{23}$

Potenzrechnung allgemein

Regeln	Beispiele
$a^m = a \cdot a \cdot a \cdot \ldots$ (m Faktoren) a = Basis (Grundzahl); m = Exponent (Hochzahl); a^m = Potenz	$5^4 = 5 \cdot 5 \cdot 5 \cdot 5 = \mathbf{625}$ 5 = Basis; 4 = Exponent; 5^4 = Potenz (vierte Potenz von 5)
$a^1 = a$; $a^0 = 1$ (für $a \neq 0$)	$12^1 = \mathbf{12}$; $\quad 12^0 = \mathbf{1}$
$a^{-m} = \frac{1}{a^m}$; $\frac{1}{a^{-m}} = a^m$ (für $a \neq 0$)	$10^{-3} = \frac{1}{10^3} = \frac{1}{1000} = \mathbf{0{,}001}$; $\quad \frac{1}{10^{-2}} = 10^2 = \mathbf{100}$ $5\,\mathrm{Wm^{-2}\,K^{-1}} = 5\,\frac{\mathrm{W}}{\mathrm{m^2K}}$
$a^m \cdot a^n = a^{m+n}$	$3^2 \cdot 3^3 = 3^{2+3} = 3^5 = \mathbf{243}$
$a^m : a^n = \frac{a^m}{a^n} = a^{m-n}$	$4^3 : 4^2 = \frac{4^3}{4^2} = 4^{3-2} = 4^1 = \mathbf{4}$
$\frac{a^m}{b^m} = \left(\frac{a}{b}\right)^m$	$\frac{4^2}{2^2} = \left(\frac{4}{2}\right)^2 = 2^2 = \mathbf{4}$; $\quad E = \varepsilon \cdot C \cdot \left(\frac{T_1}{100}\right)^4 = \varepsilon \cdot C \cdot \frac{T_1{}^4}{100^4}$
$(a^m)^n = a^{m \cdot n} = (a^n)^m$	$(6^2)^3 = 6^{2 \cdot 3} = 6^6 = \mathbf{46\,656}$
$(ab)^m = a^m b^m$	$(3 \cdot 5)^2 = 3^2 \cdot 5^2 = 9 \cdot 25 = \mathbf{225}$ $(5\,\mathrm{m})^2 = 5^2\,\mathrm{m}^2 = \mathbf{25\,m^2}$
$(-a)^m$ = positiv für gerade m, negativ für ungerade m	$(-2)^4 = (-2) \cdot (-2) \cdot (-2) \cdot (-2) = \mathbf{16}$ $(-3)^3 = (-3) \cdot (-3) \cdot (-3) = \mathbf{-27}$

Radizieren (Wurzelrechnung)

Regeln	Beispiele
$b = \sqrt[n]{a} = a^{\frac{1}{n}}$ $(a \geq 0)$ b = Wurzel a = Radikand n = Wurzelexponent	$5 = \sqrt[3]{125} = 125^{\frac{1}{3}}$
$b = \sqrt[n]{a} \Rightarrow b^n = a$	$2 = \sqrt[3]{8} \Rightarrow 2^3 = 8$
$\sqrt[2]{a} = \sqrt{a}$	$\sqrt[2]{25} = \sqrt{25} = \mathbf{5}$
$\sqrt[n]{a^n} = (\sqrt[n]{a})^n = a^{\frac{1}{n} \cdot n} = a^1 = a$	$\sqrt{10^2} = (\sqrt{10})^2 = 10^{\frac{1}{2} \cdot 2} = 10^1 = \mathbf{10}$
$\sqrt[n]{ab} = \sqrt[n]{a} \cdot \sqrt[n]{b}$; $\sqrt{a} \cdot \sqrt{a} = \sqrt{a^2} = a$	$\sqrt[3]{27 \cdot m^3} = \sqrt[3]{27} \cdot \sqrt[3]{m^3} = \mathbf{3\ m}$
$\sqrt[n]{\frac{a}{b}} = \frac{\sqrt[n]{a}}{\sqrt[n]{b}}$	$\sqrt{4 \frac{m^2}{s^2}} = \frac{\sqrt{4\ m^2}}{\sqrt{s^2}} = \frac{\sqrt{4} \cdot \sqrt{m^2}}{\sqrt{s^2}} = \frac{2\ m}{s} = \mathbf{2\ \frac{m}{s}}$
$\sqrt[n]{a^m} = (\sqrt[n]{a})^m = \left(a^{\frac{1}{n}}\right)^m = a^{\frac{m}{n}}$	$\sqrt{10^{-4}} = 10^{-\frac{4}{2}} = \mathbf{10^{-2}}$
$\sqrt[nx]{a^{mx}} = a^{\frac{mx}{nx}} = a^{\frac{m}{n}} = \sqrt[n]{a^m}$	$\sqrt[6]{10^{-9}} = \sqrt[2 \cdot 3]{10^{(-3) \cdot 3}} = 10^{\frac{(-3) \cdot 3}{2 \cdot 3}} = 10^{\frac{-3}{2}} = \sqrt{\mathbf{10^{-3}}}$

Beachte:
Aus einer Summe darf die Wurzel nicht gliedweise aus den einzelnen Summanden gezogen werden.

$\sqrt{a+b} \neq \sqrt{a} + \sqrt{b}$

Logarithmieren

Regeln	Beispiele
$b = \log_n a \Rightarrow 10^b = a$ b = Logarithmus n = Basis a = Numerus Der Logarithmus b ist der Exponent, mit dem man die Basis n potenzieren muss, damit man a erhält.	$0{,}30103 = \log_{10} 2$
$\log_n n = 1$	$\ln e = 1$; $\lg 10 = 1$ e = Euler'sche Zahl
$\log_{10} a = \lg a$ (dekadischer Logarithmus) $\log_e a = \ln a$ (natürlicher Logarithmus) $\log_2 a = \mathrm{lb}\ a$ (binärer Logarithmus)	
$\log_n(ab) = \log_n a + \log_n b$	$\lg(4 \cdot 10^2) = \lg 4 + \lg 10^2 = 0{,}602 + 2 = \mathbf{2{,}602}$
$\log_n \frac{a}{b} = \log_n a - \log_n b$	$\lg \frac{3}{10} = \lg 3 - \lg 10 = 0{,}477 - 1{,}000 = \mathbf{-0{,}523}$
$\log_n a^m = m \cdot \log_n a$	$\lg 10^4 = 4 \cdot \lg 10 = 4 \cdot 1 = \mathbf{4}$
$\log_n \sqrt[m]{a} = \log_n a^{1/m} = \frac{1}{m} \cdot \log_n a$	$\lg \sqrt[3]{15} = \lg 15^{1/3} = \frac{1}{3} \cdot \lg 15 = \frac{1}{3} \cdot 1{,}18 = \mathbf{0{,}39}$

1

Gleichungen

Lineare Gleichungen

Allgemeine Form: $ax + b = c$ (→ Diagramme und Nomogramme)

Grundsatz: Rechenoperationen müssen stets so ausgeführt werden, dass am Ende die Seiten links und rechts des Gleichheitszeichens wieder gleichen Wert besitzen.

Allgemeiner Lösungsweg	Beispiel
	$\frac{3(ax+20)}{5x} + 6b = 21$
1. Beseitigung vorhandener Brüche durch Multiplikation der gesamten Gleichung mit den einzelnen Nennern.	$\frac{3(ax+20)\cdot 5x}{5x} + 6b \cdot 5x = 21 \cdot 5x$
2. Auflösen der vorhandenen Klammern (z. B. durch Ausmultiplizieren).	$3(ax+20) + 30bx = 105x$ $3ax + 60 + 30bx = 105x$
3. Ordnen, d. h. alle Glieder mit der Unbekannten auf die linke Seite bringen, alle anderen auf die rechte Seite (Regeln siehe unten).	$3ax + 30bx - 105x = -60$
4. Kürzen und Zusammenfassen.	$\frac{3ax}{3} + \frac{30bx}{3} - \frac{105x}{3} = \frac{-60}{3}$ $ax + 10bx - 35x = -20$
5. Ausklammern der Unbekannten.	$x(a + 10b - 35) = -20$
6. Division der gesamten Gleichung durch den Faktor vor der Unbekannten (hier durch die Summe in der Klammer).	$\frac{x(a+10b-35)}{(a+10b-35)} = \frac{-20}{(a+10b-35)}$ $x = \frac{-20}{a+10b-35}$

Das **Ordnen** geschieht durch Seitenwechsel einzelner Glieder. Dabei gilt die Regel: Summanden erhalten beim Seitenwechsel das entgegengesetzte Vorzeichen (aus + wird –, aus – wird +), Faktoren werden beim Seitenwechsel zu Nennern und umgekehrt, z. B.:

$$\frac{5b + 2x}{2} = 6a$$

$$\frac{5b + 2x}{2} = 6a$$

$$5b + 2x = 2 \cdot 6a$$

$$5b + 2x = 12a$$

$$2x = 12a - 5b$$

$$2x = 12a - 5b$$

$$x = \frac{12a - 5b}{2}$$

$$x = \frac{12a - 5b}{2}$$

Beispiel einer praktischen Formel (Umstellen nach *s*)

$$\Phi = \frac{A \cdot \Delta T}{\frac{1}{\alpha_1} + \frac{s}{\lambda} + \frac{1}{\alpha_2}}$$

1. Der Nenner wird beim Seitenwechsel zum Faktor vor Φ

$$\Phi\left(\frac{1}{\alpha_1} + \frac{s}{\lambda} + \frac{1}{\alpha_2}\right) = A \cdot \Delta T$$

$$\Phi\left(\frac{1}{\alpha_1} + \frac{s}{\lambda} + \frac{1}{\alpha_2}\right) = A \cdot \Delta T$$

2. Der Faktor Φ wird beim Seitenwechsel zum Nenner

$$\frac{1}{\alpha_1} + \frac{s}{\lambda} + \frac{1}{\alpha_2} = \frac{A \cdot \Delta T}{\Phi}$$

$$\frac{1}{\alpha_1} + \frac{s}{\lambda} + \frac{1}{\alpha_2} = \frac{A \cdot \Delta T}{\Phi}$$

3. Die Summanden $+\frac{1}{\alpha_1}$ und $+\frac{1}{\alpha_2}$ erhalten beim Seitenwechsel negative Vorzeichen.

$$\frac{s}{\lambda} = \frac{A \cdot \Delta T}{\Phi} - \frac{1}{\alpha_1} - \frac{1}{\alpha_2}$$

$$s = \lambda\left(\frac{A \cdot \Delta T}{\Phi} - \frac{1}{\alpha_1} - \frac{1}{\alpha_2}\right)$$

4. Der Nenner λ wird beim Seitenwechsel zum Faktor

Gleichungen (Fortsetzung)

Quadratische Gleichungen:

Eine quadratische Gleichung enthält die Unbekannte in der 2. Potenz.

Lösungsweg:
1. Gleichung so ordnen, dass die **allgemeine Form** oder die **Normalform** entsteht
2. Anwendung der entsprechenden Lösungsformel

Allgemeine Form: $ax^2 + bx + c = 0$ ⇒ Lösungsformel: $x_{1,2} = \frac{-b \pm \sqrt{b^2 - 4ac}}{2a}$

Normalform: $x^2 = px + q = 0$ ⇒ Lösungsformel: $x_{1,2} = -\frac{p}{2} \pm \sqrt{\frac{p^2}{4} - q}$

z.B.

$2x^2 = 90 - 8x$

$2x^2 + 8x - 90 = 0$

$x^2 + 4x - 45 = 0$ (Normalform)

$x_{1,2} = -\frac{4}{2} \pm \sqrt{\frac{4^2}{2} - (-45)}$

$x_{1,2} = -2 \pm \sqrt{4 + 45}$

$x_{1,2} = -2 \pm \sqrt{49}$

$\mathbf{x_1} = -2 + 7 = \mathbf{5}$

$\mathbf{x_1} = -2 - 7 = \mathbf{-9}$

Bei Wurzelgleichungen kann es Scheinlösungen geben. Die gefundenen Lösungen müssen deshalb noch auf Gültigkeit überprüft werden, indem man sie in die Ausgangsgleichung einsetzt. Linke und rechte Seite müssen dann gleich sein.

Beispiel einer praktischen Formel (Gesucht: *m*):

$R = \frac{\sqrt{A}}{2\sqrt{2\sqrt{1 + m^2} - m}}$	mit $A = 5$ und $R = 0{,}5$
$0{,}5 = \frac{\sqrt{5}}{2\sqrt{2\sqrt{1 + m^2} - m}}$	Gesamte Gleichung mit dem Nenner multiplizieren
$\sqrt{2\sqrt{1 + m^2} - m} = \sqrt{5}$	Quadrieren
$2\sqrt{1 + m^2} - m = 5$	Seitenwechsel von *m*
$2\sqrt{1 + m^2} = 5 + m$	Quadrieren
$4(1 + m^2) = (5 + m)^2$	Klammern auflösen
$4 + 4m^2 = 25 + 10m + m^2$	Ordnen und Zusammenfassen
$3m^2 - 10m - 21 = 0$	Allgemeine Form ⇒ Lösungsformel

$m_{1,2} = \frac{-(-10) \pm \sqrt{(-10)^2 - 4 \cdot 3 \cdot (-21)}}{2 \cdot 3}$

$\mathbf{m_1 = 4{,}79}$ $\mathbf{m_2 = -1{,}46}$

Gleichungen mit 2 oder mehr Unbekannten:

Zur Lösung sind jeweils so viele voneinander unabhängige Gleichungen erforderlich, wie Unbekannte vorhanden sind, z. B. für zwei Unbekannte (*x* und *y*):

I. $ax + by = c$ ⇒ $x = \frac{c - by}{a}$ II. $ux + vy = z$ ⇒ II.a $u \cdot \frac{c - by}{a} + vy = z$

einsetzten für *x*

Aus II.a *y* berechnen und diesen Wert dann zur Berechnung von *x* in I. einsetzen.

Beispiel einer praktischen Aufgabe:

Gegeben sind $V = 2200$ ml eines Wasser-Methanol-Gemisches mit der Masse $m = 2000$ g. Die Dichten der reinen Stoffe betragen ϱ (Wasser) = 1,000 g/ml und ϱ (Methanol) = 0,792 g/ml.
Wie viel Gramm Methanol sind in der Lösung enthalten?

Index 1 = Wasser, Index 2 = Methanol.

I. $m_1 + m_2 = 2000$ g II. $V_1 + V_2 = 2200$ ml[1)]

$m_1 = 2000 - m_2$ mit $V = \frac{m}{\varrho}$ ⇒ $\frac{m_1}{1{,}000} + \frac{m_2}{0{,}792} = 2200$

I in II: $\frac{2000 - m_2}{1{,}000} + \frac{m_2}{0{,}792} = 2200 \quad | \cdot 0{,}792$

$1584 - 0{,}792\, m_2 + m_2 = 1742$

$m_2 - 0{,}792\, m_2 = 158$

$m_2\,(1 - 0{,}792) = 158$

$\mathbf{m_2 = 760\ g}$

1) Volumenkontraktion vernachlässigt; Einheiten werden zur besseren Übersicht weggelassen.

1

Runden von Zahlen (nach **DIN 1333**:1992-02)

Die Stelle eines Zahlsymbols (einer Zahl), an der nach dem Runden die letzte Ziffer stehen soll, heißt **Rundestelle**.

Runden einer positiven Zahl

Regel	Beispiel
Zur gegebenen Zahl wird der halbe Stellenwert der Rundestelle addiert. Im Ergebnis werden dann die Ziffern nach der Rundestelle weggelassen. Alternativ gilt mit gleichem Ergebnis: Steht rechts neben der Rundestelle eine der Ziffern **0** bis **4**, wird **abgerundet,** d. h. die Ziffer auf der Rundestelle behält ihren Wert. Steht rechts neben der Rundestelle eine der Ziffern **5** bis **9**, wird **aufgerundet**, d. h. die Ziffer auf der Rundestelle um den Wert **1** erhöht. Die Ziffern nach der Rundestelle werden dann in beiden Fällen weggelassen.	Zu rundende Zahl: 7,658413 Rundestelle: ↑ Halber Rundestellenwert: 0,0005 Summe: 7,658913 Gerundete Zahl: **7,658** Zu rundende Zahl: 526,2364 Rundestelle: ↑ Halber Rundestellenwert: 0,005 Summe: 526,2414 Gerundete Zahl: **526,24**

Runden einer negativen Zahl

Regel	Beispiel
Der **Betrag** der gegebenen negativen Zahl wird wie eine positive Zahl gerundet (siehe oben), anschließend wird vor den gerundeten Betrag das Minuszeichen gesetzt.	Zu rundende Zahl: – 7,658413 Betrag der Zahl: 7,658413 Rundestelle: ↑ Halber Rundestellenwert: 0,0005 Summe: 7,658913 Gerundeter Betrag: 7,658 Gerundete Zahl: **– 7,658**

Interpolieren

Interpolation nennt man die Bestimmung von **Zwischenwerten** zwischen zwei aufeinander folgenden Tabellenwerten (bzw. Funktionswerten) aufgrund der bekannten Zahlenwerte der Tabelle (bzw. Funktion).

Lineare Interpolation

Formel zur Ermittlung des Zwischenwertes y:

$$y = y_0 + (y_1 - y_0) \cdot t$$

Für das Intervall:

$$h = x_1 - x_0$$

- y Gesuchter Zwischenwert (Funktionswert zum Argument x)
- y_0 Unterer Funktionswert des Intervalls (bzw. Tabellenwert zum Argument x_0)
- y_1 Oberer Funktionswert des Intervalls (bzw. Tabellenwert zum Argument x_1)
- h Intervall
- x Argument zum gesuchten Funktions- bzw. Tabellenwert y
- x_0 Untere Grenze des Intervalls
- x_1 Obere Grenze des Intervalls
- t Anteil des Funktions- bzw. Tabellenwerteintervalls bis zum Argument x

Beispiel:

Stoffwerte von Wasser bei $p = 1$ bar:

ϑ in °C	ϱ in kg/m³
20	998,4
30	995,8
40	992,3
50 (x_0)	988,1 (y_0)
60 (x_1)	983,2 (y_1)
70	977,7
80	971,6

Gesucht ist die Dichte ϱ_{55} bei $\vartheta = 55$ °C

- Intervall: $h = x_1 - x_0 = 60$ °C – 50 °C = 10 °C
- Teilung so wählen, dass 1 Teilungsschritt auf die Temperatur $\vartheta = 55$ °C fällt. Gewählt: Teilungsschritte von 1 °C.
- Anteil des Funktionswerteintervalls: Von 50 °C bis 55 °C sind es 5 Teilungsschritte von insgesamt 10 des Intervalls, somit ein Anteil von 50 %, d. h. $t = 0{,}5$.
- $y = y_0 + (y_1 - y_0) \cdot t = 988{,}1\ \text{kg/m}^3 + (983{,}2\ \text{kg/m}^3 - 988{,}1\ \text{kg/m}^3) \cdot 0{,}5$
  $y = \varrho_{55} = \mathbf{985{,}65\ kg/m^3}$

1

Statistische Auswertung

(nach **DIN 53804-1**:2002-04 (z) und **DIN ISO 3534-2**:2013-12 und **-1**:2009-10)

Aufbereitung statistischen Materials

Zusammenstellung der (z.B. in einer Messreihe aufgenommenen) Beobachtungswerte x_i (also der n Urwerte $x_1, x_2, x_3, ..., x_n$) in einer **Urliste** (nach DIN auch X_i).

Klassenbildung

Die Anzahl der Klassen (k) richtet sich nach der Aufgabenstellung oder nach der Faustformel:

$k \approx \sqrt{n}$ oder $k \approx 1 + 3{,}32 \cdot \lg n$

Empfehlung nach DIN:

n	bis 100	ca. 1000	ca. 10 000	ca. 100 000
k	mind. 10	mind. 13	mind. 16	mind. 20

Die Klassenweite bzw. -breite w ergibt sich aus der Spannweite $R_n = x_{max} - x_{min}$

und der Klassenzahl k nach der

Formel $w = R_n / k$

Klassenmitten $x_i = \dfrac{x_o + x_u}{2}$

Summe der relativen Häufigkeiten $F_j = \dfrac{G_j}{n} \cdot 100\ \%$

B **Urliste** von n = 40 notierten Temperaturen (in °C) an einem Heizkessel:

86,8	87,6	86,1	86,6	86,9	86,8	87,3	86,4
86,4	87,2	86,4	86,4	86,8	86,7	87,2	86,2
86,3	86,7	86,8	86,3	86,4	86,9	87,0	86,0
87,4	86,3	86,9	86,4	86,6	87,2	86,9	86,0
87,8	85,9	86,7	86,7	86,7	87,4	86,8	86,2

Klassenzahl $\boldsymbol{k} \approx 1 + 3{,}32 \cdot \lg 40 \approx 6{,}3 \approx \mathbf{6}$

Spannweite $\boldsymbol{R_n} = 87{,}8 - 85{,}9 = \mathbf{1{,}9}$

Gewählt: $k = 5$ ($\Rightarrow$ Klassen gleicher Klassenweite)

Klassenweite $w = 1{,}9/5 \approx \mathbf{0{,}4}$

Nr. der Klasse j	Klasse in °C	Strichliste	Absolute Häufigkeit n_j	Klassenmitte x_j in °C	n_j aufsummiert $= G_j$	Häufigkeitssumme F_j in %
1	85,9 bis 86,2	~~IIII~~ I	6	86,05	6	15
2	86,3 bis 86,6	~~IIII~~ ~~IIII~~ I	11	86,45	17	42,5
3	86,7 bis 87,0	~~IIII~~ ~~IIII~~ ~~IIII~~	15	86,85	32	80
4	87,1 bis 87,4	~~IIII~~ I	6	87,25	38	95
5	87,5 bis 87,8	II	2	87,65	40	100

x_o Obere Klassengrenze
x_u Untere Klassengrenze

Grafische Darstellung statistischen Materials

a) Rechteck-, Balken- oder **Säulendiagramm**

Abszisse: Merkmalswert
Balkenhöhe bzw. -länge h_j ~ Häufigkeit n_j (hier x_j in °C)

Ordinate: Besetzungszahl
(Säulenbreite ≙ Klassenweite)

Histogramm:
Balkenfläche A_j ~ Häufigkeit n_j

b) Polygonzug (Streckenzug)

Zum Vergleich mehrerer Verteilungen in einem Diagramm besser geeignet als das Histogramm.

Grafische Darstellung der **Häufigkeitssummenverteilung** (Summenlinie)

Abszisse:
Merkmalswert (hier ϑ in °C)

Ordinate:
Häufigkeitssumme F_j in %

B (Fortsetzung)

a)

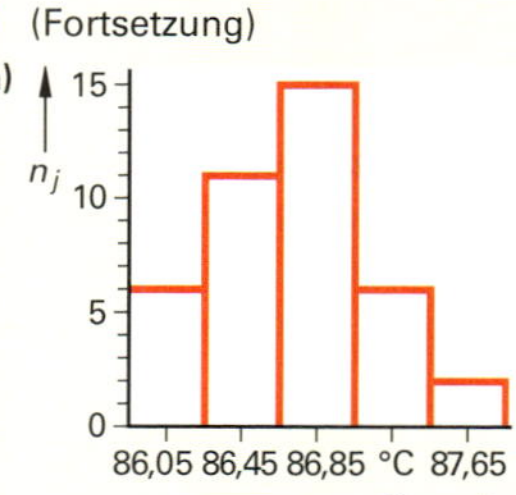

b)

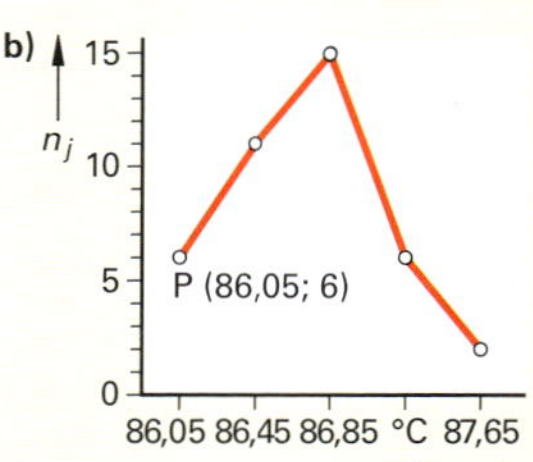

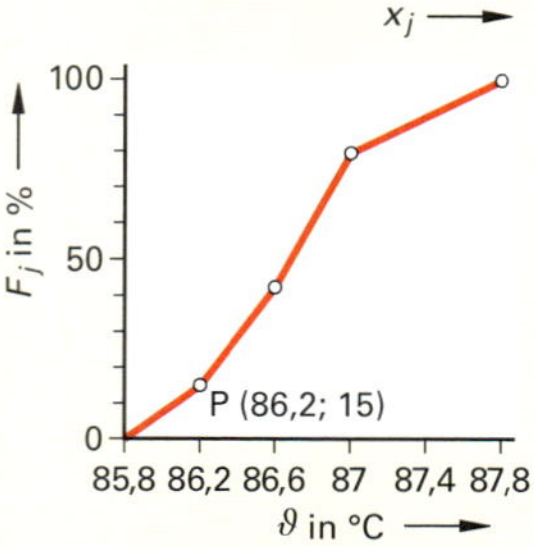

Nach obiger Tabelle liegen 15 % der Werte x_j im Bereich bis 86,2 °C, deshalb wird die Häufigkeitssumme „15 %" gegen den Merkmalswert „86,2 °C" aufgetragen.

Statistische Auswertung (Fortsetzung)

Statistische Kennwerte (statistische Maßzahlen):

Arithmetischer Mittelwert

$$\bar{x} = \frac{1}{n}\sum_{i=1}^{n} x_i \quad \text{bzw.} \quad \bar{x} = \frac{x_1 + x_2 + x_3 + \ldots + x_n}{n}$$

Varianz

$$s^2 = \frac{1}{n-1} \cdot \sum_{i=1}^{n} (x_i - \bar{x})^2$$

$$s^2 = \frac{(x_1 - \bar{x})^2 + (x_2 - \bar{x})^2 + \ldots + (x_n - \bar{x})^2}{n-1}$$

x_i Beobachtungswert (Messwert bzw. Stichprobenwert) i, mit $i = 1, 2, 3, \ldots$

$\bar{x}$ Arithmetischer Mittelwert (arithmetisches Mittel)

$|\bar{x}|$ Betrag des arithmetischen Mittelwertes

n Anzahl der Beobachtungswerte

s^2 Varianz (nach DIN ISO 3534-2 S^2)

s Standardabweichung (nach DIN ISO 3534-2 S)

v Variationskoeffizient

Standardabweichung

$$s = |\sqrt{s^2}| \qquad s = \sqrt{\frac{(x_1 - \bar{x})^2 + (x_2 - \bar{x})^2 + \ldots + (x_n - \bar{x})^2}{n-1}}$$

Variationskoeffizient

$$v = \frac{s}{|\bar{x}|}$$

B (Werte aus der Tabelle auf Seite 37)

$$\bar{x} = \frac{86{,}8 + 86{,}4 + 86{,}3 + \ldots + 86{,}2}{40} = \mathbf{86{,}7} \qquad s^2 = \frac{(86{,}8 - 86{,}7)^2 + (86{,}4 - 86{,}7)^2 + \ldots + (86{,}2 - 86{,}7)^2}{40 - 1} = \mathbf{0{,}2}$$

$$s = |\sqrt{s^2}| = \mathbf{0{,}45} \qquad v = \frac{0{,}45}{86{,}7} = \mathbf{0{,}005} \quad \text{bzw.} \quad v = \mathbf{0{,}5\ \%}$$

Trendbestimmung:

Treten bei zeitbezogenen Beobachtungswerten starke Schwankungen auf, so zeigt der Polygonzug einen sprunghaften Verlauf, der Trends und Trendwenden verschleiern kann. Die **Methode des gleitenden Mittelwertes** lässt diese wieder erkennbar werden. Dabei werden benachbarte Beobachtungswerte gemittelt und dann als Ordinatenwerte über der Zeit aufgetragen.

Sind die Beobachtungswerte $x_1, x_2, x_3, \ldots, x_{n-2}, x_{n-1}, x_n$ so gilt:

1. Ordinatenwert: $\bar{x}_1 = \frac{x_1 + x_2}{2}$

2. Ordinatenwert: $\bar{x}_2 = \frac{x_1 + x_2 + x_3}{3}$

3. Ordinatenwert: $\bar{x}_3 = \frac{x_2 + x_3 + x_4}{3}$

⋮

$(n-1)$. Ordinatenwert: $\bar{x}_{n-1} = \frac{x_{n-2} + x_{n-1} + x_n}{3}$

n. Ordinatenwert: $\bar{x}_n = \frac{x_{n-1} + x_n}{2}$

B Durchschnittliche Aufheizzeiten eines Kessels:

Monat	t_A in min	Monat	t_A in min	Monat	t_A in min
1	24	4	23	7	24
2	26	5	28	8	30
3	20	6	21	9	26

$\bar{t}_1 = \frac{24 + 26}{2} = \mathbf{25}$ $\qquad \bar{t}_2 = \frac{24 + 26 + 20}{3} = \mathbf{23{,}3}$

$\bar{t}_3 = \frac{26 + 20 + 23}{3} = \mathbf{23}$ analog: $\bar{t}_4 = \mathbf{23{,}7}$ $\quad \bar{t}_5 = \mathbf{24}$

$\bar{t}_6 = \mathbf{24{,}3}$ $\quad \bar{t}_7 = \mathbf{25}$ $\quad \bar{t}_8 = \mathbf{26{,}7}$ $\quad \bar{t}_9 = \mathbf{28}$

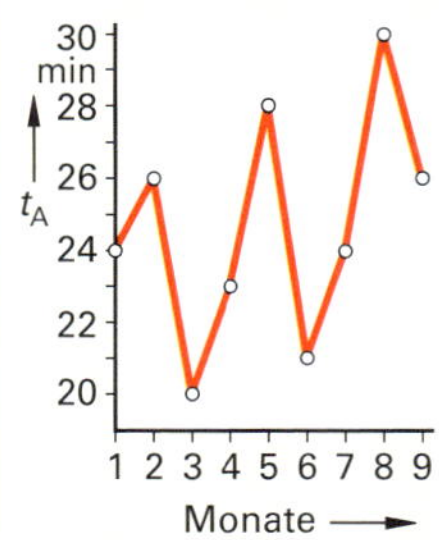

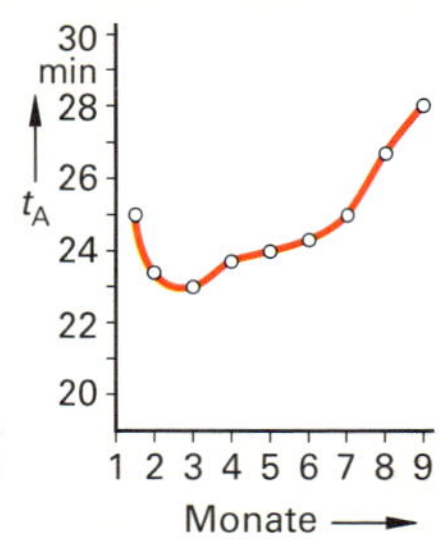

Flächenberechnung

A Fläche *U* Umfang *l* Länge l_B Bogenlänge l_m mittlere Länge *b* Breite *h* Höhe *e* Eckenmaß
D, d Durchmesser d_m mittlerer Durchmesser *r* Radius *s* Dicke *α* Mittelpunktswinkel
(→ Inhalt unregelmäßiger Flächen)

Quadrat

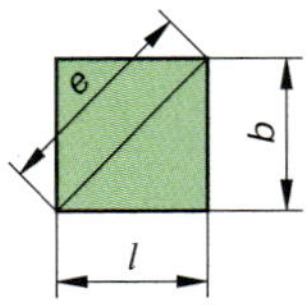

$l = b$

$$A = l^2$$
$$U = 4 \cdot l$$
$$e = l \cdot \sqrt{2}$$

Rechteck

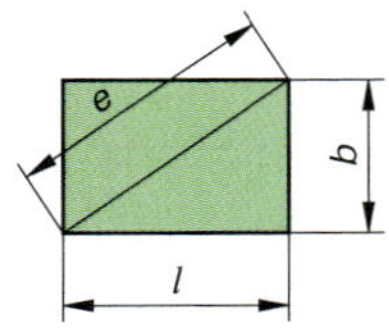

$$A = l \cdot b$$
$$U = 2 \cdot (l + b)$$
$$e = \sqrt{l^2 + b^2}$$

Rhombus (Raute)

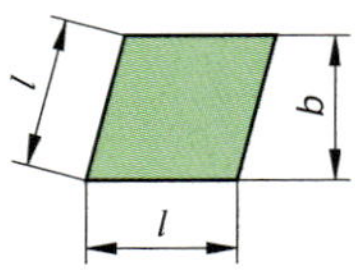

$$A = l \cdot b$$
$$U = 4 \cdot l$$

Rhomboid (Parallelogramm)

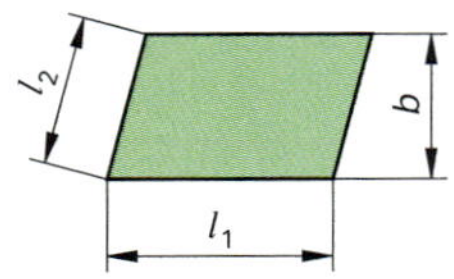

$$A = l_1 \cdot b$$
$$U = 2 \cdot (l_1 + l_2)$$

Dreieck

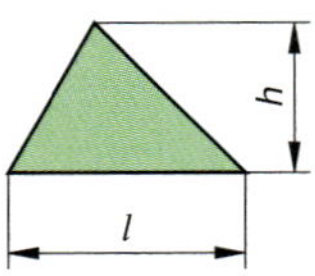

$$A = \frac{l \cdot h}{2}$$

U = Summe aller Seitenlängen

(→ „Satz des Heron")

Trapez

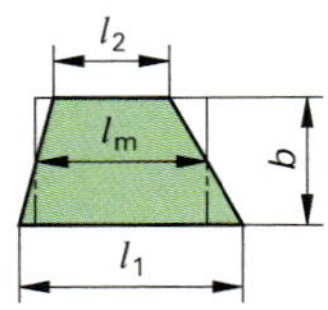

$$A = \frac{l_1 + l_2}{2} \cdot b$$
$$A = l_m \cdot b$$

U = Summe aller Seitenlängen

Kreis

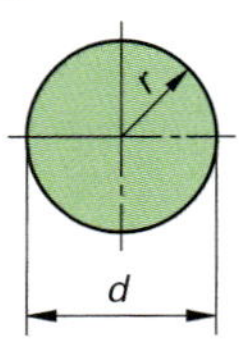

$$A = \frac{d^2 \cdot \pi}{4}$$
$$A = r^2 \cdot \pi$$
$$U = d \cdot \pi$$
$$U = 2 \cdot r \cdot \pi$$

Kreisring

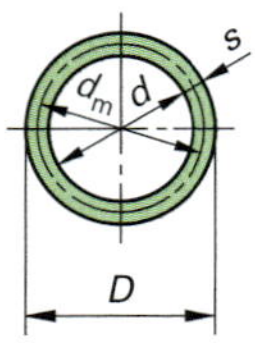

$$A = \frac{\pi}{4} \cdot (D^2 - d^2)$$
$$d = D - 2 \cdot s$$
$$d_m = \frac{D + d}{2}$$

Regelmäßiges Vieleck

n = Anzahl der Ecken

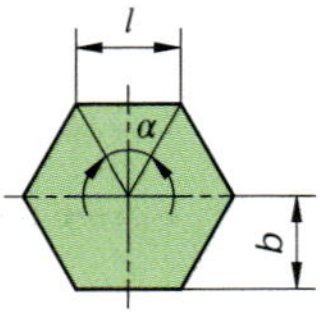

$$A = n \cdot \frac{l^2}{2} \cdot \cot \frac{\alpha}{2} \qquad \alpha = \frac{360°}{n}$$
$$A = \frac{l \cdot b}{2} \cdot n$$
$$U = n \cdot l$$

Ellipse

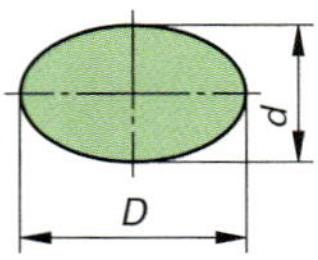

$$A = \frac{D \cdot d \cdot \pi}{4}$$
$$U \approx \frac{\pi}{4} \cdot [3 \cdot (D + d) - 2 \cdot \sqrt{D \cdot d}]$$

Kreisausschnitt (Sektor)

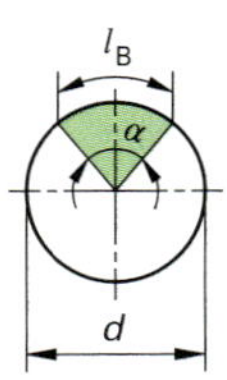

$$A = \frac{\pi \cdot d^2 \cdot \alpha}{4 \cdot 360°}$$
$$A = \frac{l_B \cdot d}{4}$$
$$U = l_B + 2 \cdot r$$
$$l_B = \frac{\pi \cdot d \cdot \alpha}{360°}$$

Kreisabschnitt (Segment)

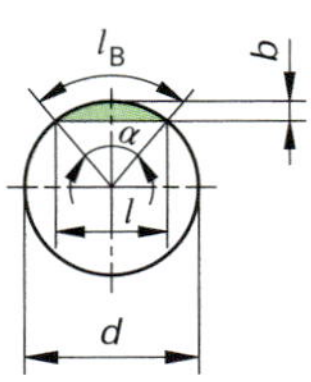

$$A = \frac{l_B \cdot d - l \cdot (d - 2 \cdot b)}{4}$$
$$U = l_B + l$$

Körperberechnung

V Volumen A_O Oberfläche A_M Mantelfläche h Höhe l Länge b Breite D, d Durchmesser
R, r Radius e Eckenmaß bzw. Flächendiagonale f Raumdiagonale S Schwerpunkt

1

Gerade Körper

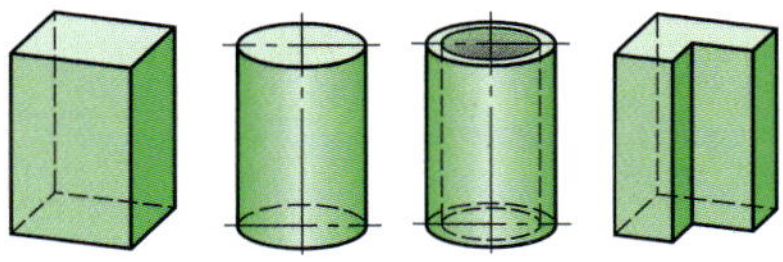

$V = A \cdot h$ — A Grundfläche

A_O = Summe aller Einzelflächen

Spitze Körper

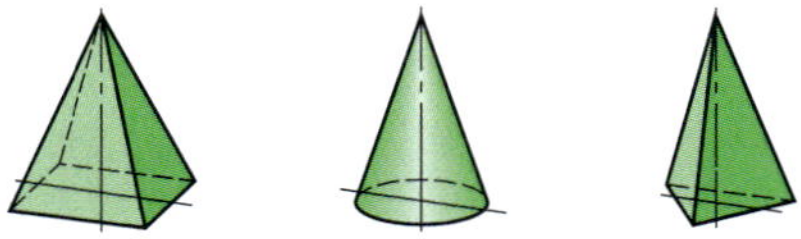

$V = \frac{A \cdot h}{3}$ — A Grundfläche

$A_O = A + A_M$

Würfel

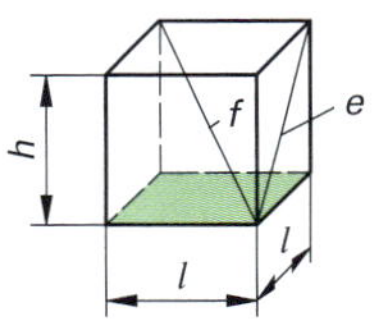

$V = l^3$

$A_O = 6 \cdot l^2$

$f = l \cdot \sqrt{3}$

$e = l \cdot \sqrt{2}$

Quader

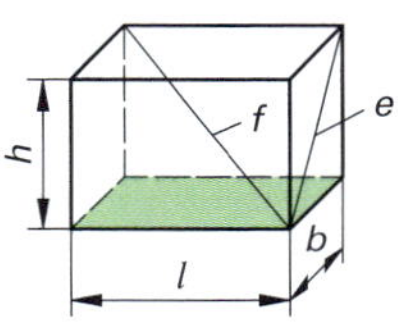

$V = l \cdot b \cdot h$

$A_O = 2 \cdot (l \cdot b + h \cdot b + h \cdot l)$

$f = \sqrt{l^2 + b^2 + h^2}$

$e = \sqrt{b^2 + h^2}$

oder entsprechend für die andere Seite

Zylinder

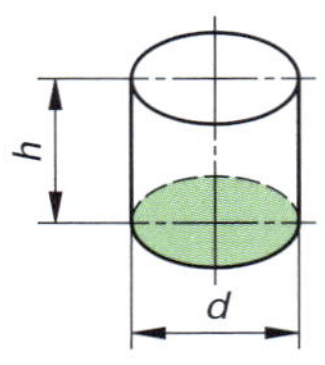

$V = \frac{d^2 \cdot \pi}{4} \cdot h$

$A_O = 2 \cdot \frac{d^2 \cdot \pi}{4} + d \cdot \pi \cdot h$

$A_M = d \cdot \pi \cdot h$

Hohlzylinder

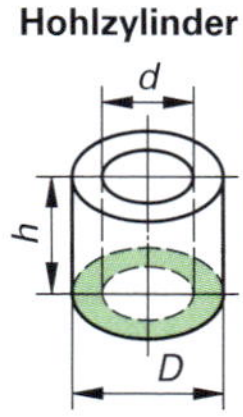

$V = \frac{\pi \cdot h}{4} \cdot (D^2 - d^2)$

$A_O = 2 \cdot \frac{\pi}{4} \cdot (D^2 - d^2) + \pi \cdot h \cdot (D + d)$

$A_M = \pi \cdot h \cdot (D + d)$

Pyramide

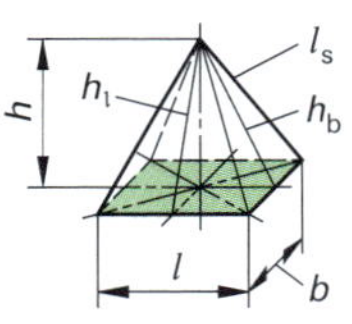

$V = \frac{l \cdot b \cdot h}{3}$

$A_O = l \cdot b + l \cdot h_l + b \cdot h_b$

$A_M = l \cdot h_l + b \cdot h_b$

$h_b = \sqrt{h^2 + l^2 / 4}$

$h_l = \sqrt{h^2 + b^2 / 4}$

$l_s = \sqrt{h_b^2 + b^2 / 4}$

Pyramidenstumpf

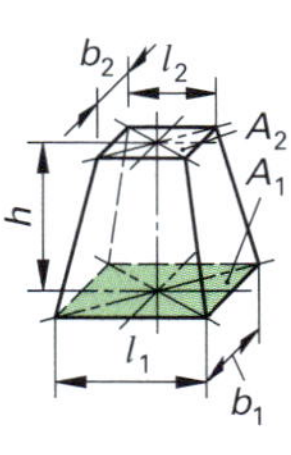

$V = \frac{h}{3} \cdot \left(A_1 + A_2 + \sqrt{A_1 \cdot A_2}\right)$

$A_O = A_1 + A_2 + A_M$

$A_M = (l_1 + l_2) \cdot \sqrt{h^2 + \frac{(b_1 - b_2)^2}{4}} + (b_1 + b_2) \cdot \sqrt{h^2 + \frac{(l_1 - l_2)^2}{4}}$

Kegel

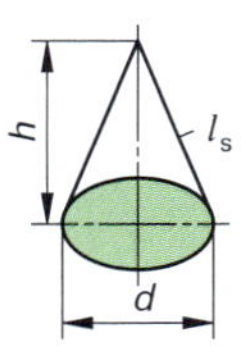

$V = \frac{d^2 \cdot \pi \cdot h}{12}$

$A_O = \frac{d^2 \cdot \pi}{4} + \frac{d \cdot \pi \cdot l_s}{2}$

$A_M = \frac{d \cdot \pi \cdot l_s}{2}$

$l_s = \sqrt{h^2 + d^2 / 4}$

Kegelstumpf

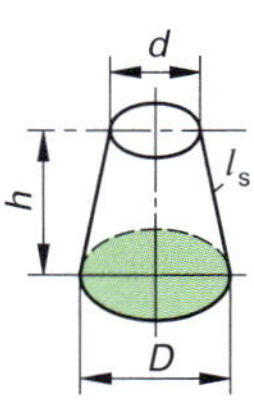

$V = \frac{\pi \cdot h}{12} \cdot (D^2 + d^2 + D \cdot d)$

$A_O = \pi \cdot \left[\frac{D^2 + d^2}{4} + l_s \cdot \left(\frac{D + d}{2}\right)\right]$

$A_M = \frac{D + d}{2} \cdot \pi \cdot l_s$

$l_s = \sqrt{\frac{(D - d)^2}{4} + h^2}$

1

Körperberechnung (Fortsetzung)

Kugel

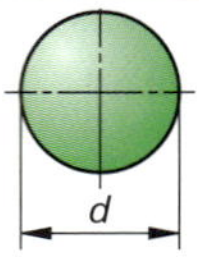

$$V = \frac{d^3 \cdot \pi}{6}$$

$$A_O = d^2 \cdot \pi$$

Liegender Zylinder

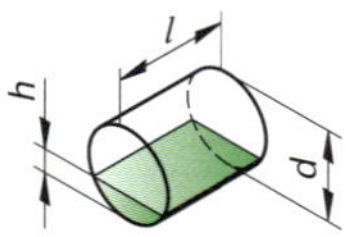

$$V = l \cdot \left[\frac{d^2}{4} \cdot \arccos\left(\frac{d - 2 \cdot h}{d}\right) - \left(\frac{d}{2} - h\right) \cdot \sqrt{d \cdot h - h^2}\right]$$

Kugelabschnitt (Kugelsegment)

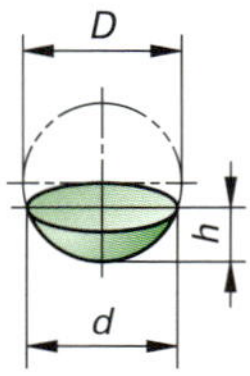

$$V = \frac{\pi \cdot h^2}{6} \cdot (3 \cdot D - 2 \cdot h)$$

$$V = \frac{\pi \cdot h}{2} \cdot \left(\frac{d^2}{4} + \frac{h^2}{3}\right)$$

$$A_O = \pi \cdot h \cdot (2 \cdot d - h)$$

$$A_M = D \cdot \pi \cdot h$$

$$A_M = \pi \cdot \left(\frac{d^2}{4} + h^2\right)$$

$$A_M = 0{,}5 \cdot D \cdot \pi \cdot (D - \sqrt{D^2 - d^2})$$

Kugelschicht (Kugelzone)

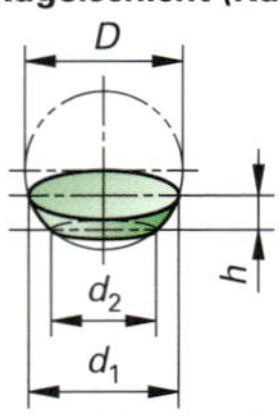

$$V = \frac{\pi \cdot h}{24} \cdot (3 \cdot d_1^2 + 3 \cdot d_2^2 + 4 \cdot h^2)$$

$$A_O = \frac{\pi}{4} \cdot (4 \cdot D \cdot h + d_1^2 + d_2^2)$$

$$A_M = \pi \cdot D \cdot h$$

Kugelausschnitt (Kugelsektor)

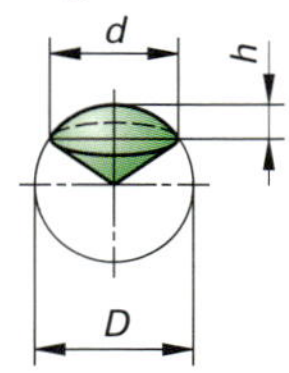

$$V = \frac{\pi \cdot D^2 \cdot h}{6}$$

$$A_O = \pi \cdot D \cdot h + \pi \cdot \frac{D \cdot d}{4}$$

Keil

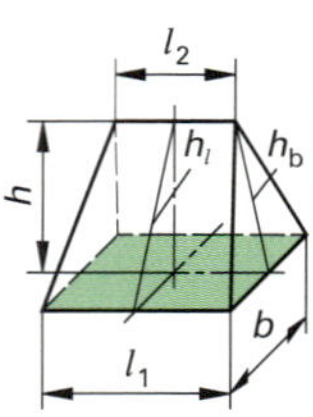

$$V = \frac{(2 \cdot l_1 + l_2) \cdot b \cdot h}{6}$$

$$A_O = l_1 \cdot b + (l_1 + l_2) \cdot h_l + b \cdot h_b$$

$$h_l = \sqrt{h^2 + b^2/4}$$

$$h_b = \sqrt{h^2 + (l_1 - l_2)^2/4}$$

$$A_M = (l_1 + l_2) \cdot h_l + b \cdot h_b$$

Obelisk (abgeschnittener Keil)

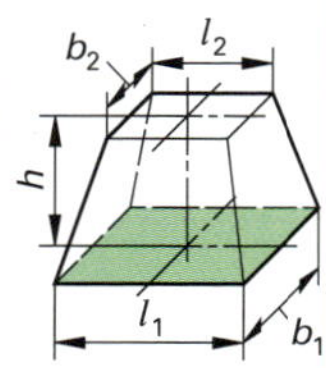

$$V = \frac{h}{6}\,[l_1 \cdot b_1 + (l_1 + l_2) \cdot (b_1 + b_2) + l_2 \cdot b_2]$$

$$A_O = l_1 \cdot b_1 + l_2 \cdot b_2 + (l_1 + l_2) \cdot \sqrt{h^2 + \frac{(b_1 - b_2)^2}{4}} + (b_1 + b_2) \cdot \sqrt{h^2 + \frac{(l_1 - l_2)^2}{4}}$$

Schief abgeschnittener Kreiszylinder

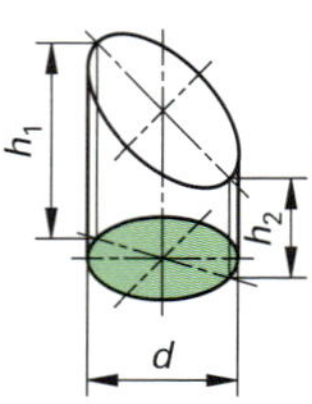

$$V = \frac{\pi \cdot d^2 \cdot (h_1 + h_2)}{8}$$

$$A_O = \frac{\pi \cdot d}{2} \cdot \left(h_1 + h_2 + \frac{d}{2} + \sqrt{\frac{d^2 + (h_1 - h_2)^2}{4}}\right)$$

$$A_M = \frac{\pi \cdot d}{2} \cdot (h_1 + h_2)$$

90°-Bogen

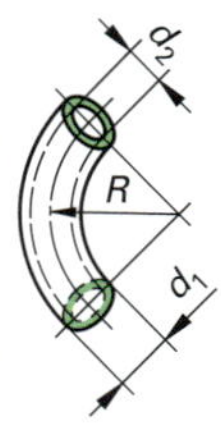

$$V = \frac{R \cdot \pi^2 \cdot (d_1^2 - d_2^2)}{8}$$

$$A_O = \frac{\pi}{2} \cdot (d_1^2 - d_2^2) + \frac{R \cdot \pi^2}{2} \cdot (d_1 + d_2)$$

$$A_M = \frac{R \cdot \pi^2}{2} \cdot (d_1 + d_2)$$

Innenvolumen (Füllvolumen):

$$V_i = \frac{d_2^2 \cdot R \cdot \pi^2}{8}$$

Umdrehungskörper mit bekannter Lage des Schwerpunktes (*Guldin*'sche Regel)

Beispiel: Kreisringtorus

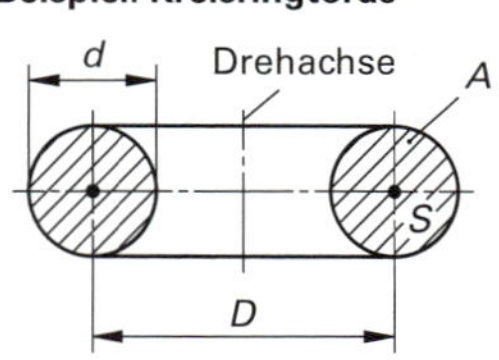

Erste *Guldin*'sche Regel:

Die Oberfläche eines Umdrehungskörpers ist gleich dem Produkt aus der erzeugenden (die Fläche umschließenden) Länge *l* und dem Weg ihres Schwerpunktes *S*.

$$A_O = (d \cdot \pi) \cdot (D \cdot \pi) = d \cdot D \cdot \pi^2$$

Zweite *Guldin*'sche Regel:

Das Volumen eines Umdrehungskörpers ist gleich dem Produkt aus erzeugender Fläche *A* und dem Weg ihres Schwerpunktes *S*.

$$V = \frac{d^2 \cdot \pi}{4} \cdot (D \cdot \pi) = \frac{d^2 \cdot D \cdot \pi^2}{4}$$

1

Geometrische Grundkenntnisse

Winkelarten

Spitzer Winkel

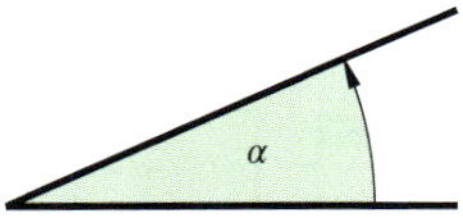

α liegt zwischen 0° und 90°

Rechter Winkel (R)

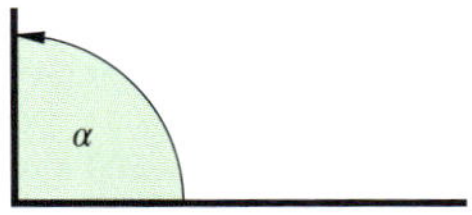

α ist 90° = 1 R

Stumpfer Winkel

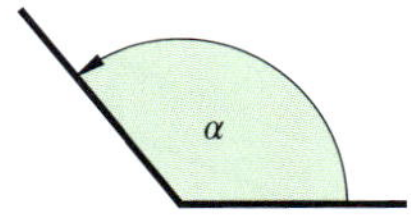

α liegt zwischen 90° und 180°

Gestreckter Winkel (2 R)

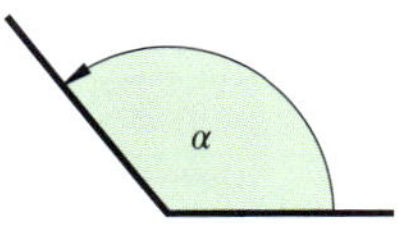

α ist 180°

Überstumpfer Winkel

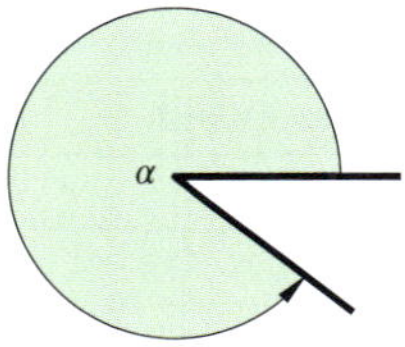

α liegt zwischen 180° und 360°

Vollwinkel (4 R)

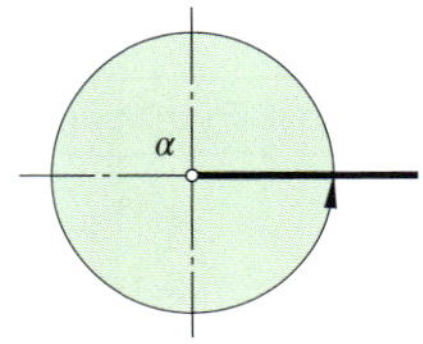

α ist 360°

Winkel an geschnittenen Parallelen

Geschnittene Parallelen: zwei Parallelen g_1, und g_2 werden von einer Geraden geschnitten.

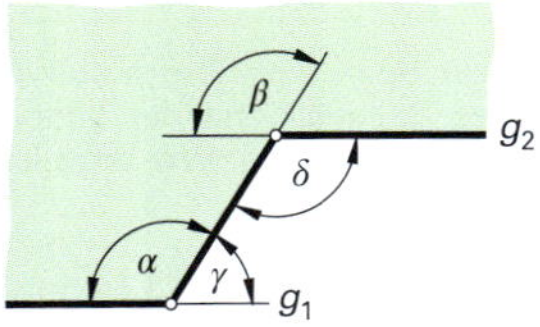

Stufenwinkel (Gegenwinkel) sind gleich groß. $\alpha = \beta$

Wechselwinkel sind gleich groß. $\alpha = \delta$

Scheitelwinkel sind gleich groß. $\beta = \delta$

Nebenwinkel ergänzen sich zu 180°. $\alpha + \gamma = 180°$

Komplementwinkel ergänzt einen vorgegebenen Winkel zu 90°.

Supplementwinkel ergänzt einen vorgegebenen Winkel zu 180°.

Winkelsumme im Dreieck und Seiten im rechtwinkligen Dreieck

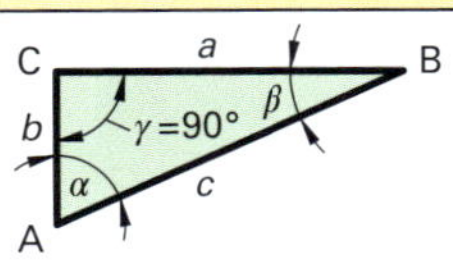

Die Summe der Innenwinkel ist in jedem Dreieck 180° (s. unten). $\alpha + \beta + \gamma = 180°$

Im rechtwinkligen Dreieck ist $\gamma = 90°$; Der Winkel α ist Komplementwinkel zum Winkel β. $\alpha + \beta = 90°$

Katheten sind die den rechten Winkel bildenden Seiten *a* und *b*.

Ankathete heißt die am betrachteten spitzen Winkel anliegende Kathete, d.h. *b* für α und *a* für β.

Gegenkathete heißt die dem betrachteten spitzen Winkel gegenüberliegende Kathete, d.h. *a* für α und *b* für β.

Hypotenuse heißt die dem rechten Winkel gegenüberliegende Seite *c*. Diese Seite ist die längste Dreiecksseite.

Innenwinkel

Die Summe der Innenwinkel im **Dreieck** ist 2 R.

(1 R = 90°). Jeder Innenwinkel eines gleichseitigen Dreiecks ist 60°.

Die Summe der Innenwinkel im **Viereck** ist 360°.

Die Summe der Innenwinkel im **n-Eck** ist $(2n - 4) \cdot 90°$ (n = Anzahl der Ecken)

B Innenwinkel des regelmäßigen Sechseckes:

$(2 \cdot 6 - 4) \cdot R =$

$8 \cdot R = 8 \cdot 90° =$ **720°**

Sätze der Geometrie

Strahlensatz

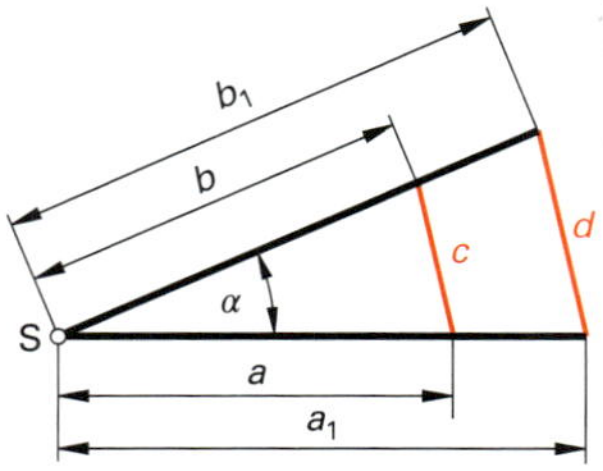

Werden zwei von einem Punkt S ausgehende Strahlen von zwei Parallelen (*c* und *d*) geschnitten, bilden die Abschnitte der Parallelen und die zugehörigen Strahlenabschnitte gleiche Verhältnisse.

$$\frac{c}{d} = \frac{a}{a_1} = \frac{b_1}{b_1}$$

$$\frac{c}{a} = \frac{d}{a_1}$$

$$\frac{a}{b} = \frac{a_1}{b_1}$$

B $a = 300\text{ mm}$; $a_1 = 500\text{ mm}$, $d = 280\text{ mm}$
Wie groß ist *c*?

$$\frac{a}{a_1} = \frac{c}{d} \rightarrow c = d \cdot \frac{a}{a_1} = 280\text{ mm} \cdot \frac{300\text{ mm}}{500\text{ mm}}$$

$\mathbf{c = 168\text{ mm}}$

Lehrsatz des Pythagoras und Lehrsatz des Euklid

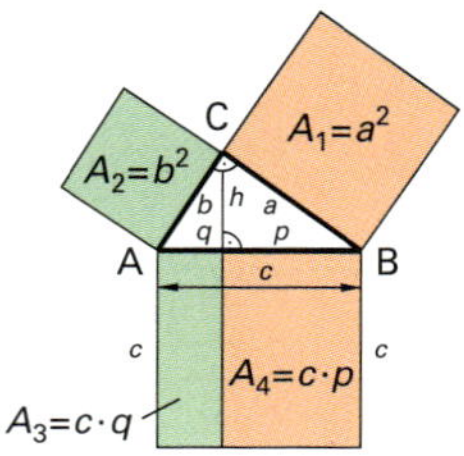

Pythagoras

Im rechtwinkligen Dreieck ist die Summe der Kathetenquadrate flächengleich dem Hypotenusenquadrat.

$$c^2 = a^2 + b^2$$

$$c = \sqrt{a^2 + b^2}$$

Euklid

Im rechtwinkligen Dreieck ist das Quadrat über einer Kathete flächengleich dem Rechteck, gebildet aus der Hypotenuse und dem anliegenden Hypotenusenabschnitt (*p* oder *q*).

$$b^2 = c \cdot q$$

$$a^2 = c \cdot p$$

B In einem rechtwinkligen Dreieck ist $a = 37\text{ mm}$, $c = 98\text{mm}$. Wie groß ist die Seite *b*?

$c^2 = a^2 + b^2$

$b = \sqrt{c^2 - a^2} = \sqrt{(98\text{ mm})^2 - (37\text{ mm})^2}$

$\mathbf{b = 90{,}75\text{ mm}}$

B Ein Quadrat mit der Seite $a = 37\text{ mm}$ soll in ein flächengleiches Rechteck mit der Länge $c = 100\text{ mm}$ verwandelt werden. Wie groß ist die Seite *p*?

$$a^2 = c \cdot p \quad \Rightarrow \quad p = \frac{a^2}{c} = \frac{(37\text{ mm})^2}{100\text{ mm}} = \mathbf{13{,}69\text{ mm}}$$

Höhensatz

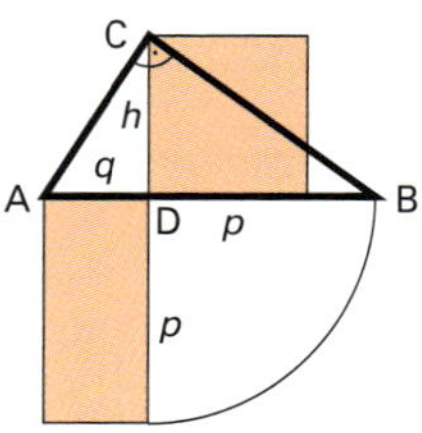

Im rechtwinkligen Dreieck ist das Quadrat über der Höhe flächengleich dem Rechteck, gebildet aus den beiden Hypotenusenabschnitten.

$$h^2 = p \cdot q$$

B In einem rechtwinkligen Dreieck ist $c = 6\text{ cm}$ und der Hypotenusenabschnitt $p = 2{,}5\text{ cm}$. Wie groß ist die Höhe *h*?

$h^2 = p \cdot q$

$h = \sqrt{p \cdot q} = \sqrt{p \cdot (c - p)} = \sqrt{2{,}5\text{ cm} \cdot (6\text{ cm} - 2{,}5\text{ cm})} = \mathbf{2{,}96\text{ cm}}$

Satz des Heron

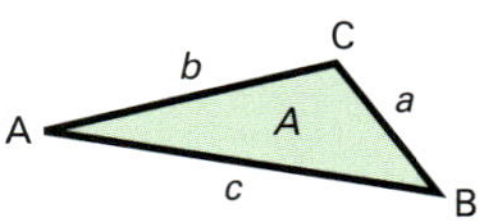

Der Flächeninhalt eines jeden Dreiecks errechnet sich aus der Quadratwurzel des Produktes der halben Seitensumme und allen Differenzen aus halber Seitensumme und jeweiliger Seite.

$$A = \sqrt{s \cdot (s - a) \cdot (s - b) \cdot (s - c)}$$

dabei ist

$$s = \frac{a + b + c}{2}$$

B Ein Dreieck hat die Seitenlängen $a = 17\text{ cm}$, $b = 32\text{ cm}$ und $c = 39\text{ cm}$. Wie groß ist *A*?

$s = \frac{a + b + c}{2} = 44\text{ cm}$, $s - a = 27\text{ cm}$

$s - b = 12\text{ cm}$, $s - c = 5\text{ cm}$

$A = \sqrt{s \cdot (s - a) \cdot (s - b) \cdot (s - c)} = \sqrt{44\text{ cm} \cdot 27\text{ cm} \cdot 12\text{ cm} \cdot 5\text{ cm}}$

$\mathbf{A = 266{,}98\text{ cm}^2}$

1

Trigonometrie

Winkelmaße

Winkelangabe in Grad: 1 Grad (1°)= 60 Minuten (60'); 1 Minute (1') = 60 Sekunden (60'')

Winkelangabe in rad (Radiant):

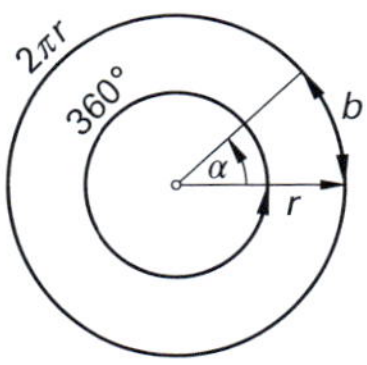

$$\frac{\text{Kreisumfang}}{\text{Kreisbogen}} = \frac{\text{Vollwinkel}}{\text{Zentriwinkel}}$$

$$\frac{2\pi r}{b} = \frac{360°}{\alpha°}$$

$$\alpha° = \frac{180°}{\pi} \cdot \frac{b}{r}$$

Der Quotient $\frac{b}{r}$ heißt **Bogenmaß** $\widehat{\alpha}$. Einheit ist der Radiant (rad).

1 rad ist der Winkel im Bogenmaß, für den das Verhältnis $b/r = 1$ ist.

$$\alpha° = \frac{180°}{\pi} \cdot \widehat{\alpha}$$

$$1\ \text{rad} = 57{,}2957° \approx 57{,}3°$$
$$1° = 0{,}017453\ \text{rad}$$

$\alpha°$ Winkel in Grad

$\widehat{\alpha}$ Winkel in rad (im Bogenmaß)

$$\widehat{\alpha} = \alpha° \cdot \frac{\pi}{180°}$$

$1' = 290{,}89 \cdot 10^{-6}$ rad; $1'' = 4{,}848 \cdot 10^{-6}$ rad

Gradmaß	30°	45°	60°	90°	180°	360°	57,3°
Bogenmaß	$\frac{\pi}{6}$ rad	$\frac{\pi}{4}$ rad	$\frac{\pi}{3}$ rad	$\frac{\pi}{2}$ rad	π rad	2π rad	≈ 1 rad

B Wie groß ist $\widehat{\alpha}$ bei $\alpha = 114{,}7°$?

$$\widehat{\alpha} = \alpha° \cdot \frac{\pi}{180°} = 114{,}7° \cdot \frac{\pi}{180°}$$

$\widehat{\alpha}$ **= 2,0019 rad**

Winkelfunktionen (Trigonomie des rechtwinkligen Dreiecks)

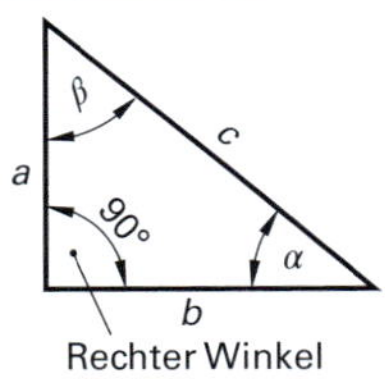

Katheten sind die den rechten Winkel bildenden Seiten *a* und *b*

Ankathete heißt die am betrachteten spitzen Winkel anliegende Kathete (*b* für α und *a* für β)

Gegenkathete heißt die dem betrachteten spitzen Winkel gegenüberliegende Kathete (*a* für α und *b* für β)

Hypotenuse heißt die dem rechten Winkel gegenüberliegende (längste) Seite *c*

Definition der Winkelfunktion	**Formel** der Winkelfunktionen	**Beispiele** für $a = 3$ cm, $b = 4$ cm, $c = 5$ cm
Sinus $= \frac{\text{Gegenkathete}}{\text{Hypotenuse}}$	$\sin\alpha = \frac{a}{c}$; $\sin\beta = \frac{b}{c}$	$\sin\alpha = \frac{3\ \text{cm}}{5\ \text{cm}} = 0{,}600$; $\sin\beta = \frac{4\ \text{cm}}{5\ \text{cm}} = 0{,}800$
Cosinus $= \frac{\text{Ankathete}}{\text{Hypotenuse}}$	$\cos\alpha = \frac{b}{c}$; $\cos\beta = \frac{a}{c}$	$\cos\alpha = \frac{4\ \text{cm}}{5\ \text{cm}} = 0{,}800$; $\cos\beta = \frac{3\ \text{cm}}{5\ \text{cm}} = 0{,}600$
Tangens $= \frac{\text{Gegenkathete}}{\text{Ankathete}}$	$\tan\alpha = \frac{a}{b}$; $\tan\beta = \frac{b}{a}$	$\tan\alpha = \frac{3\ \text{cm}}{4\ \text{cm}} = 0{,}750$; $\tan\beta = \frac{4\ \text{cm}}{3\ \text{cm}} = 1{,}333$
Cotangens $= \frac{\text{Ankathete}}{\text{Gegenkathete}}$	$\cot\alpha = \frac{b}{a}$; $\cot\beta = \frac{a}{b}$	$\cot\alpha = \frac{4\ \text{cm}}{3\ \text{cm}} = 1{,}333$; $\cot\beta = \frac{3\ \text{cm}}{4\ \text{cm}} = 0{,}750$

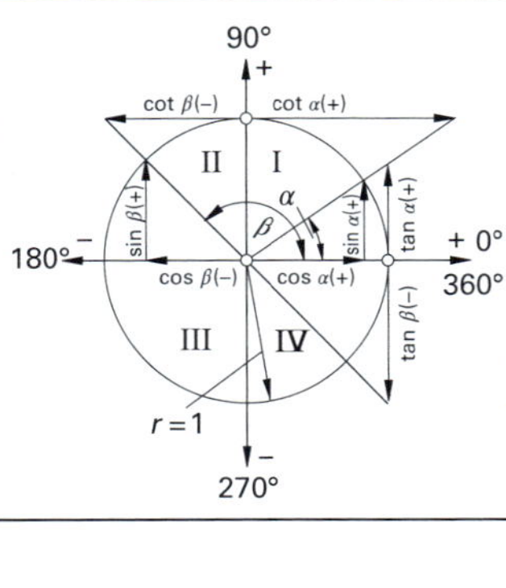

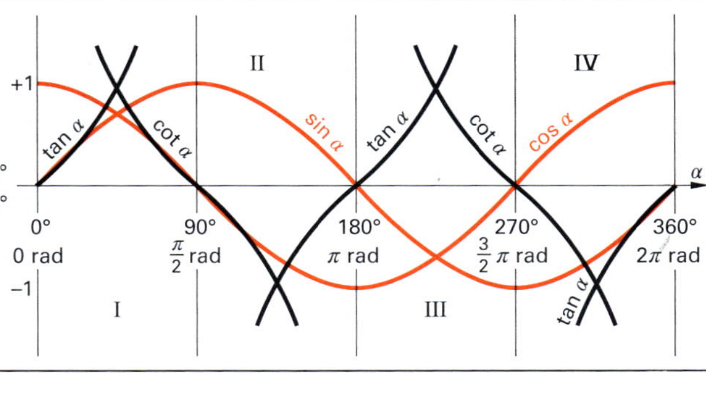

1

Trigonometrie (Fortsetzung)

$\sin \alpha = \cos \beta = \cos (90° - \alpha)$
$\cos \alpha = \sin \beta = \sin (90° - \alpha)$

Der Cosinus eines Winkels ist gleich dem Sinus seines Ergänzungswinkels (Komplementwinkel) und umgekehrt.

$\sin 30° = \cos 60°$; $\cos 3{,}5° = \sin 86{,}5°$

$\tan \alpha = \cot \beta = \cot (90° - \alpha)$
$\cot \alpha = \tan \beta = \tan (90° - \alpha)$

Der Tangens eines Winkels ist gleich dem Cotangens seines Ergänzungswinkels (Komplementwinkel) und umgekehrt.

$\tan 30° = \cot 60°$; $\cot 67° = \tan 23°$

Beziehungen zwischen den Funktionswerten der Winkelfunktionen

$(\sin \alpha)^2 = \sin^2 \alpha$

gegeben →	$\sin \alpha$	$\cos \alpha$	$\tan \alpha$	$\cot \alpha$
$\sin \alpha$	–	$\sqrt{1-\cos^2 \alpha}$	$\frac{\tan \alpha}{\sqrt{1+\tan^2 \alpha}}$	$\frac{1}{\sqrt{1+\cot^2 \alpha}}$
$\cos \alpha$	$\sqrt{1-\sin^2 \alpha}$	–	$\frac{1}{\sqrt{1+\tan^2 \alpha}}$	$\frac{\cot \alpha}{\sqrt{1+\cot^2 \alpha}}$
$\tan \alpha$	$\frac{\sin \alpha}{\sqrt{1-\sin^2 \alpha}}$	$\frac{\sqrt{1-\cos^2 \alpha}}{\cos \alpha}$	–	$\frac{1}{\cot \alpha}$
$\cot \alpha$	$\frac{\sqrt{1-\sin^2 \alpha}}{\sin \alpha}$	$\frac{\cos \alpha}{\sqrt{1-\cos^2 \alpha}}$	$\frac{1}{\tan \alpha}$	–

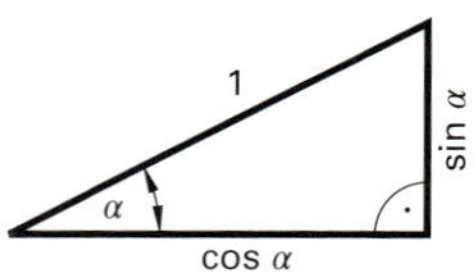

$\sin^2 \alpha + \cos^2 \alpha = 1$
(trigonometrischer Pythagoras)

$\tan \alpha \cdot \cot \alpha = 1$

$\tan \alpha = \frac{\sin \alpha}{\cos \alpha}$

$\cot \alpha = \frac{\cos \alpha}{\sin \alpha}$

Wichtige Funktionswerte der vier Winkelfunktionen

	0°	$30° = \frac{\pi}{6}$ rad	$45° = \frac{\pi}{4}$ rad	$60° = \frac{\pi}{3}$ rad	$90° = \frac{\pi}{2}$ rad	$180° = \pi$ rad	$360° = \pi$ rad
sin	0	$\frac{1}{2} = 0{,}5$	$\frac{1}{2} \cdot \sqrt{2} = 0{,}7071$	$\frac{1}{2} \cdot \sqrt{3} = 0{,}866$	1	0	0
cos	1	$\frac{1}{2} \cdot \sqrt{3} = 0{,}866$	$\frac{1}{2} \cdot \sqrt{2} = 0{,}7071$	$\frac{1}{2} = 0{,}5$	0	–1	1
tan	0	$\frac{1}{3} \cdot \sqrt{3} = 0{,}5774$	1	$\sqrt{3} = 1{,}7321$	∞	0	0
cot	∞	$\sqrt{3} = 1{,}7321$	1	$\frac{1}{3} \cdot \sqrt{3} = 0{,}5774$	0	∞	∞

Trigonometrie des schiefwinkligen Dreiecks

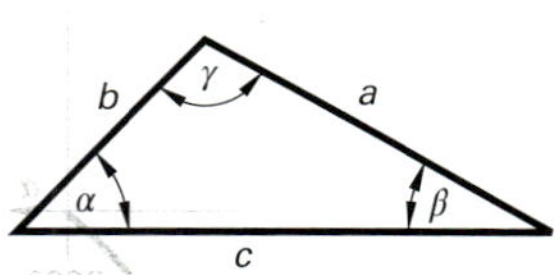

Sinussatz

$a : b : c = \sin \alpha : \sin \beta : \sin \gamma$

$\frac{\sin \alpha}{a} = \frac{\sin \beta}{b} = \frac{\sin \gamma}{c}$

Cosinussatz

$a^2 = b^2 + c^2 - 2 \cdot b \cdot c \cdot \cos \alpha$

$b^2 = a^2 + c^2 - 2 \cdot a \cdot c \cdot \cos \beta$

$c^2 = a^2 + b^2 - 2 \cdot a \cdot b \cdot \cos \gamma$

Beachten Sie: Der **Satz des Pythagoras** ist ein Sonderfall des Cosinussatzes für $\gamma = 90°$ (rechtwinkliges Dreieck), da $\cos 90° = 0°$.

$c^2 = a^2 + b^2$ für $\gamma = 90°$

1

Teilung von Längen (Gitterteilung)

Randabstand = Teilung

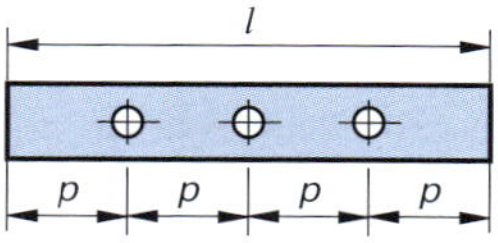

$$p = \frac{l}{z+1}$$

$$z = n + 1$$

Randabstand ≠ Teilung

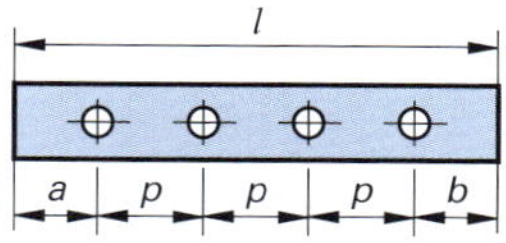

$$p = \frac{l-(a+b)}{n+1}$$

l	Gesamtlänge	mm
p	Teilung	mm
z	Anzahl der Teile	1
n	Anzahl der Bohrungen, Markierungen, Sägeschnitte …	1
a, b	Randabstände (gleich oder ungleich)	mm

Teilung auf dem Lochkreis

$$s = d \cdot \sin\frac{180°}{n} = d \cdot k$$

$$k = \sin\frac{180°}{n}$$

B $d = 225$ mm; $n = 17$, $s = ?$

$s = 225 \text{ mm} \cdot \sin\frac{180°}{17}$

$\mathbf{s = 41{,}34\ mm}$

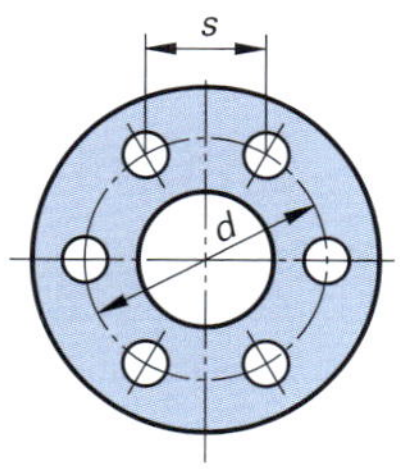

s	Teilungsstrecke, Sehnenlänge	mm
d	Teilkreisdurchmesser	mm
n	Anzahl der Teilungsstrecken bzw. Anzahl der Bohrungen	1
k	Sehnenkonstante (s. Tabelle, unten)	1

(→ Flanschverbindungen)

Sehnenkonstanten:

n	k	n	k	n	k	n	k
1	0,000 00	26	0,120 54	51	0,061 56	76	0,041 32
2	1,000 00	27	0,116 09	52	0,060 38	77	0,040 79
3	0,866 03	28	0,111 96	53	0,059 24	78	0,040 27
4	0,707 11	29	0,108 12	54	0,058 14	79	0,039 76
5	0,587 79	30	0,104 53	55	0,057 09	80	0,039 26
6	0,500 00	31	0,101 17	56	0,056 07	81	0,038 78
7	0,433 88	32	0,098 02	57	0,055 09	82	0,038 30
8	0,382 68	33	0,095 06	58	0,054 14	83	0,037 84
9	0,342 02	34	0,092 27	59	0,053 22	84	0,037 39
10	0,309 02	35	0,089 61	60	0,052 34	85	0,036 95
11	0,281 73	36	0,087 16	61	0,051 48	86	0,036 52
12	0,258 82	37	0,084 81	62	0,050 65	87	0,036 10
13	0,239 32	38	0,082 58	63	0,049 85	88	0,035 69
14	0,222 52	39	0,080 47	64	0,049 07	89	0,035 29
15	0,207 91	40	0,078 46	65	0,048 31	90	0,034 90
16	0,195 09	41	0,076 55	66	0,047 58	91	0,034 52
17	0,183 75	42	0,074 73	67	0,046 87	92	0,034 14
18	0,173 65	43	0,073 00	68	0,046 18	93	0,033 77
19	0,164 59	44	0,071 34	69	0,045 51	94	0,033 41
20	0,156 43	45	0,069 76	70	0,044 86	95	0,033 06
21	0,149 04	46	0,068 24	71	0,044 23	96	0,032 72
22	0,142 31	47	0,066 79	72	0,043 62	97	0,032 38
23	0,136 17	48	0,065 40	73	0,043 02	98	0,032 05
24	0,130 53	49	0,064 07	74	0,042 44	99	0,031 73
25	0,125 33	50	0,062 79	75	0,041 88	100	0,031 41

Rohlängen von Pressteilen (Schmiedelänge)

$$l_1 = \frac{V}{A_1}$$

$$l_2 = \frac{V}{A_2}$$

$$A_1 \cdot l_1 = A_2 \cdot l_2$$

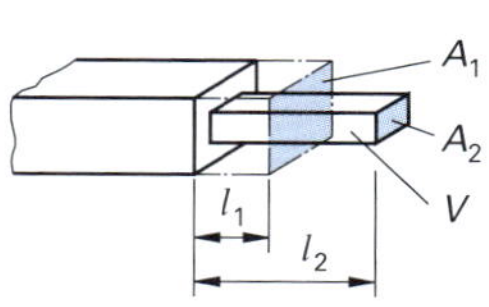

l_1	Ausgangslänge	mm
l_2	Press- bzw. Schmiedelänge mm	
A_1	Ausgangsquerschnitt	mm^2
A_2	Endquerschnitt	mm^2
V	Volumen	mm^3

1

Gestreckte Längen (kreisförmig gebogen)

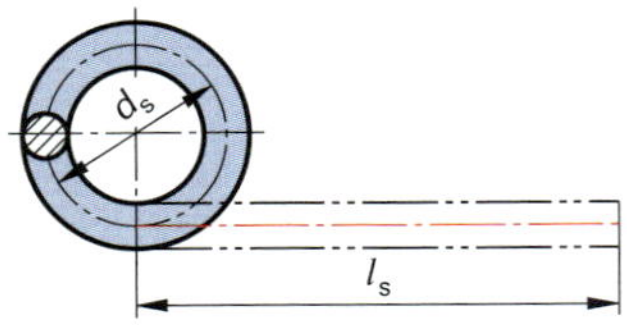

Gestreckte Länge = Länge der Schwerpunktlinie l_s

$$l_s = d_s \cdot \pi$$

l_s	gestreckte Länge	mm
d_s	Durchmesser der Schwerpunktlinie. Bei symmetrischen Querschnitten: mittlerer Durchmesser	mm
α	Biegewinkel	Grad

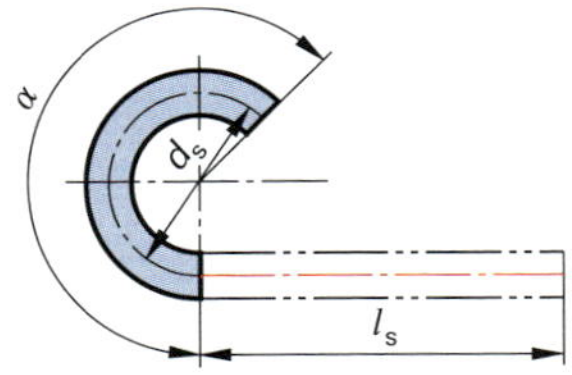

(→ Maßnormen für Rohre)

$$l_s = d_s \cdot \pi \cdot \frac{\alpha°}{360°}$$

(→ Rohrleitungen, Darstellung)

B Der zylindrische Mantel eines Kessels mit dem Innendurchmesser d_i = 750 mm wird aus Blech mit der Wanddicke s = 8 mm hergestellt. Welche gestreckte Länge hat das Kesselblech?

$$l_s = d_s \cdot \pi = \frac{d_a + d_i}{2} \cdot \pi$$

$$\boldsymbol{l_s} = \frac{766\ \text{mm} + 750\ \text{mm}}{2} \cdot \pi = \mathbf{2381{,}3\ mm}$$

Zusammengesetzte Längen und zusammengesetzte Flächen

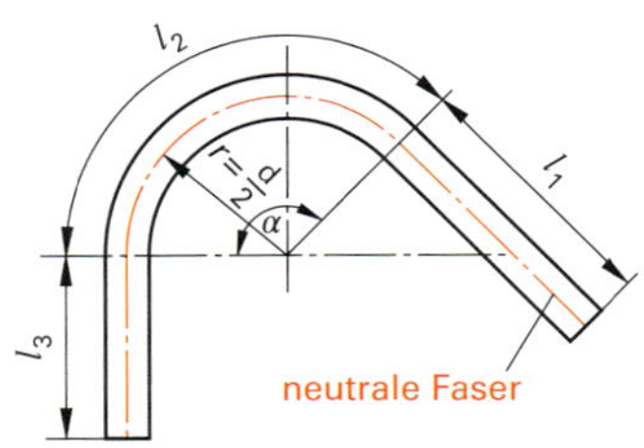

Die Schwerpunktlinie heißt auch **Biegelinie** oder **neutrale Faser**. (→ Biegung, Schwerpunkt)

Die gestreckte Länge l_s entspricht der Länge der neutralen Faser.

$$l_s = l_1 + l_2 + l_3 + \ldots$$

B In nebenstehender Zeichnung ist l_1 = 85 mm, l_3 = 95 mm, α = 135° und d = 200 mm. Berechnen Sie l_s.

$$l_s = l_1 + l_2 + l_3 = l_1 + \frac{\pi \cdot d \cdot \alpha°}{360°} + l_3$$

$$\boldsymbol{l_s} = 85\ \text{mm} + \frac{\pi \cdot 200\ \text{mm} \cdot 135°}{360°} + 95\ \text{mm} = \mathbf{415{,}62\ mm}$$

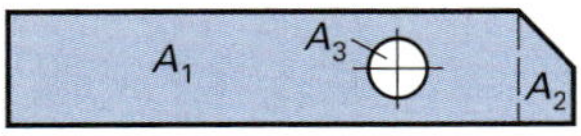

Ebenso wie die Summe der Teillängen die Gesamtlänge ergibt, errechnet sich die Ge-samtfläche aus der Summe der Teilflächen.

$$A = \Sigma A_i = A_1 + A_2 + A_3 \pm \ldots$$

Berechnung der Masse bei Halbzeugen

Längenbezogene Masse (→ Masse)

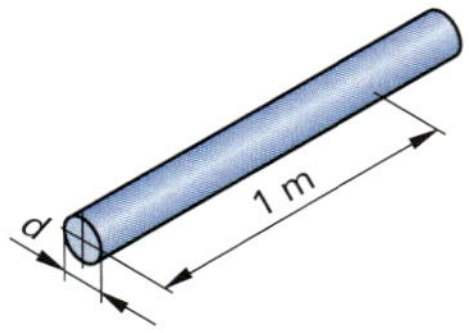

m' in $\frac{\text{kg}}{\text{m}}$

$$m = m' \cdot l$$

Die längenbezogene Masse wird z.B. bei Normquerschnitten, wie etwa bei Stahl- und Leichtbauprofilen bzw. auch bei Rohren in den entsprechenden Normen angegeben.

m	Masse	kg
l	Länge	m
m'	längenbezogene Masse	kg/m

B Ein T-Profil T 50 steht in der **DIN EN 10055** mit m' = 4,44 kg/m. Wie groß ist die Masse eines Stabes mit l = 3,6 m.

$m = m' \cdot l$ = 4,44 kg/m · 3,6 m

$\boldsymbol{m}$ **= 15,98 kg**

Flächenbezogene Masse (→ Masse)

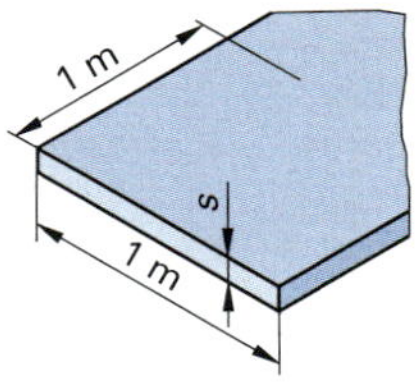

m'' in $\frac{\text{kg}}{\text{m}^2}$

$$m = m'' \cdot A$$

m''	flächenbezogene Masse	kg/m²
A	Fläche	m²

B Wie groß ist die Masse bzw. das Gewicht (Gewichtskraft) eines 3 mm dicken Stahlbleches mit $A = 6{,}3\ \text{m}^2$ und $m'' = 23{,}6\ \text{kg/m}^2$?

$m = m'' \cdot A = 23{,}6\ \text{kg/m}^2 \cdot 6{,}3\ \text{m}^2$

$\boldsymbol{m}$ **= 148,68 kg**

$F_G = m \cdot g = 148{,}68\ \text{kg} \cdot 9{,}81\ \text{m/s}^2$

$\boldsymbol{F_G}$ **= 1458,55 N**

1

Volumeninhalt und äußere Oberfläche wichtiger Behälterböden

Tellerboden

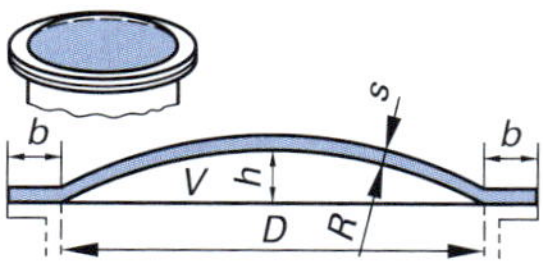

$R = 1{,}1 \cdot D$ bis $1{,}4 \cdot D$

Inhalt der Wölbung:

$$V = \frac{\pi \cdot h}{2} \cdot \left(\frac{D^2}{4} + \frac{h^2}{3}\right)$$

Äußere Oberfläche:

$$A_O = 2 \cdot (R + s) \cdot \pi \cdot h + \frac{\pi}{4} \cdot \left[(D + 2 \cdot b)^2 - D^2\right]$$

$$A_O = \pi \cdot \left(\frac{D^2}{4} + h^2\right) + \frac{\pi}{4} \cdot \left[(D + 2 \cdot b)^2 - D^2\right]$$

Klöpperboden

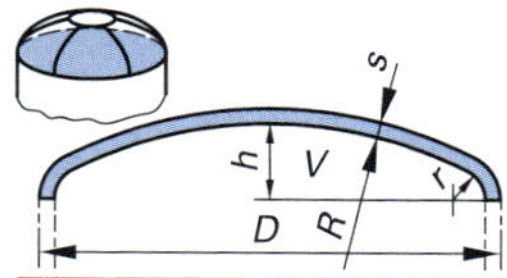

$R = D$

$r = 0{,}1 \cdot D$

Inhalt der Wölbung (ohne Zylinderbord):

$$V \approx 0{,}1 \cdot (D - 2 \cdot s)^3$$

Äußere Oberfläche (ohne Zylinderbord):

$$A_O \approx 0{,}99 \cdot D^2$$

$$h = 0{,}1935 \cdot D - 0{,}445 \cdot s$$

Korbbogenboden

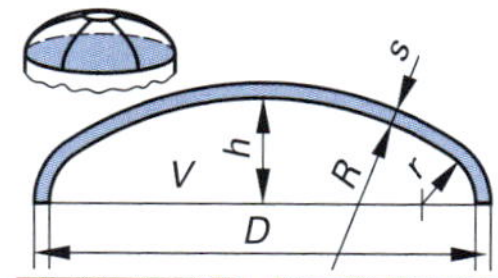

$R = 0{,}8 \cdot D$

$r = 0{,}154 \cdot D$

Inhalt der Wölbung (ohne Zylinderbord):

$$V \approx 0{,}1298 \cdot (D - 2 \cdot s)^3$$

Äußere Oberfläche (ohne Zylinderbord):

$$A_O \approx 1{,}08 \cdot D^2$$

$$h = 0{,}255 \cdot D - 0{,}635 \cdot s$$

B Welchen Nenninhalt besitzt der abgebildete Behälter (mit Klöpperboden) bis zum Austragsrohr (DN 100, d. h. $d_i = 100$ mm)?

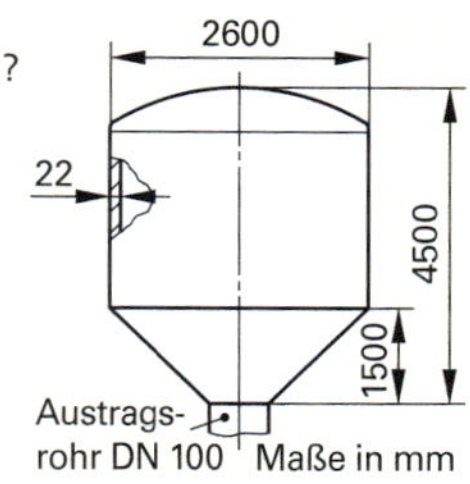

Höhe des Klöpperbodens:
$h_1 = 0{,}1935 \cdot D - 0{,}445 \cdot s = 0{,}1935 \cdot 2{,}6\ \text{m} - 0{,}445 \cdot 0{,}022\ \text{m} = \mathbf{0{,}493\ m}$

Inhalt des Klöpperbodens:
$V_1 \approx 0{,}1 \cdot (D - 2 \cdot s)^3 \approx 0{,}1 \cdot (2{,}6\ \text{m} - 2 \cdot 0{,}022\ \text{m})^3 \approx \mathbf{1{,}67\ m^3}$

Inhalt des zylindrischen Teiles:
$$V_1 = \frac{(D - 2 \cdot s)^2}{4} \cdot \pi \cdot l = \frac{(2{,}6\ \text{m} - 2 \cdot 0{,}022\ \text{m})^2}{4} \cdot \pi \cdot$$
$$\cdot (4{,}5\ \text{m} - 1{,}5\ \text{m} - 0{,}493\ \text{m} - 0{,}022\ \text{m}) = \mathbf{12{,}75\ m^3}$$

Inhalt des konischen Teiles (Kegelstumpf):
$$V_3 = \frac{\pi \cdot h_3}{12} \cdot \left[(D - 2 \cdot s)^2 + d_i^2 + (D - 2 \cdot s) \cdot d_i\right] = \frac{\pi \cdot 1{,}5\ \text{m}}{12} \cdot [(2{,}6\ \text{m} - 2 \cdot 0{,}022\ \text{m})^2 + (0{,}1\ \text{m})^2$$
$$+ (2{,}6\ \text{m} - 2 \cdot 0{,}022\ \text{m}) \cdot 0{,}1\ \text{m}] = \mathbf{2{,}67\ m^3}$$

Gesamtinhalt (Nenninhalt): $V = V_1 + V_2 + V_3 = 1{,}67\ \text{m}^3 + 12{,}75\ \text{m}^3 + 2{,}67\ \text{m}^3 = \mathbf{17{,}09\ m^3}$

Inhalt unregelmäßiger Flächen (→ Flächenberechnung)

Nach Augenmaß in regelmäßige, berechenbare Flächen verwandeln und diese ausrechnen.

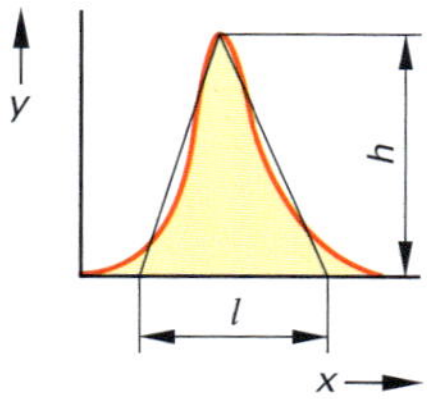

$$A = \frac{l \cdot h}{2}$$ (für Dreiecksflächen)

n Rechtecke gleicher Breite b so über die Fläche verteilen, dass die Kurve jeweils durch die Oberseitenmitte verläuft und dann die Rechteckflächen addieren.

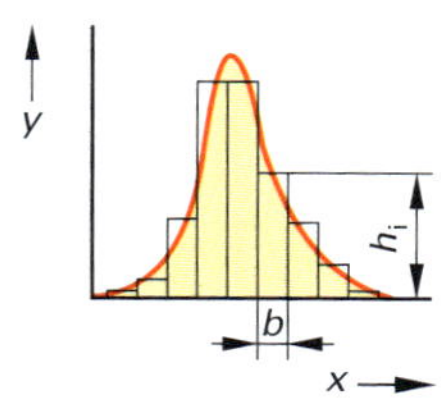

$$A = b \cdot \sum_{i=1}^{n} h_i = b \cdot (h_1 + h_2 + \dots h_n)$$

Transparentes Millimeterpapier über die Fläche legen und die Kästchen auszählen, die innerhalb der Fläche liegen.

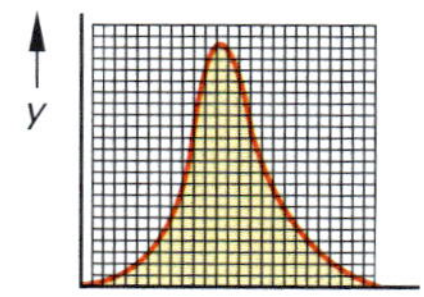

$$A = n \cdot 1\ \text{mm}^2$$

Wird von der Kurve mehr als die Hälfte eines Kästchens weggeschnitten, wird es nicht gezählt.

1

Diagramme und Nomogramme

Normgerechte Darstellung von Diagrammen (DIN 461:1973-03):

1. Die **Wachstumsrichtung** der Größen wird durch Pfeile neben den Achsen (**Abszisse** = waagerechte Achse, **Ordinate** = senkrechte Achse) angezeigt. Die Pfeile können auch unmittelbar an den Achsen stehen.
2. Die Formelzeichen der **Größen** stehen an den Wurzeln der Pfeile. Sie sollen möglichst ohne Drehen des Diagrammes lesbar sein. Sind ausgeschriebene Wörter oder längere Formeln an der Ordinate nicht vermeidbar, sollen sie von rechts lesbar sein.
3. Die **Teilung** der Achsen wird durch Zahlen beziffert, die ohne Drehung des Diagrammes lesbar sein müssen. Der erste und der letzte Teilstrich muss in jedem Fall beziffert sein. Dazwischenliegende können z. T. unbeziffert bleiben. Negative Zahlenwerte sind mit einem Minus (–) zu versehen. Die Teilung kann linear oder nichtlinear (z. B. logarithmisch) sein.

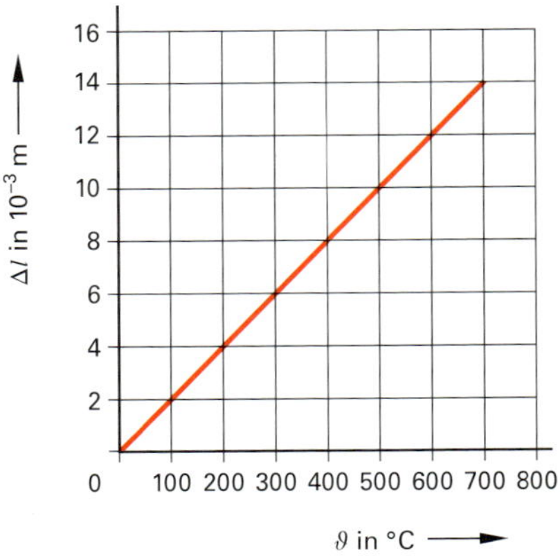

4. Die **Einheitenzeichen** stehen (senkrecht) an den Enden der Achsen zwischen den letzten beiden Zahlen der Skalen (bei Platzmangel vorletzte Zahl weglassen). Einheiten nicht in Klammern setzen.
5. Bei **Zeitpunkt-** (z. B. Uhrzeit) und **Winkelangaben** die Einheitenzeichen (h, min, s, °, ′, ″) an jeden Zahlenwert der Skale setzen. Dies gilt nicht für Zeitspannen (s, min, h, d, a). Eine **gemeinsame Zehnerpotenz** wird nur einmal zwischen die letzten beiden Zahlen der Skale geschrieben.
(→ Gleichungen)

Dreieckskoordinatensysteme (Dreiecksdiagramme):

Dreieckskoordinatensysteme werden zur Darstellung von Dreistoffgemischen verwendet, wenn die Summe der drei Komponenten immer einen konstanten Wert ergibt
(z. B. Massenanteile $w_1 + w_2 + w_3 = 1$ = konstant).

Die Eckpunkte entsprechen jeweils den reinen Komponenten. Der Anteil eines Stoffes wird durch den Abstand von der jeweiligen Dreiecksseite gekennzeichnet. Der Wert einer Größe wächst von der Dreiecksseite zum gegenüberliegenden Eckpunkt. Er wird mit Hilfe der Parallelen zur Dreiecksseite abgelesen.

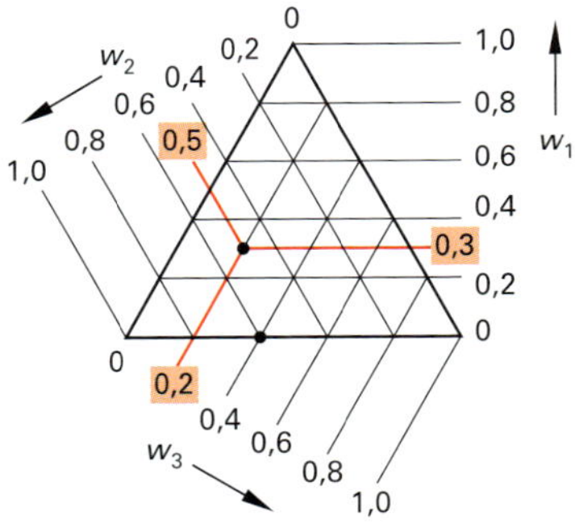

B Ablesebeispiele:

Oberes Diagramm:

P_1 kennzeichnet ein Gemisch mit den Massenanteilen $w_1 = 0{,}3$, $w_2 = 0{,}5$ und $w_3 = 0{,}2$. P_2 liegt auf der Dreiecksseite ($w_1 = 0$).

Somit gilt P_2 für ein Zweistoffgemisch mit $w_2 = 0{,}6$ und $w_3 = 0{,}4$.

Unteres Diagramm:

In P liegt ein Gemisch vor mit φ (CH_4) = 5 %, φ (Luft) = 60 % und φ (N_2) = 35 %.

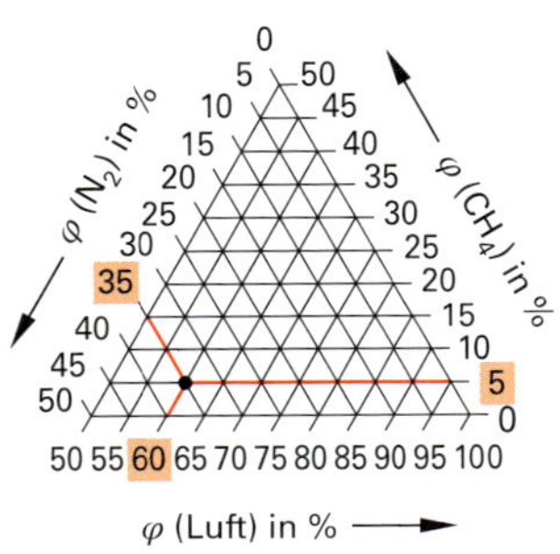

Diagramme und Nomogramme (Fortsetzung)

Werteermittlung

Diagramme

Durch den Zahlenwert der Abszisse wird die Parallele ① zur Ordinate bis zum Schnittpunkt P mit dem Graphen konstruiert.
Durch P legt man die Parallele ② zur Abszisse, die die Ordinate im gesuchten Funktionswert schneidet.

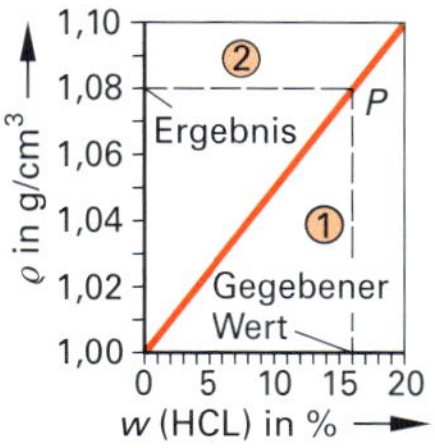

Entsprechend verfährt man, wenn man von einem Ordinatenwert ausgeht.

Doppelleitern

Die Doppelleiter entsteht, wenn die Abszissenwerte über den Graphen auf die Ordinate gespiegelt werden. Zusammengehörige Wertepaare liegen dann direkt nebeneinander.

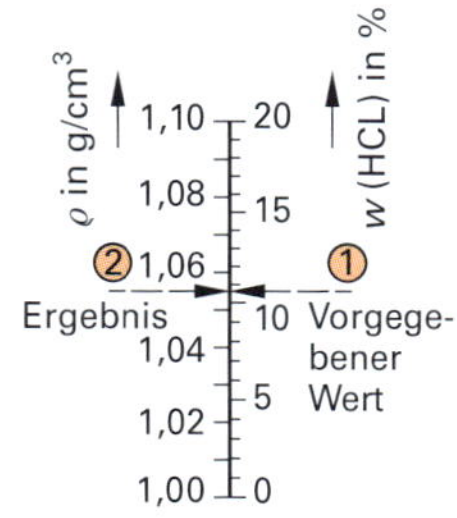

Netztafeln

Netztafeln stellen die Beziehung zwischen drei Veränderlichen (hier q_v, v und DN) dar. Der Funktionswert (hier q_v) ist also nicht nur vom Abszissenwert (hier v) sondern zusätzlich von einer zweiten Größe (hier DN) abhängig.

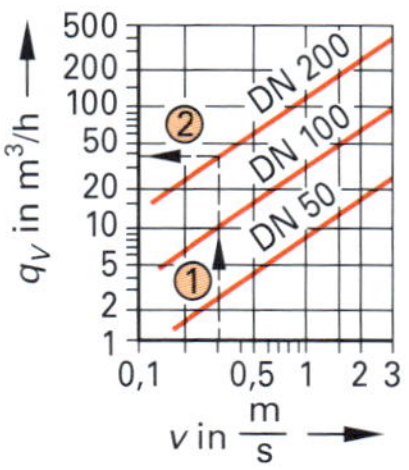

Zur Konstruktion eines Graphen wird jeweils ein Zahlenwert der zweiten Größe konstant gehalten und nur der Abszissenwert verändert. Die drei Graphen gelten also hier für drei konstante DN-Werte.

Verbund-Netztafeln
(für mehr als 3 Veränderliche)

Wenn in einer Funktion der Funktionswert von zwei Veränderlichen abhängt, von denen eine wiederum die Funktion von zwei weiteren Veränderlichen ist, müssen zwei Netztafeln verbunden werden.

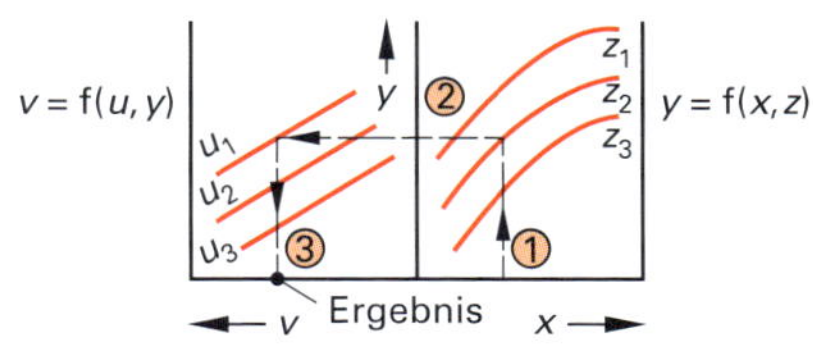

Leiternomogramme (Leitertafeln)

Leiternomogramme mit drei Leitern gelten für drei Veränderliche. Eine Fluchtlinie wird durch zwei gegebene Veränderliche gelegt. Der Schnittpunkt mit der dritten Leiter (Ergebnisleiter) ergibt den zugehörigen Wert der dritten Veränderlichen. Jede Leiter kann Ergebnisleiter sein. Die Leitern müssen nicht parallel sein (vgl. Abbildungen).

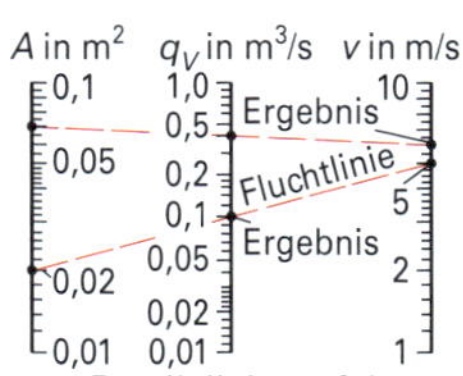

Parallelleitertafel

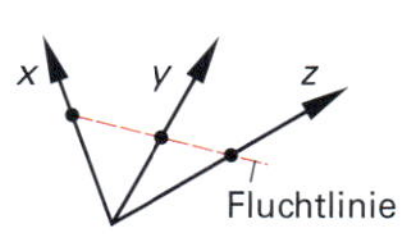

Schiefwinklige Leitertafel

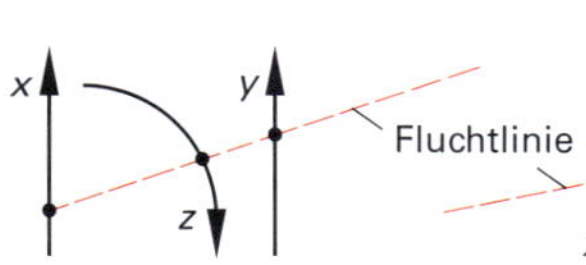

Leitertafel mit gekrümmter Mittelleiter

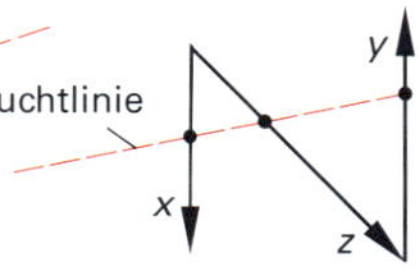

N- bzw. Z- Leitertafel

Parallelleiternomogramme für mehr als drei Veränderliche

Ist die Beziehung zwischen mehr als drei Veränderlichen darzustellen, müssen mehrere Parallelleiternomogramme kombiniert werden. Die Ergebnisleiter eines Nomogramms wird zur Eingangsleiter des zweiten Nomogramms und dient dort (zusammen mit der Leiter einer weiteren Veränderlichen) zur Bestimmung des Endergebnisses.

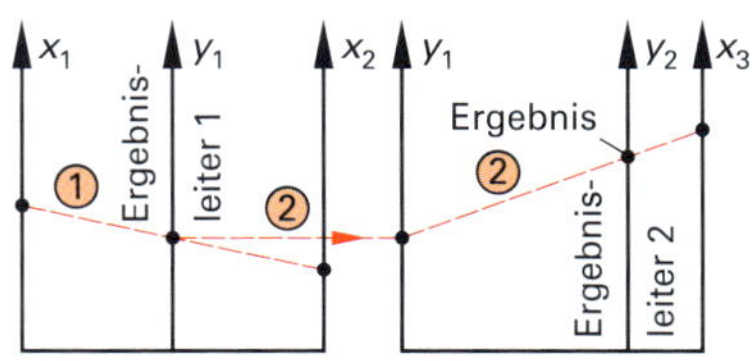

Nomogramm 1 Nomogramm 2

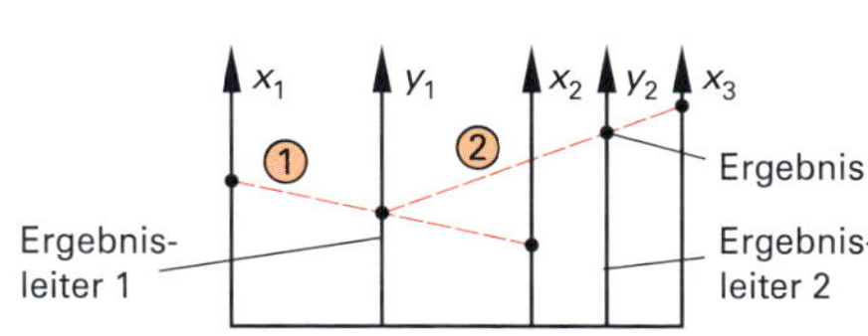

Nomogramme 1 und 2 zusammengefasst

Diagramme und Nomogramme (Fortsetzung)

Zustandsdiagramme (Phasendiagramme) von Zweistoffsystemen: (→ Kältemittel)

1

Zustandsdiagramme für Zweistoffgemische informieren darüber, welche Phasen bei bestimmter Gemischzusammensetzung und Temperatur existieren, z. B.: Akühlung eines Gemisches aus 20 % des Stoffes A und 80% des Stoffes B (aus der Dampfphase).

ϑ_1: Gesamte Masse gasförmig (Dampf)

ϑ_2: Beginn der Kondensatbildung

ϑ_3: Flüssige Phase (Kondensat) und gasförmige Phase (Dampf) existieren nebeneinander

ϑ_4: Letzte Anteile Dampf kondensieren

ϑ_5: Gesamte Masse flüssig

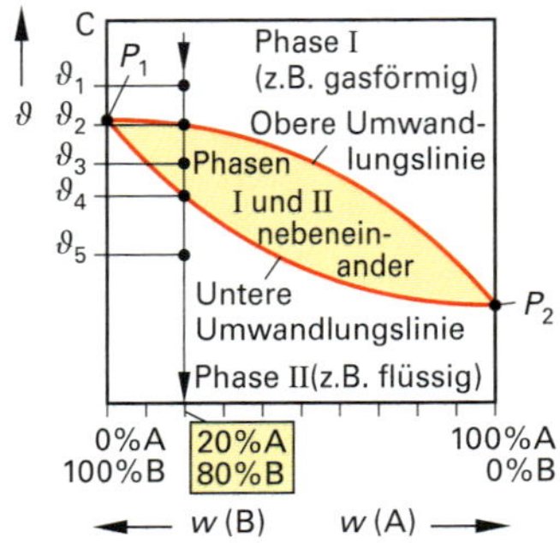

Man unterscheidet **Siedediagramme** (Bild) für den Wechsel zwischen gasförmiger und flüssiger Phase und **Schmelzdiagramme** für den Wechsel zwischen flüssiger und fester Phase.

Die obere Umwandlungslinie heißt **Taulinie** (Siedediagramme) oder **Liquiduslinie** (Schmelzdiagramme). Über ihr ist – unabhängig von der Zusammensetzung – alles gasförmig bzw. – im zweiten Falle – flüssig. Die untere Umwandlungslinie heißt **Siedelinie** (Siedediagramme) oder **Soliduslinie** (Schmelzdiagramme). Unter ihr ist alles flüssig bzw. – im zweiten Falle – fest. Zwischen beiden Linien liegt das **Zweiphasengebiet**, in dem gasförmige und flüssige Phase (Siedediagramm) oder flüssige und feste Phase (Schmelzdiagramm) gleichzeitig vorliegen. Die Schnittpunkte der oberen Umwandlungslinie mit den senkrechten Achsen (P_1 und P_2) zeigen die Siede- bzw. Schmelztemperaturen der Reinstoffe A (P_2) oder B (P_1) an.

Beispiele wichtiger Zustandsdiagramme:

D Dampf, F Flüssigkeit, S Schmelze, MK Mischkristalle, α Kristalle von A, β Kristalle von B, α-MK Mischkristalle mit Hauptanteil A, β-MK Mischkristalle mit Hauptanteil B.

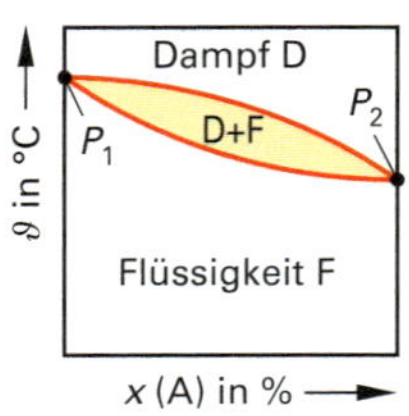

Siedediagramm für zwei Stoffe A und B, die in jedem Verhältnis ineinander löslich sind. P_1 und P_2 sind die Siedepunkte der reinen Stoffe B und A.

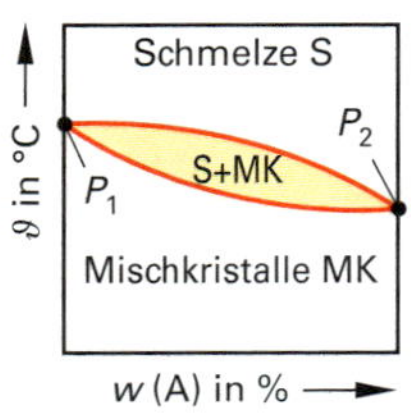

Zustandsdiagramm für zwei Stoffe A und B, die im flüssigen und im festen Zustand in jedem Verhältnis ineinander löslich sind. Im festen Zustand bilden sie homogene Mischkristalle, d. h. das Kristallgitter ist aus A- und B-Atomen gemeinsam aufgebaut. P_1 und P_2 sind die Schmelzpunkte der reinen Stoffe B und A.

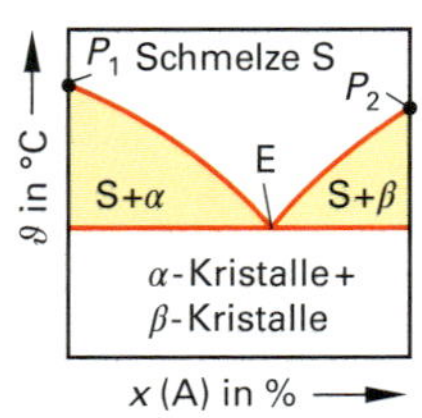

Zustandsdiagramm für zwei Stoffe A und B, die im festen Zustand überhaupt nicht mischbar sind, d. h. jeder Stoff bildet eigene Kristalle. Im festen Zustand liegt ein Gemenge aus α- und β-Kristallen vor. Die Zusammensetzung entsprechend E heißt Eutektikum. Sie zeigt einen festen Schmelzpunkt wie die Reinstoffe A (P_2) und B (P_1).

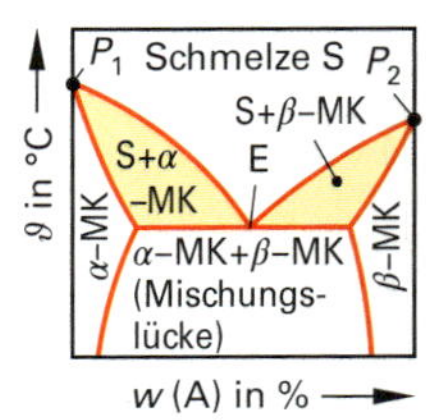

Zustandsdiagramm für zwei Stoffe A und B teilweiser Löslichkeit, d. h. A ist im festen Zustand bis zu einem bestimmten Anteil in B löslich und umgekehrt. Dazwischen besteht eine Mischungslücke in der α-MK und β-MK nebeneinander kristallisieren, also Kristalle von A mit maximalem Anteil an B und umgekehrt.

Diagramme und Nomogramme (Fortsetzung)

Zusammensetzung der Phasen im Zweiphasengebiet von Zustandsdiagrammen:

Liegt ein Zweistoffgemisch aus den Komponenten A und B mit der Zusammensetzung w_i bei der Temperatur ϑ_i vor, so zeigt der Schnittpunkt der Waagerechten durch den Zustandspunkt P mit der oberen Umwandlungslinie die Zusammensetzung w_I der vorhandenen Phase I (z. B. der flüssigen Phase) an, der Schnittpunkt mit der unteren Umwandlungslinie die Zusammensetzung w_{II} der Phase II (z. B. der festen Phase). Existiert kein Schnittpunkt mit der unteren Umwandlungslinie, sondern ein solcher mit der Senkrechten am linken oder rechten Rand des Diagramms, dann besteht die Phase II bei ϑ_i nur aus einer Komponente, und zwar aus dem Stoff, der an dieser Stelle mit einem Anteil von 100 % ausgewiesen ist.

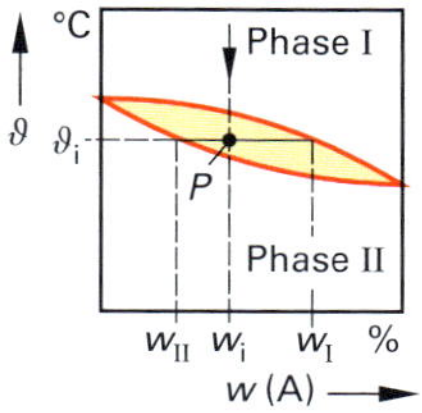

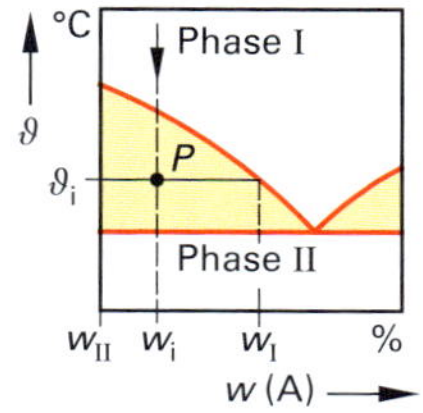

1

Anteile der Phasen im Zweiphasengebiet von Zustandsdiagrammen:

P Zustandspunkt des Gemisches aus A und B, m Gesamtmasse, m_I Masse der Phase I, m_{II} Masse der Phase II, w_i Zusammensetzung des Zweistoffgemisches, w_I Zusammensetzung der bei ϑ_i vorliegenden Phase I, w_{II} Zusammensetzung der bei ϑ_i vorliegenden Phase II, $a = w_i - w_{II}$, $b = w_I - w_i$.

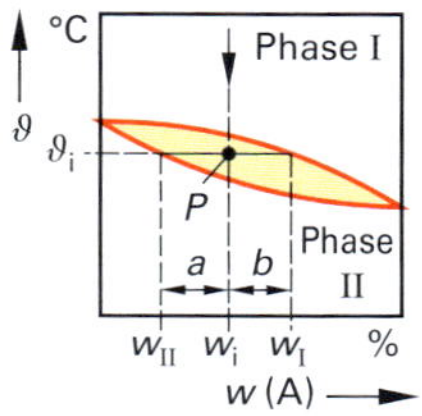

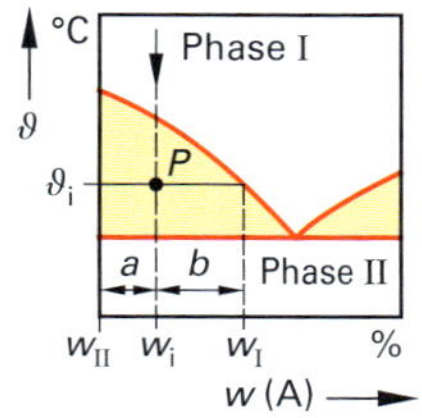

(→ Kältemittel)

$$m_I = \frac{a}{a+b} \cdot m \qquad m_{II} = \frac{b}{a+b} \cdot m \qquad \frac{m_{II}}{m_I} = \frac{b}{a}$$

(Hebelgesetz)

Gibbs'sches Phasengesetz

Ohne Berücksichtigung der Gas- bzw. Dampfphase:

$$f = n - p + 1$$

Mit Berücksichtigung der Gas- bzw. Dampfphase:

$$f = n - p + 2$$

f Freiheitsgrade (Änderungsmöglichkeiten der Zustandsgrößen Temperatur, Druck oder Konzentration eines Systems aus n Komponenten bzw. Stoffen)

n Anzahl der Komponenten des Systems (Anzahl der beteiligten Stoffe)

p Anzahl der Phasen (homogene Stoffbereiche, z. B. gasförmige, flüssige und feste Phasen). In einem System können mehrere flüssige und feste Phasen nebeneinander existieren, z. B. zwei nicht mischbare Flüssigkeiten.

B

1. Thermische Analyse (Abkühlungskurve) eines reinen Stoffes

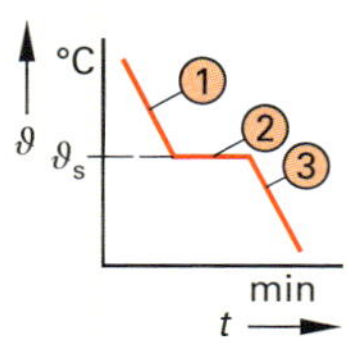

Bereich 1: $n = 1$ (Reinstoff), $p = 1$ (Schmelze), somit: $f = 1 - 1 + 1 = \mathbf{1}$ d. h. eine Zustandsgröße kann sich ändern (die Temperatur sinkt)

Bereich 2: ϑ_s = Kristallisations- bzw. Schmelzpunkt $\Rightarrow n = 1$. $p = 2$ (Schmelze + Kristalle), somit $f = \mathbf{0}$, d. h. während der Kristallisation ist keine Temperaturänderung möglich.

Bereich 3: $n = 1$, $p = 1$ (Kristalle) $\Rightarrow f = \mathbf{1}$, d. h. Temperatur kann sinken.

2. Gesättigte Kühlsole mit Bodensatz und Eis (Kältemischung)

$n = 2$ (Wasser + Salz), $p = 4$ (Wasserdampf, Eis, Salzlösung, Bodensatz aus Salz), $f = 2 - 4 + 2 = \mathbf{0}$, d. h. solange die festen Phasen Bodensatz und Eis erhalten werden, besitzt die Kühlsole konstante Temperatur bei (latenter) Wärmezu- oder -abfuhr.

2

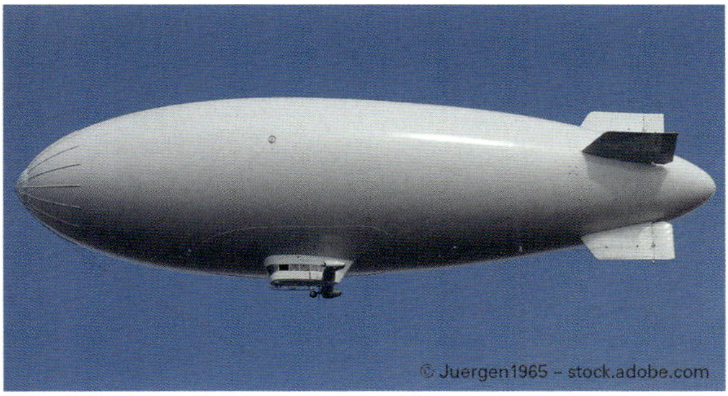

Luftschiff im Auftrieb der Luft

Roebling Bridge über den Ohio River und Hochhäuser in Cincinnati, Ohio als Beispiele für feste und flüssige Körper

2

Grundlegende mechanische Größen

Messen: Vergleichen einer → **Größe** mit einer → **Einheit** (→ Längenprüftechnik, Toleranzen)
Messwert: Produkt aus Zahlenwert und Einheit (z.B. 7,5 kg)

Messgröße	gebräuchliche SI-Einheiten und SI-fremde Einheiten	Hinweise, wichtige Zusammenhänge
Länge (→ Basisgrößen)	µm, mm, cm, dm, km sm = **Seemeile** in = **inch** = **Zoll**	1 m = 10^6 µm, 1 km = 1000 m 1 sm = 1 852 m = 1,852 km 1 Zoll = 1″ = 1 inch = 1 in = 25.4 mm
Fläche	mm^2, cm^2, dm^2, m^2, km^2 **Ar** (a), **Hektar** (ha)	1 m^2 = 100 dm^2 = 10 000 cm^2 = 1 000 000 mm^2 1 km^2 = 1 000 000 m^2 1 a = 100 m^2, 1 ha = 100 a = 10 000 m^2
Volumen	mm^3, cm^3, dm^3, m^3, km^3 **Liter** (*l*)	1*l* = 10^{-3} m^3 = 1 dm^3 = 10^3 cm^3
Zeit (→ Basisgrößen)	**Tag** (d), **Stunde** (h), **Minute** (min), **Sekunde** (s) **Jahr** (a)	1 d = 24 h = 1440 min = 86 400 s 1 h = 60 min = 3 600 s 1 min = 60 s
Winkel	**Grad** (°), **Minute** (′), **Sekunde** (″), **Radiant** (rad)	1° = 60′ = 3600″, 1 rad ≈ 57,3°
Masse (→ Basisgrößen)	**Kilogramm** (kg), **Tonne** (t) **atomare Masseneinheit** *u* **metrisches Karat** (Kt)	1 t = 10^3 kg = 1 Mg; 1 kg = 1000 g 1 Kt = 0,2 g 1 *u* = 1 ,6605655 · 10^{-27} kg

$$\varrho = \frac{m}{V}$$

Dichte (→ Dichteänderung durch Wärme)

ϱ	Dichte	kg/m^3
m	Masse	kg
V	Volumen	m^3

Dichte technisch wichtiger Stoffe (→ Dichte)

s = feste Stoffe, l = flüssige Stoffe } in g/cm^3, kg/dm^3 oder t/m^3 bei 20 °C und 101 325 P
g = gasförmige Stoffe in g/dm^3 oder kg/m^3 bei 0 °C und 101 325 Pa
} davon abweichende Temperaturen sind angegeben

Stoff	Zustand	Dichte ϱ in kg/dm^3 g/cm^3	Stoff	Zustand	Dichte ϱ in kg/dm^3 g/cm^3
Aluminium			Chrom	s	7,2
gegossen	s	2,56	Chromnickel	s	7,9
gehämmert	s	2,75	Chromnickelstahl	s	7,85
Aluminiumbronze	s	7,6 … 8,4	Chromstahl	s	7,85
Aluminiumlegierung	s	2,6 … 2,87	Dachschiefer	s	2,77 … 2,84
Ammoniak	g	0,77	Dieselkraftstoff		
Antimon	s	6,69	Braunkohlenteeröl	l	0,85 … 0,9
Asphalt	s	1,05 … 1,38	Gasöl aus Erdöl	l	0,84 … 0,88
			Steinkohlenteeröl	l	1,0 … 1,1
Bakelit	s	1,335	Eis	s	0,92
Basalt, Natur-	s	2,6 ... 3,3	Eisen, Roh-		
Benzin			grau	s	6,7 … 7,6
Fahr-	l	0,78	weiß	s	7,0 … 7,8
Flug-	l	0,72	Erdgas		
Bernstein	s	1,0 … 1,1	nass	g	0,7 … 1,0
Beton	s	1,8 … 2,45	trocken	g	≈ 0,7
Bimsstein, Natur-	s	0,37 ... 0,9	Erdöl	l	0,7 … 1,04
Blei	s	11,3	Feldspat	s	2,5 … 3,3
Braunkohle	s	1,2 … 1,4	Fette	s	0,92 … 0,94
Braunkohlenbrikett	s	1,25	Flussstahl	s	7,85
Braunkohlenschwelgas	g	1,0 … 1,3	Flussstahlblech	s	8,0
Braunkohlenteeröl	l	0,798 … 1,04			
Bronze, Sn-	s	7,4 … 8,9	Generatorgas	g	1,14

Dichte technisch wichtiger Stoffe (Fortsetzung)

Stoff	Zustand	Dichte ϱ in kg/dm³ g/cm³
Glas		
Fenster-	s	2,4 … 2,67
Flaschen-	s	2,6
Flint-	s	3,6 … 4,7
Jenaer-	s	2,6
Kristall-	s	2,9
Quarz-	s	2,2
Spiegel-	s	2,46
Glaswolle	s	0,05 … 0,3
Glimmer	s	2,6 … 3,2
Gold		
gegossen	s	19,25
geprägt	s	19,50
gezogen	s	19,36
Grafit	s	2,24
Grauguss	s	7,25
Grauguss/1550 °C	l	6,9 … 7,0
Hartgewebe	s	1,3 … 1,42
Hartgummi	s	1,15 … 1,5
Hartmetall	s	10,5 … 15,0
Heizöl	l	0,95 … 1,01
Holz (Mittelwerte)		frisch lufttrocken
Birke	s	0,95 0,65
Buche	s	1,0 0,73
Ebenholz	s	1,2
Eiche	s	1,10 0,86
Esche	s	0,95 0,72
Fichte, Tanne	s	0,75 0,47
Linde, Pappel	s	0,80 0,46
Nussbaum	s	0,95 0,68
Pockholz	s	1,23
Teakholz	s	0,9
Weide	s	0,8 0,55
Holzkohle, luftfrei	s	1,4 … 1,5
Invarstahl	s	8,7
Iridium	s	22,4
Kalkmörtel		
frisch	s	1,75 … 1,80
trocken	s	1,60 … 1,65
Kalksandstein	s	1,89 … 1,92
Kaolin, Porzellanerde	s	2,2 … 2,6
Kautschuk, natur	s	0,91 … 0,96
Kesselstein	s	≈ 2,5
Kiessand		
erdfeucht	s	2,0
trocken	s	1,8 … 1,85
Knochen	s	1,7 … 2,0
Kobaltstahl		
15%	s	7,8
35%	s	8,0
Kohlenstoff	s	3,5
Koks, Zechen-	s	1,6 … 1,9
Koksofengas	g	0,54
Konstantan	s	8,8
Kork	s	0,2 … 0,35
Kupfer		
gegossen	s	8,3 … 8,92
gewalzt	s	8,9 … 9,0
Leder, trocken	s	0,86 … 1,02
Leinöl	l	0,93
Lot		
Aluminium-	s	2,63 … 2,71
Blei-	s	11,2
Messing-	s	8,1 … 8,7
Silber-	s	8,27 … 9,18
Silberblei-	s	11,3
Zink-	s	7,2
Zinn-	s	7,5 … 10,8
Luft	g	1,2928
Luft/–194 °C	l	0,875
Magnesium	s	1,74
Mangan	s	7,43
Manganin	s	8,4
Maschinenöl	l	≈ 0,90
Mauerwerk		
Bruchstein-	s	2,40 … 2,45
Sandstein-	s	2,00 … 2,15
Ziegelstein-	s	1,40 … 1,65
Mauerziegel	s	1,2 … 1,9
Klinker	s	2,6 … 2,7
Meerwasser/4 °C	l	1,026
Messing		
gegossen	s	8,4 … 8,7
gewalzt	s	8,5 … 8,6
gezogen	s	8,43 … 9,73
Methan	g	0,72
Mikanit	s	1,9 … 2,6
Milch		
Mager-	l	1,032
Voll-	l	1,028
Mineralöl		
Schmieröl	l	0,89 … 0,96
Spindelöl	l	0,89 … 0,90
Zylinderöl	l	0,92 … 0,94
Molybdän	s	10,22
Monelmetall	s	8,6 … 8,9
Natrium	s	0,97
Neusilber	s	8,4 … 8,7
Nickel, gegossen	s	8,35
Nickelin	s	8,6 … 8,8
Nickelstahl	s	8,13 … 8,19
Novotext	s	1,30 … 1,33
Olivenöl	l	0,91 … 0,92
Papier	s	0,7 … 1,15
Paraffin	s	0,86 … 0,92
Paraffinöl	l	0,90 … 1,0
Pertinax	s	1,3
Petroleum	l	0,80 … 0,82
Phosphorbronze	s	8,80 … 8,86
Platin		
gegossen	s	21,15
gewalzt	s	21,3 … 21,5
gezogen	s	21,3 … 21,6
Platiniridium, 10% Ir	s	21,6
Plexiglas	s	1,18 … 1,2
Polystyrol	s	1,05
Polyvinylchlorid	s	1,38
Porzellan, Hart-	s	2,3 … 2,5
Quecksilber/–39 °C	l	13,6

2

Dichte technisch wichtiger Stoffe (Fortsetzung)

Stoff	Zustand	Dichte ϱ in kg/dm³ g/cm³
Retortenkohle	s	≈ 1,9
Rizinusöl	l	0,96 … 0,97
Rohöl	l	0,7 … 1,04
Rotguss	s	8,5 … 8 ,9
Rüböl	l	0,91
Ruß	s	1,7 … 1,8
Sand		
erdfeucht	s	2,0
trocken	s	1,58 … 1,65
Sandstein		
Kunst-	s	2,0 … 2,1
Natur-	s	2,2 … 2,7
Sauerstoff	g	1,43
Schamottestein	s	2,5 … 2,7
Schellack	s	1,2
Schiefer	s	2,65 … 2,7
Schlacke		
Hochofen-	s	2,5 … 3,0
Thomas-	s	3,3 … 3,5
Schmirgel	s	4,0
Schwefel	s	2,05
Seide, roh	s	1,37
Silber		
gegossen	s	10,42 … 10,53
gewalzt	s	10,5 … 10,6
Silicium	s	2,33
Stahl, s. Flussstahl		
Stahlguss	s	7,85
Steinkohle, Anthrazit	s	1,35 … 1,7
Stickstoff	g	1,25

Stoff	Zustand	Dichte ϱ in kg/dm³ g/cm³
Steinkohlenschwelgas	g	0,9 … 1,2
Steinkohlenteer	s	1,1 … 1,2
Tantal	s	16,6
Temperguss	s	7,2 … 7,6
Terpentinöl	l	0,86
Titan	s	4,5
Tombaklegierung	s	8,6 … 8,8
Ton		
erdfeucht	s	2,0
trocken	s	1,6
Torf	s	0,1 … 0,8
Torfmull	s	0,15 … 0,2
Transformatorenöl	l	0,87
Uran	s	19,1
Vanadium	s	6,12
Vulkanfiber	s	1,1 … 1,5
Wachs	s	0,94 … 1,0
Wasser 4 °C (→ Dichte von Wasser)	l	1,0
Wasser 20 °C	l	0,9982
Wasser 40 °C	l	0,9922
Wasser 60 °C	l	0,9832
Wasser 100 °C	l	0,9583
Weißmetall	s	7,5 … 10,1
Wolfram	s	19,27
Wolframstahl 6%	s	8,2
Woodmetall	s	≈ 10
Zink, gegossen	s	6,86
Zinn, gegossen	s	7,2

Gleichförmige geradlinige Bewegung

Bei einer **gleichförmigen geradlinigen Bewegung** bewegt sich ein Körper mit konstanter Geschwindigkeit v auf geradliniger Bahn.

$$v = \frac{\Delta s}{\Delta t}$$

Geschwindigkeit in $\frac{\text{m}}{\text{s}}, \frac{\text{km}}{\text{h}}, \ldots$

(→ Umfangsgeschwindigkeit)

$$v = \frac{s}{t} \qquad s = v \cdot t \qquad t = \frac{s}{v} \qquad 1\,\frac{\text{m}}{\text{s}} = 3{,}6\,\frac{\text{km}}{\text{h}}$$

Im v, t-Diagramm stellt sich der Weg s als Rechteckfläche dar.

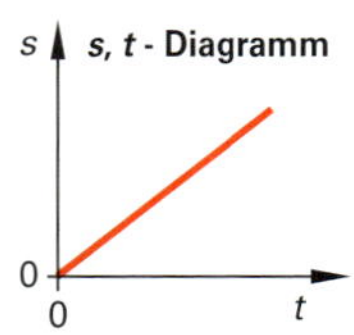

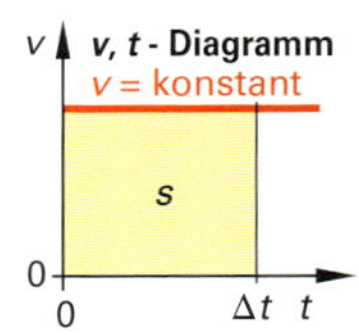

v	Geschwindigkeit	m/s
$\Delta s = s$	Geschwindigkeitsänderung	m/s
$\Delta t = t$	Zeitspanne	s

Ungleichförmige geradlinige Bewegung

Bei einer **ungleichförmigen Bewegung** ändert sich die Geschwindigkeit, der Körper wird beschleunigt oder verzögert.

a	Beschleunigung (Verzögerung)	m/s²
Δv	Geschwindigkeitsänderung	m/s
Δt	Zeitspanne	s

$$a = \frac{\Delta v}{\Delta t}$$

Beschleunigung

+a: Beschleunigung → Geschwindigkeitszunahme

–a: Verzögerung → Geschwindigkeitsabnahme

a = konstant → **gleichmäßig beschleunigte bzw. verzögerte Bewegung**

a = variabel → **ungleichmäßig beschleunigte bzw. verzögerte Bewegung** (→ Winkelbeschleunigung)

Gleichmäßig beschleunigte geradlinige Bewegung mit $v_0 = 0$ und $v_0 > 0$

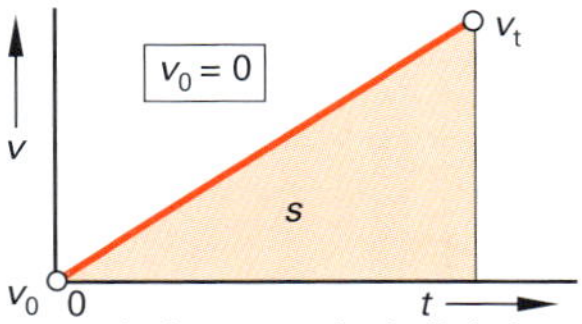

v_0 = Anfangsgeschwindigkeit
v_t = Endgeschwindigkeit

***v,t*-Diagramme**
a = konst. und positiv

$t = \Delta t$

(→ freier Fall)

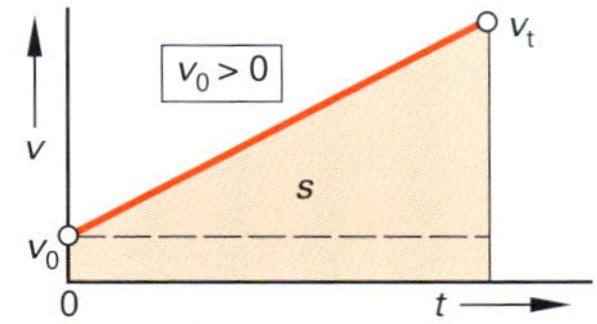

a	Beschleunigung	m/s²
s	Weg	m
t	Zeit	s
v	Geschwindigkeit	m/s

Anfangsgeschwindigkeit	$v_0 = 0$	$v_0 > 0$	**m/s**
Beschleunigung a	$a = \frac{v_t}{t}$	$a = \frac{v_t - v_0}{t}$	m/s²
	$a = \frac{2 \cdot s}{t^2}$	$a = \frac{2 \cdot s}{t^2} - \frac{2 \cdot v_0}{t}$	m/s²
	$a = \frac{v_t^2}{2 \cdot s}$	$a = \frac{v_t^2 - v_0^2}{2 \cdot s}$	m/s²
Endgeschwindigkeit v_t	$v_t = a \cdot t$	$v_t = v_0 + a \cdot t$	m/s
	$v_t = \sqrt{2 \cdot a \cdot s}$	$v_t = \sqrt{2 \cdot a \cdot s + v_0^2}$	m/s
	$v_t = \frac{2 \cdot s}{t}$	$v_t = \frac{2 \cdot s}{t} - v_0$	m/s
Weg s	$s = \frac{v_t}{2} \cdot t$	$s = \frac{v_0 + v_t}{2} \cdot t$	m
	$s = \frac{v_t^2}{2 \cdot a}$	$s = \frac{v_t^2 - v_0^2}{2 \cdot a}$	m
	$s = \frac{a}{2} \cdot t^2$	$s = v_0 \cdot t + \frac{a}{2} \cdot t^2$	m
Zeit t (Zeitspanne Δt)	$t = \frac{v_t}{a}$	$t = \frac{v_t - v_0}{a}$	s
	$t = \frac{2 \cdot s}{v_t}$	$t = \frac{2 \cdot s}{v_0 + v_t}$	s
	$t = \sqrt{\frac{2 \cdot s}{a}}$	$t = \frac{\sqrt{2 \cdot a \cdot s + v_0^2} - v_0}{a}$	s

Gleichmäßig verzögerte geradlinige Bewegung mit $v_t = 0$ und $v_t > 0$

Formeln auf Seite 55

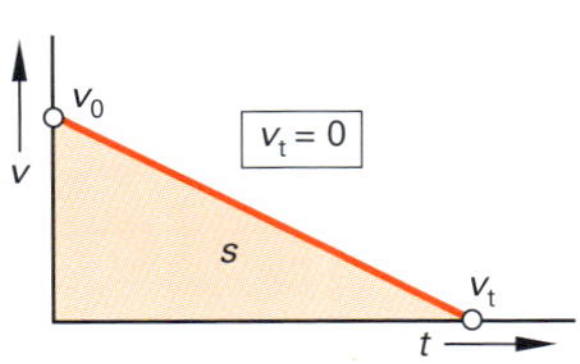

***v,t*-Diagramme**
a = konst. und negativ

$t = \Delta t$

(→ senkrechter Wurf nach oben)

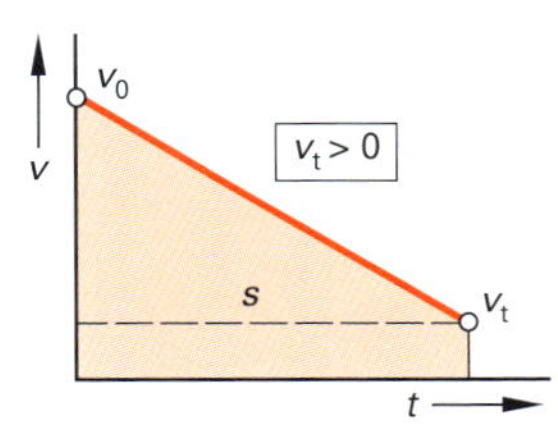

2

Gleichmäßig verzögerte geradlinige Bewegung mit $v_t = 0$ und $v_t > 0$ (Fortsetzung)

Endgeschwindigkeit	$v_t = 0$	$v_t > 0$	m/s
Verzögerung a	$a = \frac{v_0}{t}$	$a = \frac{v_0 - v_t}{t}$	m/s²
	$a = \frac{2 \cdot s}{t^2}$	$a = \frac{2 \cdot v_0}{t} - \frac{2 \cdot s}{t^2}$	m/s²
	$a = \frac{v_0^2}{2 \cdot s}$	$a = \frac{v_0^2 - v_t^2}{2 \cdot s}$	m/s²
Anfangsgeschwindigkeit v_0	$v_0 = a \cdot t$	$v_0 = v_t + a \cdot t$	m/s²
	$v_0 = \sqrt{2 \cdot a \cdot s}$	$v_0 = \sqrt{v_t^2 + 2 \cdot a \cdot s}$	m/s²
	$v_0 = \frac{2 \cdot s}{t}$	$v_0 = \frac{2 \cdot s}{t} - v_t$	m/s²
Weg s	$s = \frac{v_0}{2} \cdot t$	$s = \frac{v_0 + v_t}{2} \cdot t$	m
	$s = \frac{v_0^2}{2 \cdot a}$	$s = \frac{v_0^2 - v_t^2}{2 \cdot a}$	m
	$s = \frac{a}{2} \cdot t^2$	$s = v_0 \cdot t + \frac{a}{2} \cdot t^2$	m
Zeit t (Zeitspanne Δt)	$t = \frac{v_0}{a}$	$t = \frac{v_0 - v_t}{a}$	s
	$t = \frac{2 \cdot s}{v_0}$	$t = \frac{2 \cdot s}{v_0 + v_t}$	s
	$t = \sqrt{\frac{2 \cdot s}{a}}$	$t = \frac{v_0 - \sqrt{v_0^2 - 2 \cdot a \cdot s}}{a}$	s

Freier Fall und senkrechter Wurf nach oben

Freier Fall (→ gleichmäßige Beschleunigung)

Senkrechter Wurf nach oben (→ gleichmäßige Verzögerung)

$s \triangleq h$ = Fallhöhe bzw. Steighöhe
$a \triangleq g$ = Fallbeschleunigung

g_n = **Normfallbeschleunigung** = 9,80665 m/s²

Die **Fallgesetze** gelten streng genommen nur im **Vakuum**. In der Praxis: $g = 9{,}81\ \text{m/s}^2$

$h = \frac{1}{2} \cdot g \cdot t^2$ **Fallhöhe**

$t = \sqrt{\frac{2 \cdot h}{g}}$ **Fallzeit = Steigzeit**

$v_t = g \cdot t = \sqrt{2 \cdot g \cdot h}$ **Fallgeschwindigkeit**

h	Fallhöhe, Steighöhe	m
t	Fallzeit, Steigzeit	s
v_t	Geschwindigkeit zur Zeit t	m/s
v_0	Abwurfgeschwindigkeit	m/s

B Fallhöhe $h = 3{,}75$ m. Wie groß ist v_t?
$v_t = \sqrt{2 \cdot g \cdot h} = \sqrt{2 \cdot 9{,}81\,\text{m/s}^2 \cdot 3{,}75\,\text{m}}$
$\mathbf{v_t = 8{,}58\ m/s}$

Dynamisches Grundgesetz (zweites Newton'sches Axiom) und Krafteinheit

$F = m \cdot a$ **Massenträgheitskraft**

$F_G = m \cdot g$ **Gewichtskraft**

$[F] = [m] \cdot [a] = \text{kg} \cdot \frac{\text{m}}{\text{s}^2} = \mathbf{\frac{kg\,m}{s^2}}$

F	Kraft	N
m	Masse	kg
a	Beschleunigung	m/s²
g	Fallbeschleunigung	m/s²

$1\ \frac{\text{kg m}}{s^2} = 1\ \text{Newton} = 1\ \text{N}$

Krafteinheit (Fortsetzung)

Ein Newton ist gleich der Kraft, die einem Körper mit der Masse $m = 1$ kg die Beschleunigung $a = 1$ m/s² erteilt.

1 daN	= 1 Dekanewton	= 10 N	je nach Größenordnung der Kraft
1 kN	= 1 Kilonewton	= 10^3 N	
1 MN	= 1 Meganewton	= 10^6 N	

Kurzzeitig wirkende Kräfte (Impuls und Stoß)

$$p = m \cdot v$$ **Bewegungsgröße (Impuls)**

$$m \cdot v_t = m \cdot v_0$$ → $\Delta p = 0$: **Impulserhaltung**

Impulssatz: Bei $\Sigma F = 0$ (äußere Kräfte) ändert sich der Impuls nicht, d.h. $\Delta p = 0$.

$$I = F \cdot \Delta t = m \cdot v_t - m \cdot v_0$$ **Impulserhaltung**

p	Bewegungsgröße (Impuls)	kg m/s
m	Masse des Körpers	kg
v	Geschwindigkeit des Körpers	m/s
v_t	Endgeschwindigkeit	m/s
v_0	Anfangsgeschwindigkeit	m/s
I	Kraftstoß (Impulsänderung)	kg m/s
F	kurzzeitig wirkende Kraft	N
Δt	Wirkzeit	s

Der Kraftstoß ist gleich der Änderung des Impulses eines bewegten Körpers.

Der unelastische Stoß

$$v = \frac{m_1 \cdot v_1 + m_2 \cdot v_2}{m_1 + m_2}$$ **Geschwindigkeit** von m_1 und m_2 **nach dem Stoß**

Der elastische Stoß

$$v_{1e} = 2 \cdot \frac{m_1 \cdot v_1 + m_2 \cdot v_2}{m_1 + m_2} - v_1$$ **Endgeschwindigkeit der Masse m_1** in m/s

$$v_{2e} = 2 \cdot \frac{m_1 \cdot v_1 + m_2 \cdot v_2}{m_1 + m_2} - v_2$$ **Endgeschwindigkeit der Masse m_2** in m/s

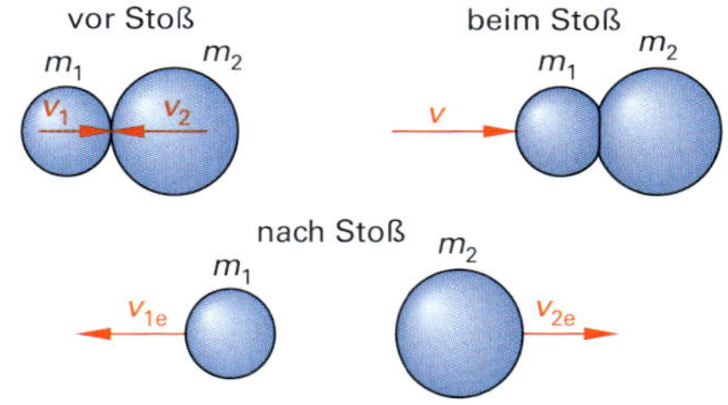

> **B** $m = 6$ kg, $v = 36$ km/h.
> Wie groß ist der Impuls?
> $p = m \cdot v$ $\quad v = 36$ km/h = 10 m/s
> $\boldsymbol{p} = 6$ kg · 10 m/s = **60 kg m/s**

Bewegen sich vor dem Stoß die beiden Massen aufeinander zu, so haben v_1 und v_2 unterschiedliche Vorzeichen. Bei gleicher Bewegungsrichtung haben v_1 und v_2 gleiche Vorzeichen. Dies gilt auch für v_{1e} und v_{2e}.

(→ Energieerhaltung beim Stoß)

Arbeit und Energie

Die mechanische Arbeit

$$W = F \cdot s$$ **mechanische Arbeit** (→ elektrische Arbeit)

$[W] = [F] \cdot [s] = \text{N} \cdot \text{m} = \textbf{Nm}$

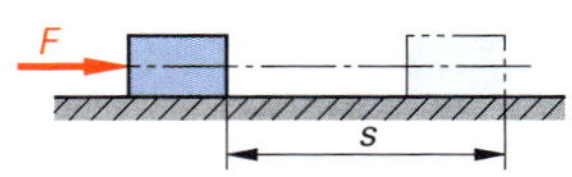

Arbeits- und Energieeinheiten

$$1\ \text{J} = 1\ \text{Nm} = 1\ \text{Ws}$$ **Energieäquivalenz**

W	mechanische Arbeit	Nm
F	Kraft	N
s	Kraft in Wegrichtung	m

J = Joule → bevorzugt in → Wärmelehre
Nm = Newtonmeter → bevorzugt in Mechanik
Ws = Wattsekunde → bevorzugt in Elektrotechnik

Die abgeleitete SI-Einheit für die mechanische Arbeit ist das **Joule** (Einheitenzeichen: J). 1 J ist gleich der Arbeit, die verrichtet wird, wenn der Angriffspunkt der Kraft $F = 1$ N in Richtung der Kraft um $s = 1$ m verschoben wird.

Die Arbeitskomponente der Kraft

Als Arbeitskomponente wird die Kraftkomponente in Wegrichtung bezeichnet.

$$F_x = F \cdot \cos \alpha$$ **Arbeitskomponente**

$$W = F \cdot \cos \alpha \cdot s$$ **mechanische Arbeit**

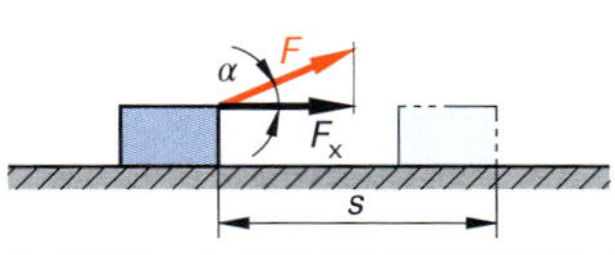

> **B** Eine Kraft $F = 220$ N wirkt unter $\alpha = 25°$ zur Horizontalen. Berechnen Sie W bei $s = 96$ cm.
> $\boldsymbol{W} = F \cdot \cos \alpha \cdot s = F \cdot \cos 25° \cdot s = 220\ \text{N} \cdot 0{,}9063 \cdot 0{,}96\ \text{m} = \textbf{191,41 Nm}$

2

2

Arbeit und Energie (Fortsetzung)

Hubarbeit und potenzielle Energie

$W_h = F \cdot h$ **Hubarbeit** in Nm (→ Energiegleichung)

$E_p = F_g \cdot h = m \cdot g \cdot h$ **Potenzielle Energie = Energie der Lage**

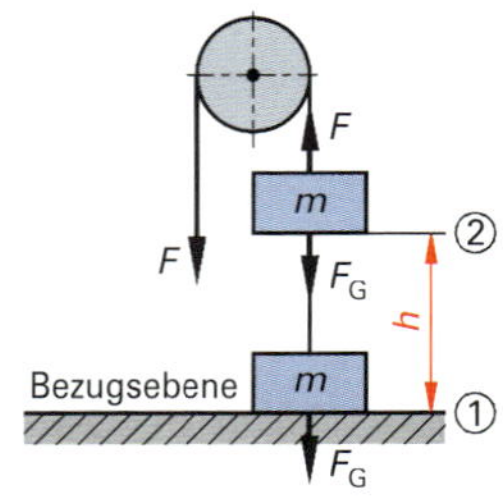

Bei Vernachlässigung der **Zapfen- und Seilreibung** ist $F = F_G$.
Dann ist bei gleichem Weg $W_h = E_p$.

Die zugeführte Hubarbeit W_h entspricht der Zunahme an potenzieller Energie E_p.

Arbeit auf der schiefen Ebene und Goldene Regel der Mechanik

$W = F_h \cdot s = F_G \cdot h$ **Arbeit auf der schiefen Ebene** in Nm

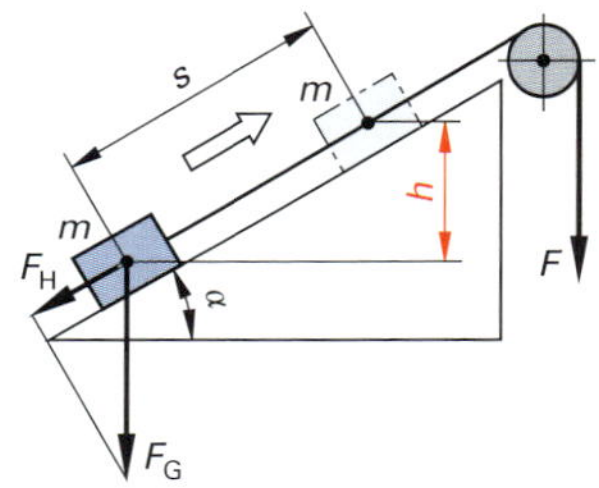

Aus dieser Gleichung folgt die
Goldene Regel der Mechanik:

$$\frac{F_h}{F_G} = \frac{h}{s}$$

Was bei Maschinen an Kraft weniger aufgewendet wird, muss im gleichen Verhältnis mehr an Weg zurückgelegt werden.
(→ Reibung auf der schiefen Ebene)

Beschleunigungsarbeit und Kinetische Energie

$W_a = m \cdot a \cdot s = \frac{m}{2} \cdot v_t^2$ **Beschleunigungsarbeit aus der Ruhe** in Nm

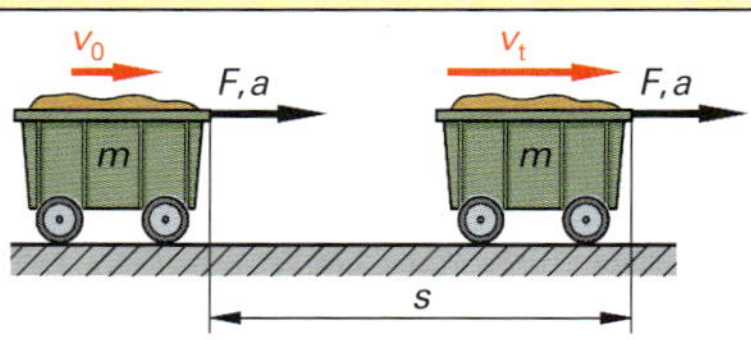

$E_k = \frac{m}{2} \cdot v^2$ **kinetische Energie = Bewegungsenergie** in Nm

$\Delta E_k = \frac{m}{2} \cdot (v_t^2 - v_0^2)$ **Änderung der kinetischen Energie** in Nm (→ Energiegleichung)

Zugeführte Beschleunigungsarbeit W_a = Zunahme der kinetischen Energie E_k .

a	Beschleunigung	m/s^2
m	Masse	kg
v_0	Anfangsgeschwindigkeit	m/s
v_t	Endgeschwindigkeit	m/s

DIN 1304-1: auch W für mechanische Energie

Umwandlung von potenzieller Energie in kinetische Energie und Energieerhaltung

$E_{k②} = \frac{m}{2} \cdot v_t^2 = m \cdot g \cdot h = E_{p③}$ **Energieumwandlung** beim freien Fall

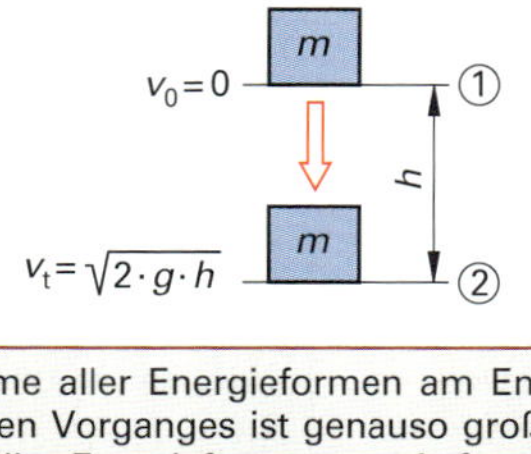

Sieht man von **Reibungsverlusten** ab, dann lässt sich die potenzielle Energie in eine äquivalente (gleichwertige) kinetische Energie umwandeln.
(→ Energiegleichung)

$E_{Ende} = E_{Anfang} + E_{zu} - E_{ab}$

↓

Energieerhaltungssatz → Die Summe aller Energieformen am Ende eines technischen Vorganges ist genauso groß wie die Summe aller Energieformen am Anfang und der während des technischen Vorganges zu- und abgeführten Energie.

Arbeit und Energie (Fortsetzung)

Energieerhaltung beim Stoß

Beim **realen Stoß** erwärmen sich die Stoßkörper. Die entstandene Wärmeenergie (umgesetzte mechanische Energie) dissipiert (verflüchtigt sich). Das heißt, dass sie am Ende des Stoßes dem technischen Vorgang entzogen ist.

Dies hat zur Folge:
Die Endgeschwindigkeiten beim realen Stoß sind kleiner als beim elastischen → Stoß.

Endgeschwindigkeiten beim realen Stoß:

$$v_{1e} = \frac{m_1 \cdot v_1 + m_2 \cdot v_2 - m_2 \cdot (v_1 - v_2) \cdot k}{m_1 + m_2}$$ in m/s

$$v_{2e} = \frac{m_1 \cdot v_1 + m_2 \cdot v_2 - m_1 \cdot (v_1 - v_2) \cdot k}{m_1 + m_2}$$ in m/s

k →

Stoßrealität	Stoßzahl *k*
unelastischer Stoß	0
elastischer Stoß	1
Stahl bei 20 °C	ca. 0,7
Kupfer bei 200 °C	ca. 0,3
Elfenbein bei 20 °C	ca. 0,9
Glas bei 20 °C	ca. 0,95

(→ Energieerhaltung)

Federspannarbeit (→ Formänderungsarbeit)

$$W_f = \frac{F}{2} \cdot s$$

Federspannarbeit aus ungespanntem Zustand in Nm

$$W_f = \frac{F_1 + F_2}{2} \cdot (s_2 - s_1)$$

$$W_f = \frac{c}{2} \cdot (s_2^2 - s_1^2)$$

Federspannarbeit aus gespanntem Zustand in Nm

$$c = \frac{F}{s}$$

Federkonstante

Federrate in $\frac{N}{m}$

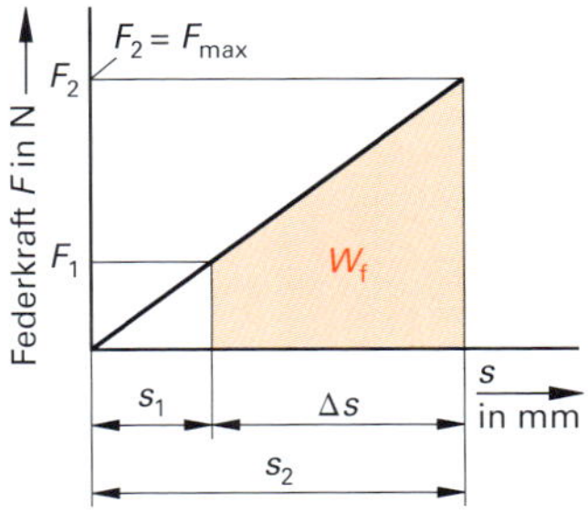

Obige Gleichungen gelten nur bei **Federn mit linearer Federkennlinie,** nicht bei Federn mit progressivem oder degressivem Federverhalten.

F	Spannkraft	N
s	Federweg (Spannweg)	m
c	Federkonstante	N/m

Mechanische Leistung

$$P = \frac{F \cdot s}{t} = \frac{W}{t}$$

mittlere Leistung (→ Drehleistung)

$$P = F \cdot v$$

Momentanleistung

F	Verschiebekraft	N
s	zurückgelegter Weg	m
t	Zeit (Δt)	s
W	mechanische Arbeit	Nm
v	Verschiebegeschwindigkeit	m/s

$$[\boldsymbol{P}] = \frac{[F] \cdot [s]}{[t]} = \frac{N \cdot m}{s} = \frac{Nm}{s} = \frac{J}{s} = \frac{Ws}{s} = W = \textbf{Watt}$$

1 Watt ist gleich der Leistung, bei der während der Zeit 1 s die Energie 1 J umgesetzt wird.

1 kW = 10³ W **1 MW = 10⁶ W**
(→ Britische und US-Einheiten)

B Ein Hydraulikkolben bewegt sich mit $v = 3$ m/min. Kolbenkraft $F = 550$ N. Welche Leistung *P* wird übertragen?

$$\boldsymbol{P} = F \cdot v = 550\ N \cdot \frac{3}{60} \frac{m}{s} = 27{,}5 \frac{Nm}{s} = \mathbf{27{,}5\ W}$$

Pferdestärke (keine SI-Einheit): **1 kW ≈ 1,36 PS**

Mechanischer Wirkungsgrad

$$\eta = \frac{W_n}{W_a} = \frac{P_n}{P_a}$$

Wirkungsgrad (· 100 in %)

$$\eta_{ges} = \eta_1 \cdot \eta_2 \cdot \eta_3 \cdot \ldots \cdot \eta_n$$

Gesamtwirkungsgrad

W_n	Nutzarbeit	Nm
W_a	aufgewendete Arbeit	Nm
P_n	Nutzleistung	W, kW
P_a	aufgewendete Leistung	W, kW
$\eta_1 \ldots \eta_n$	Einzelwirkungsgrade	1

(→ Wirkungsgrad)

2

2

Mechanischer Wirkungsgrad (Fortsetzung)

Mit einem **Energieflussbild (Sankey-Diagramm)** kann man die Verluste prozentual darstellen (durch Reibung entsteht Wärmeenergie bzw. Schwingungsenergie):

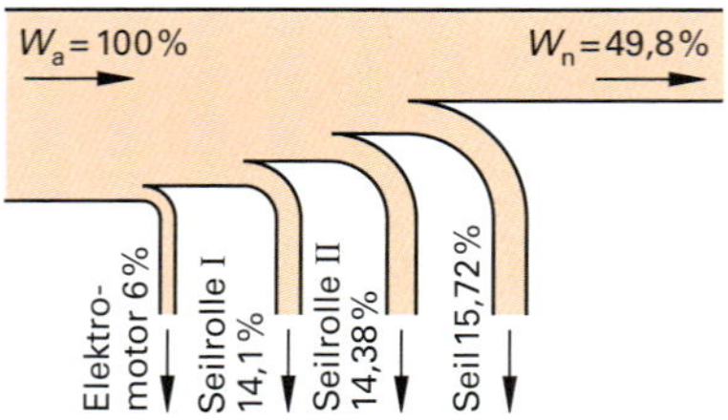

B Nebenstehendes Sankey- Diagramm zeigt die Verluste bei einem Hebezeug (z.B. Winde).
Wie groß ist der Gesamtwirkungsgrad, wenn die Einzelwirkungsgrade $\eta_1 = 0{,}94$; $\eta_2 = 0{,}85$; $\eta_3 = 0{,}82$; $\eta_4 = 0{,}76$ sind?

$\eta_{ges} = \eta_1 \cdot \eta_2 \cdot \eta_3 \cdot \eta_4 = 0{,}94 \cdot 0{,}85 \cdot 0{,}82 \cdot 0{,}76$

$\boldsymbol{\eta_{ges} = 0{,}498 \mathrel{\hat{=}} 49{,}8\,\%}$

Beispiele von erreichbaren Wirkungsgraden

Zahnradtrieb	≈ 0,97	Hydrogetriebe	≈ 0,80
Bewegungsgewinde	≈ 0,30	Kreiselpumpe	≈ 0,60
Dampfturbine	≈ 0,24	Hubkolbenverdichter	≈ 0,85
Diesel-Motor	≈ 0,34	Kreiselverdichter	≈ 0,70

Drehleistung

Drehzahl und Umfangsgeschwindigkeit

$$v_u = \pi \cdot d \cdot n$$

Umfangsgeschwindigkeit (→ Geschwindigkeit)

Zeichen	Bedeutung	Einheit
v_u	Umfangsgeschwindgigkeit	m/s
d	Durchmesser des Drehkörpers	m
n	Drehzahl (Umdrehungsfrequenz)	s^{-1}

$$v_u = \frac{\pi \cdot d \cdot n}{1000}$$

v_u	d	n
m/min	mm	min^{-1}

$$v_u = \frac{\pi \cdot d \cdot n}{1000 \cdot 60}$$

v_u	d	n
m/s	mm	min^{-1}

Insbesondere in der **Fertigungstechnik** wird zwischen m/min und m/s unterschieden, und zwar bei der Angabe der → **Schnittgeschwindigkeit** v_c.

Drehleistung bei gleichförmiger Drehbewegung

$$M = F_u \cdot \frac{d}{2}$$

Drehmoment in Nm

$$F_u = \frac{2 \cdot m}{d}$$

Umfangskraft in N

$$P = \frac{2 \cdot M \cdot v_u}{d}$$

Drehleistung

P	M	v_u	d
W	Nm	m/s	m

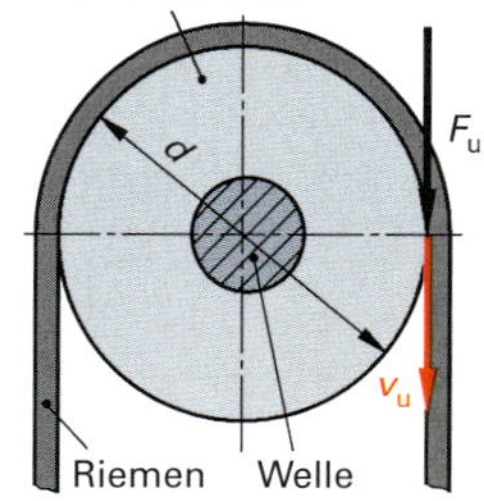

$$P = \frac{M \cdot n}{9550}$$

Drehleistung

$$M = 9550 \cdot \frac{P}{n}$$

Drehmoment

P	M	n
kW	Nm	min^{-1}

→ Zahlenwertgleichungen

(→ Mechanische Leistung)

Winkelgeschwindigkeit

$$\omega = 2 \cdot \pi \cdot n$$

Winkelgeschwindigkeit

ω	n
s^{-1} = rad/s	s^{-1}

$$\omega = \frac{\pi \cdot n}{30}$$

Winkelgeschwindigkeit (Zahlenwertgleichung)

ω	n
s^{-1} = rad/s	min^{-1}

$$v_u = \omega \cdot r$$

Umfangsgeschwindigkeit

v_u	ω	r
m/s	s^{-1}	m

(→ Geschwindigkeit)

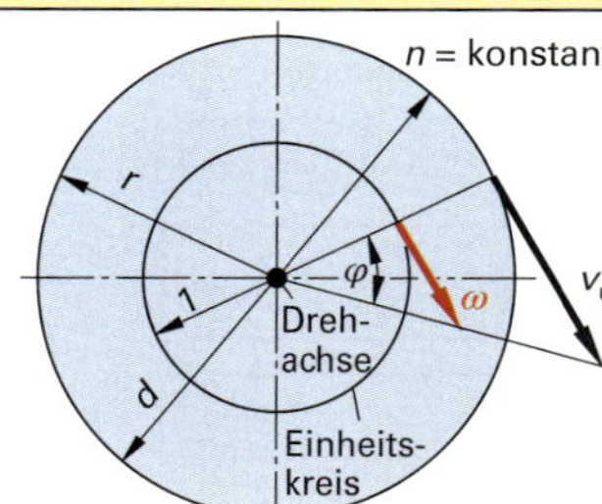

Drehleistung (Fortsetzung)

Drehleistung und Winkelgeschwindigkeit, Drehwinkel

$$P = M \cdot \omega$$

Drehleistung in W

$$P = M \cdot \frac{\pi \cdot n}{30}$$

Drehleistung (Zahlenwertgleichung)

P	M	n
W	Nm	min^{-1}

$$\varphi = \omega \cdot t$$

Drehwinkel in rad

M	Drehmoment	Nm
ω	Winkelgeschwindigkeit	s^{-1}

2

Gleichmäßig beschleunigte oder verzögerte Drehbewegung

$$a_t = \frac{\Delta v_u}{\Delta t}$$

Tangentialbeschleunigung

a_t	Tangentialbeschleunigung	m/s^2
v_u	Umfangsgeschwindigkeit = $a_t \cdot t$	m/s
t	Zeit (Δt)	s

$$\alpha = \frac{a_t}{r}$$

Winkelbeschleunigung (→ Beschleunigung)

$$\omega = \alpha \cdot t$$

$$\omega = \frac{a_t}{r} \cdot t$$

Winkelgeschwindigkeit in s^{-1}

a	Winkelbeschleunigung	rad/s^2
r	Radius des Drehkörpers	m

$$\Delta\omega = \alpha \cdot \Delta t$$

Änderung der Winkelgeschwindigkeit

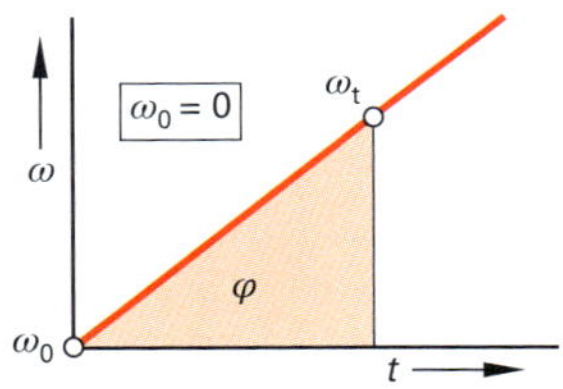

$$t = \Delta t$$

ω-Diagramme
α = konst. und positiv

Bei verzögerter Bewegung ist die **Winkelbeschleunigung α negativ** in die folgenden Formeln einzusetzen.

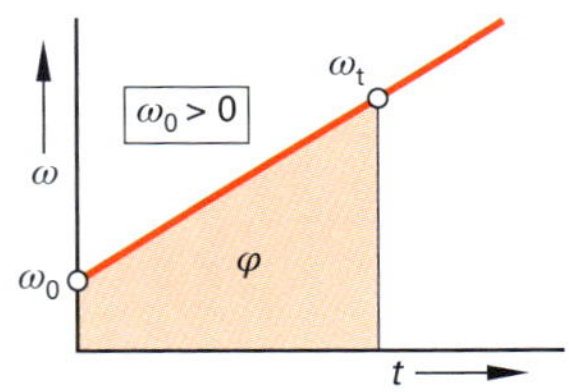

$\alpha, \varphi, \omega, t$ → wie vorher; ω_0 = **Anfangswinkelgeschwindigkeit**
ω_t = **Endwinkelgeschwindigkeit**

Winkelgeschwindigkeit am Anfang ω_0	**$\omega_0 = 0$**	**$\omega_0 > 0$**	**rad/s**
Drehwinkel φ nach der Zeit t (Δt)	$\varphi = \frac{\omega_t \cdot t}{2}$	$\varphi = (\omega_0 + \omega_t) \cdot \frac{t}{2}$	rad
	$\varphi = \frac{\alpha}{2} \cdot t^2$	$\varphi = \omega_0 \cdot t + \frac{\alpha}{2} \cdot t^2$	rad
	$\varphi = \frac{\omega_t^2}{2 \cdot \alpha}$	$\varphi = \frac{\omega_t^2 - \omega_0^2}{2 \cdot \alpha}$	rad
Winkelbeschleunigung α	$\alpha = \frac{\omega_t}{t}$	$\alpha = \frac{\omega_t - \omega_0}{t}$	rad/s^2
	$\alpha = \frac{2 \cdot \varphi}{t^2}$	$\alpha = \frac{2 \cdot (\varphi - \omega_0 \cdot t)}{t^2}$	rad/s^2
	$\alpha = \frac{\omega_t^2}{2 \cdot \varphi}$	$\alpha = \frac{\omega_t^2 - \omega_0^2}{2 \cdot \varphi}$	rad/s^2

Gleichmäßig beschleunigte oder verzögerte Drehbewegung (Fortsetzung)

Winkelgeschwindigkeit am Anfang ω_0	$\omega_0 = 0$	$\omega_0 > 0$	rad/s
Winkelgeschwindigkeit ω_0 (am Anfang)	$\omega_0 = 0$	$\omega_0 = \omega_t - \mathring{a} \cdot t$	rad/s
		$\omega_0 = \frac{2 \cdot \varphi}{t} - \omega_t$	rad/s
		$\omega_0 = \sqrt{\omega_t^2 - 2 \cdot \alpha \cdot \varphi}$	rad/s
Winkelgeschwindigkeit ω_t (nach der Zeit t)	$\omega_t = \alpha \cdot t$	$\omega_t = \omega_0 + \alpha \cdot t$	rad/s
	$\omega_t = \frac{2 \cdot \varphi}{t}$	$\omega_t = \omega_0 + \frac{2 \cdot \varphi}{t}$	rad/s
	$\omega_t = \sqrt{2 \cdot \alpha \cdot \varphi}$	$\omega_t = \sqrt{\omega_0^2 + 2 \cdot \alpha \cdot \varphi}$	rad/s
Zeit t (Zeitspanne Δt)	$t = \frac{\omega_t}{\alpha}$	$t = \frac{\omega_t - \omega_0}{\alpha}$	s
	$t = \frac{2 \cdot \varphi}{\omega_t}$	$t = \frac{2 \cdot \varphi}{\omega_0 + \omega_t}$	s
	$t = \sqrt{\frac{2 \cdot \varphi}{\alpha}}$	$t = \frac{\sqrt{\omega_0^2 + 2 \cdot \alpha \cdot \varphi} - \omega_0}{\alpha}$	s

2

Übersetzungen beim Riementrieb

Einfacher Riementrieb

$$d_1 \cdot n_1 = d_2 \cdot n_2$$

$$\frac{n_1}{n_2} = \frac{d_2}{d_1}$$

Grundgleichung

$$i = \frac{n_1}{n_2} = \frac{\omega_1}{\omega_2} = \frac{d_2}{d_1}$$

Übersetzungsverhältnis

B $d_1 = 240$ mm, $d_2 = 180$ mm
$n_1 = 500\ \text{min}^{-1}$, $n_2 = ?$

$$n_2 = n_1 \cdot \frac{d_1}{d_2} = 500\ \text{min}^{-1} \cdot \frac{240\ \text{mm}}{180\ \text{mm}}$$

$\mathbf{n_2 = 666{,}67\ min^{-1}}$

treibende Scheibe: ungerade Indizes

getriebene Scheibe: gerade Indizes

Drehzahlen und **Winkelgeschwindigkeiten** verhalten sich umgekehrt wie die Durchmesser der Scheiben. (→ Winkelgeschwindigkeit)

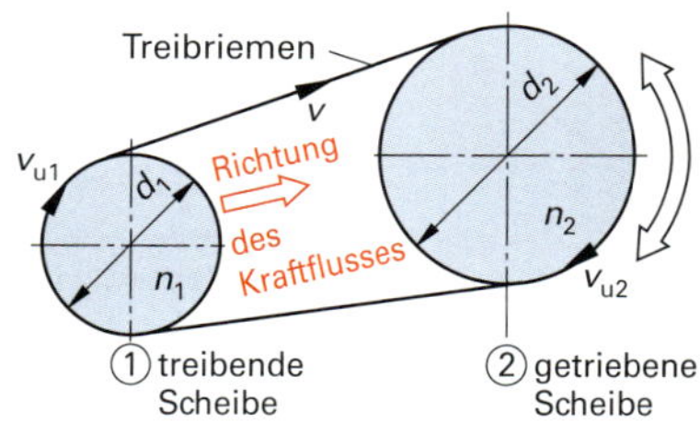

d	Durchmesser	mm
ω	Winkelgeschwindigkeit	s^{-1}
n	Drehzahl (Umdrehungsfrequenz)	min^{-1}

Mehrfachriementrieb

$$n_a \cdot d_1 \cdot d_3 \cdot d_5 \cdot \ldots = n_e \cdot d_2 \cdot d_4 \cdot d_6 \cdot \ldots$$

Grundgleichung

n_a = Anfangsdrehahl, n_e = Enddrehzahl

$$i_{ges} = i_1 \cdot i_2 \cdot i_3 \cdot \ldots$$

Gesamtübersetzungsverhältnis

Beim Mehrfachriementrieb errechnet sich das Gesamtübersetzungsverhältnis aus dem Produkt aller Einzelübersetzungsverhältnisse (→ Winkelgeschwindigkeit).

$$i_{ges} = \frac{n_a}{n_e} = \frac{\omega_a}{\omega_e}$$

Gesamtübersetzungsverhältnis

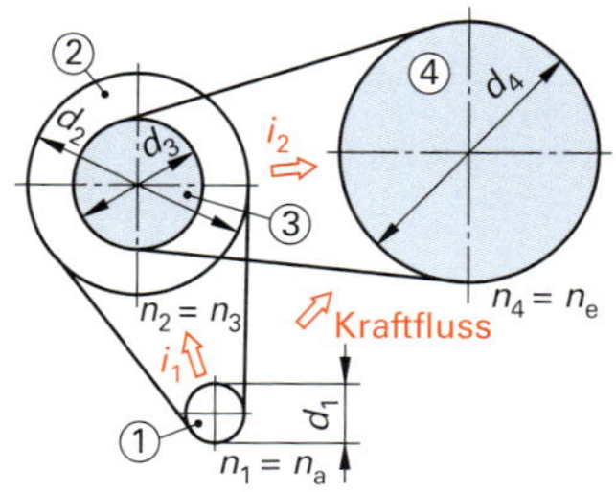

Übersetzung beim Zahntrieb

$U = p \cdot z$ **Teilkreisumfang** in mm

$d = m \cdot z$ **Teilkreisdurchmesser** in mm

$m = \frac{p}{\pi}$ **Modul** in mm

$i = \frac{n_1}{n_2} = \frac{\omega_1}{\omega_2} = \frac{d_2}{d_1}$

$i = \frac{z_2}{z_1}$

Übersetzungsverhältnis (→ Winkelgeschwindigkeit)

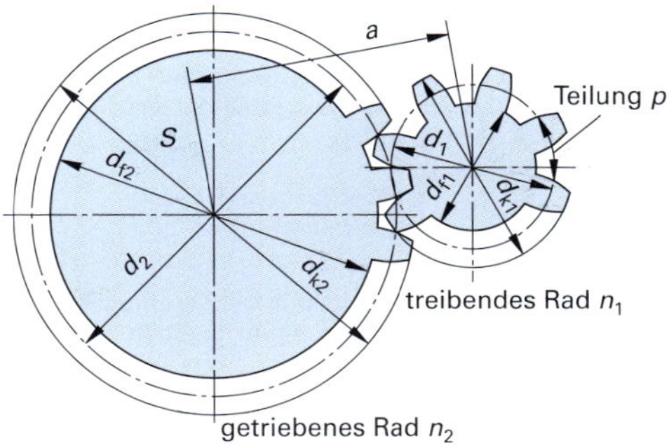

B $i = 0{,}4$; $n_1 = 180\ \text{min}^{-1}$; $z_2 = 24$
$n_2 = ?$; $z_1 = ?$

$$\boldsymbol{n_2} = \frac{n_1}{i} = \frac{180\ \text{min}^{-1}}{0{,}4} = \mathbf{450\ min^{-1}}$$

$$i = \frac{n_1}{n_2} = \frac{z_2}{z_1} \quad \rightarrow \quad z_1 = z_2 \cdot \frac{n_2}{n_1} = 24 \cdot \frac{450\ \text{min}^{-1}}{180\ \text{min}^{-1}}$$

$\boldsymbol{z_1 = 60}$

d_f	Fußkreisdurchmesser	mm
d_a	Kopfkreisdurchmesser	mm
d	Teilkreisdurchmesser	mm
p	Teilung (Abstand der Zähne auf dem Teilkreisdurchmesser)	mm
a	Achsabstand	mm
z	Anzahl der Zähne (Zähnezahl)	1

Doppelter Zahntrieb und Mehrfachzahntrieb:

$n_a \cdot d_1 \cdot d_3 \cdot d_5 \cdot \ldots = n_e \cdot d_2 \cdot d_4 \cdot d_6 \cdot \ldots$

$n_a \cdot z_1 \cdot z_3 \cdot z_5 \cdot \ldots = n_e \cdot z_2 \cdot z_4 \cdot z_6 \cdot \ldots$

Grundgleichungen des Mehrfachzahntriebes

$$i_{ges} = i_1 \cdot i_2 \cdot i_3 \cdot \ldots = \frac{d_2 \cdot d_4 \cdot d_6 \cdot \ldots}{d_1 \cdot d_3 \cdot d_5 \cdot \ldots} = \frac{z_2 \cdot z_4 \cdot z_6 \cdot \ldots}{z_1 \cdot z_3 \cdot z_5 \cdot \ldots} = \frac{n_a}{n_e}$$

Gesamtübersetzungsverhältnis

Fliehkraft

Zentrifugalkraft F_z → vom Drehmittelpunkt weggerichtet.
Zentripetalkraft F_z' → zum Drehmittelpunkt hingerichtet.

$F_z = F_z' = m \cdot \frac{v_u^2}{r} = m \cdot r \cdot \omega^2$ **Zentrifugalkraft** **Zentripetalkraft** in N

$a_z = \frac{v_u^2}{r}$ **Zentripetalbeschleunigung** in m/s²

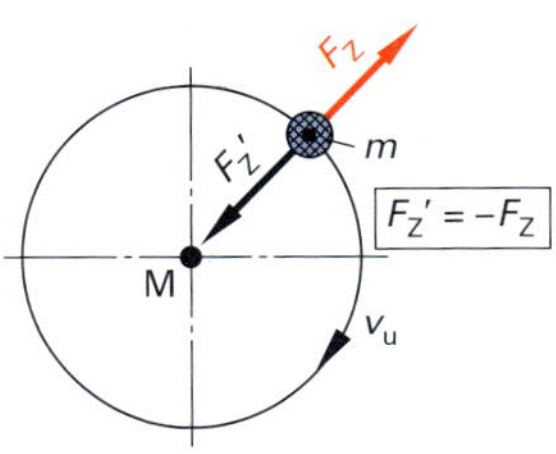

B $m = 50\ \text{kg}$; $r = 1{,}2\ \text{m}$; $n = 3\ \text{s}^{-1}$; $F_z = ?$

$$F_z = m \cdot \frac{v_u^2}{r} = m \cdot \frac{(\pi \cdot d \cdot n)^2}{r} = 50\ \text{kg} \cdot \frac{(\pi \cdot 2 \cdot 1{,}2\ \text{m} \cdot 3\ \text{s}^{-1})^2}{1{,}2\ \text{m}}$$

$\boldsymbol{F_z = 21\,318\ \text{N}}$

m	Masse	kg
v_u	Umfangsgeschwindigkeit	m/s
r	Bahnradius	m
ω	Winkelgeschwindigkeit	s^{-1}

(→ Kraft)

2

2

Wirkungen der Molekularkräfte

Oberflächenspannung (Grenzflächenspannung) (→ Arbeit)

Durch **Kohäsionskräfte** in der Flüssigkeit und **Adhäsionskräfte** zwischen der Flüssigkeit und dem an der Oberfläche der Flüssigkeit angrenzenden Gas bzw. Dampf wird das **Oberflächenverhalten des flüssigen Körpers** hervorgerufen.

σ	Oberflächenspannung	N/m
ΔE	Änderung der Oberflächenenergie	$N \cdot m = J$
ΔA	Änderung der Oberflächengröße	m^2
F	Kraft	N
d	Ringdurchmesser	m

$$\sigma = \frac{\Delta E}{\Delta A}$$

Oberflächenspannung (Definition)

$$\sigma = \frac{F}{2 \cdot d \cdot \pi}$$

Ermittlung der Oberflächenspannung im Versuch (s. Bild)

B Bei einem Versuch zur Ermittlung der Oberflächenspannung ist der Ringdurchmesser d = 0,5 m. Es wird F = 1,48 N gemessen. Wie groß ist σ?

$$\boldsymbol{\sigma} = \frac{F}{2 \cdot d \cdot \pi} = \frac{1{,}48\ \text{N}}{2 \cdot 0{,}5\ \text{m} \cdot \pi} = \mathbf{0{,}47\ N/m}$$

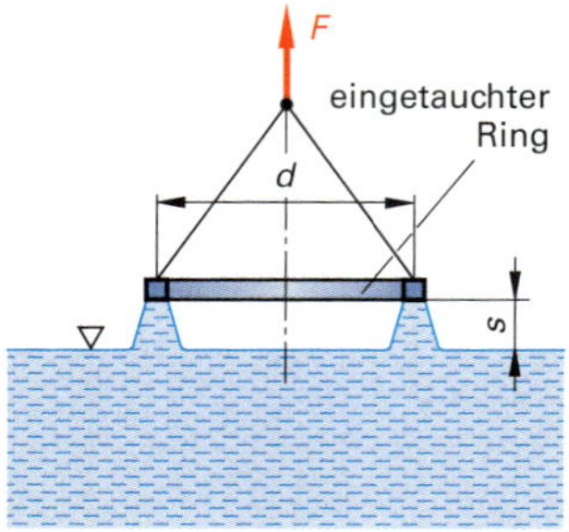

Flüssigkeit	angrenzendes Gas bzw. angrenzender Dampf	Temperatur in °C	Oberflächenspannung σ in N/m
Ammoniak	Luft	20	0,021
Benzol	Luft	20	0,0288
Essigsäure	Luft	20	0,028
Ethanol	Alkoholdampf	20	0,022
Glyzerin	Luft	20	0,058
Kochsalzlösung (10%)	Luft	18	0,0755
Natronlauge (50%)	Luft	20	0,128
Natronlauge (20%)	Luft	20	0,087
Petroleum	Luft	0	0,0289
Quecksilber	Luft/Wasser	20	0,47/0,375
Terpentinöl	Luft	18	0,0268
Toluol	Luft	20	0,029
Wasser	Luft	0	0,0756
Wasser	Luft	10	0,0742
Wasser	Luft	20	0,0725
Wasser	Luft	40	0,0696
Wasser	Luft	60	0,0662
Wasser	Luft	80	0,0626
Wasser	Luft	100	0,0588
Xylol	Luft	20	0,029

Steighöhe in einer Kapillare (→ Stoffschlüssige Verbindungen, Lötverbindungen)

$$h = \frac{2 \cdot \sigma}{g \cdot r \cdot \varrho}$$

Steighöhe bei völliger Benetzung

σ	Oberflächenspannung	N/m
g	Fallbeschleunigung	m/s^2
r	Radius der Kapillare bzw. Spaltbreite	m
ϱ	Dichte der Flüssigkeit	kg/m^3

Bei der **Kapillarwirkung** und der **Randausbildung** unterscheiden sich:

benetzende Flüssigkeit und
nicht benetzende Flüssigkeit

→ Löten

B Bei einem Lot ist σ = 0,08 N/m; ϱ = 7,42 kg/dm³. Spaltbreit r = 0,15 mm. Steighöhe h = ?

$$h = \frac{2 \cdot \sigma}{g \cdot r \cdot \varrho} = \frac{2 \cdot 0{,}08\ \text{N/m}}{9{,}81\ \text{m/s}^2 \cdot 0{,}000\,15\ \text{m} \cdot 7420\ \text{kg/m}^3}$$

$\boldsymbol{h}$ = 0,0147 m = **14,7 mm**

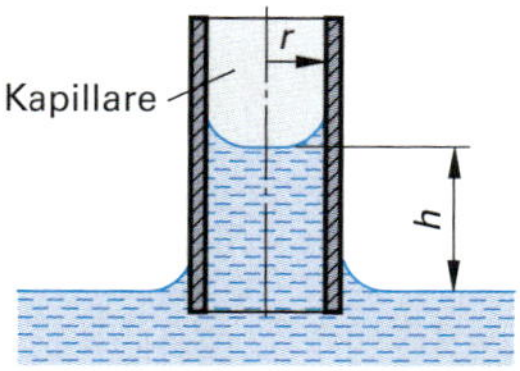

Hydrostatischer Druck

Druckberechnung, Druckeinheiten

$$p = \frac{F}{A}$$ **Pressdruck** in N/m² (→ Gasgesetze, Aerostatischer Druck)

$$p = h \cdot \varrho \cdot g$$ **Schweredruck** in N/m²

Die SI-Einheit für den Druck ist das **Pascal**.
Einheitenzeichen: **Pa**.

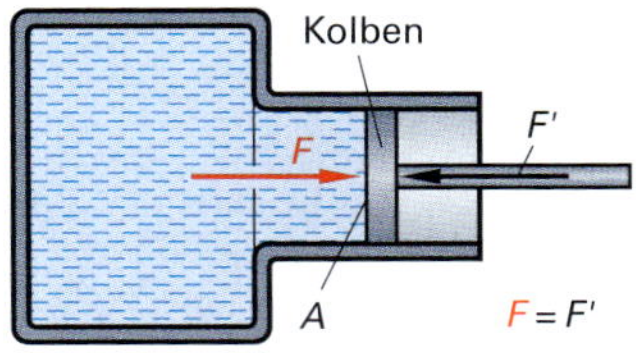

$1 \text{ Pa} = 1 \text{ N/m}^2$ → $10^5 \text{ Pa} = 1 \text{ bar} = 0{,}1 \text{ MPa}$

bar ist SI-fremd, aber noch geläufig. Tendenz geht in Richtung **MPa.**

B Druckkraft $F = 100$ N, Kolbendurchmesser $d = 10$ mm. Wie groß ist p?

$$\boldsymbol{p} = \frac{F}{A} = \frac{F}{(\pi/4) \cdot d^2} = \frac{4 \cdot F}{\pi \cdot d^2} = \frac{4 \cdot 100 \text{ N}}{\pi \cdot (0{,}01 \text{ m})^2} = \mathbf{12{,}73\ bar}$$

F	senkrecht zur Fläche wirkende Kraft	N
A	gedrückte Fläche	m²
h	Höhe einer Flüssigkeitssäule	m
ϱ	Dichte der Flüssigkeit	kg/m³
g	Fallbeschleunigung	m/s²

1 Mikropascal = 1 μPa = 0,000 001 Pa = 10^{-6} Pa
1 Hektopascal = 1 hPa = 100 Pa = 10^2 Pa
1 Kilopascal = 1 kPa = 1000 Pa = 10^3 Pa
1 Megapascal = 1 MPa = 1 000 000 Pa = 10^6 Pa

→ 1 Hektopascal = 1 Millibar
1 hPa = 1 mbar

2

Umrechnung alter Druckeinheiten in Pascal (nach **DIN 1314**:1977-02 „Druck")

Frühere Einheiten	**Umrechnung in** N/m² = Pa	hPa = mbar	**bar = 10^5 Pa**
$1 \frac{\text{kp}}{\text{cm}^2} = 1$ at	98066,5	980,665	0,980665
1 mWS	9806,65	98,0665	0,0980665
1 Torr = 1 mm QS	133,322	1,33322	0,00133322
1 atm	101,325	1013,25	1,01325

at: **technische Atmosphäre,** atm: **physikalische Atmosphäre,** mWS: **Meter Wassersäule,** mmQS: **Millimeter Quecksilbersäule** (jetzt mm Hg)

Kompressibilität infolge Druckänderung

$$\varkappa = \frac{\Delta V}{V} \cdot \frac{1}{\Delta p}$$ **Kompressibilität**

$$K = \frac{1}{\varkappa}$$ **Kompressionsmodul**

(→ Gasgesetze, Verdichtung)

$\varkappa$	Kompressibilität	bar⁻¹
ΔV	Volumenänderung infolge Druckänderung	m³
V	Ausgangsvolumen	m³
Δp	Druckänderung	bar
K	Kompressionsmodul	bar

Stoff, Temperatur		**Kompressibilität** in bar⁻¹	**Stoff, Temperatur**		**Kompressibilität** in bar⁻¹
Stahl	0 °C (fest)	$6 \cdot 10^{-7}$	Wasser	10 °C	$4{,}9 \cdot 10^{-5}$
Quecksilber	0 °C	$3 \cdot 10^{-6}$	Wasser	18 °C	$4{,}7 \cdot 10^{-5}$
Ethanol	7,3 °C	$8{,}6 \cdot 10^{-5}$	Wasser	25 °C	$4{,}6 \cdot 10^{-5}$
Hydrauliköl	20 °C	$6{,}3 \cdot 10^{-5}$	Wasser	43 °C	$4{,}5 \cdot 10^{-5}$
Meerwasser	17,5 °C	$4{,}5 \cdot 10^{-5}$	Wasser	53 °C	$4{,}5 \cdot 10^{-5}$
Wasser	0 °C	$5{,}1 \cdot 10^{-5}$			

B Wie groß ist der Wasserdruck in 2000 m Meerestiefe ($\varrho = 1{,}03$ kg/dm³). Wie groß ist ΔV in %?

$$p = h \cdot \varrho \cdot g = 2000 \text{ m} \cdot 1030 \text{ kg/m}^3 \cdot 9{,}81 \text{ m/s}^2$$

$$\boldsymbol{p} = 20\,208\,600 \text{ N/m}^2 = \mathbf{202{,}1\ bar = 20{,}21\ MPa}$$

$$\varkappa = \frac{\Delta V}{V} \cdot \frac{1}{\Delta p} \rightarrow \frac{\Delta V}{V} = \varkappa \cdot \Delta p = 5 \cdot 10^{-5} \text{ bar}^{-1} \cdot 202 \text{ bar}$$

$$\frac{\boldsymbol{\Delta V}}{\boldsymbol{V}} = 0{,}01 \mathrel{\hat=} \mathbf{1\ \%}$$

2

Aerostatischer Druck

Der **absolute Druck** p_{abs} ist der Druck gegenüber dem Druck Null im leeren Raum.

Die Differenz zwischen einem absoluten Druck p_{abs} und dem jeweiligen (absoluten) **Atmosphärendruck** p_{amb} ist die atmosphärische **Druckdifferenz** p_e. Diese wird auch **Überdruck** p_e genannt.

$$p_e = p_{abs} - p_{amb}$$ **Überdruck**

Überdrücke können sowohl positiv als auch negativ sein. Negativer Überdruck = **Unterdruck** (→ Hydrostatischer Druck)

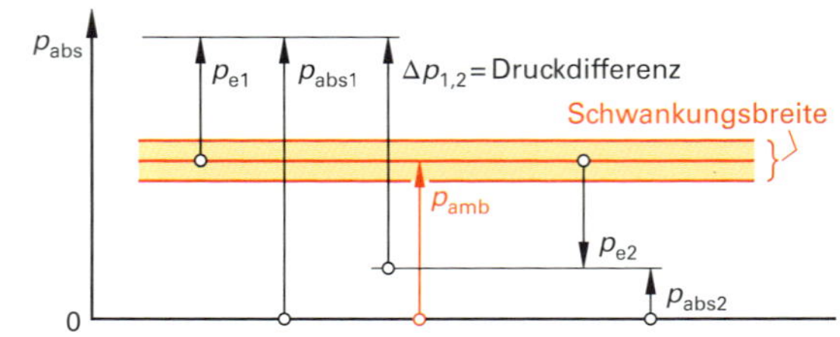

p_e	Überdruck	N/m², bar
p_{abs}	absoluter Druck	N/m², bar
p_{amb}	Atmosphärendruck	N/m², bar

Druckkraft

In einer **Flüssigkeit** bzw. einem **Gas** oder einem **Dampf** pflanzt sich der Druck nach allen Seiten in gleicher Größe fort. Die **Druckkraft** wirkt stets in senkrechter Richtung auf die gedrückte Fläche.

$$F = p \cdot A$$ **Druckkraft auf ebene Fläche**

$$F = p \cdot A_{proj.} = p \cdot \frac{\pi}{4} \cdot d^2$$ **Druckkraft auf kreisförmig gewölbte Fläche**

Die Druckkraft auf eine **gewölbte Fläche** ist gleich dem Produkt aus dem Flüssigkeits- oder Gasdruck und der senkrechten Projektion dieser Fläche. Dies gilt auch für eine **geneigte Fläche.**

B $p = 3$ bar, $d = 6$ cm, $F = ?$

$$\boldsymbol{F} = p \cdot \frac{\pi}{4} \cdot d^2 = 3 \cdot 10^5\ \frac{\text{N}}{\text{m}^2} \cdot \frac{\pi}{4} \cdot (0{,}06\ \text{m})^2 = \mathbf{848{,}23\ N}$$

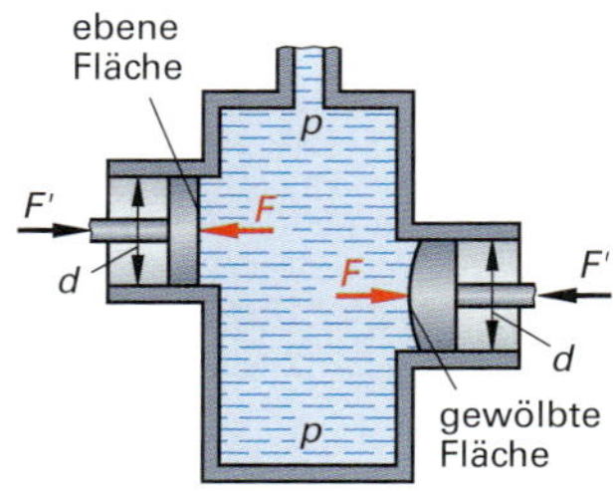

p	Gas- oder Flüssigkeitsdruck	N/m², bar
A	gedrückte Fläche	m²
$A_{proj.}$	senkrechte Projektion der gewölbten oder geneigten Fläche	m²
d	Kolbendurchmesser	m

Hydraulische Kraftübersetzung (→ Übersetzungen)

$$F_1 = F_2 \cdot \frac{D^2}{d^2}$$ **erzeugte Kolbenkraft** in N

Die Kräfte verhalten sich wie die Quadrate der Durchmesser.

$$W_a = F_2 \cdot s_2$$ **aufgewendete Arbeit** in Nm

$$W_n = F_1 \cdot s_1$$ **Nutzarbeit** in Nm (ohne Verluste)

$$W'_n = F'_1 \cdot s_1$$ **Nutzarbeit** in Nm (mit Verlusten)

$$\eta = \frac{W'_n}{W_a} = \frac{F'_1 \cdot s_1}{F'_2 \cdot s_2}$$ **Wirkungsgrad** < 1

$$\frac{s_1}{s_2} = \frac{d^2}{D^2} = \frac{1}{i}$$ **Verhältnis der Kolbenwege**

Die Kolbenwege verhalten sich umgekehrt proportional zu den Quadraten der den Kolben zugehörigen Durchmessern.

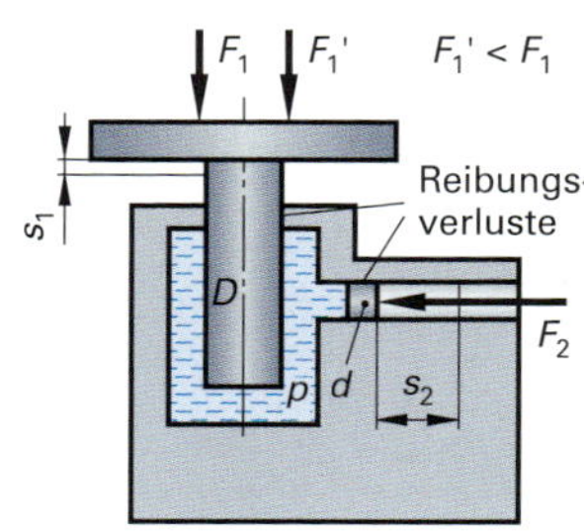

F'_1	erzeugte Kolbenkraft unter Einbeziehung von η	N
F_2	aufgewendete Kolbenkraft	N
d	kleiner Kolbendurchmesser	m
D	großer Kolbendurchmesser	m
s_1	Nutzweg	m
s_2	aufgewendeter Weg	m
i	hydraulisches Kraftübersetzungsverhältnis	1

Druckkraft (Fortsetzung)

Schweredruck und Druckverteilungsdiagramm

$p_s = h \cdot \varrho \cdot g$ **Schweredruck**

p_s	statischer Druck (Schweredruck)	N/m², bar
h_{st}	statische Druckhöhe	m
ϱ	Dichte der Flüssigkeit	kg/m³
g	Fallbeschleunigung	m/s²

Der Schweredruck in einer Flüssigkeit steigt proportional mit der Flüssigkeitstiefe *h*, d.h. mit der Höhe der **Flüssigkeitssäule**.

$h_{st} = \frac{p}{\varrho \cdot g}$ **statische Druckhöhe**

B $h = 3{,}6$ m; $\varrho = 0{,}87$ kg/dm³; $p_s = ?$

$p_s = h \cdot \varrho \cdot g = 3{,}6 \text{ m} \cdot 870 \text{ kg/m}^3 \cdot 9{,}81 \text{ m/s}^2$

$\boldsymbol{p_s} = 30\,725 \text{ N/m}^2 = \mathbf{0{,}30725 \text{ bar}}$

$p_{ges} = \Sigma p$ **Gesamtdruck**

In einer **waagerechten Flüssigkeitsebene** ist der Gesamtdruck an jeder Stelle gleich groß (nur bei ruhenden Fluiden).

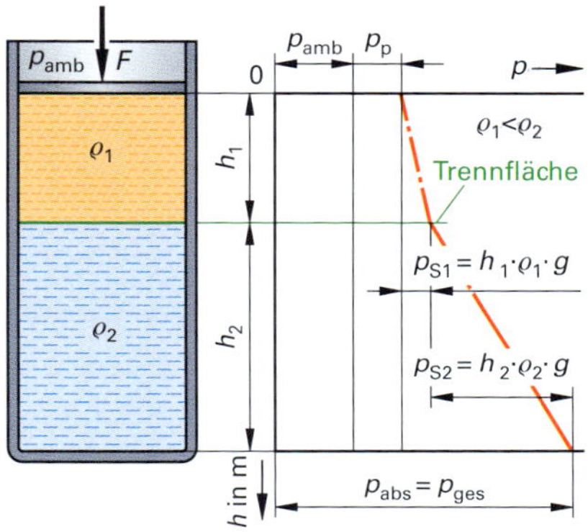

Bodendruckkraft

$F_B = p_{ges} \cdot A$ **Bodendruckkraft** in N

p_{ges}	Gesamtdruck	N/m², bar
A	am Gefäßboden gedrückte Fläche	m²

Bei homogener Füllung des Gefäßes:

$F_B = h \cdot \varrho \cdot g \cdot A$

Die Bodendruckkraft ist nicht von der Form des die Flüssigkeit aufbewahrenden Gefäßes abhängig.

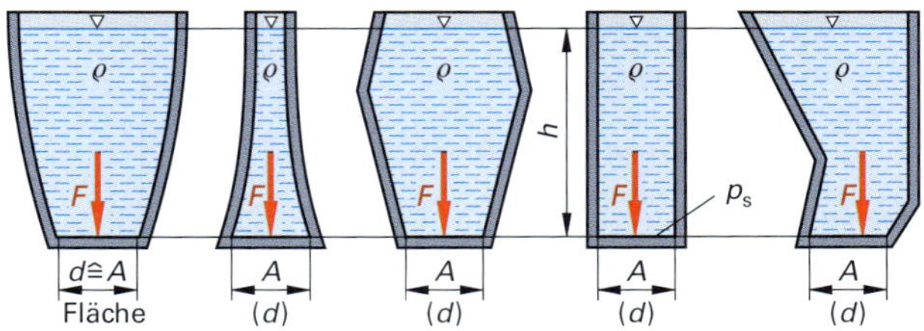

Hydrostatisches Paradoxon

Seitendruckkraft

Senkrechte Seitenwand

$e = \frac{I}{A \cdot h_s}$ **Abstand des Druckmittelpunktes D vom Schwerpunkt S der Fläche**

$F_s = h_s \cdot \varrho \cdot g \cdot A$ **Seitendruckkraft** in N

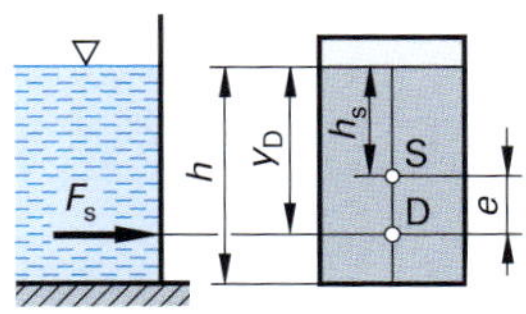

Symmetrische schräge Wand

$e = \frac{I_s}{A \cdot y_s}$ **Abstand des Druckmittelpunktes vom Flächenschwerpunkt**

$F_s = \varrho \cdot g \cdot ys \cdot \sin \alpha \cdot A$ **Seitendruckkraft** in N

Die **Größe der Seitendruckkraft** $\boldsymbol{F_s}$ ist gleich dem Produkt aus dem hydrostatischen Druck am Flächenschwerpunkt und der gedrückten Fläche.

Angriffspunkt der Seitendruckkraft ist der **Druckmittelpunkt** D.

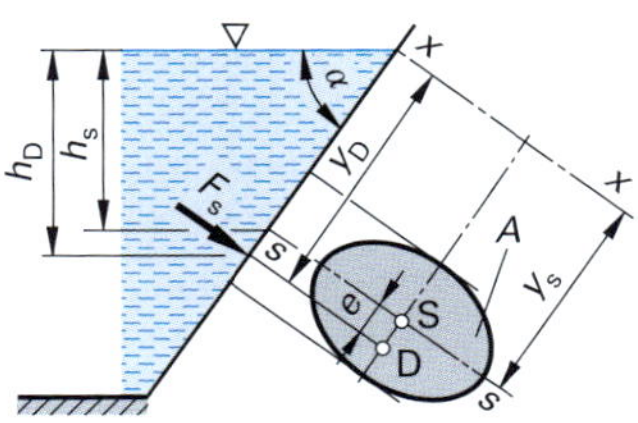

Formelzeichen und Einheiten: nächste Seite

2

Druckkraft (Fortsetzung)

Aus den Gleichungen der Vorseite ergibt sich:

Je weiter die gedrückte Seitenfläche vom Flüssigkeitsspiegel (Flüssigkeitsoberfläche) entfernt ist, desto kleiner ist der Abstand des Druckmittelpunktes D vom Flächenschwerpunkt S.

I, I_s	Flächenmoment 2. Grades	m^4
A	gedrückte Fläche	m^2
h_s	Abstand des Schwerpunktes vom Flüssigkeitsspiegel	m
ϱ	Flüssigkeitsdichte	kg/m^3
g	Fallbeschleunigung	m/s^2
α	Neigungswinkel der Fläche	Grad

Verbundene Gefäße (kommunizierende Gefäße)

$$\frac{h_1}{h_2} = \frac{\varrho_2}{\varrho_1}$$

Bei unterschiedlichen Dichten verhalten sich die Flüssigkeitshöhen über den Trennungsflächen umgekehrt wie die zugehörigen Flüssigkeitsdichten.

Bei $\boldsymbol{\varrho_1 = \varrho_2}$ bzw. homogener Füllung ist $\boldsymbol{h_1 = h_2}$.

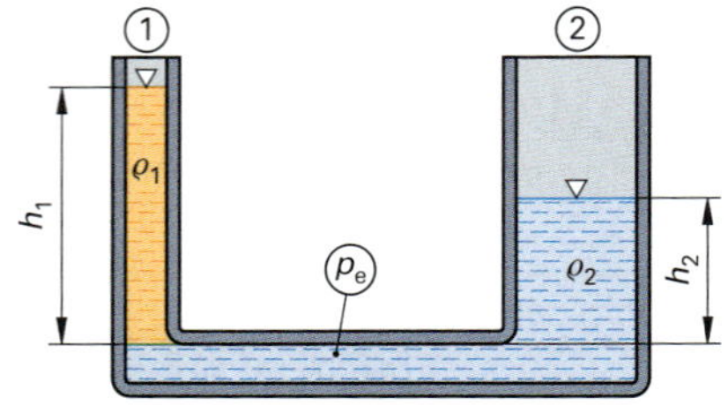

Statischer Auftrieb in Flüssigkeiten und Gasen

$$F_A = V \cdot \varrho_F \cdot g$$ **statische Auftriebskraft** in N

Der Betrag der nach oben gerichteten **Auftriebskraft** F_A ist gleich der **Gewichtskraft** F_G des verdrängten Fluids.

Prinzip von Archimedes

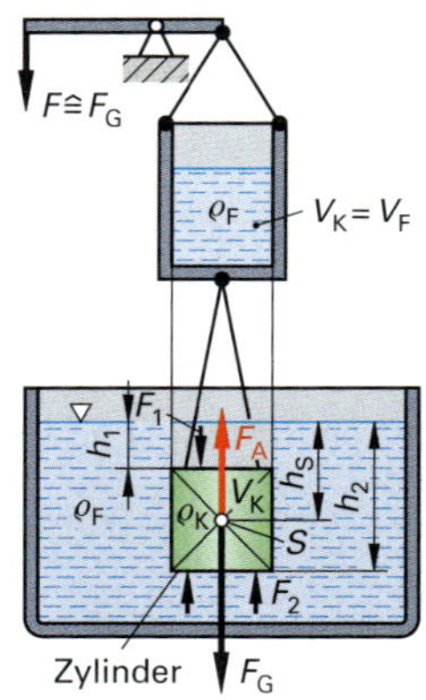

(→ Dynamische Auftriebskraft)

$$F'_G = F_G - F_A$$ **Tauchgewichtskraft** in N

$$V = V_K = V_F$$ **verdrängtes Flüssigkeitsvolumen = Körpervolumen = Fluidvolumen**

Die Größe der Auftriebskraft hängt nicht von der **Eintauchtiefe** ab.

$$\varrho_K = \varrho_F + \frac{F'_G}{V \cdot g}$$ **Dichte eines in ein Fluid eingetauchten Körpers**

Das Prinzip von Archimedes ist bei allen Fluidformen (Flüssigkeit, Gas, Dampf) anwendbar.

F_A	statische Auftriebskraft	N
V	verdrängtes Volumen	m^3
ϱ_F	Fluiddichte	kg/m^3
g	Fallbeschleunigung	m/s^2
F_G	Gewichtskraft des Körpers	N
F'_G	Tauchgewichtskraft	N

Oberflächenausbildung von Flüssigkeiten

Flüssigkeiten sind **leicht verformbar,** haben ein **beinahe unveränderliches Volumen** und stellen ihre **Oberfläche stets senkrecht zur Resultierenden aller auf sie wirkenden Kräfte** ein.

In **ruhenden und gleichförmig bewegten Gefäßen** ist die Flüssigkeitsoberfläche eine horizontale Ebene.

$$\tan \alpha = \frac{a}{g}$$ **Berechnung des Neigungswinkels bei gleichmäßiger Beschleunigung** $\boldsymbol{a}$
g = Fallbeschleunigung = 9,81 m/s^2

Die **Oberfläche einer rotierenden Flüssigkeit** hat die Form eines Paraboloids.

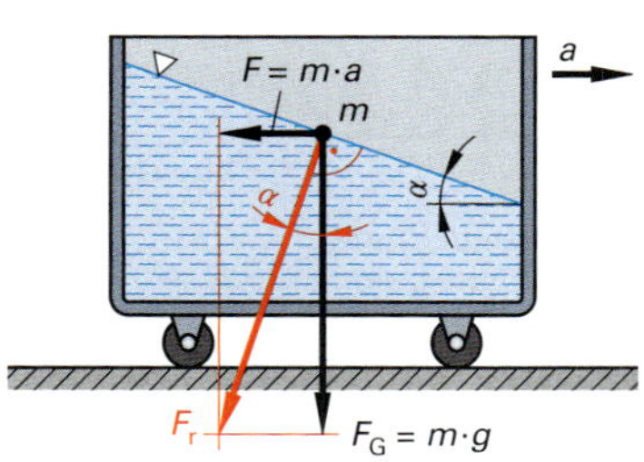

Kontinuitätsgleichung (Durchflussgleichung)

Kompressible Fluide:

$$\dot{m} = \varrho \cdot v \cdot A = \text{konst.}$$ **Massenstrom**

$$\varrho_1 \cdot v_1 \cdot A_1 = \varrho_2 \cdot v_2 \cdot A_2 = \varrho_3 \cdot v_3 \cdot A_3 = \ldots = \text{konst.}$$

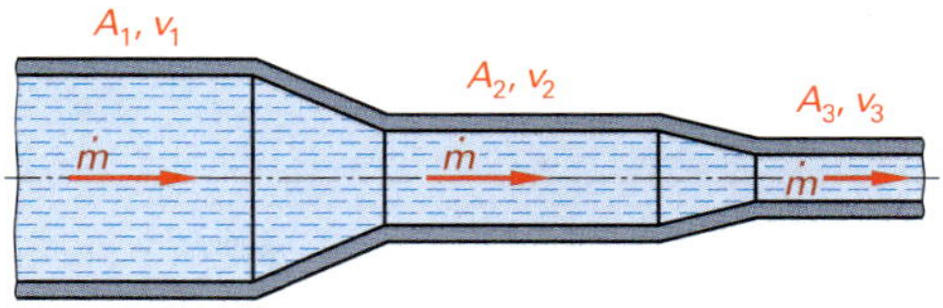

Massenerhaltungssatz:

Der in der Zeiteinheit durch jede Querschnittsfläche einer Rohrleitung hindurchfließende Massenstrom $\dot{m}$ ist konstant.

$\dot{m}$	Massenstrom	kg/s
ϱ	Fluiddichte	kg/m³
v	Strömungsgeschwindigkeit	m/s
A	Strömungsquerschnitt	m²
$\dot{V}$	Volumenstrom (Durchsatz)	m³/s
d	Rohrinnendurchmesser	m

Inkompressible Fluide:

$$\dot{V} = A \cdot v = \text{konst.}$$ **Volumenstrom** (Durchsatz)

$$\dot{V} = A_1 \cdot v_1 = A_2 \cdot v_2 = \ldots = \text{konst.}$$ **Volumenstrom**

$$\frac{v_1}{v_2} = \frac{d_2^2}{d_1^2} \quad \rightarrow \quad v_2 = v_1 \cdot \frac{d_1^2}{d_2^2}$$

(→ Geschwindigkeit)

Die **Strömungsgeschwindigkeiten** inkompressibler Fluide verhalten sich bei **kreisförmigen Querschnitten** umgekehrt wie die Quadrate der Durchmesser.

B $v_1 = 4$ m/s, $d_1 = 150$ mm, $d_2 = 80$ mm, $v_2 = ?$

$$\mathbf{v_2} = v_1 \cdot \frac{d_1^2}{d_2^2} = 4\ \text{m/s} \cdot \frac{(150\ \text{mm})^2}{(80\ \text{mm})^2} = \mathbf{14{,}063\ m/s}$$

Energiegleichung (Bernoulli'sche Gleichung) ohne Reibungsverluste

Strömungsenergie:

$$E_p = m \cdot g \cdot h$$ **potenzielle Energie**

$$E_k = \frac{m}{2} \cdot v^2$$ **kinetische Energie**

$$W_d = p \cdot V$$ **Druckenergie**

$$W = W_d + E_p + E_k$$ **Strömungsenergie**

(→ Rohrleitungen, Druckverluste)

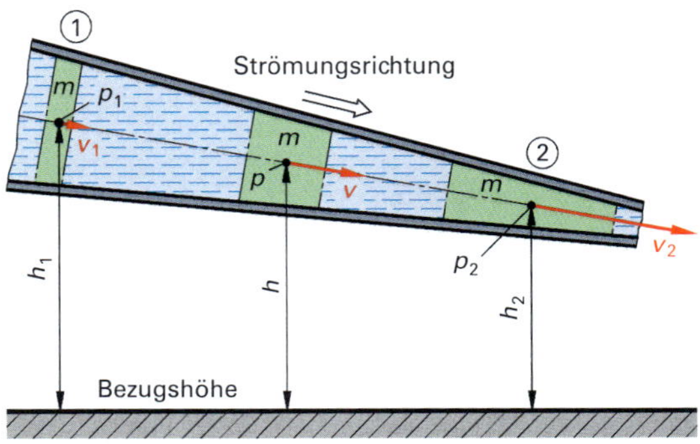

Energiegleichung:

$$E = E_d + E_p + E_k = \text{konst.}$$ in Nm

$$E = p \cdot V + V \cdot \varrho \cdot g \cdot h + \frac{V \cdot \varrho}{2} \cdot v^2 = \text{konst.}$$ in Nm

(→ Arbeit und Energie)

E	Strömungsenergie	Nm
E_d	Druckenergie = $p \cdot V$	Nm
E_p	potenzielle Energie = $V \cdot \varrho \cdot g \cdot h$	Nm
E_k	kinetische Energie = $(V \cdot \varrho/2) \cdot v^2$	Nm
p	statischer Druck	N/m², bar
V	Volumen	m³
ϱ	Fluiddichte	kg/m³
g	Fallbeschleunigung	m/s²
h	Druckhöhe (geodät. Höhe)	m
v	Strömungsgeschwindigkeit	m/s

Druckgleichung:

$$p_1 + \varrho \cdot g \cdot h_1 + \frac{\varrho}{2} \cdot v_1^2 = p_2 + \varrho \cdot g \cdot h_2 + \frac{\varrho}{2} \cdot v_2^2$$ in $\frac{\text{N}}{\text{m}^2}$ →

- p → **statischer Druck** in N/m²
- $\varrho \cdot h \cdot g$ → **geodätischer Druck** in N/m²
- $\frac{\varrho}{2} \cdot v^2$ → **Geschwindigkeitsdruck** in N/m²

Druckhöhengleichung:

$$\frac{p_1}{\varrho \cdot g} + h_1 + \frac{v_1^2}{2 \cdot g} = \frac{p_2}{\varrho \cdot g} + h_2 + \frac{v_2^2}{2 \cdot g}$$ in m →

- $\frac{p}{\varrho \cdot g}$ → **statische Höhe** in m
- h → **geodätische Höhe** in m
- $\frac{v^2}{2 \cdot g}$ → **Geschwindigkeitshöhe** in m

Index 1: Stelle 1, **Index 2:** Stelle 2

2

2

Energiegleichung (Bernoulli'sche Gleichung) ohne Reibungsverluste (Fortsetzung)

Die Energie in einem strömenden Fluid **(Strömungsenergie)** setzt sich aus potenzieller Energie, kinetischer Energie und Druckenergie zusammen.

Bei **horizontaler Leitung** ist der geodätische Höhenunterschied null, so dass jeweils das mittlere Summenglied entfällt:

$$p_1 \cdot V + \frac{V \cdot \varrho}{2} \cdot v_1^2 = p_2 \cdot V + \frac{V \cdot \varrho}{2} \cdot v_2^2$$

Energiegleichung bei horizontaler Leitung

$$p_1 + \frac{\varrho}{2} \cdot v_1^2 = p_2 + \frac{\varrho}{2} \cdot v_2^2$$

Druckgleichung bei horizontaler Leitung

$$\frac{p_1}{\varrho \cdot g} + \frac{v_1^2}{2 \cdot g} = \frac{p_2}{\varrho \cdot g} + \frac{v_2^2}{2 \cdot g}$$

Druckhöhengleichung bei horizontaler Leitung

Anwendungen zur Energiegleichung

Venturi-Prinzip (Saugwirkung):

$$p_2 = p_1 + \frac{\varrho}{2} \cdot (v_1^2 - v_2^2)$$

Druck an der Stelle 2

Saugwirkung bei $p_2 < p_{amb}$

Formelzeichen entsprechend der Gleichungen von Bernoulli.

$$h_0 = \frac{p_{amb} - p_{abs2}}{\varrho \cdot g}$$

Saughöhe in m **(theoretische Förderhöhe)**

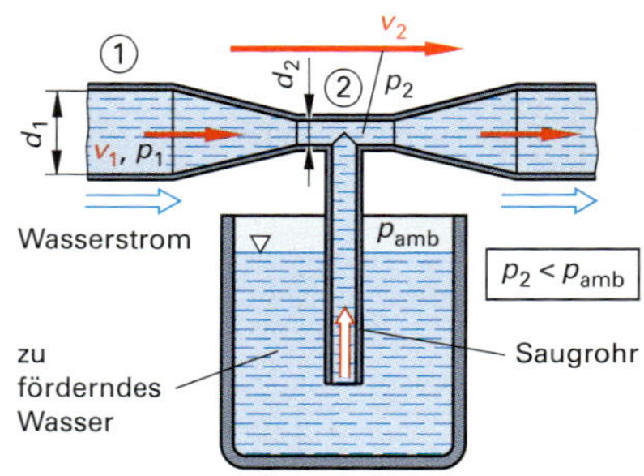

B p_{amb} = 1,01 bar; p_{abs2} = 0,3 bar; ϱ = 1000 kg/m³

Wie groß ist h_0 (ohne Verluste!)?

$$h_0 = \frac{p_{amb} - p_{abs2}}{\varrho \cdot g} = \frac{101\,000 \text{ N/m}^2 - 30\,000 \text{ N/m}^2}{1000 \text{ kg/m}^3 \cdot 9{,}81 \text{ m/s}^2}$$

$\boldsymbol{h_0}$ **= 7,24 m** (theor. Förderhöhe, d.h. ohne Verluste)

In der technischen Praxis wird p_{abs2} meist mit **Saugpumpen** bzw. **Vakuumpumpen** erzeugt.

Je kleiner die Dichte des geförderten Mediums ist, desto größer ist die Förderhöhe h_0.

Messung der Strömungsgeschwindigkeit: (→ Volumenstrom)

$$v_1 = \sqrt{2 \cdot g \cdot \left(\frac{p_2}{\varrho \cdot g} - \frac{p_1}{\varrho \cdot g}\right)}$$

$$v_1 = \sqrt{\frac{2}{\varrho} \cdot (p_2 - p_1)}$$

$$v_1 = \sqrt{2 \cdot g\,(h_2 - h_1)} = \sqrt{2 \cdot g \cdot \Delta h}$$

Strömungsgeschwindigkeit an der Stelle 1

Formelzeichen entsprechend der Gleichungen von Bernoulli.

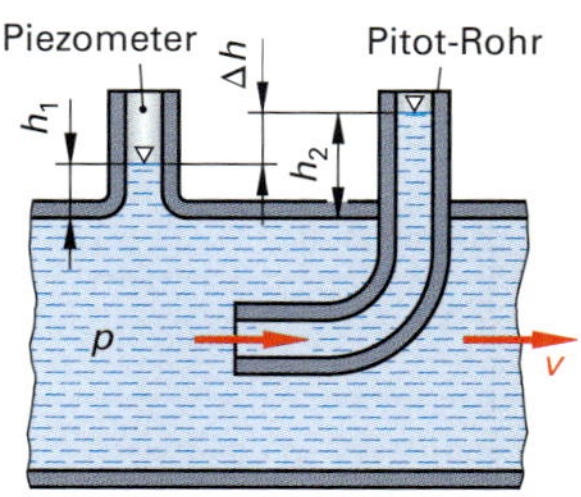

Im **Piezometer** (Steigrohr) wird die statische Druckhöhe gemessen, im **Pitot-Rohr** (Hakenrohr) wird die statische Druckhöhe **und** die dynamische Druckhöhe gemessen.

Dynamischer Auftrieb: (→ Schwebekörperdurchflussmesser, Volumendurchflussmesser)

$$F_A = C_A \cdot \frac{\varrho}{2} \cdot v^2 \cdot A$$

dynamische Auftriebskraft in N

Ebenso wie der C_w-Wert (s.S. 61) wird auch der $\boldsymbol{C_A}$**-Wert** im Versuch, d.h. in einem Strömungskanal **in Abhängigkeit von Strömungsgeschwindigkeit und Form des umströmten Körpers** (z.B. Tragflügel oder **Schwebekörper)** ermittelt.

Formelzeichen: nächste Seite.

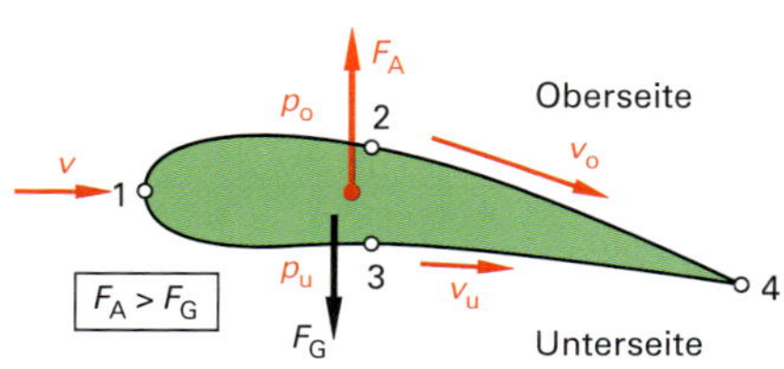

Energiegleichung (Bernoulli'sche Gleichung) ohne Reibungsverluste (Fortsetzung)

Anwendungen zur Energiegleichung (Fortsetzung)

Strömungswiderstand:
(→ Schwebekörperdurchflussmesser)

$$F_w = C_w \cdot \frac{\varrho}{2} \cdot v^2 \cdot A$$ **Strömungswiderstand**

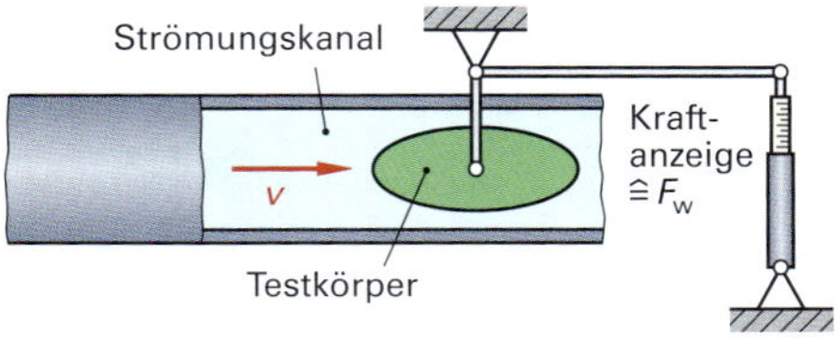

Der C_w**-Wert** wird im Versuch ermittelt. Je nach Form, Größe und Oberflächenqualität hat er die folgenden Werte:

von Luft umströmter Körper	C_w-Wert
Stromlinienkörper	0,055
Kugel	0,20 bis 0,50
Pkw	0,25 bis 0,50
ebene Kreisplatte	1,00 bis 1,40
halbe Hohlkugel	
nach hinten geöffnet	0,30 bis 0,50
nach vorne geöffnet	1,30 bis 1,50

F_w	Strömungswiderstand	N
C_w	Widerstandsbeiwert (Cw-Wert)	1
ϱ	Fluiddichte	kg/m³
V	Strömungsgeschwindigkeit	m/s
A	senkrechte Projektion der angeströmten Fläche	m²

2

Ausfluss aus Gefäßen

Seitenöffnung:

$$\dot{V} = A \cdot \mu \cdot \sqrt{2 \cdot g \cdot h}$$ **Volumenstrom**

h ist hierbei der Abstand von der Öffnungsmitte bis zum Flüssigkeitsspiegel.

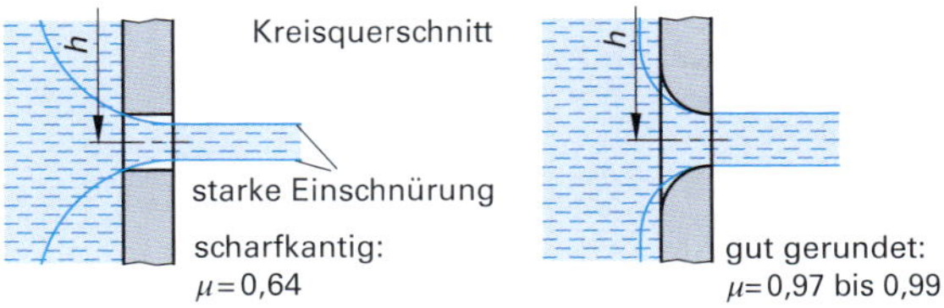

Obige Gleichung gilt nur bei relativ kleinen Seitenöffnungen (wie meist im Behälterbau). Bei sehr hohen Seitenöffnungen (z.B. im Wasserbau) müssen spezielle Formeln verwendet werden.

Konstante Spiegelhöhe:

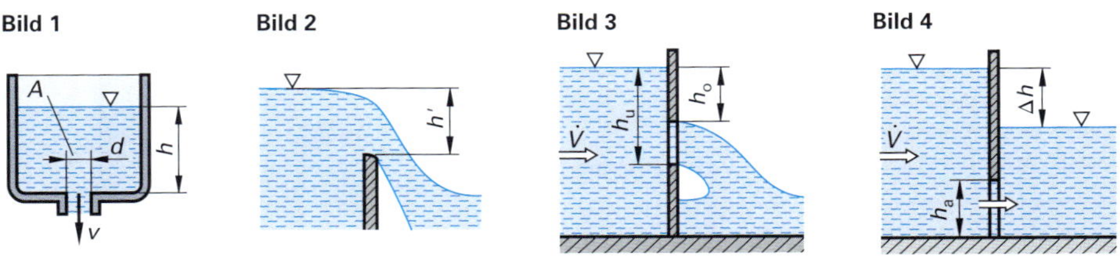

Volumenstrom aus Bodenöffnung (Bild 1)

$$\dot{V} = A \cdot v = A \cdot \mu \cdot \sqrt{2 \cdot g \cdot h}$$

Volumenstrom durch Überfall (Wehr) (Bild 2)

$$\dot{V} = \frac{2}{3} \cdot b \cdot h' \cdot \mu \cdot \sqrt{2 \cdot g \cdot h}$$

Volumenstrom aus hoher Seitenöffnung (Bild 3)
mit Rechteckquerschnitt

$$\dot{V} = \frac{2}{3} \cdot \mu \cdot b \cdot (h_u \cdot \sqrt{2 \cdot g \cdot h_u} - h_o \cdot \sqrt{2 \cdot g \cdot h_o})$$

$\dot{V}$	Volumenstrom	m³/s
A	Strömungsquerschnitt	m²
v	Strömungsgeschwindigkeit	m/s
μ	Ausflusszahl	1
α	Einschnürungszahl (Kontraktionszahl)	1
φ	Geschwindigkeitszahl	1
g	Fallbeschleunigung	m/s²
h	Füllstandshöhe	m
b	Breite des Überfalls bzw. der Seitenöffnung	m
h'	senkrechter Abstand vom Flüssigkeitsspiegel zur Oberkante des Überfalls	m
h_u	Abstand der Unterkante vom Flüssigkeitsspiegel	m
h_o	Abstand der Oberkante vom Flüssigkeitsspiegel	m

Ausfluss aus Gefäßen (Fortsetzung)

Volumenstrom ins Unterwasser
(letztes Bild auf vorhergehender Seite):

$$\dot{V} = h_a \cdot b \cdot \mu \cdot \sqrt{2 \cdot g \cdot \Delta h}$$

$$\mu = \alpha \cdot \varphi$$ < 1 **Ausflusszahl** (→ nebenstehende Tabelle)

$$t = \frac{\dot{V}}{V}$$ **Ausflusszeit** in s

h_a	Höhe der Seitenöffnung	m
Δh	senkrechter Abstand der beiden Flüssigkeitsspiegel	m
t	Zeit	s
V	Behältervolumen	m^3

Beschaffenheit einer kreisrunden Ausflussöffnung	Ausflusszahl μ
scharfkantig und rau	0,62 … 0,64
gut gerundet und glatt	0,97 … 0,99

Sinkender Flüssigkeitsspiegel:

$$t = \frac{2 \cdot V}{\mu \cdot A \cdot \sqrt{2 \cdot g \cdot h}}$$ **Entleerungszeit für einen senkrecht stehenden prismatischen Behälter**

$$t = \frac{2 \cdot A_0}{\mu \cdot A \cdot \sqrt{2 \cdot g}} \cdot (\sqrt{h_1} - \sqrt{h_2})$$ **Zeit für die teilweise Entleerung eines senkrecht stehenden prismatischen Behälters**

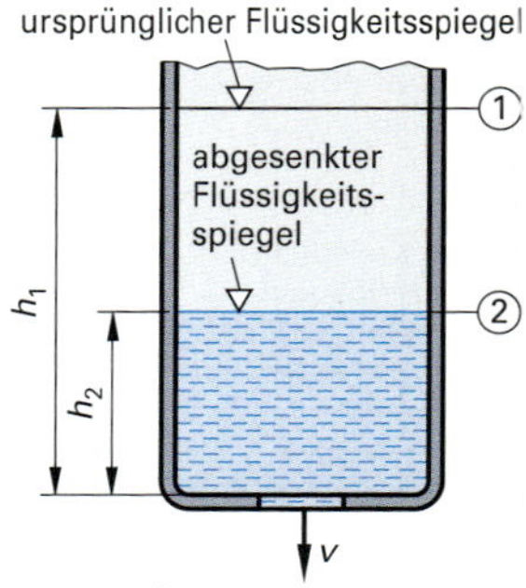

Gleichungen für den **seitlichen Ausfluss** und solche für **nicht prismatische Körper** können spezieller Literatur, z.B. aus dem Wasserbau, entnommen werden.

Für **konische Ausflussöffnungen** ergeben sich die folgenden Ausflusszahlen μ in Abhängigkeit vom Öffnungswinkel α:

Öffnungswinkel α	10°	12°	20°	45°	90°
Ausflusszahl μ	0,96	0,95	0,93	0,87	0,75

h_a	Entleerungszeit	s
V	Behälter-Innenvolumen	m^3
μ	Ausflusszahl	1
A	Ausflussquerschnitt	m^2
g	Fallbeschleunigung	m/s^2
h	Füllstand	m
A_0	Behälterquerschnitt	m^2

Gefäße mit Überdruck: (→ Druck, Gasgesetze)

$$h_{ges} = h + \frac{p_e}{\varrho \cdot g}$$ **Gesamthöhe**

$$v = \mu \cdot \sqrt{2 \cdot g \cdot \left(h + \frac{p_e}{\varrho \cdot g}\right)}$$ **Ausflussgeschwindigkeit**

$$\dot{V} = \mu \cdot A \cdot \sqrt{2 \cdot g \cdot \left(h + \frac{p_e}{\varrho \cdot g}\right)}$$ **Volumenstrom**

$$t = \frac{\dot{V}}{V}$$ **Ausflusszeit**

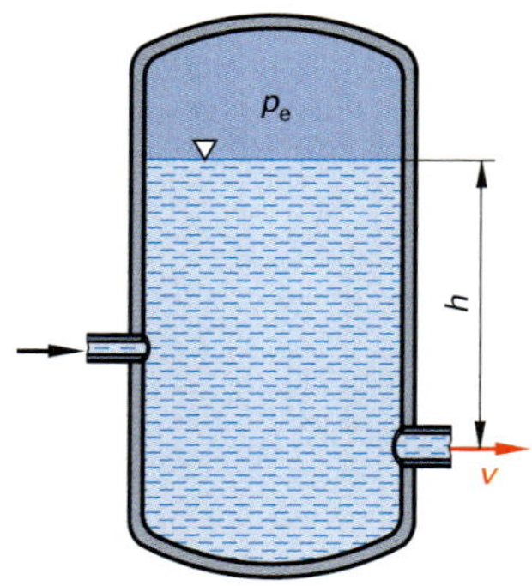

B $\mu = 0{,}7$; $A = 10\ cm^2$; $h = 3{,}7$ m; $p_e = 0{,}72$ bar; $V = 4{,}2\ m^3$; $\varrho = 1\ kg/dm^3$. Berechnen Sie $\dot{V}$ und t.

$$\dot{V} = \mu \cdot A \cdot \sqrt{2 \cdot g \cdot \left(h + \frac{p_e}{\varrho \cdot g}\right)}$$

$$\dot{V} = 0{,}7 \cdot 0{,}001\ m^2 \cdot \sqrt{2 \cdot 9{,}81\ \frac{m}{s^2}\left(3{,}7\ m + \frac{72\,000\ N/m^2}{1000\ kg/m^3 \cdot 9{,}81\ m/s^2}\right)}$$

$$\boldsymbol{\dot{V} = 0{,}0103\ m^3/s = 10{,}3\ l/s}$$

$$t = \frac{V}{\dot{V}} = \frac{4{,}2\ m^3}{0{,}0103\ m^3/s} = 407{,}77\ s = \mathbf{6{,}8\ min}$$

h_{ges}	Gesamthöhe	m
h	Füllstandshöhe	m
p_e	Überdruck	N/m^2, bar
ϱ	Fluiddichte	kg/m^3
g	Fallbeschleunigung	m/s^2
v	Ausflussgeschwindigkeit	
μ	Ausflussziffer	1
$\dot{V}$	Volumenstrom	m^3/s
V	Ausflussvolumen	m^3
A	Ausflussquerschnitt	m^2
t	Ausflusszeit	s

Der **Überdruck** wird in der Regel mit Druckgas (Druckluft) erzeugt. Man spricht auch von **Windkesseln**.

Viskosität (Zähigkeit)

Dynamische Viskosität, Fluidität: (→ Kältemaschinenöl, Rohrreibung)

$$\eta = \frac{F \cdot s}{v \cdot A}$$ **dynamische Viskosität**

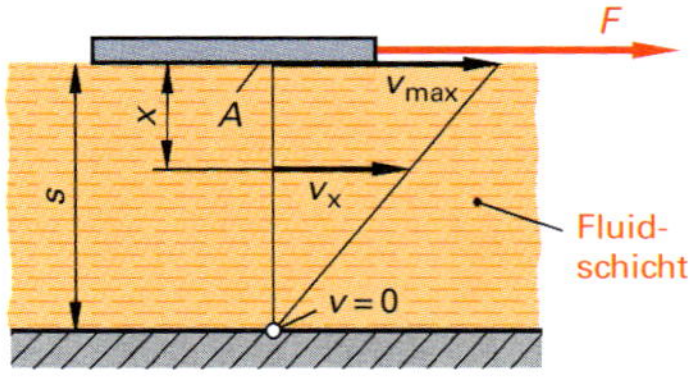

$$[\eta] = \frac{[F] \cdot [s]}{[v] \cdot [A]} = \frac{\text{N} \cdot \text{m}}{\text{m/s} \cdot \text{m}^2} = \frac{\text{N} \cdot \text{s}}{\text{m}^2} = \text{Pa} \cdot \text{s}$$

Die Einheit der dynamischen Viskosität **(dynamische Zähigkeit)** ist die **Pascalsekunde.**

$$\varphi = \frac{1}{\eta}$$ **Fluidität**

η	dynamische Viskosität	Pa · s
F	Verschiebekraft	N
s	Schichtdicke	m
v	Verschiebegeschwindigkeit	m/s
A	Gleitfläche	m²
φ	Fluidität	m²/(N · s)

Der Kehrwert der dynamischen Viskosität heißt **Fluidität**.

Die **Viskosität** von **Flüssigkeiten** nimmt bei Temperaturerhöhung stark ab.
Die **Viskosität von Gasen und Dämpfen** nimmt bei Temperaturerhöhung schwach zu.
Bei **Mischungen** (s. Seite 65) ist die Viskosität von den → Massenanteilen w (Mischungsverhältnis) abhängig.

2

Dynamische Viskosität von Flüssigkeiten bi 20 °C (Wasser: nächste Seite)

Flüssigkeit	η in 10^{-3} Pa · s	Flüssigkeit	η in 10^{-3} Pa · s
Aceton (Propanon)	0,30	Heptan	0,42
Aminobenzol (Anilin, Phenylamin)	4,4	n-Hexan	0,31
Ammoniak	0,13	Isobutanol (bei 15 °C)	4,70
Benzol (Benzen)	0,65	Methanol	0,55
1- Butanol	2,95	Methylacetat	0,38
2-Butanol	4,21	Methylenchlorid	0,43
n-Butylacetat	0,73	Methylethylketon (bei 15 °C)	0,42
Chlorbenzol	0,8	Nitrobenzol	2,0
Chloroform (Trichlormethan)	0,58	Nonan	0,72
Cyclohexan	0,98	Octan	0,54
Cyclohexanon	2,2	Pentan	0,24
Cyclopentan	0,44	Propan	0,10
o-Dichlorbenzol	1,5	1-Propanol	2,26
Diethylether	0,24	2-Propanol	2,4
Dimethylformamid	0,92	Pyridin	0,95
Diphenyl (100 °C)	0,97	Quecksilber (bei 25 °C)	1,55
(70 °C)	1,49	Salpetersäure, $w(HNO_3)$ = 20%	1,14
Essigsäure	1,21	Salzsäure, $w(HCl)$ = 25%	1,36
Essigsäureanhydrid	0,91	Schwefelkohlenstoff	0,37
Ethanol	1,19	Schwefelsäure, $w(H_2SO_4)$ = 25%	1,4
Ethylacetat	0,46	Siliconöl (Dimethylsilicon bei 25 °C)	0,495
Ethylenchlorid	0,83	Tetrachlorethen (bei 15 °C)	0,39
Glycerin		Tetrachlorkohlenstoff	
(1,2,3-Propantriol bei 25 °C)	1412	(Tetrachlormethan)	0,97
Glycerin/Wasser-Gem. (bei 20 °C)		Toluol (Methylbenzol)	0,59
$w(H_2O)$ = 90%	1,31	Trichlorethen	0,57
$w(H_2O)$ = 70%	2,5	Wasser	1,00
$w(H_2O)$ = 50%	6,0	o-Xylol	0,81
$w(H_2O)$ = 30%	22,5	m-Xylol	0,65
$w(H_2O)$ = 10%	219	p-Xylol	0,68
Glycol (Ethylenglycol)	20,41		
Glycol/Wasser-Gem. (bei 25 °C)			
w(Glycol) = 90%	13,0		
w(Glycol) = 70%	6,5		
w(Glycol) = 50%	3,5		
w(Glycol) = 30%	1,6		
w(Glycol) = 10%	≈ 1,0		

Bei speziellen Produkten, z.B. **Wärmeträger, Solen, Kältemittel, Gas- bzw. Dampfmischungen,** helfen Herstellerunterlagen sehr gut weiter. Zu nennen sind in diesem Zusammenhang auch die **DKV-Arbeitsblätter.**

2

Viskosität (Zähigkeit) (Fortsetzung)

Dynamische Viskosität von Gasen und Dämpfen in 10^{-5} Pa · s

Gas/Dampf	ϑ = 25 °C	ϑ = 100 °C	ϑ = 200 °C	ϑ = 500 °C
Ammoniak	1,00	1,28	1,65	2,67
Argon	2,26	2,70	3,20	4,49
Chlor	1,34	1,68	2,10	3,22
Chlorwasserstoff	1,45	1,83	2,30	
Ethanol	0,83	1,09	1,38	
Ethen (Ethylen)	1,02	1,27	1,54	
Ethin (Acethylen)	1,04	1,27	1,58	
Helium	1,96	2,28	2,67	3,75
Kohlenstoffdioxid	1,49	1,82	2,22	3,24
Kohlenstoffmonoxid	1,78	2,11	2,51	3,52
Luft (s. auch Tabelle unten)	1,82	2,17	2,57	3,55
Methan	1,10	1,33	1,61	
Neon	3,12	3,65	4,26	5,81
Propan	0,82	1,01	1,26	
Sauerstoff	2,03	2,43	2,88	4,03
Stickstoff	1,78	2,09	2,47	3,42
Wasser (s. auch Tabelle unten)	0,98	1,25	1,61	2,69
Wasserstoff	0,89	1,04	1,22	1,69

Dyn. Viskosität von Wasser (p = 1 bar)

ϑ in °C	η in Pa · s	ϑ in °C	η in Pa · s
0	$1793 \cdot 10^{-6}$	60	$466,5 \cdot 10^{-6}$
10	$1307 \cdot 10^{-6}$	70	$404,0 \cdot 10^{-6}$
20	$1002 \cdot 10^{-6}$	80	$354,4 \cdot 10^{-6}$
30	$797,7 \cdot 10^{-6}$	90	$314,5 \cdot 10^{-6}$
40	$653,2 \cdot 10^{-6}$	100	$281,8 \cdot 10^{-6}$
50	$547,0 \cdot 10^{-6}$		

Dynamische Viskosität trockener Luft (η = f (p, ϑ))

ϑ °C	η in 10^{-6} Pa · s				
	p=1 bar	p=5 bar	p=10 bar	p=50 bar	p=100 bar
– 50	14,55	14,63	14,74	16,01	18,49
– 25	15,90	15,97	16,07	16,98	18,65
0	17,10	17,16	17,24	18,08	19,47
25	18,20	18,26	18,33	19,11	20,29
50	19,21	19,30	19,37	20,07	21,12
100	21,60	21,64	21,70	22,26	23,09

Kinematische Viskosität: (→ Kältemaschinenöl, Rohrreibung)

$$\nu = \frac{\eta}{\varrho}$$ **kinematische Viskosität** →

Viskositätswerte beziehen sich stets auf einen bestimmten Druck und eine bestimmte Temperatur des Fluids.

Das Verhältnis der dynamischen Viskosität zur Fluiddichte heißt kinematische Viskosität.

ν	kinematische Viskosität	m^2/s
η	dynamische Viskosität	Pa · s
ϱ	Fluiddichte	kg/m^3

Gebräuchlich, jedoch nicht SI-Einheit:

1 Stokes = 1 St = $10^{-4}\,\frac{m^2}{s}$ → 1 Zentistokes = 1 cSt = 0,01 St = $10^{-6}\,\frac{m^2}{s}$

In der Hydromechanik wird meist mit der kinematischen Viskosität gearbeitet.

Viskositätsermittlung erfolgt mit **Viskosimetern** in genormten Versuchen.

Kinematische Viskosität bei Normalluftdruck (p_n = 1013 hPa)

Stoff, Temperatur	ν in m^2/s	Stoff, Temperatur	ν in m^2/s
Ethanol bei 20 °C	$1,50 \cdot 10^{-6}$	Luft bei 0 °C	$132 \cdot 10^{-6}$
Benzol bei 20 °C	$0,74 \cdot 10^{-6}$	Luft bei 20 °C	$169 \cdot 10^{-6}$
Glyzerin bei 20 °C	$850 \cdot 10^{-6}$	Luft bei 100 °C	$1810 \cdot 10^{-6}$
Motorenöl bei 10 °C	$800 \cdot 10^{-6}$	Sauerstoff bei 20 °C	$18 \cdot 10^{-6}$
Motorenöl bei 50 °C	$80 \cdot 10^{-6}$	**Kältemittel und Wärmeträger:**	Firmenunterlagen (Hersteller) heranziehen.
Motorenöl bei 100 °C	$10 \cdot 10^{-6}$		
Motorenöl bei 150 °C	$0,5 \cdot 10^{-6}$		
Wasser bei 0 °C	$1,79 \cdot 10^{-6}$		
Wasser bei 20 °C	$1,01 \cdot 10^{-6}$	Antifrogen 20 °C	$30 \cdot 10^{-6}$
Wasser bei 100 °C	$0,28 \cdot 10^{-6}$	$w(H_2O)$ = 50%	$4 \cdot 10^{-6}$

Viskosität (Zähigkeit) (Fortsetzung)

Kinematische Viskosität ν von Tyfocor LS (DKV-Arbeitsblatt 2.09.9)

(→ Kältemittel)

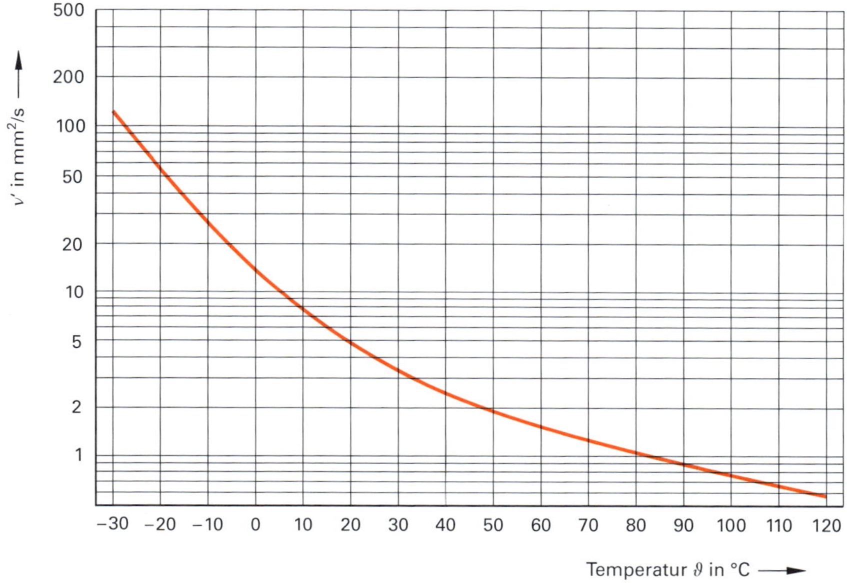

Kinematische Viskosität von Antifrogen KF-Wasser-Mischungen (Quelle: DKV-Arbeitsblatt 2.09)

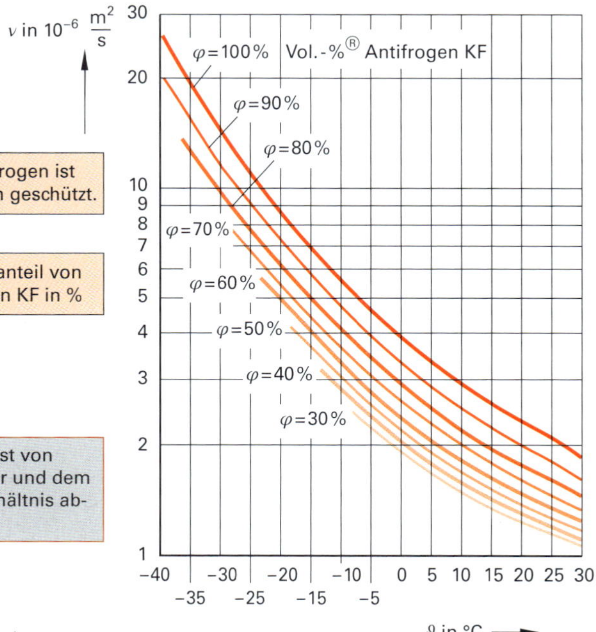

Der Name Antifrogen ist urheberrechtlich geschützt.

φ = Volumenanteil von Antifrogen KF in %

Die Viskosität ist von der Temperatur und dem Mischungsverhältnis abhängig.

(→ Wärmeträger)

2

Druckverluste in Rohrleitungen und Kanälen

Druckverluste in geraden Rohren und Kanälen

(→ Hydrostatischer Druck, Kontinuitätsgleichung, Energiegleichung, Viskosität)

$$\Delta p = \lambda \cdot \frac{l}{d} \cdot \frac{\varrho}{2} \cdot v^2$$ **Statischer Druckverlust**

Bei anderen Querschnitten als dem Kreisquerschnitt (→ Blechkanäle) ist

$$d = d_h = 4 \cdot \frac{A}{U}$$ **hydraulischer Durchmesser**

A	Strömungsquerschnitt	m^2
U	Umfang des Strömungsquerschnittes **(benetzter Umfang)**	m

λ	Rohrreibungszahl bzw. Rohrwiderstandszahl	1
l	Leitungs-, Kanallänge	m
d	Rohrinnendurchmesser	m
ϱ	→ Dichte	kg/m^3
v	→ Strömungsgeschwindigkeit	m/s
a, b	Innenlänge bzw. Innenbreite des Kanals	m
ν	→ kinematische Viskosität	m^2/s

$$Re = \frac{v \cdot d}{\nu}$$ **Reynolds'sche Zahl**

$$Re_{krit} = 2320$$ **kritische Reynolds'sche Zahl**

$$Re \leq 2320$$ **laminare Strömung**

$$Re > 2320$$ **turbulente Strömung**

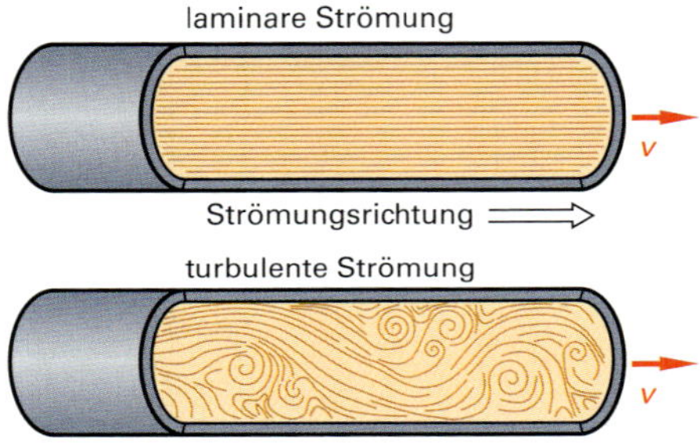

Die Druckverluste sind bei turbulenter Strömung größer als bei laminarer Strömung.

Rohrreibungszahl λ bei technisch glatten Rohren

Bezeichnung der Formel	Reynolds'sche Zahl im Bereich ...	Gleichung für λ
Formel von **Blasius**	... $Re_{krit} \leq Re \leq 10^5$	$\lambda = \frac{0{,}3164}{\sqrt[4]{Re}}$
Formel von **Nikuradse**	... $10^5 \leq Re \leq 10^8$	$\lambda = 0{,}0032 + \frac{0{,}221}{Re^{0{,}237}}$
Formel von **Kirschmer, Prandtl, Kàrmàn**	... $Re > Re_{krit}$ (gesamter Bereich oberhalb Re_{krit})	$\frac{1}{\lambda} = \left(2{,}0 \cdot \lg \frac{Re \cdot \sqrt{\lambda}}{2{,}51}\right)^2$

Als **technisch glatte Rohre** gelten blankgezogene
- Messingrohre
- Kupferrohre **(DIN 8905-1**:1983-10)
- Aluminiumrohre
- Bleirohre

sowie
- Glasrohre
- Porzellanrohre

Die Gleichungen in der Tabelle gelten nur im turbulenten Bereich ($Re > 2320$)

$$\lambda = \frac{64}{Re}$$ **Rohrreibungszahl bei laminarer Strömung**

Rohrreibungszahl (Rohrwiderstandszahl) bei rauen Rohren:

$$\lambda = f\,(Re, k_{rel})$$ **Rohrreibungszahl** (Diagramm nächste Seite)

$$k_{rel} = \lambda = \frac{k}{d}$$ **relative Rauheit**

Re	Reynolds'sche Zahl	1
k	mittlere Rauheitshöhe (untenstehende Tabelle)	mm
d	Rohrinnendurchmesser	mm

Rohrart	mittlere Rauheitshöhe in mm	Rohrart	mittlere Rauheitshöhe in mm
blankgezogene Metallrohre aus Cu, Ms, Al und anderen Leichtmetallen	0,01 bis 0,03	Gusseisen Rohre	0,1 bis 0,6
		gefalzte Blechkanäle	0,15
		flexible Schläuche	0,0016 bis 2,0
PVC- und PE-Rohre	0,007	gemauerte Kanäle	3,0 bis 5,0
Stahlrohre **DIN EN 10220**	0,045	rohe Betonkanäle	1,0 bis 3,0
angerostete Stahlrohre	0,15 bis 4,0		

Druckverluste in Rohrleitungen und Kanälen (Fortsetzung)

Die **Ermittlung der Rohrreibungszahl λ bei rauen Rohren** erfolgt mit Hilfe eines Rohrreibungsdiagrammes (auch anwendbar bei glatten Rohren). Folgendes Bild zeigt:

gestrichelte Linien: **Rohrreibungsdiagramm** von **Nikuradse**
Volllinie: **Rohrreibungsdiagramm** von **Colebrook**

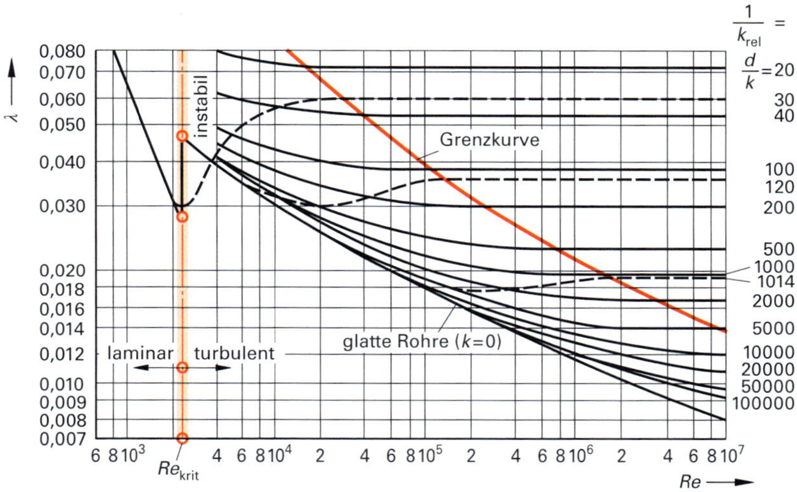

Hinsichtlich der Rauheit von Rohrinnenflächen hat man sich auf folgende Zuordnungen geeinigt:

Glattes Rohr: $Re \cdot \frac{k}{d} < 65$ **Übergangsgebiet:** $65 \leq Re \cdot \frac{k}{d} \leq 1300$ **Raues Rohr:** $Re \cdot \frac{k}{d} > 1300$

Druckverluste in Rohrleitungssystemen (mit Einbauten und Formstücken)

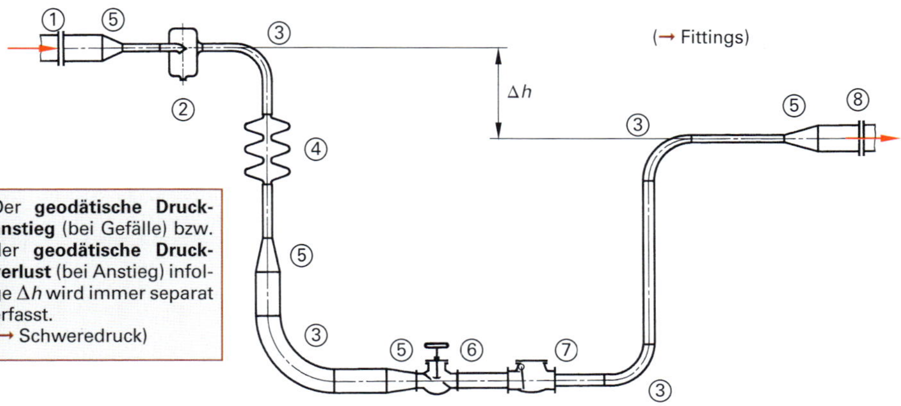

Der **geodätische Druckanstieg** (bei Gefälle) bzw. der **geodätische Druckverlust** (bei Anstieg) infolge Δh wird immer separat erfasst.
(→ Schweredruck)

geodätische Druckdifferenz:

$$\Delta p_H = \Delta h \cdot \varrho \cdot g$$

ϱ	Dichte	kg/m³
F	Fallbeschleunigung	m/s²

Einbauten (Armaturen) z. B.:

① Eintrittsöffnung
② Flüssigkeitsabscheider
③ Bogen (Umlenkung)
④ Schwingungsdämpfer (Dehnungsausgleicher)
⑤ Erweiterung, Reduzierung
⑥ Absperrdurchgangsventil
⑦ Rückschlagklappe
⑧ Austrittsöffnung, usw.

2

Druckverluste in Rohrleitungen und Kanälen (Fortsetzung)

Armaturenhersteller ordnen in der Regel den von ihnen angebotenen Armaturen **strömungstechnische Daten oder Kennzahlen** zu. Die wichtigsten Kennzahlen sind:

Druckverlustzahl ζ: (Widerstandsbeiwert) Kennzahl für den Widerstand, den ein strömendes Medium in einer Armatur erfährt (ohne Einheit). In der Praxis häufig auch als Widerstandsbeiwert bezeichnet (Tabelle Seite 69).

Durchflussbeiwert k_V: Kennzahl, die angibt, welche Menge Wasser (5 °C bis 30 °C) bei einem Druckverlust von $\Delta p \approx 1$ bar (genau: $\Delta p = 0{,}98$ bar) und einem gegebenen Hub H (Ventil) bzw. Stellwinkel φ (Klappe) durch eine Armatur geht (Einheit: m^3/s, m^3/h oder l/min).

k_{VS}-Wert: Vorgesehener k_V-Wert bei voller Öffnung der Armatur (Nennhub H_{100} bei Ventilen, Nennstellwinkel φ_{100} bei Klappen)

2

k_{V100}-Wert: Tatsächlicher k_V-Wert beim Nennhub H_{100} (Ventile) oder Nennstellwinkel φ_{100} (Klappen). Maximal zulässige Abweichung vom k_{VS}-Wert: 10 %

C_V-Wert: Durchflussbeiwert, der in Ländern mit Zollsystem verwendet wird. Es gilt: $k_V = 0{,}856 \cdot C_V$.

An Stelle der Kennzahlen werden häufig auch Druckverlustdiagramme ausgewiesen, die den Druckverlust Δp einer Armatur (mit der Nennweite DN) in Abhängigkeit vom Durchsatz $\dot{V}$ (→ Volumenstrom) oder in Abhängigkeit von der Ventil- oder Klappenstellung wiedergeben. Aus den strömungstechnischen Daten können die ζ-Werte nach den folgenden Formeln berechnet werden:

$$\zeta = \frac{1{,}234 \cdot \Delta p \cdot d^4}{\varrho \cdot \dot{V}^2} \qquad \zeta = \frac{2 \cdot \Delta p}{\varrho \cdot \dot{V}^2}$$

ζ	Druckverlustzahl	1
Δp	Druckverlust der Armatur	Pa bzw. N/m^2
d	Innendurchmesser der Armatur	m
ϱ	Dichte des Fördermediums	kg/m^3
$\dot{V}$	Volumenstrom	m^3/s
v	Strömungsgeschwindigkeit	m/s

$$\zeta = \frac{2 \cdot 10^5 \cdot \Delta p}{v^2 \cdot \varrho} \qquad \zeta = \frac{444 \cdot \Delta p \cdot d^4}{\dot{V}^2 \cdot \varrho}$$

ζ	Druckverlustzahl	1
Δp	Druckverlust der Armatur	bar
d	Innendurchmesser der Armatur	mm
ϱ	Dichte des Durchflussmediums	kg/m^3
$\dot{V}$	Volumenstrom	l/s
v	Strömungsgeschwindigkeit	m/s

Für das **Bezugsmedium Wasser** (im Bereich 5 °C bis 30 °C) gilt:

$$\zeta = \frac{0{,}444 \cdot \Delta p \cdot d^4}{\dot{V}^2}$$

Δp in bar; $\dot{V}$ in l/min; d mm

$$\zeta = \frac{0{,}0016 \cdot \Delta p \cdot d^4}{\dot{V}^2}$$

Δp in bar; $\dot{V}$ in m^3/h; d in mm

$$\zeta = \frac{200 \cdot \Delta p}{v^2}$$

Δp in bar; v in m/s

$$\zeta = \frac{0{,}442 \cdot d^4}{K_v^2}$$

d in mm; K_V in L/min

$$\zeta = \frac{d^4}{628{,}2 \cdot K_v^2}$$

d in mm; K_V in m^3/h

Ist das **Fördermedium nicht Wasser** und der Druckverlust $\Delta p \neq 1$ bar, so gilt **bei etwa gleicher *Reynolds*'scher-Zahl:**

$$K_V = \dot{V} \cdot \sqrt{\frac{\Delta p_0 \cdot \varrho}{\Delta p \cdot \varrho_0}}$$

$\dot{V}$	Volumenstrom	m^3/h
Δp_0	1 bar (Bezugsdruckverlust)	
Δp	Tatsächlicher Druckverlust an der Armatur	bar
ϱ_0	1000 kg/m^3 (Dichte des Bezugsmediums Wasser)	
ϱ	Dichte des Durchflussmediums	kg/m^3

B Für die Baureihe eines Durchgangsventils gibt der Hersteller untenstehende Durchflusskennlinien für den voll geöffneten Zustand an.

a) Welche Nennweite ist zu wählen, wenn der Druckverlust bei $\dot{V} = 200\ m^3/h$ maximal $\Delta p = 0{,}3$ bar betragen soll?

b) Wie groß ist der k_{VS}-Wert für dieses Ventil?

c) Welche Druckverlustzahl ζ besitzt das Ventil?

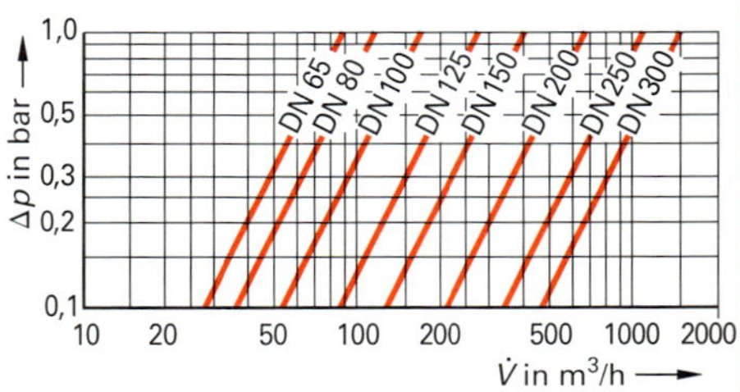

Lösung:

a) Nach Diagramm liegt der Punkt P (200; 0,3) zwischen den Kennlinien für die Ventile DN 125 und DN 150. Gewählt wird das nächst größere: **DN 150**

b) k_{VS}-Wert (bei $\Delta p = 1$ bar): **400 m³/h**

c) $\zeta = 0{,}0016 \cdot \frac{1 \cdot 150^4}{400^2} = \mathbf{5{,}06}$

Druckverluste in Rohrleitungen und Kanälen (Fortsetzung)

Auswahl von Druckverlustzahlen (Widerstandsbeiwerte)

Einbauteil	Schemabild	**ζ-Wert** in Abhängigkeit von Größe, Form und Oberfläche des voll geöffneten Einbauteiles	Für den Druckverlust maßgebende Strömungsgeschwindigkeit v
Normalventil	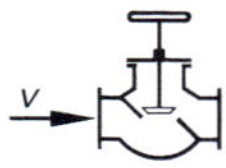	2,5 bis 6,5 fallend mit dem Durchmesser	v
Eckventil		2,0 bis 6,0 steigend mit dem Durchmesser	v
Schieber	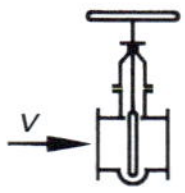	0,1 bis 0,3 fallend mit dem Durchmesser	v
Hahn	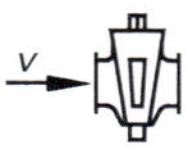	0,05 bis 2,0 fallend mit dem Durchmesser	v
Rückschlagventil		3,5 bis 8,0 fallend mit dem Durchmesser	v
Lyrabogen (Dehnungs ausgleicher)	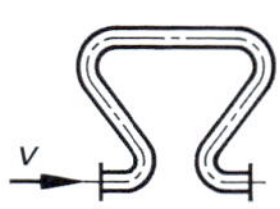	0,5 bis 1,5 ↓ ↓ glatt gefaltet	v
Wasserabscheider	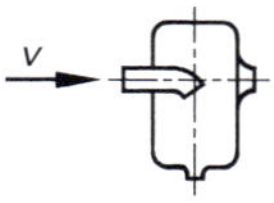	3,0 bis 8,0 steigend mit dem Durchmesser	v
Bogen 90°	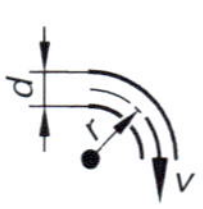	r/d – ζ: 0,5 – 1,0 1,0 – 0,35 2,0 – 0,20 3,0 – 0,15	v
Erweiterung $\frac{A_1}{A_2} = 0{,}5$		β – ζ: 10° – 0,10 20° – 0,15 30° – 0,20 40° – 0,25	v_1
Abzweigung (scharfkantig) $\beta = 90°$	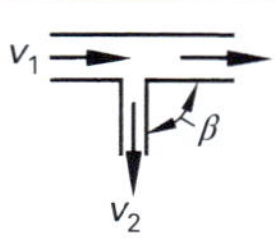	v_1/v_2 – ζ: 0,5 – 4,5 1,0 – 1,5 2,0 – 0,75 3,0 – 0,65	v_2

2

Druckverluste in Rohrleitungen und Kanälen (Fortsetzung)

Anmerkung: Umfangreiche **Tabellen über ζ-Werte** findet man in Technischen Handbüchern wie „Dubbel: Taschenbuch für den Maschinenbau", „Recknagel/Sprenger: Taschenbuch für Heizung und Klimatechnik", „Pohlmann: Taschenbuch der Kältetechnik", in Firmenunterlagen oder in Fachliteratur wie z. B. „Eck: Technische Strömungslehre", „Kalide: Technische Strömungslehre" u. a.

Statischer Druckverlust im Einzelwiderstand:

$$\Delta p = \zeta \cdot \frac{\varrho}{2} \cdot v^2 \quad \text{in } \frac{\text{N}}{\text{m}^2}$$

Statischer Druckverlust in einem Rohrleitungs- bzw. Kanalsystem:

$$\Delta p = \Sigma\left(\lambda \cdot \frac{l}{d} \cdot \frac{\varrho}{2} \cdot v^2\right) + \Sigma\left(\zeta \cdot \frac{\varrho}{2} \cdot v^2\right) \quad \text{in } \frac{\text{N}}{\text{m}^2}$$

ζ	Druckverlustzahl bzw. Widerstandsbeiwert	1
λ	Rohrreibungszahl bzw. Rohrwiderstandszahl	1
ϱ	Fluiddichte	kg/m³
l	Länge der geraden Rohrstücke	m
d	Durchmesser der geraden Rohrstücke (können in verschiedenen Abschnitten unterschiedlich sein)	m
v	Strömungsgeschwindigkeit	m/s

Wichtige Regel:

Wenn sich die Zustandsgrößen eines strömenden Fluids, d. h. hauptsächlich Druck und Temperatur und dadurch u. U. der Aggregatzustand (flüssig/dampfförmig) ändern, ist die Rohrleitungsberechnung in mehreren Teilabschnitten entsprechend der Realität in diesen Teilabschnitten durchzuführen.

Gleichwertige bzw. äquivalente Rohrlänge

Unter der gleichwertigen (äquivalenten) Rohrlänge versteht man die Rohrlänge, die den gleichen Druckabfall erzeugt wie z.B. die Armatur bzw. der Fitting mit gleichem Innendurchmesser.

ζ	Druckverlustzahl bzw. Widerstandsbeiwert	1
λ	Rohrreibungszahl bzw. Rohrwiderstandszahl	1
d	Innendurchmesser des Rohres bzw. des Einbauteiles	m

$$l_g = \zeta \cdot \frac{d}{\lambda}$$ **gleichwertige (äquivalente) Rohrlänge eines Einbaues**

$$l_g = \Sigma\zeta \cdot \frac{d}{\lambda}$$ **gleichwertige Rohrlänge aller Einbauten**

B $\zeta = 0{,}35$; $\lambda = 0{,}025$; $d = 35$ mm; $l_g = ?$

$$\boldsymbol{l_g} = \zeta \cdot \frac{d}{\lambda} = 0{,}35 \cdot \frac{0{,}035\text{ m}}{0{,}025} = 0{,}49\text{ m} = \mathbf{490\text{ mm}}$$

Gleichwertige Rohrlängen erfährt man vom **Hersteller des Einbauteiles** (z.B. für Trockner, Kompensator, Expansionsventil u.a.) bzw. vom **Hersteller des Fittings** (z.B. für Bogen, T-Stück u.a.). Hier ist aus Platzgründen nur eine exemplarische Listung möglich:

Gleichwertige Rohrlängen für Reduziermuffen (auf den kleinen Durchmesser bezogen)

D in mm	l_g in m	*D* in mm	l_g in m
Reduzierung		Erweiterung	
8 … 6	0,10	6 … 8	0,15
10 … 6	0,15	6 … 10	0,25
12 … 8	0,20	8 … 12	0,35
12 … 10	0,20	10 … 12	0,25
…….	…….	…….	…….
22 … 15	0,50	15 … 22	0,60
22 … 18	0,55	18 … 22	0,65
28 … 10	0,50	10 … 28	1,00
…….	…….	…….	…….

Gleichwertige Rohrlängen für T-Stücke

D in mm	l_g in m			
	Abzweig trennend	Abzweig vereinigend	Durchgang trennend	Durchgang vereinigend
6	0,30	0,20	0,05	0,15
10	0,60	0,45	0,10	0,20
12	0,80	0,55	0,20	0,35
18	1,25	0,85	0,30	0,60
22	1,55	1,10	0,35	0,70
…….	…….	…….	…….	…….

Bei T-Stücken sind auch noch die Fälle Gegenlauf trennend und Gegenlauf vereinigend möglich. Werte vom Hersteller.

$$l_{ges} = \Sigma l + \Sigma l_g \quad \text{in m}$$ **resultierende Länge**

Σl	Summe aller geraden Rohrlängen	m
Σl_g	Summe aller gleichwertigen Rohrlängen	m

Wird mit gleichwertigen Rohrlängen gerechnet, dann ergibt sich

$$\Delta p = \Sigma\left(\lambda \cdot \frac{l_{ges}}{d} \cdot \frac{\varrho}{2} \cdot v^2\right)$$ **stat. Druckverlust im System**

Temperatur und Temperaturmessung

Temperatureinheiten und Temperaturskalen:

$T = \vartheta + 273{,}15$	**absolute Temperatur** in K
$\vartheta = T - 273{,}15$	**Celsiustemperatur** in °C
$\Delta T = \Delta\vartheta$	**Temperaturdifferenz** in K oder °C

Temperaturdifferenzen können sowohl **in °C als auch in K** angegeben werden.

$\vartheta_0 = -273{,}15\ °C \mathrel{\hat{=}} T_0 = 0\ K$	**absoluter Nullpunkt**

Die Temperatureinheiten K und °C sind international gültige SI-Einheiten.

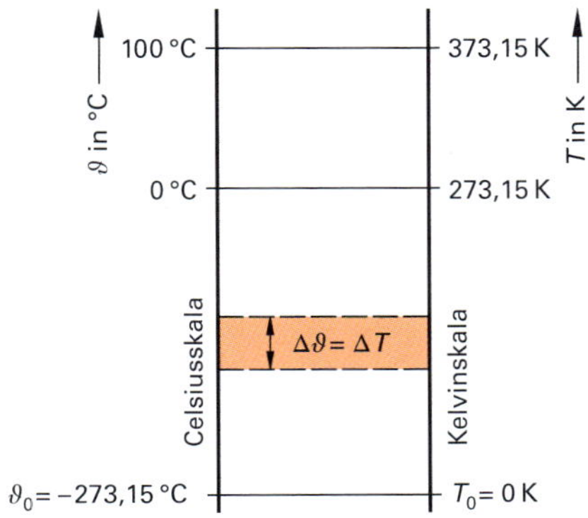

$\vartheta_C = (\vartheta_F - 32) \cdot \frac{5}{9} = \vartheta_R \cdot \frac{5}{4}$	**Celsius-Temperatur**
$\vartheta_F = 32 + \vartheta_C \cdot \frac{9}{5} = 32 + \vartheta_R \cdot \frac{9}{4}$	**Fahrenheit-Temperatur**
$\vartheta_R = (\vartheta_F - 32) \cdot \frac{4}{9} = \vartheta_C \cdot \frac{4}{5}$	**Réaumur-Temperatur**

(→ Zustandsgrößen)

ϑ, ϑ_C	Celsiustemperatur	°C
T	absolute Temperatur (Kelvintemperatur, **thermodynamische Temperatur)**	K
ϑ_F	Fahrenheit-Temperatur (noch in USA und England)	°F
ϑ_R	Réaumur-Temperatur	°R

Nach DIN 1304-1:1994-03 und **DIN EN ISO 80000-5**:2020-02 ist für die **Celsiustemperatur** als **Formelzeichen wahlweise ϑ und *t*** zugelassen, *t* aber auch für die Zeit. Da im Bereich Wärme • Kälte • Klima die Zeit *t* eine erhebliche Rolle spielt, wurde in diesem Buch i.d.R. für die Celsiustemperatur das Formelzeichen ϑ verwendet.

Im speziellen kälte- und klimatechnischen Fachteil wird (wenn die Normung dies verlangt) für die **Celsiustemperatur** aber auch das **Formelzeichen *t*** verwendet **(DIN 8941**:1982-01).

Definition der Temperatureinheit Kelvin:

1 Kelvin ist der 273,16te Teil der absoluten Temperatur des **Tripelpunktes** T von Wasser.

$p_t = 6{,}1\ mbar$	**Tripelpunktdruck**
$\vartheta_t = 0{,}01\ °C = 273{,}16\ K$	**Tripelpunkttemperatur**

Die Tripelpunkttemperatur wird auch als **genauer Eispunkt** bezeichnet.

Eispunkt: $\vartheta_{Sch} = 0\ °C \mathrel{\hat{=}} 273{,}15\ K$
Siedepunkt: $\vartheta_S = 100\ °C \mathrel{\hat{=}} 373{,}15\ K$
} bei p_n (→ Normdruck)

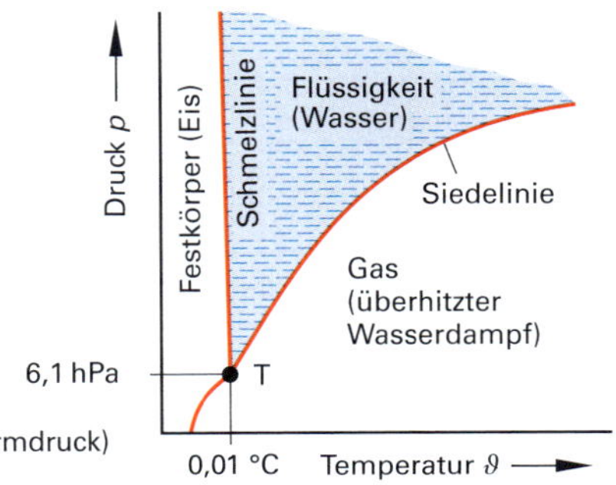

Wärmeausdehnung fester und flüssiger Stoffe

Einheit der Wärmeenergie: (→ Arbeit und Energie)

Die Einheit der Wärmeenergie ist das **Joule J.** **1 J = 1 Nm** → **mechanisches Wärmeäquivalent**

Bei der Zuführung von Wärmeenergie (Wärme) in einen Körper erhöht sich die **Bewegungsenergie der Elementarbausteine** dieses Körpers. Bei Abgabe von Wärmeenergie verringert sich die Bewegungsenergie der Elementarbausteine.

Dies ist die Begründung für die Ausdehnung bzw. die Kontraktion der Stoffe bei Zuführung oder Abführung von Wärmeenergie.

Wärmeausdehnung fester und flüssiger Stoffe (Fortsetzung)

Längenänderung durch Wärme:

$$\Delta l = l_1 \cdot \alpha \cdot \Delta\vartheta$$

(→ Dichteänderung durch Wärme)

$$l_2 = l_1 \pm \Delta l = l_1 \pm l_1 \cdot \alpha \cdot \Delta\vartheta = l_1 \cdot (1 \pm \alpha \cdot \Delta\vartheta)$$

Vorzeichen +: bei **Erwärmung**
Vorzeichen –: bei **Abkühlung**

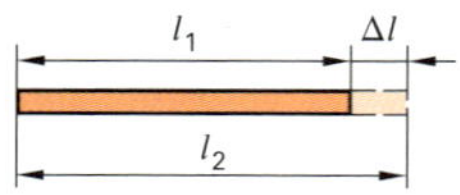

Δl	Längenänderung durch Temperaturänderung	m
l_1	Ausgangslänge	m
α	thermischer Längenausdehnungskoeffizient	m/(m · K) = 1/K
$\Delta\vartheta$	Temperaturänderung	K, °C
l_2	Endlänge	m

2

B $l_1 = 4$ m; $\alpha = 0{,}000\,012$ m/(m · K); $\Delta\vartheta = 80$ °C
Zu berechnen: Längenänderung Δl
$\Delta l = l_1 \cdot \alpha \cdot \Delta\vartheta$
$\Delta l = 4$ m · 0,000 012 m/(m · K) · 80 K
$\boldsymbol{\Delta l}$ = 0,00384 m = **3,84 mm**

Der **thermische Längenausdehnungskoeffizient** wird auch **Wärmedehnzahl** oder **linearer Ausdehnungskoeffizient** genannt. Er ist temperaturabhängig.

fester Stoff (20 °C)	α in $\frac{m}{m \cdot K} = \frac{1}{K}$	**fester Stoff** (20 °C)	α in $\frac{m}{m \cdot K} = \frac{1}{K}$
Aluminium	0,000 0238	Magnesium	0,000 0261
AlCuMg	0,000 0235	Mangan	0,000 023
Antimon	0,000 0109	Manganin	0,000 0175
Beton (Stahlbeton)	0,000 012	Mauerwerk, Bruchstein	0,000 012
Bismut (Wismut)	0,000 0134	Mauerwerk Mauerziegel	0,000 005
Blei	0,000 029	Messing	0,000 0184
Bronze	0,000 018	Molybdän	0,000 0052
Cadmium	0,000 0308	Neusilber	0,000 018
Chrom	0,000 0085	Nickel	0,000 013
Chromstahl	0,000 010	Nickelstahl, 58% Ni	0,000 012
Cobalt	0,000 0127	Palladium	0,000 0119
Diamant	0,000 001	Platin	0,000 009
Eisen, rein	0,000 0123	Polyvinylchlorid (PVC)	0,000 080
Flussstahl	0,000 013	Porzellan	0,000 004
Gips	0,000 025	Quarz	0,000 001
Glas (Fensterglas)	0,000 010	Quarzglas	0,000 005
Gold	0,000 0142	Schwefel	0,000 090
Grafit	0,000 0079	Silber	0,000 020
Gusseisen	0,000 0104	Stahl, weich	0,000 012
Holz in Faserrichtung	0,000 008	Stahl, hart	0,000 0117
Invarstahl, 36% Ni	0,000 0015	Tantal	0,000 0065
Iridium	0,000 0065	Titan	0,000 0062
Kohle	0,000 006	Wolfram	0,000 0045
Konstantan	0,000 0152	Zink	0,000 036
Kupfer	0,000 0165	Zinn	0,000 0267

Volumenänderung durch Wärme:

$$V_2 = V_1 \pm V_1 \cdot \gamma \cdot \Delta\vartheta = V_1 \cdot (1 \pm \gamma \cdot \Delta\vartheta)$$

$$\gamma = 3 \cdot \alpha$$

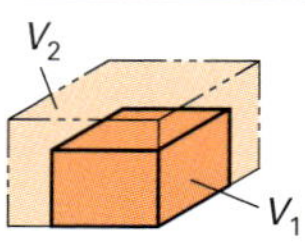

Volumenänderung durch Temperaturänderung: wichtig bei kompakten Festkörpern, Hohlkörpern und Flüssigkeiten (s. folgende Tabelle).

V_1	Ausgangsvolumen	m^3
V_2	Endvolumen	m^3
γ	thermischer Volumenausdehnungskoeffizient	$m^3/(m^3 \cdot K) = 1/K$
$\Delta\vartheta$	Temperaturdifferenz	K, °C
α	thermischer Längenausdehnungskoeffizient	m/(m · K) = 1/K

flüssiger Stoff (20 °C)	γ in $\frac{m^3}{m^3 \cdot K} = \frac{1}{K}$	**flüssiger Stoff** (20 °C)	γ in $\frac{m^3}{m^3 \cdot K} = \frac{1}{K}$
Ethanol	0,001 10	Wasser	0,000 18
Benzin	0,001 00	Kochsalzlösung (NaCl)	
Glyzerin	0,000 50	w (NaCl) = 4%	0,000 28
Petroleum	0,000 92	w (NaCl) = 10%	0,000 37
Quecksilber	0,000 18		
Terpentinöl	0,001 00		

→ **Wärmeträger** und **Kälteträger**

Wärmeausdehnung fester und flüssiger Stoffe (Fortsetzung)

Dichteänderung durch Wärme: (→ Dichte)

$$\frac{\varrho_1}{\varrho_2} = \frac{V_2}{V_1}$$

$$\varrho = \frac{m}{V}$$

ϱ	Dichte	kg/m^3
V	Volumen	m^3
m	Masse	kg

Index 1: Anfangszustand
Index 2: Endzustand

Die Dichten fester und flüssiger Stoffe verändern sich bei Temperaturänderung umgekehrt wie ihre Volumen.

2

Dichte und → spezifisches Volumen von Wasser als Funktion der Wassertemperatur

ϑ °C	ϱ kg/m^3	v dm^3/kg	ϑ °C	ϱ kg/m^3	v dm^3/kg	ϑ °C	ϱ kg/m^3	v dm^3/kg	ϑ °C	ϱ kg/m^3	v dm^3/kg
Eis											
– 50	890,0	1,1236	26	996,8	1,0032	56	985,2	1,0150	86	967,8	1,0333
± 0	917,0	1,0905	27	996,6	1,0034	57	984,6	1,0156	87	967,1	1,0340
Wasser			28	996,3	1,0037	58	984,2	1,0161	88	966,5	1,0347
			29	996,0	1,0040	59	983,7	1,0166	89	965,8	1,0354
± 0	999,8	1,0002	30	995,7	1,0043	60	983,2	1,0171	90	965,2	1,0361
1	999,9	1,0001	31	995,4	1,0046	61	982,6	1,0177	91	964,4	1,0369
2	999,9	1,0001	32	995,1	1,0049	62	982,1	1,0182	92	963,8	1,0376
3	999,9	1,0001	33	994,7	1,0053	63	981,5	1,0188	93	963,0	1,0384
4	**1000**	**1,0000**	34	994,4	1,0056	64	981,0	1,0193	94	962,4	1,0391
5	1000	1,0000	35	994,0	1,0060	65	980,5	1,0199	95	961,6	1,0399
6	1000	1,0000	36	993,7	1,0063	66	979,9	1,0205	96	961,0	1,0406
7	999,9	1,0001	37	993,3	1,0067	67	979,2	1,0211	97	960,2	1,0414
8	999,9	1,0001	38	993,0	1,0070	68	978,8	1,0217	98	965,6	1,0421
9	999,8	1,0002	39	992,7	1,0074	69	978,2	1,0223	99	958,9	1,0429
10	999,7	1,0003	40	992,3	1,0078	70	977,7	1,0228	100	958,1	1,0437
11	999,7	1,0003	41	991,9	1,0082	71	977,0	1,0235	105	954,5	1,0477
12	999,6	1,0004	42	991,5	1,0086	72	976,5	1,0241	110	950,7	1,0519
13	999,4	1,0006	43	991,1	1,0090	73	975,9	1,0247	115	946,8	1,0562
14	999,3	1,0007	44	990,7	1,0094	74	975,3	1,0253	120	942,9	1,0606
15	999,2	1,0008	45	990,2	1,0099	75	974,8	1,0259	130	934,6	1,0700
16	999,0	1,0010	46	989,9	1,0103	76	974,1	1,0266	140	925,8	1,0801
17	998,8	1,0012	47	989,4	1,0107	77	973,5	1,0272	150	916,8	1,0908
18	998,7	1,0013	48	988,9	1,0112	78	972,9	1,0279	160	907,3	1,1022
19	998,5	1,0015	49	988,4	1,0117	79	972,3	1,0285	170	897,3	1,1145
20	998,3	1,0017	50	988,0	1,0121	80	971,6	1,0292	180	886,9	1,1275
21	998,1	1,0019	51	987,6	1,0126	81	971,0	1,0299	190	876,0	1,1415
22	997,8	1,0022	52	987,1	1,0131	82	970,4	1,0305	200	864,7	1,1565
23	997,6	1,0024	53	986,6	1,0136	83	969,7	1,0312	220	840,3	1,1900
24	997,4	1,0026	54	986,2	1,0140	84	969,1	1,0319	250	799,2	1,2513
25	997,1	1,0029	55	985,7	1,0145	85	968,4	1,0326	300	712,2	1,4041

Dichte und spezifisches Volumen von Wasserdampf → Verdampfen, kondensieren

B Wasser mit $\vartheta_1 = 4$ °C und $V_1 = 2\ m^3$ wird auf $\vartheta_2 = 80$ °C erwärmt. Wie groß ist V_2 und wie groß ist der **mittlere thermische Volumenausdehnungskoeffizient** γ zwischen $\vartheta_1 = 4$ °C und $\vartheta_1 = 80$ °C?

$$\frac{\varrho_1}{\varrho_2} = \frac{V_1}{V_2} \quad \rightarrow \quad \mathbf{V_2} = V_1 \cdot \frac{\varrho_1}{\varrho_2} = 2\ m^3 \cdot \frac{1000\ kg/m^3}{971{,}6\ kg/m^3} = \mathbf{2{,}058\,46\ m^3} \text{ (Volumenzunahme } \Delta V = 58{,}5\ l!)$$

$$\Delta V = V_1 \cdot \gamma \cdot \Delta\vartheta \quad \rightarrow \quad \gamma = \frac{\Delta V}{V_1 \cdot \Delta\vartheta} = \frac{0{,}058\,46\ m^3}{2\ m^3 \cdot 76\ K} = \mathbf{0{,}000\,3846\ \frac{1}{K} = 0{,}000\,3846\ \frac{m^3}{m^3 \cdot K}}$$

2

Wärmeausdehnung fester und flüssiger Stoffe (Fortsetzung)

Thermischer Volumenausdehnungskoeffizient γ von Antifrogen L-Wasser-Mischungen

Quelle: **DKV-Arbeitsblatt 2.06**

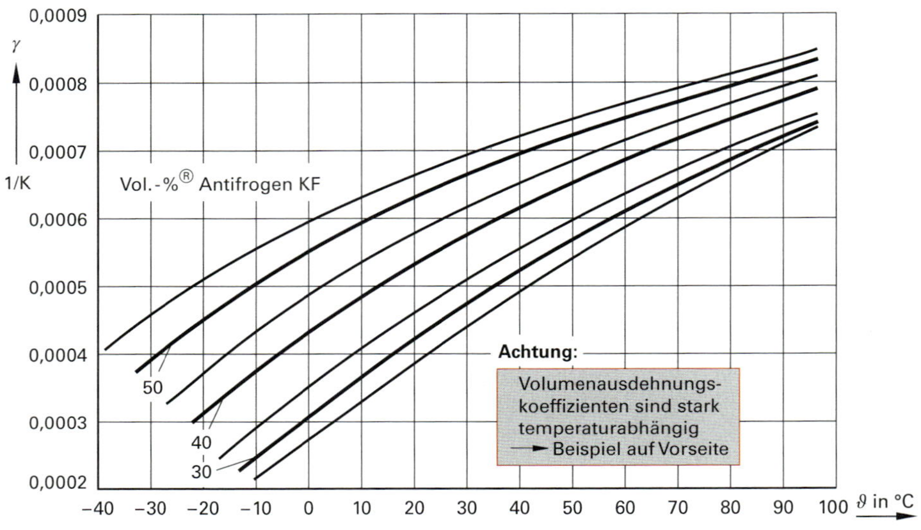

Thermischer Längenausdehnungskoeffizient von Schaumstoffen α in $\frac{\text{m}}{\text{m} \cdot \text{K}} = \frac{1}{\text{K}}$ bei 0 °C

Polystyrol Extruderschaumstoff	0,000070	Wärme- und Schalldämmstoffe: **Herstellerangaben** beachten.
Polystyrol Partikelschaumstoff	0,000085	
Polyurethan-Hartschaumstoff	0,000050	
Polyvinylchlorid-Hartschaumstoff	0,000040	(→ Dämmstoffwerte)

Wärmeausdehnung von Gasen und Dämpfen

Die Zustandsgrößen als absolute Größen:

Drücke und Temperaturen dürfen bei der Anwendung aller **Gasgesetze** nur als **absolute Größen** in die Rechnungen eingesetzt werden.

T, p_{abs} bzw. p — **Formelzeichen für absolute Temperatur und absoluten Druck**

Gasgesetze (→ Druck, Temperatur, Thermodynamische Zustandsänderungen)

$$\frac{p_1 \cdot V_1}{T_1} = \frac{p_2 \cdot V_2}{T_2} = \text{konst.}$$

Vereinigtes Gasgesetz

Index 1: Zustand 1; **Index 2:** Zustand 2

Bedingung: *m* = konst.

Die Gasgesetze gelten – streng genommen – nur für **ideale Gase.**

p	absoluter Druck	N/m^2, bar
V	Volumen	m^3
T	absolute Temperatur	K

Im vereinigten Gasgesetz sind die Gesetze von **Boyle-Mariotte** und **Gay-Lussac** enthalten, d. h. vereinigt.

$$p_1 \cdot V_1 = p_2 \cdot V_2$$

$$\frac{\varrho_1}{\varrho_2} = \frac{p_1}{p_2} = \frac{V_2}{V_1}$$

$$\varrho_i = \varrho_n \cdot \frac{p_i}{p_n}$$

Gesetz von Boyle-Mariotte → **T = konst.**

Index n: Normzustand

ϱ Dichte kg/m^3

Der **Druck** ist bei thermodynamischen Rechnungen stets als **absolute Größe** (p_{abs}; p) einzusetzen.

Wärmeausdehnung von Gasen und Dämpfen (Fortsetzung)

$$\frac{V_1}{T_1} = \frac{V_2}{T_2} = \text{konst.}$$

1. Gesetz von Gay-Lussac → p = konst.

$$\frac{p_1}{T_1} = \frac{p_2}{T_2}$$

2. Gesetz von Gay-Lussac → V = konst.

Allgemeine Zustandsgleichung der Gase

Normzustand und Gasdichte: (→ Luftdruck, Lufttemperatur)

$$\varrho = \frac{m}{V}$$

Dichte

$$v = \frac{V}{m}$$

spezifisches Volumen

$$v \cdot \varrho = 1$$

$$\varrho_i = \varrho_n \cdot \frac{p_i}{p_n} \cdot \frac{T_n}{T_i}$$

Gasdichte als Funktion von p und T

ϱ	Dichte	kg/m³
v	spezifisches Volumen	m³/kg
V	Gas-(Dampf-) Volumen	m³
m	Gas-(Dampf-) Masse	kg

Index i: beliebiger Zustand
Index n: Normzustand

ϱ_n Normdichte (s. Tabelle unten) kg/m³

Das Produkt aus spezifischem Volumen und Dichte hat für einen bestimmten Stoff immer den Wert 1.

2

Spezifische Gaskonstante und allgemeine Zustandsgleichung:

$$R_B = \frac{p \cdot v}{T} = \frac{p}{\varrho \cdot T}$$

spezifische Gaskonstante (s. Tabelle unten)

$$p \cdot V = m \cdot R_B \cdot T$$

allgemeine Zustandsgleichung

Anmerkung: Die **spezifische Gaskonstante** wird auch **spezielle Gaskonstante** oder **individuelle Gaskonstante** genannt.

R_B	spezifische (spezielle bzw. individuelle) Gaskonstante	J/(kg · K)
p	absoluter Druck	N/m², bar
v	spezifisches Volumen	m³/kg
T	absolute Temperatur	K
ϱ	Dichte	kg/m³
V	Volumen	m³
m	Masse	kg

Thermodynamische Daten von Gasen und Dämpfen

Gas, Dampf	Formel bzw. chemisches Zeichen	Individuelle Gas-konstante R_B in J/(kg · K)	Norm-dichte ϱ_n in kg/m³	Spezifische Wärmekapazität bei 0 °C c_p in kJ/(kg · K)	c_V in kJ/(kg · K)	Verhältnis der spez. Wärme-kapazitäten $\varkappa = \frac{c_p}{c_V}$ bei 0 °C
Acetylen (Ethin)	C_2H_2	319,5	1,171	1,51	1,22	1,26
Ammoniak	NH_3	488,2	0,772	2,05	1,56	1,31
Argon	Ar	208,2	1,784	0,52	0,32	1,65
Chlorwasserstoff	HCl	228,0	1,642	0,81	0,58	1,40
Distickstoffmonoxid	N_2O	188,9	1,978	0,89	0,70	1,27
Ethan	C_2H_6	276,5	1,356	1,73	1,44	1,20
Ethylchlorid	C_2H_5Cl	128,9	2,880	1,005	0,718	1,16
Ethylen (Ethen)	C_2H_4	296,6	1,261	1,61	1,29	1,25
Helium	He	2077,0	0,178	5,24	3,16	1,66
Kohlenstoffdioxid	CO_2	188,9	1,977	0,82	0,63	1,30
Kohlenstoffmonoxid	CO	296,8	1,250	1,04	0,74	1,40
Luft (CO_2-frei)	–	287,1	1,293	1,00	0,72	1,40
Methan	CH_4	518,3	0,717	2,16	1,63	1,32
Methylchlorid	CH_3Cl	164,7	2,307	0,73	0,57	1,29
Sauerstoff	O_2	259,8	1,429	0,91	0,65	1,40
Schwefeldioxid	SO_2	129,8	2,931	0,61	0,48	1,27
Stickstoff	N_2	296,8	1,250	1,04	0,74	1,40
Stickstoffmonoxid	NO	277,1	1,340	1,00	0,72	1,39
Wasserstoff	H_2	4124,0	0,0899	14,38	10,26	1,41
Wasserdampf	H_2O	461,5	0,804	1,86	1,40	1,33

2

Wärmeausdehnung von Gasen und Dämpfen (Fortsetzung)

Während die **Gasgesetze** und die **allgemeine Zustandsgleichung** streng genommen **nur für ideale Gase** gelten, erfasst die **Zustandsgleichung** von **van der Waals** auch den **Zustand realer Gase.**

$$\left(p + \frac{a}{V^2}\right) \cdot (V - b) = m \cdot R_B \cdot T$$

van der Waals'sche Zustandsgleichung

a und b sind Stoffkonstanten, die auf den realen Zustand korrigieren.

Thermodynamische Daten für Wärmeträger und Kältemittel werden in der Praxis aus den stoffspezifischen Zustandsdiagrammen entnommen. Diese sind auf den realen Zustand korrigiert (→ Mollier-Diagramme).

Molare (stoffmengenbezogene) Zustände und Größen

Stoffmenge:

$$n = 1 \text{ kmol} = 1000 \text{ mol}$$

Stoffmenge

Eine Stoffmenge, die ebenso viele Teilchen enthält, wie 12,0 kg des Kohlenstoffnuklids ^{12}C, wird als **1 Kilomol** (kmol) bezeichnet.

Atommasse und Molekülmasse:

$$1 \text{ u} = 1{,}660\,565\,5 \cdot 10^{-27} \text{ kg}$$

atomare Masseneinheit (→ Basisgrößen)

$$A_r = \frac{m_A}{u}$$

relative Atommasse (früher **Atomgewicht**) (→ Periodensystem)

$$M_r = \Sigma A_r = \frac{\Sigma m_A}{u}$$

relative Molekülmasse (früher **Molekulargewicht**)

$$m_M = \Sigma m_A = M_r \cdot u$$

Molekülmasse

$$M = \frac{m}{n}$$

molare Masse (Molmasse)

$$V_{mn} = \frac{M}{\varrho_n}$$

molares Normvolumen

$$N_A = \frac{M}{A_r \cdot u} \text{ bzw. } \frac{M}{M_r \cdot u}$$

Anzahl der Teilchen pro kmol

$$N_A = 6{,}022 \cdot 10^{26} \text{ kmol}^{-1}$$

Avogadro-Konstante

A_r	relative Atommasse	1
m_A	Masse des Atoms	kg
u	atomare Masseneinheit	kg
M_r	relative Molekülmasse	1
m_M	Masse des Moleküls	kg
M	molare Masse	kg/kmol
m	Masse	kg
n	Stoffmenge	kmol
V_{mn}	molares Normvolumen	m^3/kmol
ϱ_n	Normdichte	kg/m^3
N_A	Anzahl der Teilchen pro Kilomol (Avogadro-Konstante)	1/kmol

Das molare Normvolumen V_{mn} beträgt im Normzustand für alle idealen Gase 22,4 m^3/kmol.

Stoffmengen verschiedener idealer Gase besitzen bei gleichen absoluten Drücken und gleichen absoluten Temperaturen gleiche Volumina.

$$V_{mn} = 22{,}41383 \text{ m}^3/\text{kmol}$$

molares Normvolumen nach DIN 1343:1990-01

Universelle (molare, allgemeine) Gaskonstante: (→ Gasgesetze)

$$R = \frac{p \cdot V_m}{T} = M \cdot R_B = 8314{,}41 \frac{\text{J}}{\text{kmol} \cdot \text{K}}$$

universelle Gaskonstante

$$R_B = \frac{R}{M}$$

spezielle Gaskonstante

R	universelle (molare) Gaskonstante	J/(kmol · K)
p	absoluter Druck	N/m^2, bar
V_m	molares Volumen	m^3/kmol
T	absolute Temperatur	K
M	molare Masse	kg/kmol
R_B	spezielle Gaskonstante	J/(kg · K)

B Kältemittel Ammoniak: $R_B = 488{,}2$ J/(kg · K); $M = ?$

$$R_B = \frac{R}{M} \rightarrow \boldsymbol{M} = \frac{R}{R_B} = \frac{8314{,}41 \text{ J/(kmol} \cdot \text{K)}}{488{,}2 \text{ J/(kg} \cdot \text{K)}} = \textbf{17,03 kg/kmol}$$

Molare Massen von Kältemitteln:
s. Herstellerangaben oder **DKV-Arbeitsblätter 1.00-1.1, 1.00-1.2 und 1.00-1.3**

Mischung idealer Gase (trockene Gasmischungen)

Gesetz von Dalton: (→ Feuchte Luft)

$$p = p_1 + p_2 + p_3 + \ldots + p_z$$ **Druck der Gasmischung**

$$V_i = V_1 + V_2 + V_3 + \ldots + V_z$$ **Volumen der Gasmischung**

$$m_i = m_1 + m_2 + m_3 + \ldots + m_z$$ **Masse der Gasmischung**

Der **Gesamtdruck** in einem Gasgemisch errechnet sich aus der **Summe aller Partialdrücke,** d.h. der Teildrücke (→ Gesetz von Dalton).

Unter dem **Partialdruck** (Teildruck) versteht man den Druck, den ein Gas (Dampf) ausüben würde, wenn es (er) im Raum der Gasmischung (V_i) alleine anwesend sein würde.

$$R_B = \frac{m_1}{m} \cdot R_{B1} + \frac{m_2}{m} \cdot R_{B2} + \ldots + \frac{m_z}{m} \cdot R_{Bz}$$ **spezielle Gaskonstante einer Gasmischung**

2

$$v = R_B \cdot \frac{T}{p}$$ **spezifisches Volumen der Mischung**

$$\varrho = \frac{p}{R_B \cdot T}$$ **Dichte der Mischung**

Indizes 1.2, ..., z:
Bezeichnung der einzelnen Bestandteile.

R_B	→ spezielle (spezifische) Gaskonstante	J/(kg · K)
$m_1 \ldots m_2$	Teilmassen	kg
m	Gesamtmasse	kg
v	spezifisches Volumen	m^3/kg
ϱ	Dichte	kg/m^3
p	absoluter Druck	N/m^2, bar
T	absolute Temperatur	K

Ermittlung der Partialdrücke: (→ Feuchte Luft)

$$p_z = p \cdot \frac{m_z}{m} \cdot \frac{R_{Bz}}{R_B} = p \cdot w_z \cdot \frac{R_{Bz}}{R_B}$$

$$p_z = p \cdot \frac{V_z}{V_i} = p \cdot \varphi_z$$

Index z: Bezeichnung des Bestandteils

p_z	Partialdruck	N/m^2, bar
p	Gesamtdruck	N/m^2, bar
m	Masse	kg
R_B	spezielle Gaskonstante	J/(kg · K)
w	Massenanteil	1
φ	Volumenanteil	1

B Der Massenanteil von Wasserdampf [R_{BD} = 461,5 Nm/(kg · K)] ist w_z = 0,012.
Wie groß ist bei $R_{B\,Luft}$ = 287,1 Nm/(kg · K) der Wasserdampfpartialdruck p_{zD} bei $p = p_n$?

$$\boldsymbol{p_{zD}} = p_n \cdot w_z \cdot \frac{R_{BD}}{R_{B\,Luft}} = 101\,325\ \text{Pa} \cdot 0{,}012 \cdot \frac{461{,}5\ \text{Nm/(kg}\cdot\text{K)}}{287{,}1\ \text{Nm/(kg}\cdot\text{K)}} = 1954{,}5\ \text{Pa} \approx \mathbf{19{,}6\ hPa}$$

Diffusion

Freie Diffusion:

Unter dem Begriff der **Diffusion** werden alle Vorgänge zusammengefasst, bei denen Teilchen eines Stoffes infolge der **Molekularbewegung** in einen anderen Stoff eindringen.

$$i = D \cdot \frac{\varrho_0 - \varrho_1}{h_1 - h_0}$$

$$i = \frac{D}{R_B \cdot T} \cdot \frac{p_0 - p_1}{h_1 - h_0}$$

Diffusionsstromdichte (→ Wasserdampfdiffusion)

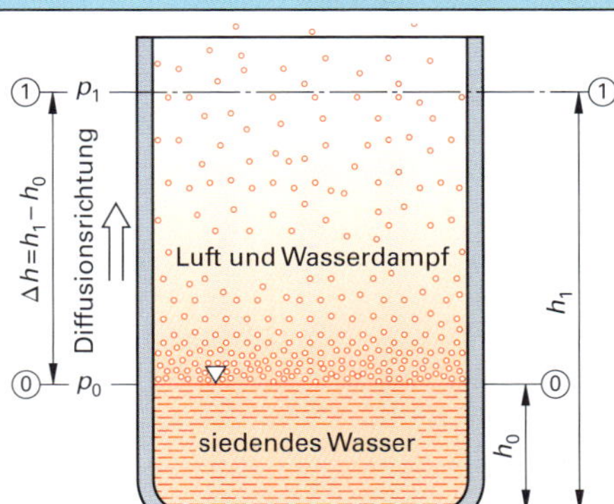

Stoffpaare	Diffusionskoeffizient D (bei ϑ_n, p_n) in m^2/h
Wasserdampf/Luft	0,08
Wasserstoff/Luft	0,228
Stickstoff/Sauerstoff	0,061
Sauerstoff/ Kohlenstoffdioxid	0,065
Glyzerin/Wasser	$0{,}28 \cdot 10^{-6}$
Kochsalz/Wasser	$0{,}46 \cdot 10^{-5}$

i	Diffusionsstromdichte	kg/(m^2 · h)
D	Diffusionskoeffizient → nebenstehende Tabelle	m^2/h
ϱ	Dichte	kg/m^3
h	Höhe (Schichtdicke, Diffusionsstrecke)	m

2

Diffusion (Fortsetzung)

Index 0: unteres Niveau **Index 1:** oberes Niveau

$$s = h_1 - h_0$$ **Schichtdicke**

R_B	spezifische Gaskonstante	J/(kg · K)
T	absolute Temperatur	K
p	Partialdruck	N/m², bar

Die **Diffusionsrichtung** entspricht bei Gasen dem **Druckgefälle** und bei Dämpfen dem **Partialdruckgefälle.**

Diffusion durch Wände:

$$i = \frac{D}{R_B \cdot T \cdot \mu} \cdot \frac{p_0 - p_1}{s}$$ **Diffusionsstromdichte durch eine einschichtige Wand**

$$i = \frac{D}{R_B \cdot T} \cdot \frac{p_0 - p_1}{\Sigma(\mu \cdot s)}$$ **Diffusionsstromdichte durch eine mehrschichtige Wand**

i	Diffusionsstromdichte	kg/(m² · h)
D	Diffusionskoeffizient (s.Tabelle Seite 77)	m²/h
R_B	spezifische Gaskonstante	J/(kg · K)
T	absolute Temperatur	K
μ	Diffusionswiderstandsfaktor (→ nebenstehende Tabelle)	1
p	Partialdruck	N/m², bar
s	Schichtdicke der Wand	m

Poröse Schicht aus	**Wasserdampfdiffusions-widerstandsfaktor** μ
Al-Folie	300 000
PVC-Folie	100 000
Polyurethan-Folie	30 000
Schaumglas	1 000 000
geschäumt:	
Polystyrol	20 bis 100
Polyurethan	30 bis 100
PVC	170 bis 320

Der **Diffusionswiderstandsfaktor** μ ist nicht nur vom Stoff, durch den die Diffusion erfolgt, sondern auch vom hindurchdiffundierenden Stoff abhängig. Nebenstehende Tabelle zeigt **μ-Werte** bezüglich der **Wasserdampfdiffusion.** In diesem Fall spricht man vom **Wasserdampfdiffusionswiderstandsfaktor.**

μ-Werte für Sperrschichtmaterialien (Dampfsperren bzw. Dampfbremsen) erhält man vom Hersteller (→ Wasserdampfdiffusion).

Wärmekapazität fester und flüssiger Stoffe

Spezifische Wärmekapazität (spezifische Wärme): (s. thermodynamische Daten und Tabelle auf der nächsten Seite)

Unter der spezifischen Wärmekapazität c versteht man diejenige Wärmemenge in kJ, die man benötigt, um 1 kg eines festen oder flüssigen Stoffes um die Temperaturdifferenz 1 K ≙ 1 °C zu erwärmen.

$$[c] = \frac{\text{kJ}}{\text{kg} \cdot \text{K}} = \frac{\text{kJ}}{\text{kg} \cdot °\text{C}}$$

Die spezifische Wärmekapazität c ist (meist stark) von der Temperatur abhängig.

Bei genauen Rechnungen innerhalb eines Temperaturbereiches muss mit der **mittleren spezifischen Wärme** c_m gerechnet werden.

Grundgesetz der Wärmelehre:

$$Q = m \cdot c \cdot \Delta\vartheta$$ **Wärmemenge**

Q	Wärmemenge	kJ
m	Masse	kg
c	spezifische Wärmekapazität	kJ/(kg · K)
$\Delta\vartheta$	Temperaturdifferenz	K, °C
C	Wärmekapazität	kJ/K

Kalorimeter:

Unter **Kalorimetrie** versteht man das Teilgebiet der Wärmelehre, welches sich mit der **Messung von Wärmemengen** befasst.

Wärmekapazität des Kalorimeters:

$$C = \Sigma(m \cdot c) = m_{\text{Rührer}} \cdot c_{\text{Rührer}} + m_{\text{Therm.}} \cdot c_{\text{Therm.}} + \dots$$

In der Wärmekapazität eines Kalorimeters ist die Kalorimeterfüllung (meist Wasser) nicht berücksichtigt.

$$Q_{kal} = C \cdot \Delta\vartheta$$ **vom Kalorimeter aufgenommene Wärme**

B m = 3 kg; c = 0,46 kJ/(kg · K); $\Delta\vartheta$ = 300 °C; Q = ?

$Q = m \cdot c \cdot \Delta\vartheta$ = 3 kg · 0,46 kJ/(kg · K) · 300 K
Q = 414 kJ

B C = 0,06 kJ/K; $\Delta\vartheta$ = 22 °C; Q_{Kal} = ?

$Q_{Kal} = C \cdot \Delta\vartheta$ = 0,06 kJ/K · 22 K = **1,32 kJ**

Wärmekapazität fester und flüssiger Stoffe (Fortsetzung)

Spez. Wärme (→ thermodyn. Daten); **Spez. Schmelzwärme; Spez. Verdampfungswärme**

Stoff	Spez. Wärmekapazität c in kJ/(kg · K) zwischen 0 und 100 °C	Spez. Schmelzwärme q in kJ/kg bei Normalluftdruck*)	Spez. Verdampfungswärme r in kJ/kg bei Normalluftdruck*)
Aluminium	0,896	396,07	11723
Ammoniak	2,219 (c_p)	339,13	1369
Antimon	0,206	164,96	1256
Blei	0,127	24,79	921
Chlor	0,481	188,40	260
Eisen, rein	0,460	272,14	6364
Ethanol	2,415	108,02	858
Gold	0,130	64,48	1758
Helium	5,275 (c_p)	–	25
Kadmium (Cadmium)	0,234	54,43	1005
Kalium	0,758	65,7	2051,5
Kobalt (Cobalt)	0,427	268	6489,5
Kohlenstoffdioxid	0,846 (c_p)	184,2	572,8
Konstantan	0,419	–	–
Kupfer	0,385	204,8	4647,3
Luft	1,009 (c_p)	–	–
Magnesium	1,047	372,6	5652,2
Mangan	0,469	251,2	4186,8
Maschinenöl	1,675	–	–
Messing	0,389	167,5	–
Natrium	1,218	114,7	4186,8
Nickel	0,431	299,8	6196,5
Paraffin	2,135	146,5	–
Platin	0,131	111,4	2512
Porzellan	0,795	–	–
Quecksilber	0,138	11,8	284,7
Sauerstoff	0,913 (c_p)	13,8	213,5
Schwefeldioxid	0,632 (c_p)	–	401,9
Silber	0,251	104,7	2177,1
Terpentinöl	1,800	–	293,1
Toluol	1,750	–	347,5
Trichlormethan	1,005	79,5	247
Wachs	3,433	175,8	–
Wasser	4,180	333,7	2256,2
Dampf	2,010 (c_p)	–	–
Eis	2,093	–	–
Wasserstoff	14,268 (c_p)	–	467,2
Wismut (Bismut)	0,124	52,3	837,4
Wolfram	0,134	192,6	4814,8
Ziegelstein	0,837	–	–
Zink	0,385	104,7	1800,3
Zinn	0,226	58,6	2595,8

*) p_n = 1013 hPa

Mischungsregel:

$$Q_{ab} = Q_{auf}$$ **Mischungsregel**

$$\vartheta_m = \frac{\Sigma(m_i \cdot c_i \cdot \vartheta_i)}{\Sigma(m_i \cdot c_i)}$$ **Mischungstemperatur**

$$\vartheta_m = \frac{m_1 \cdot c_1 \cdot \vartheta_1 + m_2 \cdot c_2 \cdot \vartheta_2}{m_1 \cdot c_1 + m_2 \cdot c_2}$$ **ϑ_m für zwei Stoffe**

Q_{ab}	von einem Körper oder einem Körpersystem abgegebene Wärme	J, kJ
Q_{auf}	von einem Körper oder einem Körpersystem aufgenommene Wärme	J, kJ
ϑ_m	Mischungstemperatur	°C
m	Masse	kg
c	spezifische Wärmekapazität	kJ/(kg · K)
T	Temperatur	K, °C

Index i: für beliebig viele Stoffe

2

2

Wärmekapazität fester und flüssiger Stoffe (Fortsetzung)

$$c_1 = \frac{(C + m_2 \cdot c_2) \cdot (\vartheta_m - \vartheta_2)}{m_1 \cdot (\vartheta_1 - \vartheta_m)}$$

mit Kalorimeter ermittelte spezifische Wärmekapazität

C Wärmekapazität des Kalorimeters kJ/K
Index 1: zu untersuchender, in das Kalorimetergefäß eingebrachter Stoff
Index 2: Wasserfüllung

Brennwert und Heizwert

$$H_u = H_o - r \cdot w_{H_2O}$$

spezifischer Heizwert fester und flüssiger Brennstoffe

$$H_{u,n} = H_{o,n} - r \cdot \varphi_{H_2O}$$

spezifischer Heizwert gasförmiger Brennstoffe

$$Q = m \cdot H_u$$

$$Q = V \cdot H_{u,n}$$

Nutzbare Wärmeenergie (Verbrennungswärme) fester und flüssiger bzw. gasförmiger Brennstoffe

H_u, $H_{u,n}$	spezifischer Heizwert	kJ/kg, kJ/m^3
H_o, $H_{o,n}$	spezifischer Brennwert	kJ/kg, kJ/m^3
r	Verdampfungswärme von Wasser	kJ/kg
Q	nutzbare Wärmeenergie	kJ
m	Masse	kg
V	Volumen	m^3
w_{H_2O}	Massenanteil des Wassers	1
φ_{H_2O}	Volumenanteil des Wassers	1

Der spezifische Heizwert H_u ist um den Betrag der spezifischen → Verdampfungswärme r des Wasseranteils kleiner als der spezifische Brennwert H_o. Beim Verbrennen der Brennstoffe ist also nur der spezifische Heizwert H_u nutzbar.

heutige Bezeichnung (nach DIN)	**frühere Bezeichnung**
spez. Brennwert H_o, H_s	oberer Heizwert H_o
spez. Heizwert H_u, H_i	unterer Heizwert H_u

Anmerkung in folgender Tabelle beachten!!
Dies erklärt die frühere Bezeichnungsweise gemäß der nebenstehenden Tabelle.
Index n: Gas im Normzustand
(→ Massenanteil, Volumenanteil)

Ausgewählte Werte für den spezifischen Brennwert und den spezifischen Heizwert

Brennstoff	H_o in $\frac{kJ}{kg}$ bzw. $H_{o,n}$ in $\frac{kJ}{m^3}$	H_u in $\frac{kJ}{kg}$ bzw. $H_{u,n}$ in $\frac{kJ}{m^3}$
feste Brennstoffe:	Je nach Wassergehalt, um den Betrag der zur Verdampfung dieses Wassers erforderlichen Wärme größer als H_u	
reiner Kohlenstoff		33 800
Steinkohle		30 000 bis 35 000
Koks		27 000 bis 30 000
Braunkohle		8 000 bis 11 000
Brikett		17 000 bis 21 000
Torf		10 000 bis 15 000
Holz		9 000 bis 15 000
flüssige Brennstoffe:		
Heizöl EL	45 400	42 700
Heizöl M	43 100	41 000
Heizöl S	42 300	40 200
Benzin	46 700	42 500
Benzol	41 940	40 230
Dieselöl	44 800	41 640
Petroleum	42 900	40 800
Methanol	23 840	21 090
gas- und dampfförmige Brennstoffe:		
Hochofengichtgas	4 080	3 980
Koksofengas	19 670	17 370
Erdgas Typ L	35 150	31 950
Erdgas Typ H	41 100	37 500
Methan	39 850	35 790
Propan	100 890	92 890
Propan + Luft (1 : 4,5)	18 000	16 740
n-Butan	133870	123 650
Wasserstoff	141 800	119 970

Anmerkung:
DIN 1304-1:1994-03 ist noch gültig, jedoch wird in der neuesten Normung mit den **Indizes s und i** gearbeitet. Somit:

H_o* entspricht *H_s
H_u* entspricht *H_i

Die Werte in dieser Tabelle sind in

kJ/kg und in kJ/m^3

angegeben.

Es kann eine Umrechnung in die Einheiten **Wh/kg und Wh/m^3** erfolgen.

Dabei sind die Tabellenwerte lediglich durch **3,6** zu teilen.

Schmelzen und Erstarren

Chemisch einheitliche Stoffe

Chemisch einheitliche Stoffe schmelzen bei konstanter Temperatur, dem **Schmelzpunkt**. Die während des Schmelzens zugeführte Wärmemenge ist eine **latente Wärme**.

Stoff	Schmelzpunkt bei p_n in °C
Aluminium	658
Blei	327
Eisen, rein	1527
Gold	1063
Kupfer	1083
Nickel	1455
Quecksilber	–39
Schwefel	115
Titan	1690
Wasser	0
Wolfram	3380
Zink	419
Zinn	232

$$Q = m \cdot q$$

Schmelzwärme bzw. **Erstarrungswärme**

Werte für die spezifische Schmelzwärme *q*:
(s. Tabellen Seiten 79 und 82)

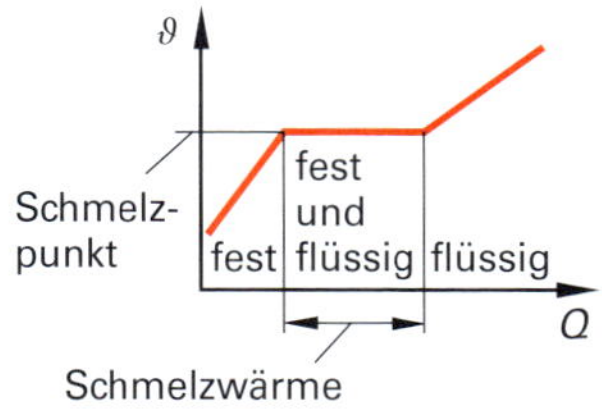

Der Schmelzpunkt eines Stoffes (s. nebenstehende Tabelle) ist druckabhängig. Er bezieht sich auf den Normalluftdruck p_n.

Erstarrungstemperatur (Erstarrungspunkt) und **Schmelztemperatur** eines Stoffes sind gleich.

Q	Schmelzwärme bzw. Erstarrungswärme	kJ
m	Masse	kg
q	spezifische Schmelzwärme bzw. spez. Erstarrungswärme	kJ/kg

Die spezifische Schmelzwärme wird benötigt, um 1 kg eines bestimmten Stoffes **bei Schmelztemperatur** zu schmelzen.

Stoffmischungen (→ Zusammensetzung trockener Luft)

Feste Lösungen:
(→ Diagramme und Nomogramme, Kältemittel)

Das Zustandsdiagramm zeigt eine typische „Zigarrenform" (entsprechend der **nicht azeotropen Kältemittel).** Nebenstehendes Bild zeigt dies am Beispiel einer Kupfer-Nickel-Legierung.

Stoffmischungen (z.B. Legierungen) erstarren bzw. schmelzen – abhängig von der Konzentration – in einem **Temperaturbereich.**

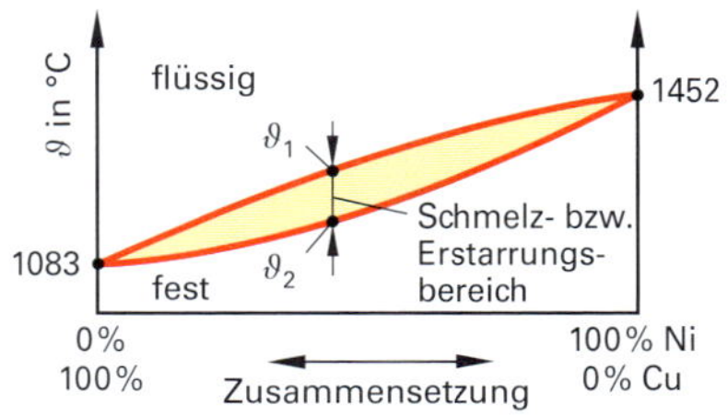

Eutektische Mischungen:
(→ Diagramme und Nomogramme, Kältemittel)

Bei den eutektischen Mischungen handelt es sich meist um **eutektische Legierungen** oder um **Lösungen.** Nebenstehendes Bild zeigt z.B. das **Lösungsdiagramm** einer Kochsalzlösung (entsprechend der **azeotropen Kältemittel).** Man erkennt:

Eutektische Mischungen schmelzen und erstarren ebenfalls – abhängig von der Konzentration – in einem **Temperaturbereich.** Nur im **eutektischen Punkt,** dem **Eutektikum,** liegt – wie bei chemisch reinen Stoffen – ein Schmelzpunkt vor.

$$Q = m \cdot q$$

Schmelzwärme bzw. **Erstarrungswärme der eutektischen Masse**

$$[\boldsymbol{Q}] = [m] \cdot [q] = \text{kg} \cdot \frac{\text{kJ}}{\text{kg}} = \textbf{kJ}$$

Eutektische Massen werden zur Kühlung verwendet, z.B. in Beuteln abgefüllt. Man spricht von **eutektischen Kältespeichern.**
***q*-Werte:** Tabellen Seiten 79 und 82

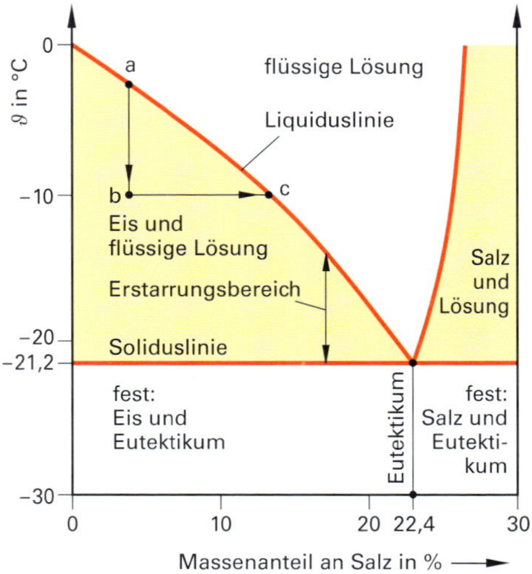

2

Schmelzen und Erstarren (Fortsetzung)

Werte ausgewählter eutektischer Massen

Stoff	eutektische Zusammensetzung (Massenanteil in %)	Schmelz- bzw. Erstarrungs-temperatur	spez. Schmelz-wärme *q* des Eutektikums in kJ/kg
Kaliumchlorid	19,7	−11,1	303
Ammoniumchlorid	18,7	−15,8	310
Natriumnitrat	36,9	−18,5	244
Natriumchlorid	22,4	−21,2	235

2

Verdampfen, Kondensieren, Sublimieren

Verdampfungstemperatur und Verdampfungsdruck:

Die **Dampfdruckkurven** (nebenstehendes Bild) zeigen:

Verdampfungstemperatur ϑ_s, d.h. der **Siedepunkt** und **Verdampfungsdruck** p_s sind voneinander abhängig.

Stoff	Siedepunkt bei 1,01325 bar in °C
Alkohol (Ethanol)	78,3
Aluminium	2270,0
Ammoniak NH_3	−33,4
Benzol	80,1
Helium	−268,9
Kupfer	2330,0
Luft	−192,3
Quecksilber	357,0
Wasser	100,0
Wolfram	5530,0

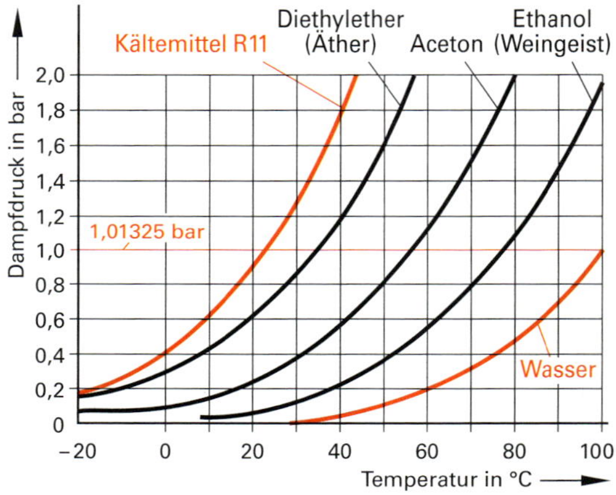

Oben stehende Tabelle zeigt für einige Stoffe die **Siedepunkte bei Normalluftdruck** p_n.

Die Abhängigkeit der Verdampfungstemperatur vom Verdampfungsdruck ist sog. **Dampftafeln** zu entnehmen, für **Wasserdampf** den **VDI-Wasserdampftafeln**.

Tabellen für Kältemittel: vom Hersteller oder DKV-Arbeitsblätter. Dort ist $\boldsymbol{\vartheta_s} = \boldsymbol{t}$ und $\boldsymbol{p_s} = \boldsymbol{p}$ (s. Beispiel nächste Seite).

Verdampfungs- bzw. Kondensationswärme:

$$Q = m \cdot r$$

Verdampfungswärme, Kondensationswärme

Q	Verdampfungs- bzw. Kondensationswärme	kJ
m	Masse	kg
r	spezifische Verdampfungswärme	kJ/kg

Die **Kondensationswärme** wird beim Kondensieren von Dampf an die Umgebung abgegeben und entspricht in ihrem Betrag der **Verdampfungswärme.** Ebenso gilt: **Siedepunkt = Kondensationspunkt**

***r*-Werte:** Tabelle Seite 79. Für **Kältemittel** in den Dampftafeln.

Die Wärmemenge, die man benötigt, um 1 kg eines bestimmten Stoffes ohne Temperaturerhöhung zu verdampfen, heißt **spezifische Verdampfungswärme** *r*.

Sublimation:

$$Q = m \cdot \sigma$$

Sublimationswärme

Q	Sublimationswärme	kJ
m	Masse	kg
σ	spezifische Sublimationswärme	kJ/kg

Unter **Sublimation** versteht man den unmittelbaren Übergang eines Stoffes aus dem festen in den gasförmigen Zustand, und zwar bei konstanter Temperatur unter Aufnahme von Wärmeenergie aus der Umgebung.

Für Trockeneis (CO_2) ist die Sublimationstemperatur −78,5 °C (bei p_n), σ = 565 kJ/kg.

Verdampfen, Kondensieren, Sublimieren (Fortsetzung)

Das Druck, Enthalpie-Diagramm:

Unter der **Enthalpie** versteht man die in einem Stoff gespeicherte Wärmeenergie, d.h. den **Wärmeinhalt.**

Unter der **spezifischen Enthalpie** *h* versteht man den Wärmeinhalt pro Kilogramm Stoffmasse.

Der **kritische Punkt** K unterteilt die das **Nassdampfgebiet** umgebende Linie in die **rechte Grenzkurve** und in die **linke Grenzkurve.**

Die **Druckachse** im nebenstehenden Bild ist logarithmisch geteilt. Deshalb nennt man das Druck, Enthalpie-Diagramm auch **log *p*, *h*-Diagramm.**

$$r = h'' - h'$$

spezifische Verdampfungswärme

(→ log *p*, *h*-Diagramm)
Neben stehendes Bild zeigt:

Die spezifische Verdampfungswärme ist druckabhängig und damit auch temperaturabhängig.

Daten für Kältemittel:
Hersteller oder DKV-Arbeitsblätter.

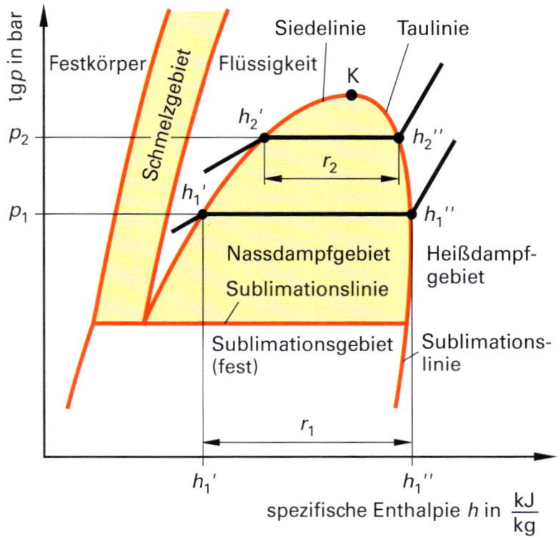

r	spez. Verdampfungswärme	kJ/kg
h'	spez. Enthalpie an der linken Grenzkurve	kJ/kg
h''	spez. Enthalpie an der rechten Grenzkurve	kJ/kg

Beispiel: DKV-Arbeitsblatt 1.02 (Auszug 07.03) $\vartheta_s \mathrel{\hat=} t$, $p_s \mathrel{\hat=} p$ **Propan (R 290)**

Temp.	Druck	Spezifisches Volumen		Dichte		Spezifische Enthalpie		Verdampfungs-Enthalpie	Spezifische Entropie	
		Flüssigkeit	Dampf	Flüssigkeit	Dampf	Flüssigkeit	Dampf		Flüssigkeit	Dampf
ϑ, t	p	v'	v''	ϱ'	ϱ''	h'	h''	r	s'	s''
°c	bar	dm³/kg	dm³/kg	kg/m³	kg/m³	kJ/kg	kJ/kg	kJ/kg	kJ/(kg · K)	kJ/(kg · K)
–65	0,3241	1,6476	1189,8299	606,9357	0,8405	49,73	498,11	448,38	0,3771	2,5314
–64	0,3427	1,6506	1130,0715	605,8421	0,8849	51,88	499,31	447,42	0,3874	2,5269
–63	0,3620	1,6536	1073,9157	604,7463	0,9312	54,04	500,50	446,46	0,3977	2,5224
–62	0,3823	1,6566	1021,1120	603,6484	0,9793	56,20	501,70	445,50	0,4079	2,5180
–61	0,4034	1,6596	971,4298	602,5481	1,0294	58,36	502,90	444,53	0,4181	2,5137
–60	0,4255	1,6627	924,6561	601,4455	1,0815	60,53	504,09	443,56	0,4283	2,5095
–59	0,4485	1,6657	880,5943	600,3406	1,1356	62,71	505,29	442,58	0,4385	2,5054
–58	0,4725	1,6688	839,0626	599,2333	1,1918	64,88	506,49	441,60	0,4486	2,5014
–57	0,4976	1,6719	799,8931	598,1235	1,2502	67,07	507,69	440,62	0,4587	2,4974
–56	0,5236	1,6750	762,9302	597,0112	1,3107	69,25	508,88	439,63	0,4688	2,4936
–55	0,5508	1,6781	728,0300	595,8965	1,3736	71,44	510,08	438,64	0,4788	2,4898
–54	0,5790	1,6813	695,0591	594,7791	1,4387	73,64	511,28	437,64	0,4888	2,4861
–53	0,6084	1,6845	663,8938	593,6591	1,5063	75,84	512,48	436,64	0,4988	2,4824
–52	0,6389	1,6877	634,4193	592,5365	1,5762	78,04	513,68	435,64	0,5088	2,4789
–51	0,6706	1,6909	606,5292	591,4112	1,6487	80,25	514,87	434,63	0,5187	2,4754
–50	0,7036	1,6941	580,1245	590,2831	1,7238	82,46	516,07	433,61	0,5286	2,4720
–49	0,7378	1,6974	555,1131	589,1522	1,8014	84,67	517,27	432,60	0,5385	2,4687
–48	0,7734	1,7006	531,4096	588,0184	1,8818	86,89	518,47	431,57	0,5484	2,4654
–47	0,8102	1,7039	508,9342	586,8817	1,9649	89,12	519,66	430,54	0,5582	2,4622
–46	0,8484	1,7072	487,6130	585,7421	2,0508	91,35	520,86	429,51	0,5680	2,4591
–45	0,8881	1,7106	467,3766	584,5994	2,1396	93,59	522,06	428,47	0,5778	2,4561

Diese Tabelle ist ein Auszug aus dem **Nassdampfgebiet. Ebenso gibt es Dampftafeln für das Heißdampfgebiet (DKV:** Deutscher Kälte- und Klimatechnischer Verein e.V.).

2

2

h, s-Diagramm für Wasserdampf

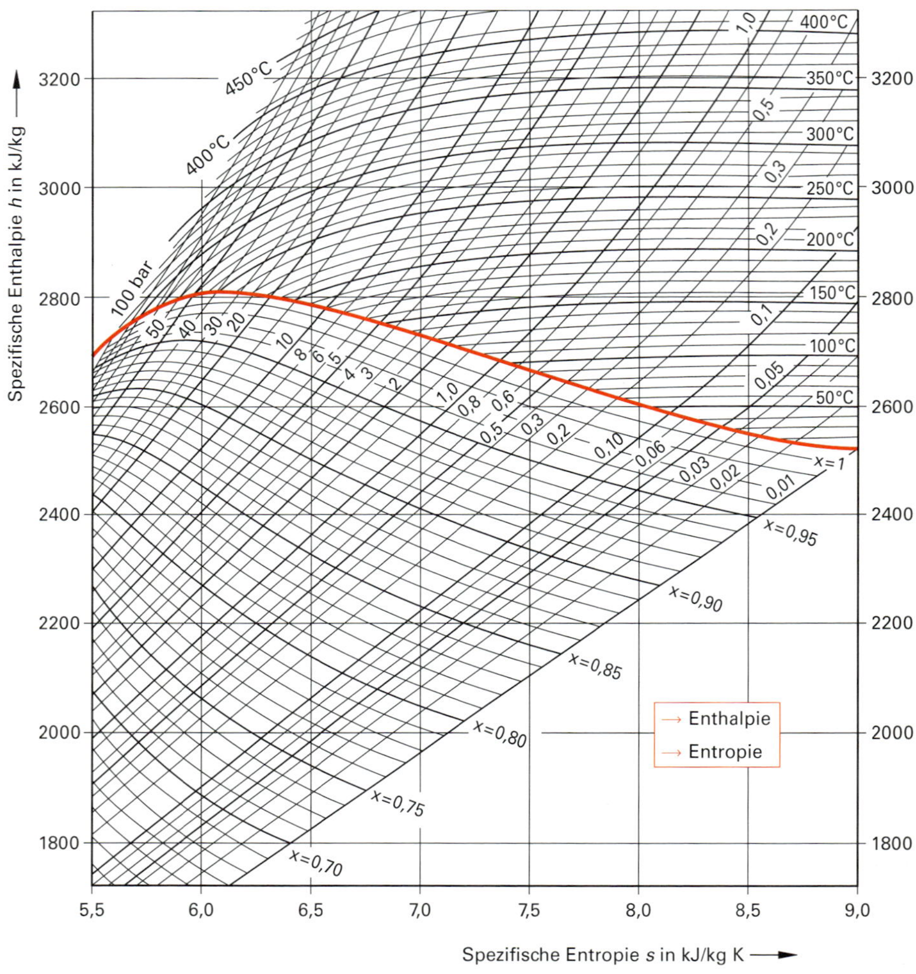

Erster Hauptsatz der Thermodynamik

Umwandlung von Wärmeenergie in mechanische Arbeit und umgekehrt:

Grundlage ist das **mechanische Wärmeäquivalent** | 1 J = 1 Nm | (→ Arbeit, Energie)

1. Hauptsatz (1. H.S.) der Wärmelehre (in verbaler Form) → Zur Erzeugung einer Wärmeenergie ist eine äquivalente (gleichwertige) mechanische Energie aufzuwenden und umgekehrt.

Eine Maschine zur Umwandlung einer bestimmten Energie in mechanische Energie wird als **Kraftmaschine** bezeichnet, im speziellen Fall der Umwandlung von Wärmeenergie in mechanische Energie spricht man dann von einer **Wärmekraftmaschine.** Eine solche ist z.B. eine **Dampfturbine** oder eine **Brennkraftmaschine.**

Der umgekehrte Energiefluss, nämlich Umwandlung von mechanischer Energie in Wärmeenergie, läuft bei allen Reibungsvorgängen oder in **Verdichtern,** z.B. beim Verdichten von Luft, ab.

Erster Hauptsatz der Thermodynamik (Fortsetzung)

Darstellung der Volumenänderungsarbeit in Diagrammen: (→ Arbeit, Druck)

Kraft, Weg-Diagramm

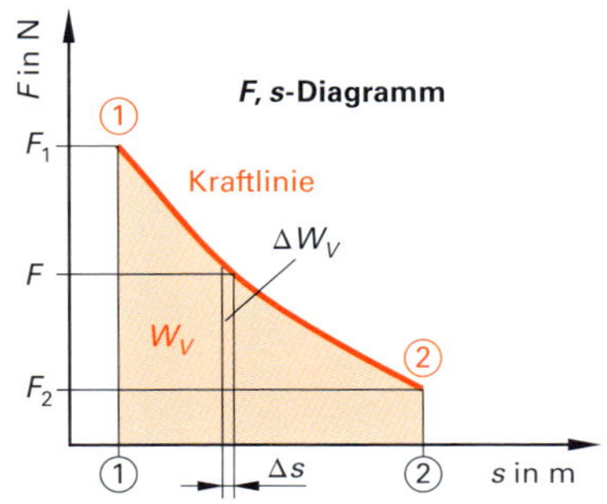

① : oberer Totpunkt OT
② : unterer Totpunkt UT

$W_V = \Sigma(F \cdot \Delta s)$	**Volumenänderungsarbeit**

Druck, Volumen-Diagramm

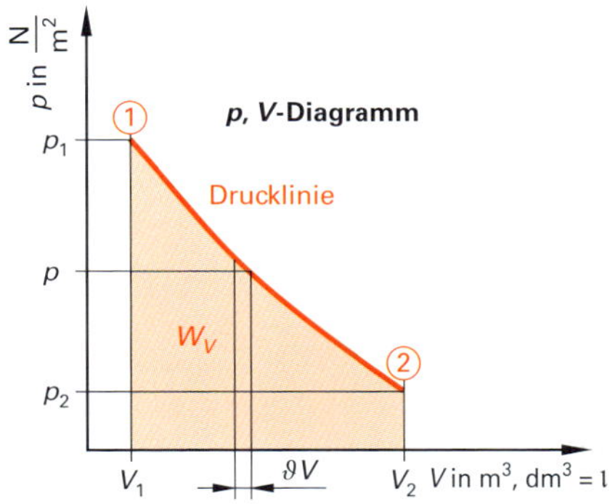

$W_V = \Sigma(p \cdot \Delta V)$	**Volumenänderungsarbeit**

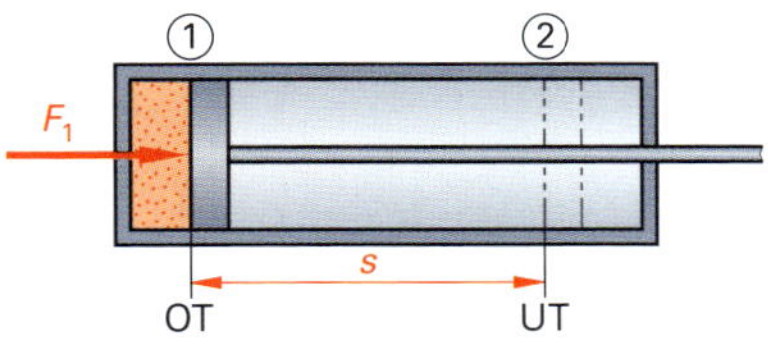

W_V	Volumenänderungsarbeit	Nm
F	Kolbenkraft	N
s	Kolbenweg	m
p	Druck auf Kolben	N/m², bar
V	Hubvolumen	m³
Δs	kleiner Teil des Kolbenweges	m
ΔV	kleiner Teil des Hubvolumens	m³

Innere Energie und Enthalpie: (→ Energie, Wärmeenergie)

In einem **abgeschlossenen thermodynamischen System** entspricht die zugeführte Wärmeenergie Q der Summe aus Volumenänderungsarbeit W_V und der Änderung der inneren Energie ΔU.

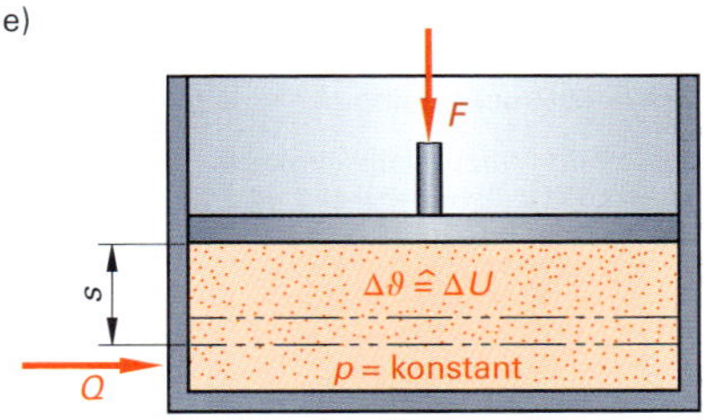

$Q = W_V + \Delta U$	**1. Hauptsatz der Thermodynamik**
$\Delta H = Q = W_V + \Delta U$	**Änderung der Enthalpie**

Innere Energie: Bewegungsenergie der Elementarbausteine
Enthalpie: Wärmeinhalt

Q	zugeführte Wärmeenergie	J, kJ
W_V	Volumenänderungsarbeit	Nm
ΔU	Änderung der inneren Energie	J
ΔH	Änderung der Enthalpie	J

Die spezifische Wärme von Gasen

$W_V = 0 \rightarrow Q = \Delta U$	**1. Grenzfall des 1. Hauptsatzes**

Die spezifische Wärme bei Erwärmung mit konstantem Druck wird mit c_p bezeichnet.

→ p = konst. → c_p

$Q = m \cdot c_p \cdot \Delta\vartheta$	**zugeführte Wärme bei konstantem Druck**

(→ Grundgesetz der Wärmelehre)

Tabellen → Thermodynamische Daten und Wärmekapazität

$\Delta U = 0 \rightarrow Q = W_V$	**2. Grenzfall des 1. Hauptsatzes**

Die spezifische Wärme bei Erwärmung mit konstantem Volumen wird mit c_V bezeichnet.

→ V = konst. → c_V

2

2

Die spezifische Wärme von Gasen (Fortsetzung)

$$Q = m \cdot c_V \cdot \Delta\vartheta$$

zugeführte Wärme bei konstantem Volumen

$$\varkappa = \frac{c_p}{c_V}$$

Isentropenexponent (Adiabatenexponent)

Unter dem **Isentropenexponenten** (Adiabatenexponent) versteht man den Quotienten aus c_p und c_V (s. Tabelle Seite 75 und folgende Tabelle).

Werte c_p, c_V, $\varkappa$ für Kältemittel: Herstellerangaben und DKV-Arbeitsblätter beachten.

W_V	Volumenänderungsarbeit	Nm
Q	Wärmemenge	J, kJ
ΔU	Änderung der inneren Energie	J, kJ
m	Masse	kg
c_p	spezifische Wärme bei konstantem Druck	kJ/(kg · K)
c_V	spezifische Wärme bei konstantem Volumen	kJ/(kg · K)
$\Delta\vartheta$	Temperaturdifferenz	K, °C
$\varkappa$	Isentropenexponent (Adiabatenexponent) (→ Grundgesetz der Wärmelehre)	1

Anzahl der Atome im Gasmolekül	Beispiele typischer Gase mit dieser Atomzahl im Gasmolekül	Isentropenexponent $\varkappa$ bei 273 K
1	He	5 : 3 ≈ 1,667
2	O_2, N_2, CO	7 : 5 ≈ 1,41
–	Luft	1,4
3	CO_2, H_2O-Dampf	8 : 6 ≈ 1,33

Die Tabelle zeigt:

Der Isentropenexponent $\varkappa$ von Gasen und Dämpfen ist von der Anzahl derAtome im Gas- bzw. Dampfmolekül abhängig. Dies gilt auch für c_p und c_V.

Nebenstehendes Diagramm zeigt:

c_p und c_V sind temperaturabhängig. Dies gilt auch für $\varkappa$. Des Weiteren besteht eine Druckabhängigkeit.

Beachten Sie hierzu auch – als Beispiel – das **DKV-Arbeitsblatt 1.04-20** auf der nächsten Seite (R 134a).

Für **Temperaturbereiche** setzt man in der Praxis meist für c_p, c_V und $\varkappa$ Mittelwerte ein (s. nebenstehendes Bild).

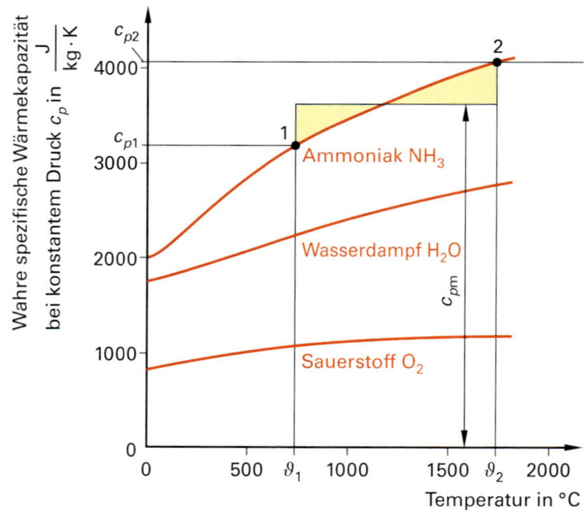

Die spezielle Gaskonstante R_B als Funktion von c_p und c_V:

$$R_B = c_p - c_V$$

spezifische Gaskonstante (→ Gaskonstante)

$$c_p = \frac{\varkappa}{\varkappa - 1} \cdot R_B$$

spezifische Wärme bei konstantem Druck

$$c_V = \frac{R_B}{\varkappa - 1}$$

spezifische Wärme bei konstantem Volumen

R_B	spezifische Gaskonstante	kJ/(kg · K)
c_p	spezifische Wärme bei konstantem Druck	kJ/(kg · K)
c_V	spezifische Wärme bei konstantem Volumen	kJ/(kg · K)
$\varkappa$	Isentropenexponent (Adiabatenexponent)	1

B R_B = 287,1 J/(kg · K); $\varkappa$ = 1,4. Zu berechnen Sind c_p und c_V. Machen Sie die Probe.

$$\boldsymbol{c_p} = \frac{\varkappa}{\varkappa - 1} \cdot R_B = \frac{1{,}4}{1{,}4 - 1} \cdot 287{,}1\ \text{J/(kg · K)} = \mathbf{1004{,}85\ J/(kg \cdot K)}$$

$$\boldsymbol{c_V} = \frac{R_B}{\varkappa - 1} = \frac{287{,}1\ \text{J/(kg · K)}}{1{,}4 - 1} = \mathbf{717{,}75\ J/(kg \cdot K)}$$

Probe:
$R_B = c_p - c_V$
R_B = (100485 – 717,75) J/(kg · K)
$\boldsymbol{R_B}$ **= 287,1 J/(kg · K)**

Die spezifische Wärme von Gasen (Fortsetzung)

Beispiel: DKV-Arbeitsblatt 1.04-20 → $\varkappa$ von R 134a im überhitzten Bereich

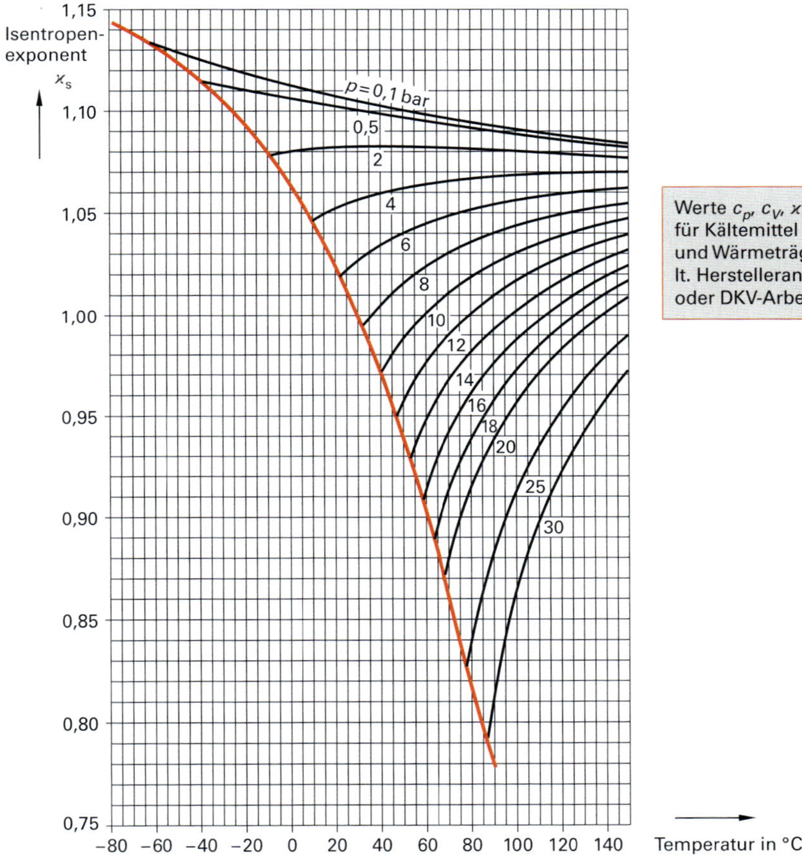

Werte c_p, c_V, $\varkappa$ für Kältemittel und Wärmeträger lt. Herstellerangaben oder DKV-Arbeitsblätter.

Thermodynamische Zustandsänderungen

Die Isobare → p = konst.:

$$\frac{V_1}{V_2} = \frac{T_1}{T_2}$$

Gay-Lussac (→ Gasgesetze)

$$W_V = p \cdot (V_2 - V_1)$$

Volumenänderungsarbeit

$$W_V = m \cdot R_B \cdot (T_2 - T_1)$$

Volumenänderungsarbeit (→ Arbeit)

$$Q = m \cdot c_p \cdot (T_2 - T_1)$$

zugeführte Wärmeenergie (→ Energie)

$$\Delta U = m \cdot (T_2 - T_1) \cdot (c_p - R_B)$$

Änderung der inneren Energie

$$\Delta U = m \cdot c_V \cdot (T_2 - T_1)$$

Änderung der inneren Energie

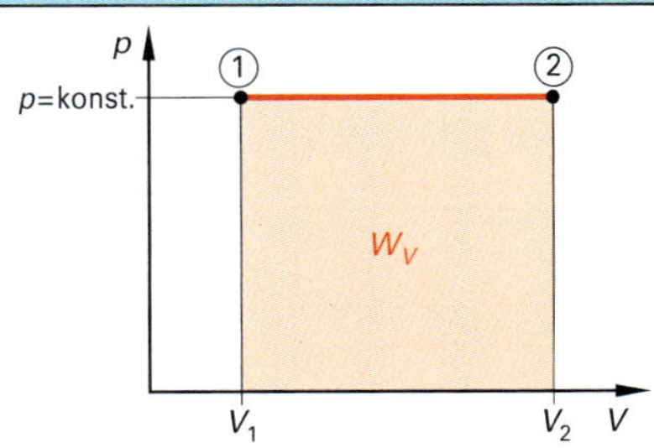

W_V	Volumenänderungsarbeit	Nm
p	Druck	N/m², bar
V	Volumen	m³
c_p, c_V	spez. Wärmekapazität	kJ/(kg · K)
R_B	spez. Gaskonstante	kJ/(kg · K)

2

Thermodynamische Zustandsänderungen (Fortsetzung)

Bei Verlauf ① → ②: Temperaturzunahme
Bei Verlauf ② → ①: Temperaturabnahme

m	Masse	kg
T	absolute Temperatur	K
ΔU	Änderung der inneren Energie	J, kJ

Die Isochore → V = konst.:

$\frac{p_1}{p_2} = \frac{T_1}{T_2}$	**Gay-Lussac** (→ Gasgesetze)
$W_V = 0$	**Volumenänderungsarbeit**
$\Delta U = Q$	**Änderung der inneren Energie**
$Q = m \cdot c_V \cdot (T_2 - T_1)$	**zugeführte Wärmeenergie**

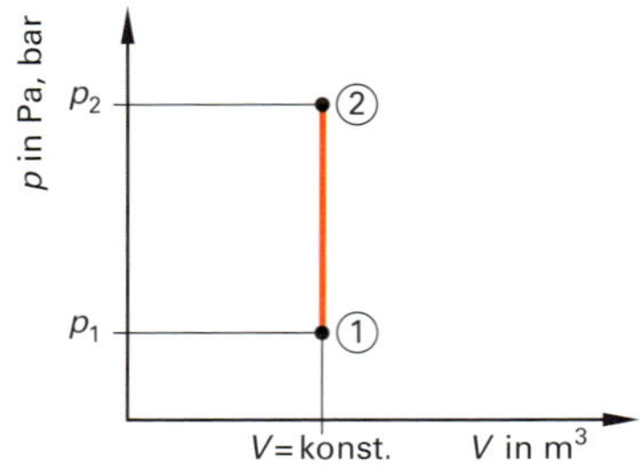

B 3 kg Luft (c_{Vm} = 717 J/(kg · K) werden von ϑ_1 = 20 °C auf ϑ_2 = 250 °C erwärmt. Es ist V = konst. Q = ?

$Q = m \cdot c_{Vm} \cdot (T_2 - T_1)$
$Q = 3\ \text{kg} \cdot 717\ \text{J/(kg} \cdot \text{K)} \cdot 230\ \text{K}$
$\mathbf{Q}$ = 494 730 J = **495 kJ**

p	Druck	N/m², bar
T	absolute Temperatur	K
W_V	Volumenänderungsarbeit	Nm
ΔU	Änderung der inneren Energie	J, kJ
Q	Wärmemenge	J, kJ
c_V	spezifische Wärme	kJ/(kg · K)

Die Isotherme → T = konst.:

$p \cdot V = \text{konst.}$	**Boyle-Mariotte** (→ Gasgesetze)
$\Delta U = 0$	**Änderung der inneren Energie**
$Q = W_V$	**zu- bzw. abgeführte Wärmeenergie**

zugeführte Volumenänderungsarbeit
Zustandsänderung ② → ①
(→ Arbeit)

$$W_V = p_1 \cdot V_1 \cdot \ln \frac{v_1}{v_2}$$

$$W_V = p_2 \cdot V_2 \cdot \ln \frac{v_1}{v_2}$$

$$W_V = p_1 \cdot V_1 \cdot \ln \frac{V_1}{V_2}$$

$$W_V = p_2 \cdot V_2 \cdot \ln \frac{V_1}{V_2}$$

$$W_V = p_1 \cdot V_1 \cdot \ln \frac{p_2}{p_1}$$

$$W_V = p_2 \cdot V_2 \cdot \ln \frac{p_2}{p_1}$$

verrichtete (abgegebene) Volumenänderungsarbeit
Zustandsänderung ① → ②

$$W_V = p \cdot V \cdot \ln \frac{v_2}{v_1}$$

$$W_V = p \cdot V \cdot \ln \frac{V_2}{V_1}$$

$$W_V = p \cdot V \cdot \ln \frac{p_1}{p_2}$$

Index 1: Zustand 1 **Index 2**: Zustand 2

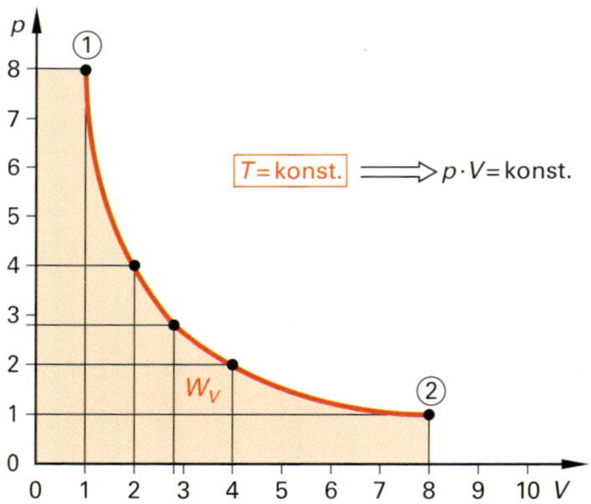

p	absoluter Druck	N/m², bar
V	Volumen	m³
v	spezifisches Volumen	m³/kg
W_V	Volumenänderungsarbeit	Nm
ΔU	Änderung der inneren Energie	J
Q	zu- bzw. abgeführte Wärmeenergie	J

Bei einer **isothermen Zustandsänderung** entspricht die Volumenänderungsarbeit der zu- bzw. abgeführten Wärmeenergie.

Mit $p \cdot V$ = konst.: $p \cdot V = p_1 \cdot V_1 = p_2 \cdot V_2$

Thermodynamische Zustandsänderungen (Fortsetzung)

Die Isentrope bzw. Adiabate:

Bei einer **isentropen Zustandsänderung,** die man auch als **adiabate Zustandsänderung** bezeichnet, wird keine Wärmeenergie mit der Umgebung ausgetauscht.

Wärmeenergie

$$Q = 0$$

Änderung der inneren Energie

$$\Delta U = -W_V = -m \cdot c_V \cdot (T_2 - T_1)$$

Volumenänderungsarbeit

$$W_V = m \cdot \frac{R_B}{\varkappa - 1} \cdot (T_2 - T_1)$$

$$W_V = \frac{1}{\varkappa - 1} \cdot (p_1 \cdot V_1 - p_2 \cdot V_2)$$

Isentropenfunktion

$$p \cdot V^{\varkappa} = \text{konst.}$$

$$p_1 \cdot V_1^{\varkappa} = p_2 \cdot V_2^{\varkappa}$$

Q	Wärmeenergie	J, kJ
ΔU	Änderung der inneren Energie	J
W_V	Volumenänderungsarbeit	Nm
m	Masse	kg
c_V	spezifische Wärme bei konstantem Volumen	kJ/(kg · K)
T	absolute Temperatur	K
R_B	spezifische Gaskonstante	kJ/(kg · K)
$\varkappa$	Isentropenexponent (Adiabatenexponent)	1

Die **adiabate Zustandsänderung** ist ein theoretischer Grenzfall, da wegen der immer vorhandenen Verluste von Wärmeenergie $Q \neq 0$ ist.

Die Polytrope:

Eine Zustandsänderung, bei der sich gleichzeitig alle thermodynamischen Zustandsgrößen ändern, heißt allgemeine **Polytrope.**

Die thermodynamische Handhabung der Polytrope entspricht völlig der thermodynamischen Handhabung der Isentrope (Adiabate).

→ Unterscheiden Sie:

Isentrope → **Isentropenexponent** $\varkappa$ $n \neq 1$

Polytrope → **Polytropenexponent** n $n \neq \varkappa$

Änderung von *U*

$$\Delta U = m \cdot c_V \cdot (T_2 - T_1)$$

Volumenänderungsarbeit

$$W_V = m \cdot \frac{R_B}{n - 1} \cdot (T_2 - T_1)$$

$$W_V = \frac{1}{n - 1} \cdot (p_1 \cdot V_1 - p_2 \cdot V_2)$$

zu- bzw. abgeführte Wärme

$$Q = m \cdot \frac{R_B}{n - 1} \cdot (T_1 - T_2) + m \cdot c_V \cdot (T_2 - T_1)$$

ΔU	Änderung der inneren Energie	J
m	Masse	kg
c_V	spezifische Wärmekapazität bei konstantem Volumen	kJ/(kg · K)
T	absolute Temperatur	K
n	Polytropenexponent	1
R_B	spezifische Gaskonstante	kJ/(kg · K)
p	absoluter Druck	N/m², bar
V	Volumen	m³
Q	zu- bzw. abgeführte Wärme	J, kJ

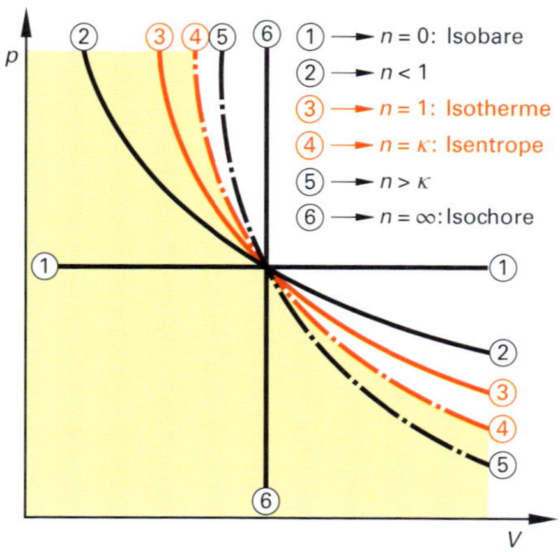

Nebenstehendes Bild zeigt den Zusammenhang zwischen den verschiedenen Zustandsänderungen. Man spricht auch von **speziellen Isentropen**:

$n = 1$	→ $p \cdot V$	= konst.	→ **Isotherme**
$n = \varkappa$	→ $p \cdot V^{\varkappa}$	= konst.	→ **Isentrope**
$n = 0$	→ p	= konst.	→ **Isobare**
$n = \pm\infty$	→ V	= konst.	→ **Isochore**

$$p \cdot V^n = \text{konst.}$$ **Polytropenfunktion**

B 3 kg Luft [$R_B = 287{,}1$ J/(kg · K)] bzw. Nm/(kg · K) werden von polytrop ($n = 1{,}55$) von $\vartheta_1 = 20$ °C auf $\vartheta_2 = 250$ °C erwärmt. $W_V = ?$

$$W_V = m \cdot \frac{R_B}{n - 1} \cdot (T_2 - T_1)$$

$$W_V = 3\ \text{kg} \cdot \frac{287{,}1\ \text{Nm/(kg} \cdot \text{K)}}{1{,}55 - 1} \cdot 230\ \text{K}$$

$$\mathbf{W_V = 360\,180\ Nm}$$

2

2

Kreisprozesse im *p, V*-Diagramm und im *T, s*-Diagramm

Definition des Kreisprozesses und thermischer Wirkungsgrad

Wird bei einem thermodynamischen Prozess durch das Ablaufen **mehrerer Zustandsänderungen** wieder der Ausgangszustand erreicht, dann ist dies ein **geschlossener Prozess** oder **Kreisprozess.**

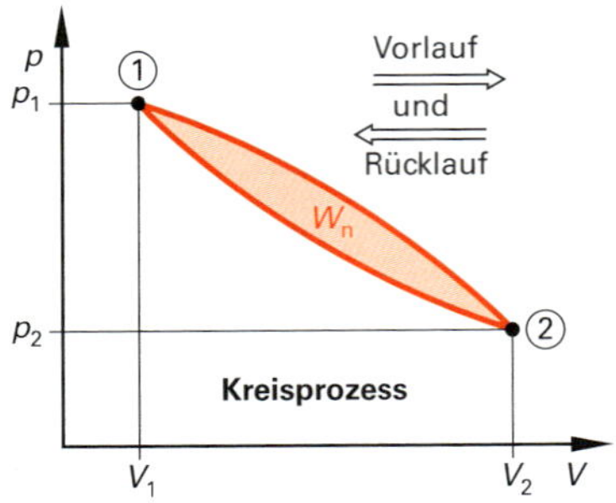

Nebenstehendes Bild zeigt einen solchen Kreisprozess im ***p, V*-Diagramm** dargestellt (reduziert auf zwei Zustandsänderungen).

Man sieht:
Soll **Nutzarbeit** W_n gewonnen werden, dann muss der Vorlauf ① → ② einen anderen Verlauf haben als der Rücklauf ② → ①.

Somit ist: $\boldsymbol{W_{V12} > W_{V21}}$

Wärmeenergie kann nur dann in mechanische Arbeit umgewandelt werden, wenn zwischen Vorlauf und Rücklauf des Kreisprozesses ein **Temperaturgefälle** vorhanden ist, d.h. im nebenstehenden Bild ist $T_a > T_b$. → **Zweiter Hauptsatz der Thermodynamik** (2. HS)

Dies führt zu dem Begriff des **rechtslaufenden Kreisprozesses** (Kreisprozesse der **Wärmekraftmaschinen).**

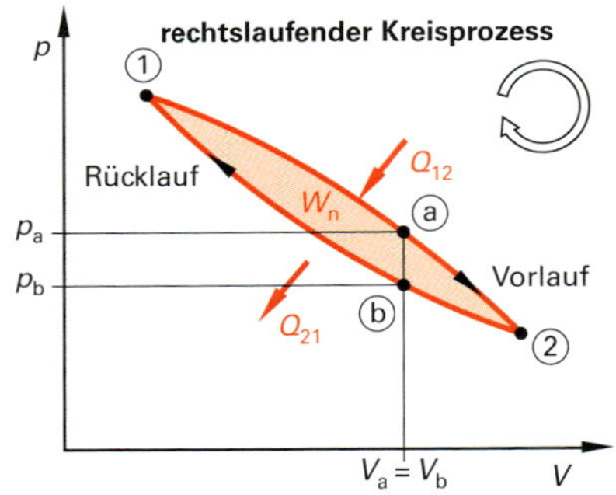

$$W_n = Q_{12} - Q_{21} = W_{V12} - W_{V21}$$ **Nutzarbeit**

$$\eta_{th} = \frac{Q_n}{Q_a}$$ (→ Mechanische Arbeit)

$$\eta_{th} = \frac{Q_{12} - Q_{21}}{Q_{12}} = 1 - \frac{Q_{21}}{Q_{12}}$$ **thermischer Wirkungsgrad**

$$\eta_{th} = \frac{W_n}{Q_a} = \frac{W_{V12} - W_{V21}}{Q_{12}}$$

W_n	Nutzarbeit	Nm
Q_{12}	beim Vorlauf zugeführte Wärmeenergie	J, kJ
Q_{21}	beim Rücklauf abgeführte Wärmeenergie	J, kJ
W_{V12}	beim Vorlauf abgegebene Volumenänderungsarbeit	Nm
W_{V21}	beim Rücklauf zugeführte Volumenänderungsarbeit	Nm
η_{th}	thermischer Wirkungsgrad	1,%
Q_n	Nutzwärme	J, kJ
Q_a	aufgewendete Wärme	J, kJ

Bei der Berechnung des thermischen Wirkungsgrades η_{th} wird die Nutzarbeit W_n aus der Differenz der Flächen unter den Zustandskurven im *p, V*-Diagramm ermittelt.

Mit $\boldsymbol{W_{V12} > W_{V21}}$ ist $\boldsymbol{\eta_{th} < 1}$

(→ Thermodynamische Zustandsänderungen)

Kreisprozesse der Wärmekraftmaschinen im *p, V*-Diagramm (→ Thermodyn. Zustandsänderungen)

Diesel-Prozess (Gleichdruckprozess):

$$\eta_{th} = 1 - \frac{T_4 - T_1}{\varkappa \cdot (T_3 - T_2)}$$

$$\eta_{th} = 1 - \frac{1}{\varepsilon^{\varkappa - 1}} \cdot \frac{\varphi^{\varkappa} - 1}{\varkappa \cdot (\varphi - 1)}$$

thermischer Wirkungsgrad

$$\varepsilon = \frac{V_1}{V_2}$$ **Verdichtungsverhältnis**

$$\varphi = \frac{V_3}{V_2}$$ **Einspritzverhältnis**

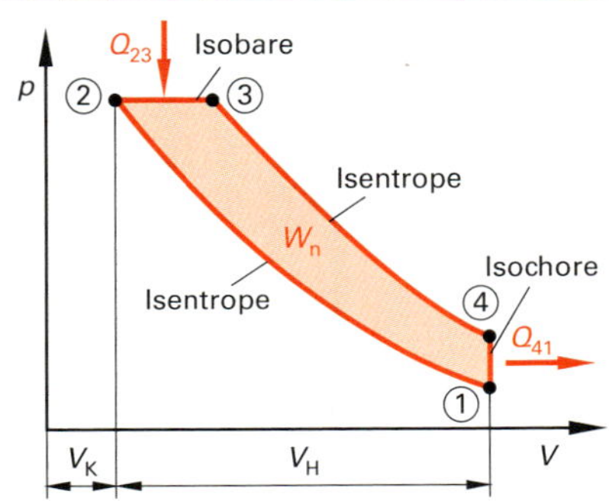

Kreisprozesse im *p, V*-Diagramm und im *T, s*-Diagramm (Fortsetzung)

Index 1
Index 2 „Eckpunkte" des
Index 3 Kreisprozesses
Index 4

Die **Bezeichnungen der nun folgenden Kreisprozesse** sind denen des Diesel-Prozesses analog.

η_{th}	thermischer Wirkungsgrad	1
T	absolute Temperatur	K
$\varkappa$	Isentropenexponent (Adiabatenexponent)	1
ε	Verdichtungsverhältnis	1
φ	Einspritzverhältnis	1
V	Volumen	m^3
V_K	Kompressionsvolumen	m^3
V_H	Hubvolumen	m^3

Otto-Prozess (Gleichraumprozess):

$$\eta_{th} = 1 - \frac{T_1}{T_2}$$

$$\eta_{th} = 1 - \frac{1}{\varepsilon^{\varkappa - 1}}$$

thermischer Wirkungsgrad

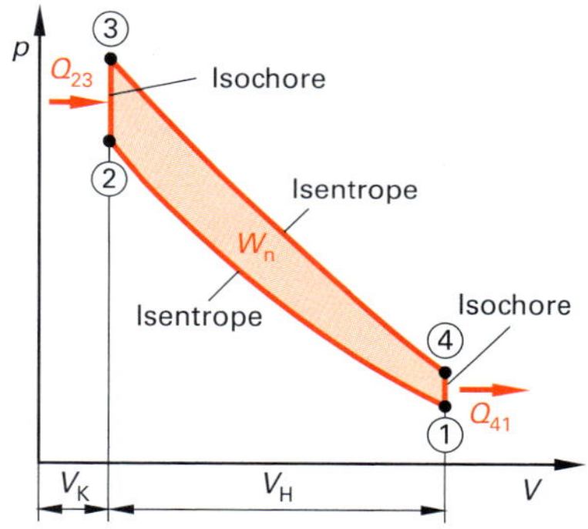

Seiliger-Prozess

$$\eta_{th} = 1 - \frac{T_5 - T_1}{T_3 - T_2 + \varkappa \cdot (T_4 - T_3)}$$

thermischer Wirkungsgrad

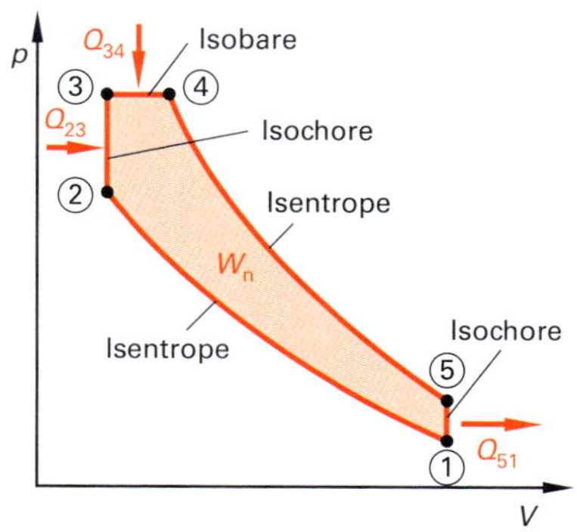

Joule Prozess:

$$\eta_{th} = 1 - \frac{T_1}{T_2}$$

$$\eta_{th} = 1 - \left(\frac{p_1}{p_2}\right)^{\frac{\varkappa - 1}{\varkappa}}$$

thermischer Wirkungsgrad

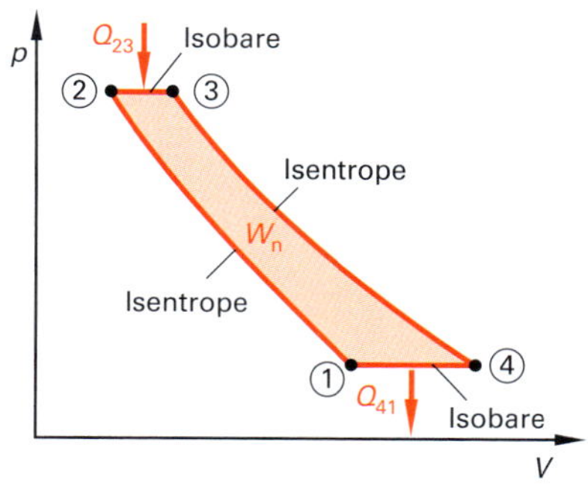

2

Kreisprozesse im p, V-Diagramm und im T, s-Diagramm (Fortsetzung)

Ackeret-Keller-Prozess:

$$\eta_{th} = 1 - \frac{T_1}{T_3}$$ **thermischer Wirkungsgrad**

Der Ackeret-Keller-Prozess wird auch als **Ericsson-Prozess** bezeichnet.

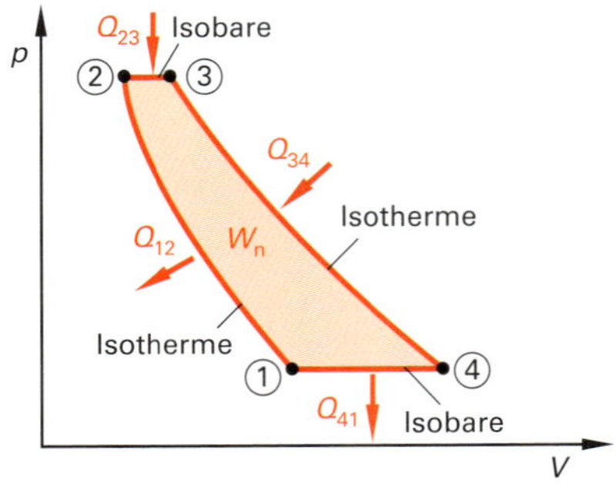

Stirling-Prozess:

$$\eta_{th} = 1 - \frac{T_1}{T_3}$$ **thermischer Wirkungsgrad**

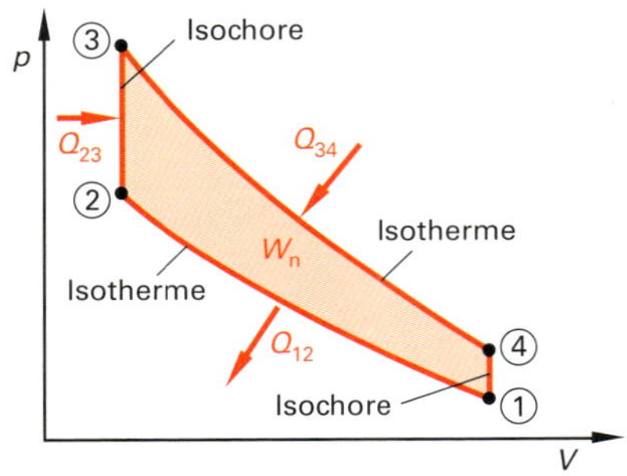

Carnot-Prozess:

$$\eta_{th} = 1 - \frac{T_4}{T_3}$$ **thermischer Wirkungsgrad**

(→ linkslaufende Kreisprozesse)

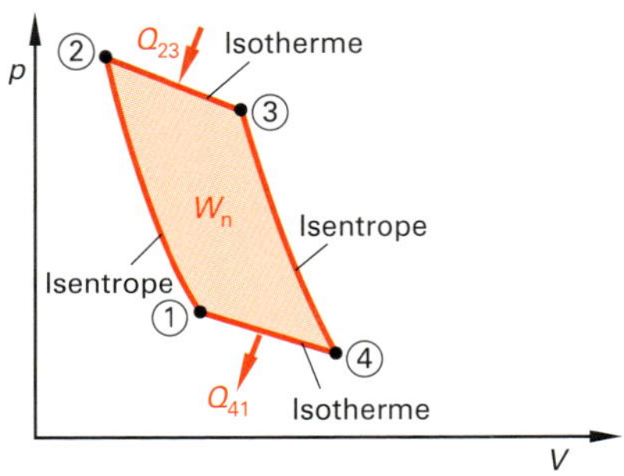

Entropie und T, s-Diagramm (→Thermodynamische Zustandsänderungen)

$$Q = \Sigma(T \cdot \Delta S)$$ **zu- oder abgeführte Wärmeenergie**

$$\Delta Q = T \cdot \Delta S$$ **Änderung der Wärmeenergie**

Im **Temperatur-Entropie-Diagramm (T, s-Diagramm)** bilden sich Wärmemengen als Flächen ab. Man bezeichnet deshalb ein solches Diagramm auch als **Wärmediagramm**.

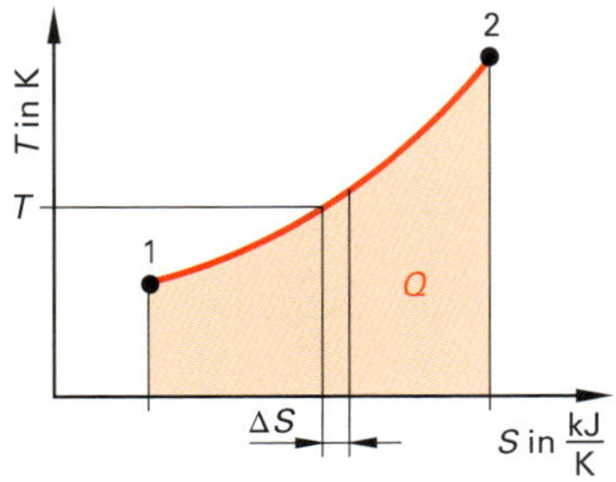

$$\Delta S = \pm \frac{\Delta Q}{T}$$

$$\Delta S = \pm \frac{p \cdot \Delta V + \Delta U}{T}$$

Änderung der Entropie → + bei Wärmezufuhr
– bei Wärmeabfuhr

Kreisprozesse im *p, V*-Diagramm und im *T, s*-Diagramm (Fortsetzung)

Die auf die Stoffmenge 1 kg bezogene Entropie heißt **spezifische Entropie** *s*.

Die Entropieänderung ΔS wird mit abnehmender thermodynamischerTemperatur (bei gleicher Wärmezu- oder -abfuhr) größer.

Q	zu- bzw. abgeführte Wärmeenergie	J, kJ
T	absolute Temperatur	K
ΔS	Änderung der Entropie	J/K
ΔQ	Änderung der Wärmeenergie	J, kJ
p	absoluter Druck	N/m^2, bar
ΔV	Änderung des Volumens	m^3
s	spezifische Entropie	J/(kg · K)

Bei **reversiblen Zustandsänderungen** erreicht die Entropie nach abgeschlossener Umkehrung der Zustandsänderung den selben Wert wie zu Beginn der Zustandsänderung. Bei **irreversiblen Zustandsänderungen** nimmt die Entropie zu.

Die **Entropiezunahme** ist ein Maß für die **Irreversibilität** einer Zustandsänderung.

2

In der folgenden Tabelle sind Berechnungsgleichungen für die Berechnung der **Entropieänderung** angegeben:

(→ Thermodynamische Zustandsänderungen)

Zustandsänderung	zu- oder abgeführte Wärmeenergie und Entropieänderung	*T, s*-Diagramm
Isobare	$Q = m \cdot c_{pm} \cdot (T_2 - T_1)$ $\Delta S = S_2 - S_1 = m \cdot c_{pm} \cdot \ln \frac{T_2}{T_1}$ (ln = natürlicher Logarithmus)	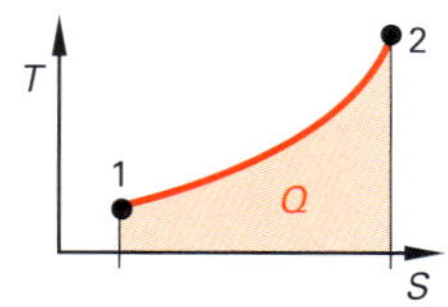
Isochore	$Q = m \cdot c_{Vm} \cdot (T_2 - T_1)$ $\Delta S = S_2 - S_1 = m \cdot c_{Vm} \cdot \ln \frac{T_2}{T_1}$	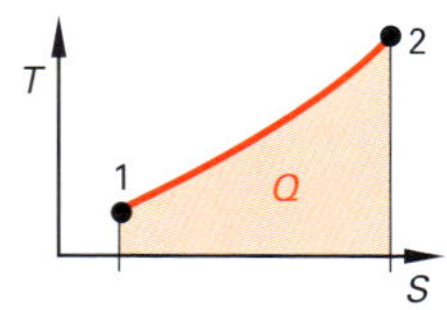
Isotherme	da $\Delta U = 0$ ist: $Q = W_V = p_1 \cdot V_1 \cdot \ln \frac{p_1}{p_2}$ $\Delta S = S_2 - S_1 = m \cdot R_B \cdot \ln \frac{p_1}{p_2}$	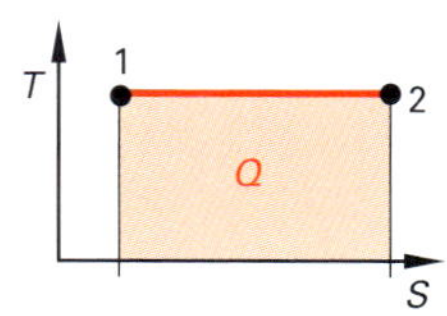
Isentrope (Adiabate)	da $\Delta U = W_V$ ist: $Q = 0$ $\Delta S = 0$	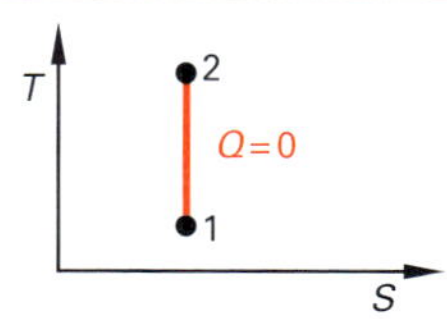
Polytrope	$Q = m \cdot \frac{R_B}{n-1} \cdot (T_2 - T_1) + m \cdot c_{Vm} \cdot (T_2 - T_1)$ $\Delta S = S_2 - S_1 = m \cdot c_{pm} \cdot \ln \frac{T_2}{T_1} - m \cdot R_B \cdot \ln \frac{p_2}{p_1}$ $\Delta S = S_2 - S_1 = m \cdot c_{Vm} \cdot \ln \frac{T_2}{T_1} + m \cdot R_B \cdot \ln \frac{V_2}{V_1}$	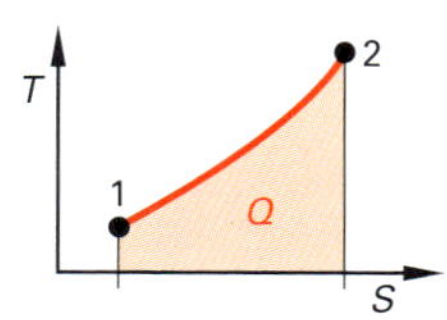

Anmerkung 1: Formelzeichen entsprechend der Zustandsänderungen.
Anmerkung 2: c_{Vm} und c_{pm} sind **mittlere spezifische Wärmekapazitäten**.

Kreisprozesse im *p, V*-Diagramm und im *T, s*-Diagramm (Fortsetzung)

Linkslaufende Kreisprozesse

Beim **linkslaufenden Kreisprozess** wird Wärmeenergie entgegen einem Temperaturgefälle befördert. Nach dem 2. Hauptsatz (HS) gilt:

Ein **Transport von Wärmeenergie** entgegen dem Temperaturgefälle ist nur mit einem zusätzlichen Aufwand von mechanischer Energie W_a möglich.

> Realisierung in der Praxis mit → **Kältemaschinenprozess** bzw. mit **Wärmepumpenprozess.**

(→ Wärmepumpentechnologie)

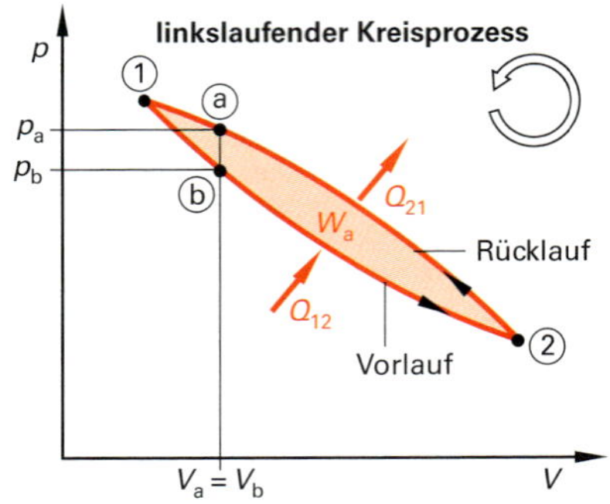

Die folgenden Bilder zeigen einen **linkslaufenden Carnot-Prozess im *p, V*-Diagramm und im *T, s*-Diagramm:**

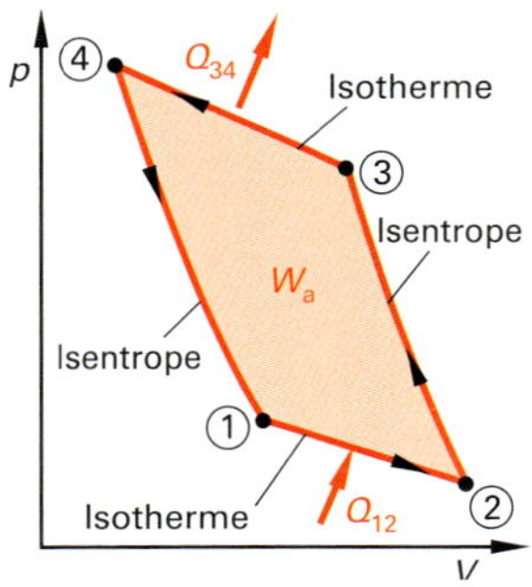

> **Anmerkung:** Der Carnot-Prozess kann praktisch nicht realisiert werden.

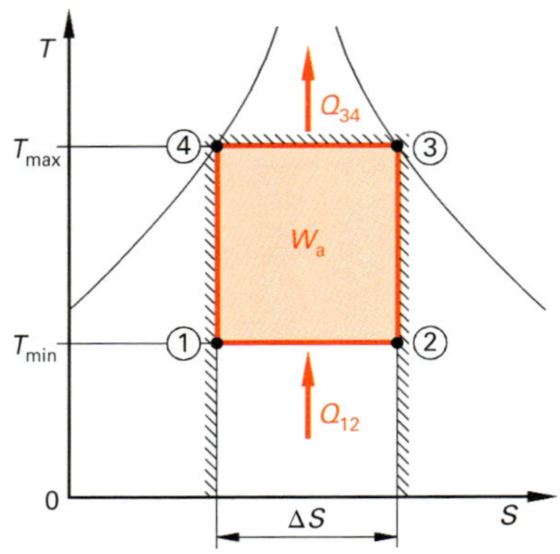

(→ Carnot-Prozess, Kältemaschinenprozess)

$$W_a = Q_{21} - Q_{12}$$ **aufgewendete Arbeit**

$$\varepsilon_K = \frac{Q_{12}}{W_a}$$ **Leistungszahl der Kältemaschine**

$$\varepsilon_K = \frac{T_{min} \cdot \Delta S}{\Delta S\,(T_{max} - T_{min})} = \frac{T_{min}}{T_{max} - T_{min}}$$ **Leistungszahl**

$$\varepsilon_W = \frac{Q_{34}}{W_a}$$ **Leistungszahl der Wärmepumpe**

$$\varepsilon_W = \frac{T_{max} \cdot \Delta S}{\Delta S\,(T_{max} - T_{min})} = \frac{T_{max}}{T_{max} - T_{min}}$$ **Leistungszahl**

W_a	aufgewendete Arbeit	Nm
Q	Wärmeenergie	J, kJ
ε	Leistungszahl	1
T_{min}	absolute Verdampfungstemperatur des Kältemittels	K
T_{max}	absolute Kondensationstemperatur des Kältemittels	K
ΔS	Entropieänderung	J/K

Index K: Kältemaschinenprozess
Index W: Wärmepumpenprozess

Die **Leistungszahl** errechnet sich aus dem Verhältnis der Nutzenergie Q und der aufgewendeten Arbeit W_a. Es ist wie folgt zu unterscheiden:

Nutzen des Kältemaschinenprozesses: die dem Kühlraum entzogene Wärmeenergie Q_{12}.
Nutzen des Wärmepumpenprozesses: die der Heizungsanlage zugeführte Wärmeenergie Q_{34}.

Anmerkung: Der **Carnot-Prozess** wurde weder als Kraftmaschinenprozess (rechtslaufend) noch als Kältemaschinenprozess bzw. Wärmepumpenprozess (linkslaufend) in der Praxis realisiert.

> Der linkslaufende Carnot-Prozess wird als **Vergleichsprozess** zur Beurteilung des Kältemaschinenprozesses und des Wärmepumpenprozesses herangezogen, kann aber praktisch nicht realisiert werden.

(→ Verfahren der Kälteerzeugung)

Kreisprozesse im *p, V*-Diagramm und im *T, s*-Diagramm (Fortsetzung)

Die in der Praxis **verwirklichten Kältemaschinen- bzw. Wärmepumpenprozesse** berücksichtigen die erforderliche Änderung des Aggregatzustandes flüssig-dampfförmig und umgekehrt:

Aufnahme der Wärmeenergie	→ **Kältemittel verdampft**
Abgabe der Wärmeenergie	→ **Kältemittel kondensiert**

(→ Kältemittel, Kältemaschinenprozess)
(→ Verdampfen, Kondensieren)

Kältemaschinenprozess und Wärmepumpenprozess sind linkslaufende **Clausius-Rankine-Prozesse.**

2

Die folgenden Bilder zeigen das Schaltbild **(Fließbild)** und das zugehörige ***T, s*-Diagramm**:

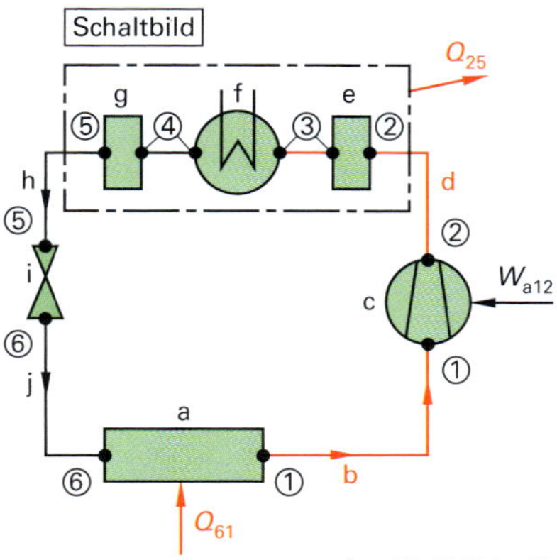

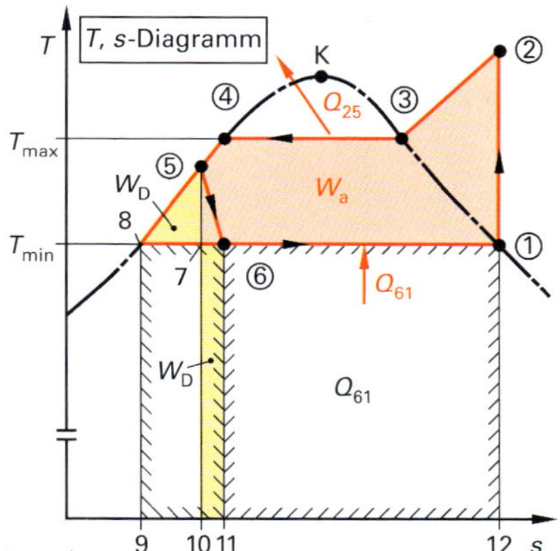

(→ Fließbilder für Kälteanlagen)

Im Schaltbild bedeuten:
a: **Verdampfer** → Wärmeenergie Q_{61} wird dem Raum mit T_{min} entzogen.
b: **Kaltdampfleitung**
c: **Verdichter** (Kompressor) → mechanische Energie W_a wird zugeführt
d: **Heißdampfleitung**
e: **Enthitzer** → Wärmeenergie Q_{23} wird abgegeben
f: **Kondensator** (Verflüssiger → Wärmeenergie Q_{34} wird abgegeben → $Q_{25} = Q_{23} + Q_{34} + Q_{45}$
g: **Unterkühler** → Wärmeenergie Q_{45} wird abgegeben
h: **Flüssigkeitsleitung** des Hochdruckteiles
i: **Drosselorgan** → Verflüssigungsdruck wird auf Verdampfungsdruck gedrosselt
j: **Flüssigkeitsleitung** des Niederdruckteiles

$\varepsilon_K = \frac{Q_{61}}{W_a}$	**Leistungszahl der Kältemaschine**
$\varepsilon_W = \frac{Q_{25}}{W_a}$	**Leistungszahl der Wärmepumpe**

Anmerkung 1: Die **der Normung entsprechenden → RI-Fließbilder** finden Sie im **Anwendungsbereich dieses Tabellenbuches.**

Anmerkung 2: Kältemaschinenprozess und Wärmepumpenprozess können durch **Unterkühlung** nach der Kondensation und durch **Überhitzung** nach der Verdampfung optimiert werden. Die Verläufe projektierter Kältemaschinenprozesse und Wärmepumpenprozesse werden i.d.R. im **→ log *p, h*-Diagramm** dargestellt. Einzelheiten hierüber finden Sie im **Anwendungsbereich dieses Tabellenbuches.**

Peltier-Effekt

$$Q_p = \pi_{12} \cdot I \cdot t$$

Peltier-Wärme

Q_p	Peltier-Wärme	J, kJ
π_{12}	Peltier-Koeffizient	J/As
I	elektrische Stromstärke	A
t	Zeit	s

Peltier-Effekt (Fortsetzung)

Peltier-Elemente werden als **Heizelemente** und als **Kühlelemente** verwendet.

Der **Peltier-Koeffizient** ist ein von der Werkstoffkombination abhängiger Proportionalitätsfaktor. Er beträgt bei den verschiedenen Metallkombinationen zwischen **$4 \cdot 10^{-3}$ bis $4 \cdot 10^{-4}$ J/As.**

B $I = 5$ A; $\pi_{12} = 0{,}0016$ J/As; $t = 30$ min;
$Q_p = ?$
$Q_p = \pi_{12} \cdot I \cdot t = 0{,}0016 \text{ J/As} \cdot 5 \text{ A} \cdot 1800 \text{ s}$
$\boldsymbol{Q_p = 14{,}4}$ **J**

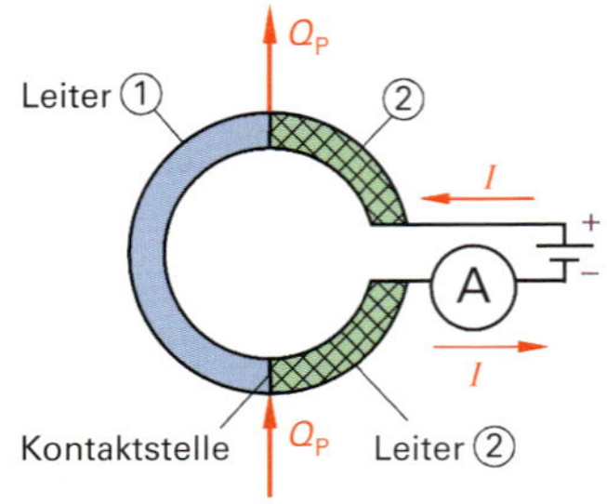

Wärmetransport (→ Behaglichkeit, Wärme- und Kälteschutz)

Möglichkeit einer Wärmeübertragung:
Der zweite Hauptsatz besagt:
Wärmeenergie kann ohne einen zusätzlichen Aufwand an Energie nur von einem Körper mit höherer Temperatur auf einen Körper mit niedrigerer Temperatur, d.h. nur in Richtung eines **Temperaturgefälles,** übertragen werden (nebenstehendes Bild).

Übertragung von Wärmeenergie erfolgt durch **Wärmeleitung, Wärmestrahlung** und **Wärmemitführung (Konvektion).**

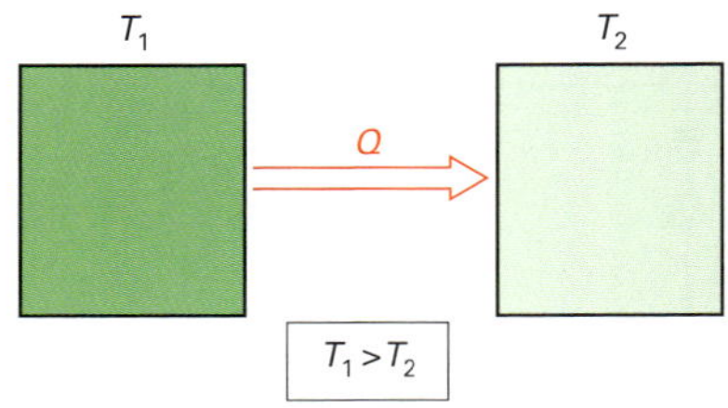

Wärmeleitung durch ebene und gekrümmte Wände

$$\dot{Q} = \frac{Q}{t}$$ **Wärmestrom**

$\dot{Q}$	Wärmestrom	W
Q	Wärmeenergie	J, kJ
t	Zeit	s

$$\dot{Q} = \frac{\lambda}{\delta} \cdot A \cdot (\vartheta_1 - \vartheta_2)$$

$$\dot{Q} = \frac{\Delta\vartheta}{R_\lambda}$$

Wärmestrom durch einschichtige Wand

$$R_\lambda = \frac{\delta}{\lambda \cdot A}$$ **Wärmeleitwiderstand**

$$\Delta\vartheta = R_\lambda \cdot \dot{Q}$$ **Ohm'sches Gesetz der Wärmeleitung**

Bei kleiner Wärmeleitfähigkeit λ ist der Wärmeleitwiderstand R_λ groß und damit ist auch die **Temperaturdifferenz** groß.

Bei ebenen Wänden liegt ein **lineares Temperaturgefälle** vor (→ **Berechnung von Dämmkonstruktionen).**

In mehrfach geschichteten ebenen Wänden (nebenstehendes Bild) fällt die Temperatur linear von Schicht zu Schicht in Richtung des Wärmestromes.

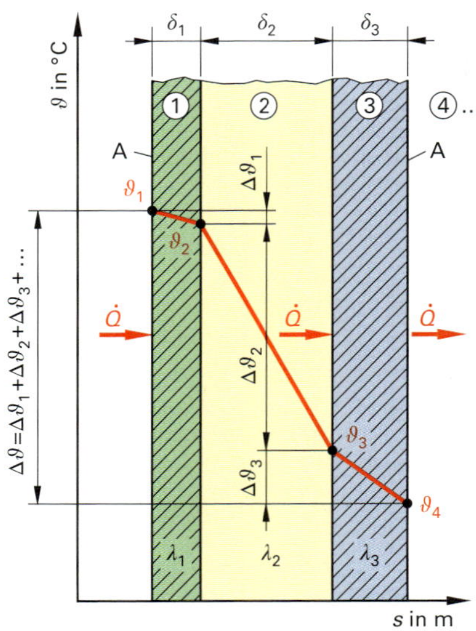

$$q = \frac{\dot{Q}}{A}$$ **Wärmestromdichte**

$$\dot{Q} = \frac{\lambda_1}{\delta_1} \cdot A \cdot \Delta\vartheta_1 = \frac{\lambda_2}{\delta_2} \cdot A \cdot \Delta\vartheta_2 = \frac{\lambda_3}{\delta_3} \cdot A \cdot \Delta\vartheta_3 = \ldots = \frac{\lambda_n}{\delta_n} \cdot A \cdot \Delta\vartheta_n$$

Wärmestrom durch eine mehrfach geschichtete ebene Wand

Wärmetransport (Fortsetzung)

$$R_{\lambda ges} = R_{\lambda 1} + R_{\lambda 2} + R_{\lambda 3} + \ldots + R_{\lambda n}$$

Gesamtwärmeleitwiderstand

$$\dot{Q} = \frac{\Delta\vartheta_1}{R_{\lambda 1}} = \frac{\Delta\vartheta_2}{R_{\lambda 2}} = \ldots = \frac{\Delta\vartheta}{R_{\lambda ges}}$$

Wärmestrom

$\dot{Q}$	Wärmestrom	W
λ	Wärmeleitfähigkeit (Wärmeleitzahl)	W/(m · K)
A	Wandfläche	m^2
ϑ	Wandgrenztemperatur	K,°C
$\Delta\vartheta$	Temperaturdifferenz	K,°C
R_λ	Wärmeleitwiderstand	K/W
$R_{\lambda ges}$	Gesamtwärmeleitwiderstand	K/W
δ	Wanddicke	m
q	Wärmestromdichte	W/m^2
l	Länge eines Hohlzylinders (Rohr)	m
d_a	Außendurchmesser	m
d_i	Innendurchmesser	m

Die Wärmeleitfähigkeit λ ist stark temperaturabhängig.

Indices 1 … n: Wandbezeichnungen

$$\dot{Q} = \frac{2 \cdot \pi \cdot l \cdot \lambda}{\ln \dfrac{d_a}{d_i}} \cdot (\vartheta_1 - \vartheta_2)$$

Wärmestrom durch einen Hohlzylinder

$$\dot{Q} = \frac{2 \cdot \pi \cdot l \cdot \Delta\vartheta_{ges}}{\dfrac{1}{\lambda_1} \cdot \ln \dfrac{d_2}{d_1} + \dfrac{1}{\lambda_2} \cdot \ln \dfrac{d_3}{d_2} + \ldots}$$

Wärmestrom durch mehrschichtige Zylinderwand (nebenst.Bild)

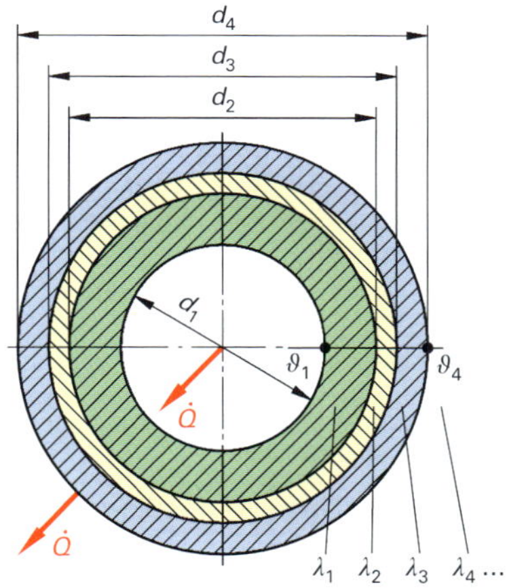

ln: natürlicher Logarithmus

Indices 1 … n: Wandbezeichnungen

Der **Temperaturverlauf** in zylindrischen Wänden ist nicht linear, sondern er erfolgt nach einer **logarithmischen Funktion.**

Weitere Formeln für die Berechnung des Wärmestroms durch gekrümmte Wände (nicht zylindrisch) sind in technischen Handbüchern insbesondere im **VDI-Wärmeatlas** zu finden, z.B. für den Wärmedurchgang durch → Klöpperböden.

Wärmeleitfähigkeit (bei ϑ = 20 °C) (→ Dämm- und Sperrstoffe)

Stoff	λ in W/(m · K)	Stoff	λ in W/(m · K)
Aluminium	209	Kupfer	394
Antimon	22,53	Leder	0,16
Asbest	0,17	Marmor	2,9
Benzen (Benzol)	0,135	Maschinenöl	0,126
Blei	35,01	Messing	81 … 105
Bronze	58,15	Neusilber	29
Dämmstoffe	0,015 … 0,11	Nickel	52
Flussstahl	46,5	Platin	80
Glas	0,6 … 0,9	Porzellan	0,8 … 1,9
Glimmer	0,41	Quarz	1,09
Glyzerin	0,28	Quecksilber	8,4
Gold	311	Roheisen, weiß	52
Grafit	140	Schwefel	0,27
Grauguss	48,8	Silber	418,7
Holz, Eiche	0,21	Stahlguss	52
Kiefer	0,14	Tombak	93 … 116
Rotbuche	0,17	Wasser	0,597
Holzkohle	0,08	Weißmetall	35 … 70
Kesselstein	1,16 … 3,5	Zink	110
Korkplatten	0,035 … 0,04	Zinn	64

2

Wärmetransport (Fortsetzung)

Die folgenden Diagramme zeigen die **Abhängigkeit der Wärmeleitzahl λ von Kupfer von der Temperatur:**

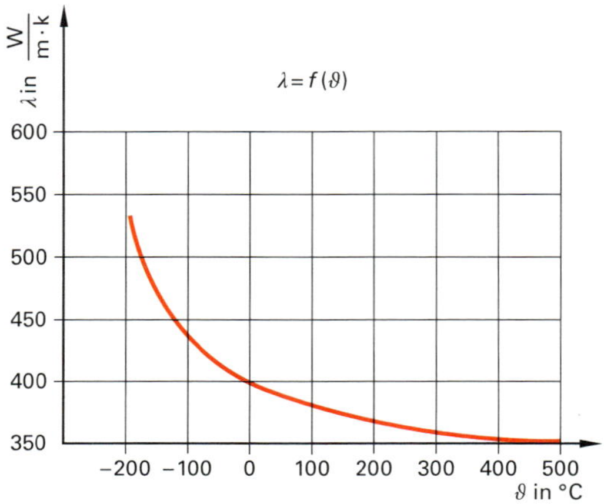

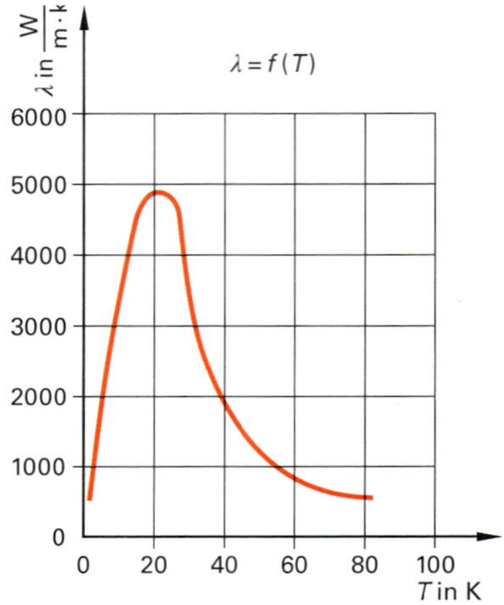

Wegen der Temperaturabhängigkeit wird der für die **Mitteltemperatur** geltende **λ-Wert** in die Rechnung eingesetzt, insbesondere gilt dies **bei der Verwendung von → Dämmstoffen.**

$$\vartheta_m = \frac{\vartheta_1 + \vartheta_2}{2}$$ **Mitteltemperatur**

ϑ_1, ϑ_2 Grenztemperaturen an den Begrenzungsflächen der Dämmung °C

λ-Werte für Baustoffe und → Dämmstoffe:

Herstellerangaben beachten und gegebenenfalls garantieren lassen. Siehe auch im **Anwendungsbereich dieses Tabellenbuches.**

Außer von der Temperatur sind die λ-Werte für Baustoffe und Dämmstoffe auch stark vom **Feuchtigkeitsgehalt** abhängig.

Wärmeübergang und Wärmedurchgang

Unter einem **Wärmeübergang** versteht man die Wärmeübertragung zwischen zwei direkt benachbarten Fluiden oder aber zwischen einem Fluid und einer festen Wand bzw. umgekehrt.
Dabei treten in unmittelbarer Nähe der Wand **Temperaturdifferenzen** auf (s. nebenstehendes Bild).

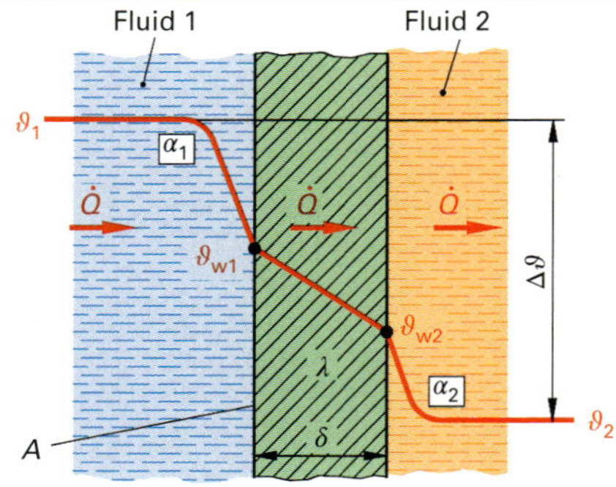

$$\dot{Q} = \alpha \cdot A \cdot \Delta\vartheta$$ **Wärmestrom** (Übergang)

$$\Delta\vartheta = R_\alpha \cdot \dot{Q}$$ **Ohm'sches Gesetz des Wärmeübergangs**

$$R_\alpha = \frac{1}{\alpha \cdot A}$$ **Wärmeübergangswiderstand**

$$\alpha = Nu \cdot \frac{\lambda_F}{l}$$ **Wärmeübergangszahl**

$$\dot{Q} = k \cdot A \cdot \Delta\vartheta$$ **Wärmestrom** (Durchgang)

$$\Delta\vartheta = R_k \cdot \dot{Q}$$ **Ohm'sches Gesetz des Wärmedurchgangs**

$$R_k = \frac{1}{k \cdot A}$$ **Wärmedurchgangswiderstand**

$$k = \frac{1}{\frac{1}{\alpha_1} + \sum \frac{\delta}{\lambda} + \frac{1}{\alpha_2}}$$ **Wärmedurchgangszahl** (*k*-Wert) (→ Kleidung)

Nach **DIN EN 12831** statt *k*-Wert als ***U*-Wert** bezeichnet (→ Wärme- u. Kälteschutz)

$\dot{Q}$	Wärmestrom	W
α	Wärmeübergangszahl	W/(m²·K)
A	Wandfläche	m²
$\Delta\vartheta$	Temperaturdifferenz	K, °C
R_α	Wärmeübergangswiderstand	K/W
Nu	Nußelt-Zahl (s. Anm. Seite 99)	1
λ_F	Fluid-Wärmeleitzahl	W/(m·K)
l	charakteristische Baugröße eines Wärmetauschers	m
$k = U$	Wärmedurchgangszahl (*k*-Wert) (Nach DIN EN ISO 80000-5 auch Wärmedurchgangskoeffizient *K*)	W/(m²·K)
R_k	Wärmedurchgangswiderstand	K/W
λ	Wärmeleitzahl	W/(m·K)
δ	Wanddicke	m

Wärmetransport (Fortsetzung)

Die **Wandgrenztemperaturen** ϑ_1, ϑ_2, ϑ_3, ... werden mit Hilfe der Temperaturdifferenzen $\Delta\vartheta_1$, $\Delta\vartheta_2$, $\Delta\vartheta_3$, ... entsprechend nebenstehendem Schema berechnet. Dabei ist

$\Delta\vartheta_1$ = Temperaturdifferenz beim 1. Übergang
$\Delta\vartheta_2$ = Temperaturdifferenz bei der 1. Leitung
$\Delta\vartheta_3$ = Temperaturdifferenz bei der 2. Leitung
. . . .
$\Delta\vartheta_n$ = Temperaturdifferenz beim 2. Übergang

$$\Delta\vartheta_1 = k \cdot \Delta\vartheta \cdot \frac{1}{\alpha_1} \qquad \Delta\vartheta_3 = k \cdot \Delta\vartheta \cdot \frac{\delta_2}{\lambda_2}$$

$$\Delta\vartheta_2 = k \cdot \Delta\vartheta \cdot \frac{\delta_1}{\lambda_1} \qquad \cdots \qquad \Delta\vartheta_n = k \cdot \Delta\vartheta \cdot \frac{1}{\alpha_2}$$

Temperaturverlauf an und in einer mehrfach geschichteten ebenen Wand

Wärmedurchgang durch gekrümmte Wände:

$$\dot{Q} = \frac{2 \cdot \pi \cdot l \cdot (\vartheta_{F1} - \vartheta_{F2})}{\frac{2}{\alpha_i \cdot d_i} + \frac{1}{\lambda} \cdot \ln \frac{d_a}{d_i} + \frac{2}{\alpha_a \cdot d_a}}$$

Wärmestrom durch eine Rohrwand

$\dot{Q}$	Wärmestrom	W
l	Rohrlänge	m
ϑ_F	Fluidtemperatur	K,°C
α	Wärmeübergangszahl	W/(m² · K)
d	Durchmesser	m
λ	Wärmeleitfähigkeit	W/(m · K)

Index i: innen; **Index a:** außen

Weitere Formeln für den Wärmestrom durch gekrümmte Wände (z.B. bei → Klöpperböden), auch bei mehrfacher Schichtung, können dem **VDI-Wärmeatlas** entnommen werden.

Gleichungen zur **Berechnung der Nußelt-Zahl** sind wärmetechnischen Handbüchern oder dem **VDI-Wärmeatlas** zu entnehmen.

Wärmeaustauscher (WA)

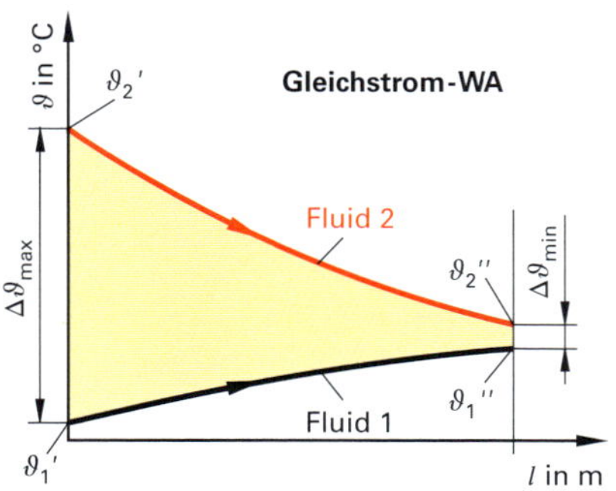

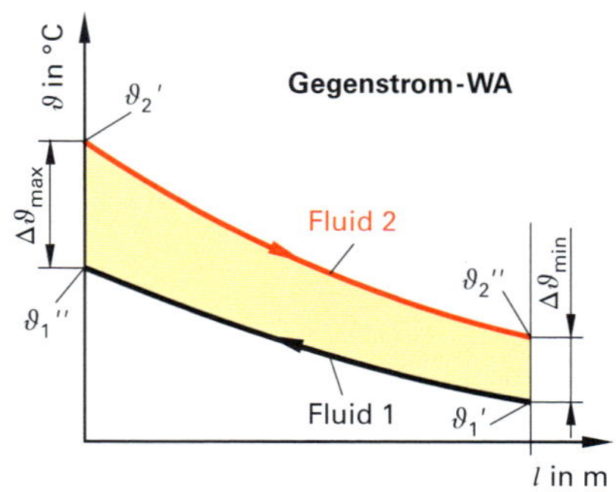

$$\dot{Q} = k \cdot A \cdot \Delta\vartheta_m$$

Wärmestrom

$$\Delta\vartheta_m = \frac{\Delta\vartheta_{max} - \Delta\vartheta_{min}}{\ln \frac{\Delta\vartheta_{max}}{\Delta\vartheta_{min}}}$$

mittlere logarithmische Temperaturdifferenz
ln: natürlicher Logarithmus

$\dot{Q}$	Wärmestrom	W
$k = U$	Wärmedurchgangszahl (s. auch untenstehende Tabelle)	W/(m² · K)
$\Delta\vartheta_m$	mittlere log.Temperaturdifferenz	K,°C
$\Delta\vartheta_{max}$	größte Temperaturdifferenz	K,°C
$\Delta\vartheta_{min}$	kleinste Temperaturdifferenz	K,°C

Wärmedurchgangszahlen *k* (*k*-Wert) in W/(m² · K) für verschiedene Wärmeaustauscher

Bauart	Gas/Gas $p \approx 1$ bar	Hochdruckgas/ Hochdruckgas $p \approx 200$ bis 300 bar	Flüssigkeit/ Flüssigkeit	Kondensieren-der Dampf/ Flüssigkeit	Kondensieren-der Dampf/ verdampfende Flüssigkeit	Flüssigkeit/ Gas $p \approx 1$ bar
Rohrbündel-WA	15 ... 35	150 ... 500	150 ... 1400	300 ... 1800 (... 4000)	300 ... 1700 (... 3000)	15 ... 80
Doppelrohr-WA	10 ... 35	150 ... 500	200 ... 1400	–	–	–
Spiral-WA	–	–	250 ... 2500	750 ... 3500	–	–
Platten-WA	–	–	350 ... 3500	–	–	20 ... 60
Rührkessel mit						
– Außenmantel	–	–	150 ... 350	500 ... 1700	–	–
– Schlange innen	–	–	500 ... 1200	700 ... 3500	–	–

2

Wärmetransport (Fortsetzung)

Überschlagswerte für Wärmeübergangszahlen α in $W/(m^2 \cdot K)$

Fluid	Zustandsform bzw. Bewegungszustand des Fluids	Wärmeübergangszahl α
Wasser	ruhend	250 bis 700
Wasser	strömend	$580 + 2100 \cdot \sqrt{v}$
Wasser	siedend	1 000 bis 15 000
Gase, Luft / überhitzte Dämpfe	ruhend	2 bis 10
Gase, Luft / überhitzte Dämpfe	strömend	$2 + 12 \cdot \sqrt{v}$
Wasserdampf	kondensierend	5 000 bis 12 000
Ammoniak	kondensierend	9 300
Kältemittel	kondensierend	2 300
Ammoniak bei –30 °C und einer Wärmestromdichte von $q = 4000\ kJ/(m^2 \cdot h) \approx 1100\ W/m^2$	siedend	500

v = Strömungsgeschwindigkeit des Fluids in m/s

Weitere α- und k-Werte: VDI-Wärmeatlas sowie im **Anwendungsbereich dieses Tabellenbuches.**

Wärmestrahlung

$$\dot{E} = \varepsilon \cdot C_s \cdot A \left(\frac{T}{100}\right)^4$$

Energiestrom

$$E = \varepsilon \cdot C_s \cdot A \left(\frac{T}{100}\right)^4 \cdot t$$

Emittierte Energie

$$\frac{\varepsilon}{a} = \frac{a}{\varepsilon} = \varepsilon_s = a_s = 1$$

Gesetz von Kirchhoff

$$C_s \approx 5{,}67\ \frac{W}{m^2 \cdot K^4}$$

Strahlungszahl des absolut schwarzen Körpers (s. Anmerkung)

$\dot{E}$	Energiestrom	W
ε	Emissionskoeffizient (→ Tabelle unten)	1
a	Absorptionskoeffizient	1
C_s	Strahlungskonstante des absolut schwarzen Körpers	$W/(m^2 \cdot K^4)$
T	absolute Temperatur	K
A	Körperoberfläche	m^2
ε_s	Emissionskoeffizient des absolut schwarzen Körpers	1
a_s	Absorptionskoeffizient des absolut schwarzen Körpers	1

Anmerkung:

C_s beträgt eigentlich **$5{,}67 \cdot 10^{-8}\ W/(m^2 \cdot K^4)$**. Deshalb wird in obigen Gleichungen durch $100^4 = 10^8$ dividiert. Der Umgang mit den Gleichungen wird dadurch erheblich vereinfacht.

Die **Energieübertragung durch Strahlung** ist nach dem zweiten Hauptsatz der Thermodynamik immer vom Ort der höheren Temperatur zum Ort mit niedrigerer Temperatur gerichtet (z.B. Sonne → Erde).

In spezieller Fachliteratur (z.B. VDI-Wärmeatlas) sind **Berechnungsformeln für die technischen Fälle der Wärmeübertragung durch Strahlung** angegeben.

Auf der nächsten Seite sind **zwei wichtige Fälle** einer Wärmeübertragung durch Strahlung beschrieben.

(→ Sonnenstrahlung, Sonnenenergie)

Emissions- und Absorptionskoeffizienten

Oberfläche (senkrechte Strahlung)	$\varepsilon = a$
Dachpappe, schwarz	0,91
Schamottesteine	0,75
Ziegelsteine	0,92
Wasseroberfläche	0,95
Eisoberfläche	0,96
Buchenholz	0,93
Aluminium, poliert	0,04
Kupfer, poliert	0,03
Stahl, poliert	0,26
Stahl, stark verrostet	0,85
Heizkörperlack	0,93
schwarzer Mattlack	0,97

Wärmetransport (Fortsetzung)

Wärmeaustausch zwischen zwei parallelen Oberflächen gleicher Größe:

$$\dot{Q} = C_{12} \cdot A \cdot \left[\left(\frac{T_1}{100}\right)^4 - \left(\frac{T_2}{100}\right)^4\right]$$ **Wärmestrom**

$$C_{12} = \frac{C_s}{\frac{1}{\varepsilon_1} + \frac{1}{\varepsilon_2} - 1}$$ **resultierende Strahlungszahl** (→ Solarkonstante)

Wärmeaustausch eines Körpers in einem völlig geschlossenen Raum:

Beispiel: Innenrohr in einem konzentrischen Mantelrohr

$$\dot{Q} = C_{12} \cdot A_1 \cdot \left[\left(\frac{T_1}{100}\right)^4 - \left(\frac{T_2}{100}\right)^4\right]$$ **Wärmestrom**

$$C_{12} = \frac{1}{\frac{1}{C_1} + \left(\frac{1}{C_2} - \frac{1}{C_s}\right) \cdot \frac{A_1}{A_2}}$$ **resultierende Strahlungszahl**

$\boldsymbol{C_1 = \varepsilon_1 \cdot C_s; \quad C_2 = \varepsilon_2 \cdot C_s}$

$\dot{Q}$	durch Strahlung ausgetauschter Wärmestrom	W
C_s	Strahlungszahl des absolut schwarzen Körpers	$W/(m^2 \cdot K^4)$
A	Oberfläche einer Platte	m^2
C_{12}	resultierende Strahlungszahl	$W/(m^2 \cdot K^4)$
T_1	absolute Temperatur des Körpers mit höherer Temperatur	K
T_2	absolute Temperatur des Körpers mit niedrigerer Temperatur	K
ε_1	Emissionskoeffizient des Körpers mit höherer Temperatur	1
ε_2	Emissionskoeffizient des Körpers mit niedrigerer Temperatur	1
A_1	Oberfläche des Körpers mit höherer Temperatur	m^2
A_2	Oberfläche des Körpers mit niedrigerer Temperatur	m^2
C_1	Strahlungszahl des Körpers mit höherer Temperatur	$W/(m^2 \cdot K^4)$
C_2	Strahlungszahl des Körpers mit niedrigerer Temperatur	$W/(m^2 \cdot K^4)$

2

Wärmeübertragung durch Strahlung <u>und</u> Konvektion

$$\dot{Q} = \alpha_{ges} \cdot A_1 \cdot (T_1 - T_2)$$ **Wärmestrom**

$$\alpha_{ges} = \alpha_{kon} + \alpha_{Str}$$ **Gesamt-Wärmeübergangszahl**

$$\alpha_{Str} = \frac{C_{12} \cdot \left[\left(\frac{T_1}{100}\right)^4 - \left(\frac{T_2}{100}\right)^4\right]}{T_1 - T_2}$$

(→ Wärmeübergang)

$\dot{Q}$	durch Strahlung **und** Konvektion ausgetauschter Wärmestrom	W
α_{ges}	Gesamtwärmeübergangszahl	$W/(m^2 \cdot K)$
A_1	Oberfläche des Körpers mit höherer Temperatur	m^2
T_1	absolute Temperatur des Körpers mit höherer Temperatur	K
T_2	absolute Temperatur des Körpers mit niedrigerer Temperatur	K
α_{kon}	Wärmeübergangszahl ($\triangleq \alpha$)	$W/(m^2 \cdot K)$
α_{Str}	Wärmeübergangszahl der Strahlung	$W/(m^2 \cdot K)$

B Es ist $\alpha = \alpha_{kon} = 30\ W/(m^2 \cdot K)$; $C_{12} = 2{,}6\ W/(m^2 \cdot K^4)$; $T_1 = 800\ K$; $T_2 = 273\ K$.
Zu berechnen ist α_{Str} und α_{ges}. Wie groß ist $\dot{Q}$ bei $A_1 = 0{,}8\ m^2$?

$$\boldsymbol{\alpha_{Str}} = \frac{C_{12} \cdot \left[\left(\frac{T_1}{100}\right)^4 - \left(\frac{T_2}{100}\right)^4\right]}{T_1 - T_2} = \frac{2{,}6\ \frac{W}{m^2 \cdot K^4} \cdot \left[\left(\frac{800\ K}{100}\right)^4 - \left(\frac{273\ K}{100}\right)^4\right]}{800\ K - 273\ K} = \mathbf{19{,}93\ \frac{W}{m^2 \cdot K}}$$

$$\boldsymbol{\alpha_{ges}} = \alpha_{kon} + \alpha_{Str} = 30\ W/(m^2 \cdot K) + 19{,}93\ W/(m^2 \cdot K) = \mathbf{49{,}93\ W/(m^2 \cdot K)}$$

$$\boldsymbol{\dot{Q}} = \alpha_{ges} \cdot A_1 \cdot (T_1 - T_2) = 49{,}93\ W/(m^2 \cdot K) \cdot 0{,}8\ m^2 \cdot (800\ K - 273\ K) = 21\,050{,}5\ W \approx \mathbf{21\ kW}$$

Aus dem Verhältnis von α_{kon} und α_{Str} ist zu ersehen, dass ca. 40% durch Strahlung übertragen werden, der Rest (60%) durch Konvektion.

Besonderheit in der Kälte- und Klimatechnik:

Wegen der niedrigen Temperaturen (T_1, meist in der Nähe von T_2) ist der **Strahlungsanteil** i.d.R. gegenüber dem konvektiven Anteil meist **klein.** Er wird meist vernachlässigt.

Schall und Schallfeldgrößen

Schallgeschwindigkeit: (→ Ausbreitungsgeschwindigkeit)

Beispiele für die Ausbreitungsgeschwindigkeit (Temperaturabhängigkeit beachten.)

Stoff (Medium)	***c*** in m/s bei 20 °C	**Stoff** (Medium)	***c*** in m/s bei 20 °C
Sauerstoff	326	Wasser	1485
Stickstoff	349	Blei	1300
Luft (bei –100 °C)	263	Kupfer	3900
Luft (bei 0°C)	331	Aluminium	5100
Luft (bei 100 °C)	387	Eisen	5100
Azeton	1190	Kronglas	5300
Benzol	1325	Flintglas	4000

Luftschall → Ausbreitungsmedium ist gas- oder dampfförmig
Flüssigkeitsschall → Ausbreitungsmedium ist flüssig
Körperschall → Ausbreitungsmedium ist ein fester Körper

Ausbreitung als **Longitudinalwelle** (Längswelle)

Unterschallströmung → $v < c$ → **Ma < 1**
Schallströmung → $v = c$ → **Ma = 1**
Überschallströmung → $v > c$ → **Ma > 1**

Schall wird von einem Medium auf ein berührendes anderes Medium übertragen. Im Vakuum gibt es also keinen Schall (→ Schalldämmung).

p	Geschwindigkeit	m/s
c	Schallgeschwindigkeit	m/s

Schalldruck:

Der Schalldruck ist ein periodischer **Wechseldruck,** der sich einem **statischen Druck,** z.B. in Luft dem atmosphärischen Druck p_{amb}, **überlagert.**

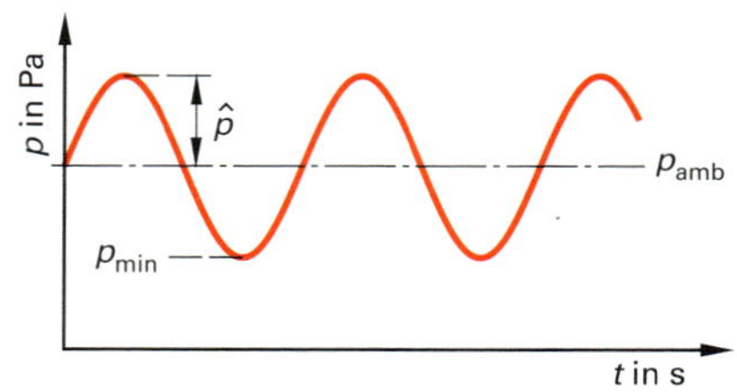

$$p_{eff} = \frac{\hat{p}}{\sqrt{2}}$$

Effektivwert des Schalldrucks

Unterscheiden Sie unbedingt **Schalldruck** von **Schalldruckpegel** (s. nächste Seite).

Schallintensität und Schallleistung:

$$I = \frac{\hat{p} \cdot \hat{v}}{2}$$

$$I = \frac{W}{t \cdot A} = \frac{P}{A}$$

Schallintensität

$$I = \frac{\hat{p}^2}{2 \cdot \varrho \cdot c} = \frac{\varrho \cdot c \cdot \hat{v}^2}{2}$$

p_{eff}	effektiver Schalldruck	N/m^2 = Pa
$\hat{p}$	Scheitelwert des Schalldrucks	N/m^2 = Pa
I	Schallintensität	W/m^2
$\hat{p}$	Scheitelwert des Schalldrucks	N/m^2 = Pa
$\hat{v}$	Scheitelwert der Schallschnelle	m/s
W	Schallenergie	Nm = J = Ws
t	Zeit	s
A	durchschallte Fläche	m^2
P	Schallleistung	W
ϱ	Dichte des Ausbreitungsmediums	kg/m^3
c	Schallgeschwindigkeit	m/s

Die Schallintensität kennzeichnet die pro Zeiteinheit durch ein Flächenelement hindurchtretende **Schallenergie.**

$$P = I \cdot A$$

Schallleistung (s. nebenstehende Tabelle)

(→ Leistung)

Schallquelle	**Schallleistung** in W
normale Sprache	$6 \cdot 10^{-6}$
lautestes Schreien	$2 \cdot 10^{-3}$
Klavier	$2 \cdot 10^{-1}$
Autohupe	6
Großlautsprecher	100
Alarmsirene	1000

Schall und Schallfeldgrößen (Fortsetzung)

Schallschnelle

$$v = \frac{p}{\varrho \cdot c}$$ **Schallschnelle**

$$v_{\text{eff}} = \frac{\hat{v}}{\sqrt{2}}$$ **Effektivwert der Schallschnelle**

v	Schallschnelle	m/s
p	Schalldruck	N/m^2 = Pa
ϱ	Dichte des Ausbreitungsmediums	kg/m^3
c	Schallgeschwindigkeit	m/s
$\hat{v}$	Scheitelwert der Schallschnelle	m/s
v_{eff}	effektive Schallschnelle	m/s

(→ Geschwindigkeit)

2

Maße und Pegel:

Maße und Pegel werden in **Dezibel** (Kurzzeichen: **dB)** oder in **Neper** (Kurzzeichen: **Np)** angegeben; dB vornehmlich in der Akustik, Np vornehmlich in der Nachrichtentechnik.

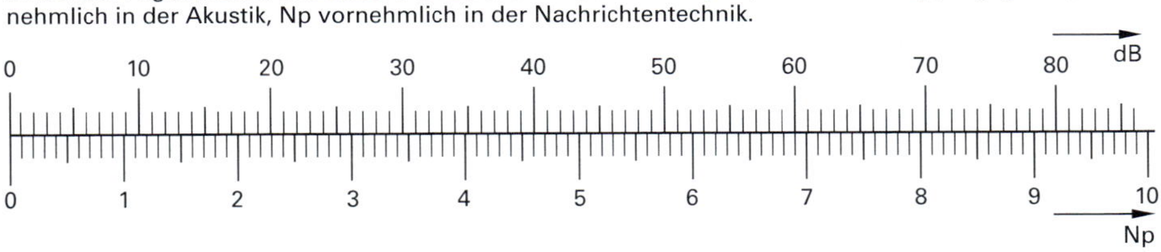

1 Np = 8,686 dB

1 dB = 0,1151 Np

Umrechnung Np → dB und dB → Np (s. obige Skala)

Schalldruckpegel und Schallleistungspegel:

$$p_{\text{eff0}} = 2 \cdot 10^{-5}\ \text{Pa} = 2 \cdot 10^{-5}\ \frac{\text{N}}{\text{m}^2}$$ **Hörschwellendruck**

$$p_{\text{effS}} = 20\ \text{Pa} = 20\ \frac{\text{N}}{\text{m}^2}$$ **Schmerzschwelle**

$$L_p = 20 \cdot \lg \frac{p_{\text{ef}}}{p_{\text{eff0}}}$$ **Schalldruckpegel**

$$P_0 = 10^{-12}\ \text{W}$$ **Bezugsschallleistung**

$$L_w = 10 \cdot \lg \frac{P}{P_0}$$ **Schallleistungspegel**

p_{eff0}	Hörschwellendruck, d.h. gerade noch hörbarer Schalldruck	N/m^2 = Pa
p_{effS}	Schmerzschwelle, d.h. Schalldruck, der Schmerzen bereitet	N/m^2 = Pa
p_{eff}	vorhandener Schalldruck	N/m^2 = Pa
L_p	Schalldruckpegel	dB

Hörschwellendruck und **Schmerzschwelle** dienen in der Akustik als **Bezugsgrößen.**

P_0	Bezugsschallleistung	W
P	vorhandene Schallleistung	W
L_w	Schallleistungspegel	dB

Schallbewertung und Schallausbreitung

Die Hörfläche:

Nebenstehendes Bild zeigt die spektrale **Schallverteilung.** Bei Ausschluss jeglichen **Störschalls** zeigt die **Hörfläche:**

Akustische Ereignisse können nur innerhalb eines ganz bestimmten Frequenzbereiches und Schalldruckpegelbereiches wahrgenommen werden. Dies zeigen auch die **Kurven gleicher Lautstärke** auf nächster Seite.

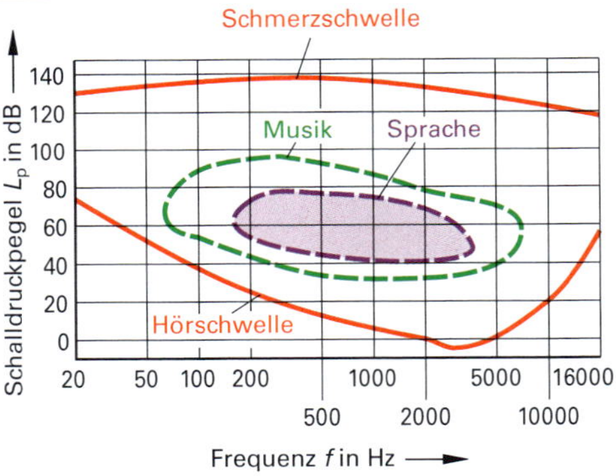

Das Schallspektrum:

Infraschall	→	$f \leq 16$ Hz
hörbarer Schall	→	16 Hz $\leq f \leq$ 20 000 Hz
Ultraschall	→	20 000 Hz $\leq f \leq 10^{10}$ Hz
Hyperschall	→	10^{10} Hz $\leq f \leq 10^{13}$ Hz

Schallbewertung und Schallausbreitung (Fortsetzung)

Zusammenhang von Dezibel und Phon:

Nebenstehendes Bild zeigt **Kurven gleicher Lautstärke**. Ebenso wie aus der Hörfläche (vorhergehende Seite) ist zu ersehen:

2

> Die subjektive Empfindung der Schalllautstärke ist vom Schalldruck **und** der Frequenz abhängig.

Die **Phonskala** reicht von 0 phon (Hörschwelle) bis 130 phon (Schmerzschwelle). Nur beim **Normalton** (f = 1000Hz) stimmen die Zahlenwerte des Schalldruckpegels in dB mit dem Lautstärkepegel in phon überein.
(→ Schalldämpfung und Schalldämmung)
Folgende Tabelle zeigt Lautstärkepegel im Abstand von ca. 4 m zur Schallquelle:

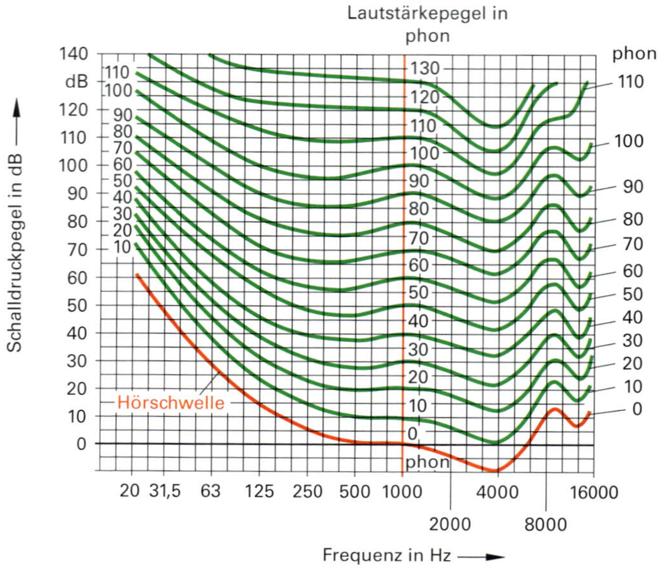

Lautstärkepegel in phon bzw. dB	
Reizschwelle (Hörschwelle)	0
Blätterrauschen in leichtem Wind	10
Untere Grenze der üblichen Wohngeräusche, Flüstern, ruhiger Garten	20
Sehr ruhige Wohnstraße, mittlere Wohngeräusche	30
Leise Rundfunkmusik im Zimmer	40
Obere Grenze der üblichen Wohngeräusche, geringster üblicher Straßenlärm, Geräusche in Geschäftsräumen (Zimmerlautstärke)	50

Lautstärkepegel in phon bzw. dB	
Übliche Unterhaltungslautstärke, einzelne Schreibmaschine, Staubsauger	60
Mittlerer Verkehrslärm, Straßenbahn, Baustelle	70
Stärkster üblicher Straßenlärm, laute Rundfunkmusik im Zimmer, Autohupe, U-Bahn, S-Bahn	80
Drucklufthämmer	90
Nietlärm, lautestes Autohorn, Motorrad	100
Laufender Flugzeugpropeller bei 4 m bis 5 m Entfernung	120
Schmerzschwelle	130

Schallbewertung:

Bewertete Lautstärkepegel werden nicht in phon, sondern der **Bewertungskurve** (s. nebenstehendes Bild) entsprechend in dB (A), dB (B), dB (C) bzw. dB (D) angegeben.

Kurve A: Normale Schallereignisse. Dies ist die **Regelschallbewertung,** z.B. auch in der **Kälte- und Klimatechnik**.

Kurve B: tiefe Töne

Kurve C: hohe Töne

Kurve D: Fluglärm

(→ Schalldämpfung und Schalldämmung)

> **B** Bei der A-Bewertung eines Tones mit 100 Hz wird der Phonzahl die Pegelkorrektur von 20 dB abgezogen (s. nebenstehendes Bild).

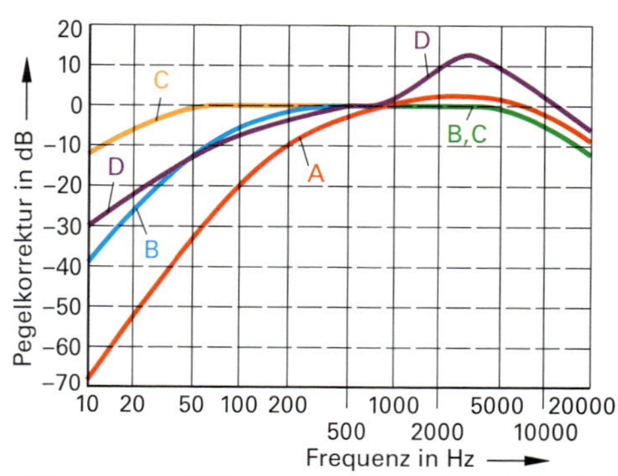

> Bewertete Schallereignisse sind objektiv miteinander vergleichbar.

Schallbewertung und Schallausbreitung (Fortsetzung)

Lautstärkepegel und Lautheit:

$$L_N = 20 \cdot \lg \frac{p_{eff}}{p_{eff0}}$$

Lautstärkepegel ($f = 1000$ Hz) ≙ Schalldruckpegel

$$N = 2^{0,1 \cdot (L_N - 40)}$$

Lautheit

L_N	Lautstärkepegel	phon
p_{eff}	vorhandener effektiver Schalldruck	N/m^2 = Pa
p_{eff0}	Hörschwellendruck	N/m^2 = Pa
N	Lautheit	sone

Die **Lautheit** von **1 sone** entspricht einem Lautstärkepegel von 40 phon.

2 sone wird doppelt so laut empfunden wie 1 sone, 3 sone dreimal so laut usw.

Das Schallspektrum:

Schallspektrum
- **Infraschall** → $f \leq 16$ Hz
- **hörbarer Schall** → $16\ \text{Hz} \leq f \leq 20\,000$ Hz
- **Ultraschall** → $20\,000\ \text{Hz} \leq f \leq 10^{10}$ Hz
- **Hyperschall** → $10^{10}\ \text{Hz} \leq f \leq 10^{13}$ Hz

Wirkungen von Ultraschall:

dispergierende Wirkung	z.B. lassen sich nicht mischbare Flüssigkeiten wie Wasser und Quecksilber oder Wasser und Benzol bei Beschallung teilweise mischen.
ausfällende Wirkung	z.B. lassen sich durch Ultraschall-Beschallung Flughäfen entnebeln oder Gase reinigen, indem dabei unerwünschte Teilchen ausgefällt werden. Auch für Entgasung von Schmelzen.
chemische Wirkung	z.B. Zerspaltung hochpolymerer Stoffe wie die Zerlegung des Rohrzuckers in Monosaccharide.
biologische Wirkung	z.B. Vernichtung von Einzellern wie bei der Sterilisierung von Milch. Bei größeren Schallintensitäten können auch kleinere Tiere wie Raupen, Läuse, Käfer getötet werden.
thermische Wirkung	z.B. Erwärmung bei Therapiemaßnahmen durch die bei jeder Absorption stattfindende Umwandlung von Schallenergie in Wärmeenergie.

Immissionsrichtwerte: → Technische Anleitung Lärm (TA Lärm)

Unter **Immission** versteht man die Einwirkung von **Luftverunreinigungen, Geräuschen (Lärm), Licht, Wärme, Strahlen** und anderen vergleichbaren Faktoren auf Menschen, Tiere, Pflanzen oder Gegenstände.

Reflexion, Absorption, Dissipation und Transmission von Schallenergie:

Nebenstehendes Bild zeigt eine durch ein Hindernis (z.B. Wand) **gestörte Schallausbreitung.**

$$\varrho + \alpha = 1$$

$$\varrho + \tau + \delta = 1$$

$$\alpha = \tau + \delta$$

$\alpha \leq 1$

$\varrho \leq 1$

$\tau < 1$

$\delta < 1$

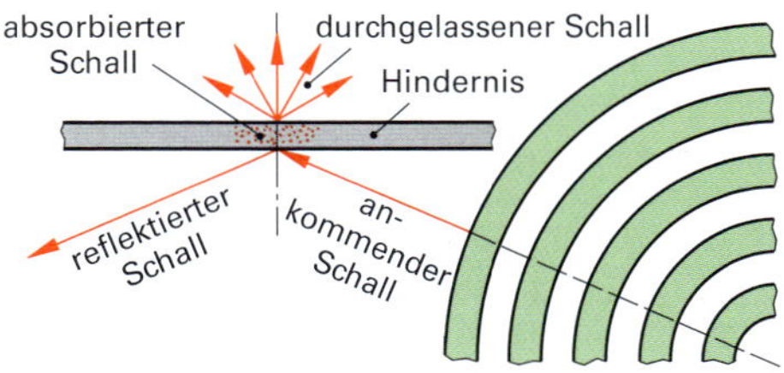

Schallreflexionsgrad ϱ → Maß für die **reflektierte Schallintensität**

Schallabsorptionsgrad α → Maß für die **absorbierte Schallintensität**

Schalltransmissionsgrad τ → Maß für die **durchgelassene Schallintensität**

Schalldissipationsgrad δ → Maß für die **„verloren gegangene" Schallintensität**

2

Schallbewertung und Schallausbreitung (Fortsetzung)

Schallbrechung:

Nebenstehendes Bild zeigt den Eintritt von Schallwellen von einem Medium in ein anderes Medium. In Analogie zur Optik spricht man hier vom **akustisch dünneren Medium** (z.B. Luft) und vom **akustisch dichteren Medium** (z.B. Wasser).

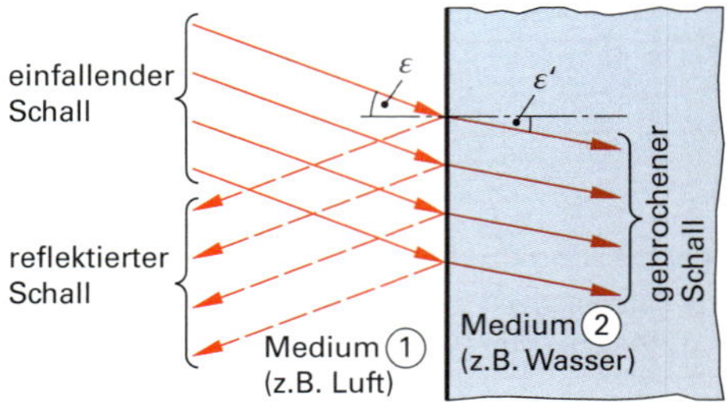

Im akustisch dichteren Medium wird der Schall zum Lot hin gebrochen.

$$n = \frac{\sin \varepsilon}{\sin \varepsilon'} = \frac{c_2}{c_1}$$

akustisches Brechungsgesetz

Index 1: Medium 1
Index 2: Medium 2

n	akustische Brechzahl	1
ε	Einfallwinkel	Grad
ε'	Brechungswinkel	Grad
c	Schallgeschwindigkeit	m/s

Schallausbreitung im Freien (→ Schalldämmung und Schalldämpfung)

Das Entfernungsgesetz:

Nebenstehendes Bild zeigt die Unterteilung des Schallfeldes im Freien.

Bei Schallmessungen darf nur innerhalb des **Freifeldes (homogenes Schallfeld** ohne Beeinflussungen durch Reflexion u.a.) gemessen werden. Das Entfernungsgesetz lautet:

Im Freifeld nimmt der Schalldruckpegel bei einer Verdoppelung der Entfernung um **4 dB bis 6 dB** – im Schnitt um 5 dB – ab.

Das Freifeld kann durch **Pegelmessungen** ermittelt werden. Regel für die Praxis: Beginn des Freifeldes etwa dem doppelten Abstand der größten Maschinenabmessung entsprechend.

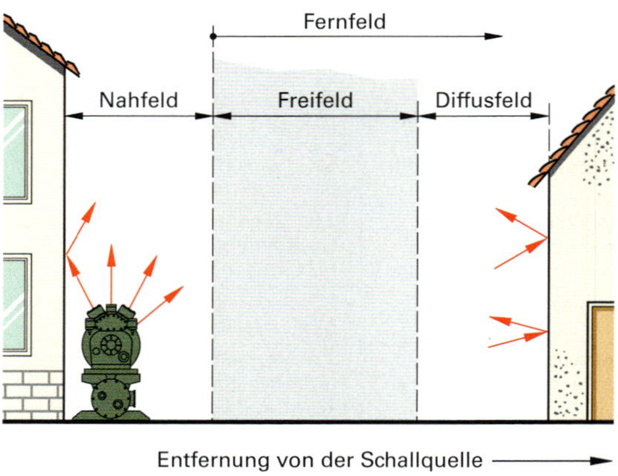

B In 4 m Entfernung eines Verdichters wird $L_p = 100$ dB gemessen. Wie groß ist L_p in 128 m Entfernung vom Verdichter?

Entfernung in m	4	8	16	32	64	128
Abnahme von L_p in dB	0	5	10	15	20	25

$L_p' = L_p - \Delta L_p = 100 \text{ dB} - 25 \text{ dB}$

$\mathbf{L_p' = 75 \text{ dB}}$

In kritischen Fällen vorsichtshalber mit $\Delta L_p = 4$ dB (bei Entfernungsverdoppelung) rechnen.

Subtraktion von Schalldruckpegeln:

S ≙ zu messende Schallquelle
H ≙ Hintergrundgeräusch (Störschall)

Eine Schallquelle ist noch messbar, wenn der Gesamtschalldruckpegel $L_{p\,(S+H)}$ mindestens 3 dB höher ist als der Schalldruckpegel des Hintergrundgeräusches L_{pH}.

Hierzu wird **Pegelsubtraktion** mit Hilfe des nebenstehenden Bildes vorgenommen. Soll die Pegelmessung bei laufender Maschine (Schallquelle) und bei vorhandenem Hintergrundgeräusch vorgenommen werden, dann wird wie folgt verfahren:

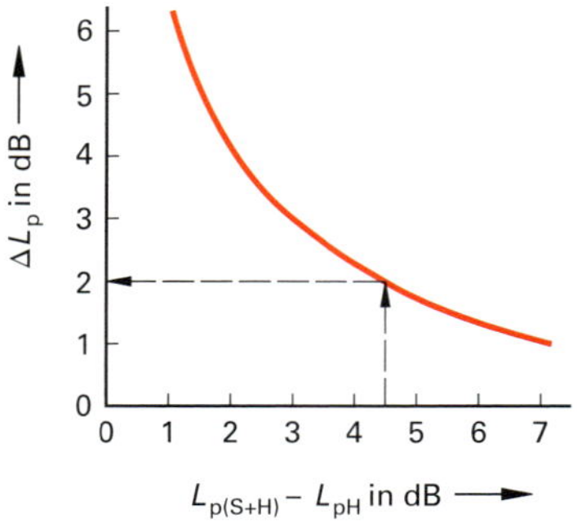

Schallbewertung und Schallausbreitung (Fortsetzung)

1. Gesamtschalldruckpegel $L_{p\,(S+H)}$ bei laufender Maschine messen.
2. Hintergrundschalldruckpegel L_{pH} bei abgeschalteter Maschine messen.
3. Differenz der beiden gemessenen Schalldruckpegel $L_{p\,(S+H)} - L_{pH}$ ermitteln, ergibt drei mögliche Fälle:
   $L_{p\,(S+H)} - L_{pH} < 3$ dB → Hintergrundschalldruckpegel L_{pH} ist für eine Messung zu hoch.
   $L_{p\,(S+H)} - L_{pH} > 10$ dB → Gesamtschalldruckpegel $L_{p\,(S+H)}$ entspricht dem Schalldruckpegel der Maschine L_{pS}.
   $3 \text{ dB} \leq (L_{p\,(S+H)} - L_{pH}) \leq 10 \text{ dB}$
4. Entsprechend Kurve im Diagramm auf vorhergehender Seite erfolgt die Pegelkorrektur, und zwar wird – ausgehend von $L_{p\,(S+H)} - L_{pH}$ auf der Abszisse – die Pegeldifferenz ΔL_p auf der Ordinate ermittelt (siehe eingezeichnetes Beispiel).
5. Der Schalldruckpegel der Maschine wird wie folgt ermittelt:

$$L_{pS} = L_{p\,(S+H)} - \Delta L_p$$ **Schalldruckpegel des zu messenden Schallgebers** in dB

B $L_{p\,(S+H)} = 90$ dB; $L_{pH} = 85{,}6$ dB; $L_{pS} = ?$

$L_{pS} = L_{p\,(S+H)} - \Delta L_p$ Kurve: $\boldsymbol{L_{p\,(S+H)} - \Delta L_p} = 90 \text{ dB} - 85{,}6 \text{ dB} = \mathbf{4{,}4\ dB}$ → $\boldsymbol{\Delta L_p} = \mathbf{2\ dB}$

$\boldsymbol{L_{pS}} = 90 \text{ dB} - 2 \text{ dB} = \mathbf{88\ dB}$

Addition von Schalldruckpegeln:

Pegel werden **bei mehreren Schallquellen** zu einem **Gesamtschalldruckpegel** $L_{p\,ges}$ zusammengefasst, und zwar mit Hilfe des nebenstehenden Bildes. **Bei zwei laufenden Maschinen** oder anderen Schallquellen wird wie folgt verfahren:

1. Schalldruckpegel der einzelnen Maschinen L_{p1} und L_{p2} getrennt messen (evtl. auch schon vom Hersteller angegeben).
2. Differenz dieser Einzelpegel ($L_{p1} - L_{p2}$) bilden. Diese ist auf der Abszisse vorzufinden.
3. Diese Pegeldifferenz liefert – entsprechend eingezeichnetem Beispiel – über die Kurve ein ΔL_p auf die Ordinate.

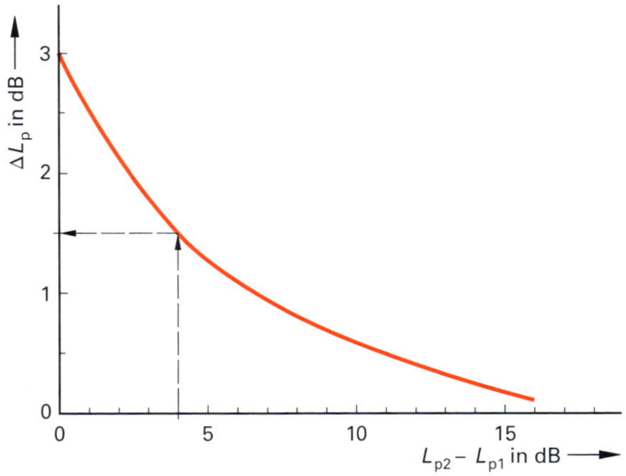

4. Die Summe des größten Einzelschalldruckpegels $L_{p\,max}$ und L_p ergibt $L_{p\,ges}$. Somit:

$$L_{p\,ges} = L_{p\,max} - \Delta L_p$$ **Gesamtschalldruckpegel (resultierender Schalldruckpegel)** in dB

Bei **mehr als zwei Schallquellen** zuerst zwei Schallquellen zu einem resultierenden Schalldruckpegel zusammenfassen, diesen dann ebenfalls mit der dritten zusammenfassen usw.

B $L_{p1} = 52$ dB; $L_{p2} = 45$ dB; $L_{p3} = 54$ dB; $L_{p\,ges} = ?$

$\boldsymbol{L_{p\,ges1,2}} = L_{p\,max1,2} + \Delta L_{p1,2} = 52 \text{ dB} + 0{,}9 \text{ dB} = \mathbf{52{,}9\ dB}$

$\boldsymbol{L_{p\,ges1,2,3}} = \boldsymbol{L_{p\,ges}} = L_{p\,max1,2,3} + \Delta L_{p1,2,3} = 54 \text{ dB} + 2{,}5 \text{ dB} = \mathbf{56{,}5\ dB}$

Arbeiten **mehrere Schallgeber gleicher Lautstärke** zusammen, dann kann die Pegeladdition mit Hilfe der folgenden Tabelle erfolgen:

Anzahl der **gleich lauten** Schallgeber	1	2	3	4	5	6	8	10	15	20	30
Erhöhung des Schalldruckpegels ΔL_p in dB	0	3	5	6	7	8	9	10	12	13	15

Schallbewertung und Schallausbreitung (Fortsetzung)

Schallausbreitung in Räumen (→ Schalldämmung und Schalldämpfung)

2

Akustische Beschreibung eines Raumes:
Nebenstehendes Bild zeigt:

Das Schallfeld in Räumen ist in der Regel ein Diffusfeld.

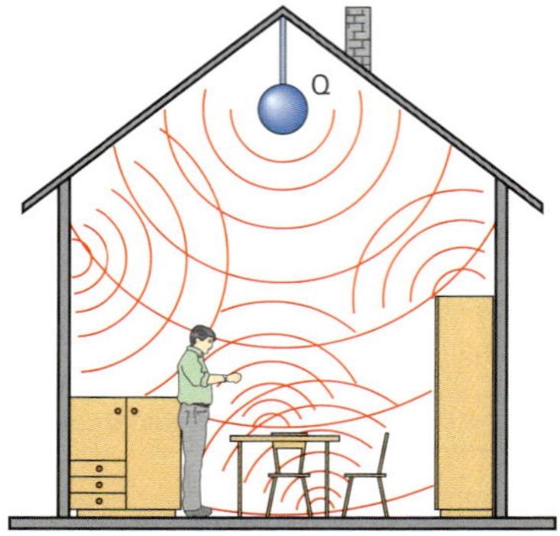

Zur akustischen Beschreibung dienen
Schallabsorptionsgrad α und
Schallreflexionsgrad ϱ } $\alpha + \varrho = 1$

$\alpha = 1 - \varrho$ **Schallabsorptionsgrad** (s. Seite 105)

Man unterscheidet folgende Grenzfälle:
Schalltoter Raum → $\alpha = 1; \varrho = 0$
Hallraum → $\alpha = 0; \varrho = 1$

In der Praxis liegen die **α-Werte** zwischen 0,02 und 0,45 (s. folgende Tabelle)

Wände in ...	Schallabsorptionsgrad α	Wände in ...	Schallabsorptionsgrad α
Fabrikhallen	0,02 bis 0,07	Schulen	0,07 bis 0,12
Küchen	0,03 bis 0,08	Büros	0,12 bis 0,15
Restaurants	0,05 bis 0,1	Konzertsälen	0,25 bis 0,3
Wohnzimmer	0,06 bis 0,11	Tonstudios	0,35 bis 0,45

Äquivalente Absorptionsfläche und Nachhallzeit:
Denkt man sich die gesamte Rauminnenfläche in absolut reflektierende und absolut absorbierende Anteile aufgeteilt, dann nennt man den total absorbierenden Anteil die
äquivalente Absorptionsfläche A_{eq}.

Bei **gleichem Wandaufbau** aller Innenflächen kann A_{eq} mit nebenstehendem Diagramm ermittelt werden.

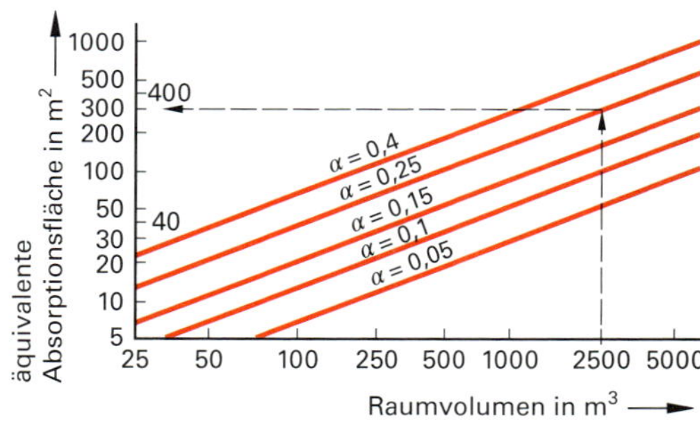

Besteht die Oberfläche der Raumwände aus verschiedenen Baustoffen (Regelfall), dann gilt

$A_{eq} = \Sigma (\alpha_n \cdot A_n)$ **äquivalente Absorptionsfläche**

$T = 0{,}1635 \dfrac{V}{A_{eq}}$ **Nachhallzeit** (Zahlenwertgleichung)

A_{eq}	äquivalente Absorptionsfläche	m²
n	Anzahl der Teilflächen	1
A_n	Teilfläche	m²
α_n	Absorptionsgrad der Teilfläche	1
T	Nachhallzeit	s
V	Raumvolumen	m³

Die **Nachhallzeit** ist die Zeit, in der nach Aufhören des Schallereignisses die Schallenergie auf den 10^{-6}ten Teil bzw. der Schalldruckpegel um 60 dB abnimmt.

Zur akustischen Beurteilung gibt es – in Abhängigkeit vom Benutzerzweck – optimale Richtwerte für die Nachhallzeit (s. folgende Tabelle):

Benutzerzweck des Raumes	optimale Nachhallzeit T in s	Benutzerzweck des Raumes	optimale Nachhallzeit T in s
Hotelzimmer	0,9 bis 1,0	Theater	0,8 bis 1,2
Büros	0,5 bis 1,5	Konzertsäle	1,7 bis 2,6
Kirchen	2,0 bis 3,0	Versammlungsräume	0,5 bis 1,5
Schwimmbäder	1,5 bis 4,0	Hörsäle	0,8 bis 1,5

Schalldämpfung und Schalldämmung

Die **Lärmreaktionen** des Menschen (und auch der Tiere) reichen von der **Lästigkeitsempfindung** bis hin zur **Gesundheitsschädigung** und sie machen sehr oft krank und deshalb sind Maßnahmen erforderlich, die zur **Verringerung von Lärmeinwirkungen** führen. Alle diese Maßnahmen werden unter dem Begriff **Schallschutz** zusammengefasst. Man unterscheidet grundsätzlich:

Schallschutzmaßnahmen

am Ort der Lärmentstehung,	**am Ort der Lärmeinwirkung,**
z.B. Kapselung der Schallquelle, Schallschutzwände, Schalldämpfer	z.B. Gehörschutzstöpsel, Schallschutzhelme, Schallschutzanzüge

Unter **Schallschutz** versteht man Maßnahmen, die die Weiterleitung von Schall verhindern bzw. vermindern.

2

Streng genommen wird wie folgt unterschieden:
Schalldämpfung (→ Absorption von Schallenergie)
Schalldämmung (→ Reflexion von Schallenergie)
} Ein Maß für beide Wirkprinzipien (Dämpfung und Dämmung) ist das **Schalldämm-Maß** *R*.

Schalldämm-Maß

$$R = 10 \cdot \lg \frac{P_1}{P_2}$$

$$R = 20 \cdot \lg \frac{1}{\tau}$$

$$R = \Delta L_p + 10 \cdot \lg \frac{S}{A_{eq}}$$

P_1	auftreffende Schallleistung	W
P_2	Schallleistung, die den Schalldämpfer (Schalldämmung) passiert	W
τ	Schalltransmissionsgrad	1
ΔL_p	Schalldruckpegeldifferenz	dB
S	Flächengröße einer (schallgedämmten) Trennwand	m²
A_{eq}	äquivalente Absorptionsfläche	m²

Reflexionsschalldämpfung in Rohrleitungssystemen (→ Schallfeldgrößen, Schallausbreitung)

Die Berechnungen einer Schallleitung müssen **frequenzabhängig** geführt werden. Dies bedeutet, dass man den **Frequenzgang**, d.h. die Frequenzabhängigkeit kennen muss. Bei **speziellen Schalldämpfern**, z.B. **Auspufftöpfe** oder **Pulsationsdämpfer** (sog. **Muffler)** sind die **Herstellerangaben** zu **beachten**. Gleiches gilt für die Schallquellen (z.B. Pumpen, Verdichter, Ventilatoren).

Folgende **Beispiele** zeigen exemplarisch die **Frequenzabhängigkeit**:

gerade Rohrleitung (Kanal)

Differenz des Schallleitungspegels in Abhängigkeit von der Frequenz der Schallanteile sowie in Abhängigkeit von den Abmessungen:

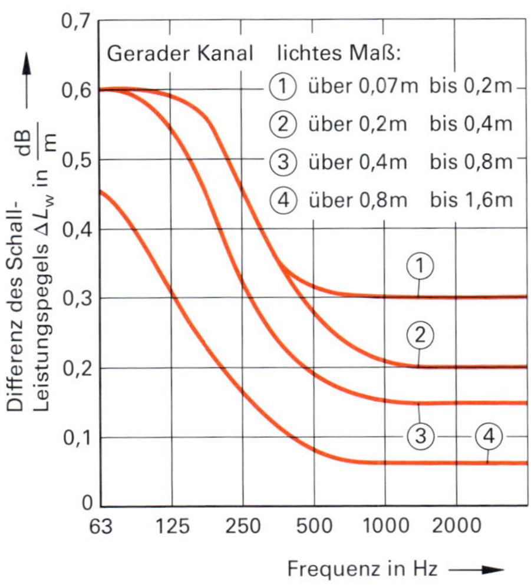

Bogen

Differenz des Schallleistungspegels in Abhängigkeit von der Frequenz der Schallanteile sowie in Abhängigkeit vom Nenndurchmesser *d*:

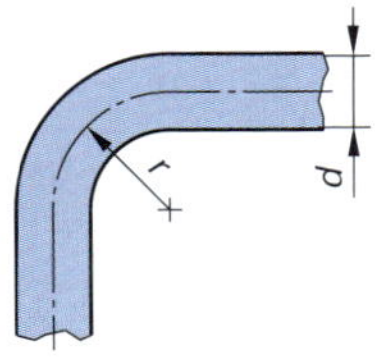

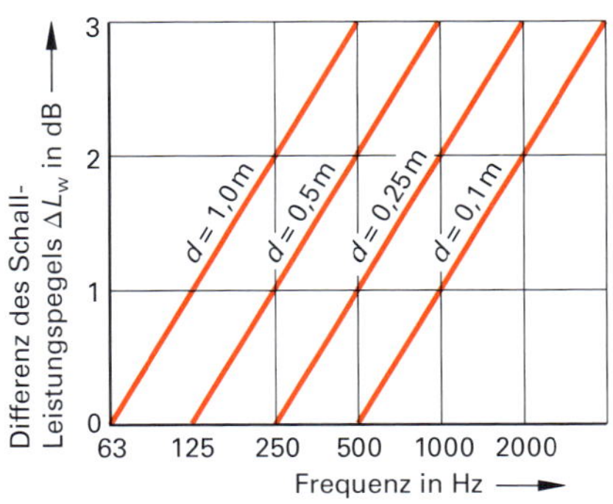

Schalldämpfung und Schalldämmung (Fortsetzung)

Abzweigungen

Differenz des Schallleistungspegels in Abhängigkeit der Flächenverhältnisse

$m = \frac{A}{A_1}$ $n = \frac{A}{A_1 + A_2}$

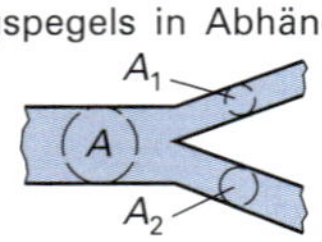

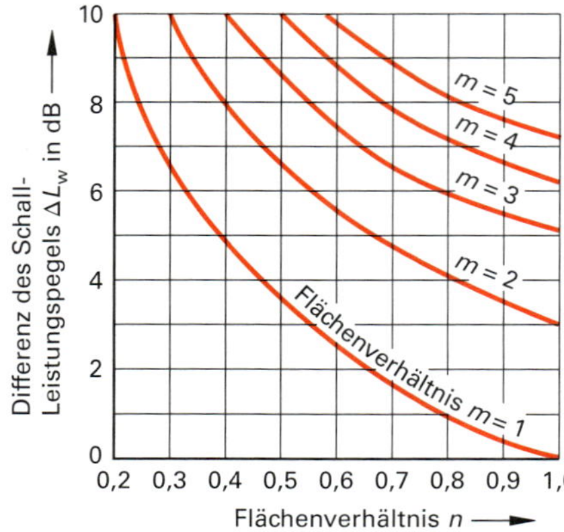

Querschnittsveränderungen

Differenz des Schallleistungspegels in Abhängigkeit des Flächenverhältnisses A_1/A_2:

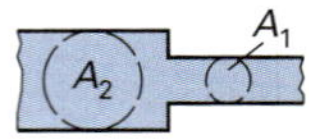

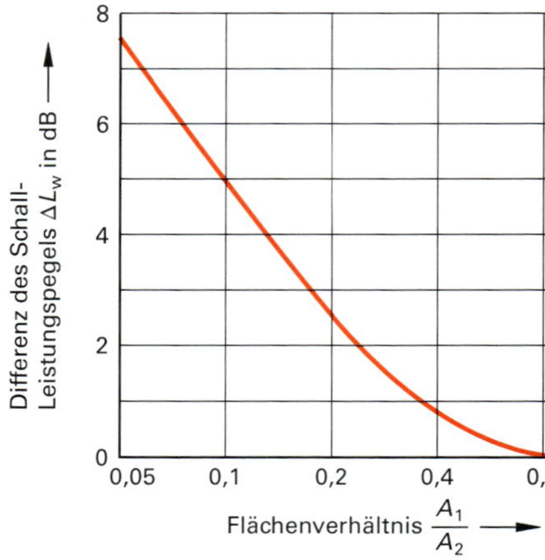

Auslassreflexion (Schalleintritt in den Raum)

ⓐ In den Raum hineinragender Kanal (Rohrleitung)

ⓑ wandbündiger Kanal (Rohrleitung)

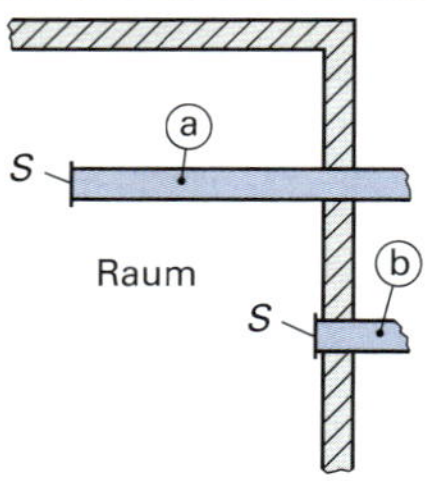

Differenz des Schallleistungspegels in Abhängigkeit von der Frequenz der Schallanteile und der Größe der Austrittsfläche *S*.

> **B** Frequenzanteil $f = 1000$ Hz; $A = 0{,}005\ \text{m}^2$; wandbündig. Wie groß ist ΔL_w?
>
> $f \cdot \sqrt{S} = 1000\ \text{Hz} \cdot \sqrt{0{,}005\ \text{m}^2} = 70{,}7\ \text{Hz m}$
>
> $\boldsymbol{\Delta L_w \approx 4\ \text{dB}}$

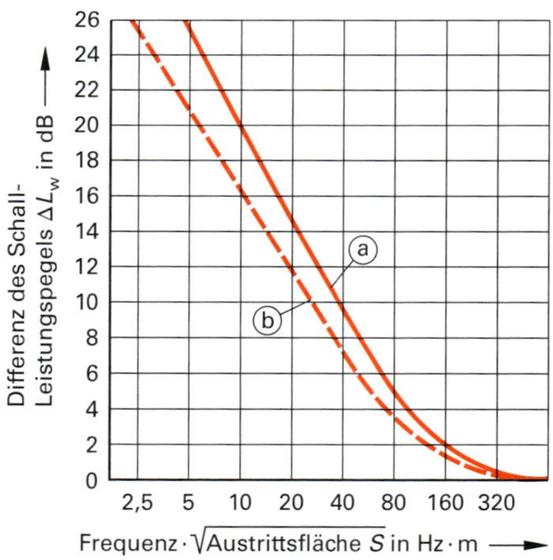

Umrechnung des Schallleistungspegels in den Schalldruckpegel bei Raumeintritt

Man unterscheidet vier **Mündungslagen** (entsprechend nebenstehendem Bild):

Mündung ⓐ Schalleintrittsfläche in **Raummitte**
Mündung ⓑ Schalleintrittsfläche in **Wandmitte**
Mündung ⓒ Schalleintrittsfläche in **Raumkante**
Mündung ⓓ Schalleintrittsfläche in **Raumecke**

> Die Mündungslage beeinflusst den empfangenen Schalldruckpegel L_p erheblich.

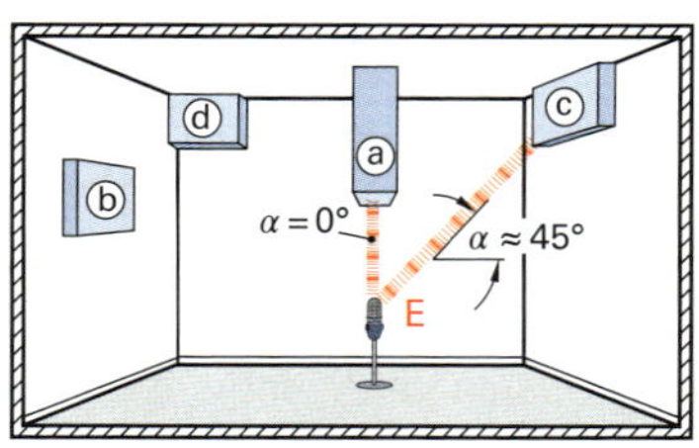

(→ Schallbewertung und Schallausbreitung)

Schalldämpfung und Schalldämmung (Fortsetzung)

Der am Messpunkt E, d.h. dem **Schallempfänger** (s. Abb. S. 110) **ankommende Schalldruckpegel** L_p ist abhängig vom ankommenden **Schallleistungspegel** L_w vom sog. **Richtungsfaktor** Q, vom **Abstand** r der Schallaustrittsöffnung zum Schallempfänger, von der **äquivalenten Absorptionsfläche** A_{eq}.

Der Richtungsfaktor Q wird mit Hilfe der nebenstehenden Diagramme ermittelt. Diese existieren für die **Abstrahlwinkel** α = 45° und α = 0°.

Liegt der Abstrahlwinkel zwischen α = 45° und α = 0°, dann ist Q durch → Interpolation der Werte für α = 45° und α = 0° zu ermitteln.

Nebenstehende Bilder zeigen die Abhängigkeit von Frequenz und von der Größe der Schallaustrittsfläche.

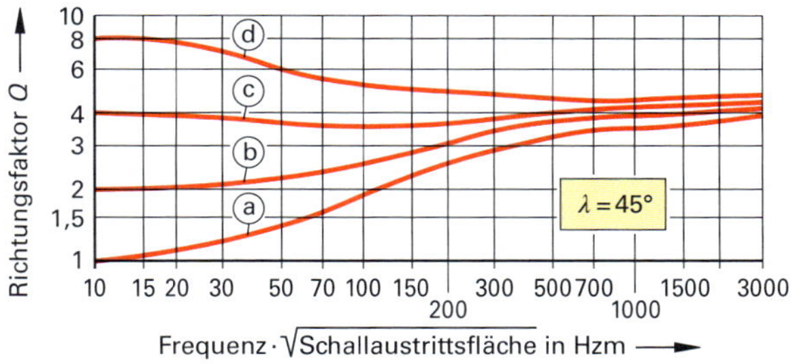

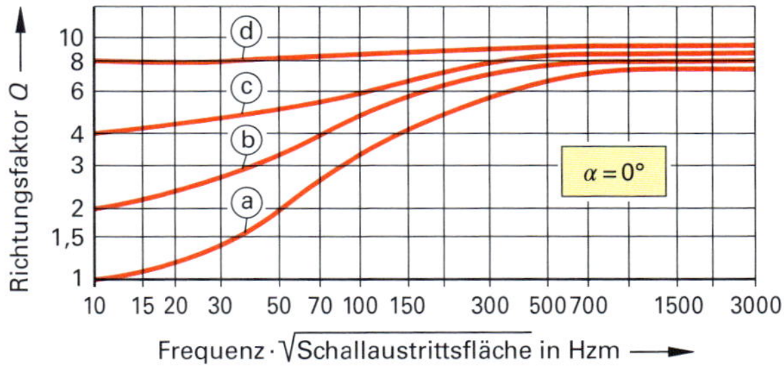

Schalldruckpegel:

$$L_p = L_w - 10 \cdot \lg \frac{1}{\frac{Q}{4 \cdot \pi \cdot r^2} + \frac{4}{A_{eq}}}$$

L_w	ankommender Schallleistungspegel	dB
L_p	ankommender Schalldruckpegel	dB
Q	Richtungsfaktor	1
r	Entfernung der Schallquelle (Einlassöffnung) zum Schallempfänger E	m
A_{eq}	äquivalente Absorptionsfläche (s. S.108)	m²

Die Umrechnung vom **Schallleistungspegel in den Schalldruckpegel** kann auch mit Hilfe des folgenden Diagrammes erfolgen:

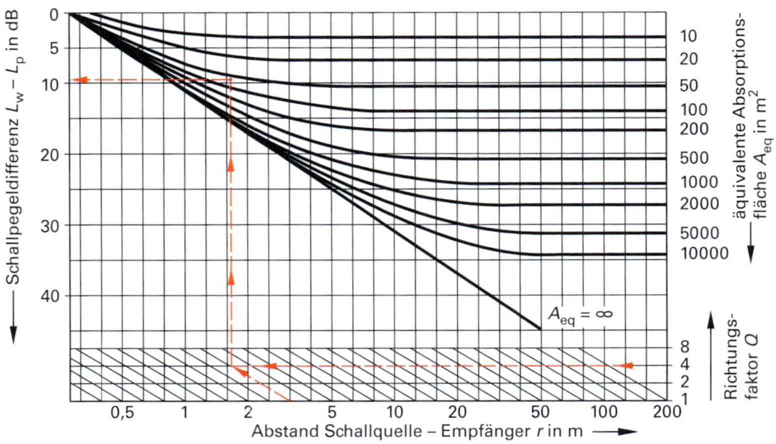

B L_w = 80 dB; Q = 4 (vorher zu ermitteln); r = 2,8 m; A_{eq} = 60 m² (vorher zu ermitteln); L_p = ?

$$L_p = L_w - 10 \cdot \lg \frac{1}{\frac{Q}{4 \cdot \pi \cdot r^2} + \frac{4}{A_{eq}}} \text{ dB} = 80 \text{ dB} - 10 \cdot \lg \frac{1}{\frac{4}{4 \cdot \pi \cdot (2{,}8 \text{ m})^2} + \frac{4}{60 \text{ m}^2}} \text{ dB} = 80 \text{ dB} - 9{,}69 \text{ dB}$$

L_p = 70,31 dB (s. auch im Diagramm eingezeichnetes Beispiel!)

Schalldämpfung und Schalldämmung (Fortsetzung)

Bewertung des im Raum ankommenden Schalls:
Bewertung erfolgt in Abhängigkeit von der Frequenz (s. nebenstehendes Bild).

Die gewünschte Bewertung muss von Fall zu Fall vereinbart werden, z.B. entsprechend

DIN-Phon-Kurven (s. nebenstehendes Bild)
Bewertungskurven nach **DIN**
ISO- Bewertungskurven.
(→ Schallbewertung)

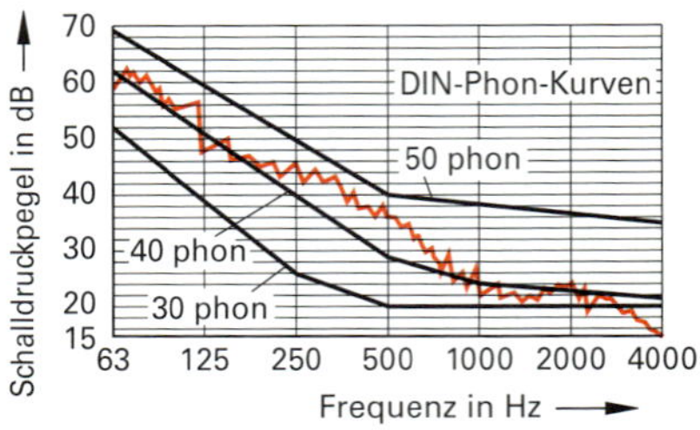

2

Absorptions-Schalldämpfung

Mit **Absorptions-Schalldämpfern** kann man keine gezielten Frequenzen dämpfen, ganz im Gegensatz zu den Reflexions-Schalldämpfern. Dadurch, dass die → Schallschnelle an der Oberfläche einer Wand nahezu Null, im Abstand einer viertel Wellenlänge λ aber maximal ist (hier ist also der kinetische Anteil der **Schwingungsenergie** maximal) gilt:

Ein **Absorptionsschalldämpfer** hat bei einer **Absorberdicke,** die einer viertel Wellenlänge λ entspricht (s. nebenstehendes Diagramm) sein größtes **Dämpfungsvermögen.**

Es ist:

$$\lambda = \frac{c}{f}$$ **Wellenlänge**

Bei der Absorptions-Schalldämmung werden biegeweiche Werkstoffe (→ Dämmstoffe) mit möglichst großer Masse verwendet, z. B. als **Auskleidung** in Kanälen oder als **Wandoberflächen.** Diese Materialien werden als **Absorber** bezeichnet.

Ein Maß für den Dämpfungsgrad ist das **Schalldämm-Maß.**

$$R = 10 \cdot \lg \frac{P_1}{P_2}$$

$$R = 20 \cdot \lg \frac{1}{\tau}$$ **Schalldämm-Maß**

$$R = \Delta L_p + 10 \cdot \lg \frac{S}{A_{eq}}$$

In nebenstehendem Bild ist die Abhängigkeit des **Schalldämm-Maßes** R von der → flächenbezogenen Masse für einen typischen Absorptions-Schalldämpfstoff dargestellt.

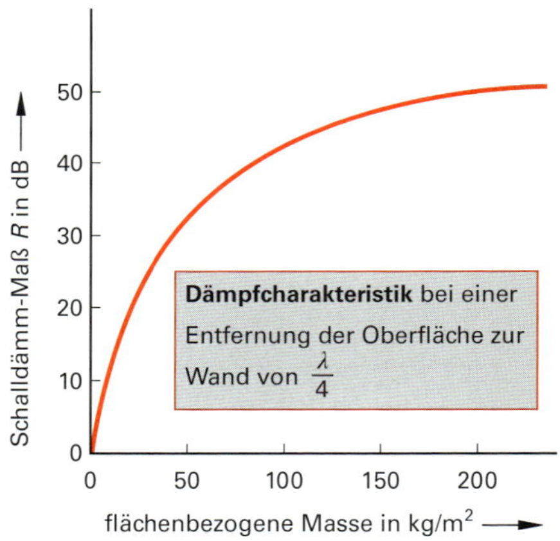

λ	Wellenlänge	m
c	Schallgeschwindigkeit	m/s
f	Frequenz	$Hz = s^{-1}$
P_1	auftreffende Schallleistung	W
P_2	Schallleistung, die den Schalldämpfer (Schalldämmung) passiert	W
τ	Schalltransmissionsgrad	1
ΔL_p	Schalldruckpegeldifferenz	dB
S	Flächengröße einer (schallgedämmten) Trennwand	m^2
A_{eq}	äquivalente Absorptionsfläche	m^2

Diagramme der Dämpfcharakteristik sind von den Dämpfstoff-Herstellern zu erhalten. Sie sind die Grundlage zur Berechnung von Absorptions-Schalldämpfern.

B Medium Luft: $c = 343{,}15$ m/s (bei 20 °C); flächenbezogene Masse 100 kg/m²; $P_1 = 0{,}5$ kW.
Ermitteln Sie die optimale Asoberdicke δ, sowie (mit obigem Diagramm) P_2 bei $f = 200$ Hz.

$$\boldsymbol{\delta} = \frac{\lambda}{4} = \frac{c}{4 \cdot f} = \frac{343{,}15 \text{ m/s}}{4 \cdot 200 \text{ s}^{-1}} = 0{,}429 \text{ m} = 429 \text{ mm}$$

Aus Diagramm: $\boldsymbol{R \approx 42}$ **dB**

$$R = 10 \cdot \lg \frac{P_1}{P_2} \rightarrow \lg \frac{P_1}{P_2} = \frac{R}{10} = \frac{42 \text{ dB}}{10} = 4{,}2 \rightarrow 4{,}2 = \lg \frac{500 \text{ W}}{P_2} \rightarrow \boldsymbol{P_2 \approx 0{,}03} \textbf{ W}$$

Elektrophysikalische Grundlagen

Um n Mole eines Stoffes mit z_B-wertigen Ionen aus einem Elektrolyten abzuscheiden, benötigt man die elektrische Ladung Q.

$Q = n \cdot z_B \cdot F$	**transportierte Ladung**
$F = 96\,485{,}3$ C/mol	**Faraday-Konstante**

2. Faraday'sches Gesetz

Q	transportierte Ladungsmenge	C
n	Stoffmenge	mol
z_B	Wertigkeit der Ionen	1
F	Faraday-Konstante	C

1 C = 1 As (Amperesekunde)

Allgemeine Gesetzmäßigkeiten im elektrischen Stromkreis

Ohm'sches Gesetz und elektrischer Widerstand

Bei unveränderlichem Widerstand R ist die Stromstärke I direkt proportional zur Spannung U.

$I \sim U$	**Ohm'sches Gesetz**
$I = \frac{U}{R}$	**Ohm'sches Gesetz**
$R = \frac{U}{I}$ $1\,\Omega = \frac{1\,\text{V}}{1\,\text{A}}$	**elektrischer Widerstand**
$R = \varrho \cdot \frac{l}{A} = \frac{l}{\gamma \cdot A}$	**Leiterwiderstand**
$\varrho = \frac{R \cdot A}{l}$	**spezifischer Widerstand**
$\gamma = \frac{l}{R \cdot A}$	**elektrische Leitfähigkeit**
$G = \frac{1}{R}$ $1\,\text{S} = \frac{1}{\Omega}$	**elektrischer Leitwert**

I	elektrischer Strom	A
U	elektrische Spannung	V
R	elektrischer Widerstand	Ω
ϱ	spezifischer Widerstand	$\Omega \cdot \text{mm}^2/\text{m}$
l	Leiterlänge	m
A	Querschnittsfläche des Leiters	mm^2
γ	elektrische Leitfähigkeit	$\text{m}/(\Omega \cdot \text{mm}^2)$
γ_{20}	elektrische Leitfähigkeit bei einer Bezugstemperatur von 20 °C	$\text{m}/(\Omega \cdot \text{mm}^2)$
G	elektrischer Leitwert	S, $1/\Omega$

Spezifischer Widerstand und **elektrischer Leitwert** verschiedener Stoffe (s. Tabelle Seiten 114)

Die Einheit des elektrischen Leitwerts G ist

$$1\,\text{S (Siemens)} = \frac{1}{\Omega} = \frac{\text{A}}{\text{V}}$$

Temperaturabhängigkeit des elektrischen Widerstandes

Heißleiter (NTC-Widerstände) sind Werkstoffe, deren Widerstand mit ansteigender Temperatur abnimmt. **Kaltleiter (PTC-Widerstände)** sind Werkstoffe, deren Widerstand mit ansteigender Temperatur zunimmt. (NTC = **n**egative **t**emperatur **c**oefficient; PTC = **p**ositive **t**emperatur **c**oefficient)

$\Delta R = \alpha \cdot R_1 \cdot \Delta\vartheta$	**Widerstandsänderung bei Temperaturänderung $\Delta\vartheta$**
$\Delta\vartheta = \vartheta_2 - \vartheta_1$	**Temperaturänderung**
$R_2 = R_1 + \Delta R$	**Widerstand bei der Endtemperatur ϑ_2**
$R_2 = R_1 \cdot (1 + \alpha \cdot \Delta\vartheta)$	**Widerstand bei der Endtemperatur ϑ_2**

ΔR	Widerstandsänderung	Ω
α	Temperaturkoeffizient (s.Tabelle, Seite 114)	1/K
R_1	Widerstand bei der Temperatur ϑ_1 (meist 20 °C) (= R_{20})	Ω
$\Delta\vartheta$	Temperaturänderung	°C, K
ϑ_2	Endtemperatur	°C
ϑ_1	Anfangstemperatur	°C
R_2	Widerstand bei der Endtemperatur	Ω

In der elektrotechnischen Praxis werden häufig für die **Indizes** 1 und 2 auch **k (kalt)** und **w (warm)** verwendet. Der **Temperaturkoeffizient** α und der Ausgangswiderstand R_1 sind meist auf die Temperatur ϑ_1 = 20 °C bezogen (s .Tabelle Seite 114) (→ Temperaturdifferenz).

B $R_{20} = 3{,}5\,\Omega$; $\vartheta_2 = 60$ °C; $\vartheta_1 = 20$ °C; $\alpha = 4{,}7 \cdot 10^{-3}\,\text{K}^{-1}$; $R_w = ?$

$\boldsymbol{R_w} = R_{20} \cdot (1 + \alpha \cdot \Delta\vartheta) = 3{,}5\,\Omega \cdot (1 + 4{,}7 \cdot 10^{-3}\,\text{K}^{-1} \cdot 40\,\text{K}) = 3{,}5\,\Omega \cdot (1 + 0{,}188) = \mathbf{4{,}158\,\Omega}$

Allgemeine Gesetzmäßigkeiten im elektrischen Stromkreis (Fortsetzung)

Spezifischer Widerstand ϱ, elektrische Leitfähigkeit γ, Temperaturkoeffizient α fester Stoffe bei 20 °C

Werkstoff	spez. Widerstand ϱ_{20} in $\Omega \cdot mm^2/m$	Leitfähigkeit γ_{20} in $m/\Omega \cdot mm^2$	Temperaturkoeffizient α in 10^{-3} 1/K	Werkstoff	spez. Widerstand ϱ_{20} in $\Omega \cdot mm^2/m$	Leitfähigkeit γ_{20} in $m/\Omega \cdot mm^2$	Temperaturkoeffizient α in 10^{-3} 1/K
Elemente							
Aluminium	0,0278	36,0	4,0	Molybdän	0,047	21,3	4,7
Antimon	0,42	2,38	5,1	Natrium	0,043	23,3	5,5
Bismut	1,21	0,83	4,2	Nickel	0,095	10,5	5,2
Blei	0,208	4,8	4,2	Platin	0,098	10,2	3,9
Cadmium	0,077	13,0	4,2	Quecksilber	0,94	1,063	0,99
Chrom	0,130	7,7	5,8	Silber	0,016	62,5	4,1
Cobalt	0,057	17,5	6,6	Tantal	0,15	6,67	3,6
Eisen	0,1	10,0	6,6	Titan	0,6	1,7	5,3
Germanium	900	0,0011	1,5	Uran	0,32	3,1	2,0
Gold	0,022	45,5	4,0	Vanadium	0,20	5,0	3,5
Kalium	0,07	14,3	5,4	Wolfram	0,055	18,2	4,7
Kupfer	0,0178	56,2	3,9	Zink	0,0625	16,0	4,2
Magnesium	0,044	22,7	4,0	Zinn	0,115	8,7	4,6
Mangan	0,049	20,4	5,9				
Legierungen und sonstige Stoffe							
Aldrey	0,033	30	3,6	Messing	0,062	16,1	1,6
Aluchrom	1,38	0,74	0,05	Nickelin	0,43	2,3	0,11
Chromnickel	11	0,9	0,2	Platinrhodium	0,20	5,0	1,7
Konstantan	0,49	2,04	–	Grafitkohle	20	0,05	−0,5
Manganin	0,43	2,3	–	Kohlenstoff	30	0,033	−0,4

Spezifischer Widerstand ϱ von Isolierstoffen bei 20 °C ($\Omega \cdot mm^2/m = 10^{-6}\ \Omega m$)

Werkstoff	Spezifischer Widerstand ϱ_{20} in Ωm	Werkstoff	Spezifischer Widerstand ϱ_{20} in Ωm
Benzol	$\approx 10^{15}$	Phenolharze	$\approx 10^{15}$
Bernstein	$\approx 10^{16}$	Plexiglas	$\approx 10^{13}$
Glas	$\approx 10^{12}$	Polyamid	$\approx 10^{10}$
Glimmer	$\approx 10^{14}$	Polypropylen	$\approx 10^{14}$
Hartgummi	$\approx 10^{15}$	Polystyrol	$\approx 10^{14}$
Holz (trocken)	$\approx 10^{12}$	Polyvinylchlorid	$\approx 10^{14}$
Keramik	$\approx 10^{12}$	Porzellan	$\approx 10^{14}$
Marmor	$\approx 10^{8}$	Quarz	$\approx 10^{12}$
Papier	$\approx 10^{15}$	Silikonöl	$\approx 10^{13}$
Paraffin	$\approx 10^{15}$	Wachs	$\approx 10^{12}$
Petroleum	$\approx 10^{11}$	Zelluloid	$\approx 10^{10}$

Elektrische Arbeit, elektrische Leistung, Wirkungsgrad (→ Arbeit, Leistung, Wirkungsgrad)

$$W = U \cdot Q$$

$$W = U \cdot I \cdot t$$

elektrische Arbeit

(→ mechanische Arbeit)

W	Überführungsarbeit (→ Arbeit)	Nm
U	elektrische Spannung	V
Q	überführte Ladung	C
I	Stromstärke	A
t	Zeitspanne	s

Die **Einheit der elektrischen Arbeit** ist **1 Ws** = 1 J = 1 Nm   1 kWh = 3 600 000 Ws = $3{,}6 \cdot 10^6$ Ws

$$P = \frac{W}{t}$$

$$P = U \cdot I$$

$$P = I^2 \cdot R = \frac{U^2}{R}$$

elektrische Leistung

P	elektrische Leistung	W
W	verrichtete Arbeit	Nm, J, Ws
t	Zeitspanne	s
U	elektrische Spannung	V
I	elektrische Stromstärke	A
R	elektrischer Widerstand	Ω

Allgemeine Gesetzmäßigkeiten im elektrischen Stromkreis (Fortsetzung)

$$\eta = \frac{W_{ab}}{W_{zu}}$$

$$\eta = \frac{P_{ab}}{P_{zu}}$$

Wirkungsgrad

η	Wirkungsgrad	1
W_{ab}	abgegebene Energie	Nm, J, Ws
W_{zu}	zugeführte Energie	Nm, J, Ws
P_{ab}	abgegebene Leistung	W, kW
P_{zu}	zugeführte Leistung	W, kW

Die Einheit der elektrischen Leistung ist **1 W** = 1 Watt = 1 J/s = 1 Nm/s
(→ Mechanischer Wirkungsgrad, Energieäquivalenz)

Bei elektrischen **Maschinen** versteht man unter **Nennleistung** die abgegebene Leistung, während man bei anderen **elektrischen Geräten** unter der **Nennleistung** die aufgenommene Leistung versteht.

2

Gesetzmäßigkeiten bei Widerstandsschaltungen

Parallelschaltung:

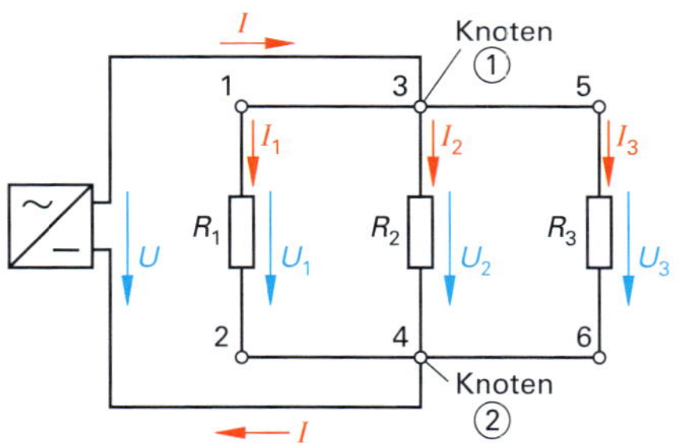

1. Kirchhoff'sches Gesetz: An jedem **Knotenpunkt** (s. Bild) ist die Summe der hinfließenden Teilströme (ΣI_{hin}) gleich der Summe der abfließenden Teilströme (ΣI_{ab}). Dieses Gesetz heißt auch **Knotenregel.**

R_1, R_2, R_3	parallel geschaltete Teilwiderstände	Ω
n	Anzahl der parallel geschalteten, gleich großen Teilwiderstände	
I_1, I_2	Teilströme	A
I	Gesamtstrom	A

$$U = U_1 = U_2 = U_3 = \ldots$$ **Gesamtspannung**

$$I = I_1 + I_2 + I_3 + \ldots$$ **Gesamtstromstärke**

$$\Sigma I_{hin} = \Sigma I_{ab}$$ **1. Kirchhoff'sches Gesetz**

$$G = G_1 + G_2 + G_3 + \ldots$$ **Gesamtleitwert**

$$\frac{1}{R} = \frac{1}{R_1} + \frac{1}{R_2} + \frac{1}{R_3} + \ldots$$ **Kehrwert des Gesamtwiderstandes**

$$R_{1,2} = \frac{R_1 \cdot R_2}{R_1 + R_2}$$ **Ersatzwiderstand** (bei zwei Widerständen)

$$R = \frac{R_1}{n}$$ **Ersatzwiderstand** (bei n-gleichen Teilwiderständen)

$$\frac{I_1}{I_2} = \frac{R_2}{R_1} \qquad \frac{I_1}{I} = \frac{R}{R_1} \qquad \frac{P_1}{P_2} = \frac{R_1}{R_2} \qquad \frac{W_1}{W_2} = \frac{R_1}{R_2}$$

Verhältnisse von Teilströmen, Teilwiderständen, Teilleistungen, Teilenergien **in der Parallelschaltung.**

Reihenschaltung:

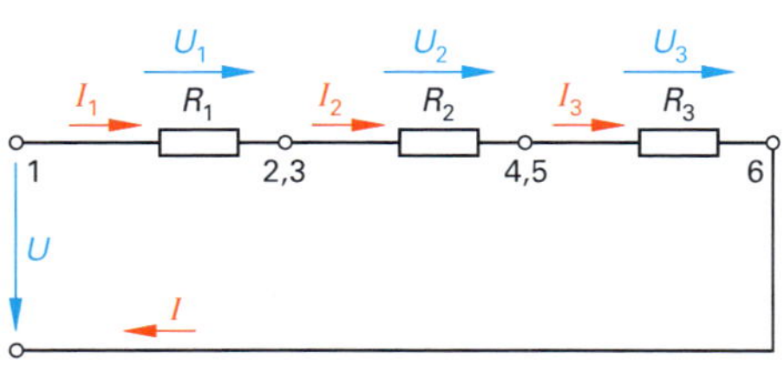

2. Kirchhoff'sches Gesetz: Bei der Reihenschaltung ist **Gesamtspannung** U gleich der **Summe der Teilspannungen** (U_1, U_2, U_3, ...).

R_1, R_2, R_3	in Reihe geschaltete Widerstände	Ω
n	Anzahl der in Reihe geschalteten, gleich großen Teilwiderstände R_1	1
U_1, U_2, U_3	Teilspannungen	V
P_1, P_2, P_3	Teilleistungen	W

$$I = I_1 = I_2 = I_3 = \ldots$$ **Gesamtstromstärke**

$$U = U_1 + U_2 + U_3 + \ldots$$ **Gesamtspannung**

$$R = R_1 + R_2 + R_3 + \ldots$$ **Gesamtwiderstand**

$$R = n \cdot R_1$$ **Gesamtwiderstand von** n-gleichen Widerständen

2

Gesetzmäßigkeiten bei Widerstandsschaltungen (Fortsetzung)

$$\Sigma U + \Sigma I_k \cdot R_k = 0$$

Maschenregel

In jedem **geschlossenen Kreis** (s. nebenstehendes Bild: **Masche)** eines Netzes ist die Summe der **Quellenspannungen** und der **Spannungsfälle** gleich Null.

Beispiel (s. nebenstehendes Bild):

$$U_{01} + U_{02} + U_{03} - U_1 - U_2 - U_3 = 0$$

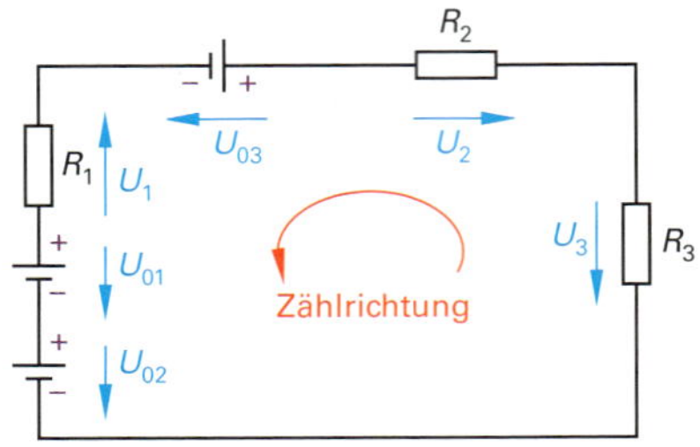

$$\frac{U_1}{U_2} = \frac{R_1}{R_2} \qquad \frac{U_1}{U} = \frac{R_1}{R} \qquad \frac{P_1}{P_2} = \frac{R_1}{R_2} \qquad \frac{W_1}{W_2} = \frac{R_1}{R_2}$$

Verhältnisse von Teilspannungen, Teilwiderständen, Teilleistungen und Teilenergien **in der Reihenschaltung.**

Gemischte Widerstandsschaltungen

Gesamtwiderstand bei der erweiterten Reihenschaltung (s. nebenstehendes Bild)

$$R = R_3 + \frac{R_1 \cdot R_2}{R_1 + R_2}$$

Gesamtwiderstand

R_1, R_2	parallel geschaltete Widerstände	Ω
R_3	in Reihe geschalteter Widerstand	Ω
R	Gesamtwiderstand	Ω

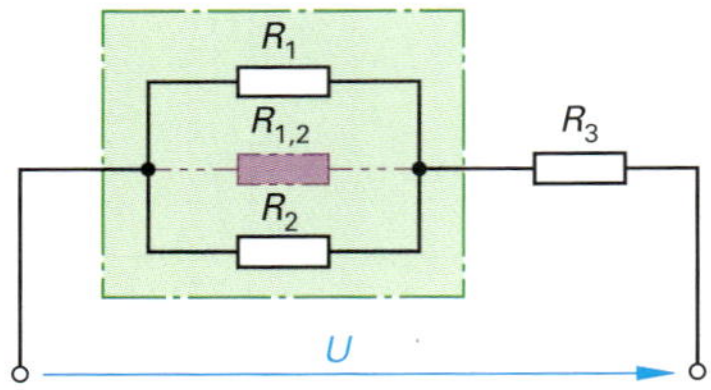

Gesamtwiderstand bei der erweiterten Parallelschaltung (s. nebenstehendes Bild)

$$R = \frac{R_3 \cdot (R_1 + R_2)}{R_1 + R_2 + R_3}$$

Gesamtwiderstand (bei zwei Widerständen)

R_1, R_2	in Reihe geschaltete Widerstände	Ω
R_3	parallel geschalteter Widerstand	Ω
R	Gesamtwiderstand	Ω

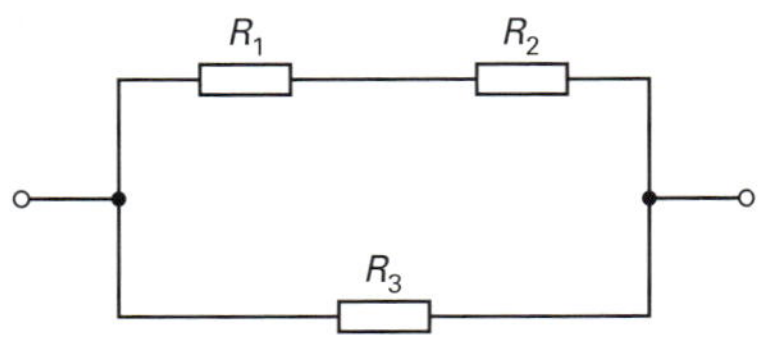

Spannungsteiler:

Unbelasteter Spannungsteiler (linkes Bild)

$$U_{20} = \frac{R_2}{R_1 + R_2} \cdot U$$

Leerlaufspannung

Belasteter Spannungsteiler (rechtes Bild)

$$U_{2L} = \frac{R_{2L}}{R_1 + R_{2L}} \cdot U$$

Teilspannung bei Belastung

$$R_{2L} = \frac{R_2 \cdot R_L}{R_2 + R_L}$$

Ersatzwiderstand

$$q = \frac{I_q}{I_L} = \frac{R_L}{R_2}$$

Querstromverhältnis

Damit die **Ausgangsspannung** möglichst konstant bleibt, muss das **Querstromverhältnis** q einen Wert zwischen 2 und 10 besitzen.

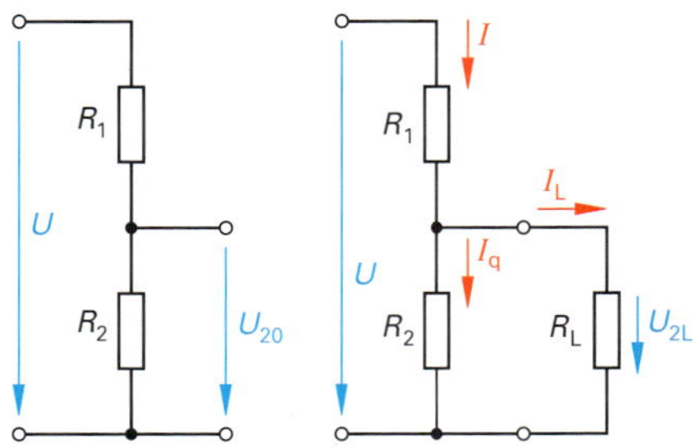

U_{20}	Leerlaufspannung	V
U_{2L}	Teilspannung bei Belastung	V
U	anliegende Gesamtspannung	V
R_L	Lastwiderstand	Ω
R_{2L}	Ersatzwiderstand von R_2 und R_L	Ω
R_1, R_2	Teilerwiderstände	Ω
q	Querstromverhältnis	1
I_q	Querstrom	A
I_L	Laststrom	A

Gesetzmäßigkeiten bei Widerstandsschaltungen (Fortsetzung)

Klemmenspannung und Innenwiderstand von Spannungserzeugern:

Bei Leerlauf ($I = 0$):

$$U = U_0$$ **Klemmenspannung**

Bei Kurzschluss ($R_L = 0$):

$$I_k = \frac{U_0}{R_i}$$ **Kurzschlussstrom**

Bei Belastung ($R_L > 0$): (s. nebenstehendes Bild)

$$U = U_0 - I \cdot R_i$$ **Klemmenspannung**

$$I = \frac{U_0}{R_L + R_i}$$ **Laststrom**

Die **Klemmenspannung** U ist stets kleiner als die Urspannung U_0, da bei einem Laststrom über den Innenwiderstand der Spannungsquelle ein Teil der Spannung bereits abfällt.

U	Klemmenspannung	V
U_0	Leerlaufspannung, Urspannung	V
I	Laststrom	A
I_k	Kurzschlussstrom	A
R_i	Innenwiderstand	Ω
R_L	Lastwiderstand	Ω

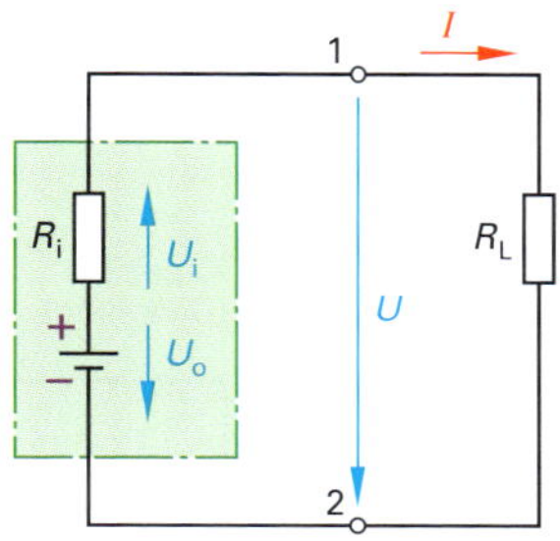

Stern-Dreieck-Umwandlung:

$$R_{1N} = \frac{R_{12} \cdot R_{13}}{R_{12} + R_{13} + R_{23}}$$

$$R_{2N} = \frac{R_{12} \cdot R_{23}}{R_{12} + R_{13} + R_{23}}$$

$$R_{3N} = \frac{R_{13} \cdot R_{23}}{R_{12} + R_{13} + R_{23}}$$

Dreieck-Stern-Umwandlung (s. nebenstehendes Bild)

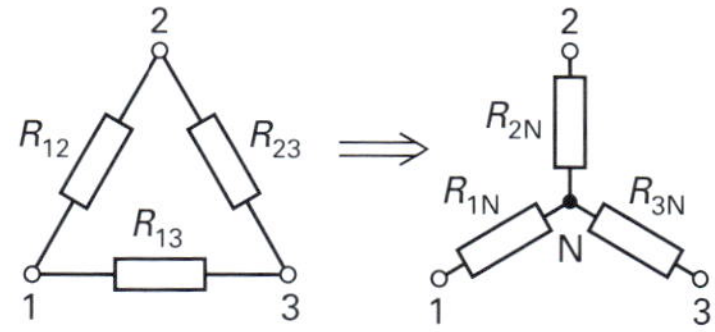

R_{1N}, R_{2N}, R_{2N} Widerstände in Sternschaltung
R_{12}, R_{13}, R_{23} Widerstände in Dreieckschaltung

$$R_{12} = \frac{R_{1N} \cdot R_{2N}}{R_{3N}} + R_{1N} + R_{2N}$$

$$R_{13} = \frac{R_{1N} \cdot R_{3N}}{R_{2N}} + R_{1N} + R_{3N}$$

$$R_{23} = \frac{R_{2N} \cdot R_{3N}}{R_{1N}} + R_{2N} + R_{3N}$$

Stern-Dreieck-Umwandlung (s. nebenstehendes Bild)

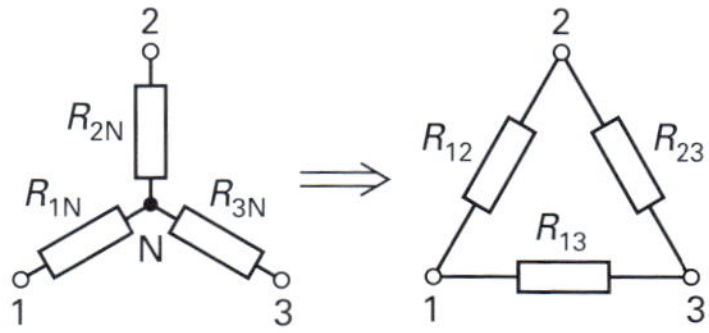

R_{1N}, R_{2N}, R_{2N} Widerstände in Sternschaltung
R_{12}, R_{13}, R_{23} Widerstände in Dreieckschaltung

Das elektrische Feld

Den Raum um eine felderzeugende Ladung Q, in dem andere elektrische Ladungen Kräfte erfahren, nennt man ein **elektrisches Feld.**

Die elektrische Feldstärke:

$$E = \frac{F}{Q}$$ **elektrische Feldstärke** (Definition)

$$E = \frac{U}{l}$$ **elektrische Feldstärke** (zwischen den Kondensatoren)

$$W = E \cdot Q \cdot I = Q \cdot U$$ **Überführungsarbeit**

E	elektrische Feldstärke	N/C, V/m
F	Kraft auf die elektrische Ladung	N
Q	elektrische Ladung	C
U	Spannung an den Kondensatorplatten	V
l	Plattenabstand	m
W	Überführungsarbeit	Nm, J, Ws
Q	überführte elektrische Ladung	C

2

Das elektrische Feld (Fortsetzung)

$$E = \frac{1}{4 \cdot \pi \cdot \varepsilon_0 \cdot \varepsilon_r} \cdot \frac{Q}{r^2}$$

elektrische Feldstärke (um Punktladung)

Das Coulomb'sche Gesetz

$$F = \frac{1}{4 \cdot \pi \cdot \varepsilon_0 \cdot \varepsilon_r} \cdot \frac{Q_1 \cdot Q_2}{r^2}$$

Kraft (zwischen zwei Punktladungen)

$$\varepsilon = \varepsilon_0 \cdot \varepsilon_r$$

Permittivität

E	elektrische Feldstärke im Abstand r	N/C, V/m
ε_0	elektrische Feldkonstante	As/(Vm)
ε_r	Permittivitätszahl (s. Tabelle unten)	1
Q	punktförmige elektrische Ladung	C
F	Kraft zwischen den Ladungen	N
Q_1, Q_2	punktförmige elektrische Ladungen	C
r	Abstand der beiden Punktladungen bzw. der beiden Kugelmittelpunkte	m

Gleichnamige Ladungen stoßen sich ab; ungleichnamige Ladungen ziehen sich an.

Kapazität:

$$C = \frac{Q}{U}$$

Kapazität (Definition)

C	Kapazität	F
Q	Ladung auf dem Kondensator	C
U	Spannung am Kondensator	V

$$1\ \text{F} = 1\ \frac{\text{C}}{\text{V}}$$

$$1\ \mu\text{F} = 10^{-6}\ \text{F}$$

$$1\ \text{nF} = 10^{-9}\ \text{F}$$

$$1\ \text{pF} = 10^{-12}\ \text{F}$$

Plattenkondensator:
Kapazität:

$$C = \varepsilon_0 \cdot \varepsilon_r \cdot \frac{A}{l}$$

$$\sigma = \frac{Q}{A}$$

$$D = \varepsilon_0 \cdot \varepsilon_r \cdot E$$

$$\sigma = D$$

→ **Flächenladungsdichte**

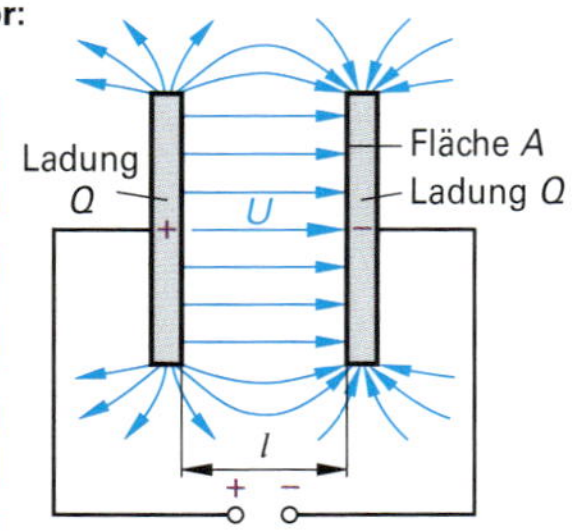

C	Kapazität	F
ε_0	elektrische Feldkonstante $\left(\varepsilon_0 = 8{,}854 \cdot 10^{-12}\ \frac{\text{As}}{\text{Vm}}\right)$	As/(Vm)
ε_r	Permittivitätszahl (Dielektrizitätszahl, s. Tabelle)	1
A	Plattenoberfläche	m^2
l	Plattenabstand	m
σ	Flächenladungsdichte	C/m^2
D	Verschiebungsdichte (elektrische Flussdichte)	C/m^2
Q	Ladung auf einer Kondensatorplatte	C
E	elektrische Feldstärke	N/C, V/m
C_{max}	Maximalkapazität des Drehkondensators	F
n	Anzahl der Platten	1
A'	wirksame Fläche einer Platte	m^2

Drehkondensator

$$C_{max} = (n-1) \cdot \varepsilon_0 \cdot \varepsilon_r \cdot \frac{A}{d}$$

Maximalkapazität des Drehkondensators

$$C = C_{max} \cdot \frac{A}{d}$$

Kapazität des Drehkondensators

Permittivitätszahlen von Isolierstoffen

Werkstoffe – Feste Stoffe	ε_r	Werkstoffe – Feste Stoffe	ε_r	Werkstoffe – Flüssigkeiten	ε_r
Acrylglas	3,1 bis 3,6	Plexiglas	3,4	Benzol	2,3
Aluminiumoxid	6 bis 9	Phenolharz	4 bis 5	Chlorophen	4 bis 5
Bariumtitanat	bis 3000	Phosphor	4,1	Isolieröl	2 bis 2,4
Bernstein	2,4 bis 2,9	Polyamid (PA)	3 bis 5	Petroleum	2 bis 2,2
Epoxidharz	3,7 bis 4,2	Polyethylen (PE)	2,3 bis 2,6	Rizinusöl	4,5
Glas	3 bis 16	Polycarbonat (PC)	2,8	Terpentinöl	2,3
Glimmer	5 bis 9	Polystyrol (PS)	2,3 bis 2,8	Wasser (rein)	81
Hartgummi	3 bis 4	Polyurethan (PUR)	3,4	**Gase**	
Hartpapier	3,5 bis 6	Polyvinylchlorid (PVC)	3,5 bis 4	Alle Gase haben einen ε_r-Wert von nahezu 1.	
Kautschuk	2,5	Porzellan	4 bis 6		
Keramik	> 10 000	Quarz	3,5 bis 4,8		

Elektrolytkondensatoren dürfen nur an eine Gleichspannungsquelle mit der angegebenen Polung (+, –) angeschlossen werden. Ihre großen Kapazitätswerte beruhen auf der sehr dünnen Oxidschicht als Dielektrikum.

Das elektrische Feld (Fortsetzung)

Weitere Kondensatorbauformen:
Kugelkondensator, Zylinderkondensator, Wickelkondensator (Metallpapier, Kunststofffolien) u.a.

Parallelschaltung von Kondensatoren:

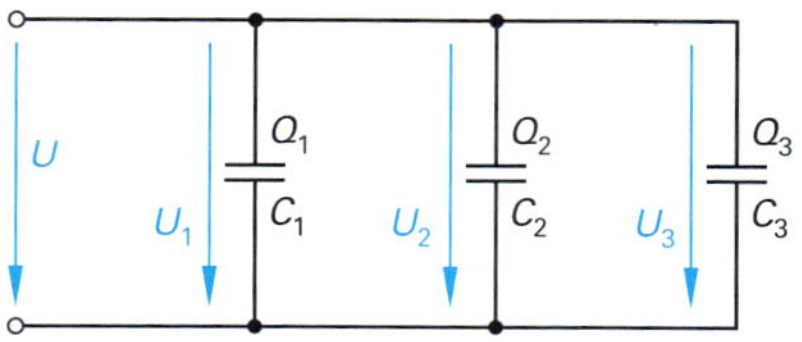

U	Gesamtspannung	V
U_1, U_2, U_3	Teilspannungen	V
C	Gesamtkapazität	F
C_1, C_2, C_3	parallel geschaltete Teilkapazitäten	F
Q	Gesamtladung	C
Q_1, Q_2, Q_3	elektrische Teilladungen	C
n	Anzahl der parallel geschalteten gleich großen Teilkapazitäten C_1	1

$$U = U_1 = U_2 = U_3 = \ldots$$ **Gesamtspannung**

Bei der **Parallelschaltung** ist die **Gesamtladung** gleich der Summe **aller Teilladungen.**

$$Q = Q_1 + Q_2 + Q_3 + \ldots$$ **Gesamtladung**

$$C = C_1 + C_2 + C_3 + \ldots$$ **Gesamtkapazität**

$$C = n \cdot C_1$$ **Gesamtkapazität bei *n*-gleichen Teilkapazitäten**

$$\frac{Q_1}{Q_2} = \frac{C_1}{C_2} \qquad \frac{Q_1}{Q} = \frac{C_1}{C}$$ **Verhältnisse von Teilladungen und Teilkapazitäten**

Reihenschaltung von Kondensatoren:

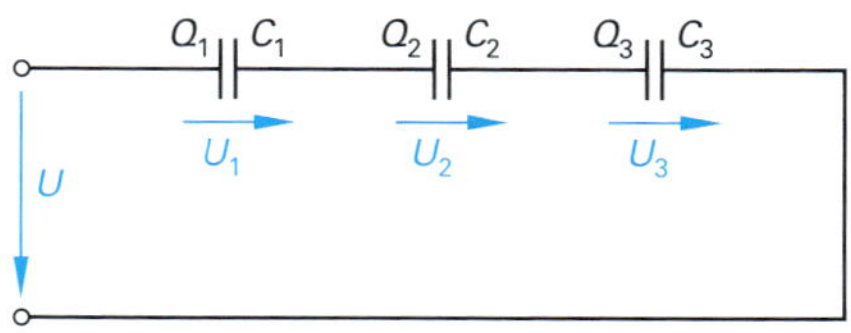

$$U = U_1 + U_2 + U_3 + \ldots$$ **Gesamtspannung**

$$Q = Q_1 = Q_2 = Q_3 = \ldots$$ **Gesamtladung**

$$\frac{1}{C} = \frac{1}{C_1} + \frac{1}{C_2} + \frac{1}{C_3} + \ldots$$ **Kehrwert der Gesamtkapazität**

$$\frac{U_1}{U_2} = \frac{C_2}{C_1} \qquad \frac{U_1}{U} = \frac{C}{C_1}$$ **Verhältnisse von Teilspannungen und Teilkapazitäten**

Bei der **Reihenschaltung** hat jeder Kondensator die gleiche **elektrische Ladungsmenge.**

$$C = \frac{C_1 \cdot C_2}{C_1 + C_2}$$ **Gesamtkapazität** (zwei Kondensatoren)

$$C = \frac{C_1}{n}$$ **Kehrwert der Gesamtkapazität**

Aufladung eines Kondensators:

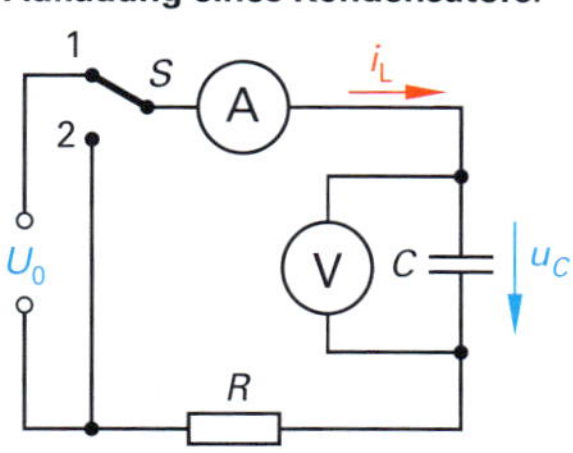

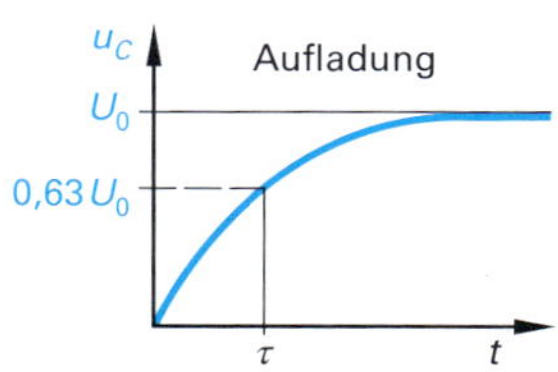

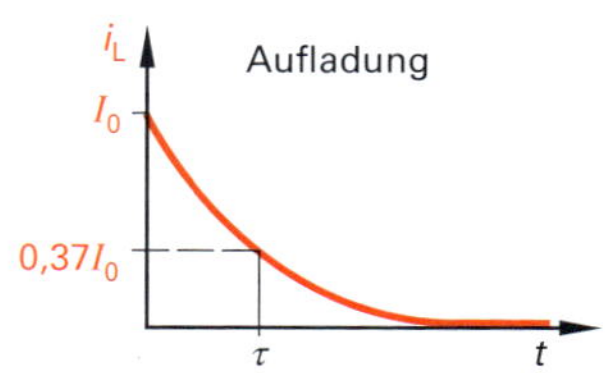

$$\tau = R \cdot C \qquad \tau_C = 5 \cdot \tau$$ **Zeitkonstante**

$$u_C = U_0 \cdot (1 - e^{-t/\tau})$$ **Spannung** (mittleres Bild)

$$i_L = I_0 \cdot e^{-t/\tau}$$ **Ladestrom** (rechtes Bild)

$$I_0 = \frac{U_0}{R}$$ **Maximalstrom**

$$q_C = C \cdot u_C$$ **Ladung auf dem Kondensator**

τ	Zeitkonstante	s
τ_C	Ladezeit, Entladezeit	s
u_C	Spannung am Kondensator	V
U_0	Ladespannung	V
e	Euler'sche Zahl = 2,71828...	1
t	Zeit nach Beginn des Ladevorgangs	s
I_0	Maximalstrom	A
q_C	Ladung auf dem Kondensator	C

Nach der Zeit τ ist der Kondensator zu 63,2 % und nach der Zeit $\tau_C = 5 \cdot \tau$ zu 99,3 % geladen.

2

Das elektrische Feld (Fortsetzung)

Entladung eines Kondensators:

$U_C = U_0 \cdot e^{-t/\tau}$	**Spannung** (linkes Bild)
$i_{EL} = I_0 \cdot e^{-t/\tau}$	**Entladestrom** (rechtes Bild)
$I_0 = \frac{U_0}{R}$	**Maximalstrom**
$q_C = C \cdot u_C$	**Ladung**

Nach der Zeit τ ist der Kondensator noch zu 36,8 % und nach der Zeit $\tau_C = 5 \cdot \tau$ noch zu 0,7 % geladen.

t	Zeit nach Beginn des Entladevorgangs	s
i_{EL}	Entladestromstärke	A

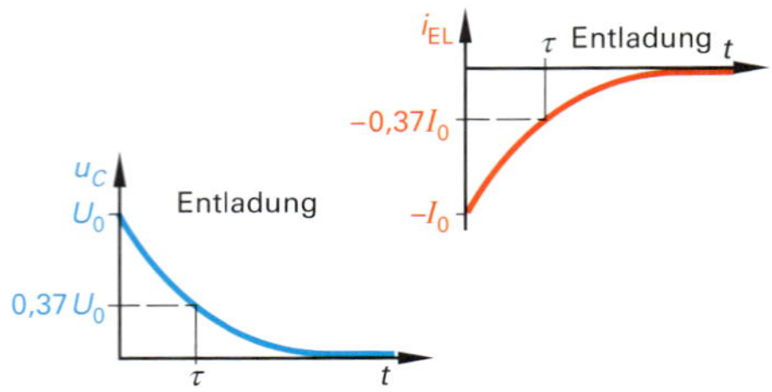

Das magnetische Feld

Grundgrößen

$\Theta = I \cdot N$	**elektrische Durchflutung**
$H = \frac{\Theta}{l}$; $H = \frac{I \cdot N}{l}$	**magnetische Feldstärke**
$U_m = H \cdot l$; $U_m = I \cdot N$	**magnetische Spannung**
$\Phi = B \cdot A$	**magnetischer Fluss**

1 Vs = 1 Wb (Weber); 1 Vs/m² = 1 T (Tesla)

Θ	elektrische Durchflutung	A
I	Stromstärke	A
N	Windungszahl der Spule	1
H	magnetische Feldstärke	A/m
l	Spulenlänge (lange Spule; Ringspule)	m
U_m	magnetische Spannung	A
Φ	magnetischer Fluss	Vs, Wb
B	magnetische Flussdichte	T, Vs/m²
A	vom magnetischen Fluss durchsetzte Fläche	m²
μ	Permeabilität	Vs/(Am)
μ_r	Permeabilitätszahl	1

Magnetische Flussdichte (magnetische Induktion):

$B = \frac{\Phi}{A} = \mu \cdot H$	**magnetische Flussdichte**
$\mu_0 = 4\,\pi \cdot 10^{-7}\,\frac{Vs}{Am}$	**magnetische Feldkonstante**
$\mu = \mu_r \cdot \mu_0$	**Permeabilität**
$\mu_0 = 1{,}256637 \cdot 10^{-7}\,\frac{Vs}{Am}$	**magnetische Feldkonstante**

Permeabilitätszahlen ausgewählter Werkstoffe

ferromagnetische Werkstoffe				nichtferromagnetische Werkstoffe			
hartmagnetische Werkstoffe	μ_r	weichmagnetische Werkstoffe	μ_r	paramagnetische Werkstoffe	μ_r	diamagnetische Werkstoffe	μ_r
AlNiCo 12/6	4 bis 5,5	Mumetall	140 000	Luft	1,000 0004	Silber	0,999 975
AlNiCo 35/5	3 bis 4,5	Permenorm	8 000	Aluminium	1,000 022	Zink	0,999 981
FeCoVCr11/2	2 bis 8	Trafoperm	35 000	Platin	1,000 360	Wasser	0,999 991

Die **Permeabilitätszahl μ_r bei para- und bei diamagnetischen Stoffen** ist von der magnetischen Feldstärke unabhängig und konstant.

Bei ferromagnetischen Stoffen besteht eine starke Abhängigkeit der Permeabilitätszahl von der **magnetischen Feldstärke.** Der Wert für $\mu_r = B/(\mu_0 \cdot H)$ kann der **Magnetisierungskurve** (s. nebenstehendes Bild) des betreffenden Stoffes entnommen werden.

ferromagnetische Stoffe: $\mu_r \gg 1$
paramagnetische Stoffe: $\mu \approx 1$, aber > 1
diamagnetische Stoffe: $\mu_r \approx 1$, aber < 1

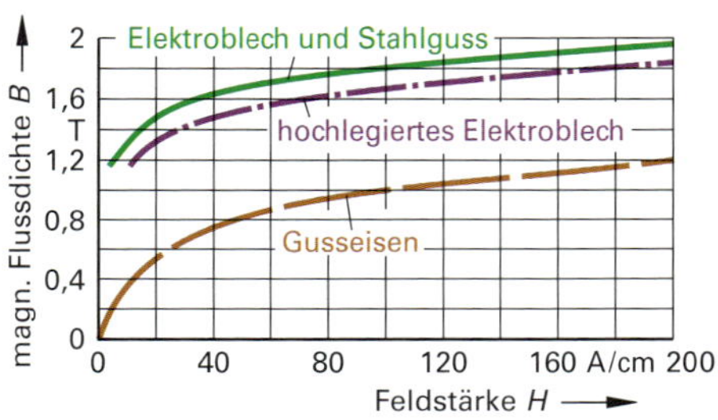

Das magnetische Feld (Fortsetzung)

Magnetischer Kreis:

$\Phi_{Fe} = \Phi_L$ **magnetischer Fluss**

$B_{Fe} = B_L$ **magnetische Flussdichte**

$\Theta = H_{Fe} \cdot l_{Fe} + H_L \cdot l_L$

$\Theta = \Theta_{Fe} + \Theta_L$

elektrische Durchflutung

$R_m = \frac{l}{\mu \cdot A}$

$R_m = \frac{l}{\mu_r \cdot \mu_0 \cdot A}$

magnetischer Widerstand

$R_{mges} = R_{mFe} + R_{mL}$ **gesamter magnetischer Widerstand**

$R_m = \frac{\Theta}{\Phi}$ **Ohm'sches Gesetz des magnetischen Kreises**

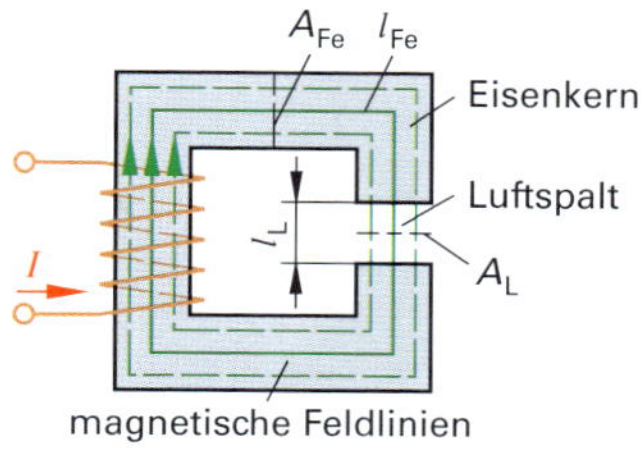

$\Phi_{Fe,L}$	magnetischer Fluss in Eisen (Luft)	Vs, Wb
$B_{Fe,L}$	magnetische Flussdichte in Eisen	T, Vs/m²
Θ	elektrische Durchflutung	A
$\Theta_{Fe,L}$	elektrische Durchflutung in Eisen	A
$H_{Fe,L}$	magnetische Feldstärke in Eisen (Luft)	A/m
$l_{Fe,L}$	mittlere Feldlinienlänge in Eisen (Luft)	m
R_m	magnetischer Widerstand	H^{-1}
μ	Permeabilität (magnetische Leitfähigkeit)	Vs/(Am)
l	mittlere Feldlinienlänge	m
R_{mFe}	magnetischer Widerstand des Eisenkerns	H^{-1}
R_{mL}	magnetischer Widerstand des Luftspalts	H^{-1}
μ_0	magnetische Feldkonstante (s. Seite 120)	H/m
μ_r	Permeabilitätszahl (s. Tabelle Seite 120)	1

Spezielle magnetische Felder

$H = \frac{I \cdot N}{l}$ **magnetische Feldstärke** H im Inneren einer stromdurchflossenen, langgestreckten Zylinderspule (Stromstärke I) der Länge l mit der Windungszahl N

$H = \frac{I}{2\pi \cdot r}$ **magnetische Feldstärke** H im Abstand r von einem geraden stromführenden Leiter (Stromstärke I)

Kraft auf stromdurchflossene gerade Leiter im Magnetfeld

$F = B \cdot I \cdot l$ **Kraft** ($B \perp I$)

$F = B \cdot I \cdot l \cdot \sin \varphi$ **Kraft**

$B_S = B \cdot \sin \varphi$ **magnetische Flussdichte**

$F = B_S \cdot I \cdot l$ **Kraft**

$l_W = l \cdot z$ **wirksame Leiterlänge**

$F = B_S \cdot I \cdot l \cdot z = B_S \cdot I \cdot l_w$ **Kraft**

F	→ Kraft	N
I	Stromstärke	A
l	Länge des Leiters im Magnetfeld	m
B	magnetische Flussdichte	T, Vs/m²
φ	Winkel zwischen A und B	Grad
B_s	Komponente der magnetischen Flussdichte senkrecht zum Leiter	T
z	Windungszahl	1
l_w	wirksame Leiterlänge	m

Motorregel: Treffen die **magnetischen Feldlinien** vom Nordpol kommend auf die Innenfläche der linken Hand, und zeigen die ausgestreckten Finger in Richtung des elektrischen Stromes I, so gibt der abgespreizte Daumen die Richtung der Ablenkkraft F auf den Leiter an (s. nebenstehendes Bild).

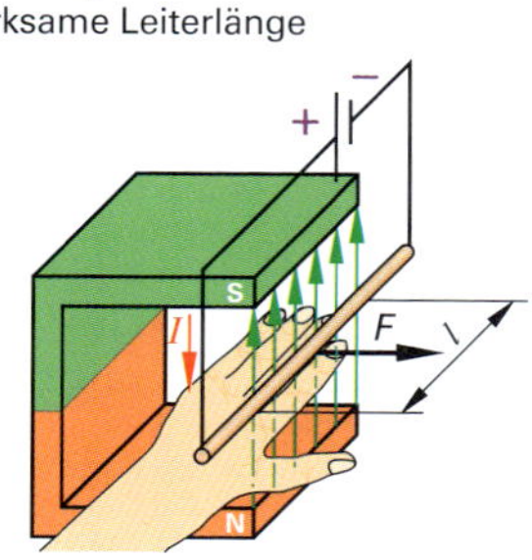

Tragkraft von Magneten:

$F = \frac{B^2 \cdot A}{2 \cdot \mu_0}$ **Haltekraft** in N

μ_0	magnetische Feldkonstante	Vs/(Am)
A	gesamte Magnetpolfläche	m²

Das magnetische Feld (Fortsetzung)

Kraft zwischen zwei parallelen stromdurchflossenen geraden Leitern:

$$F = \frac{\mu}{2\pi} \cdot \frac{I_1 \cdot I_2 \cdot l}{r}$$ **Kraft**

Die Kraft ist anziehend bei gleicher, abstoßend bei entgegengesetzter Stromrichtung.

Energie des homogenen magnetischen Feldes:

$$E = \frac{1}{2} \cdot H \cdot B \cdot V$$ **Energie**

$$w = \frac{E}{V} = \frac{1}{2} \cdot B \cdot H$$ **Energiedichte**

$$E = \frac{1}{2} \cdot L \cdot I^2$$ **Energie im Magnetfeld einer langen Spule**

F	→ Kraft	N
I_1, I_2	Stromstärken durch beide Leiter	A
l	Leiterlänge	m
r	Leiterabstand ($r \ll l$)	m
μ	Permeabilität	Vs/(Am)
V	Volumen des betrachteten Feldes	m^3
w	Energiedichte	Ws/m^3

2

Elektromagnetische Induktion

Induktion durch magnetische Flussänderung:

$$u_i = -N \cdot \frac{\Delta\Phi}{\Delta t}$$ **Induktionsspannung** (bei linearer Flussänderung)

$$u_i = -L \cdot \frac{\Delta i}{\Delta t}$$ **Induktionsspannung** durch Stromänderung

$$L = \frac{N^2 \cdot \mu_0 \cdot \mu_r \cdot A}{l}$$ **Induktivität**

$$\Phi = B \cdot A$$ **magnetischer Fluss**

$$u_i = B \cdot \frac{\Delta A}{\Delta t}$$ **Induktionsspannung** (bei Flächenänderung)

$$u_i = A \cdot \frac{\Delta B}{\Delta t}$$ **Induktionsspannung** (bei Flussdichteänderung)

Induktion durch Bewegung eines Leiters im Magnetfeld:

$$u_i = B \cdot v \cdot l \cdot z$$ **Induktionsspannung** ($v \perp B$)

$$u_i = B \cdot v \cdot l \cdot z \cdot \sin\varphi$$ **induzierte Spannung**

u_i	induzierte Spannung	V
$\Delta\Phi$	Flussänderung	Vs, Wb
Δt	Zeitdauer der Flussänderung	s
N	Windungszahl	1
Φ	magnetischer Fluss	Vs, Wb
B	magnetische Flussdichte	T, Vs/m^2
A	vom magnetischen Fluss durchsetzte Fläche	m^2
ΔA	Flächenänderung	m^2
ΔB	Flussdichteänderung	T, Vs/m^2
Δt	Zeitdauer der Flächen- bzw. der Flussdichteänderung	s
L	Induktivität	H, Vs/A
$\Delta i/\Delta t$	Stromänderungsgeschwindigkeit	A/s
N	Windungszahl	1
μ_0	magnetische Feldkonstante	H/m
μ_r	Permeabilitätszahl	1
l	mittlere Feldlinienlänge, Länge der Spule, wirksame Leiterlänge	m
L	Induktivität (H = Henry, 1 H = 1 Vs/A)	H, Vs/A
v	Geschwindigkeit	m/s
z	Zahl der bewegten Leiter	1
φ	Winkel zwischen B und v	Grad

Lenz'sche Regel:
Der durch die Induktion hervorgerufene **Induktionsstrom** ist stets so gerichtet, dass er seiner Ursache (Änderung des bestehenden Magnetfeldes bzw. Bewegung eines Leiters im Magnetfeld) entgegenwirkt.

Drei-Finger-Regel für die Induktion:
Daumen, Zeigefinger und Mittelfinger stellen die drei positiven Achsen eines rechtwinkligen Koordinatensystem dar. Weist der Daumen in Richtung der Ursache (Bewegungsrichtung des Leiters), der Zeigefinger in Richtung der magnetischen Feldlinien, so zeigt der Mittelfinger (Wirkung) in Richtung des induzierten Stromes.

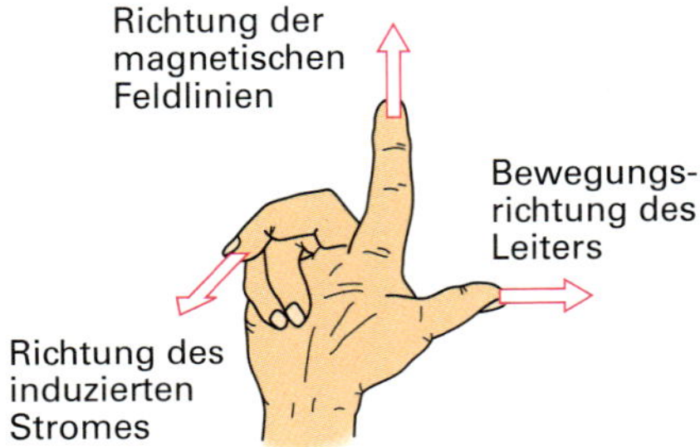

Statik

Unter dem Begriff „Technische Mechanik" versteht man üblicherweise die Gebiete Statik und Festigkeitslehre. Da die Priorität dieses Buches auf die Kälte- und Klimatechnik ausgerichtet ist, wird auf **Inhalte der Statik** verzichtet. Im Bedarfsfall kann der nebenstehende Hinweis eine wertvolle Hilfe sein. Die wichtigsten **Inhalte der Festigkeitslehre** finden Sie im nächsten Abschnitt.

Festigkeitslehre

2

Zug- und Druckspannung

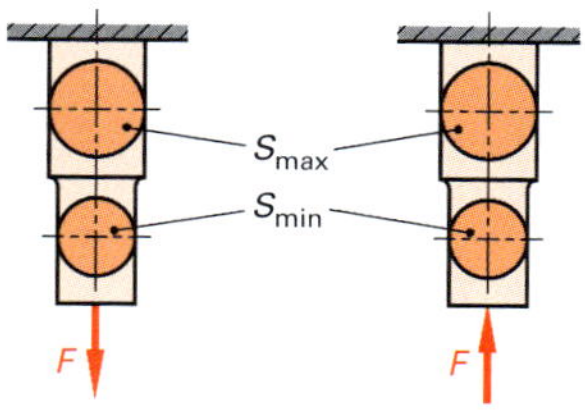

$\sigma_z = \frac{F}{S}$ in N/mm²	**Zugspannung** (linkes Bild)	
$\sigma_d = \frac{F}{S}$ in N/mm²	**Druckspannung** (rechtes Bild)	

Der **gefährdete Querschnitt** S_{gef} ist der Bauteilquerschnitt, der bei Belastung am ehesten zu Bruch geht.
Regel:
S = Querschnittsfläche
A = Oberflächen
→ **DIN 1304-1**:1994-03 und **DIN EN ISO 80000-3**:2021-12

In der kleinsten Querschnittsfläche S_{min} tritt die größte Zug- bzw. Druckspannung σ_{max} auf.
Zug- und Druckspannung sind **Normalspannungen,** d.h. $F \perp S$

Flächenpressung

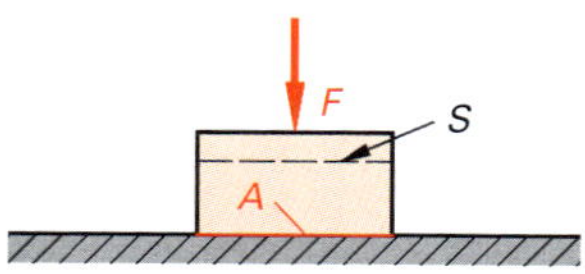

Flächenpressung ist die Druckspannung in N/mm² an den Berührungsstellen zweier Bauteile.

$$\sigma_{pvorh} = \frac{F}{A}$$

Ebene Flächenpressung in N/mm²

F	Anpresskraft	N
A	Oberfläche	mm²
S	Querschnittsfläche	mm²

Scherspannung

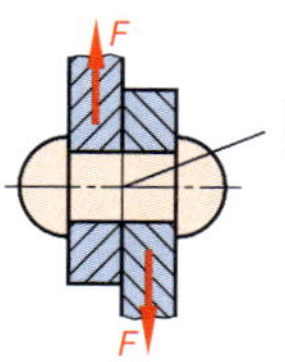

Die Scherspannung ist eine **Tangentialspannung,** d.h. $F \parallel S$

$$\tau_a = \frac{F}{S}$$

Scherspannung in N/mm²

F	Scherkraft	N
S	Scherquerschnitt	mm²

Scherquerschnitt, d.h. der **gefährdete Querschnitt**, ist der Bauteilquerschnitt, der im Zerstörungsfall durchtrennt wird.

Dehnung und Verlängerung

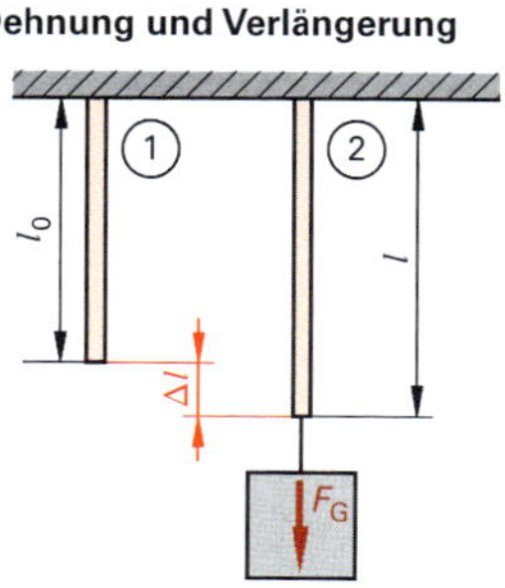

$\varepsilon = \frac{\Delta l}{l_0}$	**Dehnung**
$\varepsilon = \frac{\Delta l}{l_0} \cdot 100$	**Dehnung** in %
$\Delta l = l - l_0$	**Längenänderung** in mm
$\varepsilon = \frac{1}{E} \cdot \sigma^n$	**Bach-Schüle-Potenzgesetz**

Δl	Längenänderung	mm
l_0	Ausgangslänge	mm
l	Endlänge	mm
E	Elastizitätsmodul	N/mm²
σ	Spannung (Zug oder Druck)	N/mm²
n	Exponent	1

$n = 1$: Hooke, z.B. alle Stähle
$n < 1$: z.B. Leder, viele Kunststoffe
$n > 1$: z.B. GG, Cu, Steine, Mörtel

Hooke'sches Gesetz

$$\varepsilon = \alpha \cdot \sigma$$

$$\varepsilon = \frac{1}{E} \cdot \sigma = \frac{\sigma}{E}$$

In der oben genannten „Formel- und Tabellensammlung TECHNISCHE MECHANIK" finden Sie noch sehr viele und weitergehende Formeln, Tabellen und wertvolle Hinweise.

Papier-Endformate (Blattgrößen) (nach **DIN 476-2**:2008-02, **DIN EN ISO 216**:2007-12)

Ausgangsgröße bei der im technischen Zeichnen im allgemeinen verwendeten ISO-A-Reihe nach DIN ist A 0, ein Rechteck mit der Fläche von 1 m^2 = 1 000 000 mm^2 und dem Seitenverhältnis 1 : $\sqrt{2}$ bzw. 1 : 1,414. Die Formate A 1 bis A 10 entstehen jeweils durch Halbieren der längsten Seite des nächstgrößeren Formates.

Blattgröße nach DIN	Maße in mm	Blattgröße nach DIN	Maße in mm
A 0	841 x 1189	A 6	105 x 148
A 1	594 x 841	A 7	74 x 105
A 2	420 x 594	A 8	52 x 74
A 3	297 x 420	A 9	37 x 52
A 4	210 x 297	A 10	26 x 37
A 5	148 x 210		

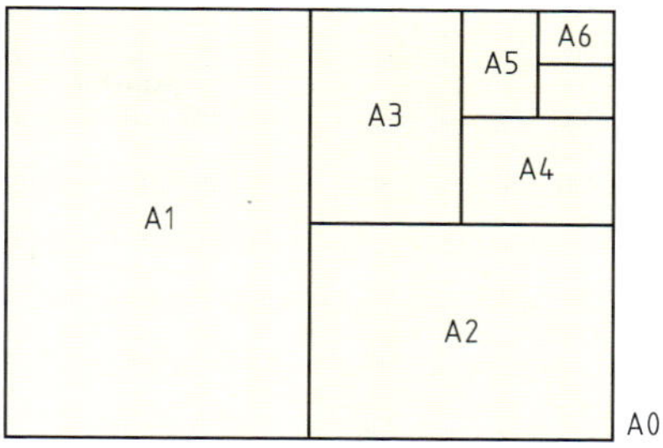

Die Blatt-Rohformate sind in der Regel etwas größer und werden nach Fertigstellung der Zeichnung auf das Normalformat geschnitten. Es ist zu beachten, dass das zur Verfügung stehende Zeichenfeld nochmals kleiner ist, da der Platzbedarf für einen Rand und für ein Schriftfeld abgezogen werden muss.

Maßstäbe (nach **DIN ISO 5455**:1979-12)

Natürliche Größe: **1 : 1**

Maßstäbe			
Vergrößerungen	Verkleinerungen		
2 : 1	1 : 2	1 : 50	1 : 1 000
5 : 1	1 : 2,5	1 : 100	1 : 5 000
10 : 1	1 : 5	1 : 200	1 : 10 000
20 : 1	1 : 10	1 : 500	
50 : 1			

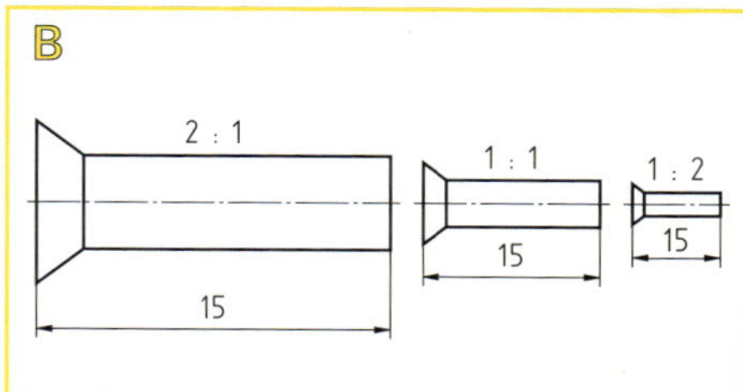

Linien in technischen Zeichnungen (**DIN EN ISO 128-2**:2023-06)

Für die einzelnen Linienarten sind nach DIN bestimmte Bedeutungen empfohlen. Innerhalb einer technischen Zeichnung sind den Linienarten außerdem je nach Bedeutung unterschiedliche Linienbreiten zugewiesen. Sie leiten sich aus der Körperkanten-Volllinie ab und bilden so eine Liniengruppe. Verhältnis extrabreite/breite/schmale Linien: 4:2:1 Für verfahrenstechnische Fließschemata und andere technische Zeichnungen gilt folgende Tabelle:

Wichtige (häufigste) Linienarten und zugeordnete Liniengruppen

Linienart	Bezeichnung	Liniengruppen					Beispiele
	Breite Volllinie	1,0	0,7	0,5	0,35	0,25	Hauptfließlinien (1,0), sichtbare Körperkanten, Gewindebegrenzungen
	Breite Strich-Punktlinie	1,0	0,7	0,5	0,35	0,25	Schnittverlauf bei Körperdarstellungen
	Strichlinie	0,5	0,35	0,25	0,18	0,13	Signalflusswege (bei EMSR-Stellenkreisen), nicht sichtbare Körperkanten, Teile von Apparatesymbolen
	Schmale Volllinie	0,5	0,35	0,25	0,18	0,13	Symbole für Apparate und Maschinen (0,5), Symbole für Armaturen und Zeichen für EMSR-Anlagen (0,25), Maß- und Maßhilfslinien, Schraffuren, Hinweis- und Bezugslinien
	Schmale Strich-Punktlinie	0,5	0,35	0,25	0,18	0,13	Mittellinien, Lochkreise
	Freihandlinie	0,5	0,35	0,25	0,18	0,13	Bruchlinien (→ Bauzeichnen)

Senkrechte Normschrift (Schriftform B, vertikal) (DIN EN ISO 3098-1:2015-06)

Die senkrechte Normschrift, Schriftform B, vertikal wird für die Beschriftung von Verfahrensfließbildern empfohlen und kann darüber hinaus auch für andere technische Zeichnungen verwendet werden.

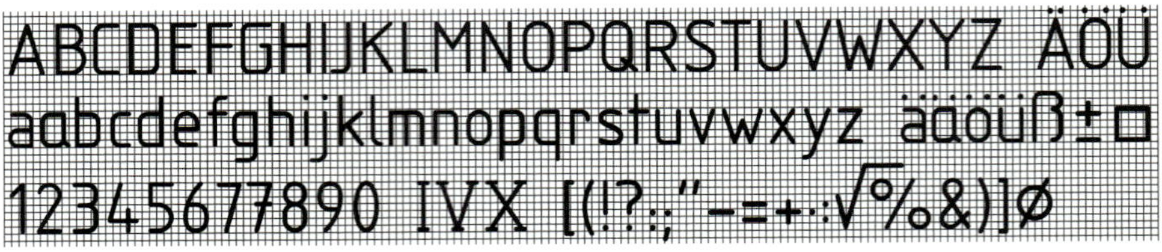

Schrifthöhe (Höhe *h* der Großbuchstaben): 10/10 *h*
Kleinbuchstaben (ohne Ober- und Unterlängen): 7/10 *h*; C Unter- und Oberlängen): 3/10 *h*
Grundlinienabstand: 19/10 *h* (mit diakritischen Zeichen), 15/10 *h* (ohne, 13/10 *h* (wenn nur Großbuchstaben).
Linienbreiten: 1/10 *h*, Abstand zwischen den Schriftzeichen: 2/10 *h*, Abstand zwischen Wörtern: 6/10 *h*
Nennmaße in mm: 1,8 2,5 3,5 5 7 10 14 20

Die Schrift nach **DIN EN ISO 3098-1** darf auch kursiv (um 75 °nach rechts gegenüber der Horizontalen geneigt) geschrieben werden.

Bei Verfahrensfließbildern wird empfohlen: Kurzzeichen für Apparate und Maschinen 5 mm, sonstige Beschriftung 2,5 mm.

3

Darstellung von Körpern

Darstellung in mehreren Ansichten nach DIN EN ISO 128-3:2022-02

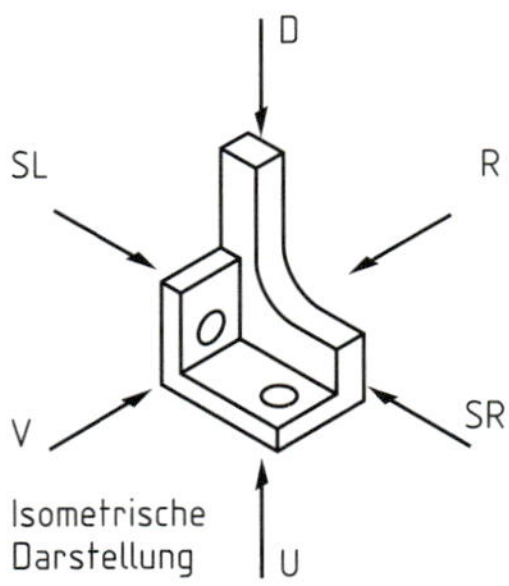

Es sollen stets nur so viele Ansichten dargestellt werden, wie unbedingt zum Erkennen des Körpers und zur Bemaßung erforderlich sind. Dabei sind die Ansichten so zu wählen, dass möglichst wenig verdeckte Kanten darzustellen sind.

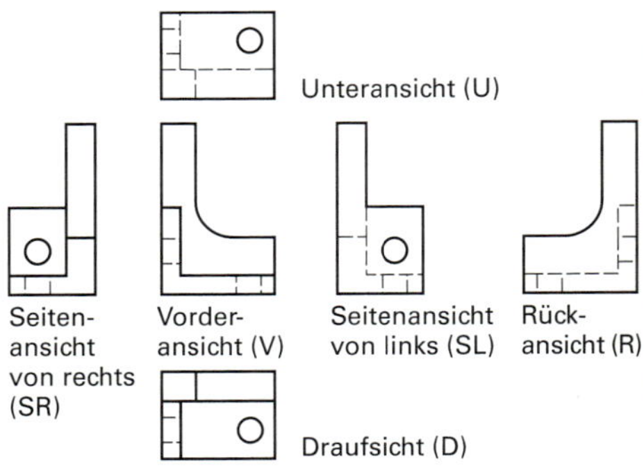

Isometrische Projektion nach DIN ISO 5456-3: 1998-04 (→ Fließbilder, Rohrschemen)

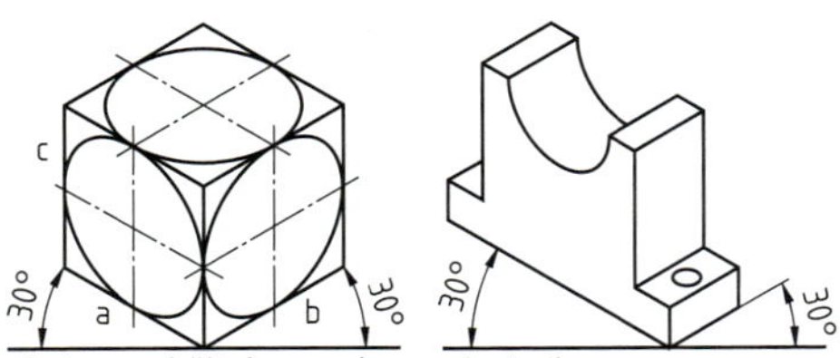

Seitenverhältnis: a : b : c = 1 : 1 : 1

Dimetrische Projektion nach DIN ISO 5456-3: 1998-04

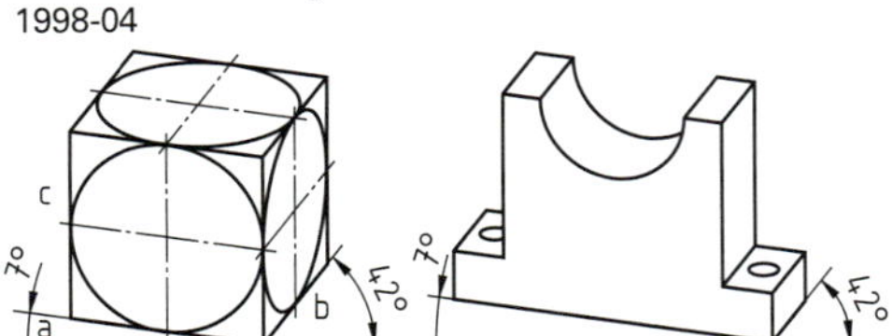

Seitenverhältnis: a : b : c = 1 : $^1/_2$: 1

Schnittdarstellung

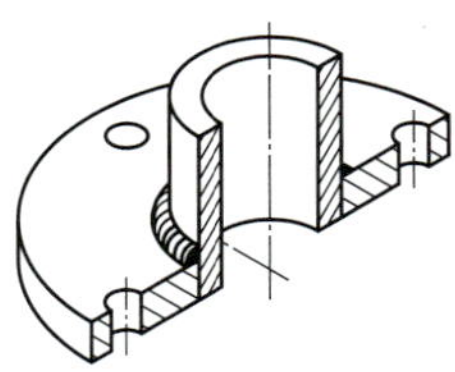

Schnittflächen werden mit dünnen Volllinien schraffiert (45° zur Achse oder zu einer Hauptumrisskante).

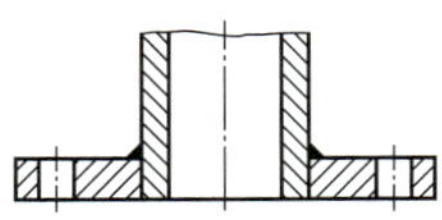

Die Schnittflächen verschiedener Körper, die aneinanderstoßen, werden entgegengesetzt und/oder verschieden weit schraffiert.

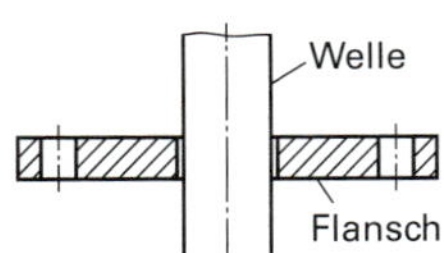

Vollkörper (z. B. Wellen, Niete, Schrauben) werden in Längsrichtung nicht geschnitten.

Maßeintragungen

(nach **DIN EN ISO 129-1**:2022-02)

Anmerkungen	Ausführungsbeispiele

Maßlinien

Maßlinien werden bei Längenmaßen parallel zur bemaßenden Länge eingetragen (Bild 1).

In bestimmten Fällen dürfen die Maßlinien abgebrochen gezeichnet werden, z. B. wenn nur eine Hälfte eines symmetrischen Gegenstandes dargestellt ist oder die Bezugspunkte von Maßen sich nicht mehr in der Zeichenfläche befinden (Bild 2, 9, 10 u. 13).

Bei unterbrochen gezeichneten Körpern wird die Maßlinie nicht unterbrochen (Bild 3).

Maßlinien sollen sich untereinander und mit anderen Linien möglichst nicht schneiden. Ist dies nicht vermeidbar, werden sie ohne Unterbrechung gezeichnet (Bild 4).

Maßhilfslinien

Maßhilfslinien werden bei Längenmaßen rechtwinklig zur zugehörigen Messstrecke eingetragen (Bild 4 u. a.).

Um Unübersichtlichkeiten zu vermeiden, dürfen die Maßhilfslinien schräg (vorzugsweise unter 60°) gezeichnet werden (Bild 5).

Maßhilfslinien dürfen unterbrochen werden, wenn ihre Fortsetzung eindeutig zu erkennen ist.

Bei Winkelmaßen werden die Maßhilfslinien als Verlängerung der Schenkel des Winkels konstruiert, wobei auch der Scheitelwinkel eingetragen werden kann (Bild 4, 6 u. a.).

Auseinanderliegende Körperelemente, die gleiche Maße besitzen, dürfen zur Verdeutlichung mit einer gemeinsamen Maßhilfslinie verbunden werden (Bild 7).

Maßlinienbegrenzung

Regelfall: *geschwärzter Pfeil*

Abweichend davon wird bei rechnerunterstützt angefertigten Zeichnungen ein *offener Pfeil* verwendet und bei Platzmangel ein *Punkt* oder ein *Kreis* (Bild 8). Fachbezogen (→ Bauzeichnungen) kann auch ein *Schrägstrich* gewählt werden.

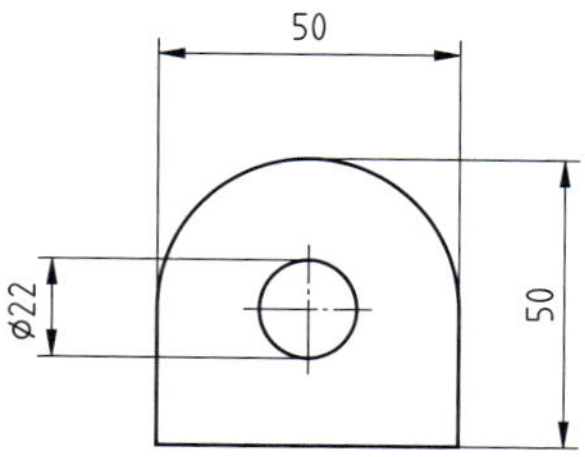

Bild 1

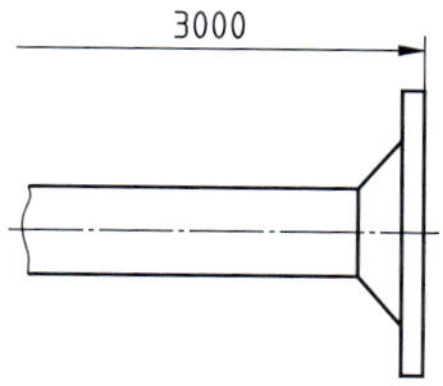

Bild 2

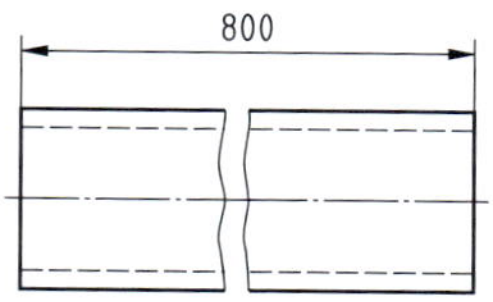

Bild 3

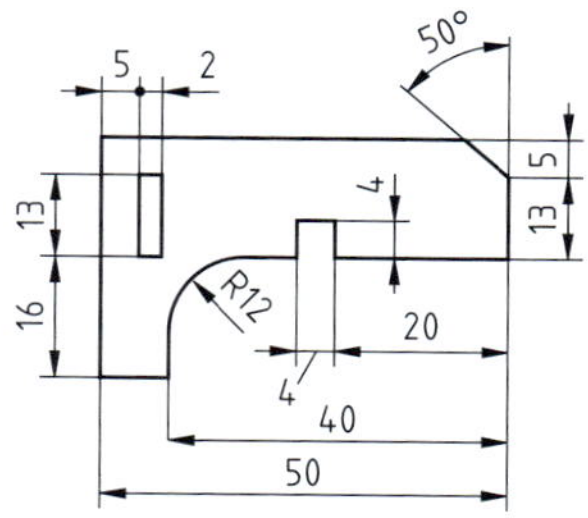

Bild 4

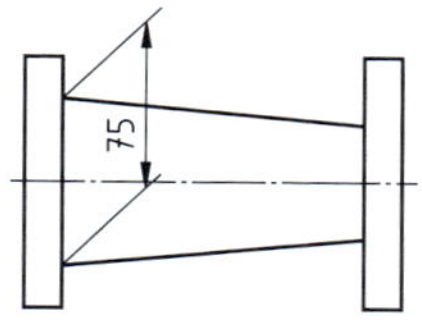

Bild 5

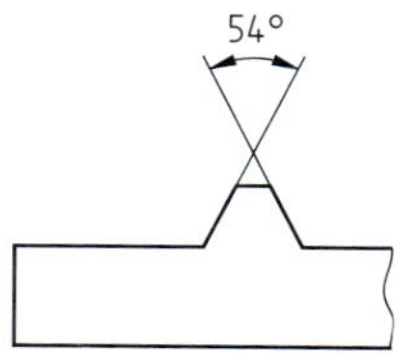

Bild 6

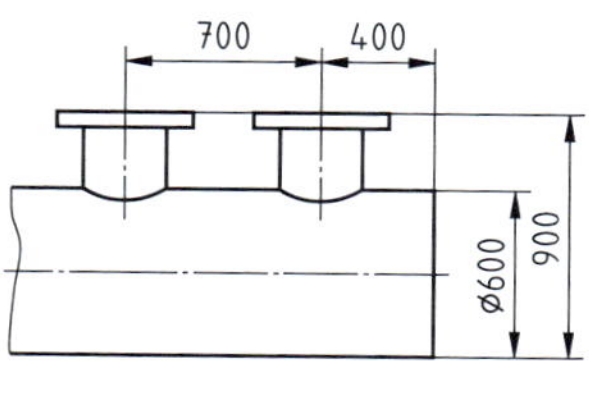

Bild 7

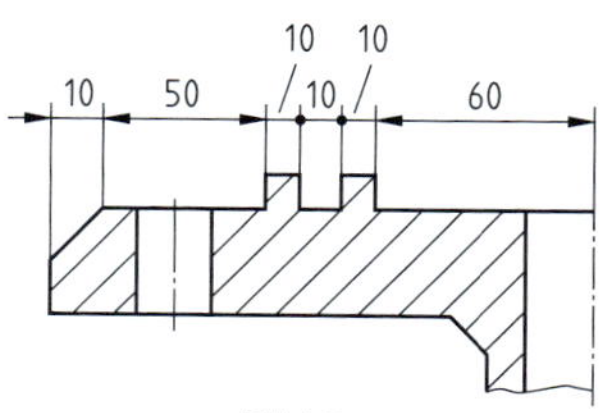

Bild 8

Maßeintragungen (Fortsetzung)

Anmerkungen	Ausführungsbeispiele

Maßwerte

Maßwerte sind bevorzugt in *zwei* Hauptleserichtungen einzutragen und zwar so, dass sie von *unten* und von *rechts* lesbar sind. Daneben wird parallel bzw. tangential zur Maßlinie bemaßt (Bild 9).

Die Maßwerte stehen in diesen Fällen über den Maßlinien. Die Maßlinien werden für den Eintrag der Maßwerte nicht unterbrochen.

Abweichend davon ist es zugelassen, Maßwerte in *einer* Hauptleserichtung einzutragen, und zwar in der Leselage des Schriftfeldes. In diesem Fall werden nichthorizontale Maßlinien (bevorzugt in der Mitte) für den Eintrag des Maßwertes unterbrochen (Bild 10).

3

Wenn bei der Parallelbemaßung der Platz über dem Maßwert nicht ausreicht, kann der Maßwert an einer Hinweislinie (Bild 4, 8, 9 u. 10) oder über der Verlängerung der Maßlinie (Bild 4 u. 14) eingetragen werden. Dabei ist es erlaubt, die Maßlinie abzuknicken (Bild 15, 21 u. 24).

Maßlinien bei Winkel und Bogenmaßen

Bei Winkel- und Bogenmaßen werden die Maßlinien als Kreisbogen um den Scheitelpunkt des Winkels bzw. um den Mittelpunkt des Bogens gezeichnet (Bild 4, 9, 10, 11 u. 24).

Ist das Winkelmaß nicht größer als 30°, so darf die Maßlinie als Gerade, annähernd senkrecht zur Winkelhalbierenden, eingetragen werden (Bild 13).

Maßwerte bei Winkeln

Es ist erlaubt, Winkelmaße ohne Unterbrechung der Maßlinie in Leselage des Schriftfeldes einzutragen (Bild 11).

Durchmesser

Vor die Maßwerte wird in jedem Fall das Durchmesserzeichen ⌀ gesetzt (Bild 7, 9, 10, 13 u. a.).

Bei Platzmangel dürfen die Durchmessermaße von außen an die Körperelemente gesetzt werden (Bild 15).

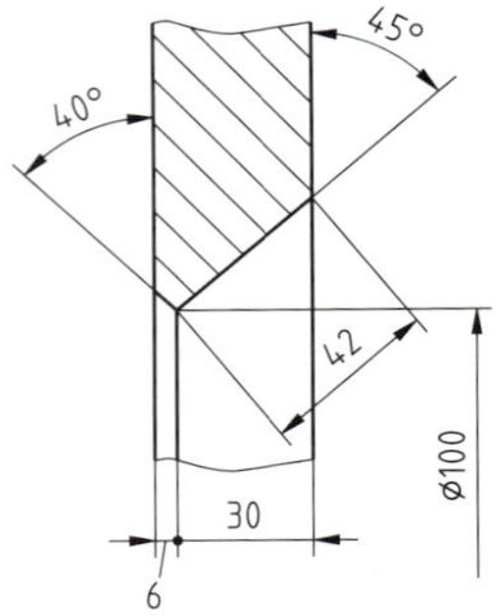

Bild 9

oder

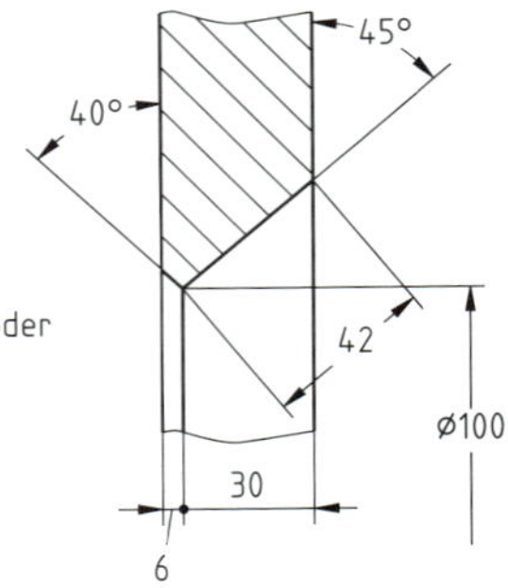

Bild 10

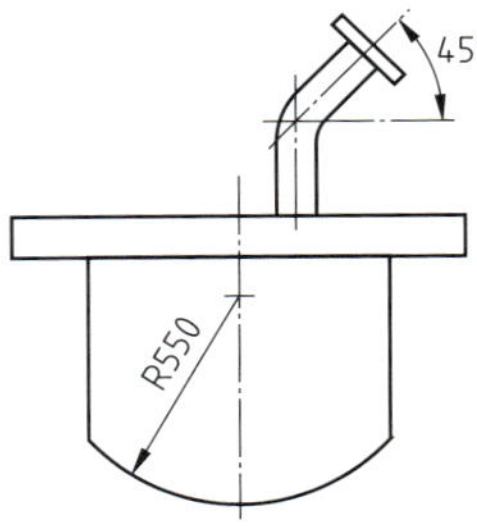

Bild 11

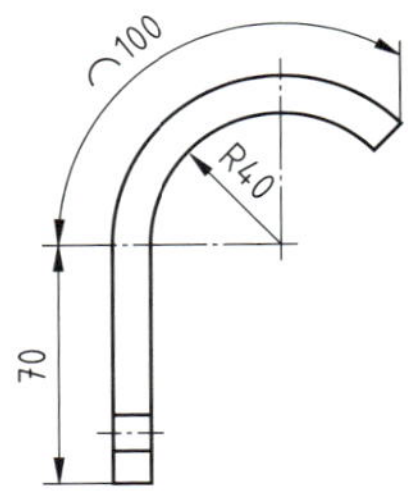

Bild 12

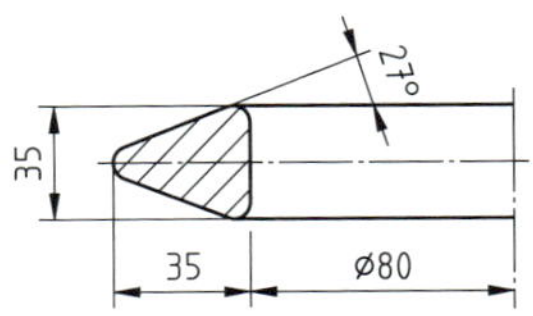

Bild 13

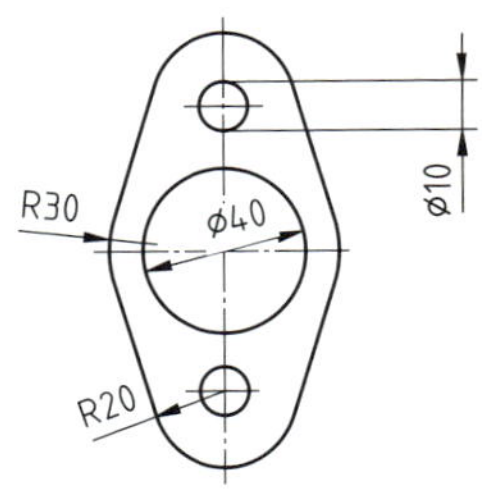

Bild 14

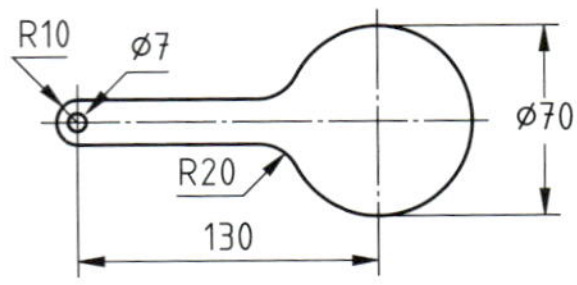

Bild 15

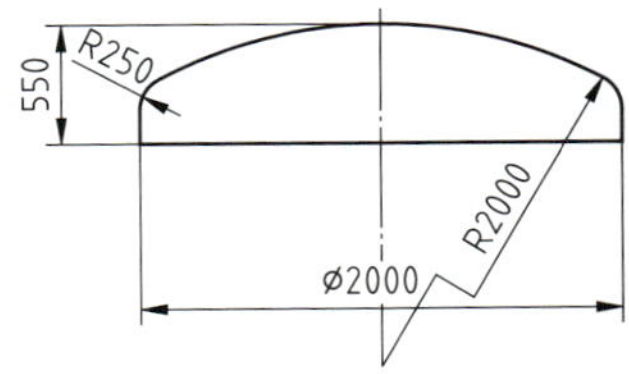

Bild 16

Maßeintragungen (Fortsetzung)

Anmerkungen	Ausführungsbeispiele

Radien

Bei Radien ist in jedem Falle der Großbuchstabe R vor die Maßzahl zu setzen (Bild 4, 11, 12 u. a.).

Die Maßlinien sind genau vom Radienmittelpunkt oder genau aus dessen Richtung kommend zu zeichnen und nur am Kreisbogen innerhalb oder außerhalb der Darstellung mit einem Pfeil zu versehen.

Maßlinien großer Radien, deren Mittelpunkt außerhalb der Zeichenfläche liegt, werden in zwei parallelen Abschnitten mit einem rechtwinkligen Knick gezeichnet, wobei die Maßwerte an den Abschnitt der Maßlinie geschrieben werden soll, der den Kreisbogen berührt und auf den Mittelpunkt gerichtet ist (Bild 16).

Kugeln

Vor die Durchmesser- oder Radiusangabe wird in jedem Falle der Großbuchstabe S geschrieben (Bild 17 u. 18).

Bögen

Bei Bögen wird das grafische Symbol ∩ vor den Maßwert gesetzt (Bild 12). Bei manueller Zeichnungserstellung darf der Bogen auch direkt über die Maßzahl gesetzt werden.

Quadrate und Rechtecke

Ebene Flächen werden von den nicht ebenen durch ein Diagonalkreuz unterschieden (Bild 20 u. 21).

Bei Quadraten erhalten die Maßwerte das Quadratzeichen □ als Vorsatz. Es wird nur eine Seitenlänge des Quadrates bemaßt (Bild 19, 20 u. 21).

Bei Rechtecken dürfen die Seitenlängen auf einer abgewinkelten Hinweislinie angegeben werden (Bild 21).

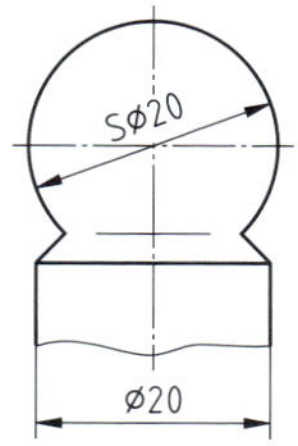

Bild 17

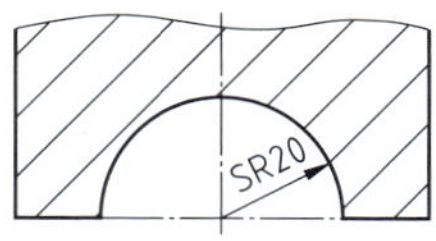

Bild 18

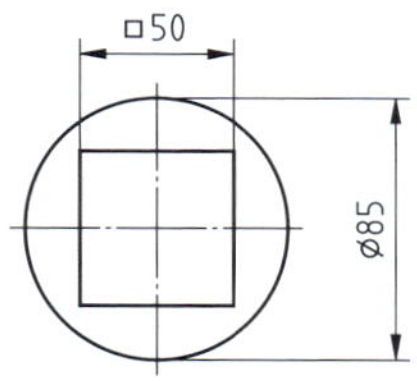

Bild 19

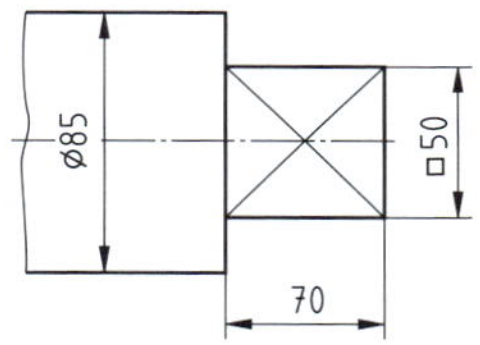

Bild 20

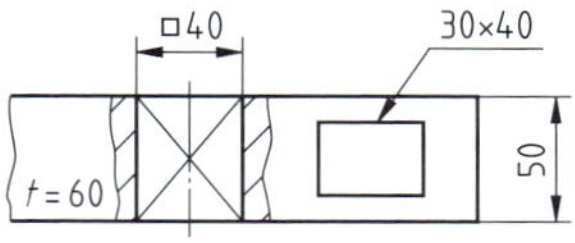

Bild 21

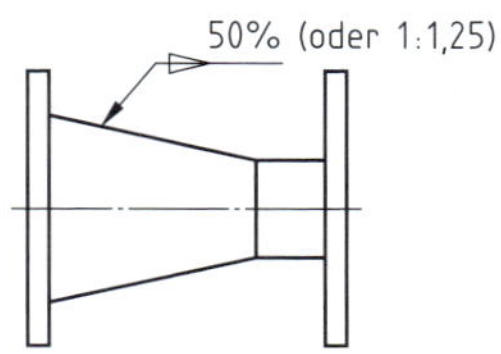

Bild 22

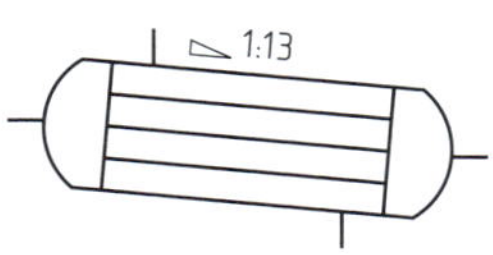

Bild 23

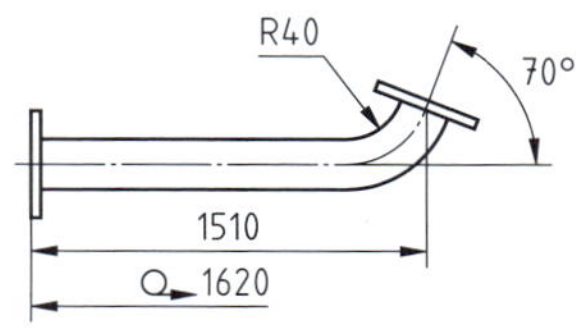

Bild 24

Symbole vor den Maßwerten

□	Quadrat	SW	Schlüsselweite	⊳	Kegelverjüngung $\left(\frac{1}{x} = \frac{d_1 - d_2}{L}\right)$, Bild 22
∅	Durchmesser	t=	Dicke	⊿	Neigung $\left(\frac{1}{x} = \frac{h_1 - h_2}{L}\right)$, Bild 23
R	Radius	h	Tiefe oder Höhe	○→	Gestreckte (entwickelte) Länge, Bild 24
S ∅	Kugel-Durchmesser	⌒	Bogenmaß	⊔	Zylindrische Aussenkung
SR	Kugel-Radius	↔	Zwischen	∨	Senkung
⌖	Ursprungssymbol	⊽	Tiefe		

3

Kennbuchstaben für Maschinen, Apparate, Geräte und Armaturen

(DIN EN ISO 10628-1 Beiblatt 1:2016-12)

Zur Erweiterung der Information und zur Apparatekennzeichnung und -nummerierung werden Kennbuchstaben (wenn erforderlich mit nachgestellter Zählnummer) verwendet.

3

Kennbuchstabe	Apparat, Maschine, Armatur	Kennbuchstabe	Apparat, Maschine, Armatur
BE	**Behälter/Tank** (z. B. Lagerbehälter mit gewölbten Böden, Container, Kugelbehälter)	DE	**Dampferzeuger, Ofen, Rückkühlapparat** (z. B. Dampfkessel)
BR	**Rührbehälter** (z. B. Rührreaktor)	FV	**Formgebungsmaschine** (vertikal arbeitend, z. B. Walzenpresse)
KO	**Kolonne mit Einbauten** (z. B. Füllkörperkolonne, Glockenbodenkolonne)	FH	**Formgebungsmaschine** (horizontal arbeitend, z. B. Schneckenpresse)
WT	**Wärmeaustauscher** (z. B. Rohrbündelwärmeaustauscher, Rieselkühler)	RW	**Rührer** (z. B. Propellerrührer)
TR	**Trockner** (z. B. Zerstäubungstrockner, Tellertrockner, Bandtrockner)	AM	**Kraftmaschine, Arbeitsmaschine** (z. B. Elektromotor, Turbine, Generator)
PL	**Flüssigkeitspumpe** (z. B. Kreiselpumpe, Membranpumpe, Strahlflüssigkeitspumpe)	WA	**Waage** (z. B. Kontrollwaage)
PC	**Kompressor, Verdichter, Vakuumpumpe** (z. B. Schraubenverdichter, Turboverdichter)	VV	**Armatur** (z. B. Ventil, Hahn, Schieber, Klappe)
PG	**Gebläse, Ventilator** (z. B. Ventilator allgemein)	VH	**Rückschlagarmatur** (z. B. Rückschlagventil)
FL	**Filter** (Flüssigkeits- oder Gasfilter, z. B. Nutschenfilter, Trommeldrehfilter, Filterpresse)	VY	**Armatur mit Sicherheitsfunktion** (z. B. Sicherheitsventil, Flammensperre)
		VC	**Regelventil**
SA	**Siebapparat oder Rechen** (z. B. Trommelsieb, Feinrechen)	VT	**Kondensatableiter** (z. B. Schwimmer-Kondensatableiter)
SB	**Abscheider** (z. B. Prallabscheider, Venturiwäscher, Eindicker)	VG	**Schauglas** (z. B. Lichtglas)
ZM	**Zerkleinerungsmaschine** (z. B. Schwingmühle, Kegelbrecher)	VF	**Sieb, Schmutzfänger** (z. B. Hutsieb)
MK	**Mischer / Kneter** (z. B. statischer Mischer)	VS	**Schalldämpfer**
ZE	**Zentrifuge** (z. B. Tellerzentrifuge)	VB	**Scheibe** (z. B. Blindscheibe)
ZE	**Zuteil- und Verteileinrichtung** (z. B. Zellradschleuse, Drehteller, Sprühdüse)	LP	**Rohr, Rohrleitung, Leitungskanal**
		LR	**Rohrleitungsteil**
TE	**Hebe-, Förder und Transporteinrichtung** (z. B. Bandförderer, Kettenförderer)	LS	**Schlauch**
		LU	**Kanal** (unterirdisch)
KT	**Kühlturm** (z. B. Nasskühlturm)	LT	**Rinne** (offen), Graben

Darstellung von Apparaten und Maschinen ohne genormtes graphisches Symbol

Existiert für einen Apparat oder eine Maschine kein genormtes grafisches Symbol, so können diese sinngemäß vereinfacht wiedergegeben oder durch ein Rechteck mit entsprechender eingeschriebener Bezeichnung dargestellt werden.

Nebenstehend sind als Beispiele Möglichkeiten für die Darstellung eines Schlaufenreaktors angegeben.

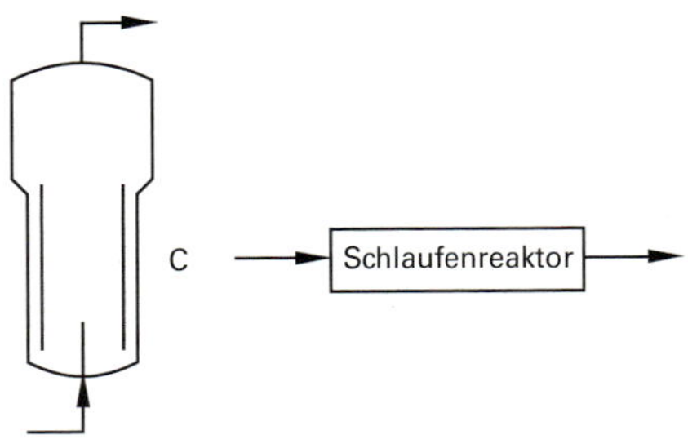

Fließbildarten und ihre Ausführung (nach **DIN EN 1861**:1998-07)

Fließbilder: Zeichnungen, die die Arbeitsweise, den Aufbau und die Funktion einer Kälteanlage oder Wärmepumpe mit Hilfe von grafischen Symbolen, Beschriftungen und alphanumerischen Kennzeichnungen vereinfacht darstellen.
Sie sind Bestandteil der gesamten technischen Dokumentation, die für Konstruktion, Bau, Aufstellung, Inbetriebnahme, Betrieb, Instandhaltung und Außerbetriebnahme einer Kälteanlage oder Wärmepumpe erforderlich sind.

Abhängig von Informationsgehalt und Darstellung werden zwei Arten von Fließbildern für Kälteanlagen und Wärmepumpen unterschieden: **Systemfließbild** und **Rohrleitungs- und Instrumentenfließbild (RI-Fließbild)**

Systemfließbild	RI-Fließbild
Darstellung einer Kälteanlage mittels grafischer Symbole für – Bauteile Die Bauteile sind durch Fließlinien miteinander verbunden. Die Linien (Fließlinien) stellen – Massenströme – Energieflüsse oder Energieträger dar (z.B. Rohre oder Kabel).	Darstellung der technischen Umsetzung einer Kälteanlage mittels grafischer Symbole für – Apparate – Maschinen – Rohrleitungen – Messen, Steuern, Regeln Das RI-Fließbild basiert auf dem Systemfließbild.
Grundinformationen (müssen enthalten sein) – Apparate und Maschinen – Bezeichnung und Durchflussmengen von Ein- und Ausgangsstoffen – Bezeichnung von → Kältemitteln, → Wärmeträgern, → Absorptionsmitteln, → Adsorptionsmitteln – charakteristische Betriebsbedingungen	**Grundinformationen** (müssen enthalten sein) – Benennung von → Kältemitteln, → Wärmeträgern, → Absorptionsmitteln, → Adsorptionsmitteln – charakteristische Betriebsbedingungen – Apparate, Maschinen, Rohrleitungen, Armaturen, Fittings, Antriebe – Kenngrößen der Bauteile (Angabe im Fließbild oder in getrennten Listen) – Nennweite, Nenndruckstufe, Werkstoff und Art der Rohrleitungen – Wärmedämmung – Messen, Steuern, Regeln – Sicherheitseinrichtungen
Zusatzinformationen (können enthalten sein) – Benennung und Durchflussmengen der → Fluide zwischen den Verfahrensschritten – lagegerechte Darstellung der Armaturen im Hinblick auf ihre Funktion – Aufgabenstellung für Messen, Steuern, Regeln an wichtigen Stellen – ergänzende Betriebsbedingungen – Kenngrößen der Bauteile (Angabe im Fließbild oder in getrennten Listen)	**Zusatzinformationen** (können enthalten sein) – Massenströme und Füllmengen von Kältemitteln und Wärmeträgern – Fließwege und Fließrichtungen – Daten für die Ausführung von Rohrleitungen, Apparaten, Armaturen, Wärmedämmung, Maschinen (Angabe im Fließbild oder in getrennten Listen)

Alle in den Fließbildern eingetragenen **Drücke sind Absolutdrücke,** wenn nicht anders angegeben.

Linienbreiten (→ Linienarten)

Die Linienbreiten bei Fließbildern sind auf das empfohlene Rastermaß (M) von M = 2,5 mm zu beziehen. Linienbreiten unter 0,25 mm (0,1 M) sind nicht anzuwenden.

– Hauptfließlinien	1,0 mm (0,4 M)
– grafische Symbole für Apparate und Maschinen – untergeordnete Fließlinien – Linien für Energieträgerleitungen – Rechtecke zur Darstellung von Grundoperationen	0,5 mm (0,2 M)
– grafische Symbole für Armaturen, Fittings und Rohrleitungszubehör – Symbole für Messen, Steuern, Regeln – Symbole für Sicherheitseinrichtungen – Steuer-, Regel-, Datenübertragungsleitungen – Bezugslinien – sonstige Hilfslinien	0,25 mm (0,1 M)

Der Abstand zwischen Fließlinien sollte mindestens 10 mm sein.

3

Fließbildarten und ihre Ausführung (Fortsetzung) (nach **DIN EN 1861**:1998-07)

Beschriftungen

Schriftform	**ISO 3098-2**:2000-05, Empfehlung: Schriftform B, vertikal	
Schriftgröße	Kenn-Nummern für Haupt-Anlagenteile mindestens 3,5 mm	
	Sonstige Beschriftungen mindestens 2,5 mm.	
Anordnung der Beschriftung	Anlagenteile	Kenn-Nummern sind eindeutig zuzuordnen, jedoch dürfen sie nicht in die grafischen Symbole hineingeschrieben werden. Weitere Angaben (Benennung, Nennvolumen, Druck, Werkstoff) können entweder unter die Kenn-Nummer gesetzt oder in getrennte Tabellen geschrieben werden.
	Fließlinien oder Rohrleitungen	Bei waagerechten Linien: oberhalb.
		Bei senkrechten Linien: links und parallel.
	Armaturen und Fittings	In unmittelbarer Nähe des Symbols, parallel zur Fließrichtung.
	Mess-, Steuer- und Regelfunktionen	**ISO 3511-1**:1977-07 und **ISO 3511-4**:1985-08
	Durchflüsse, Betriebsbedingungen, thermophysikalische Eigenschaften	*Entweder:* Eintragung in waagerecht liegende Rechtecke, die durch Bezugslinien mit den Bezugspunkten zu verbinden sind. *Oder:* Eintragung in eine gesonderte Tabelle.
	SI-Einheiten	SI-Einheiten nach **DIN EN ISO 80000-1, -3**:2023-08.

Fließrichtung

Zur Angabe des Ein- und Ausganges von **Stoffflüssen in das bzw. aus dem Fließbild** sind Ein- und Ausgangspfeile nach **ISO 80416-2**:2001-07 zu verwenden.

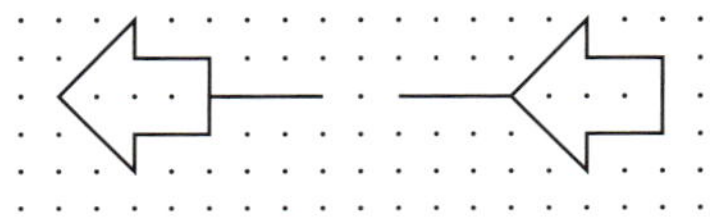

Ausgang Eingang

Zur Angabe der Fließrichtung von **Stoffflüssen innerhalb des Fließbildes** müssen Pfeile in die Linie eingefügt werden. Die Pfeile sind nur **am Eintritt zu Apparaten** und Maschinen (ausgenommen Pumpen) und **vor Rohrleitungsabzweigungen** zu setzen. Sie dürfen die Kontur der grafischen Symbole nicht berühren.

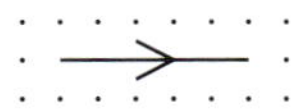

Fließrichtung nach rechts

Auswahl der grafischen Symbole (nach **DIN EN 1861**:1998-07)

Die grafischen Symbole werden in Sachgruppen eingeteilt. Sie werden in eine ISO-Grundreihe und eine kältetechnische Reihe mit Anwendungsbeispielen eingeordnet.

Sachgruppen

1	Rohrleitungen
2	Absperrventile
3	Rückflussverhinderer
4	Regelventile
5	Ventile/Fittings mit Sicherheitsfunktion
6	Stellantriebe
7	Rohrleitungsteile
8	Behälter
9	Behälter mit Einbauten
10	Einrichtungen zum Heizen oder Kühlen
11	Wärmetauscher (Wärmeaustauscher)
12	Filter, Filtertrockner, Flüssigkeitsfilter
13	Abscheider
14	Rührer
15	Flüssigkeitspumpen
16	Verdichter, Vakuumpumpen, Ventilatoren
17	Hebe-, Förder- und Transporteinrichtungen
18	Waagen
19	Verteileinrichtungen
20	Motoren, Kraftmaschinen, Antriebsmaschinen

Anmerkungen

- Anwendungsgröße für Fließbilder (Rastermaß M = 2,5 mm) dargestellt.
- Die bevorzugten Verbindungen von Fließlinien mit dem grafischen Symbol werden durch ——Ⓐ angegeben. Es zeigt die bevorzugte Richtung des Anschlusses der Fließlinien (Rohrleitungen) an das Symbol.
  ——Ⓐ ist nicht Bestandteil des grafischen Symbols.
- Das Raster ist Anhalt für die Proportionen des grafischen Symbols.
- Grafische Symbole **dürfen gedreht und gespiegelt werden,** sofern sie nicht lageabhängig sind.
- Die **Symbole** unterschiedlicher Sachgruppen **können kombiniert** werden, sodass sich eindeutigere Symbole ergeben.

Auswahl der grafischen Symbole (Fortsetzung) (nach **DIN EN 1861**:1998-07)

Sachgruppe 1: Rohrleitungen, kältetechnische Reihe

Kältemittel, Hauptkreislauf

Kältemittel, Nebenkreislauf

Wärmeträger

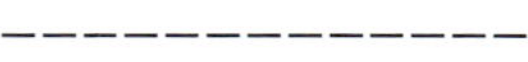

Kühlwasser für Verflüssiger

Sonstige Stoffe (z.B. Öl)

zu kühlender oder zu erwärmender Stoff (Wasser)

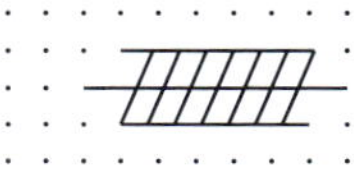
Wärmedämmung

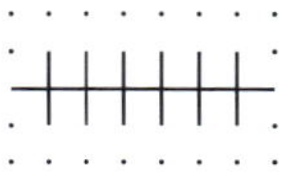
Wirklinie

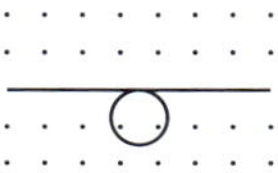
Kapillare

Schlauchleitung

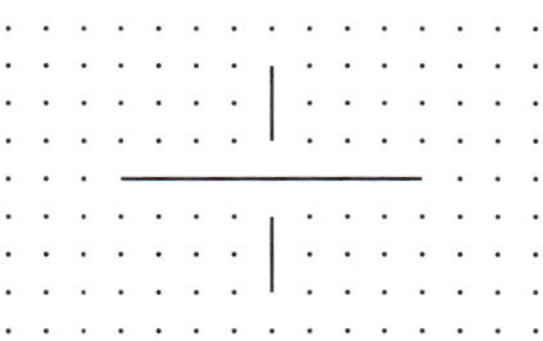
Überschneidung von Fließlinien ohne Verbindung

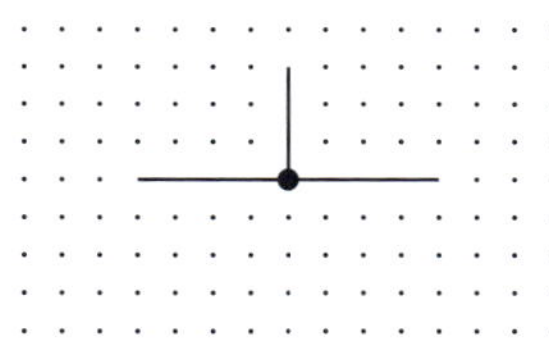
T-förmige Verbindung

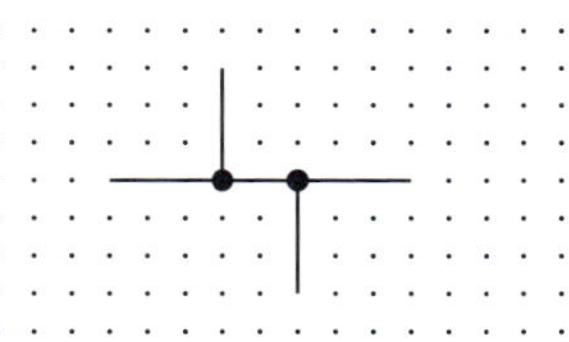
kreuzförmige Verbindung, versetzt

Sachgruppe 2: Absperrventile, kältetechnische Reihe

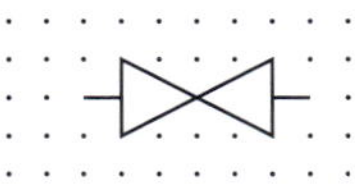
Ventil, allgemein

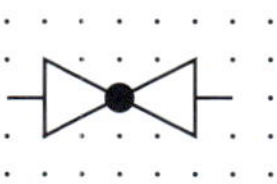
Ventil

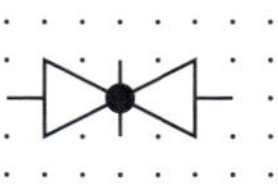
Schieber

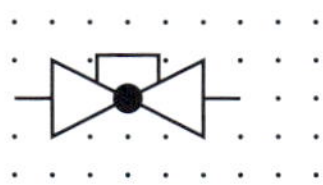
Absperrventil, Durchgangsform gegen unbefugte Betätigung gesichert

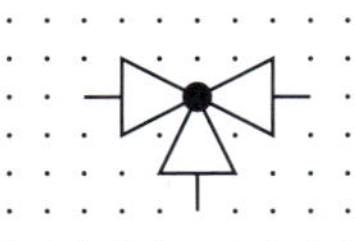
Dreiwegeventil, allgemein

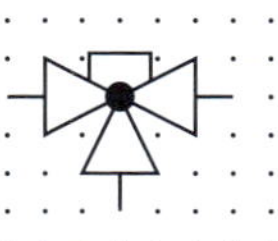
Dreiwegeventil, gegen unbefugte Betätigung gesichert

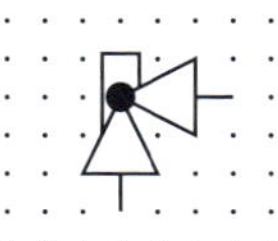
Absperrventil, Eckform gegen unbefugte Betätigung gesichert

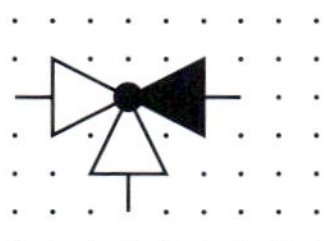
Wechselventil, schwarze Seite geschlossen

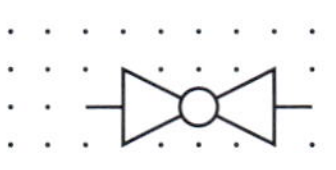
Kugelhahn

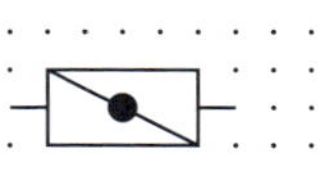
Klappe

Symbole dürfen gedreht und gespiegelt werden, sofern sie nicht lageabhängig sind.

3

Auswahl der grafischen Symbole (Fortsetzung) (nach **DIN EN 1861**:1998-07)

Sachgruppe 2: Absperrventile, kältetechnische Reihe

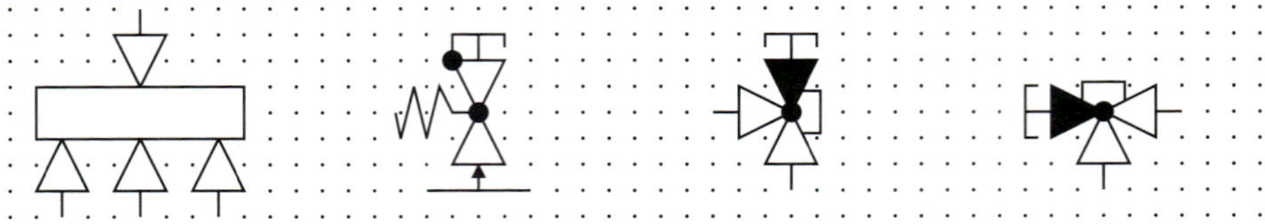

Vierwegeventil, allgemein | Schraderventil | Eckventil mit Messanschluss, gegen unbefugte Betätigung gesichert

Sachgruppe 3: Rückflussverhinderer

Rückschlagventil | Rückschlagklappe | Rückflussverhinderer, Eckform | Rückflussverhinderer, Durchgangsform, absperrbar

Der Punkt befindet sich immer auf der Eintrittsseite des Ventils.

Sachgruppe 4: Regelventile

Ventil mit stetigem Regelverhalten | Ventil, Durchgangsform, mit stetigem Regelverhalten | Schieber mit stetigem Regelverhalten | Klappe mit stetigem Regelverhalten

Sachgruppe 5: Ventile/Fittings mit Sicherheitsfunktion

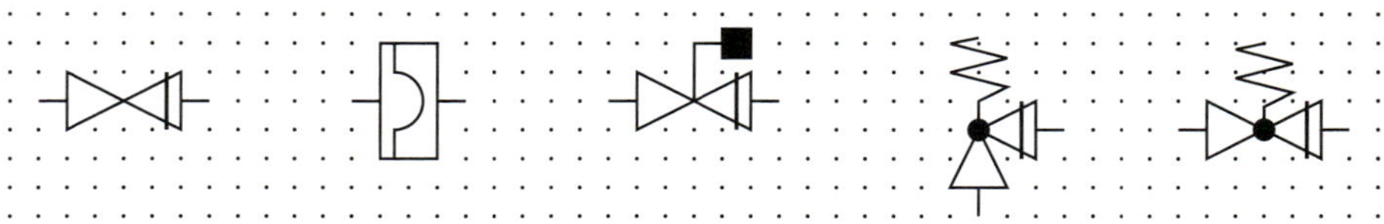

Sicherheitsventil | Berstscheibe Die Wölbung ist auf der Austrittseite. | Sicherheitsventil, Durchgangsform, gewichtsbelastet | Sicherheitsventil, Eckform, federbelastet | Sicherheitsventil, Durchgangsform, federbelastet

Der breite Querstrich gibt bei Sicherheitsventilen die Austrittsseite an.

Sachgruppe 6: Stellantriebe

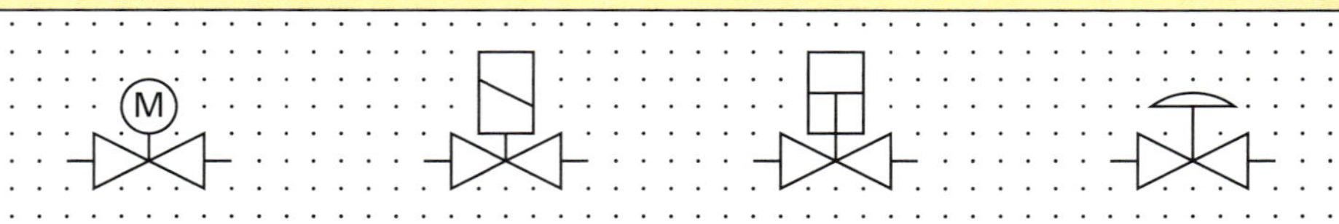

Antrieb durch Elektromotor | Antrieb durch Elektromagnet | Kolbenantrieb | Membranantrieb

Auswahl der grafischen Symbole (Fortsetzung) (nach **DIN EN 1861**:1998-07)

Sachgruppe 6: Stellantriebe

Antrieb durch Druck des Arbeitsstoffes gegen fest eingestellte Gewichtskraft	Antrieb durch Druck des Arbeitsstoffes gegen fest eingestellte Federkraft	Antrieb durch Schwimmer	Antrieb, handbetätigt

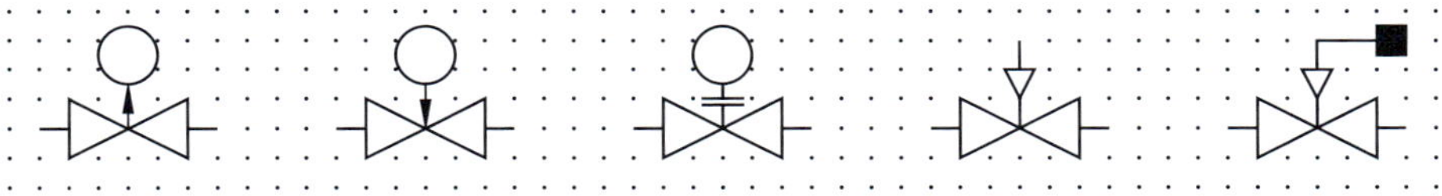

bei Ausfall der Hilfsenergie öffnend	bei Ausfall der Hilfsenergie schließend	bei Ausfall der Hilfsenergie verblockt	bei Betätigung schnellschließend	bei Betätigung gewichtsbelatet schnellschließend

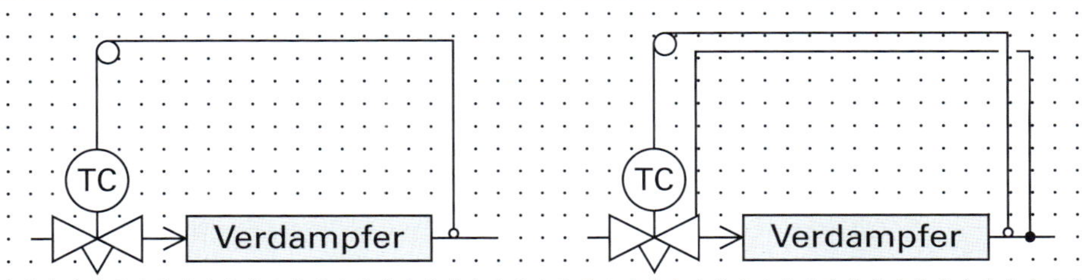

thermostatisches Expansionsventil mit innerem Druckausgleich	thermostatisches Expansionsventil mit äußerem Druckausgleich

Sachgruppe 7: Rohrleitungsteile

Rohrleitung-kompensator	Reduzierstück, allgemein	Lösbare Verbindung	Schalldämpfer	Schauglas

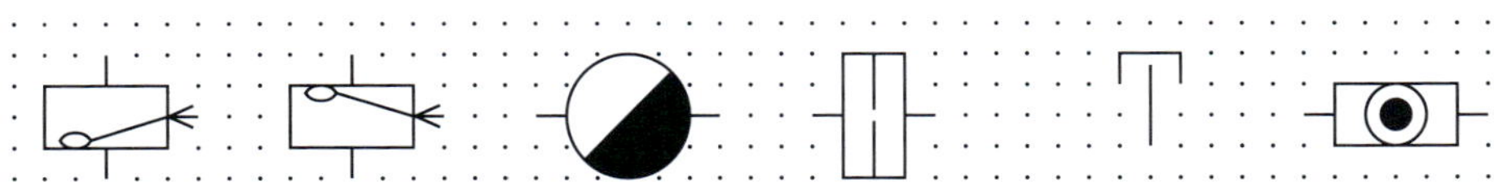

Niederdruck-Schwimmer (öffnet bei fallendem Stand)	Hochdruck-Schwimmer (öffnet bei steigendem Stand)	Kondensat-ableiter	Messblende	Hutmutter	Schauglas mit Feuchtigkeits-indikator

3

Auswahl der grafischen Symbole (Fortsetzung) (nach **DIN EN 1861**:1998-07)

Sachgruppe 8: Behälter

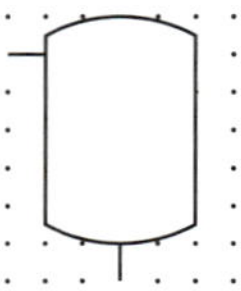

Behälter mit gewölbtem Boden

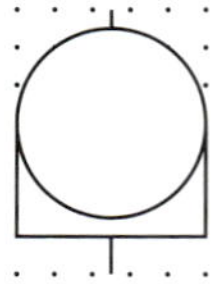

Kugelbehälter

Gasflasche

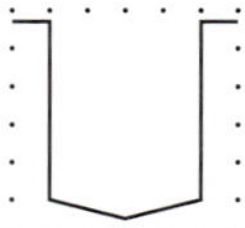

Behälter mit konischem Boden

Sachgruppe 9

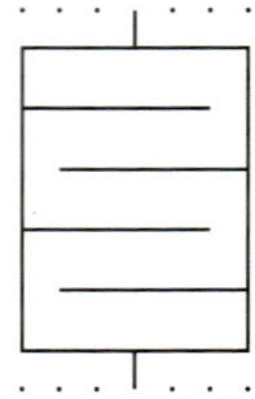

Behälter mit Kaskadeneinbauten

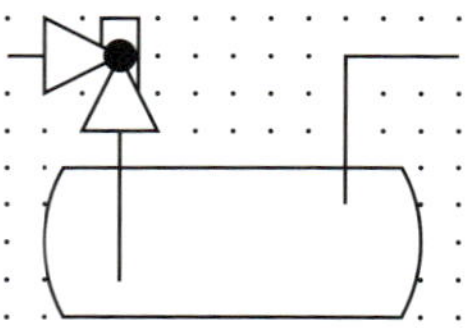

Sammler mit Flüssigkeits-Absperrventil, horizontale Anordnung

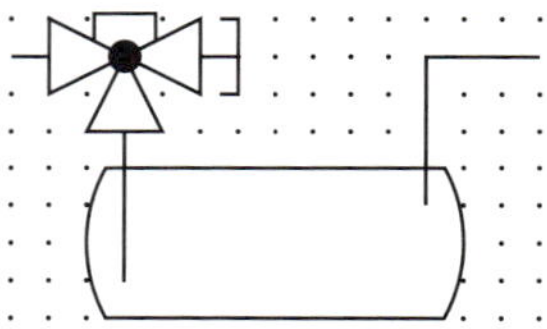

Sammler mit Flüssigkeits-Absperrventil, horizontale Anordnung

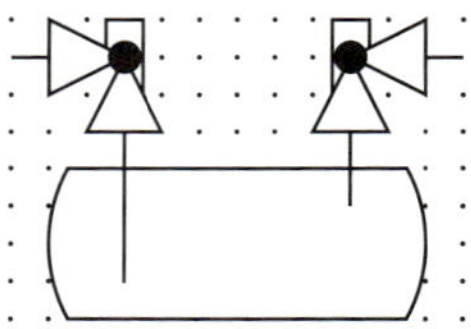

Sammler mit Absperrventilen horizontale Anordnung

Sachgruppe 10: Einrichtungen zum Heizen und Kühlen

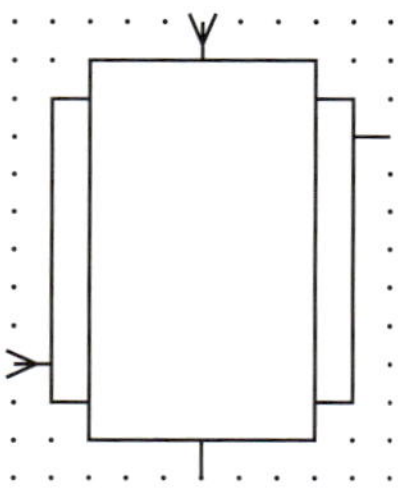

Behälter mit Mantel

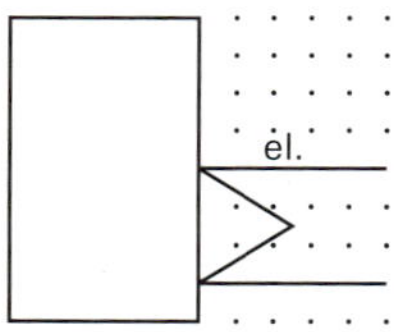

Behälter mit elektrischer Außenbeheizung

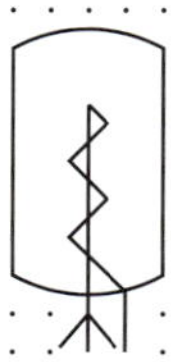

Behälter mit Einsteckrohrschlange

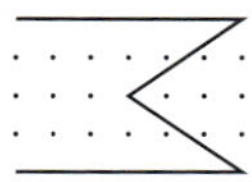

Einrichtung zum Heizen oder Kühlen, allgemein

Einsteckrohrschlange

Sachgruppe 11: Wärmeaustauscher

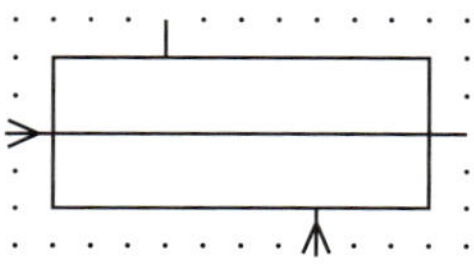

Doppelrohrwärmeaustauscher

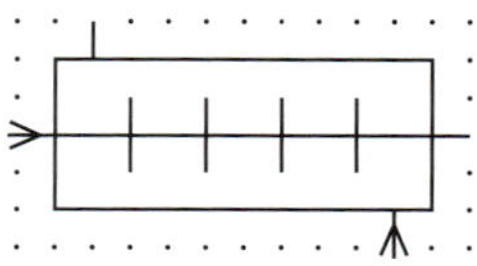

Rippenrohrwärmeaustauscher

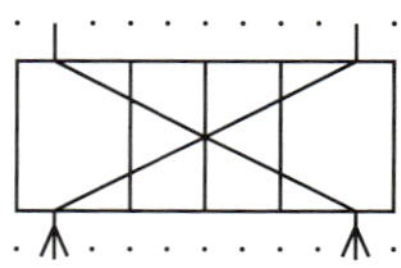

Plattenwärmeaustauscher

Auswahl der grafischen Symbole (Fortsetzung) (nach **DIN EN 1861**:1998-07)

Sachgruppe 11: Wärmeaustauscher

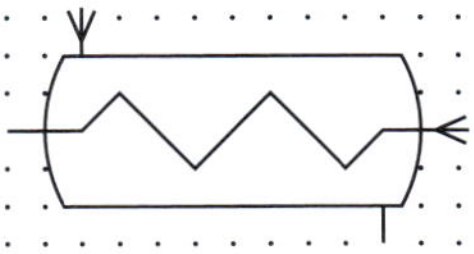
Wärmeaustauscher mit Rohrschlange

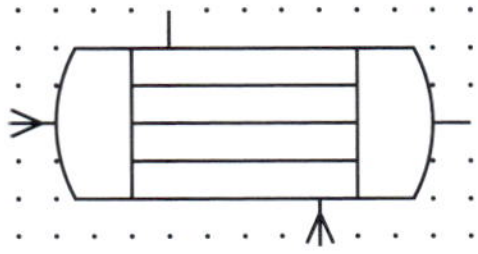
Rohrbündelwärmeaustauscher mit Festböden

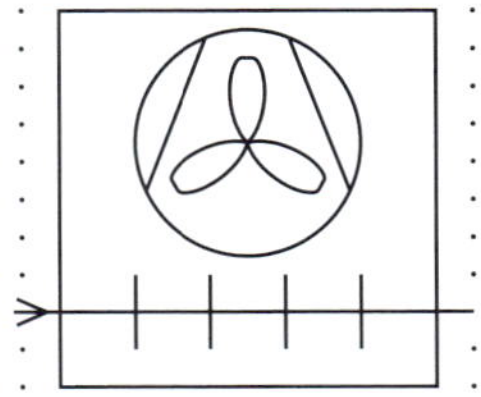
Luftgekühlter Rippenrohrwärmeaustauscher

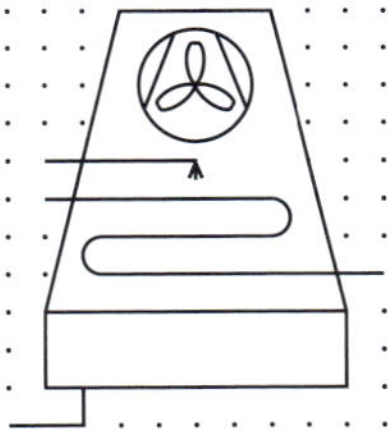
Verdunstungsverflüssiger mit saugendem Ventilator

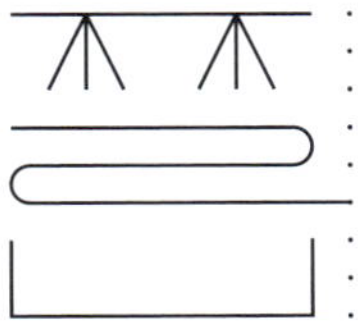
Rieselkühler

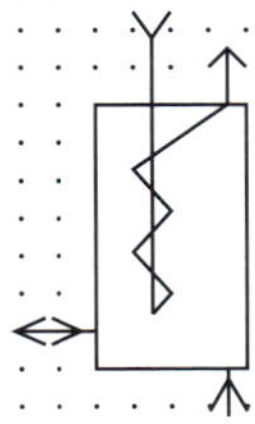
Entlüftungsapparat

Sachgruppe 12: Filter, Flüssigkeitsfilter, Gasfilter, Filtertrockner

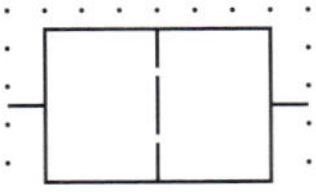
Filter, allgemein

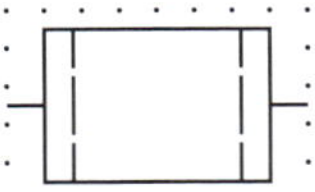
Flüssigkeitsfilter, allgemein

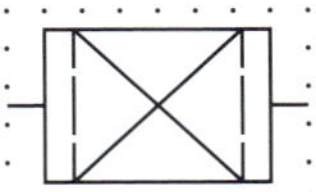
Filtertrockner, Durchgangsform

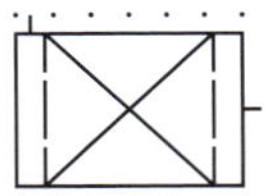
Filtertrockner, Eckform

Sachgruppe 13: Abscheider

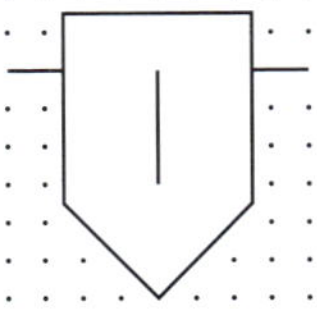
Abscheider, allgemein

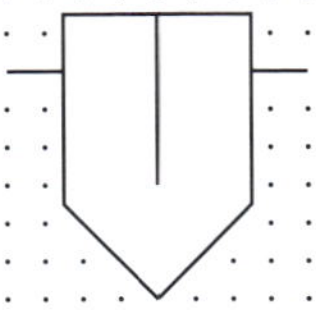
Prallabscheider

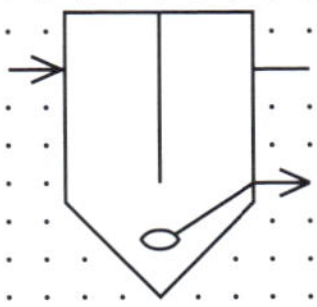
Ölabscheider mit Schwimmerausschleusung

Sachgruppe 14: Rührer

Rührer, allgemein

Sachgruppe 15: Flüssigkeitspumpen

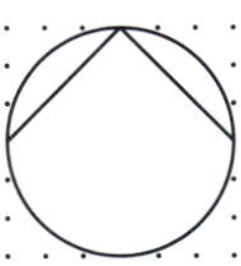
Pumpe, allgemein

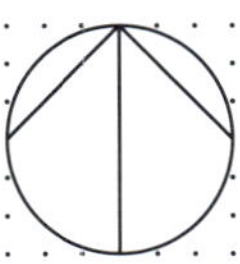
Kreiselpumpe

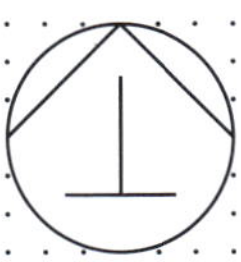
Hubkolbenpumpe

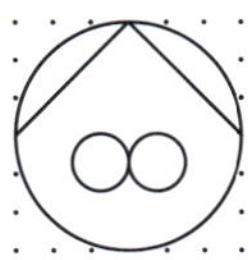
Zahnradpumpe

Auswahl der grafischen Symbole (Fortsetzung) (nach **DIN EN 1861**:1998-07)

Sachgruppe 15: Flüssigkeitspumpen

Schraubenspindelpumpe

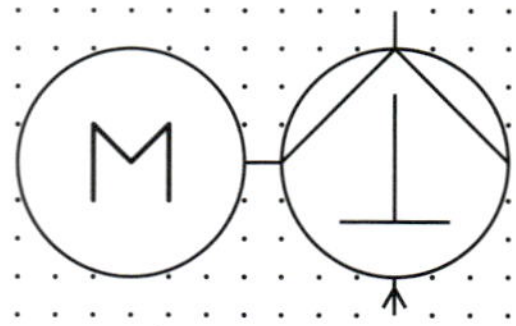

Hubkolbenmotor mit Elektromotor (mit Wellenabdichtung nach außen)

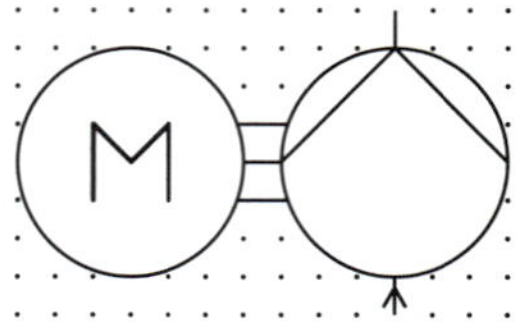

Kreiselpumpe mit hermetischem Motor

Sachgruppe 16: Verdichter, Vakuumpumpen, Ventilatoren

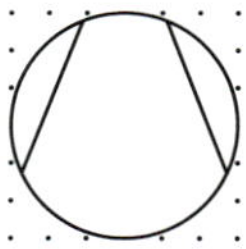
Verdichter, allgemein Vakuumpumpe, allgemein

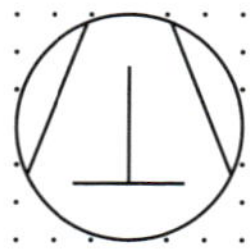
Hubkolbenverdichter, Hubkolbenvakuumpumpe

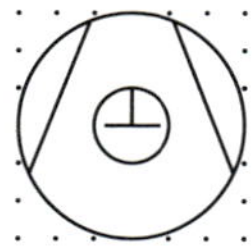
Drehkolbenverdichter, Drehkolbenvakuumpumpe

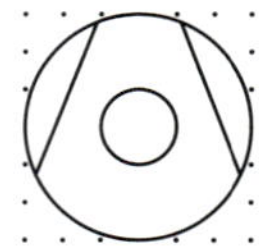
Turboverdichter, Turbovakuumpumpe

Scrollverdichter

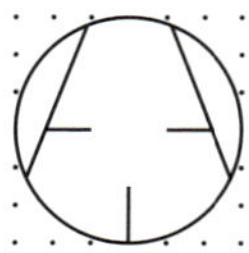
Drehschieberverdichter, Rotationsverdichter, Drehschiebervakuumpumpe

Schraubenverdichter

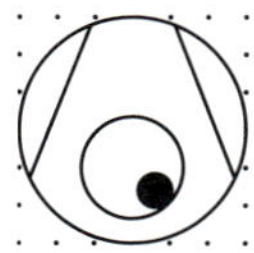
Rollkolbenverdichter

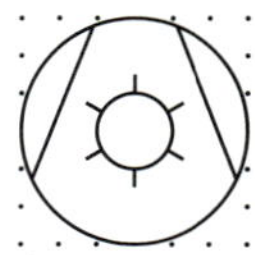
Flüssigkeitsringverdichter, Flüssigkeitsringvakuumpumpe

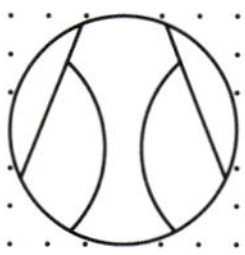
Strahlverdichter, Treibmittelvakuumpumpe

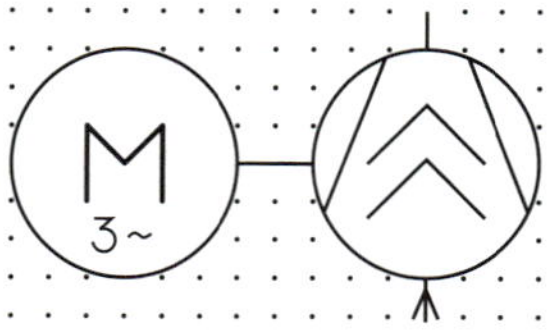

Offener Schraubenverdichter mit Dreiphasenwechselstrommotor

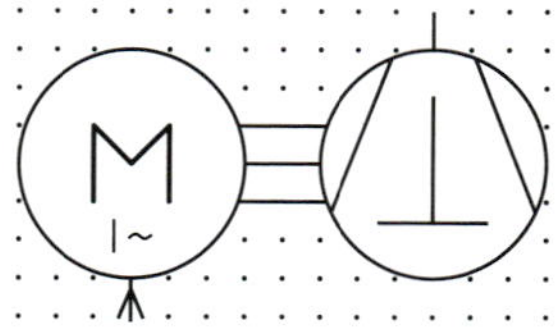

Hermetischer oder halbhermetischer Hubkolbenverdichter mit Einphasenwechselstrommotor, saugdampfgekühlt

Ventilator, allgemein

Radialventilator

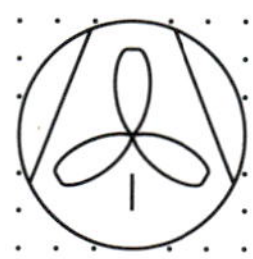
Axialventilator

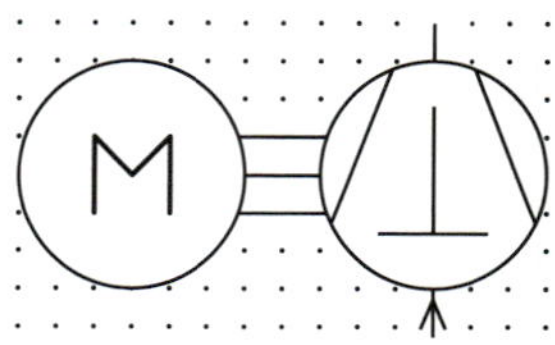

Hermetischer oder halbhermetischer Hubkolbenverdichter

Auswahl der grafischen Symbole (Fortsetzung) (nach **DIN EN 1861**:1998-07)

Sachgruppe 17: Hebe-, Förder- und Transporteinrichtungen

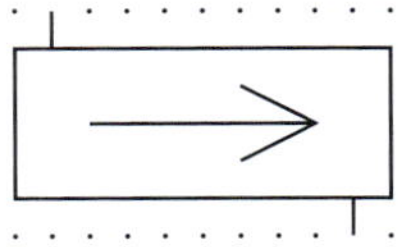
Stetigförderer, allgemein

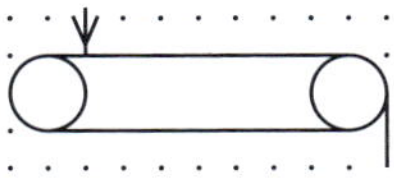
Bandförderer, allgemein

Sachgruppe 18: Waagen

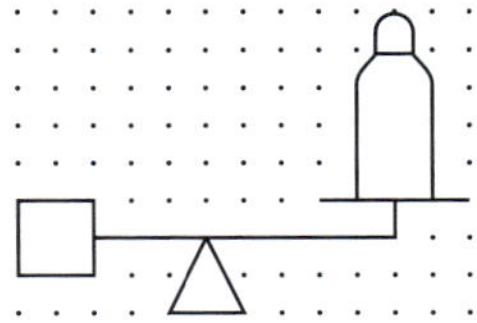
Plattformwaage mit Gasflasche

Sachgruppe 19: Verteileinrichtungen

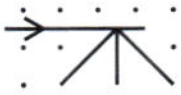
Verteilerelement für Fluide; Spritzdüse

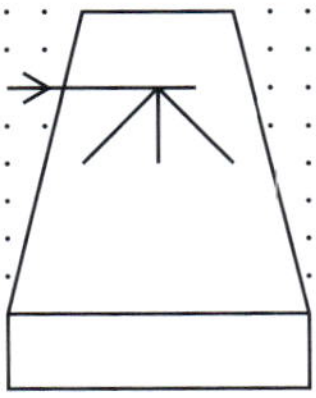
Kühlturm mit Wasserverteildüse

Sachgruppe 20: Motoren, Kraftmaschinen, Antriebsmaschinen

Antriebsmaschine, allgemein

Elektromotor, allgemein

Verbrennungsmaschine

Pneumatische Antriebsmaschine

Hydraulische Antriebsmaschine

Gleichstrommotor

Wechselstrommotor

Drehstrommotor

3

Fließbild Beispiel

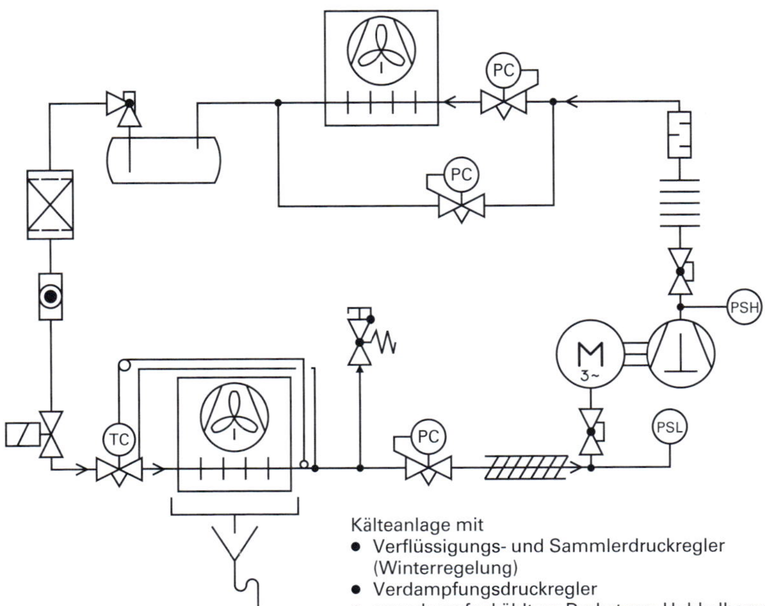

Kälteanlage mit
- Verflüssigungs- und Sammlerdruckregler (Winterregelung)
- Verdampfungsdruckregler
- saugdampfgekühltem Drehstrom-Hubkolbenverdichter

3

Symbole für Messen, Steuern und Regeln (nach **DIN EN 1861**:1998-07)

Kennbuchstaben zur Kennzeichnung der Funktion von Instrumenten

1	2	3	4
	Erstbuchstabe[1]		Folgebuchstabe[1]
	Messgröße oder Eingangsgröße[5]	Modifizierer	Ausgabefunktion
A			Alarm
B			
C			Regelung, Steuerung
D	Dichte	Differenz	
E	Elektrische Größen[2]		
F	Durchfluss, Durchsatz	Verhältnis	
G	Abstand, Länge, Stellung		
H	Handeingabe, Handeingriff[6]		
I			Anzeige
J		Abfragen	
K	Zeit oder Zeitprogramm		
L	Stand[6]		
M	Feuchte oder Feuchtigkeit		
N	Frei verfügbar[3]		
O	Frei verfügbar[3]		
P	Druck oder Vakuum		
Q	Qualitätsgrößen z.B. Analyse, Konzentration, elektrische Leitfähigkeit	Integral, Summe	Integration oder Summation
R	Strahlungsgrößen		Registrierung
S	Geschwindigkeit, Drehzahl, Frequenz		Schaltung
T	Temperatur		Messumformerfunktion
U	Zusammengesetzte Größen[4]		
V	Viskosität		
W	Gewichtskraft, Masse		
X	Sonstige Größen[3]		
Y	Frei verfügbar[3]		
Z			Noteingriff oder Sicherung durch Auslösung

1) Für die Mess- bzw. Eingangsgröße und die Folgebuchstaben für die Ausgabefunktion werden Großbuchstaben verwendet. Für Modifizierer werden vorzugsweise Großbuchstaben verwendet, Kleinbuchstaben sind jedoch möglich, falls dies leichter verständlich ist.

2) Zur Angabe der gemessenen Größe ist eine Anmerkung aufzunehmen.

3) Benötigt ein Anwender Mess- oder Eingangsgrößen, denen keine Buchstaben zugeordnet sind und die für die wiederholte Anwendung in einem bestimmten Vertrag benötigt werden, dann können die der Spalte „Frei verfügbar" zugeordneten Buchstaben genommen werden, sofern sie für eine bestimmte Mess- bzw. Eingangsgröße festgelegt und anschließend dafür eingesetzt werden. Benötigt ein Anwender eine bestimmte Mess- bzw. Eingangsgröße nur einmal oder in begrenztem Umfang, dann darf der Buchstabe X angewendet werden, sofern er mit einer entsprechenden Kennung oder Definition versehen ist.

4) Der Buchstabe U kann anstelle einer Reihe Erstbuchstaben verwendet werden, wenn mehrere Eingangsgrößen mit unterschiedlichen Größen in einem Ausgabegerät zusammengefasst werden.

5) Kann ein Instrument zwei Mess- oder Eingangsgrößen haben, dann wird der Buchstabe für die Hauptfunktion zuerst gesetzt, z.B. Druckschalter mit örtlicher Anzeige PSI.

6) Wenn die Angabe von hoch/max. oder niedrig/min. erforderlich ist, können die Buchstaben H und L im Zusammenhang mit dem Instrumentensymbol verwendet werden. Wenn sie verwendet werden, können sie innerhalb des Kreises oder außerhalb des Kreises und dicht daneben angeordnet werden.

Symbole für Messen, Steuern und Regeln (Fortsetzung) (nach **DIN EN 1861**:1998-07)

Allgemeine Symbole

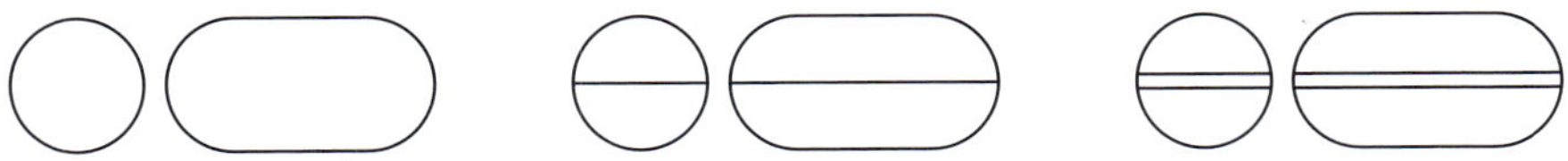

Ausgabe oder Bedienung am Instrument	Prozessleitwarte	Örtlicher Leitstand

Beispiel für Symbole für Messen, Steuern und Regeln

FZAL	Sicherheitsschalter, durch Strömung betätigt, Einstellwert/Alarm min.	PDZAL	Sicherheits-Differendruck-schalter Einstellung/Alarm (min)
LS	Schalter, Stand	PT	Messumformer für Druck
LI	Standmessung mit Anzeige	PIT	Messumformer für Druck mit Anzeige
LI	Standmessung mit Anzeige im örtlichen Leitstand	PSL	Druckwächter für fallenden Druck
LI	Standmessung mit Anzeige in Prozessleitwarte	PSH	Druckwächter für steigenden Druck
LZAH	Sicherheitsschalter, Stand, Einstellwert/Alarm max.	PZH	Druckbegrenzer für steigenden Druck
LZAL	Sicherheitsschalter, Stand, Einstellwert/Alarm min.	PZHH	Sicherheitsdruckbegrenzer für steigenden Druck
PI	Druckmessgerät (Manometer)	TI	Thermometer
PDI	Differenz-Druckmessgerät	TSHL	Temperaturschalter (Thermostat)
PC	Druck-Regelung/ Steuerung	TISHL	Thermometer mit Schaltfunktion (Kontakt-Thermometer)
PS	Druckschalter	TZAH	Sicherheitstemperatur-schalter, Einstellung/Alarm max.

Rohrleitungs- und Instrumentenfließbild (RI-Fließbild) (Beispiel) (aus **DIN EN 1861**:1998-07)

3

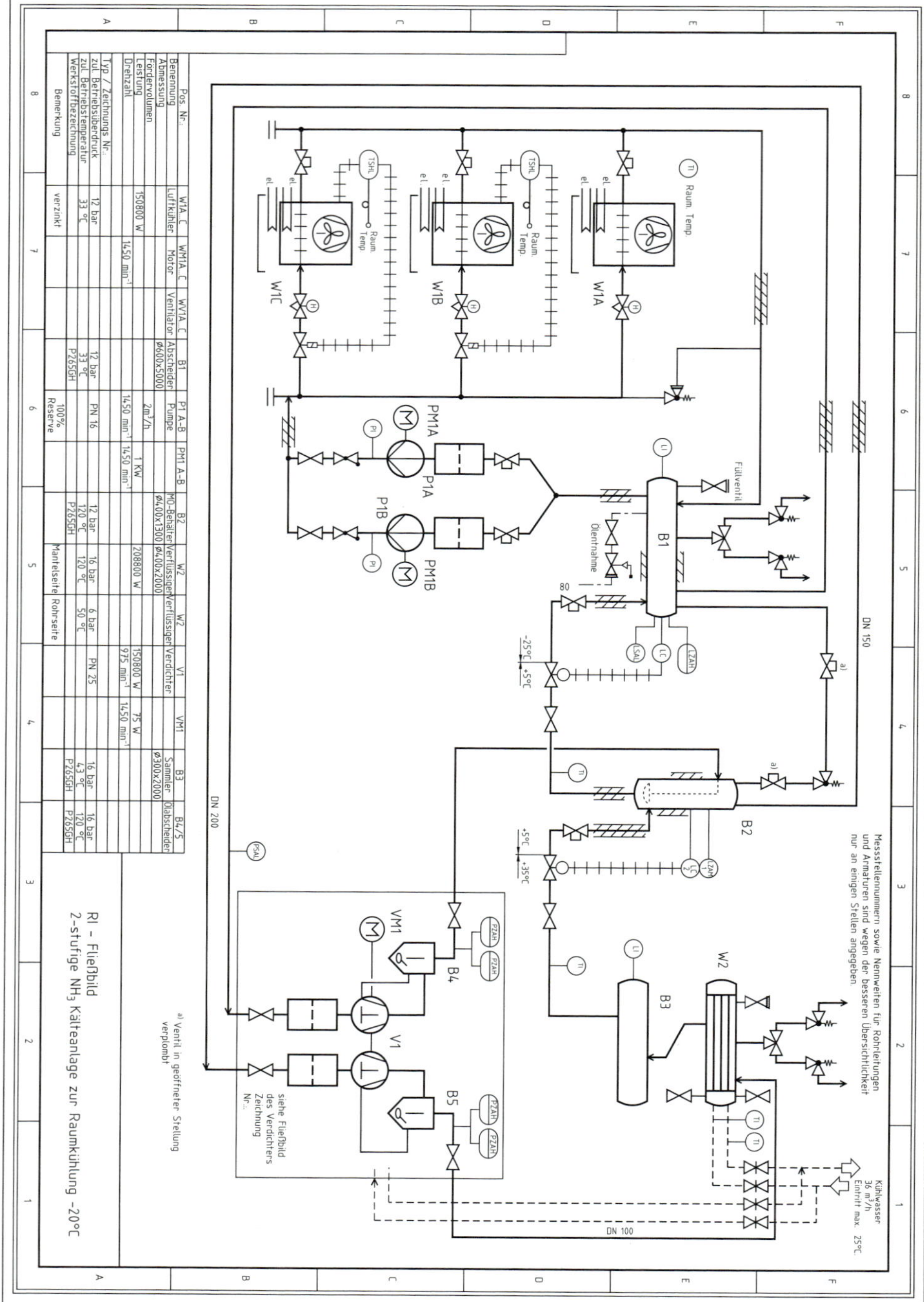

Darstellung von Rohrleitungen (nach **DIN EN ISO 6412-1** und **-2**:2018-06)

Orthogonale Darstellung

Darstellung von Rohren

Die Fließlinie, die ein Rohr darstellt (unabhängig von seinem Durchmesser), besteht aus einer einzelnen, breiten → Volllinie, die mit der Mittellinie des Rohres übereinstimmt. Bögen dürfen vereinfacht werden, indem man die gerade Länge der Fließlinie zum Scheitelpunkt verlängert. Jedoch dürfen Bögen aus Gründen der Eindeutigkeit in der Form wie im Bild 2 dargestellt werden. In diesem Fall, wenn die Projektionen von Bögen elliptisch sind, werden diese Projektionen durch das Zeichnen von Kreisbögen vereinfacht dargestellt.

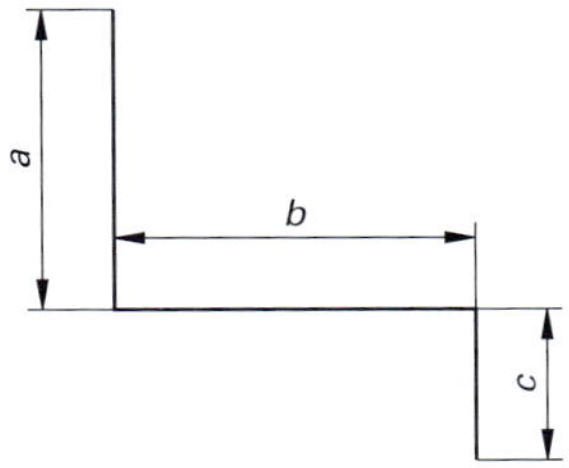

Bild 1

Linienbreiten

Im Allgemeinen wird nur eine → Linienbreite angewendet. Falls mehrere Linienbreiten verwendet werden, werden die Linienbreiten der **DIN EN ISO 128-2**:2023-06 (→ Linien in technischen Zeichnungen) entnommen.

Unterschiedliche Linienbreiten werden wie folgt angewendet:

- Linienbreite a: Hauptfließlinien
- Linienbreite b: Zweitrangige Fließlinien, Beschriftungen
- Linienbreite c: Hinweislinien, Maßlinien

Das relative Verhältnis der Linienbreiten a : b : c lautet $2 : \sqrt{2} : 1$.

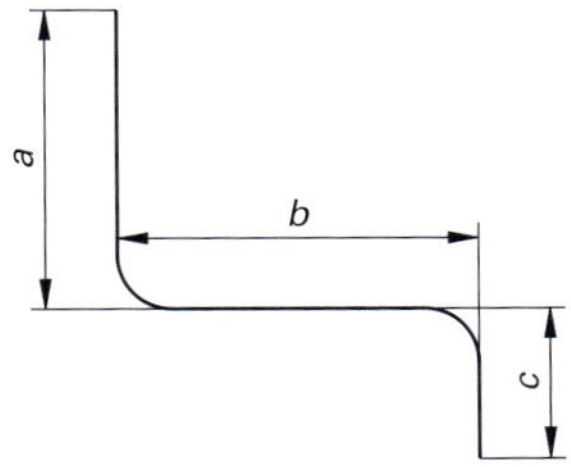

Bild 2

3

Abstand von Linien

Der Abstand zwischen parallelen Linien (einschließlich Schraffur) beträgt mindestens das Zweifache der breiteren Linie, mindestens aber 0,7 mm.

Der Mindestabstand zwischen benachbarten Fließlinien und zwischen Fließlinien und anderen Linien beträgt 10 mm.

Linienart nach **ISO 128**		Benennung	Anwendung
A	(breite Volllinie)	Breite Volllinie	Fließlinien und damit verbundene Teile
B	(schmale Volllinie)	Schmale Volllinie	Schraffur Bemaßung Hinweislinien Rasterlinien, isometrisch
C	(Freihandlinie)	Schmale Freihandlinie	Begrenzung von abgebrochenen oder unterbrochenen Ansichten und Schnitten
D	(Zickzacklinie)	Zickzacklinie	
E	— — — —	Breite Strichlinie	Fließlinien, die in anderen Zeichnungen beschrieben sind
F	- - - - - - - - - -	Schmale Strichlinie	Böden Wände Decken Löcher (Durchbrüche)
G	-·-·-·-·-·-·-·-·-	Schmale Strichpunktlinie	Mittellinien
EJ	— · — · —	Extra-breite Strichpunktlinie	Vertragsgrenzen
K	—··—··—··—	Schmale Strich-Zweipunktlinie	Umrisse von angrenzenden Teilen Teile, die vor der Schnittebene liegen

Höhenangaben (→ Bauzeichnungen)

Höhenangaben beziehen sich im Allgemeinen auf die Mitte des Rohres (Bild 3). Wenn es notwendig ist, die Höhe der unteren Seite des Rohres besonders anzugeben, wird dies durch eine Hinweislinie angegeben, die auf kurze schmale Striche hinweist.

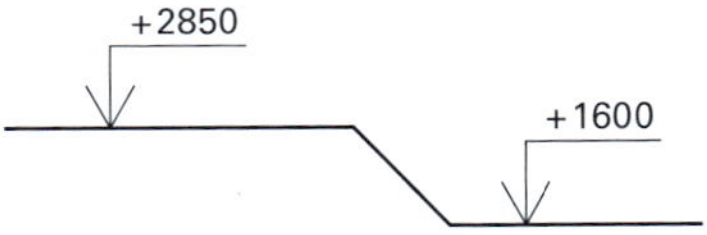

Bild 3

Neigungsrichtung (→ Bauzeichnungen)

Die Neigungsrichtung wird durch ein in Neigungsrichtung liegendes rechtwinkliges Dreieck oberhalb der Fließlinie angegeben (Bild 4).

Bild 4

Darstellung von Rohrleitungen (Fortsetzung) (nach DIN EN ISO 6412-1 und -2:2018-06)

Orthogonale Darstellung

Bemaßung
Längen beginnen an den Rohrenden, Flanschen oder der Mitte eines Verbindungs-Anschlusselements.

Rohre und Bögen werden im Allgemeinen von Mittellinie zu Mittellinie der Rohrleitungen bemaßt. Wenn es notwendig ist, das Maß von der äußeren oder inneren Wand oder der Oberfläche des Rohres anzugeben, darf es durch Maßlinien festgelegt werden, die auf kurze schmale, parallel zu den Maßhilfslinien liegende Striche weisen.

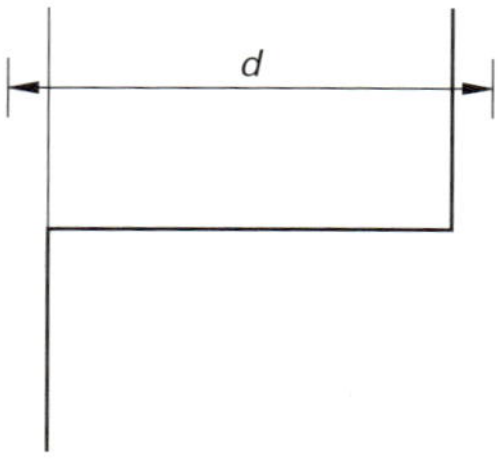

Maß *d* vom äußeren zum äußeren Scheitelpunkt

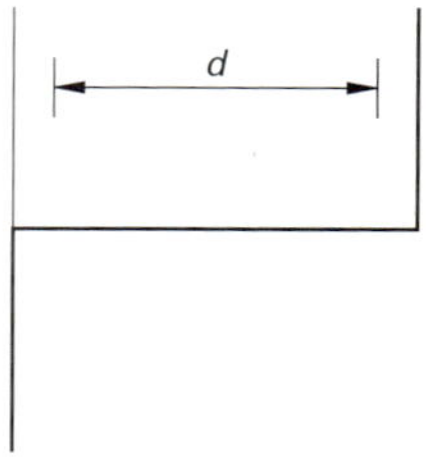

Maß *d* vom inneren zum inneren Scheitelpunkt

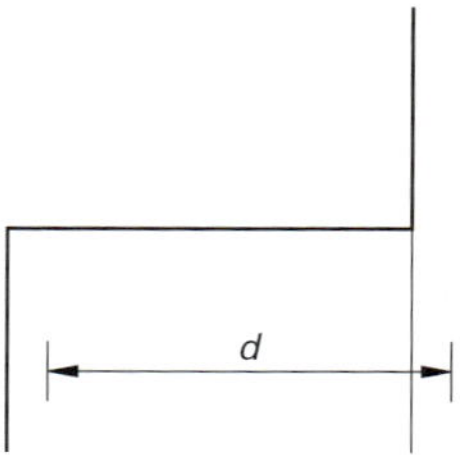

Maß *d* vom inneren zum äußeren Scheitelpunkt

3

Flansche
Flansche werden, unabhängig von ihrer Art und Größe
- durch zwei konzentrische Kreise in der Vorderansicht
- durch einen Kreis in der Rückansicht
- durch einen Strich in der Seitenansicht

mit Linien derselben Breite, wie sie für die Darstellung der Rohre angewendet wird, dargestellt.

Eine vereinfachte Darstellung von Flanschlöchern wird mit der entsprechenden Anzahl von Kreuzen und der Mittellinien des Flansches erreicht.

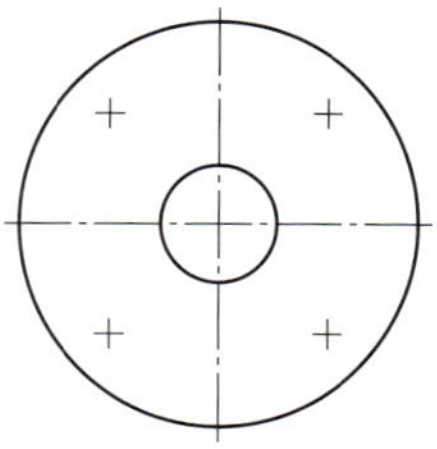

Vorderansicht (Blick in das Rohr)

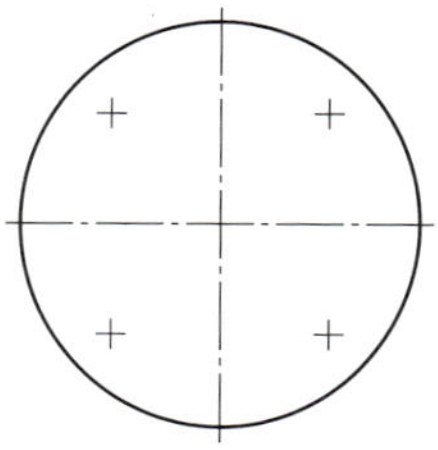

Rückansicht

Seitenansicht

Isometrische Darstellung (→ Technische Kommunikation)

Die isometrische Darstellung wird angewendet, wenn man das Wesentliche klarer (gegenüber der orthogonalen Darstellung) darstellen will. Die isometrische Darstellung eignet sich deshalb besonders für die Darstellung von Rohrleitungen. Die Richtungen X und Y (Koordinatenachsen) verlaufen unter einem Winkel von 30° zur Waagerechten, die Richtung Z verläuft senkrecht.

Bei der isometrischen Projektion werden alle Abmessungen des Werkstückes im gleichen Maßstab gezeichnet, d.h. das Seitenverhältnis x : y : z beträgt 1 : 1 : 1.

Rohre oder Teile von Rohren, die parallel zu den Koordinatenachsen verlaufen, werden parallel zur jeweiligen Achse, ohne weitere Angaben, gezeichnet.

Für die Angabe von Koordinaten werden, ausgehend vom frei gewählten Nullpunkt Plus (+) und Minus (–), Richtungen festgelegt.

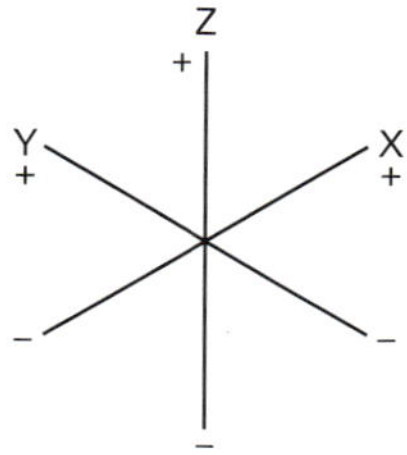

Koordinatenachsen

Darstellung von Rohrleitungen (Fortsetzung) (nach **DIN EN ISO 6412-1** und **-2**:2018-06)

Isometrische Darstellung

Allgemeines

Zur besseren Anschauung kann die **Richtungsrose** (Bild 1) angewendet werden. Verläuft z.B. eine Rohrleitung, ausgehend von einem frei gewählten Nullpunkt (sinnvollerweise der Beginn eines Rohrstranges), nach hinten, wird diese Rohrleitung parallel zur Geraden „vorn – hinten" gezeichnet, und zwar in Richtung „hinten". Geht die Rohrleitung dann in einen senkrechten nach oben führenden Abschnitt über, wird die Rohrleitung parallel zur Geraden „unten – oben" in Richtung „oben" gezeichnet.

Abweichungen von den Richtungen der Richtungsrose (→ Koordinatenachsen) werden mittels Hilfsprojektionsebenen und Schraffuren, wie in Bild 2 gezeigt, dargestellt.

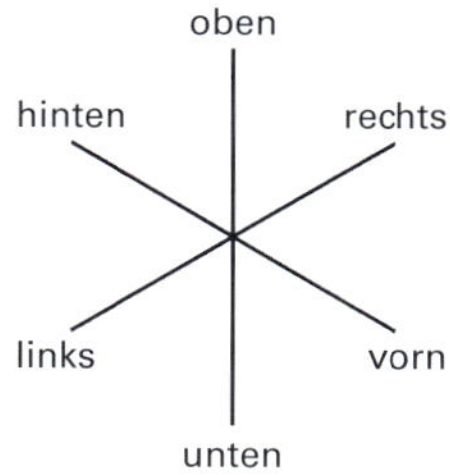

Bild 1
Richtungsrose

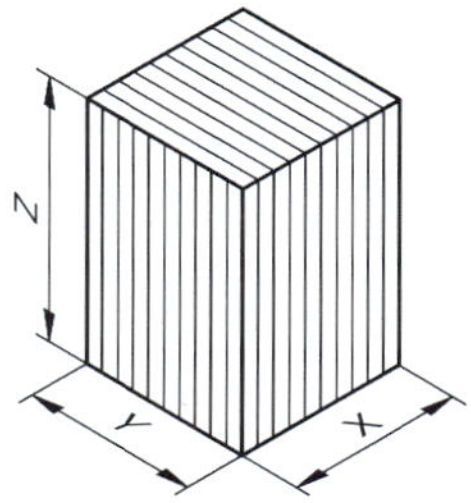

Bild 2

Rohre auf einer senkrechten Ebene

Rohre oder Teile von Rohren, die auf einer senkrechten Ebene liegen, werden angegeben, indem man ihre Projektionen auf eine waagerechte Ebene darstellt (Bild 3).

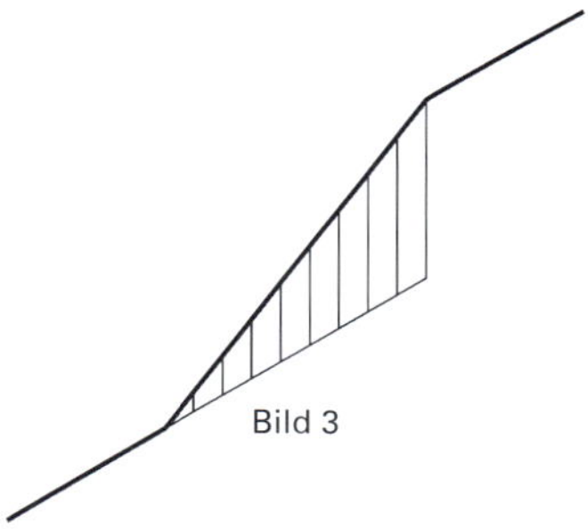

Bild 3

Rohre auf einer waagerechten Ebene

Rohre oder Teile von Rohren, die auf einer waagerechten Ebene liegen, werden angegeben, indem man ihre Projektionen auf eine senkrechte Ebene darstellt (Bild 4).

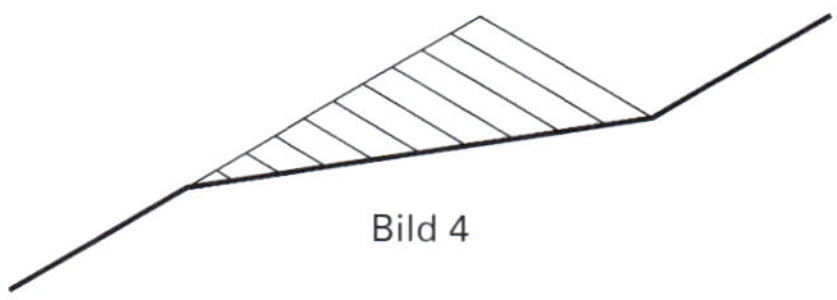

Bild 4

Rohre, die nicht parallel zur Koordinatenachse verlaufen

Rohre oder Teile von Rohren, die nicht parallel zur Koordinatenachse verlaufen, werden angegeben, indem man ihre Projektionen sowohl auf eine waagerechte als auch auf eine senkrechte Ebene darstellt (Bild 5).

> Es wird empfohlen, die rechten Winkel der Dreiecke, die Hilfsprojektionsebenen begrenzen, anzugeben.

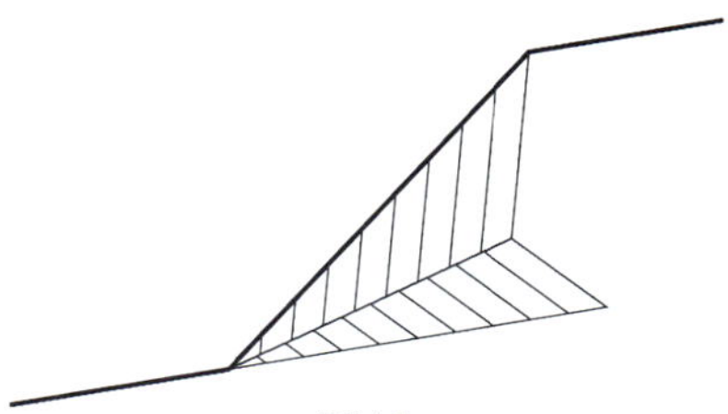

Bild 5

Schraffur nicht zweckmäßig

Wenn die Schraffur nicht zweckmäßig ist, darf sie weggelassen werden, aber in diesem Fall ist das Rechteck (Bild 6) oder das rechteckige Prisma (Bild 7) bei denen sich eine Diagonale mit dem Rohrverlauf deckt, mit Hilfe einer schmalen Volllinie darzustellen.

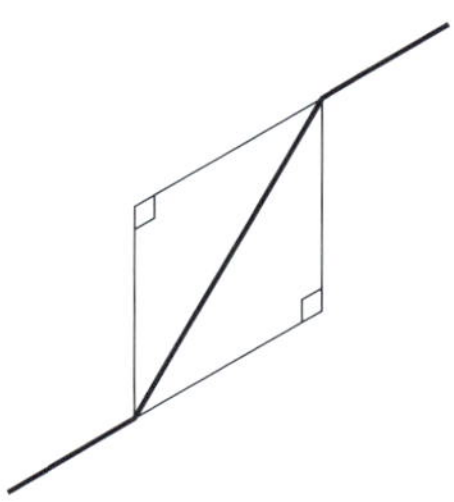

Bild 6

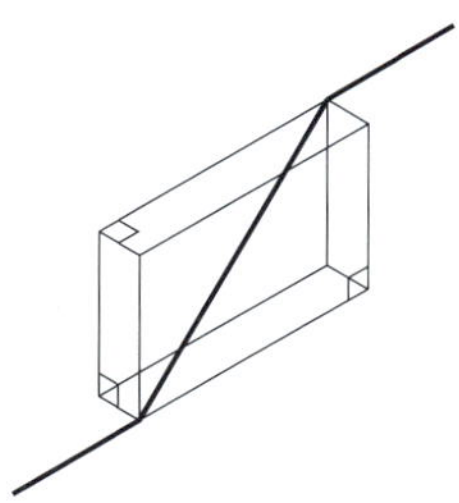

Bild 7

Darstellung von Rohrleitungen (Fortsetzung) (nach **DIN EN ISO 6412-1** und **-2**:2018-06)

Isometrische Darstellung

Bemaßung

Rohre mit Bögen werden von Mittellinie zu Mittellinie (Maß b) oder von Mittellinie zum Rohrende (Maße a und c) bemaßt (Bild 1).

Anmerkung: Bögen werden vereinfacht dargestellt, indem man die gerade Länge der Fließlinie zum Scheitelpunkt ausdehnt. Die Bögen in den Rohren dürfen zur besseren Klarheit ebenfalls dargestellt werden. Wenn in diesem Fall die Projektionen von Bögen eine elliptische Form haben, dürfen diese durch Kreisbögen dargestellt werden.

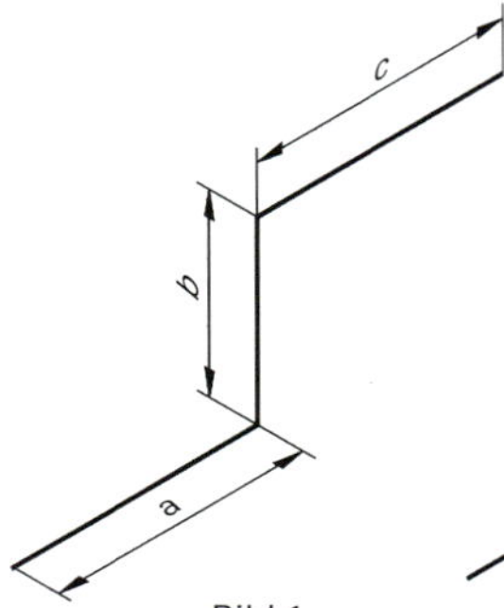

Bild 1

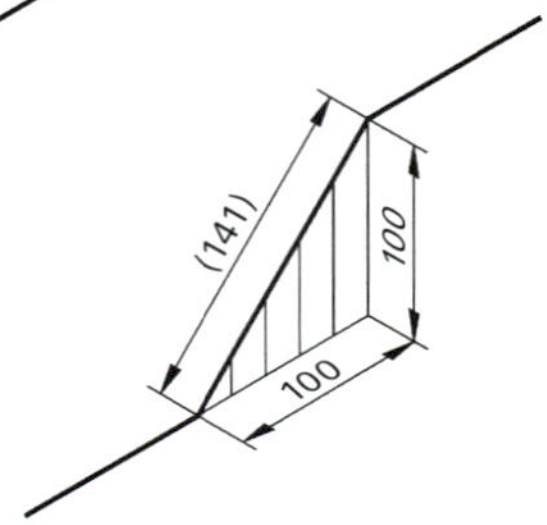

Bild 2

Redundante Bemaßung

Wenn notwendig, werden die schraffierten Hilfsprojektionsebenen bemaßt. Falls es notwendig ist eine Doppelbemaßung anzugeben, ist eines der Maße in Klammern zu setzen (Bild 2).

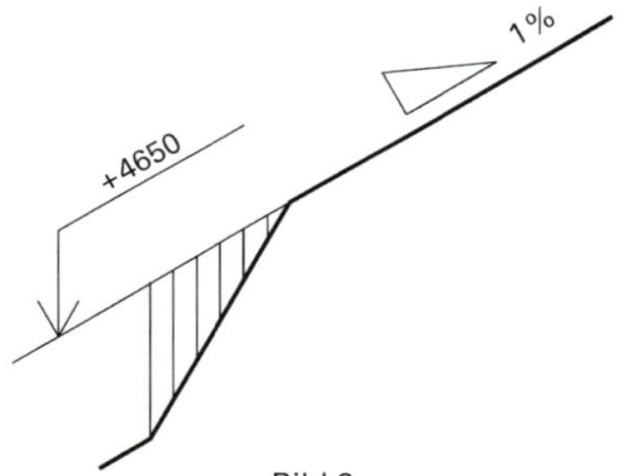

Bild 3

Neigungsrichtung

Die Neigungsrichtung wird durch ein rechtwinkliges Dreieck oberhalb der Fließlinie angegeben, dessen Spitze vom höheren zum niedrigeren Niveau weist. **Die Neigung wird bei isometrischer Darstellung der Fließlinie nicht berücksichtigt.**

Es kann zweckmäßig sein, die Neigung auf ein gegebenes Niveau zu beziehen (Bild 3).

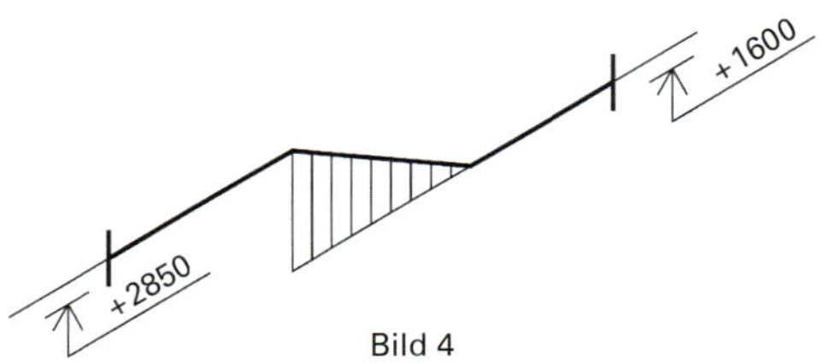

Bild 4

Höhenangaben

Der waagerechte Teil der Hinweislinie ist parallel zur zugeordneten Fließlinie zu zeichnen. Im Beispiel beziehen sich die Höhenangaben auf die Unterseite der Rohrleitungen (Bild 4).

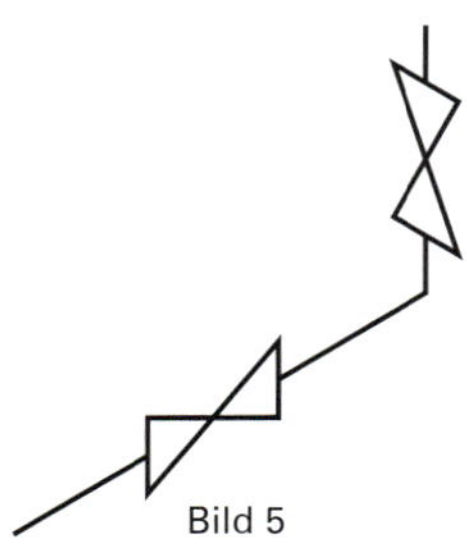

Bild 5

Grafische Symbole

Grafische Symbole sind isometrisch zu zeichnen (Bild 5).

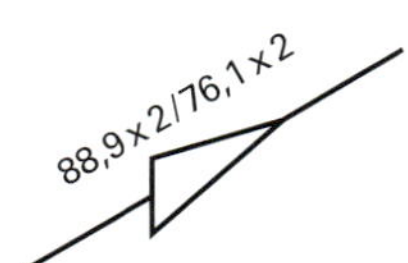

Bild 6

Reduzierungen

Die jeweiligen Nenngrößen sind oberhalb der grafischen Symbole anzugeben (Bild 6).

Darstellung von Rohrleitungen (Fortsetzung) (nach **DIN EN ISO 6412-1** und **-2**:2018-06)

Beispiel isometrische Darstellung

Pos. Nr.	Koordinaten x	y	z
1	0	0	0
2	0	–5	0
3	–7	–8	–4
4	–15	–8	–4
5	–15	–3	2
6	–15	–3	7
7	–18	3	7
8	–18	3	12

Derselbe Rohrstrang ist unten in orthogonaler Darstellung gezeichnet.

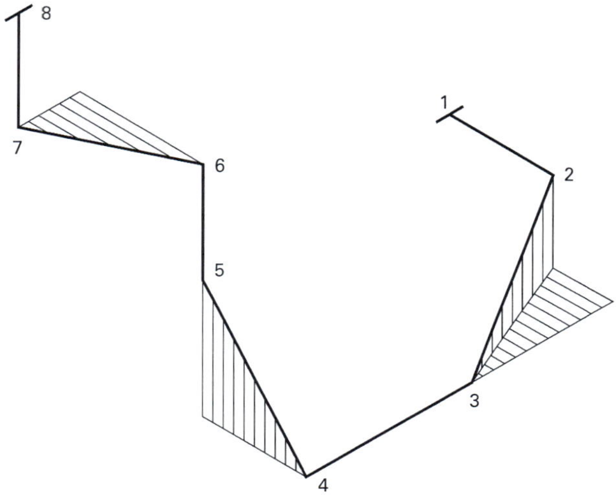

3

Beispiel orthogonale Darstellung

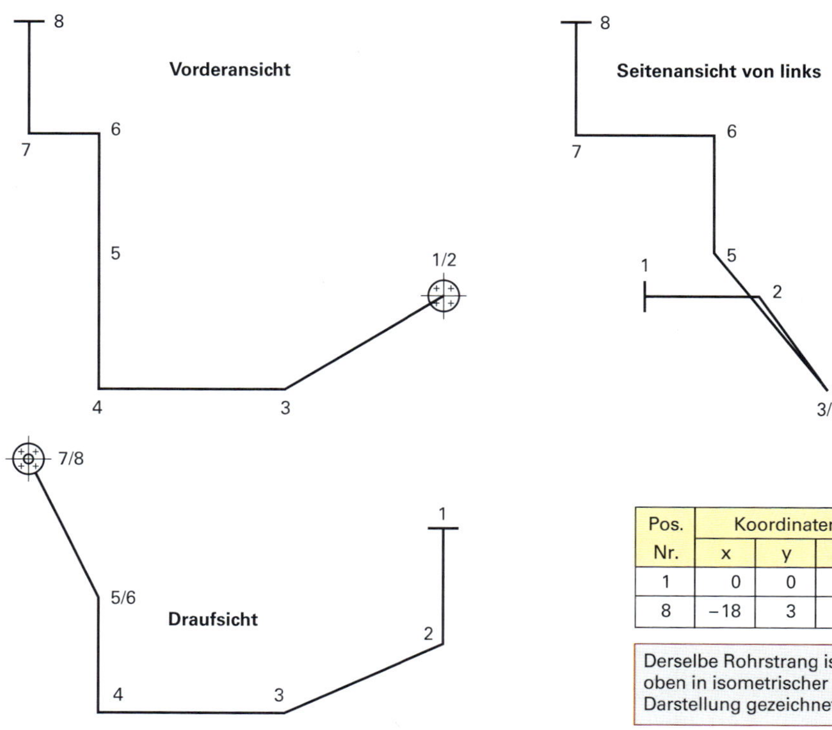

Pos. Nr.	Koordinaten x	y	z
1	0	0	0
8	–18	3	12

Derselbe Rohrstrang ist oben in isometrischer Darstellung gezeichnet.

Grafische Symbole (nach **DIN EN 12792**:2004-01)

Luftverbreitung

Nummer	Grafisches Symbol	Deutsche Benennung
1		Zuluftdurchlass
2	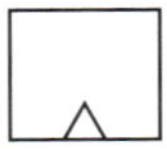	Fortluftdurchlass

Luftverteilung

Nummer	Grafisches Symbol	Deutsche Benennung
1	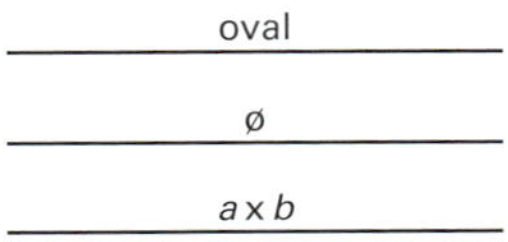	starre Luftleitungen oval rund rechteckig
2	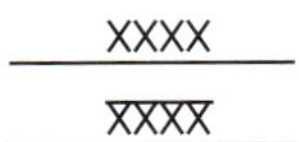	starre Luftleitungen mit Wärmedämmung außen innen
3	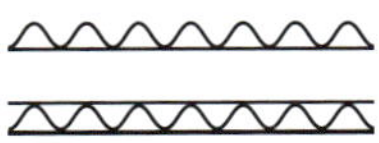	starre Luftleitungen mit Schalldämmung außen innen
4		flexible Luftleitungen
5		Bogen 90°, 45° usw.
6	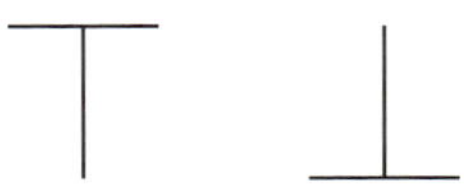	Abzweig (Verteilung)
7	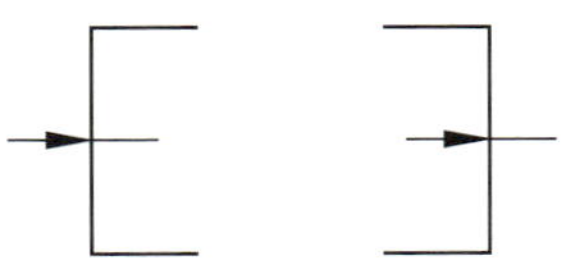	Übergang, plötzlich

Grafische Symbole (Fortsetzung)		(nach **DIN EN 12792**:2004-01)
Luftverteilung		
Nummer	Grafisches Symbol	Deutsche Benennung
8		Übergang, gleichmäßig
9	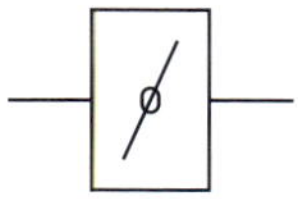	Drosselklappe
10	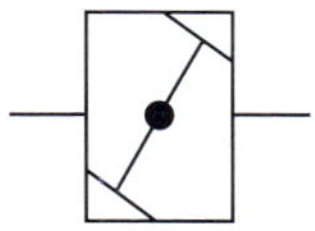	luftdichte Drosselklappe
11	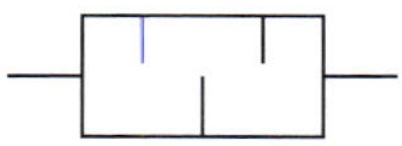	Schalldämpfer
12	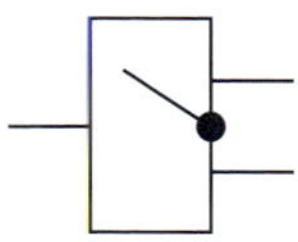	Verteilungselement Aufteil-Umschaltklappe
13	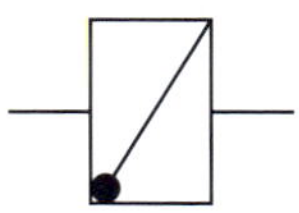	Rückschlagklappe
14	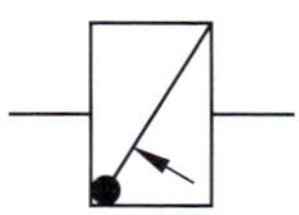	Überstromklappe
15	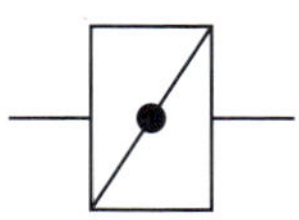	Rauchschutzklappe
16	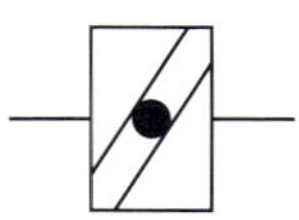	Brandschutzklappe
17	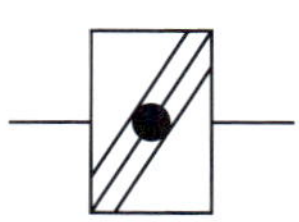	Brand- und Rauchschutzklappe

3

Grafische Symbole (Fortsetzung) (nach **DIN EN 12792**:2004-01)

Luftverteilung

Nummer	Grafisches Symbol	Deutsche Benennung
18	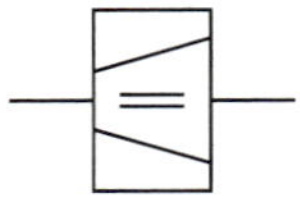	Regler für konstanten Volumenstrom
19	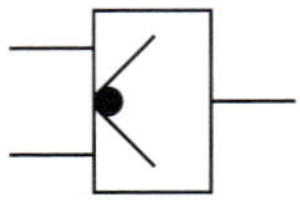	Bypassklappe
20	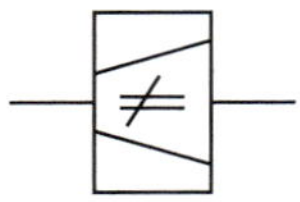	Regler für variablen Volumenstrom
21	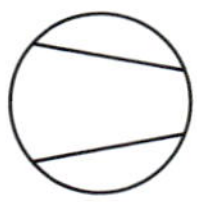	Ventilator
22	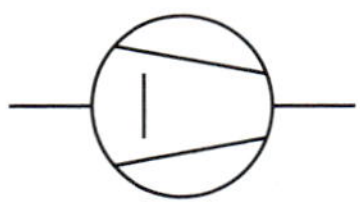	Radialventilator
23		Axialventilator
24	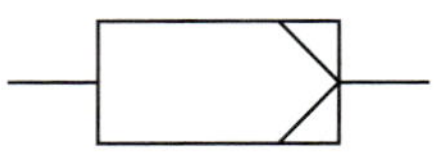	Luftfilter
25	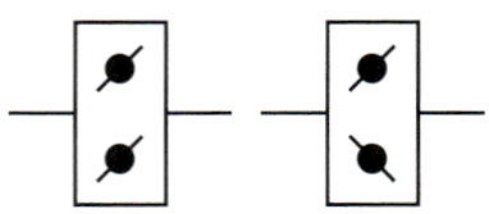	Jalousieklappe
26	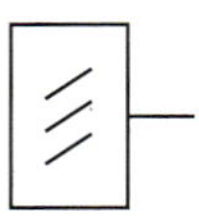	Wetterschutzgitter
27	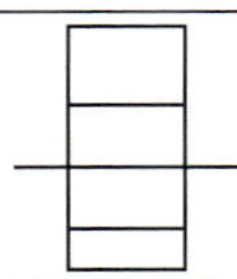	Strömungsgleichrichter

Grafische Symbole (Fortsetzung)

(nach **DIN EN 12792**:2004-01)

Luftbehandlung

Nummer	Grafisches Symbol	Deutsche Benennung
1	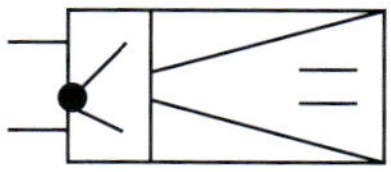	Mischkammer mit konstantem Luftvolumenstrom
2	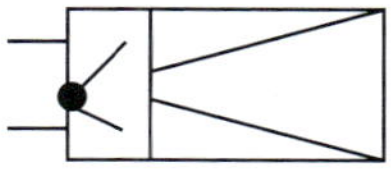	Mischkammer mit geregeltem Luftvolumenstrom
3	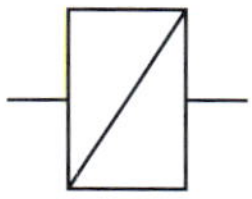	Lufterwärmer
4	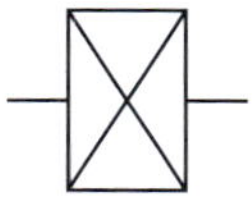	Luftkühler
5	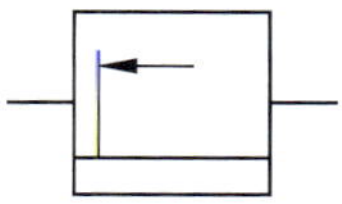	Luftbefeuchter
6	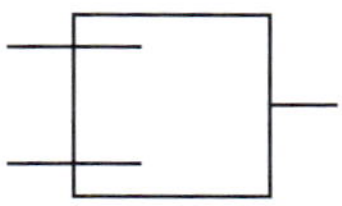	Luftmischkammer
7	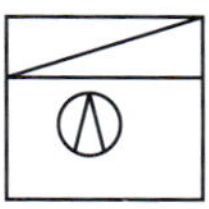	Ventilator-Konvektor
8	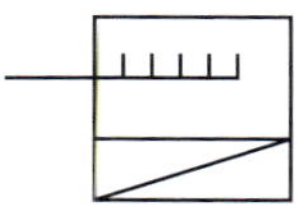	Induktionsgerät

Regelung und Geräte

Nummer	Grafisches Symbol	Deutsche Benennung
1		Messfühler
2	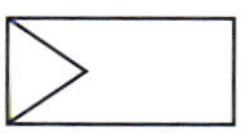	Regler
3	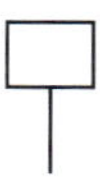	Stellantrieb

Auswahl von grafischen Symbolen (nach **DIN EN 60617-1...12**:1997-08 und 1999-04)

Symbolelemente für allgemeine Anwendungen

Grafisches Symbol	Bedeutung	Grafisches Symbol	Bedeutung
	Gleichstrom	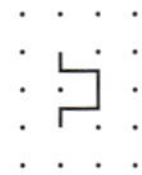	thermische Wirkung
	Wechselstrom		elektromagnetische Wirkung
	niedrige Frequenzen		positiver Impuls
	mittlere Frequenzen		negativer Impuls
	hohe Frequenzen		Wechselstromimpuls
	Einstellbarkeit, allgemein		Sägezahnimpuls
	Einstellbarkeit, nicht linear	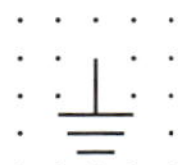	Erde, allgemein
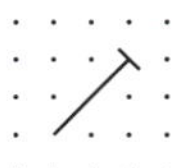	Einstellbarkeit, trimmbar	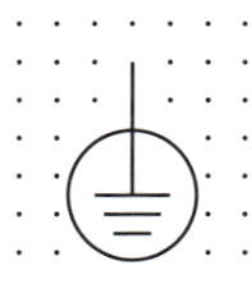	Schutzerde, Schutzleiteranschluss
	Veränderbarkeit, allgemein	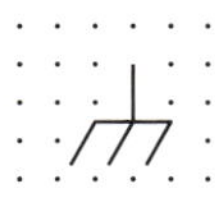	Masse, Gehäuse
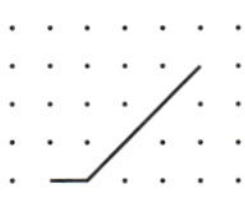	Veränderbarkeit, nicht linear		

Leiter und Verbinder (nach **DIN EN 60617-3**:1997-08)

	Verbindung z.B.: Leiter, Kabel, Leitung, Übertragungsweg	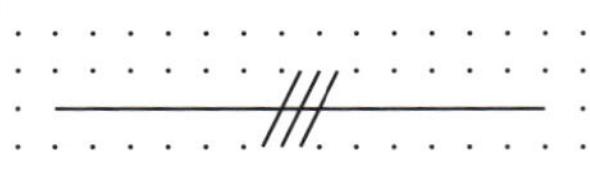	z.B. drei Verbindungen

3

Auswahl von grafischen Symbolen (Fortsetzung) (nach DIN EN 60617-1...12:1997-08 und 1999-04)

Symbolelemente für allgemeine Anwendungen

Grafisches Symbol	Bedeutung	Grafisches Symbol	Bedeutung
	elektrische Verbindung, beweglich	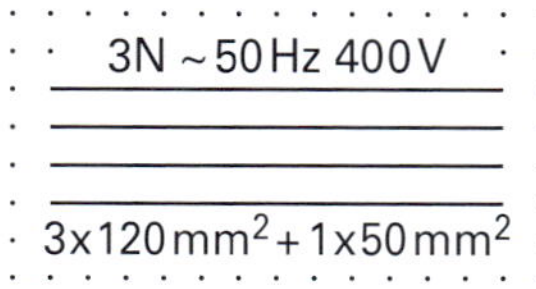	Beispiel: Dreiphasen-Vierleitersystem mit drei Außenleitern und einem Neutralleiter
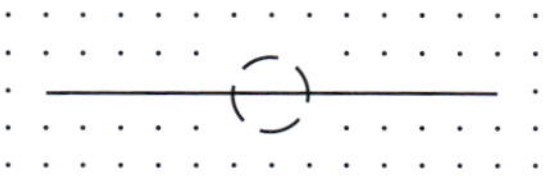	elektrischer Leiter, geschirmt		
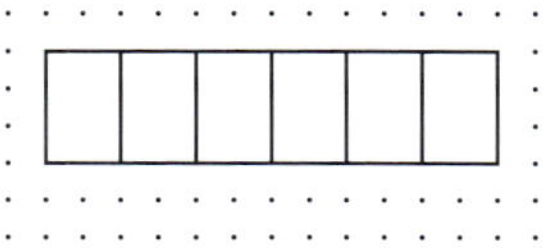	Anschlussleiste	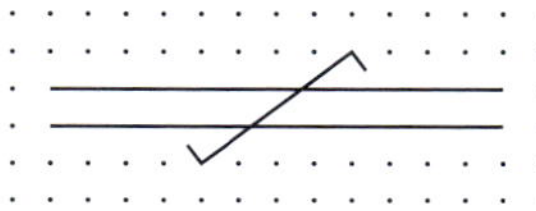	Beispiel: Verbindung verdrillt (zwei Verbindungen dargestellt)
	Kreuzungs- bzw. Verbindungspunkt	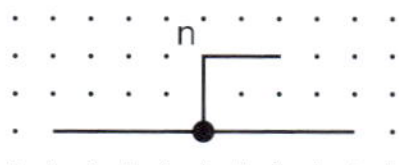	Verzweigung
	Anschluss, z.B. Klemme		Leiter-Verbindungsstück, Spieß
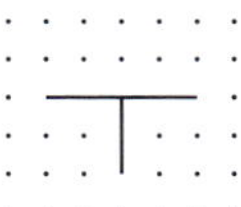	T-Verbindung	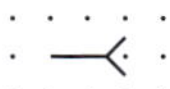	Buchse
			Stecker
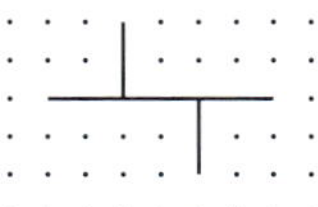	Doppelabzweig von Leitern	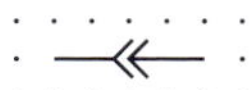	Buchse und Stecker

Passive Bauelemente

Grafisches Symbol	Bedeutung	Grafisches Symbol	Bedeutung
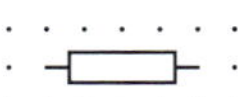	Widerstand, allgemein	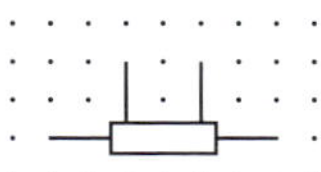	Widerstand mit festen Anzapfungen
	Wirkwiderstand, veränderbar	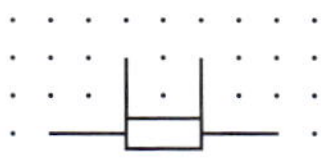	Shunt, Nebenschlusswiderstand
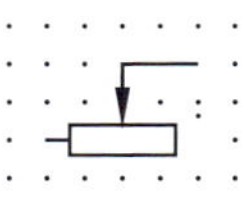	Wirkwiderstand mit beweglichem Kontakt, Potenziometer		Kondensator, allgemein
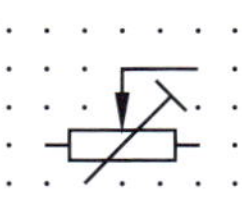	einstellbarer Widerstand bzw. Potenziometer		Kondensator, veränderbar

3

Auswahl von grafischen Symbolen (Fortsetzung) (nach **DIN EN 60617-1...12**:1997-08 und 1999-04)

Grafisches Symbol	Bedeutung	Grafisches Symbol	Bedeutung
	Kondensator mit Voreinstellung		Induktivität mit bewegbarem Kontakt
	Induktivität, Spule, Wicklung, Drossel	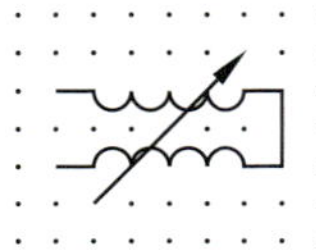	Variometer
Erzeugung und Umwandlung elektrischer Energie			
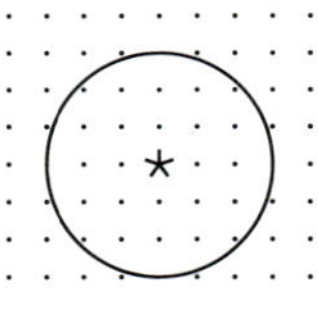	elektrische Maschine, allgemein	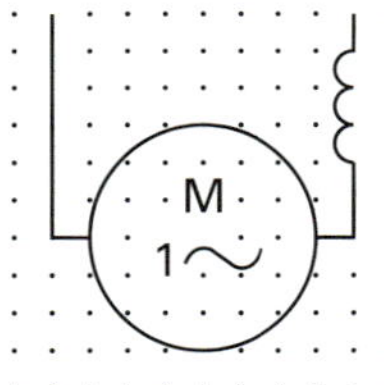	Reihenschlussmotor, einphasig
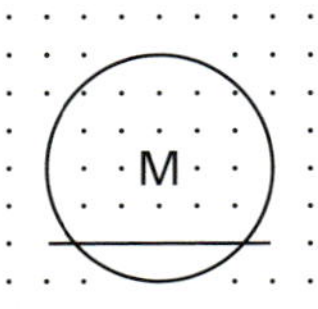	Linearmotor, allgemein	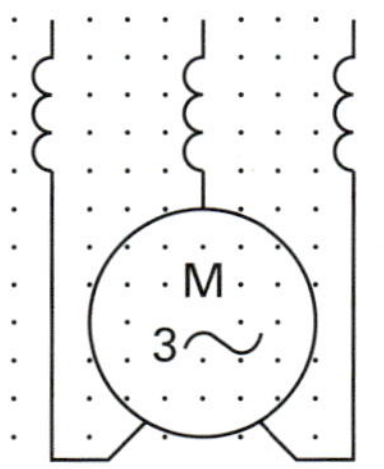	Drehstrom-Reihenschlussmotor
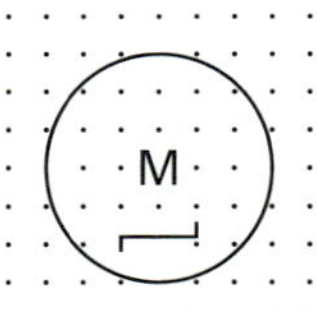	Schrittmotor, allgemein	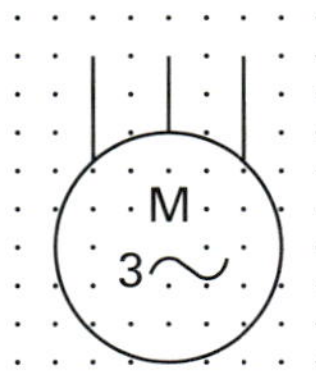	Drehstrom-Asynchronmotor
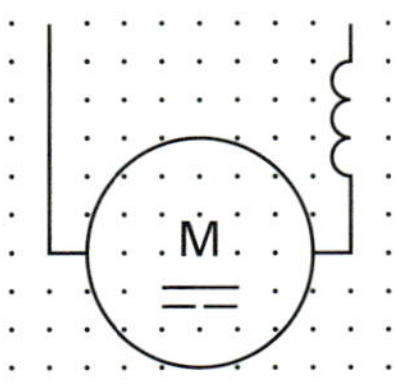	Gleichstrom-Reihenschlussmotor		
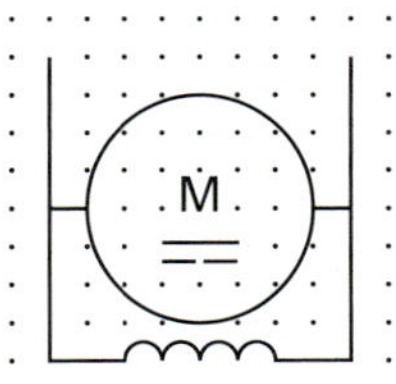	Gleichstrom-Nebenschlussmotor	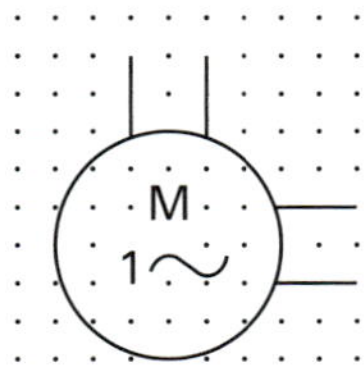	Asynchronmotor, einphasig, (Enden herausgeführt)

Auswahl von grafischen Symbolen (Fortsetzung) (nach **DIN EN 60617-1...12**:1997-08 und 1999-04)

Grafisches Symbol	Bedeutung	Grafisches Symbol	Bedeutung
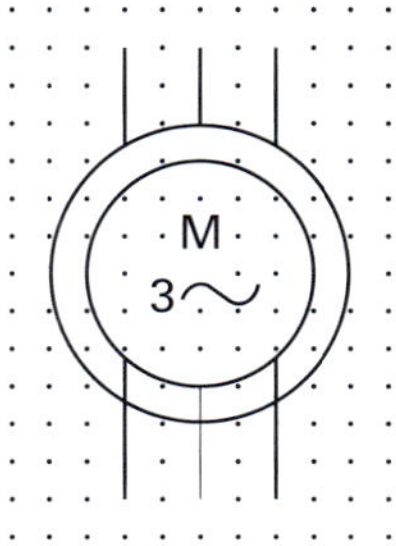	Drehstrom-Asynchronmotor mit Schleifringläufer	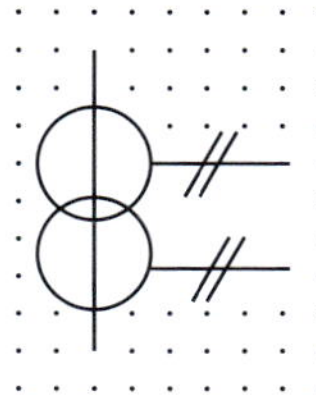	Stromwandler mit zwei Sekundärwicklungen
	Transformator mit zwei Wicklungen (Primär- und Sekundärwicklung)		Umrichter, allgemein
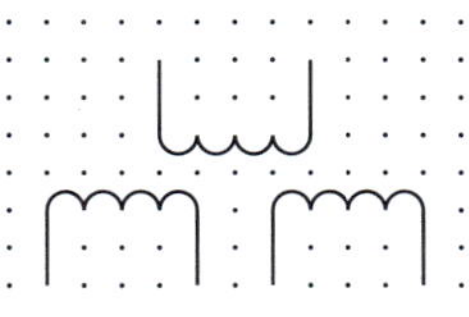	Transformator mit drei Wicklungen		Gleichrichter
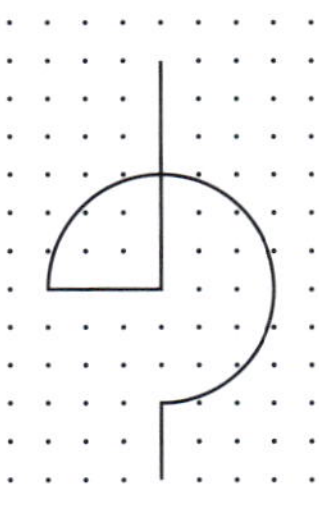	Drossel		Wechselrichter
		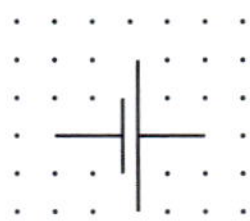	Galvanisches Element (langer Strich: Pluspol, kurzer Strich: Minuspol)
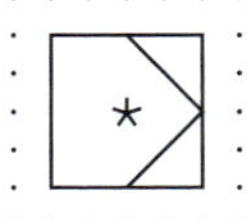	Regler	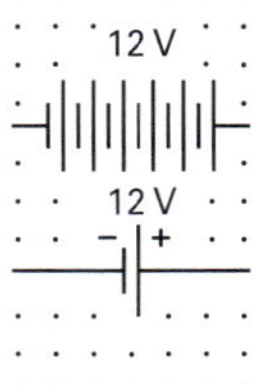	wahlweise Darstellung für eine Akkumulatorenbatterie 12 V

Schalt- und Schutzeinrichtungen

	Schließer		Wechsler, Umschaltglied
	Öffner		Zweiweg-Schließer

3

Auswahl von grafischen Symbolen (Fortsetzung) (nach **DIN EN 60617-1…12**:1997-08 und 1999-04)

Grafisches Symbol	Bedeutung	Grafisches Symbol	Bedeutung
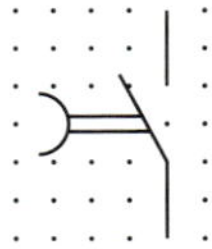	Schließer, öffnet verzögert	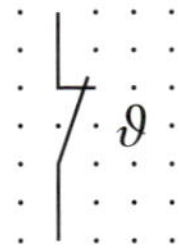	Öffner, temperaturabhängig
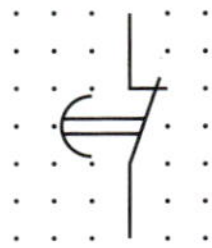	Öffner, öffnet verzögert		Leistungskontakt eines Schützes
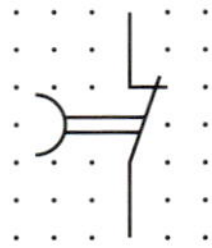	Öffner, schließt verzögert		Leistungsschalter mit selbsttätiger Auslösung
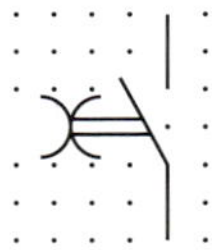	Schließer, schließt bzw. öffnet verzögert		Lasttrennschalter
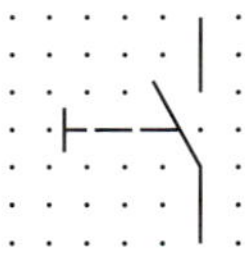	Handbetätigter Schalter, allgemein	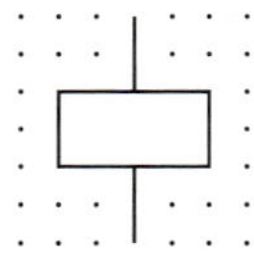	Elektromagnetischer Antrieb, allgemein
	Druckschalter, Schließer mit selbsttätigem Rückgang	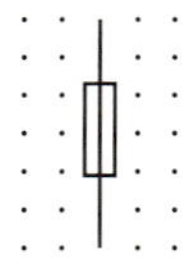	Sicherung, allgemein
	Endschalter, Schließer	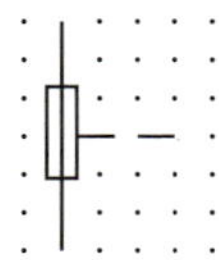	Sicherung mit mechanischer Auslösemeldung
	Endschalter, Öffner	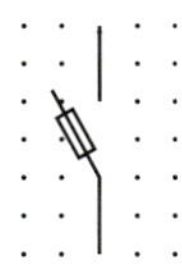	Sicherungsschalter
	Schließer, temperaturabhängig	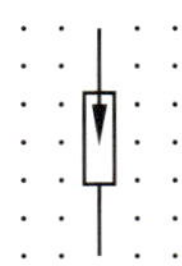	Überspannungsableiter

Auswahl von grafischen Symbolen (Fortsetzung) (nach **DIN EN 60617-1...12**:1997-08 und 1999-04)

Grafisches Symbol	Bedeutung	Grafisches Symbol	Bedeutung
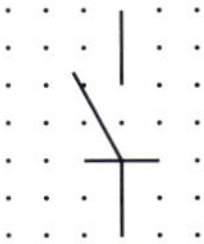	Elektronischer Schalter, allgemein		Elektronisches Schütz (Halbleiter)
Mess-, Melde- und Signaleinrichtungen			
	Messgerät, allgemein	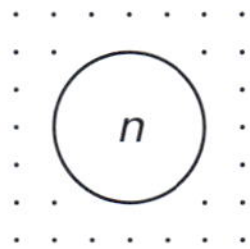	Drehzahlmessgerät
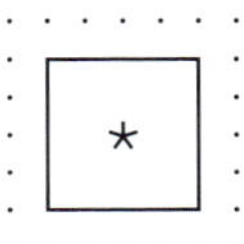	Messgerät, aufzeichnend	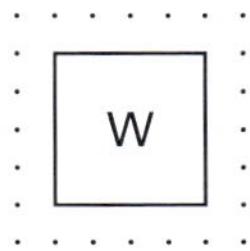	Wirkleistungsschreiber
	Spannungsmessgerät (Voltmeter), anzeigend	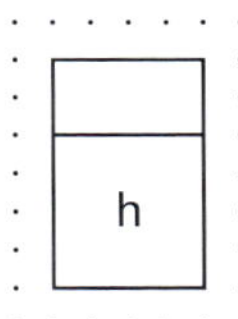	Betriebsstundenzähler
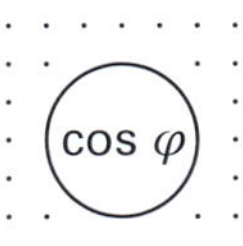	Leistungsfaktormessgerät, anzeigend	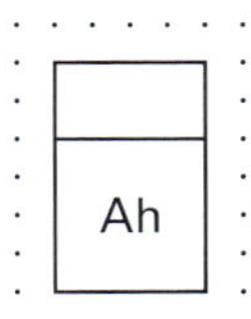	Amperestundenzähler
	Frequenzmessgerät, anzeigend	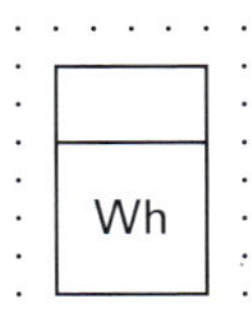	Wattstundenzähler (Elektrizitätszähler)
	Oszilloskop	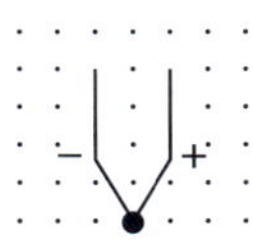	Thermoelement (Polarität ist angegeben)
	Thermometer, Pyrometer	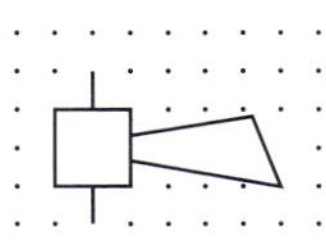	Horn, Hupe

3

Kennbuchstabe für die Art des Betriebsmittels (alt)			(nach **DIN EN 61082-1**:2015-10)
Kenn-buchstabe	Art des Betriebsmittels	Kenn-buchstabe	Art des Betriebsmittels
A	Baugruppen, Teilbaugruppen	N	Verstärker, Regler
B	Umsetzer von nicht elektrischen auf elektrische Größen oder umgekehrt	P	Messgeräte, Prüfeinrichtungen
C	Kondensatoren	Q	Starkstrom-Schaltgeräte
D	Binäre Elemente, Verzögerungseinrichtungen, Speichereinrichtungen	R	Widerstände
E	Verschiedenes	S	Schalter, Wähler
F	Schutzeinrichtungen	T	Transformatoren
G	Generatoren, Stromversorgungen	U	Modulatoren, Umsetzer von elektrischen in andere elektrische Größen
H	Meldeeinrichtungen	V	Röhren, Halbleiter
J	frei	W	Übertragungswege, Hohlleiter, Antennen
K	Relais, Schütze	X	Klemmen, Stecker, Steckdosen
L	Induktivitäten	Y	elektrisch betätigte mechanische Einrichtungen
M	Motoren	Z	Abschlüsse, Gabelübertrager, Filter, Entzerrer, Begrenzer

Kennbuchstabe für die Funktionen			(nach **DIN EN 61082-1**:2015-10)
Kenn-buchstabe	Allgemeine Funktion	Kenn-buchstabe	Allgemeine Funktion
A	Hilfsfunktion, Funktion Aus	N	Messung
B	Bewegungsrichtung (vorwärts, rückwärts, heben, senken, im Uhrzeigersinn, entgegen dem Uhrzeigersinn)	P	Proportional
C	Zählung	Q	Zustand (Start, Stopp, Begrenzung)
D	Differenzierung	R	Rückstellen, löschen
E	Funktion Ein	S	Speichern, aufzeichnen
F	Schutz	T	Zeitmessung, verzögern
G	Prüfung	U	–
H	Meldung	V	Geschwindigkeit (beschleunigen, bremsen)
J	Integration	W	Addierung
K	Tastbetrieb	X	Multiplizieren
L	Leiterkennzeichnung	Y	Analog
M	Hauptfunktion	Z	Digital
Betriebsmittel mit Kennbuchstabe Q: LA, LB, LC		Betriebsmittel mit Kennbuchstabe T: L1, L2, L3	

Kennbuchstaben der Betriebsmittel (neu)

(nach **DIN EN IEC 81346-2**:2020-10)

Kennbuchstabe	Zweck des Betriebsmittels und jeweilige Anwendungsbeispiele	Kennbuchstabe	Zweck des Betriebsmittels und jeweilige Anwendungsbeispiele
A	Zwei oder mehrere Zwecke. Wird verwendet, wenn kein Hauptzweck vorliegt. Sensorbildschirm, Touch-Bildschirm	P	Anzeige von Informationen. Messgerät, Lautsprecher, Signallampe, LCD, LED, Drucker, Uhr, Bildschirm
B	Wandelt eine Eingangsgröße in ein zur Weiterverarbeitung geeignetes Signal um. Bewegungsmelder, Sensor, Messwandler, Motorschutzrelais, thermisches Überlastrelais, Mikrofon, Videokamera	Q	Kontrolliertes Schalten eines Energieflusses, Signalflusses oder Materialflusses. Leistungsschalter, Leistungsschütz, Trennschalter, Bremse, Stellventil, Kupplung, Thyristor, Leistungstransistor, Motorstarter
C	Speichert Energie, Informationen, Material. Kondensator, Festplatte, RAM, ROM, DVD-, CD-ROM-Laufwerk, Chipkarte, Pufferbatterien	R	Stabilisierung und Begrenzung eines Energieflusses, Signalflusses oder Materialflusses. Elektrischer Widerstand, Drosselspule, Diode, Z-Diode, Schaltung zur Strom- und Spannungsstabilisierung, Rückschlagventil
E	Stellt Strahlungs- oder Wärmeenergie zur Verfügung. Glühlampe, Leuchte, Leuchtstofflampe, Heizkörper, Kühlschrank, Laser, Warmwasserspeicher	S	Wandelt eine mechanische Betätigung in ein Signal zur Weiterverarbeitung um. Taster, Wahlschalter, Steuerschalter, Tastatur, Maus, Lichtgriffel
F	Schutz eines Energieflusses oder Signalflusses vor unerwünschten Zuständen. Schmelzsicherungen, Leitungsschutzschalter, thermische Überlastauslöser, Überspannungsableiter, Abschirmung, Schutzvorrichtung	T	Wandelt Energie oder ein Signal um, ohne die Energieart oder Information zu verändern. Telefonapparat, Verstärker, Gleichrichter, Leistungstransformator, Modulator, Demodulator, AC- und DC-Umsetzer, Frequenzumformer, ADU, DAU
G	Umwandlung von Energieformen und erzeugen eines Energieflusses oder Signals, die für Informationsübertragung benötigt werden. Generator, Batterie, Solarzelle, Stromversorgungseinheit, Brennstoffzelle, Pumpe, Ventilator, Fördereinrichtung	U	Haltevorrichtung von Betriebsmittsmitteln in definierter Position. Isolator, Mast, Fundament, Montagegestell, Spannvorrichtung, Kabelwanne
		V	Verarbeitung von Materialien, Werkstoffen und Produkten. Staubsauger, Waschmaschine, Zentrifuge, Drehmaschine, Rauchgasfilter
K	Empfang, Verarbeitung und Bereitstellung von Signalen oder Informationen. Hilfsschütz, Zeitrelais, Verzögerungsglied, Transistor, Operationsverstärker, Regler, Binärelement, Filter, Mikroprozessor, Zähler, Multiplexer, Computer	W	Leitet Energie und Signale. Leiter, Leitung, Kabel, Busleitung, Systembus, Sammelschiene, Lichtwellenleiter
		X	Verbindet verschiedene Betriebsmittel (Objekte). Steckdose, Klemmleiste, Klemme, Kupplung, Steckverbinder
M	Stellt mechanische Energie für Antriebszwecke zur Verfügung. Elektromotor, Verbrennungsmotor, Turbine, Stellantrieb, Hubmagnet	D, J, Z	Für eine spätere Verwendung vorgesehen.
		I, O	Werden wegen der Verwechslungsgefahr mit Input und Output nicht verwendet.

DIN EN IEC 81346-2:2020-10 löst die alten Normen **DIN EN 61346-2**:2000-12 und **DIN EN 61082-1**:1995-05 ab. Da die alten Normen in der Fachliteratur noch auftauchen und in der Praxis auch noch vorkommen, werden sie der Vollständigkeit halber in diesem Tabellenbuch berücksichtigt.

Gemäß der neuen Norm werden die Kennbuchstaben nur nach dem Verwendungszweck gekennzeichnet. Beispielweise erhält ein Transistor zur Signalverarbeitung K1 und ein Transistor zur Laststeuerung Q1. Im Schaltplan werden Objekte (Betriebsmittel) mit gleichem Kennbuchstaben durchnummeriert (z.B. C1, C2, ...).

Eine weitere Unterscheidung ist bei Objekten möglich, die, je nach Betrachtung, differenziert zu werten sind. Sie können vor dem Kennbuchstaben mit Vorzeichen (+, –) versehen werden und zwar mit folgender Funktionsbezogenheit: **– Produktbezogenheit, + Ortsbezogenheit.**

3

Schaltpläne als funktionsbezogene Dokumente (nach **DIN EN 61082-1**:2015-10)

Bezeichnung und Aufgabe der unterschiedlichen Schaltpläne

Übersichtsschaltplan

Relativ einfacher, häufig in einpoliger Darstellung ausgeführter Schaltplan, der die wichtigsten Verbindungen oder Beziehungen zwischen den Betriebsmitteln innerhalb eines Systems, Untersystems, einer Installation zeigt. Leiter- und Betriebsmittelzahl sind je nach Aufgabe des Schaltplans angegeben.

Beispiel: Motorsteuerung mit Schütz

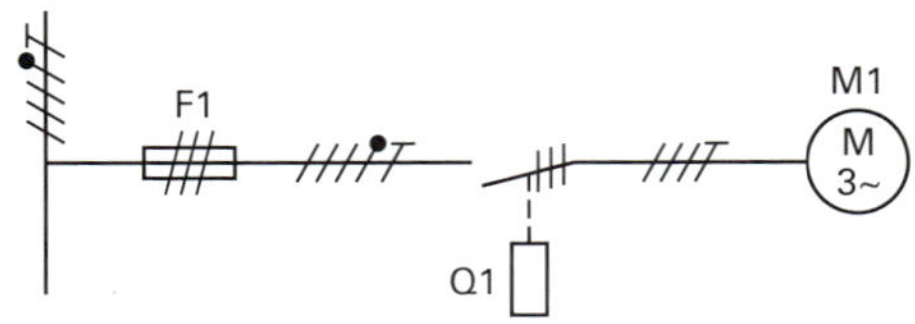

Blockschaltplan

Übersichtsschaltplan in meist einpoliger Darstellung, in dem vorwiegend Blocksymbole angewendet werden. Gibt es keine genormten Blocksymbole, können Rechtecke oder Quadrate mit Textinhalt verwendet werden.

Beispiel: Analoge Laderegelung

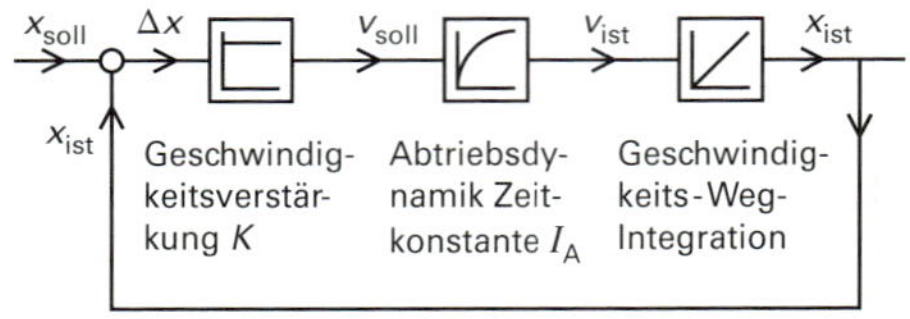

Netzwerkkarte

Einpoliger Übersichtsschaltplan, der ein Netzwerk auf einer Landkarte darstellt, beispielsweise Kraftwerke, Umspannstationen, Starkstromleitungen, Fernmeldeanlagen und Übertragungsleitungen.

Beispiel: Starkstromleitung mit Umspanntransformator

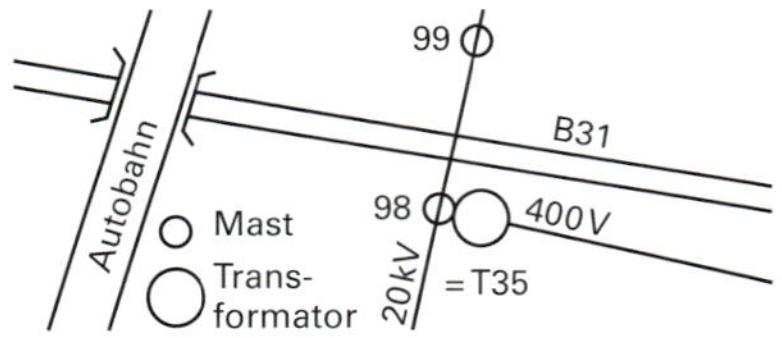

Funktionsschaltplan

Schaltplan, der ein System, Teilsystem, Installation, Teil, Ausrüstung oder Software in Form von Schaltkreisen darstellt, ohne dass dabei notwendigerweise die für die Realisierung eingesetzten Mittel berücksichtig sind. Es werden genormte Symbole, genormte Blöcke oder Blöcke mit freiem Text verwendet.

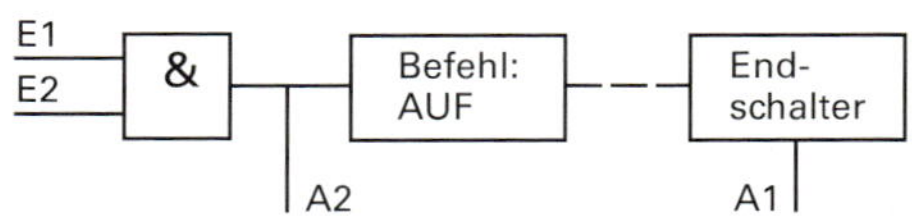

Logik-Funktionsschaltplan
(bei SPS: kurz FUP genannt)

Funktionsschaltplan, bei dem vorwiegend Schaltzeichen für binäre Elemente angewendet werden. Die Schaltzeichen werden ohne die Stromversorgung dargestellt.

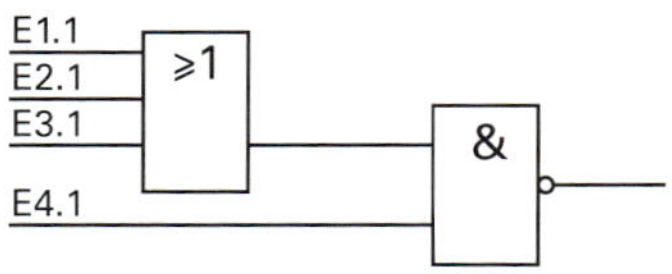

Ersatzschaltplan

Funktionsschaltplan, der äquivalente Schaltungen darstellt und für die Analyse und Berechnung elektrischer Größen hilfreich ist. Z.B. kann eine Parallelschaltung von zwei Teilwiderständen R_2 und R_3 durch einen Widerstand $R_{2,3}$ ersetzt werden.

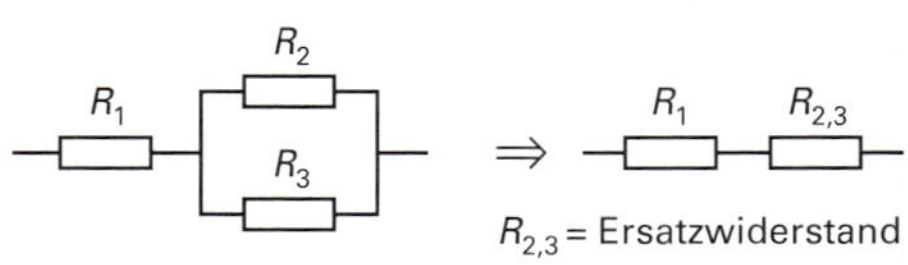

Stromlaufplan in zusammenhängender Darstellung

Allpolige Darstellung der Stromkreise. Die Funktionseinheiten, Teile oder gesamte Anlage mit allen Einzeleinheiten sind räumlich zusammenhängend gezeichnet. Die Teile und Verbindungen sind mit genormten Symbolen dargestellt. Größe, Form und die tatsächliche räumliche Anordnung der Betriebsmittel werden nicht berücksichtigt.

Beispiel: Steuerung eines Drehstrommotors mit Hilfe eines Schützes. Dabei bedeuten:

S1: AUS-Schalter,
S2: EIN-Schalter,
F1: Steuerstromkreissicherung,
F2: Motorschutzsicherung
Q1: Selbsthaltekontakt
M1: Drehstrommotor

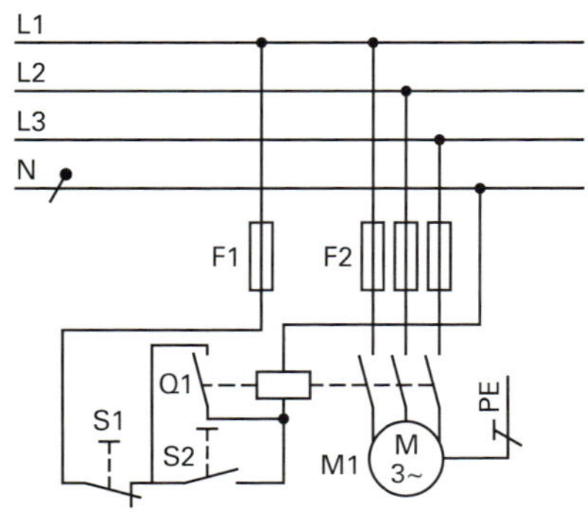

Schaltpläne als funktionsbezogene Dokumente (Fortsetzung) (nach DIN EN 61082-1:2015-10)

Bezeichnung und Aufgabe der unterschiedlichen Schaltpläne (Fortsetzung)

Stromlaufplan in halb zusammenhängender Darstellung

(Üblicherweise für Bauteile mit einer mechanischen Wirkverbindung). Allpolige Darstellung, bei der die Symbole mit mechanischer Wirkverbindung auseinander gezogen und mit gestrichelten Linien gezeichnet sind. Jedes einzelne Teilsymbol im Schaltplan ist so platziert, dass eine klare Anordnung der Stromkreise erreicht wird.

Beispiel: Steuerung eines Wechselstrommotors, Schütz Q1 mit separater Stromversorgung über die Klemmen 2.1 und 2.2

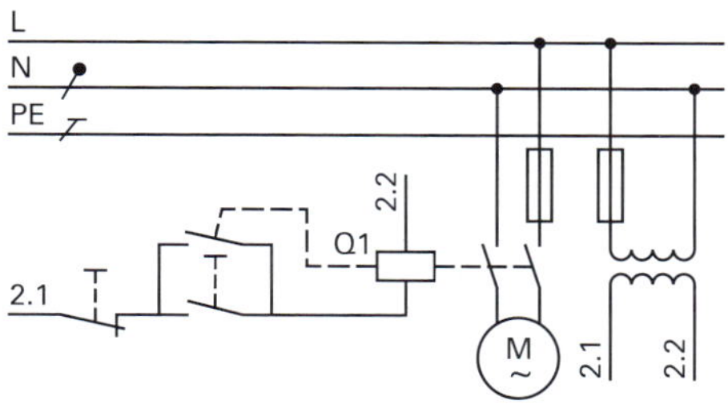

Stromlaufplan in aufgelöster Darstellung

Allpolige Darstellung, bei der die Stromkreise nach Stromwegen getrennt sind (z.B. Hauptstromkreis, Steuerstromkreis). Teile mit einer mechanischen Wirkverbindung sind durch ihre Betriebsmittelkennzeichnung zueinander in Verbindung gebracht.

Beispiel: Steuerung eines Drehstrommotors

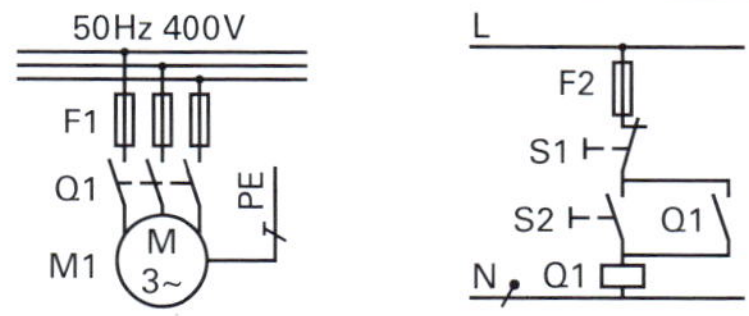

Funktionsplan (nicht bei SPS)

Diagramm, das Funktionen und Verhalten eines Steuerungs- oder Regelungssystems beschreibt, wobei Schritte und Übergänge gezeigt sind. Der Funktionsplan (FUP) der SPS ist dem Logik-Funktionsschaltplan zu entnehmen.

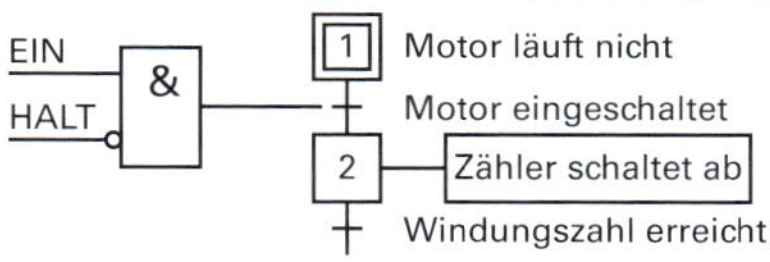

Ablaufdiagramm (Ablauftabelle)

Diagramm (Ablauftabelle), das die Reihenfolge von Vorgängen oder die Zustände von Teilen eines Systems zeigt, z.B. die Hilfsschütze K1 und K2. Dabei sind die Vorgänge oder Zustände der Teile in einer Richtung und die Prozessschritte oder die Zeit im rechten Winkel dazu aufgezeichnet. Dieses Diagramm wird zur Veranschaulichung eines Ablaufs von Schaltvorgängen verwendet.

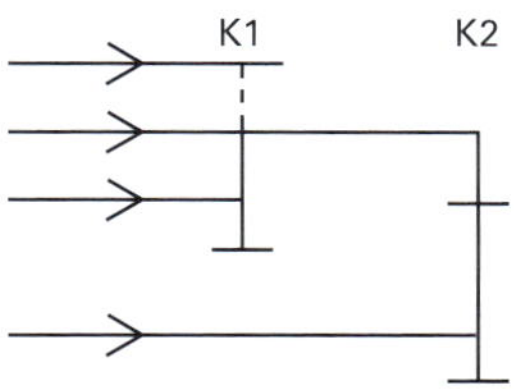

Zeitablaufdiagramm

Diagramm, bei dem der Ablauf von Vorgängen im zeitgerechten Maßstab dargestellt ist. Die Zeitachse wird meistens nicht eingezeichnet. Die Signalzustände werden entweder mit 0 und 1 bzw. mit L (Low-Pegel) und H (High-Pegel) dargestellt. Oben wird der logische Wert 1 und unten der logische Wert 0 abgetragen. Im Bild bedeutet: C Taktimpuls

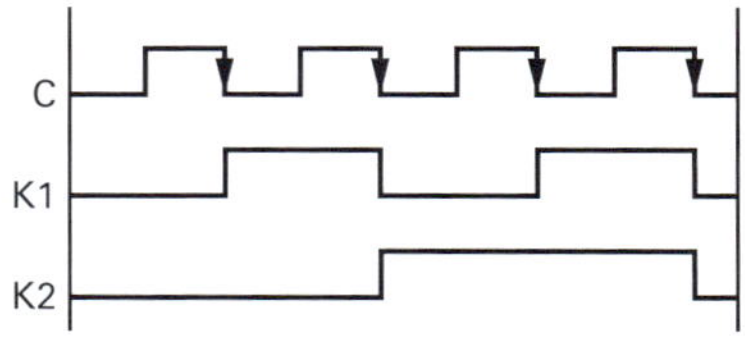

Anschlussfunktionsschaltplan

Allpolige Darst. für eine Funktionseinheit mit Kennzeichnung der Anschlusspunkte der Schnittstellenverbindungen. Die internen Funktionen dürfen mit einem gegebenenfalls vereinfachten Stromlaufplan, einem Funktionsschaltplan, Ablaufdiagramm oder mit Text beschriebenen Blöcke beschrieben werden.

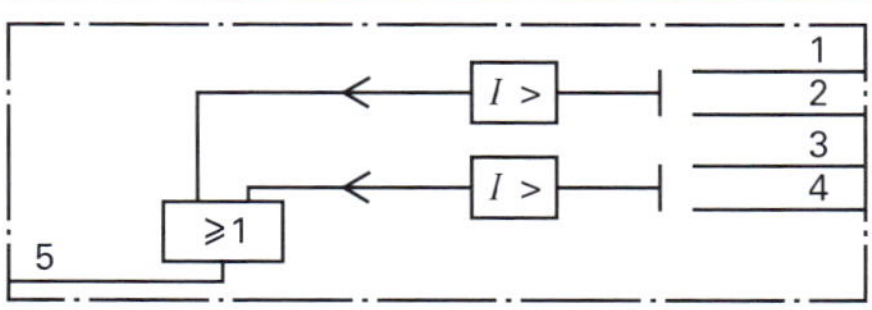

Programmablaufplan (PAP, linkes Bild) und **Struktogramm** (rechtes Bild) (vgl. DIN 66001und DIN 66261).

Das PAP zeigt anhand von grafischen Symbolen die Folge von Rechenoperationen und Anweisungen zur Lösung einer Aufgabe. Das etwas jüngere Struktogramm (Nassi-Schneider-Diagramm) ersetzt das PAP und zerlegt ebenfalls den Algorithmus zur Lösung eines Gesamtproblems in so kleine Teile, bis nur noch elementare Sequenzen und Kontrollstrukturen übrig bleiben.

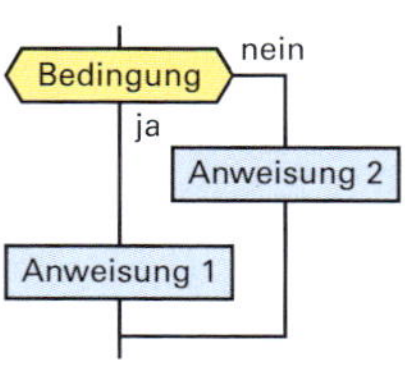

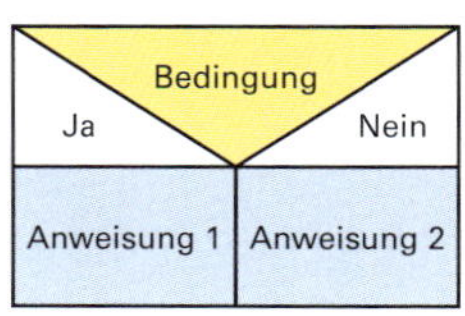

Darstellungsarten für Schaltpläne

(nach **DIN EN 61082-1**:2015-10)

Beispiele (Auswahl)

Kennzeichnung von Leitern (DC = Gleichstrom, AC = Wechselstrom)
(vgl. **EN 60617-2**: 1997-08)

Leiterart		alphanumerische Bezeichnung	farbliche Kennzeichnung
AC	Außenleiter 1	L1	Schwarz, Braun
	Außenleiter 2	L2	Schwarz, Braun, Grau
	Außenleiter 3	L3	Schwarz, Braun, Grau
	Neutralleiter	N	Hellblau
DC	Positiv	L+	Rot
	Negativ	L–	Schwarz
	Mittelleiter	M	–
Schutzleiter		PE	Grün-Gelb
Neutralleiter mit Schutzfunktion		PEN	Grün-Gelb
Erder		E	–

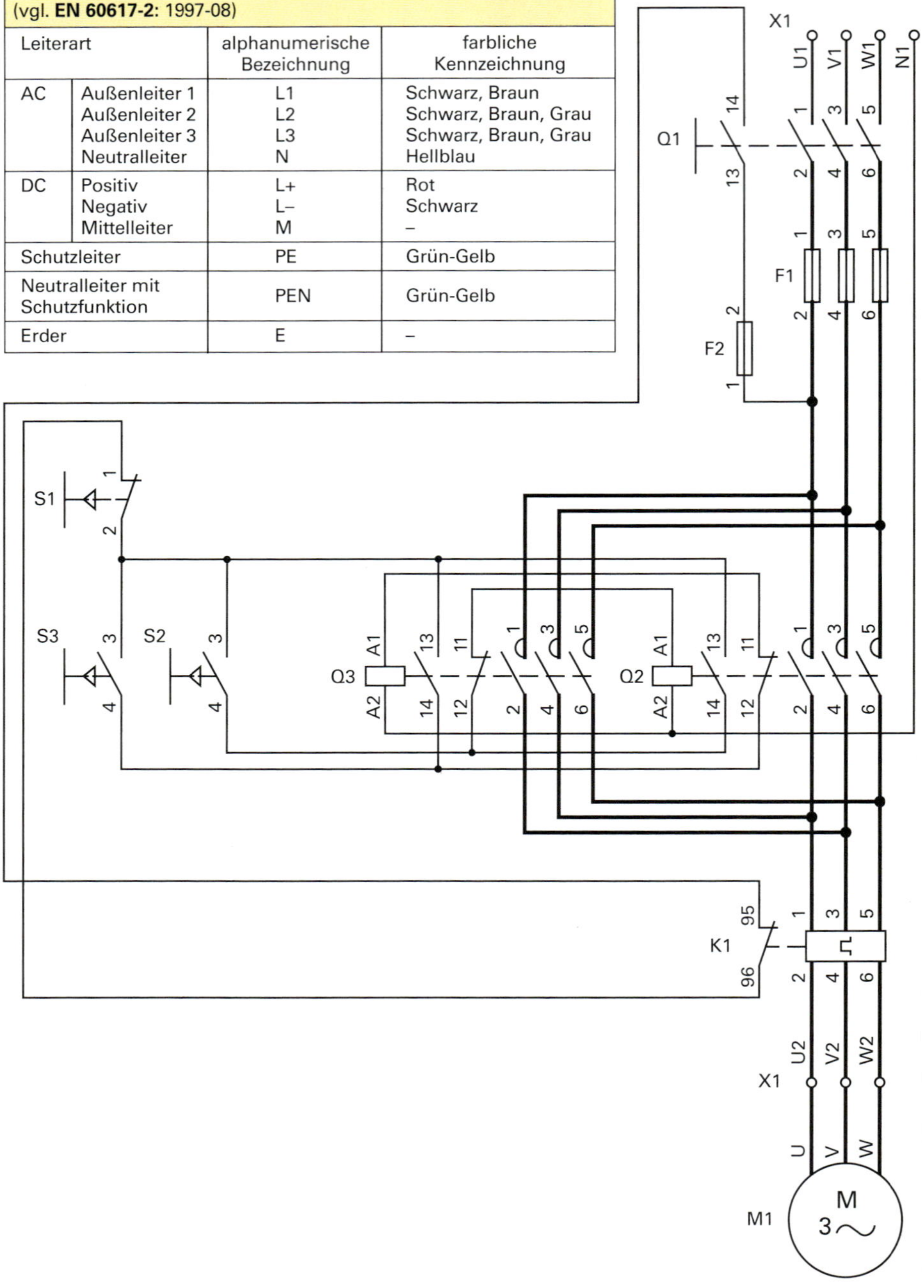

Beispiel 1: Stromlaufplan in zusammenhängender Darstellung
Dargestellt ist ein Antriebssystem für 2 Drehrichtungen

3

Darstellungsarten für Schaltpläne (Fortsetzung)

(nach **DIN EN 61082-1**:2015-10)

Beispiele (Auswahl)

Kennzeichnung von Leitern (DC = Gleichstrom, AC = Wechselstrom) (vgl. **EN 60617-2:** 1997-08)

Leiterart		alphanumerische Bezeichnung	farbliche Kennzeichnung
AC	Außenleiter 1 Außenleiter 2 Außenleiter 3 Neutralleiter	L1 L2 L3 N	Schwarz, Braun Schwarz, Braun, Grau Schwarz, Braun, Grau Hellblau
DC	Positiv Negativ Mittelleiter	L+ L– M	Rot Schwarz –
Schutzleiter		PE	Grün-Gelb
Neutralleiter mit Schutzfunktion		PEN	Grün-Gelb
Erder		E	–

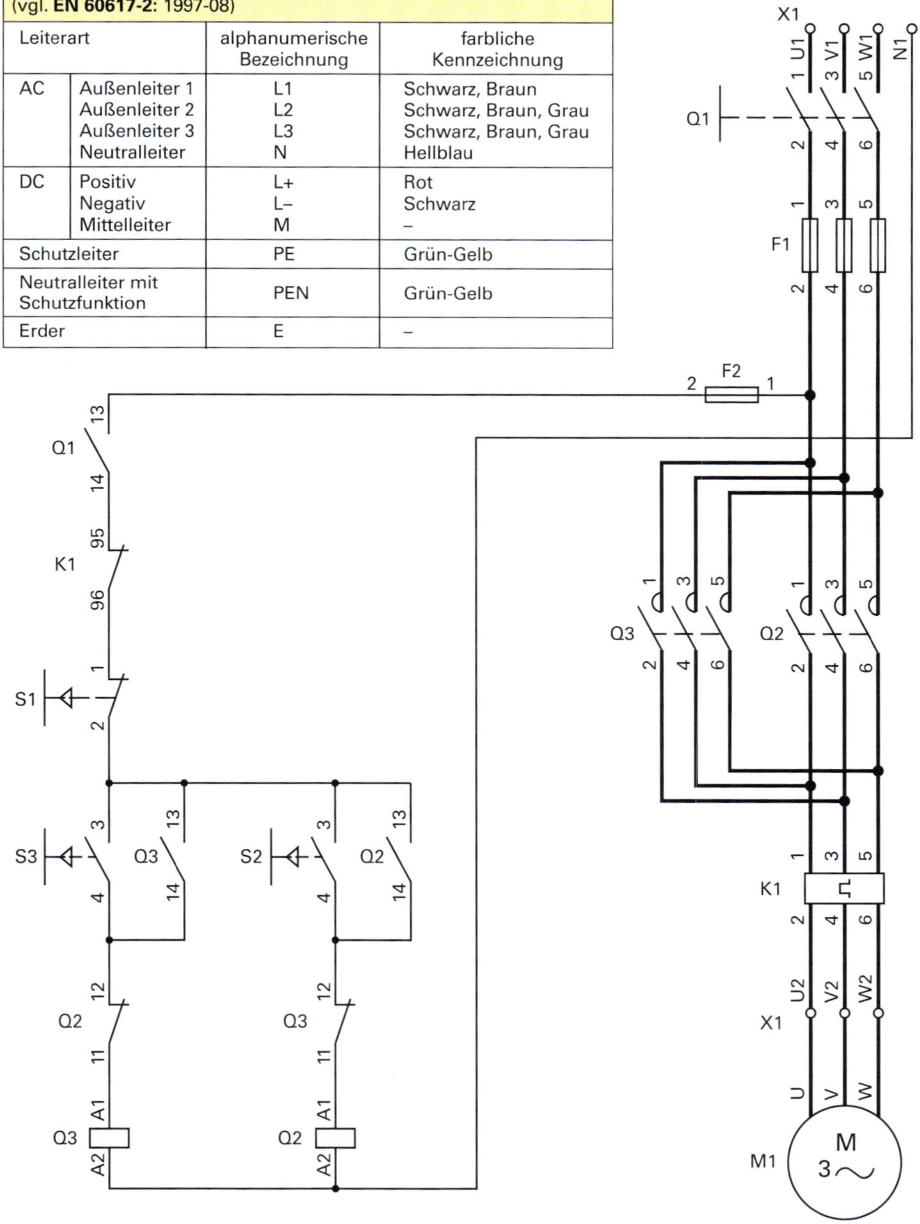

Beispiel 2: Stromlaufplan in aufgelöster Darstellung
Dargestellt ist das gleiche Antriebssystem wie in Beispiel 1

3

Symbole der Digitaltechnik, Verknüpfungsfunktionen

Logische Verknüpfung	Symbol	Schalttabelle (Wahrheitstabelle)	Schaltungsfunktion (Boole'sche Gleichungen)
NICHT Inverter Negation (Negator)	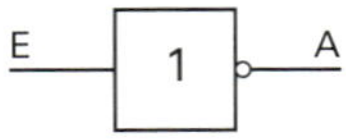	E A 0 1 1 0	$E = \overline{A}$
UND Konjunktion AND	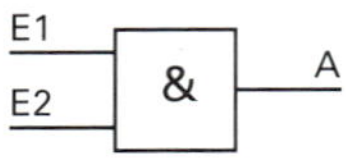	E_2 E_1 A 0 0 0 0 1 0 1 0 0 1 1 1	$A = E_1 \wedge E_2$
ODER Disjunktion Adjunktion OR	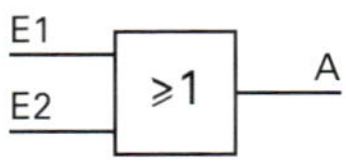	E_2 E_1 A 0 0 0 0 1 1 1 0 1 1 1 1	$A = E_1 \vee E_2$
NAND- UND-NICHT	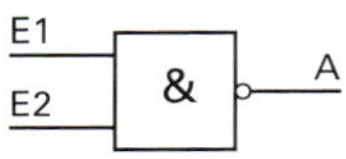	E_2 E_1 A 0 0 1 0 1 1 1 0 1 1 1 0	$A = \overline{E_1 \wedge E_2}$ oder $\overline{A} = E1 \wedge E2$
NOR- ODER-NICHT	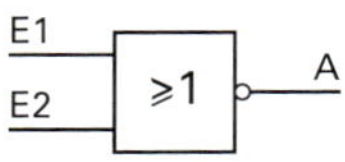	E_2 E_1 A 0 0 1 0 1 0 1 0 0 1 1 0	$A = \overline{E_1 \vee E_2}$ oder $\overline{A} = E1 \vee E2$
Antivalenz Exclusiv-ODER XOR	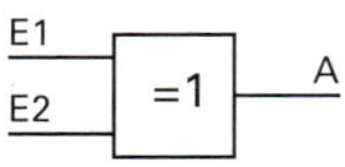	E_2 E_1 A 0 0 0 0 1 1 1 0 1 1 1 0	$A = (E_1 \wedge \overline{E_2}) \vee (\overline{E_1} \wedge E_2)$
Äquivalenz Exclusiv-NOR Äquijunktion Bisubjunktion	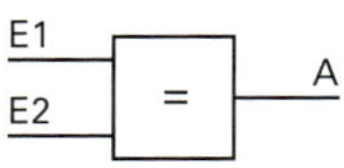	E_2 E_1 A 0 0 1 0 1 0 1 0 0 1 1 1	$A = (E_1 \wedge E_2) \vee (\overline{E_1} \wedge \overline{E_2})$
Inhibition Sperrgatter	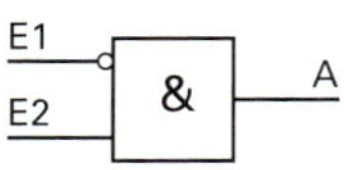	E_2 E_1 A 0 0 0 0 1 0 1 0 1 1 1 0	$A = \overline{E_1} \wedge E_2$
Implikation Subjunktion	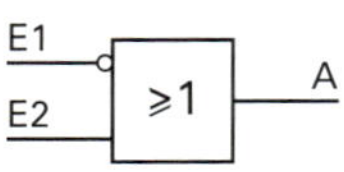	E_2 E_1 A 0 0 1 0 1 0 1 0 1 1 1 1	$A = \overline{E_1} \vee E_2$
E Eingang A Ausgang  Negation des Signalwertes		0 Null-Zustand, nein, z.B. es fließt kein Strom 1 Eins-Zustand, ja, z.B. es fließt ein Strom	$\vee$ ODER $\wedge$ UND $\overline{E}$ Negation des Signalwertes von E $\overline{A}$ Negation des Signalwertes von A

Stoßarten (→ Schweißen)

Lage der Teile	Beschreibung
Stumpfstoß 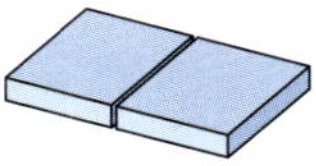	Die Teile liegen in einer Ebene und stoßen stumpf **gegeneinander.**
Parallelstoß 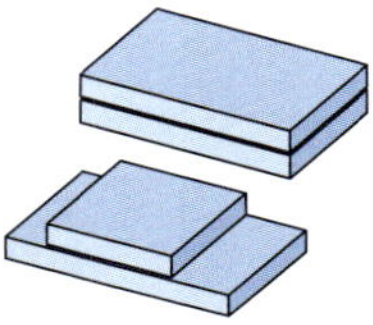	Die Teile liegen parallel **aufeinander.**
Überlappstoß 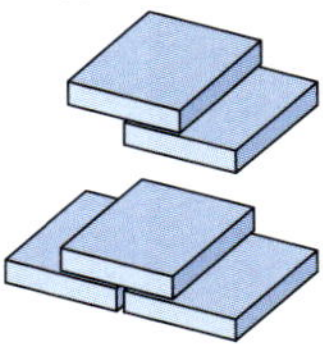	Die Teile liegen parallel **aufeinander** und überlappen sich.
T-Stoß 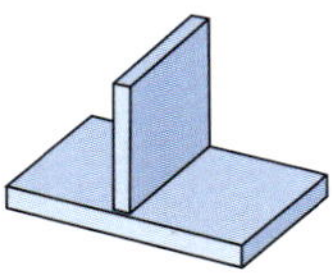	Die Teile stoßen rechtwinklig (T-förmig) **aufeinander.**
Doppel-T-Stoß 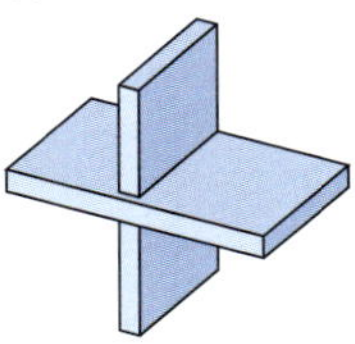	Zwei in einer Ebene liegende Teile stoßen rechtwinklig (doppel-T-förmig) **auf** ein dazwischen liegendes drittes Teil.
Schrägstoß 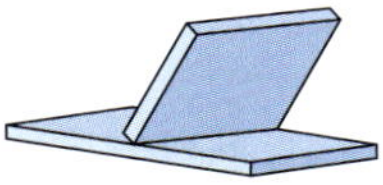	Ein Teil stößt **schräg** gegen ein anderes Teil.
Eckstoß 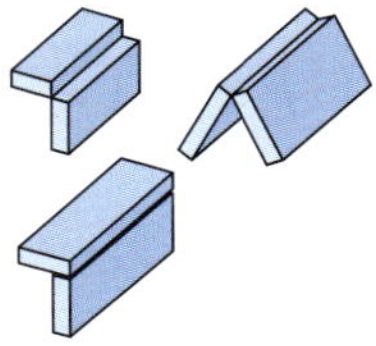	Zwei Teile stoßen unter beliebigem Winkel aneinander und bilden eine **Ecke.**
Stirnstoß 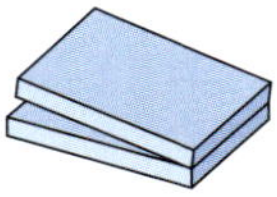	Zwei Teile stoßen am Rand unter einem Winkel von 0° bis 30° gegeneinander **(Stirn).**
Mehrfachstoß 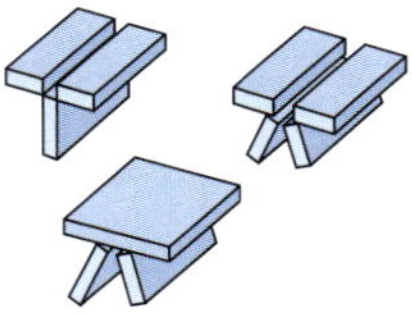	Drei oder mehr Teile stoßen unter beliebigem Winkel **aneinander.**
Kreuzungsstoß 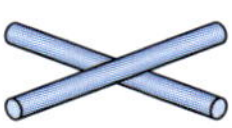	Zwei Teile liegen kreuzend **übereinander.**

DIN EN ISO 17659: 2005-09

(→ Schweißen – Mehrsprachige Benennung für Schweißverbindungen mit bildlichen Darstellungen)

3

Grundsymbole

(nach **DIN EN ISO 2553**:2022-07)

Nr.	Benennung	Darstellung	Symbol	Nr.	Benennung	Darstellung	Symbol
1	I-Naht	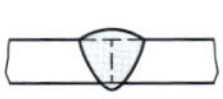		4	HV-Naht	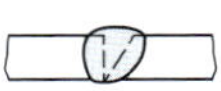	
2	V-Naht	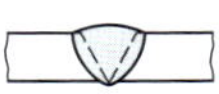		5	HY-Naht	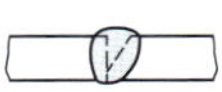	
3	Y-Naht			6	U-Naht		

3

Grundsymbole (Fortsetzung)							(nach **DIN EN ISO 2553**:2022-07)
Nr.	Benennung	Darstellung	Symbol	Nr.	Benennung	Darstellung	Symbol
7	HU-Naht J-Naht			15	Schmelz-geschweißte Liniennaht		
8	aufgeweitete Y-Naht			16	Bolzen-schweiß-verbindung	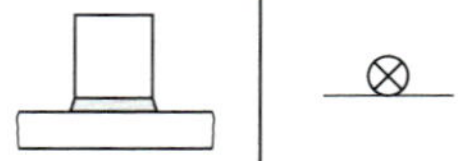	
9	aufgeweitete HY-Naht			17	Steilflanken-naht		
10	Kehlnaht			18	Halb-Steil-flankennaht		
11	Lochnaht			19	Stirnnaht		
12.1	Widerstands-geschweißte Punktnaht			20.1	Bördelnaht	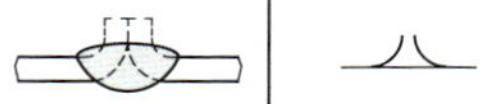	
12.2	Buckelnaht		System A  System B 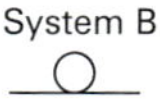	20.2	Bördelecknaht	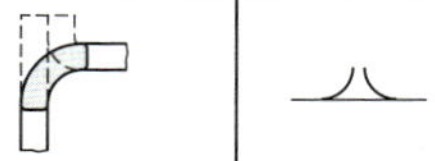	
13	Schmelz-geschweißte Punktnaht	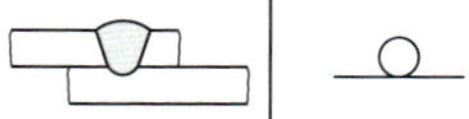		21	Auftrags-schweißung		
14	Widerstands-rollen-schweißnaht			22	Stichnaht	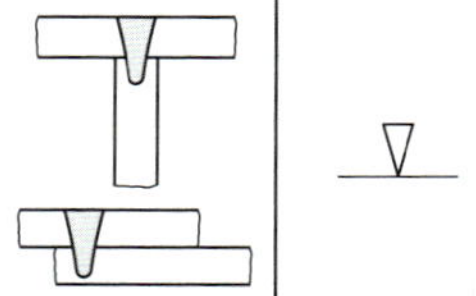	

Kombinierte Grundsymbole							
Nr.	Benennung	Darstellung	Symbol	Nr.	Benennung	Darstellung	Symbol
1	Doppel-V-Naht			3	Doppel-U-Naht (DU-Naht)		
2	Doppel-HV-Naht (DHV-Naht)			4	Doppel-HY-Naht mit Kehlnaht (DHY-Naht mit Kehlnaht)	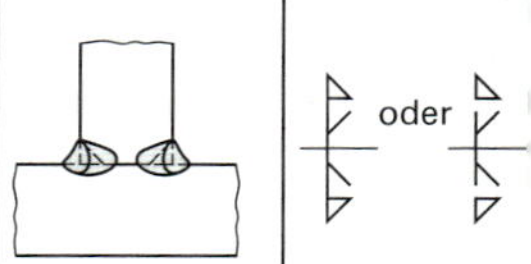 	

Anwendungsbeispiele für Zusatzsymbole

Nr.	Benennung	Symbol	Anwendungsbeispiel	Darstellung der Naht
1	Bündig (flach nachgearbeitet)			
2	Konvex (gewölbt)			
3	Konkav (hohl)			
4	Nahtübergänge kerbfrei			Kein Beispiel
5a	Kapplage (nach der V-Naht ausgeführt)			
5b	Gegenlage (vor der V-Naht ausgeführt)			
6	Definierte Wurzelüberhöhung (Stumpfnähte)			
7a	Schweißbadsicherung (nicht näher festgelegt)		MR	
7b	Verbleibende Schweißbadsicherung	M	MR	
7c	Entfernbare/nicht verbleibende Schweißbadsicherung	MR	MR	
8	Abstandhalter			
9	Aufschmelzbare Einlage			a) Stoß mit vorhandener Einlage b) fertig geschw. Verbindung V-Naht nicht dargestellt
10	Ringsum-Naht			A B C
11	Naht zwischen zwei Punkten		A B	A B
12	Baustellennaht			Kein Beispiel
13	Versetzte unterbrochene Naht		a n x l (e) a n x l (e) z n x l (e) z n x l (e)	l (e) l l (e) l

3

Lage der Symbole in Zeichnungen

(nach **DIN EN ISO 2553**:2022-07)

Die DIN EN ISO 2553 berücksichtigt die im europäischen und pazifischen Wirtschaftsraum existierenden, unterschiedlichen Methoden zur Kennzeichnung der Pfeilseite und der Gegenseite in Zeichnungen.

- Beide sind getrennt voneinander anwendbar
- beide sind eindeutig
- Methode System A: basiert auf ISO 2553 (Symbol mit doppelter Bezugslinie)
- Methode System B: basiert auf Normen aus Pazifikstaaten (Symbol mit einfacher Bezugslinie nach AWS A.2.4)

Die Systeme A und B dürfen nicht vermischt werden und die Zeichnungen müssen eindeutig angeben, welches System angewandt wurde.

Das **Grundschweißsymbol** (s. nebenstehendes Bild) besteht aus:

- einer **Pfeillinie** (1),
- einer **Bezugslinie** (2),
- einer **Gabel** (3),

das dann angewendet wird, wenn keine weiteren Angaben zur Naht festgelegt sind und lediglich anzuzeigen ist, dass eine Naht zu schweißen ist.

Für das Grundschweißsymbol ist im System A keine doppelte Bezugslinie (Strichlinie) erforderlich, da keine Einzelheiten zur Naht angegeben werden.

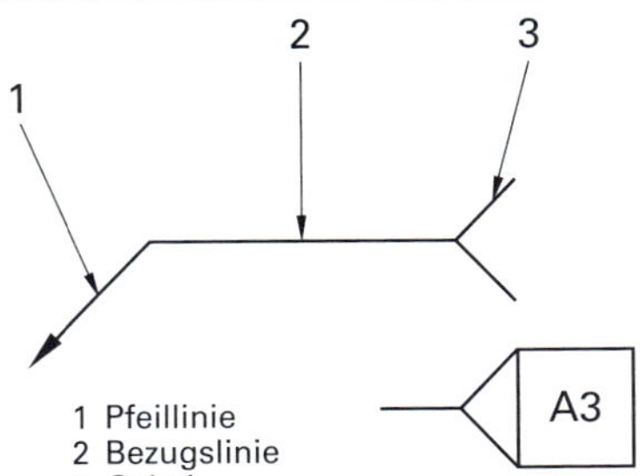

1 Pfeillinie
2 Bezugslinie
3 Gabel

Das **Schweißsymbol** besteht aus:

- einer **Pfeilinie**
- einer **Bezugslinie**
- **Grund-** und **Zusatzsymbol**
- **Maße**
- offene **Gabel** zur Angabe von Art, Schweißposition und Vorbereitung einer Schweißnaht
- geschlossene **Gabel**, nur um auf bestimmte Anweisung (z. B. Schweißanweisung) oder bestimmtes Dokument hinzuweisen (z. B. Dokument A3).

Lage der Symbole in Zeichnungen (Fortsetzung) (nach **DIN EN ISO 2553**:2022-07)

Beispiel

5 mm Sollnahtdicke für unterbrochene Kehlnähte, bestehend aus 4 Einzelnähten mit 100 mm Länge und 200 mm Abstand zwischen den Einzelnähten.

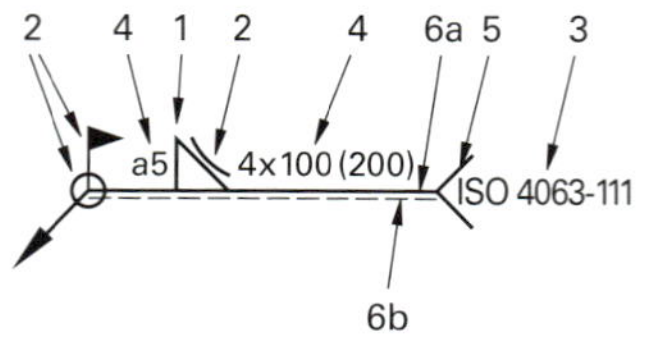

Schweißsymbol System A

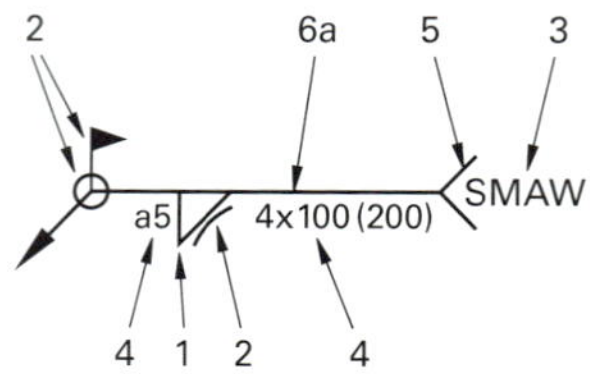

Schweißsymbol System B

Legende:
1 Grundsymbol (Kehlnaht)
2 Zusatzsymbol (konkave Kontur, Baustellennaht, Ringsum-Naht)
3 Zusatzangaben (Lichtbogenhandschweißen (en: shielded metal arc welding (SMAW)/Prozess111 nach ISO 4063)
4 Maße (Sollnahtdicke a5 mm, 4 Einzelnähte, 100 mm lang, 200 mm Abstand zwischen den Einzelnähten
5 Gabel
6a Bezugslinie (Volllinie)
6b Strichlinie (Indentifizierungslinie) – nur System A

Nach DIN EN ISO 2553:2022-07 unterscheidet man zwischen „Pfeilseite" bzw. „Gegenseite" des Stoßes:
- Pfeilseite ist die Seite des Stoßes, auf die der Pfeil zeigt.
- Gegenseite ist die Seite des Stoßes, die der Pfeilseite gegenüber liegt.

3

Nach den Festlegungen der Norm sind für die selbe Naht jeweils 2 Varianten für das System A und System B möglich.

Pfeilseite/Gegenseite – System A
- Symbol auf Volllinie – Naht auf Pfeilseite
- Symbol auf Strichlinie – Naht auf Gegenseite

Pfeilseite/Gegenseite – System B
- Symbol unter Bezugslinie – Naht auf Pfeilseite
- Symbol über Bezugslinie – Naht auf Gegenseite

Bemaßung der Nähte (nach **DIN EN ISO 2553**:2022-07)

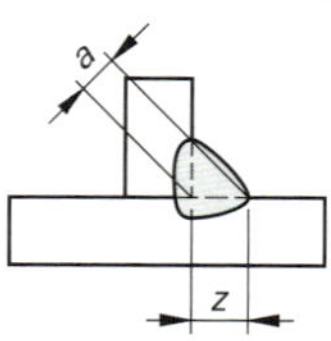

Kehlnaht

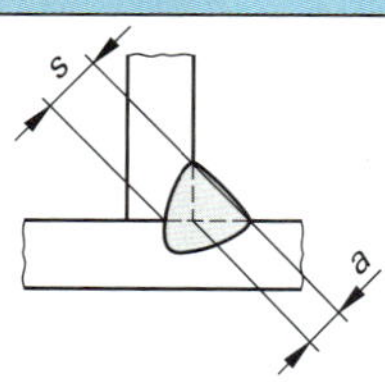

Kehlnaht mit tiefem Einbrand

$$z = a \cdot \sqrt{2}$$

a Nahtdicke mm
s Nahtdicke bei tiefem Einbrand mm
z Schenkellänge mm

Für Kehlnähte mit tiefem Einbrand wird die Nahtdicke mit *s* angegeben.

l Länge jeder Enzelnaht mm
e Abstand zwischen den Einzelnähten mm
n Anzahl der Einzelnähte 1

Man unterscheidet durchgehende und unterbrochene Nähte

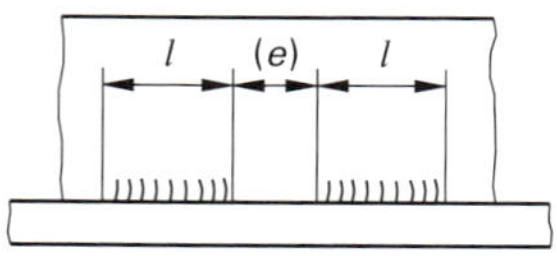

Weitere Bemaßungsregeln in Tabelle 6 der **DIN EN ISO 2553**:2022-07

B Eintragungsbeispiel: Kehlnaht

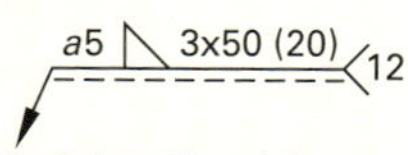

$a = 5$ mm
3 Nähte mit
$l = 50$ mm
$e = 20$ mm

12: Schweißverfahren (Unterpulverschweißen)

Kennzeichen für Schweiß- und Lötverfahren an Metallen (Auswahl) (**DIN EN ISO 4063**:2023-07)

Kennzahl	Schweiß- bzw. Lötverfahren	Kennzahl	Schweiß- bzw. Lötverfahren
1	Lichtbogen(schmelz)schweißen	24	Abbrennstumpfschweißen
11	Metall-Lichtbogenschweißen ohne Gasschutz	25	Pressstumpfschweißen
111	Lichtbogenhandschweißen	3	Gasschmelzschweißen (Gasschweißen)
12	Unterpulverschweißen (UP)	311	Gasschweißen mit Sauerstoff-Acetylen-Flamme
13	Metall-Schutzgasschweißen		
131	Metall-Inertgasschweißen; MIG-Schweißen	4	Pressschweißen
135	Metall-Aktivgasschweißen; MAG-Schweißen	41	Ultraschallschweißen
141	Wolfram-Inertgasschweißen; WIG-Schweißen	42	Reibschweißen
2	Widerstandsschweißen	51	Elektronenstrahlschweißen
21	Widerstands-Punktschweißen	52	Laserstrahlschweißen
22	Rollennahtschweißen	91	Hartlöten
23	Buckelschweißen	94	Weichlöten

Symbol für Baustellennaht:

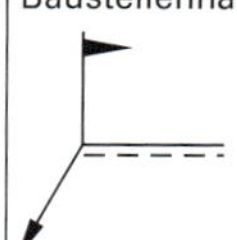

Zeichnungsart und Zeichnungsinhalt

Bauzeichnungen für die Objektplanung

Zeichnungsart	Zeichnungsinhalt	üblicher Maßstab
Lagepläne	Darstellung des Baukörpers in den örtlichen Gegebenheiten.	1 : 1000 1 : 500
Vorentwurfszeichnungen	Planungskonzept für geplante bauliche Anlage mit Raumaufteilung und Eingliederung in örtliche Gegebenheiten. Meist Grundlage für baurechtliche Genehmigung.	1 : 500 1 : 200
Entwurfszeichnung	Darstellung des durchgearbeiteten Planungskonzepts in genauen Abmessungen.	1:100 (1 : 200)
Bauvorlagezeichnungen (Bauantragszeichnungen)	Entwurfszeichnungen, ergänzt mit allen Angaben und Versicherungen, die von den Bauvorlageverordnungen der Länder gefordert werden (z.B. Grünflächenplan).	je nach Erfordernis und Bauvoranlageverordnung, meist 1 : 50
Ausführungszeichnungen auch als **Detail- und/oder Teilzeichnungen**	Enthalten alle für die Bauausführung erforderlichen Maße und Angaben. Einzelheiten, z.B. Durchbrüche, Schlitzanordnung für Rohre etc.	1 : 50 1 : 20, 1 :10, 1 : 5, 1 : 1
Benutzungspläne	Angaben über zulässige Nutzungen, z.B. Verkehrslasten, Rettungswege.	–

Bauzeichnungen für die Tragwerkplanung

Schalpläne	Bei Betonarbeiten. Aussparungen und Durchbrüche werden berücksichtigt.	1 : 50
Positionspläne	Erläuterung der statischen Berechnung und Angabe der Position. **Unbedingt bei der Montage von Anlagen zu beachten.**	–
Bewehrungszeichnungen	Bei Stahl- und Stahlbetonbau.	1 : 50, 1 : 25, 1 : 20

3

Linienarten und Bemaßung

→ Linien in Technischen Zeichnungen nach **DIN**: **Punktlinie** für Bauteile vor bzw. über der Schnittebene.

		Liniengruppe →	I	II	III	IV
1	Volllinie	Begrenzung von Schnittflächen	0,5	0,5	1,0	1,0
2	Volllinie	Sichtbare Kanten und sichtbare Umrisse von Bauteilen, Begrenzung von Schnittflächen von schmalen oder kleinen Bauteilen	0,25	0,35	0,5	0,7
3	Volllinie	Maßlinien, Maßhilfslinien, Hinweislinien, Lauflinien, Begrenzung von Ausschnittdarstellungen, vereinfachte Darstellungen	0,18	0,25	0,35	0,5
4	Strichlinie	Verdeckte Kanten und verdeckte Umrisse von Bauteilen	0,25	0,35	0,5	0,7
5	Strichpunktlinie	Kennzeichnung der Lage der Schnittebenen	0,5	0,5	1,0	1,0
6	Strichpunktlinie	Achsen	0,18	0,25	0,35	0,5
7	Punktlinie	Bauteile vor bzw. über der Schnittebene	0,25	0,35	0,5	0,7
8	Maßzahlen	Schriftgröße	2,5	3,5	5,0	7,0

Linienarten und Bemaßung (Fortsetzung)

Liniengruppe I und II → Maßstab ≤ 1 :100, Liniengruppe III und IV → Maßstab ≥ 1 : 50

Die Liniengruppe I ist nur dann anzuwenden, wenn eine Zeichnung mit der Liniengruppe III angefertigt, im Verhältnis 2 : 1 verkleinert wurde und die Verkleinerung weiterbearbeitet werden soll. In der Zeichnung mit der Liniengruppe III ist dann die Schriftgröße 5,0 mm zu wählen. **Die Liniengruppe I erfüllt nicht die Anforderungen der Mikroverfilmung.**

Die Liniengruppe IV ist für Ausführungszeichnungen anzuwenden, wenn eine Verkleinerung z.B. vom Maßstab 1 : 50 in den Maßstab 1 : 100 vorgesehen ist und die Verkleinerung den Anforderungen der **Mikroverfilmung** zu entsprechen hat. Die Verkleinerung kann dann gegebenenfalls mit den Breiten der Liniengruppe II weiterbearbeitet werden.

Maßlinienbegrenzung:

Nach **DIN** wahlweise entsprechend nebenstehender Abbildung, d.h.

- als kleiner Kreis oder
- als kurzer Strich unter 45° von links unten nach rechts oben (Regelfall)

3 Die **Maßhilfslinie** schneidet die **Maßlinie** unter einem Winkel von 90°.

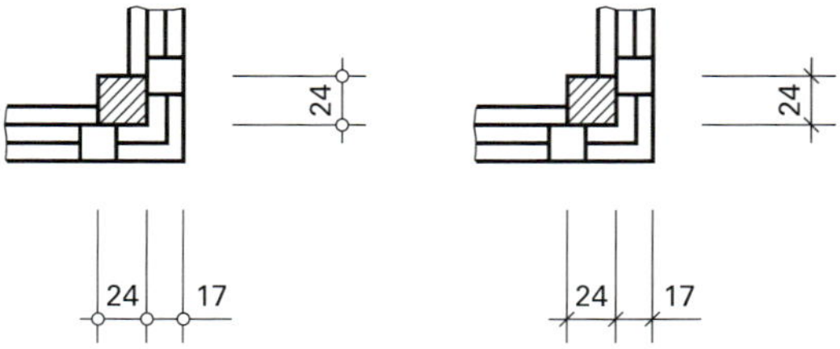

Maßanordnung:

Die Breite von Türen, Fenstern und sonstigen Öffnungen **(Durchbrüche)** wird über die Maßlinie bzw. Achslinie, die Höhe darunter geschrieben. Die Bemaßung ist nach den drei folgenden Systemen möglich:

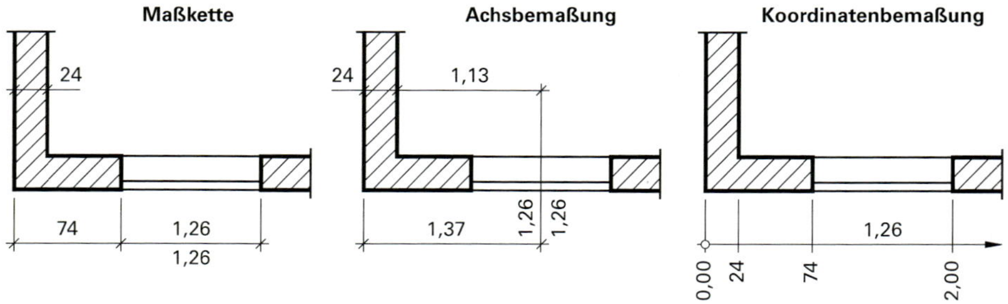

Erfolgt eine Bemaßung nicht nach diesen drei Bemaßungssystemen, so entspricht die Folge der Maßangabe den Größen Höhe/Breite. Beispiel: 2,12/1,26 heißt Höhe = 2,12 m und Breite = 1,26 m.

Höhenmaße:

Entsprechend neben gezeichneter Details unterscheidet man

▼ **Rohbaumaß** und

▽ **Fertigbaumaß.**

Geschosshöhen, Brüstungshöhen und Durchgangshöhen müssen grundsätzlich gekennzeichnet sein. Die Höhenangabe besteht aus Höhenkote, entsprechendem Pfeil und Maßbegrenzungslinie.

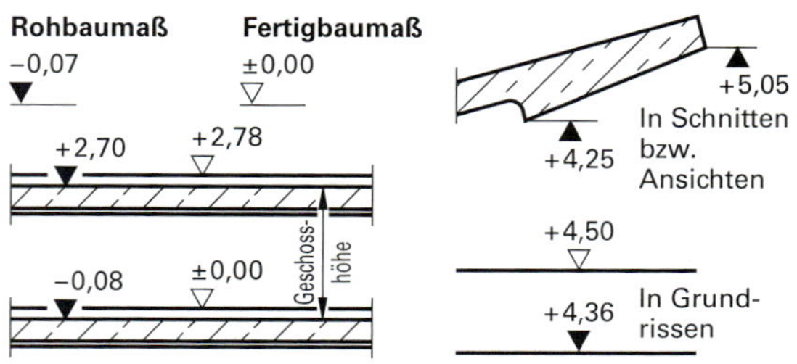

Toleranzen am Bau: → **AGI-Arbeitsblatt M1** „Maßtoleranzen, Messverfahren und Messgeräte"
AGI-Arbeitsblatt M2 „Abmaße für Längen und Oberflächen von Bauteilen und Bauwerken"

AGI heißt **Arbeitsgemeinschaft Industriebau e.V.**

Ansichten und Schnitte, Maßeinheiten

Grundlage ist **DIN EN ISO 128-3**:2022-02, **DIN ISO 5456**:1998-04, **DIN EN ISO 6433**:2012-12, **DIN EN ISO 10209**:2012-11

→ Darstellung von Körpern. Folgende Bilder zeigen unmaßstäbliche Beispiele:

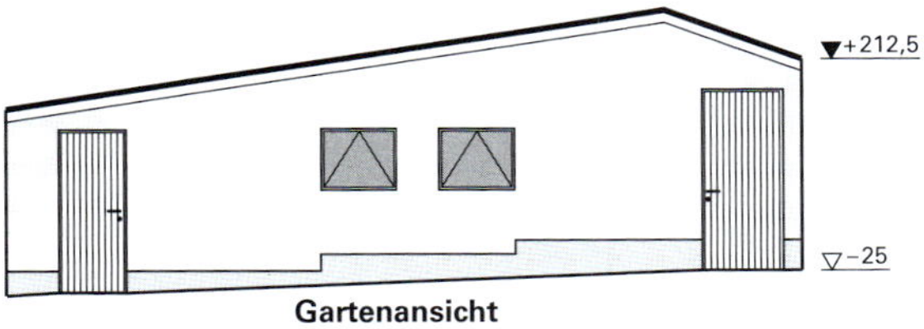

Gartenansicht

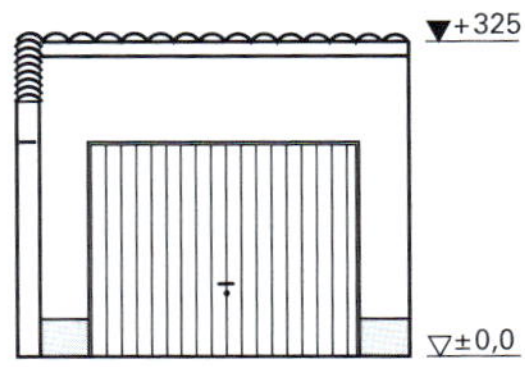

Straßenansicht

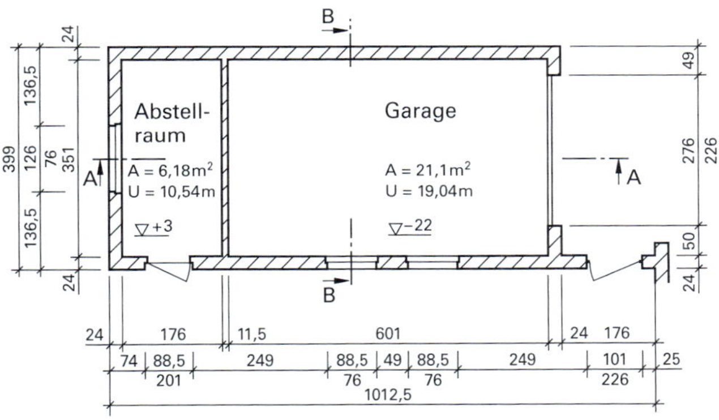

Grundriss

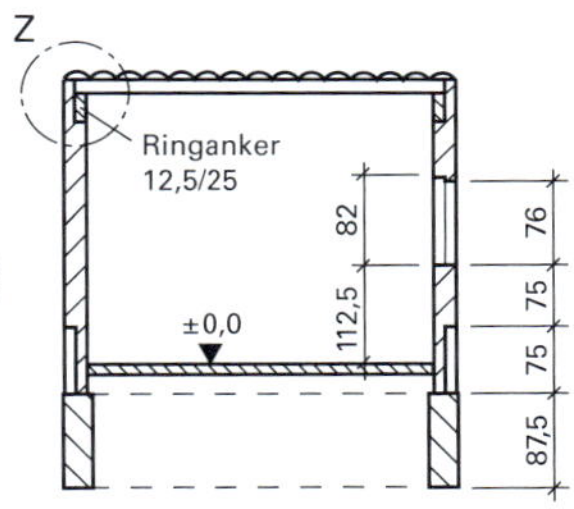

Querschnitt

Einzelheiten:
Sie zeigen Details in größerem Maßstab und werden meist im Schnitt gezeichnet.

Lagepläne:
Sie zeigen die örtlichen Gegebenheiten. Sie werden mit einem **Nordpfeil** versehen. Hinter dem Maßstab wird die Einheit in m oder cm angegeben.

Einzelheit Z
M 1:10 - mm

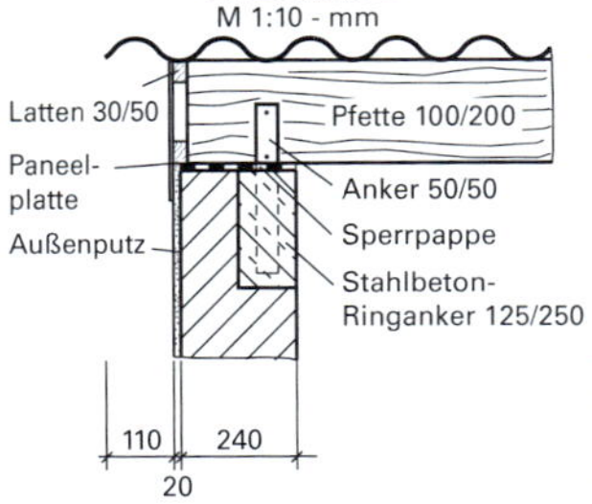

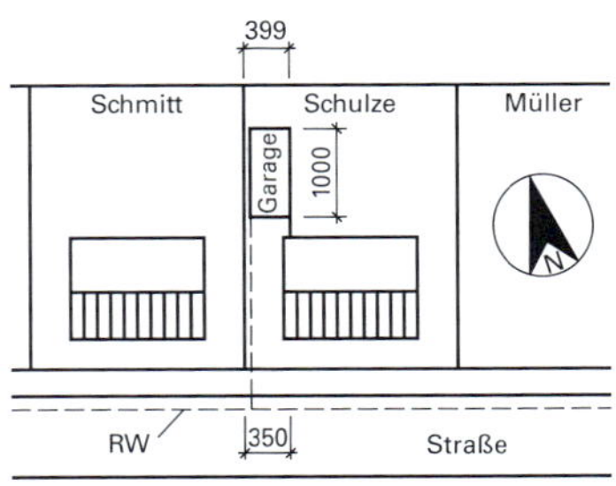

Maßeinheiten				
Spalte	1	2	3	4
Zeile	Maßeinheit Bemaßung in	Maße unter 1 m z.B.		Maße über 1 m z.B.
1	cm	24	88.5[1]	388.5[1]
2	m und cm	24	88^5	3.88^5 [1]
3	mm	240	885	3885

[1] Anstelle des Punktes darf auch ein Komma gesetzt werden (→ Maßeintragungen)

Allgemeine Zeichen	
Anwendungsbereich	Zeichen
Richtung	←
Höhenangabe **Oberfläche**	▽
– Fertigkonstruktion	▼
– Rohkonstruktion	
Höhenangabe **Unterfläche**	△
– Fertigkonstruktion	▲
– Rohkonstruktion	

3

Kennzeichnung der Schnittflächen (→ Schnittdarstellung)

Nr.	Anwendungsbereich	Kennzeichnung	Nr.	Anwendungsbereich	Kennzeichnung
1	Boden	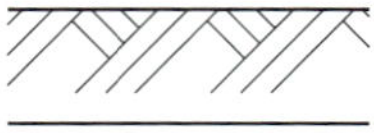	8	Holz, längs zur Faser geschnitten	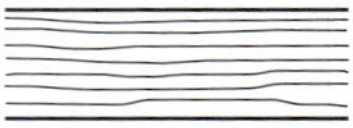
2	Kies	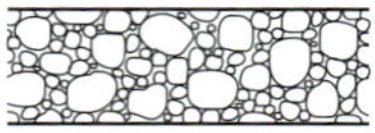	9	Metall	
3	Sand	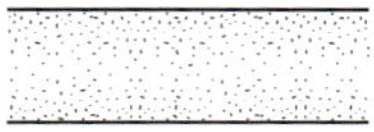	10	Mörtel, Putz	
4	Beton (unbewehrt)	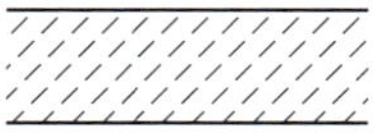	11	Dämmstoffe	
5	Beton (bewehrt)	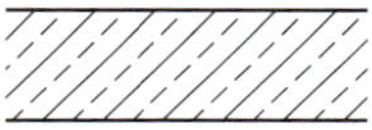	12	Abdichtungen (z.B. Dampfsperren)	
6	Mauerwerk	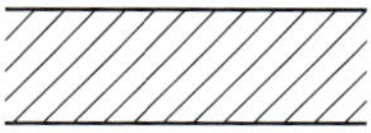	13	Dichtstoffe	
7	Holz, quer zur Faser geschnitten				

Tragrichtung von Platten

Anwendungsbereich	Tragrichtung
Zweiseitig gelagert	
Dreiseitig gelagert	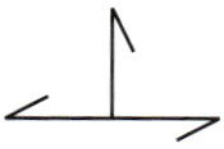
Vierseitig gelagert	
Auskragend	

Aussparungen

Aussparungen, deren Tiefe kleiner als die Bauteiltiefe ist	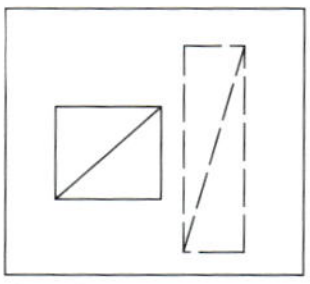 Ansicht 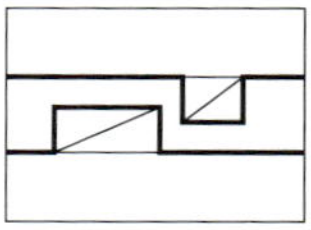 Grundriss
Aussparungen, deren Tiefe gleich der Bauteiltiefe ist	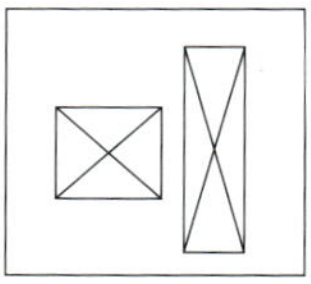 Ansicht 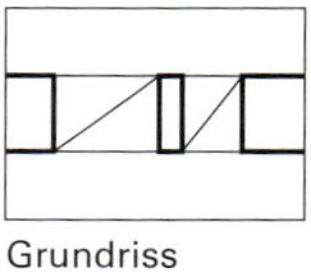 Grundriss

4

Auswahlkriterien, Übersicht

Auswahlkriterien	Bedeutung
Rohdichte ϱ	→ Dichte. Dies ist die Dichte ϱ des Dämmstoffes in kg/m^3, d.h. Dichte unter Berücksichtigung des Porenanteiles.
Wärmeleitzahl λ	→ Wärmetransport
Wasserdampfdiffusionswiderstandsfaktor μ	→ Diffusion
Festigkeit	Zug und Druckspannung
Stauchverhalten	Dehnung und Verlängerung. **VDI 2055-2**:2013-10 lässt eine **maximale Stauchung von 10 %** zu → Dämmstoffe
Kältekontraktion	→ Wärmeausdehnung
Brandverhalten	(s. folgende Tabelle)

Baustoffklassen (→ Brandschutz) (nach **DIN 4102-1**:1998-05)

Klasse		Benennung		Hinweise
A	A1 A2	nicht brennbare Baustoffe wie Beton, Stahl, Gips, Ziegel. Bei A2 muss ein Nachweis erbracht werden.		Baustoffe der Klassen A1, A2, B1 bedürfen i.d.R. eines Prüfzeichens. Für Lüftungsleitungen nur A1, A2. Klasse B1 darf nur innerhalb eines Brandabschnittes verwendet werden.
B	B1 B2 B3	schwer entflammbar normal entflammbar leicht entflammbar	brennbar	

Mehr oder weniger verwendete Dämmstoffe

Stoff	**Wärmeleitfähigkeit** λ in W/(m · K) bei einer Mitteltemperatur von 20 °C	**Rohdichte** ϱ in kg/m^3
organisch:		
Baumwolle	0,04	80
Holzfaserplatten (hart)	0,17	1000
Holzfaserplatten (porös)	0,06	300
Holzwolleplatten	0,09	400
Korkplatten	0,035 … 0,04	80 … 200
Pappe	0,07	700
Phenol-Schaumstoff	0,035	25
Polystyrol-Hartschaum	0,025 … 0,04	20 … 30
Polyurethan-Hartschaum	0,02 … 0,035	40 … 70
Schafwolle	0,04	140
Schilfrohr	0,06	220
Zellulosefasern	0,04 … 0,045	35 … 65
anorganisch:		
Glaswolle	0,035 … 0,05	60 … 200
Keramikwolle	0,035 … 0,14	50 … 190
Kieselgur	0,06 … 0,07	200
Perlit-Schüttung	0,06	100
Schaumglas	0,045 … 0,055	100 … 160
Steinwolle	0,035 … 0,05	60 … 200

Dämmstoffe für den praktischen Wärmeschutz bzw. Kälteschutz

Wärmeschutz: Objekttemperatur ist höher als die Umgebungstemperatur.

Kälteschutz: Objekttemperatur ist niedriger als die Umgebungstemperatur.

Dämmstoffe für den praktischen Wärmeschutz bzw. Kälteschutz (Fortsetzung)

Dämmstoffkennziffer (nach **A**rbeits**g**emeinschaft **I**ndustriebau = **AGI-Arbeitsblätter)**

Dämmstoffe für betriebstechnische Anlagen werden mit einer **zehnstelligen Kennziffer** bezeichnet. Folgende Tabelle zeigt eine Auswahl:

1. und 2. Kennziffer: **Dämmstoffart**	Ziffern-gruppe	Bedeutung	AGI-Arbeitsblatt
	11	Glaswolle	**Q132**
	12	Steinwolle	**Q132**
	13	Schlackenwolle	**Q132**
	21	Polystyrol (PS)-Partikelschaum	**Q133-1**
	22	Extrudierter Polystyrolhartschaum (XPS)	**Q133-2**
	23	Polyurethan (PUR)-Hartschaum	**Q133-3**
	31	Polyethylen (PE)-Schaumstoff (halbhart)	**Q134**
	36	Schaumstoff aus vernetztem Elastomer (Weichschaum, z.B. Armaflex)	**Q143**
	40	Schaumglas	**Q137**
	50	Kork	**Q139**
	51	Backkork	**Q139**
	52	imprägnierter Kork	**Q139**
	61	Blähperlit	**Q141**
	70	Calciumsilikat	**Q142**

3. und 4. Kennziffer: **Lieferform**	Ziffern-gruppe	Bedeutung	Ziffern-gruppe	Bedeutung
	01	Bahnen	11	Segmentplatten/Bögen
	04	Filze	12	Schläuche/Rohrschalen
	05	Lamellenmatten	13	Formteile
	06	Matten, versteppt	20	Körnung 0 bis 1 mm
	07	Platten	21	Körnung 0 bis 1,5 mm
	08	Schalen	22	Körnung 0 bis 3 mm
	09	Segmente	99	sonstige

5. und 6. Kennziffer: Wärmeleitfähigkeit

In den o.g. AGI-Arbeitsblättern erfolgt der Hinweis auf die Einflussparameter, z.B. die **Rohdichte** ϱ (geringfügig) → Rohdichte und Wärmeleitfähigkeit und die **Mitteltemperatur** ϑ_m (starke Temperaturabhängigkeit entsprechend folgendem Beispiel)

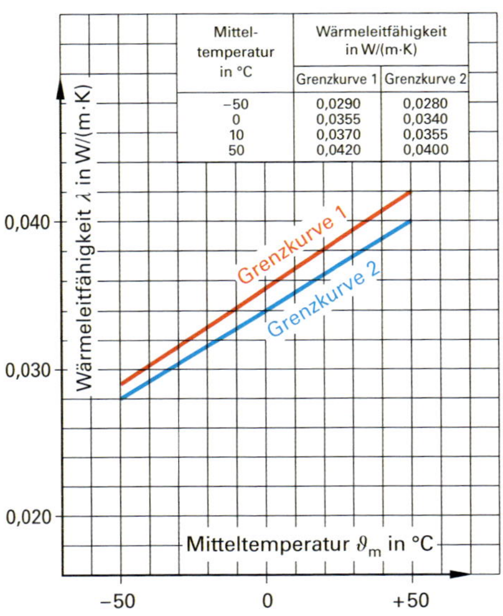

Mitteltemperatur in °C	Wärmeleitfähigkeit in W/(m·K) Grenzkurve 1	Grenzkurve 2
−50	0,0290	0,0280
0	0,0355	0,0340
10	0,0370	0,0355
50	0,0420	0,0400

B Polystyrol (PS)-Partikelschaum
(AGI-Arbeitsblatt Q133-1)

Ziffern-gruppe	Bedeutung (s. nebenstehendes Bild)
10	Grenzkurve 1, Rohdichte ≥ 20 kg/m³
11	Grenzkurve 2, Rohdichte ≥ 30 kg/m³

Anmerkungen:

1. Die Zuordnung der Wärmeleitfähigkeit λ erfolgt bei allen anderen Dämmstoffen entsprechend obigem Beispiel, d.h. **Grenzkurven in den oben zugeordneten AGI-Arbeitsblättern sind zu beachten.**
2. Der Hersteller garantiert – wenn dies gewünscht wird – Wärmeleitzahl und andere Stoffwerte.

Aus nebenstehendem Bild ist die bei allen Dämmstoffen vorhandene Tendenz erkennbar:

Die Wärmeleitfähigkeit von Dämmstoffen nimmt bei zunehmender Temperatur stark zu.

Dämmstoffe für den praktischen Wärmeschutz bzw. Kälteschutz (Fortsetzung)

7. und 8. Kennziffer: **Klassifizierungstemperatur (obere Anwendungstemperatur** in °C)

AGI-Arbeitsblätter

Q 132 Gruppe	°C
10	100
12	120
14	140
16	160
⋮	⋮
72	720
74	740
76	760

Q 133-1 Gruppe	°C
07	70
08	80

Q 133-2 Gruppe	°C
07	70
08	80

Q 133-3 Gruppe	°C
07	70
08	80
09	90
10	100

Q 134 Gruppe	°C
01	80
02	85
03	90
04	95
05	100
06	105
07	110
08	115
09	120
10	125

Q 137 Gruppe	°C
10	100
15	150
20	200
25	250
30	300
35	350
40	400
43	430
50	500
55	550
60	600

Q 139 Gruppe	°C
05	50
06	60
07	70
08	80
09	90
10	100
11	110
12	120
13	130
14	140
15	150

Q 141 Gruppe	°C
30	300
35	350
40	400
45	450
50	500
55	550
60	600
65	650
70	700
75	750

Q 142 Gruppe	°C
07	700
08	800
09	900
10	1000
50	1050

Q 143 Gruppe	°C
01	80
02	85
03	90
04	95
05	100
06	105

4

9. und 10. Kennziffer	**Rohdichte** in kg/m³	**Druckspannung** bei 10% Stauchung in N/mm²	**Druckfestigkeit** in N/mm²	**Nennschüttdichte** in kg/m³	**Druckspannung** bei 5% Stauchung in N/mm²
bei AGI-Arbeitsblatt	**Q 132, Q 133-1 Q 133-3, Q 134 Q 139, Q 143**	**Q 133-2**	**Q 137**	**Q 141**	**Q 142**

9. und 10. Kennziffer kann also Rohdichte, Druckspannung, Druckfestigkeit, Nennschüttdichte bedeuten.

Rohdichte: Unterschiedlich in den einzelnen AGI-Arbeitsblättern.

z.B. bei **Q 132:** 0,2 ≙ 20 kg /m³ oder **Q 133-1:** 20 ≥ 20 kg/m³

Q 133-2 Gruppe	$\frac{N}{mm^2}$
20	0,20
25	0,25
30	0,30
40	0,40
50	0,50
etc.	

Q 137 Gruppe	$\frac{N}{mm^2}$
05	0,5
06	0,6
07	0,7
08	0,8
09	0,9
10	1,0
11	1,1
12	1,2

Q 141 Gruppe	$\frac{N}{mm^2}$
45	45
65	65
80	80

Q 142 Gruppe	$\frac{N}{mm^2}$
05	0,5
10	1,0
15	1,5

B

12.06.01.56.10: Bezeichnung eines Mineraldämmstoffes aus Steinwolle als versteppte Matte, Wärmeleitfähigkeitskurve 1, Klassifizierungstemperatur 560 °C, Rohdichte 100 kg/m³.

61.21.02.75.65: Bezeichnung eines Dämmstoffes aus Blähperlit-Körnung 0 bis 1,5 mm, Wärmeleitfähigkeitskurve Bild 2, obere Anwendungstemperatur 750 °C, Schüttdichte 65 kg/m³.

Wasserdampfdiffusionswiderstandsfaktor (-widerstandszahl) μ (→ Diffusion)

Dämmstoff	μ-Wert
Polystyrol-Schaumstoff (aus Granulat)	20 … 100
Polystyrol - Schaumstoff (extrudiert)	80 … 300
Polyurethan-Schaumstoff	30 … 100
PVC-Schaumstoff	160 … 330
Phenolharzschaumstoff	30 … 50
Schaumglas	praktisch ∞
Faserdämmstoffe	1,5 … 4,5

Herstellerangaben unbedingt beachten, evtl. mit Gewährleistung.

Dämmstoffe für den praktischen Wärmeschutz bzw. Kälteschutz (Fortsetzung)

Anhaltswerte (nach AGI-Arbeitsblatt **Q 03**:1997-06)

Dämmstoff	AGI-Arbeitsblatt	Rohdichte ϱ kg/m³	Wärmeleitfähigkeit λ bei (ϑ_m) W/(m · K)	Anwendungstemperatur °C	Brandverhalten nach **DIN 4102**	Lieferform: Bahnen Matten	Platten	Schalen	Formstücke	lose Wolle	Zöpfe	Korn Pulver	Bemerkungen (Herstellerangaben beachten, ggf. Gewährleistung.)
Wärmedämmungen:													
Mineralwolle	**Q 132**	80 … 180	0,044 (100 °C) 0,061 (200 °C)	Steinwolle 600	A1/A2 B1	•	•	•	•	•	•		Anwendungstemperatur von ϱ abhängig
Keramische Wolle	–	100 … 200	0,07 (200 °C) 0,10 (400 °C)	1200	A1	•	•	•	•	•	•		Anwendungstemperatur von ϱ abhängig
Schaumglas	**Q 137**	100 … 160	0,07 (100 °C) 0,095 (200 °C)	430	A1		•	•	•				
Calciumsilikat	**Q 142**	200 … 300	0,077 (200 °C) 0,105 (400 °C)	700	A1		•	•	•				
Perlite	**Q 141**	40 … 125	0,079 (200 °C) 0,143 (400 °C)	700	A1							•	
Kältedämmungen:													
Polystyrol-Partikelschaum	**Q 133-1**	20	0,036	– 30 … + 80	B1/B2	•	•	•	•				nicht lösemittelbeständig
Polystyrol-Extruderschaum	**Q 133-2**	≥ 25	0,035	– 180 … + 80	B1/B2		•						nicht lösemittelbeständig
Polyurethan-Hartschaum	**Q 133-3**	40	0,030	– 180 … + 100	B1/B2		•	•	•				
Polyurethan-Ortschaum	**Q 138**	≥ 55	0,035	– 180 … + 100	B1/B2								Alle Formen durch Komponenten
Polyurtehan Verbunddämmung	—	≈ 70	0,035	– 40 … + 130	B1/B2				•				
Schaumglas, Platten	**Q 137**	100 … 160	0,046	– 260 … + 100	A1		•	•	•				Rissbildung bei Temperaturschock
Schaumglas, Schalen	**Q 137**	100 … 160	0,052	– 260 … + 100	A1		•	•	•				Rissbildung bei Temperaturschock
Kork	**Q 139**	80 … 120	s. Kurven im AGI-Arbeitsblatt	– 180 … + 100	B2		•	•	•				
Polyethylen-schaum	**Q 134**	20 … 40	0,038 … 0,046	– 70 … + 125	B2	•	•	•	•	•			nicht beständig gegen Witterung u. UV
Weichschaum	**Q 143**	40 … 100	0,040 … 0,044	– 40 … + 105	B2	•	•	Lieferform auch als Schläuche					nicht beständig gegen Witterung u. UV

4

Dämmstoffe für den praktischen Wärmeschutz bzw. Kälteschutz (Fortsetzung)

Anwendungsmöglichkeiten (nach AGI-Arbeitsblättern)

Die Anwendungsmöglichkeiten sind teilweise stark von der **Lieferform** abhängig. AGI-Arbeitsblätter sind zu beachten.

Beispiel: Polystyrol-Partikelschaum (PS) (nach **AGI-Arbeitsblatt Q 133-1**:1986-03)

Gruppe	Lieferform	Rohrleitungen	Apparate und Behälter			Ebene Flächen			Polsterlagen	Luftkanäle
			Stirnseiten	Mäntel	Stirnseiten begehbar	senkrecht	waagerecht	begehbar		
01	Bahnen								•	
07	Platten		•	•	•	•	•	•		•
08	Schalen	•		•						•
09	Segmente	•	•	•	•					•

Stoffwerte für Auflager (bei Kraftwirkung) (nach **AGI-Arbeitsblatt Q 03**:1997-06)

Nr.	Stoff	Mindestrohdichte in kg/m³	Wärmeleitfähigkeit in W/(m · K) bei 10 °C	Vorgeschlagene Rechenwerte bei stat. Dauerlast[1] in N/mm²
1	PS-Partikelschaum	20	0,04	0,02
2	PS-Partikelschaum	30	0,04	0,035
3	PS-Extruderschaum	30	0,04	0,06
4	PS-Extruderschaum	40	0,04	0,08
5	PS-Extruderschaum	50	0,04	0,10
6	RUR-Hartschaum	50	0,035	0,035
7	PUR-Hartschaum	80	0,035	0,05
8	PUR-Hartschaum	120	0,04	0,10
9	Kork	140	0,045	0,030
10	Presskork	200	0,055	0,08
11	Presskork	300	0,065	0,12
12	Schaumglas	125	0,05	0,17
13	Schaumglas	135	0,05	0,27
14	Schaumglas	140	0,06	0,30
15	Hartholz ⊥, Güteklasse I	650	0,205	4,0
16	Hartholz II, Güteklasse I	650	0,32	10,0
17	Gasbeton, Klasse 4	600 … 700	0,18 … 0,24	1,0
18	Gasbeton, Klasse 6	700 … 800	0,24 … 0,27	1,4

[1] zulässige Druckspannungen beachten (Herstellerangeben beachten.)

Die zulässigen Spannungen sind einzuhalten. Unterscheiden Sie statische und dynamische Belastung.

Bei Überschreitung der zulässigen Spannung (s. nebenstehendes Diagramm) ist feststellbar:

Hartschäume unterliegen in Abhängigkeit der Zeit und der Rohdichte i.d.R. eines ausgeprägten Fließvorganges, d.h. überproportionaler Verformung. Der Hartschaum wird dabei mechanisch zerstört.

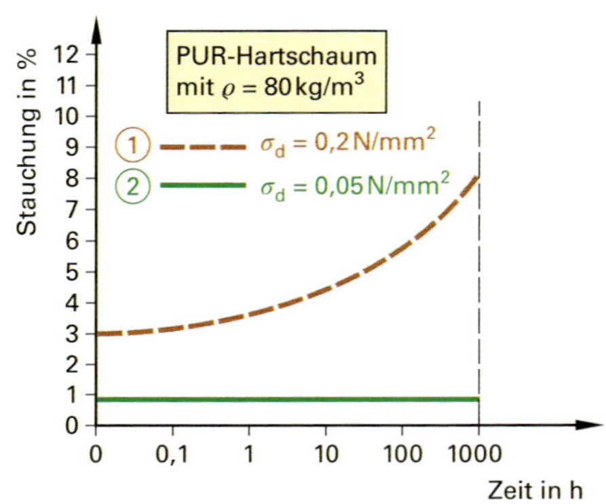

Dämmstoffe für den praktischen Wärmeschutz bzw. Kälteschutz (Fortsetzung)

Weitere Eigenschaften

Möglichkeiten der **Verarbeitung** (→ Fertigungstechnik)
Empfindlichkeit gegen **Verrottung**
Geruchlosigkeit (→ Diffusion)
Chemikalienbeständigkeit (s. folgende Tabelle)
Aufnahme von Wasser (→ Kapillarwirkung, Diffusion)
Kältekontraktion (→ Wärmeausdehnung)

Diverse Vorschriften (z.B. AGI-Arbeitsblätter) und Herstellerangaben beachten.

Der **thermische Längenausdehnungskoeffizient** von Hartschäumen ist in der Größenordnung etwa fünf mal so groß wie der von Metallen. Dies kann zu **Wärmespannungen** führen.

α-Werte (thermischer Längenausdehnungskoeffizient) bei Hartschäumen:

$$3{,}0 \cdot 10^{-5} \cdots 10{,}0 \cdot 10^{-5} \frac{\text{m}}{\text{m} \cdot \text{K}}$$

Beispiel: Chemische Beständigkeit von PS-Partikelschaum (nach **AGI-Q 133-1**:1986-02)

Stoff, Chemikalien	Verhalten
Wasser, Seewasser, Salzlösung	+
Übliche Baustoffe wie Kalk, Zement, Gips, Anhydrit	+
„Alkalien" wie Natronlauge, Kalilauge, Ammoniakwasser, Kalkwasser, Jauche	+
Seifen, Netzmittellösungen	+
Salzsäure 35% Salpetersäure bis 50% Schwefelsäure 95%	+
Verdünnte und schwache Säuren wie Milchsäure, Kohlensäure, Humussäure (Moorwasser)	+
Salze, Düngemittel (Mauersalpeter, Ausblühungen)	+
Bitumen	+
Kaltbitumen und Bitumenspachtelmassen auf wässriger Basis	+
Kaltbitumen und Bitumenspachtelmassen mit Lösungsmitteln	–
Teerprodukte	–

Stoff, Chemikalien	Verhalten
Milch	+
Speiseöl	+/–
Paraffinöl, Vaseline, Dieselöl	+/–
Siliconöl	+
Alkohole, z.B. Methylalkohol, Ethylalkohol (Spiritus)	+
Lösungsmittel wie Aceton, Äther, Essigester, Nitroverdünnung, Benzol, Xylol, Lackverdünnung, Trichlorethylen, Tetrachlorkohlenstoff, Terpentin	–
Gesättigte aliphatische Kohlenwasserstoffe, z.B. Cyclohexan, Wundbenzin, Testbenzin	+/–
Normal- und Super-Benzin	–

Legende:
- \+ Beständig, der Hartschaum wird auch bei längerer Einwirkung nicht zerstört.
- +/– Bedingt beständig, der Hartschaum kann bei längerer Einwirkung schrumpfen oder oberflächlich angegriffen werden.
- – Unbeständig, der Hartschaum schrumpft schnell oder wird aufgelöst.

Rohdichte und Wärmeleitfähigkeit (→ Dichte, Wärmetransport)

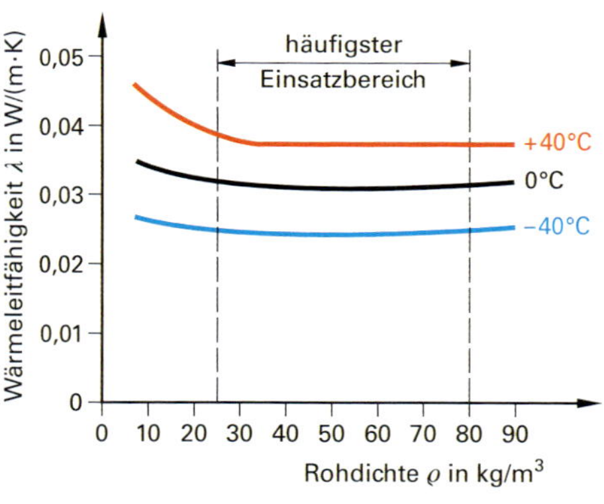

Nebenstehendes Diagramm zeigt die Wärmeleitfähigkeit von Polystyrol-Granulatschaum in Abhängigkeit von Rohdichte ϱ und Mitteltemperatur ϑ_m. Man erkennt:

Die Wärmeleitfähigkeit λ bei Schaumstoffen ist i.d.R. in weiten Bereichen nur geringfügig von der Rohdichte ϱ abhängig.

Wichtige Regel:

Wird die Rohdichte durch Krafteinwirkung, d.h. Stauchung, vergrößert, dann steigt die Wärmeleitfähigkeit λ stark an, und zwar wegen Veränderung der Zellstruktur. Deswegen wird nur eine **Stauchung von max. 10%** zugelassen.

Sperrschichtmaterialien, Dampfbremsen

(nach **AGI-Arbeitsblatt Q 112**:1980-10)

Tabelle 1: Gruppeneinteilung der Dampfbremsen

Gruppe	$s_d = \mu \cdot d$
1000	≥ 1000 m
200	≥ 200 m
100	≥ 100 m
50	≥ 50 m
30	≥ 30 m
10	≥ 10 m

Für **Dampfbremsen** werden Stoffe mit einer geringen Wasserdampfdurchlässigkeit, d.h. großer Wasserdampfdiffusionswiderstandszahl μ (→ Diffusion) verwendet. Sie werden in Gruppen (s. nebenstehende Tabelle 1) eingeteilt.
Dabei ist

$s_d = \mu \cdot d$ = diffusionsäquivalente Luftschichtdicke

μ = Wasserdampfdiffusionswiderstandszahl (→ Diffusion)

d = Schichtdicke in m

Wasserdampfdiffusionswiderstandszahlen μ (→ Diffusion) für homogene oder annähernd homogene Stoffe werden entsprechend **DIN EN ISO 12572**:2017-05 gemessen. → Für den Nachweis im Einzelfall sind die Werte beim Hersteller zu erfragen, evtl. mit Gewährleistung.

Tabelle 2: Stoffe für Dampfbremsen

Nr.	Stoff	Kurzbezeichnung	Dicke mm	Gruppen nach Tabelle 1					
				1000	200	100	50	30	10
A	**Folien** (fest)								
	Thermoplaste								
1	Polyvinylchlorid	PVC	0,3 bis 0,8					•	•
2	Ethylen-Copolymerisat-Bitumen	ECB	1,5 bis 2,0			•	•	•	
3	Polyethylen	PE	0,1 bis 1,2			•	•	•	•
	Elastomere								
4	Polyisobutylen	PIB	0,5 bis 2,5		•	•			
5	Butyl-Kautschuk (Isobutylen-Isopren)	JJR	0,8 bis 2,0		•	•	•		
6	Chloropren-Kautschuk	CR	1,0 bis 1,5			•	•	•	
7	Chlorsulfioniertes Polyethylen	CSM	0,8 bis 1,2					•	
8	Ethylen-Propylen-Terpolymer-Kautschuk	EPDM	1,0 bis 2,0		•	•	•		
9	Ethylen-Vinilacetat-Copolymer	EVA	1,2					•	•
	Metallfolien								
10	Aluminium, blank	Alu-Folie	> 0,05	•					
11	Kupfer	Kupfer-Folie	> 0,03	•					
	Verbundfolie								
12	Aluminiumfolie 0,1 mit Kunststoff und beiderseitigen Rohfilzbahnen		1,0	•					
13	Bitumen-Dichtungsbahnen mit Aluminiumbandeinlage	Al 02 D	2,2	•					
B	**Beschichtungen** (flüssig)								
14	Bitumen, in Lösungsmittel oder in Wasser gelöst, austrocknend		2,0 bis 5,0			•	•	•	•
15	Bitumen, lösungsmittelfrei, dauerplastisch nicht austrocknend		> 2,0			•	•	•	•
16	Elastomer in Lösungsmittel oder in Wasser gelöst, austrocknend		0,5 bis 1,0			•	•	•	•
17	Elastomer, lösungsmittelfrei, mehrkomponentig, aushärtend		2,0 bis 5,0		•	•	•	•	•
18	Elastomer, lösungsmittelfrei, dauerplastisch, nicht austrocknend oder aushärtend		> 2,0		•	•	•	•	•

Tabelle 3: Kriterien dampfdiffusionshemmender Stoffe

Diffusionsäquivalente Luftschichtdicke $s_d = \mu \cdot d$	Chemische Beständigkeit
Dicke, bei Beschichtungen Angaben über Trägereinlage	Mech. Beständigkeit, statisch, dynamisch
Verbindungstechniken	Brandverhalten
Verträglichkeit mit Dämmstoffen	Witterungsbeständigkeit
Vollflächig mit sich und auf dem Untergrund verklebbar	Temperaturbeständigkeit nach **DIN 52123**
Flexibilität und Verarbeitbarkeit	Thermischer Ausdehnungskoeffizient
Abmessungen, Lieferformen	Verarbeitungstemperatur

Definitionen, Bezeichnungen (nach **DIN 8960**:1998-11)

Begriff	Bedeutung	
Kältemittel oder **Refrigerant (R)** (→ Zustandsdiagramme)	Arbeitsmedium, das in einem Kältemaschinenprozess bei niedriger Temperatur und niedrigem Druck Wärme aufnimmt und bei höherer Temperatur und höherem Druck Wärme abgibt.	
Kurzzeichen	Der (Kältemittel-) Kennzahl geht das Buchstaben-Symbol „R" (für Refrigerant) mit oder ohne Bindestrich voraus, oder sie wird in Verbindung mit dem Wort „Kältemittel" verwendet. Der Kennzahl darf auch der Handelsname vorangestellt werden. Beispiele: R290, R-23, Kältemittel 116, Suva 507	
Chemische Verbindung	Substanz, die durch die Vereinigung von zwei oder mehreren chemischen Elementen in bestimmtem Massenverhältnis gebildet wird.	
Kohlenwasserstoff	Chemische Verbindung, die nur die Elemente Kohlenstoff C und Wasserstoff H enthält. Abkürzung **KW**. 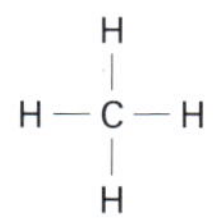 Methan (R50), CH_4	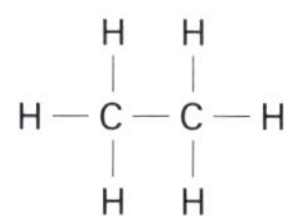 Ethan (R170), C_2H_6
Halogene	Elemente: Fluor F, Jod J, Brom Br, und Chlor Cl.	
Halogenkohlenwasserstoff oder **halogenierter Kohlenwasserstoff**	Kohlenwasserstoffverbindung, die ein oder mehrere Halogene enthält. Ist nur ein Teil der Wasserstoffatome durch Halogene ersetzt, spricht man von → teilhalogeniertem Kohlenwasserstoff, sind alle Wasserstoffatome durch Halogene ersetzt, spricht man von → vollhalogeniertem Kohlenwasserstoff.	
Teilhalogenierter Kohlenwasserstoff	Kohlenwasserstoff, der nur Kohlenstoff C, Chlor Cl, Fluor F und Wasserstoff H enthält - (d.h. chlorhaltig). Abkürzung **HFCKW.**	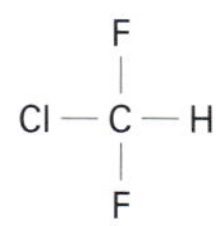 Chlordifluormethan (R22), $CHClF_2$
	Kohlenwasserstoff, der nur Kohlenstoff C, Fluor F und Wasserstoff H enthält (d.h. chlorfrei). Abkürzung **HFKW.**	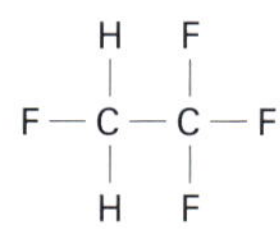 Tetrafluorethan (R134), CH_2FCF_3
Vollhalogenierter Kohlenwasserstoff	Kohlenwasserstoff, der nur Kohlenstoff C, Chlor Cl, und Fluor F enthält (d.h. chlorhaltig). Abkürzung **FCKW.**	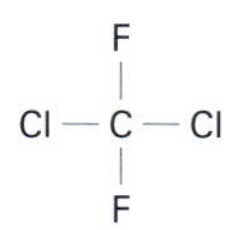 Dichlordifluormethan (R12), CCl_2F_2
	Kohlenwasserstoff, der nur Kohlenstoff C und Fluor F enthält (d.h. chlorfrei). Abkürzung **FKW.**	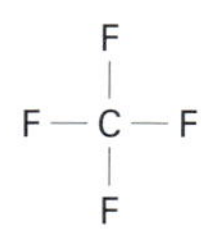 Tetrafluormethan (R14), CF_4

Definitionen, Bezeichnungen (Fortsetzung) (nach **DIN 8960**:1998-11)

Begriff	Bedeutung
FCKW	→ Vollhalogenierter Kohlenwasserstoff, engl. **CFC** (chlorofluorocarbons)
HFCKW	→ Teilhalogenierter Kohlenwasserstoff, engl. **HCFC** (hydrochlorofluorocarbons)
HFKW	→ Teilhalogenierter Kohlenwasserstoff, engl. **HFC** (hydrofluorocarbons)
FKW	→ Vollhalogenierter Kohlenwasserstoff, engl. **PFC** (perfluorocarbons)
KW	→ Kohlenwasserstoff, engl. **HC** (hydrocarbons)
Azeotropes Gemisch oder **Azeotrop** → Phasendiagramme	Mischung aus zwei oder mehreren Kältemitteln, bei der im Siedegleichgewichtszustand die Flüssigkeit und der Dampf die gleiche Zusammensetzung der Komponenten aufweisen. Azeotrope können durch Destillation nicht getrennt werden. Der Siedepunkt der Mischung kann höher oder niedriger sein als der Siedepunkt der enthaltenen Kältemittel. Azeotrope Kältemittel gehören zur → **Kältemittelreihe 500.** Azeotrope mit azeotroper Zusammensetzung ζ_A verdampfen und verflüssigen wie einheitliche Stoffe, d.h. bei einem → Temperaturhaltepunkt. 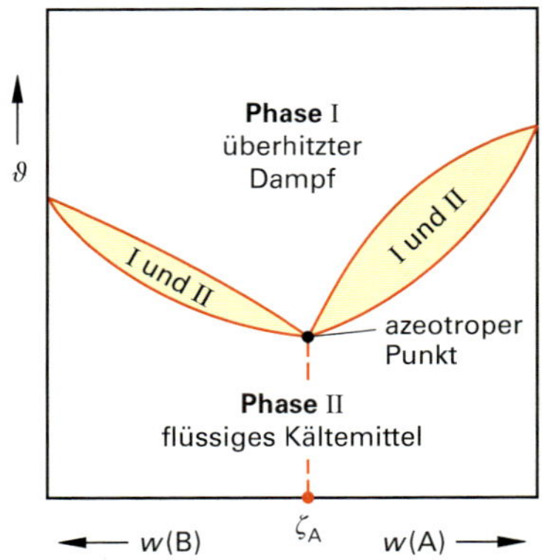 **I und II:** Zweiphasengebiet, d.h. Dampf und Flüssigkeit (→ Nassdampf). ζ_A: Azeotrope Zusammensetzung
Nichtazeotropes Gemisch oder **Zeotrop** → Phasendiagramme	Gemisch von Kältemitteln, dessen Dampf und Flüssigkeit im gesamten Konzentrationsbereich unterschiedliche Zusammensetzung aufweist. Zeotrope haben bei der Verdampfung und bei der Verflüssigung trotz konstanten Druckes gleitende Verdampfungs- bzw. Verflüssigungstemperaturen. Diesen Temperaturbereich nennt man **Temperaturgleit** (engl. **Glide).** Zeotrope Kältemittel gehören zur → **Kältemittelreihe 400.** Zeotrope Kältemittel verdampfen und verflüssigen in einem bestimmten Temperaturbereich. Das bedeutet, dass die → Sättigungstemperatur bei der Verdampfung steigt und bei der Verflüssigung sinkt. 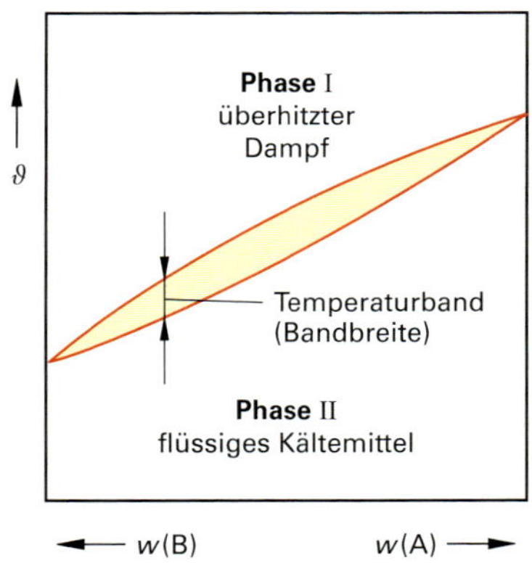 **I und II:** Zweiphasengebiet, d.h. Dampf und Flüssigkeit (→ Nassdampf). Der Temperaturgleit ist bei den verschiedenen Kältemitteln unterschiedlich. Bei großem Gleit kann es zu Problemen beim Betrieb der Kälteanlage kommen (Leckagen, Entmischung, Regelung, Handhabung). Um eine Entmischung des Kältemittels zu vermeiden, dürfen zeotrope Kältemittel der Kältemittelflasche **nur flüssig entnommen werden.**
Nahe-azeotropes Gemisch	Nichtazeotrop mit geringem Temperaturgleit (< 1 K), z.B. R404A. Der geringe Temperaturgleit kann in der Praxis meist vernachlässigt werden.
Temperaturgleit Temperaturglide	Differenz zwischen → Siede- und → Taupunkttemperatur bei konstantem Druck

Definitionen, Bezeichnungen (Fortsetzung) (nach **DIN 8960**:1998-11)

Kurzzeichen

Kennzahl

Bei den → Kohlenwasserstoffen und den → halogenierten Kohlenwasserstoffen der Methanreihe (ein Kohlenstoffatom mit 4 Bindungen), der Ethanreihe (zwei Kohlenstoffatome mit insgesamt 6 Bindungen) und der Propanreihe (drei Kohlenstoffatome mit insgesamt 8 Bindungen) kann man aus der Kennzahl die Struktur der Verbindung ableiten.

- Die letzte Ziffer gibt die Anzahl der Fluoratome (F) an.
- Die vorletzte Ziffer ist um 1 größer als die Anzahl der Wasserstoffatome (H).
- Die drittletzte Ziffer ist um 1 kleiner als die Anzahl der Kohlenstoffatome (C). Ist nur ein Kohlenstoffatom enthalten, so wird die resultierende „0" nicht geschrieben.
- Die Zahl der Chloratome (Cl) muss errechnet werden: Man addiert die Zahl der Fluoratome (F) und die der Wasserstoffatome (H). Diese Zahl wird von der Anzahl der Atome, die die enthaltenen Kohlenstoffatome binden können, abgezogen. Das Ergebnis ist die Zahl der enthaltenen Chloratome.

Somit:

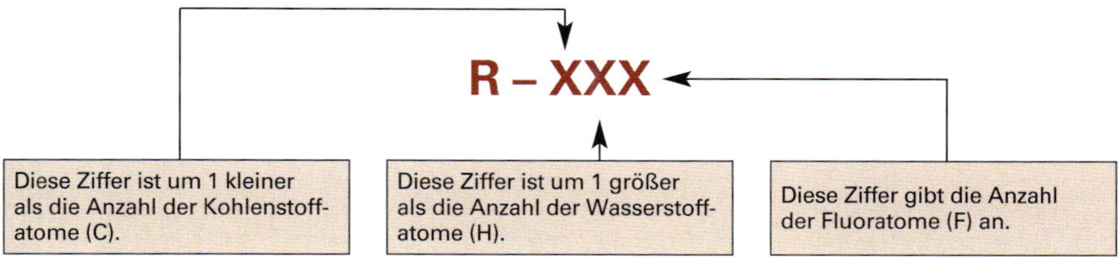

B R125

- letzte Ziffer = 5
  → **5 Fluoratome**
- vorletzte Ziffer = 2
  → 2 – 1 = **1 Wasserstoffatom**
- drittletzte Ziffer = 1
  → 1 + 1 = **2 Kohlenstoffatome**

5 Fluoratome + 1 Wasserstoffatom = 6
2 Kohlenstoffatome können 6 Atome binden

- 6 – 6 = 0 → **0 Chloratome**

d.h. R125 hat die chemische Formel $\mathbf{C_2HF_5}$

B R12

- letzte Ziffer = 2
  → **2 Fluoratome**
- vorletzte Ziffer = 1
  → 1 – 1 = **0 Wasserstoffatome**
- drittletzte Ziffer = 0
  → 0 + 1 = **1 Kohlenstoffatom**

2 Fluoratome + 0 Wasserstoffatom = 2
1 Kohlenstoffatom kann 4 Atome binden

- 4 – 2 = 2 → **2 Chloratome**

d.h. R12 hat die chemische Formel $\mathbf{CCl_2F_2}$

Kältemittelreihen

Kältemittelreihe	R10 – R50	Basis Methan CH_4
	R110 – R170	Basis Ethan C_2H_6
	R216 – R290	Basis Propan C_3H_8
	R4..	→ Zeotrope Kältemittelmischungen
	R5..	→ Azeotrope Kältemittelmischungen
	R600 – R611	Verschiedene organische Kältemittel
	R630 – R631	Organische Stickstoffverbindungen
	R7..	Anorganische Verbindungen (die beiden Ziffern nach der 7 geben die → molare Masse des Kältemittels an)
	R1112 – R1270	Ungesättigte organische Verbindungen
	RC...	Zyklische Kohlenwasserstoffverbindungen

4

Einteilung der Kältemittel

Kältemittelübersicht

Kältemittelnummer	Einstufung	Chemische Bezeichnung oder *Zusammensetzung*	Chem. Formel oder *Handelsname*	Siedepunkt (°C)	Molare Masse (kg/kmol)
R11	FCKW	Trichlorfluormethan	CCl_3F	23,8	137,4
R12	FCKW	Dichlordifluormethan	CCl_2F_2	– 29,0	120,9
R13	FCKW	Chlortrifluortmethan	$CClF_3$	– 81,4	104,5
R13B1	FCKW	Bromtrifluormethan	$CBrF_3$	– 58,0	148,9
R14	FKW	Tetrafluormethan	CF_4	– 128,0	88,0
R22	HFCKW	Chlordifluormethan	$CHClF_2$	– 40,8	86,5
R23	HFKW	Trifluormethan	CHF_3	– 82,1	70,0
R30	HFCKW	Dichlormethan	CH_2Cl_2	40,0	84,9
R32	HFKW	Difluormethan	CH_2F_2	– 51,7	52,0
R50	KW	Methan	CH_4	– 161	16,0
R113	FCKW	Trichlortrifluorethan	CCl_2FCClF_2	47,6	187,4
R114	FCKW	Dichlortetrafluorethan	$CClF_2CClF_2$	3,8	170,9
R115	FCKW	Chlorpentafluorethan	$CClF_2CF_3$	– 39,0	154,5
R116	FKW	Hexafluorethan	CF_3CF_3	– 79,0	138,0
R123	HFCKW	Dichlortrifluorethan	$CHCl_2CF_3$	27,9	153,0
R124	HFCKW	Chlortetrafluorethan	$CHClFCF_3$	– 12,1	136,5
R125	HFKW	Pentafluorethan	CHF_2CF_3	– 48,1	120,0
R134a	HFKW	Tetrafluorethan	CH_2FCF_3	– 26,2	102,0
R141b	HFCKW	Dichlorfluorethan	CH_3CCl_2F	32,0	117,0
R142b	HFCKW	Chlordifluorethan	CH_3CClF_2	– 10,0	100,5
R143a	HFKW	Trifluorethan	CH_3CF_3	– 47,0	84,0
R152a	HFKW	Difluorethan	CH_3CHF_2	– 25,0	66,0
R170	KW	Ethan	CH_3CH_3	– 89,0	30,0
R218	FKW	Octafluorpropan	$CF_3CF_2CF_3$	– 37,0	188,0
R227ea	HFKW	Heptafluorpropan	CF_3CHFCF_3	– 15,6	170,0
R236ea	HFKW	Hexafluorpropan	$CF_3CH_2CF_3$	– 1,4	152,0
R245fa	HFKW	Pentafluorpropan	$CF_3CH2CHF_2$	14,9	134,0
R290	KW	Propan	$CH_3CH_2CH_3$	– 42,0	44,0
R401A	HFCKW	*R22/R152a/R124 (53,0/13,0/34,0)*	*MP39*	– 33,4/– 27,8	94,4
R401B	HFCKW	*R22/R152a/R124 (61,0/11,0/28,0)*	*MP66*	– 34,9/– 29,6	92,8
R401C	HFCKW	*R22/R152a/R124 (33,0/15,0/52,0)*	*MP52*	– 28,9/– 23,3	101,0
R402A	HFCKW	*R125/R290/R22 (60,0/2,0/38,0)*	*HP80*	– 49,2/– 47,0	101,5
R402B	HFCKW	*R125/R290/R22 (38,0/2,0/60,0)*	*HP81*	– 47,2/– 44,8	94,7
R403A	HFCKW	*R290/R22/R218 (5,0/75,0/20,0)*	*Isceon 69S*	– 47,7/– 44,3	92,0
R403B	HFCKW	*R290/R22/R218 (5,0/56,0/39,0)*	*Isceon 69L*	– 49,1/– 46,8	103,2
R404A	HFKW	*R125/R143a/R134a (44,0/52,0/4,0)*	*HP62 / FX70*	– 46,5/– 45,7	97,6
R405A	HFCKW	*R225/R152a/R142b/RC318 (45,0/7,0/5,5/42,5)*	*G2015*	– 32,8/– 24,4	111,9
R406A	HFCKW	*R22/R600a/R142b (55,0/4,0/41,0)*	*GHG-HP*	– 32,7/– 23,5	89,9
R407A	HFKW	*R32/R125/R134a (20,0/40,0/40,0)*	*Klea60*	– 45,2/– 38,7	90,1
R407B	HFKW	*R32/R125/R134a (10,0/70,0/20,0)*	*Klea61*	– 46,8/– 42,4	102,9
R407C	HFKW	*R32/R125/R134a (23,0/25,0/52,0)*	*Klea66*	– 43,8/– 36,7	86,2
R407D	HFKW	*R32/R125/R134a (15,0/15,0/70,0)*		– 39,4/– 32,7	90,9
R407E	HFKW	*R32/R125/R134a (25,0/15,0/60,0)*		– 42,8/– 35,6	83,8
R408A	HFCKW	*R125/R143a/R22 (7,0/46,0/47,0)*	*FX10*	– 44,6/– 44,1	87,0
R409A	HFCKW	*R22/R124/R142b (60,0/25,0/15,0)*	*FX56*	– 34,7/– 26,3	97,5
R409B	HFCKW	*R22/R124/R142b (65,0/25,0/10,0)*	*FX57*	– 35,8/– 28,2	96,7
R410A	HFKW	*R32/R125 (50,0/50,0)*	*Suva9100 / AZ20*	– 51,6/– 51,5	72,6
R410B	HFKW	*R32/R125 (45,0/55,0)*		– 51,5/– 51,4	75,5
R411A	HFCKW	*R1270/R22/R152a (1,5/87,5/11,0)*	*G2018A*	– 39,6/– 37,1	82,5
R411B	HFCKW	*R1270/R22/R152a (3,0/94,0/3,0)*	*G2019B*	– 41,6/– 40,2	83,3
R412A	HFCKW	*R22/R218/R142b (70,0/5,0/25,0)*	*TP5R*	– 36,5/– 28,9	92,2
R413A	FKW	*R218/R134a/R600a (9,0/88,0/3,0)*	*Isceon MO49*	– 29,4/– 27,4	103,9
R414A	HFCKW	*R22/R124/R600a/R142b (51,0/28,5/4,0/16,5)*	*GHG-X4*	– 33,2/– 24,7	97,0
R414B	HFCKW	*R22/R124/R600a/R142b (50,0/39,0/1,5/9,5)*	*Hot Shot*	– 33,1/– 24,7	101,6

Einteilung der Kältemittel (Fortsetzung)

Kältemittelübersicht

Kälte-mittel-nummer	Sicher-heits-gruppe	DGRL Fluid-gruppe	Prak. Grenzw. (kg/m³)	LFL (kg/m³)	Dampf-dichte (kg/m³)	ODP	GWP	Selbst-entzünd.-Temp. (°C)
R11	A1	2	0,3		5,824	1	4750	
R12	A1	2	0,5		5,039	1	10900	
R13	A1	2	0,5		4,309	1	14400	
R13B1	A1	2	0,6		6,169	10	7140	
R14	A1	2	0,4		3,611	0	7390	
R22	A1	2	0,3		3,587	0,055	1810	635
R23	A1	2	0,68		2,884	0	14800	765
R30	B2	2	0,017	0,417			9	662
R32	A2L	1	0,061	0,307	2,153	0	675	648
R50	A3	1	0,006	0,032	0,657	0	28	645
R113	A1	2	0,4		3,467	0,8	6130	
R114	A1	2	0,7		7,207	1	10000	
R115	A1	2	0,6		6,438	0,6	7370	
R116	A1	2	0,55		5,696	0	12200	
R123	B1	2	0,1		5,872	0,02	77	730
R124	A1	2	0,11		5,728	0,022	609	
R125	A1	2	0,39		4,982	0	3500	733
R134a	A1	2	0,25		4,258	0	1430	743
R141b	A2	2	0,013	0,287	3,826	0,11	725	532
R142b	A2	1	0,066	0,329	4,223	0,065	2310	750
R143a	A2L	1	0,056	0,282	3,495	0	4470	750
R152a	A2	1	0,027	0,13	2,759	0	124	455
R170	A3	1	0,008	0,038	1,239	0	6	515
R218	A1	2	0,7		7,853	0	8830	
R227ea	A1	2	0,59		7,137	0	3220	
R236ea	A1	2	0,59		6,418	0	1370	
R245fa	B1	2	0,19		5,689	0	1030	
R290	A3	1	0,008	0,038	1,832	0	3	470
R401A	A1	2	0,3		3,929	0,037	1182	681
R401B	A1	2	0,34		3,860	0,04	1288	685
R401C	A1	2	0,24		4,211	0,03	933	
R402A	A1	2	0,33		4,214	0,021	2788	723
R402B	A1	2	0,32		3,929	0,033	2416	641
R403A	A1	2	0,33		3,817	0,041	3421	
R403B	A1	2	0,41		4,289	0,031	4457	
R404A	A1	2	0,52		4,057	0	3922	728
R405A	A1	2	0,26		4,665	0,028	4865	
R406A	A2	1	0,13	0,302	3,744	0,057	1943	
R407A	A1	2	0,33		3,743	0	2107	685
R407B	A1	2	0,35		4,274	0	2804	703
R407C	A1	2	0,31		3,582	0	1774	704
R407D	A1	2	0,41		3,784	0	1627	
R407E	A1	2	0,40		3,482	0	1552	
R408A	A1	2	0,41		3,614	0,026	3152	
R409A	A1	2	0,16		4,055	0,048	1585	
R409B	A1	2	0,17		4,021	0,048	1560	
R410A	A1	2	0,44		3,007	0	2088	
R410B	A1	2	0,43		3,131	0	2229	
R411A	A2	1	0,04	0,186	3,420	0,048	1597	
R411B	A2	1	0,05	0,239	3,446	0,052	1705	
R412A	A2	1	0,07	0,329	3,883	0,055	2286	
R413A	A2	1	0,08	0,375	4,334	0	2053	
R414A	A1	2	0,08		4,040	0,045	1478	
R414B	A1	2	0,07		4,232	0,042	1362	

Einteilung der Kältemittel (Fortsetzung)

Kältemittelübersicht

Kältemittelnummer	Einstufung	Chemische Bezeichnung oder *Zusammensetzung*	Chem. Formel oder *Handelsname*	Siedepunkt (°C)	Molare Masse (kg/kmol)
R416A	HFCKW	*R134a/R124/R600 (59,0/39,5/1,5)*	*FR-12*	– 23,9/– 22,1	111,9
R417A	HFKW	*R125/R134a/R600 (46,6/50,0/3,4)*	*Isceon MO59*	– 38,0/– 32,9	106,7
R418A	HFCKW	*R290/R22/R152a (1,5/96,0/2,5)*		– 41,7/– 40,0	84,6
R419A	HFKW	*R125/R134a/RE170 (77,0/19,0/4,0)*		– 42,6/– 35,9	109,3
R420A	HFCKW	*R134a/R142b (88,0/12,0)*		– 24,9/– 24,2	101,9
R421A	HFKW	*R125/R134a (58,0/42,0)*		– 40,8/– 35,5	111,8
R421B	HFKW	*R125/R134a (85,0/15,0)*		– 45,7/– 42,6	116,9
R422A	HFKW	*R134a/R125/R600a (11,5/85,1/3,4)*	*Isceon MO79*	– 46,5/– 44,1	113,6
R422B	HFKW	*R134a/R125/R600a (42,0/55,0/3,0)*	*ICOR XAC1*	– 40,5/– 35,6	108,5
R422C	HFKW	*R134a/R125/R600a (15,0/82,0/3,0)*	*ICOR XLT1*	– 45,3/– 42,3	113,4
R422D	HFKW	*R134a/R125/R600a (31,5/65,1/3,4)*	*Isceon MO29*	– 43,2/– 38,4	109,9
R423A	HFKW	*R134a/R227ea (52,5/47,5)*	*Isceon 39TC*	– 24,2/– 23,5	126,0
R424A	HFKW	*R125/R134a/R600a/R600/R601a (50,5/47,0/0,9/1,0/0,6)*		– 39,1/– 33,3	108,4
R425A	HFKW	*R32/R134a/R227ea (18,5/69,5/12,0)*		– 38,1/– 31,3	90,3
R426A	HFKW	*R125/R134a/R600/R601a (5,1/93,0/1,3/0,6)*		– 28,5/– 26,7	101,6
R427A	HFKW	*R32/R125/R143a/R134a (15,0/25,0/10,0/50,0)*		– 43,0/– 36,3	90,4
R428A	HFKW	*R125/R143a/R290/R600a (77,5/20,0/0,6/1,9)*		– 48,3/– 47,5	107,5
R429A	HFKW	*RE170/R152a/R600a (60,0/10,0/30,0)*		– 26,0/– 25,6	50,8
R430A	HFKW	*R152a/R600a (76,0/24,0)*		– 27,6/– 27,6	64,0
R431A	HFKW	*R290/R152a (71,0/29,0)*		– 43,1/– 43,1	48,8
R432A	KW	*R1270/RE170 (80,0/20,0)*		– 46,6/– 45,6	42,8
R433A	KW	*R1270/R290 (30,0/70,0)*		– 44,6/– 44,2	43,5
R433B	KW	*R1270/R290 (5,0/95,0)*		– 44,3/– 43,9	44,0
R434A	HFKW	*R125/R143a/R134a/R600a (63,2/18,0/16,0/2,8)*		– 45,0/– 42,3	105,7
R435A	HFKW	*RE170/R152a (80,0/20,0)*		– 26,1/– 25,9	49,0
R436A	KW	*R290/R600a (56,0/44,0)*		– 34,3/– 26,2	49,3
R437A	HFKW	*R134a/R125/R600/R601 (78,5/19,5/1,4/0,6)*	*Isceon MO49Plus*	– 32,9/– 29,2	103,7
R502	FCKW	*R22/R115 (48,8/51,2)*		– 45,4	112,0
R507A	HFKW	*R125/R143a (50,0/50,0)*		– 46,7	98,9
R508A	HFKW	*R23/R116 (39,0/61,0)*		– 86,0	100,1
R508B	HFKW	*R23/R116 (46,0/54,0)*	*Suva95*	– 88,3	95,4
R509A	HFCKW	*R22/R218 (44,0/56,0)*	*TP5R2*	– 47,0	124,0
R600	KW	Butan	$CH_3CH_2CH_2CH_3$	0,0	58,1
R600a	KW	Methylpropan (Isobutan)	$CH(CH_3)_3$	– 12,0	58,1
R601	KW	Pentan	$CH_3CH_2CH_2CH_2CH_3$	36,1	72,1
R601a	KW	Methylbutan (Isopentan)	$(CH_3)_2CHCH_2CH_3$	27,8	72,1
R717		Ammoniak	NH_3	– 33,0	17,0
R718		Wasser	H_2O	100,0	18,0
R723		*R717/RE170 (DME) (60,0/40,0)*	$NH_3/(CH_3)_2O$	– 36,6	23,0
R744		Kohlendioxid	CO_2	– 78,0	44,0
R1150	KW	Ethen (Ethylen)	$CH_2{=}CH_2$	– 104,0	28,1
R1270	KW	Propen (Proylen)	$CH_3CH{=}CH_2$	– 48,0	42,1
R1234yf	HFKW	Tetrafluorpropan	$CF_3CF{=}CH_2$	– 29,4	114,0
RC270	KW	Cyclopropan	C_3H_6	– 32,9	42,1
RC318	FKW	Octafluorcyclobutan	C_4F_8	– 6,0	200,0
RE170		Dimethylether	$(CH_3)_2O$	– 24,8	46,0

Einteilung der Kältemittel (Fortsetzung)

Kältemittelübersicht

Kältemittelnummer	Sicherheitsgruppe	DGRL Fluidgruppe	Prak. Grenzw. (kg/m³)	LFL (kg/m³)	Dampfdichte (kg/m³)	ODP	GWP	Selbstentzünd.-Temp. (°C)
R416A	A1	2	0,06		4,678	0,009	1084	
R417A	A1	2	0,15		4,443	0	2346	
R418A	A2	1	0,07	0,328	3,510	0,053	1741	
R419A	A2	1	0,05	0,269	4,546	0	2967	
R420A	A1	2	0,19		4,252	0,008	1548	
R421A	A1	2	0,28		4,649	0	2631	
R421B	A1	2	0,33		4,857	0	3190	
R422A	A1	2	0,29		4,719	0	3143	
R422B	A1	2	0,25		4,515	0	2526	
R422C	A1	2	0,29		4,711	0	3085	
R422D	A1	2	0,26		4,572	0	2729	
R423A	A1	2	0,30		5,268	0	2280	
R424A	A1	2	0,10		4,512	0	2240	
R425A	A1	2	0,25		3,759	0	1505	
R426A	A1	2	0,08		4,237	0	1508	
R427A	A1	2	0,28		3,760	0	2138	
R428A	A1	2	0,37		4,466	0	3607	
R429A	A3	1	0,01	0,052	2,119	0	13,9	
R430A	A3	1	0,02	0,084	2,672	0	95	
R431A	A3	1	0,01	0,044	2,028	0	38,3	
R432A	A3	1	0,002	0,039	1,777	0	1,64	
R433A	A3	1	0,006	0,036	1,805	0	2,85	
R433B	A3	1	0,008	0,041	1,827	0	3,23	
R434A	A1	2	0,32		4,396	0	3238	
R435A	A3	1	0,014	0,068	2,045	0	25,6	
R436A	A3	1	0,006	0,032	2,057	0	3,17	
R437A	A1	2	0,08		4,324	0	1805	
R502	A1	2	0,45		4,635	0,33	4657	
R507A	A1	2	0,53		4,108	0	3985	
R508A	A1	2	0,23		4,124	0	13214	
R508B	A1	2	0,2		3,930	0	13396	
R509A	A1	2	0,56		5,155	0,024	5741	
R600	A3	1	0,0086	0,048	2,450	0	4	365
R600a	A3	1	0,011	0,038	2,440	0	3	460
R601	A3	1	0,008	0,035	2,058	0	5	
R601a	A3	1	0,008	0,038	2,786	0	5	
R717	B2L	1	0,00035	0,116	0,704	0	0	630
R718							0	
R723	B2	1	0,00035	0,116	0,704	0	8	630
R744	A1	2	0,1		1,808	0	1	
R1150	A3	1	0,007	0,036	1,153	0	3	
R1270	A3	1	0,008	0,047	1,745	0	2	455
R1234yf	A2L	1	0,06	0,299	4,766	0	< 1	405
RC270	A2L						1	
RC318	A1	2	0,81		8,429	0	10300	
RE170	A3	1	0,013	0,038	1,914	0	0	235

Eigenschaften von Kältemitteln

Dampfdrücke gebräuchlicher Kältemittel

°C	R32 bar	R134a bar	R290 bar	R404A *p'* bar	R404A *p''* bar	R407C *p'* bar	R407C *p''* bar	R410A *p'* bar	R410A *p''* bar	R507 bar	R600a bar
– 60	0,65	0,16	0,42	0,50	0,47	0,43	0,28	0,64	0,64	0,51	0,09
– 59	0,69	0,17	0,45	0,53	0,5	0,46	0,29	0,68	0,68	0,54	0,10
– 58	0,73	0,18	0,47	0,56	0,53	0,48	0,31	0,72	0,71	0,57	0,11
– 57	0,77	0,19	0,49	0,59	0,56	0,51	0,33	0,76	0,75	0,60	0,11
– 56	0,81	0,21	0,52	0,62	0,59	0,54	0,35	0,8	0,8	0,63	0,12
– 55	0,85	0,22	0,55	0,65	0,62	0,57	0,38	0,84	0,84	0,67	0,13
– 54	0,90	0,23	0,58	0,69	0,66	0,60	0,40	0,89	0,88	0,70	0,13
– 53	0,95	0,25	0,60	0,72	0,69	0,63	0,42	0,94	0,93	0,74	0,14
– 52	1,00	0,26	0,64	0,76	0,73	0,67	0,45	0,98	0,98	0,78	0,15
– 51	1,05	0,28	0,67	0,80	0,77	0,70	0,47	1,04	1,03	0,82	0,16
– 50	1,10	0,29	0,70	0,84	0,81	0,74	0,5	1,09	1,09	0,86	0,17
– 49	1,16	0,31	0,73	0,89	0,85	0,78	0,53	1,15	1,14	0,91	0,18
– 48	1,22	0,33	0,77	0,93	0,90	0,82	0,56	1,20	1,20	0,95	0,19
– 47	1,28	0,35	0,81	0,98	0,94	0,86	0,59	1,26	1,26	1,00	0,20
– 46	1,34	0,37	0,84	1,02	0,99	0,90	0,63	1,33	1,32	1,05	0,21
– 45	1,41	0,39	0,88	1,07	1,04	0,95	0,66	1,39	1,39	1,10	0,22
– 44	1,78	0,41	0,92	1,13	1,09	1,00	0,70	1,46	1,45	1,15	0,23
– 43	1,55	0,44	0,97	1,18	1,14	1,04	0,73	1,53	1,52	1,21	0,25
– 42	1,62	0,46	1,01	1,24	1,19	1,09	0,77	1,60	1,60	1,27	0,26
– 41	1,70	0,49	1,05	1,29	1,25	1,15	0,81	1,68	1,67	1,33	0,27
– 40	1,77	0,51	1,10	1,35	1,31	1,20	0,86	1,75	1,75	1,39	0,29
– 39	1,86	0,54	1,15	1,41	1,37	1,26	0,9	1,84	1,83	1,45	0,30
– 38	1,94	0,57	1,20	1,48	1,43	1,32	0,95	1,92	1,91	1,52	0,32
– 37	2,03	0,60	1,25	1,55	1,50	1,38	0,99	2,01	2,00	1,58	0,33
– 36	2,12	0,63	1,31	1,61	1,57	1,44	1,04	2,10	2,09	1,65	0,35
– 35	2,21	0,66	1,36	1,68	1,64	1,51	1,10	2,19	2,18	1,73	0,37
– 34	2,31	0,70	1,42	1,76	1,71	1,58	1,15	2,28	2,28	1,80	0,39
– 33	2,41	0,73	1,48	1,83	1,78	1,65	1,21	2,38	2,38	1,88	0,41
– 32	2,52	0,77	1,54	1,91	1,86	1,72	1,26	2,49	2,48	1,96	0,43
– 31	2,62	0,80	1,60	1,99	1,94	1,79	1,32	2,59	2,58	2,04	0,45
– 30	2,73	0,84	1,66	2,08	2,02	1,87	1,39	2,70	2,69	2,13	0,47
– 29	2,85	0,88	1,73	2,16	2,11	1,95	1,45	2,82	2,81	2,22	0,49
– 28	2,97	0,93	1,80	2,25	2,19	2,03	1,52	2,93	2,92	2,31	0,51
– 27	3,09	0,97	1,87	2,34	2,29	2,12	1,59	3,05	3,04	2,40	0,54
– 26	3,22	1,02	1,94	2,44	2,38	2,21	1,66	3,18	3,17	2,50	0,56
– 25	3,35	1,06	2,02	2,54	2,47	2,30	1,73	3,30	3,29	2,60	0,59
– 24	3,48	1,11	2,09	2,64	2,57	2,39	1,81	3,44	3,43	2,70	0,61
– 23	3,62	1,16	2,17	2,74	2,68	2,49	1,89	3,57	3,56	2,81	0,64
– 22	3,76	1,22	2,25	2,85	2,78	2,59	1,97	3,71	3,70	2,92	0,67
– 21	3,91	1,27	2,34	2,96	2,89	2,69	2,06	3,86	3,84	3,03	0,70
– 20	4,06	1,33	2,42	3,07	3,00	2,80	2,15	4,01	3,99	3,14	0,73
– 19	4,21	1,39	2,51	3,19	3,12	2,91	2,24	4,16	4,14	3,26	0,76
– 18	4,37	1,45	2,60	3,31	3,23	3,02	2,33	4,32	4,30	3,39	0,79
– 17	4,54	1,51	2,70	3,43	3,36	3,14	2,43	4,48	4,46	3,51	0,83
– 16	4,71	1,57	2,79	3,56	3,48	3,26	2,53	4,65	4,63	3,64	0,86
– 15	4,88	1,64	2,89	3,69	3,61	3,38	2,63	4,82	4,80	3,77	0,90
– 14	5,06	1,71	2,99	3,82	3,74	3,51	2,74	4,99	4,98	3,91	0,93
– 13	5,24	1,78	3,10	3,96	3,88	3,63	2,85	5,17	5,16	4,05	0,97
– 12	5,43	1,85	3,20	4,10	4,02	3,77	2,96	5,36	5,34	4,20	1,01
– 11	5,63	1,93	3,31	4,24	4,16	3,91	3,08	5,55	5,53	4,34	1,05
– 10	5,83	2,01	3,43	4,39	4,31	4,05	3,20	5,75	5,73	4,50	1,09
– 9	6,03	2,09	3,54	4,54	4,46	4,19	3,32	5,95	5,93	4,65	1,13
– 8	6,24	2,17	3,66	4,70	4,61	4,34	3,45	6,15	6,13	4,81	1,18
– 7	6,46	2,25	3,78	4,86	4,77	4,49	3,58	6,37	6,34	4,98	1,22
– 6	6,68	2,34	3,90	5,03	4,94	4,65	3,71	6,58	6,56	5,14	1,27
– 5	6,91	2,43	4,03	5,19	5,1	4,81	3,85	6,81	6,78	5,32	1,32
– 4	7,14	2,53	4,16	5,37	5,27	4,98	4,00	7,03	7,01	5,49	1,37
– 3	7,38	2,62	4,29	5,54	5,45	5,14	4,14	7,27	7,24	5,67	1,42
– 2	7,62	2,72	4,43	5,73	5,63	5,32	4,29	7,51	7,48	5,86	1,47
– 1	7,87	2,82	4,57	5,91	5,81	5,50	4,45	7,76	7,73	6,05	1,52

Eigenschaften von Kältemitteln (Fortsetzung)

Dampfdrücke gebräuchlicher Kältemittel

°C	R32 bar	R134a bar	R290 bar	R404A p' bar	 p'' bar	R407C p' bar	 p'' bar	R410A p' bar	 p'' bar	R507 bar	R600a bar
0	8,13	2,93	4,71	6,10	6,00	5,68	4,61	8,01	7,98	6,28	1,58
1	8,40	3,04	4,86	6,30	6,20	5,87	4,77	8,27	8,24	6,48	1,64
2	8,67	3,15	5,01	6,50	6,40	6,06	4,94	8,53	8,50	6,69	1,69
3	8,94	3,26	5,16	6,70	6,60	6,25	5,11	8,80	8,77	6,90	1,75
4	9,23	3,38	5,31	6,91	6,81	6,46	5,29	9,08	9,05	7,11	1,81
5	9,52	3,50	5,47	7,13	7,02	6,66	5,47	9,36	9,33	7,33	1,88
6	9,81	3,62	5,64	7,34	7,24	6,87	5,66	9,65	9,62	7,55	1,94
7	10,12	3,75	5,80	7,57	7,46	7,09	5,85	9,95	9,92	7,78	2,01
8	10,43	3,88	5,97	7,80	7,69	7,31	6,04	10,26	10,22	8,01	2,08
9	10,74	4,01	6,15	8,03	7,92	7,53	6,24	10,57	10,53	8,25	2,15
10	11,07	4,15	6,33	8,27	8,16	7,76	6,45	10,88	10,85	8,50	2,22
11	11,40	4,29	6,51	8,52	8,40	8,00	6,66	11,21	11,17	8,75	2,29
12	11,74	4,43	6,69	8,77	8,65	8,24	6,88	11,54	11,50	9,00	2,37
13	12,09	4,58	6,88	9,02	8,90	8,49	7,10	11,88	11,84	9,26	2,45
14	12,45	4,73	7,08	9,28	9,16	8,74	7,32	12,23	12,19	9,53	2,53
15	12,81	4,88	7,27	9,55	9,43	9,00	7,56	12,58	12,54	9,81	2,61
16	13,18	5,04	7,48	9,82	9,70	9,26	7,79	12,95	12,91	10,08	2,69
17	13,56	5,21	7,68	10,10	9,98	9,53	8,04	13,32	13,27	10,37	2,78
18	13,95	5,37	7,89	10,39	10,26	9,81	8,29	13,70	13,65	10,66	2,86
19	14,34	5,54	8,10	10,68	10,55	10,09	8,54	14,08	14,04	10,96	2,95
20	14,75	5,72	8,32	10,97	10,84	10,38	8,80	14,48	14,43	11,26	3,04
21	15,16	5,90	8,55	11,27	11,15	10,67	9,07	14,88	14,83	11,57	3,14
22	15,58	6,08	8,77	11,58	11,45	10,97	9,34	15,29	15,24	11,88	3,23
23	16,91	6,27	9,00	11,90	11,77	11,27	9,62	15,71	15,66	12,21	3,33
24	16,45	6,46	9,24	12,22	12,09	11,59	9,91	16,14	16,09	12,53	3,43
25	16,90	6,65	9,48	12,55	12,41	11,90	10,20	16,57	16,52	12,87	3,53
26	17,35	6,85	9,72	12,88	12,74	12,23	10,50	17,02	16,97	13,21	3,67
27	17,82	7,06	9,97	13,22	13,08	12,56	10,80	17,47	17,42	13,56	3,74
28	18,30	7,27	10,23	13,57	13,43	12,90	11,11	17,94	17,88	13,92	3,85
29	18,78	7,48	10,49	13,92	13,78	13,24	11,43	18,41	18,35	14,28	3,96
30	19,28	7,70	10,75	14,28	14,14	13,59	11,76	18,89	18,83	14,65	4,08
31	19,78	7,92	11,02	14,65	14,51	13,95	12,09	19,38	19,32	15,03	4,20
32	20,29	8,15	11,29	15,03	14,88	14,31	12,43	19,89	19,82	15,42	4,31
33	20,82	8,39	11,57	15,41	15,27	14,68	12,78	20,40	20,33	15,81	4,44
34	21,35	8,63	11,85	15,80	15,65	15,06	13,13	20,92	20,85	16,21	4,56
35	21,90	8,87	12,14	16,19	16,05	15,45	13,49	21,45	21,38	16,62	4,69
36	22,45	9,12	12,43	16,60	16,45	15,84	13,86	21,99	21,92	17,04	4,82
37	23,02	9,37	12,73	17,01	16,87	16,24	14,24	22,54	22,47	17,47	4,95
38	23,60	9,63	13,04	17,43	17,28	16,65	14,62	23,10	23,03	17,90	5,08
39	24,18	9,89	13,35	17,86	17,71	17,07	15,01	23,67	23,60	18,34	5,22
40	24,78	10,16	13,66	18,29	18,15	17,49	15,41	24,26	24,19	18,80	5,36
41	25,39	10,44	13,98	18,74	18,59	17,92	15,82	24,85	24,78	19,27	5,50
42	26,01	10,72	14,31	19,19	19,04	18,36	16,24	25,45	25,38	19,72	5,65
43	26,65	11,01	14,64	19,65	19,50	18,81	16,66	26,07	26,00	20,20	5,80
44	27,29	11,30	14,97	20,12	19,97	19,26	17,09	26,70	26,62	20,69	5,95
45	27,95	11,60	15,32	20,59	20,44	19,72	17,54	27,34	27,26	21,19	6,10
46	28,62	11,90	15,66	21,08	20,93	20,19	17,99	27,99	27,91	21,69	6,26
47	29,30	12,21	16,02	21,57	21,42	20,67	18,45	28,65	28,57	22,21	6,42
48	29,99	12,53	16,38	22,07	21,92	21,16	18,91	29,32	29,25	22,73	6,58
49	30,69	12,85	16,74	22,59	22,44	21,65	19,39	30,01	29,93	23,27	6,75
50	31,41	13,18	17,11	23,11	22,96	22,16	19,88	30,71	30,63	23,82	6,92
51	32,14	13,51	17,49	23,64	23,49	22,67	20,37	31,42	31,34	24,37	7,09
52	32,89	13,85	17,88	24,18	24,03	23,19	20,88	32,14	32,06	24,94	7,27
53	33,64	14,20	18,27	24,72	24,58	23,72	21,39	32,88	32,80	25,52	7,45
54	34,42	14,55	18,66	25,28	25,14	24,26	21,92	33,63	33,55	26,11	7,63
55	35,20	14,91	19,07	25,85	25,71	24,81	22,45	34,39	34,31	26,71	7,81
56	36,00	15,28	19,48	26,43	26,29	25,37	23,00	35,17	35,09	27,32	8,00
57	36,81	15,65	19,89	27,02	26,88	25,94	23,56	35,96	35,88	27,94	8,20
58	37,64	16,03	20,31	27,62	27,48	26,51	24,12	36,77	36,69	28,58	8,39
59	38,48	16,42	20,74	28,23	28,09	27,10	24,70	37,59	37,51	29,24	8,59

Nassdampftafel für R32

ϑ °C	p bar	v' dm³/kg	v'' dm³/kg	ϱ' kg/dm³	ϱ'' kg/dm³	h' kJ/kg	h'' kJ/kg	Δh_d kJ/kg	s' kJ/kg·K	s'' kJ/kg·K
– 80	0,187	0,776	1628,47	1,288	0,61	66,52	480,78	414,26	0,4469	2,5680
– 78	0,215	0,779	1431,96	1,283	0,70	70,50	482,01	411,51	0,4618	2,5526
– 76	0,246	0,783	1262,93	1,278	0,79	74,35	483,23	408,88	0,4768	2,5376
– 74	0,280	0,786	1117,07	1,273	0,90	78,07	484,43	406,37	0,4917	2,5231
– 72	0,319	0,789	990,80	1,268	1,01	81,68	485,63	403,95	0,5067	2,5089
– 70	0,361	0,792	881,17	1,262	1,13	85,19	486,81	401,62	0,5215	2,4950
– 68	0,408	0,796	785,70	1,257	1,27	88,62	487,98	399,35	0,5364	2,4815
– 66	0,460	0,799	702,32	1,252	1,42	91,98	489,13	397,15	0,5512	2,4684
– 64	0,518	0,802	629,31	1,246	1,59	95,28	490,27	394,98	0,5659	2,4556
– 62	0,581	0,806	565,19	1,241	1,77	98,53	491,39	392,86	0,5806	2,4430
– 60	0,650	0,809	508,75	1,236	1,97	101,74	492,50	390,75	0,5953	2,4308
– 58	0,725	0,813	458,94	1,230	2,18	104,92	493,59	388,67	0,6098	2,4188
– 56	0,808	0,816	414,87	1,225	2,41	108,07	494,66	386,59	0,6244	2,4072
– 54	0,898	0,820	375,80	1,219	2,66	111,21	495,72	384,51	0,6388	2,3958
– 52	0,995	0,824	341,07	1,214	2,93	114,33	496,75	382,43	0,6532	2,3846
– 50	1,101	0,828	310,13	1,208	3,22	117,44	497,77	380,33	0,6675	2,3737
– 49	1,158	0,829	295,93	1,206	3,38	119,00	498,27	379,27	0,6746	2,3683
– 48	1,216	0,831	282,51	1,203	3,54	120,56	498,77	378,21	0,6817	2,3630
– 47	1,277	0,833	269,82	1,200	3,71	122,12	499,26	377,15	0,6888	2,3577
– 46	1,340	0,835	257,81	1,197	3,88	123,68	499,75	376,07	0,6959	2,3525
– 45	1,406	0,837	246,43	1,194	4,06	125,24	500,23	374,99	0,7029	2,3473
– 44	1,474	0,839	235,66	1,192	4,24	126,80	500,71	373,91	0,7100	2,3422
– 43	1,545	0,841	225,45	1,189	4,44	128,37	501,18	372,81	0,7170	2,3372
– 42	1,619	0,843	215,77	1,186	4,63	129,94	501,64	371,71	0,7240	2,3321
– 41	1,695	0,845	206,58	1,183	4,84	131,51	502,10	370,59	0,7309	2,3272
– 40	1,774	0,847	197,87	1,180	5,05	133,09	502,56	369,47	0,7379	2,3223
– 39	1,856	0,849	189,59	1,177	5,27	134,67	503,01	368,34	0,7448	2,3174
– 38	1,941	0,851	181,73	1,174	5,50	136,25	503,45	367,20	0,7517	2,3126
– 37	2,028	0,854	174,26	1,172	5,74	137,84	503,89	366,05	0,7586	2,3078
– 36	2,119	0,856	167,16	1,169	5,98	139,44	504,32	364,89	0,7655	2,3031
– 35	2,213	0,858	160,40	1,166	6,23	141,03	504,75	363,71	0,7723	2,2984
– 34	2,311	0,860	153,97	1,163	6,49	142,64	505,17	362,53	0,7791	2,2937
– 33	2,411	0,862	147,85	1,160	6,76	144,25	505,58	361,33	0,7859	2,2891
– 32	2,516	0,864	142,02	1,157	7,04	145,86	505,99	360,13	0,7927	2,2846
– 31	2,623	0,867	136,46	1,154	7,33	147,48	506,39	358,91	0,7995	2,2800
– 30	2,734	0,869	131,16	1,151	7,62	149,11	506,79	357,68	0,8062	2,2755
– 29	2,849	0,871	126,11	1,148	7,93	150,74	507,18	356,44	0,8129	2,2711
– 28	2,967	0,873	121,30	1,145	8,24	152,38	507,56	355,19	0,8196	2,2667
– 27	3,089	0,876	116,70	1,142	8,57	154,02	507,94	353,92	0,8263	2,2623
– 26	3,215	0,878	112,31	1,139	8,90	155,67	508,31	352,64	0,8330	2,2579
– 25	3,345	0,880	108,12	1,136	9,25	157,32	508,67	351,35	0,8396	2,2536
– 24	3,479	0,883	104,11	1,133	9,61	158,98	509,03	350,05	0,8462	2,2494
– 23	3,617	0,885	100,28	1,130	9,97	160,64	509,38	348,74	0,8528	2,2451
– 22	3,760	0,888	96,62	1,127	10,35	162,32	509,73	347,41	0,8594	2,2409
– 21	3,906	0,890	93,12	1,124	10,74	163,99	510,06	346,07	0,8660	2,2367
– 20	4,057	0,892	89,77	1,121	11,14	165,67	510,39	344,72	0,8725	2,2325
– 19	4,213	0,895	86,56	1,117	11,55	167,36	510,72	343,36	0,8790	2,2284
– 18	4,373	0,897	83,49	1,114	11,98	169,05	511,03	341,98	0,8856	2,2243
– 17	4,537	0,900	80,55	1,111	12,41	170,75	511,34	340,59	0,8920	2,2202
– 16	4,707	0,902	77,73	1,108	12,86	172,45	511,64	339,19	0,8985	2,2162
– 15	4,881	0,905	75,03	1,105	13,33	174,16	511,93	337,78	0,9050	2,2122
– 14	5,060	0,908	72,44	1,102	13,80	175,87	512,22	336,35	0,9114	2,2082
– 13	5,244	0,910	69,96	1,098	14,29	177,58	512,50	334,91	0,9178	2,2042
– 12	5,433	0,913	67,57	1,095	14,80	179,31	512,77	333,46	0,9242	2,2003
– 11	5,627	0,916	65,29	1,092	15,32	181,03	513,03	332,00	0,9306	2,1963
– 10	5,826	0,918	63,09	1,089	15,85	182,76	513,29	330,53	0,9370	2,1924
– 9	6,031	0,921	60,98	1,085	16,40	184,50	513,54	329,04	0,9434	2,1886
– 8	6,242	0,924	58,95	1,082	16,96	186,23	513,78	327,54	0,9497	2,1847
– 7	6,457	0,927	57,01	1,079	17,54	187,98	514,01	326,03	0,9560	2,1809
– 6	6,679	0,930	55,14	1,076	18,14	189,72	514,23	324,51	0,9623	2,1770
– 5	6,906	0,933	53,34	1,072	18,75	191,47	514,44	322,97	0,9686	2,1732
– 4	7,139	0,936	51,61	1,069	19,38	193,23	514,65	321,42	0,9749	2,1695

Nassdampftafel für R32 (Fortsetzung)

ϑ °C	p bar	v' dm³/kg	v'' dm³/kg	ϱ' kg/dm³	ϱ'' kg/dm³	h' kJ/kg	h'' kJ/kg	Δh_d kJ/kg	s' kJ/kg·K	s'' kJ/kg·K
– 3	7,378	0,939	49,94	1,066	20,02	194,99	514,85	319,86	0,9812	2,1657
– 2	7,623	0,942	48,34	1,062	20,69	196,75	515,03	318,29	0,9875	2,1619
– 1	7,874	0,945	46,79	1,059	21,37	198,51	515,21	316,70	0,9938	2,1582
0	8,131	0,948	45,31	1,055	22,07	200,00	515,38	315,38	1,0000	2,1545
1	8,395	0,951	43,88	1,052	22,79	202,05	515,54	313,49	1,0062	2,1508
2	8,665	0,954	42,50	1,048	23,53	203,83	515,69	311,87	1,0125	2,1471
3	8,942	0,957	41,17	1,045	24,29	205,61	515,84	310,23	1,0187	2,1434
4	9,225	0,960	39,89	1,041	25,07	207,39	515,97	308,58	1,0249	2,1397
5	9,515	0,964	38,66	1,038	25,87	209,17	516,09	306,92	1,0311	2,1361
6	9,812	0,967	37,46	1,034	26,69	210,96	516,20	305,24	1,0373	2,1324
7	10,115	0,970	36,31	1,031	27,54	212,75	516,30	303,55	1,0435	2,1288
8	10,426	0,974	35,21	1,027	28,40	214,54	516,40	301,85	1,0497	2,1251
9	10,744	0,977	34,14	1,023	29,30	216,34	516,48	300,13	1,0559	2,1215
10	11,069	0,981	33,10	1,020	30,21	218,14	516,55	298,40	1,0621	2,1179
11	11,402	0,984	32,10	1,016	31,15	219,95	516,60	296,66	1,0683	2,1143
12	11,742	0,988	31,14	1,012	32,11	221,76	516,65	294,90	1,0745	2,1107
13	12,090	0,992	30,21	1,008	33,10	223,57	516,69	293,12	1,0807	2,1070
14	12,445	0,995	29,31	1,005	34,12	225,38	516,71	291,33	1,0869	2,1034
15	12,808	0,999	28,44	1,001	35,17	227,20	516,72	289,52	1,0931	2,0998
16	13,179	1,003	27,59	0,997	36,24	229,03	516,72	287,70	1,0993	2,0962
17	13,559	1,007	26,78	0,993	37,34	230,86	516,71	285,86	1,1054	2,0926
18	13,946	1,011	25,99	0,989	38,47	232,69	516,69	284,00	1,1117	2,0890
19	14,342	1,015	25,23	0,985	39,63	234,53	516,65	282,12	1,1179	2,0854
20	14,746	1,019	24,49	0,981	40,83	236,37	516,60	280,23	1,1241	2,0818
21	15,158	1,023	23,78	0,977	42,06	238,22	516,53	278,31	1,1303	2,0782
22	15,579	1,027	23,09	0,973	43,32	240,07	516,45	276,38	1,1365	2,0746
23	16,009	1,032	22,42	0,969	44,61	241,93	516,36	274,42	1,1428	2,0710
24	16,448	1,036	21,77	0,965	45,94	243,80	516,25	272,45	1,1490	2,0673
25	16,896	1,041	21,14	0,961	47,31	245,68	516,13	270,45	1,1553	2,0637
26	17,353	1,045	20,53	0,957	48,71	247,56	515,99	268,43	1,1616	2,0600
27	17,819	1,050	19,94	0,953	50,16	249,45	515,83	266,38	1,1679	2,0564
28	18,295	1,055	19,36	0,948	51,64	251,35	515,66	264,31	1,1742	2,0527
29	18,780	1,059	18,81	0,944	53,17	253,26	515,47	262,21	1,1805	2,0490
30	19,275	1,064	18,27	0,940	54,74	255,18	515,27	260,09	1,1868	2,0453
31	19,779	1,069	17,74	0,935	56,35	257,11	515,05	257,94	1,1932	2,0416
32	20,294	1,074	17,24	0,931	58,02	259,05	514,80	255,75	1,1996	2,0378
33	20,818	1,080	16,74	0,926	59,73	261,00	514,54	253,54	1,2060	2,0341
34	21,353	1,085	16,26	0,922	61,49	262,97	514,26	251,30	1,2124	2,0303
35	21,898	1,090	15,80	0,917	63,30	264,95	513,96	249,02	1,2188	2,0264
36	22,453	1,096	15,35	0,912	65,16	266,94	513,64	246,70	1,2253	2,0226
37	23,020	1,102	14,91	0,908	67,09	268,95	513,30	244,35	1,2318	2,0187
38	23,596	1,108	14,48	0,903	69,07	270,98	512,94	241,96	1,2383	2,0148
39	24,184	1,114	14,06	0,898	71,11	273,02	512,55	239,53	1,2449	2,0109
40	24,783	1,120	13,66	0,893	73,21	275,09	512,14	237,06	1,2515	2,0069
42	26,014	1,133	12,88	0,883	77,62	279,27	511,24	231,97	1,2648	1,9989
44	27,291	1,146	12,15	0,873	82,32	283,54	510,24	226,70	1,2782	1,9907
46	28,616	1,160	11,45	0,862	87,34	287,91	509,12	221,21	1,2917	1,9822
48	29,989	1,175	10,79	0,851	92,70	292,39	507,88	215,48	1,3055	1,9736
50	31,412	1,192	10,16	0,839	98,46	296,99	506,49	209,50	1,3194	1,9646
52	32,887	1,209	9,56	0,827	104,65	301,73	504,95	203,22	1,3334	1,9554
54	34,415	1,227	8,98	0,815	111,33	306,61	503,24	196,63	1,3477	1,9458
56	35,997	1,247	8,43	0,802	118,56	311,65	501,34	189,69	1,3622	1,9359
58	37,636	1,269	7,91	0,788	126,44	316,87	499,22	182,35	1,3770	1,9254
60	39,333	1,293	7,40	0,773	135,05	322,29	496,86	174,57	1,3919	1,9143
62	41,090	1,319	6,92	0,758	144,55	327,92	494,20	166,28	1,4072	1,9026
64	42,909	1,349	6,45	0,741	155,10	333,78	491,19	157,41	1,4227	1,8901
66	44,793	1,383	5,99	0,723	166,97	339,88	487,76	147,88	1,4384	1,8765
68	46,745	1,422	5,54	0,703	180,50	346,26	483,80	137,54	1,4545	1,8615
70	48,768	1,469	5,10	0,681	196,25	352,94	479,15	126,21	1,4709	1,8448
72	50,866	1,527	4,65	0,655	215,12	359,93	473,54	113,61	1,4876	1,8255
74	53,046	1,605	4,19	0,623	238,81	367,26	466,50	99,24	1,5047	1,8024

4

log *p*, *h*-Diagramm R32

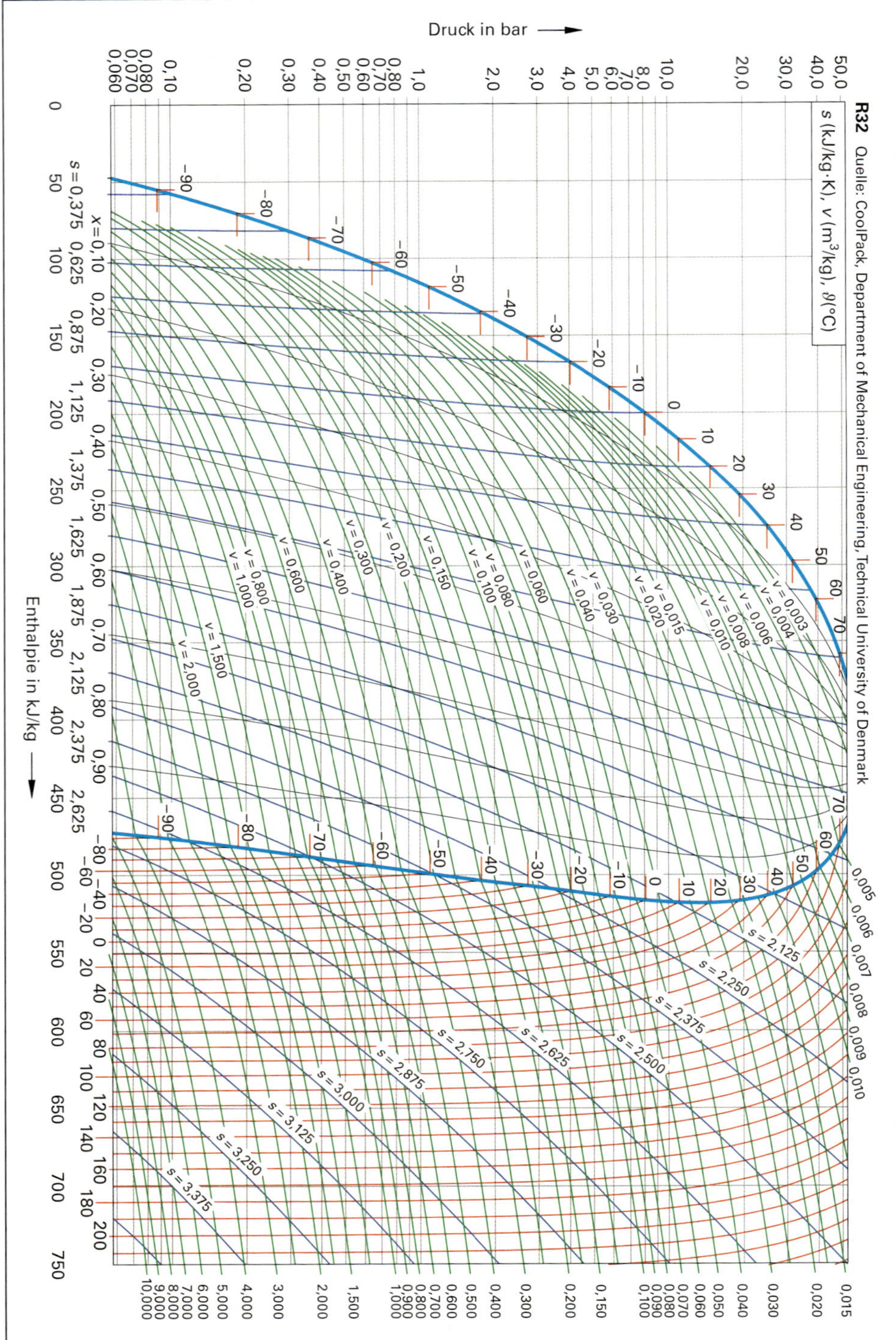

log *p*, *h*-Diagramm R134a

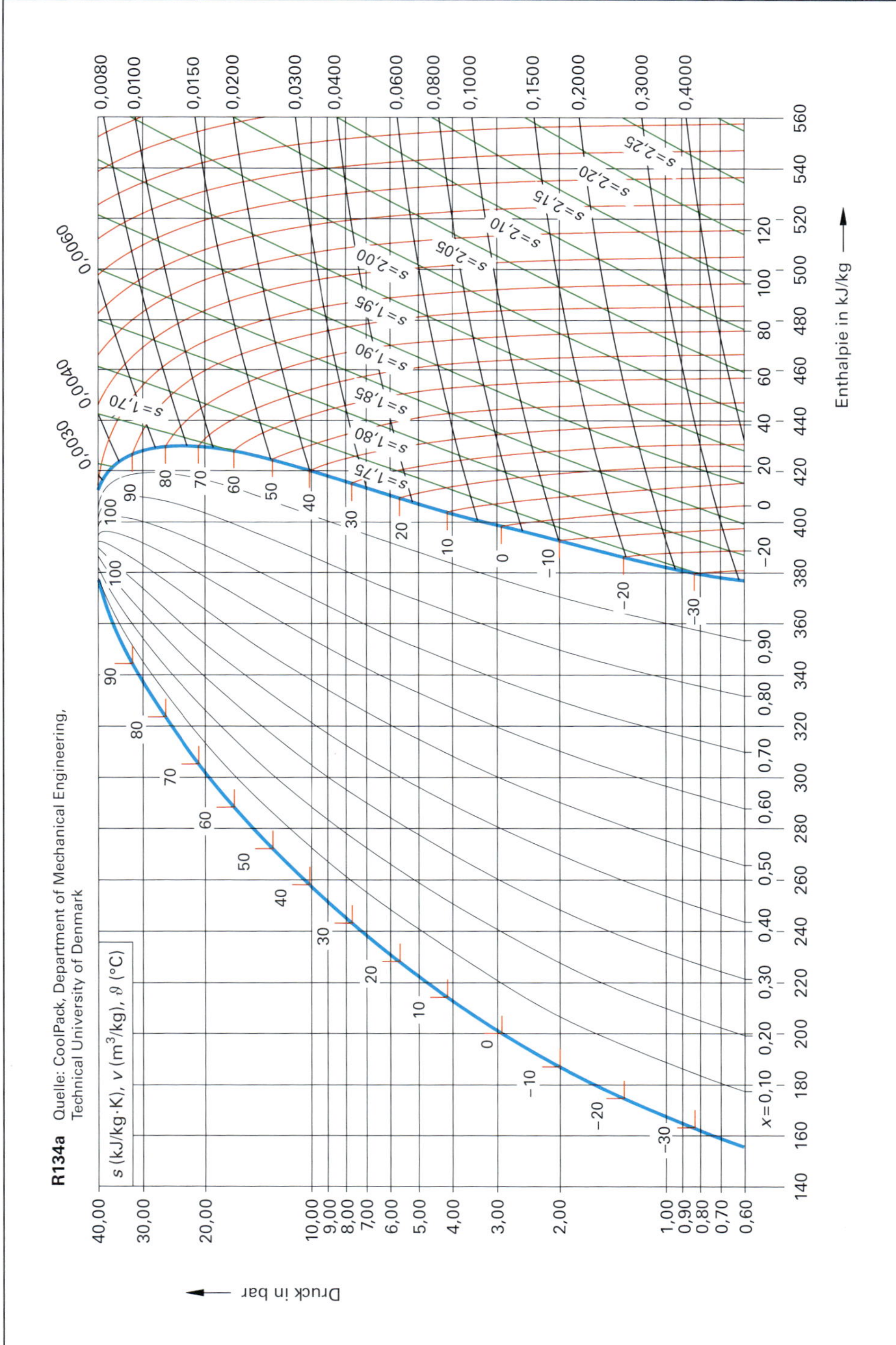

Nassdampftafel für R134a

ϑ °C	p bar	v' dm³/kg	v'' m³/kg	h' kJ/kg	h'' kJ/kg	Δh_d kJ/kg	s' kJ/kgK	s'' kJ/kgK
– 40,00	0,516	0,7055	0,35692	149,97	372,85	222,88	0,8030	1,7589
– 39,00	0,544	0,7069	0,34001	151,15	373,48	222,33	0,8080	1,7575
– 38,00	0,572	0,7083	0,32405	152,33	374,11	221,78	0,8130	1,7562
– 37,00	0,602	0,7098	0,30898	153,51	374,74	221,23	0,8180	1,7548
– 36,00	0,633	0,7113	0,29474	154,70	375,37	220,66	0,8231	1,7535
– 35,00	0,665	0,7127	0,28128	155,89	375,99	220,10	0,8281	1,7523
– 34,00	0,699	0,7142	0,26855	157,09	376,62	219,53	0,8331	1,7510
– 33,00	0,734	0,7157	0,25651	158,29	377,24	218,95	0,8381	1,7498
– 32,00	0,770	0,7172	0,24511	159,49	377,87	218,37	0,8431	1,7486
– 31,00	0,808	0,7187	0,23431	160,70	378,49	217,79	0,8480	1,7474
– 30,00	0,847	0,7202	0,22408	161,91	379,11	217,20	0,8530	1,7463
– 29,00	0,888	0,7218	0,21438	163,13	379,73	216,61	0,8580	1,7452
– 28,00	0,930	0,7233	0,20518	164,35	380,35	216,01	0,8630	1,7441
– 27,00	0,974	0,7249	0,19645	165,57	380,97	215,40	0,8679	1,7430
– 26,00	1,020	0,7264	0,18817	166,80	381,59	214,79	0,8729	1,7420
– 25,00	1,067	0,7280	0,18030	168,03	382,21	214,18	0,8778	1,7410
– 24,00	1,116	0,7296	0,17282	169,26	382,82	213,56	0,8828	1,7400
– 23,00	1,167	0,7312	0,16571	170,50	383,44	212,94	0,8877	1,7390
– 22,00	1,219	0,7328	0,15896	171,74	384,05	212,31	0,8927	1,7380
– 21,00	1,274	0,7345	0,15253	172,99	384,67	211,68	0,8976	1,7371
– 20,00	1,330	0,7361	0,14641	174,24	385,28	211,04	0,9025	1,7362
– 19,00	1,388	0,7378	0,14059	175,49	385,89	210,40	0,9075	1,7353
– 18,00	1,448	0,7394	0,13504	176,75	386,50	209,75	0,9124	1,7345
– 17,00	1,511	0,7411	0,12975	178,01	387,11	209,10	0,9173	1,7336
– 16,00	1,575	0,7428	0,12471	179,27	387,71	208,44	0,9222	1,7328
– 15,00	1,641	0,7445	0,11991	180,54	388,32	207,78	0,9271	1,7320
– 14,00	1,710	0,7463	0,11533	181,81	388,92	207,11	0,9320	1,7312
– 13,00	1,781	0,7480	0,11095	183,09	389,52	206,44	0,9369	1,7304
– 12,00	1,854	0,7498	0,10678	184,36	390,12	205,76	0,9418	1,7297
– 11,00	1,929	0,7515	0,10279	185,65	390,72	205,08	0,9467	1,7289
– 10,00	2,007	0,7533	0,09898	186,93	391,32	204,39	0,9515	1,7282
– 9,00	2,088	0,7551	0,09534	188,22	391,92	203,69	0,9564	1,7275
– 8,00	2,170	0,7569	0,09186	189,52	392,51	202,99	0,9613	1,7269
– 7,00	2,256	0,7588	0,08853	190,82	393,10	202,29	0,9661	1,7262
– 6,00	2,344	0,7606	0,08535	192,12	393,70	201,58	0,9710	1,7255
– 5,00	2,434	0,7625	0,08230	193,42	394,28	200,86	0,9758	1,7249
– 4,00	2,527	0,7644	0,07938	194,73	394,87	200,14	0,9807	1,7243
– 3,00	2,623	0,7663	0,07659	196,04	395,46	199,42	0,9855	1,7237
– 2,00	2,722	0,7682	0,07391	197,36	396,04	198,68	0,9903	1,7231
– 1,00	2,824	0,7701	0,07135	198,68	396,62	197,95	0,9952	1,7225
0,00	2,928	0,7721	0,06889	200,00	397,20	197,20	1,0000	1,7220
1,00	3,036	0,7740	0,06653	201,33	397,78	196,45	1,0048	1,7214
2,00	3,146	0,7760	0,06427	202,66	398,36	195,70	1,0096	1,7209
3,00	3,260	0,7781	0,06210	203,99	398,93	194,94	1,0144	1,7204
4,00	3,376	0,7801	0,06001	205,33	399,50	194,17	1,0192	1,7199
5,00	3,496	0,7821	0,05801	206,67	400,07	193,40	1,0240	1,7194
6,00	3,619	0,7842	0,05609	208,02	400,64	192,62	1,0288	1,7189
7,00	3,746	0,7863	0,05425	209,37	401,21	191,84	1,0336	1,7184
8,00	3,876	0,7884	0,05248	210,72	401,77	191,05	1,0384	1,7179
9,00	4,009	0,7906	0,05077	212,08	402,33	190,25	1,0432	1,7175
10,00	4,145	0,7927	0,04913	213,44	402,89	189,45	1,0480	1,7170
11,00	4,286	0,7949	0,04756	214,80	403,44	188,64	1,0527	1,7166
12,00	4,429	0,7971	0,04604	216,17	404,00	187,83	1,0575	1,7162
13,00	4,577	0,7994	0,04458	217,54	404,55	187,01	1,0623	1,7158
14,00	4,728	0,8016	0,04318	218,92	405,10	186,18	1,0670	1,7154
15,00	4,883	0,8039	0,04183	220,30	405,64	185,34	1,0718	1,7150
16,00	5,042	0,8062	0,04052	221,68	406,18	184,50	1,0765	1,7146
17,00	5,204	0,8085	0,03927	223,07	406,72	183,66	1,0813	1,7142

Nassdampftafel für R134a (Fortsetzung)

ϑ °C	p bar	v' dm³/kg	v'' m³/kg	h' kJ/kg	h'' kJ/kg	Δh_d kJ/kg	s' kJ/kgK	s'' kJ/kgK
18,00	5,371	0,8109	0,03806	224,44	407,26	182,82	1,0859	1,7139
19,00	5,541	0,8133	0,03690	225,84	407,80	181,96	1,0907	1,7135
20,00	5,716	0,8157	0,03577	227,23	408,33	181,09	1,0954	1,7132
21,00	5,895	0,8182	0,03469	228,64	408,86	180,22	1,1001	1,7128
22,00	6,078	0,8206	0,03365	230,05	409,38	179,34	1,1049	1,7125
23,00	6,265	0,8231	0,03264	231,46	409,91	178,45	1,1096	1,7122
24,00	6,457	0,8257	0,03166	232,87	410,42	177,55	1,1143	1,7118
25,00	6,653	0,8283	0,03072	234,29	410,94	176,65	1,1190	1,7115
26,00	6,853	0,8309	0,02982	235,72	411,45	175,73	1,1237	1,7112
27,00	7,058	0,8335	0,02894	237,15	411,96	174,81	1,1285	1,7109
28,00	7,267	0,8362	0,02809	238,58	412,47	173,89	1,1332	1,7106
29,00	7,482	0,8389	0,02727	240,02	412,97	172,95	1,1379	1,7103
30,00	7,701	0,8416	0,02648	241,46	413,47	172,00	1,1426	1,7100
31,00	7,924	0,8444	0,02572	242,91	413,96	171,05	1,1473	1,7097
32,00	8,153	0,8473	0,02498	244,36	414,45	170,09	1,1520	1,7094
33,00	8,386	0,8501	0,02426	245,82	414,94	169,12	1,1567	1,7091
34,00	8,625	0,8530	0,02357	247,28	415,42	168,14	1,1614	1,7088
35,00	8,868	0,8560	0,02290	248,75	415,90	167,15	1,1661	1,7085
36,00	9,117	0,8590	0,02225	250,22	416,37	166,15	1,1708	1,7082
37,00	9,371	0,8620	0,02162	251,70	416,84	165,14	1,1755	1,7079
38,00	9,630	0,8651	0,02102	253,18	417,30	164,12	1,1802	1,7077
39,00	9,894	0,8682	0,02043	254,67	417,76	163,09	1,1849	1,7074
40,00	10,164	0,8714	0,01986	256,16	418,21	162,05	1,1896	1,7071
41,00	10,439	0,8747	0,01930	257,66	418,66	161,00	1,1943	1,7068
42,00	10,720	0,8779	0,01877	259,16	419,11	159,94	1,1990	1,7065
43,00	11,007	0,8813	0,01825	260,67	419,54	158,87	1,2037	1,7062
44,00	11,299	0,8847	0,01774	262,19	419,98	157,79	1,2084	1,7059
45,00	11,597	0,8882	0,01726	263,71	420,40	156,69	1,2131	1,7056
46,00	11,901	0,8917	0,01678	265,24	420,83	155,59	1,2178	1,7053
47,00	12,211	0,8953	0,01632	266,77	421,24	154,47	1,2225	1,7050
48,00	12,526	0,8989	0,01588	268,32	421,65	153,33	1,2273	1,7047
49,00	12,848	0,9026	0,01544	269,86	422,05	152,19	1,2320	1,7044
50,00	13,176	0,9064	0,01502	271,42	422,44	151,03	1,2367	1,7041
51,00	13,510	0,9103	0,01461	272,98	422,83	149,85	1,2414	1,7037
52,00	13,851	0,9142	0,01421	274,55	423,21	148,66	1,2462	1,7034
53,00	14,198	0,9182	0,01383	276,13	423,59	147,46	1,2509	1,7030
54,00	14,552	0,9223	0,01345	277,71	423,95	146,24	1,2557	1,7027
55,00	14,912	0,9265	0,01309	279,30	424,31	145,01	1,2604	1,7023
56,00	15,278	0,9308	0,01273	280,90	424,66	143,75	1,2652	1,7019
57,00	15,652	0,9351	0,01239	282,51	424,99	142,49	1,2700	1,7015
58,00	16,032	0,9396	0,01205	284,13	425,32	141,20	1,2747	1,7011
59,00	16,419	0,9441	0,01172	285,75	425,64	139,89	1,2795	1,7007
60,00	16,813	0,9488	0,01141	287,39	425,96	138,57	1,2843	1,7003
61,00	17,215	0,9536	0,01110	289,03	426,26	137,23	1,2892	1,6998
62,00	17,623	0,9585	0,01079	290,68	426,54	135,86	1,2940	1,6994
63,00	18,039	0,9635	0,01050	292,35	426,82	134,47	1,2988	1,6989
64,00	18,462	0,9687	0,01021	294,02	427,09	133,07	1,3037	1,6983
65,00	18,893	0,9739	0,00993	295,71	427,34	131,63	1,3085	1,6978
66,00	19,331	0,9794	0,00966	297,40	427,58	130,18	1,3134	1,6973
67,00	19,777	0,9850	0,00940	299,11	427,81	128,70	1,3183	1,6967
68,00	20,231	0,9907	0,00914	300,83	428,02	127,19	1,3232	1,6961
69,00	20,692	0,9966	0,00888	302,57	428,22	125,65	1,3282	1,6954
70,00	21,162	1,0027	0,00864	304,31	428,40	124,08	1,3331	1,6947
71,00	21,640	1,0090	0,00840	306,07	428,56	122,49	1,3381	1,6940
72,00	22,126	1,0155	0,00816	307,85	428,71	120,86	1,3431	1,6933
73,00	22,620	1,0222	0,00793	309,64	428,84	119,19	1,3482	1,6925
74,00	23,123	1,0291	0,00770	311,45	428,94	117,49	1,3532	1,6917
75,00	23,634	1,0363	0,00748	313,27	429,03	115,76	1,3583	1,6908

Nassdampftafel für R290

ϑ °C	p bar	v' dm³/kg	v'' m³/kg	h' kJ/kg	h'' kJ/kg	Δh_d kJ/kg	s' kJ/kgK	s'' kJ/kgK
– 46,00	0,843	1,7416	0,48996	92,62	521,27	428,65	0,5729	2,4599
– 45,00	0,882	1,7448	0,46958	94,88	522,45	427,57	0,5827	2,4568
– 44,00	0,923	1,7480	0,45024	97,13	523,62	426,48	0,5926	2,4537
– 43,00	0,965	1,7512	0,43187	99,39	524,79	425,39	0,6024	2,4507
– 42,00	1,009	1,7545	0,41440	101,66	525,96	424,30	0,6122	2,4478
– 41,00	1,054	1,7577	0,39780	103,92	527,12	423,20	0,6219	2,4449
– 40,00	1,101	1,7610	0,38201	106,20	528,29	422,10	0,6316	2,4420
– 39,00	1,149	1,7643	0,36698	108,47	529,46	420,99	0,6413	2,4393
– 38,00	1,199	1,7676	0,35266	110,75	530,62	419,88	0,6510	2,4366
– 37,00	1,251	1,7709	0,33903	113,03	531,78	418,76	0,6606	2,4339
– 36,00	1,305	1,7743	0,32604	115,31	532,95	417,64	0,6702	2,4313
– 35,00	1,360	1,7776	0,31366	117,59	534,10	416,51	0,6798	2,4288
– 34,00	1,417	1,7810	0,30185	119,88	535,26	415,38	0,6894	2,4263
– 33,00	1,475	1,7844	0,29058	122,17	536,42	414,25	0,6989	2,4238
– 32,00	1,536	1,7878	0,27983	124,47	537,58	413,11	0,7084	2,4214
– 31,00	1,599	1,7913	0,26956	126,77	538,73	411,96	0,7178	2,4191
– 30,00	1,663	1,7948	0,25975	129,07	539,88	410,81	0,7273	2,4168
– 29,00	1,730	1,7982	0,25037	131,37	541,03	409,66	0,7367	2,4146
– 28,00	1,798	1,8018	0,24141	133,68	542,18	408,50	0,7461	2,4124
– 27,00	1,869	1,8053	0,23284	135,99	543,33	407,33	0,7554	2,4102
– 26,00	1,942	1,8088	0,22464	138,30	544,47	406,17	0,7647	2,4081
– 25,00	2,016	1,8124	0,21679	140,62	545,61	404,99	0,7740	2,4061
– 24,00	2,093	1,8160	0,20928	142,94	546,75	403,81	0,7833	2,4041
– 23,00	2,173	1,8196	0,20208	145,27	547,89	402,63	0,7926	2,4021
– 22,00	2,254	1,8233	0,19518	147,59	549,03	401,43	0,8018	2,4002
– 21,00	2,338	1,8270	0,18858	149,93	550,16	400,24	0,8110	2,3983
– 20,00	2,424	1,8307	0,18224	152,26	551,30	399,03	0,8202	2,3965
– 19,00	2,513	1,8344	0,17616	154,60	552,43	397,83	0,8293	2,3947
– 18,00	2,604	1,8381	0,17033	156,94	553,55	396,61	0,8385	2,3929
– 17,00	2,697	1,8419	0,16474	159,29	554,68	395,39	0,8476	2,3912
– 16,00	2,793	1,8457	0,15936	161,64	555,80	394,16	0,8567	2,3895
– 15,00	2,892	1,8495	0,15420	164,00	556,92	392,92	0,8658	2,3878
– 14,00	2,993	1,8534	0,14925	166,36	558,04	391,68	0,8748	2,3862
– 13,00	3,097	1,8573	0,14448	168,73	559,15	390,43	0,8839	2,3846
– 12,00	3,204	1,8612	0,13991	171,10	560,27	389,17	0,8929	2,3831
– 11,00	3,313	1,8651	0,13550	173,47	561,38	387,90	0,9019	2,3816
– 10,00	3,425	1,8691	0,13127	175,85	562,48	386,63	0,9109	2,3801
– 9,00	3,540	1,8731	0,12719	178,24	563,59	385,35	0,9198	2,3787
– 8,00	3,658	1,8771	0,12327	180,63	564,69	384,05	0,9288	2,3772
– 7,00	3,779	1,8812	0,11950	183,03	565,79	382,75	0,9377	2,3758
– 6,00	3,902	1,8853	0,11586	185,44	566,88	381,44	0,9467	2,3745
– 5,00	4,029	1,8894	0,11236	187,85	567,97	380,13	0,9556	2,3732
– 4,00	4,159	1,8935	0,10899	190,26	569,06	378,80	0,9645	2,3719
– 3,00	4,292	1,8977	0,10573	192,69	570,15	377,46	0,9734	2,3706
– 2,00	4,428	1,9020	0,10260	195,12	571,23	376,11	0,9823	2,3694
– 1,00	4,568	1,9062	0,09957	197,56	572,31	374,75	0,9911	2,3681
0,00	4,710	1,9106	0,09666	200,00	573,38	373,38	1,0000	2,3669
1,00	4,856	1,9149	0,09385	202,45	574,45	372,00	1,0089	2,3658
2,00	5,005	1,9193	0,09113	204,91	575,52	370,61	1,0177	2,3646
3,00	5,158	1,9237	0,08851	207,38	576,58	369,21	1,0265	2,3635
4,00	5,314	1,9282	0,08598	209,85	577,64	367,79	1,0354	2,3624
5,00	5,474	1,9327	0,08353	212,33	578,70	366,37	1,0442	2,3614
6,00	5,637	1,9372	0,08117	214,82	579,75	364,93	1,0530	2,3603
7,00	5,804	1,9418	0,07889	217,32	580,80	363,48	1,0618	2,3593
8,00	5,974	1,9465	0,07669	219,83	581,84	362,01	1,0707	2,3583
9,00	6,148	1,9511	0,07456	222,30	582,88	360,58	1,0793	2,3573
10,00	6,326	1,9559	0,07250	224,83	583,92	359,09	1,0881	2,3564
11,00	6,508	1,9607	0,07051	227,36	584,95	357,59	1,0969	2,3554

Nassdampftafel für R290 (Fortsetzung)

ϑ °C	p bar	v' dm³/kg	v'' m³/kg	h' kJ/kg	h'' kJ/kg	Δh_d kJ/kg	s' kJ/kgK	s'' kJ/kgK
12,00	6,694	1,9655	0,06858	229,90	585,97	356,08	1,1057	2,3545
13,00	6,883	1,9704	0,06671	232,45	586,99	354,55	1,1145	2,3536
14,00	7,076	1,9753	0,06490	235,00	588,01	353,01	1,1233	2,3527
15,00	7,274	1,9803	0,06316	237,57	589,02	351,45	1,1321	2,3518
16,00	7,475	1,9854	0,06146	240,15	590,03	349,88	1,1409	2,3509
17,00	7,681	1,9905	0,05982	242,73	591,03	348,29	1,1497	2,3501
18,00	7,890	1,9956	0,05823	245,33	592,02	346,69	1,1585	2,3492
19,00	8,104	2,0009	0,05669	247,93	593,01	345,08	1,1673	2,3484
20,00	8,322	2,0062	0,05520	250,55	593,99	343,44	1,1760	2,3476
21,00	8,545	2,0115	0,05375	253,17	594,97	341,80	1,1848	2,3468
22,00	8,771	2,0170	0,05235	255,81	595,94	340,14	1,1936	2,3460
23,00	9,003	2,0225	0,05099	258,45	596,91	338,46	1,2024	2,3452
24,00	9,238	2,0280	0,04967	261,10	597,87	336,76	1,2112	2,3445
25,00	9,478	2,0337	0,04839	263,77	598,82	335,05	1,2200	2,3437
26,00	9,723	2,0394	0,04715	266,44	599,76	333,32	1,2287	2,3430
27,00	9,972	2,0452	0,04594	269,12	600,70	331,58	1,2375	2,3422
28,00	10,226	2,0511	0,04477	271,82	601,63	329,82	1,2463	2,3415
29,00	10,485	2,0571	0,04364	274,52	602,56	328,04	1,2551	2,3408
30,00	10,749	2,0631	0,04253	277,23	603,47	326,24	1,2639	2,3401
31,00	11,017	2,0693	0,04146	279,96	604,38	324,43	1,2727	2,3393
32,00	11,290	2,0755	0,04042	282,69	605,28	322,59	1,2815	2,3386
33,00	11,568	2,0819	0,03940	285,44	606,18	320,74	1,2903	2,3379
34,00	11,852	2,0883	0,03842	288,19	607,06	318,87	1,2990	2,3372
35,00	12,140	2,0949	0,03746	290,96	607,94	316,98	1,3078	2,3365
36,00	12,433	2,1016	0,03653	293,74	608,80	315,07	1,3166	2,3358
37,00	12,732	2,1084	0,03563	296,53	609,66	313,13	1,3255	2,3351
38,00	13,036	2,1153	0,03475	299,33	610,51	311,18	1,3343	2,3344
39,00	13,345	2,1223	0,03389	302,14	611,35	309,21	1,3431	2,3336
40,00	13,659	2,1295	0,03305	304,96	612,17	307,21	1,3519	2,3329
41,00	13,979	2,1368	0,03224	307,80	612,99	305,19	1,3607	2,3322
42,00	14,305	2,1442	0,03145	310,65	613,80	303,15	1,3695	2,3315
43,00	14,636	2,1518	0,03068	313,51	614,59	301,08	1,3784	2,3307
44,00	14,973	2,1596	0,02993	316,38	615,37	298,99	1,3872	2,3300
45,00	15,315	2,1675	0,02920	319,27	616,15	296,87	1,3961	2,3292
46,00	15,663	2,1756	0,02849	322,18	616,90	294,73	1,4050	2,3284
47,00	16,017	2,1838	0,02779	325,09	617,65	292,56	1,4139	2,3277
48,00	16,377	2,1923	0,02712	328,02	618,38	290,36	1,4228	2,3269
49,00	16,742	2,2009	0,02646	330,97	619,10	288,13	1,4317	2,3260
50,00	17,114	2,2097	0,02581	333,94	619,80	285,86	1,4406	2,3252
51,00	17,492	2,2188	0,02518	336,92	620,49	283,57	1,4496	2,3244
52,00	17,876	2,2281	0,02457	339,92	621,16	281,24	1,4585	2,3235
53,00	18,266	2,2376	0,02397	342,94	621,81	278,88	1,4675	2,3226
54,00	18,663	2,2474	0,02339	345,97	622,45	276,48	1,4766	2,3217
55,00	19,066	2,2574	0,02282	349,03	623,07	274,04	1,4856	2,3207
56,00	19,475	2,2678	0,02226	352,11	623,67	271,56	1,4947	2,3197
57,00	19,891	2,2784	0,02172	355,22	624,25	269,03	1,5038	2,3187
58,00	20,313	2,2893	0,02118	358,35	624,81	266,47	1,5130	2,3177
59,00	20,743	2,3006	0,02066	361,50	625,35	263,85	1,5222	2,3166
60,00	21,179	2,3122	0,02016	364,68	625,87	261,18	1,5315	2,3155
61,00	21,621	2,3242	0,01966	367,90	626,36	258,47	1,5408	2,3143
62,00	22,071	2,3367	0,01917	371,14	626,83	255,69	1,5502	2,3131
63,00	22,528	2,3495	0,01869	374,41	627,27	252,86	1,5596	2,3118
64,00	22,992	2,3628	0,01823	377,72	627,68	249,96	1,5691	2,3105
65,00	23,463	2,3766	0,01777	381,07	628,07	247,00	1,5787	2,3092
66,00	23,941	2,3909	0,01732	384,46	628,43	243,97	1,5884	2,3077
67,00	24,426	2,4058	0,01688	387,88	628,75	240,86	1,5981	2,3062
68,00	24,919	2,4212	0,01645	391,36	629,04	237,68	1,6080	2,3047
69,00	25,419	2,4374	0,01603	394,88	629,29	234,41	1,6179	2,3030

log *p*, *h*-Diagramm R290

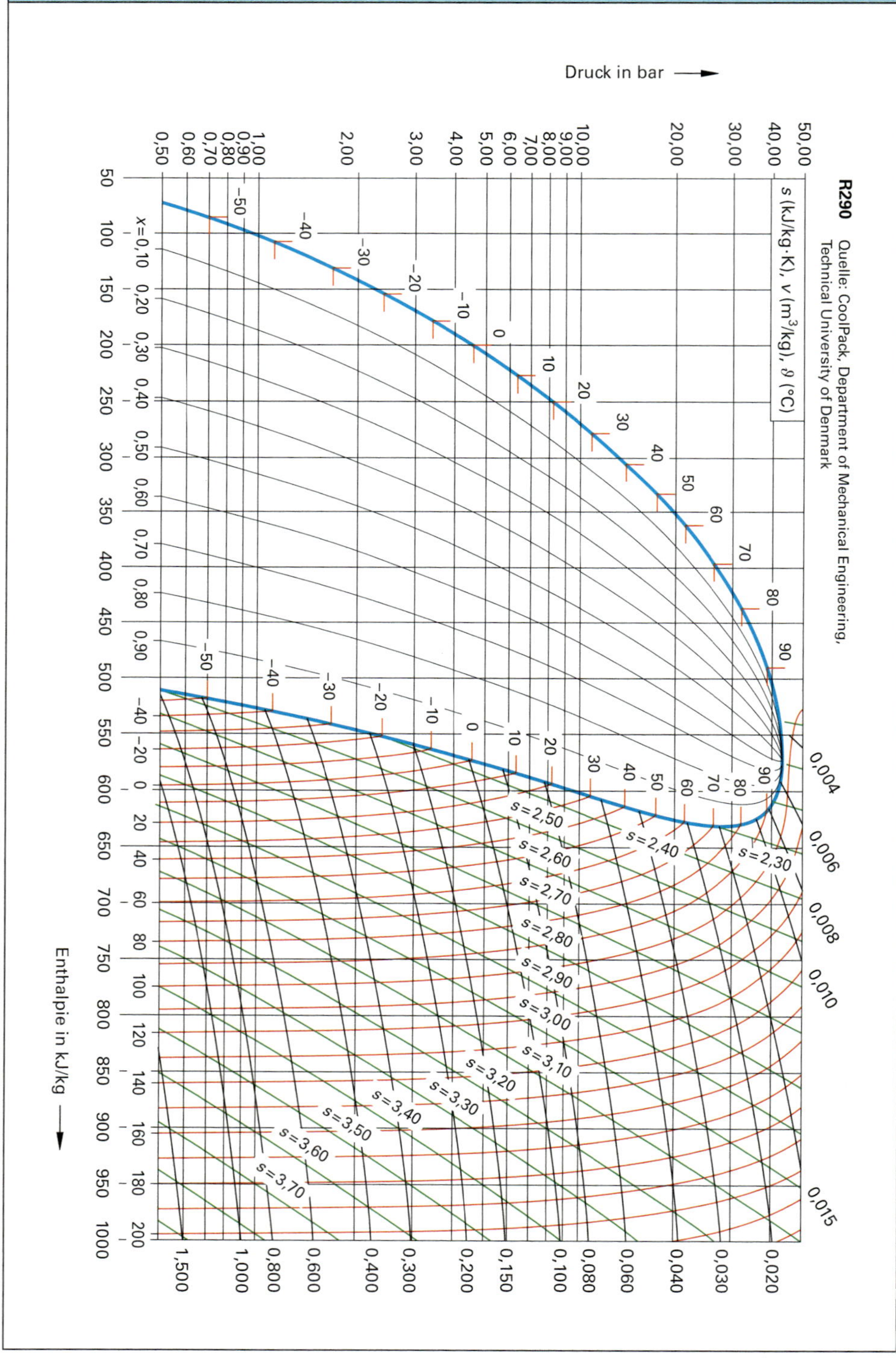

log *p*, *h*-Diagramm R407C

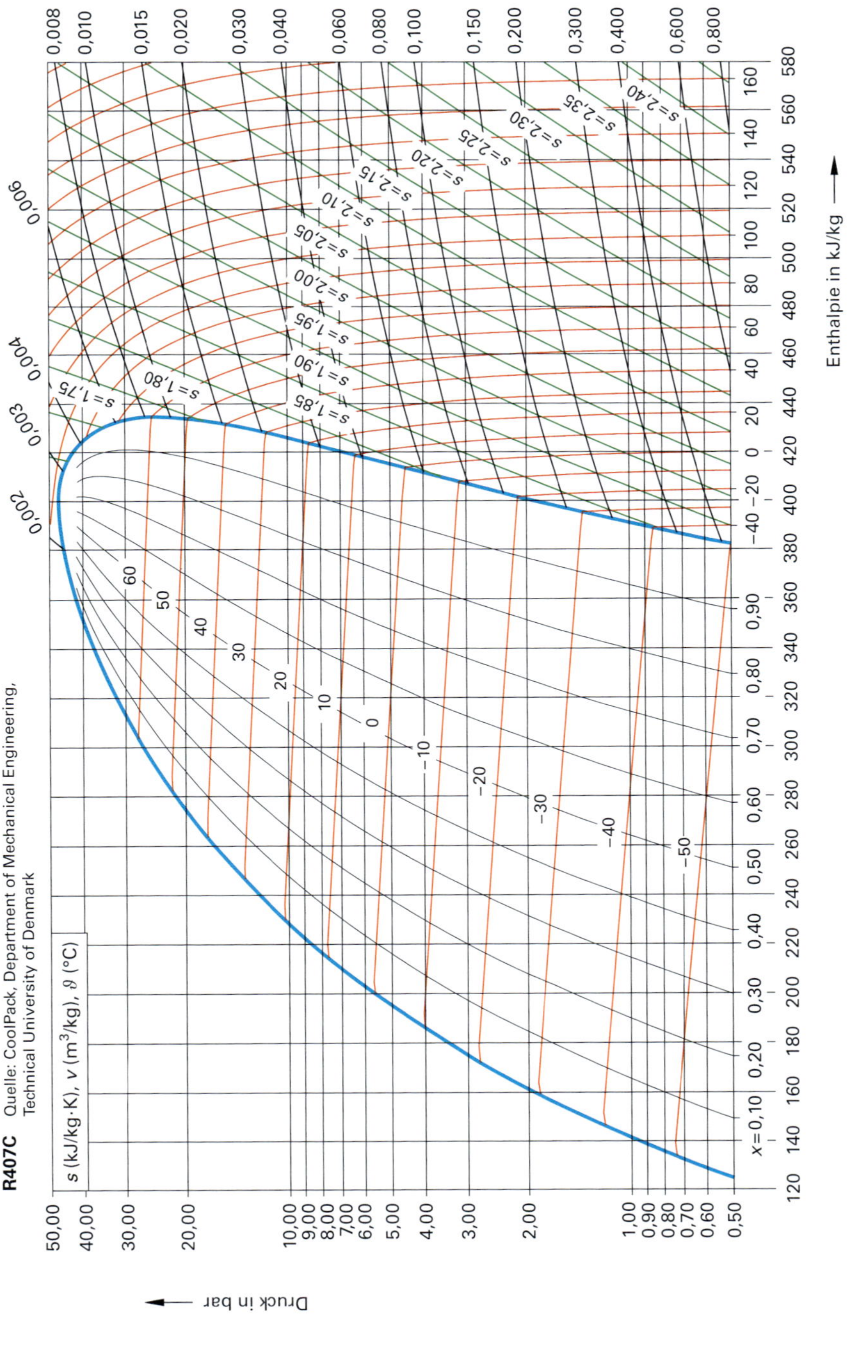

4

Nassdampftafel für R407C

ϑ °C	p' bar	p'' bar	v' dm³/kg	v'' m³/kg	h' kJ/kg	h'' kJ/kg	Δh_d kJ/kg	s' kJ/kgK	s'' kJ/kgK
– 40,00	1,201	0,850	0,7302	0,25314	145,40	387,90	242,50	0,7852	1,8421
– 39,00	1,262	0,893	0,7321	0,24141	146,71	388,49	241,78	0,7908	1,8399
– 38,00	1,321	0,938	0,7332	0,23033	148,02	389,07	241,06	0,7965	1,8378
– 37,00	1,382	0,985	0,7352	0,21986	149,33	389,66	240,33	0,8021	1,8357
– 36,00	1,445	1,034	0,7376	0,20996	150,65	390,24	239,59	0,8078	1,8336
– 35,00	1,511	1,085	0,7398	0,2006	151,96	390,82	238,85	0,8134	1,8315
– 34,00	1,583	1,138	0,7405	0,19173	153,28	391,39	238,11	0,8190	1,8295
– 33,00	1,655	1,192	0,74212	0,18333	154,61	391,97	237,36	0,8245	1,8276
– 32,00	1,724	1,249	0,7444	0,17538	155,93	392,54	236,61	0,8301	1,8256
– 31,00	1,798	1,308	0,7456	0,16784	157,26	393,11	235,85	0,8356	1,8237
– 30,00	1,871	1,369	0,7472	0,16068	158,60	393,68	235,09	0,8412	1,8218
– 29,00	1,952	1,432	0,7494	0,15390	159,93	394,25	234,32	0,8467	1,8200
– 28,00	2,034	1,498	0,7511	0,14745	161,27	394,81	233,54	0,8522	1,8182
– 27,00	2,126	1,566	0,7532	0,14133	162,61	395,38	232,76	0,8577	1,8164
– 26,00	2,219	1,636	0,7557	0,13552	163,96	395,94	231,98	0,8631	1,8146
– 25,00	2,307	1,709	0,7562	0,12999	165,31	396,49	231,19	0,8686	1,8129
– 24,00	2,392	1,785	0,7584	0,12473	166,66	397,05	230,39	0,8742	1,8112
– 23,00	2,495	1,863	0,7601	0,11973	168,02	397,60	229,59	0,8794	1,8095
– 22,00	2,598	1,943	0,7620	0,11497	169,38	398,15	228,78	0,8848	1,8078
– 21,00	2,691	2,026	0,7642	0,11043	170,74	398,70	227,96	0,8902	1,8062
– 20,00	2,803	2,113	0,7663	0,10611	172,11	399,25	227,14	0,8956	1,8046
– 19,00	2,916	2,201	0,7681	0,10199	173,47	399,79	226,31	0,9009	1,8031
– 18,00	3,020	2,293	0,7708	0,09807	174,85	400,33	225,48	0,9063	1,8014
– 17,00	3,141	2,388	0,7725	0,09432	176,22	400,87	224,64	0,9116	1,7999
– 16,00	3,260	2,486	0,7746	0,09075	177,60	401,40	223,81	0,9169	1,7983
– 15,00	3,385	2,587	0,7762	0,08734	178,99	401,93	222,95	0,9222	1,7968
– 14,00	3,510	2,691	0,7784	0,08408	180,37	402,46	222,09	0,9275	1,7953
– 13,00	3,636	2,798	0,7803	0,08097	181,76	402,98	221,22	0,9327	1,7939
– 12,00	3,773	2,909	0,7822	0,07799	183,15	403,51	220,35	0,9380	1,7924
– 11,00	3,912	3,023	0,7840	0,07515	184,55	404,03	219,48	0,9432	1,7910
– 10,00	4,051	3,140	0,7861	0,07243	185,95	404,54	218,60	0,9484	1,7896
– 9,00	4,190	3,261	0,7892	0,06982	187,35	405,05	217,71	0,9536	1,7882
– 8,00	4,345	3,386	0,7912	0,06733	188,75	405,56	216,81	0,9588	1,7868
– 7,00	4,492	3,514	0,7933	0,06495	190,16	406,07	215,91	0,964	1,7855
– 6,00	4,653	3,646	0,7951	0,06266	191,57	406,57	215,00	0,9692	1,7841
– 5,00	4,812	3,782	0,7972	0,06047	192,99	407,07	214,09	0,9744	1,7828
– 4,00	4,981	3,921	0,8005	0,05838	194,40	407,57	213,17	0,9795	1,7815
– 3,00	5,142	4,065	0,8021	0,05636	195,82	408,06	212,24	0,9847	1,7802
– 2,00	5,326	4,213	0,8042	0,05443	197,25	408,55	211,30	0,9898	1,7789
– 1,00	5,504	4,364	0,8073	0,05258	198,67	409,03	210,36	0,9949	1,7777
0,00	5,683	4,520	0,8092	0,05081	200,00	409,51	209,51	1,0000	1,7764
1,00	5,870	4,680	0,8114	0,04911	201,53	409,99	208,46	1,0051	1,7752
2,00	6,062	4,845	0,8142	0,04746	202,97	410,46	207,50	1,0102	1,7739
3,00	6,253	5,014	0,8163	0,04589	204,41	410,93	206,53	1,0153	1,7727
4,00	6,465	5,187	0,8191	0,04438	205,84	411,40	205,55	1,0203	1,7715
5,00	6,660	5,365	0,8211	0,04292	207,29	411,86	204,57	1,0254	1,7703
6,00	6,876	5,548	0,8244	0,04153	208,73	412,31	203,58	1,0304	1,7691
7,00	7,091	5,735	0,8262	0,04018	210,18	412,76	202,58	1,0355	1,7680
8,00	7,312	5,927	0,8291	0,03889	211,63	413,21	201,58	1,0405	1,7668
9,00	7,534	6,124	0,8320	0,03764	213,09	413,65	200,57	1,0456	1,7656
10,00	7,764	6,327	0,8340	0,03644	214,55	414,09	199,54	1,0506	1,7645
11,00	8,002	6,534	0,8371	0,03529	216,01	414,52	198,52	1,0556	1,7634
12,00	8,243	6,746	0,8405	0,03418	217,47	414,95	197,48	1,0606	1,7622
13,00	8,492	6,964	0,8432	0,03311	218,94	415,37	196,44	1,0656	1,7611
14,00	8,741	7,187	0,8451	0,03207	220,41	415,79	195,38	1,0706	1,7602
15,00	9,004	7,415	0,8482	0,03108	221,88	416,20	194,32	1,0756	1,7589
16,00	9,263	7,649	0,8512	0,03012	223,36	416,61	193,25	1,0806	1,7577
17,00	9,532	7,889	0,8544	0,02919	224,84	417,01	192,17	1,0856	1,7566

Nassdampftafel für R407C (Fortsetzung)

ϑ °C	p' bar	p'' bar	v' dm³/kg	v'' m³/kg	h' kJ/kg	h'' kJ/kg	Δh_d kJ/kg	s' kJ/kgK	s'' kJ/kgK
18,00	9,812	8,290	0,857	0,02831	226,32	417,41	191,09	1,0906	1,7555
19,00	10,092	8,542	0,862	0,02744	227,81	417,84	189,99	1,0956	1,7544
20,00	10,381	8,855	0,863	0,02661	229,32	418,18	188,88	1,1006	1,7533
21,00	10,675	9,074	0,866	0,02582	230,81	418,56	187,76	1,1056	1,7522
22,00	10,975	9,344	0,869	0,02503	232,32	418,93	186,63	1,1106	1,7511
23,00	11,274	9,621	0,873	0,02428	233,86	419,32	185,51	1,1156	1,7501
24,00	11,592	9,912	0,876	0,02355	235,31	419,65	184,35	1,1206	1,7492
25,00	11,991	10,236	0,879	0,02285	236,82	420,01	183,19	1,1256	1,7479
26,00	12,235	10,521	0,883	0,02218	238,34	420,35	182,01	1,1306	1,7468
27,00	12,564	10,810	0,886	0,02152	239,86	420,69	180,83	1,1356	1,7457
28,00	12,924	11,114	0,889	0,02089	241,39	421,02	179,63	1,1406	1,7446
29,00	13,244	11,435	0,893	0,02027	242,92	421,34	178,42	1,1457	1,7435
30,00	13,592	11,766	0,897	0,01968	244,46	421,66	177,21	1,1507	1,7424
31,00	13,956	12,095	0,910	0,01911	246,33	421,97	175,96	1,1557	1,7413
32,00	14,319	12,435	0,904	0,01855	247,55	422,26	174,71	1,1608	1,7401
33,00	14,681	12,782	0,908	0,01801	249,11	422,56	173,45	1,1658	1,7392
34,00	15,060	13,131	0,912	0,01749	250,67	422,84	172,16	1,1709	1,7379
35,00	15,452	13,496	0,916	0,01699	252,24	423,11	170,87	1,1759	1,7368
36,00	15,841	13,862	0,923	0,01655	253,82	423,38	169,55	1,1811	1,7356
37,00	16,245	14,240	0,924	0,01602	255,41	423,63	168,22	1,1861	1,7345
38,00	16,654	14,621	0,928	0,01556	257,51	423,87	166,87	1,1912	1,7333
39,00	17,074	15,012	0,932	0,01511	258,62	424,11	165,51	1,1963	1,7321
40,00	17,492	15,414	0,937	0,01468	260,22	424,33	164,12	1,2014	1,7309
41,00	17,923	15,828	0,941	0,01426	261,84	424,55	162,71	1,2066	1,7297
42,00	18,366	16,247	0,946	0,01385	263,47	424,75	161,28	1,2117	1,7285
43,00	18,814	16,662	0,952	0,01345	265,11	424,94	159,83	1,2169	1,7273
44,00	19,268	17,093	0,955	0,01307	266,76	425,12	158,36	1,2221	1,7262
45,00	19,720	17,542	0,964	0,01269	268,42	425,29	156,86	1,2273	1,7248
46,00	20,190	17,991	0,965	0,01233	270,19	425,44	155,34	1,2325	1,7235
47,00	20,671	18,450	0,970	0,01198	271,79	425,58	153,79	1,2378	1,7222
48,00	21,162	18,912	0,975	0,01163	273,49	425,71	152,22	1,2431	1,7209
49,00	21,654	19,394	0,981	0,01131	275,25	425,82	150,62	1,2483	1,7195
50,00	22,166	19,886	0,986	0,01097	276,93	425,92	148,99	1,2536	1,7181
51,00	22,672	20,379	0,992	0,01066	278,67	426,02	147,33	1,2591	1,7167
52,00	23,198	20,889	0,998	0,01035	280,43	426,06	145,64	1,2643	1,7153
53,00	23,727	21,398	1,004	0,01005	282,22	426,11	143,91	1,2697	1,7138
54,00	24,260	21,921	1,012	0,00976	283,99	426,14	142,15	1,2751	1,7123
55,00	24,812	22,452	1,016	0,00947	285,83	426,15	140,35	1,2806	1,7108
56,00	25,374	23,241	1,023	0,00922	287,63	426,15	138,52	1,2861	1,7092
57,00	25,946	23,562	1,029	0,00893	289,47	426,12	136,65	1,2915	1,7076
58,00	26,514	24,126	1,036	0,00866	291,34	426,07	134,73	1,2971	1,7059
59,00	27,122	24,701	1,044	0,00841	293,22	425,99	132,77	1,3026	1,7042
60,00	27,691	25,292	1,051	0,00815	295,13	425,91	130,77	1,3082	1,7025
61,00	28,352	25,894	1,059	0,00791	297,06	425,77	128,72	1,3138	1,7007
62,00	28,910	26,550	1,067	0,00767	299,01	425,62	126,61	1,3195	1,6988
63,00	29,544	27,122	1,076	0,00744	300,98	425,44	124,46	1,3252	1,6969
64,00	30,176	27,753	1,084	0,00721	302,98	425,23	122,25	1,3309	1,6949
65,00	30,823	28,465	1,094	0,00698	305,01	424,99	119,98	1,3367	1,6928
66,00	31,475	29,061	1,103	0,00676	307,06	424,71	117,65	1,3425	1,6906
67,00	32,131	29,732	1,113	0,00655	309,15	424,42	115,25	1,3483	1,6884
68,00	32,812	30,417	1,124	0,00634	311,26	424,04	112,78	1,3542	1,6862
69,00	33,493	31,114	1,135	0,00613	313,44	423,64	110,24	1,3602	1,6836
70,00	34,195	31,824	1,147	0,00593	315,57	423,19	107,62	1,3661	1,6812
71,00	34,912	32,552	1,159	0,00573	317,77	422,69	104,91	1,3721	1,6783
72,00	35,612	33,296	1,173	0,00553	320,01	422,13	102,12	1,3782	1,6755
73,00	36,347	34,043	1,187	0,00533	322,28	421,51	99,22	1,3843	1,6725
74,00	37,084	34,812	1,202	0,00514	324,59	420,81	96,21	1,3905	1,6693
75,00	37,833	35,610	1,219	0,00495	326,94	420,03	93,09	1,3967	1,6661

Nassdampftafel für R410A

ϑ °C	p bar	v′ dm³/kg	v″ m³/kg	h′ kJ/kg	h″ kJ/kg	Δh_d kJ/kg	s′ kJ/kgK	s″ kJ/kgK
– 54,00	0,929	0,7196	0,26272	122,91	398,13	275,24	0,6877	1,9446
– 53,00	0,977	0,7211	0,25063	124,26	398,67	274,41	0,6939	1,9414
– 52,00	1,027	0,7226	0,23922	125,62	399,22	273,58	0,7001	1,9381
– 51,00	1,079	0,7242	0,22840	126,98	399,72	272,74	0,7063	1,9349
– 50,00	1,134	0,7258	0,21819	128,35	400,25	271,93	0,7125	1,9318
– 49,00	1,190	0,7273	0,20853	129,71	400,77	271,05	0,7186	1,9286
– 48,00	1,248	0,7289	0,19938	131,08	401,28	270,28	0,7247	1,9255
– 47,00	1,309	0,7306	0,19071	132,45	401,80	269,35	0,7309	1,9225
– 46,00	1,372	0,7322	0,18250	133,82	402,31	268,49	0,7372	1,9195
– 45,00	1,438	0,7339	0,17470	135,19	402,82	267,62	0,7431	1,9165
– 44,00	1,506	0,7355	0,16731	136,57	403,32	266,75	0,7491	1,9136
– 43,00	1,576	0,7373	0,16030	137,95	403,82	265,88	0,7552	1,9107
– 42,00	1,649	0,7390	0,15363	139,33	404,32	264,99	0,7612	1,9078
– 41,00	1,725	0,7407	0,14730	140,71	404,81	264,12	0,7672	1,9050
– 40,00	1,803	0,7425	0,14128	142,09	405,37	263,21	0,7732	1,9022
– 39,00	1,884	0,7443	0,13556	143,48	405,79	262,31	0,7792	1,8995
– 38,00	1,968	0,7461	0,13011	144,87	406,27	261,48	0,7851	1,8967
– 37,00	2,054	0,7480	0,12493	146,26	406,75	260,48	0,7916	1,8940
– 36,00	2,144	0,7499	0,11999	147,66	407,22	259,56	0,7975	1,8914
– 35,00	2,237	0,7518	0,11529	149,06	407,69	258,63	0,8029	1,8887
– 34,00	2,333	0,7537	0,11081	150,46	408,16	257,72	0,8087	1,8861
– 33,00	2,432	0,7556	0,10653	151,87	408,63	256,76	0,8146	1,8835
– 32,00	2,534	0,7576	0,10246	153,28	409,08	255,81	0,8205	1,8814
– 31,00	2,640	0,7596	0,09857	154,69	409,54	254,85	0,8263	1,8785
– 30,00	2,749	0,7617	0,09485	156,14	409,99	253,89	0,8321	1,8759
– 29,00	2,861	0,7637	0,09131	157,52	410,44	252,92	0,8379	1,8735
– 28,00	2,977	0,7658	0,08792	158,94	410,88	251,94	0,8437	1,8714
– 27,00	3,097	0,7680	0,08468	160,36	411,32	250,95	0,8494	1,8686
– 26,00	3,220	0,7701	0,08158	161,79	411,75	249,96	0,8552	1,8662
– 25,00	3,347	0,7723	0,07862	163,22	412,18	248,96	0,8609	1,8638
– 24,00	3,478	0,7745	0,07579	164,65	412,60	247,95	0,8666	1,8615
– 23,00	3,613	0,7768	0,07308	166,09	413,02	246,93	0,8723	1,8591
– 22,00	3,751	0,7791	0,07048	167,53	413,44	245,91	0,8780	1,8568
– 21,00	3,894	0,7814	0,06799	168,97	413,85	244,88	0,8837	1,8545
– 20,00	4,041	0,7838	0,06561	170,42	414,26	243,84	0,8894	1,8522
– 19,00	4,193	0,7862	0,06332	171,87	414,66	242,79	0,8957	1,8571
– 18,00	4,348	0,7886	0,06113	173,32	415,05	241,73	0,9006	1,8477
– 17,00	4,508	0,7911	0,05903	174,78	415,44	240,66	0,9062	1,8455
– 16,00	4,673	0,7936	0,05702	176,24	415,83	239,59	0,9118	1,8433
– 15,00	4,842	0,7962	0,05508	177,70	416,21	238,51	0,9174	1,8411
– 14,00	5,016	0,7988	0,05322	179,17	416,58	237,41	0,9234	1,8392
– 13,00	5,194	0,8014	0,05144	180,64	416,95	236,31	0,9286	1,8368
– 12,00	5,378	0,8041	0,04972	182,11	417,32	235,25	0,9341	1,8347
– 11,00	5,566	0,8068	0,04808	183,59	417,68	234,09	0,9397	1,8326
– 10,00	5,759	0,8096	0,04649	185,07	418,03	232,96	0,9452	1,8305
– 9,00	5,957	0,8125	0,04497	186,56	418,38	231,82	0,9507	1,8284
– 8,00	6,161	0,8153	0,04350	188,04	418,72	230,68	0,9562	1,8263
– 7,00	6,370	0,8183	0,04209	189,53	419,05	229,52	0,9617	1,8242
– 6,00	6,584	0,8212	0,04074	191,03	419,38	228,36	0,9672	1,8222
– 5,00	6,803	0,8243	0,03943	192,53	419,71	227,18	0,9727	1,8201
– 4,00	7,029	0,8274	0,03817	194,03	420,03	225,99	0,9782	1,8181
– 3,00	7,259	0,8305	0,03696	195,54	420,34	224,84	0,9836	1,8163
– 2,00	7,496	0,8337	0,03579	197,05	420,64	223,59	0,9891	1,8141
– 1,00	7,738	0,8370	0,03467	198,56	420,94	222,38	0,9946	1,8122
0,00	7,986	0,8403	0,03358	200,01	421,23	221,23	1,0215	1,8114
1,00	8,241	0,8437	0,03254	201,61	421,51	219,91	1,0054	1,8084
2,00	8,501	0,8471	0,03153	203,13	421,79	218,66	1,0109	1,8066
3,00	8,768	0,8506	0,03055	204,66	422,06	217,41	1,0163	1,8041

Nassdampftafel für R410A (Fortsetzung)

ϑ °C	p bar	v' dm³/kg	v'' m³/kg	h' kJ/kg	h'' kJ/kg	Δh_d kJ/kg	s' kJ/kgK	s'' kJ/kgK
4,00	9,041	0,8542	0,02961	206,20	422,32	216,13	1,0217	1,8021
5,00	9,320	0,8579	0,02870	207,74	422,58	214,84	1,0272	1,8001
6,00	9,606	0,8616	0,02783	209,28	422,83	213,55	1,0326	1,7982
7,00	9,898	0,8654	0,02698	210,83	423,07	212,24	1,0381	1,7962
8,00	10,198	0,8693	0,02616	212,38	423,30	210,91	1,0435	1,7942
9,00	10,504	0,8733	0,02537	213,94	423,52	209,58	1,0489	1,7923
10,00	10,817	0,8773	0,02461	215,51	423,74	208,23	1,0543	1,7903
11,00	11,137	0,8815	0,02387	217,08	423,94	206,86	1,0597	1,7883
12,00	11,464	0,8857	0,02316	218,66	424,14	205,49	1,0652	1,7864
13,00	11,798	0,8900	0,02247	220,24	424,33	204,09	1,0706	1,7844
14,00	12,140	0,8944	0,02180	221,83	424,51	202,68	1,0761	1,7825
15,00	12,489	0,8990	0,02115	223,42	424,68	201,26	1,0815	1,7805
16,00	12,846	0,9036	0,02052	225,02	424,84	199,82	1,0869	1,7785
17,00	13,210	0,9083	0,01992	226,63	424,99	198,36	1,0924	1,7766
18,00	13,582	0,9131	0,01933	228,25	425,13	196,89	1,0978	1,7746
19,00	13,962	0,9181	0,01876	229,87	425,26	195,39	1,1033	1,7726
20,00	14,350	0,9232	0,01821	231,52	425,38	193,88	1,1087	1,7706
21,00	14,747	0,9284	0,01767	233,14	425,49	192,35	1,1142	1,7686
22,00	15,151	0,9337	0,01716	234,78	425,58	190,82	1,1197	1,7666
23,00	15,564	0,9392	0,01665	236,44	425,67	189,23	1,1252	1,7645
24,00	15,985	0,9448	0,01617	238,17	425,74	187,64	1,1307	1,7625
25,00	16,415	0,9505	0,01569	239,77	425,80	186,03	1,1363	1,7605
26,00	16,854	0,9564	0,01524	241,46	425,85	184,39	1,1418	1,7584
27,00	17,301	0,9625	0,01479	243,15	425,88	182,73	1,1474	1,7563
28,00	17,758	0,9687	0,01436	244,85	425,91	181,05	1,1529	1,7542
29,00	18,223	0,9751	0,01394	246,57	425,90	179,34	1,1585	1,7521
30,00	18,698	0,9817	0,01353	248,29	425,89	177,62	1,1641	1,7499
31,00	19,182	0,9885	0,01314	250,03	425,87	175,84	1,1697	1,7478
32,00	19,676	0,9955	0,01275	251,78	425,83	174,05	1,1754	1,7456
33,00	20,179	1,0027	0,01238	253,54	425,77	172,23	1,1810	1,7434
34,00	20,692	1,0101	0,01201	255,32	425,69	170,38	1,1867	1,7411
35,00	21,214	1,0177	0,01166	257,11	425,64	168,49	1,1924	1,7389
36,00	21,747	1,0256	0,01132	258,91	425,49	166,58	1,1981	1,7366
37,00	22,290	1,0338	0,01098	260,73	425,35	164,63	1,2039	1,7342
38,00	22,843	1,0422	0,01066	262,56	425,22	162,64	1,2097	1,7318
39,00	23,406	1,0509	0,01034	264,41	425,03	160,62	1,2155	1,7294
40,00	23,981	1,0599	0,01003	266,28	424,83	158,55	1,2213	1,7271
41,00	24,565	1,0693	0,00973	268,17	424,61	156,45	1,2271	1,7245
42,00	25,161	1,0790	0,00944	270,07	424,37	154,34	1,2332	1,7219
43,00	25,767	1,0890	0,00915	271,99	424,17	152,11	1,2389	1,7193
44,00	26,385	1,0995	0,00887	273,93	423,81	149,87	1,2449	1,7167
45,00	27,014	1,1104	0,00860	275,89	423,48	147,59	1,2509	1,7139
46,00	27,654	1,1217	0,00834	277,88	423,13	145,25	1,2569	1,7112
47,00	28,306	1,1335	0,00808	279,88	422,74	142,86	1,2629	1,7083
48,00	28,970	1,1458	0,00782	281,91	422,32	140,41	1,2690	1,7054
49,00	29,645	1,1587	0,00758	283,96	421,86	137,90	1,2752	1,7024
50,00	30,333	1,1722	0,00734	286,03	421,36	135,33	1,2813	1,6993
51,00	31,033	1,1863	0,00710	288,14	420,83	132,69	1,2875	1,6961
52,00	31,745	1,2012	0,00687	290,26	420,25	129,98	1,2938	1,6928
53,00	32,469	1,2168	0,00664	292,42	419,62	127,2	1,3001	1,6894
54,00	33,207	1,2333	0,00642	294,60	418,94	124,34	1,3064	1,6858
55,00	33,957	1,2507	0,00621	296,81	418,22	121,39	1,3128	1,6822
56,00	34,720	1,2692	0,00599	299,05	417,41	118,36	1,3192	1,6784
57,00	35,497	1,2888	0,00578	301,32	416,55	115,22	1,3257	1,6744
58,00	36,287	1,3097	0,00558	303,63	415,61	111,98	1,3322	1,6702
59,00	37,091	1,3321	0,00538	305,97	414,62	108,63	1,3388	1,6658
60,00	37,908	1,3561	0,00518	308,34	413,49	105,15	1,3454	1,6612
61,00	38,739	1,3821	0,00498	310,75	412,29	101,54	1,3521	1,6564

log *p, h*-Diagramm R410A

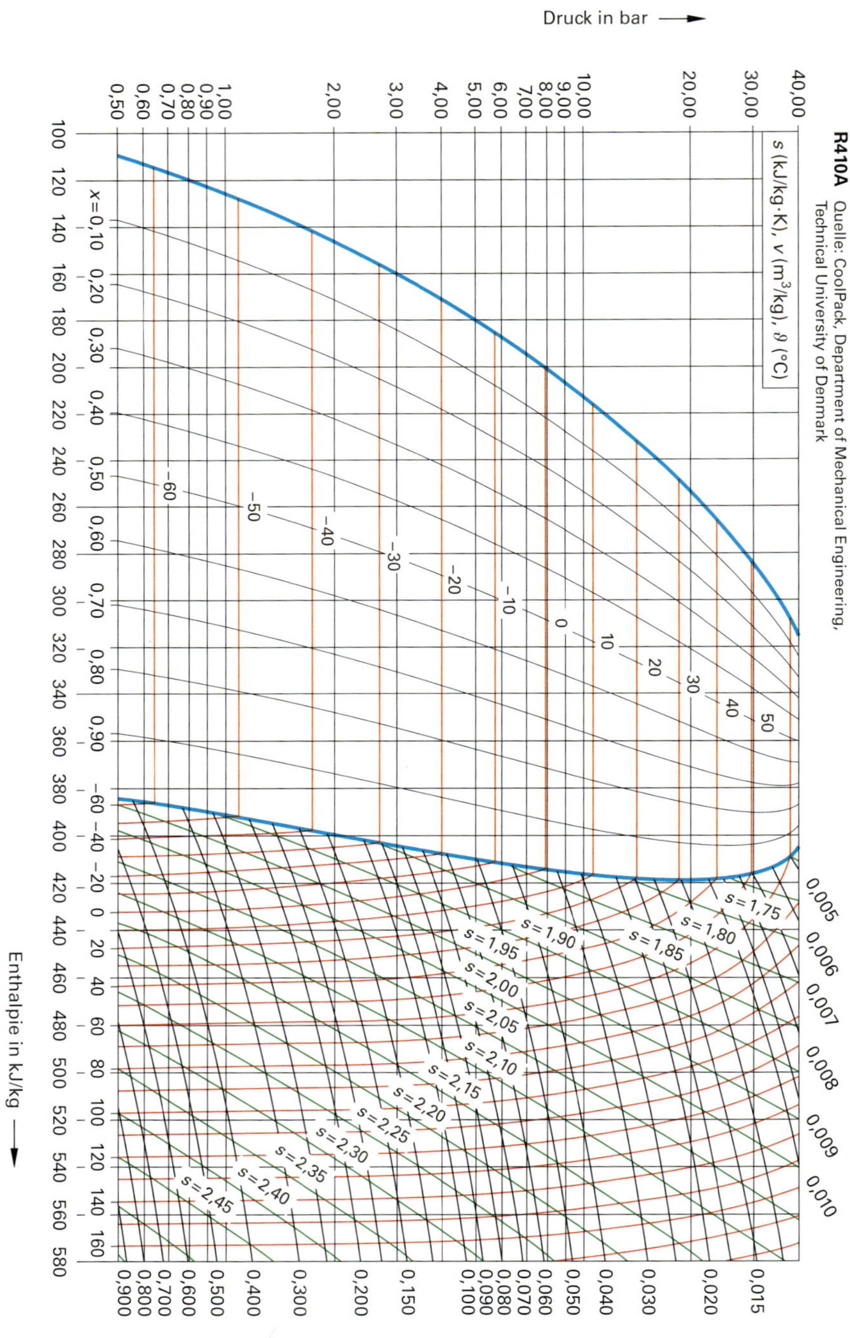

4

log *p*, *h*-Diagramm R507

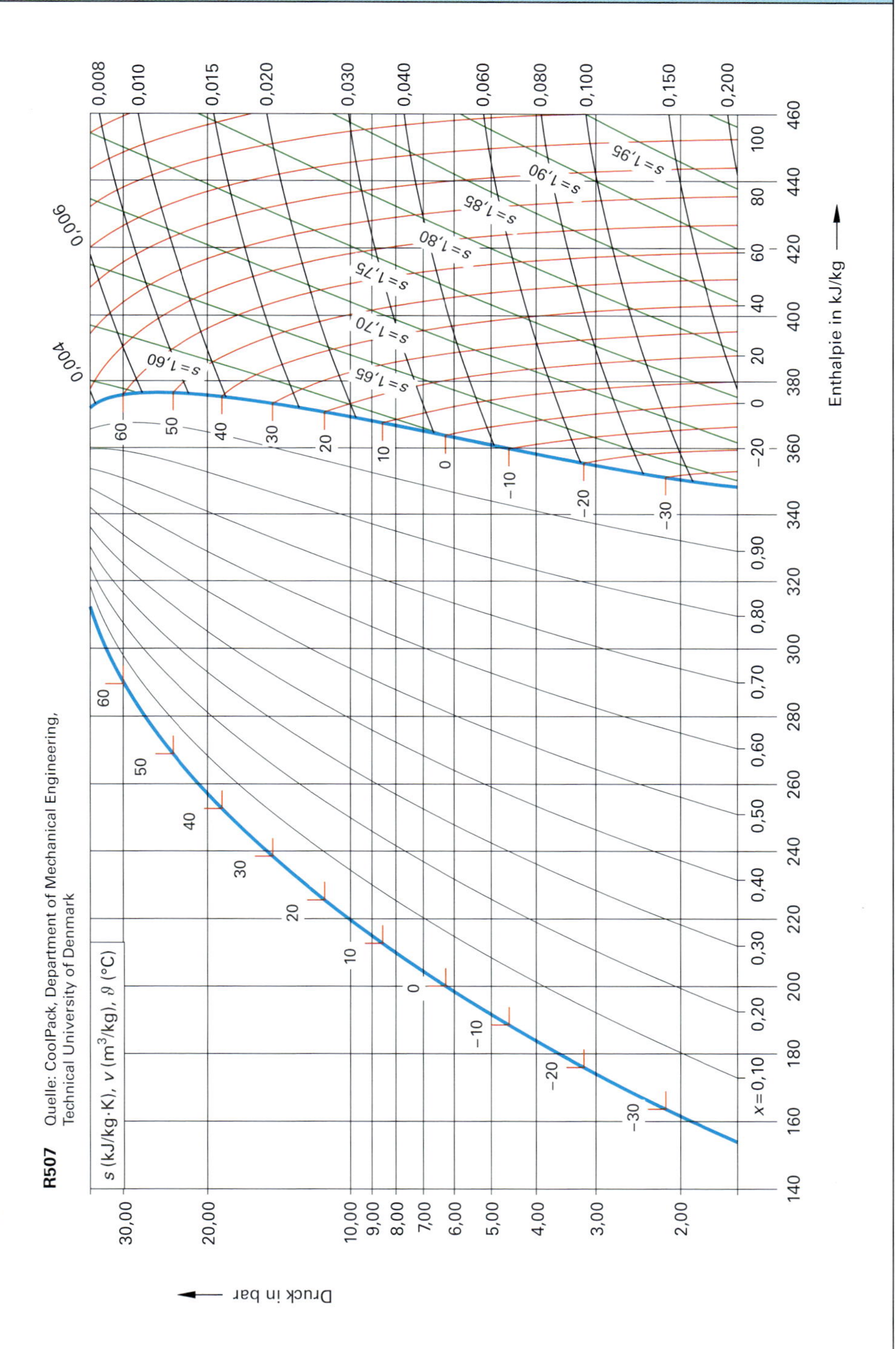

4

4

Nassdampftafel für R507								
ϑ °C	p bar	v' dm^3/kg	v'' m^3/kg	h' kJ/kg	h'' kJ/kg	Δh_d kJ/kg	s' kJ/kgK	s'' kJ/kgK
– 50,00	0,861	0,7526	0,20933	138,18	341,35	203,17	0,7517	1,6622
– 49,00	0,905	0,7544	0,19964	139,42	341,81	202,39	0,7572	1,6602
– 48,00	0,952	0,7562	0,19049	140,66	342,28	201,61	0,7628	1,6582
– 47,00	1,000	0,7581	0,18185	141,91	342,74	200,84	0,7683	1,6563
– 46,00	1,050	0,7599	0,17369	143,15	343,21	200,06	0,7737	1,6544
– 45,00	1,102	0,7618	0,16597	144,40	343,67	199,27	0,7792	1,6526
– 44,00	1,155	0,7637	0,15867	145,64	344,13	198,49	0,7846	1,6508
– 43,00	1,211	0,7656	0,15176	146,89	344,59	197,71	0,7900	1,6490
– 42,00	1,269	0,7675	0,14521	148,13	345,06	196,92	0,7954	1,6473
– 41,00	1,329	0,7694	0,13901	149,37	345,51	196,14	0,8007	1,6456
– 40,00	1,391	0,7714	0,13314	150,62	345,97	195,35	0,8061	1,6439
– 39,00	1,456	0,7733	0,12756	151,86	346,43	194,57	0,8114	1,6423
– 38,00	1,523	0,7753	0,12227	153,11	346,89	193,78	0,8166	1,6407
– 37,00	1,592	0,7773	0,11725	154,35	347,34	192,99	0,8219	1,6391
– 36,00	1,663	0,7793	0,11248	155,59	347,80	192,20	0,8271	1,6376
– 35,00	1,737	0,7813	0,10794	156,84	348,25	191,41	0,8323	1,6361
– 34,00	1,813	0,7834	0,10363	158,08	348,70	190,62	0,8375	1,6346
– 33,00	1,892	0,7854	0,09953	159,32	349,15	189,83	0,8427	1,6331
– 32,00	1,973	0,7875	0,09563	160,56	349,60	189,04	0,8478	1,6317
– 31,00	2,057	0,7896	0,09191	161,81	350,05	188,25	0,8529	1,6303
– 30,00	2,144	0,7917	0,08837	163,05	350,50	187,45	0,8580	1,6289
– 29,00	2,233	0,7938	0,08500	164,29	350,95	186,66	0,8631	1,6276
– 28,00	2,325	0,7960	0,08178	165,53	351,39	185,86	0,8681	1,6263
– 27,00	2,420	0,7982	0,07871	166,77	351,83	185,07	0,8731	1,6250
– 26,00	2,518	0,8003	0,07578	168,01	352,28	184,27	0,8781	1,6237
– 25,00	2,619	0,8026	0,07299	169,24	352,72	183,47	0,8831	1,6224
– 24,00	2,723	0,8048	0,07032	170,48	353,15	182,67	0,8880	1,6212
– 23,00	2,830	0,8070	0,06776	171,72	353,59	181,88	0,8929	1,6200
– 22,00	2,940	0,8093	0,06533	172,95	354,03	181,08	0,8978	1,6188
– 21,00	3,054	0,8116	0,06299	174,19	354,46	180,27	0,9027	1,6176
– 20,00	3,170	0,8139	0,06076	175,42	354,90	179,47	0,9075	1,6165
– 19,00	3,290	0,8163	0,05863	176,66	355,33	178,67	0,9124	1,6154
– 18,00	3,414	0,8186	0,05658	177,89	355,76	177,87	0,9172	1,6143
– 17,00	3,540	0,8210	0,05463	179,12	356,19	177,06	0,9220	1,6132
– 16,00	3,671	0,8234	0,05275	180,36	356,61	176,26	0,9267	1,6121
– 15,00	3,804	0,8259	0,05095	181,59	357,04	175,45	0,9315	1,6111
– 14,00	3,942	0,8283	0,04923	182,82	357,46	174,64	0,9362	1,6101
– 13,00	4,083	0,8308	0,04758	184,05	357,88	173,83	0,9409	1,6091
– 12,00	4,228	0,8333	0,04599	185,28	358,30	173,02	0,9455	1,6081
– 11,00	4,376	0,8359	0,04447	186,51	358,72	172,21	0,9502	1,6071
– 10,00	4,529	0,8385	0,04300	187,74	359,13	171,39	0,9548	1,6061
– 9,00	4,685	0,8411	0,04160	188,97	359,55	170,58	0,9594	1,6052
– 8,00	4,846	0,8437	0,04025	190,20	359,96	169,76	0,9640	1,6043
– 7,00	5,010	0,8464	0,03895	191,42	360,37	168,94	0,9686	1,6034
– 6,00	5,179	0,8491	0,03770	192,65	360,77	168,12	0,9731	1,6025
– 5,00	5,352	0,8518	0,03650	193,88	361,18	167,30	0,9777	1,6016
– 4,00	5,529	0,8546	0,03535	195,11	361,58	166,47	0,9822	1,6007
– 3,00	5,710	0,8574	0,03424	196,32	361,98	165,66	0,9866	1,5999
– 2,00	5,896	0,8602	0,03317	197,54	362,38	164,84	0,9911	1,5990
– 1,00	6,087	0,8631	0,03214	198,77	362,77	164,00	0,9956	1,5982
0,00	6,282	0,8660	0,03115	200,00	363,17	163,17	1,0000	1,5974
1,00	6,481	0,8689	0,03019	201,23	363,56	162,33	1,0044	1,5965
2,00	6,686	0,8719	0,02927	202,46	363,94	161,49	1,0088	1,5957
3,00	6,895	0,8749	0,02838	203,69	364,33	160,64	1,0132	1,5950
4,00	7,108	0,8780	0,02752	204,92	364,71	159,79	1,0176	1,5942
5,00	7,327	0,8811	0,02670	206,15	365,09	158,94	1,0220	1,5934
6,00	7,551	0,8843	0,02590	207,38	365,47	158,08	1,0263	1,5926
7,00	7,780	0,8875	0,02513	208,62	365,84	157,22	1,0307	1,5919

Nassdampftafel für R507 (Fortsetzung)

ϑ °C	p bar	v' dm³/kg	v'' m³/kg	h' kJ/kg	h'' kJ/kg	Δh_d kJ/kg	s' kJ/kgK	s'' kJ/kgK
8,00	8,014	0,8907	0,02438	209,85	366,21	156,36	1,0350	1,5911
9,00	8,254	0,8940	0,02366	211,09	366,58	155,49	1,0393	1,5904
10,00	8,498	0,8974	0,02297	212,33	366,94	154,61	1,0436	1,5897
11,00	8,749	0,9008	0,02230	213,57	367,30	153,73	1,0479	1,5889
12,00	9,004	0,9043	0,02165	214,81	367,65	152,84	1,0522	1,5882
13,00	9,265	0,9078	0,02102	216,06	368,01	151,95	1,0565	1,5875
14,00	9,532	0,9113	0,02041	217,31	368,35	151,05	1,0608	1,5868
15,00	9,805	0,9150	0,01982	218,56	368,70	150,14	1,0650	1,5861
16,00	10,084	0,9187	0,01925	219,81	369,04	149,23	1,0693	1,5854
17,00	10,368	0,9224	0,01870	221,07	369,38	148,30	1,0735	1,5847
18,00	10,659	0,9263	0,01817	222,34	369,71	147,37	1,0778	1,5840
19,00	10,955	0,9302	0,01765	223,60	370,04	146,43	1,0820	1,5833
20,00	11,258	0,9341	0,01715	224,87	370,36	145,48	1,0863	1,5826
21,00	11,567	0,9382	0,01666	226,15	370,68	144,53	1,0905	1,5819
22,00	11,883	0,9423	0,01619	227,43	370,99	143,56	1,0948	1,5812
23,00	12,205	0,9465	0,01573	228,72	371,30	142,58	1,0990	1,5805
24,00	12,534	0,9508	0,01529	230,02	371,60	141,59	1,1033	1,5798
25,00	12,870	0,9552	0,01486	231,32	371,90	140,58	1,1076	1,5791
26,00	13,212	0,9596	0,01444	232,62	372,19	139,57	1,1118	1,5784
27,00	13,562	0,9642	0,01404	233,94	372,47	138,54	1,1161	1,5777
28,00	13,919	0,9689	0,01365	235,26	372,75	137,49	1,1204	1,5770
29,00	14,282	0,9737	0,01326	236,60	373,03	136,43	1,1247	1,5762
30,00	14,653	0,9785	0,01289	237,94	373,29	135,36	1,1290	1,5755
31,00	15,032	0,9835	0,01253	239,29	373,55	134,26	1,1333	1,5748
32,00	15,418	0,9887	0,01218	240,65	373,81	133,15	1,1377	1,5740
33,00	15,812	0,9939	0,01184	242,03	374,05	132,03	1,1421	1,5733
34,00	16,213	0,9993	0,01151	243,41	374,29	130,88	1,1464	1,5725
35,00	16,623	1,0048	0,01118	244,81	374,52	129,71	1,1509	1,5718
36,00	17,041	1,0105	0,01087	246,23	374,74	128,51	1,1553	1,5710
37,00	17,466	1,0164	0,01056	247,65	374,95	127,30	1,1598	1,5702
38,00	17,901	1,0224	0,01026	249,10	375,15	126,05	1,1643	1,5694
39,00	18,343	1,0286	0,00997	250,56	375,34	124,78	1,1688	1,5686
40,00	18,795	1,0349	0,00969	252,04	375,53	123,49	1,1734	1,5678
41,00	19,255	1,0415	0,00941	253,54	375,70	122,16	1,1780	1,5669
42,00	19,724	1,0483	0,00914	255,06	375,86	120,80	1,1827	1,5660
43,00	20,202	1,0554	0,00888	256,61	376,01	119,40	1,1875	1,5651
44,00	20,689	1,0626	0,00862	258,17	376,15	117,97	1,1922	1,5642
45,00	21,186	1,0702	0,00837	259,77	376,27	116,50	1,1971	1,5633
46,00	21,692	1,0780	0,00813	261,39	376,38	114,99	1,2020	1,5623
47,00	22,208	1,0861	0,00789	263,04	376,48	113,44	1,2070	1,5613
48,00	22,734	1,0946	0,00765	264,73	376,56	111,83	1,2121	1,5603
49,00	23,270	1,1034	0,00742	266,45	376,62	110,17	1,2173	1,5593
50,00	23,816	1,1126	0,00720	268,21	376,67	108,46	1,2225	1,5582
51,00	24,373	1,1222	0,00698	270,01	376,70	106,69	1,2279	1,5570
52,00	24,940	1,1323	0,00676	271,86	376,71	104,85	1,2334	1,5559
53,00	25,518	1,1430	0,00655	273,76	376,70	102,94	1,2390	1,5546
54,00	26,107	1,1542	0,00634	275,71	376,66	100,95	1,2448	1,5534
55,00	26,707	1,1660	0,00614	277,72	376,60	98,88	1,2507	1,5521
56,00	27,319	1,1786	0,00594	279,80	376,52	96,71	1,2568	1,5507
57,00	27,942	1,1919	0,00574	281,96	376,40	94,44	1,2631	1,5492
58,00	28,578	1,2062	0,00554	284,20	376,25	92,05	1,2697	1,5477
59,00	29,225	1,2216	0,00535	286,53	376,07	89,53	1,2765	1,5461
60,00	29,884	1,2381	0,00515	288,98	375,84	86,86	1,2836	1,5443
61,00	30,556	1,2561	0,00496	291,54	375,57	84,03	1,2910	1,5425
62,00	31,241	1,2758	0,00477	294,26	375,24	80,98	1,2989	1,5405
63,00	31,938	1,2977	0,00458	297,15	374,86	77,71	1,3072	1,5384
64,00	32,649	1,3220	0,00439	300,26	374,40	74,14	1,3162	1,5361
65,00	33,374	1,3497	0,00419	303,62	373,85	70,23	1,3259	1,5336

Nassdampftafel für R717

ϑ °C	p bar	v' dm³/kg	v'' m³/kg	h' kJ/kg	h'' kJ/kg	Δh_d kJ/kg	s' kJ/kgK	s'' kJ/kgK
– 36,00	0,885	1,4594	1,27465	37,97	1413,46	1375,50	0,3661	6,1662
– 35,00	0,931	1,4621	1,21501	42,40	1414,99	1372,59	0,3847	6,1483
– 34,00	0,980	1,4647	1,15868	46,84	1416,51	1369,66	0,4033	6,1305
– 33,00	1,030	1,4674	1,10545	51,29	1418,01	1366,72	0,4218	6,1130
– 32,00	1,083	1,4701	1,05513	55,74	1419,50	1363,77	0,4403	6,0956
– 31,00	1,138	1,4728	1,00753	60,19	1420,99	1360,80	0,4587	6,0783
– 30,00	1,195	1,4755	0,96249	64,64	1422,46	1357,81	0,4770	6,0613
– 29,00	1,254	1,4782	0,91984	69,10	1423,92	1354,81	0,4953	6,0444
– 28,00	1,315	1,4810	0,87945	73,57	1425,36	1351,80	0,5135	6,0277
– 27,00	1,379	1,4837	0,84117	78,03	1426,80	1348,77	0,5316	6,0111
– 26,00	1,446	1,4865	0,80488	82,50	1428,22	1345,72	0,5497	5,9947
– 25,00	1,515	1,4893	0,77046	86,98	1429,64	1342,66	0,5677	5,9784
– 24,00	1,587	1,4921	0,73779	91,45	1431,04	1339,58	0,5857	5,9623
– 23,00	1,661	1,4950	0,70678	95,93	1432,42	1336,49	0,6036	5,9464
– 22,00	1,738	1,4978	0,67733	100,42	1433,80	1333,38	0,6214	5,9305
– 21,00	1,818	1,5007	0,64934	104,91	1435,16	1330,25	0,6392	5,9149
– 20,00	1,901	1,5036	0,62274	109,40	1436,51	1327,11	0,6570	5,8994
– 19,00	1,987	1,5065	0,59744	113,89	1437,85	1323,95	0,6746	5,8840
– 18,00	2,076	1,5094	0,57338	118,39	1439,17	1320,78	0,6923	5,8687
– 17,00	2,168	1,5124	0,55047	122,90	1440,48	1317,59	0,7098	5,8536
– 16,00	2,263	1,5154	0,52866	127,40	1441,78	1314,38	0,7273	5,8386
– 15,00	2,362	1,5184	0,50789	131,91	1443,07	1311,15	0,7448	5,8238
– 14,00	2,464	1,5214	0,48810	136,43	1444,34	1307,91	0,7622	5,8091
– 13,00	2,570	1,5244	0,46923	140,94	1445,59	1304,65	0,7795	5,7945
– 12,00	2,679	1,5275	0,45123	145,46	1446,84	1301,38	0,7968	5,7800
– 11,00	2,791	1,5305	0,43407	149,99	1448,07	1298,08	0,8140	5,7657
– 10,00	2,908	1,5336	0,41769	154,52	1449,29	1294,77	0,8312	5,7514
– 9,00	3,028	1,5368	0,40205	159,05	1450,49	1291,44	0,8483	5,7373
– 8,00	3,152	1,5399	0,38712	163,58	1451,68	1288,09	0,8653	5,7233
– 7,00	3,280	1,5431	0,37285	168,12	1452,85	1284,73	0,8824	5,7094
– 6,00	3,412	1,5463	0,35921	172,66	1454,01	1281,35	0,8993	5,6957
– 5,00	3,548	1,5495	0,34618	177,21	1455,16	1277,95	0,9162	5,6820
– 4,00	3,688	1,5527	0,33371	181,76	1456,29	1274,53	0,9331	5,6685
– 3,00	3,833	1,5560	0,32178	186,32	1457,40	1271,09	0,9499	5,6550
– 2,00	3,982	1,5593	0,31037	190,87	1458,51	1267,63	0,9666	5,6417
– 1,00	4,136	1,5626	0,29944	195,43	1459,59	1264,16	0,9833	5,6284
0,00	4,294	1,5659	0,28898	200,00	1460,66	1260,66	1,0000	5,6153
1,00	4,457	1,5693	0,27895	204,57	1461,72	1257,15	1,0166	5,6022
2,00	4,625	1,5727	0,26935	209,14	1462,76	1253,62	1,0332	5,5893
3,00	4,797	1,5761	0,26014	213,72	1463,79	1250,07	1,0497	5,5764
4,00	4,975	1,5795	0,25131	218,30	1464,80	1246,50	1,0661	5,5637
5,00	5,158	1,5830	0,24284	222,89	1465,79	1242,91	1,0825	5,5510
6,00	5,345	1,5865	0,23471	227,47	1466,77	1239,30	1,0989	5,5384
7,00	5,539	1,5900	0,22692	232,07	1467,73	1235,66	1,1152	5,5259
8,00	5,737	1,5936	0,21943	236,67	1468,68	1232,01	1,1315	5,5135
9,00	5,941	1,5972	0,21224	241,27	1469,61	1228,34	1,1477	5,5012
10,00	6,150	1,6008	0,20533	245,87	1470,52	1224,65	1,1639	5,4890
11,00	6,365	1,6044	0,19870	250,48	1471,42	1220,94	1,1800	5,4768
12,00	6,586	1,6081	0,19232	255,10	1472,30	1217,21	1,1961	5,4647
13,00	6,813	1,6118	0,18619	259,72	1473,17	1213,45	1,2121	5,4527
14,00	7,046	1,6155	0,18029	264,34	1474,02	1209,67	1,2281	5,4408
15,00	7,285	1,6193	0,17462	268,97	1474,85	1205,88	1,2441	5,4290
16,00	7,530	1,6231	0,16916	273,60	1475,66	1202,06	1,2600	5,4172
17,00	7,781	1,6269	0,16391	278,24	1476,46	1198,21	1,2759	5,4055
18,00	8,039	1,6308	0,15885	282,89	1477,24	1194,35	1,2917	5,3939
19,00	8,303	1,6347	0,15398	287,53	1478,00	1190,46	1,3075	5,3823
20,00	8,574	1,6386	0,14929	292,19	1478,74	1186,55	1,3232	5,3708
21,00	8,851	1,6426	0,14477	296,85	1479,47	1182,62	1,3390	5,3594

Nassdampftafel für R717 (Fortsetzung)

ϑ °C	p bar	v' dm³/kg	v'' m³/kg	h' kJ/kg	h'' kJ/kg	Δh_d kJ/kg	s' kJ/kgK	s'' kJ/kgK
22,00	9,136	1,6466	0,14041	301,51	1480,17	1178,66	1,3546	5,3481
23,00	9,427	1,6506	0,13621	306,18	1480,86	1174,68	1,3703	5,3368
24,00	9,725	1,6547	0,13216	310,86	1481,53	1170,68	1,3859	5,3255
25,00	10,031	1,6588	0,12826	315,54	1482,19	1166,65	1,4014	5,3144
26,00	10,343	1,6630	0,12449	320,23	1482,82	1162,59	1,4169	5,3033
27,00	10,664	1,6672	0,12085	324,92	1483,43	1158,51	1,4324	5,2922
28,00	10,991	1,6714	0,11734	329,62	1484,03	1154,41	1,4479	5,2812
29,00	11,326	1,6757	0,11396	334,32	1484,60	1150,28	1,4633	5,2703
30,00	11,669	1,6800	0,11069	339,04	1485,16	1146,12	1,4787	5,2594
31,00	12,020	1,6844	0,10753	343,76	1485,70	1141,94	1,4940	5,2485
32,00	12,379	1,6888	0,10447	348,48	1486,21	1137,73	1,5093	5,2377
33,00	12,746	1,6933	0,10153	353,22	1486,71	1133,49	1,5246	5,2270
34,00	13,121	1,6978	0,09867	357,96	1487,19	1129,23	1,5398	5,2163
35,00	13,504	1,7023	0,09593	362,58	1487,65	1125,07	1,5547	5,2058
36,00	13,896	1,7069	0,09327	367,33	1488,09	1120,75	1,5699	5,1952
37,00	14,296	1,7115	0,09069	372,09	1488,50	1116,41	1,5850	5,1846
38,00	14,705	1,7162	0,08820	376,86	1488,89	1112,03	1,6002	5,1741
39,00	15,122	1,7210	0,08578	381,64	1489,26	1107,62	1,6153	5,1636
40,00	15,549	1,7257	0,08345	386,43	1489,61	1103,19	1,6303	5,1532
41,00	15,985	1,7306	0,08119	391,22	1489,94	1098,72	1,6454	5,1428
42,00	16,429	1,7355	0,07900	396,02	1490,25	1094,22	1,6604	5,1325
43,00	16,883	1,7404	0,07688	400,84	1490,53	1089,69	1,6754	5,1222
44,00	17,347	1,7454	0,07483	405,66	1490,79	1085,13	1,6904	5,1119
45,00	17,820	1,7505	0,07284	410,49	1491,02	1080,53	1,7053	5,1016
46,00	18,302	1,7556	0,07092	415,34	1491,23	1075,90	1,7203	5,0914
47,00	18,795	1,7608	0,06905	420,19	1491,42	1071,23	1,7352	5,0812
48,00	19,297	1,7660	0,06724	425,06	1491,59	1066,53	1,7501	5,0711
49,00	19,809	1,7713	0,06548	429,93	1491,73	1061,79	1,7650	5,0609
50,00	20,331	1,7767	0,06378	434,82	1491,84	1057,02	1,7798	5,0508
51,00	20,864	1,7821	0,06213	439,72	1491,93	1052,21	1,7947	5,0407
52,00	21,407	1,7876	0,06053	444,63	1491,99	1047,36	1,8095	5,0307
53,00	21,961	1,7932	0,05898	449,56	1492,03	1042,47	1,8243	5,0206
54,00	22,525	1,7988	0,05747	454,50	1492,04	1037,54	1,8391	5,0106
55,00	23,100	1,8046	0,05600	459,45	1492,02	1032,57	1,8539	5,0006
56,00	23,686	1,8103	0,05458	464,42	1491,98	1027,56	1,8687	4,9906
57,00	24,284	1,8162	0,05320	469,40	1491,91	1022,51	1,8835	4,9806
58,00	24,892	1,8221	0,05186	474,39	1491,81	1017,42	1,8983	4,9707
59,00	25,512	1,8282	0,05056	479,40	1491,68	1012,28	1,9131	4,9607
60,00	26,143	1,8343	0,04929	484,43	1491,52	1007,09	1,9278	4,9508
61,00	26,786	1,8404	0,04806	489,48	1491,33	1001,86	1,9426	4,9408
62,00	27,440	1,8467	0,04687	494,54	1491,12	996,58	1,9573	4,9309
63,00	28,107	1,8531	0,04571	499,61	1490,87	991,25	1,9721	4,9209
64,00	28,785	1,8595	0,04458	504,71	1490,58	985,87	1,9869	4,9110
65,00	29,476	1,8661	0,04348	509,83	1490,27	980,44	2,0016	4,9011
66,00	30,179	1,8727	0,04241	514,96	1489,93	974,96	2,0164	4,8911
67,00	30,894	1,8795	0,04137	520,12	1489,55	969,43	2,0312	4,8812
68,00	31,622	1,8863	0,04036	525,29	1489,13	963,84	2,0460	4,8713
69,00	32,363	1,8933	0,03937	530,49	1488,68	958,19	2,0608	4,8613
70,00	33,117	1,9003	0,03841	535,71	1488,20	952,49	2,0756	4,8513
71,00	33,884	1,9075	0,03748	540,95	1487,68	946,72	2,0905	4,8414
72,00	34,664	1,9148	0,03657	546,22	1487,12	940,90	2,1053	4,8314
73,00	35,457	1,9222	0,03568	551,51	1486,52	935,01	2,1202	4,8213
74,00	36,264	1,9297	0,03482	556,83	1485,89	929,06	2,1351	4,8113
75,00	37,084	1,9374	0,03398	562,17	1485,21	923,04	2,1500	4,8012
76,00	37,919	1,9452	0,03316	567,54	1484,49	916,95	2,1649	4,7912
77,00	38,767	1,9531	0,03236	572,94	1483,74	910,79	2,1799	4,7810
78,00	39,629	1,9612	0,03158	578,37	1482,93	904,56	2,1949	4,7709
79,00	40,506	1,9694	0,03083	583,83	1482,09	898,26	2,2099	4,7607

4

log *p*, *h*-Diagramm R717

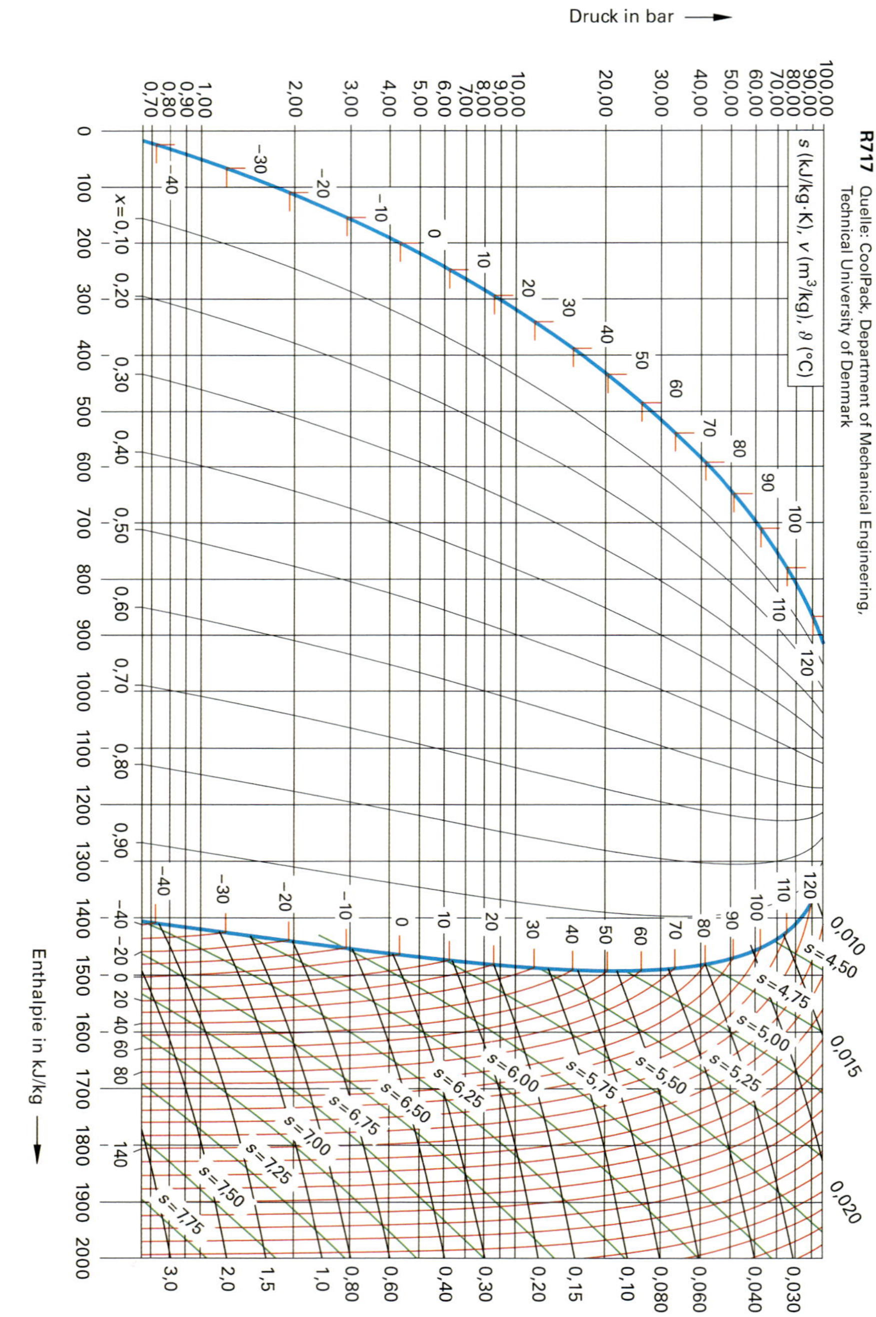

Nassdampftafel für R744

ϑ °C	p bar	v' dm³/kg	v'' m³/kg	h' kJ/kg	h'' kJ/kg	Δh_d kJ/kg	s' kJ/kgK	s'' kJ/kgK
– 25,00	16,852	0,9484	0,02275	144,31	436,97	292,66	0,7934	1,9727
– 24,00	17,400	0,9524	0,02201	146,42	436,97	290,55	0,8016	1,9678
– 23,00	17,960	0,9564	0,02130	148,55	436,96	288,42	0,8099	1,9629
– 22,00	18,533	0,9606	0,02061	150,67	436,94	286,26	0,8182	1,9580
– 21,00	19,120	0,9648	0,01995	152,81	436,89	284,08	0,8265	1,9531
– 20,00	19,720	0,9691	0,01932	154,95	436,83	281,88	0,8347	1,9482
– 19,00	20,334	0,9734	0,01870	157,10	436,75	279,65	0,8430	1,9433
– 18,00	20,961	0,9778	0,01811	159,26	436,65	277,39	0,8512	1,9384
– 17,00	21,603	0,9824	0,01754	161,43	436,54	275,11	0,8594	1,9334
– 16,00	22,259	0,9870	0,01699	163,61	436,40	272,80	0,8677	1,9285
– 15,00	22,929	0,9917	0,01645	165,79	436,25	270,46	0,8759	1,9236
– 14,00	23,614	0,9965	0,01594	167,99	436,07	268,09	0,8841	1,9186
– 13,00	24,313	1,0014	0,01544	170,19	435,88	265,69	0,8923	1,9136
– 12,00	25,028	1,0064	0,01496	172,40	435,66	263,25	0,9005	1,9086
– 11,00	25,758	1,0115	0,01450	174,63	435,42	260,79	0,9088	1,9036
– 10,00	26,504	1,0167	0,01405	176,86	435,16	258,29	0,9170	1,8985
– 9,00	27,265	1,0221	0,01361	179,11	434,87	255,76	0,9252	1,8934
– 8,00	28,042	1,0275	0,01319	181,37	434,56	253,19	0,9335	1,8883
– 7,00	28,835	1,0331	0,01278	183,64	434,22	250,58	0,9417	1,8832
– 6,00	29,644	1,0389	0,01239	185,93	433,86	247,93	0,9500	1,8780
– 5,00	30,470	1,0447	0,01201	188,23	433,46	245,23	0,9582	1,8728
– 4,00	31,313	1,0508	0,01163	190,55	433,04	242,50	0,9665	1,8675
– 3,00	32,173	1,0570	0,01128	192,88	432,59	239,71	0,9749	1,8622
– 2,00	33,050	1,0633	0,01093	195,23	432,11	236,88	0,9832	1,8568
– 1,00	33,944	1,0699	0,01059	197,61	431,60	233,99	0,9916	1,8514
0,00	34,857	1,0766	0,01026	200,00	431,05	231,05	1,0000	1,8459
1,00	35,787	1,0836	0,00994	202,42	430,47	228,06	1,0085	1,8403
2,00	36,735	1,0908	0,00963	204,86	429,85	225,00	1,0170	1,8347
3,00	37,702	1,0982	0,00933	207,32	429,19	221,87	1,0255	1,8290
4,00	38,688	1,1058	0,00904	209,82	428,49	218,68	1,0342	1,8232
5,00	39,693	1,1137	0,00875	212,34	427,75	215,41	1,0428	1,8173
6,00	40,716	1,1220	0,00847	214,89	426,96	212,07	1,0516	1,8113
7,00	41,760	1,1305	0,00820	217,48	426,13	208,65	1,0604	1,8052
8,00	42,823	1,1393	0,00794	220,11	425,24	205,13	1,0694	1,7990
9,00	43,906	1,1486	0,00768	222,77	424,30	201,53	1,0784	1,7926
10,00	45,010	1,1582	0,00743	225,47	423,30	197,83	1,0875	1,7861
11,00	46,134	1,1683	0,00719	228,21	422,24	194,02	1,0967	1,7795
12,00	47,279	1,1788	0,00695	231,03	421,09	190,06	1,1061	1,7726
13,00	48,446	1,1899	0,00671	233,86	419,90	186,04	1,1155	1,7657
14,00	49,634	1, 2015	0,00648	236,74	418,62	181,89	1,1251	1,7585
15,00	50,844	1,2138	0,00626	239,67	417,26	177,60	1,1348	1,7511
16,00	52,077	1,2269	0,00604	242,70	415,79	173,09	1,1447	1,7434
17,00	53,332	1,2407	0,00582	245,78	414,22	168,44	1,1548	1,7354
18,00	54,611	1,2555	0,00561	248,94	412,54	163,60	1,1652	1,7271
19,00	55,914	1,2714	0,00540	252,19	410,73	158,54	1,1757	1,7184
20,00	57,242	1,2886	0,00519	255,53	408,76	153,24	1,1866	1,7093
21,00	58,594	1,3073	0,00498	258,99	406,63	147,64	1,1977	1,6997
22,00	59,973	1,3277	0,00478	262,59	404,30	141,71	1,2093	1,6895
23,00	61,378	1,3502	0,00457	266,35	401,72	135,37	1,2214	1,6785
24,00	62,812	1,3755	0,00436	270,32	398,86	128,54	1,2342	1,6667
25,00	64,274	1,4042	0,00415	274,56	395,65	121,09	1,2477	1,6539
26,00	65,766	1,4374	0,00394	279,14	391,97	112,84	1,2623	1,6395
27,00	67,289	1,4769	0,00371	284,23	387,64	103,41	1,2786	1,6231
28,00	68,846	1,5259	0,00348	290,02	382,42	92,39	1,2971	1,6039
29,00	70,437	1,5909	0,00321	296,97	375,73	78,75	1,3193	1,5799
30,00	72,065	1,6895	0,00289	306,21	366,06	59,85	1,3489	1,5464
31,00	73,733	1,9686	0,00232	325,75	343,73	17,98	1,4123	1,4714
31,06	73,834	2,1552	0,00216	335,68	335,68	0,00	1,4449	1,4449

Umwelteinflüsse (→ Praxisrelevante meterologische Daten, Gefahrstoffe)

Kältemittel verursachen mehr oder weniger **Wärmerückhalteeigenschaften** in der → Troposphäre. Diese führen derzeit zu einer Temperaturzunahme von 0,4 K pro Dekade. Verträglich für natürliche Ökosystme: 0,1 K pro Dekade. Wesentliche Verursacher: Kohlenstoffdioxid, FCKW, Distickstoffoxid, Methan. Der Name Treibhauseffekt beschreibt die Erscheinung, dass die Temperatur in glasgedeckten geschlossenen Häusern bei Sonneneinstrahlung erheblich über die Außentemperatur ansteigt und auch in klaren Nächten nicht übermäßig zurückgeht.

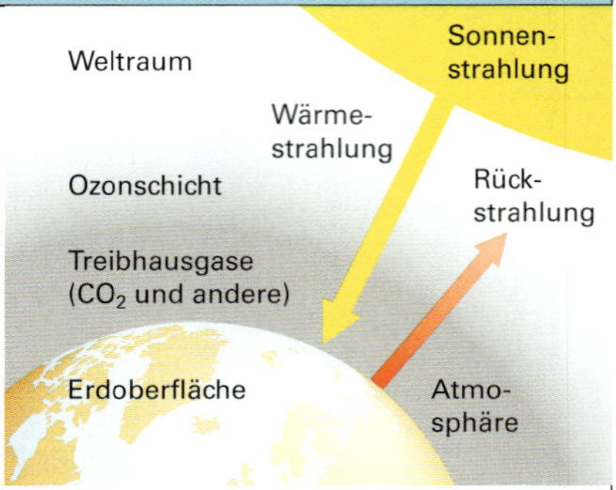

Eine ähnliche Wirkung wie Glas hat die Erdatmosphäre auf die Erdoberfläche. Wasserdampf und vor allem Kohlenstoffdioxid absorbieren die Infrarotstrahlung (→ Wärmestrahlung) und verhindern dadurch, dass nachts ein zu großer Teil der tagsüber empfangenen Wärmeenergie verloren geht **(natürlicher Treibhauseffekt)**.
Die oben genannten „Treibhausgase“ verstärken diesen Effekt in einem unnatürlichen Maß, so dass das natürliche Gleichgewicht zerstört wird und sich die Erde dadurch aufheizt.

Für den **Umgang mit Kältemitteln** wurden Grenz- und Vergleichswerte definiert bzw. festgelegt.

Grenz- und Vergleichswerte zum Treibhauseffekt

Treibhauspotenzial **GWP-Wert** (Global warming potential)	Dieser Wert beschreibt die Wärmerückhalteeigenschaften in der Troposphäre (→ **Treibhauseffekt**). Es werden drei Werte für die Betrachtungszeiträume 20, 100 bzw. 500 Jahre angegeben. In **DIN 8960**:1998-11 ist der Wert für 100 Jahre zu entnehmen. Bezeichnung GWP_{100}. Bezugsstoff ist **CO_2 mit $GWP_{100} = 1$**.
Ozonabbaupotenzial **ODP-Wert** (Ozon depletion potential)	Dieser Wert beschreibt den Ozonabbau in der Atmosphäre. Bezugsstoff ist **R11 mit ODP = 1**. Werte unter 1 bedeuten, dass die entsprechenden Stoffe weniger Ozon abbauen als R11.
Total Equivalent Warming Impakt **TEWI-Wert** g_N Nachfüllquote infolge Leckagen g_V Gewinnquote bei Entsorgung GWP GWP-Wert des Kältemittels n Lebensdauer der Anlage (a) M_{KM} Kältemittelfüllmenge kg E_a jährlicher Energiebedarf (kWh) M_A Masse der Kälteanlage kg U_e Konversionsfaktor der Energieerzeugung C Konversionsfaktor für Materialbereitstellung	Ein geeignetes **Maß zur Quantifizierung des gesamten Treibhauspotenzials** ist der **TEWI-Wert**. Dieser setzt sich aus einem indirekten und einem direkten Anteil zusammen. In der **direkten Belastung** ist die Emission von treibhauswirksamen Betriebsstoffen infolge von Leckagen, Wartungsarbeiten und Verlusten bei der Entsorgung enthalten. Die **indirekten Belastungen** berücksichtigen die CO_2-Emissionen, in erster Linie infolge der Erzeugung elektricher Antriebsenergie im Kraftwerk. Aber auch die indirekten CO_2-Emissionen, die durch den Energieaufwand zur Materialbereitstellung, Materialverarbeitung, Instandhaltung und Entsorgung entstehen, sind hier zu berücksichtigen. **TEWI-Wert** (in kg CO) $\mathrm{TEWI} = \underbrace{[g_N \cdot n + (1 - g_V)] \cdot M_{KM} \cdot \mathrm{GWP}}_{\text{direkter Treibhauseffekt}} + \underbrace{E_a \cdot n \cdot U_e + C \cdot M_A}_{\text{indirekter Treibhauseffekt}}$

Geruchsstoffe

Es handelt sich dabei meist um komplizierte organische Verbindungen. Dabei wird bei sehr kleinen Konzentrationen der **Schwellwert der Wahrnehmung** erreicht.

Konzentration und Schwellwert von Geruchsstoffen in ppm

Stoff	Geruchsschwelle	Stoff	Geruchsschwelle
Ammoniak	5,3	Chlor	3,5
Aceton	450,0	Formaldehyd	20,0
Benzin	280,0	Ozon	0,05
Benzol	300,0	Schwefeldioxid	3,0
Buttersäure	0,000065	Schwefelwasserstoff	0,18

Boden und Wasser

Kontamination: Verschmutzung eines Mediums (Boden, Wasser, Luft) durch **Schadstoffe**

4

Umwelteinflüsse (→ Praxisrelevante meterologische Daten) (Fortsetzung)

Schadstoff-Beispiele (→ Gefahrstoffe)
Kältemittel, Kältemaschinenöl, Metalle, Kunststoffe, Wärmeträger (Solen), Reinigungs- und Lösemittel, Flussmittel (Löthilfsmittel), Farben, Lacke, Gase und Dämpfe (z.B. Kältemitteldampf)

Wasser ist – wie Luft – ein unbedingt erforderliches Lebensmittel. Bereits in der **Europäischen Wassercharta** (1968) ist zu lesen:

„Die Vorräte an gutem Wasser sind nicht unerschöpflich. Deshalb wird es immer dringender, sie zu erhalten, sparsam damit umzugehen und, wo immer möglich, in ihrer Qualität zu verbessern, Wasser verschmutzen heißt, den Menschen und allen anderen Lebewesen Schaden zuzufügen. Verwendetes Wasser ist den Gewässern in einem Zustand wieder zurückzuführen, der eine weitere Nutzung für den öffentlichen wie für den privaten Gebrauch nicht beeinträchtigt."

Die Verwaltungsvorschrift wassergefährdender Stoffe **(VwVwS)** gibt die erforderlichen Regeln für den Umgang mit Wasser an.

Im **Wasserhaushaltsgesetzt (WHG)** in seiner letzten Fassung vom 1. Juli 2005 sind **Wassergefährdungsklassen** (WGK-Werte) gemäß nebenstehender Tabelle genannt.

Haupt-Kontaminations-Pfade
Boden → Oberflächenwasser → Atmosphäre Boden → Atmosphäre Boden → Wasserkreislauf (s. Grafik)

Natürlicher Wasserkreislauf:

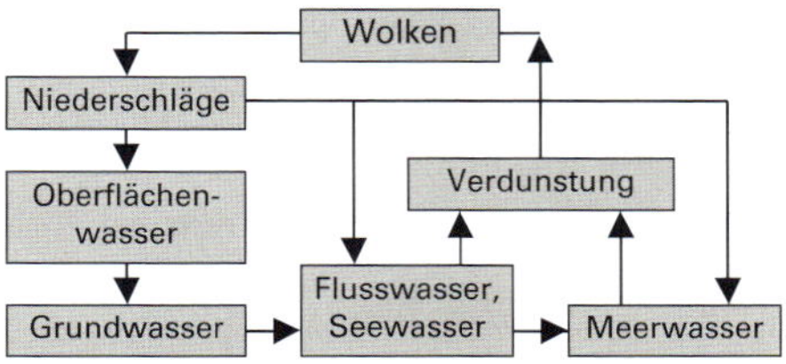

Trinkwasservorkommen in Deutschland
Quellwasser etwa 0,4 Milliarden Kubikmeter (ca. 7 %) **Oberflächenwasser** etwa 1,7 Mrd. Kubikmeter (ca. 30 %) **Grundwasser** etwa 3,6 Milliarden Kubikmeter (ca. 63 %)

WGK-Kategorie	Bedeutung
WGK 1	schwach wassergefährdend
WGK 2	wassergefährdend
WGK 3	stark wassergefährdend

4

pH-Werte-Skala:

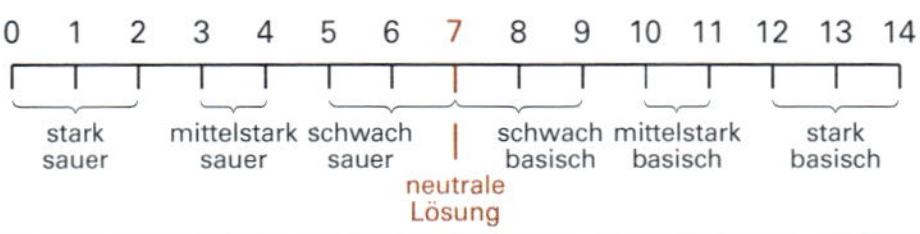

konz. Salzsäure	→	pH-Wert ist Null: pH0
konz. Natronlauge	→	pH-Wert ist Vierzehn: pH14
Wasser	→	pH-Wert ist Sieben: pH7 (neutral)

Wasserhärtebereiche:

Härtebereich	Gesamthärte in mmol/l	Gesamthärte in °dH
Nr. 1: weich	bis 1,3	bis 7,3
Nr. 2: mittel	1,3 bis 2,5	7,3 bis 14
Nr. 3: hart	2,5 bis 3,8	14 bis 21,3
Nr. 4: sehr hart	über 3,8	über 21,3

Gesamthärte des Wassers

Carbonathärte	**Nichtcarbonathärte**
↓	↓
Erwärmen bis 100 °C	Erwärmen über 100 °C (Verdampfen)
↓	↓
Wasserstein	**Kesselstein**
↓	↓
Calciumcarbonat = Kalk Magnesiumcarbonat	Calciumsulfat Magnesiumsulfat Calciumchlorid Calciumnitrat

Bezeichnungen bei der **Unterteilung in Härteanteile:**
Carbonathärte = Temporäre Härte
Nichtcarbonathärte = Permanente Härte oder bleibende Härte

°dH ≙ deutsche Härtegrade (alte Einheit)
SI-Standard: mmol/l (Millimol pro Liter)

1 °dH entspricht 10,0 mg gelöstes Calciumoxid pro Liter Wasser. Dies sind **0,178 mmol/l** (→ molare Zustände).

Härtebildner im Wasser sind vor allem Calcium- und Magnesiumsalze. Sie erzeugen beim Erwärmen des Wassers Kalkablagerungen und unlösbare Salze.

Man spricht von **Carbonathärte,** wenn diese durch Stoffe verursacht wird, die beim Erwärmen des Wassers bis 100 °C entstehen. Zusammenfassend werden diese Stoffe als **Wasserstein** bezeichnet.

Man spricht von **Nichtcarbonathärte,** wenn diese durch Stoffe verursacht wird, die beim Verdampfen des Wassers über 100 °C entstehen. Zusammenfassend werden diese Stoffe als **Kesselstein** bezeichnet.

Die **Gesamthärte** setzt sich aus der Carbonathärte und der Nichtcarbonathärte zusammen.

Die Bestimmung der Gesamthärte kann im Labor exakt ermittelt werden. In der Praxis beim Umgang mit Wasser erfolgt die Bestimmung der Gesamthärte mit **Teststäbchen** oder mit **Indikatorlösungen.**

Carbonathärte entsteht durch Auflösung von Kalk $CaCO_3$ durch Anwesenheit von Kohlensäure CO_2:

$$CaCO_3 \text{ (Kalk)} + CO_2 + H_2O \Rightarrow Ca_2^+ + 2\ HCO_3^-$$

Mindestanforderungen (nach **DIN 51503-1**:2021-12)

Einteilung in Gruppen und Bezeichnung

Die Einteilung erfolgt alphabetisch nach den zu verwendenden Kältemitteln

Gruppe	Verwendungszweck
KA	Kältemaschinenöle für Ammoniak.
KAA	Kältemaschinenöle der Viskositätsklassen ISO VG 22 bis ISO VG 150 nach **DIN** welche nicht mischbar mit Ammoniak sind, für Verdichter mit Ammoniak nach **DIN 8960**:1998-11 als Kältemittel.
KAB	Kältemaschinenöle der Viskositätsklassen ISO VG 46 bis ISO VG 100 nach DIN ISO 3448:2010-02, welche mit Ammoniak teilweise oder vollständig mischbar sind, für Verdichter mit Ammoniak nach **DIN 8960**:1998-11als Kältemittel.
KB	Kältemaschinenöle der Viskositätsklasse ISO VG 32 bis ISO VG 320 nach DIN ISO 3448:2010-02 für CO_2
KC	Kältemaschinenöle der Viskositätsklassen ISO VG 22 bis ISO VG 360 nach **DIN** für Verdichter mit voll- und teilhalogenierten Fluorchlorkohlenwasserstoffen (FCKW/HFCKW) nach **DIN ISO 3448**:2010-02 als Kältemittel.
KD	Kältemaschinenöle der Viskositätsklassen ISO VG 7 bis ISO VG 460 nach **DIN** für Verdichter mit voll- und teilfluorierten Kohlenwasserstoffen (FKW/HFKW) nach **DIN 8960**:1998-11 als Kältemittel.
KE	Kältemaschinenöle der Viskositätsklassen ISO VG 15 bis ISO VG 460 nach **DIN ISO 3448**:2010-02 für Verdichter mit Kohlenwasserstoffen (KW, z.B. Propan, ISO-Butan) nach **DIN 8960**:1998-11 als Kältemittel.

Bezeichnungsbeispiel: Kältemaschinenöl der Gruppe KD, **Viskositätsklasse** ISO VG46

Kältemaschinenöl DIN 51503-1:2021-12 – **KD 46**

Ist im Kältemaschinenöl ein besonderer Wirkstoff enthalten, ist dies mit einem W zu kennzeichnen:

Kältemaschinenöl DIN 51503-1:2021-12 – **KD W46**

4

Anforderungen und Prüfung

Begriffe s. nächste Seite

Gruppe KAA: Ammoniak-nicht-mischbare Kältemaschinenöle

Eigenschaften			Anforderungen Untergruppe KAA						Prüfung nach
ISO-Viskositätsklasse nach **DIN ISO 3448**: 2010-02			ISOVG 15	ISOVG 22	ISOVG 32	ISOVG 46	ISOVG 68	ISOVG 100	
Aussehen			Klar						Visuell
Kinematische Viskosität bei 40 °C (→ Viskosität)	mm^2/s	min.		19,8	28,8	41,4	61,2	90	**DIN 53000-1**: 2023-07
		max.		24,2	35,2	50,6	74,8	110	
Pourpoint	°C	max.		−30	−24	−21	−15	−9	**DIN EN ISO 3016**: 2019-09
Flammpunkt (→ Sicherheitsdaten)	°C	min.	150		160		170		**DIN EN ISO 2592**: 2018-01
Säurezahl	mg KOH/g	max.	0,08[1]						**DIN ISO 6618**: 2015-07
Gesamtbasenzahl	mg KOH/g		Ist anzugeben						**DIN 51639-1**: 2014-11
Asche (Oxidasche) Massenanteil	%	max.	0,01[1]						**DIN EN ISO 6245**: 2003-01
Wasser			Kein freies Wasser						Visuell

[1] Gilt nicht für Kältemaschinenöle mit Wirkstoffen. Bei diesen Kältemaschinenölen sind Neutralisationszahl, Verseifungszahl und Aschegehalt vom Lieferer anzugeben.

Mindestanforderungen (Fortsetzung) (nach DIN 51503-1:2021-12)

Gruppe KAB: Ammoniak-mischbare Kältemaschinenöle

Eigenschaften			Anforderungen Untergruppe KAB			Prüfung nach
ISO-Viskositätsklasse nach **DIN ISO 3448**:2010-02			ISO VG 46	ISO VG 68	ISO VG 100	
Aussehen			Klar			Visuell
Kinematische Viskosität bei 40 °C (→ Viskosität)	mm²/s	min.	41,4	61,2	90	**DIN ISO 3104**:2021-02
		max.	50,6	74,8	110	
Pourpoint	°C	max.	Ist anzugeben			**DIN EN ISO 3016**:2019-09
Flammpunkt (→ Sicherheitsdaten)	°C	min.	200	200	200	**DIN EN ISO 2592**:2018-01
Säurezahl	mg KOH/g	max.	Ist anzugeben			**DIN ISO 6618**:2015-07
Gesamtbasenzahl	mg KOH/g		Ist anzugeben			**DIN 51639-1**:2014-11
Wassergehalt	mg/kg	max.	350[1)]			**DIN 51777**:2020-04
Kältemittelmischbarkeit			Ist anzugeben			**DIN 51514**:1996-11

1) Gilt für verschlossene Gebinde im Anlieferungszustand. Wassergehalt in anderen Gebinden nach Vereinbarung, siehe Erläuterungen.

4

Begriffe: (→ Kinematische Viskosität)

Pourpoint (Stockpunkt)
Temperatur, bei der das Öl beim Abkühlen unter genormten Bedingungen gerade aufhört zu fließen.

Flammpunkt
Niedrigste Temperatur, bei der sich in einem Tiegel aus dem Öl Dämpfe in solcher Menge entwickeln, dass sich ein durch Fremdzündung entflammbares Dampf-Luft-Gemisch bildet (→ Zündgrenze, Kältemittel)

Neutralisationszahl (NZ)
Basenzahl (BZ)
Gehalt des Öls an sauren oder basischen Anteilen (→ pH-Werte-Skala)

Verseifungszahl
Kriterium für die **Hydrolyse,** d.h. Spaltung der Öle durch Wasser (Verseifung) und dadurch **Bildung von Ölsäuren**

Aschezahl
Verhältnis von Gewicht des unverbrennbaren Restes des Öls zum Gewicht vor der Verbrennung.

Die Werte werden durch genormte Versuche (s. Tabellen Spalte Prüfung) ermittelt.

Die **Angaben der Hersteller von Kältemittelverdichtern** bezüglich des Öleinsatzes sind unbedingt zu befolgen.

Gruppe KC: Fluorchlorkohlenwasserstoff-mischbare Kältemaschinenöle

Eigenschaften			Anforderungen Untergruppe KC								Prüfung nach
ISO-Viskositätsklasse nach **DIN ISO 3448**:2010-02			ISO VG 22	ISO VG 32	ISO VG 46	ISO VG 68	ISO VG 100	ISO VG 150	ISO VG 220	ISO VG 320	
Aussehen			Klar								Visuell
Kinematische Viskosität bei 40 °C (→ Viskosität)	mm²/s	min.	19,8	28,8	41,4	61,2	90	135	198	288	**DIN EN ISO 3104**: 2021-01
		max.	24,2	35,2	50,6	74,8	110	165	242	352	

Fortsetzung nächste Seite

Mindestanforderungen (Fortsetzung) (nach **DIN 51503-1**:2021-12)

Gruppe KC: Fluorchlorkohlenwasserstoff-mischbare Kältemaschinenöle

Eigenschaften			Anforderungen Untergruppe KC								Prüfung nach
Gruppe KC		ISO VG	22	32	46	68	100	150	220	320	
Pourpoint	°C		−30	−24	−21	−15	−9	−9	−9	−9	**DIN EN ISO 3016:** 2019-09
Flammpunkt	°C	min.	150	150	160	170	170	210	210	225	**DIN EN ISO 2592:** 2018-01
Säurezahl	g KOH/g	max.	0,02[1]								**DIN EN ISO 6618:** 2015-07
Asche (Oxidasche) Massenanteil	%	max.	0,01[1]								**DIN EN ISO 6245:** 2003-01
Wassergehalt	mg/kg	max.	30[2]								**DIN 51777:** 2020-04
Kältemittelmischbarkeit			Ist anzugeben								**DIN 51514:** 1996-11

[1] Gilt nicht für Kältemaschinenöle mit Wirkstoffen. Bei diesen Kältemaschinenölen sind Neutralisationszahl, Verseifungszahl und Aschegehalt vom Lieferer anzugeben.

[2] Gilt für verschlossene Gebinde im Anlieferungszustand. Wassergehalt in anderen Gebinden nach Vereinbarung, siehe Erläuterungen.

4

Gruppe KD: Fluorkohlenwasserstoff-mischbare Kältemaschinenöle

Eigenschaften			Anforderungen Untergruppe KD												Prüfung nach
ISO-Viskositätsklasse nach **DIN ISO 3448**:2010-02			ISO VG 7	ISO VG 10	ISO VG 15	ISO VG 22	ISO VG 32	ISO VG 46	ISO VG 68	ISO VG 100	ISO VG 150	ISO VG 220	ISO VG 320	ISO VG 460	
Aussehen			Klar												Visuell
Kinematische Viskosität bei 40 °C (→ Viskosität)	mm^2/s	min.	6,2	9	13,5	19,8	28,8	41,4	61,2	90	135	198	288	414	**DIN EN ISO 3104:** 2021-01
		max.	7,7	11	16,5	24,2	35,2	50,6	74,8	110	165	242	352	506	
Pourpoint	°C	max.	−39	−39	−39	−39	−39	−30	−27	−24	−21	−21	−21	−21	**DIN ISO 3016:** 2019-09
Flammpunkt	°C	min.	130		150		160		170		210				**DIN ISO 2592:** 2018-01
Säurezahl	mg KOH/g	max.	Ist anzugeben												**DIN ISO 6618:** 2015-07
Wassergehalt	mg/kg	max.	100[1]						350[2]						**DIN 51777:** 2020-04
Kältemittelmischbarkeit			Ist anzugeben												**DIN 51514:** 1996-11

[1] Esteröle in verschlossenen Gebinden im Anlieferungszustand. Wassergehalt in anderen Gebinden nach Vereinbarung, siehe Erläuterungen.

[2] Polyglykole in verschlossenen Gebinden im Anlieferungszustand. Wassergehalt in anderen Gebinden nach Vereinbarung, siehe Erläuterungen.

Mindestanforderungen (Fortsetzung) (nach **DIN 51503-1**:2021-12)

Gruppe KE: Kohlenwasserstoff-mischbare Kältemaschinenöle

Eigenschaften			Anforderungen Untergruppe KE										Prüfung nach
ISO-Viskositätsklasse nach **DIN ISO 3448**:2010-02			ISO VG 15	ISO VG 22	ISO VG 32	ISO VG 46	ISO VG 68	ISO VG 100	ISO VG 150	ISO VG 220	ISO VG 320	ISO VG 460	
Aussehen			Klar										Visuell
Kinematische Viskosität bei 40 °C (→ Viskosität)	mm²/s	min.	13,5	19,8	28,8	41,4	61,2	90	135	198	288	414	**DIN EN ISO 3104**: 2024-04
		max.	16,5	24,2	35,2	50,6	74,8	110	165	242	352	506	
Pourpoint	°C	max.	−36	−30	−24	−21	−15	−9	−9	−9	−9	−9	**DIN EN ISO 3016**: 2019-09
Flammpunkt (→ Sicherheitsdaten)	°C	min.	150		160		170		210		225		**DIN ISO 2592**: 2018-01
Säurezahl	mg KOH/g	max.	Ist anzugeben[1]										**DIN ISO 6618**: 2015-07
Wassergehalt	mg/kg		30[1]										**DIN 51777**: 2020-04
Kältemittelmischbarkeit			Ist anzugeben										**DIN 51514**: 1996-11

[1] Gilt nur für Mineralöle und Alkylbenzole in verschlossenen Gebinden im Anlieferungszustand. Wassergehalt in anderen Gebinden nach Vereinbarung, siehe Erläuterungen.

Grundsätzliche Arten und gebrauchte Kältemaschinenöle

Kältemaschinenöle sind Gemische verschiedener Kohlenwasserstoffe. Diese lassen sich auch synthetisch verändern. Danach unterscheidet man **mineralische Kältemaschinenöle** und **synthetische Kältemaschinenöle**.

Kriterien für **gebrauchte Kältemittel** sind in **DIN 51503-2**: 2015-09 geregelt. Sie beziehen sich auf die Verwendung dieser Kältemaschinenöle in offenen, halb- und vollhermetischen → Kältemittelverdichtern.

Kältemittel-Kältemaschinenöl-Gemische

Löslichkeitsgrenzen (→ Mischung) (nach **DIN 51514**:1996-11)

Kältemaschinenöl dient der Verdichterschmierung und ist deshalb ständig in Berührung mit Kältemittel.

Kältemaschinenöle und Kältemittel sind i.d.R. in bestimmten Temperatur- und Druckbereichen mischbar (Ausnahme Gruppe KA) → Im Kältemaschinen-Kreislauf ist das Kältemittel (bis etwa 5%) mit Öl beladen.

Bei nicht vorhandener Mischbarkeit (nur Gruppe KA) oder bei **Phasentrennung** in bestimmten Temperatur- und Druckbereichen muss das Öl i.d.R. an geeigneter Stelle abgeschieden und in den Verdichter zurückgeführt werden.

Die **Mischbarkeit des Öles** im Kältemittel hängt von den Komponenten des Gemisches, von der Zusammensetzung des Gemisches, von der Temperatur und vom Druck ab. Im **Phasengleichgewicht** existiert für eine vorgegebene Temperatur und Zusammensetzung nur ein dazugehöriger Sättigungsdruck.

Beim Abkühlen und/oder Erwärmen einer Öl-Kältemittelmischung kann ein Trennen der Mischung in eine kältemittelreiche und eine kältemittelarme Ölphase auftreten. Diejenige Temperatur, bei der diese Phasenänderung eintritt, ist als **Löslichkeitsgrenztemperatur** definiert.

Kältemittel-Kältemaschinenöl-Gemische (Fortsetzung)

In grafischer Darstellung der Löslichkeitsgrenztemperatur als Funktion der Gemischzusammensetzung trennt die Verbindungslinie aller Löslichkeitsgrenztemperaturen den Bereich der homogenen Mischung vom Bereich der heterogenen Mischung, der als **Mischungslücke** bezeichnet wird.

Im Bereich der **Mischungslücke existieren zwei flüssige Phasen.** Die Temperatur, bei der beide flüssige Phasen die gleiche Zusammensetzung aufweisen, wird als kritische Entmischungstemperatur bezeichnet, die dazugehörige Zusammensetzung als kritische Entmischungszusammensetzung.

Beispiele verschieden ausgeprägter Mischungslücken (Quelle: Fuchs-Öle, Mannheim)

R-407 C (25 % R-125 + 23 % R-32 + 52 % R-134a)
Öl Reniso Triton SEZ 32

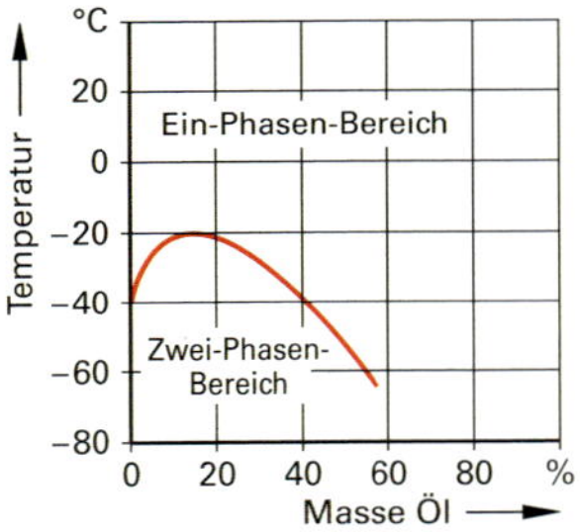

R-410 A (50 % R-125 + 50 % R-32)
Öl Reniso Triton SEZ 32

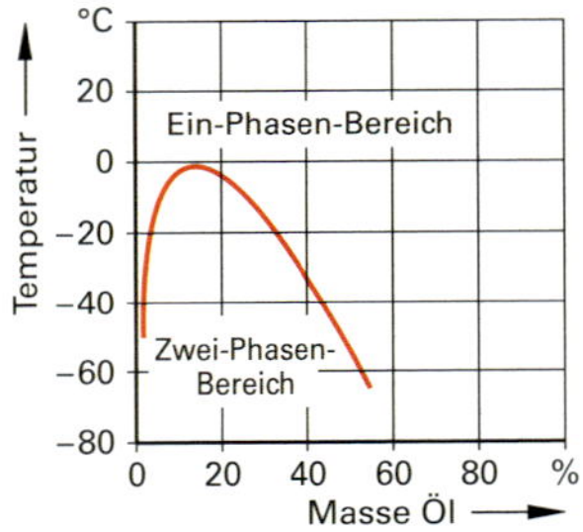

R-134a
Öl Reniso Triton SEZ 32

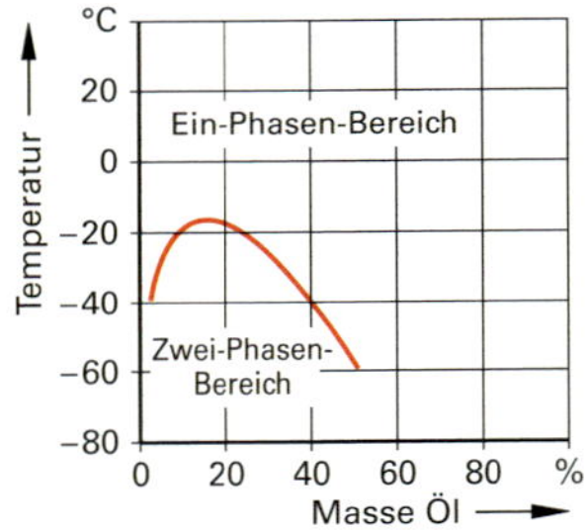

R-134a
Öl Reniso Triton SEZ 32

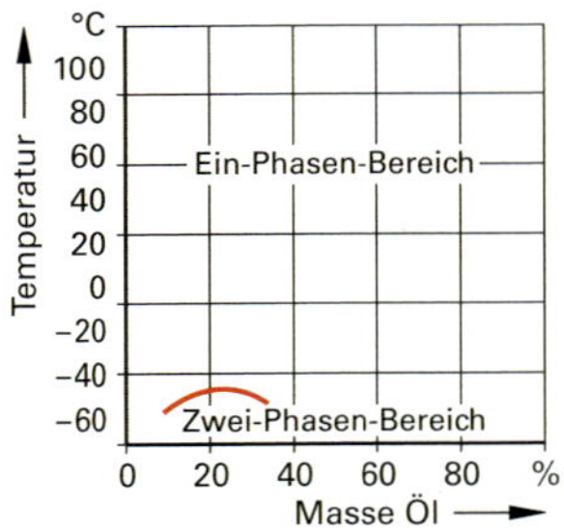

R-134a
Öl Reniso Triton SE 55

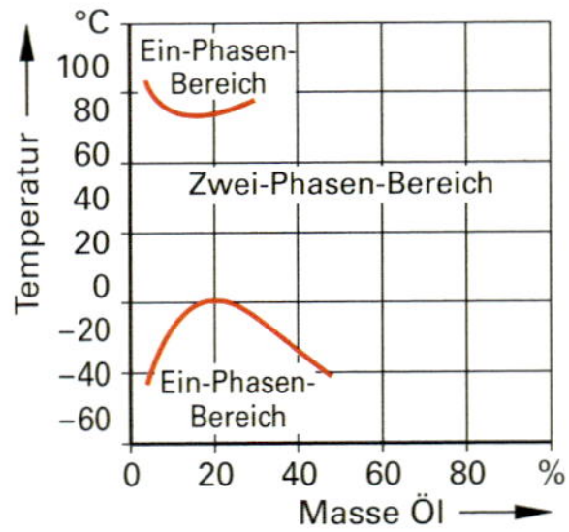

R-404 A (44 % R-125 + 52 % R-143a + 4 % R134a))
Öl Reniso Triton SEZ 32

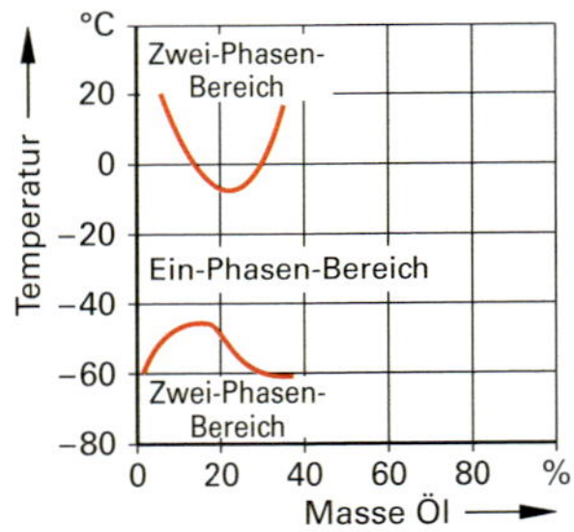

Dampfdruck bei Kältemittel-Kältemaschinenöl-Gemischen

(→ Verdampfen, Kondensieren, Dampfdruckkurve)

Nebenstehendes Diagramm zeigt für das Beispiel R-134a und Öl Reniso Triton SE55 die Dampfdruckkurven, und zwar Massenanteile Kältemittel in Öl (Quelle: Fuchs-Öle, Mannheim)

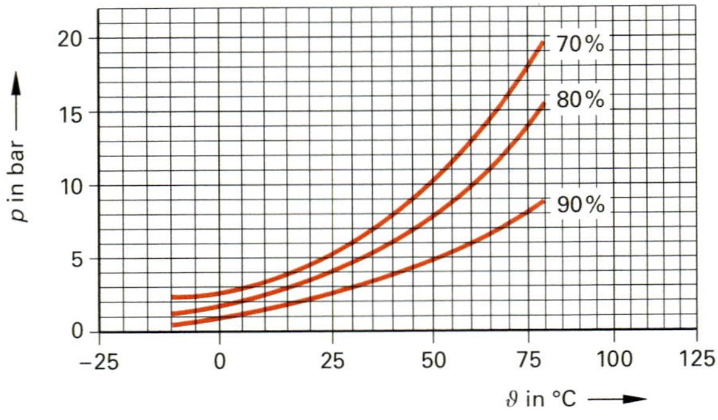

Wasserlöslichkeit in Kältemitteln

Kältemittel nehmen Wasser in geringen Mengen in **Lösung.** Die **Löslichkeitsgrenze** bestimmt den zulässigen Wassergehalt im Kältemittel.

Wird die Löslichkeitsgrenze überschritten, dann fällt Wasser in Tröpfchenform aus. Bei diesem **kritischen Feuchtigkeitsgehalt** ist mit Störungen (z.B. Zufrieren des Drosselorgans) oder **Hydrolyse** zu rechnen.

Die Löslichkeit ist stark temperaturabhängig (s. nebenstehendes Diagramm).

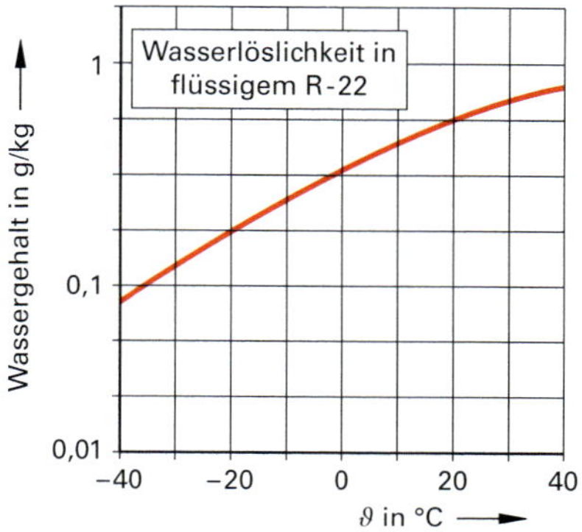

Wasserlöslichkeit in $\frac{\text{g Wasser}}{\text{kg Kältemittel}}$		
Kältemittel	Temperatur	
	−25 °C	−10 °C
R-22	0,24	0,4
R-40	0,10	0,23
R-12	0,005	0,013
R-13	0,004	0,01

Zur Feuchtigkeitsaufnahme werden **Trockner,** die mit Trockenmittel gefüllt sind und durch die das Kältemittel strömt, eingebaut.

Aus der Löslichkeitscharakteristik ergibt sich:

Trockner immer an Stellen kleiner Temperatur einbauen (wegen größerer Wasseraufnahme).

4

DKV-Arbeitsblatt AWK 5.02-2: Löslichkeit von Wasser in Kältemittel

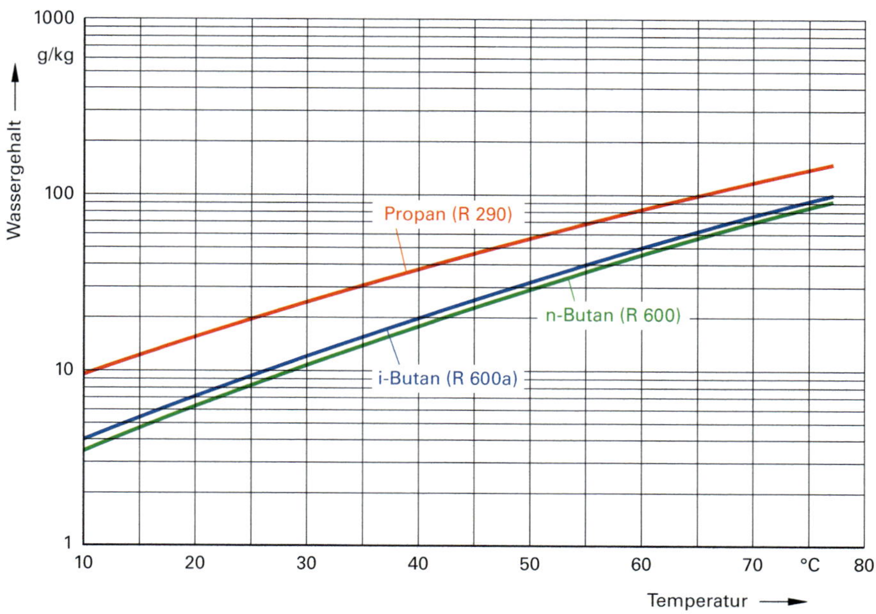

Wirkungsweise von Trockenmitteln

Kristallwasserbildung:

Die Moleküle verschiedener chemischer Verbindungen binden Wassermoleküle. Insbesondere wird zu diesem Zweck des Trocknens Calciumsulfat $CaSO_4$ – als Granulat in den Kältekreislauf eingebracht (in einem Trockner) – verwendet. Die Anordnung ist jedoch rückläufig. Heute meist ersetzt durch **adsorptive Trockenmittel.**

Wirkungsweise von Trockenmitteln (Fortsetzung)

Adsorptive Trockenmittel:

Unter → **Adsorption (Adsorptionsstoffpaare)** versteht man die Anlagerung von Gasen und Dämpfen (z.B. Wasserdampf) bzw. gelösten Stoffe an der Oberfläche fester Stoffe

Die verwendeten **Adsorptionsmittel** werden als Adsorbienten (in der Einzahl als Adsorbens) bezeichnet.

Wichtige Adsorbienten

Aktivkohle, Kieselgel, Aktivtonerde (Aluminiumoxid Al_2O_3), Bleicherde, **Molekularsiebe.** Letztere heißen auch **Zeolithe** und finden heute meist Verwendung.

Adsorption findet nicht nur an der freien Oberfläche, sondern auch in den Poren des Adsorbens statt. Somit:

Wirkfläche bis 800 m^2 pro Gramm des Adsorbens.

Adsorption ist stark **temperaturabhängig** (s. folgendes Diagramm)

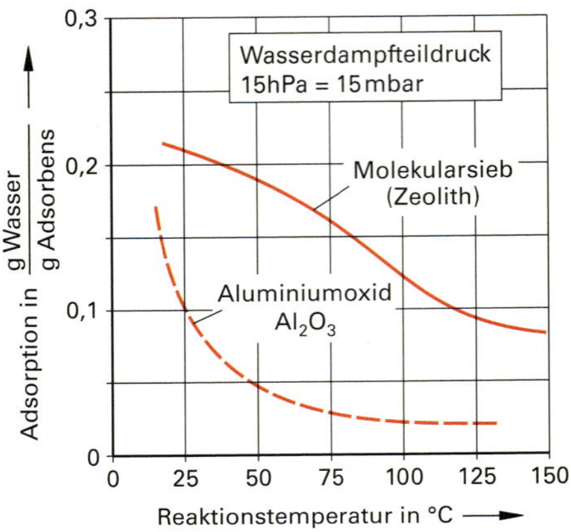

Molekularsiebe (Zeolithe) sind kristalline Metall-Aluminiumsilikate

z.B. $Na_{12}[(AlO_2)_{12}(SiO_2)_{12}]$

mit käfigförmigem **Kristallgitter** mit einer Gitterkonstanten $a_0 \approx 0{,}4$ Nanometer, d.h. etwa $4 \cdot 10^{-8}$ cm. Symbolisch wird ein solches Kristallgitter als ein kubisch-flächenzentriertes Gitter (nebenstehende Abbildung) dargestellt. Die Gitterkonstante muss auf das Kältemittel abgestimmt sein.

Funktion

In die „Hohlräume" können die Wassermoleküle eindringen, denn sie haben einen Durchmesser von 0,28 Nanometer. Kältemittelmoleküle werden „herausgesiebt", da sie mit ihrem größeren Durchmesser nicht durch die Gitterstruktur passen.

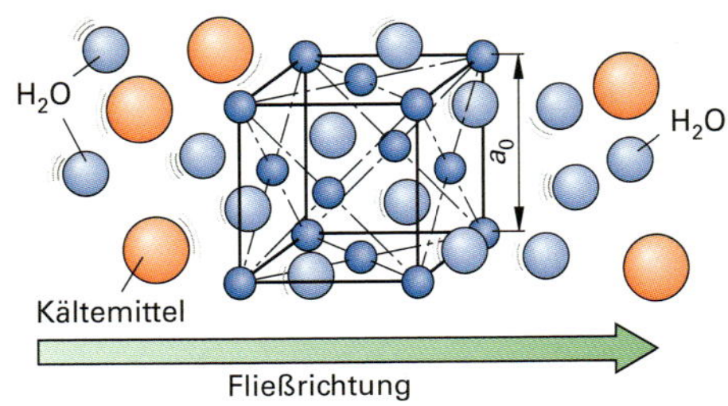

Einbauregeln, Trockenmittelmengen, Aktivierung der Trockenmittel

Einbauregeln:

1. Trockner immer geschlossen halten; Trockenmittel dürfen nur ganz kurzzeitig mit atmosphärischer Luft in Berührung kommen.
2. Temperatur am Trockner sollte möglichst niedrig sein (Temperaturcharakteristik).
3. Strömungsgeschwindigkeit (→ Kontinuitätsgleichung) sollte möglichst klein sein. Damit wird die Verweilzeit größer.
4. Am Trocknerausgang sollte nur flüssiges Kältemittel strömen. Damit wird ein Verölen verhindert.

Trocknergröße, Trockenmittelmengen:

Richtwerte über Trockenmittelmengen bzw. Trocknergröße in Abhängigkeit von Trockenmittel, Kältemittel und Anlagengröße } → in $\frac{\text{g Trockenmittel}}{\text{mg } H_2O \text{ im Kreislauf}}$

Hersteller-angaben beachten

Aktivierung der Trockner:

Durch Erwärmung der Trockner auf **Aktivierungstemperatur** gemäß **DIN 8948 (z),** z.B. Molekularsieb (Zeolith) auf 340 °C. Eine Überhitzung zertört das Trockenmittel (totbrennen); z.B. bei Zeolith ist $\vartheta_{max} = 600$ °C. Die Aktivierung kann im Vakuum beschleunigt werden.

Hersteller-angaben beachten

Solen, gelöste Stoffe

Mittlerer Temperaturbereich ca. –45 °C … 325 °C:
Für Temperaturen unterhalb 0 °C → Binäreis;
für Temperaturen oberhalb 0 °C Wasser möglich, aber Einfriergefahr und Korrosivität beachten
Solen (Salzlösungen)

Unter **Solen** (Einzahl: Sole) versteht man eine natürliche oder technisch erzeugte Salzlösung. Unter einer Kühlsole versteht man die Lösung von Salzen in Wasser mit einem – je nach Salzkonzentration – niedrigeren Schmelzpunkt als Wasser.

→ Stoffmischungen
Lösungsdiagramm
→ Eutektische Kältespeicher
→ Eutektische Massen
→ Lösungen
→ Schmelzen, Erstarren

→ Diagramme, Nomogramme
→ Kältemittel
→ Viskosität
→ Wärmeleitfähigkeit
→ Spezifische Wärme

1 Ns/m² = 1 Pa · s

Bei der eutektischen Zusammensetzung gefriert und schmilzt die Lösung wie ein reiner Stoff, d.h. bei konstanter Temperatur (→ Temperaturhaltepunkt). Diese Temperatur ist die für Solen niedrigste Temperatur, d.h. die **Abkühlungsgrenze** ϑ_{min}.

Gelöste Stoffe: z. B. Natriumchlorid, Calciumchlorid, Magnesiumchlorid, Kaliumcarbonat

Gelöster Stoff	Massegehalt %	Schmelzpunkt °C	Temperatur °C	Dichte kg/m³	Spez. Wärmekapazität kJ/kgK	Wärmeleitfähigkeit W/mK	dyn. Viskosität 10^{-3} Ns/m²	kinem. Viskosität 10^{-6} m²/s	Temp. Leitfähigkeit 10^{-8} m²/s
$N^{a}Cl$	7	–4,4	–4	1055	3,818	0,556	2,16	2,06	13,9
	11	–7,5	–7,5	1086	3,672	0,545	2,65	2,45	13,8
	13,6	–9,8	–9,8	1110	3,580	0,540	3,43	3,13	13,7
	16,2	–12,2	–12,2	1130	3,500	0,533	4,22	3,48	13,6
	18,8	–15,2	–15	1152	3,425	0,525	4,78	4,19	13,5
	21,2	–18,2	–18	1175	3,354	0,518	6,8	5,24	13,3
	23,1	–21,2	–21	1191	3,303	0,514	7,75	6,60	13,2
$MgCl_2$	7,2	–5	–5	1065	3,726	0,552	2,84	2,69	14,0
	11,6	–10,3	–10	1107	3,450	0,521	4,56	4,16	13,7
	13,8	–14,5	–14	1127	3,329	0,508	5,98	5,32	13,6
	17	–22,8	–22	1160	3,140	0,486	10,39	9,05	13,5
	20,6	–33,6	–33	1196	2,956	0,454	22,55	19,05	13,0
$C^{a}Cl_2$	14,7	–10,2	–10	1138	3,308	0,534	4,06	3,6	14,3
	20,9	–19,2	–15	1202	3,014	0,521	6,59	5,553	14,7
	25,7	–31,2	–30	1263	2,763	0,494	14,81	12,0	14,5
	28,4	–43,6	–40	1297	2,680	0,478	30,40	24	14,1
	29,9	–55	–55	1321	2,596	0,456	64,72	50,2	13,6
K_2CO_3	12,8	–5	–5	1154	3,492	0,534	2,99	2,59	13,2
	21,2	–10	–10	1255	3,046	0,517	5,39	4,29	13,5
	27	–15	–15	1307	2,889	0,503	9,07	6,94	13,3
	31	–20	–20	1350	2,772	0,488	15,0	11,1	13,0
	34	–25	–25	1382	2,692	0,476	24,0	17,4	12,8
	36,6	–30	–30	1410	2,627	0,463	38,7	27,4	12,5
	28,9	–35	–35	1434	2,583	0,451	60,0	41,8	12,2

Solen, gelöste Stoffe (Fortsetzung)

Wasser-Alkohol (einwertig) Mischungen (Methanol / Ethanol)

Gelöster Stoff	Massegehalt %	Schmelzpunkt °C	Temperatur °C	Dichte kg/m³	Spez. Wärmekapazität kJ/kgK	Wärmeleitfähigkeit W/mK	dyn. Viskosität 10^{-3} Ns/m²	kinem. Viskosität 10^{-6} m²/s	Temp. Leitfähigkeit 10^{-8} m²/s
CH_3OH	10	−7,5	−7,5	986	4,344	0,504	3,63	3,68	11,8
	20	−16,5	−16,5	978	4,072	0,452	6,91	7,07	11,3
	30	−26	−30	972	3,820	0,414	13,50	13,9	11,1
	40	−39	−39	966	3,567	0,388	27,50	28,5	11,3
	50	−54,5	−54,5	964	3,308	0,369	90,20	93,6	11,6
	60	−74	−74	961	3,046	0,347	56,90		
	70	> −80	−80	948	2,831	0,339			
	80	> −80	−80	927	2,627	0,320			
	90	> −80	−80	880	2,418	0,302			
C_2H_5OH	10	−6	−6	988	4,396	0,529	3,92	3,79	12,2
	20	−11,5	−11,5	983	4,365	0,473	9,80	9,97	11,0
	30	−17,5	−17,5	977	4,134	0,422	20,60	21,1	10,4
	40	−25,5	−25,5	967	3,904	0,376	38,25	39,6	9,96
	50	−33,5	−33,5	955	3,571	0,337	56,0	58,6	9,88
	60	−43	−43	942	3,203	0,312	69,6	73,9	10,3
	70	−55,5	−55,5	930	2,860	0,294	86,30	92,8	11,1
	80	−72	−65	914	2,533	0,281	85,0	93,0	12,1
	90	> −80	−75	898	2,219	0,274	62,8	69,9	13,7

Tabellarische Daten aus VDI-Wärmeatlas.

Auf Grund der hohen Korrosivität der Solen bzw. der hohen Flüchtigkeit einwertiger Alkohol-Wassermischungen werden vorrangig höherwertige Alkohole (Glykole) eingesetzt.

Frostsicherheit von Ethylenglykol-Wassermischungen

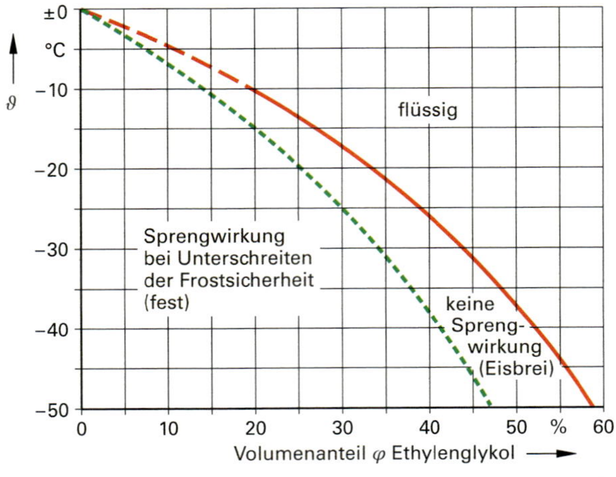

Monoethylenglykol-Wassermischungen mit → Inhibitoren sind z.B.

Tyfocor (Tyforop Chemie GmbH)

Antifrogen N (Clariant GmbH)

Glykosol N (pro Kühlsole GmbH)

DOWCAL 10 (Dow Chemical Company)

Neutragel SB N (Dehon Service), …

4

Solen, gelöste Stoffe (Fortsetzung)

Überschlägige Faktoren für die Berechnung realer Volumenströme und Pumpenförderhöhen
bei Einsatz von **Ethylenglykol-Wassermischungen** im Vergleich mit reinem Wasser. Mit den nachfolgend aufgelisteten Faktoren sind die Werte von Wasser zu multiplizieren, um die Auslegungsgrößen zu erhalten. Faktoren für die Ermittelung realer Pumpenförderströme bei Verwendung von **Ethylenglykol-Wassergemischen:**

	Betriebstemperatur in °C										
φ in L	– 10	– 7,5	– 5	– 2,5	0	+ 2,5	+ 5	+ 7,5	+ 10	+ 15	+ 20
20	–	1,07	1,07	1,06	1,06	1,06	1,05	1,05	1,04	1,04	1,04
25	–	1,09	1,08	1,07	1,07	1,07	1,06	1,06	1,05	1,05	1,04
30	1,12	1,11	1,10	1,09	1,08	1,08	1,07	1,07	1,07	1,06	1,05
35	1,15	1,13	1,12	1,11	1,10	1,09	1,08	1,08	1,08	1,07	1,06
40	1,18	1,16	1,15	1,13	1,12	1,11	1,10	1,09	1,09	1,08	1,07
45	1,22	1,20	1,18	1,16	1,14	1,13	1,12	1,11	1,10	1,09	1,08
50	1,26	1,24	1,21	1,19	1,17	1,16	1,14	1,13	1,12	1,10	1,09

Faktoren für die Ermittelung realer Pumpenförderhöhen bei Verwendung von **Ethylenglykol-Wassergemischen:**

	Betriebstemperatur in °C										
φ in L	– 10	– 7,5	– 5	– 2,5	0	+ 2,5	+ 5	+ 7,5	+ 10	+ 15	+ 20
20	1,05	1,05	1,05	1,05	1,05	1,04	1,04	1,04	1,04	1,03	
25	1,06	1,06	1,06	1,05	1,05	1,05	1,05	1,04	1,04	1,04	
30	1,08	1,07	1,07	1,07	1,06	1,06	1,06	1,06	1,05	1,05	1,05
35	1,09	1,08	1,08	1,08	1,07	1,06	1,06	1,06	1,05	1,05	1,05
40	1,11	1,10	1,09	1,09	1,08	1,07	1,07	1,06	1,06	1,06	1,05
45	1,13	1,12	1,10	1,10	1,09	1,08	1,08	1,07	1,07	1,06	1,05
50	1,15	1,14	1,12	1,11	1,10	1,10	1,09	1,09	1,08	1,07	1,06

Für Einsätze, bei denen der Kontakt mit **Lebensmitteln** gegeben ist oder besonders hohe Ansprüche an eine Toxizität gestellt werden müssen, kommen **1.2 Propylenglykol -Wassermischungen,** ebenfalls mit Inhibitoren versetzt, zum Einsatz z.B. *Tyfocor L* (Tyforop Chemie GmbH), *Antifrogen L* (Clariant GmbH), *PEKASOL L* (pro Kühlsole GmbH), *DOWCAL N* (Dow Chemical Company), *Friogel* L (Dehon Service) ...

Siedetemperatur von Antifrogen L-Wasser-Mischungen

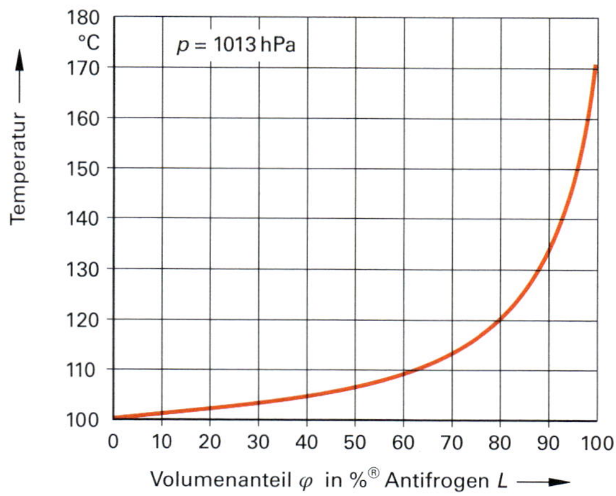

Solen, gelöste Stoffe (Fortsetzung)

Faktoren für die Ermittlung realer Pumpenförderströme bei Verwendung von **Propylenglykol-Wassergemischen:**

Vol %	Betriebstemperatur in °C – 10	– 7,5	– 5	– 2,5	0	+ 2,5	+ 5	+ 7,5	+ 10	+ 15	+ 20
20	–	1,09	1,08	1,07	1,06	1,06	1,05	1,05	1,04	1,04	1,03
25	–	1,12	1,11	1,10	1,08	1,08	1,07	1,06	1,06	1,05	1,04
30	1,19	1,16	1,14	1,13	1,11	1,10	1,09	1,08	1,08	1,06	1,05
35	1,26	1,22	1,18	1,16	1,14	1,13	1,11	1,10	1,09	1,07	1,06
40	1,33	1,28	1,23	1,20	1,18	1,16	1,14	1,12	1,11	1,09	1,08
45	1,46	1,38	1,31	1,27	1,23	1,20	1,17	1,15	1,13	1,11	1,09
50	1,61	1,50	1,41	1,35	1,29	1,25	1,21	1,19	1,16	1,14	1,10

Faktoren für die Ermittlung realer Pumpenförderhöhen bei Verwendung von **Propylenglykol-Wassergemischen:**

Vol %	Betriebstemperatur in °C – 10	– 7,5	– 5	– 2,5	0	+ 2,5	+ 5	+ 7,5	+ 10	+ 15	+ 20
20	–	1,05	1,05	1,05	1,04	1,04	1,04	1,04	1,03	1,03	1,03
25	–	1,07	1,06	1,06	1,05	1,05	1,05	1,04	1,04	1,03	1,03
30	1,10	1,09	1,08	1,07	1,07	1,06	1,06	1,05	1,05	1,04	1,04
35	1,12	1,11	1,10	1,09	1,08	1,07	1,07	1,06	1,06	1,05	1,04
40	1,15	1,14	1,12	1,11	1,09	1,09	1,08	1,07	1,07	1,06	1,05
45	1,21	1,18	1,15	1,13	1,11	1,11	1,09	1,08	1,08	1,07	1,06
50	1,28	1,23	1,19	1,16	1,14	1,13	1,11	1,10	1,09	1,08	1,07

4

Rein biologisches Produkt: *Thermera* (ein Gemisch aus Wasser und biologisch gewonnenem Betain (Trimethylglycin)), Fabrikat: Fortum Oil

Hochtemperaturbereich bis ca. 400 °C,
auch für drucklosen Betrieb, resp. mit isothermer Prozessführung – Dampfphasenbetrieb:
Bei drucklosem Betrieb werden Stoffe mit geringen Dampfdrücken bei den relevanten Temperaturen, d.h. Dampfdruck nahe dem atmosphärischen Druck, eingesetzt.
Für isotherme Beheizungen wird die Dampfphase einiger Wärmeträger genutzt.
Eine Vielzahl von Fluiden sind bekannt und im Einsatz: paraffinbasische, naphthenbasische oder aromatische Mineralöle, synthetische Öle, sonstige organische Flüssigkeiten (aromatische Kohlenwasserstoffe: Alkylbenzole, Bi- und Diphenyle, Diphenyloxide, Diethylenbenzole, Terphenyle etc., Flüssigkeiten auf Basis Hydrofluoroether), wie auch semi-organische Flüssigkeiten, z.B. Silikonöle etc. Handelsnamen (Auswahl) z.B.: Therminol, Farolin, Transcal, Marlotherm, Gilotherm, Therminol, Dowtherm, Transcal, Mobiltherm, Calflo, Ucotherm, Baysilone, Syltherm etc.

Hochtemperaturbereich bis ca. 600 °C und mehr:
Spezielle Anwendungen, z.B. eutektische, schmelzende ternäre Gemische aus Alkylnitraten und -nitriten (sogenannte Hochtemperatur-Salze (HTS). Für höhere Temperaturen auch Metallschmelzen und Gase

Spezielle Kälte-/Wärmeträger für Solar-, Kälte-, Klimaanlagen, Heizungen etc.:
als Ersatz für Wasser, um bessere Korrosionsbeständigkeiten zu erhalten, bzw. um höhere thermische Belastungen zu verkraften.
Basis vorrangig: 1.2 Propylenglykol-Wasser-Gemische, ggf. unter Zusatz von weiteren höherwertigen Glykolen, und mit Inhibitoren versetzt, meist gebrauchsfertige Mischungen für derartige Anlagen:
Tyfocor LS (Tyforop Chemie GmbH), *Antifrogen SOL* (Clariant GmbH), *PEKASOlar F* und *PEKASOlar V* (pro Kühlsole GmbH), *Thermigel, Neutraguard. Heliogel* CS 80 (Dehon Service)

Anmerkung: Für Solarabsorptionsanlagen sei weiterführend auf **DIN EN 12975**:2022-06, Teil 1 Thermische Solaranlagen und ihre Bauteile - Kollektoren: Allgemeine Anforderungen bzw. Teil 2 Thermische Solaranlagen und ihre Bauteile – Kollektoren; Prüfverfahren verwiesen.

Kältemischungen (→ Mischphasen; Stoffmischungen)

Mischungsbestandteile	Verhältnis (Massenteile)	Erreichbare Temperatur in °C	Mischungsbestandteile	Verhältnis (Massenteile)	Erreichbare Temperatur in °C
Wasser Eis	1 1	0	Eis (gemahlen) Bariumchlorid	10 2,8	–7
Wasser Ammoniumchlorid	3 1	–5	Eis (gemahlen) Natriumchlorid	3 1	–21

Binäreis

(→ Stoffmischungen, Lösungen)

Erzeugung:
Binäreis entsteht durch die Abkühlung aus dem Gleichgewichtszustand a auf die Temperatur im Punkt b (s. Bild).

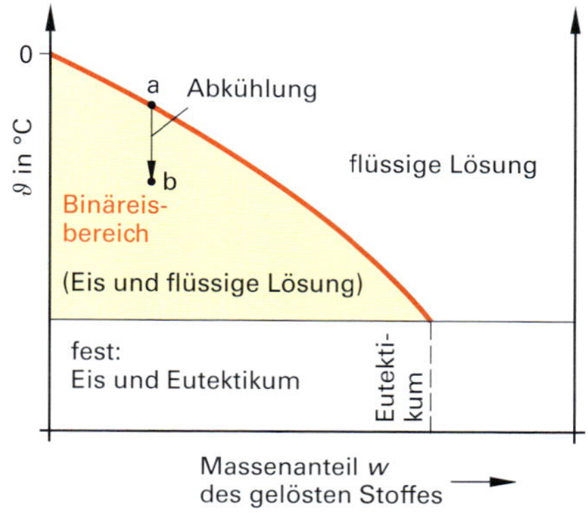

Binäreis ist ein Gemisch aus feinen Eiskristallen (0,01 bis 0,1 mm) und flüssiger Lösung. Die Anreicherung an Eis nimmt mit dem Temperaturabstand von der → Liquiduslinie zu.

Lösungsmittel ist Wasser.

Gefrierpunktsenkende (zu lösende) **Substanzen:**
Ethanol, Methanol, Calciumchlorid, Natriumchlorid, Bariumchlorid, Kaliumchlorid, Glykol, synthetisch erzeugte Stoffe auf Glykolbasis.

Anwendung:
Pumpfähiges Gemisch aus Eis und flüssiger Lösung im Bereich von −1 °C bis −40 °C. Als **Kälteträger** hat es gegenüber Solen den Vorteil, dass die → Schmelzwärme zum Wärmetransport genutzt wird. Daraus folgt:

Die Binäreistechnik befindet sich noch im Entwicklungsstadium.

Bei gleicher Kälteleistung erlaubt Binäreis einen wesentlich kleineren Massenstrom als bei der Verwendung von Solen als Kälteträger.

4

Trockeneis

(→ Sublimationswärme)
(→ Tripelpunkt)

Unter Trockeneis versteht man festes Kohlenstoffdioxid CO_2

Zustandsdiagramm von CO_2 (s. Bild)	
Punkt	Wert
→ Tripelpunkt	$p_t = 5{,}18$ bar $\vartheta_t = -56{,}57$ °C
Sublimationstemperatur bei $p_n = 1013$ hPa	$\vartheta = -78{,}64$ °C

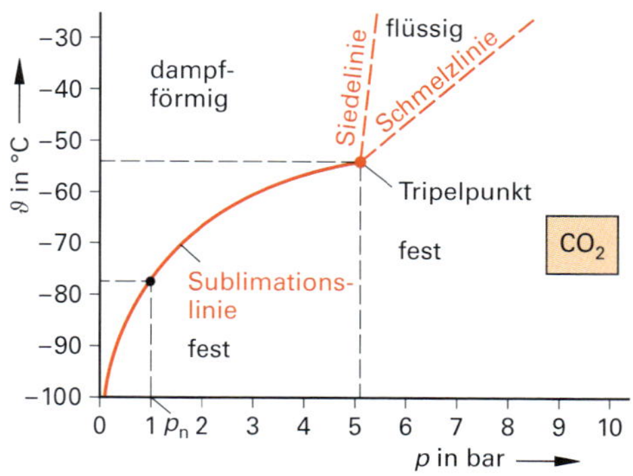

$Q = m \cdot \sigma$ **Sublimationswärme** (latent)

m	sublimierende Masse	kg
σ	spezifische Sublimationswärme	kJ/kg

$\sigma_{CO_2} = \mathbf{565\ kJ/kg}$

Sublimation erfolgt vom festen in den dampfförmigen Zustand ohne feste Rückstände.

B 1 kg Stahl (c = 0,46 kJ/(kg · K) soll von $\vartheta_1 = 20$ °C auf $\vartheta_2 = -70$ °C abgekühlt werden. Wie viel Gramm CO_2 sind erforderlich bei der Sublimation ohne Wärmeverluste?

$$Q = m_{st} \cdot c_{st} \cdot \Delta\vartheta = m_{CO_2} \cdot \sigma_{CO_2}$$

$$\mathbf{m_{CO_2}} = \frac{m_{st} \cdot c_{st} \cdot \Delta\vartheta}{\sigma_{CO_2}} = 0{,}0733 \text{ kg} = \mathbf{73{,}3 \text{ g}}$$

Die Sublimationstemperatur kann durch Druckreduzierung noch weiter herabgesetzt werden (bis etwa −120 °C).

$Q = m \cdot c_p \cdot \Delta\vartheta$ **dampfförmige Anwendung**

$Q = m \cdot c \cdot \Delta\vartheta$ **flüssige Anwendung**

→ sensible Wärmeenergieaufnahme

Arbeitsstoffpaare für Absorptionskälteanlagen

Begriff Absorption:

Der Begriff **Absorption** wird in Physik und Technik in **zweierlei Bedeutung** verwendet:

1. **Bezug auf die Schwächung eines Teilchenstromes**
   → Wärmestrahlung
   → Absorptionskoeffizient a
   → Absorptionsgrad
2. **In Bezug auf die Aufnahme von Gasen oder Dämpfen durch Flüssigkeiten (oder festen Stoffen)**
   In Verbindung mit den **Verfahren der Kälteerzeugung** handelt es sich bei einer Absorption immer um diesen 2. Bezug.

In den Verfahren der Kälteerzeugung versteht man unter **Absorption** die Aufnahme von Dampf in einer Flüssigkeit. Man sagt auch: der Dampf wird in der Flüssigkeit gelöst. Die Umkehrung dieses Vorganges wird als Desorption oder Austreiben bezeichnet.

Arbeitsstoffpaare (Auswahl)

Die gelöste Dampfkomponente heißt **Absorbend** oder **Kältemittel** (gelöster Stoff).

Das **Lösungsmittel** wird als das **Absorptionsmittel** bezeichnet.

Kältemittel	**Absorptionsmittel** (Absorbenden)
Ammoniak NH_3	Wasser H_2O
Methylamin CK_3NH_2	Wasser H_2O
Wasser H_2O	Kalilauge KOH
Wasser H_2O	Natronlauge NaOH
Wasser H_2O	Schwefelsäure H_2SO_4
Wasser H_2O	Lithiumbromid LiBr
Ethylenglykol $C_2H_6O_2$	Methylamin CK_3NH_2
Methanol CH_3OH	Zinkbromid $ZnBr_2$

Der Wärmetransport wird durch das Kältemittel realisiert. Die Aufnahme des Kältemittels (Absorption) erfolgt bei tiefen Temperaturen, die Abgabe des Kältemittels (Desorption) erfolgt bei hohen Temperaturen.

4

Arbeitsstoffpaare für Adsorptionskälteanlagen

Im Gegensatz zur **Absorption** wird bei der **Adsorption** das Kältemittel nicht gelöst, sondern an der Oberfläche feinkörniger Feststoffe, den Adsorbienten durch → Adhäsionskräfte gebunden, d.h. festgehalten.

Arbeitsstoffpaare (Auswahl)

Kältemittel	**Adsorptionsmittel** (Adsorbienten)
Ammoniak NH_3	Aktivkohle
Ammoniak NH_3	Calciumchlorid CaCl
Ammoniak NH_3	poröse Kieselsäure SiO_2
Wasser H_2O	Zeolith (Molekularsieb)
Wasser H_2O	Aluminiumoxid Al_2O_3

Anforderungen an Arbeitsstoffpaare:

Gute thermische und chemische Stabilität, geringe Toxizität, keine Brennbarkeit, kein → Treibhauspotential, kein → Ozonabbaupotential, hohe → Wärmeleitfähigkeit, geringe → Viskosität, kleine → spezifische Wärmekapazität.

5

Schweißerwerkstatt

5.1 Längenprüftechnik

→ Basisgrößen, Basiseinheiten
→ Messen, Messwert, Messgröße
→ Toleranzen
→ Vorsätze vor Einheiten
→ Formelzeichen und Einheiten
→ Zehnerpotenzen

B 1 km = 10^3 m; 1 µm = 10^{-6} m = 10^{-9} km

Gebräuchliche metrische Längeneinheiten

1 Kilometer	= 1 km	= 1 000 m
1 Dezimeter	= 1 dm	= 0,1 m
1 Zentimeter	= 1 cm	= 0,01 m
1 Millimeter	= 1 mm	= 0,001 m
1 Mikrometer	= 1 µm	= 0,000 001 m = 0,001 mm
1 Nanometer	= 1 nm	= 0,000 000 001 m = 0,001 µm

Prüfarten und Prüfmittel:

Subjektives Prüfen über Sinneswahrnehmung → **Sichtprüfung** (Augenmaß) und **Tastprüfung**.
Objektives Prüfen erfolgt mit **Prüfmitteln** → **Messgeräte** und **Lehren**.

Messen ist das Vergleichen einer Länge oder eines Winkels mit einem Messgerät. Das Ergebnis ist ein Messwert.

Lehren ist das Vergleichen des Prüfgegenstandes mit einer Lehre. Man erhält dabei keinen Zahlenwert, sondern nur die Feststellung „Gut" oder „Ausschuss".

Längenmessgeräte sind die **Maßstäbe** (biegsamer Stahlmaßstab, Bandmaßstab und Gliedermaßstab) sowie die **mechanischen Messgeräte** wie **Messschieber** (Schieblehre) sowie **Messschrauben** (Mikrometer) und **Messuhren**. **Winkelmessgeräte** heißen **Winkelmesser**.

Beim **automatisierten Messvorgang** unterscheidet man pneumatische, elektrische und elektronische Messgeräte.

5

Lehren sind vor allem Endmaße, Grenzlehren (Rachenlehre und Lehrdorn), Radiuslehren, Winkellehren.

Lehren verkörpern entweder das Maß oder das Maß **und** die Form. **Taster** sind verstellbare Lehren.

Messabweichungen (Messfehler): verursacht durch
- Messgegenstand
- Messgerät
- Messverfahren
- Umwelt

Messgegenstand (Werkstück) und Messgerät sollen bei der **Bezugstemperatur von 20 °C** die vorgeschriebenen Maße haben.

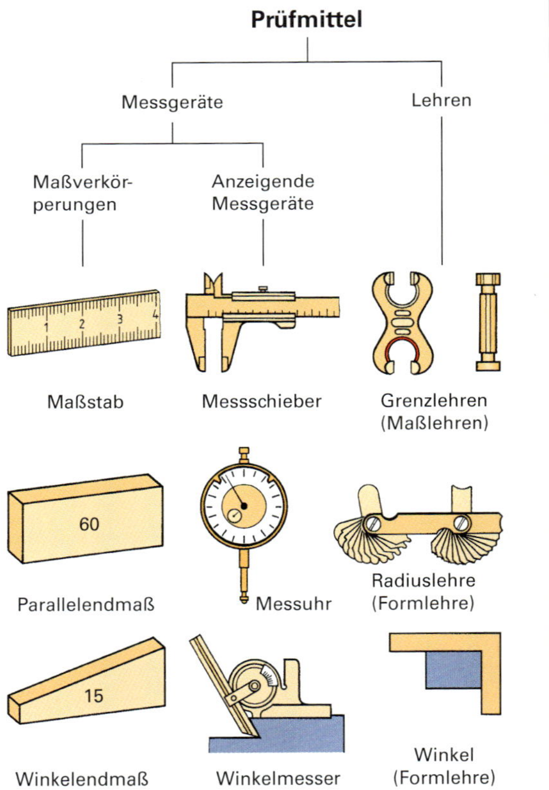

Abweichung A = angezeigter Wert (Istwert) minus richtiger Wert (Sollwert)

$K = -A$ **Korrektur**

5.2 Toleranzen und Passungen

(nach **DIN EN ISO 286-1** und **-2**:2019-09)

Wichtige Begriffe (→ Längenprüftechnik):

Bohrungen

N	Nennmaß	ES	ob. Abmaß Bohrung
G_{oB}	Höchstmaß Bohrung	EI	unt. Abmaß Bohrung
G_{uB}	Mindestmaß Bohrung	T_B	Toleranz Bohrung

Wellen

N	Nennmaß	es	ob. Abmaß Welle
G_{oW}	Höchstmaß Welle	ei	unt. Abmaß Welle
G_{uW}	Mindestmaß Welle	T_W	Toleranz Welle

5.2 Toleranzen und Passungen (Fortsetzung) (nach **DIN EN ISO 286-1** und **-2**:2019-09)

Bohrungen

$G_{oB} = N + ES$

$G_{uB} = N + EI$

$T_B = ES - EI$

$T_B = G_{oB} - G_{uB}$

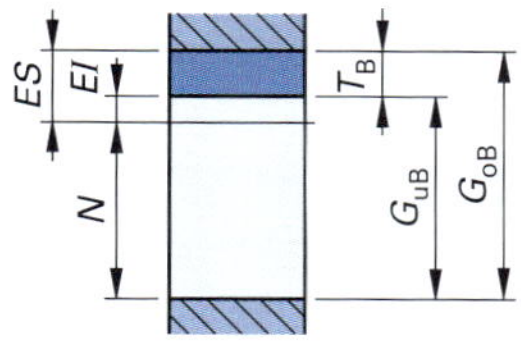

Wellen

$G_{oW} = N + es$

$G_{uW} = N + ei$

$T_W = es - ei$

$T_W = G_{oW} - G_{uW}$

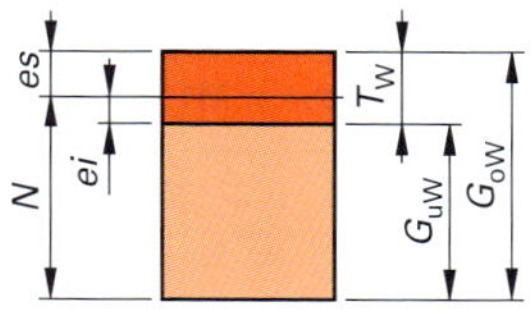

Passungen

$P_{SH} = G_{oB} - G_{uW}$

$P_{SM} = G_{uB} - G_{oW}$

$P_{ÜH} = G_{uB} - G_{oW}$

$P_{ÜM} = G_{oB} - G_{uW}$

$P_{ÜH}$ Höchstübermaß
$P_{ÜM}$ Mindestübermaß
P_{SH} Höchstspiel
P_{SM} Mindestspiel

Großbuchstaben: Bohrungen
Kleinbuchstaben: Wellen
Unterscheiden Sie:
Spielpassungen
Übergangspassungen
Übermaßpassungen

ISO-Passungen für Einheitsbohrung (Auswahl) (nach **DIN EN ISO 286-1** und **-2**:2019-09)

Nennmaßbereich in mm über … bis	Grenzabmaße in µm									Grenzabmaße in µm					
	H7	Spielpassung			Übergangsp.			Übermaßp.		H11	Spielpassung				
		f7	g6	h6	k6	m6	n6	r6	s6		a11	c11	d9	h9	h11
3 … 6	+12 0	−10 −22	−4 −12	0 −8	+9 +1	+12 +4	+16 +8	+23 +15	+27 +19	+75 0	−270 −345	−70 −145	−30 −60	0 −30	0 −75
6 … 10	+15 0	−13 −28	−5 −14	0 −9	+10 +1	+15 +6	+19 +10	+28 +19	+32 +23	+90 0	−280 −370	−80 −170	−40 −76	0 −36	0 −90
10 … 14	+18	−16	−6	0	+12	+18	+23	+34	+39	+110	−290	−95	−50	0	0
14 … 18	0	−34	−17	−11	+1	+7	+12	+23	+28	0	−400	−205	−93	−43	−110
18 … 24	+21	−20	−7	0	+15	+21	+28	+41	+48	+130	−300	−110	−65	0	0
24 … 30	0	−41	−20	−13	+2	+8	+15	+28	+35	0	−430	−240	−117	−52	−130
30 … 40	+25	−25	−9	0	+18	+25	+33	+50	+59	+160	−310 −470	−120 −280	−80	0	0
40 … 50	0	−50	−25	−16	+2	+9	+17	+34	+43	0	−320 −480	−130 −290	−142	−62	−160
…	…	…	…	…	…	…	…	…	…	…	…	…	…	…	

ISO-Passungen für Einheitswelle (Auswahl) (nach **DIN EN ISO 286-1** und **-2**:2019-09)

Nennmaßbereich in mm über … bis	Grenzabmaße in µm									Grenzabmaße in µm					
	h6	Spielpassung			Übergangsp.				Übermaßp.		h11	Spielpassung			
		F8	G7	H7	J7	K7	M7	N7	R7	S7		A11	C11	D11	H11
3 … 6	0 −8	+28 +10	+16 +4	+12 0	+6 −6	+3 −9	0 −12	−4 −16	−11 −23	−15 −27	0 −75	+345 +270	+145 +70	+78 +30	+75 0
6 … 10	0 −9	+35 +13	+20 +5	+15 0	+8 −7	+5 −10	0 −15	−4 −19	−13 −28	−17 −32	0 −90	+370 +280	+170 +80	+98 +40	+90 0
10 … 18	0 −11	+43 +16	+24 +6	+18 0	+10 −8	+6 −12	0 −18	−5 −23	−16 −34	−21 −39	0 −110	+400 +290	+205 +95	+120 +50	+110 0
18 … 30	0 −13	+53 +20	+28 +7	+21 0	+12 −9	+6 −15	0 −21	−7 −28	−20 −41	−27 −48	0 −130	+430 +300	+240 +110	+149 +65	+130 0
30 … 40	0	+64	+34	+25	+14	+7	0	−8	−25	−34	0	+470 +310	+280 +120	+180	+160
40 … 50	−16	+25	+9	0	−11	−18	−25	−33	−50	−59	−160	+480 +320	+290 +130	+80	0
…	…	…	…	…	…	…	…	…	…	…	…	…	…	…	…

5.2 Toleranzen und Passungen (Fortsetzung) (nach **DIN EN ISO 286-1** und **-2**:2019-09)

Maßtolerzanzen am Bau:
Grundbegriffe in
AGI-Arbeitsblatt M1

Messverfahren und Messgeräte in
AGI-Arbeitsblatt M1 (Beiblatt)

Zulässige Grenzabmaße für Längen und Oberflächen von Bauwerksbauteilen und Bauwerken in **AGI-Arbeitsblatt M2**

5.3 Gliederung der Fertigungsverfahren (nach **DIN 8580**:2022-12)

Hauptgruppen und wichtige Beispiele:

Hauptgruppe	Vorgang	Beispiele
① **Urformen**	Körper entsteht aus formlosem Stoff	**Gießen** **Extrudieren** **Sintern**
② **Umformen**	Fester Körper wird plastisch umgeformt	**Walzen** **Tiefziehen** **Biegen** **Abkanten**
③ **Trennen**	Aufhebung des Zusammenhaltes verändert die Körperform	**Sägen** **Bohren** **Drehen** **Schleifen**
④ **Fügen**	Verbindung zweier oder mehrerer Werkstücke	**Schweißen** **Löten** **Kleben** **Schrauben**
⑤ **Beschichten**	Festhaftende Schicht wird auf die Werkstoffoberfläche gebracht	**Aufdampfen** **Auftragschweißen** **Galvanisieren**
⑥ **Stoffeigenschaftändern**	Stoffeigenschaft eines festen Stoffes (Werkstückes) wird geändert	**Entkohlen** **Nitrieren** **Härten** **Anlassen**

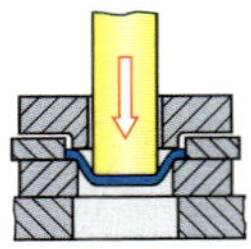
Tiefziehen

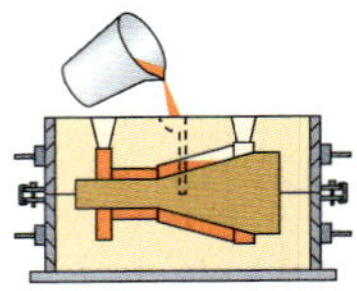
Gießen

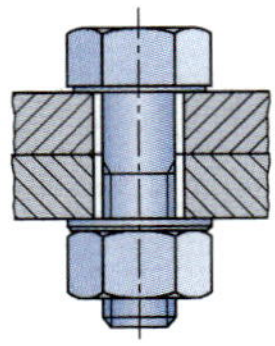
Schrauben

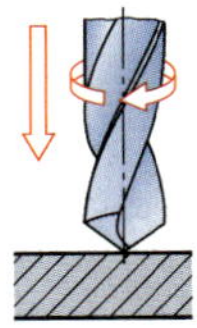
Bohren

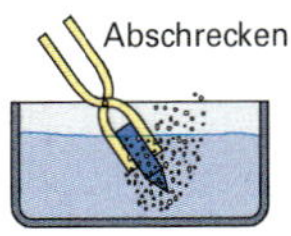

Härten

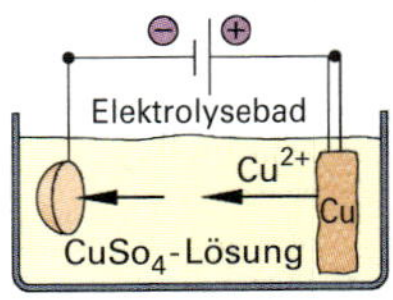

Galvanisieren

5

5.4 Umformen (→ Rohlängen)

Biegen

(→ Gestreckte Längen)

$$r_1 \geq 5 \cdot s \rightarrow r_2 = r_1 + \frac{s}{2}$$

$$r_1 \geq 5 \cdot s \rightarrow r_2 = r_1 + \frac{s}{3}$$

Näherungsformeln für den kleinsten zulässigen Biegeradius

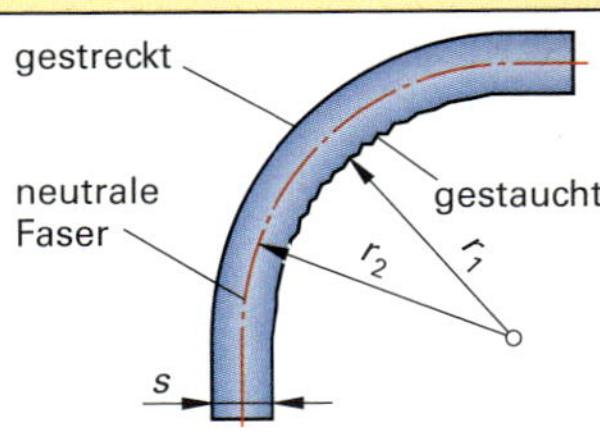

Die Verhältnisse der Biegemaße sind vom **Werkstoff** und der **Umformtemperatur** abhängig. Ein Erfahrungswert für das **Kaltumformen** von Stahlblech ist $\boldsymbol{r_1 = 3 \cdot s}$

$$r_1 = s \cdot k$$ **kleinstzulässiger Biegeradius**

r_1	Biegeradius (innen)	mm
r_2	Radius der neutralen Faser	mm
s	Blechdicke	mm
k	Faktor (durch Versuche ermittelt)	

Werkstoff
Stahl, weich
Stahl, hart
Kupfer, weich
Messing, weich
Messing, hart
Aluminium

spezielle Verfahren
Richten
Runden
Kanten
Wülsten
Sicken
Falzen

$k = 0{,}25$ für weiches Kupfer (Cu)

B Wie groß ist der kleinste Biegeradius von weichem Cu-Blech mit $s = 3$ mm

$\boldsymbol{r_1} = s \cdot k = 3\text{ mm} \cdot 0{,}25 = \mathbf{0{,}75\text{ mm}}$

5.4 Umformen (→ Rohlängen) (Fortsetzung)

Nach **DIN EN 1057**:2010-06

Kleinste Biegeradien für weiche Kupferrohre beim Kaltbiegen

Rohr-Außendurchmesser d in mm	6	8	10	12	14	15	16	18
Kleinster Innenradius r_1 in mm	27	31	35	39	43	48	52	61
Radius der neutralen Faser r_2 in mm	30	35	40	45	50	55	60	70

5.5 Trennen

Wichtige Zerspanungsgrößen

Keilwirkung:

$$F_N = \frac{F}{2 \cdot \sin\left(\frac{\alpha}{2}\right)}$$

$$F_N = F \cdot \frac{l}{b}$$

Spaltkraft

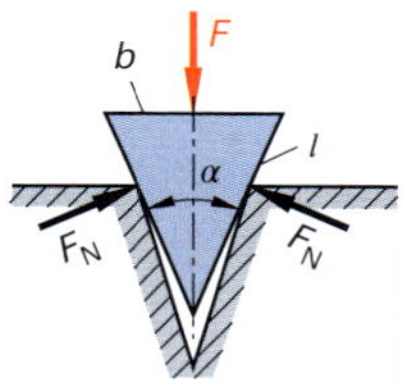

F	Wirkkraft des Keils (Schnittkraft)	N
F_N	Spaltkraft	N
α	Keilwinkel	Grad
b	Breite des Keilrückens	mm
l	Länge einer Keilflanke	mm

B $b = 10$ mm; $l = 70$ mm; $F = 100$ N;
Spaltkraft F_N = ?

$$\mathbf{F_N} = F \cdot \frac{l}{b} = 100\ \text{N} \cdot \frac{70\ \text{mm}}{10\ \text{mm}} = \mathbf{700\ N}$$

Schnittkraft:

$$F_C = k_C \cdot A$$ **Schnittkraft**

$$k_C = k \cdot C_1 \cdot C_2$$

$$k_C = \frac{k_{C1.1}}{h^{m_C}} \cdot C_1 \cdot C_2$$

spezifische Schnittkraft

C_1, C_2, $k_{C1.1}$, m_C s. folgende Tabellen

F_C	Schnittkraft	N
k_C	spezifische Schnittkraft	N/mm²
A	Spanungsquerschnitt	mm²
C_1	Korrekturfaktor für Schnittgeschwindigkeit v_C	1
C_2	Korrekturfaktor für Fertigungsverfahren	1
$k_{C1.1}$	Hauptwert der spez. Schnittkraft	N/mm²
h	Spanungsdicke	mm
m_C	Werkstoffkonstante	1

v_C in m/min	10 … 30	31 … 80	81 … 400	> 400
C_1	1,3	1,1	1,0	0,9

Fertigungsverfahren	Fräsen	Drehen	Bohren
C_2	0,8	1,0	1,2

Werkstoff		**$k_{C1.1}$**	**m_C**	**spezifische Schnittkraft k_C in N/mm² für die Spanungsdicke h in mm (s. Anm. nächste Seite)**								
alt	neu			0,08	0,1	0,16	0,2	0,31	0,5	0,8	1,0	1,6
St50-2	E295	1500	0,3	3200	2995	2600	2430	2130	1845	1605	1500	1305
C35, C45	C35, C45	1450	0,27	2870	2700	2380	2240	1990	1750	1540	1450	1275
C60	C60	1690	0,22	2945	2805	2530	2410	2185	1970	1775	1690	1525
16 MnCr5	16 MnCr5	1400	0,30	2985	2795	2425	2270	1990	1725	1495	1400	1215
18 CrNi8	18 CrNi8	1450	0,27	2870	2700	2380	2240	1990	1750	1540	1450	1275
20 MnCr5	20 MnCr5	1465	0,26	2825	2665	2360	2225	1985	1755	1555	1465	1295
42 CrMo4	42 CrMo4	1565	0,26	3020	2850	2520	2380	2120	1875	1660	1565	1385
50 CrV4	50 CrV4	1585	0,27	3135	2950	2600	2450	2175	1910	1685	1585	1395
X210Cr12	X210Cr12	1720	0,26	3315	3130	2770	2615	2330	2060	1825	1720	1520
GG-20	EN-GJL-200	825	0,33	1900	1765	1510	1405	1215	1035	890	825	705
GG-30	EN-GJL-300	900	0,42	2600	2365	1945	1740	1470	1205	990	900	740
CuZn37	CuZn37	1180	0,15	1725	1665	1555	1500	1405	1310	1220	1180	1100
CuZn36Pb1,5	CuZn36Pb1,5	835	0,15	1220	1180	1100	1065	995	925	865	835	780
CuZn40Pb2	CuZn40Pb2	500	0,32	1120	1045	900	835	725	625	535	500	430

5.5 Trennen (Fortsetzung)

Winkel an der Werkzeugschneide:

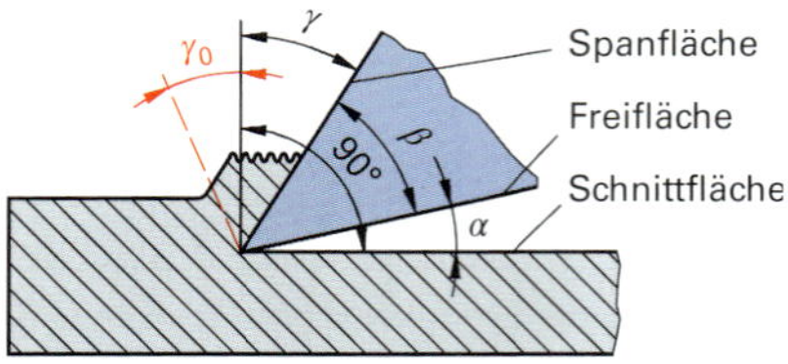

α Freiwinkel
β Keilwinkel
γ Spanwinkel;

$\alpha + \beta + \gamma = 90°$ γ_0 = positiver Spanwinkel

Die Summe von Freiwinkel, Keilwinkel und Spanwinkel ergibt immer einen Winkel von 90°.

Anmerkung zur großen Tabelle auf Vorseite →

Die **Richtwerte** gelten **für Hartmetallwerkzeuge** mit den Spanwinkeln

$\gamma_0 = +\,6°$ für die angegebenen Stähle,
$\gamma_0 = +\,2°$ für die angegebenen Gusseisenwerkstoffe,
$\gamma_0 = +\,8°$ für die angegebenen Kupferlegierungen.

Bohren

Bohrertypen (Spiralbohrer):

Bohrer-typ	α	Werkstoffbeispiele	γ_f
Ⓝ	118°	Stahl bis R_m = 700 N/mm², Temperguss, Grauguss	19° bis 40°
	130°	Stahl mit R_m > 700 N/mm²	
	140°	Nichtrostender Stahl, Al-Leg.	
Ⓗ	80° 118° 140°	Schichtpressstoffe, Hartgummi Weiche CuZn-Legierungen Austenitische Stähle, Mg-Legierungen	10° bis 13°
Ⓦ	118° 130°	Lagermetall, Zinklegierungen Kupfer, Aluminium, Al-Legierungen	35° bis 40°

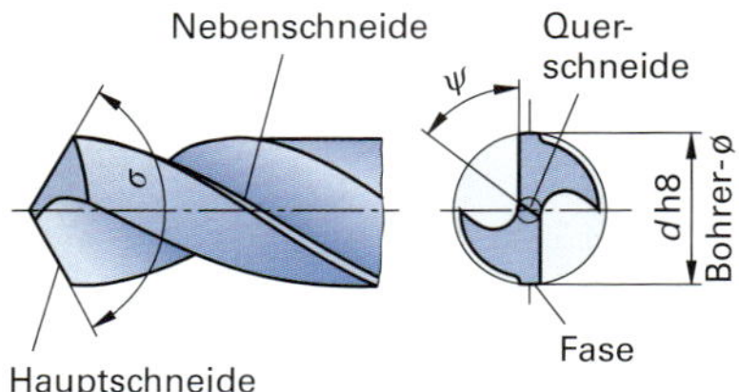

σ = Spitzenwinkel
γ_f = Seitenspanwinkel
ψ = Querschneidenwinkel

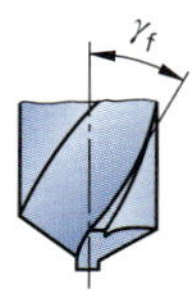

5

Freiwinkel α und **Querschneidenwinkel** ψ am Spiralbohrer								
Bohrer-∅ in mm	2 … 3,5	3,6 … 5	5,1 … 7	7,1 … 11	11,1 … 18	18,1 … 30	30,1 … 55	55,1 … 100
Freiwinkel α in °	14	11	9	9	8	6	6	5
Querschneidenwinkel ψ in °	47	48	49	50	52	55	55	55

Bohrerdurchmesser in mm	10	20	30	40	50	60	70	80
Fasenbreite in mm	1,3	2,0	2,6	3,0	3,4	3,6	3,7	3,8

Bohreranschliff mit Schleifschablone oder Schleifvorrichtung. An der Fase darf radial nicht geschliffen werden.

$$v_c = \frac{\pi \cdot d \cdot n}{1000}$$

Schnittgeschwindigkeit (→ Umfangsgeschwindigkeit)

$$t_h = \frac{l_f}{v_f}$$

$$t_h = \frac{l_f}{f \cdot n}$$

Hauptnutzungsgrad

$$l_f = l_c + l_a$$

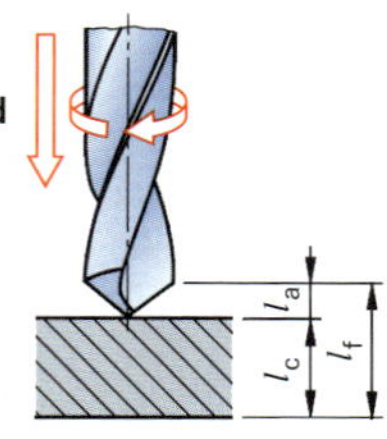

$$P_c = \frac{F_c \cdot v_c}{2}$$

Schnittleistung (→ Leistung)

v_c	Schnittgeschwindigkeit	m/min
d	Bohrerdurchmesser	mm
n	Drehzahl	min⁻¹
t_h	Hauptnutzungszeit	min
l_f	Vorschubweg	mm
v_f	Vorschubgeschwindigkeit	mm/min
f	Vorschub je Umdrehung	mm
l_c	Bohrtiefe	mm
l_a	Anlauf der Bohrer bis zum Schnitt	mm
P_c	Schnittleistung	W
F_c	Schnittkraft	N
v_c	Schnittgeschwindigkeit (v_c bei Berechnung der Schnittleistung nicht in m/min einsetzen)	m/s

Richtwerte für die Schnittgeschwindigkeit:
s.Tabelle nächste Seite

5.5 Trennen (Fortsetzung)

zu bohrender **Werkstoff**	**Zugfestigkeit** R_m in N/mm	**Schnittgeschwindigkeit** v_c in m/min f. Spiralbohrer aus Werkzeugstahl	aus Schnellarbeitsstahl	aus Hartmetall
Baustahl				
weich	bis 400	15 … 20	30 … 35	36 … 42
mittelhart	bis 600	12 … 15	20 … 30	30 … 35
hart	bis 800	10 … 12	15 … 25	20 … 30
sehr hart	bis 1000	6 … 10	10 … 15	15 … 20
Werkzeugstahl				
weich	bis 1000	6 … 10	10 … 15	15 … 20
mittelhart	bis 1400	6 … 8	10… 12	12 … 18
hart	bis 1800	4 … 6	6 ... 10	12 … 16
Gusseisen	bis 180	12 … 18	22 … 30	30 … 35
	bis 220	10 … 12	16 … 25	20 … 25
	bis 260	5 … 8	10 … 15	12 … 18
Kupfer, rein	220 bis 300	30 ... 35	60 … 80	–
Messing, Rotguss, Weißmetall				
weich	bis 150	25 … 75	50 … 100	60 … 150
mittelhart	bis 350	20 … 50	40 … 80	45 … 100
hart	bis 500	15 … 25	30 … 60	30 … 75
sehr hart	bis 600	12 … 20	25 … 50	–
Aluminium, rein	bis 120	25 … 40	60 … 100	70 … 125
Al-Legierungen	bis 400	60 … 80	80 … 150	100 … 200

5.6 Fügen

Kraftschlüssige Verbindungen

Die **Kraftübertragung** erfolgt durch
→ Reibungskräfte

Kraftschluss = Reibschluss

$F_{R_0} = \mu_0 \cdot F_N$ **Reibungskraft**

Bei (z.B.) nebengezeichneter **Durchsteck-Schraubenverbindung** ist

$F = F_{R_0}$ **übertragene Kraft**

$F_S = F_N$ **Schraubenkraft**

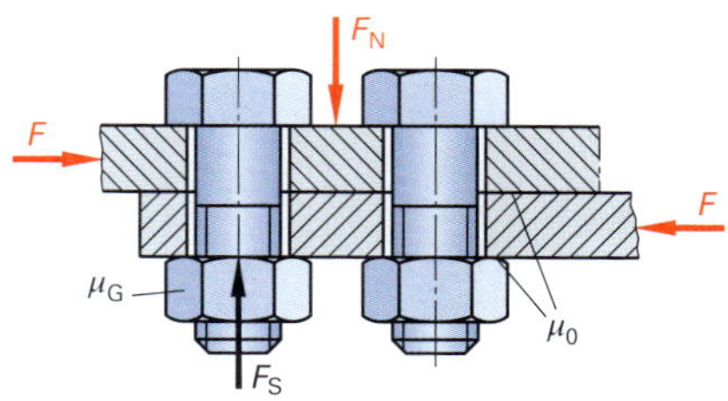

F_{R_0} Reibungskraft (Haftreibung)
μ_0 Reibungszahl (s. Seite 239)
F_N Normalkraft

Weitere Beispiele: **Klemmverbindung, Kegelverbindung, Keilverbindung** u.a.

5

Formschlüssige Verbindungen

Die **Kraftübertragung** (bzw. die **Momentenübertragung**) erfolgt aufgrund der Teileform, z.B. durch eine **Scheibenfeder** (nebenstehendes Bild). Bei nebengezeichneter **Scheibenfeder-Verbindung** ist

$M_d = F_u \cdot r$ → **Drehmoment**

Weitere Beispiele: **Keilwelle, Riegel, Seegerring, Zahnrad, Pass-Schraubenverbindung, Gewinde** u.a.

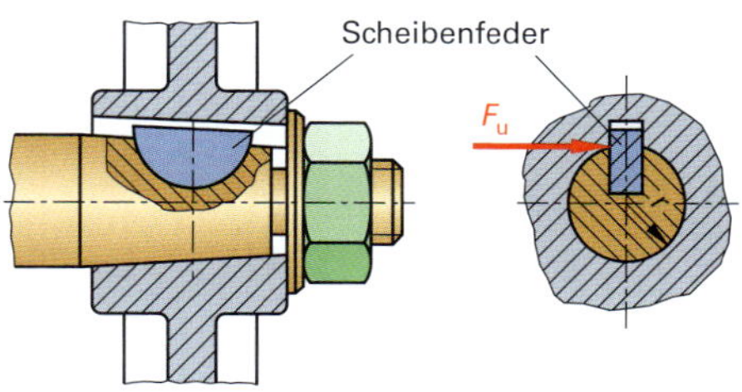

M_d	Drehmoment	Nm
r	Radius	m
F_u	Umfangskraft	N

5.6 Fügen (Fortsetzung)

Gewindetabellen

Gewindeteil	Abmessungsfunktion
Nenndurchmesser	$d = D$
Steigung	P
Gewindetiefe Bolzen	$h_3 = 0{,}61343 \cdot P$
Gewindetiefe Mutter (Flankenüberdeckung)	$H_1 = 0{,}54127 \cdot P$
Flankendurchmesser	$d_2 = D_2 = d - 0{,}64952 \cdot P$
Kerndurchmesser Bolzen	$d_3 = d - 1{,}22687 \cdot P$
Kerndurchmesser Mutter	$D_1 = d - 2 \cdot H_1$
Flankenwinkel	$\beta = 60°$

Metrisches ISO-Gewinde

(nach **DIN 13-1...11:** 1999-11)

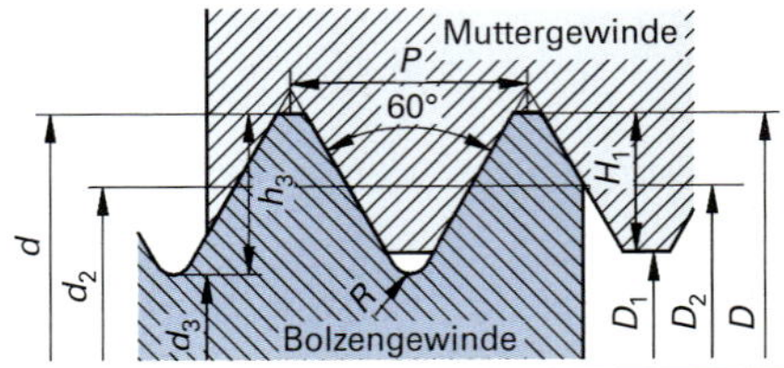

Regelgewinde Reihen 1, 2 und 3 **DIN 13** **Maße in mm**

Gewindebezeichnung (Nenndurchmesser) $d = D$ Reihe 1	Reihe 2	Reihe 3	Steigung P	Flanken-∅ $d_2 = D_2$	Kern-∅ Bolzen d_3	Kern-∅ Mutter D_1	Gewindetiefe Bolzen h_3	Gewindetiefe Mutter H_1	Rundung R	Spannungsquerschnitt A_s mm²
M 1			0,25	0,838	0,693	0,729	0,153	0,135	0,036	0,46
	M 1,1		0,25	0,938	0,793	0,829	0,153	0,135	0,036	0,59
M 1,2			0,25	1,038	0,893	0,929	0,153	0,135	0,036	0,73
	M 1,4		0,3	1,205	1,032	1,075	0,184	0,162	0,043	0,98
M 1,6			0,35	1,373	1,171	1,221	0,215	0,189	0,051	1,27
	M 1,8		0,35	1,573	1,371	1,421	0,215	0,189	0,051	1,70
M 2			0,4	1,740	1,509	1,567	0,245	0,217	0,058	2,07
	M 2,2		0,45	1,908	1,648	1,713	0,276	0,244	0,065	2,48
M 2,5			0,45	2,208	1,948	2,013	0,276	0,244	0,065	3,39
M 3			0,5	2,675	2,387	2,459	0,307	0,271	0,072	5,03
	M 3,5		0,6	3,110	2,764	2,850	0,368	0,325	0,087	6,77
M 4			0,7	3,545	3,141	3,242	0,429	0,379	0,101	8,78
	M 4,5		0,75	4,013	3,580	3,688	0,460	0,406	0,108	11,3
M 5			0,8	4,480	4,019	4,134	0,491	0,433	0,115	14,2
M 6			1	5,350	4,773	4,917	0,613	0,541	0,144	20,1
		M 7	1	6,350	5,773	5,917	0,613	0,541	0,144	28,8
M 8			1,25	7,188	6,466	6,647	0,767	0,677	0,180	36,6
		M 9	1,25	8,188	7,466	7,647	0,767	0,677	0,180	48,1
M 10			1,5	9,026	8,160	8,376	0,920	0,812	0,217	58,0
		M 11	1,5	10,026	9,160	9,376	0,920	0,812	0,217	72,3
M 12			1,75	10,863	9,853	10,106	1,074	0,947	0,253	84,3
	M 14		2	12,701	11,546	11,835	1,227	1,083	0,289	115
M 16			2	14,701	13,546	13,835	1,227	1,083	0,289	157
	M 18		2,5	16,376	14,933	15,294	1,534	1,353	0,361	192
M 20			2,5	18,376	16,933	17,294	1,534	1,353	0,361	245
	M 22		2,5	20,376	18,933	19,294	1,534	1,353	0,361	303
M 24			3	22,051	20,319	20,752	1,840	1,624	0,433	353
	M 27		3	25,051	23,319	23,752	1,840	1,624	0,433	459
M 30			3,5	27,727	25,706	26,211	2,147	1,894	0,505	561
	M 33		3,5	30,727	28,706	29,211	2,147	1,894	0,505	693
M 36			4	33,402	31,093	31,670	2,454	2,165	0,577	817
	M 39		4	36,402	34,093	34,670	2,454	2,165	0,577	976
M 42			4,5	39,077	36,479	37,129	2,760	2,436	0,650	1121
	M 45		4,5	42,077	39,479	40,129	2,760	2,436	0,650	1306
M 48			5	44,752	41,866	42,587	3,067	2,706	0,722	1473
	M 52		5	48,752	45,866	46,587	3,067	2,706	0,722	1758
M 56			5,5	52,428	49,252	50,046	3,374	2,977	0,794	2030
	M 60		5,5	56,428	53,252	54,046	3,374	2,977	0,794	2362
M 64			6	60,103	56,639	57,505	3,681	3,248	0,866	2676
	M 68		6	64,103	60,639	61,505	3,681	3,248	0,866	3055

5.6 Fügen (Fortsetzung)

$$A_s = \frac{\pi}{4} \cdot \left(\frac{d_2 + d_3}{2}\right)$$

Spannungsquerschnitt in mm²

Reihe 1 ist bevorzugt zu verwenden.
Reihen 2 und 3: Zwischengrößen.

Feingewinde — DIN 13 — Maße in mm

Gewindebezeichnung $d \times P$	Flanken-∅ $d_2 = D_2$	Kern-∅ Bolzen d_3	Kern-∅ Mutter D_1	Gewindebezeichnung $d \times P$	Flanken-∅ $d_2 = D_2$	Kern-∅ Bolzen d_3	Kern-∅ Mutter D_1	Gewindebezeichnung $d \times P$	Flanken-∅ $d_2 = D_2$	Kern-∅ Bolzen d_3	Kern-∅ Mutter D_1
M 2 x 0,25	1,84	1,69	1,73	M 10 x 0,25	9,84	9,69	9,73	M 24 x 2	22,70	21,55	21,84
M 3 x 0,25	2,84	2,69	2,73	M 10 x 0,5	9,68	9,39	9,46	M 30 x 1,5	29,03	28,16	28,38
M 4 x 0,2	3,87	3,76	3,78	M 10 x 1	9,35	8,77	8,92	M 30 x 2	28,70	27,55	27,84
M 4 x 0,35	3,77	3,57	3,62	M12 x 0,35	11,77	11,57	11,62	M 36 x 1,5	35,03	34,16	34,38
M 5 x 0,25	4,84	4,69	4,73	M12 x 0,5	11,68	11,39	11,46	M 36 x 2	34,70	33,55	33,84
M 5 x 0,5	4,68	4,39	4,46	M12 x 1	11,35	10,77	10,92	M 42 x 1,5	41,03	40,16	40,38
M 6 x 0,25	5,84	5,69	5,73	M 16 x 0,5	15,68	15,39	15,46	M 42 x 2	40,70	39,55	39,84
M 6 x 0,5	5,68	5,39	5,46	M 16 x 1	15,35	14,77	14,92	M 48 x 1,5	47,03	46,16	46,38
M 6 x 0,75	5,51	5,08	5,19	M 16 x 1,5	15,03	14,16	14,38	M 48 x 2	46,70	45,55	45,84
M 8 x 0,25	7,84	7,69	7,73	M 20 x 1	19,35	18,77	18,92	M 56 x 1,5	55,03	54,16	54,38
M 8 x 0,5	7,68	7,39	7,46	M 20 x 1,5	19,03	18,16	18,38	M 56 x 2	54,70	53,55	53,84
M 8 x 1	7,35	6,77	6,92	M 24 x 1,5	23,03	22,16	22,38	M 64 x 2	62,70	61,55	61,84

Spannungsquerschnitt und **Abmessungsfunktionen** entsprechend Regelgewinde (s. Vorseite)

Metrisches ISO-Trapezgewinde

(nach **DIN103-1:** 1977-04)

Gewindeteil	Abmessungsfunktion
Nenndurchmesser	d
Steigung eingängig und Teilung mehrgängig	P
Steigung mehrgängig	P_h
Kerndurchmesser Bolzen	$d_3 = d - (P + 2 \cdot a_c)$
Kerndurchmesser Mutter	$D_1 = d - P$
Außendurchmesser Mutter	$D_4 = d + 2 \cdot a_c$
Flankendurchmesser	$d_2 = D_2 = d - 0{,}5 \cdot P$
Gewindetiefe	$h_3 = h_4 = 0{,}5 \cdot P + a_c$
Flankenüberdeckung	$H_1 = 0{,}5 \cdot P$
Spitzenspiel	a_c
Flankenwinkel	$\beta = 30°$

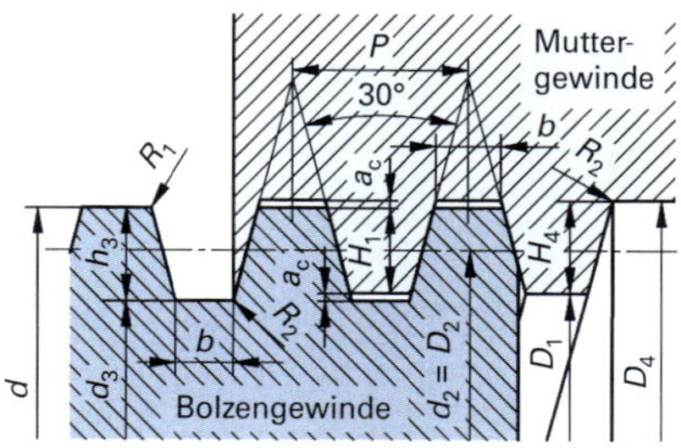

Maße in mm

Gewindebezeichnung $d \times P$	Flanken-∅ $d_2 = D_2$	Kern-∅ Bolzen d_3	Kern-∅ Mutter D_1	Außen-∅ D_4	Gewindetiefe $h_3 = H_4$	Drehmeißelbreite b	Gewindebezeichnung $d \times P$	Flanken-∅ $d_2 = D_2$	Kern-∅ Bolzen d_3	Kern-∅ Mutter D_1	Außen-∅ D_4	Gewindetiefe $h_3 = H_4$	Drehmeißelbreite b
Tr 10 × 2	9	7,5	8	10,5	1,25	0,60	Tr 48 × 8	44	39	40	49	4,5	2,66
Tr 12 × 3	10,5	8,5	9	12,5	1,75	0,96	Tr 52 × 8	48	43	44	53	4,5	2,66
Tr 16 × 4	14	11,5	12	16,5	2,25	1,33	Tr 60 × 9	55,5	50	51	61	5	3,02
Tr 20 × 4	18	15,5	16	20,5	2,25	1,33	Tr 70 × 10	65	59	60	71	5,5	3,39
Tr 24 × 5	21,5	18,5	19	24,5	2,75	1,70	Tr 80 × 10	75	69	70	81	5,5	3,39
Tr 28 × 5	25,5	22,5	23	28,5	2,75	1,70	Tr 90 × 12	84	77	78	91	6,5	4,12
Tr 32 × 6	29	25	26	33	3,5	1,93	Tr 100 × 12	94	87	88	101	6,5	4,12
Tr 36 × 3	34,5	32,5	33	36,5	2,0	0,83	Tr 110 × 12	104	97	98	111	6,5	4,12
Tr 36 × 6	33	29	30	37	3,5	1,93	Tr 120 × 14	113	104	106	122	7,5	4,85
Tr 36 × 10	31	25	26	37	5,5	3,39	Tr 140 × 14	133	124	126	142	8	4,58
Tr 40 × 7	36,5	32	33	41	4	2,29	Beispiel für ein mehrgängiges Trapezgewinde:						
Tr 44 × 7	40,5	36	37	45	4	2,29	Tr110×36P12 → P_h = 36 mm, P = 12 mm, n = 3 (Gangzahl)						

$$A_K = \frac{\pi}{4} \cdot d_3^2$$

Kernquerschnitt in mm²

$$n = \frac{P_h}{P}$$

Gangzahl

5

5.6 Fügen (Fortsetzung)

Sägegewinde

(nach **DIN 513-1…3**:2020-12)

Gewindeteil	Abmessungsfunktion
Nenndurchmesser	$d = D$
Steigung	P
Gewindetiefe Bolzen	$H_1 = 0{,}868 \cdot P$
Gewindetiefe Mutter (Flankenüberdeckung)	$3_1 = 0{,}75 \cdot P$
Flankendurchmesser	$d_2 = D_2 = d - 0{,}75 \cdot P$
Kerndurchmesser Bolzen	$d_3 = d - 2 \cdot h_3$
Kerndurchmesser Mutter	$D_1 = d - 1{,}5 \cdot P$
Flankenwinkel	$\beta = 33°$

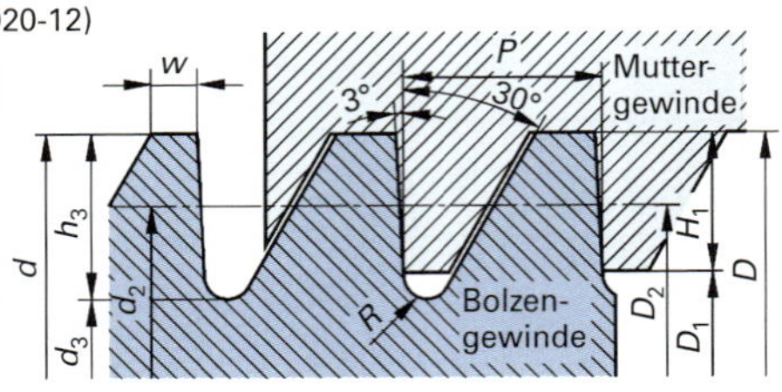

Maße in mm

Gewindebezeichnung $d \times P$	Bolzen Kern-⌀ d_3	Bolzen Gewindetiefe h_3	Mutter Kern-⌀ D_1	Mutter Gewindetiefe H_1	Flanken-⌀ $d_2 = D_2$	Gewindebezeichnung $d \times P$	Bolzen Kern-⌀ d_3	Bolzen Gewindetiefe h_3	Mutter Kern-⌀ D_1	Mutter Gewindetiefe H_1	Flanken-⌀ $d_2 = D_2$
S 12 × 3	6,79	2,60	7,5	2,25	9,75	S 44 × 7	31,85	6,08	33,5	5,25	38,75
S 16 × 4	9,06	3,47	10	3	13	S 48 × 8	34,12	6,94	36	6	42,00
S 20 × 4	13,06	3,47	14	3	17	S 52 × 8	38,11	6,94	40	6	46
S 24 × 5	15,32	4,34	16,5	3,75	20,25	S 60 × 9	44,38	7,81	46,5	6,75	53,25
S 28 × 5	19,32	4,34	20,5	3,75	24,25	S 70 × 10	52,64	8,68	55	7,5	62,50
S 32 × 6	21,58	5,21	23	4,5	27,5	S 80 × 10	62,64	8,68	65	7,5	72,50
S 36 × 6	25,59	5,21	27	4,5	31,50	S 90 × 12	69,17	10,41	72	9	81,00
S 40 × 7	27,85	6,07	29,5	5,25	34,75	S 100 × 12	79,17	10,41	82	9	91,00

$$A_K = \frac{\pi}{4} \cdot d_3^2$$

Kernquerschnitt in mm^2

Die Rechengröße A_s = Spannungsquerschnitt gibt es beim Sägegewinde nicht.

Whitworth-Rohrgewinde

(nach **DIN EN ISO 228-1**:2003-05 → **nicht im Gewinde dichtend)**

5

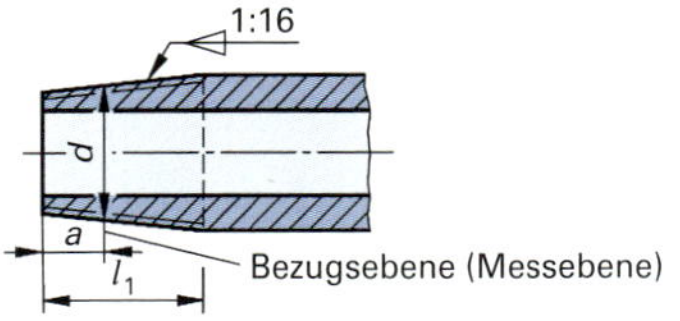

Z	Gangzahl je Zoll	1
t	mittlere Einschraublänge	mm
P	Steigung	mm

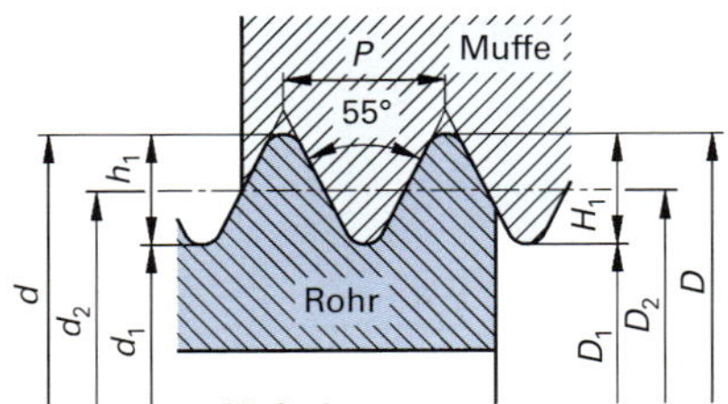

Maße in mm

DN	Kurzzeichen DIN EN ISO 228-1 2016-10 außen und innen	DIN EN 10226-1 2004-10 außen	DIN EN 10226-1 2004-10 innen	Z	h	t	a	$d = D$	$d_2 = D_2$	$d_1 = D_1$	P	$h_1 = H_1$
6	G ⅛	R ⅛	Rp ⅛	28	6,5	7	4,0	9,728	9,147	8,566	0,907	0,581
8	G ¼	R ¼	Rp ¼	19	9,7	10	6,0	13,157	12,301	11,445	1,337	0,856
10	G ⅜	H ⅜	Rp ⅜	19	10,1	10	6,4	16,662	15,806	14,950	1,337	0,856
15	G ½	R ½	Rp ½	14	13,2	13	8,2	20,955	19,793	18,631	1,814	1,162
20	G ¾	R 3/4	Rp ¾	14	14,5	15	9,5	26,441	25,279	24,117	1,814	1,162
25	G 1	R 1	Rp1	11	16,8	17	10,4	33,249	31,770	30,291	2,309	1,479
32	G 1¼	R 1¼	Rp 1¼	11	19,1	19	12,7	41,910	40,431	38,952	2,309	1,479
40	G 1½	R 1½	Rp 1½	11	19,1	19	12,7	47,803	46,324	44,845	2,309	1,479
50	G 2	R 2	Rp 2	11	23,4	24	15,9	59,614	58,135	56,656	2,309	1,479
65	G 2½	R 2½	Rp 2½	11	26,7	27	17,5	75,184	73,705	73,226	2,309	1,479
80	G 3	R 3	Rp 3	11	29,8	30	20,6	87,884	86,405	84,926	2,309	1,479
100	G 4	R 4	Rp 4	11	35,8	36	25,4	113,030	111,551	110,172	2,309	1,479
125	G 5	R 5	Rp 5	11	40,1	40	28,6	138,430	136,951	135,472	2,309	1,479
150	G 6	R 6	Rp 6	11	40,1	40	28,6	163,830	162,351	160,872	2,309	1,479

5.6 Fügen (Fortsetzung)

Schraubenverbindungen und Schraubenformen

Flanschverbindungen

Zylinderschraube
DIN EN ISO 4762:2004-06

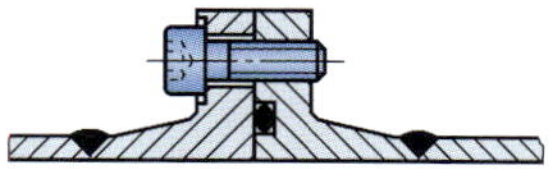

Sechskantschraube
DIN EN ISO 4014:2022-10

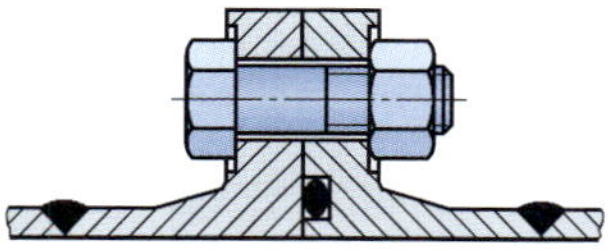

Grundformen und Sonderformen von Verbindungen

Zylinderschraube
m. Innensechskant
DIN EN ISO 4762:
2004-06

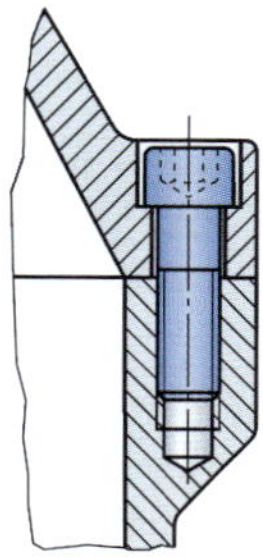

Stiftschraube
DIN 939:1995-02
mit Sicherungs-
blech

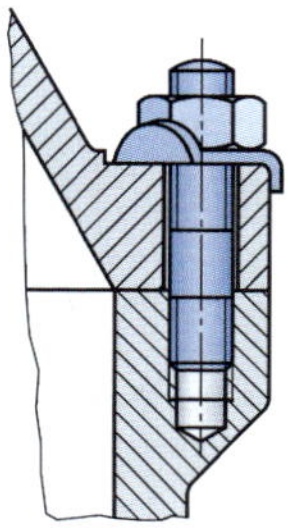

Durchsteck-
Dehnschraube
in Sonderform

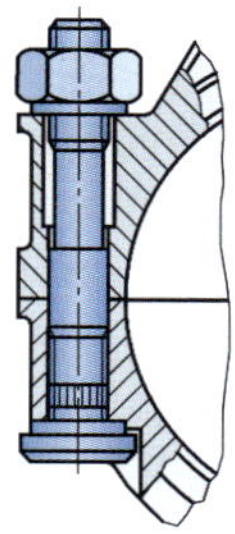

Zur **Schraubenberechnung** → Gewindetabellen, Gewindereibung

Schraubenbezeichnungen und Schraubennormen

Bezeichnung	Norm
Sechskantschrauben	
mit Schaft u. Regelgewinde	
mit Schaft u. Feingewinde	
mit Dünnschaft (Dehnschraube)	**DIN EN ISO 4015**:2022-10
mit Flansch	**DIN EN 1665**:1998-02
Innensechskantschrauben	
normaler Kopf	**DIN EN ISO 4762**:2004-06
niedriger Kopf	**DIN 7984**:2022-03
Senkschrauben	
mit Schlitz	**DIN EN ISO 2009**:2011-12
mit Innensechskant	**DIN EN ISO 10642**:2020-02
Blechschrauben	**DIN EN ISO 7049**:2011-11 **DIN EN ISO 7050**:2011-11
Bohrschrauben	**DIN EN ISO 15480**:2019-10 – **DIN EN ISO 15483**:2000-02

Bezeichnung	Norm
Gewindefurchende Schrauben	**DIN 7500-2**:2016-04
Gewindestifte mit Schlitz	**DIN EN 27434**:1992-10 **DIN EN 27435**:1992-10 **DIN EN 27436**:1992-10 **DIN EN ISO 2342**:2004-05 **DIN EN ISO 4766**:2023-04
Gewindestifte mit Innensechskant	**DIN EN ISO 4026**:2004-05 **DIN EN ISO 4027**:2004-05 **DIN EN ISO 4028**:2004-05 **DIN EN ISO 4029**:2004-05
Stiftschrauben (Stehbolzen)	**DIN 835**:2010-07 **DIN 938**:2012-12 **DIN 939**:1995-02
Vierkantschrauben	
mit Bund	**DIN 478**:2016-08
mit kurzem Zapfen	**DIN 479**:2016-08
mit Bund und Ansatzkuppe	**DIN 480**:2016-08

Festigkeitsklassen von Schrauben

(nach **DIN EN ISO 898-1**:2013-05)

Festigkeitsklasse	3.6	4.6	4.8	5.6	5.8	6.6	6.8	6.9	8.8	9.8	10.9	12.9	14.9
Zugfestigkeit R_m in N/mm²	300	400	400	500	500	600	600	600	800	900	1000	1200	1400
Streckgrenze R_{eL} in N/mm² (bzw. $R_{p0,2}$)	180	240	320	300	400	360	480	540	640	720	900	1080	1260
Bezeichnung nach alter Norm	4 A	4 D	4 S	5 D	5 S	6 D	6 S	6 G	8 G	–	10 K	12 K	–

5.6 Fügen (Fortsetzung)

$\frac{R_{eH}}{R_m}$

Streckenverhältnis
Bezeichnung
erste Zahl: $R_m/100$

zweite Zahl: $10 \cdot \frac{R_e}{R_m}$

B Festigkeitsklasse 5.8

$\mathbf{R_m} = \mathbf{500\ \frac{N}{mm^2}}$ ↲ ↳ $\frac{R_{eH}}{R_m} = 0{,}8$

$\mathbf{R_{eH}} = 0{,}8 \cdot R_m = \mathbf{400\ N/mm^2}$

Kurzbezeichnung von Schrauben

(nach **DIN 962:** 2013-04)

Benennung | Norm-Hauptnummer – 1 | Gewinde und Gewindezusätze × Nennlänge (bei Schrauben) × 2 – 3 – 4 –

– Festigkeitsklasse Härteklasse oder Werkstoff – Produktklasse (nach den einzelnen Produktnormen) – 5 – 6 – 7

Falls erforderlich: 1 Schaftform; 2 Gewinde- oder Schaftlänge; 3 Form; 4 Schlüsselweite; 5 Formbuchstabe für Kreuzschlitz; 6 Oberflächenschutz; 7 Beschichtung

B Zylinderschraube **DIN EN ISO 4762** – M 20 × 100 – 12.9

Abmessungen von Sechskantschrauben, Durchgangslöcher (Auswahl)

Gewinde	d in mm	Schlüsselweite SW in mm	Kopfhöhe k in mm	b in mm	d_w in mm	l in mm
M 8	8	13	5,3	22	11,6	16 … 60
M 10	10	16	6,4	26	14,6	20 … 100
M 12	12	18	7,5	30	16,6	25 … 120
M 16	16	24	10,0	38	22,5	30 … 150
M 20	20	30	12,5	46	28,2	40 … 200
M 24	24	36	15,0	54	33,3	50 … 200
M 30	30	46	18,7	66	42,8	60 … 200

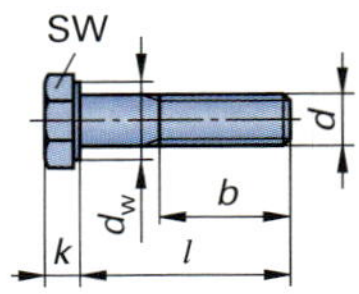

Gewinde	M 3	M 4	M 5	M 6	M 8	M 10	M 16	M 20	M 24	M 30
d_h (fein)	3,2	4,3	5,3	6,4	8,4	10,5	17,0	21,0	25,0	31,0
d_h (mittel)	3,4	4,5	5,5	6,6	9,0	11,0	17,5	22,0	26,0	33,0
d_h (grob)	3,6	4,8	5,8	7,0	10,0	12,0	18,5	24,0	28,0	35,0

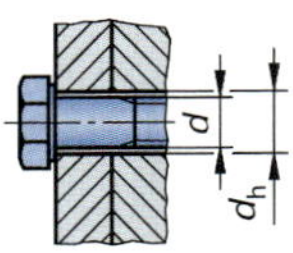

5

Überlagerung von Vorspannkraft und Betriebskraft

Belastungssituation

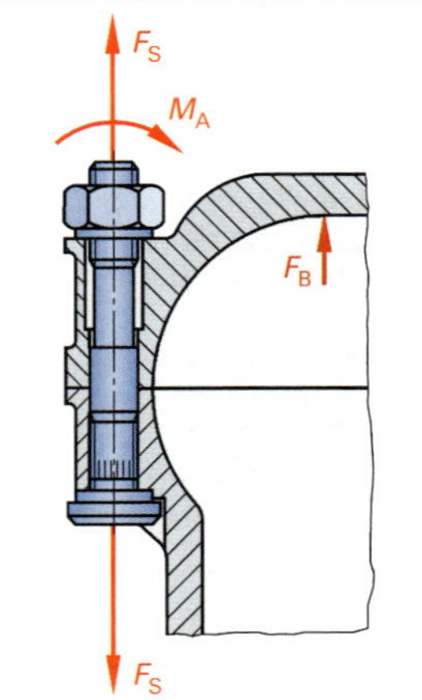

Dehnschraube niemals durch Starrschraube ersetzen.

Verspannungs-Diagramm (Verspannungsdreieck)

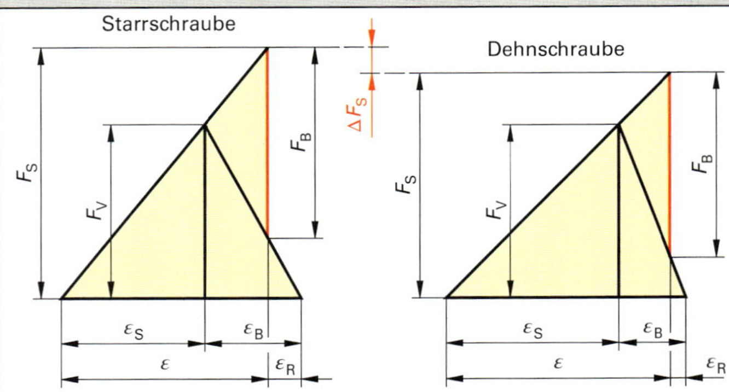

ε_S = Schraubendehnung
ε_B = Bauteilstauchung
} bei Wirkung der Vorspannkraft F_V

ε = Schraubendehnung
ε_R = Bauteilstauchung
} bei Überlagerung durch Betriebskraft F_B

F_S = **Gesamtschraubenkraft**

ΔF_S = Minderung der Gesamtschraubenkraft

5.6 Fügen (Fortsetzung)

$$\nu_A = \frac{F_S}{F_B}$$ **Sicherheit gegen Abheben**

F_S	Gesamtkraft	N
F_B	Betriebskraft	N

Montagegrundsatz:

Möglichst elastische Schrauben und möglichst starre Bauteile verwenden.

Dehnschrauben sind tailliert, bei großen Abmessungen auch hohl gebohrt. Das Dehnverhalten führt zu einer kleineren Gesamtschraubenkraft als bei Starrschrauben.

Maximale Vorspannkraft F_V
Maximales Anziehdrehmoment $M_{A\,max}$

→ abhängig von Schraubengröße, Festigkeitsklasse und → Reibungszahl. **Herstellerangaben beachten.**

Gewindereibung und Schraubenwirkungsgrad

(→ Reibung, Mechanischer Wirkungsgrad, Gewindetabellen)

$$F_u = F \cdot \tan(\alpha \pm \varrho')$$ **Umfangskraft**

$$M_{RG} = F \cdot \frac{d_2}{2} \cdot \tan(\alpha \pm \varrho')$$ **Gewindereibungsmoment**

$$F_R = \mu' \cdot F = \mu \cdot F'_N$$ **Reibungskraft**

$$\mu' = \frac{\mu}{\cos \beta/2} \cdot \tan \varrho'$$ **Gewindereibungszahl**

$$F'_N = \frac{F}{\cos \beta/2}$$ **Normalkomponente**

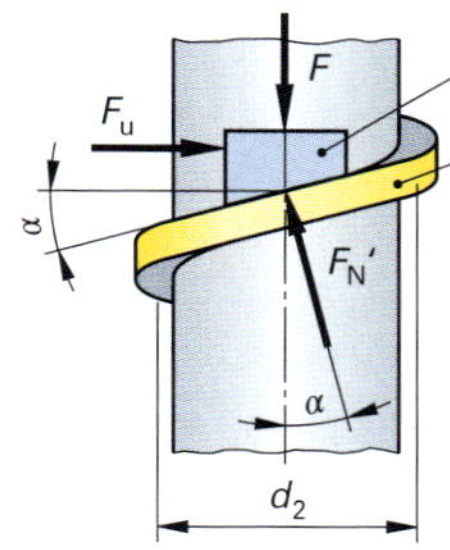

+ beim Heben bzw. beim Anziehen
– beim Senken bzw. beim Lösen

F	axiale Schraubenkraft	N
F_u	Umfangskraft	N
α	Steigungswinkel	Grad

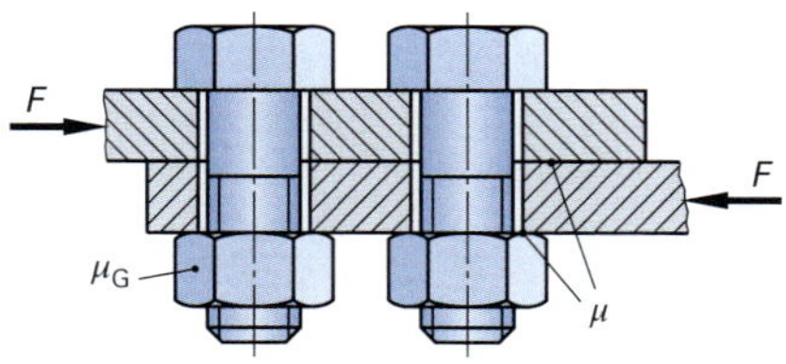

$$\tan \alpha = \frac{P}{d_2 \cdot \pi}$$

P	Gewindesteigung	mm
ϱ'	Gewindereibungswinkel	Grad
M_{RG}	Gewindereibungsmoment	Nm
d_2	Flankendurchmesser	mm, m
F_R	Reibungskraft	N
μ'	Gewindereibungszahl	1
μ	Reibungszahl	1
β	Flankenwinkel	Grad
M_{RA}	Auflagereibungsmoment	Nm
$M_{R\,ges}$	Anzugs-(Anzieh-) bzw. Lösemoment	Nm

$$M_{RA} = F \cdot \mu \cdot r_a$$ **Auflagereibungsmoment**

$$M_{Rges} = M_{RG} + M_{RA}$$ **Anzugs- bzw. Lösemoment**

r_a ist ein fiktiver Radius, z.B. bei Sechskantschrauben: $r_a = 0{,}7 \cdot$ Gewindedurchmesser d

$$\eta_s = \frac{\tan \alpha}{\tan(\alpha + \varrho')}$$ **Schraubenwirkungsgrad** (Heben oder Anziehen)

$$\eta_s = \frac{\tan(\alpha - \varrho')}{\tan \alpha}$$ **Schraubenwirkungsgrad** (Senken oder Lösen)

η	Mechanischer Wirkungsgrad	1

Schrauben im Druckbehälterbau

(→ **AD-Merkblatt B7**:2016-09)

Geltungsbereich:

Schrauben als kraftschlüssige Verbindungselemente, die vorwiegend auf Zug beansprucht werden.

Bei Dehnschrauben muss die Dehnschaftlänge mindestens das Doppelte des Gewinde-Nenndurchmessers d betragen.

5

5.6 Fügen (Fortsetzung)

Nietverbindungen, Stiftverbindungen, Bolzenverbindungen

Beispiel: **Senkniet**
nach **DIN 661**:2011-03

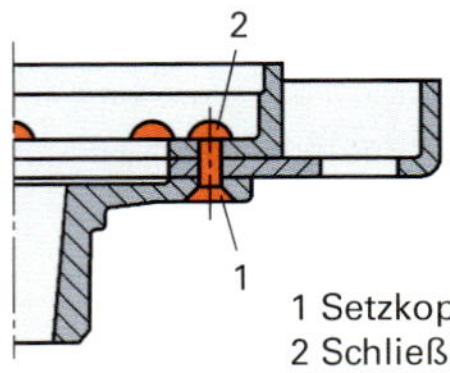

1 Setzkopf
2 Schließkopf

Beispiel: **Zylinderstift**
nach **DIN EN ISO 8735**:1998-03

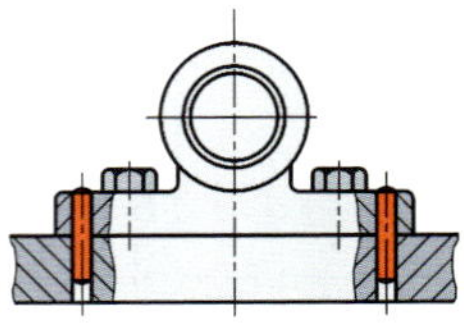

Beispiel: **Kolbenbolzen**
gesichert mit Sicherungsring
nach **DIN 472**:2017-06

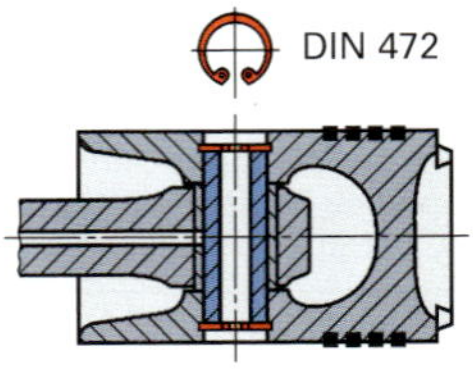

Bezeichnung **Niete**	Norm	Bezeichnung **Niete**	Norm
Halbrundniet	**DIN 660**:2012-01	**Hohlniet**	**DIN 7339**:2011-02
Senkniet	**DIN 661**:2011-03	**Flachrundniet**	**DIN 674**:2011-03
Linsenniet	**DIN 662**:2011-03	Sonderformen, z.B. Blindniet, Sprengniet, Durchziehniet u.a.	
Bezeichnung **Stifte**	Norm	Bezeichnung **Stifte**	Norm
Zylinderstift	**DIN EN ISO 2338**:1998-02 **DIN EN ISO 8735**:1998-03	**Spannstift**	**DIN EN ISO 8752**:1992-10
Zylinderkerbstift	**DIN EN ISO 8740**:2024-01	**Kegelkerbstift**	**DIN EN ISO 8744**:2024-01
Steckkerbstift	**DIN EN ISO 8741**:2024-01	**Passkerbstift**	**DIN EN ISO 8745**:2024-01
Knebelkerbstift	**DIN EN ISO 8743**:2024-01	**Halbrundkerbnagel**	**DIN EN ISO 8746**:2024-01
Kegelstift	**DIN EN 22339**:1992-10 **DIN EN 28736**:1992-10 **DIN EN 28737**:1992-10 **DIN 258**:2012-05	**Senkkerbnagel**	**DIN EN ISO 8747**:2024-01
Bezeichnung **Bolzen**	Norm	Bezeichnung **Bolzen**	Norm
Bolzen ohne Kopf (mit und ohne Splintloch)	**DIN EN 22340**:1992-10	**Bolzen mit Kopf** (mit und ohne Splintloch)	**DIN EN 22341**:1992-10

5

Stoffschlüssige Verbindungen

Beim **Stoffschluss** erfolgt die Übertragung von Kräften und Momenten durch die zur Verbindung der Bauteile verwendeten Materialien (Stoffe).

Hierzu gehören
- das Kleben,
- das Löten,
- das Schweißen z.B.:

a) Rohrsteckverbindung mit eingelegtem Lot (vor Löten)

b) Angeschweißte Konsole

a)

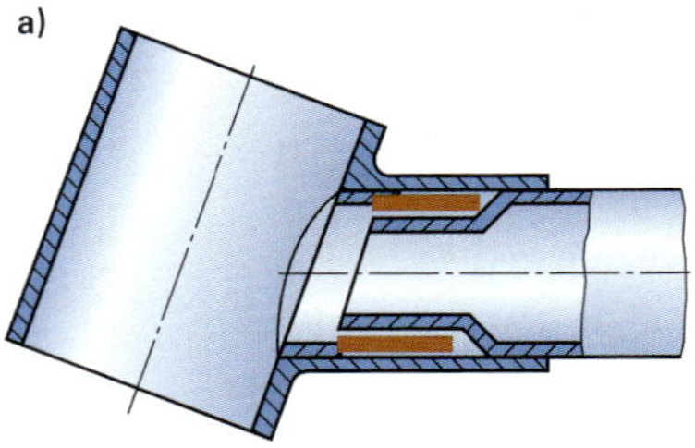

b)

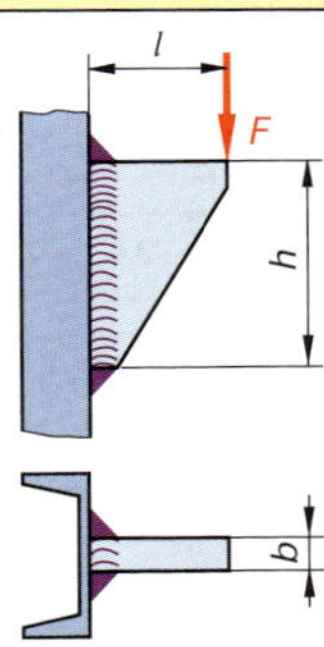

Klebeverbindungen

Klebenähte werden i.d.R. auf Schub (→ Scherung) beansprucht. Andernfalls sind sehr große Klebeflächen erforderlich.

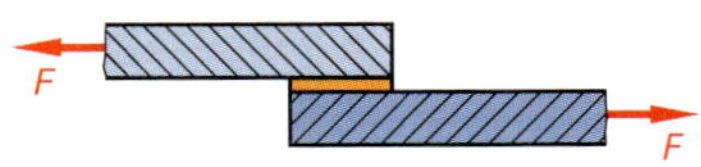

5.6 Fügen (Fortsetzung)

Klebeverbindung	Benennung	Anwendung	Bemerkung
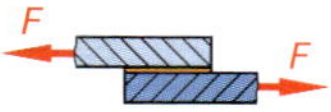	einschnittige Überlappung	bei dünnen Querschnitten	Es treten hohe Spannungsspitzen und durch zusätzliche Biegebeanspruchung Schälkräfte auf
	einschnittige Laschung	bei glatten (strömungsgünstigen) Oberflächen	
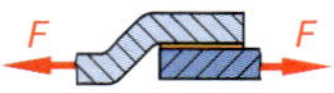	gefalzte Überlappung	bei nicht versetztem Kraftfluss. Keine Biegebeanspruchung der Klebenaht	kaum Schälkräfte
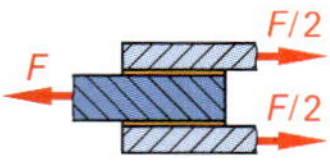	zweischnittige Überlappung	optimale Werkstoffausnutzung bei einem Dickenverhältnis der Fügeteile von 1 : 2 : 1	Unterschiedliche Dehnungen verschiedener Werkstoffe sind bei Klebungen zu beachten!
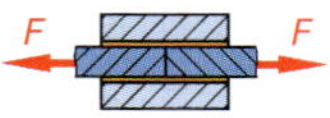	zweischnittige Laschung	beschränkt, da auf beiden Seiten keine glatte Oberfläche	
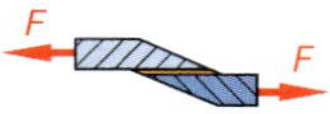	abgeschrägte Überlappung	bei Forderung nach hoher Beanspruchbarkeit (hohe Festigkeit)	hoher Arbeitsaufwand
	Schäftung	bei höchsten Festigkeitswerten, jedoch nur bei größeren Werkstückdicken einsetzbar	keine zusätzlichen Biege- und Schälbeanspruchungen

Wärmeleitfähige Epoxidharz-Klebstoffe

Füllstoff	Wärmeleitfähigkeit λ in W/(m · K)
ohne	0,37
mineralisch	0,9 … 1,8
metallisch	bis 12,0

Die **Klebstoffdicke** entscheidet über die Festigkeit der Klebung. Sie ist vom Klebstoff abhängig. **Herstellerangaben** sind zu beachten.

Klebeflächen müssen vor dem Fügen behandelt werden, d.h. gereinigt und entfettet.

Normen und Richtlinien beachten:

VDI-Richtlinie 2229 „Metallkleben, Hinweise für Konstruktion und Fertigung" (zurückgezogen)

AGI-Arbeitsblatt Q111 „Dämmarbeiten: Kleben, Klebstoffe, Anwendung"

Es lassen sich beinahe alle festen Werkstoffe durch Klebung verbinden.

Lötverbindungen

[→ Sinnbilder Schweißen, Löten; Scherung; Steighöhe (Kapillare)]

Löten ist ein Verfahren zum stoffschlüssigen **Fügen** und **Beschichten** von Werkstoffen mit Hilfe eines geschmolzenen Zusatzmetalls, dem **Lot**.

Durch Löten lassen sich gleichartige oder verschiedene metallische Werkstoffe fest, dicht und leitfähig verbinden.

Nur das Lot wird flüssig oder breiig.

Mechanische Beanspruchung:

… beim **Weichlöten** in Analogie zur → Klebeverbindung, d.h. in der Regel auf Schub.

… beim **Hartlöten** sind alle Beanspruchungsarten möglich, d.h. Zug, Druck, Scherung, Biegung, Torsion.

5.6 Fügen (Fortsetzung)

Lötverfahren:

Einteilung nach **Arbeitstemperatur AT**	
Weichlöten:	AT < 450 °C
Hartlöten:	AT ≥ 450 °C < 900 °C
Hochtemperaturlöten:	AT > 900 °C

Einteilung nach Lotzuführung

Löten mit angesetztem Lot (meist Drahtform)

Löten mit eingelegtem Lot (Lotformteile) ⟶ z.B.

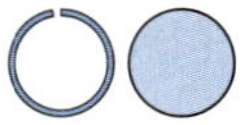

Tauchlöten u.a.

Einteilung nach Art der Erwärmung

Flammlöten (mit Brenner), Kolbenlöten, Ofenlöten, Tauchlöten, Schwalllöten, Induktionslöten, Widerstandslöten u.a.

Einteilung nach Form der Lötstelle

(→ Steighöhe in einer Kapillare)

Lötspalt: Abstand der Fügeteile 0,05 mm ... 0,25 mm

Lötfuge: Abstand > 0,5 mm

i. d. R. Lötspalt. Länge und Tiefe sind für die Festigkeit maßgebend.

Flussmittel:

Flussmittel lösen Oxide und verhindern weitere Oxidation. Sie fördern die erforderliche **Benetzung.**

Herstellerangaben sind zu beachten!

Antiflussmittel verhindern das Benetzen des Lotes auf Flächen, die nicht benetzt werden sollen. Sie ermöglichen dadurch präzise Lötungen.

Beizmittel sind meist giftig. Die Verfahren sind deshalb genehmigungspflichtig.

Spezial-Weichlote:

DIN EN ISO 9453: 2021-01 **DIN EN ISO 3677:** 2016-12[1] Das S- am Anfang entfällt nach neuer DIN EN ISO 9453	Zusammensetzung[2] Massenanteil in %	Schmelzbereich °C	Dichte $\frac{g}{cm^3}$	Härte HB	Scherfestigkeit N/mm² Cu	Ms	St	elektr. Leitfähigkeit $\frac{m}{\Omega mm^2}$	Wichtigste Anwendungsgebiete (Angaben der Fa. Degussa)
S-Sn50Pb32Cd18	49,5–50,5 Sn, 17,5–18,5 Cd, Rest Pb	180–185	8,5	12	30	20	15	7,6	Besonders schonende Lötungen, versilberte Keramik, gedruckte Schaltungen, Kondensatorbeläge
S-Sn60Pb36Ag4	61,5 – 62,5 Sn, 1,8–2,2 Ag, Rest Pb	179	8,4	10	30	20	20	7,0	
S-Sn96Ag4	3,5–3,9 Ag, Rest Sn	221–228	7,3	15	30	20	25	7,5	Feinstlötungen, hervorrag. Benetzung, rel. warmfest, Nahrungsmittelindustrie
S-Sn97Cu3	3 Cu, Rest Sn	227–310	7,3	15	30	20	25	7,5	Rohrinstallation
S-Sn95Sb5	4,5–5,5 Sb, Rest Sn	235–240	7,2	17	30	20	30	6,2	
S-Cd82Zn8[1]	17,5 Zn, Rest Cd	266	8,1	45	40	40	50	13,3	Löten v. Aluminium an Aluminium und an Schwermetalle
S-Cd82Zn16Ag2[1]	16 Zn, 2 Ag, Rest Cd	270–280	8,5	35	40	40	50	13,0	Lötungen für rel. hohe Dauerbetriebstemp. Elektromotoren der Isolierklasse F
S-Pb98Ag2	2–3 Ag, Rest Pb	304–305	11,2	9	15	10	–	4,7	Kollektorlötungen der Isolierklasse F
S-Cd95Ag5[1]	5–6 Ag, Rest Cd	304– 370	8,3	42	40	40	50	12,0	Lötungen für erhöhte Dauerbetriebstemp.
S-Zn88Ag12[1]	12 Ag, Rest Zn	430–520	7,4	–	–	–	80	–	Stufenlöten von Aluminium-Verbindg.

[1] **DIN EN ISO 3677** normt lediglich die Bezeichnung der Zusätze.

[2] Toleranzen in der Zusammensetzung entsprechend **DIN EN ISO 9453**:2021-01.

5

5.6 Fügen (Fortsetzung)

Hartlote für Kupferwerkstoffe (Auswahl):

DIN EN ISO 17672: 2017-01 **DIN EN ISO 3677:** 2016-12 Lot ISO 17672 … Danach eine der beiden Bezeichnungen	Zusammensetzung Gewichts-% Rest jeweils Cu			Schmelzbereich	Min. Arbeitstemperatur **(DIN ISO 857-2:** 2007-03)	R_m **(DIN EN 12797:** 2000-12) an Cu	Dichte	Wichtigste Anwendungsgebiete (nach Fa. Degussa)	Wichtigste Grundwerkstoffe (nach Fa. Degussa)
	Ag	P	Sonstige	°C	°C	N/mm²	g/cm³		
CuP 286 B-Cu75AgP-645	17,0 – 19,0	6,6 – 7,5	–	645	650	250	8,4	**Für Lötstellen mit Betriebstemperaturen bis 150 ° C**	Kupfer an Kupfer ohne Flussmittel.
CuP 284 B-Cu80AgP-645/800	14,5 – 15,5	4,8 – 5,2	–	645–800	700	250	8,4		
CuP 281 B-Cu89PAg-645/815	4,8 – 5,2	5,8 – 6,2	–	645–815	710	250	8,2	**Anmerkung:** neue Werkstoffbezeichnung in der unteren Zeile	mit Flussmittel auch für Messing Bronze Rotguss Nicht bei schwefelhaltigen Medien. Nicht bei Fe- und Ni-Legierungen.
CuP 279 B-Cu92PAg-650/810	1,5 – 2,5	5,9 – 6,7	–	645–825	740	250	8,1		
CuP 182 B-Cu92P-710/770	–	7,5 – 8,1	–	710–770	720	250	8,0		
CuP 180 B-Cu93P-710/820	–	6,6 – 7,4	–	710–820	730	250	8,05		
CuP 179 B-Cu94P-710/890	–	5,9 – 6,5	–	710 – 890	760	250	8,1		
CuP 386 B-Cu86SnP-650/700	–	6,4 – 7,2	6,5 – 7,5 Sn	650 – 700	700	250	8,0		mit Flussmittel für Kupfer, Messing, Bronze, Rotguss. Nicht bei schwefelhaltigen Medien. Nicht für Fe- und Ni-Legierungen.

Cadmiumhaltige Silberhartlote für universelle Anwendung (Auswahl):

DIN EN ISO 17672: 2017-01 **DIN EN ISO 3677:** 2016-12 Lot ISO 17672 … Danach eine der beiden Bezeichnungen	Zusammensetzung Massenanteil-%					Schmelzbereich	R_m	Dichte	Wichtigste Grundwerkstoffe Anwendungsgebiete S235JR E 295 (nach Fa. Degussa)
	Ag	Cu	Zn	Cd	Sn	°C	N/mm²	g/cm³	
Ag 350 B-Ag50CdZnCu-620/640	49,0 – 51,0	14,5 – 16,5	14,5 – 18,5	17,0 – 19,0	–	620 – 640	350	9,5	Beliebige Stähle, Kupfer und Kupferlegierungen, Nickel und Nickellegierungen Für Lötstellen mit Betriebstemperaturen bis 150 °C
Ag 345 B-Ag45CdZnCu-605/620	44,0 – 46,0	14,0 – 16,0	14,0 – 18,0	23,0 – 25,0	–	605 – 620	450	9,4	
Ag 340 B-Ag40ZnCdCu-595/630	39,0 – 41,0	18,0 – 20,0	19,0 – 23,0	18,0 – 22,0	–	595 – 630	450	9,3	
Ag 335 B-Ag35CuZnCd-610/700	34,0 – 36,0	25,0 – 27,0	19,0 – 23,0	17,0 – 19,0	–	610 – 700	440	9,1	
Ag 330 B-Ag30CuCdZn-600/690	29,0 – 31,0	27,0 – 29,0	19,0 – 23,0	19,0 – 23,0	–	600 – 690	420	9,2	
Ag 326 B-Cu30ZnAgCd-605/720	24,0 – 26,0	29,0 – 31,0	25,5 – 29,5	16,5 – 18,5	–	605 – 720	410	8,8	
Ag 134 B-Cu35ZnAgCd-620/730	33,0 – 35,0	35,0 – 37,0	25,5 – 29,5	–	2,0 – 3,0	630 – 730	430	9,0	
Ag 125 B-Cu40ZnAgSn-680/760	24,0 – 26,0	39,0 – 41,0	31,0 – 35,0	–	1,5 – 2,5	680 – 760	430	8,7	

5.6 Fügen (Fortsetzung)

Anmerkungen: → [Zustandsdiagramme (Diagramme und Nomogramme)]

- Phosphor P setzt den Schmelzpunkt herab. Bei den Hartloten für Kupferwerkstoffe führt P bei der Paarung Cu/Cu zu flussmittelfreiem Löten.
- Silber Ag und Cadmium Cd setzen den Schmelzpunkt herab → nebenstehendes Zustandsschaubild.

	Silber Ag	Cadmium Cd
Schmelzpunkt	960,8 °C	320,9 °C
Siedepunkt	2212,0 °C	765 °C

- Cadmium hat einen relativ niedrigen Siedepunkt. Bei Überhitzung dampft Cd aus dem Lot heraus. **Cadmium-Dämpfe sind giftig.**

> Cadmiumoxid ist ein krebserregender Stoff. Lothersteller empfehlen daher die Umstellung auf cadmiumfreie Lote. In den USA sind cadmiumhaltige Lote verboten.

Zustandsdiagramme einer Cu-Ag, Zn-Cd-Legierung gemäß **DKI** (Deutsches Kupferinstitut)

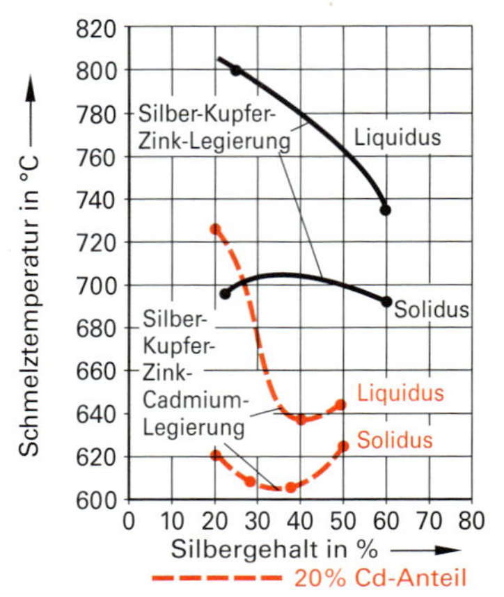

Hartlot für Aluminium-Lötungen

Normen **DIN EN ISO 3677:** 2016-12	Zusammensetzung Gewichts-% Al	 Si	Schmelzbereich °C	Arbeitstemperatur **(DIN ISO 857-2:** 2007-03) °C	Zugfestigkeit **(DIN EN 12797:** 2000-12) N/mm²	Dichte g/cm³	Wichtigste Anwendungsgebiete (nach Fa. Degussa)	Wichtigste Grundwerkstoffe (nach Fa. Degussa)
L-Al Si12 B-Al88Si-575/590	88	12	575 – 590	590	100	2,65	Reparatur und Fertigung von Einzel- und Massenteilen	Aluminium und Al-Legierungen mit → Solidustemperaturen von mind. 640 °C

Unfallverhütungsvorschriften:
UVV **BGV.D1** „Schweißen, Schneiden und verwandte Verfahren“ ist zu beachten.

Lebensmittelberührung:
Lote und Flussmittel, die mit Lebensmittel in Berührung kommen, müssen nach der Vorschrift **DVGW-GW2** (Deutscher Verein des Gas- und Wasserfaches) zugelassen sein.

Schweißverbindungen

(→ Sinnbilder Schweißen, Löten; Gasgesetze)

> Unter Schweißen versteht man die stoffschlüssige, nicht lösbare Verbindung gleicher oder ähnlicher Stoffe unter Zuführung von Wärme im teigigen oder flüssigen Zustand.

> Schweißbare Werkstoffe sind gleiche oder ähnliche Kunststoffe (Thermoplaste), Metalle oder Metalllegierungen.

Schweißverfahren:
(→ Kennzeichen für Schweiß- und Lötverfahren)

Pressschweißen
Erwärmung bis zum teigigen Zustand.
Druckanwendung verbindet Fügeteile.

Schmelzschweißen
Erwärmung bis zum flüssigen Zustand.
Verbindung durch Zusammenfließen.

5.6 Fügen (Fortsetzung)

Hauptsächliche Schweißverfahren: (→ Kennzeichen für Schweiß- und Lötverfahren)

Kennzahl	Kurzbezeichnung	Werkstoffe	Anwendung
311	G	Stähle	allg. Stahlbau, Rohrleitungen
111	E	Stähle	allg. Stahlbau
141	WIG	alle Metalle	hoch beanspruchte dünne Fügeteile
21/23	RP/RR	alle Metalle	Blechkonstruktionen, Kanäle
135	MAG	Stähle	allg. Stahlbau
131	MIG	Stähle, Leichtmetalle	sehr dicke und sehr dünne Fügeteile
12	UP	Stähle	dicke Fügeteile, langsame Abkühlung
3 42	G R	Kunststoffteile (Thermoplaste), z. B. Polystyrol, Teflon, PVC (auch für **Folienschweißung**)	

Werkstoff	Stahlguss, unleg. Stähle	leg. Stähle	Kupfer	Leichtmetalle	Gusseisen
Schweißverfahren	alle Verfahren	WIG, MIG RP, RR, UP	WIG, MIG	WIG, MIG RP, RR	G, E WIG

Gestaltung von Schweißverbindungen:

Art des Stoßes	Konstruktive Möglichkeit (Beispiele)	Bemerkung
Überlapp- und Stumpfstoß	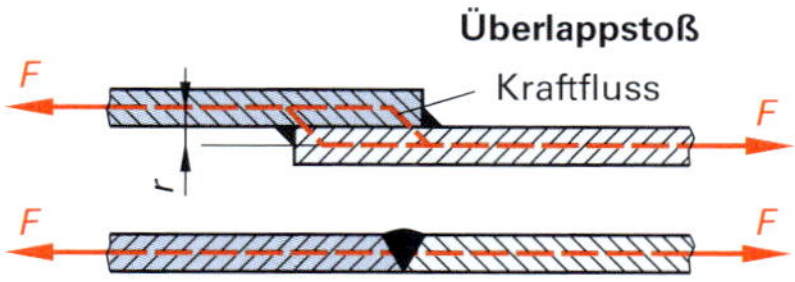	ungünstiger Kraftfluss, zusätzliche → Biegebeanspruchung, Hohe Strömungswiderstände bessere Lösung
	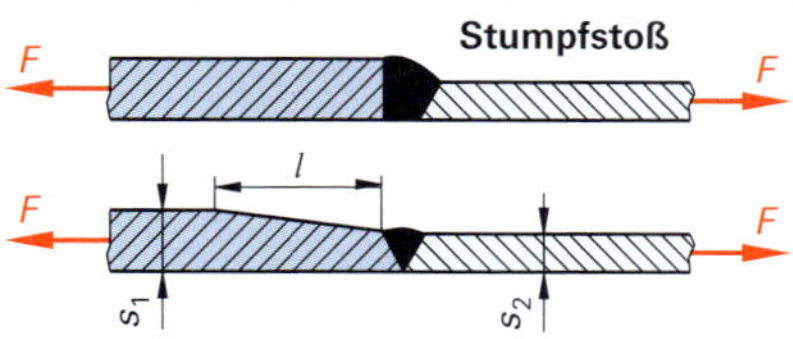	großer Spannungsanstieg (→ Festigkeitslehre) bessere Lösung: $l = 5 \dots 7 \cdot (s_1 + s_2)$
Eckstoß	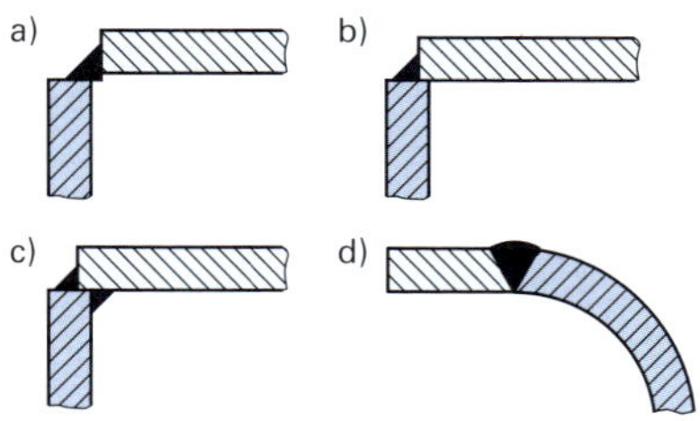	a) gut durchschweißbar, hohe Festigkeit, schlechtes Passen b) schlecht durchschweißbar, niedrige Festigkeit, gutes Passen c) gutes Passen, gut durchschweißbar, hohe Festigkeit, teuer d) technisch beste, aber auch teuerste Lösung
T-Stoß	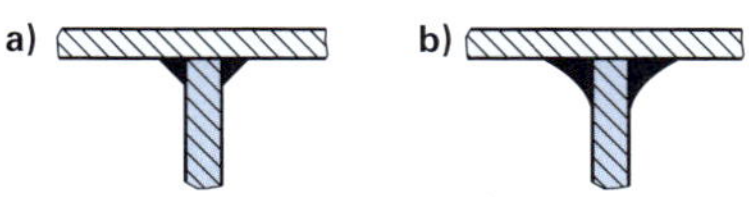 **Regel:** Zweiseitig zugängliche Nähte sollten möglichst von zwei Seiten geschweißt werden.	a) möglichst beidseitig schweißen b) durch Hohlnähte wird ein günstiger Kraftlinienfluss und eine geringere Kerbwirkung in den Nahtübergängen erreicht.

5

5.6 Fügen (Fortsetzung)

Konstruktionsdetail (Beispiele)	Bemerkung
Biegebeanspruchte Naht 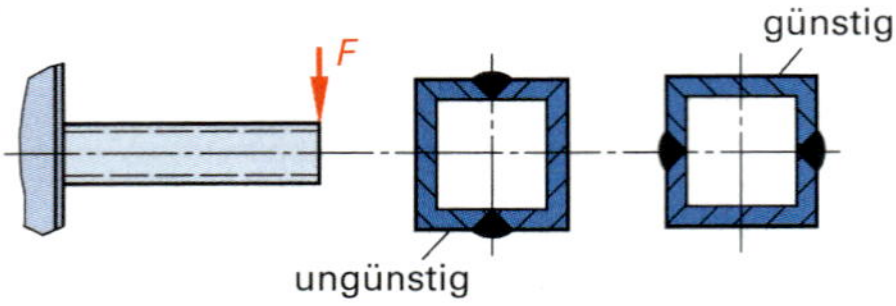	Schweißnähte möglichst in „spannungsarme" Bauteilbereiche legen, d.h. in die Nähe der Biegelinie (neutrale Faser). Der Abstand zwischen zwei tragenden Nähten sollte möglichst die vierfache Blechdicke nicht unterschreiten.
Versteifungsrippen 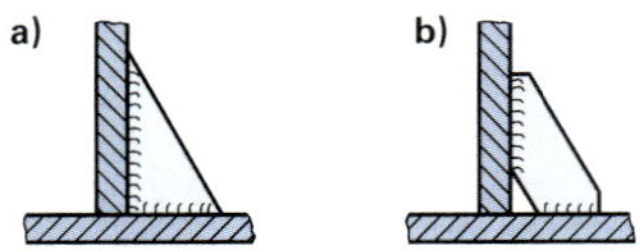	a) ungünstig, da beim Schweißen die Ausläufe (Spitzen) der Versteifungsrippen „wegbrennen" b) günstig. Es kann rundum (geschlossene Naht) geschweißt werden
Flanschverbindungen 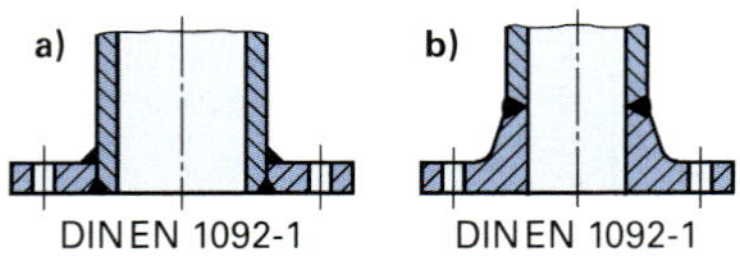	Flanschübersicht: **DIN EN 1092-1**:2018-12 a) bei niedriger mechanischer Beanspruchung, preisgünstig b) hoher Preis, günstig durch guten Kraftflussverlauf, hohe Festigkeit

Schweißgutfreier Abstand:
Hierunter versteht man den Mindestabstand zweier Schweißnähte. Spezielle Vorschriften wie **AD-Merkblätter** (Arbeitsgemeinschaft Druck) oder **AGI-Arbeitsblätter** beachten:

- **AGI-Arbeitsblatt Q153** → Halterungen für Tragkonstruktionen
- **AGI-Arbeitsblatt Q154** → Trag- und Stützkonstruktionen

} → Dämmstoffe

Schweißnahtberechnung:

$$\varrho_1 = \frac{F}{A_n}$$ **Zug-, Druck-, Scherspannung**

$$\varrho_2 = \frac{M_b}{Z_n}$$ **Biegespannung**

F	Kraft	N
A_n	Nahtquerschnitt (s. unten)	mm^2
M_b	Biegemoment	N mm
Z_n	Widerstandsmoment der Naht	mm^3

Spezielle Vorschriften im Stahl- und Behälterbau (→ AD- Merkblätter) sind unbedingt zu berücksichtigen.

geschlossene Nähte

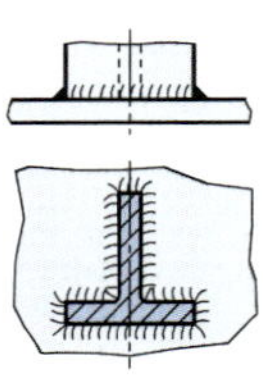

Beispiele

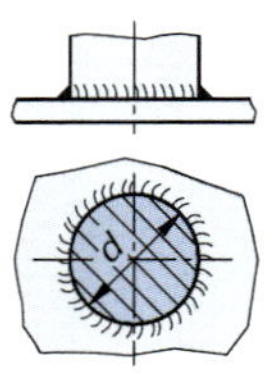

l_n = Profilumfang **Nahtlänge**

nicht geschlossene (offene) Nähte

$l_n = l - 2 \cdot a$ **Nahtlänge**

Länge der Nahtkrater (Schweißnahtenden) wird abgezogen (bei einseitig offen nur einmal)

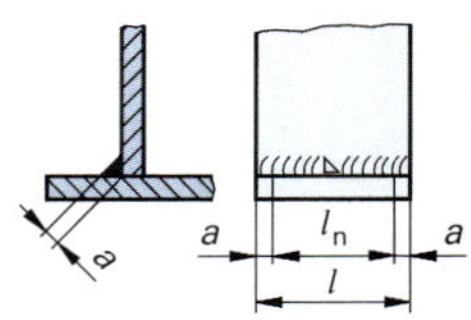

a	Schweißnahtdicke	mm

$A_n = l_n \cdot a$ **Nahtquerschnitt Kehlnaht**

$A_n = l_n \cdot s$ **Nahtquerschnitt Stumpfnaht**

l_n	Nahtlänge	mm
a	Schweißnahtdicke	mm
s	Blechdicke	mm

5

5.6 Fügen (Fortsetzung)

$$\varrho = \sqrt{\varrho_1^2 + \varrho_2^2}$$

zusammengesetzte Spannung

ϱ_1	entweder Zugspannung oder Druckspannung oder Schubspannung (Scherung)	N/mm²
ϱ_2	Biegespannung	N/mm²

Beispiel Biegung und Schub

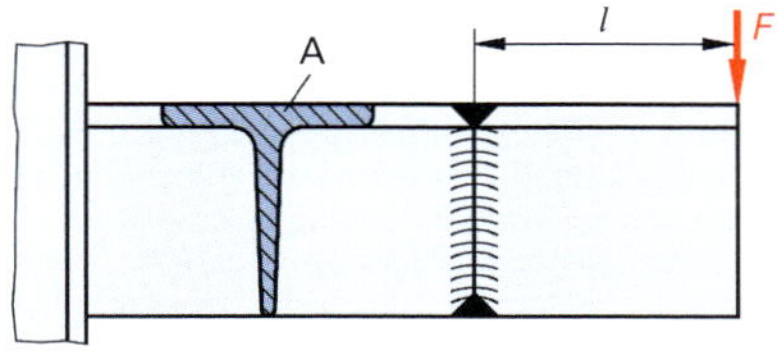

Achtung: Zulässige Spannungen aus DIN-Normen und sonstigen Vorschriften (z.B. AD-Merkblätter) beachten.

Die **Berechnung von Hartlotverbindungen** erfolgt in Analogie zur Schweißnahtberechnung.

Schweißgasflaschen

Gasart	Kennfarbe	Anschlussgewinde
Sauerstoff	weiß	R 3/4
Acetylen	kastanienbraun	Spannbügel
Wasserstoff	rot	W21,80 x 1/14
Propan	rot	W21,80 x 1/14

Schutzgase

Gasart	Kennfarbe
Argon	dunkelgrün
Helium	braun
Stickstoff	grün
Kohlenstoffdioxid	grau

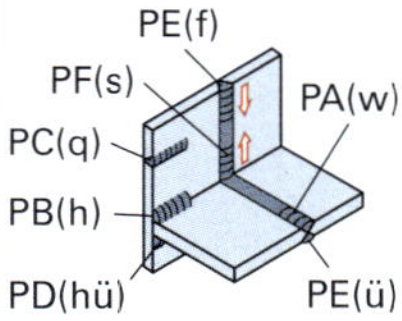

Schweißpositionen

DIN EN 22553: 1997-03 (z)	DIN EN ISO 6947: 2020-02	Benennung
w	PA	Wannenposition
h	PB	Horizontalposition
s	PF	Steigposition (Steigendschweißen)
f	PG	Fallposition (Fallendschweißen)
q	PC	Querposition
ü	PE	Überkopfposition
hü	PD	Horizontal-Überkopfposition
s. nebenstehendes Bild		

Schweißzusätze:

Gasschweißstäbe

Schutzgase zum Lichtbogenschweißen und Schneiden entsprechend **DIN EN ISO 14175**:2008-06
Drahtelektroden entsprechend **DIN EN ISO 14341**:2020-12

Gasverbrauch: (→ Gasgesetze)

$$V_{amb} = \frac{p_e \cdot V}{p_{amb}}$$

Verfügbare Gasmenge

$$\Delta V = \frac{V \cdot (p_{e1} - p_{e2})}{p_{amb}} = V_1 - V_2$$

Gasverbrauch von ungelösten Gasen

$$\Delta V = \frac{V_{Fl} \cdot (p_{e1} - p_{e2})}{p_f}$$

Gasverbrauch von gelösten Gasen

Acetylen wird von Aceton unter Druck gelöst, nämlich 25 l bei 1 bar Überdruck.

V_{amb}	Gasvolumen bei Atmosphärendruck	l
P_{amb}	Atmosphärendruck	l
V	Flaschenvolumen	l
p_e	Flaschenüberdruck (Manometeranzeige)	bar
ΔV	Gasverbrauch	l
V_1	Flascheninhalt vor Entnahme	l
V_2	Flascheninhalt nach Entnahme	l
p_{e1}	Manometerdruck vor Entnahme	bar
p_{e2}	Manometerdruck nach Entnahme	bar
V_{Fl}	Flascheninhalt vom im Lösungsmittel gelöstem Gas	l
p_f	Fülldruck der Flasche	bar

B $p_e = 100$ bar; $V = 40$ l; $p_{amb} = 1{,}02$ bar.
Wie viel l Sauerstoff stehen bei Atmosphärendruck zur Verfügung?

$$\mathbf{V_{amb}} = \frac{p_e \cdot V}{p_{amb}} = \frac{100\text{ bar} \cdot 40\text{ l}}{1{,}02\text{ bar}} = \mathbf{3921{,}6\text{ l}}$$

B $p_{e1} = 18$ bar; $p_{e2} = 13{,}5$ bar; $V = 40$ l.
Wie viel Liter an ungelöstem Acetylen werden verbraucht? ($p_{amb} = 1{,}02$ bar)

$$\mathbf{\Delta V} = \frac{V \cdot (p_{e1} - p_{e2})}{p_{amb}} = \frac{40\text{ l} \cdot 4{,}5\text{ bar}}{1{,}02\text{ bar}} = \mathbf{176{,}5\text{ l}}$$

Schweißgashersteller stellen auch **Verbrauchsdiagramme** zur Verfügung.

5.6 Fügen (Fortsetzung)

Schweißen von Kupfer und Kupferlegierungen:

Kupfer mit **Schweißeignung**	
Cu-Sorte	Anwendungsbereich
SF-Cu[1] Cu-DPH	desoxidiert, sauerstofffrei Rohrleitungen, Apparatebau
E-Cu	sauerstoffhaltig Halbzeug in der Elektrotechnik
SE-Cu[2]	Halbzeug in der Elektrotechnik

[1] sehr gut schweißbar

[2] besondere Anforderungen an die Schweißbarkeit

Andere Cu-Sorten: beschränkt schweißbar

Mögliche Schweißverfahren (Auswahl)

Kaltpressschweißen, Kaltfließpressschweißen, Reibschweißen, Diffusionsschweißen, Wolfram-Plasmaschweißen (WP), Mikroplasma-Schweißen, Impuls-Lichtbogenschweißen, WIG-Impuls-Lichtbogenschweißen (WIGp), MIG-Impuls-Lichtbogenschweißen (MIGP), Elektronenstrahlschweißen, EB-Schweißen (im Vakuum), LB-Schweißen (mit Schutzgas), Sprengschweißen, u.a.

Über Schweißeignung und anwendbare Schweißverfahren informiert Sie umfassend das DKI (Deutsches Kupferinstitut).

Verbindungsschweißen von Kupfer mit Kupferlegierungen (Anhaltsangaben DKI)

Werkstoffe	Schweißverfahren	Schweißzusatz	Bemerkungen
Kupfer mit Kupfer-Silizium-Mangan (CuSi2Mn, CuSi3Mn)	WIG vorzugsweise doppelseitig-gleichzeitig MIG	SG-CuSn6	bei Blechen mit $s > 10$ mm Kupferseite auf 300 bis 400 °C vorwärmen
Kupfer mit Kupfer-Zink-Legierungen	WIG vorzugsweise doppelseitig-gleichzeitig	SG-CuSn6 oder SG-CuSn	je nach Wanddicke Kupferseite auf 200 bis 500 °C vorwärmen
Kupfer mit Kupfer-Zinn-Legierungen	WIG MIG	SG-CuSn6	
Kupfer mit Kupfer-Nickel-Legierungen	WIG MIG	SG-CuNi30Fe	
Kupfer mit Kupfer-Aluminium-Legierungen	WIG MIG	SG-CuAl8 oder SG-CuSn6	

WIG: Kennzahl 141
MIG: Kennzahl 131

Schweißeignung von Kupferlegierungen (Anhaltsangaben DKI)

Kurzzeichen der Legierung	Gas-schweißen	Schutzgasschweißen WIG-Impuls	Schutzgasschweißen MIG-Impuls	Metall-Lichtbogen-schweißen	elektrisches Widerstandsschweißen Punkt-	elektrisches Widerstandsschweißen Naht-	elektrisches Widerstandsschweißen Stumpf-
CuAg0.1	2	2	2	1	1	1	1
CuFe2P	1	2	2	1	1	1	1
CuMn2	1	2	1	1	1	1	2
CuSi2Mn	0	2	2	0	2	2	2
CuSi3Mn	0	2	2	0	2	2	2
CuZn0.5	2	2*)	2**)	1	1	1	1
CuZn37	2	1*)	1**)	0	1	0	1
CuZn20Al2	0	2	1**)	1	1	0	1
CuNi12Zn24	1	1	0	0	1	1	1
CuAl10Ni5Fe4	0	2	2	1	1	1	1
G-CuCr	0	1	1	0	0	0	1
G-CuZn34Al2	0	1*)	1**)	0	1	0	1
G-CuZn15Si4	1	1*)	1**)	0	1	0	1
G-CuSn10	1	1	1	1	1	1	2
G-CuSn10Zn	0	1	1	0	1	1	2
G-CuNi10	0	1	1	1	1	1	2
G-CuNi30	0	2	2	1	2	2	2
G-CuAl10Fe	0	1	1	1	1	1	1
G-CuAl10Ni	0	1	1	1	1	1	1

In nebenstehender Tabelle bedeuten die Ziffern

0: nicht geeignet
1: geeignet
2: empfohlen

des Weiteren

*) zinkfreie Zusätze empfohlen
**) zinkfreie Zusätze erforderlich

Die Schweißzusätze (Schweißstäbe, Schweißdrähte, Drahtelektroden) sind auf die Grundwerkstoffe abzustimmen.

DKI-, Norm- und Herstellerangaben sind zu beachten.

5

5.6 Fügen (Fortsetzung)

Schweißen von Aluminium und Aluminiumlegierungen: (→ Kennzeichen Schweiß- und Lötverfahren)

Grundwerkstoffe der Fügeteile	Schweißzusatzstoffe	Eignung bei G (311)	WIG (141)	MIG (131)	L (1)	Grundwerkstoffe der Fügeteile	Schweißzusatzstoffe	Eignung bei G (311)	WIG (141)	MIG (131)	L (1)
Al99.8; A99.7; A99.5; E-Al	S-Al99.8	3	2	2	4	AlMg3; G-AlMg3Si; G-AlMg5	S-AlMg5	5	2	2	5
Al99.5; A99	S-A99.5 Ti	2	2	2	4	AlMg4,5Mn; G-AlMg3Si; G-AlMg5	S-Al Mg4,5Mn	5	2	2	5
AlMn	S-AlMn	2	2	3	4						
AlMg1; AlMg3; AlMgMn	–	–	–	–	4	AlSi5; AlMgSi0,5; AlMgSil	S-AlSi5	2	2	2	4
AlMg3; AlMgSi0,5; G-AlMg3Si	S-AlMg3	3	2	3	5	AlSi-Gussleg. mit mehr als 7% Si	S-AlSM2	2	2	2	4

In der Tabelle bedeuten die Ziffern 2: gut geeignet, 3: geeignet, 4: möglich, 5: nicht geeignet

Unfallverhütungsvorschriften beim Schweißen:
UVV **BGV.D1** „Schweißen, Schneiden und verwandte Verfahren" ist zu beachten.

Lüftung in Räumen

Verfahren	Zusatzwerkstoff: Unlegierter und niedriglegierter Stahl, Aluminium-Werkstoffe k	l	Hochlegierter Stahl, NE-Werkstoffe (außer Aluminium-Werkstoffe) k	l	Schweißen an beschichtetem Stahl k	l
Gasschweißen ortsgebunden	F	T	T	A	T	A
nicht ortsgebunden	F	T	F	A	F	A
Lichtbogenhandschweißen ortsgebunden	T	A	A	A	A	A
nicht ortsgebunden	F	T	T	A	T	A
MIG-, MAG-Schweißen ortsgebunden	T	A	A	A	A	A
nicht ortsgebunden	F	T	T	A	T	A
WIG-Schweißen ortsgebunden	F	T	F	T	F	T
nicht ortsgebunden	F	F	F	T	F	T
Unterpulverschweißen ortsgebunden	F	T	T	T	T	T
nicht ortsgebunden	F	F	F	T	F	T
Thermisches Spritzen	A	A	A	A	–	–

In nebenstehender Tabelle bedeuten die Buchstaben
- k: kurzzeitig
- l: länger andauernd
- F: freie (natürl.) Lüftung
- T: technische (masch.) Lüftung
- A: Absaugung im Entstehungsbereich der gesundheitsgefährdenden Stoffe

Stehen die entsprechenden Lüftungseinrichtungen nicht zur Verfügung oder sind nicht ausreichend wirksam, müssen geeignete Atemschutzgeräte zur Verfügung gestellt werden.

Eine Verbesserung der Atemluft durch Zugabe von Sauerstoff ist verboten.

Sauerstoffarmaturen sind fettfrei zu halten.

5.7 Stoffeigenschaftändern

Stoffeigenschaftändern ist die Änderung der Stoffeigenschaften (z.B. → Härte, → Festigkeit, → Dehnverhalten u.a.) eines festen Körpers durch Umlagern.

Gruppen des Stoffeigenschaftänderns:

Umlagern von Stoffteilchen	Aussondern von Stoffteilchen
• durch Veränderung des Gefüges oder des Kristallgitters oder beidem (z.B. Glühen, Härten, Anlassen, Vergüten) • durch Verformung des Kristallgitters (z.B. Festbiegen, Festwalzen, Verfestigungsstrahlen) • durch Verändern der Wirkenergien (z.B. Magnetisieren, elektrisch Aufladen)	Entzug von Stoffteilchen (z.B. Entkohlen) **Einbringen von Stoffteilchen** z.B. Aufkohlen, Nitrieren Eine wichtige Anwendung des Stoffeigenschaftändern ist die **Wärmebehandlung.**

Wärmebehandlung von Eisenwerkstoffen

- **Diffusionsglühen** (→ Diffusion) ist ein Homogenisierungsglühen zum Ausgleich von Konzentrationsunterschieden und Gefügeheterogenitäten bei hohen Temperaturen (30 bis 40 h).
- **Normalglühen** ist ein Glühen zur Erzielung eines stabilen Gefügezustandes oberhalb der GSK-Linie.
- **Härten** ist ein Erwärmen und Halten auf einer Temperatur kurz über der GSK-Linie und mit anschließendem Abschrecken.
- **Weichglühen** ist ein Glühen dicht unterhalb bzw. oberhalb der PSK-Linie.

Fe-C-Diagramm [Eisen-Kohlenstoff-Diagramm (Ausschnitt)] als Grundlage für die **Wärmebehandlung unlegierter Stähle**

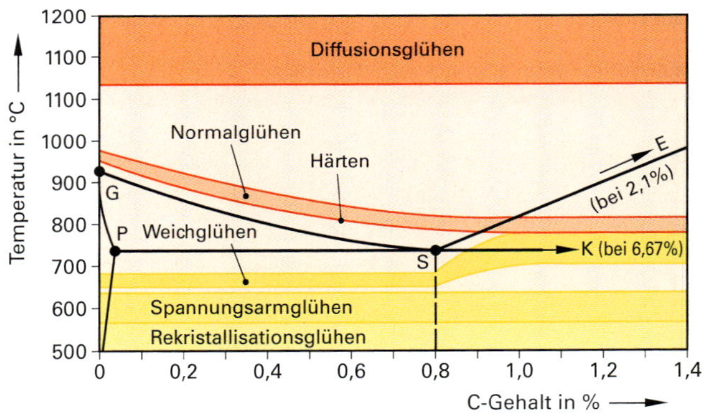

→ Diagramme und Nomogramme (Zustandsdiagramme)

5

- **Spannungsarmglühen** ist ein Glühen zur Herabsetzung innerer Spannungen unterhalb der PSK-Linie und anschließender langsamer Abkühlung.
- **Rekristallisationsglühen** ist ein Glühen im Rekristallisationsbereich bei niedrigen Temperaturen nach einer vorangegangenen Umformung (Rückformung der Kristalle).

Das **Fe-C-Diagramm** ist nur bei **unlegierten Stählen** anwendbar. Bei **legierten Stählen**: Wärmebehandlung nach einschlägigen Normen bzw. nach den **Angaben des Herstellers.**

Spezielle Verfahren des Stoffeigenschaftänderns:

- **Einsatzhärten** ist ein Aufkohlen mit Einsatzmitteln (geben C ab) bei hohen Temperaturen und anschließendem Härten. Einsatzstähle nach **DIN EN ISO 683-3**:2022-06.
- **Induktionshärten** ist wie das Einsatzhärten und das Nitrieren ein Oberflächen-Härteverfahren mittels elektroinduktiver Erwärmung (→ Induktion)
- **Nitrieren** ist eine thermochemische Behandlung zur Erzeugung harter nitridhaltiger Schichten durch Anreicherung dieser Schichten durch Stickstoff bei hoher Temperatur. Nitrierstähle nach **DIN EN ISO 683-5**:2021-08 mit den Legierungsbestandteilen Al, Cr, Mo, V.
- **Vergüten** ist ein Härten mit anschließendem **Anlassen.** Durch das Anlassen wird dem Werkstoff die „Glashärte" genommen.

5.7 Stoffeigenschaftändern (Fortsetzung)

Temperguss:
Rohguss, der durch das **Tempern** in einen schlagzähen Zustand überführt wird.

Weißer Temperguss GTW ist entkohlend geglüht und hat ein wanddickenabhängiges Gefüge- und Festigkeitsverhalten.

Schwarzer Temperguss GTS ist nicht entkohlt, aber geglüht und hat ein wanddickenunabhängiges Festigkeitsverhalten.

Stoffeigenschaftändern und Wärmebehandlung von Kupfer

Härte- und Festigkeitssteigerung wird bei Cu ausschließlich durch Verformung des Kristallgitters erreicht (nicht durch Erwärmen mit anschließendem Abschrecken!). → **Kaltverfestigung** durch Umformen, z.B. Festbiegen, Festwalzen, Festhämmern, Festziehen, Verfestigungsstrahlen u.a.

Umformgrad	Bezeichnung von SF-Cu	Zugfestigkeit R_m in N/mm²
↓	SF-Cu-F20	200
	SF-Cu-F22	220
	SF-Cu-F24	240
	SF-Cu-F25	250
	SF-Cu-F30	300

→ Die Kaltverfestigung steigt mit dem Umformgrad. Bei zu großer Kaltverfestigung wird das Gefüge zerstört.

Rekristallisation (Zurückverwandlung des Gefüges) durch Glühen. Abhängig von **Glühdauer** und **Glühzeit.**

Korngröße, Dehnverhalten und Festigkeit von SF-Cu beim Rekristallisationsglühen (**Glühdauer 30 min)** in Abhängigkeit von der Temperatur. Angaben von DKI (Deutsches Kupferinstitut) in folgenden Diagrammen:

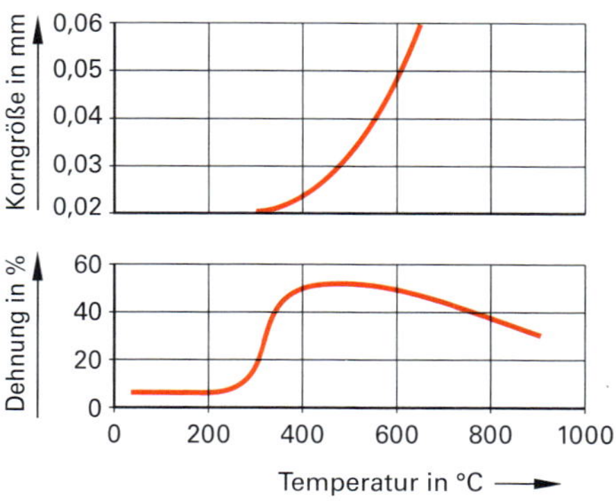

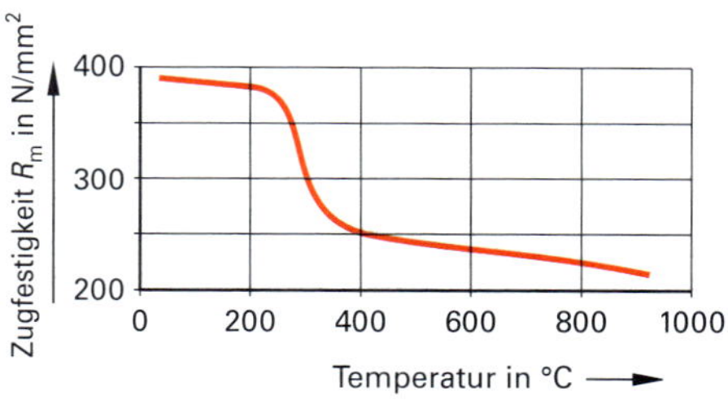

Der Grad der Rekristallisation ist eine Funktion von Glühdauer und Glühtemperatur.

Wärmebehandlung von Aluminiumlegierungen

Man unterscheidet **nicht aushärtbare Al-Legierungen** und **aushärtbare Al-Legierungen.**

Kurzname	**Lösungsglühen** Abschreckmedium	bei ϑ in °C	**Kaltauslagern** in Tagen	**Warmauslagern** t in h	ϑ in °C
AlMgSi0,5 E-AlMgSi0,5 AlMgSi1 AlMgSiPb	Luft/Wasser Luft/Wasser Wasser/Luft Wasser	525 … 540 525 … 540 525 … 540 520 … 530	5 … 8	4 … 16	155 … 190
AlCuMg1 AlZnMg1	Wasser Wasser	490 … 510 450 … 470	5 … 8 100	– 18 … 24	– 130

Herstellerangaben (auch in Form von Aushärtungsdiagrammen) und einschlägige Normen über Al-Legierungen beachten.

Bei Erwärmung über die Lösungsglühtemperatur hinaus, geht die Härte verloren. Achtung bei Reparaturschweißungen o.ä.

Flachkollektor-Anlage auf einem Dach

6

Zustandsgrößen feuchter Luft und deren Berechnung

Zusammensetzung feuchter Luft

Bestandteil	Chem. Zeichen	Volumen-(%)
Stickstoff	N_2	78,1
Sauerstoff	O_2	20,93
Kohlenstoffdioxid	CO_2	0,03[1)]
Edelgase	He, Ne..	0,94
Wasserdampf	H_2O	variabel

[1)] In den letzten ca. 150 Jahren stark ansteigend → **Treibhauseffekt**

Gesetz von Dalton

Die Summe der Partial-(Teil-)drücke ergibt den Gesamtdruck (nur für → Ideale Gase)

$p \quad = \quad p_L \quad + \quad p_D$

Auf dem **Gesetz von Dalton** und den → **Gasgesetzen** basieren die Berechnungsgleichungen für feuchte Luft.

Als Normbedingungen nach **DIN 1343**:1990-01 wird ein Druck p_0 von 1013,25 hPa (101 325 Pa) zugrundegelegt.

$$p = p_L + p_D$$

Gesetz von Dalton

$$p = p_0 \left[1 - \frac{2{,}256}{100\,000} \cdot (h - h_0)\right]^{5{,}256} \text{hPa}$$

Luftdruck *p* **bei** zunehmender Höhe

$$\vartheta = \vartheta_0 - \frac{6{,}5}{1000}(h - h_0)$$

Temperatur ϑ bei zunehmender Höhe

p	Gesamtdruck	hPa
p_L	Partialdruck der trockenen Luft	hPa
p_D	Partialdruck des Wasserdampfes	hPa
p_0	Druck bei 0 m über N.N. = 1013,25 hPa	hPa
h	Höhe in über N.N.	m
h_0	= 0 m (Meereshöhe)	
ϑ_0	Bezugstemperatur	°C

$$p_D = p_{Ds}(\vartheta_{FK}) - 0{,}000\,57 \cdot (\vartheta_{TK} - \vartheta_{FK}) \cdot p_0$$
$$-20\,°C \le \vartheta_{TK} \le 0\,°C$$

$$p_D = p_{Ds}(\vartheta_{FK}) - 0{,}000\,61 \cdot (\vartheta_{TK} - \vartheta_{FK}) \cdot p_0$$
$$0\,°C < \vartheta_{TK} \le 30\,°C$$

→ **Partialdruck** p_D des Wasserdampfes (Psychrometerformel nach Sprung, → psychrometrische Differenz)

p_D	Partialdruck	hPa
p_{Ds}	(ϑ_{FK}) Sättigungsdruck des Wasserdampfes bei ϑ_{FK}	hPa
ϑ_{FK}	→ Feuchtkugeltemperatur	°C
ϑ_{TK}	→ Trockenkugeltemperatur	°C
p_0	Normaldruck (auch p_n)	hPa

$$p_{Ds} = 4{,}689 \cdot \left(1{,}486 + \frac{\vartheta}{100\,°C}\right)^{12{,}3}$$
$$-20\,°C \le \vartheta \le 0\,°C$$

$$p_{Ds} = 288{,}68 \cdot \left(1{,}098 + \frac{\vartheta}{100\,°C}\right)^{8{,}02}$$
$$0\,°C < \vartheta \le 30\,°C$$

Partialdruck p_{Ds} des Wasserdampfes bei Sättigung

p_{Ds}	Partialdruck des Wasserdampfes bei Sättigung	Pa
ϑ	Temperatur (Trockenkugeltemperatur)	°C

→ Formelzeichen und Einheiten

6

$$\vartheta_s = \left[100 \cdot \left(\frac{p_{Ds}}{4{,}689}\right)^{\frac{1}{12{,}3}} - 148{,}6\right] °C$$
$$-20\,°C \le \vartheta \le 0\,°C$$

$$\vartheta_s = \left[100 \cdot \left(\frac{p_{Ds}}{288{,}68}\right)^{\frac{1}{8{,}02}} - 109{,}8\right] °C$$
$$0\,°C < \vartheta \le 30\,°C$$

Sättigungs-temperatur ϑ_s aus p_{Ds}

Zahlenwertgleichung:
Bei bekanntem p_{Ds} kann man aus der Berechnungsformel für den Sättigungsdruck auch auf die Temperatur schließen Sättigungstemperatur ϑ_s °C

$$x = 0{,}622 \cdot \frac{p_D}{p - p_D}$$

Absolute Feuchte *x*

$$x_S = 0{,}622 \cdot \frac{p_D}{p - p_{DS}}$$

Sättigungs-feuchte x_s

x	Wasserdampfgehalt	kg/kg
x_S	Absolute Feuchte bei Sättigung	kg/kg

Zustandsgrößen feuchter Luft und deren Berechnung (Fortsetzung)

$$\varphi = \frac{p_D}{p_{Ds}}$$

Relative Feuchte
φ aus p_D

$$\varphi \approx \frac{x}{x_s}$$

Relative Feuchte
φ aus x (Näherung)

$$\varrho = \frac{p_L}{R_{BL} \cdot T} + \frac{p_D}{R_{BD} \cdot T}$$

Dichte ϱ (kg/m³) aus dem Partialdruck des Wasserdampfes

$$\varrho = \frac{\varphi \cdot p_{Ds}}{R_{BD} \cdot T} + \frac{p_0 - \varphi \cdot p_{Ds}}{R_{BL} \cdot T}$$

Dichte ϱ (kg/m³) aus den Sättigungswerten

$$h = c_L \cdot \Delta T + x \cdot (c_D \cdot \Delta T + r_0)$$
$$\Delta T = T - 273{,}15\ \text{K}$$
(°C-Temperatur in K einsetzen)

Spezifische Enthalpie
(Wärmeinhalt)
h (kJ/kg)

φ	Sättigungsgrad	%
p_{DS}	→ Sättigungsdruck bei → Trockenkugeltemperatur	hPa
x_S	→ Absolute Feuchte bei Sättigung	g/kg; kg/kg
ϱ	Spezifische Dichte	kg/m³
p_L, p_D	Druck	Pa
T	→ Absolute Temperatur	K
R_{BL}, R_{BD}	siehe unten	J/kgK
ϱ_{Ds}	→ Spezifische Dichte des Wasserdampfes bei Sättigung	kg/m³
h	Spezifischer Wärmeinhalt	kJ/kg
x	Absolute Feuchte	kg/kg
c_D, c_L, r_0	siehe folgende Tabelle	
h	Spezifischer Wärmeinhalt (→ Nebelgebiet),	kJ/kg
x	Absolute Feuchte in	kg/kg
c_D, c_L, c_w, r_0	siehe folgende Tabelle	

$$h = c_L \cdot \Delta T + x_s \cdot (c_D \cdot \Delta T + r_0) + (x - x_s) \cdot (c_w \cdot \Delta T)$$
$$\Delta T = T - 273{,}15\ \text{K}$$

Spezifische Enthalpie
bei Unterschreitung des → Taupunktes

Für die Berechnungen benötigte Stoffdaten von trockener Luft, Wasser und Wasserdampf

Trockene Luft:

c_L: spezifische Wärmekapazität $c_L = 1{,}006$ kJ/kgK
R_{BL}: spezifische Gaskonstante $R_{BL} = 287{,}1$ J/kgK

Wasserdampf:

c_D: spezifische Wärmekapazität $c_D = 1{,}86$ kJ/kgK
R_{BD}: spezifische Gaskonstante $R_{BD} = 461{,}5$ J/kgK
r_0: Verdampfungswärme (bei 0°C) $r_0 = 2500$ kJ/kg

Wasser: c_w: spezifische Wärmekapazität: $c_W = 4{,}18$ kJ/kgK

→ Partialdruck des Wasserdampfes bei Sättigung p_{Ds}, → Absolute Feuchte bei Sättigung x_s

ϑ_{TK} in °C	p_{Ds} in hPa	x_s in g/kg	ϑ_{TK} in °C	p_{Ds} in hPa	x_s in g/kg	ϑ_{TK} in °C	p_{Ds} in hPa	x_s in g/kg
–12	2,173	1,34	9	11,493	7,14	30	42,402	27,17
–11	2,377	1,46	10	12,293	7,64	31	44,90	28,85
–10	2,599	1,60	11	13,140	8,17	32	47,52	30,61
–9	2,839	1,75	12	14,038	8,74	33	50,27	32,48
–8	3,100	1,91	13	14,990	9,34	34	53,17	34,45
–7	3,382	2,08	14	15,997	9,98	35	56,21	36,54
–6	3,688	2,27	15	17,063	10,66	36	59,40	38,74
–5	4,019	2,48	16	18,191	11,37	37	72,74	41,07
–4	4,377	2,70	17	19,384	12,13	38	66,25	43,53
–3	4,764	2,94	18	20,644	12,94	39	69,93	46,13
–2	5,182	3,20	19	21,976	13,79	40	73,79	48,87
–1	5,634	3,48	20	23,382	14,70	45	95,82	64,98
0	6,122	3,78	21	24,866	15,65	50	123,35	86,24
1	6,571	4,06	22	26,433	16,66	55	157,41	114,43
2	7,062	4,37	23	28,084	17,74	60	199,2	152,25
3	7,585	4,69	24	29,826	18,87	65	250,1	203,9
4	8,141	5,04	25	31,661	20,07	70	311,6	276,33
5	8,733	5,41	26	33,595	21,34	75	385,5	382,12
6	9,362	5,80	27	35,631	22,68	80	473,6	546,12
7	10,030	6,22	28	37,774	24,09	90	701,1	1398,15
8	10,740	6,67	29	40,030	25,59	100	1013,25	

Zustandsgrößen feuchter Luft und deren Berechnung

Assmann'sches Aspirationspsychrometer

Ermittlung des Luftzustandes nach der → **psychrometrischen Temperaturdifferenz**:

Die **psychrometrische Temperaturdifferenz** kann man mit Hilfe eines → **Psychrometers** ermitteln:

Gemessen werden die **Trockenkugeltemperatur** (normale Temperatur) und die **Feuchtkugeltemperatur** (ein mit feuchtem Flies überzogenes Thermometer misst die Temperatur, bei der ein Gleichgewicht zwischen Wärmeabgabe durch Verdunstung und Wärmeaufnahme aus der Umgebung besteht). Die Differenz dieser beiden Temperaturen ist im wesentlichen von der relativen Feuchte der Luft abhängig. Je feuchter die Luft ist, desto geringer die psychrometrische Differenz. Je größer die psychrometrische Differenz ist, desto kleiner ist die Feuchte.

Mit Hilfe der → **Berechnungsformeln für feuchte Luft** kann man alle benötigten Zustandsgrößen berechnen.

Nach Bestimmung der **psychrometrischen Temperaturdifferenz** kann man die relative Feuchte φ aus der → **Psychrometertafel** ablesen:

Assmann´sches Aspirations-Psychrometer

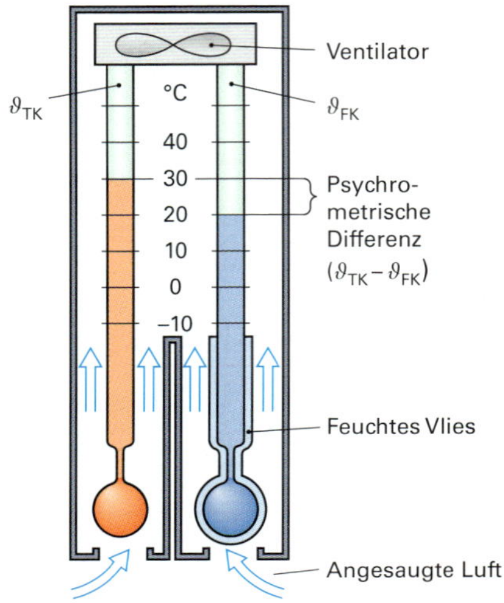

Psychrometertafel

→ Trockenkugeltemperatur [°C]	→ Psychrometrische Differenz in K													
	0,5	1,0	1,5	2,0	2,5	3,0	3,5	4,0	4,5	5,0	5,5	6,0	6,5	7,0
–7	87	74	62	49	36	24								
–6	88	75	64	52	40	28								
–5	88	77	66	54	43	32								
–4	89	78	67	57	46	36								
–3	89	79	69	59	49	39	29	19						
–2	90	80	70	61	52	42	33	23						
–1	91	81	72	63	54	45	36	27						
0	91	82	73	64	56	47	39	31						
1	91	83	75	66	58	50	42	34	26	18				
2	92	84	76	68	60	52	45	37	30	22				
3	92	84	77	69	62	54	47	40	33	25				
4	92	85	78	70	63	56	79	42	36	29				
5	93	86	79	72	65	58	51	45	38	32	26	19		
6	93	86	79	73	66	60	53	47	41	35	29	23		
7	93	87	80	75	67	61	55	49	43	37	31	26	22	14
8	94	87	81	75	69	62	57	51	45	40	34	29	23	18
9	94	88	82	76	70	64	58	53	47	42	36	31	26	21
10	94	88	82	77	71	65	60	55	49	44	39	34	29	24
11	94	88	83	77	72	66	61	56	51	46	41	36	31	26
12	94	89	83	78	73	68	62	57	53	48	43	38	33	29
13	95	89	84	79	74	69	64	59	54	49	45	40	36	31
14	95	90	84	79	74	70	65	60	56	51	46	42	38	33
15	95	90	85	80	75	71	66	61	57	53	48	44	40	35
16	95	90	85	81	76	71	67	62	58	54	50	46	42	37
17	95	90	86	81	77	72	68	63	59	55	51	47	43	39
18	95	91	86	82	77	73	69	65	61	56	53	49	45	41
19	95	91	86	82	78	74	70	65	62	58	54	50	46	43
20	96	91	87	83	78	74	70	66	63	59	55	51	48	44
21	96	91	87	83	79	75	71	67	64	60	56	52	49	45
22	96	92	88	84	80	75	72	68	64	61	57	54	50	47
23	96	92	88	84	80	76	72	69	65	62	58	55	51	48
24	96	92	88	85	80	77	73	70	66	62	59	56	53	49
25	96	92	88	85	81	77	74	70	67	63	60	57	54	51

Psychrometrische Temperaturdifferenz:
$\Delta\vartheta = \vartheta_{TK} - \vartheta_{FK}$

B $\vartheta_{TK} = 23$ °C, $\vartheta_{FK} = 17$ °C

$\Delta\vartheta = 6{,}0$ K, also $\varphi = 55$ %

6

Zustandsgrößen feuchter Luft und deren Berechnung (Fortsetzung)

Anwendungsbeispiel zur Berechnung der Zustandsgrößen feuchter Luft

B Eine RLT-Anlage soll für eine Höhe von 3000 m ausgelegt werden (Zugspitze). Bestimmen Sie den mittleren Luftdruck und mittlere Temperatur ($\vartheta_0 = 15\,°C$).

Luftdruck p in 3000 m Höhe:

$$p = p_0 \left[1 - \frac{2{,}256}{100\,000} \cdot (h - h_0)\right]^{5{,}256} \text{hPa}$$

$$p = 1013{,}25\ \text{hPa} \left[1 - \frac{2{,}256}{100\,000} \cdot (3000)\right]^{5{,}256} = 701{,}05\ \text{hPa}$$

Temperatur ϑ in 3000 m Höhe:

$$\vartheta = \vartheta_0 - \frac{6{,}5}{1000}(h - h_0)$$

$$\vartheta = 15\,°C - \frac{6{,}5}{1000}(3000) = -4{,}5\,°C$$

Anmerkung: Es handelt sich um Zahlenwertgleichungen

B Mit einem Psychrometer werden folgende Temperaturen gemessen: $\vartheta_{TK} = 18\,°C$, $\vartheta_{FK} = 11\,°C$
Gesucht sind die relative Feuchte aus der Psychrometertafel sowie alle errechenbaren Zustandsgrößen.
Aus der Psychrometertafel folgt mit:
$\Delta\vartheta = \vartheta_{TK} - \vartheta_{FK} = 18\,°C - 11\,°C = 7\,K$: $\boldsymbol{\varphi} = \mathbf{41\,\%}$

Für die Sprung'sche Gleichung benötigt man den **Sättigungsdruck bei Feuchtkugeltemperatur:**

$$p_{Ds} = 288{,}68\ \text{hPa} \cdot \left(1{,}098 + \frac{\vartheta}{100\,°C}\right)^{8{,}02} \Rightarrow \mathbf{p_{Ds}} = 288{,}68\ \text{hPa} \cdot \left(1{,}098 + \frac{11\,°C}{100\,°C}\right)^{8{,}02} = \mathbf{13{,}140\ hPa}$$

Diese Gleichung gilt auch bei nicht ganzzahligen Temperaturen. Aus der für diesen Temperaturbereich (ϑ zwischen 0 und 30 °C) geltenden Sprung'schen Gleichung folgt der → **Partialdruck des Wasserdampfes:**

$$p_D = p_{Ds}(\vartheta_{FK}) - 0{,}000\,61 \cdot (\vartheta_{TK} - \vartheta_{FK}) \cdot p_0$$

$$\mathbf{p_D} = 13{,}140\ \text{hPa} - 0{,}000\,61 \cdot (7\ \text{K}) \cdot 1013{,}25\ \text{hPa} = \mathbf{8{,}813\ hPa}$$

Die → **absolute Feuchte** $\boldsymbol{x}$:

$$x = 0{,}622 \cdot \frac{p_D}{p_0 - p_D} \Rightarrow \mathbf{x} = 0{,}622 \cdot \frac{8{,}813\ \text{hPa}}{1013{,}25\ \text{hPa} - 8{,}813\ \text{hPa}} = \mathbf{0{,}005\,46\ kg/kg = 5{,}46\ g/kg}$$

Die → **Sättigungsfeuchte** $\boldsymbol{x_s}$ (mit $p_{Ds}(18\,°C) = 20{,}644$ hPa):

$$x_S = 0{,}622 \cdot \frac{p_{DS}}{p_0 - p_{DS}} \Rightarrow \mathbf{x} = 0{,}622 \cdot \frac{20{,}644\ \text{hPa}}{1013{,}25\ \text{hPa} - 20{,}644\ \text{hPa}} = \mathbf{0{,}0129\ kg/kg = 12{,}9\ g/kg}$$

Die → **relative Feuchte** $\boldsymbol{\varphi}$:

$$\varphi = \frac{p_D}{p_{Ds}} \Rightarrow \boldsymbol{\varphi} = \frac{8{,}813\ \text{hPa}}{20{,}644\ \text{hPa}} = \mathbf{0{,}427 \mathrel{\hat{=}} 42{,}7\,\%}\ \text{(vgl. Psychrometertafel)}$$

Die → **Dichte der feuchten Luft** (ACHTUNG: der Druck muss in Pa eingesetzt werden und die Temperatur als absolute Temperatur in K.)

$$\varrho = \frac{p_L}{R_{BL} \cdot T} + \frac{p_D}{R_{BD} \cdot T} \Rightarrow \varrho = \frac{101\,325\ \text{Pa} - 881{,}3\ \text{Pa}}{287{,}1\ \text{J/kgK} \cdot 291{,}15\ \text{K}} + \frac{881{,}3\ \text{Pa}}{461{,}5\ \text{J/kgK} \cdot 291{,}15\ \text{K}} = 1{,}208\ \text{kg/m}^3$$

Die → **spezifische Enthalpie** (Wärmeinhalt):

(ACHTUNG: ΔT ist die Differenz der Celsiustemperatur in K eingesetzt, also $\Delta T = 18$ K, x in kg/kg)

$$h = c_L \cdot \Delta T + x \cdot (c_D \cdot \Delta T + r_0)$$

$$h = 1{,}006\ \text{kJ/kg} \cdot 18\ \text{K} + 0{,}005\,46\ \text{kg/kg} \cdot (1{,}86\ \text{kJ/kgK} \cdot 18\ \text{K} + 2500\ \text{kJ/kg}) = 31{,}83\ \text{kJ/kg}$$

6

Das *h,x*-Diagramm für feuchte Luft

Darstellung aller relevanten Zustandsgrößen und lufttechnischen Prozesse im *h, x*-Diagramm

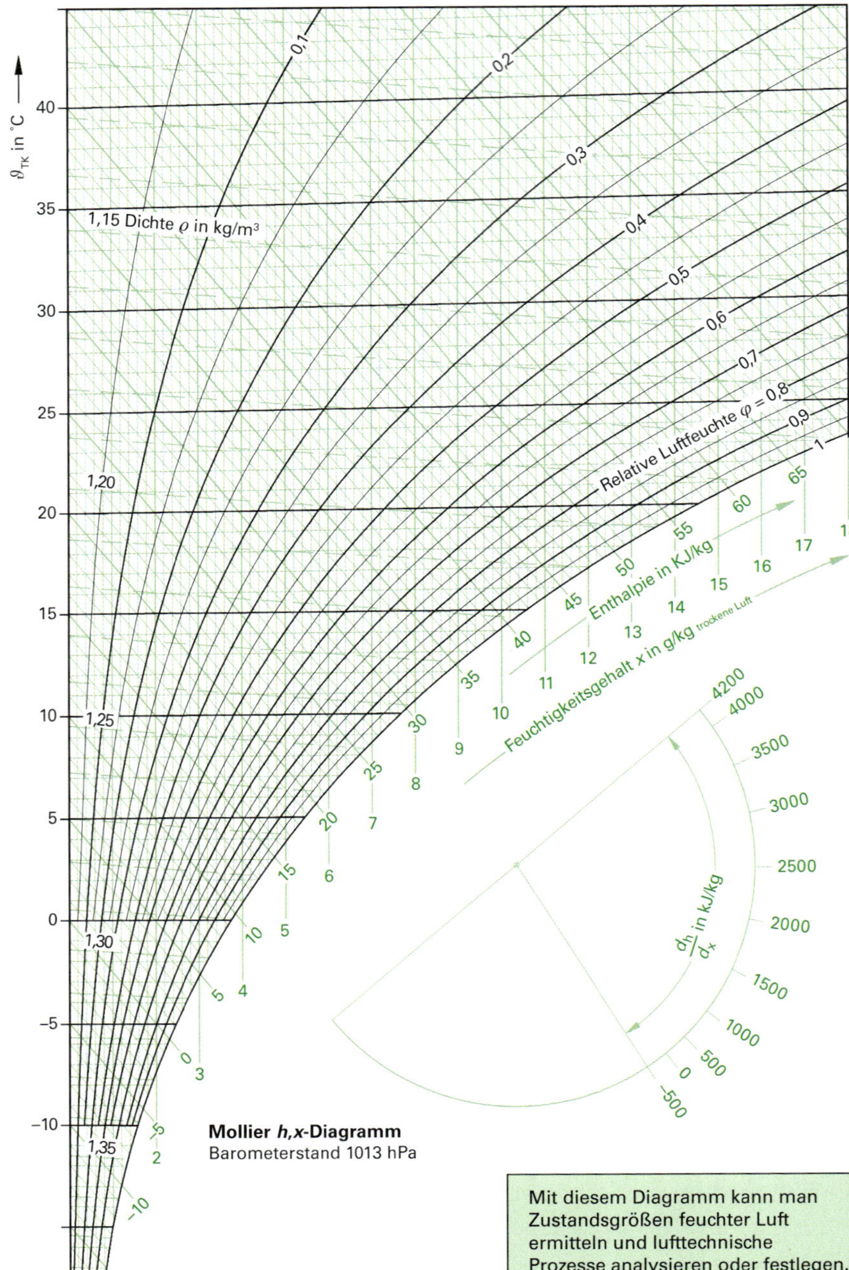

Mollier *h,x*-Diagramm
Barometerstand 1013 hPa

Mit diesem Diagramm kann man Zustandsgrößen feuchter Luft ermitteln und lufttechnische Prozesse analysieren oder festlegen.

6

Ablesen von Zustandsgrößen im *h, x*-Diagramm für feuchte Luft

Aus dem *h, x*-Diagramm lassen sich 8 Zustandsgrößen ablesen:

Trockenkugeltemperatur ϑ_{TK}, Feuchtkugeltemperatur ϑ_{FK}, Taupunkttemperatur ϑ_{TP}, Absolute Feuchte x, Sättigungsfeuchte x_s, Relative Feuchte φ, Spezifische Enthalpie h, Spezifische Dichte ϱ

Direkt ablesbar sind ϑ_{TK}, x, φ, ϱ, h, indirekt ϑ_{FK}, ϑ_{TP}, x_s

In einigen Diagrammen ist zusätzlich der Dampfdruck p_D eingetragen, der direkt von x abhängig ist. Begrenzt wird das Diagramm von der Sättigungslinie (entspricht $\varphi = 1$ (100%)). Unterhalb dieser Linie liegt ein Gemisch von gesättigter Luft und Nebel vor (Nebelgebiet).

Aufbau des *h, x*-Diagramms für feuchte Luft

Die *x*-Achse bildet die absolute Feuchte x [g/kg]. Linien gleicher Feuchte sind parallel.

Die *y*-Achse bildet die Temperatur ϑ_{TK}[°C]

ACHTUNG: Die Temperaturlinien sind hier nicht parallel.

Die 0-°C-Isotherme ist waagerecht, die oberhalb liegenden steigen an, die unterhalb liegenden fallen ab.

Durch die Sättigungslinie wird der Sättigungszustand der Luft dargestellt, unterhalb befindet sich das Nebelgebiet.

Direkt ablesbar sind:

Die relative Feuchte φ [%;–], hier in 5-%-Schritten

Die Dichte ϱ [kg/m³]. Die Dichtelinien fallen leicht ab, der Abstand entspricht jeweils 0,01 kg/m³.

Beim Ablesen wichtig: nach unten wird die Dichte größer (geringere Temperatur).

Die spezifische Enthalpie h [kJ/kg]. Diese Linien sind parallel, Bezugspunkt: Die Enthalpie von trockener Luft ($x = 0$ g/kg) bei 0 °C wird als 0 kJ/kg festgelegt.

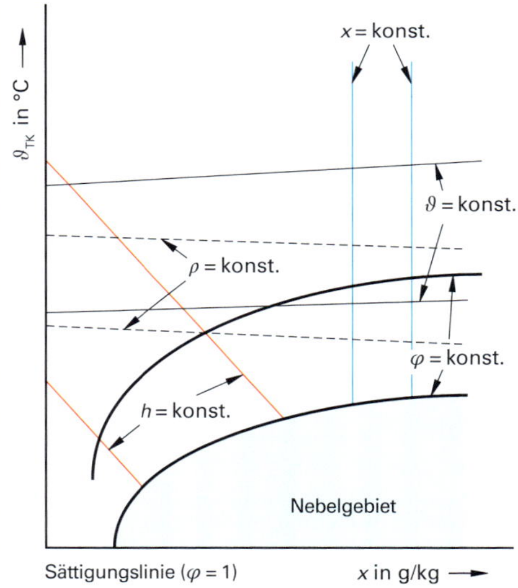

Zustandsgrößen im *h, x*-Diagramm

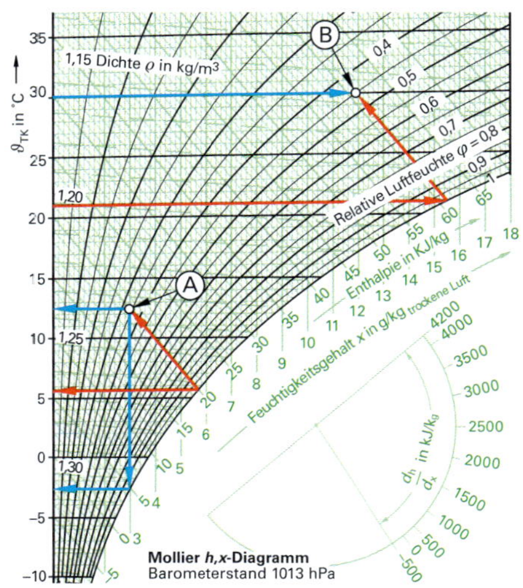

Bei Angabe einer beliebigen anderen Kombination von 2 Temperaturen ist der Zustandspunkt eindeutig ermittelbar.

Temperaturen

ϑ_{TK}: → Trockenkugeltemperatur entspricht der y-Achsenbeschriftung

ϑ_{FK}: → Feuchtkugeltemperatur, vom Zustandspunkt bei konstanter Enthalpie → Sättigungslinie

ϑ_{TP}: Taupunkttemperatur, vom Zustandspunkt senkrecht bis zur Sättigungslinie

B Am Punkt **A** kann man ablesen:
$\vartheta_{TK} = 13$ °C (blau), $\vartheta_{FK} \approx 6$ °C (rot), $\vartheta_{TP} \approx -3$ °C (blau)
Umgekehrt kann man mit 2 Zustandsgrößen auch Punkte in das *h, x*-Diagramm einzeichnen.

B Eine Messung ergibt folgende Daten:
$\vartheta_{TK} = 30$ °C, $\vartheta_{FK} = 21$ °C. Die umgekehrte Vorgehensweise wie beim Ablesen ergibt als Schnittpunkt den Punkt **B**:
Von ϑ_{FK} entlang der Isothermen bis zur Sättigungslinie, dann bei konstanter Enthalpie (rot) bis zum Schnittpunkt mit der ϑ_{FK}-Isothermen (blau).

6

Ablesen von Zustandsgrößen im *h, x*-Diagramm für feuchte Luft (Fortsetzung)

Zustandsgrößen im *h, x*-Diagramm

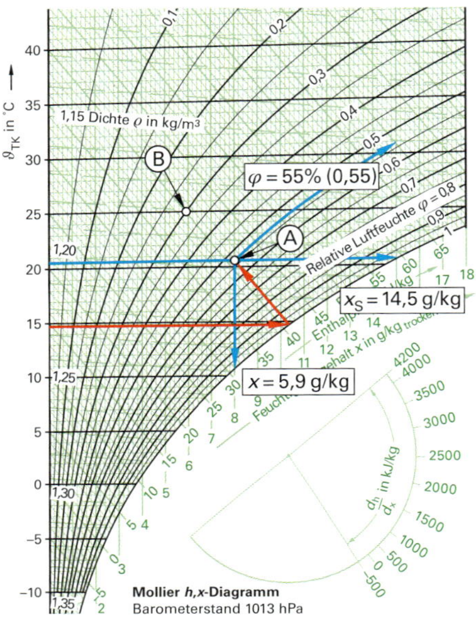

Feuchte:

x: → absolute Feuchte (senkechte Linien), gibt an, wieviel g Wasserdampf je kg trockener Luft enthalten sind [g/kg]

x_s: → Sättigungsfeuchte, gibt an, wieviel g Wasserdampf die Luft bei einer bestimmten Temperatur aufnehmen kann [g/kg] (entlang der Temperatur bis zur Sättigungslinie)

φ: → relative Feuchte, gibt an, wie stark die Luft mit Wasserdampf gesättigt ist [%; –] (geschwungene Linien).

> **B** Eine Messung ergibt folgende Daten: ϑ_{TK} = 20 °C, ϑ_{FK} =14,5 °C. Es ergibt sich Punkt **A**.
> Ablesen kann man folgende Feuchtewerte:
> x = 8 g/kg; x_S = 14,5 g/kg

Umgekehrt kann man auch hier mit 2 Zustandsgrößen Punkte in das *h, x*-Diagramm einzeichnen:

> **B** ϑ_{TK} = 25 °C, φ = 30 % (typische „Heizungsluft")
> Mit den gegebenen Größen kann man den Punkt B einzeichnen und die Zustandsgrößen bestimmen.
> Es ergibt sich: x = 5,9 g/kg; ϑ_{TP} ≈ 6° C; ϑ_{FK} ≈ 14,5 °C; x_S ist nicht bestimmbar, es liegt außerhalb des Diagramms.

Zustandsgrößen im *h, x*-Diagramm

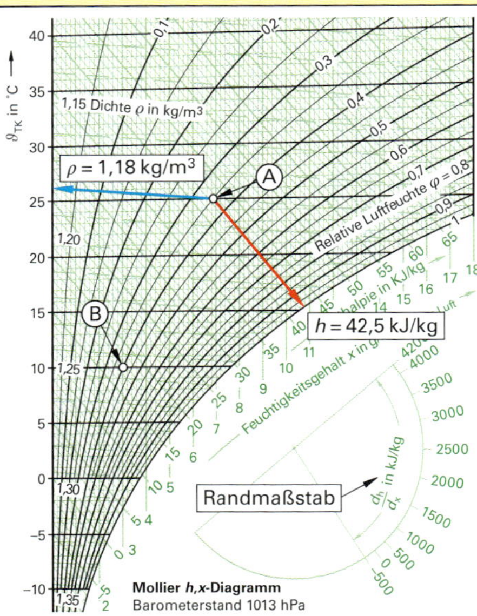

Dichte und spezifische Enthalpie

ϱ: → Dichte der Luft [kg/m³], ergibt in Abhängigkeit von Temperatur und Feuchte die Dichte (Gestrichelte Linien)

h: → spezifische Enthalpie [kJ/kg], ergibt den Wärmeinhalt in Abhängigkeit von Temperatur und Feuchte (schräg abfallende Linien).

> **B** ϑ_{TK} = 25 °C, φ = 35 %, ergibt Punkt **A**.
> Für die Enthalpie ergibt sich ein Wert von h ≈ 42,5 kJ/kg und für die Dichte ϱ = 1,18 kg/m³.

Punkte in das *h, x*-Diagramm einzeichnen:

> **B** ϑ_{TK} = 10 °C, φ = 40 %, es ergibt sich Punkt **B** und folgende Zustandsgrößen:
> ϑ_{TP} ≈ −2,5 °C, ϑ_{FK} ≈ 4,5 °C, x = 3 g/kg, x_S ≈ 7,7 g/kg, h ≈ 12,5 kJ/kg, ϱ ≈ 1,245 kg/m³

> Bei Angabe der Enthalpie h mit der Feuchtkugeltemperatur ϑ_{FK} ist keine eindeutige Lösung möglich.

6

Zusammenfassung:

Mit dem *h, x*-Diagramm kann man Zustandsgrößen feuchter Luft bestimmen. Dies sind ϑ_{TK}, x, φ, ϱ und h, indirekt bestimmbar sind ϑ_{TP}, ϑ_{FK} und x_S.

Ausnahmen:

Bei der Kombination nebenstehender Größen ist keine eindeutige Zuordnung möglich, da diese Zustandsgrößen von einander abhängig sind.

> ϑ_{TK} mit x_s
> ϑ_{TP} mit x
> ϑ_{FK} mit h

Lufttechnische Prozesse und Berechnungen mit dem *h, x*-Diagramm

Einheitliche Indizes für die verschiedenen **Luftarten** sind in der **DIN EN 16798-3**:2017-11 festgelegt.

Schema zur Festlegung von Luftarten (DIN EN 16798-3:2017-11)

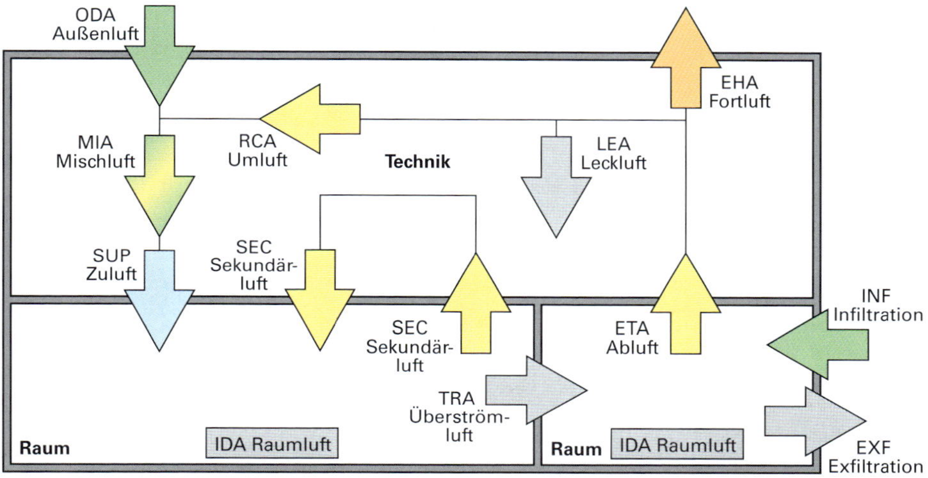

Eigenschaften der Luftarten

Nr.	Luftart – deutsche Bezeichnung	Luftart – englische Bezeichnung	Abkürzung alt	Abkürzung neu	Farbe	Definition
1	Außenluft	Outdoor Air	AUL	ODA	Grün	Unbehandelte Luft von Außen
2	Zuluft	Supply Air	ZUL	SUP	Siehe unten	Luft, die nach Behandlung in den Raum oder aus der Anlage austritt
3	Raumluft	Indoor Air	RAL	IDA	Grau	Luft im behandelten Raum
4	Überströmluft	Transferred Air	ÜSL	TRA	Grau	Raumluftströmung von einer in eine andere behandelte Zone
5	Abluft	Extract Air	ABL	ETA	Gelb	Luft, die den behandelten Raum verlässt
6	Umluft	Recirculation Air	UML	RCA	Orange	Der Luftbehandlung zugeführte Abluft
7	Fortluft	Exhaust Air	FOL	EHA	Braun	Luft, die ins Freie strömt
8	Sekundärluft	Secondary Air	SEK	SEC	Orange	Luft, die einem Raum entnommen und nach Behandlung wieder zugeführt wird
9	Leckluft	Leakage	LEC	LEA	Grau	Unbeabsichtigter Luftstrom aus oder in die Anlage
10	Infiltration	Infiltration	INF	INF	Grün	Lufteintritt über Undichtheiten in der Gebäudehülle
11	Exfiltration	Exfiltration	EXF	EXF	Grau	Luftaustritt über Undichtheiten in der Gebäudehülle
12	Mischluft	Mixed Air	MIL	MIA	variabel	Aus mehr als einer Luftart gemischte Luft

Farbcodes für die Zuluft (DIN EN 16798-3: 2017-11)

Farbe	Eigenschaft
Grün	Reine → Lüftungsanlagen
Rot	Lüftungsanlage mit der Funktion Heizen
Blau	Lüftungsanlage mit der Funktion Heizen und Befeuchten, Kühlen oder Kühlen und Befeuchten
Violett	→ Vollklimaanlagen mit Lüftungsfunktion

Die deutschen und englischen Bezeichnungen und Abkürzungen sind genannt, da aktuell die englischen benutzt werden und in bestehenden Fließbildern noch die deutschen enthalten sind.

Für Wohngebäude CEN / TR 14788

6

Lufttechnische Prozesse und Berechnungen mit dem *h, x*-Diagramm (Fortsetzung)

Relevante Größen zur Berechnung von Zustandsänderungen

$\dot{V} = A \cdot v$	**Volumenstrom**
$\dot{m} = \dot{V} \cdot \varrho$	**Massenstrom**
$\dot{m}_L = \frac{\dot{V} \cdot \varrho}{1 + x}$	**Massenstrom trockener Luft**
$\Delta\dot{m}_D = \dot{m}_L \cdot \Delta x$	**Be- und Entfeuchtungsmassenstrom**
$\eta_B = \frac{\Delta x}{\Delta x_{max}} = \frac{x_A - x_E}{x_{max} - x_E}$	**Wirkungsgrad bei adiabater Befeuchtung (Luftwäscher)**

$\dot{V}$	Volumenstrom	m^3/s
A	frei Querschnittsfläche	m^2
v	Strömungsgeschwindigkeit	m/s
$\dot{m}$	Massenstrom	kg/s; kg/h
ϱ	Dichte der Luft	kg/m^3
$\dot{m}_L$	Massenstrom trockener Luft	kg/s; kg/h
x	absolute Feuchte	kg/kg
$\Delta\dot{m}_D$	Massenstrom, der zu- oder abgeführt wird	kg/s; kg/h
Δx	Feuchtedifferenz bei der Zustandsänderung	g/kg
η_B	Befeuchtungswirkungsgrad	%
x_E, x_A	absolute Feuchte am Eintritt und Austritt	kg/kg; g/kg
x_{max}	maximal erreichbare Feuchte	kg/kg; g/kg

Im Folgenden steht der Index **E** für den Eintritt und der Index **A** für den Austritt am Bauteil

Lufterhitzung und trockene Kühlung (x = const.)

Die **Lufterhitzung** verläuft im *h-x*-Diagramm stets bei konstantem x senkrecht nach oben.
Ermittlung der benötigten → Wärmeleistung

$$\dot{Q} = \dot{m}_L \cdot \Delta h = \dot{m}_L \cdot (h_A - h_E)$$

B In einer RLT-Anlage werden 2500 m³/h (E: ϑ_{TK} = 5 °C, x = 4 g/kg) auf 27 °C erwärmt. Bestimmen Sie die benötigte Wärmeleistung des Lufterhitzers. Aus dem *h, x*-Diagramm (rote Linie):
E: ϱ = 1,268 kg/m³, h = 15 kJ/kg, x = 4 g/kg,
A: h = 37 kJ/kg, x = 4 g/kg

$$\dot{m}_L = \frac{\dot{V} \cdot \varrho}{1 + x} = \frac{2500\ m^3/h \cdot 1{,}268\ kg/m^3}{1 + 0{,}004\ kg/kg} = \mathbf{3157\ kg/h}$$

$$\dot{Q} = \dot{m}_L \cdot (h_A - h_E)$$
$$= 3157\ kg/h \cdot (37\ kJ/kg - 15\ kJ/kg) : 3600\ s/h$$
$$\dot{Q} = \mathbf{19{,}3\ kW}$$

Die **trockene** Kühlung verläuft bei konstantem x senkrecht nach unten (Umkehrung der Erhitzung). Ermittlung der benötigten Kühlleistung:

$$\dot{Q} = \dot{m}_L \cdot \Delta h = \dot{m}_L \cdot (h_E - h_A)$$

Vorgang im *h, x*-Diagramm

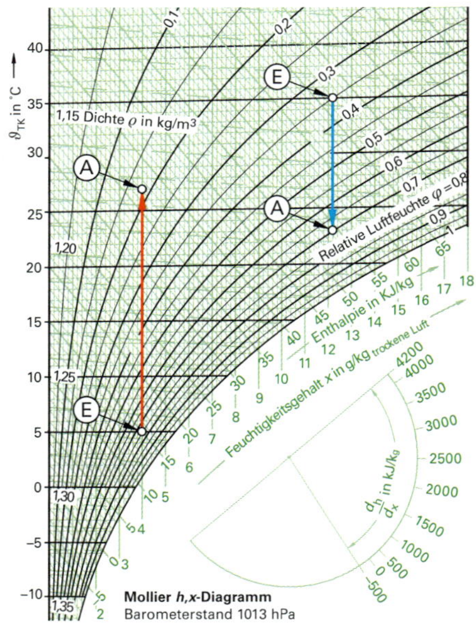

6

B In einer RLT-Anlage werden 1800 m³/h Luft von 35 °C auf 23 °C trocken gekühlt (E: ϑ_{TK} = 35 °C, φ = 0,35). Bestimmen Sie die benötigte Kühlleistung und die relative Feuchte am Austritt des Kühlers aus dem *h-x*-Diagramm (blaue Linie):
E: ϱ = 1,137 kg/m³, h = 67 kJ/kg, x =12,2 g/kg; A: h = 54,5 kJ/kg, x = 12,2 g/kg
Für die relative Feuchte ergibt sich ein Wert von 70%.

$$\Rightarrow \dot{m}_L = \frac{\dot{V} \cdot \varrho}{1 + x} = \frac{1800\ m^3/h \cdot 1{,}137\ kg/m^3}{1 + 0{,}0122\ kg/kg} = 2022\ kg/h$$

$$\dot{Q} = \dot{m}_L \cdot (h_E - h_A) = 2022\ kg/h \cdot (67\ kJ/kg - 54{,}5\ kJ/kg) : 3600\ s/h = 7\ kW$$

Die trockenen Kühlung sollte mindestens 2 – 3 K oberhalb der Taupunkttemperatur enden, da sonst die Gefahr von Kondenswasserbildung entsteht.

Lufttechnische Prozesse und Berechnungen mit dem *h, x*-Diagramm (Fortsetzung)

Befeuchtung mit Heißdampf

Die Befeuchtung mit Heißdampf erfolgt ungefähr bei **konstanter Temperatur.**

Kennt man die Enthalpie des Dampfes, so kann man die tatsächliche Zustandsänderung mit Hilfe des **Randmaßstabes** eintragen.

B Geg.: $\dot{m}_L = 1300$ kg/h, $\vartheta_{TK} = 25$ °C, $x = 3$ g/kg. Es folgt eine Befeuchtung mittels Heißdampfbefeuchter auf $\varphi_{ZU} = 45\%$. Bestimmen Sie den benötigten Befeuchtungsmassenstrom, die Leistungsabgabe des Dampfbefeuchters sowie den tatsächlichen Austrittszustand bei einer Heißdampftemperatur von 110 °C nach dem Befeuchter. Zunächst wird die Zustandsänderung (bei konstanter Temperatur) in das *h, x*-Diagramm eingezeichnet.

Es ergeben sich die relevanten Zustandsgrößen:
E: $h = 33$ kJ/kg, A: $x = 9$ g/kg, $h = 48$ kJ/kg

Befeuchtungsmassenstrom:

$\Delta\dot{m}_D = \dot{m}_L \cdot \Delta x$

$= 1300 \text{ kg/h} \cdot (9 \text{ g/kg} - 3 \text{ g/kg}) = 7800 \text{ g/h}$

$\mathbf{\Delta\dot{m}_D = 7{,}8 \text{ kg/h}}$

Leistungsabgabe:

$\dot{Q} = \dot{m}_L \cdot \Delta h$

$= 1300 \text{ kg/h} \cdot (48 \text{ kJ/kg} - 33 \text{ kJ/kg}) : 3600 \text{ s}$

$\mathbf{\dot{Q} = 5{,}42 \text{ kW}}$

Bei Benutzung des Randmaßstabes erhält man die tatsächliche Zustandsänderung: h_D (110 °C) $\approx$ 2700 kJ/kg.

Vom Mittelpunkt des Randmaßstabes bis Wert 2700 auf dem Radius (rote Linie) ergibt die tatsächliche Zustandsänderung. Die Parallelverschiebung zum Eintrittszustand ergibt den Austrittszustand A'.

Vorgang im *h, x*-Diagramm

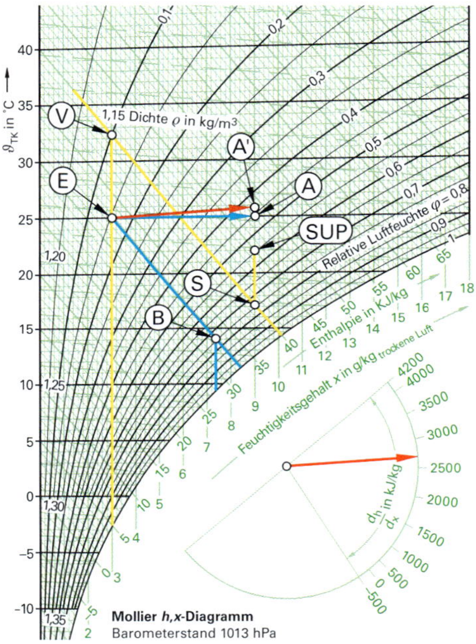

Bei der Befeuchtung mit Heißdampf steigt die Enthalpie um ca. 2,5 kJ/kg je g/kg Befeuchtung.

Verdunstungsbefeuchtung

Die Verdunstungsbefeuchtung verläuft im *h, x*-Diagramm meist bei nahezu **konstanter Enthalpie** (adiabat).

B Luft ($\vartheta_{TK} = 25$ °C, $x = 3$ g/kg) soll mit einem Verdunstungsbefeuchter befeuchtet werden (Wirkungsgrad $\eta_B = 0{,}83$. Bestimmen Sie ϑ_{TK} und φ nach dem Wäscher. Zunächst zeichnet man die Enthalpielinie bis zur Sättigungslinie ein (Blau). Dann bestimmt man x_{max} ($x_{max} = 8{,}5$ g/kg). Mit $x_E = 3$ g/kg folgt:

$$\eta_B = \frac{\Delta x}{\Delta x_{max}} = \frac{x_A - x_E}{x_{max} - x_E} \quad \Rightarrow \quad x_A = \eta_B \cdot (x_{max} - x_E) + x_E$$

$$x_A = 0{,}83 \cdot (8{,}5 \text{ g/kg} - 3 \text{ g/kg}) + 3 \text{ g/kg} \approx 7{,}6 \text{ g/kg}$$

Am Schnittpunkt der Enthalpielinie mit der Linie $x = 7{,}6$ g/kg befindet sich der Austrittszustand nach dem Befeuchter (Punkt B). $\vartheta_{TK} \approx 13{,}8$ °C, $\varphi \approx 80\%$.

B ZU: $\vartheta_{TK} = 22$ °C, $\varphi_{ZU} = 55\%$. Bestimmen Sie die Temperatur nach dem Vorerhitzer bei Einsatz des Verdunstungsbefeuchters mit $\eta_B = 0{,}83$.
Vorgabe ist hier die absolute Feuchte am Austritt des Befeuchters, $x_A = 9 \text{ g/kg} = x_{ZU}$.
Hiermit kann man das benötigte x_{max} und damit die Enthalpielinie bestimmen, auf der die Befeuchtung stattfindet:

$$\eta_B = \frac{\Delta x}{\Delta x_{max}} = \frac{x_A - x_E}{x_{max} - x_E} \quad \Rightarrow \quad \mathbf{x_{max}} = \frac{x_A - x_E}{\eta_B} + x_E = \frac{9 \text{ g/kg} - 3 \text{ g/kg}}{0{,}83} + 3 \text{ g/kg} \approx \mathbf{10{,}2 \text{ g/kg}}$$

6

Lufttechnische Prozesse und Berechnungen mit dem *h, x*-Diagramm (Fortsetzung)

Kühlung mit Entfeuchtung

Bei der Kühlung mit Entfeuchtung muss der Kühler eine Oberflächentemperatur unterhalb des Taupunktes des gewünschten Zuluftzustandes haben (**t_{oeff}-Methode**).

Austrittszustand des Kühlers nach der **t_{oeff}-Methode**

1) Der gewünschte Zuluftzustand (SUP) und der Eintrittszustand in den Kühler (A) wird in das *h, x*-Diagramm eingezeichnet.
2) Der Taupunkt des Zuluftzustandes wird eingezeichnet.
3) 0,5 – 1 K unterhalb des Taupunktes auf der Sättigungslinie liegt der t_{oeff}-Punkt bei einer Temperatur, die auf ,0 oder ,5 endet (bei 2 Möglichkeiten kleinere Differenz).
4) Der Kühleraustrittszustand liegt auf dem Schnittpunkt von der Linie E-t_{oeff} mit der Linie ZU-ϑ_{TP}.

B SUP: ϑ_{TK} = 20 °C, x = 8 g/kg, A: ϑ_{TK} = 30 °C, φ = 50%. Ges.: Austrittszustand, Entfeuchtung sowie die gesamte, latente und sensible Wärmemenge im Kühler. Der Taupunkt liegt bei ca. 10,7 °C, der t_{oeff}-Punkt bei 10 °C. Hiermit ergibt sich nach Punkt 4) der Kühleraustritt KA.

B: ϑ_{TK} = 11,3 °C, $\varphi \approx$ 95 %, h = 32 kJ/kg;
SUP: h = 40 kJ/kg;
E: x = 12,3 g/kg; h = 64 kJ/kg

$\Delta x = x_E - x_A$ = 13,2 g/kg – 8 g/kg = 5,2 g/kg
Δh_{ges} = 64 kJ/kg – 32 kJ/kg = 32 kJ/kg
Δh_{lat} = 64 kJ/kg – 51 kJ/kg = 13 kJ/kg
Δh_{ges} = 51 kJ/kg – 32 kJ/lg = 19 kJ/kg

Vorgang im *h, x*-Diagramm

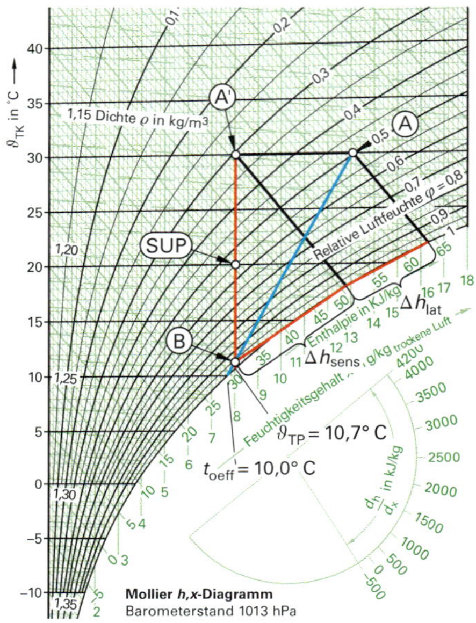

Bei der Kühlung mit Entfeuchtung wird die Luft gleichzeitig sensible Wärme und latente Wärme entzogen.

Mischung

Der Zustand der Mischluft liegt auf der Verbindungsgeraden zwischen den Eintrittszuständen.

$$\dot{m}_{LODA} + \dot{m}_{LRCA} = \dot{m}_{LMIA}$$ **Massenbilanz Luft**

$$\dot{m}_{LODA} \cdot x_{ODA} + \dot{m}_{LRCA} \cdot x_{RCA} = \dot{m}_{LMIA} \cdot x_{MIA}$$ **Massenbilanz Wasserdampf**

$$\dot{m}_{LODA} \cdot h_{ODA} + \dot{m}_{LRCA} \cdot h_{RCA} = \dot{m}_{LMIA} \cdot h_{MIA}$$ **Energiebilanz**

B ODA: 5 °C; 3 k/kg; 350 kg/h;
RCA: 23 °C, 8 g/kg; 550 kg/h

Aus 1 und 2:

$$x_{MIA} = \frac{\dot{m}_{LODA} \cdot x_{ODA} + \dot{m}_{LRCA} \cdot x_{RCA}}{\dot{m}_{LMIA}}$$

$$x_{MIA} = \frac{350\ \text{kg/h} \cdot 3\ \text{g/kg} + 550\ \text{kg/h} \cdot 8\ \text{g/kg}}{350\ \text{kg/h} + 550\ \text{kg/h}}$$

x_{MIA} = 6 g/kg $\Rightarrow$ t_{MIA} = 16 °C, ϑ_{MIA} = 52,5 %

Vorgang im *h, x*-Diagramm

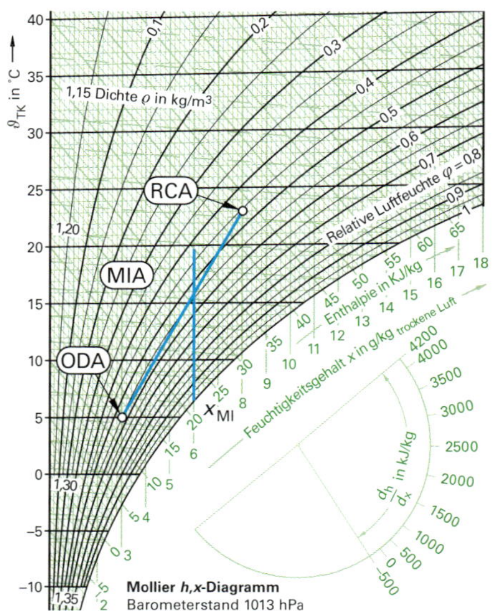

Wärmehaushalt des Menschen

Kerntemperatur: 37 °C ± 0,8 °C
Mittlere Hauttemperatur: 32 ° C … 33 °C

Damit die Körpertemperatur konstant gehalten werden kann, muss ein **Wärmegleichgewicht** aufrecht erhalten werden.

Wärmegleichgewicht:
Die innere Wärmeproduktion und Wärmeaufnahme müssen mit der Wärmeabgabe im Gleichgewicht stehen.

Energieumsatz und Wärmeproduktion des Menschen

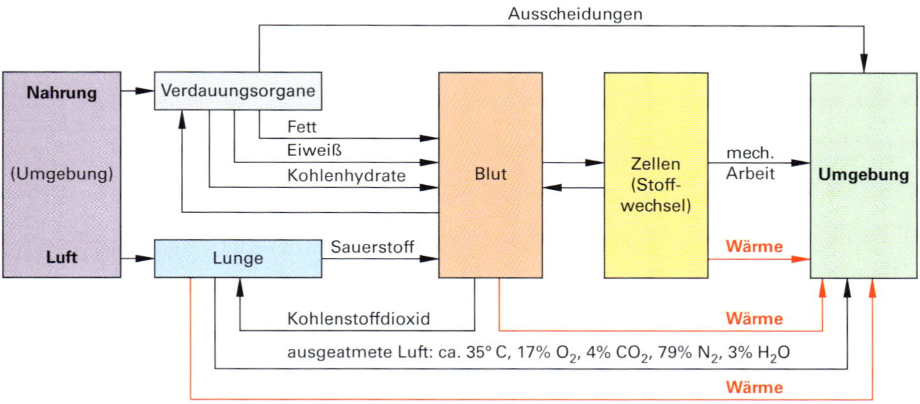

Wärmeabgabe des Menschen

Die Wärmeabgabe des Menschen **(Personenwärme)** wird häufig auf einen Quadratmeter Körperoberfläche bezogen. Diese spezifische Wärmeabgabe heißt **Metabolic Rate.**

1 met = 58 W/m^2 — **Metabolic Rate (Personenwärme** je m^2 Körperoberfläche)

Konvektion (sensibel)

Wärmeabgabe (und Aufnahme) durch Konvektionsströmung. Kühle Luft erwärmet sich an der Körperoberfläche, steigt nach oben und entzieht so dem Körper Wärme. Dieser Vorgang ist umkehrbar, Wärme kann durch Konvektion auch aufgenommen werden.

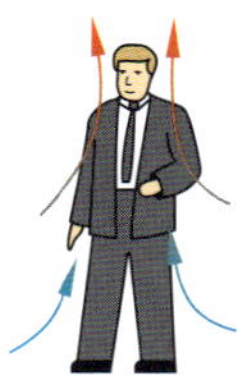

Strahlung (sensibel)

Wärmeabgabe durch Strahlungsaustausch mit kühleren Umschließungsflächen oder Gegenständen. Bei wärmerer Umgebung (Fußbodenheizung, Sonnenstrahlung, …) umkehrbar.

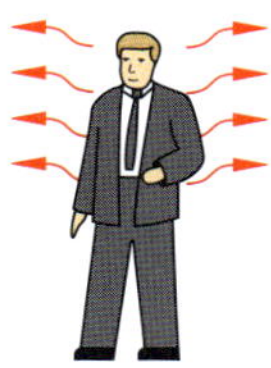

Verdunstung (latent)

Wärmeabgabe durch Schweißverdunstung und durch den Wasserdampf, der mit der Atmung ausgestoßen wird.

Dieser Vorgang ist nur in Ausnahmefällen umkehrbar (Aufguss in der Sauna).

Wärmeleitung (sensibel)

Wärmeleitung zählt nur bedingt zu den Arten der Wärmeabgabe des Menschen, da sie nicht unbewusst stattfindet, also nicht zum Regelsystem gehört.

Nötig ist Kontakt zu kälteren Gegenständen oder Stoffen, (Schwimmbad, Stein, …).

Um die Körpertemperatur konstant zu halten, muss der Mensch Wärme an die Umgebung abgeben können. Bis auf die Verdunstung kehren sich alle Arten bei hohen Temperaturen um. Daher ist zur Erhaltung des Wärmegleichgewichtes die Verdunstung die wichtigste Art der Wärmeabgabe.

6

Wärmehaushalt des Menschen (Fortsetzung)

Abweichungen von der Solltemperatur und Reaktion des Körpers

Abweichung nach oben	Abweichung nach unten
– Warme Umgebung – Krankheit (Fieber)	– Kalte Umgebung
Reaktion	**Reaktion**
– Wärmegefühl – Erweiterung der Gefäße – Aktivierung der Schweißverdunstung – Einstellung von Tätigkeiten	– Kältegefühl – Gänsehaut – Verengung der Gefäße – Reduzierung der Blutzufuhr zu den Extremitäten – Ausschließliche Versorgung lebenswichtiger Organe

Wärmeproduktion und Wärmeabgabe

Grundumsatz: Mindestwärmeproduktion im Körper, etwa **45 Watt je m² Körperoberfläche**

$$A = 0{,}204 \cdot H^{0{,}725} \cdot m^{0{,}425}$$

Körperfläche (nach Du Bois)

A	Körperoberfläche	m²
H	Körpergröße	m
m	Masse	kg

B $H = 1{,}84$ m; $m = 76$ kg
$A = 0{,}204 \cdot 1{,}84^{0{,}725} \cdot 76^{0{,}425} = 2{,}1$ m²

Durchschnittswert: $A = 1{,}8$ m²

Anteile der sensiblen und latenten Wärmeabgabe bei einer Raumlufttemperatur von 20 °C

Der sensible (fühlbare) Anteil der Wärmeabgabe setzt sich zusammen aus Wärmeabgabe durch Strahlung und Wärmeabgabe durch Leitung und Konvektion und beträgt ca. 95 W.
Anteil an der Gesamtwärmeabgabe ca. 79 %.

Der latente (feuchte) Anteil der Wärmeabgabe setzt sich zusammen aus Wärmeabgabe durch Atmung (geringer Teil) und Wärmeabgabe durch Verdunstung auf der Hautoberfläche und beträgt ca. 25 W.
Anteil an der Gesamtwärmeabgabe ca. 21 %.

Wärme- und Wasserdampfabgabe des Menschen (VDI-Richtlinie 2078:1996-07)

Tätigkeit	Raumlufttemperatur	18	20	22	23	24	25	26	°C
körperlich nicht tätig: Aktivitätsgrad I nach **DIN EN 13779** (z) Ersatz: DIN EN 16798-3:2017-11	**Wärmeabgabe**								
	gesamt	100	100	100	100	100	100	100	W
	trocken	92,6	85	77,4	73,6	69,8	66	62,2	W
	feucht	7,4	15	22,6	26,4	30,2	34	37,8	W
	Wasserdampfabgabe	11,2	22	32,8	38,2	43,6	49	54,4	g/h
sitzende Tätigkeit: Aktivitätsgrad II nach **DIN EN 13779** (z) Ersatz: DIN EN 16798-3:2017-11	**Wärmeabgabe**								
	gesamt	125	125	125	125	125	125	125	W
	trocken	97,6	90	82,4	78,6	74,8	71	67,2	W
	feucht	27,4	35	42,6	46,4	50,2	54	57,8	W
	Wasserdampfabgabe	43,2	54	64,8	70,2	75,6	81	86,4	g/h
stehend, leichte Tätigkeit: Aktivitätsgrad III nach **DIN EN 13779** (z) Ersatz: DIN EN 16798-3:2017-11	**Wärmeabgabe**								
	gesamt	170	170	170	170	170	170	170	W
	trocken	109,2	101	92,8	88,7	84,6	80,5	76,4	W
	feucht	60,8	69	77,2	81,3	85,4	89,5	93,6	W
	Wasserdampfabgabe	86,4	98	109,6	115,4	121,2	127	132,8	g/h
stehend, mittelschwere Tätigkeit: Aktivitätsgrad IV nach **DIN EN 13779** (z) Ersatz: DIN EN 16798-3:2017-11	**Wärmeabgabe**								
	gesamt	210	210	210	210	210	210	210	W
	trocken	144,2	131	117,8	111,2	104,6	98	91,4	W
	feucht	65,8	79	92,2	98,8	105,4	112	118,6	W
	Wasserdampfabgabe	94,2	113	131,8	141,2	150,6	160	169,4	g/h

Aktivitätsgrad I: entspannt sitzend
Aktivitätsgrad II: sitzende Tätigkeit
Aktivitätsgrad III: stehend, leichte Tätigkeit
Aktivitätsgrad IV: stehend, mittelschwere Tätigkeit

Wärmehaushalt des Menschen (Fortsetzung)

Gesamtwärmeabgabe bei verschiedenen Tätigkeiten (nach **DIN 33403-3**:2011-07)

Tätigkeit	Wärmeabgabe W/m^2	Wärmeabgabe W	pf Metabolic Rate met
schlafend	40	70	0,69
liegend	46	80	0,80
sitzend	58	100	1,00
stehend	70	125	1,21
leichte Büroarbeit	70	125	1,21
stehende leichte Tätigkeit	80	145	1,38
aktive Büroarbeit	85	150	1,47
langsames Gehen	125	210	2,16
schwere körperliche Tätigkeit	165	300	2,84
schnelles Gehen	235	400	4,05
schnelles Laufen	325	550	5,60
schwerste Arbeit	410	700	7,07

Anteile der sensiblen und latenten Wärmeabgabe bei sitzender Tätigkeit und leichter Arbeit in Abhängigkeit von der Raumlufttemperatur

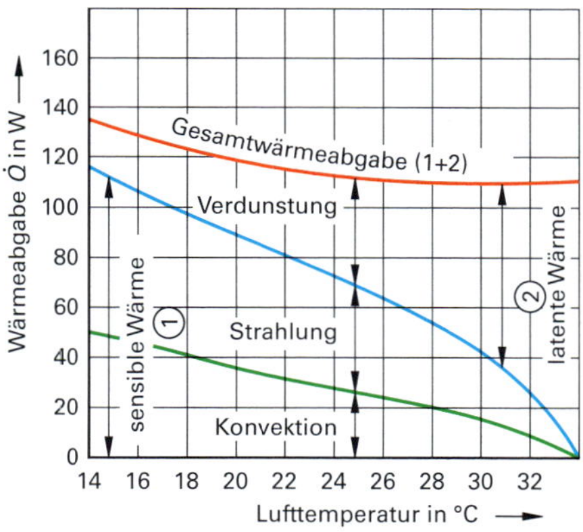

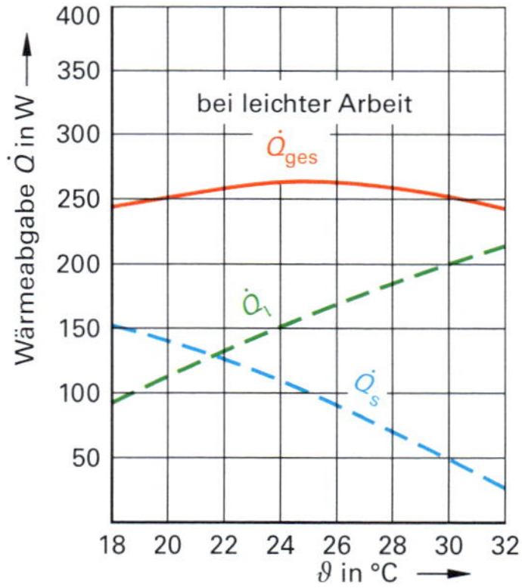

Stufung für den Arbeitsenergieumsatz (nach **DIN 33403-3**:2011-07)

Arbeitsenergieumsatz = Gesamtenergieumsatz abzüglich Grundumsatz

Stufe	Bewertung	Arbeitsenergieumsatz AU kJ/min	Arbeitsenergieumsatz AU W	Beispiel
1	sehr leicht	< 8	< 130	ruhig Sitzen, Schreibmaschine schreiben
2	leicht	8 – 12	> 130 – 200	Gehen (Ebene, 3 km/h)
3	mittelschwer	12 – 16	> 200 – 270	Gehen (Ebene, 4 km/h)
4	mittelscher/ schwer	16 – 20	> 270 – 330	Gehen (Ebene, 5 km/h)
5	schwer	20 – 23	> 330 – 380	Gehen (Ebene, 6 km/h)
6	sehr schwer	23 – 25	> 380 – 420	Gehen (5% Steigung, 4 km/h)
7	schwerst	> 25	> 420	Gehen (5% Steigung, 5 km/h)

Als **Dauerleistungsgrenze** für muskuläre Arbeit gilt ein AU zwischen **16 und 20 kJ/min.** Oberhalb der Stufe 4 ist eine Dauerbelastung nicht mehr tolerierbar bzw. muss die damit verbundene Minderung der Leistungsfähigkeit durch Erholungszeiten ausgeglichen werden.

6

Behaglichkeit

Das **Wärmegleichgewicht** kann in einem breiten Spektrum von Temperatur und Luftfeuchte eingehalten werden, wohingegen **thermische Behaglichkeit** nur in einem eng begrenzten Bereich und unter Einfluss vieler Faktoren erreicht werden kann.

> Die Raumlufttechnik befasst sich mit der **thermischen Behaglichkeit.**

Einflussgrößen auf die thermische Behaglichkeit und die Raumluftqualität (DIN 13779-2:2007-09 (z) und DIN EN 16789-3:2017-11 (z))
Die thermische Behaglichkeit und die Luftqualität werden beeinflusst durch
a) **Personen**: – Tätigkeit – Bekleidung – Aufenthaltsdauer – thermische und stoffliche Belastung – Belegung bzw. Anzahl – Alter, Geschlecht, Gewicht
b) **Raum**: – Temperatur der Umschließungsflächen – Lufttemperaturverteilung – Wärmequellen – Schadstoffquellen
c) **RLT-Anlage**: – Lufttemperatur – Luftfeuchte – Luftaustausch – Luftführung – Reinheit der Luft (Qualität)

> Die thermische Behaglichkeit kann nur durch das Zusammenwirken der Einflussgrößen **Mensch, Raum und RLT-Anlage** erreicht werden.

Aus der Schnittmenge aller Faktoren (siehe Aufstellung links) ergibt sich eine Zone der Behaglichkeit:

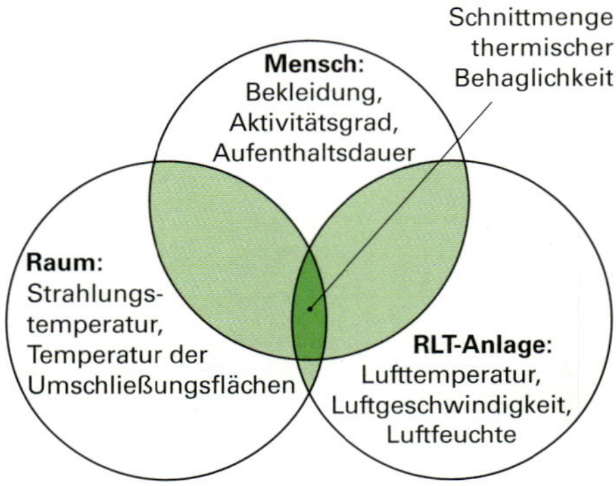

Behaglichkeit wird nicht nur durch thermische, sondern auch durch andere Einflussgrößen wie z.B. **Raumakustik, Lichtverhältnisse** und andere Einflüsse bestimmt.

> Das Raumklima kann mit Hilfe von Raum-Luft-Technischen Anlagen (**RLT**-Anlagen) realisiert werden.

Faktoren der RLT-Anlage

Raumlufttemperatur

6

Ein *h-x*-Diagramm (Abbildung rechts) zeigt die Bereiche, die bei einem Arbeitsenergieumsatz von 100, 200 und 300 W noch zu ertragen sind:

Normale Arbeitskleidung und eine Luftgeschwindigkeit von 0,5 m/s sind hierbei zugrunde gelegt.

Es ist zu erkennen:

> Die maximale andauernd ertragbare Lufttemperatur muss in Abhängigkeit von Luftfeuchte und Arbeitsenergieumsatz gesehen werden.

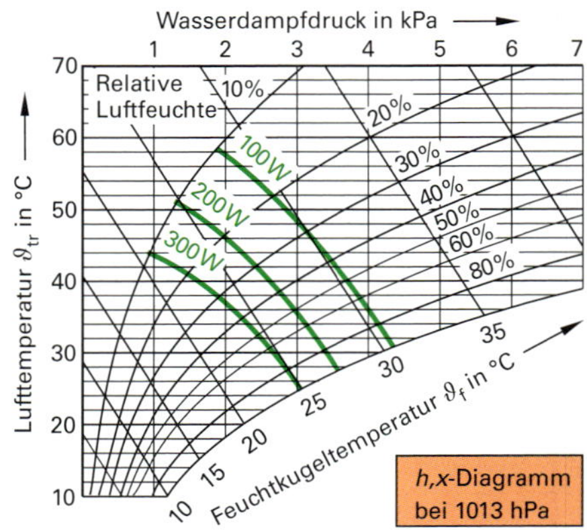

Behaglichkeitstemperatur an Arbeitsstätten (nach **Arbeitsstättenverordnung ASR 5 und 6)**

Tätigkeit	°C
Gießereien und Schmieden	10 … 12
Montagehallen	12 … 15
Mechanische Fertigung	16 … 18
Verkaufsräume	18 … 19
Büroräume	20 … 21
Maximaltemperatur: 26 °C	

Anmerkung:
Bei einer relativen Luftfeuchte von 5 % kann ein gesunder Mensch kurzzeitig 100 °C (Sauna), bei absolut trockener Luft (0%) kurzzeitig 120 °C Lufttemperatur ertragen.

Behaglichkeit (Fortsetzung)

Faktoren der RLT-Anlage (Fortsetzung)

Temperatur der Umschließungsflächen

Umschließungsflächen sind alle Innenflächen des Raumes, also Decke, Fußboden, Wände, Fenster, Türen, Heizkörper. Die Oberflächentemperatur dieser Flächen ist Kriterium für die **abgestrahlte Wärme** (→ Wärmestrahlung). **DIN 1946,** Teil 2:1994-01 ersetzt durch **DIN EN 16798**:2017-11.

Einseitige Erwärmung oder Abkühlung des Menschen durch uneinheitliche Umschließungsflächentemperaturen kann zur thermischen Unbehaglichkeit führen.

Mittlere Strahlungstemperatur (resultierende Strahlungstemperatur) der Wände

$$\vartheta_{res} = \frac{\Sigma(A \cdot \vartheta)}{\Sigma A}$$

mittlere Strahlungstemperatur in °C

A	Einzelflächen	m^2
ϑ	Temperatur der Einzelflächen	°C

Die mittlere Strahlungstemperatur ϑ_{res} sollte der als behaglich empfundenen Raumtemperatur entsprechen.

Das arithmetische Mittel zwischen Raumtemperatur und mittlerer Strahlungstemperatur heißt in der Raumlufttechnik **operative Temperatur** ϑ_o.

Bei großen Temperaturunterschieden entsteht **Zugluft** durch **Konvektion.**

Der Zusammenhang bei gleichmäßiger Temperatur der Umschließungsflächen ist rechts dargestellt

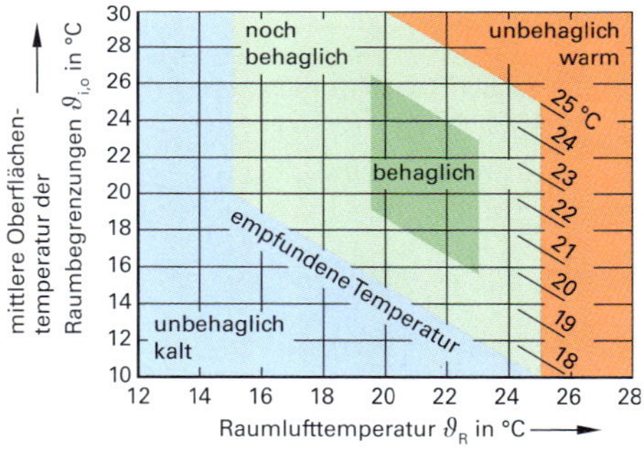

Luftfeuchtigkeit

Ein Teil der → Wärmeabgabe des Menschen erfolgt sensibel, über Konvektion oder Strahlung.

Ein Teil erfolgt latent über Schweißverdunstung. Entscheidend für die Schweißverdunstung ist die → Partialdruckdifferenz zwischen Hautoberfläche und Umgebung.

Die Schweißverdunstung wird von der Differenz des Wasserdampfteildruckes der Hautoberfläche und dem Wasserdampfteildruck der Luft (→ feuchte Luft, → Diffusion) bestimmt.

Umgekehrt führt eine zu niedrige Feuchte in der Umgebung zu erhöhter Abgabe von Feuchtigkeit, was zu trockener Haut und Schleimhäuten führt. Dies wird allerdings nicht sofort als unangenehm empfunden.

Im *h-x*-Diagramm ergibt sich aus den Bedingungen ein **Behaglichkeitsfeld**:

Behaglichkeitsfeld:
φ = 0,35 … 0,65
x_{max} = 11,5 g/kg
ϑ = 22 … 26 °C

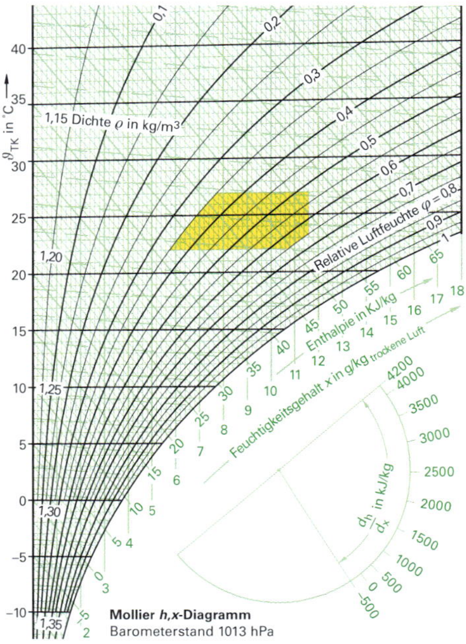

Behaglichkeit

Faktoren der RLT-Anlage (Fortsetzung)

Luftgeschwindigkeit

Subjektiv wird Luftbewegung in Aufenthaltsbereichen unbehaglicher empfunden als im Freien.

Grenzwerte der **Luftgeschwindigkeit im Aufenthaltsbereich** sind von der Raumlufttemperatur ϑ_L und vom Turbulenzgrad T abhängig.

$$T = \frac{S}{\overline{v}} \cdot 100\ \%$$

Turbulenzgrad T (nach **DIN 1946-2 (z)**)

$$\overline{v} = \frac{1}{n} \cdot \sum_{i=1}^{n} v_i$$

ersetzt durch **DIN EN 16798-3**: 2017-11

$$S = \sqrt{\frac{1}{n-1} \cdot \sum_{i=1}^{n} (v_i - \overline{v})^2}$$

Standardabweichung

S → Standardabweichung der Momentanwerte der Luftgeschwindigkeit 1

$\overline{v}$ mittlere Luftgeschwindigkeit m/s

n Anzahl der Messpunkte 1

v_i Momentangeschwindigkeit m/s

Werte mittlerer Luftgeschwindigkeiten im Behaglichkeitsbereich in Abhängigkeit von Raumlufttemperatur ϑ_L und Turbulenzgrad T:

B Berechnen Sie den Turbulenzgrad T bei $n = 6$, $v_1 = v_2 = v_3 = 0{,}2$ m/s, $v_4 = 0{,}1$ m/s, $v_5 = v_6 = 0{,}25$ m/s

$$\boldsymbol{\overline{v}} = \frac{1}{n} \cdot \sum_{i=1}^{n} v_i = \frac{1}{6} \cdot (0{,}2 \cdot 3 + 0{,}1 + 0{,}25 \cdot 2)\ \frac{\text{m}}{\text{s}} = \mathbf{0{,}2\ m/s}$$

$$\boldsymbol{S} = \sqrt{\frac{1}{6-1} \cdot \sum_{i=1}^{6} (v_i - \overline{v})^2} = \sqrt{\frac{1}{5} \cdot 0{,}04\ \frac{\text{m}^2}{\text{s}^2}} = \mathbf{0{,}0894\ m/s}$$

$$\boldsymbol{T} = \frac{S}{\overline{v}} \cdot 100\ \% = \frac{0{,}0984\ \frac{\text{m}}{\text{s}}}{0{,}2\ \frac{\text{m}}{\text{s}}} = \mathbf{44{,}7\ \%}$$

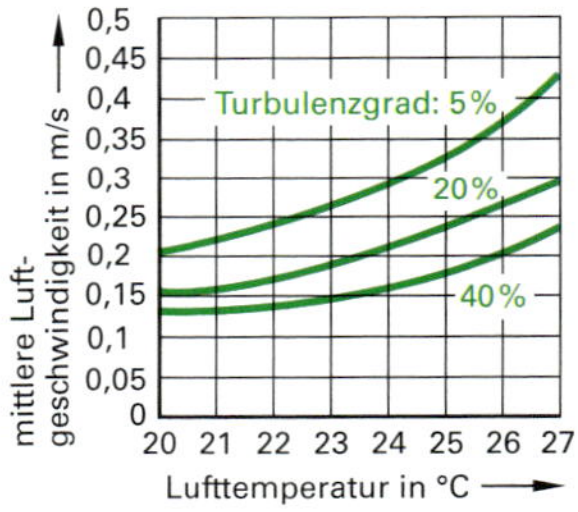

Kleidung

Der **Isolationswert ausgewählter Bekleidung** in $\frac{\text{m}^2 \cdot \text{K}}{\text{W}}$ wird **clo-Einheiten** (von clothing value) angegeben.

$$1\ \text{clo} = 0{,}155\ \frac{\text{m}^2 \cdot \text{K}}{\text{W}}$$

clo-Einheit – Das Formelzeichen für den Isolationswert ist I_{cl}. Die clo-Einheit ist der Kehrwert der → Wärmedurchgangszahl (→ *k*-Wert, → *U*-Wert).

Isolationswerte von ausgewählten Bekleidungen (nach **DIN 33403-3**: 2011-07)

Bekleidung	I_{cl} in clo
Unbekleidet	0
Shorts	0,1
Tropenkleidung	0,3 – 0,4
Leichte Sommerbekleidung	0,5
Leichte Arbeitskleidung	0,6
Leichte Außensportbekleidung	0,9
Feste Arbeitskleidung	1,0
Leichter Straßenanzug	1,0
Freizeitkleidung	1,2
Leichter Straßenanzug mit leichtem Mantel	1,5
Fester Straßenanzug	1,5
Kleidung für nasskaltes Wetter	1,5 – 2,0
Polarkleidung	> 3,0

Behaglichkeitskennzahl nach der Formel von van Zuilen:

$$\boldsymbol{B} = 7{,}83 - 0{,}1\ \vartheta_L - 0{,}968 \cdot \vartheta_W - \frac{279 \cdot p_D + 367 \cdot (38{,}7 - \vartheta_L) \cdot \sqrt{v}}{10000}$$

ϑ_L Raumlufttemperatur °C

ϑ_W mittlere Wandtemperatur °C

p_D Wasserdampfpartialdruck hPa

v Luftgeschwindigkeit m/s

Behaglichkeitskennzahl B	Empfindung
1	viel zu warm
2	zu warm
3	behaglich warm
4	behaglich
5	behaglich kühl
6	zu kalt
7	viel zu kalt

6

Bestimmung des Außenluftvolumenstroms

Allgemeine Klassifizierung der Raumluftqualität RAL, DIN EN 16798-3:2017-11

Kategorie	Beschreibung	Erhöhung der CO_2-Konzentration gegenüber der Außenluft		Empfundene Luftqualität in decipol[1]	
		Üblicher Bereich in ppm	Standardwert in ppm	Üblicher Bereich	Standardwert
RAL 1	spezielle Raumluftqualität	≤ 400	350	≤ 1,0	0,8
RAL 2	hohe Raumluftqualität	400 – 600	500	1,0 – 1,4	1,2
RAL 3	mittlere Raumluftqualität	600 – 1000	800	1,4 – 2,5	2,0
RAL 4	niedrige Raumluftqualität	> 1000	1200	> 2,5	3,0

[1] decipol ist ein Maß für die Luftqualität, das auf dem Geruchssinn ausgewählter Personen beruht.

Bestimmung des Außenluftvolumenstroms nach RAL- Kategorie (DIN EN 16798-3:2017-11)

Kategorie	Einheit	Außenluftvolumenstrom je Person				Volumenstrom der Außen- oder Überströmluft je m^2 Nettobodenfläche		
		Nichtraucher		Raucher				
		Üblicher Bereich	Standardwert	Üblicher Bereich	Standardwert	Einheit	Üblicher Bereich	Standardwert
RAL 1	$m^3h^{-1}Pers^{-1}$	> 54	72	> 108	144	$m^3h^{-1}m^2$	[1]	[1]
	$l \cdot s^{-1}Pers^{-1}$	>15	20	> 30	40	$l \cdot s^{-1}m^2$	[1]	[1]
RAL 2	$m^3h^{-1}Pers^{-1}$	36 – 54	45	72 – 108	90	$m^3h^{-1}m^2$	> 2,5	3
	$l \cdot s^{-1}Pers^{-1}$	10 – 15	12,5	20 – 30	25	$l \cdot s^{-1}m^2$	> 0,7	0,83
RAL 3	$m^3h^{-1}Pers^{-1}$	22 – 36	29	43 – 72	58	$m^3h^{-1}m^2$	1,3 – 2,5	2
	$l \cdot s^{-1}Pers^{-1}$	6 – 10	8	12 – 20	16	$l \cdot s^{-1}m^2$	0,35 – 0,7	0,55
RAL 4	$m^3h^{-1}Pers^{-1}$	< 22	18	< 43	36	$m^3h^{-1}m^2$	< 1,3	1
	$l \cdot s^{-1}Pers^{-1}$	< 6	5	< 12	10	$l \cdot s^{-1}m^2$	< 0,35	0,28

[1] Bei RAL 1 ist dieses Verfahren nicht ausreichend

Bestimmung des Außenluftvolumenstroms nach der Luftwechselzahl (Erfahrungswerte)

Art des Raumes	Luftwechselzahl in h^{-1}	Art des Raumes	Luftwechselzahl in h^{-1}
Aborte in Wohnungen	4 … 5	Härtereien	60 … 100
Bürogebäuden	5 … 8	Hörsäle	8 … 10
Fabriken	8 … 10	Hotelzimmer	3 … 5
Schulen	5 … 8	Kantinen	6 … 10
öffentlichen Gebäuden	10 … 15	Kaufhäuser	4 … 6
Akkumulatorenräume	4 … 6	Kino	4 … 6
Arbeitsräume	3 … 7	Kirchen	1,5 … 4
Ausstellungshallen	1,5 … 3	Klassenräume	3 … 6
Backräume	6 … 15	Krankenhäuser	2 … 5
Baderäume	4 … 6	Küchen Kleinküchen	8 … 15
Bibliotheken	3 … 5	Mittel- und Großküchen	10 … 20
Brauseräume	10 … 25	Kalte Küchen	4 … 8
Bügelräume	8 … 12	Laboratorien	6 … 15
Büroräume	3 … 6	Läden	4 … 8
EDV-Räume	10 … 30	Markthallen	1,5 … 3
Fabrikhallen groß	1,5 … 3	Maschinenräume	10 … .30
klein	2 … 4	Operationsräume	15 … 20
Färbereien	5 … 12	Schulen (Säle)	3 … 7
Flure	1 … 4	Schwimmhallen	3 … 4
Garagen	4 … 5	Turnhallen	4 … 6
Gasträume	5 … 10	Versammlungsräume	5 … 10
Gewächshäuser	3 … 5	Warenhäuser	4 … 6
Gießereien	8 … 12	Wohnungen	0,5 … 4

Bemerkung: Die angegebenen Luftwechselzahlen sind nur Anhaltswerte, die nur unter Berücksichtigung aller Randbedingungen herangezogen werden dürfen.

Bestimmung des Außenluftvolumenstroms (Fortsetzung)

Außenluftvolumenstrom nach MAK-Wert (TRK-Wert) (→ Gefahrstoffe) durch AGW ersetzt

Der → MAK-Wert gibt die **M**aximale **A**rbeitsplatz **K**onzentration eines Stoffes an, die zulässig ist. Dieser Wert entspricht eine → Konzentration, die bei einer Arbeitszeit von 8 h/Tag und 40 h/Woche als unschädlich gilt.

Der → TRK-Wert gibt eine **T**echnische **R**ich**t**konzentration für Stoffe an, bei denen keine unschädlichen Konzentrationen angegeben werden können.

Arbeitsplatzgrenzwert (AGW) (TRGS 900:2021-04, Auswahl) ersetzt (2011) MAK- und TRK-Werte

Stoffidentität Bezeichnung	EG-Nr.	CAS-Nr.	Arbeitsplatzgrenzwert ml/m³ (ppm)	mg/m³	Spitzen-begrenzung	Bemerkung
Acetaldehyd	200-836-8	75-07-0	50	91	1;=2=(I)	DFG
Aceton	200-662-2	67-64-1	500	1200	2(I)	DFG
Acetonitril	200-835-2	75-05-8	10	17	2(II)	DFG, H, Y
Acrylaldehyd	203-453-4	107-02-8	0,09	0,2	2(I)	AGS, H
Acrylsäure	201-177-9	79-10-7	10	30	1(I)	DFG,Y
Aldrin (ISO)	206-215-8	309-00-2		0,25 E	8(II)	DFG, H
Allgemeiner Staub-grenzwert	Alveolengängige Fraktion Einatembare Fraktion			1,25 A 10 E	2(II)	AGS 10
Allylalkohol	203-470-7	107-18-6	2	4,8	2,5(I)	EU, H
Allylpropyldisulfid	218-550-7	2179-59-1	2	12	1(I)	DFG
Ameisensäure	200-579-1	64-18-6	5	9,5	2(I)	DFG, EU, Y
2-Amino-ethanol	205-483-3	141-43-5	2	5,1	2(I)	DFG, H, Y
Ammoniak	231-635-3	7664-41-7	20	14	2(I)	DFG, EU, Y
Anilin	200-539-3	62-53-3	2	7,7	2(II)	DFG, H
Arsin	232-066-3	7784-42-1	0,005	0,016	8 (II)	AGS
Baumwollstaub				1,5 E	1(I)	DFG, 4, Y
Borsäure,Natriumborate	233-139-2	10043-35-3		0,5 E	2 (I)	AGS, Y, 10
Brom	231-778-1	7726-95-6		0,7	1(I)	EU; AGS
Butan	203-448-7	106-97-8	1000	2400	4(II)	DFG
Butanon	201-159-0	78-93-3	200	600	1(I)	DFG, H, Y
Butan-1-thiol	203-705-3	109-79-5	1	3,7	2(II)	DFG, Y
But-2-in-1,4-diol	203-788-6	110-65-6	0,1	0,36	1(I)	DFG, H, Y
2-(2-Butoxyethoxy)ethanol	203-961-6	112-34-5	10	67	1,5(I)	DFG, Y
2-Butoxyethyl-acetat	203-933-3	112-07-2	10	65	4(II)	DFG, H, Y
n-Butylacrylat	205-480-7	141-32-2	2	11	2(I)	DFG
Calciumcyanamid	205-861-8	156-62-7		1 E	2(II)	DFG, H
Calciumsulfat	231-900-3	7778-18-9		6 A		DFG
Chlor	231-959-5	7782-50-5	0,5	1,5	1(I)	DFG, Y
Chlorbenzol	203-628-5	108-90-7	5	23	2(II)	DFG, Y
Chlordioxid	233-162-8	10049-04-4	0,1	0,28	1(I)	DFG
Chloressigsäure	201-178-4	79-11-8	0,5	2	1(I)	AGS, H
Chlorethan	200-830-5	75-00-3	0,5	2	2(II)	AGS
2-Chlor-ethanol	203-459-7	107-07-3	1	3,3	1(II)	DFG, H, Y
Dichlordifluormethan (R 12)	200-893-9	75-71-8	1000	5000	2(II)	DFG, Y
Diethylether	200-467-2	60-29-7	400	1200	1(I)	DFG
Essigsäure	200-580-7	64-19-7	10	25	2(I)	DFG, Y
Ethanol	200-578-6	64-17-5	200	380	4(II)	DFG, Y

6

Bestimmung des Außenluftvolumenstroms (Fortsetzung)

Arbeitsplatzgrenzwert (AGW) (TRGS 900:2010-08, **Auswahl)** ersetzt (2011) **MAK- und TRK-Werte**

Stoffidentität			**Arbeitsplatzgrenzwert**		**Spitzen-begrenzung**	**Bemerkung**
Bezeichnung	**EG-Nr.**	**CAS-Nr.**	**ml/m³ (ppm)**	**mg/m³**		
Fluor	231-954-8	7782-41-4	1	1,6	2(I)	EU, 13
Fluorwasserstoff	231-634-8	7664-39-3	1	0,83	2(I)	DFG, Y, H
Heptan (alle Isomeren)			500	2100	1(I)	DFG
Kohlenstoffdioxid	204-696-9	124-38-9	5000	9100	2(II)	DFG, EU
Kohlenstoffmonoxid	211-128-3	630-08-0	30	35	1(II)	DFG, Z
Methanol	200-659-6	67-56-1	100	130	4(II)	DFG, EU, H, Y
Nikotin	200-193-3	54-11-5		0,5	2(II)	EU, 13, H
Quecksilber	231-106-7	7439-97-6		0,02	8(II)	DFG
Quecksilberverbindungen, anorganische				0,02 E	8(II)	DFG, 10, H
Salpetersäure	231-714-2	7697-37-2	1	2,6		EU, 13, 16
Selen	231-957-4	7782-49-2		0,05 E	1(II)	DFG, Y
Silber	231-131-3	7440-22-4		0,1 E	8(II)	DFG, EU
Silberverbindungen, anorganische				0,01 E	2(I)	DFG, EU, 10
Styrol	202-851-5	100-42-5	20	86	2(II)	DFG, Y
1,1,1,2-Tetrachlor-2,2-difluorethan (R 112a)	200-934-0	76-11-9	200	1700	2(II)	DFG
Tetrachlor-1,2-difluorethan (R 112)	200-935-6	76-12-0	200	1700	2(II)	DFG
Trichlorfluormethan (R 11)	200-892-3	75-69-4	1000	5700	2(II)	DFG, Y
Trichlormethan (Chloroform)	200-663-8	67-66-3	0,5	2,5	2(II)	DFG, Y, H
1,1,2-Trichlortrifluorethan (R 113)	200-936-1	76-13-1	500	3900	2(II)	DFG
Xylol (alle Isomeren)	215-535-7	1330-20-7	50	220	2(II)	DFG, H
Zinn(II)-Verbindungen, anorganische				8 E		AGS, 10
Zinn(IV)-Verbindungen, anorganische				2 E		EU, 13, 10

Spalten „Stoffidentität":

CAS-Nr.: Registriernummer des „Chemical Abstract Service"

EG-Nr.: Registriernummer des „European Inventory of Existing Chemical Substances" (EINECS)

Spalte „Arbeitsplatzgrenzwert":

E: Einatembare Fraktion

A: Alveolengängige Fraktion

Spalte „Spitzenbegrenzung":

1 bis 8: Überschreitungs faktoren

(): Kategorie für Kurzzeitwerte

= =: Momentanwerte

Spalte „Bemerkungen" (Nur die in obiger Tabelle enthaltenen):

H: Hautresorptiv

Y: Bei Einhaltung des Arbeitsplatzgrenzwertes ist keine Fruchtschädigung zu befürchten

Z: Ein Risiko der Fruchtschädigung kann auch bei Einhaltung des Grenzwertes nicht ausgeschlossen werden

AGS: Ausschuss für Gefahrstoffe

DFG: Senatskommision zur Prüfung gesundheitsschädlicher Arbeitsstoffe

EU: Europäische Union

(4): Gilt nur für Rohbaumwolle

(10): Der Arbeitsplatzgrenzwert bezieht sich auf den Elementgehalt des entsprechenden Metalls.

(13): Eine Begründung für die Ableitung eines gesundheitsbasierten AGW liegt nicht vor.

(16): Der Arbeitsplatzgrenzwert ist nur als Kurzzeitwert festgelegt. Die betriebliche Überwachung soll durch messtechnische Mittelwertbildung über 15 Minuten erfolgen, z.B. durch eine 15-minütige Probenahme

Bestimmung des Außenluftvolumenstroms (Fortsetzung)

Bestimmung des Außenluftvolumenstroms, Berechnungsbeispiele

B In einem Nichtraucherraum soll bei einer Anzahl von 25 Personen eine Luftqualität RAL 2 erreicht werden. Bestimmen Sie den benötigten Außenluftvolumenstrom in m^3/h.

Lösung: Je Person werden standardmäßig 45 m^3/h verlangt, es ergibt sich:

$$\dot{V}_{ODA} = 45 \frac{m^3}{h \cdot Pers} \cdot 25\ Pers = \mathbf{1125\ m^3/h}$$

B Für einen Raum mit einer Nettobodenfläche von 250 m^2 ist eine RAL-Kategorie RAL 3 gefordert. Bestimmen Sie den benötigten Außenluftvolumenstrom in m^3/h.

Lösung: Der benötigte Außenluftvolumenstrom beträgt standardmäßig 2 m^3/m^2h, es ergibt sich:

$$\dot{V}_{ODA} = 2 \frac{m^3}{m^2 \cdot h} \cdot 250\ m^2 = \mathbf{500\ m^3/h}$$

Anforderungen an Planung, Herstellung und Errichtung von RLT-Anlagen

(VDI 6022 Blatt 1:2018-01)

		Schnittstelle	Kurzbeschreibung	Vorrangig verantwortlich		
				Planer	Hersteller	Errichter
0. Alle Komponenten						
	0.1	Auswahl	Hygienegerechte Auswahl und Anordnung der Komponenten, Erstellung Wartungskonzept, Erstellung einer hygienegerechten Leistungsbeschreibung, Festlegung der Anforderungsstufen	x		
	0.2	Hygiene-Erstinspektion	Aufnahme der Hygiene-Erstinspektion in die Leistungsbeschreibung	x		
	0.3	Geräteaufbau	Sicherstellung der VDI-6022-konformen Bauweise der Geräte und Komponenten, Dokumentation von Abweichungen		x	
	0.4	Installation	Sicherstellung der VDI 6022 konformen Installation aller lufttechnischen Komponenten und Geräte. Dokumentation			x
1. Außenluft- und Fortluftdurchlässe						
	1.1	Art, Ort u. Dimensionierung des Außenluft- u. Fortluftdurchlasses	Abstimmung der Orte und Festlegung der Abstände unter Berücksichtigung der Anforderungen und nach Vordimensionierung mit dem Bauherren	x		
	1.2	Revisionsöffnung	Festlegung des Ortes der Revisionsöffnung im Außenluftkanal	x		
	1.3	Wasserablauf im Bereich d. Außenluftansaugung	Art und Anordnung in Abstimmung mit Gewerk Sanitär	x		
2. Dezentrale Geräte/ Endgeräte						
	2.1	Kondensat	Planung der Kondensatableitung bei Kühlung mit Taupunktunterschreitung	x		
	2.2	Konformität	Konformitätserklärung (Bestätigung und Hinweispflicht bei Abweichungen) für die Geräte		x	
	2.3	Wartung	Vorgabe notwendiger Revisionsöffnungen; Platzvorhaltung	x		
	2.4	Zugänglichkeit	Zugänglichkeit und Hinweise für Bedienung, Kontrolle und Inspektion		x	
3. Entfeuchter			Siehe Punkt 12			
4. Gerätegehäuse						
	4.1	Geräteaufbau	– Festlegung d. Art u. Spezifikation einzelner Komponenten sowie d. Anordnung im Gerät	x		
			– Konformitätserklärung (Bestätigung und Hinweispflicht bei Abweichungen) für die Gehäuse und Einbaukomponenten		x	
			– Beschilderung der Gehäuse der einzelnen Komponenten		x	

6

Anforderungen an Planung, Herstellung und Errichtung von RLT-Anlagen (Fortsetzung)						
		Schnittstelle	Kurzbeschreibung	Vorrangig verantwortlich		
				Planer	Hersteller	Errichter
	4.2	Bedienbarkeit	Vorgabe der Mindestabstände zu Bedienung und Wartung der Einbaukomponenten		x	
	4.3	Zugänglichkeit (Technikzentrale)	Sicherstellung der Einbringung und des Zugangs zu den Komponenten durch Einhaltung von Mindestabständen	x		
			Sicherstellung d. angemessenen Bedienbarkeit			x
5. Kühldecken						
	5.1	Kondensation	Vermeidung der Kondensation an der Decke	x		
	5.2	Regelung	Zugang zu den Regelarmaturen und Taupunktfühlern sicherstellen	x		
6. Luftbefeuchter						
	6.1	Wasser-aufbereitung	Einhaltung der Anforderungen an die Wasseraufbereitung für Befeuchtungszwecke	x		
	6.2	Kondensat	Auslegung von Siphon			x
			Notwendigkeit der Auslegung von Tropfenabscheidern		x	
			Angabe von erforderlichen baulichen Maßnahmen (Ablauf, Mindesthöhen ...)	x		
	6.3	Regelung	Vorlaufabschaltung, automatische Entleerung, Trockenfahren		x	
			Begrenzung auf 90% r.F.			x
7. Luftdurchlässe						
	7.1	Wartung	Vorgabe notwendiger Revisionsöffnungen; Platzvorhaltung	x		
	7.2	Zugänglichkeit	Zugänglichkeit und Hinweise für Bedienung, Kontrolle und Inspektion			x
8. Luftfilter						
	8.1	Auswahl	Auswahl d. Anzahl der Filterstufen, -art, -klasse u. -anordnung in Zu- und ggf. Abluft (bei Wärmerückgewinnung)	x		
	8.2	Mikrobielle Vermehrung	Planerische Vorgaben zum Verhindern von mikrobieller Vermehrung am Vorfilter	x		
	8.3	Überwachung	Vorgabe d. Einrichtungen z. Filterüberwachung	x		
	8.4	Anzeige	Anzeige des Druckverlustes		x	
	8.5	Regelung	Umsetzung der regelungstechnischen Lösungen zur Begrenzung der Filterdurchfeuchtung			x
	8.6	Gehäuse	Filterkarte			x
9. Luftleitungen und Schalldämpfer						
	9.1	Revisions-öffnungen	Anordnung und Festlegung der Orte für Revisionsöffnungen zur Zugänglichkeit von wartungsrelevanten Komponenten	x		
	9.2	Transport und Lagerung	Saubere und trockene Lagerung der Luftleitungen nach Lieferung vor Einbau			x
	9.3	mikrobielle Vermehrung	Planerische Vorgaben zum Verhindern von mikrobieller Vermehrung an Schalldämpfern	x		
10. Ventilator						
	10.1	Wasserablauf	Bei Radialventilatoren mit Gehäuse einen Wasserablauf oder leicht ausbaubare Ventilatoreinheiten vorsehen	x		

6

Anforderungen an Planung, Herstellung und Errichtung von RLT-Anlagen (Fortsetzung)

		Schnittstelle	Kurzbeschreibung	Vorrangig verantwortlich		
				Planer	Hersteller	Errichter
11. Wärmerückgewinnung/ Wärmeübertrager						
	11.1	Systemauswahl	Festlegung der Übertragerbauart und -anordnung in der Anlage	x		
	11.2	Kondensat	Auslegung des Siphons			x
			Notwendigkeit und Auslegung von Tropfenabscheidern		x	
			Angabe von erforderlichen baulichen Maßnahmen (Ablauf, Mindesthöhen etc.)	x		
	11.3	Schnittstellen	Herstellen der Anschlüsse zur Ver- u. Entsorgung			x
	11.4	Regelung	Schnittstellen zur Gebäudeautomation			x

Anforderungen an Betrieb und Instandhaltung von RLT-Anlagen, Checkliste (VDI 6022 Blatt 1:2006-04)

		Tätigkeit (Auszug)	**Gegebenenfalls Maßnahme**	**Zeitintervall (Monate)**				
				1	**3**	**6**	**12**	**24**
0 Hygieneinspektion (Ohne Befeuchtung 36 Monate)								x
1 Außenluftdurchlässe								
	1.1	Auf Verschmutzung, Beschädigung und Korrosion prüfen	Reinigen und Instandsetzen				x	
2 Dezentrale RLT-Geräte/ Endgeräte								
	2.1	Geräte mit Außenluftfilter stichpunktartig auf Verschmutzung prüfen	Luftfilter austauschen,				x	
	2.2	Geräte mit Sekundärluftfilter stichpunktartig auf Verschmutzung prüfen	Gerät reinigen				x	
	2.3	Wärmeübertrager bei Geräten ohne Sekundärluftfilter stichpunktartig auf Verschmutzung prüfen	Reinigen			x		
	2.4	Luftfilter wechseln, Intervalle Punkt 8.3 und Punkt 8.4					x	x
	2.5	Erhitzer, sensible Kühler, gegebenenfalls Kondensatwanne stichpunktartig auf Verschmutzung, Beschädigung, Korrosion und Dichtheit prüfen				x		
	2.6	Luftkühler mit Entfeuchtung, Kondensatwanne und Ablauf während des Entfeuchtungsbetriebs, ggf. Tropfenabscheider stichpunktartig auf Verschmutzung, Beschädigung, Korrosion und Dichtheit prüfen	Reinigen und Instandsetzen		x			
	2.7	Alle anderen von Sekundärluft durchströmten Bauteile stichpunktartig prüfen					x	
3 Entfeuchter								
	3.1	Auf Verschmutzung, Beschädigung, Korrosion und Tropfendurchschlag prüfen	Reinigen, Instandsetzen		x[1)]			
	3.2	Ableitung und Siphon auf Funktion prüfen	Instandsetzen		x			
	3.3	Nasskühler, Tropfenabscheider und Kondensatwanne reinigen				x		
4 Kammerzentralen/Gerätegehäuse								
	4.1	Auf luftseitige Verschmutzung, Beschädigung und Korrosion prüfen	Reinigen und Instandsetzen				x	
	4.2	Auf Wasserniederschlag prüfen	Reinigen			x		
	4.3	Leergehäuse auf Verschmutzung, Beschädigung und Korrosion prüfen	Reinigen und Instandsetzen				x	
5 Komponenten der stillen Kühlung								
	5.1	Kondensatwannen und -abläufe auf Funktion und Zustand prüfen	Reinigen, Instandsetzen			x		
	5.2	Taupunktsensoren, Vorlaufleitungen, Regelkreise und Regelarmaturen auf Undichtigkeiten prüfen	Instandsetzen				x	

Anforderungen an Betrieb und Instandhaltung von RLT-Anlagen, Checkliste (Fortsetzung)

Nr.	Tätigkeit	Gegebenenfalls Maßnahme	Zeitintervall (Monate) 1	3	6	12	24
6	Luftbefeuchter				x		
6.1	Luftbefeuchter mit Umlaufwasser						
6.1.1	Auf Verschmutzung, Beschädigung, mikrobielles Wachstum und Korrosion prüfen	Reinigen und Instandsetzen	x[1]				
6.1.2	Kontrolle der Abschalteinrichtungen auf Funktion prüfen	neu einstellen				x	
6.1.3	Gesamt-Koloniezahlermittlung des Umlaufwassers	Bei KBE > 1000 KBE/ml: Instandsetzen	x[2]				
6.1.4	Zerstäuberdüsen auf Ablagerungen prüfen	Düsen reinigen, o. auswechseln	x				
6.1.5	Umlaufpumpe auf Schmutz- und Belagbildung in der Saugleitung prüfen	Pumpen reinigen		x			
6.1.6	Funktionsprüfung der Leitfähigkeitsmesszelle	Instandsetzen	x				
6.1.7	Funktionsprüfung der Entkeimungsanlage	Instandsetzen			x		
6.1.8	Vollständige Entleerung und Trocknung der Befeuchteranlage		x[3]				
6.1.9	Tropfenabscheider und Strömungsgleichrichter auf Verschmutzung, Beschädigung, Belagbildung und Korrosion prüfen	Bei Belagbildung reinigen	x				
6.2	Luftbefeuchter ohne Umlaufwasser						
6.2.1	Auf Verschmutzung, Beschädigung, mikrobielles Wachsum und Korrosion prüfen	Reinigen und Instandsetzen		x			
6.2.2	Auf Kondensatniederschlag in der Befeuchterkammer prüfen	Dampfbefeuchter reinigen und Instandsetzen	x				
6.2.3	Dampfverteilsystem auf Ablagerungen prüfen	Reinigen			x		
6.2.4	Zerstäuberdüsen auf Ablagerungen prüfen	Düsen reinigen, o. auswechseln	x				
6.2.5	Ablauf prüfen	Reinigen und Instandsetzen		x			
6.2.6	Gesamt-Koloniezahlermittlung des Befeuchterwassers , Ausnahme: Bei Dampfbefeuchtern	Siehe 6.1.3			x		
6.2.7	Regelventil auf Funktion prüfen	Instandsetzen			x		
6.2.8	Prüfung des Feuchtbegrenzers	Instandsetzen			x		
7	Luftdurchlässe						
7.1	Luftdurchlässe, eingebaute Lochbleche, Maschendraht oder Siebe auf Verschmutzung, Beschädigung und Korrosion prüfen (Stichprobe)	Reinigen oder austauschen				x	
7.2	Filtervliese stichprobenartig prüfen	Auswechseln				x	
7.3	Luftdurchlässe mit Induktion der Raumluft und Ablufteinlässe stichpunktartig auf Feststoffablagerungen prüfen	Reinigen				x	
7.4	Reinigung der durch Sekundärluft durchströmten Bauteile					x	

1) Innerhalb der Befeuchtungsphase;

2) Halbmonatlich;

3) Bei Stillstand ohne geeignete Entkeimungsanlage (> 48 Stunden) oder in Betriebszeiten ohne Anforderung der Luftbefeuchtung über mehr als 48 Stunden

6

Anforderungen an Betrieb und Instandhaltung von RLT-Anlagen, Checkliste (Fortsetzung)								
		Tätigkeit	**Gegebenenfalls Maßnahme**	**Zeitintervall (Monate)**				
				1	**3**	**6**	**12**	**24**
8 Luftfilter								
	8.1	Auf unzulässige Verschmutzung und Beschädigung (Leckagen) und Gerüche prüfen	Auswechseln der betroffenen Luftfilter		x			
	8.2	Differenzdruck prüfen	Filterstufe auswechseln			x		
	8.3	Spätester Filterwechsel 1. Stufe					x	
	8.4	Spätester Filterwechsel 2. Stufe						x
9 Luftleitungen								
	9.1	Zugängliche Luftleitungsabschnitte auf Beschädigung prüfen Instandsetzen					x	
	9.2	Innere Luftleitungsfläche auf Verschmutzung, Korrosion und Wasserniederschlag an zwei bis drei repräsentativen Stellen prüfen	Kanalnetz an weiteren Stellen inspizieren, über Reinigung (nicht nur sichtbare Teilbereiche) entscheiden.				x	
10 Rückkühlwerk								
	10.1	Auf Beschädigung und Korrosion prüfen	Instandsetzen				x	
	10.2	Entleeren, Reinigen und Nachspülen des gesamten Systems während der Betriebszeit				x		
	10.3	Ermittlung der Gesamtkoloniezahl des Umlaufwassers mit Dip-Slides (nur bei Betrieb)	Bei > 10 000 KBE/ml Entleeren, Reinigen, Desinfektion, ggf. kontinuierliche Entkeimung		x			
11 Schalldämpfer								
	11.1	Schalldämpfer auf Verschmutzung, Beschädigung und Korrosion prüfen	Instandsetzen oder erneuern; ggf. Abklatschproben				x	
12 Ventilator								
	12.1	Auf Verschmutzung, Beschädigung, Korrosion prüfen	Reinigen und Instandsetzen, Wasserablauf prüfen			x		
13 Wärmeübertrager (inkl. WRG)								
	13.1	Sichtprüfung von Luft-Luft Plattenwärmeübertrager auf Verschmutzung, Beschädigung, Korrosion	Reinigen, Instandsetzen			x		
	13.2	Sichtprüfung von Luft-Luft Rotationswärmeübertrager auf Verschmutzung, Beschädigung, Korrosion und Dichtheit	Dichtungen ersetzen, Reinigen, Instandsetzen			x		
	13.3	Sichtprüfung von direkt befeuerte Wärmeübertrager auf Dichtheit	Dichtungen ersetzen, Reinigen, Instandsetzen				x	
	13.4	Erhitzer: Auf Verschmutzung, Beschädigung, Korrosion und Dichtheit prüfen	Reinigen und Instandsetzen, Erneuern			x		
	13.5	Kühler: Register, Tropfenabscheider und Kondensatwanne auf Verschmutzung, Korrosion, Beschädigung und Dichtheit prüfen	Reinigen und Instandsetzen		x			
	13.6	Ableitung und Siphon auf Funktion prüfen	Reinigen und Instandsetzen		x			

6

Sonneneinstrahlung (→ Wärmestrahlung)

Die **Sonneneinstrahlung** ist sowohl im Sommer [→ Kühllast **(VDI 2078**:2015-06)] als auch im Winter [→ Heizlast **(DIN EN 12831**:2017-09)] zu berücksichtigender Faktor bei der Raumklimatisierung.

Maß für die Einstrahlintensität ist die → **Solarkonstante.**

Dies ist die Energiemenge, die bei mittlerer Entfernung Sonne/Erde auf eine senkrechte Fläche am Rand der Atmosphäre eingestrahlt wird. Sie beträgt etwa

$$13{,}7\ \frac{\text{kW}}{\text{m}^2} \approx 33\ \frac{\text{kWh}}{\text{m}^2\text{d}} \approx 118\,000\ \frac{\text{kJ}}{\text{m}^2\text{d}}$$

Die Solarkonstante ändert sich mit dem → Trübungsfaktor T (→ Atmosphäre) und Einstrahlwinkel (→ Kühllastberechnung).

In der BRD werden Einstrahlwerte von 0,9 ... 1,1 kW/m² erreicht. Im Durchschnitt gilt für die BRD eine jährliche Einstrahldauer von 1500 h/a.

Strahlungsanteile:

In der → **Kühllastberechnung (VDI 2078)** wird zwischen den Strahlungsanteilen der **direkten Strahlung** (gerichtete Strahlung) und der **diffusen Strahlung** (ungerichtete Strahlung) unterschieden.

Nebenstehendes Diagramm zeigt den durchschnittlichen Anteil der direkten und diffusen Strahlung in der BRD.

Die **Gesamtstrahlung** wird als **Globalstrahlung** bezeichnet. Sie ergibt sich als Summe aus diffuser und direkter Sonneneinstrahlung.

Für die → **Kühllastberechnung** müssen die Tagesgänge direkter und indirekter Sonneneinstrahlung bekannt sein. Für die Ermittlung der → **Heizlast** kann man nur die maximale Einstrahlung zwischen Herbst und Frühling ermitteln, sie aber nicht fest in die Berechnung einbeziehen.

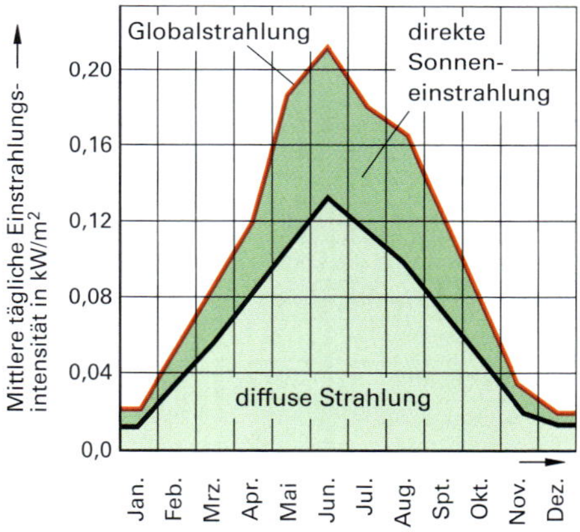

Trübungsfaktor:

Der Trübungsfaktor ist ein relativer Wert, der angibt, wie viele reine und trockene Atmosphären die gleiche Trübung ergeben wie die vorhandene.

Richtwert: $T_{min} \approx 3{,}0$; $T_{max} \approx 6{,}0$

Die **Meereshöhe** beeinflusst die Dicke der Luftschicht und damit den Trübungsfaktor.

Mittlere Globalstrahlung in kWh/m² · Monat

Ort	Braunschweig	Hamburg	Trier
Meereshöhe in m	81	14	265
Januar	19	17	22
Februar	35	31	42
März	69	65	77
April	98	101	105
Mai	134	134	145
Juni	156	159	151
Juli	138	138	152
August	121	120	127
September	83	83	94
Oktober	49	47	57
November	21	21	24
Dezember	15	13	17
Jahr	940	929	1013

Folgendes Diagramm zeigt den **Jahresverlauf der Sonnenstrahlung:**

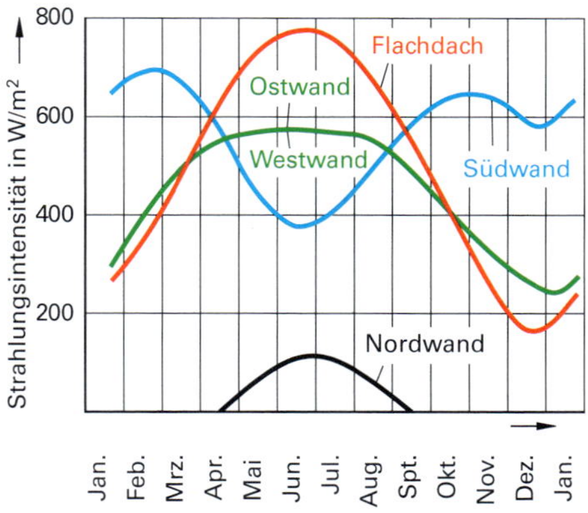

Die Energie der Sonneneinstrahlung muss im Sommer vermindert oder abgeführt werden (→ Kühllastberechnung **VDI 2078),** kann aber in der Übergangszeit und im Winter als Energie zur Beheizung genutzt werden

6

Atmosphärische und geografische Daten

Atmosphäre

Definition und Einflussparameter von Klima

Definition	Einflussparameter
Klima = Witterungsverlauf auf einem Teil der Erdoberfläche	Stärke der **Sonneneinstrahlung**, Art, Menge und Häufigkeit von Niederschlägen, Windstärke, Windrichtung, Höhenlage, Ausrichtung zur Himmelsrichtung, Entfernung zu Gewässern, Pflanzenbewuchs, Bodenbeschaffenheit.

Klimazonen

Meteorologische Unterteilung	Kennzeichen
Heiße oder tropische Klimazone	Bei wechselnden Trocken- und Regenzeiten immer heiß
Zwei gemäßigte Klimazonen	Witterungsmäßig stark ausgeprägte Jahreszeiten (BRD)
Zwei kalte oder polare Klimazonen	Halbjährlicher Wechsel von Tag und Nacht, immer kalt

Innerhalb von Klimazonen wird unterteilt in Kontinentalklima und Seeklima.

Für Deutschland, einem Land mit gemäßigtem Klima, wird zwischen zwei Klimazonen, dem **Binnenlandklima** und dem **Küstenklima** unterschieden. Die Grenze ist in **VDI 2078**:1996-07 angegeben und bei einer → Kühllastberechnung zu beachten.

Temperatur und Luftdruck

Der Luftdruck und die Lufttemperatur sinken mit zunehmender Höhe (→ Feuchte Luft).

Luftdruck und Lufttemperatur mit zunehmender Höhe nach DIN ISO 2533:1979-12 **(Normatmosphäre)**

Höhe in km	0	0,5	1,0	2,0	3,0	4,0	6,0	8,0	10,0
Luftdruck in hPa	1013	955	899	795	701	616	472	356	264
Temperatur in °C	15	11,8	8,5	2,04	−4,5	−11	−24	−37	−50

Die mittlere Temperatur über das Jahr ergibt sich aus

$$\vartheta_m = \frac{\vartheta_7 + \vartheta_{14} + 2 \cdot \vartheta_{21}}{4}$$

mittlere Tagestemperatur

ϑ_7 Temperatur um 07.00 Uhr °C
ϑ_{14} Temperatur um 14.00 Uhr °C
ϑ_{21} Temperatur um 21.00 Uhr °C

mittlere Monatstemperatur: arithmetischer Mittelwert aus allen Tagesmitteltemperaturen des Monats
mittlere Jahrestemperatur: arithmetischer Mittelwert aus allen Monatsmitteltemperaturen des Jahres

Die Mitteltemperaturen der Außenluft sind wichtige meteorologische Daten für die Projektierung von Lüftungs- und Klimaanlagen.

Beispiele für die Tagesgänge der Lufttemperatur (Temperaturverlauf in Abhängigkeit von der Tageszeit): VDI 2078 (übernächste Seite)

Beispiele für die **Mitteltemperatur** ϑ_m in °C	Juli	September
Binnenland	24,5	22,0
Küstenklima	18,5	16,5

Die grafische Darstellung der mittleren Tagestemperaturen als **Temperaturhäufigkeitskurve** ist zweckmäßig für die Ermittlung der Anzahl der Tage des Jahres unter einer bestimmten Temperatur. Rechts dargestellt ist diese Verteilung für Berlin.

B An wie vielen Tagen herrscht in Berlin eine Tagesmitteltemperatur von unter 10 °C?
Unter 10 °C herrschen an ca. 200 Tagen.

Zur Auslegung von RLT-Anlagen benötigt man die **Normaußentemperaturen** im Sommer **(VDI 2078**: 2015-06) und im Winter **(DIN EN 12831-1** und **-3**: 2017-09).

Beispiele für **Jahresmitteltemperaturen (DIN EN 12831-1** und **-3**:2017-09**)**

Ort	Temperatur in °C
Augsburg	7,9
Berlin	9,5
Dortmund	8,1
Frankfurt a. M.	10,2
München	7,9
Straubing	3,0
Stuttgart	10,2

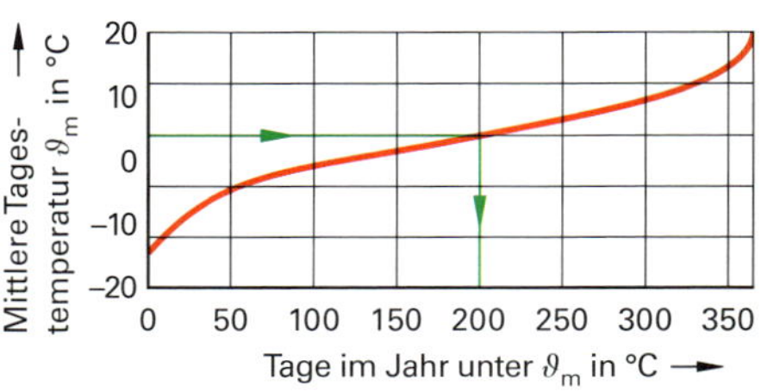

6

Atmosphärische und geografische Daten (Fortsetzung)

Kühllastzonenkarte von Deutschland für die Kühllastberechnung im Sommer

(VDI 2078:2015-06

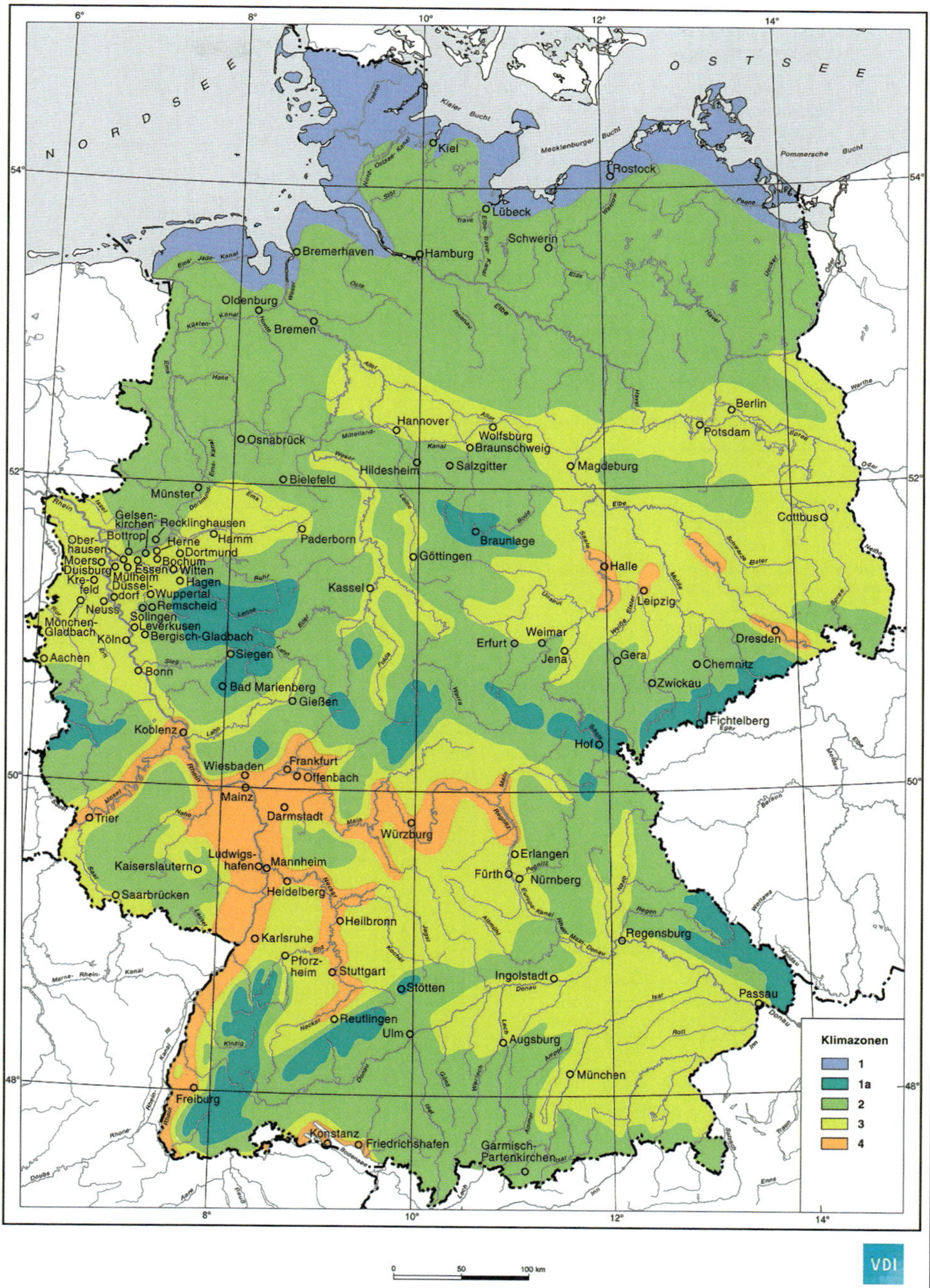

Zuordnung der Kühllastzonen 1 bis 5 (Siehe Tabelle oben) auf der nächsten Seite.

6

Atmosphärische und geografische Daten (Fortsetzung)

Kühllastzonen innerhalb von Deutschland (VDI 2078:2015-06)

Zone	Gebiet	Max. Auslegungstemperatur in °C	Tagesmittelwert in °C
1	Gesamter Küstenbereich mit dem nördlichen Schleswig-Holstein	30	23,3
1a	Auslegungsdaten wie Zone 1, aber mittlere Höhenlagen der Mittelgebirge (ca. 200 – 600 m im Norden und Westen, ca. 700 – 1000 m im Süden und Osten)	30	23,3
2	Norddeutsches Tiefland, Teile der Mittelgebirge sowie Frankens, Schwabens, der Thüringer Bucht, der Oberlausitz und des Alpenvorlandes	31,5	24,1
3	Nördliche Rheinebene, Teile Frankens, Schwabens und Bayerns, ein Streifen in Niedersachsen nördlich Hannover bis um Magdeburg und die Niederlausitz, um Berlin	33	25
4	Flusstäler im Bereich der Mittelgebirge um Rhein, Mosel, Main, Neckar, Elbe und Saale	34,5	26,1
1, 1a, 2	Bei Höhenlage über 650 m NN, maximal 1500 m ü. NN.	Korrektur siehe unten	

Korrektur der Tagesgangtemperaturen in der Kühllastzone 5:

$$\vartheta_{La} = \vartheta_1 - \frac{\Delta h}{200} \text{ in °C}$$

ϑ_1 Temperatur der Kühllastzone 1 °C
Δh Höhendifferenz über 600 m °C (Nord- und Westdeutschland)

B Ermitteln Sie die korrigierte Temperatur für den Brocken (Harz) bei 1142 m Höhe und ϑ_{La} = 23,3 °C.

$$\vartheta_{La} = 23{,}3\ °C - \frac{(1142\ m - 650\ m)}{200\ m} \Rightarrow 20{,}84\ °C$$

Mit der Korrekturgleichung können die Tagesgangdaten, die Auslegungsmaxima und die Mitteltemperaturen korrigiert werden.

Tagesgang der Außenlufttemperatur in Zone 1 bis 4 für die Monate Juli und September (VDI 2078:2015-06)

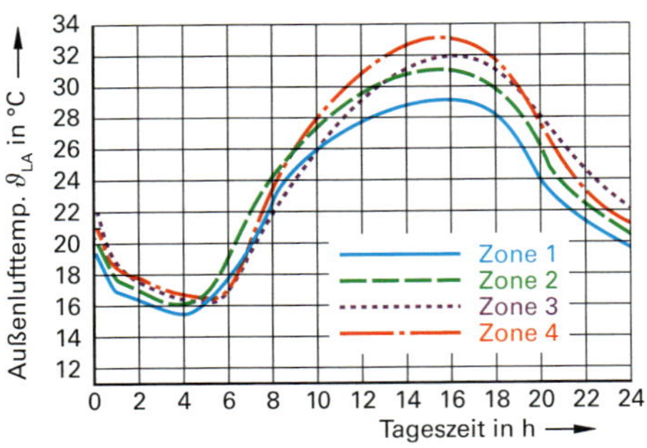

Tagesgänge für Juli

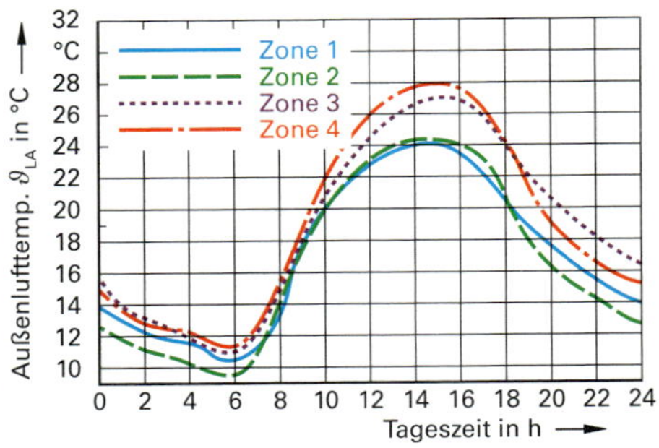

Tagesgänge für September

Beispiele für Kühllastzonen (VDI 2078:1996-07)

Stadt	Zone	Stadt	Zone	Stadt	Zone	Stadt	Zone
Aachen	3	Dresden	4	Jena	3	Rostock	1
Bochum	2	Frankfurt a.M.	4	Leipzig	4	Würzburg	4
Dortmund	2	Halle	4	München	3	Wuppertal	3

6

Atmosphärische und geografische Daten (Fortsetzung)

Isothermenkarte von Deutschland für die Ermittlung der Heizlast im Winter

(DIN EN 12831-1:2017-09)

Für die Berechnung der benötigten Heizleistung ist die **Normaußentemperatur** nach **DIN EN 12831-1**: 2017-09 (ehemals **DIN 4701**) ausschlaggebend.

- **Isothermen:** Linien gleicher Temperatur, die Isotherme −14 °C gilt z.B. für Temperaturen von −14 bis −14,9 °C.
- Bei allen Isothermen sind witterungsbedingte Unterschreitungen möglich.

Atmosphärische und geografische Daten (Fortsetzung)

Einteilung der Klimazonen (KZO) und Jahresmittel der Außentemperaturen

(DIN EN 12831-1:2017-09 NA und **DIN 4710**:2003-01)

KZO	Bezeichnung	Represen-tanzstation für Temp.	$\vartheta_{e,m}$ in °C	KZO	Bezeichnung	Represen-tanzstation für Temp.	$\vartheta_{e,m}$ in °C
1	Nordseeküste	Bremerhaven	9	9	Thüringisches Becken und sächsisches Hügelland	Chemnitz	7,9
2	Ostseeküste	Rostock-Warnemünde	8,4	10	Südöstliche Mittel-gebirge ≤ 100 0m	Hof	6,3
3	Nordwestd. Tiefland	Hamburg-Fuhlsbüttel	8,5	11	Erzgebirge, Böhmer- und Schwarzwald >1000m	Fichtelberg	3,0
4	Nordostd. Tiefland	Potsdam	9,5	12	Oberrheingraben und unteres Neckartal	Mannheim	10,2
5	Nordrhein- Westfälische Bucht und Emsland	Essen	8,1	13	Schwäbisch-Fränkisches Stufenland, Alpenvorland	Passau	7,9
6	Nördliches und westliches Mittelgebirge, Rand	Bad Marienberg	6,8	14	Schwäbische Alb und Baar	Stötten	6,8
7	Nördliches und westliches Mittelgebirge, Zentral	Kassel	8,8	15	Alpenrand und Täler	Garmisch-Partenkirchen	6,8
8	Oberharz, Schwarzwald mittlere Lage	Braunlage	6,0				

Beispiele für Städte, Klimazonen, Normaußentemperatur und Jahresmitteltemperatur

(DIN EN 12831-1:2017-09 NA und **DIN/TS 12831-1**:2020-04)

Ort	KZO	ϑ_e	$\vartheta_{e,m}$	Ort	KZO	ϑ_e	$\vartheta_{e,m}$
Augsburg	13	–14	7,9	Husum	1	–10	9,0
Bad Tölz	15	–18	7,0	Itzehoe	1	–12	9,0
Bergen/Rügen	2	–10	8,4	Kamenz	4	–16	9,5
Berlin	4	–14	9,5	Kiel	2	–10	8,4
Bielefeld	6	–12	6,9	Lübeck	2	–10	8,4
Bochum	5	–10	8,1	Norderney	1	–10	9,0
Borkum	1	–10	9,0	Pinneberg	1	–12	9,0
Braunschweig	3	–14	8,5	Rostock	2	–10	8,4
Bremen	3	–12	8,5	Saarbrücken	6	–12	6,8
Bremerhaven	1	–10	9,0	Siegen	6	–12	6,8
Celle	3	–12	8,5	Sieglar	5	–10	9,7
Cottbus	4	–16	9,5	Sindelfingen	6	–14	7,2
Dessau	4	–14	9,5	Soest/Westf.	5	–12	9,7
Dortmund	5	–12	8,1	Stade	3	–10	8,5
Dresden	4	–14	9,5	Strahlsund	2	–10	8,4
Eisleben	4	–14	9,5	Stuttgart	12	–12	10,6
Elmshorn	1	–12	9,0	Suhl	10	–16	6,4
Eutin	3	–10	8,5	Tübingen	6	–16	7,2
Falkensee	4	–14	9,5	Tuttlingen	11	–16	3,0
Flensburg	3	–10	8,5	Villingen/Sch.	8	–16	6,0
Gelsenkirchen	5	–10	8,1	Wilhelmshaven	1	–10	9,0
Hagen	5	–12	8,1	Wismar	2	–10	8,4
Hamburg	3	–12	8,5	Wuppertal	6	–12	6,8
Hannover	3	–14	8,5	Würzburg	13	–12	7,9

KZO: Klimazone ϑ_e: Normaußentemperatur zur Berücksichtigung bei der Heizlastberechnung

$\vartheta_{e,m}$: Jahresmitteltemperatur

Die Tabelle aus **DIN EN 12831** enthält 519 Städte mit mehr als 20 000 Einwohnern

Atmosphärische und geografische Daten (Fortsetzung)

Zusammensetzung trockener Luft und Windstärke

Zusammensetzung trockener Luft nach **DIN ISO 2533**:1979-12, **Normatmosphäre**

Einzelgas	Chemische Formel	Massenanteil in %	Volumenanteil in %	Bemerkung
Sauerstoff	O_2	23,15	20,93	–
Stickstoff	N_2	75,51	78,10	–
Argon	Ar	1,286	0,9325	Edelgas
Kohlenstoffdioxid	CO_2	0,04	0,03	–
Wasserstoff	H_2	0,001	0,01	–
Neon	Ne	0,0012	0,0018	Edelgas
Helium	He	0,00007	0,0005	Edelgas
Krypton	Kr	0,0003	0,0001	Edelgas
Xenon	Xe	0,00004	0,000009	Edelgas
Summe		100	100	

Wind: Luftbewegung relativ zur Erdoberfläche, Wetter- und Klimaelement. Durch Messung der Windgeschwindigkeit erhält man **Windrichtung** und **Windgeschwindigkeit.** Schätzung der Windgeschwindigkeit mit der **Windstärke-Skala.**

Windstärkenskala nach Beaufort

Windstärke	Windgeschwindigkeit in m/s	Bezeichnung	Auswirkungen des Windes im Binnenland	auf See
0	0,0 … 0,2	still	Windstille, Rauch steigt gerade empor	Spiegelglatte See
1	0,3 … 1,5	leiser Zug	Windrichtung angezeigt, nur durch Zug des Rauches	Kleine Kräuselwellen ohne Schaumkrone
2	1,6 … 3,3	leichte Brise	Wind im Gesicht fühlbar, Blätter säuseln, Windfahne bewegt sich	Kurze, aber ausgeprägtere Wellen mit glasigen Kämmen
3	3,4 … 5,4	schwache Brise	Bewegte Blätter und dünne Zweige, streckt einen Wimpel	Kämme beginnen sich zu brechen, vereinzelt kleine Schaumköpfe
4	5,5 … 7,9	mäßige Brise	Hebt Staub und loses Papier, bewegt Zweige und dünnere Äste	Kleine längere Wellen, vielfach Schaumköpfe
5	8,0 … 10,7	frische Brise	Kleine Laubbäume schwanken, Schaumkämme auf Seen	Mäßig lange Wellen, überall Schaumkämme
6	10,8 … 13,8	starker Wind	Starke Äste in Bewegung, Pfeifen an Freileitungen	Große Wellen, Kämme brechen sich, größere Schaumflecken
7	13,9 … 17,1	steifer Wind	Ganze Bäume in Bewegung, Hemmung beim Gehen	See türmt sich, Schaumstreifen in Windrichtung
8	17,2 … 20,7	stürmischer Wind	Bricht Zweige von den Bäumen, sehr erschwertes Gehen	Mäßig hohe Wellenberge ausgeprägte Schaumstreifen
9	20,8 … 24,4	Sturm	Kleinere Schäden an Häusern und Dächern	Hohe Wellenberge, dichte Schaumstreifen, „Rollen" der See, Gischt beeinträchtigte Sicht
10	24,5 … 28,4	schwerer Sturm	Entwurzelt Bäume, bedeutende Schäden an Häusern	Sehr hohe Wellenberge mit langen überbrechenden Kämmen, See weiß durch Schaum, schweres, stoßartiges „Rollen"
11	28,5 … 32,6	orkanartiger Sturm	Verbreitet Sturmschäden (Selten im Binnenland)	Außergewöhnlich hohe Wellen berge, Sichtbeeinträchtigung
12	32,7 … 36,9	Orkan	Starke Sturmschäden, ganze Wälder werden niedergeworfen	Luft mit Schaum und Gischt angefüllt, See vollständig weiß

Lichttechnische Größen

Strahlungsleistung und Lichtstrom:

$$\Phi_e = \frac{Q_e}{t}$$ **Strahlungsleistung (Strahlungsfluss)**

$$\Phi_v = K \cdot \Phi_e \cdot V(\lambda)$$ **Lichtstrom**

$$K = 683\ \frac{\text{lm}}{\text{W}}$$ **photometrisches Strahlungsäquivalent**

$$\eta = \frac{\Phi_v}{P}$$ **photometrisches Strahlungsäquivalent**

Die abgeleitete SI-Einheit für den **Lichtstrom** ist das **Lumen**: lm.

Φ_e	Strahlungsleistung	W
Q_e	Strahlungsenergie	J = Nm = Ws
t	Zeit	s
Φ_v	Lichtstrom	lm
K	photometrisches Strahlungsäquivalent	lm/W
$V(\lambda)$	Hellempfindlichkeitsgrad	1
η	Lichtausbeute	lm/W
P	Aufnahmeleistung	W

Im **Maximum der Augenempfindlichkeit** bei der Wellenlänge $\lambda = 555$ nm, entspricht die Strahlungsleistung 1 Watt einem Lichtstrom von 683 Lumen.

Lichtquelle (Lampe)	Leistungsaufnahme P in W	Lichtstrom Φ_v in lm	Lichtausbeute η in lm/W
Glühlampe 230 V	60	730	12
Glühlampe 230 V	100	1380	14
Leuchtstoffröhre 230 V	40	2400	78
Quecksilberdampflampe 230 V	125	5400	117

Strahlungstärke und Lichtstärke:

$$\Omega = \frac{A}{r^2}$$ **Raumwinkel**

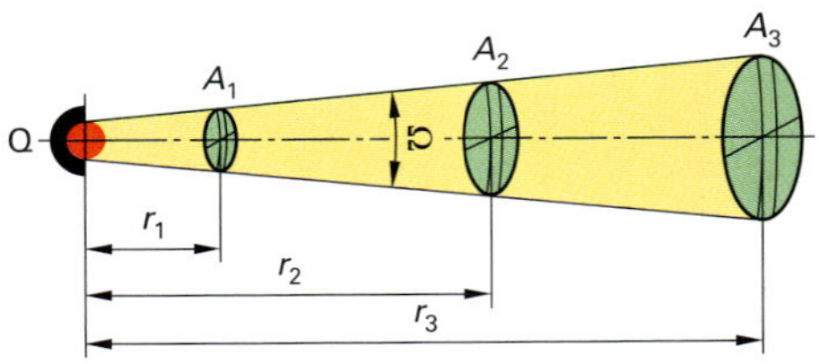

Die von einer Quelle auf einen Empfänger fallende Strahlungsleistung ist dem Raumwinkel Ω proportional.

$$I_e = \frac{\Phi_e}{\Omega}$$ **Strahlstärke**

$$I_v = \frac{\Phi_v}{\Omega}$$ **Lichtstärke**

Die Einheit für die **Lichtstärke** ist die **Candela**: cd.

$$1\ \text{cd} = 1\ \frac{\text{lm}}{\text{sr}}$$ **Einheit Candela** (→ Basiseinheiten)

Ω	Raumwinkel (in Steradiant)	sr
A	durchstrahlte Fläche	m^2
r	Abstand (Entfernung der Fläche zur Lichtquelle)	m
I_e	Strahlstärke	W/sr
Φ_e	Strahlungleistung	W
I_v	Lichtstärke	cd
Φ_v	Lichtstrom	lm

Die **Candela** ist die Lichtstärke einer Strahlungsquelle, welche **monochromatisches Licht** (d.h. Licht, mit nur einer Wellenlänge) der Frequenz $540 \cdot 10^{12}$ Hertz in eine bestimmte Richtung aussendet, in der die Strahlungstärke 1/683 Watt durch Steradiant beträgt.

Bestrahlungstärke und Beleuchtungsstärke:

$$E_e = \frac{\Phi_e}{A_2}$$ **Bestrahlungsstärke**

$$E_v = \frac{\Phi_v}{A_2}$$ **Beleuchtungsstärke** (s. Tabelle Seite 287 oben)

Die abgeleitete SI-Einheit für die **Beleuchtungsstärke** ist das **Lux**: lx.

E_e	Bestrahlungsstärke	W/m^2
Φ_e	Strahlungleistung	W
A_2	Empfängerfläche	m^2
E_v	Beleuchtungsstärke	lm/m^2
Φ_v	Lichtstrom	lm

$$1\ \text{lx} = 1\ \frac{\text{lm}}{\text{m}^2}$$ **Einheit des Lux**

Lichttechnische Größen (Fortsetzung)

Lichtquelle	E_v in lx	Lichtquelle	E_v in lx
Sonne im Sommer (Durchschnitt)	75 000	Straßenbeleuchtung (Durchschnitt)	10
Sonne im Winter (Durchschnitt)	6 000	Wohnzimmerbeleuchtung (gemütlich)	150
Vollmond	1	Grenze der Farbwahrnehmung	3
Arbeitsplatzbeleuchtung (hochwertig)	1 000		

Strahlungdichte und Leuchtdichte:

$$L_e = \frac{I_e}{A_1 \cdot \cos \varepsilon_1}$$ **Strahldichte**

$$L_v = \frac{I_v}{A_1 \cdot \cos \varepsilon_1}$$ **Leuchtdichte**

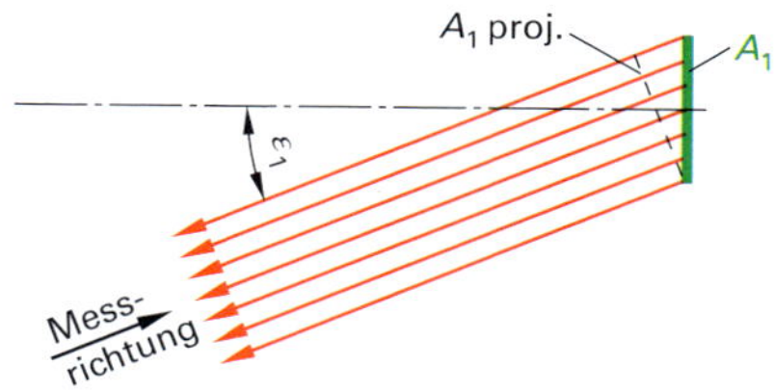

Lichtquelle	Leucht-dichte in $\frac{cd}{m^2}$
Mittagssonne	150 000
klarer Himmel	0,2 … 1,2
Mond	0,25 … 0,5
Kohlefadenlampe	45 … 80
Glühampe (40 – 100 W), klar	100 … 2000
Glühlampe innen mattiert	10 … 50
Opallampe	1 … 5
Leuchtstofflampe	0,3 … 1,2
Hochspannungsleuchtröhre	0,1 … 0,8
Quecksilberdampflampe	4 … 620
Natriumdampflampe	10 … 400
Xenon-Hochdrucklampe	bis 95 000

L_e	Strahldichte	W/(sr · m²)
I_e	Strahlstärke	W/sr
A_1	Senderfläche	m²
ε_1	Abstrahlwinkel	Grad
L_v	Leuchtdichte	cd/m²
I_v	Lichtstärke	cd

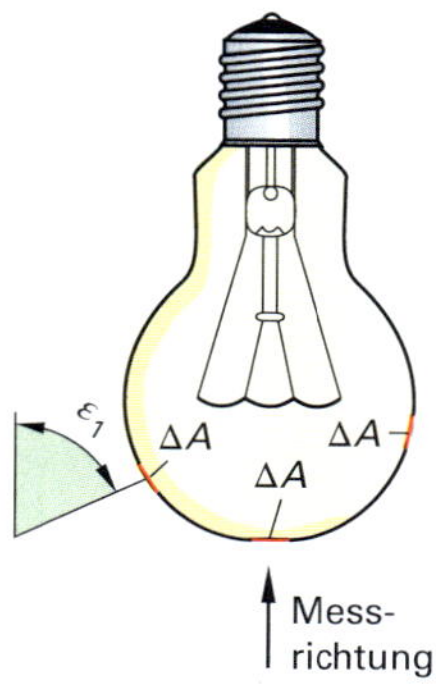

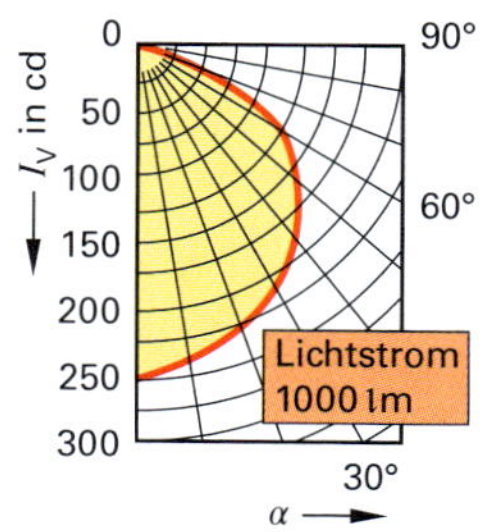

Photometrisches Entfernungsgesetz:

$$E_v = \frac{I_v \cdot \cos \varepsilon}{r^2}$$ **Beleuchtungsstärke**

$$I_{v2} = I_{v1} = \frac{\cos \varepsilon_1}{\cos \varepsilon_2} \cdot \left(\frac{r_2}{r_1}\right)$$ **unbekannte Lichtstärke**

Die **Beleuchtungsstärke** E_v ist proportional der Lichtstärke I_v und dem Kosinus des Abstrahlwinkels ε. Sie ist aber umgekehrt proportional dem Abstand r zum Quadrat zwischen Lichtquelle und Empfängerfläche A_2.

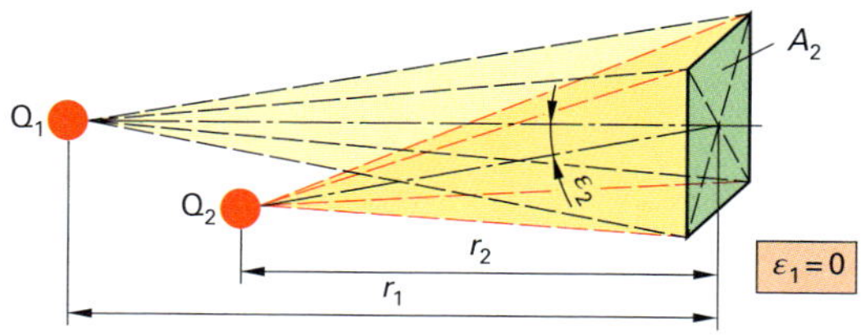

B $I_{v1} = 5$ cd; $\varepsilon_1 = 25°$; $\varepsilon_2 = 10°$; $r_1 = 5$ m; $r_2 = 3$ m; $I_{v2} = ?$

$$I_{v2} = I_{v1} = \frac{\cos \varepsilon_1}{\cos \varepsilon_2} \cdot \left(\frac{r_2}{r_1}\right)$$

$$\boldsymbol{I_{v1}} = 5 \text{ cd} \cdot \frac{\cos 25°}{\cos 10°} \cdot \left(\frac{3 \text{ m}}{5 \text{ m}}\right) = \mathbf{1{,}657\ cd}$$

E_v	Beleuchtungsstärke	lm/m²
I_v	Lichtstärke	cd
ε	Abstrahlwinkel	Grad
I_e	Strahlstärke	W/sr
r	Abstand von Lichtquelle zur Empfängerfläche	m

Index 1: bekannte Lichtquelle (Normallampe)

Index 2: unbekannte (zu messende) Lichtquelle

6

Entscheidungskriterien bei der Planung eines Beleuchtungsprojektes			
Datenquelle	**Randbedingung**	**Planungseinfluss**	
Projektdaten	Absicht des Projekts	Licht am Tag	Licht in der Nacht
	Energieeisatz	Betriebskosten	Ökonomie, Grenzwerte
	Lebensdauer		
	Einbauart	Umgebungseinflüsse Vorhandene Elemente	Klima
Gebäudedaten	Lichtbedarf	Beleuchtungsniveau Lichtempfindlichkeit	Verdunklungsbedarf Gleichmäßigkeit
	Benutzer	Alter der Benutzer	Benutzungshäufigkeit
	Benutzungsdauer		
	Betriebsperioden	Stundenplan	Jahreszeit
	Mobiliar	Möblierung	Maschinelle Einrichtung
	Vielseitigkeit		
Finanzielle Daten	Investition	Tageslicht Beleuchtung/Wärme	Kunstlicht
	Betriebskosten	Energie	Unterhalt
	Wiederverwertung	Lebensdauer	Produktart/Material

Vor- und Nachteile der verschiedenen Lichtquellen		
Art	**Vorteil**	**Nachteil**
Glühlampen	• Warmes Licht mit dominierender Rotkomponente • Sehr gute Farbwiedergabe • Niedriger Preis	• Schlechte Lichtausbeute (ca. 12 lm/W) • Große Wärmeabgabe • Mittelmäßige Lebensdauer (1000 Stunden)
Halogen-glühlampe	• Höhere Lichtausbeute als klassische Glühlampen (30 lm/W) • Kleine Abmessungen • Sehr gute Farbwiedergabe • Bessere Lichtbündelung als bei klassischen Glühlampen • Kein Schwarzwerden der Lampe	• Sehr hohe Temperatur des Kolbens und der Fassung • Transformator oft notwendig für Betrieb • Hohe Leuchtdichte • Unpraktische Handhabung ohne frontale Glasabdeckung • Mittlere Lebensdauer 2000 Std.
Fluoreszenz-lampen	• Lebensdauer achtmal länger als klassische Glühlampen • Niedere Oberflächentemperatur der Lampe • Mehrere Farbtöne verfügbar (3000 – 6500 K)	• Die Lebensdauer hängt stark vom Typ des Vorschaltgeräts und der Schalthäufigkeit ab. • Schlechte Lichtbündelung. Farbton des Lichtes muss der beleuchteten Tätigkeit angepasst werden (ein unpassender Farbton ergibt visuelle Komfortverluste).
Kompakt-fluoreszenzlampe	• Hohe Lichtausbeute (4 – 5mal höher als bei einer klassischen Glühlampe) • Kleine Abmessungen	• wie Fluoreszenzlampe
Halogen-Metalldampf-lampe	• Hohe Lichtausbeute (75 lm/W) • Guter Farbwiedergabeindex • Guter Ersatz von Halogen-glühlampen in gewissen Fällen • Lange Lebensdauer (6000 – 8000 Std.)	• Zündzeit 2 – 5 Minuten • Wartezeit vor Wiederzündung notwendig • Farbtöne nur begrenzt wählbar, je nach Leistung • Verringerung des Lichtstroms mit Alterung • Hoher Kaufpreis
Induktionslampe	• Gute Lichtausbeute (65 lm/W) • Guter Farbwiedergabeindex • Auswahl der Lichtfarbe (3000 oder 4000 K) • Sehr lange Lebensdauer (60 000 Stunden)	• Voluminöse Zündeinheit • Sehr hoher Preis

6

Gütemerkmale, Eigenschaften, Beleuchtungseigenschaften

Anforderungen an Beleuchtung und Lichtquelle

Gütemerkmale von Beleuchtung	Zu berücksichtigende Eigenschaften der Lichtquelle
Harmonische Helligkeitsverteilung	Art des Beleuchtungskörpers
Angemessene Lichtfarbe	Abmessung, Fassung
Günstiger Energieverbrauch	Lichtstrom (lm), Leistung (W), Lichtausbeute (lm/W)
Angepasste Blendungsbegrenzung	Farbtemperatur, Farbwiedergabeindex
Richtige Lichteinfallsrichtung	Betriebsposition
Angenehme Schattigkeit	Spannung (230 V, < 50 V), Regulierung des Lichtstroms
Natürliche Farbwiedergabe	Schalthäufigkeit, Lebensdauer
Wirkungsvolle Lichtatmosphäre	Einkaufs- und Betriebskosten
Gute Kontrastwiedergabe	Wärmeabgabe (Menge, Richtung)

Richtwerte für den spezifischen Beleuchtungswert nach DIN 5035-3:2006-07 und -8:2007-07

Lampentyp	Vorschaltgerät	Systemlichtausbeute η inkl. Vorschaltgerät in lm/W	Bezogene Anschlussleistung je 1000 lx Beleuchtungsstärke in W/(m²klx)		
			Grundfläche A in m²		
			Einzelbüro ca. 20 m²	Gruppenbüro ca. 42 m²	Großraumbüro ca. 168 m²
			Beleuchtungswirkungsgrad η_B		
			0,54	**0,61**	**0,70**
Standard-Leuchtstoffröhre (d = 26 mm)	VVG	60	38	34	29
3-Banden-Leuchtstofflampe (d = 26 mm)	VVG	82	28	24	22
	EVG	95	24	21	19
Glühlampe	–	14	200	–	–
Halogen-Niedervoltlampe	KTR	20	110	–	–

VVG: Verlustarmes Vorschaltgerät; EVG: Elektronisches Vorschaltgerät; KTR: Konventioneller Transformator

Die Tabelle gilt unter Annahme eines mittleren Leuchtenwirkungsgrades η_{LB} = 0,66 und der gemittelten Systemlichtausbeute von 1,2 m und 1,5 m langen Leuchtstoffröhren, Typ L58W und L36W und vorzugsweise direkt strahlendem Beleuchtungssystem

Erforderliche Beleuchtungseigenschaften nach DIN 5035-3:2006-07 und -8:2007-07

Raumart bzw. Art der Tätigkeit (Auszug)		Nennbeleuchtungsstärke in Lux	Bezogene Anschlussleistung in W/m²		FW[1)]	GK[2)]
			Gebrauchsglühlampen	Entladungslampen		
1.	**Allgemeine Räume**					
1.1	Verkehrszonen in Abstellräumen	50	10...12	–	3	3
1.2	Lagerräume					
1.2.1	Lagerräume für gleichartiges oder großteiliges Lagergut	50	10 … 12	–	3	3
1.2.2	Lagerräume mit Suchaufgabe bei nicht gleichartigem Lagergut	100	20 … 25	3 … 8	3	3
1.2.3	Lagerräume mit Leseaufgabe	200	40 … 50	6 … 16	3	2
1.3	Automatisches Hochregallager					
1.3.1	Gänge	20	2 … 3	–	3	3
1.3.2	Bedienungsstand	200	40 … 50	6 … 16	2A	1
1.4	Versand	200	40 … 50	6 … 16	3	2
1.5	Pausen-, Sanitär- u. Sanitätsräume					
1.5.1	Kantinen	200	40 … 50	6 … 16	2A	1
1.5.2	Übrige Pausen- und Liegeräume	100	20 … 25	3 … 8	2A	1

6

Gütemerkmale, Eigenschaften, Beleuchtungseigenschaften (Fortsetzung)

Erforderliche Beleuchtungseigenschaften (Fortsetzung)

Raumart bzw. Art der Tätigkeit (Auszug)		Nennbeleuchtungsstärke in Lux	Bezogene Anschlussleistung in W/m²		FW[1]	GK[2]
			Gebrauchsglühlampen	Entladungslampen		
1.6	Haustechnische Anlagen					
1.6.1	Maschinenräume	100	20 … 25	3 … 8	3	3
1.6.2	Energieversorgung- u. Verteilung	100	20 … 25	3 … 8	3	3
1.6.3	3 Fernschreibestelle, Poststelle	500	100 … 125	10 … .25	2A	1
1.6.4	Telefonvermittlung	300	60 … 75	8 … 18	2A	1
2.	**Verkehrswege in Gebäuden**					
2.1	Für Personen	50	10 … 12,5	–	3	3
2.2	Für Personen und Fahrzeuge	100	20 … 25	3 … 8	3	3
2.3	Treppen, Fahrtreppen und geneigte Verkehrswege	100	20 … 25	3 … 8	3	2
2.4	Verladerampen	100	20 … 25	3 … 8	3	3
2.5	Automatische Födereinrichtungen oder Transportbänder	100	20 … 25	3 … 8	3	3
2.6	Halleneinfahrten					Leuchten o. Seitenteile
2.6.1	Tagesbetrieb	> 400	80 … 100	12 … 32	3	
2.6.2	Nachtbetrieb	> 100	20 … 25	3 … 8	3	
3.	**Büroräume und büroähnliche Räume**					
3.1	Büroräume mit tageslichtorientierten Arbeitsplätzen in unmittelbarer Fensternähe	300	60 … 75	8 … 18	2A	1
3.2	Büroräume	500	100 … 125	10 … .25	2A	1
3.3	Großraumbüros – hohe Reflexion – mittlere Reflexion	750 1000	– –	15 … 30 20 … 40	2A	1
3.4	Technisches Zeichnen	750	–	15 … 30	2A	1
3.5	Sitzungs- u. Besprechungsräume	300	60 … 75	8 … 18	2A	1
3.6	Empfangsräume	100	20 … 25	3 … 8	2A	1
3.7	Räume für den Publikumsverkehr	200	40 … 50	6 … 16	2A	1
3.8	Räume für Datenverarbeitung	500	100 … 125	10 … .25	2A	1
4.	**Chemische Industrie**					
4.1	Verfahrenstechnische Anlagen mit Fernbedienung	50	10 … 12,5	–	3	3
4.2	Verfahrenstechnische Anlagen mit gelegentlichen manuellen Eingriffen	100	20 … 25	3 … 8	3	3
4.3	Ständig besetzte Arbeitsplätze in verfahrenstechnischen Anlagen	200	40 … 50	6 … 16	3	3
4.4	Messstände, Steuerbühnen, Warten	300	60 … 75	8 … 18	2A	1
4.5	Laboratorien, Konfektionierung	300	60 … 75	8 … 18	2A	2
4.6	Arbeiten mit erhöhter Sehaufgabe	500	100 … 125	10 … .25	2A	1
4.7	Farbprüfung	1000	–	20 … 40	1A	1
5.	**Zementindustrie, Keramik und Glasgewerbe**					
5.1	Arbeitsplätze o. Zonen an Öfen, Mischern für Rohstoffe, Mahlanlagen in Ziegeleien	200	40 … 50	6 … 16	3	3
5.2	Emaillieren, Walzen, Pressen, Formen einfacher Teile, Glasieren, Glasblasen	300	60 … 75	8 … 18	3	2
5.3	Schleifen, Ätzen, Polieren von Glas. Formen feiner Teile	500	100 … 125	10 … .25	3	1
5.4	Dekoarbeiten	500	100 … 125	10 … 25	2A	1

[1] Farbwiedergabeindex; [2] Güteklasse für die Begrenzung der Direktblendung

6

Gütemerkmale, Eigenschaften, Beleuchtungseigenschaften (Fortsetzung)

Erforderliche Beleuchtungseigenschaften (Fortsetzung)

Raumart bzw. Art der Tätigkeit (Auszug)		Nenn-beleuchtungs-stärke in Lux	Bezogene Anschlussleistung in W/m²		FW[1]	GK[2]
			Gebrauchs-glühlampen	Entladungs-lampen		
6.	**Hütten- Stahl- und Walzwerke, Großgießereien (Auszug)**					
6.3	Ständig besetzte Arbeitsplätze in Produktionsanlagen	200	40 … 50	6 … 16	3	2
6.4	Messstände, Steuerbühnen und Warten	300	60 … 75	8 … 18	2A	1
6.5	Prüf- und Kontrollplätze	500	100 … 125	10 … .25	2A	1
7.	**Metallbe- und verarbeitung (Auszug)**					
7.3	Bearbeitungszentren	300	60 … 75	8 … 18	3	1
7.4	Grobe und mittlere Maschinen-arbeiten, zul. Abweichung > 0,1 mm	300	60 … 75	8 … 18	3	1
7.5	Feine Maschinenarbeiten, zulässige Abweichung < 0,1 mm	500	100 … 125	10 … 25	3	1
7.7	Anreiß- und Kontrollplätze, Messplätze	750	–	15 … 30	3	1
7.10	Be- und Verarbeitung von Blechen	300	60 … 75	8 … 18	3	2
7.11	Herstellung von Handwerkzeugen und Schneidwaren	500	100 … 125	10 … 25	3	1
7.12	Montage – grob – mittel – fein	200 300 500	40 … 50 60 … 75 100 … 125	6 … 16 8 … 18 10 … 25	3 3 3	2 1 1
7.17	Werkzeug-, Lehren- u. Vorrichtungs-bau, Feinmechanik, Feinstmontage	1000	–	20 … 40	3	1
7.18	Automobilbau					
7.18.1	Karosserierohbau	500	100 … 125	10 … 25	3	2
7.18.3	Lackierkabine	1000	–	20 … 40	3	–
7.18.5	Nacharbeit Lackiererei	1000	–	20 … 40	3	1
7.18.8	Inspektion	750	–	15 … 30	3	1
8.	**Kraftwerke (Auszug)**					
8.7	Schaltwarten	300	60 … 75	8 … 18	2A	1
9.	**Elektrotechnische Industrie**					
9.1	Kabel und Leitungsherstellung, Montage großer Maschinen	300	60 … 75	8 … 18	3	1
9.2	Montage von Telefonapparaten, kleiner Motoren, Wicklungen	500	100 … 125	10 … 25	3	1
9.3	Montage feiner Geräte, Rundfunk und Fernsehgeräten	1000	–	20 … 40	3	1
9.4	Montage feinster Teile, elektronische Bauteile	1500	-	30 … 60	2A	1
10.	**Schmuck- und Uhrenindustrie**					
10.1	Herstellung von Schmuckwaren	1000	–	20 … 40	2A	1
10.2	Bearbeitung von Edelsteinen	1500	–	30 … 60	1B	1
10.3	Optiker- und Uhrmacherwerkstatt	1500	–	30 … 60	2A	1
11.	**Holzbe- und verarbeitung (Auszug)**					
11.3	Arbeiten an der Hobelbank, Leimen, Zusammenbau	300	60 … 75	8 … 18	2A	2
11.4	Auswahl und Kontrolle von Furnierhölzern, Intarsienarbeit	500	100 … 125	10 … 25	1A	1
11.5	Modelltischlerei, Polieren, Lackieren	500	100 … 125	10 … 25	1A	1

[1] Farbwiedergabeindex; [2] Güteklasse für die Begrenzung der Direktblendung

6

Gütemerkmale, Eigenschaften, Beleuchtungseigenschaften (Fortsetzung)

Erforderliche Beleuchtungseigenschaften (Fortsetzung)

Raumart bzw. Art der Tätigkeit (Auszug)		Nenn-beleuchtungs-stärke in Lux	Bezogene Anschlussleistung in W/m²		FW1)	GK2)
			Gebrauchs-glühlampen	Entladungs-lampen		
12.	**Papier- und Druckindustrie, grafisches Gewerbe (Auszug)**					
12.1	Arbeiten an Holländern, Kollergängen, Holzschleiferei	200	40 … 50	6 … 16	3	3
12.3	Gewöhnliche Buchbinderei, Tapetendruck	300	60 … 75	8 … 18	2A	1
12.4	Zuschneiden, Vergolden, Arbeiten an Druckmaschinen	Prägen, 500	100 … 125	10 … 25	2A	1
12.5	Handdruck, Papiersortierung	750	–	15 … 30	2A	1
12.6	Retusche, Lithographie, Hand- und Maschinensatz	1000	–	20 … 40	2A	1
12.7	Farbkontrolle bei Mehrfarbdruck	1500	–	30 … 60	1A	1
12.8	Stahl- und Kupferstich	2000	–	40 … 80	2A	1
13.	**Lederindustrie (Auszug)**					
13.1	Arbeit an Bottichen, Fässern, Gruben	200	40 … 50	6 … 16	3	3
13.2	Schaben, Spalten, Schleifen, Walken der Häute	300	60 … 75	8 … 18	2A	1
13.5	Qualitätskontrolle					
13.5.1	mittlere Ansprüche	750	–	15 … 30	1B	1
13.5.2	hohe Ansprüche	1000	–	20 … 40	1B	1
13.5.3	sehr hohe Ansprüche	1500	–	30 … 60	1B	1
14.	**Textilherstellung und -verarbeitung (Auszug)**					
14.1	Arbeitsplätze und -zonen an Bädern, Ballen aufbrechen	200	40 … 50	6 … 16	3	3
14.3	Färben	300	60 … 75	8 … 18	2A	2
14.6	Putzmacherei	750	–	15 … 30	2A	1
14.8	Warenprüfung, Farbprüfung	1000	–	20 … 40	1A	1
14.9	Kunststopfen	1500	–	30 … 60	2A	1
15.	**Nahrungs- und Genussmittelindustrie (Auszug)**					
15.1	Arbeitsplätze- u. -zonen i. Brauhaus, am Malzboden, Reinigung, Sieben, Schälen, Kochen in Konservenfabriken, Zuckerfabriken, Gärkeller	200	40 … 50	6 … 16	2A	3
15.3	Arbeitsplätze- u. -zonen in Schlachtereien, Metzgereien, Molkereien, Mühlen und Filterböden	300	60 … 75	8 … 18	2A	2
15.5	Herstellung von Feinkost; Küchen; Herstellung v. Zigarren u. Zigaretten	500	100 … 125	10 … 25	2A	2
15.6	Kontrolle von Gläsern und Produktkontrolle; Garnieren, Dekorieren, Sortieren	500	100 … 125	10 … 25	2A	1
15.7	Farbkontrolle, Laborräume	1000	–	20 … 40	1A	1
16. Groß- und Einzelhandel						
16.1	Verkaufsräume	300	60 … 75	8 … 18	2A	1
16.2	Kassenarbeitsplätze	500	100 … 125	10 … 25	2A	1
17. Handwerk und Gewerbe (Auszug)						
17.1	Entrosten und Anstreichen von Stahlbauteilen	200	40 … 50	6 … 16	3	2
17.3	Schlosserei und Klempnerei	300	60 … 75	8 … 18	3	2
17.4	Kraftfahrzeugwerkstätten	300	60 … 75	8 … 18	3	2
17.6	Reparaturwerkstätten für Maschinen und Apparate	500	100 … 125	10 … 25	3	2

6

Gütemerkmale, Eigenschaften, Beleuchtungseigenschaften (Fortsetzung)

Erforderliche Beleuchtungseigenschaften

Raumart bzw. Art der Tätigkeit (Auszug)		Nenn-beleuchtungs-stärke in Lux	Bezogene Anschlussleistung in W/m²		FW[1]	GK[2]
			Gebrauchs-glühlampen	Entladungs-lampen		
18.	**Dienstleistungsbetriebe (Auszug)**					
18.1	Hotels und Gaststätten					
	18.1.1 Empfang	200	40 … 50	6 … 16	2A	1
	18.1.2 Küche	500	100 … 125	10 … 25	2A	2
	18.1.3 Speiseräume	200	40 … 50	6 … 16	1B	–
	18.1.4 Sitzungsräume	300	60 … 75	8 … 18	2A	1
18.2	Wäschereien und chem. Reinigung					
	18.2.1 Waschen	300	60 … 75	8 … 18	2A	2
	18.2.2 Maschinenbügeln	300	60 … 75	8 … 18	2A	1
	18.2.3 Handbügeln	300	60 … 75	8 … 18	2A	1
18.3	Haarpflege	500	100 … 125	10 … 25	1A	1
19.	**Kunststoffverarbeitung**					
19.1	Spritzgießen	500	100 … 125	10 … 25	3	2
19.2	Kunststoffblasen	300	60 … 75	8 … 18	3	2
19.3	Kunststoffpressen	300	60 … 75	8 … 18	3	2

Auswahl von Beleuchtung bei Arbeitsstätten im Freien

1.	**Verkehrswege auf Werksgelände, Werkstrassen**					
1.1	Toranlagen	50	10 … 12,5	–	–	3
1.2	Fußwege	5	1 … 1,25	–	–	4
2.	**Parkplätze**	3	0,7 … 0,8	–	–	4
7.	**Baustellen**					
7.1	Hochbau	20	4 … 6	–	–	4
7.2	Tiefbau	20	4 … 6	–	–	4
7.3	Stahlbau, Metallbau	30	6 … 7,5	–	–	4
7.4	Tunnelbau	30	6 … 7,5	–	–	4

[1] Farbwiedergabeindex; [2] Güteklasse für die Begrenzung der Direktblendung

FW – Farbwiedergabeindizes

Stufe	Kriterium	Beispiel
1A	Möglichst naturgetreue Farbwiedergabe	Farbprüfung in der chem. Industrie DIN 5035-1, ersetzt durch DIN EN 12665:2018
1B	Gute Farbwiedergabe	Bearbeitung von Edelsteinen
2A	Noch gute Farbwiedergabeeigenschaften	Kantinen
2B	Weniger gute Farbwiedergabeeigenschaften	Instandhaltungsarbeiten in Kraftwerken
3	Keine Relevanz der Farbwidergabe	Kraftfahrzeugwerkstätten
4	Nur Außen (Außer Natrium-Hochdrucklampe)	Parkplätze

Abschirmung und Leuchtdichte:

Lichtquellen sind vom Benutzer abzuschirmen, damit eine Blendung verhindert wird.

Hierzu dient der sogenannte Abschirmwinkel α:
Das ist der Winkel zwischen der Horizontalen und der Blickrichtung gerade wenn die Lichtquelle sichtbar wird.
Die mittlere Leuchtdichte einer Leuchte wird nach dem UGR-Verfahren ermittelt. Angegeben wird sie in cd/m².

Mindestabschirmwinkel nach DIN EN 12464-1:2021-06

Lampen-leuchtdichte in cd/m²	Beispiel	Mindest abschirmwinkel α
20 000 bis < 50 000	z. B. Leuchtstoff-lampen	15°
50 000 bis < 50 0000	z. B. Hochdruck-entladungslampen, LED	20°
20 000 bis ≥ 50 000	z. B. Glühlampen, Hochleistungs-LED	30°

6

Grundlagen der Kühllastberechnung nach VDI 2078:2015-06

Grundsätze

Aufgabe der **VDI 2078**:2015-06:
Berechnung der thermischen Lasten und Raumtemperaturen (Auslegung Kühllast und Jahressimulation)

a) Berechnung der Heiz- oder Kühllast, aufgeteilt in
- konvektiven Anteil
- Strahlenden Anteil
- Flächenheizung oder -kühlung

b) Berechnung der Temperaturen
- Raumlufttemperatur
- Operative Temperatur

Wesentliche Neuerungen der **VDI 2078**:2015-06:
- hinreichend genaue Abbildung des thermischen Verhaltens der Bauteile unter Berücksichtigung des konkreten Wandaufbaus
- hinreichend genaue Abbildung des Wärmeaustauschs zwischen den Bauteilen des Raums über Strahlung und Konvektion
- hinreichend genaue Abbildung des Wärmeaustauschs der Außenbauteile mit der Umgebung
- korrekte Wärmebilanz des Raums unter Berücksichtigung aller strahlenden und konvektiven Wärmequellen und -senken
- Kopplung zwischen instationärer thermischer Berechnung und aktiven Anlagenkomponenten, bei denen sich eine Leistungsänderung bei veränderter Raumtemperatur ergibt
- korrekte Berechnung der Raumtemperaturen (Raumluft- und operative Temperatur)
- Klimadaten für die Jahresberechnungen aus Testreferenzjahren
- Definition einer Cooling Design Period (CDP), bestehend aus einer 14-tägigen Vorberechnung mit bedeckten und/oder bewölkten Tagen, einer 4-tägigen Anlaufberechnung mit sonnigen Tagen und anschließendem Cooling Design Day (CDD) mit maximaler Außentemperatur
- für Sonderfälle kann abweichend zum aperiodischen Fall (CDP) der eingeschwungene Zustand (Wiederholung des CDD zum Abbruchkriterium) berechnet werden
- ausführliche Tabellen mit Kennwerten für die Kombination aus Verglasung und Sonnenschutz für Standardfälle von Fenstersonnenschutzkombinationen mit und ohne Hinterlüftung
- Berücksichtigung von Fensterlüftung als auftriebsinduzierte natürliche Lüftung
- Berücksichtigung der Veränderungen des Wärmeeintrags bei Fensterlüftung mit Sonnenschutz
- korrekte Berücksichtigung von Betriebsweise und Regelstrategie
- korrekte Berücksichtigung begrenzter oder nicht verfügbarer Anlagenleistung
- Vorgabe eines zulässigen Schwankungsbereiches für die Raumtemperatur

Einflussparameter auf Kühllast und Raumtemperatur

6

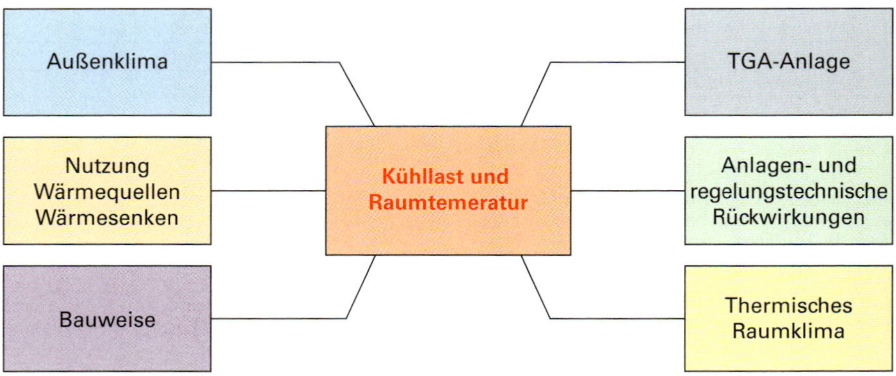

Grundlagen der Kühllastberechnung nach VDI 2078:2015-06 (Fortsetzung)

Innere Wärmequellen im Tagesgang

Beispiel eines Büros mit zwei Personen

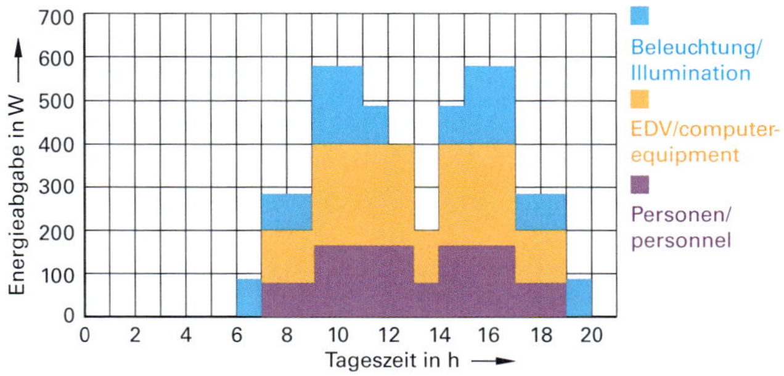

Spezifische elektrische Bewertungsleistung in Abhängigkeit von Beleuchtungsart und Vorschaltgerät

Beleuchtungsart	Spezifische elektrische Bewertungsleistung $p_{j,lx}$ in W/(m²lx)		
	EVG	VVG	KVG
Direkt	0,05	0,057	0,062
Direkt/Indirekt	0,06	0,068	0,074
Indirekt	0,10	0,114	0,123

EVG: elektronisches Vorschaltgerät, VVG: verlustarmes Vorschaltgerät, KVG: konventionelles Vorschaltgerät

Anpassungsfaktor k_R zur Berücksichtigung der Raumauslegung in Abhängigkeit des Raumindex *k*

Raumindex *k*	0,6	0,7	0,8	0,9	1,0	1,25	1,5	2,0	2,5	3,0	4,0	5,0
Beleuchtungsart	Anpassungsfaktor k_R											
Direkt	1,08	0,97	0,89	0,82	0,77	0,68	0,63	0,58	0,55	0,53	0,51	0,48
Direkt/Indirekt	1,3	1,17	1,06	0,97	0,90	0,79	0,72	0,64	0,58	0,56	0,53	0,53
Indirekt	1,46	1,25	1,08	0,95	0,85	0,69	0,60	0,52	0,4	0,44	0,42	0,39

Ermittlung des Raumindex *k*

Raumindex *k*

$$k = \frac{a_R \cdot b_R}{h'_R \cdot (a_R + b_R)}$$

a_R Raumtiefe m
b_R Raumbreite m
h'_R Differenz zwischen Leuchtenebene und Nutzebene m

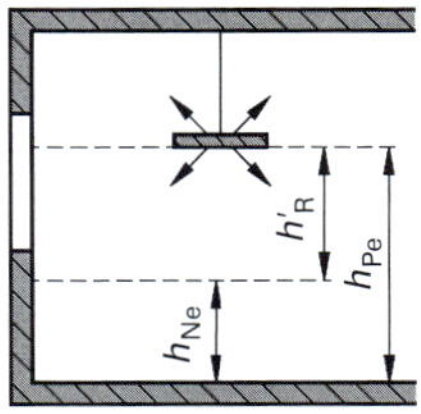

6

Anpassungsfaktor k_L für unterschiedliche Lampentypen nach DIN V 18599-4:2018-09

Lampenart		Anpassungsfaktor k_L
Glühlampen		6
Halogenglühlampen		5
Leuchtstofflampen, externes Vorschaltgerät	EVG	1,2
	VVG	1,4
	KVG	1,5
Leuchtstofflampen kompakt, integriertes Vorschaltgerät	EVG	1,6
	VVG	–
	KVG	–

Lampenart	Anpassungsfaktor k_L
Metallhalogendampf-Hochdruck mit KVG	1,0
Natriumdampf-Hochdruck mit KVG	0,8
Quecksilberdampf-Hochdruck mit KVG	1,7
LED-Ersatzlampen (Ersatz für Glüh-, Halogen- bzw. Leuchtstofflampen) mit EVG	1,5
LED in dafür konstruierten Leuchten mit EVG	1,1

Grundlagen der Kühllastberechnung nach VDI 2078:2015-06 (Fortsetzung)

Innere Wärmequellen im Tagesgang

Personenwärmeabgabe

Aktivitätsgrad	Anteil Wärmeabgabe	Raumlufttemperatur in °C						
		18	20	22	23	24	25	26
		Wärmeabgabe in W						
I	gesamt	100	100	100	100	100	100	100
	trocken	92,6	85	77,4	73,6	69,8	66	62,2
	feucht	7,4	15	22,6	26,4	30,2	34	37,8
II	gesamt	125	125	125	125	125	125	125
	trocken	97,6	90	82,4	78,6	74,8	71	67,2
	feucht	27,4	35	42,6	46,4	50,2	54	57,8
III	gesamt	170	170	170	170	170	170	170
	trocken	109,2	101	92,8	88,7	84,6	80,5	76,4
	feucht	60,8	69	77,2	81,3	85,4	89,5	93,6
IV	gesamt	210	210	210	210	210	210	210
	trocken	144,2	131	117,8	111,2	104,6	98	91,4
	feucht	65,8	79	92,2	98,8	105,4	112	118,6

Personenwasserdampfabgabe

Aktivitätsgrad	Anteil Wärmeabgabe	Raumlufttemperatur in °C						
		18	20	22	23	24	25	26
		Wärmeabgabe in W						
I	feucht (reine Wasserdampfabgabe)	11,2	22	32,8	38,2	43,6	49	54,4
II		43,2	54	64,8	70,2	75,6	81	86,4
III		86,4	98	109,6	115,4	121,2	127	132,8
IV		94,2	113	131,8	141,2	150,6	160	169,4

Aktivitätsgrade

Aktivitätsgrad	Definition, Gesamtwärmeabgabe je Person	
I	entspannt sitzend, je Person Gesamtwärmeabgabe	100 W
II	sitzende Tätigkeit (Büro, Schule, Labor) Gesamtwärmeabgabe	125 W
III	stehende, leichte Tätigkeit (Laden, Labor, Leichtindustrie) Gesamtwärmeabgabe	170 W
IV	stehende, mittelschwere Arbeit (Laborgehilfe, Maschinenarbeit) Gesamtwärmeabgabe	210 W

6

Anhaltswerte für den Wärmeeinfall und Wasserdampfabgabe durch technische Geräte

Anlage	Anschlusswert in W	Nutzungsdauer in min/h	Wasserdampfabgabe in g/h	Wärmeabgabe Fühlbar in W	Wärmeabgabe Gesamt in W
PC	100 ... 150	60	–	50	50
Bildschirm/Terminal	60 ... 90	60	–	60 ... 90	60 ... 90
Drucker	20 ... 30	15	–	5 ... 7,5	5 ... 7,5
Plotter	20 ... 60	15	–	5 ... 15	5 ... 15
Staubsauger	800 ... 1400	15	–	200 ... 350	200 ... 350
Waschmaschine	3000 ... 6000	60	2100 ... 4200	1450 ... 2900	3000 ... 6000
Kühlschrank	100 ... 200	60	–	100 ... 200	100 ... 200
Fernsehgerät	175 ... 300	60	–	175 ... 300	175 ... 300
Kaffeemaschine	500 ... 3000	30	100 ... 500	180 ... 1200	250 ... 1500
Toaster	500 ... 2000	30	70 ... 300	200 ... 800	250 ... 1000
Mikrowellengerät	1500	15	120	300	375
Sterilisierapparat	1000	30	500	175	500

Grundlagen der Kühllastberechnung nach VDI 2078:2015-06

Abschätzverfahren

Näherungsgleichung zur Abschätzung der maximalen Kühllast

$$\dot{Q}_{c,\,max} = \left[0{,}9 \cdot (\dot{Q}_{so,\,max} - \dot{Q}_{si,\,max}) \cdot \left[1 + 0{,}3 \cdot e^{\frac{-\tau}{120}}\right] - C_{w,\,H} \cdot \frac{A_H}{t_{cw,\,b}} \cdot (\Delta\vartheta - 2) + C_{w,\,H} \cdot \frac{A_H}{40} \cdot \left(\frac{12}{t_{c,\,op,\,d}} - 1\right)\right]$$

$\dot{Q}_{c,\,max}$	maximale Kühllast	W
$\dot{Q}_{so,\,max}$	Summe der Wärmequellen in der betrachteten Gebäudezone	W
$\dot{Q}_{si,\,max}$	Summe der Wärmesenken in der Gebäudezone	W
τ	Zeitkonstante der Gebäudezone (Tabelle Seite 310 ff.)	–
$C_{w,\,H}$	wirksame Wärmekapazität der Hüllfläche, nach Raumtyp (Tabelle Seite 310 ff.)	$Wh/(m^2 \cdot K)$
A_H	Hüllfläche = Raumumschließungsfläche	m^2
$\Delta\vartheta$	zugelassene Schwankung der Innentemperatur (3 ... 6 K)	K
$t_{cw,\,b}$	Bezugszeit (KLZ 1,2,3: 60 h, KLZ 4: 85 h) h	
$t_{c,\,op,\,d}$	tägliche Betriebsdauer der Anlage	h/d

$$\dot{Q}_{so,\,max} = \dot{Q}_{S,\,tr} + \dot{Q}_{S,\,op} + \dot{Q}_T + \dot{Q}_V + \dot{Q}_{I,\,so}$$

$\dot{Q}_{S,\,tr}$	Summe der solaren Wärmeeinträge durch transparente Bauteile	W
$\dot{Q}_{S,\,op}$	Summe der solaren Wärmeeinträge durch opake (intransparente) Bauteile	W
$\dot{Q}_T$	Wärmequellen aufgrund von Wärmeeintrag durch Transmission	W
$\dot{Q}_V$	Summe der Lüftungswärmequellen ohne mechanische Lüftung	W
$\dot{Q}_{I,\,so}$	Summe der internen Wärmequellen	W

$$\dot{Q}_{s,\,tr} = \sum (A \cdot F_F \cdot F_V \cdot g_{tot} \cdot I_{S,\,max})$$

A	Fläche des transparenten Bauteils	m^2
F_F	Anteil des Glases an der Fensterfläche (1-Rahmenanteil)	–
F_V	Verschmutzungsfaktor, in der Regel $F_V = 1{,}0$	–
g_{tot}	Gesamtenergiedurchlassgrad (Tabelle Seite 302 ff.)	–
$I_{S,\,max}$	maximale Einstrahlintensität am Auslegungstag (Tabelle Seite 315)	W/m^2

$$\dot{Q}_{s,\,op} = \sum \left[\frac{1}{\alpha_a} \cdot U \cdot A \left(a \cdot \frac{I_{S,\,max}}{3} - F_f \cdot h_r \cdot \Delta\vartheta_{ar}\right)\right]$$

α_a	Wärmeübergangskoeffizient außen (Tabelle Seite 315)	$W/(m^2 \cdot K)$
U	Wärmedurchgangskoeffizient des Bauteils (Tabelle Seite 310)	$W/(m^2 \cdot K)$
A	Fläche des Bauteils	m^2
a	Absorptionskoeffizient des Bauteils ($a = 0{,}6$)	–
F_f	Formfaktor, $F_f = 1$ für 0° – 45° Neigung, $F_f = 0{,}5$ ab 45° Neigung	–
h_r	äußerer Abstrahlungskoeffizient ($h_r = 4{,}5\ W/(m^2 \cdot K)$)	$W/(m^2 \cdot K)$
$\Delta\vartheta_{ar}$	Temperaturdifferenz Umgebungsluft und scheinbarer Himmelstemperatur ($\Delta\vartheta_{ar} = 10$ K)	K

Grundlagen der Kühllastberechnung nach VDI 2078:2015-06

Abschätzverfahren

Näherungsgleichung zur Abschätzung der maximalen Kühllast

$$\dot{Q}_T = \sum_{AW,\, i=1}^{n} (U_{AW} \cdot A_{AW} \cdot \Delta\vartheta_{AW}) + \sum_{NW,\, i=1}^{n} (U_{NR} \cdot A_{NR} \cdot \Delta\vartheta_{NR})$$

U_{AW}	Wärmedurchgangskoeffizient der Außenwand	$W/(m^2 \cdot K)$
A_{AW}	Fläche der Außenwand	m^2
$\Delta\vartheta_{AW}$	Temperaturdifferenz zwischen Tagesmitteltemperatur der Kühllastzone am Auslegungstag und maximal zulässiger Innentemperatur	K
U_{NR}	Wärmedurchgangskoeffizient der Nebenraumwand	$W/(m^2 \cdot K$
A_{NR}	Fläche der Nebenraumwand	m^2
$\Delta\vartheta_{NR}$	Temperaturdifferenz zwischen Nebenraumtemperatur und maximal zulässiger Innentemperatur	K

$$\dot{Q}_V = \dot{V} \cdot c_L \cdot \varrho_L \cdot (\varrho_{a,\, mikttel,\, CCD} - \varrho_{i,\, c,\, max})$$

$\dot{V}$	Volumenstrom der Luft		m^3/h
c_L	spezifische Wärmekapazität der Luft		$Wh/(kg \cdot K)$
ϱ_L	Dichte der Luft	$c_L \cdot \varrho_L \approx 0{,}33\ Wh/(m^3 \cdot K)$	kg/m^3
$\varrho_{a,\, mikttel,\, CCD}$	Tagesmittel der Außentemperatur am Auslegungstag		°C
$\varrho_{i,\, c,\, max}$	maximal zulässige Innentemperatur am Auslegungstag		°C

$$\dot{Q}_{I,so} = \frac{\sum_{h=1}^{24} \dot{Q}_{i,\, so,h}}{t_{c,\, op,\, d}}$$

$\boldsymbol{Q}_{i,\, so,\, h}$	Leistung der Wärmequelle zur Stunde h	W
$t_{c,\, op,\, d}$	tägliche Betriebsdauer der Raumkühlanlage	h

$$\dot{Q}_{si,\, max} = \dot{Q}_T + \dot{Q}_V + \dot{Q}_{I,\, si}$$

6

Die Berechnungsgleichungen für Wärmesenken sind die gleichen wie für Wärmequellen, die Temperaturdifferenzen ergeben jeweils einen Wärmestrom von innen nach außen.

Zur Ermittlung der benötigten Kühlleistung eines Raumklimagerätes gibt es verschiedene Möglichkeiten. Ein Abschätzverfahren und das EDV-Verfahren.

Die Berechnungsunterlagen berücksichtigen die klimatischen Gegebenheiten Mitteleuropas.

Grundlagen sind die

- Sonneneinstrahlung auf 50° geografischer Breite
- wahren Ortszeiten (= Sonnenzeiten, entspricht nicht der Mitteleuropäischen Sommerzeit MESZ)
- mittleren auftretenden Trübungen

- Das **Abschätzverfahren eignet sich zur Ermittlung einer ersten überschlägigen Kühllast.**
- Das **EDV-Verfahren** bietet bei schwankenden Randbedingungen (Raumlufttemperatur, Nutzung ...) und bei der Auslegung einer zonenweisen Kühlung genaue Ergebnisse, da alle relevanten Randbedingungen berücksichtigt werden.

Überschlägiges Verfahren zur Kühllastberechnung (in **Anlehnung an VDI 2078**:2015-06)

Lastart			Faktoren			Leistung in W
1. Fenster und verglaste Außentüren, der Sonne ausgesetzt	Ausrichtung	A_F in m²	F_F in %	in W/m²	g_{tot}	$= A_F \cdot F_F \cdot I_{S,max} \cdot g_{tot}$
	Nordost NO		533			=
	Ost O		739			=
	Südost SO		785			=
	Süd S		783			=
	Südwest SW		791			=
	West W		739			=
	Nordwest NW		533			=
	Nord N		164			=
	Dach		927			=
	Nur der **größte Wert in der rechten Spalte** wird berücksichtigt					=
2. Fenster und Türen	Flächen, die unter 1 gestrichen wurden	Fläche in m² $A = A_F \cdot \alpha$	Diffuse Strahlung in W/m²		g_{tot}	
		x	120			
		x	120			=
		x	120			=
3. Außenflächen der Sonne ausgesetzt		A in m²	U in W/m²K	$I_{S,max}$ in W/m² (aus Pkt.1)		$= A \cdot U \cdot (0{,}008 \cdot I_{S,max} - 1{,}8)$
	Wand (XL-S)		0,37			=
	Wand (XS)		1,654			=
	Dach		0,285	927		=
4. Außenflächen nicht der Sonne ausgesetzt		Fläche in m²	U in W/m²K	$\Delta\vartheta = (\vartheta_{a,mittel,CDD} - \vartheta_{i,c,max})$ in K		$= A \cdot U \cdot \Delta\vartheta$
	Außenwand	x	x			=
	Dach	x	x			=
	Fenster	x	x			=
5. Innenwände, Türen und Decken		Fläche in m²	U in W/m²K	$\Delta\vartheta = (\vartheta_{NR} - \vartheta_{i,c,max})$ in K		$= A \cdot U \cdot \Delta\vartheta$
	Innenwand	x	x			=
	Innenwand	x	x			=
	Türen	x	x			=
	Decke	x	x			=
	Fußboden	x	x			=
6. Personenwärme	latent, sensibel, Lüftung	Anzahl	125 W/Person	Faktor		
		x	x			=
7. Beleuchtung und Geräte		Leistung in W		Anzahl	Faktor	
	Beleuchtung		x	x		=
	Pc's / Monitore		x	x		=
	Terminals		x	x		=
	Drucker		x	x		=
	sonstige		x	x		=
	sonstige		x	x		=
8. Infiltration durch Fugen und Türen	Raumvolumen V in m³	Luftwechsel n in h⁻¹	Volumenstrom in m³/h $\dot V = V \cdot n$	Temperaturdifferenz $\Delta\vartheta$ $(\vartheta_{a,mittel,CDD} - \vartheta_{i,c,max})$		$= V \cdot 0{,}33 \cdot \Delta\vartheta$
	x		=			
9. Summe aller Einzelbestandteile					$\dot Q_{s,max}$	=

10. $\dot Q_{c,max} = \left[0{,}9 \cdot (\dot Q_{s,max}) \cdot \left[1 + 0{,}3 \cdot e^{\frac{-\tau}{120}}\right] - C_{w,H} \cdot \frac{A_H}{t_{cw,b}}\right]$, Zahlenwertgleichung

6

Überschlägiges Verfahren zur Kühllastberechnung, Beispiel

Hinweise: Die Berechnung dient einer überschlägigen Abschätzung.

Zu Punkt 1:
- A_F: Fläche der Fenster mit Rahmen
- F_F: Glasflächenanteil in % ($F_F = 1 - \alpha$)
- α: Prozentualer Anteil des Rahmens (Tabelle Seite 305 oder grob wie unten)
  - α = 5 % für großflächige Verglasungen
  - α = 15 % für Pfosten-Riegel-Konstruktionen, nicht unterteilte Fensterflächen
  - α = 30 % für mehrfach unterteilte Fensterflächen
- $I_{S,max}$: Maximale Strahlungsintensität der am Auslegungstag in W/m², (Tabelle Seite 315)
- g_{tot}: Gesamtenergiedurchlassgrad nach (Tabelle Seite 302 ff.)

Zu Punkt 2: Es handelt sich um Glasflächen, die indirekter (diffuser) Sonneneinstrahlung ausgesetzt sind.

Zu Punkt 3: Hier werden nur die Wände berücksichtig, die auch in Punkt 1 berücksichtigt wurden.

Zu Punkt 4: Es handelt sich um Außenwände, nicht der Sonne ausgesetzt, reiner Transmissionswärmestrom. *U*-Werte der Wände siehe Tabelle Seite 310, *U*-Werte der Fenster nach Herstellerangaben.
- $\vartheta_{a,mittel,CDD}$: Mittlere Außentemperatur am Auslegungstag;
- $\vartheta_{i,c,max}$: maximal zulässige Innentemperatur

Zu Punkt 5: ϑ_{NR}: Temperatur im betrachteten Nebenraum; $\vartheta_{i,c,max}$: maximal zulässige Innentemperatur

Zu Punkt 7: Leistung nach Tabelle Seite 296. Der Faktor berücksichtigt, zu welchem Anteil der Betriebsdauer der Anlage die Wärmequelle in Betrieb ist.

Zu Punkt 8: Es handelt sich um unerwünschten Außenluftvolumenstrom durch Fugen, Fenster, Öffnen der Türen. Die Luftwechselzahl kann meist mit $LW = 0{,}3 \ldots 0{,}6\ h^{-1}$ angenommen werden. Dieser Punkt ist nicht zu berücksichtigen, wenn die RLT-Anlage einen zuverlässigen Überdruck in dem betrachteten Gebäudeteil erzeugt.

Zu Punkt 10: Die Berechnung bezieht sich auf eine Betriebszeit von 12 h/d, eine zugelassene Temperaturschwankung von 3 K im Raum.

Raumtyp	Berechnungsgleichungen für Klimazone 1 – 3	Berechnungsgleichungen für Klimazone 4
XL	$\dot{Q}_{c,max} = 1{,}12 \cdot \dot{Q}_{s,max} \cdot 0{,}083 \cdot A_H$	$\dot{Q}_{c,max} = 1{,}12 \cdot \dot{Q}_{s,max} - 0{,}059 \cdot A_H$
L	$\dot{Q}_{c,max} = 1{,}05 \cdot \dot{Q}_{s,max} \cdot 0{,}25 \cdot A_H$	$\dot{Q}_{c,max} = 1{,}12 \cdot \dot{Q}_{s,max} - 0{,}176 \cdot A_H$
M	$\dot{Q}_{c,max} = 0{,}98 \cdot \dot{Q}_{s,max} \cdot 0{,}5 \cdot A_H$	$\dot{Q}_{c,max} = 1{,}12 \cdot \dot{Q}_{s,max} - 0{,}353 \cdot A_H$
S	$\dot{Q}_{c,max} = 0{,}92 \cdot \dot{Q}_{s,max} \cdot 1{,}0 \cdot A_H$	$\dot{Q}_{c,max} = 1{,}12 \cdot \dot{Q}_{s,max} - 0{,}706 \cdot A_H$
X	$\dot{Q}_{c,max} = 0{,}91 \cdot \dot{Q}_{s,max} \cdot 2{,}17 \cdot A_H$	$\dot{Q}_{c,max} = 1{,}12 \cdot \dot{Q}_{s,max} - 1{,}53 \cdot A_H$

Es handelt sich um **Zahlenwertgleichungen**, $\dot{Q}_{c,max}$ und $\dot{Q}_{s,max}$ in W; A_H in m² (Raumumschließungsfläche)

B Beispiel zur überschlägigen Ermittlung der Kühllast
Ein Büroraum entsprechend dem unten dargestellten Grundriss soll klimatisiert werden.

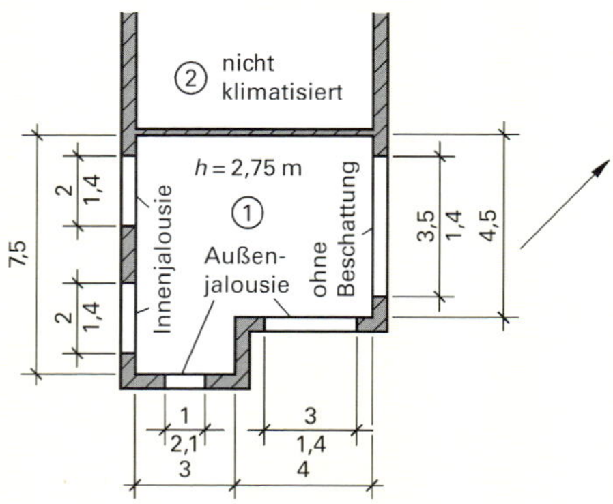

6

Überschlägiges Verfahren zur Kühllastberechnung, Beispiel (Fortsetzung)

Zusätzlich werden folgende Angaben gemacht:

1) Das Gebäude befindet sich in Dortmund und entspricht im Aufbau dem Raumtyp M.
2) Die Fenster auf der Südostseite und Südwestseite haben eine außenliegende Beschattung (Typ 2.1.3a). Auf der Nordostseite innenliegende Beschattung (Typ 2.3.3a). $\alpha = 0{,}15$, $U_F = 1{,}2$ W/(m² · K).
3) Oberhalb befindet sich ein Dachraum ($\vartheta_{DR} = 33$ °C), unterhalb ein Nebenraum ($\vartheta_{NR} = 28$ °C).
4) Raum 2 hat eine Temperatur von $\vartheta_{R2} = 27$ °C, die Innentür hat eine Fläche von 2,1 m² und $U_T = 8$ W/m².
5) Es befinden sich 12 Personen für je 8 h/d im Raum.
6) Es sind 25 Leuchten mit je 58 W ($t = 8$ h/d) angebracht.
7) Es gibt 12 Pc's mit je 150 W 8 h/d in Betrieb, 4 Drucker á 50 W, 2 h/d in Betrieb.
8) Der Luftwechsel durch Infiltration kann mit 0,3 h^{-1} angenommen werden.
9) Die Tabelle enthält jeweils nur relevante Zeilen.
10) $\dot{Q}_{CW,H}$ aus Tabelle Seite 310, $t_{cw,b} = 60$ h (KLZ1, 2, 3), $t_{cw,b} = 85$ h (KLZ4)

Lastart		Faktoren				Leistung in W
1. Fenster und verglaste Außentüren, der Sonne ausgesetzt	Ausrichtung	A_F in m²	F_F in %	$I_{S,max}$ in W/m²	g_{tot}	
	Nordost NO	4,9 x	0,85 x	533 x	0,5	= 1110
	Südost SO	6,3 x	0,85 x	785 x	0,2	= ~~841~~
	Südwest SW	5,6 x	0,85 x	791 x	0,2	= ~~753~~
	Nur der **größte Wert in der rechten Spalte** wird berücksichtigt					= 1110
2. Fenster und Türen	Flächen, die unter 1 gestrichen wurden	Fläche in m² $A = A_F \cdot \alpha$	Diffuse Strahlung in W/m²		g_{tot}	
		5,36 x	120		0,2	= 128,64
		4,76 x	120		0,2	=114,24
		x	120			=
3. Außenflächen der Sonne ausgesetzt		A in m²	U in W/m²K	$I_{S,max}$ in W/m² (aus Pkt.1)		
	Wand (XL-S)	15,725 x	0,37 x	(0,08 x 533 – 1,8)		= 17
	Wand (XS)		1,654 x	(0,08 x $I_{S,max}$ – 1)		=
	Dach		0,285 x	(0,08 x 927 – 1)		=
4. Außenflächen nicht der Sonne ausgesetzt		Fläche in m²	U in W/m²K	$\Delta\vartheta = (\vartheta_{a,mittel,CDD} - \vartheta_{i,c,max})$ in K		$= A \cdot U \cdot \Delta\vartheta$
	Außenwand	27,975 x	0,369 x	3		= 30,97
	Dach	x	x			=
	Fenster	11,9 x	1,2 x	3		= 42,84
5. Innenwände, Türen und Decken		Fläche in m²	U in W/m²K	$\Delta\vartheta = (\vartheta_{NR} - \vartheta_{i,c,max})$ in K		$= A \cdot U \cdot \Delta\vartheta$
	Innenwand	27,975 x	1,96 x			= 168,1
	Innenwand	x	x			=
	Türen	2,1 x	2,6 x			= 27,3
	Decke	40,5 x	0,782 x			= 348,4
	Fußboden	40,5 x	0,782 x			= 190
6. Personenwärme	latent, sensibel, Lüftung	Anzahl	125 W/Person	Faktor		
		12 x	125 x	0,667		= 1000
7. Beleuchtung und Geräte		Leistung in W		Anzahl	Faktor	
	Beleuchtung	58	x	25 x	0,667	= 967,2
	Pc's / Monitore	150	x	12 x	0,667	= 1200,6
	Terminals		x	x		=
	Drucker	50	x	4 x	0,167	= 33,4
	sonstige		x	x		=
	sonstige		x	x		=
8. Infiltration durch Fugen und Türen	Raumvolumen V in m³	Luftwechsel n in h⁻¹	Volumenstrom $\dot{V} = V \cdot n$ in m³/h	Temperaturdifferenz $\Delta\vartheta = \vartheta_{a,mittel,CDD} - \vartheta_{i,c,max}$		$= V \cdot 0{,}33 \cdot \Delta\vartheta$
	111,37 x	0,3	= 33,41	3		= 33,1
9. Summe aller Einzelbestandteile					$\dot{Q}_{s,max}$	= 5382
10. $\dot{Q}_{c,max} = \left[0{,}9 \cdot (5382) \cdot \left[1 + 0{,}3 \cdot e^{\frac{-141{,}2}{120}}\right] - 30 \cdot \frac{120{,}875}{60}\right]$						= 5231

Kennwerte transparenter Fassaden VDI 2078:2015-06

Aufbau der Ziffernkombinationen in Spalte 1 der unten stehenden Tabellen (Fenster)

Ziffer 1		Ziffer 2		Ziffer 3		Buchstabe	
	Verglasungsart		**Sonnenschutz Lage**		**Sonnenschutz Art**		**Durchlüftung**
1	1-fach Verglasung	1	Außen durchlüftet	1	Raffstore (45°)	a	Durchlüftet
2	2-fach Isolierverglasung	2	Zwischen den Schichten durchlüftet	2	Lamellenraffstore, verschmutzt	b	Nicht durchlüftet
3	2-fach Wärmeschutzverglasung	3	Innen durchlüftet	3	Screen hell		
4	2-fach neutrale Sonnenschutzverglasung			4	Screen dunkel		
5	2-fach silberne Sonnenschutzverglasung						
6	3-fach Wärmeschutzverglasung						

Transmission des Sonnenschutzes	T_L
Lamellenraffstore (45°)	0,00
Lamellenraffstore verschmutzt	0,00
Screen (hell)	0,20
Screen (dunkel)	0,10

Tabellen-Kennwerte

g	Gesamtenergiedurchlassgrad Verglasung
T_L	Licht-Transmission Verglasung
a_{kon}	konvektiver Anteil Verglasung
g_{tot}	Gesamtenergiedurchlassgrad
$g_{tot,dir}$	Gesamtenergiedurchlassgrad direkte Strahlung
$g_{tot,diff}$	Gesamtenergiedurchlassgrad diffuse Strahlung
$T_{l,tot,dir}$	Licht-Transmission direkte Strahlung
$T_{L,tot,diff}$	Licht-Transmission diffuse Strahlung
$a_{tot,kon}$	Konvektiver Anteil

Kennwerte Verglasung

(Ziffer laut Tabelle oben)

Nr.	g	T_L	a_{kon}
1	0,90	0,85	0,02
2	0,76	0,73	0,03
3	0,64	0,72	0,07
4	0,40	0,66	0,05
5	0,31	0,42	0,05
6	0,46	0,59	0,09

Alle Kennwerte einheitenlos

Standardwerte für Sonnenschutzsysteme mit Einfachverglasung

1	Einfachverglasung	g_{tot}	$g_{tot,dir}$	$g_{tot,diff}$	$T_{L,tot,dir}$	$T_{L,tot,diff}$	$a_{tot,kon}$
1.1.1	Sonnenschutz (1), außen	0,21	0,14	0,43	0,09	0,37	0,10
1.1.2	Sonnenschutz (2), außen	0,19	0,12	0,41	0,03	0,32	0,17
1.1.3 a	Sonnenschutz (3) außen durchlüftet	0,23	0,23	0,23	0,18	0,18	0,09
1.1.3 b	Sonnenschutz (3) außen, nicht durchlüftet	0,25	0,25	0,25	0,18	0,18	0,12
1.1.4 a	Sonnenschutz (4) außen durchlüftet	0,17	0,17	0,17	0,09	0,09	0,19
1.1.4 b	Sonnenschutz (4) außen, nicht durchlüftet	0,21	0,21	0,21	0,09	0,09	0,22
1.3.1	Sonnenschutz (1), innen	0,53	0,45	0,45	0,09	0,37	0,43
1.3.2	Sonnenschutz (2), innen	0,66	0,59	0,59	0,03	0,32	0,50
1.3.3 a	Sonnenschutz (3), innen, durchlüftet	0,50	0,50	0,50	0,18	0,18	0,40
1.3.4 a	Sonnenschutz (4), innen, durchlüftet	0,61	0,61	0,61	0,09	0,09	0,52

Standardwerte für Sonnenschutzsysteme mit 2-fach Isolierverglasung

2	2-fach Isolierverglasung	g_{tot}	$g_{tot,dir}$	$g_{tot,diff}$	$T_{L,tot,dir}$	$T_{L,tot,diff}$	$a_{tot,kon}$
2.1.1	Sonnenschutz (1), außen	0,18	0,11	0,37	0,07	0,33	0,08
2.1.2	Sonnenschutz (2), außen	0,14	0,08	0,33	0,03	0,28	0,14
2.1.3 a	Sonnenschutz (3) außen durchlüftet	0,20	0,20	0,20	0,15	0,15	0,08
2.1.3 b	Sonnenschutz (3) außen, nicht durchlüftet	0,22	0,22	0,22	0,15	0,15	0,11
2.1.4 a	Sonnenschutz (4) außen durchlüftet	0,13	0,13	0,13	0,07	0,07	0,16
2.1.4 b	Sonnenschutz (4) außen, nicht durchlüftet	0,16	0,16	0,16	0,07	0,07	0,20
2.2.1	Sonnenschutz (1) zwischen den Scheiben	0,34	0,28	0,53	0,08	0,32	0,23
2.3.1	Sonnenschutz (1) innen	0,53	0,47	0,72	0,08	0,32	0,48
2.3.2	Sonnenschutz (2) innen	0,66	0,59	0,85	0,03	0,28	0,54
2.3.3 a	Sonnenschutz (3) innen durchlüftet	0,50	0,50	0,50	0,15	0,15	0,45
2.3.3b	Sonnenschutz (3) innen nicht durchlüftet	0,47	0,47	0,47	0,15	0,15	0,32
2.3.4 a	Sonnenschutz (4) innen durchlüftet	0,61	0,61	0,61	0,07	0,07	0,56
2.3.4 b	Sonnenschutz (4) innen nicht durchlüftet	0,56	0,56	0,56	0,07	0,07	0,41

Kennwerte transparenter Fassaden VDI 2078:2015-06 (Fortsetzung)

Standardwerte für Sonnenschutzsysteme mit 2-fach Wärmeschutzverglasung

3	2-fach Wärmeschutzverglasung	g_{tot}	$g_{tot,dir}$	$g_{tot,diff}$	$T_{L,tot,dir}$	$T_{L,tot,diff}$	$a_{tot,kon}$
3.1.1	Sonnenschutz (1) außen	0,13	0,08	0,27	0,07	0,32	0,08
3.1.2	Sonnenschutz (2) außen	0,09	0,05	0,23	0,03	0,27	0,12
3.1.3a	Sonnenschutz (3) außen durchlüftet	0,16	0,16	0,16	0,15	0,15	0,10
3.1.3b	Sonnenschutz (3) außen, nicht durchlüftet	0,17	0,17	0,17	0,15	0,15	0,12
3.1.4a	Sonnenschutz (4) außen durchlüftet	0,09	0,09	0,09	0,07	0,07	0,15
3.1.4b	Sonnenschutz (4) außen, nicht durchlüftet	0,11	0,11	0,11	0,07	0,07	0,19
3.2.1	Sonnenschutz (1) zwischen den Scheiben	0,22	0,18	0,36	0,07	0,32	0,21
3.2.3	Sonnenschutz (3) zwischen den Scheiben	0,24	0,24	0,24	0,15	0,15	0,20
3.2.4	Sonnenschutz (4) zwischen den Scheiben	0,23	0,23	0,23	0,07	0,07	0,29
3.3.1	Sonnenschutz (1) innen	0,51	0,46	0,64	0,07	0,32	0,56
3.3.2	Sonnenschutz (2) innen	0,59	0,54	0,72	0,03	0,27	0,59
3.3.3a	Sonnenschutz (3) innen durchlüftet	0,48	0,48	0,48	0,15	0,15	0,53
3.3.3b	Sonnenschutz (3) innen nicht durchlüftet	0,45	0,45	0,45	0,15	0,15	0,38
3.3.4a	Sonnenschutz (4) innen durchlüftet	0,55	0,55	0,55	0,07	0,07	0,61
3.3.4b	Sonnenschutz (4) innen, nicht durchlüftet	0,52	0,52	0,52	0,07	0,07	0,44

Standardwerte für Sonnenschutzsysteme mit 2-fach Sonnenschutzverglasung

4	2-fach Sonnenschutzverglasung	g_{tot}	$g_{tot,dir}$	$g_{tot,diff}$	$T_{L,tot,dir}$	$T_{L,tot,diff}$	$a_{tot,kon}$
4.1.1 a	Sonnenschutz (1) außen	0,09	0,06	0,18	0,07	0,29	0,10
4.1.2 a	Sonnenschutz (2) außen	0,07	0,04	0,16	0,02	0,25	0,15
4.1.3 a	Sonnenschutz (3) außen durchlüftet	0,10	0,10	0,10	0,14	0,14	0,11
4.1.3 b	Sonnenschutz (3) außen, nicht durchlüftet	0,12	0,12	0,12	0,14	0,14	0,15
4.1.4 a	Sonnenschutz (4) außen durchlüftet	0,07	0,07	0,07	0,07	0,07	0,18
4.1.4 b	Sonnenschutz (4) außen, nicht durchlüftet	0,09	0,09	0,09	0,07	0,07	0,23
4.2.1	Sonnenschutz (1) zwischen den Scheiben	0,23	0,20	0,32	0,07	0,29	0,27
4.2.3	Sonnenschutz (3) zwischen den Scheiben	0,23	0,23	0,23	0,14	0,14	0,26
4.2.4	Sonnenschutz (4) zwischen den Scheiben	0,27	0,27	0,27	0,07	0,07	0,33
4.3.1 a	Sonnenschutz (1) innen	0,30	0,27	0,38	0,07	0,29	0,53
4.3.2 a	Sonnenschutz (2) innen	0,36	0,33	0,45	0,02	0,25	0,57
4.3.3 a	Sonnenschutz (3) innen durchlüftet	0,28	0,28	0,28	0,14	0,14	0,50
4.3.3 b	Sonnenschutz (3) innen nicht durchlüftet	0,27	0,27	0,27	0,14	0,14	0,36
4.3.4 a	Sonnenschutz (4) innen durchlüftet	0,33	0,33	0,33	0,07	0,07	0,59
4.3.4 b	Sonnenschutz (4) innen, nicht durchlüftet	0,32	0,32	0,32	0,07	0,07	0,43

Standardwerte für Sonnenschutzsysteme mit 2-fach Sonnenschutzverglasung, verspiegelt

5	2-fach Sonnenschutzverglasung, verspiegelt	g_{tot}	$g_{tot,dir}$	$g_{tot,diff}$	$T_{L,tot,dir}$	$T_{L,tot,diff}$	$a_{tot,kon}$
5.1.1	Sonnenschutz (1) außen	0,08	0,05	0,15	0,05	0,20	0,11
5.1.2	Sonnenschutz (2) außen	0,06	0,04	0,13	0,02	0,16	0,17
5.1.3 a	Sonnenschutz (3) außen durchlüftet	0,09	0,090	0,09	0,10	0,10	0,12
5.1.3 b	Sonnenschutz (3) außen, nicht durchlüftet	0,11	0,11	0,11	0,10	0,10	0,15
5.1.4 a	Sonnenschutz (4) außen durchlüftet	0,06	0,06	0,06	0,05	0,05	0,19
5.1.4 b	Sonnenschutz (4) außen, nicht durchlüftet	0,08	0,08	0,08	0,05	0,05	0,24
5.2.1	Sonnenschutz (1) zwischen den Scheiben	0,20	0,18	0,27	0,05	0,20	0,27
5.2.3	Sonnenschutz (3) zwischen den Scheiben	0,19	0,19	0,19	0,10	0,10	0,25
5.2.4	Sonnenschutz (4) zwischen den Scheiben	0,21	0,21	0,21	0,04	0,04	0,33
5.3.1	Sonnenschutz (1) innen	0,25	0,23	0,32	0,05	0,20	0,53
5.3.2	Sonnenschutz (2) innen	0,29	0,27	0,36	0,02	0,16	0,57
5.3.3 a	Sonnenschutz (3) innen durchlüftet	0,24	0,24	0,24	0,10	0,10	0,50
5.3.3 b	Sonnenschutz (3) innen nicht durchlüftet	0,23	0,23	0,23	0,10	0,10	0,36
5.3.4 a	Sonnenschutz (4) innen durchlüftet	0,27	0,27	0,27	0,05	0,05	0,59
5.3.4 b	Sonnenschutz (4) innen, nicht durchlüftet	0,25	0,25	0,25	0,05	0,05	0,43

Kennwerte transparenter Fassaden VDI 2078:2015-06 (Fortsetzung)

Standardwerte für Sonnenschutzsysteme mit 3-fach Wärmeschutzverglasung

6	3-fach Wärmeschutzverglasung	g_{tot}	$g_{tot,dir}$	$g_{tot,diff}$	$T_{L,tot,dir}$	$T_{L,tot,diff}$	$a_{tot,kon}$
6.1.1	Sonnenschutz (1) außen	0,09	0,06	0,19	0,06	0,27	0,09
6.1.2	Sonnenschutz (2) außen	0,06	0,03	0,16	0,02	0,23	0,10
6.1.3 a	Sonnenschutz (3) außen durchlüftet	0,11	0,11	0,11	0,12	0,12	0,11
6.1.3 b	Sonnenschutz (3) außen, nicht durchlüftet	0,12	0,12	0,12	0,12	0,12	0,13
6.1.4 a	Sonnenschutz (4) außen durchlüftet	0,06	0,06	0,06	0,06	0,06	0,15
6.1.4 b	Sonnenschutz (4) außen, nicht durchlüftet	0,07	0,07	0,07	0,06	0,06	0,25
6.2.1	Sonnenschutz (1) zwischen den Scheiben	0,23	0,20	0,33	0,06	0,27	0,26
6.2.3	Sonnenschutz (3) zwischen den Scheiben	0,24	0,24	0,24	0,13	0,13	0,25
6.2.4	Sonnenschutz (4) zwischen den Scheiben	0,26	0,26	0,26	0,06	0,06	0,33
6.3.1	Sonnenschutz (1) innen	0,40	0,37	0,49	0,06	0,26	0,58
6.3.2	Sonnenschutz (2) innen	0,45	0,42	0,55	0,02	0,23	0,60
6.3.3 a	Sonnenschutz (3) innen durchlüftet	0,38	0,38	0,38	0,12	0,12	0,56
6.3.3 b	Sonnenschutz (3) innen nicht durchlüftet	0,37	0,37	0,37	0,12	0,12	0,40
6.3.4 a	Sonnenschutz (4) innen durchlüftet	0,43	0,43	0,43	0,06	0,06	0,62
6.3.4 b	Sonnenschutz (4) innen, nicht durchlüftet	0,41	0,41	0,41	0,06	0,06	0,45

Aufbau der Ziffernkombinationen in Spalte 1 der unten stehenden Tabellen (Fenster)

Ziffer 1		Ziffer 2		Ziffer 3	
	Fassadenaufbau		**Belüftung**		**Sonnenschutz Art**
7	Außen ESG (Einscheiben-Sicherheitsglas), innen 2-fach Wärmeschutzverglasung	1	belüftet	1	Lammellenraffstore (45°)
8	Außen ESG, innen2-fach Sonnenschutzverglasung	2	unbelüftet	2	Lamellenraffstore, verschmutzt
9	Außen ESG, innen 3-fach Wärmeschutzverglasung			3	Screen hell
				4	Screen dunkel

Transmission des Sonnenschutzes

Sonnenschutz Art	TL	Sonnenschutz Art	TL
Lamellenraffstore (45°)	0,00	Screen (hell)	0,20
Lamellenraffstore verschmutzt	0,00	Screen (dunkel)	0,10

Tabellen-Kennwerte

g	Gesamtenergiedurchlassgrad Verglasung
T_L	Licht-Transmission Verglasung
a_{kon}	konvektiver Anteil Verglasung
g_{tot}	Gesamtenergiedurchlassgrad
$g_{tot,dir}$	Gesamtenergiedurchlassgrad direkte Strahlung
$g_{tot,diff}$	Gesamtenergiedurchlassgrad diffuse Strahlung
$T_{l,tot,dir}$	Licht-Transmission direkte Strahlung
$T_{L,tot,diff}$	Licht-Transmission diffuse Strahlung
$a_{tot,kon}$	Konvektiver Anteil

Kennwerte Fassade

(Ziffernkombination laut Tabelle oben)

Nr.	g	T_L	a_{kon}
7.1	0,56	0,62	0,07
7.2	0,57	0,62	0,08
8.1	0,36	0,57	0,07
8.2	0,40	0,57	0,10
9.1	0,42	0,51	0,09
9.2	0,44	0,51	0,11

Alle Kennwerte einheitenlos

6

Anhaltswerte für zweischalige Fassaden, außen ESG, innen 2-fach Wärmeschutzverglasung

7.1	Durchlüftet	g_{tot}	$g_{tot,dir}$	$g_{tot,diff}$	$T_{L,tot,dir}$	$T_{L,tot,diff}$	$a_{tot,kon}$
7.1.1	Sonnenschutz (1) im Luftzwischenraum	0,12	0,08	0,24	0,06	0,28	0,09
7.1.2	Sonnenschutz (2) im Luftzwischenraum	0,09	0,05	0,20	0,02	0,23	0,13
7.1.3	Sonnenschutz (3) im Luftzwischenraum	0,14	0,14	0,14	0,13	0,13	0,11
7.1.4	Sonnenschutz (4) im Luftzwischenraum	0,08	0,08	0,08	0,06	0,08	0,17
7.2	**Nicht durchlüftet bzw. Verbundfenster**	g_{tot}	$g_{tot,dir}$	$g_{tot,diff}$	$T_{L,tot,dir}$	$T_{L,tot,diff}$	$a_{tot,kon}$
7.2.1	Sonnenschutz (1) im Luftzwischenraum	0,20	0,16	0,32	0,06	0,28	0,21
7.2.2	Sonnenschutz (2) im Luftzwischenraum	0,20	0,16	0,32	0,02	0,23	0,28
7.2.3	Sonnenschutz (3) im Luftzwischenraum	0,22	0,22	0,22	0,13	0,13	0,20
7.2.4	Sonnenschutz (4) im Luftzwischenraum	0,20	0,20	0,20	0,06	0,06	0,29

Kennwerte transparenter Fassaden VDI 2078:2015-06 (Fortsetzung)

Anhaltswerte für zweischalige Fassaden, außen ESG, innen 2-fach Sonnenschutzverglasung

8.1	Durchlüftet	g_{tot}	$g_{tot,dir}$	$g_{tot,diff}$	$T_{L,tot,dir}$	$T_{L,tot,diff}$	$a_{tot,kon}$
8.1.1	Sonnenschutz (1) im Luftzwischenraum	0,08	0,05	0,16	0,06	0,25	0,11
8.1.2	Sonnenschutz (2) im Luftzwischenraum	0,06	0,04	0,14	0,02	0,22	0,17
8.1.3	Sonnenschutz (3) im Luftzwischenraum	0,09	0,09	0,09	0,12	0,12	0,12
8.1.4	Sonnenschutz (4) im Luftzwischenraum	0,06	0,06	0,06	0,06	0,06	0,19

Zweischalige Fassaden bzw. Verbundfensterkonstruktion, außen ESG, innen 3-fach Wärmeschutzverglasung

8.2	Nicht durchlüftet bzw. Verbundfenster	g_{tot}	$g_{tot,dir}$	$g_{tot,diff}$	$T_{L,tot,dir}$	$T_{L,tot,diff}$	$a_{tot,kon}$
8.2.1	Sonnenschutz (1) im Luftzwischenraum	0,17	0,14	0,24	0,06	0,25	0,25
8.2.2	Sonnenschutz (2) im Luftzwischenraum	0,18	0,16	0,26	0,02	0,22	0,31
8.2.3	Sonnenschutz (3) im Luftzwischenraum	0,18	0,18	0,18	0,12	0,12	0,25
8.2.4	Sonnenschutz (4) im Luftzwischenraum	0,18	0,18	0,18	0,06	0,06	0,32

Anhaltswerte für zweischalige Fassaden, außen ESG, innen 3-fach Wärmeschutzverglasung

9.1	Durchlüftet	g_{tot}	$g_{tot,dir}$	$g_{tot,diff}$	$T_{L,tot,dir}$	$T_{L,tot,diff}$	$a_{tot,kon}$
9.1.1	Sonnenschutz (1) im Luftzwischenraum	0,08	0,05	0,17	0,05	0,23	0,09
9.1.2	Sonnenschutz (2) im Luftzwischenraum	0,06	0,03	0,14	0,02	0,19	0,12
9.1.3	Sonnenschutz (3) im Luftzwischenraum	0,10	0,10	0,11	0,11	0,12	0,12
9.1.4	Sonnenschutz (4) im Luftzwischenraum	0,06	0,06	0,06	0,05	0,05	0,16

Zweischalige Fassaden bzw. Verbundfensterkonstruktion, außen ESG, innen 2-fach Sonnenschutzverglasung

9.2	Nicht durchlüftet bzw. Verbundfenster	g_{tot}	$g_{tot,dir}$	$g_{tot,diff}$	$T_{L,tot,dir}$	$T_{L,tot,diff}$	$a_{tot,kon}$
9.2.1	Sonnenschutz (1) im Luftzwischenraum	0,13	0,11	0,22	0,05	0,23	0,20
9.2.2	Sonnenschutz (2) im Luftzwischenraum	0,13	0,10	0,21	0,02	0,19	0,26
9.2.3	Sonnenschutz (3) im Luftzwischenraum	0,15	0,15	0,15	0,11	0,11	0,20
9.2.4	Sonnenschutz (4) im Luftzwischenraum	0,13	0,13	0,13	0,05	0,05	0,28

Korrekturwert Δg_v zum Gesamtenergieeintrag bei abweichendem Aufbau, Anhaltswerte

Sonnenschutz	Abstand zur Scheibe	Faktor Δg_v	Sonnenschutz	Abstand zur Scheibe	Faktor Δg_v
Außenjalousie	≤ 0,15 m	0,2	Screen	≤ 0,15 m	0,35
Außenjalousie	> 0,15 m ≤ 0,4	0,1	Screen	> 0,15 m ≤ 0,4	0,17
Außenjalousie	> 0,4 m	0	Screen	> 0,4 m	0

Belastungsfaktoren für Leuchtstofflampen in Deckensystemen

Luftdurchsatz bezogen auf Leuchtenanschlussleistung in m³/(h · W)	0,20	0,30	0,50	1,0
B_L für Absaugung über Deckenhohlraum	0,80	0,7	0,55	0,45
B_L für Absaugung durch nicht gedämmte Luftleitungen	0,45	0,40	0,35	0,30
B_L für Absaugung durch gedämmte Luftleitungen	0,40	0,35	0,30	0,25

Überschlagswerte g_v für den Glasanteil bei verschiedenen Fensterkonstruktionen (VDI 2078)

Fensterbauart	Innere Laibung der Maueröffnung in m²									
	0,5	1,0	1,5	2,0	2,5	3	4	5	6	8
Holzfenster, einfach oder doppelt verglast, Verbundfenster	0,47	0,58	0,63	0,67	0,69	0,71	0,72	0,73	0,74	0,75
Holzdoppelfenster	0,36	0,48	0,55	0,60	0,62	0,65	0,68	0,69	0,70	0,71
Stahlfenster	0,56	0,77	0,83	0,86	0,87	0,88	0,90	0,90	0,90	0,90
Schaufenster, Oberlichte	0,90									
Balkontür mit Glasfüllung	0,90									
Abschläge: für Fenster mit Kämpfer oder senkrechtem Mittelstück: –0,05; Fenster mit Sprossen: –0,03										

Volumenstrom durch geöffnete Fenster (VDI 2078:2015-06)

Näherungsgleichung für den Luftaustausch über Fenster-Volumenstrom zur nächtlichen Zusatzkühlung

$$\dot{V} = 3600 \cdot A_{wirk} \sqrt{\frac{g \cdot H_{wirk} \cdot \Delta\vartheta}{2 \cdot T_1}}$$

$\dot{V}$	stündlicher Volumenstrom	m^3/h
A_{wirk}	wirksame Öffnungsfläche	m^2
H_{wirk}	wirksame Höhe	m
g	Fallbeschleunigung ($g = 9{,}81\ m/s^2$)	m/s^2
$\Delta\vartheta$	Temperaturdifferenz zwischen ein- und ausströmender Luft	K
T_1	absolute Temperatur der einströmenden Luft	K

Unterschieden werden 4 verschiedene Fälle

a) Einzeln vollständig geöffnetes Fenster

b) Zwei vollständig geöffnete Fenster übereinander (1 Fenster Einströmung, 1 Fenster Ausströmung)

c) Einzeln gekipptes Fenster (max. 15°)

d) Zwei gekippte Fenster (max. 15°) übereinander (1 Fenster Einströmung, 1 Fenster Ausströmung)

Berechnung der Kennwerte A_{wirk} und H_{wirk} für die 4 oben genannten Fälle a bis d

a)

$$A_{wirk} = \frac{B_{Li} \cdot H_{Li}}{3}$$

$$H_{wirk} = \frac{2 \cdot H_{Li}}{3}$$

A_{wirk}	wirksame Öffnungsfläche	m^2
H_{wirk}	wirksame Höhe für den thermischen Auftrieb	m
B_{Li}	Lichte Breite des Fensterrahmens	m
H_{Li}	Lichte Höhe des Fensterrahmens	m
H_o	Höhe Fensterband oben (Unterkante)	m
H_u	Höhe Fensterband unten (Unterkante)	m

b)

$$A_{wirk} = B_{Li} \cdot H_{Li}$$

$$H_{wirk} = H_o - H_u$$

c)

$$A_{wirk} = \left[\frac{(B_{Li} + H_{Li} - H_{\varphi}) \cdot \alpha_{Fl\text{-}Ra}}{3}\right] \cdot k_{Laib}$$

$$H_{wirk} = (H_{Li} - H_{\varphi}) \cdot \frac{2}{3}$$

Geometrische Verhältnisse des Fensters

Zur Berechnung der Größen laut c) und d)

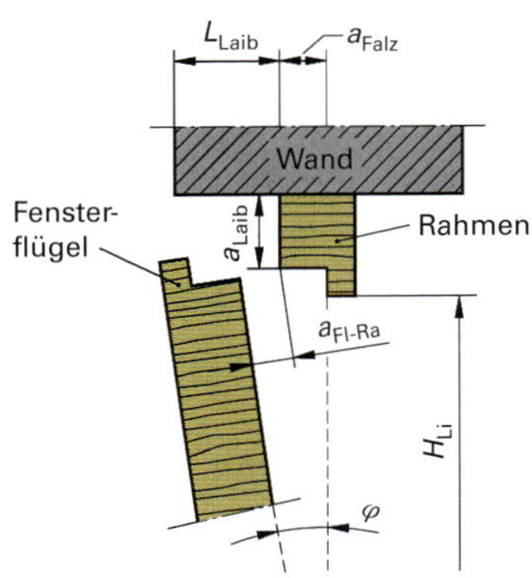

d)

$$A_{wirk} = (B_{Li} + H_{Li} - H_{\varphi}) \cdot \alpha_{Fl\text{-}Ra} \cdot k_{Laib}$$

$$H_{wirk} = H_o - H_u$$

a_{Laib}	Abstand Fensterlaibung/Fensterrahmen	m
L_{Laib}	Tiefe der Laibung des Fensters	m
α_{Falz}	Tiefe des Falzes	m
φ	Öffnungswinkel	°
H_{φ}	Höhe der Überlappung Fensterrahmen/-flügel	m
$\alpha_{Fl\text{-}Ra}$	Abstand Fensterflügel/ -rahmen	m
k_{Laib}	Korrektur für die Fensterlaibung	–

$$H_{\varphi} \approx \frac{\alpha_{Falz}}{\sin\varphi}$$

$$\alpha_{Fl\text{-}Ra} \approx H_{Li} \cdot \sin\varphi - \alpha_{Falz}$$

$$\varphi \approx \arcsin\left[\frac{(\alpha_{Fi\text{-}Ra} + \alpha_{Falz})}{H_{Li}}\right]$$

$$k_{Laib} = 1 - 0{,}6 \cdot \left(1 - \frac{\alpha_{Laib}}{\alpha_{Fl\text{-}Ra}}\right)$$

Volumenstrom durch geöffnete Fenster (VDI 2078:2015-06) (Fortsetzung)

Fenstergeometrie (Auswahl)

	Fenster Doppelflügel	Fenster	Terrassentür	Fenster	Fenster-Doppelflügel	Fenster	Fenster	Terrassentür	Fenster-Doppelflügel	Fenster
Maße in m	**1,4 × 1,4**	**1,4 × 1,4**	**1,0 × 2,0**	**1,0 × 1,6**	**1,4 × 1,6**	**1,4 × 1,6**	**0,6 × 1,4**	**0,8 × 2,0**	**0,8 × 1,3**	**0,8 × 1,3**
Alle Werte in m										
B_{Li}	0,63	1,25	1,05	1,05	0,63	1,25	0,57	0,73	0,4	0,82
H_{Li}	1,29	1,29	1,95	1,59	1,59	1,59	1,37	1,89	1,23	1,23
α_{Laib}	0,04	0,04	0,04	0,04	0,04	0,04	0,045	0,045	0,045	0,045
L_{Laib}	0,17	0,17	0,17	0,17	0,17	0,17	0,19	0,19	0,19	0,19
α_{Falz}	0,06	0,06	0,06	0,06	0,06	0,06	0,06	0,06	0,06	0,06
$\alpha_{Fl\text{-}Ra}$	0,1	0,1	0,1	0,1	0,1	0,1	0,1	0,1	0,1	0,1
H_{φ}	0,49	0,49	0,82	0,67	0,72	0,72	0,56	0,71	0,52	0,52
Winkel in °										
φ	7	7	4,2	5,1	4,8	4,8	6,15	4,87	6,6	6,6

Kennwerte A_{Wirk} in m² und H_{Wirk} in m für die Fälle a bis d

a) Einzeln vollständig geöffnetes Fenster	**b)** Zwei vollständig geöffnete Fenster übereinander (1 Fenster Einströmung, 1 Fenster Ausströmung)
c) Einzeln gekipptes Fenster (max. 15°)	**d)** Zwei gekippte Fenster (max. 15°) übereinander (1 Fenster Einströmung, 1 Fenster Ausströmung)

	Fenster Doppelflügel	Fenster	Terrassentür	Fenster	Fenster-Doppelflügel	Fenster	Fenster	Terrassentür	Fenster-Doppelflügel	Fenster
Maße in m	**1,4 × 1,4**	**1,4 × 1,4**	**1,0 × 2,0**	**1,0 × 1,6**	**1,4 × 1,6**	**1,4 × 1,6**	**0,6 × 1,4**	**0,8 × 2,0**	**0,8 × 1,3**	**0,8 × 1,3**
a) A_{Wirk}	0,27	0,54	0,68	0,56	0,33	0,66	0,26	0,46	0,16	0,34
H_{Wirk}	0,86	0,86	1,30	1,06	1,06	1,06	0,91	1,26	0,82	0,82
b) A_{Wirk}	0,81	1,61	2,05	1,67	1,00	1,99	0,78	1,38	0,49	1,01
H_{Wirk}	1,4	1,4	2,1	1,7	1,7	2,7	3,7	4,7	5,7	6,7
c) A_{Wirk}	0,03	0,04	0,05	0,04	0,03	0,05	0,03	0,04	0,02	0,03
H_{Wirk}	0,53	0,53	0,75	0,61	0,58	0,58	0,54	0,79	0,47	0,47
d) A_{Wirk}	0,09	0,13	0,14	0,13	0,10	0,14	0,09	0,13	0,07	0,10
H_{Wirk}	1,40	1,40	2,10	1,70	1,70	2,70	3,70	4,70	5,70	6,70

Volumenstrom durch Fenster bei Temperaturdifferenzen zwischen 1 und 15 K für die Fälle a bis d

(siehe oben)

	Fenster Doppelflügel	Fenster	Terrassentür	Fenster	Fenster-Doppelflügel	Fenster	Fenster	Terrassentür	Fenster-Doppelflügel	Fenster
Maße in m	**1,4 × 1,4**	**1,4 × 1,4**	**1,0 × 2,0**	**1,0 × 1,6**	**1,4 × 1,6**	**1,4 × 1,6**	**0,6 × 1,4**	**0,8 × 2,0**	**0,8 × 1,3**	**0,8 × 1,3**
$\Delta\vartheta$ in K	**Volumenstrom $\dot{V}$ in m³/h**									
a) 15	457	906	1414	1041	625	1239	452	938	270	553
14	441	875	1366	1006	604	1197	437	906	261	534
13	425	843	1316	969	582	1154	421	873	251	515
12	408	810	1265	931	559	1109	404	839	241	495
11	391	776	1211	892	535	1061	387	803	231	474
10	373	740	1155	850	510	1012	369	766	220	452
9	354	702	1095	806	484	960	350	727	209	429
8	333	662	1033	760	456	905	330	685	197	404
7	312	619	966	711	427	847	309	641	184	378
6	289	573	894	658	395	784	286	593	171	350
4	236	468	730	538	323	640	233	484	139	286
2	167	331	516	380	228	453	165	343	99	202

Volumenstrom durch geöffnete Fenster (VDI 2078:2015-06) (Fortsetzung)										
Volumenstrom durch Fenster bei Temperaturdifferenzen zwischen 1 und 15 K für die Fälle a bis d										
a) Einzeln vollständig geöffnetes Fenster					**b)** Zwei vollständig geöffnete Fenster übereinander (1 Fenster Einströmung, 1 Fenster Ausströmung)					
c) Einzeln gekipptes Fenster (max. 15°)					**d)** Zwei gekippte Fenster (max. 15°) übereinander (1 Fenster Einströmung, 1 Fenster Ausströmung)					
	Fenster Doppelflügel	**Fenster**	**Terrassentür**	**Fenster**	**Fenster-Doppelflügel**	**Fenster**	**Fenster**	**Terrassentür**	**Fenster-Doppelflügel**	**Fenster**
Maße in m	**1,4 × 1,4**	**1,4 × 1,4**	**1,0 × 2,0**	**1,0 × 1,6**	**1,4 × 1,6**	**1,4 × 1,6**	**0,6 × 1,4**	**0,8 × 2,0**	**0,8 × 1,3**	**0,8 × 1,3**
$\Delta\vartheta$ in K	**Volumenstrom $\dot{V}$ in m³/h**									
b) 15	1747	3467	5392	3956	2373	5935	2730	5436	2135	4744
14	1688	3350	5209	3822	2293	5733	2637	5251	2062	4583
13	1627	3228	5020	3683	2210	5525	2541	5060	1987	4417
12	1563	3101	4823	3538	2123	5308	2441	4862	1909	4243
11	1496	2969	4617	3387	2032	5082	2338	4655	1828	4063
10	1427	2831	4402	3230	1938	4846	2229	4438	1743	3874
9	1354	2686	4177	3064	1838	4597	2114	4210	1653	3675
8	1276	2532	3938	2889	1733	4334	1993	3970	1559	3465
7	1194	2369	3683	2702	1621	4054	1865	3713	1458	3241
6	1105	2193	3410	2502	1501	3753	1726	3438	1350	3000
4	902	1790	2784	2043	1226	3065	1410	2807	1102	2450
2	638	1266	1969	1444	867	2167	997	1985	779	1732
$\Delta\vartheta$ in K	**Volumenstrom $\dot{V}$ in m³/h**									
c) 15	40	58	73	59	44	63	41	69	31	43
14	39	56	71	57	43	61	40	67	30	41
13	38	54	68	55	41	58	38	64	29	40
12	36	52	66	53	40	56	37	62	28	38
11	35	50	63	51	38	54	35	59	26	36
10	33	47	60	49	36	51	34	56	25	35
9	31	45	57	46	34	49	32	53	24	33
8	29	42	54	43	32	46	30	50	23	31
7	28	40	50	41	30	43	28	47	21	29
6	26	37	46	38	28	40	26	44	20	27
4	21	30	38	31	23	32	21	36	16	22
2	15	21	27	22	16	23	15	25	11	16
$\Delta\vartheta$ in K	**Volumenstrom $\dot{V}$ in m³/h**									
d) 15	196	282	368	298	228	406	323	505	322	482
14	190	272	355	288	220	392	312	488	311	465
13	183	262	342	277	212	378	301	470	300	448
12	176	252	329	267	204	363	289	452	288	431
11	168	241	315	255	195	347	277	432	276	412
10	160	230	300	243	186	331	264	412	263	393
9	152	218	285	231	177	314	250	391	249	373
8	143	206	268	218	166	296	236	369	235	352
7	134	192	251	204	156	277	221	345	220	329
6	124	178	232	188	144	257	204	319	204	305
4	101	146	190	154	118	210	167	261	166	249
2	72	103	134	109	83	148	118	184	118	176

Volumenstrom durch geöffnete Fenster (VDI 2078:2015-06) (Fortsetzung)

Verringerung der Kühllast durch geöffnete Fenster bei verschiedenen Temperaturdifferenzen für die Fälle a bis d

a) Einzeln vollständig geöffnetes Fenster

b) Zwei vollständig geöffnete Fenster übereinander (1 Fenster Einströmung, 1 Fenster Ausströmung)

c) Einzeln gekipptes Fenster (max. 15°)

d) Zwei gekippte Fenster (max. 15°) übereinander (1 Fenster Einströmung, 1 Fenster Ausströmung)

	Fenster Doppelflügel	Fenster	Terrassentür	Fenster	Fenster-Doppelflügel	Fenster	Fenster	Terrassentür	Fenster-Doppelflügel	Fenster
Maße in m	1,4 × 1,4	1,4 × 1,4	1,0 × 2,0	1,0 × 1,6	1,4 × 1,6	1,4 × 1,6	0,6 × 1,4	0,8 × 2,0	0,8 × 1,3	0,8 × 1,3
Δϑ in K	**Verringerung der Kühllast in W**									
a) 15	2239	4442	6935	5106	3064	6079	2217	4601	1324	2713
14	2019	4006	6253	4604	2763	5481	1999	4148	1193	2446
13	1806	3584	5595	4120	2472	4905	1789	3712	1068	2189
12	1602	3179	4962	3654	2192	4350	1586	3292	947	1941
11	1406	2790	4355	3207	1924	3817	1392	2889	831	1704
10	1219	2418	3775	2779	1668	3309	1207	2504	720	1477
9	1041	2065	3223	2373	1424	2825	1030	2138	615	1261
8	872	1730	2701	1989	1193	2368	864	1792	515	1057
7	714	1416	2211	1628	977	1938	707	1467	422	865
6	566	1124	1754	1292	775	1538	561	1164	335	686
4	308	612	955	703	422	837	305	634	182	374
2	109	216	338	249	149	296	108	224	64	132
Δϑ in K	**Verringerung der Kühllast in W**									
b) 15	8570	17004	26443	19399	11640	29105	13387	26657	10468	23267
14	7727	15332	23843	17492	10495	26244	12071	24036	9439	20979
13	6914	13719	21335	15652	9391	23483	10801	21508	8446	18772
12	6132	12167	18921	13881	8329	20826	9579	19074	7491	16648
11	5382	10678	16606	12183	7310	18278	8407	16740	6574	14611
10	4665	9256	14394	10560	6336	15843	7287	14510	5698	12665
9	3983	7903	12290	9016	5410	13527	6222	12389	4865	10813
8	3338	6623	10299	7556	4534	11336	5214	10383	4077	9062
7	2732	5421	8430	6184	3711	9279	4268	8498	3337	7417
6	2168	4302	6690	4908	2945	7363	3387	6744	2648	5886
4	1180	2342	3641	2671	1603	4008	1843	3671	1442	3204
2	417	828	1287	944	567	1417	652	1298	510	1133
Δϑ in K	**Verringerung der Kühllast in W**									
c) 15	198	284	360	292	218	308	202	338	152	209
14	178	256	325	263	197	278	182	305	137	188
13	160	229	290	235	176	248	163	273	122	169
12	142	203	258	209	156	220	144	242	108	150
11	124	178	226	183	137	193	127	212	95	131
10	108	155	196	159	119	168	110	184	82	114
9	92	132	167	136	101	143	94	157	70	97
8	77	111	140	114	85	120	79	132	59	81
7	63	91	115	93	69	98	64	108	48	67
6	50	72	91	74	55	78	51	86	38	53
4	27	39	50	40	30	42	28	47	21	29
2	10	14	18	14	11	15	10	16	7	10

Verringerung der Kühllast durch geöffnete Fenster; Raumtypen (VDI 2078:2015-06)

Verringerung der Kühllast durch geöffnete Fenster bei verschiedenen Temperaturdifferenzen für die Fälle a bis d

	Fenster Doppelflügel	Fenster	Terrassentür	Fenster	Fenster-Doppelflügel	Fenster	Fenster	Terrassentür	Fenster-Doppelflügel	Fenster
Maße in m	1,4 × 1,4	1,4 × 1,4	1,0 × 2,0	1,0 × 1,6	1,4 × 1,6	1,4 × 1,6	0,6 × 1,4	0,8 × 2,0	0,8 × 1,3	0,8 × 1,3
$\Delta\vartheta$ in K	Verringerung der Kühllast in W									
d) 15	963	1382	1803	1461	1118	1990	1585	2477	1580	2362
14	869	1246	1625	1318	1008	1794	1429	2233	1424	2129
13	777	1115	1454	1179	902	1605	1279	1998	1274	1905
12	689	989	1290	1046	800	1424	1134	1772	1130	1690
11	605	868	1132	918	702	1249	995	1555	992	1483
10	524	752	981	795	608	1083	863	1348	860	1285
9	448	642	838	679	519	925	737	1151	734	1098
8	375	538	702	569	435	775	617	965	615	920
7	307	441	575	466	356	634	505	790	504	753
6	244	350	456	370	283	503	401	627	400	597
4	133	190	248	201	154	274	218	341	218	325
2	47	67	88	71	54	97	77	121	77	115

Raumtypen und deren Eigenschaften (VDI 2078:2015-06)

Raumtyp (Einteilung in 5 Klassen)	Dichte ϱ der Hüllfläche in kg/m³	Speicherkapazität $C_{W,H}$ in Wh/(m² · K)	Zeitkonstante T
XL – sehr leicht	bis 400	5	24,1
L – leicht	600 ... 700	15	70,9
M – mittel	700 ... 1100	30	141,2
S – schwer	1100 ... 1700	60	290,6
XS – sehr schwer	über 1700	130	397,3

Raumtyp XL – sehr leicht

Art	Fußboden	Dach	Innenwände	Tür	Außenwand	Fenster
Fläche *A* in m²	18,75	19,15	36,51	2,0	7,39	5,13
U-Wert in W/(m² · K)	0,436	0,290	0,63	2,2	0,365	

Raumtyp L – leicht

Art	Fußboden	Dach	Innenwände	Tür	Außenwand	Fenster
Fläche *A* in m²	18,75	19,15	36,51	2,0	7,39	5,13
U-Wert in W/(m² · K)	0,784	0,294	0,61	2,2	0,368	

Raumtyp M – mittel

Art	Fußboden	Dach	Innenwände	Tür	Außenwand	Fenster
Fläche *A* in m²	18,75	19,5	36,51	2,0	8,13	5,13
U-Wert in W/(m² · K)	0,782	0,292	1,96	2,6	0,369	

Raumtyp S – schwer

Art	Fußboden	Dach	Innenwände	Tür	Außenwand	Fenster
Fläche *A* in m²	18,75	19,5	36,51	2,0	7,30	5,13
U-Wert in W/(m² · K)	0,869	0,276	1,63	2,6	0,372	

Raumtyp XS – sehr schwer

Art	Fußboden	Dach	Innenwände	Tür	Außenwand	Fenster
Fläche *A* in m²	18,75	20,75	36,51	2,0	7,82	5,13
U-Wert in W/(m² · K)	2,09	0,274	2,3	2,6	1,654	

Eigenschaften und Aufbau der Beispielräume nach VDI 2078:2015-06

Bauteil	Aufbau	Dicke *s* in m	*λ* in W/(m · K)	*ϱ* in kg/m³	*c* in J/(kg · K)
Raumtyp XL – sehr leicht					
Fußboden	Teppich	0,008	0,060	1300	200
	Holzfaserplatte	0,030	0,180	800	1700
	Trittschalldämmung 040	0,030	0,040	75	1030
	Stahlbeton 2400	0,100	2,500	2400	1000
	Luftraum	0,255	1,627	1,2	1000
	Schalldämmung 040	0,030	0,040	75	1030
	Metalldecke	0,001	50,000	7800	450
Dach	Metalldecke	0,001	50,000	7800	450
	Schalldämmung 040	0,030	0,040	75	1030
	Luftraum	0,255	1,627	1,2	1000
	Stahlbeton 2400	0,100	2,500	2400	1000
	Schaumglas	0,080	0,040	105	1000
	Dachbahnen Bitumen	0,005	0,230	1100	1000
	Kies, Sand, Split	0,200	0,700	1638	1000
Innenwände	Stahlblech	0,001	50,000	7800	450
	Dämmung + Ständer	0,080	0,060	100	1030
	Stahlblech	0,001	50,000	7800	450
Innentür	Tischlerplatte	0,025	0,130	500	1600
Außenwand	Corten-Stahl	0,001	50,000	7800	450
	Dämmung	0,090	0,035	10	1030
	Stahlblech	0,001	50,000	7800	450
Raumtyp XL – sehr leicht					
Fußboden	Fußbodenbelag	0,004	0,170	1200	1400
	Estrich	0,040	1,400	1000	2000
	Luftraum	0,080	0,434	1,2	1000
	Stahlbeton 2400	0,140	2,500	2400	1000
	Luftraum	0,300	1,627	1,2	1000
	Schalldämmung 040	0,020	0,040	75	1030
	Metalldecke	0,001	50,000	7800	450
Dach	Metalldecke	0,001	50,000	7800	1030
	Schalldämmung 040	0,020	0,040	75	1000
	Luftraum	0,255	1,627	1,2	1000
	Stahlbeton 2400	0,140	2,500	2400	1000
	Schaumglas	0,095	0,040	105	1000
	Dachbahnen-Bitumen	0,005	0,230	1100	1000
	Kies, Sand, Split	0,200	0,700	1638	1000
Innenwände	Gipskarton	0,023	0,250	900	1000
	Dämmung	0,060	0,060	100	1030
	Luftraum	0,035	0,190	1,2	1000
	Gipskarton	0,023	0,250	900	1000
Innentür	Tischlerplatte	0,025	0,130	500	1600
Außenwand	Beton 2000	0,080	1,350	2000	1000
	Wärmedämmung 035	0,080	0,035	10	1030
	Luftraum	0,030	0,163	1,2	1000
	Fassadenplatte	0,600	0,600	1650	1000

6

Eigenschaften und Aufbau der Beispielräume nach VDI 2078:2015-06					
Raumtyp M – mittel					
Bauteil	**Aufbau**	**Dicke *s* in m**	**λ in W/(m · K)**	**ϱ in kg/m³**	***c* in J/(kg · K)**
Fußboden	Fußbodenbelag	0,004	0,170	1200	1400
	Estrich	0,04	1,400	100	2000
	Luftraum	0,080	0,434	1,2	1000
	Stahlbeton 2300	0,200	2,300	2300	1000
	Luftraum	0,255	1,627	1,2	1000
	Schalldämmung 040	0,020	0,040	75	1030
	Metalldecke	0,001	50,000	7800	450
Dach	Metalldecke	0,001	50,000	7800	450
	Schalldämmung 040	0,020	0,040	75	1030
	Luftraum	0,255	1,627	1,2	1000
	Stahlbeton 2300	0,200	2,300	2300	1000
	Schaumglas	0,095	0,040	105	1000
	Dachbahnen-Bitumen	0,005	0,230	1100	1000
	Kies, Sand, Split	0,200	0,700	1638	1000
Innenwände	Putz 1300	0,015	0,570	1300	1000
	Hohllochziegel 1400	0,115	0,580	1400	1000
	Putz 1300	0,015	0,570	1300	1000
Innentür	Buche massiv	0,025	0,200	800	1600
Außenwand	Beton 2200	0,080	1,650	2200	1000
	Wärmedämmung 035	0,080	0,035	10	1030
	Luftraum	0,030	0,163	1,2	1000
	Fassadenplatte	0,012	0,600	1650	1000
Raumtyp S – schwer					
Fußboden	Fußbodenbelag	0,004	0,170	1200	1400
	Estrich	0,045	1,400	2000	1000
	Trittschalldämmung 045	0,030	0,045	135	1030
	Stahlbeton 2300	0,240	2,300	2300	1000
	Putz 1300	0,015	0,570	1300	1000
Dach	Putz 1300	0,015	0,570	1300	1000
	Stahlbeton 2300	0,240	2,300	2300	1000
	Schaumglas	0,120	0,040	105	1000
	Dachbahnen-Bitumen	0,005	0,230	1100	1000
	Kies, Sand, Split	0,200	0,700	1638	1000
Innenwände	Putz 1300	0,015	0,570	1300	1000
	Hohllochziegel 1400	0,175	0,580	1400	1000
	Putz 1300	0,015	0,570	1300	1000
Innentür	Buche, massiv	0,025	0,200	800	1600
Außenwand	Beton 2200	0,120	1,650	2200	1000
	Wärmedämmung 035	0,085	0,035	10	1030
	Fassadenplatte	0,012	0,600	1650	1000
Raumtyp XS – sehr schwer					
Fußboden	Fußbodenbelag	0,004	0,170	1200	1400
	Stahlbeton 2300	0,300	2,300	2300	1000
	Putz 1300	0,015	0,570	1300	1000
Dach	Putz 1300	0,015	0,570	1300	1000
	Stahlbeton 2300	0,300	2,300	2300	1000
	Schaumglas	0,120	0,040	105	1000
	Dachbahnen-Bitumen	0,005	0,230	1100	1000
	Kies, Sand, Split	0,200	0,700	1638	1000
Innenwände	Sandstein	0,400	2,300	2600	1000
Innentür	Buche, massiv	0,025	0,200	800	1600
Außenwand	Sandstein	1,000	2,300	2600	1000

Tabellen zur Ermittlung der Kühllast nach VDI 2078:2015-06 (Fortsetzung)

Wärmeabgabe von Maschinen und Geräten, Wirkungsgrade und Wärmeabgabe von Elektromotoren (VDI 2078), Drehstrom-Asynchronmotoren bezogen auf die Motornennleistung

Nennleistung P in kW	Motor-Wirkungsgrad η_{el}	Anfallende Maschinenwärme im Raum bei Aufstellung: Motor innen, Arbeitsmaschine innen P/η_{el} in W	Motor außen, Arbeitsmaschine innen P in W	Motor innen, Arbeitsmaschine innen $P(1-\eta_{el})/\eta_{el}$ in W
0,25	0,64	390	250	140
0,37	0,67	550	370	180
0,55	0,70	790	550	240
0,75	0,72	1040	750	290
1,1	0,76	1450	1100	350
1,5	0,78	1920	1500	420
2,2	0,80	2750	2200	550
3	0,81	3700	3000	700
4	0,83	4820	4000	820
5,5	0,85	6470	5500	970
7,5	0,86	8720	7500	1220
11	0,87	12640	11600	1640
15	0,88	17040	15000	2040
18,5	0,89	20790	18500	2290
22	0,90	24440	22000	2440
30	0,91	32970	30000	2970
37	0,91	40660	37000	3660
45	0,92	48910	45000	3910

Zuordnung von Städten zu Kühllastzonen (KLZ) und Referenzstationen nach VDI 2078:2015-06

TRY: Testreferenzjahr; TRY MN: Testreferenzjahr nach Meteonorm Software;
DWD + Jahr: Testreferenzjahr nach Deutschem Wetterdienst

Stadt	KLZ	Lage der Referenzstation des TRY: Höhe in m ü. NN	Breitengrad	Längengrad	TRY
Aachen	3	180	50,8	6,1	TRY MN
Augsburg	3	477 485	48,4 48,4	10,9 10,9	DWD 1985 TRY MN
Bad Marienburg	1a	547	51,8	8,8	DWD 2010
Bergisch-Gladbach	3	311	51,0	7,2	TRY MN
Berlin	3	44	52,5	13,4	TRY MN
Bochum	3	100	51,5	7,2	TRY MN
Bonn	3	104	50,7	7,1	TRY MN
Braunlage	1a	607 615	51,7 51,7	10,6 10,6	DWD 2010 TRY MN
Braunschweig	3	88	52,3	10,5	TRY MN
Bremen	2	3	53,1	8,8	TRY MN
Bremerhaven	2	7 7 0	53,7 53,5 53,6	7,2 8,6 8,6	DWD 2010 DWD 1985 TRY MN
Chemnitz	2	418 406	50,8 50,8	12,9 12,9	DWD 2010 TRY MN
Darmstadt	4	134	49,9	8,7	TRY MN
Dresden	4	154	51,1	13,8	TRY MN
Düsseldorf	3	45	51,2	6,8	TRY MN
Erfurt	2	271	51,0	11,0	TRY MN
Essen	3	152 154 69	51,5 51,4 51,5	7,1 7,0 7,0	DWD 2010 DWD 1985 TRY MN
Fichtelberg	1a	1213 1214	50,4 50,4	13,0 3,0	DWD 2010 TRY MN
Frankfurt/Main	4	112 125	50,1 50,1	8,6 8,7	DWD1985 TRY MN

6

Tabellen zur Ermittlung der Kühllast nach VDI 2078:2015-06 (Fortsetzung)

Zuordnung von Städten zu Kühllastzonen (KLZ) und Referenzstationen nach VDI 2078:2015-06

Stadt	KLZ	Lage der Referenzstation des TRY			TRY
		Höhe in m ü. NN	Breitengrad	Längengrad	
Freiburg/Breisgau	4	269 280	48,0 48,0	7,9 7,9	DWD 1985 TRY MN
Friedrichshafen	4	401 424	47,7 47,7	9,5 9,5	DWD 1985 TRY MN
Fürth	3	281	49,5	11,0	TRY MN
Garmisch-Partenkirchen	2	719	48,4	11,7	DWD 2010
Gelsenkirchen	2	75	51,9	7,1	TRY MN
Gera	2	292	50,5	12,2	TRY MN
Göttingen	3	225	51,5	9,9	TRY MN
Hagen	3	154	51,4	7,5	TRY MN
Hamburg	2	13 0	53,7 53,6	10,1 10,0	DWD 2010 TRY MN
Hamm	3	75	51,7	7,8	TRY MN
Hannover	3	55 86	52,5 52,2	9,7 9,7	DWD 1985 TRY MN
Heidelberg	4	289	49,4	8,7	TRY MN
Herne	3	75	51,5	7,2	TRY MN
Hof	1a	567 567	50,3 50,3	11,9 11,9	DWD 2010 TRY MN
Ingolstadt	3	379	48,8	11,5	TRY MN
Jena	3	302	50,9	11,6	TRY MN
Kaiserslautern	3	284	49,5	7,8	TRY MN
Karlsruhe	4	123	49,0	8,4	TRY MN
Kassel	3	231 155	51,3 51,3	9,5 9,5	DWD 2010 TRY MN
Kiel	2	22	54,3	10,1	TRY MN
Köln	3	61	50,9	7,0	TRY MN
Konstanz	4	166	50,4	7,6	TRY MN
Krefeld	3	48	51,3	6,5	TRY MN
Leipzig	4	143	51,3	12,4	TRY MN
Leverkusen	3	46	51,0	7,0	TRY MN
Lübeck	2	5	53,9	10,7	TRY MN
Mainz	4	128	50,0	8,3	TRY MN
Mannheim	4	96 95	49,5 49,5	8,6 8,5	DWD 2010 TRY MN
Mönchengladbach	3	75	5102	6,4	TRY MN
Moers	3	26	51,5	6,7	TRY MN
Mühldorf am Inn	3	405	48,3	12,5	DWD 2010
München	3	530 536	48,1 48,1	11,8 11,6	DWD 1985 TRY MN
Münster	2	59	52,0	7,6	TRY MN
Nürnberg	3	281	49,5	11,1	TRY MN
Oberhausen	3	25	51,5	6,8	TRY MN
Offenbach/Main	4	114	50,1	8,8	TRY MN
Oldenburg	2	6	53,1	8,2	TRY MN
Paderborn	3	138	51,7	8,7	TRY MN
Passau	3	415	48,6	13,5	TRY MN
Potsdam	3	81	52,4	13,1	DWD 2010
Recklinghausen	2	88	51,6	7,2	TRY MN
Regensburg	3	338	49,0	12,1	TRY MN

6

Tabellen zur Ermittlung der Kühllast nach VDI 2078:2015-06 (Fortsetzung)

Zuordnung von Städten zu Kühllastzonen (KLZ) und Referenzstationen nach VDI 2078:2015-06

Stadt	KLZ	Lage der Referenzstation des TRY			TRY
		Höhe in m ü. NN	Breitengrad	Längengrad	
Reutlingen	3	508	48,5	9,2	TRY MN
Rostock	1	4 27	54,2 54,1	11,9 12,2	DWD 2010 TRY MN
Saarbrücken	3	255	49,3	7,0	TRY MN
Salzgitter	2	92	52,4	10,6	TRY MN
Schwerin	2	42	53,6	11,4	TRY MN
Siegen	2	350	50,9	8,0	TRY MN
Solingen	2	160	51,2	7,1	TRY MN
Stötten	1a	734 734	48,7 48,7	9,9 9,9	DWD 2010 DWD 1985
Stuttgart	4	297	48,8	9,2	TRY MN
Trier	4	265 278	49,8 49,8	6,7 6,7	DWD 1985 TRY MN
Ulm	2	469	48,4	9,0	TRY MN
Weimar	2	264	51,0	11,3	TRY MN
Wiesbaden	4	119	50,1	8,3	TRY MN
Witten	3	103	51,4	7,3	TRY MN
Wolfsburg	3	68	52,5	10,8	TRY MN
Würzburg	4	259 214	49,8 49,8	9,9 10,0	DWD 1985 TRY MN
Wuppertal	3	238	51,3	7,2	TRY MN
Zwickau	2	362	50,7	12,1	TRY MN

Anhaltswerte für Raumbelastungsgrade μ_B bei Abluftleuchten (VDI 2078:2015-06)

Luftdurchsatz bezogen auf die Anschlussleistung in m³/hW

Absaugung	0,2	0,3	0,5	1
über Deckenhohlraum	0,80	0,70	0,55	0,45
durch nicht gedämmte Luftleitungen	0,45	0,40	0,35	0,30
durch gedämmte Luftleitungen	0,40	0,35	0,30	0,25

Trübungsfaktoren der nach Linke als Basis für die Strahlungsdaten in Richtlinie VDI 2078:2015-06

Monat	Mittelwert T_m	T_m minus Standardabweichung
Januar	3,7	2,7
Februar	4,1	3,1
März	4,6	3,3
April	5,1	3,5
Mai	5,3	3,7
Juni	6,1	4,3
Juli	6,1	4,3
August	5,9	4,1
September	5,4	3,9
Oktober	4,2	3,0
November	3,6	3,0
Dezember	3,5	2,7

Ermittelt für sonnige Tage (Sonnenscheindauer > 50% der astronomischen Sonnenscheindauer)

Wärmeübergangskoeffizienten (VDI 2078:2015-06)

Strahlender Anteil in W/(m² · K)

α_s		5

Konvektiver Anteil in W/m² · K)

α_a	An Außenwänden	20
$\alpha_{i,\,vert}$	Innen, Senkrechte Wand	2,7
$\alpha_{i,\,hor}$	Innen, waagerechte Wand	1,7
$\alpha_{Flächenkühlung}$	Decken/Wandkühlung	5
$\alpha_{Flächenheizung}$	Fußboden/Wandheizung	7

Maximale Strahlungsintensitäten in W/m²

Orientierung	Neigung in °	Juli	September
Horizontal	0	927	709
Nord	90	164	132
Nord-Ost	90	533	306
Ost	90	739	654
Süd-Ost	90	690	785
Süd	90	605	783
Süd-West	90	690	791
West	90	739	651
Nord-West	90	533	321

Tagesmitteltemperatur am Auslegungstag

Referenzort	KLZ	Juli	September
Rostock	1	23,3	19,4
Hamburg	2	24,1	19,8
Potsdam	3	25	20,3
Mannheim	4	26,1	21,9
Großstadtzentrum	3	28,4	23,5
Großstadtzentrum	4	29,7	25,2

6

Tabellen zur Ermittlung der Kühllast nach VDI 2078:2015-06 (Fortsetzung)

Tagesmaximum der Außentemperatur $\vartheta_{a,max,CDD}$ in °C

Referenzort	Klimazone	April	Mai	Juni	Juli	August	September
Rostock	1	20,0	25,5	28,5	30,0	30,0	25,5
Hamburg	2	22,0	26,5	30,0	31,5	31,0	26,5
Potsdam	3	24,5	29,5	32,0	33,0	32,5	27,5
Mannheim	4	26,0	29,5	32,5	34,5	34,5	29,5

Tagesmitteltemperatur $\vartheta_{a,max,CDD}$ in °C

Referenzort	Klimazone	April	Mai	Juni	Juli	August	September
Rostock	1	13,9	18,8	21,8	23,3	23,3	19,4
Hamburg	2	15,3	19,1	22,6	24,1	23,6	19,8
Potsdam	3	17,3	21,5	24,0	25	24,5	20,3
Mannheim	4	18,4	21,1	24,1	26,1	26,1	21,9
Großstadtzentrum	2	18,4	22,4	25,9	27,4	26,9	22,9
Großstadtzentrum	3	20,5	24,9	27,4	28,4	27,9	23,5
Großstadtzentrum	4	21,7	24,7	27,7	29,7	29,7	25,2

Amplitude $\vartheta_{a,max,CDD}$ in K

Referenzort	Klimazone	April	Mai	Juni	Juli	August	September
Rostock	1	6,1	6,7	6,7	6,7	6,7	6,1
Hamburg	2	6,7	7,4	7,4	7,4	7,4	6,7
Potsdam	3	7,2	8,0	8,0	8,0	8,0	7,2
Mannheim	4	7,6	8,4	8,4	8,4	8,4	7,6
Großstadtzentrum	2	4,6	5,1	5,1	5,1	5,1	4,6
Großstadtzentrum	3	5,0	5,6	5,6	5,6	5,6	5,0
Großstadtzentrum	4	5,3	5,8	5,8	5,8	5,8	5,3

Mittlerer bedeckter Tag

Tagesmitteltemperatur $\vartheta_{a,mittel,B}$ in °C

Referenzort	Klimazone	April	Mai	Juni	Juli	August	September
Rostock	1	5,8	10,3	14,1	15,7	15,9	13,9
Hamburg	2	6,8	11,0	14,0	15,2	15,5	13,6
Potsdam	3	7,7	12,5	15,7	16,9	16,6	13,7
Mannheim	4	10,0	14,8	18,0	19,8	18,9	15,4

Amplitude $\Delta\vartheta_{a,B}$ in K

Referenzort	Klimazone	April	Mai	Juni	Juli	August	September
Rostock	1	1,2	1,2	1,3	1,5	1,6	1,5
Hamburg	2	2,1	2,2	2,5	2,4	2,4	2,2
Potsdam	3	3,2	3,4	3,5	3,4	3,5	3,1
Mannheim	4	4,5	4,7	4,8	4,9	4,8	4,5

Sonnenhöhe *h* und Sonnenazimut a_0 (geografische Breite 50° Nord), (VDI 2078:2015-06)

Sonnenzeit	20.12.		24.1./20.11		20.2/23.10		22.3/24.9		20.4/ 24.8		21.5/ 23.7		21.6	
	h in°	a_0 in°	*h* in°	a_0 in°	*h* in°	a_0 in°	*h* in°	a_0 in°	*h* in°	a_0 in°	*h* in°	a_0 in°	*h* in°	a_0 in°
6									9	83	15	77	18	74
7					1	109	10	102	18	94	25	88	27	85
8			3	125	9	121	19	114	28	106	34	100	37	97
9	7	139	10	137	17	134	27	127	37	120	44	114	46	110
10	12	152	16	151	23	148	34	143	44	137	52	131	55	128
11	15	166	19	165	27	163	38	131	50	157	58	153	61	151
12	17	180	21	180	29	180	40	180	51	180	60	180	63	180
13	15	194	19	195	27	197	38	199	50	203	58	207	61	209
14	12	208	16	209	23	212	34	217	44	223	52	229	5	232
15	7	221	10	223	17	226	27	233	37	240	44	246	46	250
16			3	235	9	239	27	246	28	240	34	260	37	263
17					1	251	10	258	28	266	25	272	27	275
18									9	277	15	283	18	286

Rohrleitungen und Kanäle

Lüftungsrohre (nach DIN EN 1506:2007-09); DIN EN 12237:2003-07

Eigenschaften von Wickelfalzrohren
(DIN EN 1506:2007-09, Herstellerangaben)

Nennweite in mm	d_2 in mm	s_1 in mm	Masse in kg/m	Freie Querschnittsfläche in m²	Oberfläche in m²/m
63	63	0,4	0,67	0,0031	0,1979
80	80		0,75	0,0050	0,2513
90	90		0,84	0,0064	0,2827
100	100		1,61	0,0079	0,3142
125	125	0,6	2,05	0,0123	0,3927
140	140		2,30	0,0154	0,4398
150	150		2,47	0,0177	0,4712
160	160		2,65	0,0201	0,5027
180	180		2,98	0,0254	0,5655
200	200		3,36	0,0314	0,6283
250	250		4,20	0,0491	0,7854
280	280		4,70	0,0616	0,8796
300	300	0,8	6,73	0,0707	0,9425
315	315		7,07	0,0779	0,9896
355	355		7,35	0,0990	1,1153
400	400		8,25	0,1257	1,2566
450	450		9,35	0,1590	1,4137
500	500		10,40	0,1963	1,5708
560	560		11,70	0,2463	1,7593
600	600		12,54	0,2827	1,8850
630	630	1,0	16,50	0,3117	1,9792
710	710		18,60	0,3959	2,2305
800	800		21,00	0,5027	2,5133
900	900		24,60	0,6362	2,8274
1000	1000	1,2	31,50	0,7854	3,1416
1120	1120		35,20	0,9852	3,5186
1250	1250		39,40	1,2272	3,9270
1400	1400		44,13	1,5394	4,3982
1600	1600		50,40	2,0106	5,0265

Geschweißte Blechrohre

Zulässige Überdrücke

Nennweite	Zulässiger Überdruck in Pa
100...250	−2500... +6300
300....1000	−2000... +6300
1120...1250	−1600... +6300

Zulässiger Überdruck = positiver/ negativer Differenzdruck. Die angegebenen Werte gelzen für 2000 mm Rohrlänge

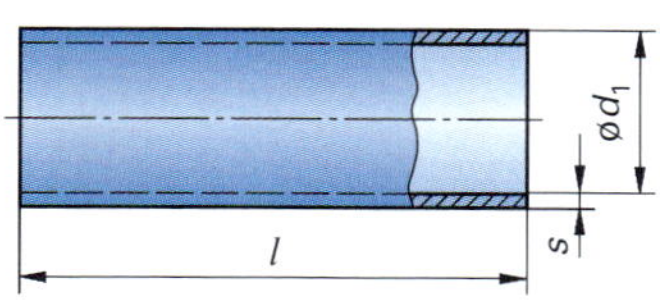

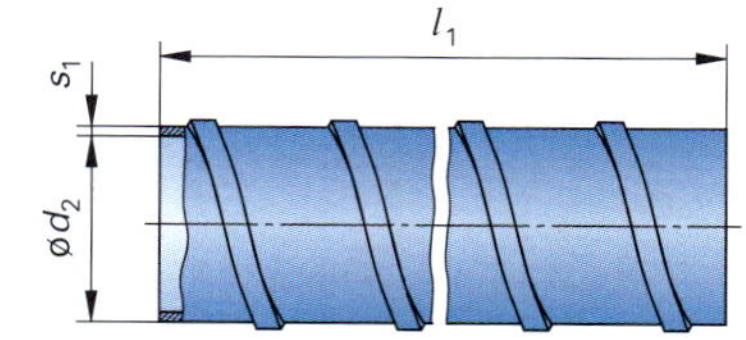

Zulässige Drücke

Nennweite	Überdruck hPa	Überdruck Pa	Unterdruck hPa	Unterdruck Pa
63... 250	63	6300	25	2500
280... 600	50	5000	14	1400
630... 900	40	4000	8	800
1000...1250	31,5	3150	4	400
>1250	Je nach Hersteller			

Dichtheitsklassen
(Nach DIN EN 1506, DIN EN 12237)

Klasse	Zulässiger Luftleckstrom bei Prüfdruck 1000 Pa in (m³/m²·s)	Möglich im Nennweitenbereich
A	$1{,}2 \times 10^{-3}$	800...1250
B	$0{,}4 \times 10^{-3}$	63...1250
C	$0{,}1 \times 10^{-3}$	63... 710

1000 Pa statische Druckdifferenz zwischen Innendruck und Umgebungsdruck (Überdruck und Unterdruck)

Längsgefalzte Blechrohre

Zulässige Überdrücke

Nennweite	Zulässige Überdrücke in Pa: Rohre ohne Versteifung	Zulässige Überdrücke in Pa: Rohre mit Versteifung
100... 300	−2500... +6300	−6300... +6300
315... 500	−500... +2500	−2500... +6300
560...1250	−100... +2500	−2500... +6300

Zulässiger Überdruck als positiver bzw. negativer Differenzdruck, gültig für 2000 mm Rohrlänge

Nennweiten von geschweißten und längsgefalzten Blechrohren

Nennweite DN	Nennweite DN	Nennweite DN	Nennweite DN
100	280	600	1400
125	300	630	1600
150	315	710	1800
160	355	800	2000
180	400	900	Diese Spalte nur geschweißt
200	450	1000	
224	500	1120	
250	560	1250	

6

Rohrleitungen und Kanäle (Fortsetzung) (Auszug)

Flexible Lüftungsrohre (DIN EN 13180:2002-03)

Nenndurchmesser DN in mm	Innendurchmesser mm	Innendurchmesser zu. Abweichung	Außendurchmesser ca. in mm	Zulässiger Über- und Unterdruck in Pa
50	50	0/+1,0	57	3150
63	63		70	
71	71		78	
80	80		89	
90	90		100	
100	100		110	
125	125		135	
140	140		151	
150	150	0/+2,0	161	2500
160	160		171	
180	180		190	
200	200		213	
224	224		237	
250	250		264	2000
300	300		314	
315	315		329	
350	350		364	1600
400	400	0/+3,0	416	1200
450	450		466	
500	500		516	

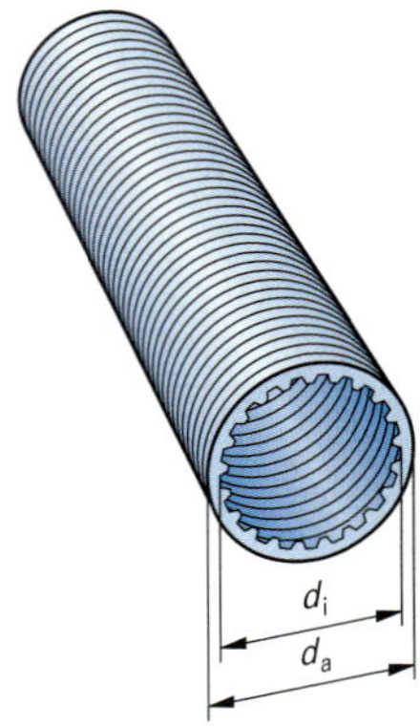

- Der minimale Biegeradius beträgt 1 x DN, bei erschwerten Montagebedingungen auch 1,5xDN
- Die Biegehäufigkeit beträgt 7
- Fertigung aus Aluminium, verzinktem Stahlblech oder Edelstahl

Blechkanäle gefalzt und geschweißt DIN EN 1505:1998-02

Querschnittsfläche A in m² und hydraulischer Durchmesser bei Maßen a, b in mm

a / b	**2000**	**1800**	**1600**	**1400**	**1200**	**1000**	**800**	**600**	**500**	**400**	**300**	**250**	**200**	**150**	100
100	0,200 190	0,180 189	0,160 188	0,140 187	0,120 185	0,100 182	0,080 178	0,060 171	0,050 167	0,040 160	0,030 150	0,025 143	0,020 133	0,015 120	0,010 100
200	0,399 364	0,360 360	0,320 356	0,280 350	0,240 343	0,200 333	0,160 320	0,120 300	0,100 286	0,080 267	0,060 240	0,050 222	0,040 200		
250	0,500 444	0,450 439	0,400 432	0,350 424	0,300 414	0,250 400	0,200 381	0,150 353	0,125 333	0,100 308	0,075 273	0,063 250			
300	0,600 522	0,540 514	0,480 505	0,420 494	0,360 480	0,300 462	0,240 436	0,180 400	0,150 375	0,120 343	0,090 300				
400	0,800 667	0,720 655	0,640 640	0,560 622	0,480 600	0,400 571	0,320 533	0,240 480	0,200 444	0,160 400					
500	1,000 800	0,900 783	0,800 762	0,700 737	0,600 706	0,500 667	0,400 **615**	0,300 545	0,250 500						
600	1,200 923	1,080 900	0,960 873	0,840 840	0,720 800	0,600 750	0,480 686	0,360 600							
800	1,600 1143	1,440 1108	1,280 1067	1,120 1018	0,960 960	0,800 889	0,640 800								
1000	2,000 1333	1,800 1286	1,600 1231	1,400 1167	1,200 1091	1,000 1000									
1200	2,400 1500	2,160 1440	1,920 1371	1,680 1292	1,440 1200										
1400	2,800 1647	2,520 1575	2,240 1493	1,960 1400											
1600	3,200 1778	2,880 1694	2,560 1600												
1800	3,600 1895	3,240 1800													

Die obere Zeile enthält jeweils die freie Querschnittsfläche A in m², die untere Zeile den hydraulischen Durchmesser d_h in mm.

$$d_h = \frac{2 \cdot a \cdot b}{(a+b)} = \frac{4 \cdot A}{U}$$

hydraulischer Durchmesser

B Für einen Kanal mit $a = 800$ mm, $b = 500$ mm soll der hydraulische Durchmesser bestimmt werden.

$$d_h = \frac{2 \cdot a \cdot b}{(a+b)} = \frac{2 \cdot 800\ \text{mm} \cdot 500\ \text{mm}}{(800\ \text{mm} + 500\ \text{mm})} = 615\ \text{mm}$$

Der hydraulische Durchmesser ist der Durchmesser eines Lüftungsrohres, das bei gleicher Strömungsgeschwindigkeit den selben → Druckabfall wie der rechteckige Kanal erzeugt.

6

Verbindung von Leitungen in RLT-Anlagen

Verbindungen für Blechkanäle

Falzarten speziell für Längsverbindungen (nach rechts ansteigende Dichtheit)

Schnappfalz	Längsfalz für Lüftungsrohr	Pittsburgfalz	Kanalfalz (mit Dichtmittel)
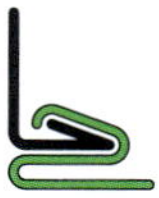			

Falzarten zur Berbindung von Kanälen (Auswahl)

Stehfalz	Treibschieber	S-Schieber	S-Schieber mit Steg
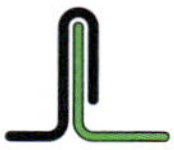			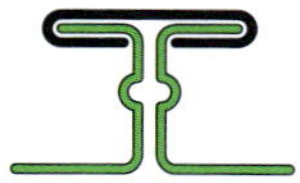

Verbindungsarten für Blechrohre

Steckverbinder	Muffe	Flanschverbinder im Rohr	Loseflansch	Geschweißter Flansch
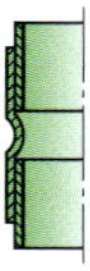	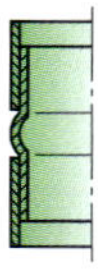	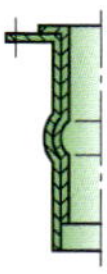	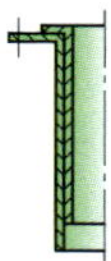	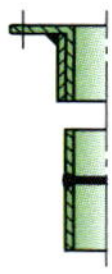
Winkelflansch	**Stehbördel**	**Spanschelle**	**Flansch mit Spannring**	**Schrumpf-manschette**
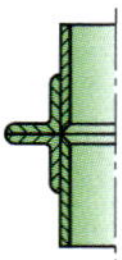	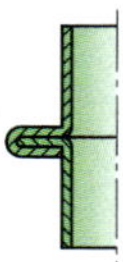	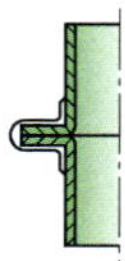	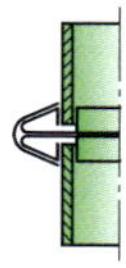	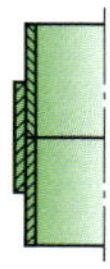

Verbindungsarten für Blechrohre und Formstücke

Steckverbindung mit Rundringdichtung (Rechts vor, links nach Montage)	Steckverbindung mit Lippendichtung
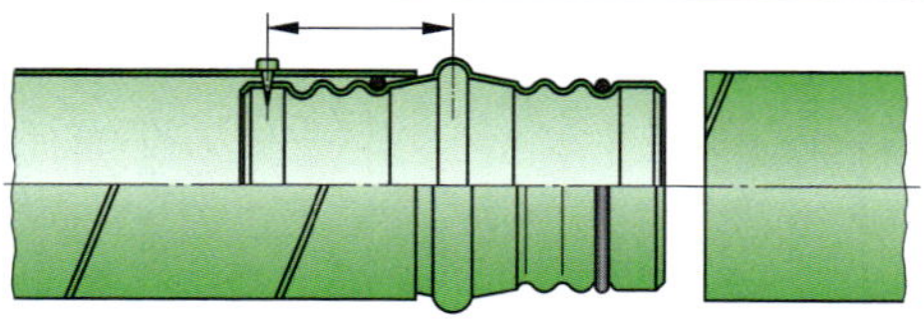	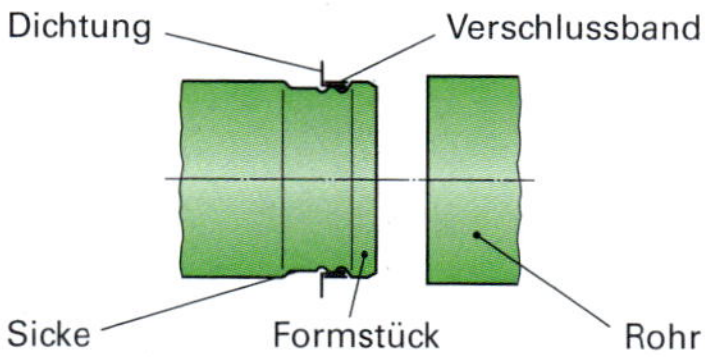

Spannringverbindung	Einfache Steckverbindung	Segeltuchband
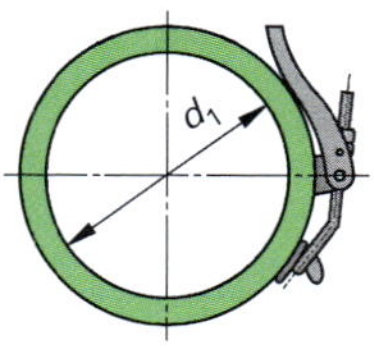	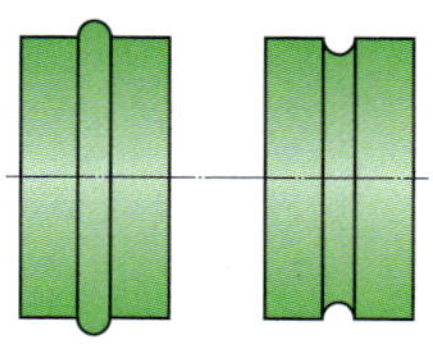	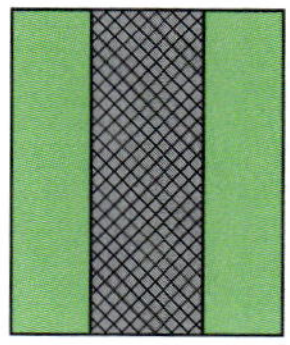

6

Berechnung von Druckverlusten in RLT-Anlagen (→ Druckverluste)

Um festzustellen, welche Ventilatorleistung in einer RLT-Anlage installiert werden muss, ist zunächst der Gesamtdruckverlust zu bestimmen.

Der Druckverlust kommt durch Reibung und die Entstehung von Turbulenzen zustande. Grundsätzlich unterschieden wird in Rohr- oder Kanalreibung und Reibung an und in Einbauten. Wesentlich ist jeweils die vorhandene Strömungsgeschwindigkeit bzw. der → Volumenstrom.

Luftgeschwindigkeiten in RLT-Anlagen in m/s

Niederdruckanlagen	Komfortanlagen	Industrieanlagen	Hochdruckanlagen[1]
Hauptkanäle	3 … 8	6 … 12	12 … 15
Abzweigkanäle	3 … 5	5 … 8	7 … 12
Zuluftdurchlässe	(1) … 2 … 5	3 … 5	[1] z.B: → Induktionsanlagen
Ab- und Umluftgitter	1,5 … 3	3 … 4	
Außenluftgitter	2 … 4	4 … 6	

Die Geschwindigkeitsannahmen haben aufgrund variierender Randbedingungen (Rohrverlauf, Geräusche, Raumnutzung …) eine große Bandbreite. Konkrete Festlegungen werden nach genauer Betrachtung der Anlage gemacht.

Der Druckverlust setzt sich zusammen aus den Druckverlusten der geraden Leitungsabschnitte und dem Druckverlust, der durch Einbauten verursacht wird.

Druckverluste durch gerade Leitungsabschnitte (→ Druckverlust)

$$\Delta p = R \cdot l$$

Druckverlust in geraden Leitungsabschnitten

Δp	Druckverlust	Pa
R	Druckgefälle je Meter	Pa/m
l	Länge	m

Rohrreibungsdiagramm, Druckabfall R_0 je Meter bei hydraulisch glatten Rohren

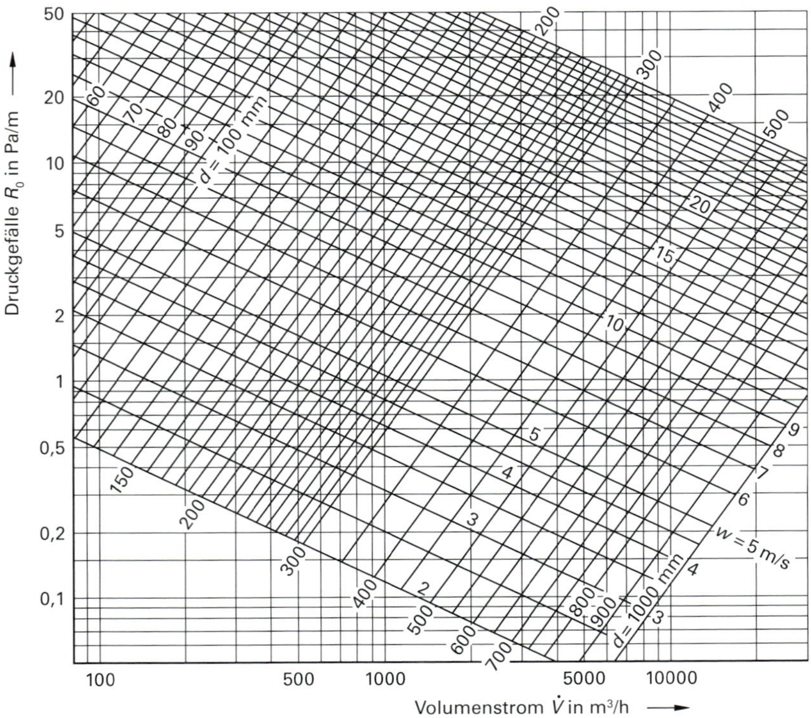

6

Druckverluste durch gerade Leitungsabschnitte (Fortsetzung)

Druckabfall R_0 durch gerade Leitungsabschnitte, Tabelle (Nach den Formeln von Blasius und → Nikuradse)

v in m/s	Nenndurchmesser in mm: 71		80		90		100		125		140	
	$\dot{V}$ in m³/h	R_0 in Pa/m	$\dot{V}$ in m³/h	R_0 in Pa/m	$\dot{V}$ in m³/h	R_0 in Pa/m	$\dot{V}$ in m³/h	R_0 in Pa/m	$\dot{V}$ in m³/h	R_0 in Pa/m	$\dot{V}$ in m³/h	R_0 in Pa/m
1,0	14	0,33	18	0,29	23	0,25	28	0,22	44	0,16	55	0,14
1,1	16	0,39	20	0,34	25	0,29	31	0,26	49	0,19	61	0,17
1,2	17	0,46	22	0,39	27	0,34	34	0,30	53	0,23	67	0,20
1,3	19	0,53	24	0,45	30	0,39	37	0,34	57	0,26	72	0,22
1,4	20	0,60	25	0,52	32	0,44	40	0,39	62	0,30	78	0,26
1,6	23	0,76	29	0,65	37	0,56	45	0,49	71	0,37	89	0,32
1,8	26	0,93	33	0,80	41	0,69	51	0,61	80	0,46	100	0,40
2,0	29	1,12	36	0,96	46	0,83	57	0,73	88	0,55	111	0,48
2,2	31	1,32	40	1,14	50	0,98	62	0,86	97	0,65	122	0,56
2,4	34	1,54	43	1,32	55	1,14	68	1,00	106	0,76	133	0,66
2,6	37	1,77	47	1,52	60	1,31	74	1,15	115	0,87	144	0,76
2,8	40	2,01	51	1,73	64	1,50	79	1,31	124	0,99	155	0,86
3,0	43	2,27	54	1,96	69	1,69	85	1,48	133	1,12	166	0,97
3,2	46	2,54	58	2,19	73	1,89	90	1,66	141	1,25	177	1,09
3,4	48	2,83	62	2,44	78	2,10	96	1,84	150	1,39	188	1,21
3,6	51	3,12	65	2,69	82	2,32	102	2,04	159	1,54	200	1,34
3,8	54	3,43	69	2,96	87	2,55	107	2,24	168	1,69	211	1,47
4,0	57	3,76	72	3,24	92	2,79	113	2,45	177	1,85	222	1,61
4,2	60	4,09	76	3,53	96	3,04	119	2,67	186	2,02	233	1,75
4,4	63	4,44	80	3,82	101	3,30	124	2,89	194	2,19	244	1,90
4,6	66	4,80	83	4,13	105	3,57	130	3,13	203	2,37	255	2,05
4,8	68	5,17	87	4,45	110	3,84	136	3,37	212	2,55	266	2,21
5,0	71	5,55	90	4,78	115	4,13	141	3,62	221	2,74	277	2,38
5,2	74	5,95	94	5,12	119	4,42	147	3,88	230	2,93	288	2,55
5,4	77	6,35	98	5,47	124	4,72	153	4,14	239	3,13	299	2,72
5,6	80	6,77	101	5,83	128	5,03	158	4,41	247	3,34	310	2,90
5,8	83	7,20	105	6,20	133	5,35	164	4,69	256	3,55	321	3,08
6,0	86	7,64	109	6,58	137	5,68	170	4,98	265	3,77	333	3,27
6,2	88	8,09	112	6,97	142	6,02	175	5,27	274	3,99	344	3,46
6,4	91	8,55	116	7,37	147	6,36	181	5,57	283	4,22	355	3,66
6,6	94	9,03	119	7,77	151	6,71	187	5,88	292	4,45	366	3,86
6,8	97	9,51	123	8,19	156	7,07	192	6,20	300	4,69	377	4,07
7,0	100	10,00	127	8,62	160	7,44	198	6,52	309	4,93	388	4,28
7,5	107	11,29	136	9,72	172	8,39	212	7,36	331	5,57	416	4,83
8,0	114	12,64	145	10,89	183	9,40	226	8,24	353	6,23	443	5,41
8,5	121	14,05	154	12,11	195	10,45	240	9,16	376	6,93	471	6,01
9,0	128	15,53	163	13,38	206	11,55	254	10,12	398	7,66	499	6,65
9,5	135	17,07	172	14,71	218	12,69	269	11,13	420	8,42	526	7,31
10,0	143	18,68	181	16,09	229	13,89	283	12,17	442	9,21	554	7,99
10,5	150	20,34	190	17,52	240	15,12	297	13,26	464	10,03	582	8,71
11,0	157	22,07	199	19,01	252	16,41	311	14,38	486	10,88	610	9,44
11,5	164	23,85	208	20,55	263	17,73	325	15,54	508	11,76	637	10,21
12,0	171	25,70	217	22,13	275	19,10	339	16,75	530	12,67	665	11,00

Druckverluste durch gerade Leitungsabschnitte (Fortsetzung)

Druckabfall R_0 durch gerade Leitungsabschnitte, Tabelle (Fortsetzung)

v in m/s	Nenndurchmesser in mm: 150		160		180		200		224		250	
	$\dot{V}$ in m³/h	R_0 in Pa/m	$\dot{V}$ in m³/h	R_0 in Pa/m	$\dot{V}$ in m³/h	R_0 in Pa/m	$\dot{V}$ in m³/h	R_0 in Pa/m	$\dot{V}$ in m³/h	R_0 in Pa/m	$\dot{V}$ in m³/h	R_0 in Pa/m
1,0	64	0,13	72	0,12	92	0,10	113	0,09	142	0,08	177	0,07
1,1	70	0,15	80	0,14	101	0,12	124	0,11	156	0,09	194	0,08
1,2	76	0,18	87	0,17	110	0,14	136	0,13	170	0,11	212	0,09
1,3	83	0,21	94	0,19	119	0,16	147	0,14	184	0,13	230	0,11
1,4	89	0,23	101	0,22	128	0,19	158	0,16	199	0,14	247	0,12
1,6	102	0,30	116	0,27	147	0,24	181	0,21	227	0,18	283	0,16
1,8	115	0,36	130	0,34	165	0,29	204	0,25	255	0,22	318	0,19
2,0	127	0,44	145	0,40	183	0,35	226	0,31	284	0,27	353	0,23
2,2	140	0,52	159	0,48	202	0,41	249	0,36	312	0,31	389	0,27
2,4	153	0,60	174	0,56	220	0,48	271	0,42	340	0,37	424	0,32
2,6	165	0,69	188	0,64	238	0,55	294	0,48	369	0,42	459	0,37
2,8	178	0,79	203	0,73	257	0,63	317	0,55	397	0,48	495	0,42
3,0	191	0,89	217	0,82	275	0,71	339	0,62	426	0,54	530	0,47
3,2	204	1,00	232	0,92	293	0,79	362	0,70	454	0,60	565	0,53
3,4	216	1,11	246	1,02	311	0,88	385	0,77	482	0,67	601	0,59
3,6	229	1,23	261	1,13	330	0,98	407	0,86	511	0,74	636	0,65
3,8	242	1,35	275	1,24	348	1,07	430	0,94	539	0,82	672	0,71
4,0	254	1,48	290	1,36	366	1,17	452	1,03	567	0,89	707	0,78
4,2	267	1,61	304	1,48	385	1,28	475	1,12	596	0,97	742	0,85
4,4	280	1,74	318	1,61	403	1,39	498	1,22	624	1,06	778	0,92
4,6	293	1,88	333	1,74	421	1,50	520	1,31	653	1,14	813	0,99
4,8	305	2,03	347	1,87	440	1,62	543	1,42	681	1,23	848	1,07
5,0	318	2,18	362	2,01	458	1,74	565	1,52	709	1,32	884	1,15
5,2	331	2,33	376	2,15	476	1,86	588	1,63	738	1,41	919	1,23
5,4	344	2,49	391	2,30	495	1,99	611	1,74	766	1,51	954	1,32
5,6	356	2,66	405	2,45	513	2,12	633	1,86	794	1,61	990	1,40
5,8	369	2,83	420	2,61	531	2,25	656	1,97	823	1,71	1025	1,49
6,0	382	3,00	434	2,77	550	2,39	679	2,09	851	1,82	1060	1,58
6,2	394	3,18	449	2,93	568	2,53	701	2,22	880	1,92	1096	1,68
6,4	407	3,36	463	3,10	586	2,67	724	2,34	908	2,03	1131	1,77
6,6	420	3,54	478	3,27	605	2,82	746	2,47	936	2,15	1166	1,87
6,8	433	3,73	492	3,44	623	2,97	769	2,61	965	2,26	1202	1,95
7,0	445	3,93	507	3,62	641	3,13	792	**2,74**	993	2,38	1237	2,06
7,5	477	4,43	543	4,09	687	3,53	848	3,09	1064	2,68	1325	2,33
8,0	509	4,96	579	4,58	733	3,95	905	3,46	1135	2,99	1414	2,62
8,5	541	5,52	615	5,09	779	4,39	961	3,82	1206	3,33	1502	2,93
9,0	573	6,10	651	5,63	824	4,86	1018	4,23	1277	3,70	1590	3,24
9,5	604	6,70	688	6,18	870	5,29	1074	4,67	1348	4,08	1679	3,58
10,0	636	7,33	724	6,76	916	5,81	1131	5,12	1419	4,47	1767	3,93
10,5	668	7,99	760	7,37	962	6,34	1188	5,59	1490	4,89	1856	4,29
11,0	700	8,66	796	7,94	1008	6,90	1244	6,08	1561	5,32	1944	4,66
11,5	732	9,29	832	8,60	1054	7,48	1301	6,59	1631	5,76	2032	5,06
12,0	763	10,03	869	9,29	1099	8,07	1357	7,12	1702	6,22	2121	5,46

6

Druckverluste durch gerade Leitungsabschnitte (Fortsetzung)

Druckabfall R_0 durch gerade Leitungsabschnitte, Tabelle (Fortsetzung)

v in m/s	Nenndurchmesser in mm					
	280		300		315	
	$\dot{V}$ in m³/h	R_0 in Pa/m	$\dot{V}$ in m³/h	R_0 in Pa/m	$\dot{V}$ in m³/h	R_0 in Pa/m
1,0	222	0,06	254	0,05	281	0,05
1,1	244	0,07	280	0,06	309	0,06
1,2	266	0,08	305	0,08	337	0,07
1,3	288	0,09	331	0,09	365	0,08
1,4	310	0,11	356	0,10	393	0,09
1,6	355	0,14	407	0,12	449	0,12
1,8	399	0,17	458	0,15	505	0,14
2,0	443	0,20	509	0,18	561	0,17
2,2	488	0,24	560	0,22	617	0,20
2,4	532	0,28	611	0,25	673	0,24
2,6	576	0,32	662	0,29	729	0,27
2,8	621	0,36	713	0,33	786	0,31
3,0	665	0,41	763	0,37	842	0,35
3,2	709	0,46	814	0,42	898	0,39
3,4	754	0,51	865	0,47	954	0,44
3,6	798	0,56	916	0,52	1010	0,49
3,8	842	0,62	967	0,57	1066	0,53
4,0	887	0,68	1018	0,62	1122	0,58
4,2	931	0,74	1069	0,68	1178	0,64
4,4	975	0,80	1120	0,73	1234	0,69
4,6	1020	0,86	1171	0,79	1291	0,75
4,8	1064	0,93	1221	0,85	1347	0,80
5,0	1108	1,00	1272	0,92	1403	0,86
5,2	1153	1,07	1323	0,98	1459	0,92
5,4	1197	1,14	1374	1,05	1515	0,98
5,6	1241	1,22	1425	1,12	1571	1,04
5,8	1286	1,30	1476	1,18	1627	1,11
6,0	1330	1,37	1527	1,25	1683	1,18
6,2	1374	1,45	1578	1,33	1739	1,26
6,4	1419	1,53	1629	1,41	1796	1,33
6,6	1463	1,62	1679	1,49	1852	1,41
6,8	1507	1,71	1730	1,57	1908	1,48
7,0	1552	1,80	1781	1,66	1964	1,56
7,5	1663	2,04	1909	1,88	2104	1,77
8,0	1773	2,29	2036	2,11	2244	1,99
8,5	1884	2,56	2163	2,35	2385	2,22
9,0	1995	2,83	2290	2,61	2525	2,46
9,5	2106	3,13	2417	2,88	2665	2,72
10,0	2217	3,43	2545	3,16	2806	2,98
10,5	2328	3,75	2672	3,45	2946	3,26
11,0	2438	4,08	2799	3,76	3086	3,54
11,5	2549	4,42	2926	4,07	3226	3,84
12,0	2660	4,77	3054	4,40	3367	4,15

v in m/s	Nenndurchmesser in mm					
	355		400		450	
	$\dot{V}$ in m³/h	R_0 in Pa/m	$\dot{V}$ in m³/h	R_0 in Pa/m	$\dot{V}$ in m³/h	R_0 in Pa/m
1,0	356	0,04	452	0,04	573	0,03
1,1	392	0,05	498	0,05	630	0,04
1,2	428	0,06	543	0,05	687	0,05
1,3	463	0,07	588	0,06	744	0,05
1,4	499	0,08	633	0,07	802	0,06
1,6	570	0,10	724	0,09	916	0,08
1,8	641	0,12	814	0,11	1031	0,09
2,0	713	0,15	905	0,13	1145	0,11
2,2	784	0,18	995	0,15	1260	0,13
2,4	855	0,21	1086	0,18	1374	0,15
2,6	926	0,24	1176	0,20	1489	0,18
2,8	998	0,27	1267	0,23	1603	0,20
3,0	1069	0,30	1357	0,26	1718	0,23
3,2	1140	0,34	1448	0,29	1832	0,25
3,4	1212	0,38	1538	0,33	1947	0,28
3,6	1283	0,42	1629	0,36	2061	0,31
3,8	1354	0,46	1719	0,40	2176	0,34
4,0	1425	0,50	1810	0,43	2290	0,37
4,2	1497	0,55	1900	0,47	2405	0,41
4,4	1568	0,59	1991	0,51	2519	0,44
4,6	1639	0,64	2081	0,55	2634	0,48
4,8	1710	0,69	2171	0,59	2748	0,52
5,0	1782	0,74	2262	0,64	2863	0,56
5,2	1853	0,79	2352	0,69	2977	0,60
5,4	1924	0,85	2443	0,74	3092	0,64
5,6	1995	0,91	2533	0,79	3206	0,68
5,8	2067	0,97	2624	0,84	3321	0,73
6,0	2138	1,03	2714	0,89	3435	0,77
6,2	2209	1,09	2805	0,94	3550	0,82
6,4	2280	1,15	2895	1,00	3664	0,87
6,6	2352	1,22	2986	1,06	3779	0,92
6,8	2423	1,29	3076	1,12	3893	0,97
7,0	2494	1,36	3167	1,18	4008	1,02
7,5	2672	1,54	3393	1,33	4294	1,16
8,0	2851	1,73	3619	1,50	4580	1,30
8,5	3029	1,93	3845	1,67	4867	1,45
9,0	3207	2,14	4072	1,85	5153	1,61
9,5	3385	2,36	4298	2,05	5439	1,78
10,0	3563	2,59	4524	2,25	5726	1,95
10,5	3741	2,83	4750	2,45	6012	2,13
11,0	3920	3,07	4976	2,67	6298	2,32
11,5	4098	3,33	5202	2,89	6584	2,52
12,0	4276	3,60	5429	3,13	6871	2,72

6

Druckverluste durch gerade Leitungsabschnitte (Fortsetzung)

Druckabfall R_0 durch gerade Leitungsabschnitte, Tabelle (Fortsetzung)

v in m/s	Nenndurchmesser in mm											
	500		560		600		630		710		800	
	$\dot{V}$ in m³/h	R_0 in Pa/m	$\dot{V}$ in m³/h	R_0 in Pa/m	$\dot{V}$ in m³/h	R_0 in Pa/m	$\dot{V}$ in m³/h	R_0 in Pa/m	$\dot{V}$ in m³/h	R_0 in Pa/m	$\dot{V}$ in m³/h	R_0 in Pa/m
1,0	707	0,03	887	0,03	1018	0,02	1122	0,02	1425	0,02	1810	0,02
1,1	778	0,03	975	0,03	1120	0,03	1234	0,03	1568	0,02	1991	0,02
1,2	848	0,04	1064	0,03	1221	0,03	1347	0,03	1710	0,03	2171	0,02
1,3	919	0,05	1153	0,04	1323	0,04	1459	0,03	1853	0,03	2352	0,03
1,4	990	0,05	1241	0,05	1425	0,04	1571	0,04	1995	0,03	2533	0,03
1,6	1131	0,07	1419	0,06	1629	0,05	1796	0,05	2280	0,04	2895	0,04
1,8	1272	0,08	1596	0,07	1832	0,06	2020	0,06	2566	0,05	3257	0,05
2,0	1414	0,10	1773	0,08	2036	0,08	2244	0,07	2851	0,06	3619	0,05
2,2	1555	0,12	1951	0,10	2239	0,09	2469	0,09	3136	0,07	3981	0,06
2,4	1696	0,13	2128	0,12	2443	0,11	2693	0,10	3421	0,09	4343	0,07
2,6	1838	0,15	2305	0,13	2646	0,12	2918	0,12	3706	0,10	4705	0,09
2,8	1979	0,18	2483	0,15	2850	0,14	3142	0,13	3991	0,11	5067	0,10
3,0	2121	0,20	2660	0,17	3054	0,16	3367	0,15	4276	0,13	5429	0,11
3,2	2262	0,22	2837	0,19	3257	0,18	3591	0,17	4561	0,14	5791	0,13
3,4	2403	0,24	3015	0,21	3461	0,20	3816	0,19	4846	0,16	6152	0,14
3,6	2545	0,27	3192	0,24	3664	0,22	4040	0,21	5131	0,18	6514	0,15
3,8	2686	0,30	3369	0,26	3868	0,24	4264	0,23	5416	0,20	6876	0,17
4,0	2827	0,33	3547	0,29	4072	0,26	4489	0,25	5701	0,22	7238	0,19
4,2	2969	0,36	3724	0,31	4275	0,29	4713	0,27	5986	0,24	7600	0,20
4,4	3110	0,39	3901	0,34	4479	0,31	4938	0,30	6271	0,26	7962	0,22
4,6	3252	0,42	4079	0,37	4682	0,34	5162	0,32	6556	0,28	8324	0,24
4,8	3393	0,46	4256	0,40	4886	0,37	5387	0,35	6841	0,30	8686	0,26
5,0	3534	0,49	4433	0,43	5089	0,39	5611	0,37	7127	0,32	9048	0,28
5,2	3676	0,53	4611	0,46	5293	0,42	5835	0,40	7412	0,35	9410	0,30
5,4	3817	0,56	4788	0,49	5497	0,45	6060	0,43	7697	0,37	9772	0,32
5,6	3958	0,60	4965	0,53	5700	0,48	6284	0,46	7982	0,40	10134	0,34
5,8	4100	0,64	5143	0,56	5904	0,52	6509	0,49	8267	0,42	10495	0,37
6,0	4241	0,68	5320	0,60	6107	0,55	6733	0,52	8552	0,45	10857	0,39
6,2	4383	0,72	5497	0,63	6311	0,58	6958	0,55	8837	0,48	11219	0,41
6,4	4524	0,77	5675	0,67	6514	0,62	7182	0,58	9122	0,51	11581	0,44
6,6	4665	0,81	5852	0,71	6718	0,65	7407	0,62	9407	0,54	11943	0,46
6,8	4807	0,86	6029	0,75	6922	0,69	7631	0,65	9692	0,56	12305	0,49
7,0	4948	0,90	6207	0,79	7125	0,73	7855	0,69	9977	0,60	12667	0,52
7,5	5301	1,02	6650	0,89	7634	0,82	8417	0,78	10690	0,67	13572	0,59
8,0	5655	1,15	7093	1,01	8143	0,93	8978	0,87	11402	0,76	14476	0,66
8,5	6008	1,28	7537	1,12	8652	1,03	9539	0,98	12115	0,85	15381	0,74
9,0	6362	1,42	7980	1,24	9161	1,15	10100	1,08	12828	0,94	16286	0,82
9,5	6715	1,57	8423	1,37	9670	1,27	10661	1,19	13540	1,04	17191	0,90
10,0	7069	1,72	8867	1,51	10179	1,39	11222	1,31	14253	1,14	18096	0,99
10,5	7422	1,88	9310	1,65	10688	1,52	11783	1,43	14966	1,24	19000	1,08
11,0	7775	2,05	9754	1,79	11197	1,65	12344	1,56	15678	1,35	19905	1,18
11,5	8129	2,22	10197	1,94	11706	1,79	12905	1,69	16391	1,47	20810	1,28
12,0	8482	2,40	10640	2,10	12215	1,94	13466	1,83	17104	1,59	21715	1,38

Druckverluste durch gerade Leitungsabschnitte (Fortsetzung)

Druckabfall R_0 durch gerade Leitungsabschnitte, Tabelle (Fortsetzung)

v in m/s	Nenndurchmesser in mm											
	900		1000		1120		1250		1400		1600	
	$\dot{V}$ in m³/h	R_0 in Pa/m	$\dot{V}$ in m³/h	R_0 in Pa/m	$\dot{V}$ in m³/h	R_0 in Pa/m	$\dot{V}$ in m³/h	R_0 in Pa/m	$\dot{V}$ in m³/h	R_0 in Pa/m	$\dot{V}$ in m³/h	R_0 in Pa/m
1,0	2290	0,01	2827	0,01	3547	0,01	4418	0,01	5542	0,01	7238	0,01
1,1	2519	0,02	3110	0,01	3901	0,01	4860	0,01	6096	0,01	7962	0,01
1,2	2748	0,02	3393	0,02	4256	0,01	5301	0,01	6650	0,01	8686	0,01
1,3	2977	0,02	3676	0,02	4611	0,02	5743	0,01	7204	0,01	9410	0,01
1,4	3206	0,03	3958	0,02	4965	0,02	6185	0,02	7758	0,01	10134	0,01
1,6	3664	0,03	4524	0,03	5675	0,02	7069	0,02	8867	0,02	11581	0,02
1,8	4122	0,04	5089	0,03	6384	0,03	7952	0,03	9975	0,02	13029	0,02
2,0	4580	0,05	5655	0,04	7093	0,04	8836	0,03	11084	0,03	14476	0,02
2,2	5038	0,06	6220	0,05	7803	0,04	9719	0,04	12192	0,03	15924	0,03
2,4	5497	0,06	6786	0,06	8512	0,05	10603	0,04	13300	0,04	17372	0,03
2,6	5955	0,07	7351	0,07	9222	0,06	11486	0,05	14409	0,04	18819	0,04
2,8	6413	0,09	7917	0,08	9931	0,07	12370	0,06	15517	0,05	20267	0,04
3,0	6871	0,10	8482	0,09	10640	0,07	13254	0,07	16625	0,06	21715	0,05
3,2	7329	0,11	9048	0,10	11350	0,08	14137	0,07	17734	0,06	23162	0,05
3,4	7787	0,12	9613	0,11	12059	0,09	15021	0,08	18842	0,07	24610	0,06
3,6	8245	0,13	10179	0,12	12768	0,10	15904	0,09	19950	0,08	26058	0,07
3,8	8703	0,15	10744	0,13	13478	0,11	16788	0,10	21059	0,09	27505	0,08
4,0	9161	0,16	11310	0,14	14187	0,13	17671	0,11	22167	0,10	28953	0,08
4,2	9619	0,18	11875	0,16	14896	0,14	18555	0,12	23275	0,11	30401	0,09
4,4	10077	0,19	12441	0,17	15606	0,15	19439	0,13	24384	0,11	31848	0,10
4,6	10535	0,21	13006	0,19	16315	0,16	20322	0,14	25492	0,12	33296	0,11
4,8	10993	0,23	13572	0,20	17024	0,17	21206	0,15	26600	0,13	34744	0,11
5,0	11451	0,24	14137	0,22	17734	0,19	22089	0,17	27709	0,14	36191	0,12
5,2	11909	0,26	14703	0,23	18443	0,20	22973	0,18	28817	0,16	37639	0,13
5,4	12367	0,28	15268	0,25	19152	0,22	23856	0,19	29926	0,17	39086	0,14
5,6	12825	0,30	15834	0,26	19862	0,23	24740	0,20	31034	0,18	40534	0,15
5,8	13283	0,32	16399	0,28	20571	0,25	25624	0,22	32142	0,19	41982	0,16
6,0	13741	0,34	16965	0,30	21280	0,26	26507	0,23	33251	0,20	43429	0,17
6,2	14199	0,36	17530	0,32	21990	0,28	27391	0,24	34359	0,21	44877	0,18
6,4	14657	0,38	18096	0,34	22699	0,30	28274	0,26	35467	0,23	46325	0,19
6,6	15115	0,40	18661	0,36	23408	0,31	29158	0,27	36576	0,24	47772	0,20
6,8	15574	0,43	19227	0,38	24118	0,33	30041	0,29	37684	0,25	49220	0,22
7,0	16032	0,45	19792	0,40	24827	0,35	30925	0,31	38792	0,27	50668	0,23
7,5	17177	0,51	21206	0,45	26600	0,39	33134	0,35	41563	0,30	54287	0,26
8,0	18322	0,57	22619	0,51	28374	0,44	35343	0,39	44334	0,34	57906	0,29
8,5	19467	0,64	24033	0,57	30147	0,49	37552	0,43	47105	0,38	61525	0,33
9,0	20612	0,71	25447	0,63	31921	0,55	39761	0,48	49876	0,42	65144	0,36
9,5	21757	0,78	26861	0,69	33694	0,61	41970	0,53	52647	0,47	68763	0,40
10,0	22902	0,86	28274	0,76	35467	0,67	44179	0,58	55418	0,51	72382	0,44
10,5	24047	0,94	29688	0,83	37241	0,73	46388	0,64	58189	0,56	76001	0,48
11,0	25192	1,02	31102	0,90	39014	0,79	48597	0,70	60959	0,61	79621	0,52
11,5	26338	1,11	32515	0,98	40787	0,86	50805	0,75	63730	0,66	83240	0,57
12,0	27483	1,20	33929	1,06	42561	0,93	53014	0,82	66501	0,71	86859	0,61

Druckverluste durch gerade Leitungsabschnitte (Fortsetzung)

Beispiele zur Benutzung des Rohrreibungsdiagrammes und der Tabelle der Druckgefälle

B In einem hydraulisch glatten Lüftungsrohr DN 400 strömen je Stunde 2000 m^3 Luft. Bestimmen Sie den Druckabfall je Meter. Lösung (Siehe blaue Linie im Diagramm): Von 2000 m^3/h auf der *x*-Achse geht man senkrecht bis zur Linie von DN 400, dann nach links zur *y*-Achse und liest dort das Druckgefälle R_0 von ca. 0,5 Pa/m ab. Aus der Tabelle ergibt sich für einen Volumenstrom von 1991 m^3/h ein Druckgefälle R_0 von 0,51 Pa/m

Korrekturen für raue und strukturierte Oberflächen

Da in der Praxis zumeist keine hydraulisch glatte Oberfläche vorliegt, muss der aus dem Diagramm oder der Tabelle ermittelte Wert noch korrigiert werden.

$$R = R_0 \cdot f$$

Druckgefälle im rauen oder strukturierten Rohr

R	tatsächliches Druckgefälle	Pa/m
R_0	Druckgefälle des hydraulisch glatten Rohrs	Pa/m
f	Korrekturfaktor für Rauigkeit oder Struktur	–

Korrekturfaktoren für Oberflächenrauigkeit und Werkstoff

R_0 in Pa	Wickelfalzrohr	Flexibles Rohr	Rauigkeit ε in mm							
			0,1	0,15	0,3	0,5	1,0	1,5	3,0	5,0
0,05	1,10	1,43	0,97	0,99	0,99	1,03	1,06	1,14	1,47	1,59
0,2	1,20	1,72	1,03	1,07	1,11	1,19	1,30	1,44	1,83	2,11
0,4	1,24	1,86	1,06	1,10	1,17	1,27	1,43	1,59	2,01	2,36
0,8	1,29	2,00	1,09	1,14	1,23	1,35	1,55	1,74	2,19	2,62
2	1,35	2,19	1,13	1,19	1,31	1,46	1,71	1,94	2,43	2,96
4	1,39	2,34	1,16	1,22	1,37	1,54	1,84	2,09	2,61	3,21
6	1,42	2,42	1,18	1,24	1,41	1,59	1,91	2,18	2,72	3,36
8	1,44	2,48	1,19	1,26	1,43	1,62	1,96	2,24	2,79	3,47
10	1,45	2,53	1,20	1,27	1,45	1,65	2,00	2,29	2,85	3,55
12	1,46	2,56	1,21	1,28	1,47	1,67	2,03	2,33	2,90	3,62
14	1,47	2,59	1,21	1,29	1,48	1,69	2,06	2,36	2,94	3,67
16	1,48	2,62	1,22	1,29	1,49	1,71	2,08	2,39	2,97	3,72
18	1,49	2,65	1,23	1,30	1,50	1,72	2,10	2,42	3,00	3,77
20	1,50	2,67	1,23	1,31	1,51	1,73	2,12	2,44	3,03	3,81
22	1,50	2,69	1,23	1,31	1,52	1,74	2,14	2,46	3,06	3,84
24	1,51	2,71	1,24	1,32	1,53	1,75	2,16	2,48	3,08	3,87
26	1,51	2,72	1,24	1,32	1,53	1,76	2,17	2,50	3,10	3,90
28	1,52	2,74	1,24	1,32	1,54	1,77	2,18	2,51	3,12	3,93
30	1,52	2,75	1,25	1,33	1,55	1,78	2,20	2,53	3,14	3,96
32	1,53	2,76	1,25	1,33	1,55	1,79	2,21	2,54	3,15	3,98
34	1,53	2,78	1,25	1,33	1,56	1,79	2,22	2,56	3,17	4,00
36	1,53	2,79	1,26	1,34	1,56	1,80	2,23	2,57	3,18	4,02
38	1,54	2,80	1,26	1,34	1,57	1,81	2,24	2,58	3,20	4,04
40	1,54	2,81	1,26	1,34	1,57	1,81	2,25	2,59	3,21	4,06
42	1,54	2,82	1,26	1,34	1,57	1,82	2,26	2,60	3,22	4,08
44	1,55	2,83	1,26	1,35	1,58	1,82	2,26	2,61	3,24	4,10
46	1,55	2,84	1,27	1,35	1,58	1,83	2,27	2,62	3,25	4,11
48	1,55	2,85	1,27	1,35	1,59	1,83	2,28	2,63	3,26	4,13
50	1,55	2,86	1,27	1,35	1,59	1,84	2,29	2,64	3,27	4,14
60	1,57	2,89	1,28	1,36	1,61	1,86	2,32	2,68	3,32	4,21
70	1,58	2,93	1,28	1,37	1,62	1,88	2,35	2,71	3,36	4,27
80	1,59	2,95	1,29	1,38	1,63	1,89	2,37	2,74	3,39	4,32
90	1,59	2,98	1,30	1,38	1,64	1,91	2,39	2,77	3,42	4,36
100	1,60	3,00	1,30	1,39	1,65	1,92	2,41	2,79	3,45	4,40

Druckverluste durch gerade Leitungsabschnitte (Fortsetzung)

Beispiele für die absolute Rauigkeit ε in mm	
Kanalbauart	**Rauigkeit ε**
Betonkanal glatt	0,5
Betonkanal rau	1,0 … 3,0
Faserzement	0,15
Blechkanal	0,15
gemauert	3,0 … 5,0
PVC/PE	0,01 (≈ glatt)

B In einem Wickelfalzrohr mit einer Länge von 8 m und einem Durchmesser von 600 mm strömt Luft mit einer Geschwindigkeit von 8,5 m/s. Welcher Druckabfall herrscht unter den gegebenen Bedingungen?

Lösung:

Aus der Tabelle → „Druckabfall R_0 durch gerade Leitungsabschnitte" kann man bei einem Durchmesser von 600 mm und einer Strömungsgeschwindigkeit von 8,5 m/s einen Druckabfall von 1,03 Pa/m ablesen.

Aus der Tabelle „Korrekturfaktoren für Oberflächenrauigkeit und Werkstoff" ergibt sich ein Korrekturfaktor von 1,30.

Der Druckverlust von Δp =1,03 Pa/m · 1,30 · 8 m = **10,7 Pa.**

Vorgehensweise zur Druckverlustermittlung in geraden Leitungsabschnitten

Art der Leitung

Rohr – glatt	Rohr – rau	Kanal – glatt	Kanal – rau
		Ermittlung des hydraulischen Durchmessers mit Tab S. 318 oder mit $d_h = \frac{2 \cdot a \cdot b}{(a+b)} = \frac{4 \cdot A}{U}$	Ermittlung des hydraulischen Durchmessers mit Tab S. 318 oder mit $d_h = \frac{2 \cdot a \cdot b}{(a+b)} = \frac{4 \cdot A}{U}$
Mit Diagramm S. 320 oder Tabellen S. 321 ff $\Rightarrow R_0$	Mit Diagramm S. 320 oder Tabellen S. 321 ff $\Rightarrow R_0$	Mit d_h und der Strömungsgeschwindigkeit v Mit Diagramm S. 320 oder Tabellen S. 321 ff $\Rightarrow R_0$	Mit d_h und der Strömungsgeschwindigkeit v Mit Diagramm S. 320 oder Tabellen S. 321 ff $\Rightarrow R_0$
	Korrekturfaktor f_R aus Tab. S. 326 ermitteln		Korrekturfaktor f_R aus Tab. S. 326 ermitteln
$R = R_0$	$R = R_0 \cdot f_R$	$R = R_0$	$R = R_0 \cdot f_R$

$$\Delta p = R \cdot l$$

Druckverluste durch Einbauten

Druckverluste verschiedener Einbauteile (Herstellerangaben und Erfahrungswerte)

Bauteil	Druckverlust in Pa	Bemerkung
Grobfilter	30 … 50	Filter: Die Druckverluste sind Anfangsdruckverluste, sie steigen im Betrieb teilweise bis auf das 10-fache an.
Feinfilter	50 … 150	
Schwebstofffilter	100 … 300	
Brandschutzklappe	10 … 50	Die großen Druckverlustbereiche ergeben sich aus verschiedenen Bauarten.
Luftein- und -auslass	10 … 100	
Lufterhitzer	30 … 120	
Luftkühler	60 … 180	Grundsätzlich sind Herstellerangaben nur Anghaltswerte.
Schalldämpfer	20 … 80	
Tropfenabscheider	20 … 60	
Ventilatorgehäuse	20 … 60	
Wärmerückgewinnung	100 … 200	
Wäscherkammer	100 … 200	

6

Druckverluste durch Einbauten (Fortsetzung)

Ermittlung des Druckverlustes mit Hilfe des Widerstandsbeiwertes ζ

Die Druckverluste durch Einbauten werden mit dem Widerstandsbeiwert errechnet, der die Geometrie und die daraus resultierenden Reibungswiderstände enthält.

$$Z = \zeta \cdot \frac{\varrho}{2} \cdot v^2$$

Druckverluste durch Einbauten
(→ Druckverluste in Rohrleitungen)

Z	Druckverlust des Bauteils	Pa
ζ	Widerstandsbeiwert	–
ϱ	Dichte (bei Luft meist 1,2 kg/m³)	kg/m³
v	Strömungsgeschwindigkeit	m/s

Widerstandsbeiwerte von Formstücken in RLT-Anlagen

Formstücke für Lüftungsrohre (kreisrund)

Bogen 90°

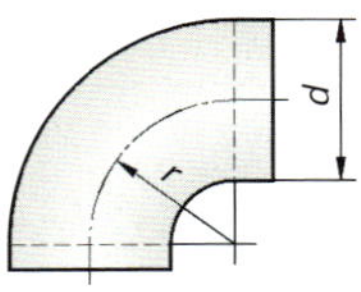

r/*d*	ζ
0,5	0,9
0,75	0,43
1,0	0,33
1,5	0,24
2,0	0,19
3,0	0,17
4,0	0,15

Bogen 45°

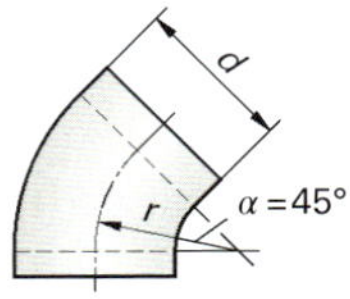

r/*d*	ζ
1	0,1
2	0,05

Segmentbogen

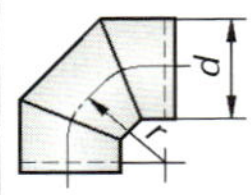

r/*d*	ζ_3	ζ_5
0,5	1,3	1,1
0,75	0,8	0,6
1,0	0,5	0,4
1,5	0,3	0,25
2,0	0,25	0,2

ζ_3: Bei 3 Segmenten

ζ_5: Bei 5 Segmenten

Übergangsstück stumpf

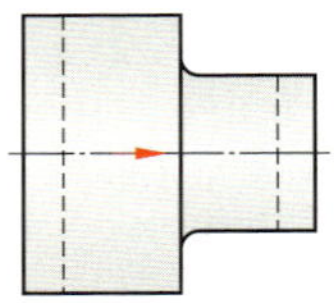

A_2/A_1	ζ
0,1	0,6
0,2	0,5
0,4	0,3
0,6	0,2
0,8	0,1
1,0	0,05

Übergangsstück konisch, symmetrisch und asymmetrisch

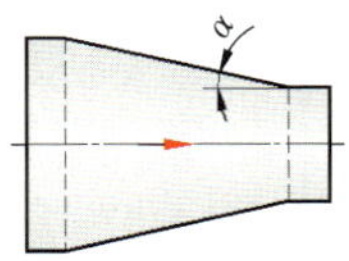

A_2/A_1	ζ
0,2	0,08
0,4	0,08
0,6	0,06
0,8	0,02
1,0	0,0

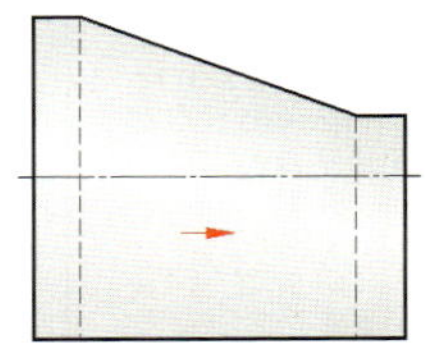

Abzweig 45°, 60°, 90

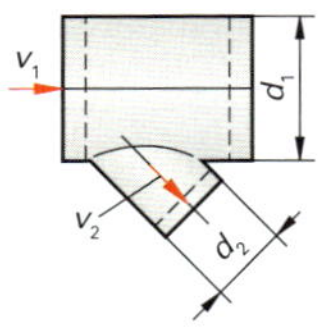

v_1/v_2	ζ_2 90°	ζ_2 60°	ζ_2 45°
0,4	7,0	5,0	3,5
0,6	3,4	2,2	1,3
0,8	2,1	1,3	0,7
1,0	1,5	0,8	0,4

Hosenstück

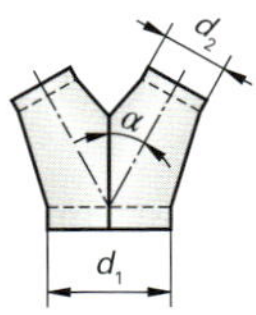

α	ζ
10	0,1
30	0,3
45	0,7
60	1,0

T- Stück

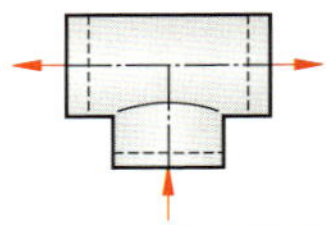

Der ζ-Wert beträgt bei Trennung und Zusammenführung 1,4

Formstücke für Lüftungskanäle (rechteckig)

Bogen 90°

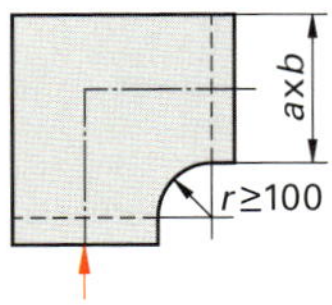

a/*b*	ζ
0,25	2,1
0,5	1,7
1,0	1,2
2,0	0,6

Bogen 45°

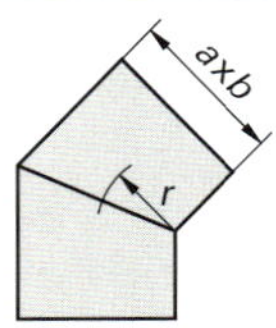

r/*a*	ζ
0	1,4
0,2	0,7
0,4	0,6
0,6	0,7
0,8	1,1

Segmentbogen

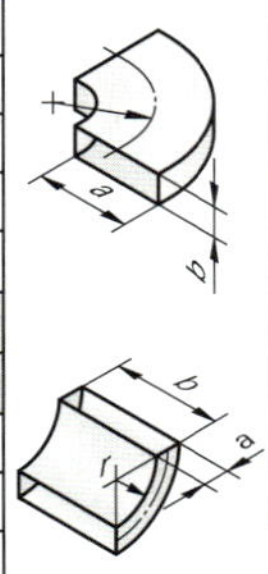

b/*a*	*r*/*a*	ζ
0,25	0,75	0,55
	1,0	0,45
	1,5	0,3
0,5	0,75	0,45
	1,0	0,3
	1,5	0,2
0,75 – 3,00	0,75	0,4
	1,0	0,2
	1,5	0,15

Abzweigstück 90°

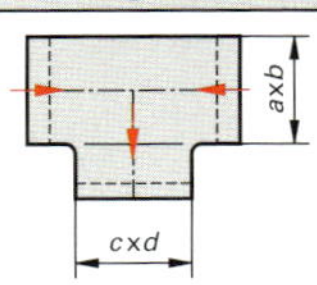

a/*b*	ζ
0,25	2,1
0,5	1,7
1,0	1,2
2,0	0,6

Hosenstück

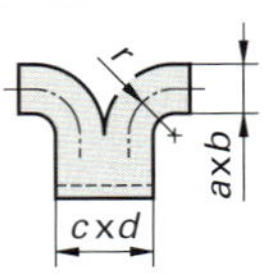

r/*b*	ζ
0,5	1,0
0,75	0,5
1,0	0,25
1,5	0,15

Druckverluste durch Einbauten (Fortsetzung)

Widerstandsbeiwerte von Formstücken in RLT-Anlagen (Fortsetzung)

Übergangsstücke

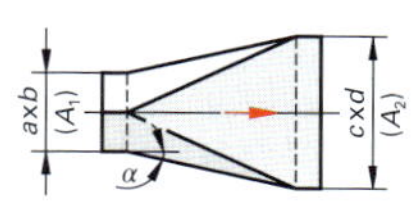

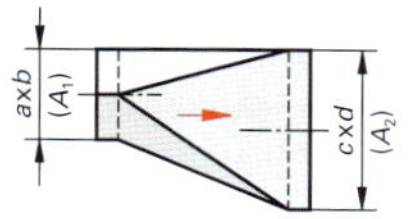

A_1/A_2	$\alpha = 5°$	7,5°	10°	15°	20°	>30°
0,5	0,06	0,08	0,12	0,20	0,28	0,29
0,33	0,10	0,15	0,21	0,37	0,46	0,49

Abzweig 90°

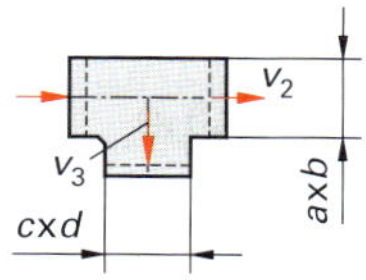

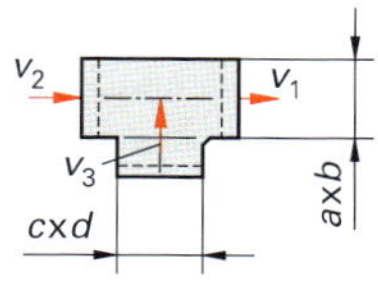

	Trennung				Vereinigung			
v_3/v_1	0,4	0,6	0,8	1,0	0,4	0,6	0,8	1,0
ζ_3	7	3,4	2,1	1,5	0,5	0,9	1,3	1,5

Verschiedenartige Formstücke und Einbauten

Einströmöffnung scharfkantig

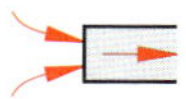

	○	□
ζ	0,9	1,25

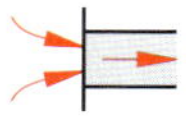

	○	□
ζ	0,6	0,7

Einströmöffnung abgerundet

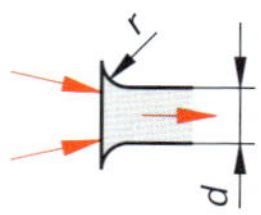

r/d	ζ
0,25	0,2
0,5	0,1
0,75	0,05
1,0	0,005

Einströmöffnung winkelig

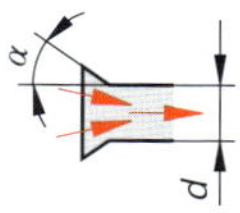

$\alpha°$	ζ
15	0,5
30	0,3
45	0,3
60	0,4

Bogen 90° mit Leitblechen

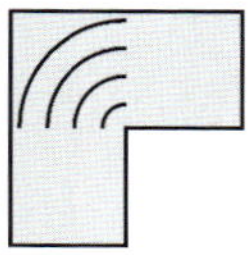

Der ζ-Wert beträgt 0,35

Außen- und Fortluftgitter

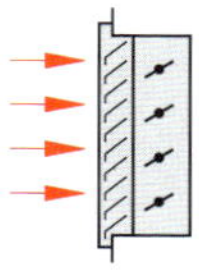

$\zeta = 10$
Starke Abhängigkeit von der Jalousienstellung

Deckenzu- und Abluftgitter

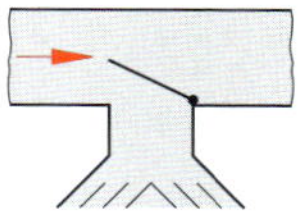

$\zeta = 2,0$
Starke Abhängigkeit von der Klappenstellung

Jalousienklappe gleichläufig

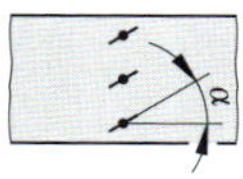

$\alpha°$	ζ
0	0,25
15	0,7
30	2,2
45	6,5
60	20

Jalousienklappe gegenläufig

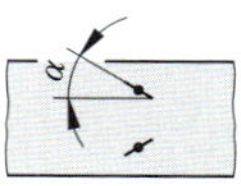

$\alpha°$	ζ
0	0,35
15	1,1
30	3,3
45	10
60	30

Etagenstück

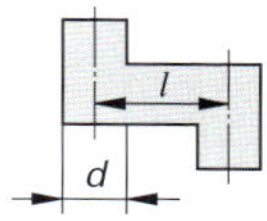

l/d	ζ
0,5	1,6
1,0	1,9
2,0	2,1
3,0	2,3
4,0	2,5

Grundsätze der Dimensionierung

Dimensionierung von Lüftungsleitungen in RLT-Anlagen

Aus der Berechnungsgleichung für den → Volumenstrom ergibt sich das gesuchte Maß, gewählt wird das nächst größere Maß.

$$b = \frac{\dot{V}_h}{a \cdot w \cdot 3600\ \text{s/h}}$$

Erforderliches Kanalmaß

$$d = \sqrt{\frac{4 \cdot \dot{V}_h}{\pi \cdot w \cdot 3600\ \text{s/h}}}$$

Erforderlicher Rohrdurchmesser

$$w_{tat} = \frac{b}{b_{gewählt}} \cdot w$$

Tatsächliche Strömungsgeschwindigkeit bei Kanälen

b	Gesuchtes Rechteckmaß	m
a	Vorgegebenes Maß	m
w	Gewählte Strömungsgeschwindigkeit	m/s
$\dot{V}_h$	Stündlicher Volumenstrom	m^3/h
d	Gesuchter Durchmesser	m
w_{tat}	Tatsächliche Strömungsgeschwindigkeit	m/s
b	Errechnete Breite/Höhe	m; mm
$b_{gewählt}$	Gewählte Breite/Höhe	m; mm
v	Geschwindigkeitsannahme	m/s
d	Errechneter Durchmesser	m; mm
$d_{gewählt}$	Gewählte Durchmesser	m; mm

6

Beispiel zur Druckverlustberechnung in RLT-Anlagen

Grundsatz: Es ist der Druckverlust auf dem **ungünstigsten** Weg **eines** Teilchens zu ermitteln. Ist der ungünstigste Weg nicht ersichtlich, müssen mehrere Berechnungen durchgeführt werden.

Folgen aus diesem Grundsatz für die Berechnung sind:

1) **Nur der ungünstigste Strang (derjenige, der den größten Druckverlust erzeugt) ist zu berücksichtigen.**
2) **Sobald das eine Teilchen aus der Anlage austritt, ist die Berechnung vorbei, z.B. in einem Zuluftkanal mit mehreren Auslässen wird nur der Druckverlust des ungünstigsten Auslasses, also des letzten, berücksichtigt.**

B Der Druckverlust in der unten dargestellten Anlage soll ermittelt werden.

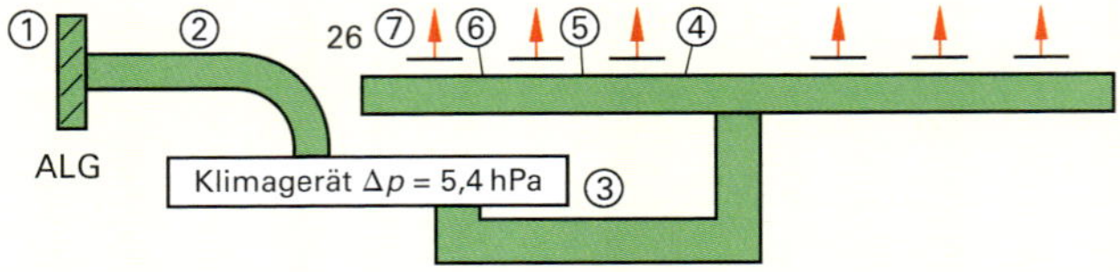

Nach dem Grundsatz zur Berechnung muss der Druckverlust auf dem Weg von Teilstück 1 bis zum Teilstück 6 (Ungünstigster Weg ermittelt werden. Folgende Daten sind bekannt:

Der Gesamtvolumenstrom beträgt 8000 m^3/h.

Teilstück 1: Außenluftgitter $a \cdot b$ = 1200 mm x 800 mm
Teilstück 2: Außenluftrohr d = 710 mm, Wickelfalzrohr, Länge 7 m mit einem 90°-Bogen, r/d = 0,75
Teilstück 3: Zuluftkanal $a \cdot b$ = 800 mm x 500 mm Rauigkeit 0,5 mm, Länge 6,5 m mit 2 Bögen 90°, mit Leitblechen
Teilstück 4: Zuluftkanal $a \cdot b$ = 500 mm x 500 mm, Rauigkeit 0,5 mm, Länge 4 m, 1 T-Stück am Beginn
Teilstück 5: Zuluftkanal $a \cdot b$ = 500 mm x 400 mm, Rauigkeit 0,5 mm, Länge 4 m
Teilstück 6: Zuluftkanal $a \cdot b$ = 300 mm x 300 mm, Rauigkeit 0,5 mm, Länge 4 m
Teilstück 7: Zuluftgitter, $a \cdot b$ = 1000 mm x 400 mm

Die Lösung erfolgt in Tabellenform, um eine bessere Übersichtlichkeit zu schaffen.

Tabelle Zur Ermittlung des Gesamtdruckverlustes, Teil 1

TS	$\dot{V}_h$ in m^3/h	$\dot{V}_s$ in m^3/s	*l* in m	*d* in mm	*a* x *b* in mm		d_h in mm	*v* in m/s
1	8000	2,22	–	–	1200	800	–	2,31
2	8000	2,22	7	710	–	–	–	5,61
3	8000	2,22	6,5	–	800	500	615	5,55
4	4000	1,11	4	–	500	500	500	4,44
5	2667	0,74	4	–	500	400	444	3,7
6	1333	0,37	4	–	300	300	300	4,11
7	1333	0,37	–	–	1000	400	–	0,78

6

Tabelle Zur Ermittlung des Gesamtdruckverlustes, Teil 2

TS	R_0 in Pa	f_R	*R* in Pa	*l* x *R* in Pa	$\Sigma\zeta$	*Z* in Pa	Δp auf dem Teilstück in Pa	Bemerkung
1	–	–	–	–	10	32	32	Außenluftgitter
2	0,4	1,24	0,5	3,5	0,43	8,11	11,61	Bogen 90°, *r*/*d* = 0,75
3	0,47	1,3	0,64	2,66	0,7	12,94	15,6	2 Bögen 90°, Leitbleche
4	0,39	1,27	0,5	2,0	1,4	16,6	18,6	T- Stück Abzweig
5	0,33	1,23	0,41	1,64	–	–	1,64	
6	0,65	1,33	0,86	3,44	–	–	3,44	
7	–	–	–	–	2,0	0,73	0,73	Zuluftgitter

Gesamt:	83,62
Gerät:	540,00
Gesamtdruckverlust:	623,62

Bem.: Bei der Ermittlung der Werte für R_0 und f_r wurden ungefähre Tabellenmittelwerte gewählt.

Achtung: Wenn d_h benutzt wird, muss R_0 mit der Strömungsgeschwindigkeit *v* ermittelt werden, keinesfalls mit dem Volumenstrom.

Beispiel zur Druckverlustberechnung in RLT-Anlagen (Fortsetzung)

Aus dieser Berechnung kann man den Druckverlauf innerhalb der Anlage ermitteln. Alle Einzeldruckverluste sind bekannt sowie die Tatsache, dass am Außenluftgitter und am Zuluftgitter jeweils Umgebungsdruck herrscht, die geraden Abschnitte einen linearen Druckabfall und die Einbauten eine sprunghaften Druckabfall erzeugen.

Druckverlauf aus der Druckverlustberechnung

Anlagenschema

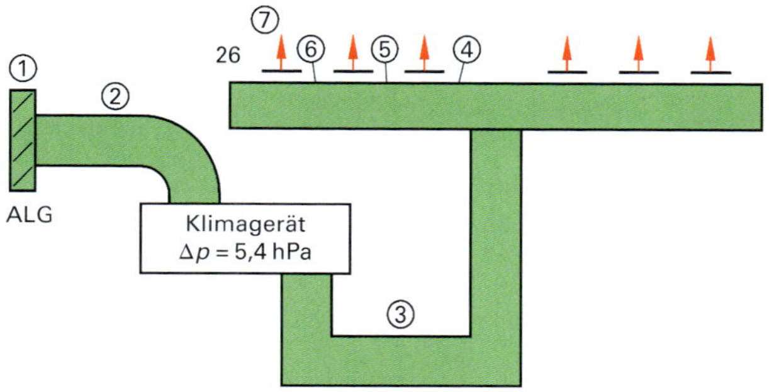

Druckverlauf in den Abschnitten 1 bis 7 (qualitativ)

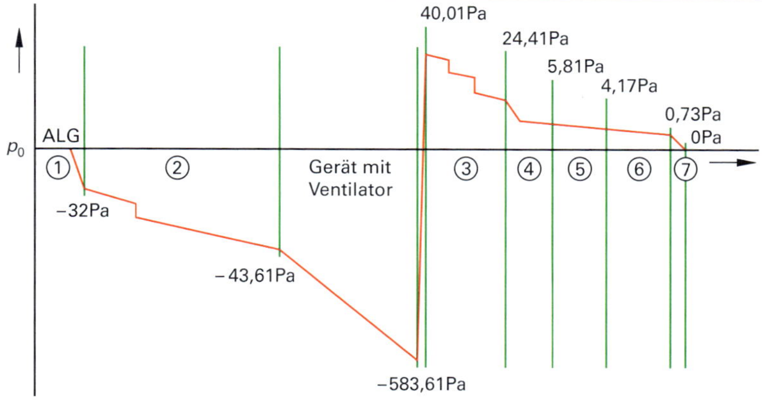

Teilstück 1: Das Außenluftgitter erzeugt einen Druckabfall von Umgebungsdruck auf einen → Unterdruck von 32 Pa.

Teilstück 2: Es gibt 2 gerade Stücke (geringer Druckabfall) und ein Bogen. Der Druck sinkt um weitere 11,61 Pa auf einen Unterdruck von 43,61 Pa.

Zuluftgerät: Ein pauschaler Druckabfall um 540 Pa ergibt einen Unterdruck von 583,61 Pa. Der nachfolgende Ventilator muss den Gesamtdruckverlust der Anlage (623,62 Pa) aufbringen. Nach dem Gerät herrscht ein Überdruck von 40,01 Pa. Die ist der Überdruck, der bis zum Zuluftgitter „verbraucht" wird.

Teilstück 3: Drei gerade Abschnitte (flach) und zwei Bögen ergeben zusammen einen Druckverlust von 15,6 Pa, der Überdruck fällt auf 24,41 Pa.

Teilstück 4: Dies ist das T-Stück (Abzweig) und das gerade Stück bis zum ersten Zuluftgitter (Druckverlust 18,6 Pa). Der Überdruck sinkt auf 5,81 Pa.

Teilstück 5: Dieses Teilstück ist eine gerade Lüftungsleitung, der Druck beträgt 1,64 Pa (Überdruck nachher 4,17 Pa).

Teilstück 6: Dies ist eine gerade Lüftungsleitung mit einem Druckverlust von 3,44 Pa (Überdruck nachher 0,73 Pa).

Teilstück 7: Zuluftgitter mit einem Druckverlust von 0,73 Pa, der Druck fällt auf Umgebungsdruck.

In der Skizze des Druckverlaufs sind die Unter- und Überdrücke eingetragen. Da die Abweichungen zum Normaldruck sehr gering sind (z.B. nach dem ALG ein Druck von 1012,68 hPa), würde sonst die Aussagekraft verloren gehen.

6

Heizregister

Bei einer Luftheizung muss das Heizregister in einer RLT-Anlage den Wärmeverlust des Raumes ausgleichen und die Erwärmung der Außenluft realisieren.

Hierzu sind 2 Anteile von Wärmeleistung notwendig:

1) Der Anteil Außenluftanteil muss auf Raumlufttemperatur erwärmt werden. Überschlägig gilt (vgl. → Lufttechnische Prozesse) bei einer Dichte der Außenluft von 1,25 kg/m³ (Mittelwert für Heizbetrieb) und Vernachlässigung der absoluten Feuchte:

$$\dot{Q}_H = \frac{\dot{V}_{ODA} \cdot \varrho \cdot c_L \cdot \Delta\vartheta}{3600 \text{ m/s}}$$

Heizregisterleistung

$\dot{Q}_H$	Registerleistung	kW
$\dot{V}_{ODA}$	Außenluftvolumenstrom	m³/h
ϱ	Dichte der Luft	1,25 kg/m³
c_L	Spezifische Wärmekapazität trockener Luft	1,006 kJ/(kg · K)
$\Delta\vartheta$	Temperaturdifferenz außen/innen	

Überschlägige Ermittlung der Registerleistung für die Erwärmung der Außenluft auf Raumlufttemperatur

Außenluft-Volumenstrom in m³/h	Temperaturdifferenz zwischen Außenluft und Raumluft $\Delta\vartheta = \vartheta_{RAUM} - \vartheta_{ODA}$ in K												
	35	32	30	28	26	24	22	20	18	16	14	12	10
	Benötigte Wärmeleistung in kW (Werte interpolierbar)												
500	6,1	5,6	5,3	4,9	4,6	4,2	3,9	3,5	3,2	2,8	2,5	2,1	1,8
1000	12,3	11,2	10,5	9,8	9,1	8,4	7,7	7,0	6,3	5,6	4,9	4,2	3,5
1500	18,4	16,8	15,8	14,7	13,7	12,6	11,6	10,5	9,5	8,4	7,4	6,3	5,3
2000	24,5	22,4	21,0	19,6	18,2	16,8	15,4	14,0	12,6	11,2	9,8	8,4	7,0
2500	30,6	28,0	26,3	24,5	22,8	21,0	19,3	17,5	15,8	14,0	12,3	10,5	8,8
3000	36,8	33,6	31,5	29,4	27,3	25,2	23,1	21,0	18,9	16,8	14,7	12,6	10,5
3500	42,9	39,2	36,8	34,3	31,9	29,4	27,0	24,5	22,1	19,6	17,2	14,7	12,3
4000	49,0	44,8	42,0	39,2	36,4	33,6	30,8	28,0	25,2	22,4	19,6	16,8	14,0
5000	61,3	56,0	52,5	49,0	45,5	42,0	38,5	35,0	31,5	28,0	24,5	21,0	17,5
6000	73,5	67,2	63,0	58,8	54,6	50,4	46,2	42,0	37,8	33,6	29,4	25,2	21,0
7000	85,8	78,4	73,5	68,6	63,7	58,8	53,9	49,0	44,1	39,2	34,3	29,4	24,5
8000	98,0	89,6	84,0	78,4	72,8	67,2	61,6	56,0	50,4	44,8	39,2	33,6	28,0
9000	110,3	100,8	94,5	88,2	81,9	75,6	69,3	63,0	56,7	50,4	44,1	37,8	31,5
10000	122,5	112,0	105,0	98,0	91,0	84,0	77,0	70,0	63,0	56,0	49,0	42,0	35,0
12000	147,0	134,4	126,0	117,6	109,2	100,8	92,4	84,0	75,6	67,2	58,8	50,4	42,0
14000	171,5	156,8	147,0	137,2	127,4	117,6	107,8	98,0	88,2	78,4	68,6	58,8	49,0
16000	196,0	179,2	168,0	156,8	145,6	134,4	123,2	112,0	100,8	89,6	78,4	67,2	56,0
18000	220,5	201,6	189,0	176,4	163,8	151,2	138,6	126,0	113,4	100,8	88,2	75,6	63,0
20000	245,0	224,0	210,0	196,0	182,0	168,0	154,0	140,0	126,0	112,0	98,0	84,0	70,0
22000	269,5	246,4	231,0	215,6	200,2	184,8	169,4	154,0	138,6	123,2	107,8	92,4	77,0
24000	294,0	268,8	252,0	235,2	218,4	201,6	184,8	168,0	151,2	134,4	117,6	100,8	84,0
26000	318,5	291,2	273,0	254,8	236,6	218,4	200,2	182,0	163,8	145,6	127,4	109,2	91,0
28000	343,0	313,6	294,0	274,4	254,8	235,2	215,6	196,0	176,4	156,8	137,2	117,6	98,0
30000	367,5	336,0	315,0	294,0	273,0	252,0	231,0	210,0	189,0	168,0	147,0	126,0	105,0
35000	428,8	392,0	367,5	343,0	318,5	294,0	269,5	245,0	220,5	196,0	171,5	147,0	122,5
40000	490,0	448,0	420,0	392,0	364,0	336,0	308,0	280,0	252,0	224,0	196,0	168,0	140,0
45000	551,3	504,0	472,5	441,0	409,5	378,0	346,5	315,0	283,5	252,0	220,5	189,0	157,5
50000	612,5	560,0	525,0	490,0	455,0	420,0	385,0	350,0	315,0	280,0	245,0	210,0	175,0
55000	673,8	616,0	577,5	539,0	500,5	462,0	423,5	385,0	346,5	308,0	269,5	231,0	192,5
60000	735,0	672,0	630,0	588,0	546,0	504,0	462,0	420,0	378,0	336,0	294,0	252,0	210,0
65000	796,3	728,0	682,5	637,0	591,5	546,0	500,5	455,0	409,5	364,0	318,5	273,0	227,5
70000	857,5	784,0	735,0	686,0	637,0	588,0	539,0	490,0	441,0	392,0	343,0	294,0	245,0

Heizregister (Fortsetzung)

2) Eine Übertemperatur zur gewünschten Raumlufttemperatur gleicht die Wärmeverluste des Raumes aus. Dies kann entweder durch Umluft oder durch Außenluft geschehen. Der hierzu benötigte Volumenstrom ergibt sich aus:

$$\dot{V}_{SUP} = \frac{\dot{Q}_H \cdot 3600 \text{ m/s}}{\varrho \cdot c_L \cdot \Delta\vartheta}$$

Zuluftvolumenstrom bei Luftheizungen

$\dot{V}_{SUP}$	Zuluftvolumenstrom	m^3/h
$\dot{Q}_H$	Benötigte Heizleistung	kW
ϱ	Dichte der Luft	1,25 kg/m^3
C_L	Spezifische Wärmekapazität trockener Luft	1,006 kJ/(kg · K)
$\Delta\vartheta$	Temperaturdifferenz zwischen außen und innen	K

Zuluftvolumenstrom zum Aufbringen des Wärmebedarfs bei reinem Umluftbetrieb

$\dot{Q}_H$ in kW	Übertemperatur $\Delta\vartheta = \vartheta_{SUP} - \vartheta_{Raum}$ in K												
					Gewerblicher Bereich								
	Komfortbereich								Industrie				
	6	7	8	9	10	11	12	14	16	18	20	22	24
	Notwendiger Volumenstrom in m^3/h												
2	954	818	716	636	573	521	477	409	358	318	286	260	239
4	1 909	1 636	1 431	1 272	1 145	1 041	954	818	716	636	573	521	477
6	2 863	2 454	2 147	1 909	1 718	1 562	1 431	1 227	1 074	954	859	781	716
8	3 817	3 272	2 863	2 545	2 290	2 082	1 909	1 636	1 431	1 272	1 145	1 041	954
10	4 771	4 090	3 579	3 181	2 863	2 603	2 386	2 045	1 789	1 590	1 431	1 301	1 193
12	5 726	4 908	4 294	3 817	3 435	3 123	2 863	2 454	2 147	1 909	1 718	1 562	1 431
14	6 680	5 726	**5 010**	4 453	4 008	3 644	3 340	2 863	2 505	2 227	2 004	1 822	1 670
16	7 634	6 544	5 726	5 089	4 581	4 164	3 817	3 272	2 863	2 545	2 290	2 082	1 909
18	8 588	7 362	6 441	5 726	5 153	4 685	4 294	3 681	3 221	2 863	2 577	2 342	2 147
20	9 543	8 179	7 157	6 362	5 726	5 205	4 771	4 090	3 579	3 181	2 863	2 603	2 386
22	10 497	8 997	7 873	6 998	6 298	5 726	5 249	4 499	3 936	3 499	3 149	2 863	2 624
24	11 451	9 815	8 588	7 634	6 871	6 246	5 726	4 908	4 294	3 817	3 435	3 123	2 863
26	12 406	10 633	9 304	8 270	7 443	6 767	6 203	5 317	4 652	4 135	3 722	3 383	3 101
28	13 360	11 451	10 020	8 907	8 016	7 287	6 680	5 726	5 010	4 453	4 008	3 644	3 340
30	14 314	12 269	10 736	9 543	8 588	7 808	7 157	6 135	5 368	4 771	4 294	3 904	3 579
32	15 268	13 087	11 451	10 179	9 161	8 328	7 634	6 544	5 726	5 089	4 581	4 164	3 817
34	16 223	13 905	12 167	10 815	9 734	8 849	8 111	6 953	6 083	5 408	4 867	4 424	4 056
36	17 177	14 723	12 883	11 451	10 306	9 369	8 588	7 362	6 441	5 726	5 153	4 685	4 294
38	18 131	15 541	13 598	12 087	10 879	9 890	9 066	7 771	6 799	6 044	5 439	4 945	4 533
40	19 085	16 359	14 314	12 724	11 451	10 410	9 543	8 179	7 157	6 362	5 726	5 205	4 771
50	23 857	20 449	17 893	15 905	14 314	13 013	11 928	10 224	8 946	7 952	7 157	6 506	5 964
60	28 628	24 538	21 471	19 085	17 177	15 615	14 314	12 269	10 736	9 543	8 588	7 808	7 157
70	33 400	28 628	25 050	22 266	20 040	18 218	16 700	14 314	12 525	11 133	10 020	9 109	8 350
80	38 171	32 718	28 628	25 447	22 903	20 821	19 085	16 359	14 314	12 724	11 451	10 410	9 543
90	42 942	36 808	32 207	28 628	25 765	23 423	21 471	18 404	16 103	14 314	12 883	11 712	10 736
100	47 714	40 897	35 785	31 809	28 628	26 026	23 857	20 449	17 893	15 905	14 314	13 013	11 928

Zur Ermittlung der benötigten Registerleistung kann man folgenderweise vorgehen:

1) Der Außenluftvolumenstrom wird bestimmt (Siehe Kapitel 6.2).
2) Der Wärmebedarf wird ermittelt (siehe Tabellenbuch Versorgungstechnik, Wärmebedarfsberechnung).
3) Die Leistung der eventuell vorhandenen konventionellen Heizung wird festgestellt.
4) Eine Übertemperatur der Zuluft gegenüber der Raumluft wird festgelegt.
5) Von der gesamt aufzubringenden Heizleistung wird diejenige abgezogen, die durch konventionelle Heizung aufgebracht wird (optional).
6) Bei reinem Umluftbetrieb (nur Heizen) kann die oben dargestellte Tabelle benutzt werden.
7) Bei Außenluftbetrieb ermittelt man die benötigte Leistung zum Aufheizen der Aussenluft und addiert hierzu die Leistung zum Ausgleich der Wärmeverluste (abzüglich der Heizleistung konventioneller Heizung) und erhält damit die benötigte Registerleistung.

6

Heizregister (Fortsetzung)

Erzeugung der Wärme für Heizregister

Art		Funktion	Vorteil	Nachteil
Direkte Beheizung	Öl-/Gas feuerung	Die Brennkammer hat eine Wärmeübertragungsfläche zum Luftstrom.	Kein Leitungsnetz nötig, große Leistungen möglich.	Bei Defekt treten Verbrennungsgase in die Luft, spezielle Wärmeaustauscher nötig.
	Elektrische Beheizung	Heizdrähte im Luftstrom montiert.	Einfacher Aufbau und Betrieb.	Teuer, da keine Primärenergie genutzt wird.
Indirekte Beheizung	Warmes Wasser	Ein Lamellenwärmeaustauscher wird mit warmem Wasser gespeist.	Gute Regelbarkeit, Abwärme aus anderen Prozessen kann genutzt werden.	Hoher Installationsaufwand.

Zum Heizen wird häufig warmes Wasser eingesetzt. Zur Übertragung der benötigten Leistung muss ein vorgegebener Massenstrom um eine Temperaturdifferenz abgekühlt werden. Üblich sind, wie im Heizungsbau, Temperaturen von 70/50 (Vorlauf- und Rücklauftemperatur) sowie 80/60.

Überschlägige Ermittlung der Registerleistung für die Erwärmung der Außenluft auf Raumlufttemperatur

Außenluft-Volumenstrom in m³/h	Erzeugung der Heizleistung mit warmem Wasser										
	10	15	20	25	30	35	40	45	50	55	60
	Benötigter Warmwassermassenstrom bei $\Delta\vartheta_{Wasser}$ = 20 K in kg/s										
500	75	113	150	188	225	263	300	338	375	413	450
1000	150	225	300	375	450	525	600	675	750	825	900
1500	225	338	450	563	675	788	900	1013	1125	1238	1351
2000	300	450	600	750	900	1050	1200	1351	1501	1651	1801
2500	375	563	750	938	1125	1313	1501	1688	1876	2063	2251
3000	450	675	900	1125	1351	1576	1801	2026	2251	2476	2701
3500	525	788	1050	1313	1576	1838	2101	2363	2626	2889	3151
4000	600	900	1200	1501	1801	2101	2401	2701	3001	3301	3601
4500	675	1013	1351	1688	2026	2363	2701	3039	3376	3714	4052
5000	750	1125	1501	1876	2251	2626	3001	3376	3751	4127	4502
6000	900	1351	1801	2251	2701	3151	3601	4052	4502	4952	5402
7000	1050	1576	2101	2626	3151	3676	4202	4727	5252	5777	6303
8000	1200	1801	2401	3001	3601	4202	4802	5402	6002	6603	7203
9000	1351	2026	2701	3376	4052	4727	5402	6077	6753	7428	8103
10000	1501	2251	3001	3751	4502	5252	6002	6753	7503	8253	9004
12000	1801	2701	3601	4502	5402	6303	7203	8103	9004	9904	10804
14000	2101	3151	4202	5252	6303	7353	8403	9454	10504	11555	12605
16000	2401	3601	4802	6002	7203	8403	9604	10804	12005	13205	14406
18000	2701	4052	5402	6753	8103	9454	10804	12155	13505	14856	16206
20000	3001	4502	6002	7503	9004	10504	12005	13505	15006	16507	18007
22000	1651	3301	4952	6603	8253	9904	11555	13205	14856	16507	18157
24000	3601	5402	7203	9004	10804	12605	14406	16206	18007	19808	21609
26000	3902	5852	7803	9754	11705	13655	15606	17557	19508	21459	23409
28000	4202	6303	8403	10504	12605	14706	16807	18908	21008	23109	25210
30000	4502	6753	9004	11254	13505	15756	18007	20258	22509	24760	27011
40000	6002	9004	12005	15006	18007	21008	24010	27011	30012	33013	36014
50000	7503	11254	15006	18757	22509	26260	30012	33763	37515	41266	45018
60000	9004	13505	18007	22509	27011	31513	36014	40516	45018	49520	54021
70000	10504	15756	21008	26260	31513	36765	42017	47269	52521	57773	63025

Kühlregister

Bei der Luftkühlung muss das Kühlregister in einer RLT-Anlage analog zur Luftheizung den Wärmeeinfall in den Raumes ausgleichen und die Abkühlung der Außenluft realisieren. Darüber hinaus dient der Luftkühler häufig auch zur → Entfeuchtung, wozu weiterer Energieeinsatz nötig ist.

Die benötigte Kühlleistung setzt sich aus dem sensiblen (nur Temperaturänderung) und dem latenten (nur Entfeuchtung) Anteil zusammen. Vorgehensweise zur Ermittlung der Registerleistung:

1) Der Anteil an Außenluft muss auf Raumlufttemperatur abgekühlt und auf gewünschte Feuchte entfeuchtet werden (Siehe → t_{oeff}-Methode).
2) Die in den Raum eintretenden und im Raum entstehenden Wärmelasten (→ Kühllastberechnung) müssen abgeführt werden.
3) Der Zuluftvolumenstrom ist abhängig von dem benötigten Außenluftvolumenstrom und der zulässigen Untertemperatur, die am Zuluftauslass möglich ist.

B Die Kühlung für einen Seminarraum soll ausgelegt werden.
Die → Kühllastberechnung ergibt eine Wärmebelastung von 3500 W.
Der Außenluftvolumenstrom soll 750 m³/h betragen.

Die Außenluft hat eine Temperatur von 30 °C und eine relative Feuchte von 45 %. Es ist eine Untertemperatur von 4 K am Deckenluftverteiler zulässig. Die Raumluft soll eine Temperatur von 24 °C und eine relative Feuchte von 40 % haben.

Lösung: Alle angegebenen Zustandsgrößen sind dem → h-x-Diagramm entnommen.
Die Außenluft hat eine Enthalpie von 61 kJ/kg. Die Raumluft hat eine absolute Feuchte von 7,4 g/kg und eine Enthalpie von 43 kJ/kg. Um dem Raum die durch Personen zugeführte Feuchte zu entziehen, muss die Zuluft eine geringere absolute Feuchte haben (hier $x_{\text{SUP}} = 5{,}7$ g/kg). Die Enthalpie der Zuluft beträgt dann 34,5 kJ/kg.

Der Massenstrom der Außenluft beträgt

$$\dot{m}_\text{L} = \frac{\dot{V}_\text{ODA} \cdot \varrho}{1 + x} = \frac{750\ \text{m}^3/\text{h} \cdot 1{,}156\ \text{kg/m}^3}{1 + 0{,}012\ \text{kg/kg}} = \mathbf{857\ kg/h}$$

Zur Kühlung der zuzuführenden Außenluft benötigt man eine Leistung von

$$\dot{Q}_\text{K} = \frac{\dot{m}_\text{L} \cdot (h_\text{ODA} - h_\text{R})}{3600\ \text{s/h}} = \frac{857\ \text{kg/h} \cdot (61\ \text{kJ/kg} - 43\ \text{kJ/kg})}{3600\ \text{s/h}} = 4{,}3\ \frac{\text{kJ}}{\text{s}} = \mathbf{4{,}3\ kW}$$

Enthalten ist hier auch die latente Leistung zur Entfeuchtung.
Die Gesamtkühlleistung beträgt also 4,3 kW + 7,5 kW = 11,8 kW.
Da die Untertemperatur auf 4 K begrenzt ist, muss der Zuluftmassenstrom

$$\dot{m}_\text{L} = \frac{\dot{Q} \cdot 3600\ \text{s/h}}{h_\text{Raum} - h_\text{SUP}} = \frac{3{,}5\ \text{kW} \cdot 3600\ \text{s/h}}{43\ \text{kJ/kg} - 34{,}5\ \text{kJ/kg}} = \mathbf{1482\ kg/h}$$

betragen. Der Zuluft-Volumenstrom beträgt dann

$$\dot{V}_\text{SUP} = \frac{\dot{m}_\text{L} \cdot (1 + x)}{\varrho} = \frac{1482\ \text{kg/h} \cdot (1 + 0{,}0057\ \text{kg/kg})}{1{,}2\ \text{kg/m}^3} = \mathbf{1242\ m^3/h}$$

6

Möglichkeiten der Kühlung in RLT-Anlagen

Art	Funktion	Vorteil	Nachteil
Lüftung zu kühlen Zeiten	Die RLT-Anlage wird ohne aktive Kühlung nachts betrieben, wenn die Außenluft kühler ist als die Raumluft.	Wenig Energieeinsatz Einfacher Aufbau Auch bei freier Lüftung möglich	Begrenzter Effekt Abhängig von der Temperatur der Außenluft Begrenzte Regelbarkeit
Kaltwasser im Register	Kaltes Wasser (aus → Kaltwassersatz) wird durch das Kühlregister geführt.	Gezielte Kühlung und Entfeuchtung möglich Jederzeit einsetzbar	Leitungsnetz für Kaltwasser nötig Leitungsverluste
Direktverdampfer	Der Verdampfer einer → Kälteanlage wird als Wärmeübertrager direkt in den Lüftungskanal eingebaut	Wenig Leitungsverluste Verdampfungstemperatur (-druck) bestimmt den Kühlvorgang	Bei Defekt tritt Kältemittel in den Lüftungskanal Vereisung möglich (Vereisungsschutz vorsehen)

Grundprinzipien, Luftbefeuchtung

Es gibt drei Grundprinzipien der Luftbefeuchtung: – Verdunstung; – Zerstäubung; – Verdampfung (→ feuchte Luft).

Grundprinzipien der Befeuchtung

Prinzip	Funktion
Verdunstung	Die zu befeuchtende Luft strömt über eine feuchte Oberfläche und nimmt dabei Feuchtigkeit aus der Oberfläche auf.
Zerstäubung	Wasser wird in feine Tröpfchen zerstäubt und der Luft zugeführt. In der Luft werden diese Tröpfchen teilweise bis vollständig verdunstet.
Verdampfung	Außerhalb der Lüftungsleitung wird Wasser verdampft. Der entstehende Wasserdampf wird über Leitungen in die Luft geführt und von ihr aufgenommen.

Verdunstung (→ Verdampfung)

Bauform	Eigenschaften	Funktion schematisch
Rieselbefeuchter	Eine poröse Masse wird mit Wasser nass gehalten. Die Luft strömt durch diese Masse und nimmt Feuchtigkeit auf. Vorteile: – günstig in Anschaffung und Betrieb – keine Wasseraufbereitung nötig – je nach Luftgeschwindigkeit kein Tropfenabscheider nötig – kein großer Pumpendruck notwendig – geringe Baulänge Nachteile: – hoher Druckverlust – Verkalkung der Speichermasse – Verkeimungsgefahr – keine Regelung möglich – Vorschaltung eines Filters zur Vermeidung von Verdreckung	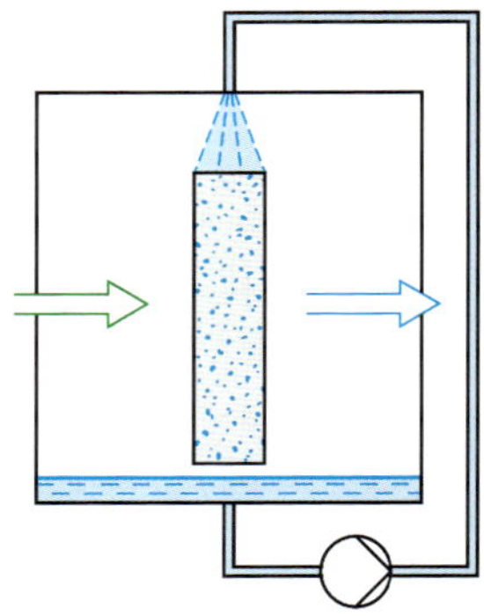
Befeuchtungsfilter	Kombination einer Filtermatte mit dem Prinzip der Zerstäubung. In einer Düsenkammer ist gegenüber dem Düsenstock eine Filtermatte eingebaut, die mit Wasser besprüht wird. Vorteile: – Sehr gute Abscheidung von Staub, Pollen, Aerosolen, Gasen und Keimen – Kein Tropfenabscheider nötig – Verbesserung des → Filterwirkungsgrades – Alternative zum → Luftwäscher – Betrieb mit Frischwasser möglich, da der Wasserbedarf des Filters gering ist. Nachteil: – Regelmäßige Wartung zwingend erforderlich (Verkeimungsgefahr)	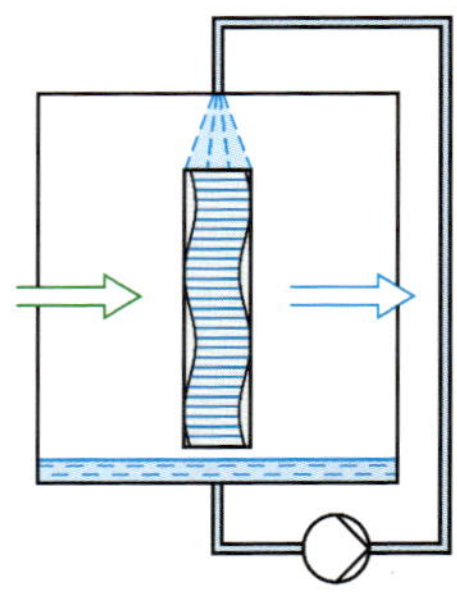
Rollbandbefeuchter	Eine Schaumstoffmatte läuft über Rollen in einem Wasserbad. Der befeuchtete Schaumstoff dient dazu, die Luft zu befeuchten. Vorteile: – Gute Abscheidung von Staub – Kein Tropfenabscheider nötig – Einfacher Aufbau – Wenig Energieaufwand zur Befeuchtung Nachteile: – Keimbildung – Bei Verwendung mit Wasserbad Anreicherung von Salzen – Optimaler Betrieb nur bei entkalktem und entkeimtem Wasser	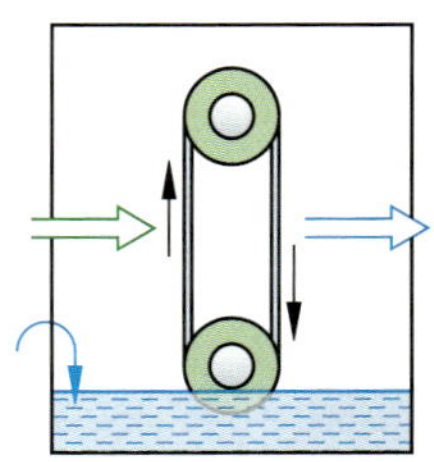

Luftbefeuchtung

Zerstäubung

Bauform	Eigenschaften	Funktion schematisch
Sprüh-befeuchter (Luftwäscher)	In einer Befeuchtungskammer, durch die Luft strömt, wird mittels Düsen Wasser fein zerstäubt. Die entstehenden feinen Wassertröpfchen werden in der Luft verdunstet. Vorteile: – Keine Wasseraufbereitung erforderlich (Umlaufwasser) – bedingte Regelbarkeit (z.B. durch Düsendruck) – Luft wird gereinigt – Einsatz zur adiabaten Kühlung (Wenn hohe Luftfeuchtigkeit gefordert ist) möglich. Nachteile: – Verkeimung des Wassers möglich – Verschlammung des Wasserreservoirs – Hohe Pumpenleistung erforderlich – Regelbereich klein	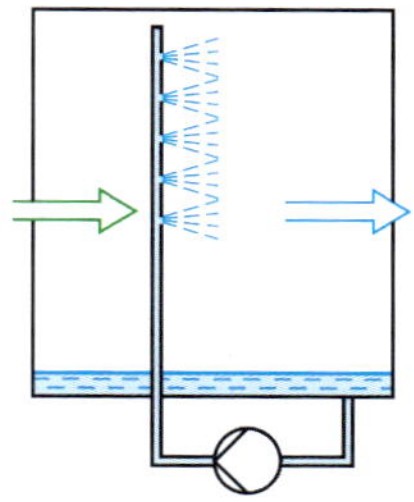
Scheiben-zerstäuber	Eine horizontal in einer Kammer angebrachte drehbare Scheibe wird von Düsen mit Wasser besprüht. Aufgrund der Zentrifugalkräfte wird das Wasser in den Vorbeiströmenden Luftstrom zerstäubt. Vorteil: – Mobiler Einsatz möglich Nachteile: – Verkalkung der Scheiben – geringe Ausnutzung des Strömungsquerschnittes – Verkeimungsgefahr (Umlaufendes Wasser)	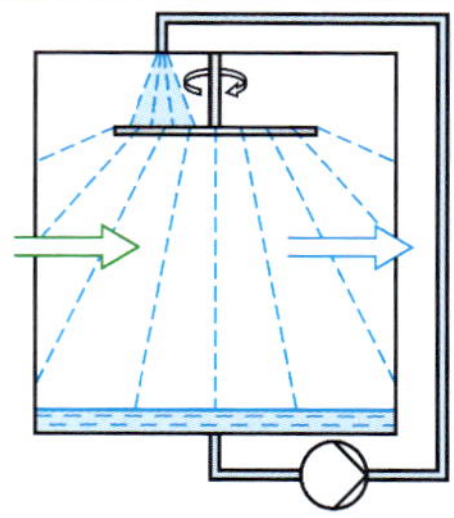
Ultraschall-Schwin-zerstäuber	Eine Membran im Wasser wird in hochfrequente gungen versetzt. Da Wasser inkompressibel ist, setzt sich diese Schwingung bis zur Wasseroberfläche fort und erzeugt dort feinste Wassertröpfchen. Vorteile: – Sehr feine Zerstäubung (Nebelähnlich) – Mobiler Einsatz möglich – Wenig Geräuschemissionen Nachteile: – Hoher Preis – Nur in kleinen Größen wirtschaftlich sinnvoll	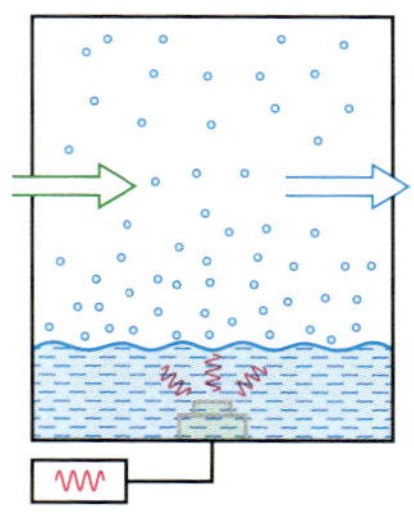

Verdampfung

Bauform	Eigenschaften	Funktion schematisch
Dampf-befeuchter	Außerhalb des Leitungsnetzes (oder des Raumes) wird Wasser mit Hilfsenergie (Elektrisch, Verbrennung, Abwärme) verdampft. Der Dampf wird (bei einer Temperatur von 110 bis 120 °C) über Leitungen der Luft (im Raum oder Leitung) zugeführt). Vorteile: – Keine hygienischen Probleme bei Vermeidung von Korrosion – Einfache Regelung über Energiezufuhr – Mobil einsetzbar – Einfache Wartung (Dampfzylinder reinigen oder austauschen). Nachteile: – Teuer in der Anschaffung – Bei elektrischer Beheizung teuer im Betrieb – Verkalkung des Dampfzylinders – Bei ungewollter Kondensation des Dampfes Hygienische und Korrosionsprobleme.	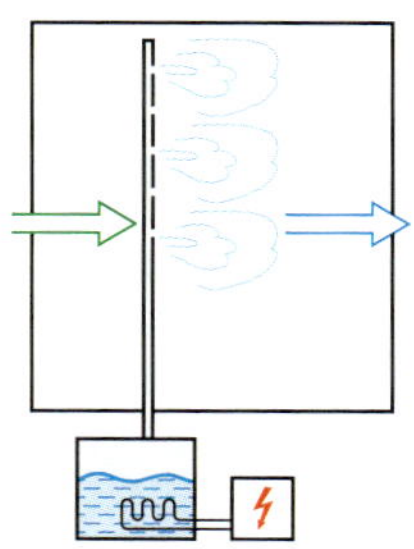

Kriterien für die Auswahl von Luftbefeuchtern

Bewertungskriterien	Zerstäubung			Verdunstung	Verdampfung
	Luftwäscher	Ultraschall-befeuchter	Scheiben-zerstäuber	Verdunstungs-filter	Dampf-befeuchter
Funktion					
Luftbefeuchtung	+++	+++	+++	+++	+++
Adiabatische Kühlung	++++	+++	++	+++	–
Luftreinigung	++	–	–	+++	–
Platzierung					
Kanaleinbau	++	++	++	+++	++++
Klimagerät	++	+++	++	+++	+++
Mobil –	++	++	++	++++	
Luftgeschwindigkeit in m/s					
	1 … 4	… 3	… 6	1 … 2,5	… 10
Wirkungsgrad der Befeuchtung $\Delta x/\Delta x_{max}$ in %					
	… 98	… 100	… 95	… 93	… 100
Luftvolumenstrom in m³/h					
> 8000	++++	+++	+	++	++
2500 … 8000	+++	+++	++	+++	+++
< 2500	++	+++	+++	+++	+++
Befeuchtungsleistung Δx in g/kg					
> 7	+++	++	+	+	++
3 … 7	+++	+++	++	++	+++
< 3	+++	+++	++	+++	+++

++++: sehr gut; +++: gut; ++ ausreichend; + möglichst vermeiden; – nicht möglich

Leistung eines Dampfbefeuchters überschlägig (η_{el} = 0,9) in kW

Außenluft-volumenstrom in m³/h	Befeuchtung $\Delta x = x_{ZUL} - x_{AUL}$ in g/kg												
	1	1,5	2	2,5	3	3,5	4	5	6	7	8	9	10
	Leistungsaufnahme des Dampfbefeuchters in kW												
500	0,2	0,3	0,4	0,5	0,6	0,7	0,8	1,0	1,2	1,4	1,5	1,7	1,9
1000	0,4	0,6	0,8	1,0	1,2	1,4	1,5	1,9	2,3	2,7	3,1	3,5	3,9
1500	0,6	0,9	1,2	1,4	1,7	2,0	2,3	2,9	3,5	4,1	4,6	5,2	5,8
2000	0,8	1,2	1,5	1,9	2,3	2,7	3,1	3,9	4,6	5,4	6,2	6,9	7,7
2500	1,0	1,4	1,9	2,4	2,9	3,4	3,9	4,8	5,8	6,8	7,7	8,7	9,6
3000	1,2	1,7	2,3	2,9	3,5	4,1	4,6	5,8	6,9	8,1	9,3	10,4	11,6
3500	1,4	2,0	2,7	3,4	4,1	4,7	5,4	6,8	8,1	9,5	10,8	12,2	13,5
4000	1,5	2,3	3,1	3,9	4,6	5,4	6,2	7,7	9,3	10,8	12,3	13,9	15,4
5000	1,9	2,9	3,9	4,8	5,8	6,8	7,7	9,6	11,6	13,5	15,4	17,4	19,3
6000	2,3	3,5	4,6	5,8	6,9	8,1	9,3	11,6	13,9	16,2	18,5	20,8	23,1
8000	3,1	4,6	6,2	7,7	9,3	10,8	12,3	15,4	18,5	21,6	24,7	27,8	30,9
10000	3,9	5,8	7,7	9,6	11,6	13,5	15,4	19,3	23,1	27,0	30,9	34,7	38,6
20000	7,7	11,6	15,4	19,3	23,1	27,0	30,9	38,6	46,3	54,0	61,7	69,4	77,2
30000	11,6	17,4	23,1	28,9	34,7	40,5	46,3	57,9	69,4	81,0	92,6	104	116
40000	15,4	23,1	30,9	38,6	46,3	54,0	61,7	77,2	92,6	108	123	139	154
45000	17,4	26,0	34,7	43,4	52,1	60,8	69,4	86,8	104	122	139	156	174
50000	19,3	28,9	38,6	48,2	57,9	67,5	77,2	96,5	116	135	154	174	193
60000	23,1	34,7	46,3	57,9	69,4	81,0	92,6	116	139	162	185	208	231
70000	27,0	40,5	54,0	67,5	81,0	94,5	108	135	162	189	216	243	270

Filtereinsatz

Mittlerer Staubgehalt der Luft

Messort	Staubgehalt mg/m³	Messort	Staubgehalt mg/m³
Kurort		Landluft	0,05 … 0,1
Mittelwert	0,1	Vororte	0,05 – 0,3
Industriegebiet		Stadt	0,2 … 0,6
Mittelwert	0,25	Werkstätten	2 … 10
Sehr trocken	0,45	Wohnräume	0,05 … 2,0
Regnerisch	0,1	Sägewerk	10 … 20

Aufgaben der Luftfilterung

Hygiene	Reduzierung gesundheitsschädlicher Stoffe wie Mikroorganismen, Krankheitserreger und gesundheitsgefährdender Stoffe (Krankenhaus …)
Behaglichkeit	→ Behaglichkeitsfaktor, Luftqualität; Verunreinigungen von außen und innen (Tabakrauch, Schweißgeruch) beeinträchtigen die Behaglichkeit.
Schutz von Anlagenteilen	Vermeidung von Beeinträchtigung der Funktion durch Verschmutzung (Behinderung der Wärmeübertragung durch Verschmutzung …).
Produktionssicherung	Luftfilterung als Voraussetzung für eine optimale Produktion (z.B. Chip-Produktion, Lackieranlagen …).

Staubarten, Messverfahren und Abscheideverfahren — VDI 3677-2:2004-02

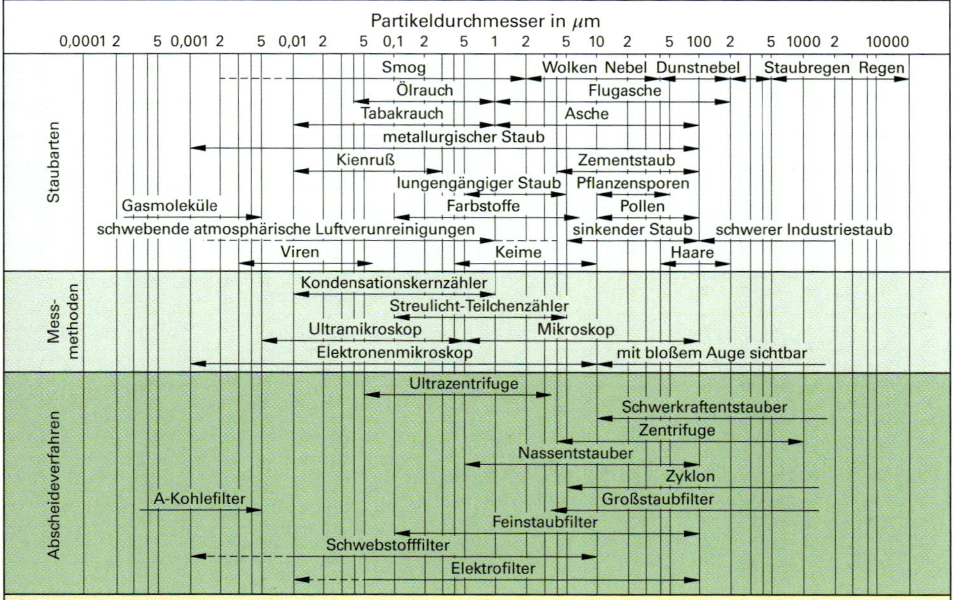

Einteilungskriterien für Luftfilter

Kriterium	Beispiel
Filterprinzip (Abscheidung)	Trockenschichtfilter, Elektrofilter, Adsorptionsfilter, Nassluftfilter, ölbenetzte Filter
Bauart und Einbauart	Vertikalfilter, Zellenfilter, Taschenfilter, Kanalfilter, Bandfilter, Rundfilter
Filterklassen (Leistungsstufen)	Grobfilter, Feinfilter, Schwebstofffilter, Reinraumfilter
Art der Wartung/ Nutzung	Wegwerffilter, regenerierbare Filter (Waschen, Klopfen), selbstreinigende Filter
Betriebsart	stationäre Filter, Rollbandfilter, Umlauffilter, Elektrofilter, Filter mit Reinigungsanlage
Filtermaterial	Metallfilter, Faserfilter, Filterschaum, Aktivkohlefilter, Tuchfilter

6

Eigenschaften von Filtern

Klassifizierung von HEPA- und ULPA-Filtern DIN EN 1822-1:2023-12

Filterklasse	Anfangsabscheidung in MPPS	Beispiel	Partikelgröße in µm	Filterklasse	Anfangsabscheidung in MPPS	Beispiel	Partikelgröße in µm
H10	85 < h	Tonerpartikel	5 … 20	U15	99,9995 < h	Tabakrauch	0,01 … 1
H11	95 < h	Ölnebel	0,3 … 0,5	U16	99,99995 < h	Viren	0,002 … 0,05
H12	99,5 < h	Bakterien	0,2 … 25	U17	99,999995 < h		
H13	99,95<h	Tabakrauch	0,01 … 1	ULPA: **U**ltra **L**ow **P**enetration **A**ir			
H14	99,995 < h	HEPA: **H**igh **E**fficiency **P**articulate **A**ir					

Anfangsabscheidung **MPPS**: Es wird der Abscheidegrad von **M**ost **P**enetrating **P**article **S**ize (Partikelgröße je nach Filterkonfiguration zwischen 0,3 und 0,1 µm) Partikeln bestimmt.

Klassifizierung von Grob- und Feinstofffiltern nach DIN EN ISO 16890-1:2017-08

PM 1		PM 2,5		PM 10		Coarse	
Partikelgröße – 1 µm		Partikelgröße – 2,5 µm		Partikelgröße – 10 µm		Partikelgröße – 10 µm	
ISO ePM1 80-95 %	F9	ISO ePM2,5 65-95 %	F7	ISO ePM10 65-95 %	M6	ISO Coarse 60- 95 %	G4
ISO ePM1 70-75 %	F8	ISO ePM2,5 50-60 %	M6	ISO ePM10 50-60 %	M5	ISO Coarse 45-55 %	G3
ISO ePM1 50-65 %	F7					ISO Coarse 30-40 %	G2
Mindestens 50 % Abscheidegrad im unbehandelten/ entladenen Zustand		Mindestens 50 % Abscheidegrad im unbehandelten/ entladenen Zustand		Mindestens 50 % Abscheidegrad im unbehandelten Zustand. Keine Anforderungen an entladenen Zustand.		Gravimetrischer Anfangsabscheidegrad ist entscheidend.	
Feinfilter			Mediumfilter			Grobfilter	

Die Angabe des Prozentsatzes berücksichtigt den Durchschnitt des Abscheidegrades.

Empfohlene Filterklassen je Stufe DIN EN 16798-3:2017-11

Außenluftqualität	Raumluftqualität			
	RAL 1	RAL 2	RAL 3	RAL 4
AUL 1 (saubere Luft)	F9	F8	F7	F6
AUL 2 (Staub)	F7/F9	F6/F8	F6/F7	G4/F6
AUL 3 (Gase)	F7/F9	F8	F7	F6
AUL 4 (Staub u. Gase)	F7/F9	F6/F8	F6/F7	G4/F6
AUL 5 (hohe Belastung)	F7/GF/F9	F6/GF/F9	F6/F7	G4/F6

Aufnahmevermögen von Aktivkohle

Stoff	Index
Aceton	3
Alkoholgeruch	4
Autoabgase	3
Buttersäure	4
Badezimmergeruch	4
Chlor	1
Essig	4
Deodorant	4
Desinfektionsmittel	4
Formaldehyd	2
Farbgeruch	4
Fischgeruch	3
Plastikgeruch	4
Schimmelgeruch	4
Schweißgeruch	4
Zigarettenrauch	4

Index: 1: sehr geringe,
2: geringe,
3: gute,
4: sehr gute Adsorption

Reinraumklassen nach Partikelgröße und Partikelmenge DIN EN ISO 14644-1:2016-06

Klasse	Partikelgröße in µm					
	0,1	0,2	0,3	0,5	1,0	5,0
1	10	2				
2	100	24	10	4		
3	1000	237	102	35	8	
4	100 000	2370	1020	352	83	
5	1 000 000	23700	10 200	3520	832	29
6		237 000	102 000	35 200	8320	293
7				3 520 000	83 200	2930
8				35 200 000	832 000	29 300
9					8 320 000	293 000

Auswahl und Anwendungsbeispiele von Filtern

Allgemeine Anforderungen an Einbau und Betrieb von Filtern (VDI 6022, Blatt 1:2018-01)

- Es ist zu empfehlen, zwei Filterstufen einzusetzen mit Filtern mindestens Klasse F5 (DIN EN ISO 16890-1:2017-08) in der ersten und mindestens F7 in der zweiten Stufe.
- Konstruktion und Aufbau der Luftfilter müssen eine leichte, sichere und beschädigungsfreie Montage ermöglichen.
- Die Luftfiltermaterialien müssen den mechanischen Beanspruchungen in allen Betriebsphasen standhalten.
- Der Filter muss eine Eigenstabilität haben, auch bei Stillstand darf er nicht deformiert werden.
- Das Filtermaterial darf keine Lecks aufweisen.
- Die Luftfilter der ersten Filterstufe sollen spätestens nach 1 Jahr, die der zweiten Filterstufe spätestens nach 2 Jahren gewechselt werden. Ansonsten soll der Filterwechsel bei Erreichen der zulässigen Enddruckdifferenz erfolgen.
- Während der Standzeit darf sich die Abscheideleistung der Luftfilter nicht entscheidend verschlechtern.
- Während der gesamten Standzeit müssen die Luftfilter die der Filterklasse entsprechende Abscheideleistung erbringen.
- Der Einsatz von antimikrobiell wirksamen Luftfiltern ist nur zulässig, wenn deren Wirksamkeit und gesundheitliche Unbedenklichkeit über die geforderte Filterstandzeit in Praxistests nachgewiesen worden ist.
- Kein Einbau direkt hinter einem Kühler oder Befeuchter.
- Vermeidung von Taupunktunterschreitung im Filterbereich.
- Ansaugen von Regen, Blättern, Schnee und anderen Fremdkörpern ist zu vermeiden.

Anwendungsgebiete für Filter entsprechend DIN EN ISO 16890-1:2017-08 und DIN EN 1822-1:2019-10

Filterklasse	Allgemeines	Anwendungsbeispiel
Coarse	– Unwirksam gegenüber Rauch und Schmutzteilchen (Ruß etc.)	– Zuluftanlagen bei geringen Anforderungen an die Luftqualität – → Fenster-Klimageräte
Coarse ISO ePM10	– Beschränkte Abscheidung von Pollen – Minimale Wirksamkeit bei Rauch und Schmutzteilchen (Ruß etc.)	– Umformerstationen für Zuluft in Garagen und Fabrikhallen
ISO ePM10	– Abscheidung von Pollen – Beschränkte Wirkung bei Rauch und Schmutzteilchen (Ruß etc.) – Anlagen mit Entfeuchtung	– Klimaschränke – Vorfilter für Luftschutzanlagen – Vorfilter für Feinfilter
ISO ePM2,5	– Abscheidung von Pollen – Beschränkte Wirkung bei Rauch und Schmutzteilchen (Ruß etc.)	– Zuluft- und Teilklimaanlagen – Luftschleier für Lebensmittelgeschäfte – Klimatisierung von Restaurants und Sälen – Zuluft für Lackierkabinen
ISO ePM2,5 ISO ePM1	– Wirkungsvoll bei allen Arten von Staub und Schmutzteilchen (Ruß etc.) – Teilweise Abscheidung von Tabakrauch – Im oberen Bereich wirkungsvoll gegenüber Keimen (F9)	– Teil- und Vollklimaanlagen in Laboren – Telekommunikationsanlagen – Optische Werkstätten – Fernsehstudios und EDV-Räume – Zuluft für Lackierkabinen
H10	– Sehr wirkungsvoll gegenüber Teilchen wie Ruß und Ölnebel – Wirkungsvoll gegenüber Keimen	– Fertigungsstätten für Arzneimittel – Optische und elektronische Fertigungsstätten – EDV- Räume – Radiologische Laboratorien – Vorräume von OP-Sälen
H10 – H12	– Hoher Abscheidegrad von Keimen, radioaktivem Staub sowie allen Staubarten und Aerosolen	– Eichräume – Sterilisierräume – Reinräume für reine Arbeitsprozesse – Montage- und Prüfräume für Uhrenherstellung
H12 – H14	– Hoher Abscheidegrad von Keimen, radioaktivem Staub sowie allen Staubarten und Aerosolen	– Sterilisierkästen
H14 – U17	– Eignung für Sonderfälle, bei denen die Luftreinheit wesentlich ist	

Entstehung von Schall und Richtwerte für Schalldruckpegel

Entstehung von Schall in RLT-Anlagen (→ Schall, Schallschutz)

Schall entsteht in der RLT-Anlage im gesamten Leitungsnetz und in allen Bauteilen. Daher sind bei der Planung Maßnahmen zum Schallschutz zu berücksichtigen.

Schallquelle	Eigenschaften
Ventilator	Siehe (→ Ventilatoren in RLT-Anlagen). Abhängig von der Bauart, dem Volumenstrom und dem Ventilatordruck erzeugt der Ventilator Schallemissionen, die sich mit und gegen die Strömungsrichtung ausbreiten. Der Schallpegel ist Bestandteil des → Ventilatordiagramms.
Luftaufbereitung (Register, Filter ...)	Die Strömung wird durch Einbauten behindert und erzeugt beim Durchströmen Schall, der in Abhängigkeit von der Form und der Strömungsgeschwindigkeit auftritt.
Lüftungsleitungen	Die Strömung in Leitungen erzeugt Schall (Rauschen). Der Schalldruckpegel ist abhängig von der Strömungsgeschwindigkeit, den Maßen und dem Material.
Einbauten (Bögen, Abzweige ...)	Jede Umlenkung und Aufteilung erzeugt Schall, da die Strömung bei Richtungsänderung Turbulenzen erzeugt. Entscheidend sind Geometrie und Strömungsgeschwindigkeit.
Zu-, Ab-, Außen- und Fortluftdurchlässe	Gitter erzeugen durch die Widerstände in der Strömung Schall, der von der Form des Gitters sowie der Strömungsgeschwindigkeit abhängig ist.
Raum	Die Reflexionen des Schalls aus der RLT-Anlage erzeugt zusätzliche Schallbelastungen führen. Diese ist von der Einrichtung sowie der Geometrie (Größe ...) abhängig.

Richtwerte für → Schalldruckpegel in Räumen (Grundlagen siehe Kapitel → Akustik) DIN EN 16798-3:2017-11

Gebäude	Raumart	→ Schalldruckpegel in dB(A)	
		Üblicher Bereich	Standardwert
Kinderfürsorge-Einrichtungen	Kindergärten	30 ... 45	40
	Kindertagesstätten	30 ... 45	40
Versammlungsstätten	Hörsäle	30 ... 45	33
	Bibliotheken	28 ... 35	30
	Kinos	30 ... 35	33
	Museen	28 ... 35	30
Gewerbliche Räume	Kaufhäuser und Supermärkte	40 ... 50	45
	EDV-Raum, groß	40 ... 60	50
	EDV-Raum, klein	40 ... 50	45
Krankenhäuser	OP-Räume	30 ... 48	40
	Stationen	25 ... 35	30
	Schlafzimmer, tags	25 ... 40	30
	Schlafzimmer, nachts	20 ... 35	30
Hotels	Empfangsräume	35 ... 45	40
	Zimmer, tags	30 ... 40	35
	Zimmer, nachts	25 ... 35	30
Büros	kleine Büros und Konferenzräume	30 ... 40	35
	Großraumbüros und Bürozellen	35 ... 45	40
Restaurants	Cafeterias	35 ... 50	40
	Speiseräume	35 ... 50	45
	Küchen	40 ... 60	55
Schulen	Klassenräume	30 ... 40	35
	Turnhallen	35 ... 45	40
	Lehrerzimmer	30 ... 40	35
Allgemeine Räume	Schwimmhallen	40 ... 50	45
	Umkleideräume und Toiletten	40 ... 50	45

Richtwerte für Schalldruckpegel und Maßnahmen zur Schallpegelreduzierung

Zulässiger Schalldruckpegel L_P

Zulässiger Schalldruckpegel L_P am Arbeitsplatz (Arbeitsstättenrichtlinie)

Art der Tätigkeit	L_P in dB(A)
Überwiegend geistige Arbeit	55
Einfach mechanisierte Bürotätigkeit	70
Sonstige Tätigkeiten	85
Pausen- Sanitäts-, Bereitschafts-, Liegeräume	55

Zulässiger Schalldruckpegel L_P auf die Nachbarschaft **VDI 2058-3:**2014-08

Gebiet, Ort der Schallaufnahme	L_P in dB(A) tags	L_P in dB(A) nachts
Gewerbliche Gegend	70	70
Vorwiegend gewerbliche Gegend	65	50
Mischgebiet (Gewerblich/Wohngebiet)	60	45
Vorwiegend Wohngebiet	55	40
Ausschließlich Wohngebiet	50	35
Kurgebiet	45	35
Innerhalb von Wohnungen	35	25

Maßnahmen zur Schallpegelreduzierung

Ort, Bauteil	Maßnahme
Ventilator	Auswahl von geeignetem Ventilator, z.B. Einsatz eines → Radialventilators mit vorwärts gekrümmten Schaufeln, unter Abwägung aller Bedingungen
Luftaufbereitung	Berücksichtigung bei der Planung, Strömungsgeschwindigkeit gering halten (wenn möglich), bei Filtern regelmäßige Wartung
Lüftungsleitungen	Vermeidung von Schwingungen, keine hineinragenden Unebenheiten, geringe Strömungsgeschwindigkeit, ⇒ große Leitungsmaße
Einbauten	Harmonische Form ergibt geringere Schallemissionen
Zu-, Ab-, Außen- und Fortluftdurchlässe	Vermeidung hoher Strömungsgeschwindigkeiten durch vergrößerte Querschnitte, da keine Möglichkeit mehr besteht, Schall durch Schalldämpfer zu reduzieren.
Raum	Raumgestaltung in Kooperation mit dem ausführenden Architekten, wenn möglich.

Maßnahmen zur Schallpegelreduzierung, Beispiele **VDI 3733:**1996-07

Ort, Bauteil	Ausführung der Maßnahme		
	Funktion	Ungünstige Ausführung	Günstige Ausführung
Lüftungsleitung	Lange Lüftungsleitungen neigen zum Schwingen ⇒ Schallemission. Abhilfe durch Körperschalldämmung mit Sperrmassen großer Trägheit	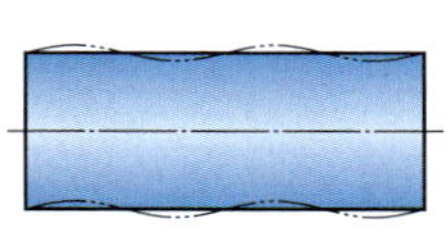	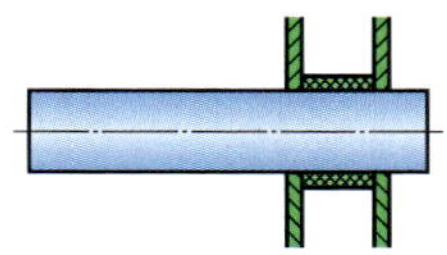
Einbauten	Harmonische Gestaltung von Ein- und Ausströmöffnungen führen zur Schallreduzierung	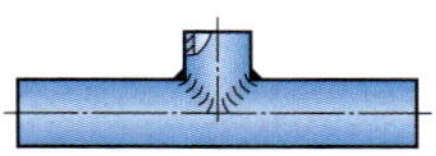	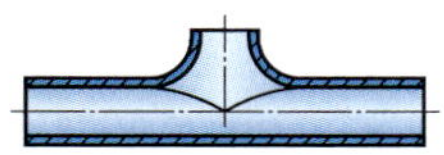
	Der Einbau der Drosselklappe entsprechen der Krümmung (rechts) vermeidet zusätzliche Querströmungen (links).	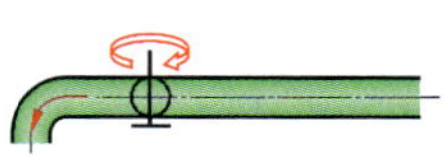	
	Zwei Bögen hintereinander erzeugen tieffrequente periodische Wirbel. Leitbleche und großer Abstand zwischen den Bögen reduzieren das Problem.	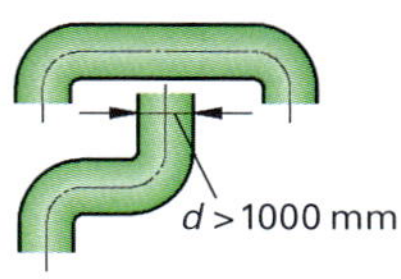	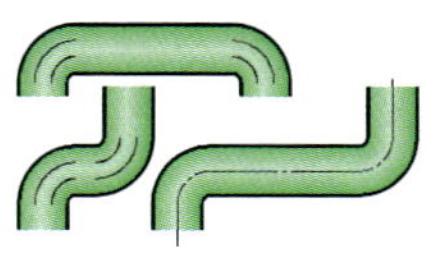
Zu-, Ab-, Außen- und Fortluftdurchlass	Die Erweiterung erzeugt eine deutlich geringere Strömungsgeschwindigkeit.	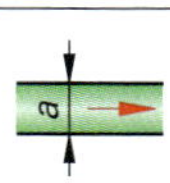	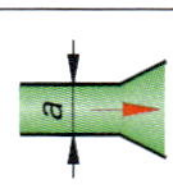

Zusätzliche Reduzierung von Schallemissionen durch Schalldämpfer (siehe nächste Seite).

Schalldämpfer und deren Auswahl

Auswahlbeispiel für einen Kulissenschalldämpfer (Herstellerangaben)

Auswahlfaktoren für Kulissenschalldämpfer:

D_E: Einfügungsdämpfungsmaß, Differenz des Schallpegels in einer Luftleitung vor und nach dem Einbau des Schalldämpfers
n: Anzahl der Kulissen
L_W: Schalleistungspegel des Strömungsgeräusches im Kanal
L_S: Korrekturwert für LW bei B x H ≠ 1 m²
v_S: Strömungsgeschwindigkeit im Kulissenspalt

Tabelle zur Schnellauswahl eines Kulissenschalldämpfers

			Einfügungsdämpfungsmaß D_E bei 250 Hz in dB						
			10	18	26	34	43	50	
			Schalldämpferlänge in mm						
n	Breite in mm	Höhe in mm	500	1000	1500	2000	2500	3000	L_S in dB
			Volumenstrom in m³/h						
1	150	300	696	610	549	504	468	439	–13
		600	1408	1241	1122	1032	960	902	–10
		900	2120	1872	1695	1560	1453	1365	–9
2	300	300	1393	1220	1099	1008	936	878	–10
		600	2816	2482	2244	2063	1920	1803	–7
		900	4240	3744	3389	3119	2905	2730	–6
3	450	300	2089	1830	1648	1512	1404	1317	–9
		600	4224	3722	3365	3095	2880	2705	–6
		900	6360	5616	5084	4679	4358	4095	–4
4	600	300	2785	2440	2198	2016	1872	1756	–7
		600	5632	4963	4487	4126	3840	3606	–4
		900	8479	7488	6778	6239	5810	5459	–3
5	**750**	**300**	3482	3050	2747	**2520**	2341	2195	**–6**
		600	7040	6204	5609	5158	4800	4508	–3
		900	10599	9360	8473	7798	7263	6824	–2
6	900	300	4178	3660	3297	3024	2809	2634	–6
		600	8448	7445	67361	6189	5760	5410	–3
		900	12719	11232	10167	9358	8715	8189	–1
8	1200	300	5571	4880	4395	4031	3745	3512	–4
		600	11264	9926	8974	8252	7680	7213	–1
		900	16959	14975	13557	12477	11620	10919	±0
L_W			49	46	44	**42**	40	38	
v_s (ca.)			13,0	11,5	10,4	**9,6**	8,9	8,3	

Eigendämpfungsmaß nach Frequenz (Oktaven) in dB

f_m in Hz	Schalldämpferlänge *L* = 500 mm							f_m in Hz	Schalldämpferlänge *L* = 1000 mm						
	Kulissenspalt *s* in mm								Kulissenspalt *s* in mm						
	40	50	60	70	80	90	100		40	50	60	70	80	90	100
63	4	4	3	3	3	3	3	63	5	5	4	4	4	4	3
125	10	9	8	7	5	4	4	125	12	11	11	11	9	8	8
250	11	10	9	7	6	5	5	250	20	18	16	14	12	10	9
500	12	11	11	10	9	8	8	500	22	20	19	17	15	14	13
1000	20	19	18	16	15	14	13	1000	31	29	27	25	23	22	21
2000	27	25	23	20	18	16	15	2000	37	34	32	28	25	23	21
4000	24	21	19	16	14	12	11	4000	32	28	26	22	19	17	15
8000	18	16	14	12	10	9	8	8000	26	22	20	17	14	12	11

Schalldämpfer und deren Auswahl (Fortsetzung)

Eigendämpfungsmaß nach Frequenz (Oktaven) in dB (Fortsetzung)

f_m in Hz	Schalldämpferlänge L = 1500 mm, Kulissenspalt s in mm						
	40	50	60	70	80	90	100
63	6	6	6	5	5	4	4
125	15	14	14	12	11	11	10
250	29	26	24	20	18	16	14
500	32	29	27	24	22	20	19
1000	41	39	37	34	32	30	29
2000	47	43	40	36	32	30	28
4000	40	35	33	28	24	21	19
8000	34	29	27	22	18	16	13

f_m in Hz	Schalldämpferlänge L = 2000 mm, Kulissenspalt s in mm						
	40	**50**	60	70	80	90	100
63	7	**7**	7	6	6	5	5
125	18	**17**	16	15	13	13	12
250	38	**34**	32	27	24	21	19
500	41	**38**	36	32	29	26	24
1000	50	**48**	46	43	40	38	36
2000	50	**50**	49	44	40	37	34
4000	48	**43**	39	33	29	25	22
8000	42	**36**	33	27	22	19	16

f_m in Hz	Schalldämpferlänge L = 2500 mm, Kulissenspalt s in mm						
	40	50	60	70	80	90	100
63	9	8	8	7	7	6	6
125	21	20	19	17	16	15	14
250	47	43	39	34	29	26	23
500	50	47	44	39	35	32	30
1000	50	50	50	50	48	46	44
2000	50	50	50	50	47	43	40
4000	50	50	46	39	34	30	26
8000	50	43	39	32	26	22	19

f_m in Hz	Schalldämpferlänge L = 3000 mm, Kulissenspalt s in mm						
	40	50	60	70	80	90	100
63	10	9	9	8	8	7	7
125	24	22	21	19	18	17	16
250	50	50	47	40	35	31	28
500	50	50	50	46	42	38	35
1000	50	50	50	50	50	50	50
2000	50	50	50	50	50	50	47
4000	50	50	50	45	39	34	30
8000	50	50	46	37	30	25	21

Der entstehende Druckverlust ist abhängig von der Strömungsgeschwindigkeit im Kulissenspalt und der Spaltbreite. Je enger der Kulissenspalt, umso größer ist der Druckverlust bei gleicher Strömungsgeschwindigkeit.

Druckverlust Δp in Pa

f_m in Hz	Schalldämpferlänge L = 500 mm, Kulissenspalt s in mm						
	40	50	60	70	80	90	100
4	5	5	4	4	4	4	4
6	12	11	10	9	9	9	8
8	21	19	17	17	16	15	15
10	33	30	27	26	25	24	23
12	48	43	39	37	36	35	34
16	85	76	70	66	64	62	60
20	134	118	109	103	99	96	94

f_m in Hz	Schalldämpferlänge L = 1000 mm, Kulissenspalt s in mm						
	40	50	60	70	80	90	100
4	7	6	5	5	5	4	4
6	16	14	12	11	10	10	10
8	29	24	22	20	19	18	17
10	46	38	34	31	29	28	27
12	66	55	49	45	42	40	38
16	117	98	87	80	75	71	68
20	182	153	135	124	117	111	107

f_m in Hz	Schalldämpferlänge L = 1500 mm, Kulissenspalt s in mm						
	40	50	60	70	80	90	100
4	9	7	6	6	5	5	5
6	21	17	15	13	12	11	11
8	21	19	17	17	16	15	15
10	33	30	27	26	25	24	23
12	48	43	39	37	36	35	34
16	148	120	103	93	86	81	77
20	231	187	162	145	134	126	120

f_m in Hz	Schalldämpferlänge L = 2000 mm, Kulissenspalt s in mm						
	40	50	60	70	80	90	100
4	11	9	8	7	6	6	5
6	25	20	17	15	14	13	12
8	29	24	22	20	19	18	17
10	46	**38**	34	31	29	28	27
12	66	55	49	45	42	40	38
16	179	142	120	106	97	90	85
20	279	221	188	166	151	141	133

Schalldämpfer und deren Auswahl (Fortsetzung)

Druckverlust Δp in Pa (Auszug)

f_m in Hz	Schalldämpferlänge L = 2500 mm – Kulissenspalt s in mm: 40	50	60	70	80	90	100
4	13	10	9	7	7	6	6
6	30	23	19	17	15	14	13
8	52	41	34	30	27	25	23
10	82	64	53	47	42	39	36
12	118	92	77	67	61	56	52
14	161	125	105	92	83	76	71
16	210	164	137	120	108	100	93
18	266	207	173	152	137	126	118
20	328	256	214	187	169	156	146

f_m in Hz	Schalldämpferlänge L = 2000 mm – Kulissenspalt s in mm: 40	50	60	70	80	90	100
4	15	12	10	8	7	7	6
6	34	26	22	19	17	15	14
8	60	46	38	33	30	27	25
10	94	73	60	52	47	43	40
12	136	104	86	75	67	61	57
14	185	142	118	102	91	83	78
16	241	186	154	133	119	109	101
18	305	235	194	168	151	138	128
20	377	290	240	208	186	170	158

Strömungsgeräusch im Kanal

v_S in m/s	Frequenz in Hz: 63	152	250	500	1000	2000	4000	8000	L_W in dB(A)
4	30	26	22	19	15	12	9	6	21
6	41	36	32	28	25	21	18	15	31
8	48	43	39	35	31	28	25	22	38
10	53	49	44	40	37	33	30	27	43
12	58	53	49	45	41	37	34	31	47
14	62	57	53	49	45	41	38	35	51
16	65	61	56	52	48	44	41	38	54
18	68	64	59	55	51	48	44	41	57
20	71	66	62	57	53	49	46	43	60

Korrektur L_S in dB

B x H in m²	L_S in dB
0,1	− 10
0,2	− 7
0,4	− 4
0,8	− 1
1,0	± 0
2,0	+ 3
4,0	+ 6
8,0	+ 9
10,0	+ 10

Bei Auswahl aus vorhergehenden Tabellen ist L_S dort enthalten

B Ein Radialventilator mit rückwärts gekrümmten Schaufeln erzeugt bei einem Volumenstrom von 2500 m³/h das unten angegebene Spektrum des Schallpegels. Der maximal zulässige Schallleistungspegel beträgt 65 dB(A). Ermitteln Sie den Schallleistungspegel im Kanal nach einem Schalldämpfer B x H = 750 mm x 300 mm und einer Baulänge von 2000 mm. Bewerten Sie das Ergebnis.

Schallleistungspegel in dB

Nr.	Berechnungsschritt – Art	63	125	250	500	1000	2000	4000	8000
1	Schallleistungspegel des Ventilators	93	91	89	86	82	77	71	64
2	Maximal zulässiger Schallleistungspegel	86	76	69	63	60	59	59	61
3	Erforderliche Einfügungsdämpfung	7	15	20	23	22	18	12	3
4	Einfügungsdämpfung gewählter Schalldämpfer	7	17	34	38	48	50	43	36
5	Schallleistungspegel ohne Strömungsgeräusch	86	74	55	48	34	27	28	28
6	Strömungsgeräusch im Kanal	47	43	38	34	31	27	24	21
7	Schallleistungspegel mit Strömungsgeräusch	86	74	55	48	35	30	28	28
8	→ A-Bewertung	−26	−16	−9	−3	0	+1	+1	−1
9	Oktav-Schallleistungspegel hinter Schalldämpfer	60	58	46	45	35	31	29	28
10	Gesamt-Schallleistungspegel	62 dB(A), Forderung ist erfüllt							

Bemerkungen: Zu Schritt 1: Der Messwert entstammt der **VDI 2082,** 03.2009 **Zu Schritt 2:** Der maximale Schallleistungspegel entstammt der **VDI 2082,** 03.2009 **Zu Schritt 4:** Siehe Tabelle → Eigendämpfungsmaß nach Frequenz, rot markiert, bei 50 mm Kulissenspalt **Zu Schritt 6:** Siehe Tabelle → Strömungsgeräusch, abzüglich L_s aus Tabelle → Korrektur Ls in dB, B x H ≈ 0,2 m **Zu Schritt 7:** Diagramm → Addition von Schalldruckpegeln vorgenommen. **Zu Schritt 8:** Diagramm → Schallbewertung. **Zu Schritt 10:** Aus der → Summenpegel aus allen Einzelpegeln. Der Schalldämpfer erzeugt einen Druckverlust von 38Pa (→ Druckverlust Δp bei l = 2000 mm)

6

Ventilatoren: Eigenschaften und Einsatzkriterien (→ Verdichter)

Grundformen von Ventilatoren

Strömungsart	Bauart	Aufbau	Einsatz
Axial (-ventilator) Axiales Ansaugen und Ausblasen	Wand-ventilator	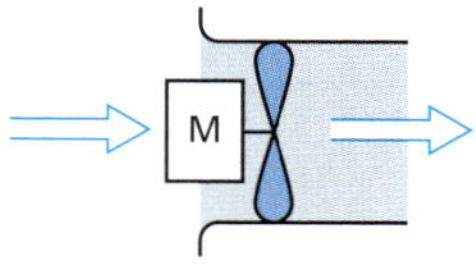	– Für Fenster- und Wandeinbau – Bei niedrigen Drücken und Volumenströmen – Meist als Abluftventilator – z.B. in Gasträumen – Kombination mit Jalousie bei Nichtnutzung
	Ohne Leitrad	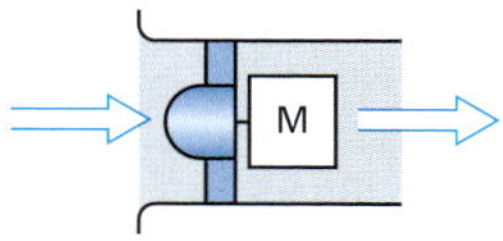	– Für Kanaleinbau – Bei niedrigen Drücken und Volumenströmen – z.B. in kleineren RLT-Anlagen – Dezentraler Einsatz
	Mit Leitrad	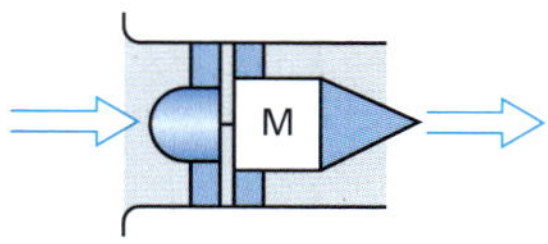	– Für Kanal- und freien Einbau – Für große Drücke und Volumenströme – z.B. Tunnelentlüftung, Tiefgaragenentlüftung
Radial (-ventilator) Axiales Ansaugen und Radiales Ausblasen	Rückwärts gekrümmte Schaufeln (Hoch-leistungs-läufer)	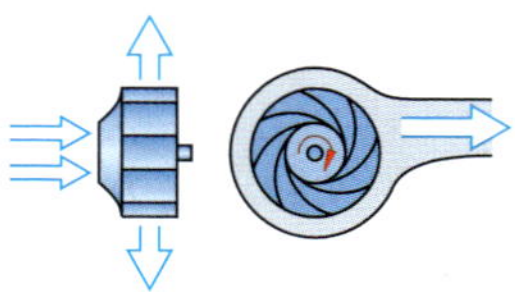	– Hohe Drücke – Große Wirkungsgrade – Bei steigendem Volumenstrom nur geringer Anstieg des Leistungsbedarfs – z.B. bei Anlagen mit großen Druckschwankungen
	Vorwärts gekrümmte Schaufeln (Trommel-läufer)	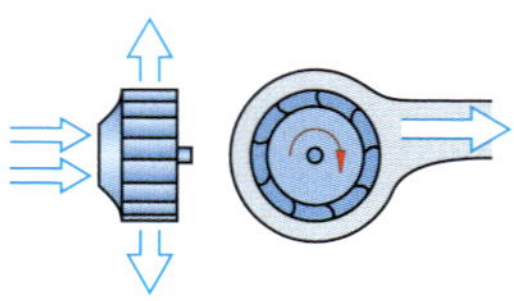	– Hohe Druckdifferenz bei niedriger Drehzahl – Geringe Volumenströme – Große Leistungszunahme bei geringer Volumenstromzunahme – Geringe → Schallemissionen – z.B. bei großen Volumenstrom-schwankungen
Querstrom (-ventilator) Radiales Ansaugen und Ausblasen	Gehäuse-einbau	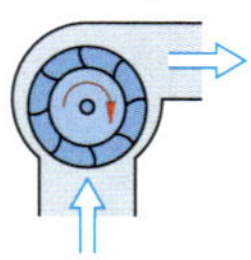	– Niedrige Drücke – Geringer Platzbedarf – Gleichmäßiger Luftstrom über die Laufradbreite – z.B. Torluftschleier, Gebläse-konvektoren

Ventilator-Auswahlkriterien

Kriterium	Bemerkung
Volumenstrom	Der Ventilator muss häufig auf schwankende Volumenströme reagieren können (Nutzungszeit von Räumen, schwankende Personenanzahl ...).
Druckdifferenz	Die Druckdifferenz, die der Ventilator aufbringen muss, ist abhängig von der Anlage (→ Druckverlust in RLT-Anlagen) und dem geforderten Volumenstrom.
Regelbarkeit	Die Regelbarkeit von Ventilatoren muss alle bei der Planung auftretenden Betriebsbedingungen abdecken können. Hierzu werden Drehzahlregelungen eingesetzt, die auch stufenlos möglich sind, um auch kleine Abweichungen wie langsam verstopfende Filter zu berücksichtigen, ohne dass der Volumenstrom schleichend zu gering wird.
Betriebs-verhalten	Das Betriebsverhalten muss verschiedenen Einsatzbedingungen gerecht werden. Hierzu ist günstigerweise ein Ventilator mit geeigneter → Kennlinie zu wählen.
Wirkungsgrad	Der → Wirkungsgrad von Ventilatoren ist ein Auswahlkriterium (Energieeffizienz).
Schallpegel	Der → Schallpegel muss je nach Nutzung berücksichtigt werden (→ Komfortklimatisierung)
Antrieb	Der Antrieb über Riemen oder direkt muss abgewogen werden, der Motoreinbau im Kanal ist möglich (Kühlung) und entsprechende Folgen sind zu berücksichtigen (Lufterwärmung).

6

Ventilatoren: Eigenschaften und Einsatzkriterien (→ Verdichter)

Erzeugter Ventilatordruck

Bauart	Niederdruck	Mitteldruck	Hochdruck
Axialventilator	< 300 Pa	$300 < p_v \leq 3000$ Pa	$3000 < p_v < 10000$ Pa
Radialventilator	< 700 Pa	$700 < p_v \leq 3000$ Pa	$3000 < p_v < 10000$ Pa

Wirkungsgrade von Ventilatoren

Bauart	Wirkungsgrad in %		Entstehende Verluste
Axialventilator	klein:	20 … 40%	Der Wirkungsgrad sollte aus Gründen der Energieeffizienz ein entscheidendes Auswahlkriterium sein.
	mittelgroß:	45 … 65%	
	groß:	… 90%	
Radialventilator	vorwärts gekrümmt:	45 … 65%	

Verluste von Ventilatoren und deren Ermittlung

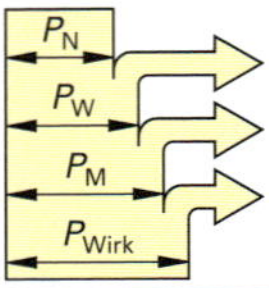

Ventilatorverlust: Strömungsverluste durch Turbulenzen etc.
Antriebsverlust: z. B. Reibung am Riementrieb
Motorwärmeverlust durch Abwärme des Motors

P_N theoretische Nutzleistung des Ventilators (verlustfreier Bedarf)
P_W benötigte Wellenleistung
P_M benötigte Motorleistung
P_W benötigte tatsächliche Wirkleistung

Berechnung des Leistungsbedarfes von Ventilatoren

$$P_N = \frac{\dot{V} \cdot \Delta p}{3600\ \text{s/h}}$$

Nutzleistung

P_N	Theoretische Nutzleistung verlustfrei	W
$\dot{V}$	Gesamter zu fördernder Volumenstrom	m³/h
Δp	→ Druckverlust in der Anlage maximal	Pa

$$P_W = \frac{\dot{V} \cdot \Delta p}{3600\ \text{s/h} \cdot \eta_V}$$

Wellenleistung

P_W	Wellenleistung am Ventilator	W
$\dot{V}$	Gesamter zu fördernder Volumenstrom	m³/h
Δp	→ Druckverlust in der Anlage maximal	Pa
η_V	Ventilatorverlust	1

$$P_M = \frac{\dot{V} \cdot \Delta p}{3600\ \text{s/h} \cdot \eta_V \cdot \eta_A}$$

Motorantriebsleistung

P_M	Antriebsleistung der Motors	W
$\dot{V}$	Gesamter zu fördernder Volumenstrom	m³/h
Δp	→ Druckverlust in der Anlage maximal	Pa
η_V	Ventilatorverlust; η_A Antriebsverlust	1

$$P_{Wirk} = \frac{\dot{V} \cdot \Delta p}{3600\ \text{s/h} \cdot \eta_V \cdot \eta_A \cdot \eta_M}$$

Motorleistungsaufnahme

P_{Wirk}	Leistungsaufnahme des Motors	W
$\dot{V}$	Gesamter zu fördernder Volumenstrom	m³/h
Δp	→ Druckverlust in der Anlage maximal	Pa
η_V	Ventilatorverlust; η_A Antriebsverlust	1
η_M	Motorverlust	1

6

Zuschläge für den Motorverlust

Da der Wirkungsgrad des Antriebes stark schwankt, kann man die Motorleistung mit einem Zuschlag auf die Ventilatorleistung ermitteln.

Leistung in kW	Zuschläge *Z* in % bei Direktantrieb	Kupplung	Riemen
< 3	11 … 17	15 … 20	20 … 25
3 … 10	8 … 11	10 … 15	12 … 20
> 10	4 … 8	5 … 10	6 … 12

$$P_M = P_W \cdot \left(1 + \frac{Z}{100}\right)$$

$P_{M'}$	**Motorleistung** nach Zuschlägen ermittelt	W
P_W	Wellenleistung am Ventilator	W
Z	Zuschlag nach Antriebsart	%

B Die Wellenleistung eines Ventilators wurde mit 2 kW berechnet. Der Antrieb soll mittels Riemen erfolgen. Bestimmen Sie die benötigte Motorleistung.

Lösung: Beim Riemenantrieb müssen ca. 22% aufgeschlagen werden:
$P_{M'} = 2\ \text{kW} \cdot (1 + 22/100) = \mathbf{2{,}44\ kW}$

Proportionalitätsgesetze und Anlagenkennlinie

Proportionalitätsgesetze

$$\frac{\dot{V}_2}{\dot{V}_1} = \frac{n_2}{n_1}$$

Änderung des Volumenstroms mit der Ventilatordrehzahl

n_1	Drehzahl vorher	min^{-1}
n_2	Drehzahl nachher	min^{-1}
$\dot{V}_2$	Volumenstrom nach Drehzahländerung	m^3/h
$\dot{V}_1$	Volumenstrom vor Drehzahländerung	m^3/h

$$\frac{\Delta p_2}{\Delta p_1} = \left(\frac{\dot{V}_2}{\dot{V}_1}\right)^2$$

Änderung des Druckverlustes mit dem Volumenstrom

Δp_1	Druckverlust vorher	Pa
Δp_2	Druckverlust nachher	Pa
$\dot{V}_2$	Volumenstrom nach Drehzahländerung	m^3/h
$\dot{V}_1$	Volumenstrom vor Drehzahländerung	m^3/h

$$\frac{P_{ZU2}}{P_{ZU1}} = \left(\frac{\dot{V}_2}{\dot{V}_1}\right)^3$$

Änderung der Leistungsaufnahme mit der Volumenstromänderung

P_{ZU1}	Zuzuführende Leistung vorher	W
P_{ZU2}	Zuzuführende Leistung nachher	W
$\dot{V}_2$	Volumenstrom nach Drehzahländerung	m^3/h
$\dot{V}_1$	Volumenstrom vor Drehzahländerung	m^3/h

Schlussfolgerungen aus den Propotionalitätsgesetzen

1) Der Volumenstrom steigt linear mit der Drehzahl. Doppelte Drehzahl ⇒ 2-facher Volumenstrom
2) Der Druckverlust steigt mit dem Quadrat des Volumenstroms. Doppelter Volumenstrom ⇒ 4-facher Druckverlust.
3) Die benötigte Leistung steigt kubisch mit dem Volumenstrom. Doppelter Volumenstrom ⇒ 8-fache Leistung

Zur Vermeidung von Motorschäden darf man die Drehzahl nicht zu stark steigern.

Anlagenkennlinie

Mit den Proportionalitätsgesetze ist die Anlagenkennlinie erstellbar, die den Druckverlust in Abhängigkeit vom Volumenstrom angibt. Damit kann man mit einer Berechnung alle vorkommenden Volumenströme berücksichtigen.

Konstruktion der Anlagenkennlinie

1) Bei der → Druckverlustberechnung ermittelt man zu einem vorgegebenen Volumenstrom den Druckverlust.
2) Das zweite Proportionalitätsgesetz ergibt zu anderen Volumenströmen den entsprechenden Druckverlust und damit Punkte der Anlagenkennlinie.
3) Die Punkte werden in ein geeignetes Koordinatensystem eingezeichnet und ⇒ verbunden die Anlagenkennlinie.

Diese Kennlinie ist eine Eigenschaft der Anlage und ändert sich nur bei Veränderung des Druckverlustes (verstopfter Filter, Beschädigung ...).

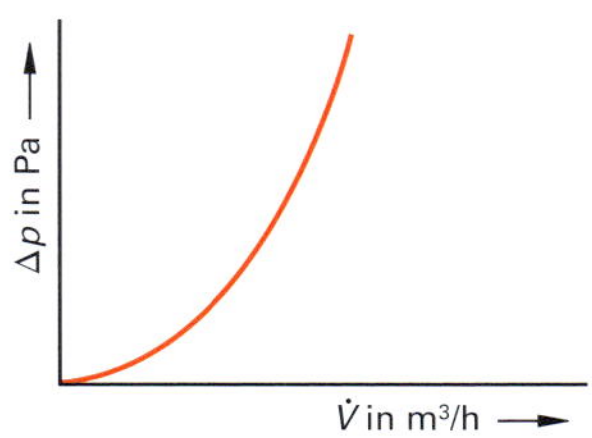

B Bei einer Druckverlustberechnung ergibt sich bei einem Volumenstrom von 6000 m^3/h ein Druckverlust von 900 Pa. Erstellen Sie die Anlagenkennlinie bis zu einem maximalen Volumenstrom von 12 000 m^3/h.

Lösung: Mit dem zweiten Proportionalitätsgesetz werden Druckverluste bei abweichenden Volumenströmen berechnet und in eine Wertetabelle eingetragen. Diese Werte in ein Koordinatensystem übertragen ergeben die Anlagenkennlinie.

$$\frac{\Delta p_2}{\Delta p_1} = \left(\frac{\dot{V}_2}{\dot{V}_1}\right)^2 \quad \Rightarrow \quad \Delta p_2 = \Delta p_1 \cdot \left(\frac{\dot{V}_2}{\dot{V}_1}\right)^2$$

Nr. 2:
$$\Delta p_2 = 900\ \text{Pa} \cdot \left(\frac{3000\ m^3/h}{6000\ m^3/h}\right)^2 = 225\ \text{Pa}$$

Nr. 5:
$$\Delta p_2 = 900\ \text{Pa} \cdot \left(\frac{8000\ m^3/h}{6000\ m^3/h}\right)^2 = 1600\ \text{Pa}$$

Wertetabelle

Nr.	$\dot{V}$ in m^3/h	Δp in Pa
1	1000	25
2	2000	100
3	3000	225
4	5000	625
5	6000	900
6	8000	1600
7	10000	2500
8	12000	3600

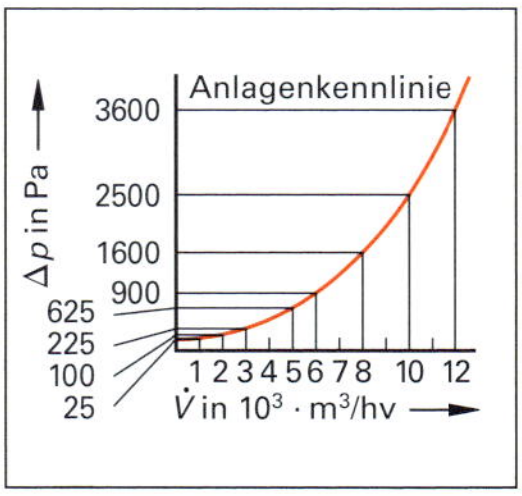

6

Ventilatorkennlinie, Ventilatorauswahl

Kennlinien von Ventilatoren

Radialventilator mit vorwärts gekrümmten Schaufeln

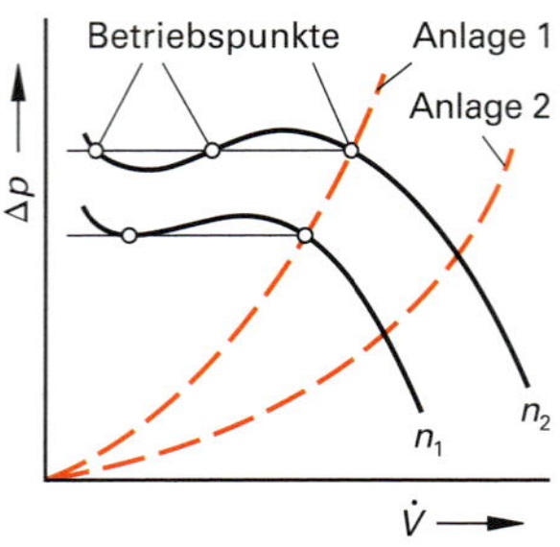

Bei der Planung zu beachten:
Der Ventilator sollte in einem angegebeben Kennfeld betrieben werden, da aufgrund des Verlaufes der Kennlinie zu einem Druck mehrere Betriebszustände bestehen können.

Radialventilator mit rückwärts gekrümmten Schaufeln

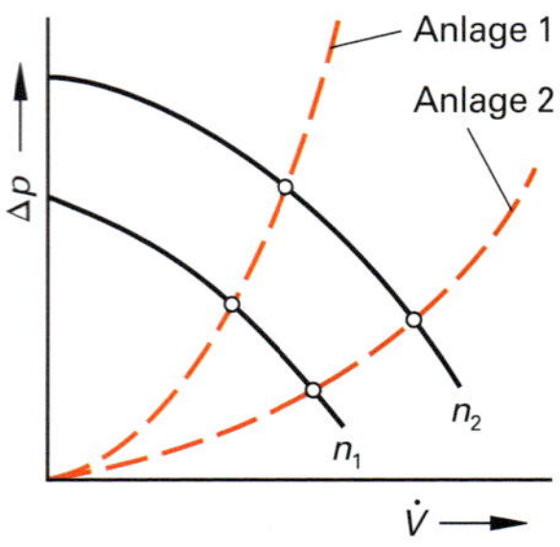

Bei der Planung zu beachten:
Gute Wirkungsgrade sind im mittleren Bereich der Kennlinien zu erreichen, in dem die Krümmung der Kennlinie am größten ist (siehe Beispiel zur Auslegung).

Axialventilator

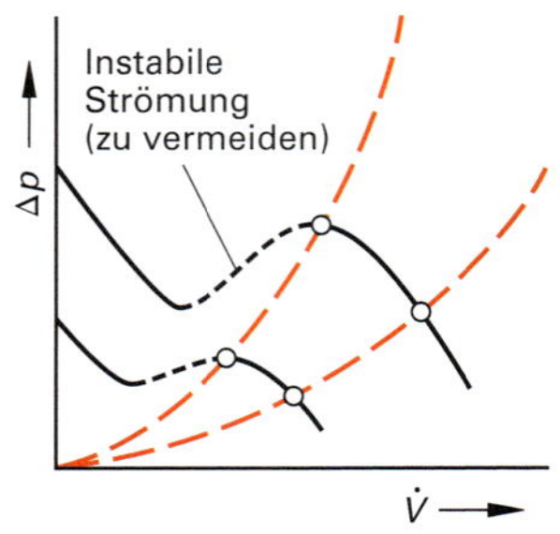

Bei der Planung zu beachten:
Im Bereich der gestrichelten Linie kann sich ein „Pumpeffekt" einstellen, die Strömung ist ständig an- und abschwellend. Daher ist dieser Bereich zu vermeiden.

Gestrichelte Linie: → Anlagenkennlinie. Je zwei Ventilatorkennlinien bei verschiedenen Drehzahlen n_1 und n_2 sind eingezeichnet.

Wenn man die Anlagenkennlinie und die Ventilatorkennlinie in ein Diagramm zeichnet, erhält man einen oder mehrere Schnittpunkte der beiden Linien. Diese Schnittpunkte nennt man Betriebspunkte. Es ergibt sich immer der Volumenstrom, bei dem der Druckverlust der Anlage und der Ventilatordruck übereinstimmen (Gleichgewicht).

Vorgehensweise bei der Ventilatorauswahl

Vorgehensweise

1) Die Druckverlustberechnung wird durchgeführt und Punkte für eine Anlagenkennlinie werden berechnet (in jedem Falle alle eingeplanten Betriebszustände).
2) Aufgrund der Randbedingungen wie Druck, Volumenstrom usw. wird ein Ventilatortyp ausgewählt.
3) Die Anlagenkennlinie kann in das Ventilatordiagramm (Herstellerdiagramme) eingezeichnet werden.

   Zu beachten: Bei logarithmischer Darstellung der Ventilatorkennlinie ergibt die Anlagenkennlinie eine Gerade.
4) Es wird geprüft, ob mit diesem Ventilator alle möglichen Betriebszustände der Anlage bei möglichst gutem Wirkungsgrad erreichbar sind.
5) Wenn ja, kann dieser Ventilator gewählt werden, wenn nein, dann Punkt 6.
6) Der Grund kann entweder im nicht erreichten Druck, Volumenstrom oder genügend guten Wirkungsgrad liegen.
7) Die Möglichkeit, einen anderen Ventilator einzusetzen, wird geprüft (ab Punkt 3).

Beispiel Ventilatorkennlinie (Axialventilator)

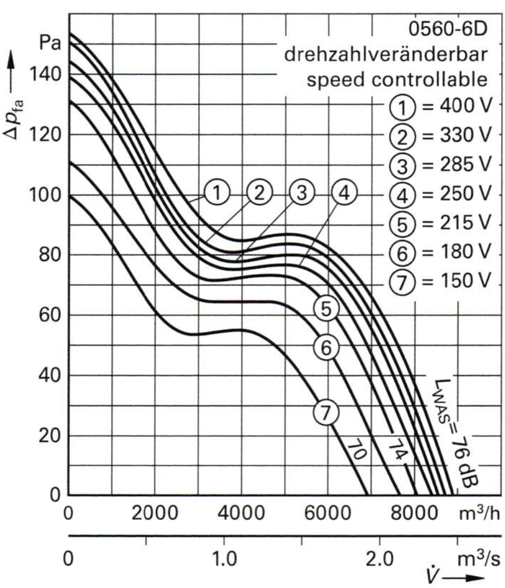

6

Ventilatorauswahl, Beispiele

Auswahl eines Axialventilators mit linearem Ventilatordiagramm

B Eine RLT-Anlage erzeugt bei einem Volumenstrom von 5000 m³/h einen Druckverlust von 60 Pa (B3). Stellen Sie fest, ob der rechts dargestellte Axialventilator in einem Bereich von 4500 bis 5500 m³/h einsetzbar ist.

Lösung: Aus den → Proportionalitätsgesetzen ergibt sich für 4500 m³/h ein Druckverlust von knapp 50 Pa, bei 5500 m³/h ein Druckverlust von 73 Pa.

Die Anlagenkennlinie wird eingezeichnet.

Man erkennt, dass es 7 Schnittpunkte mit den Ventilatorkennlinien (bei unterschiedlicher Spannung) gibt, von denen Nr. 7 (bei 150 V) bei 4500 m³/h ca. 50 Pa (B1) und die Nr. 4 (250 V) bei 5500 m³/h ca. 75 Pa (B2) Ventilatordruck erzeugen.

Der Ventilator ist also für die gegebenen Anforderungen geeignet.

Zu erkennen ist, dass ein großer Volumenstrom schon bei niedrigem Ventilatordruck zur Verfügung steht.

Die Betriebspunkte B1, B2, B3 werden in das Diagramm eingezeichnet.

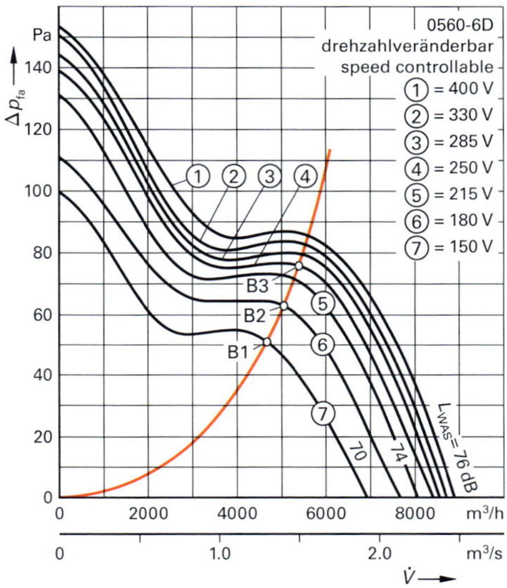

Auswahl eines Radialventilators mit logarithmischem Ventilatordiagramm

B Eine RLT-Anlage erzeugt bei einem Nennvolumenstrom von 2000 m³/h einen Druckverlust von 600 Pa. Eingesetzt werden soll sie bei Volumenströmen von 1500 m³/h bis 3000 m³/h. Der Druckverlust durch den Filter kann sich im Betrieb bei Nennvolumenstrom um 100 Pa erhöhen, bevor er ausgetauscht wird. Stellen Sie fest, ob der rechts dargestellte Radialventilator in allen Betriebssituationen geeignet ist.

Lösung: Aus den Proportionalitätsgesetzen ergibt sich der Druckverlust bei

- 1500 m³/h zu 338 Pa
- 3000 m³/h zu 1350 Pa.

Die Anlagenkennlinie ergibt hier aufgrund des logarithmischen Koordinatensystems eine Gerade (in Rot).

Damit liegt man mit dem gesamten Bereich des Volumenstroms im Leistungsbereich des Ventilators.

Der Wirkungsgrad liegt mit 68% im optimalen Bereich.

Bei Verschmutzung des Filters verschiebt sich diese Gerade um maximal 100 Pa nach oben (blau).

Auch diese Kennlinie liegt im günstigen Bereich. Der Wirkungsgrad verschlechtert sich geringfügig. Der Leistungsbedarf reicht von ca. 0,2 bis 1,5 kW, der → Schallpegel von ca. 75 bis 90 dB.

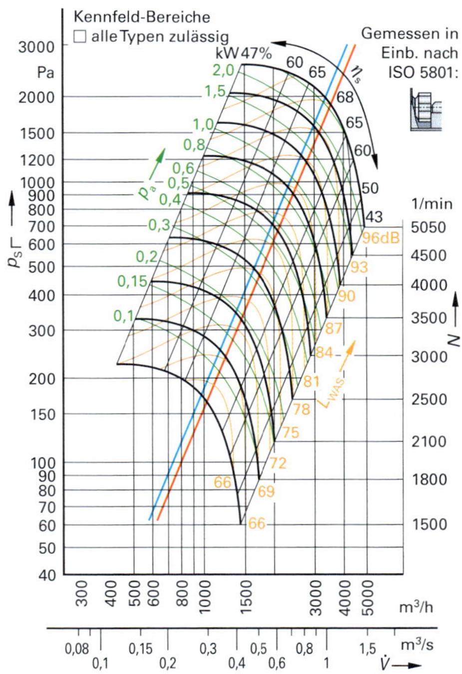

6

Einteilung in der Raumlufttechnik

Gliederung der Lufttechnik nach Funktionen

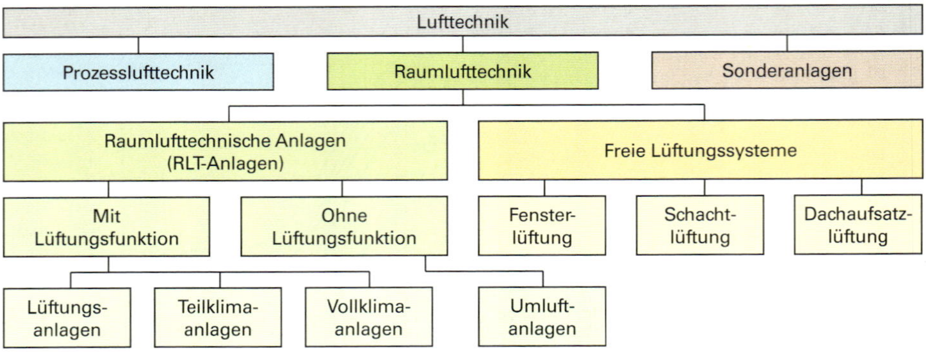

Prozesslufttechnik: Prozesse wie z.B. Trocknungsanlagen, pneumatische Steuerungen, Absaugungen (nicht Inhalt dieses Buches).

Raumlufttechnik: Die Raumlufttechnik befasst sich mit der Schaffung von behaglichen und komfortablen Raumluftzuständen. Ziel ist die Behaglichkeit des Menschen.

Sonderanlagen: Dies sind Anlagen, bei denen besondere Anforderungen entscheiden wie z.B. bei Serverräumen oder OP-Sälen (Reinraumtechnik).

Freie Lüftungssysteme: Diese Lüftungen basieren auf natürlichen Effekten wie Dichteunterschieden von Außen- und Raumluft (warme Luft hat eine geringere Dichte als Kalte und steigt deshalb nach oben).

Grundprinzipien freier Lüftung

Fensterlüftung (Querlüftung)

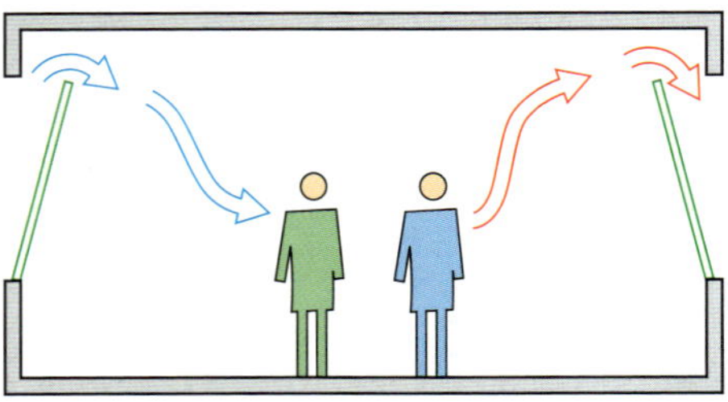

6 Durch das Öffnen der Fenster kann Aussenluft durch den Raum strömen und damit für behagliche Luftqualität und -temperatur sorgen.

Schachtlüftung

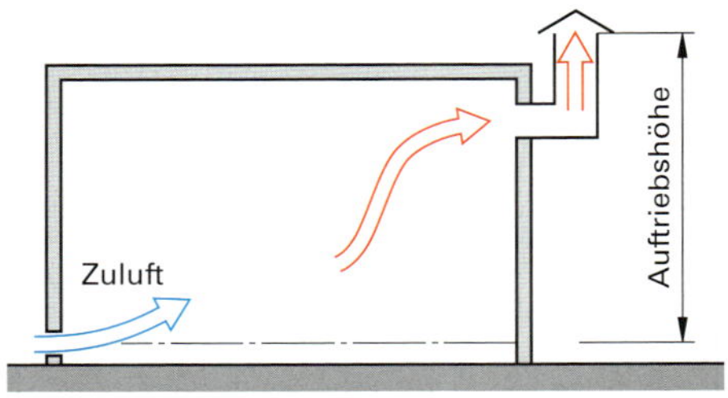

Aufgrund des Kamineffektes entsteht im Schacht eine Strömung, durch die Luft aus angeschlossenen Räumen absaugt und über den Schacht nach aussen befördert.

Dachaufsatzlüftung

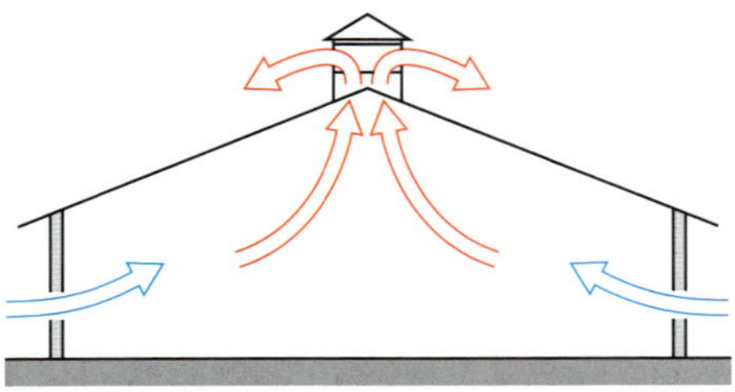

Durch Dichteunterschiede im Raum strömt Luft aus dem Dachaufsatz und wird durch Türen und Fenster ersetzt.

Beurteilung der freien Lüftung

Aufgrund der fehlenden Regelbarkeit und der Abhängigkeit von Außenluftzuständen ist die freie Lüftung für eine gezielte und dem Komfort zugute kommende Klimatisierung nicht geeignet.

Ausführung und Eigenschaften von Klimasystemen

Eigenschaften der verschiedenen raumlufttechnischen Systeme

Die Einteilung erfolgt nach der Anzahl möglicher Luftbehandlungsfunktionen (mit und ohne Lüftung):
O: Ohne Behandlung **H**: Heizen **K**: Kühlen **B**: Befeuchten **E**: Entfeuchten

System	Eigenschaft	Beispiel
Lüftungsanlage	Keine oder eine Luftbehandlungsfunktion ist möglich.	Lüftungsanlage, im Sommer Möglichkeit der Kühlung (K) bei Nachtbetrieb
Teilklimaanlage	Eine, zwei oder drei Luftbehandlungsfunktionen sind möglich.	Teilklimatisierung für den Sommer → Kühlen und Entfeuchten (KE) möglich.
(Voll-)Klimaanlage	Alle Luftbehandlungsfunktionen sind möglich.	Heizen, Befeuchten (Winter) und Kühlen, Entfeuchten (Sommer) möglich (HKBE)
Umluftanlage	Wie die drei vorhergehenden Anlagentypen, aber die Funktionen werden jeweils im Umluftbetrieb ermöglicht.	Splitgerät für den Sommer (Kühlen, Entfeuchten) ohne Außenluftanteil

Nur-Luft-Systeme

Nur-Luft-Systeme besitzen ein Leitungsnetz nur für Luft, die in einer Klimazentrale aufbereitet wird und dann dem Raum über das Luftleitungsnetz zugeführt wird.

Bei Nur-Luft-Systemen steht Luft mit einer bestimmten Temperatur und Feuchte zur Verfügung, durch die alle im Gebäude befindlichen Räume klimatisiert werden.

Problem: Aufgrund verschiedene Anforderungen wie Kühl-/Heizlast oder Außenluftvolumenstrom werden Systeme benötigt, die flexibel reagieren können.

Art	Ausführung	Eigenschaft	Schematische Darstellung
Einkanal-Klimaanlage:			
Konstanter Volumenstrom	Einzonen-Anlage	Die aufbereitete Luft wird nur für einen Bereich (Raum) geführt, daher wird nur in Abhängigkeit vom Luftzustand in dieser Zone (Raum) geregelt. Auch bei mehreren Räumen sind keine unterschiedlichen Zuluftzustände möglich.	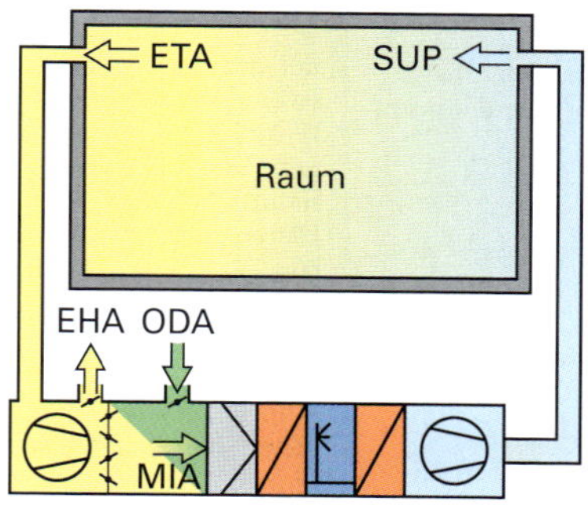
	Mehrzonen-Anlagen mit	Mehrere Zonen mit unterschiedlicher Anforderung an die Luftzustände werden klimatisiert. Erzeugung unterschiedlicher Zustände (Zulufttemperatur) durch	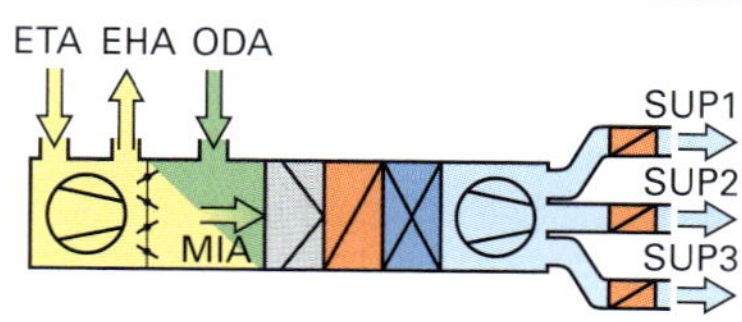
	– Nacherhitzer – Wechselklappen	– Einbau von Nacherhitzern für die Zone. Bei erhöhter Zulufttemperatur erwärmt der Nacherhitzer. – Wechselklappen zum Mischen unterschiedlicher Zustände	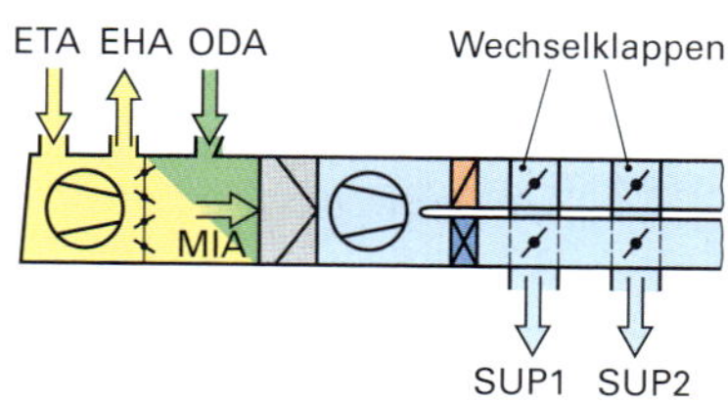

6

Ausführung und Eigenschaften von Klimasystemen (Fortsetzung)

Nur-Luft-Systeme (Fortsetzung)

Art	Ausführung	Eigenschaft	Schematische Darstellung
Konstanter Volumenstrom	Anlagen mit räumlich angeordneten Kühl- oder Heizflächen	Im Raum angeordnete Heiz- oder Kühlflächen gleichen die unterschiedlichen Anforderungen aus. Die Klimaanlage liefert eine „Grundversorgung" mit warmer oder kalter Luft. Abweichungen werden mit Raumheizungen oder Raumkühlungen ausgeglichen.	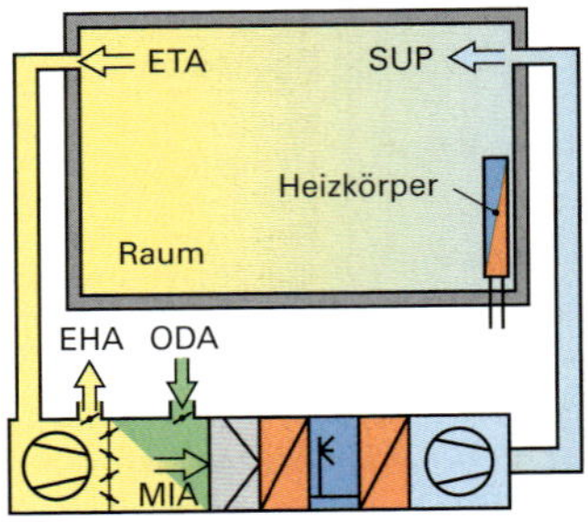
Variabler Volumenstrom	Anlagen mit räumlich angeordneten Kühl- oder Heizflächen	Der Volumenstrom ist variabel, dadurch kann die Wärmezu- oder -abfuhr in Grenzen geregelt werden (Außenluftrate beachten!). Zusätzlich benötigte Wärme oder Abkühlung wird mit Heizkörpern oder Kühldecken erreicht. Der Volumenstrom wird mit Zuluft- und Abluftklappen geregelt.	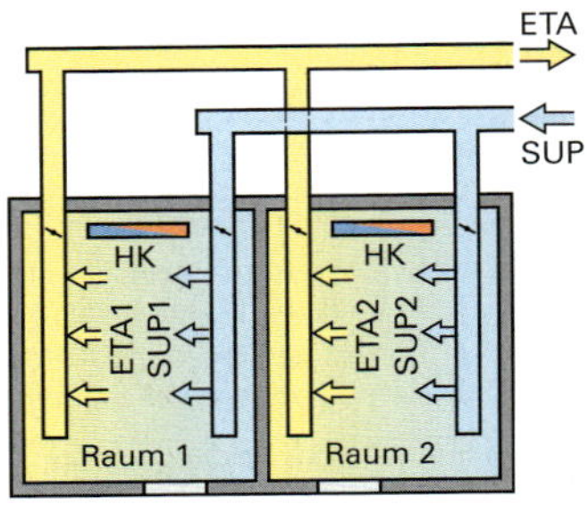

Zweikanal-Klimaanlage:

Art	Eigenschaft	Schematische Darstellung
Konstanter Volumenstrom	Bei der Zweikanal- Klimaanlage hat man zwei Leitungsnetze, die jeweils über einen Warmluft- und einen Kaltluftstrom verfügen. Diese werden je nach gewünschtem Raumluftzustand vor dem Raum in Mischkästen gemischt und dem Raum zugeführt. Da die Einhaltung konstanten Volumenstroms aufgrund der benötigten unterschiedlichen Mischungsverhältnisse schwierig ist, sind Zweikanalanlagen nicht empfehlenswert. Beim Einsatz von zusätzlichen Heiz- und Kühlflächen besser mit Einkanalanlagen realisieren.	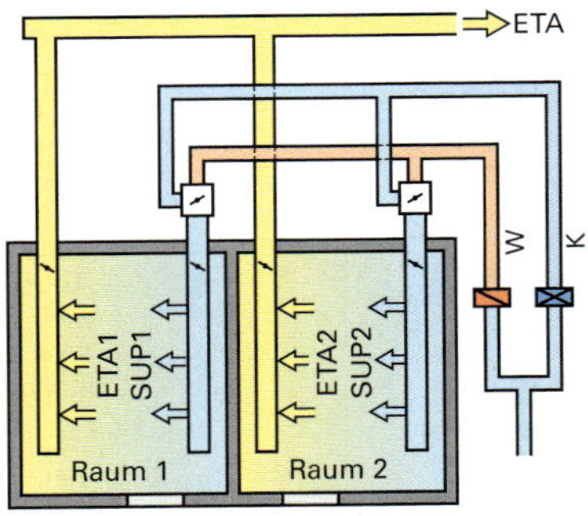
Variabler Volumenstrom		
Heiz- und Kühlflächen		

Luft-Wasser-Systeme

Bei Luft-Wassersystemen sind zusätzlich zu den Lüftungsleitungen noch Wasserleitungen für Warm- oder Kaltwasser installiert, um in ortlichen Nacherhitzern oder Kühlern den benötigten Zuluftzustand zu erreichen.

Art	Eigenschaft	Schematische Darstellung
Induktionsgeräte	Beim Induktionsgerät wird Primärluft vom Zentralgerät aufbereitet und vorgeheizt (gekühlt), mit Sekundärluft, die durch einen Lufterhitzer (Kühler) geleitet wird, gemischt und dem Raum als Zuluft zugeführt. Im 2-Leitersystem sind zwei wasserführende Leitungen installiert, die mit warmem oder kaltem Wasser beschickt werden. Beim 4-Leitersystem gibt es für warmes und kaltes Wasser je einen Vor- und Rücklauf.	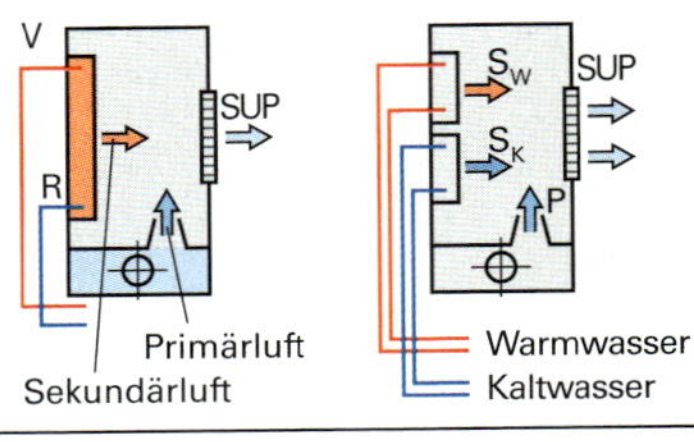

6

Ausführung und Eigenschaften von Klimasystemen (Fortsetzung)

Luft-Wasser-Systeme (Fortsetzung)

Art	Eigenschaft	Schematische Darstellung
Ventilator-Konvektoren	Auch Klimatruhe genannt, hier wird Raumluft durch einen Lufterhitzer oder Kühler geleitet und dabei erwärmt (gekühlt). Bei Wandeinbau ist Außenluftbetrieb möglich, sonst nur Umluftbetrieb. Einsatz zur Heizung, Kühlung (z.B. bei nachträglichem Einbau einer Wärmepumpe zur Heizung, wenn keine Fußbodenheizung vorhanden ist).	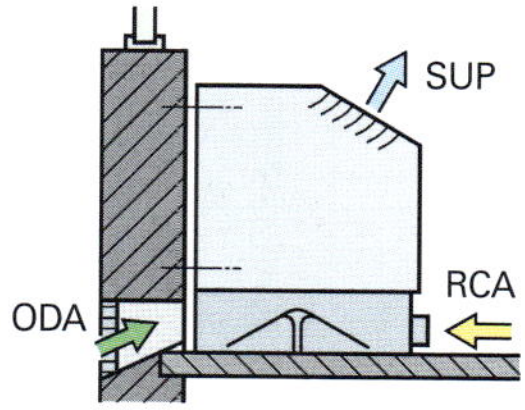

Dezentrale Klimatisierung

Bei der dezentralen Klimatisierung wird für jeden Raum eine eigene Klimatisierung installiert. Der Vorteil ist, dass das Anbringen von Lüftungsleitungen entfällt. Dadurch ist die Klimatisierung preiswert auszuführen.

Art	Eigenschaft	Schematische Darstellung
Split-Geräte	Das Gerät besteht aus einem Innengerät und einem Außengerät, die Wand muss lediglich für elektrische und Kältemittelleitungen durchbrochen werden. Im Außengerät sind der Verdichter, ein Wärmeübertrager (Verflüssiger oder Verdampfer) und ein Ventilator untergebracht. Das Innengerät enthält einen Wärmeübertrager (Verdampfer als Kühler oder Verflüssiger als Erhitzer). Ausführung auch als Multi-Split mit einem oder mehreren Außen- und mehreren Innengeräten, als VRV-Anlage (**V**ariable **R**efrigerant **F**low) zur besseren Abstimmung des Bedarfes einzelner Zonen.	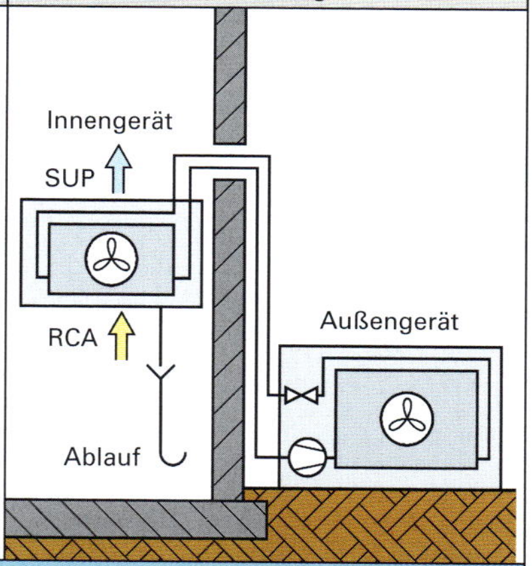

Wärmerückgewinnung in RLT-Anlagen

Einteilung der Wärmerückgewinnungssysteme nach VDI 2071 Blatt 5:2013-04

Kategorie	I	II
Bezeichnung	**Rekuperatoren**	**Regeneratoren**[2)]
System	z.B. Plattenwärmeübertrager	Kreislaufverbundsystem (KVS)
Art der Übertragung	Sensible Wärme (Temperatur)[1)]	Sensible Wärme (Temperatur)
Beispiel schematisch	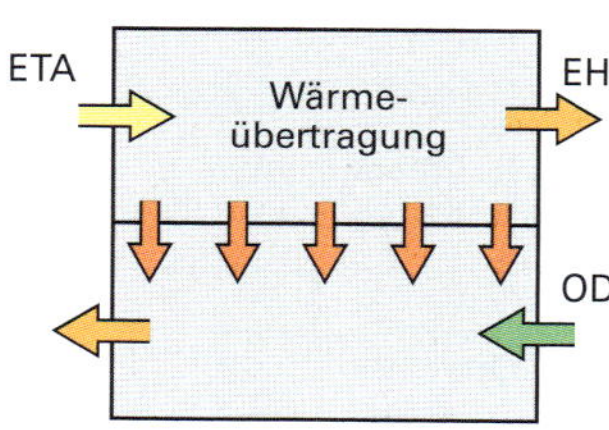	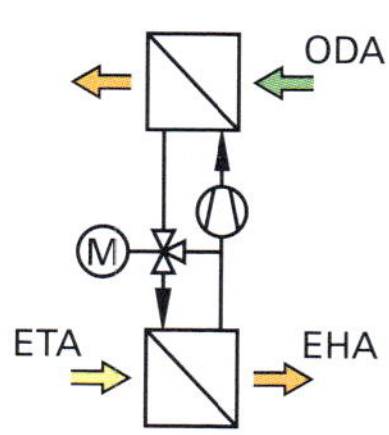
Art der Rückgewinnung	Die Abluft und die Außenluft strömen an einer Trennfläche entlang. Hierdurch wird Wärme zwischen den Luftströmen übertragen.	Wärme der Abluft wird auf ein Speichermedium übertragen. Durch dieses Medium wird die Außenluft vorgewärmt.

Wärmerückgewinnung in RLT-Anlagen (Fortsetzung)

Einteilung der Wärmerückgewinnungssysteme nach VDI 2071 Blatt 5:2013-04 (Fortsetzung)

Kategorie	**I**	**II**
Bezeichnung	**Rekuperatoren**	**Regeneratoren**[2]
System	Rotationswärmeübertrager	Luft-Luft-Wärmepumpe
Art der Übertragung	Sensible und latente Wärme (Temperatur und Feuchte)	Sensible Wärme (Temperatur)
Beispiel schematisch	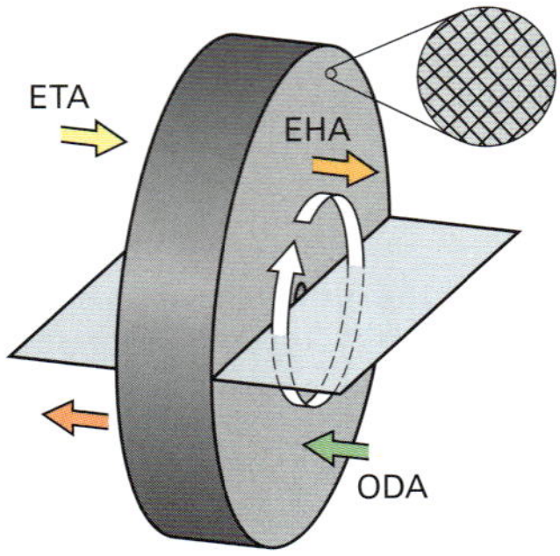	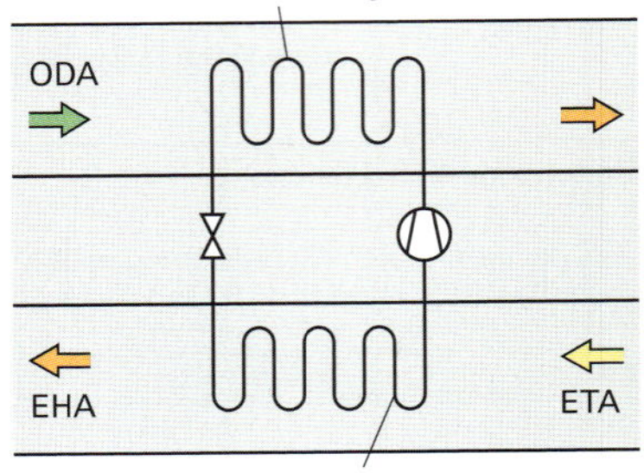
Art der Rückgewinnung	Abluft strömt durch die Waben eines Rades und erwärmt (befeuchtet) sie. Diese Waben werden mit dem Rad in die Außenluftseite gedreht und geben dort die Wärme (Feuchte) ab.	Die Wärme der Abluft wird in einem Verdampfer entzogen. Im Außenluftkanal wird die bei der Verflüssigung frei werdende Wärme an die Luft abgegeben.

[1] Bei Verwendung von Feuchtedurchlässigen Folien ist auch Feuchteübertragung möglich (Enthalpieübertrager).

[2] Zu den Regeneratoren zählen auch Kapillarventilatoren und Umschaltspeicher, die auch die Feuchteübertragung ermöglichen.

Rekuperatoren

Aufbau	**Eigenschaft**	**Anwendung**	**Funktionsschema**
Gegenstrom-Plattenwärmeübertrager			
Die Luft strömt im Gegenstrom über Trennflächen.	– Gute Wärmerückgewinnung aufgrund gleich bleibender Temperaturdifferenzen zwischen den Luftströmen – Großes Volumen bei geringer Übertragungsfläche – Relativ hoher Druckverlust	Anwendung zur Wärmerückgewinnung in RLT-Anlagen	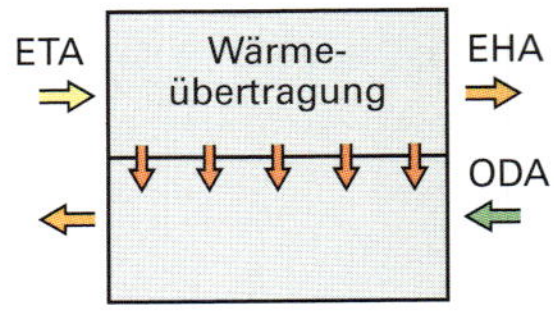
Kreuzstrom-Plattenwärmeübertrager			
Die Luft strömt im Kreuzstrom über die Übertragungsflächen.	– Einfache Bauweise – Geringe Druckverluste – Geringer Wirkungsgrad aufgrund Kreuzstrom – Günstige Form für Kanaleinbau	Häufiger Einsatz in Wärmerückgewinnungssystemen von RLT-Anlagen und Wohnraumlüftung	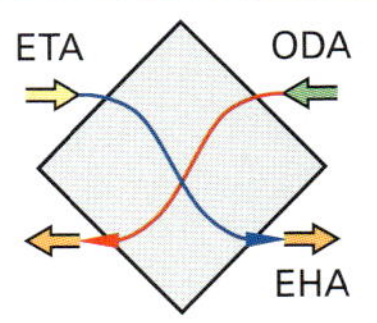
Glattrohr- Wärmeübertrager			
Ein Luftstrom strömt in Rohren, der andere außerhalb um die Rohre.	– Hohes Gewicht und große Abmessungen bei geringer Wärmeübertragungsfläche – Robust, leicht zu reinigen – Auch für aggressive Luft geeignet	Einsatz in Labors, Küchen, Trocknungsanlagen	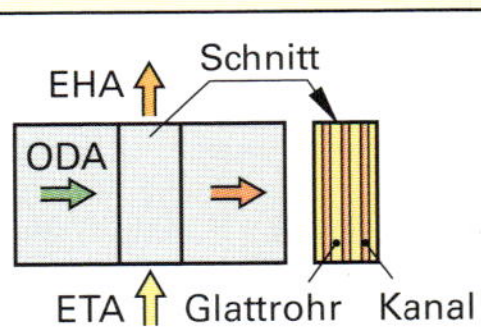

6

Wärmerückgewinnung in RLT-Anlagen (Fortsetzung)

Regeneratoren

Aufbau	Eigenschaft	Anwendung	Funktionsschema
Kreislauf-Verbundsystem			
Die Wärme wird über ein Übertragungsmedium ausgetauscht.	– Keine direkte Lage der Leitungen erforderlich – Entzogene Wärme kann auch für Trinkwasservorerwärmung genutzt werden – Die Vorwärmen durch Solarenergie ist möglich – Gute Regelbarkeit durch Regelung des Massenstroms des Wärmeträgers	Zur Wärmerückgewinnung, wenn die Leitungen räumlich getrennt sind.	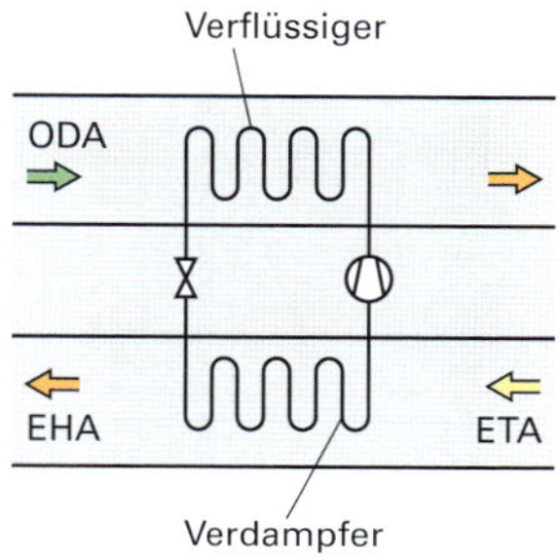
Wärmerohr			
Wärmeübertragung durch Kältemittel	– Keine Fremdenergie nötig – Schlechte Regelbarkeit – Umkehrung für den Sommer nicht möglich – Abstimmung auf die Bedingungen in der Abluft und Außenluft notwendig – Teuer	Zur Wärmerückgewinnung bei nebeneinander liegenden Lüftungsleitungen.	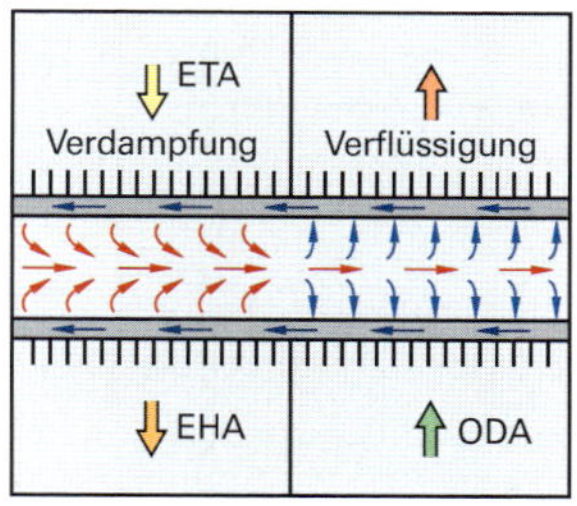
Rotationswärmeübertrager			
Wärmeübertragung durch rotierende Speichermasse	– Feuchteübertragung möglich – Regelung über die Rotordrehzahl – Große Volumenströme möglich – Fremdenergie nötig – Großer Platzbedarf – Zum Teil ist eine Spülkammer erforderlich	Bei großen Volumenströmen, zur Feuchterückgewinnung, Industrieanwendungen	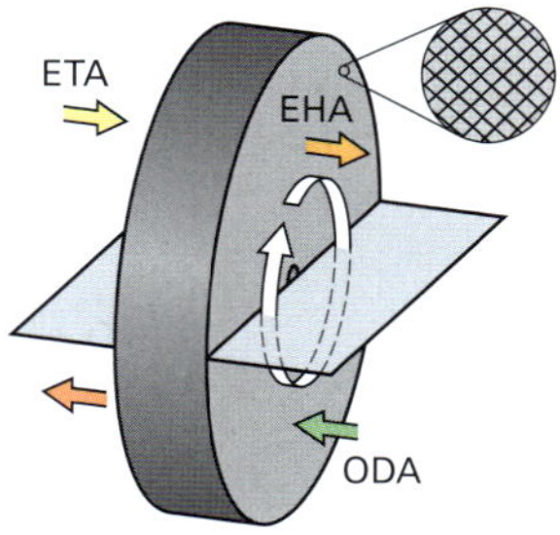
Kapillargebläse			
Luft wird durch einen porösen Ring gedrückt, der sich mit hoher Drehzahl dreht.	– Feuchteübertragung möglich – Fremdenergie nötig – Einfacher Einbau – Preisgünstig – Hohe Leckrate – Kurze Reinigungsintervalle	Einsatz in der Wärmerückgewinnung von Wohnungen und kleinen Häusern.	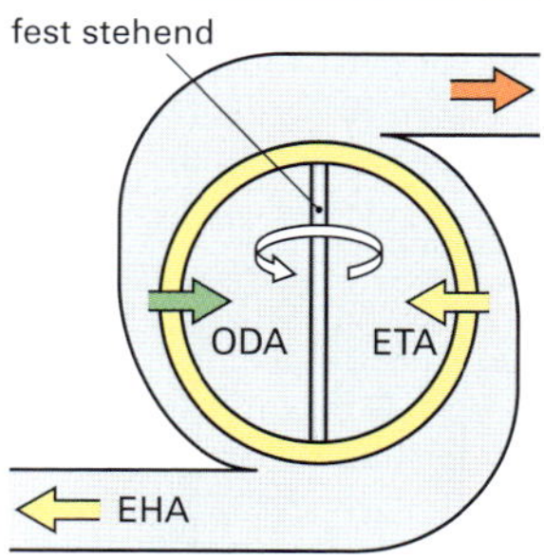

Wärmerückgewinnung in RLT-Anlagen (Fortsetzung)

Kennzahlen für die Übertragung von Wärme und Feuchte

Entscheidend für die Güte einer Wärmerückgewinnung sind die Rückwärmezahlen und die Rückfeuchtezahl.

Entladen

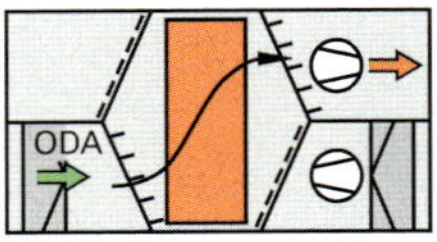

Beladen

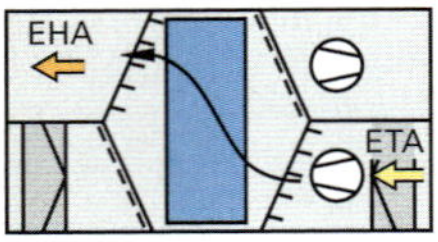

Die Luftströme werden mit Indizes bezeichnet:

Die erste Zahl bedeutet: 1: Fortluft; 2: Außenluft
Die zweite Zahl bedeutet: 1: Fortluft; 2: Außenluft

11: Fortluft am Eintritt
12: Fortluft am Austritt
21: Außenluft am Eintritt
22: Außenluft am Austritt

$$\Phi_\vartheta = \frac{\vartheta_{22} - \vartheta_{21}}{\vartheta_{11} - \vartheta_{21}} = \frac{\Delta\vartheta_{ODA}}{\Delta\vartheta_{max}}$$

Rückwärmezahl bezogen auf die Temperatur

$$\Phi_h = \frac{h_{22} - h_{21}}{h_{11} - h_{21}} = \frac{\Delta h_{ODA}}{\Delta h_{max}}$$

Rückwärmezahl bezogen auf den Wärmeeinhalt

$$\Psi = \frac{x_{22} - x_{21}}{x_{11} - x_{21}} = \frac{\Delta x_{ODA}}{\Delta x_{max}}$$

Rückfeuchtezahl

Φ	Rückwärmezahl sensibel	–
ϑ_{xx}	Temperatur (Indizes siehe oben)	°C
$\Delta\vartheta_{ODA}$	Temperaturdifferenz der Außenluft	°C
$\Delta\vartheta_{max}$	Maximal mögl. Temperaturdifferenz	°C
Φ	Rückwärmezahl auf die Enthalpie bezogen (Sensible und latente Wärme)	kJ/kg
h_{xx}	Enthalpie (Indizes siehe oben)	kJ/kg
Δh_{ODA}	Enthalpiedifferenz der Außenluft	kJ/kg
Δh_{max}	Maximal mögliche Enthalpiedifferenz	
Ψ	Rückfeuchtezahl (Nur latente Wärmeübertragung)	–
x_{xx}	Absolute Feuchte (Indizes siehe oben)	g/kg
Δx_{ODA}	Feuchtedifferenz der Außenluft	g/kg
Δx_{max}	Maximal mögliche Feuchtedifferenz	

B An einem Sorptionsregenerator (Rotationswärmeübertrager mit Sorptionsbeschichtung zum Feuchteaustausch) werden folgende Daten ermittelt:
$\vartheta_{11} = 24$ °C; $\vartheta_{12} = 17$ °C; $\vartheta_{21} = 5$ °C; $\vartheta_{22} = 19$ °C; $x_{11} = 8{,}4$ k/kg; $x_{12} = 6$ g/kg; $x_{21} = 3$ g/kg; $x_{22} = 6{,}6$ g/kg
Bestimmen Sie alle Kennzahlen der Wärme- und Feuchteübertragung.

Lösung:
Aus dem → *h,x*-Diagramm ergibt sich $h_{11} = 45{,}5$ kJ/kg; $h_{12} = 32$ kJ/kg; $h_{21} = 12{,}5$ kJ/kg; $h_{22} = 36$ kJ/kg

$$\boldsymbol{\Phi_\vartheta} = \frac{\vartheta_{22} - \vartheta_{21}}{\vartheta_{11} - \vartheta_{21}} = \frac{19\text{ °C} - 5\text{ °C}}{24\text{ °C} - 5\text{ °C}} = \mathbf{0{,}74}$$

$$\boldsymbol{\Phi_h} = \frac{h_{22} - h_{21}}{h_{11} - h_{21}} = \frac{36\text{ kJ/kg} - 12{,}5\text{ kJ/kg}}{45{,}5\text{ kJ/kg} - 12{,}5\text{ kJ/kg}} = \mathbf{0{,}71}$$

$$\boldsymbol{\Psi} = \frac{x_{22} - x_{21}}{x_{11} - x_{21}} = \frac{6{,}6\text{ g/kg} - 3\text{ g/kg}}{8{,}4\text{ g/kg} - 3\text{ g/kg}} = \mathbf{0{,}67}$$

Alle Kennzahlen sind im üblichen Bereich für Sorptionsregeneratoren.

6

B An einem Kreuzstromwärmetauscher werden im Sommerbetrieb folgende Daten gemessen:
$\vartheta_{11} = 26$ °C; $\vartheta_{12} = 30$ °C; $\vartheta_{21} = 32$ °C; $\vartheta_{22} = 27{,}5$ °C
Bestimmen Sie alle Kennzahlen der Wärme- und Feuchteübertragung.

Lösung:
Aus dem → *h,x*-Diagramm ergibt sich $h_{11} = 45{,}5$ kJ/kg; $h_{12} = 32$ kJ/kg; $h_{21} = 12{,}5$ kJ/kg; $h_{22} = 36$ kJ/kg

$$\boldsymbol{\Phi_\vartheta} = \frac{\vartheta_{22} - \vartheta_{21}}{\vartheta_{11} - \vartheta_{21}} = \frac{27{,}5\text{ °C} - 32\text{ °C}}{26\text{ °C} - 32\text{ °C}} = \mathbf{0{,}75}$$

Da im Kreuzstromwärmetauscher meist keine Feuchte zurückgewonnen wird, beträgt die Rückfeuchtezahl $\Psi = 0$, die Rückwärmezahl Φ_h betägt wie die Rückwärmezahl $\Phi_\vartheta = 0{,}75$.

Begriffe und Definitionen	DIN EN 378-1:2021-06
Abscheider	Behälter, der Kältemittel bei niedrigem Druck und niedriger Temperatur enthält und der mit Flüssigkeitzuleitungs- und Dampfrückleitungsrohren mit einem oder mehreren Verdampfer(n) verbunden ist.
Absorptions- oder Adsorptions-Anlage	Kälteanlage, bei der die Kühlung durch Verdampfen eines Kältemittels erfolgt. Der Dampf wird durch ein Absorptions- oder Adsorptionsmittel absorbiert oder adsorbiert. Aus diesem wird er anschließend bei einem höheren → Partialdampfdruck durch Erhitzen wieder abgegeben und dann durch Kühlung verflüssigt.
Absperreinrichtung	Vorrichtung zur Unterbrechung des Flüssigkeits- oder Gasstromes.
Absperrventil	Ventile, die in Schließstellung den Durchfluss in jede Richtung verhindern.
Anlage mit begrenzter Füllmenge	Kälteanlage, in der das innere Volumen der Anlage und die Kältemittel-Gesamtfüllmenge so bemessen sind, dass bei stillstehender Anlage der zulässige Druck nicht überschritten wird, wenn die Kältemittel-Füllmenge vollständig verdampft.
Ausgang	Durchlass in der Außenwand, mit oder ohne Tür oder Tor.
Ausgangskorridor	Verkehrsweg unmittelbar an der Tür, durch den Personen das Gebäude verlassen.
Außenluft	Luft von außerhalb des Gebäudes.
Baugruppe	Alleinstehende Baueinheit mit festgelegter Funktion (z. B. Verflüssigungssatz), bestehend aus mehreren Bauteilen. Baugruppen werden häufig vor Ort miteinander zu einer vollständigen Anlage verbunden.
Baumustergeprüfter Druckbegrenzer	Sicherheitsschalteinrichtung zur Druckbegrenzung, die nach **DIN EN 12263** baumustergeprüft ist, und die von Hand zurückgestellt wird.
Baumustergeprüfter Druckwächter	Sicherheitsschalteinrichtung zur Druckbegrenzung, die nach **DIN EN 12263** baumustergeprüft ist, und die selbsttätig wieder einschaltet.
Baumustergeprüfter Sicherheitsdruckbegrenzer	Sicherheitsschalteinrichtung zur Druckbegrenzung, die nach **DIN EN 12263** baumustergeprüft ist, die von Hand nur unter Zuhilfenahme eines Werkzeuges zurückgestellt wird.
Baumustergeprüfter Temperaturbegrenzer	Sicherheitsschalteinrichtung, die baumustergeprüft und eigensicher ausgelegt ist, so dass bei einem Defekt oder einer Fehlfunktion der Einrichtung die Energiezufuhr unterbrochen wird.
Baumustergeprüftes Bauteil	Bauteil, an dem die Prüfung eines oder mehrerer Baumuster dieses Bauteils nach einer Norm über die Bauartzulassung durchgeführt wird.
Bauteil	Einzelne Funktionseinheiten oder Unterbaugruppen einer Kälteanlage.
Berstscheibe	Scheibe oder Folie, die bei einem festgelegten Differenzdruck birst.
Besonderer Maschinenraum	Maschinenraum, der nur zur Aufstellung der gesamten Kälteanlage oder von Teilen der Kälteanlage vorgesehen ist. Er ist nur für sachkundiges Personal für die Instandhaltung und Instandsetzung der Kälteanlage zugänglich.
Betriebsfertiger Kältesatz	Kältesatz, der vor seiner Aufstellung zusammengebaut, betriebsfertig gefüllt und geprüft wurde und der aufgestellt wird, ohne dass ein Anschluss an kältemittelführende Teile erforderlich ist.
Bördelverbindung	Metallische Druckverbindung, bei der das Rohrende konisch aufgeweitet ist.
Bruttoinhalt	Inhalt, der sich ohne Berücksichtigung des Rauminhalts von Einbauten aus den Innenabmessungen des Behälters errechnet.
Dauerhaft geschlossene Anlage	Kälteanlage, in der alle kältemittelführenden Teile durch → Schweißen, → Löten oder eine gleichwertige → nichtlösbare Verbindung dicht zusammengebaut sind.
Dichtheits-Prüfdruck	Druck, der angewandt wird, um die Dichtheit einer Kälteanlage oder eines beliebigen Teiles davon zu prüfen.
Direkte Verbindung	Verbindung zwischen Räumen, bei der die Trennwand mit einer Öffnung versehen ist, die wahlweise durch eine Tür, ein Fenster oder eine Klappe geschlossen werden kann.
Druckbehälter	Jedes kältemittelführende Teil einer Kälteanlage außer: halbhermetische und offene Verdichter; Rohrschlangen (einschließlich ihrer Sammler), bestehend aus Rohren, mit Luft als Sekundärfluid; Rohrleitungen und dazugehörige Armaturen, Verbindungen und Fittings; Steuer- und Regelgeräte; Druckschalter, Druckmessgeräte, Flüssigkeitsanzeiger; Sicherheitsventile, Schmelzpfropfen, Berstscheiben, Pumpen.

7

Begriffe und Definitionen (Fortsetzung)	**DIN EN 378-1:**2021-06
Druckentlastungs-einrichtung	Druckentlastungsventil oder Berstscheibeneinrichtung, die so ausgelegt ist, dass ein überhöhter Druck selbsttätig abgebaut wird.
Druckentlastungs- geschlos- **ventil**	Auf Druck ansprechendes Ventil, das durch eine Feder oder andere Mittel sen gehalten wird und das so ausgelegt ist, dass überhöhter Druck selbsttätig abgebaut wird, indem es bei einem Einstelldruck zu öffnen beginnt und das sich wieder schließt, nachdem der Druck unter den Einstelldruck gefallen ist.
Druckverbindung	Verbindung, die durch Verformung eines Druckringes dicht wird.
Druckwächter	Schalteinrichtung, die selbsttätig wieder einschaltet.
Durchgang	Verkehrsweg für Personen.
Entsorgung	Weitergabe eines Erzeugnisses an eine andere Stelle, in der Regel, um es zu vernichten.
Fabrikmäßig hergestellt	An einem bestimmten Produktionsort nach einem anerkannten Qualitätsmanagementsystem hergestellt.
Festigkeits-Prüfdruck	Druck, der angewandt wird, um die → Festigkeit einer Kälteanlage zu prüfen.
Flanschverbindung	Verbindung, die durch das Verschrauben von zwei Flanschen hergestellt wird.
Flucht-/Rettungsweg	Als Notausgang angezeigter Weg.
Flüssigkeitssammler	Behälter, der durch Ein- und Austrittsrohrleitungen ständig in eine Anlage eingebunden ist und zur Aufnahme von flüssigem Kältemittel dient.
Fraktionierung	Änderung der Zusammensetzung eines Kältemittelgemisches, z. B. durch Verdampfen des/der flüchtigeren Bestandteile(s) oder Verflüssigung des/der weniger flüchtigen Bestandteile(s).
Gaskühler	Wärmeaustauscher in einem transkritischen System, in dem überkritisches Kältemittel durch Abführen von Wärme gekühlt wird.
Geschlossene Anlage	Kälteanlage, in der alle kältemittelführenden Teile durch Flansche, Schraubverbindungen oder gleichwertige Verbindungen dicht zusammengebaut sind.
Gesperrtes Ventil	Geschlossenes oder anderweitig blockiertes Ventil, das nur von sachkundigen Personen betätigt werden kann.
Giftigkeit (Toxizität)	Eigenschaft eines Fluids, bei kurzzeitiger oder andauernder Einwirkung durch Berühren, Einatmen oder Einnehmen schädlich oder tödlich zu sein.
Hartlötverbindung	Verbindung, die durch das Zusammenfügen von metallischen Teilen mit Legierungen entsteht, deren Schmelztemperatur im allgemeinen über 450 °C liegt, jedoch unter der Schmelztemperatur der zusammengefügten Teile.
Hermetischer Motorverdichter	Kombination, bestehend aus Verdichter und Elektromotor, die sich beide in demselben Gehäuse befinden, ohne Welle oder Wellenabdichtungen nach außen, wobei der Elektromotor in einem Gemisch aus Öl und Kältemitteldampf arbeitet.
Hochdruckseite	Teil einer Kälteanlage, der annähernd bei Verflüssigungsdruck arbeitet.
Im Freien	Jeder nicht umschlossene, überdachte oder nicht überdachte Bereich.
Indirektes Kühl- oder Heizsystem	System, bei dem die Wärmeübertragung zur Kälteanlage von den zu kühlenden oder zu erwärmenden Produkten oder Räumen oder von einem anderen Kühl- oder Heizsystem durch ein Fluid erfolgt.
Kälteanlage, Wärmepumpe	Kombination miteinander verbundener, kältemittelführender Teile, die einen geschlossenen Kältemittelkreislauf bilden, in dem das Kältemittel zirkuliert, um Wärme zu entziehen und abzugeben (d. h. Kühlung, Erwärmung).
Kältemittel	Fluid, das zur Wärmeübertragung in Kälteanlagen eingesetzt wird, und das bei niedriger Temperatur und niedrigem Druck Wärme aufnimmt und bei höherer Temperatur und höherem Druck Wärme abgibt, wobei üblicherweise Zustandsänderungen des Fluids erfolgen.
Kältesatz	Fabrikmäßig komplett hergestellte Kälteanlage in einem geeigneten Rahmen und/oder Gehäuse, die in einem oder mehreren Abschnitten gefertigt und transportiert wird und deren kältemittelführende Teile am Aufstellungsort nicht mehr zu verbinden sind, außer durch Verbindungs- oder Trennarmaturen.
Kältetechnische Einrichtung	Gesamtheit aller Bauteile einer Kälteanlage sowie die gesamte, für deren Betrieb erforderliche Ausrüstung.
Kältetechnische Komponenten	Bauteile, die einen Teil der Kälteanlage bilden, z. B. Verdichter, Verflüssiger, Austreiber, Absorber, Adsorber, Flüssigkeitssammler, Verdampfer, Abscheider.

Begriffe und Definitionen (Fortsetzung)	**DIN EN 378-1**:2021-06
Kaskadenanlage	Zwei oder mehr unabhängige Kältemittelkreisläufe, bei denen der Verflüssiger einer Anlage Wärme direkt an den Verdampfer einer anderen Anlage abgibt.
Komfort-Luftkonditionierung	Verfahren zur Behandlung von Luft, um die Anforderungen an die → Behaglichkeit von Personen, die sich in dem jeweiligen Bereich aufhalten, zu erfüllen.
Konstruktionsdruck	Druck, der für die Ermittlung des Berechnungsdruckes jedes Bauteils gewählt wird.
Kriechgang Hohlraum	Raum, der im allgemeinen nur für Instandhaltungszwecke betreten wird und in dem ein aufrechtes Gehen bzw. zu dem ein aufrechter Zugang nicht möglich ist.
Kühlraum	Raum oder Gehäuse, in dem durch eine Kälteanlage die Temperatur unter der Umgebungstemperatur gehalten wird.
Luftschleuse	Abgetrennter Raum mit separaten Eingangs- und Ausgangstüren, durch den ein Durchgang von einem Raum zu einem anderen möglich ist, während diese Bereiche voneinander getrennt bleiben.
Maschinenraum	Vollständig umschlossener Raum oder Gehäuse mit mechanischer Belüftung, der nur befugten Personen zugänglich ist und zur Aufstellung von Teilen der Kälteanlage oder der gesamten Kälteanlage dient. Ein Maschinenraum darf weitere Bauteile enthalten, sofern die Anforderungen an die Aufstellung mit den Anforderungen an die Sicherheit der Kälteanlage kompatibel sind.
Maximal zulässiger Druck	Vom Hersteller angegebener höchster Druck, für den das Druckgerät ausgelegt ist; Abkürzung PS.
Motorverdichter	Kombination aus Elektromotor und Verdichter in einer Einheit.
Nennweite (DN)	Nummerische Größenbezeichnung, welche für alle Bauteile eines Rohrsystems benutzt wird, für die nicht der Außendurchmesser oder die Gewindegröße angegeben werden. Es handelt sich um eine gerundete Zahl, die als Nenngröße dient und nur näherungsweise mit den Fertigungsmaßen in Beziehung steht. Die Nennweite wird durch DN, gefolgt von einer Zahl (in mm), ausgedrückt.
Nettoinhalt	Inhalt, der sich ohne den Rauminhalt von festen Einbauten aus den Innenabmessungen des Behälters errechnet.
Niederdruckseite	Teil einer Kälteanlage, der annähernd bei Verdampfungsdruck arbeitet.
Offener Verdichter	Verdichter, dessen Antriebswelle durch das kältemitteldichte Gehäuse geführt ist.
Ortsveränderliche Anlage	Kälteanlage, die üblicherweise während des Transportes betrieben wird.
Personen-Aufenthaltsbereich	Vollständig umschlossener Raum, in dem sich über einen längeren Zeitraum Personen aufhalten. Sind die Bereiche um den unmittelbaren Personen-Aufenthaltsbereich durch Konstruktion oder Ausführung nicht ausreichend dicht, dann gelten diese ebenfalls als Teil des Personen-Aufenthaltsbereiches. Dies können z. B. Hohlräume über Zwischendecken, Kriechgänge, Kanäle und bewegliche Zwischenwände sein. Der Personen-Aufenthaltsbereich kann öffentlich (z. B. Supermarkt) oder nur für unterwiesene Personen zugänglich sein. In einem Personen-Aufenthaltsbereich kann die gesamte Kälteanlage oder Teile davon aufgestellt werden.
Recycling	Reduzierung von Verunreinigungen in gebrauchten Kältemitteln durch Abscheiden von Öl, Entfernen von nicht kondensierbaren Gasen und die Verwendung von Geräten wie Filter und Trockner, um die Feuchtigkeit, den Säuregehalt und den Gehalt an Partikeln zu verringern. Ziel des Recycling ist die Wiederverwendung des rückgewonnenen Kältemittels.
Rohrende mit Gewinde	Rohrende mit zylindrischem oder kegeligem Gewinde, das durch Zusatzwerkstoffe oder Verformung der Gewindefassung seine Dichtheit erhält.
Rohrleitung	Alle Rohrleitungen nach dem Anwendungsbereich der **DIN EN 14276-2,** d. h. Rohre (einschließlich Schläuche, Dehnungsausgleicher, Fittings oder flexible Rohre) zur Verbindung der verschiedenen Teile einer Kälteanlage.
Rohrschlange (Rohrregister)	Teil der Kälteanlage aus gebogenen oder geraden Rohren, die miteinander verbunden sind und als Wärmeaustauscher (Verdampfer oder Verflüssiger) dienen.
Rückgewinnung	Entnahme von Kältemittel aus einer Anlage und Aufbewahrung in einem separaten Behälter.
Sachkunde	Fähigkeit, die in einem Beruf geforderten Tätigkeiten fachgerecht auszuführen.
Sammel- und Verteilstück	Rohrteil einer Kälteanlage, an das mehrere andere Rohre angeschlossen sind.

7

Begriffe und Definitionen (Fortsetzung)	DIN EN 378-1:2021-06
Saugdruck-Grenzwert	Druck, bei dem der → Volumenstrom eines Radialverdichters instabil wird
Schmelzpfropfen	Vorrichtung, die ein Material enthält, das bei einer festgelegten Temperatur schmilzt und dabei den Druck abbaut.
Schweißverbindung	Verbindung, die durch das Zusammenfügen von metallischen Teilen in plastischem oder geschmolzenem Zustand entsteht.
Selbstentzündungstemperatur	Niedrigste Temperatur, ab der ein chemischer Stoff in einer Normalatmosphäre ohne äußere Zündquelle, wie z. B. eine Flamme oder Funkenschlag, verbrennen kann.
Selbstschlussventil	Ventil, das selbsttätig schließt, z. B. durch Gewicht oder Federkraft.
Sicherheitsschalteinrichtung zur Druckbegrenzung	Auf Druck ansprechende Einrichtung, die dazu bestimmt ist, den Druckerzeuger abzuschalten.
Siedepunkt	Sättigungstemperatur eines flüssigen Kältemittels bei dem festgelegten Druck; die Temperatur, bei der ein flüssiges Kältemittel zu sieden beginnt.
Spaltrohr-Motorverdichter	Motorverdichter in einem dichten, die Motorwicklung nicht einschließenden Gehäuse und ohne Welle nach außen.
Speicher	Zur Aufnahme von flüssigem Kältemittel geeigneter Behälter mit dauerhafter Verbindung zwischen Verdampferaustritt und Verdichtersaugseite.
Strömungsverdichter	Verdichter, in dem die Verdichtung ohne Änderung des Inhaltes im Verdichtungsraum erreicht wird.
Temperaturbegrenzungseinrichtung	Auf Temperatur ansprechende Einrichtung, die dazu bestimmt ist, unzulässige Temperaturen zu verhindern.
Transkritischer Kreislauf	Kältemittelkreislauf, bei dem der Verdichter Kältemittel bei einer (Druck-) Bedingung oberhalb des kritischen Punktes freisetzt.
Überdruck	Druck, dessen Wert gleich der Differenz zwischen dem Absolutdruck und dem Atmosphärendruck ist.
Unabhängiges Atemschutzgerät	Frei tragbares Atemschutzgerät mit Druckluftversorgung, unabhängig von der Umgebungsatmosphäre, bei dem die verbrauchte Luft ohne Rückführung in die Umgebungsatmosphäre geht.
Untere Explosionsgrenze	Geringste Konzentration eines Kältemittels, die in einem homogenen Gemisch mit Luft gezündet werden kann; Abkürzung LFL.
Vakuumverfahren	Verfahren, mit dem die Gasdichtheit einer ungefüllten Anlage überprüft wird, indem diese einem Unterdruck ausgesetzt wird.
Verbindung	Zusammenschluss von zwei Teilen.
Verdampfer	Wärmeaustauscher, in dem flüssiges Kältemittel durch Wärmeaufnahme von dem zu kühlenden Gut verdampft.
Verdichter	Einrichtung zur mechanischen Erhöhung des Druckes eines gasförmigen Kältemittels.
Verdichtersatz	Kombination aus einem oder mehreren Verdichtern und den üblicherweise mitgelieferten Zubehörteilen.
Verdrängerverdichter	Verdichter, in dem die Verdichtung durch Änderung des Inhaltes im Verdichtungsraum erreicht wird.
Verflüssiger	Wärmeaustauscher, in dem dampfförmiges Kältemittel durch Abführen von Wärme verflüssigt wird.
Verflüssigersatz	Kombination aus einem oder mehreren Verdichtern, Verflüssigern oder Flüssigkeitssammlern (falls erforderlich) und den üblicherweise mitgelieferten Zubehörteilen.
Wärmeträger	Fluid (z. B. Sole, Wasser, Luft), das üblicherweise ohne Zustandsänderung oder mit Zustandsänderung bei gleichem Druck (z. B. R744) Wärme überträgt.
Wechselventil	Ventil, das zwei Sicherheitseinrichtungen beaufschlagt und so angeordnet ist, dass jeweils nur eine außer Funktion gesetzt werden kann.
Wiederaufbereitung	Aufarbeitung von gebrauchten Kältemitteln nach den Festlegungen für ungebrauchte Produkte.

Begriffe und Definitionen (Fortsetzung) DIN EN 378-1:2021-06

Englische Begriffe

Absolute pressure	Absoluter Druck	Joint	Verbindung
Assembly	Baugruppe	Limited charge	Begrenzte Füllmenge
Azeotropic point	Azeotrope Temperatur	Liquid, subcooled	Unterkühlte Flüssigkeit
Booster compressor	Vorschalt-Verdichter	Load	Kälteleistung
Brazed joint	Hartlötverbindung	locked valve	gesperrtes Ventil
Capillary tube	Kapillarrohr	Low-pressure-stage	Niederdruckstufe
Change of state	Phasenübergang	machinery room	Maschinenraum
Changeover device	Wechselventil	Molecular sieve	Molekularsieb
Coil	Rohrschlange	Mollier diagramm	log *p*, *h*-Diagramm
Cold room	Kühlraum	Non condensable gas	Fremdgas
Competence	Sachkunde	Occupied space	Aufenthalsbereich
Component	Bauteil	Oil return	Ölrückführung
Compression	Verdichtung	Oil separator	Ölabscheider
Compressor	Verdichter	Oil trap	Ölfalle, Ölhebebogen
Compressor capacity	Verdichter-Kälteleistung	Open type compressor	Offener Verdichter
Compressor displacement	Hubvolumenstrom	Overflow valve	Überströmventil
Compressor unit	Verdichtersatz	Piping	Rohrleitung
Compressor unloader	Anlaufentlastung	Pressure	Druck
Condenser	Verflüssiger	Pressure limiter	Druckwächter
Condensing pressure	Verflüssigungsdruck	Pressure vessel	Druckbehälter
Condensing unit	Verflüssigungssatz	Properties	Eigenschaften
Cooling tower	Kühlturm	Psychrometric chart	*h*, *x*-Diagramm
Design pressure	Konstruktionsdruck	Pump-down	Abpumpschaltung
Dew point	Taupunkt	Reclaim	Wiederaufbereitung
Discharge pressure	Verdichtungsenddruck	Recover	Rückgewinnung
Disposal	Entsorgung	Refrigerant	Kältemittel
Distributor	Verteiler	Refrigerant charge	Kältemittelfüllmenge
Double riser	Gesplittete Steigleitung	Refrigerating system	Kälteanlage
Drier	Trockner	Reverse cycle	Kreislaufumkehr
Dry bulb temperature	Trockenkugeltemperatur	Rupture disk	Berstscheibe
Enthalpy chart	Dampftafel	Scroll compressor	Scrollverdichter
Equation of state	Gasgleichung	Semi-hermetic	Halbhermetisch
Evaporating temperature	Verdampfungstemperatur	Service valve	Serviceventil
Evaporative condenser	Verdunstungsverflüssiger	Short cycling	Takten
Evaporator	Verdampfer	Shut-off-device	Absperreinrichtung
Expansion valve	Expansionsventil	Solderet joint	Weichlötverbindungen
Flared joint	Bördelverbindung	Solenoid valve	Magnetventil
Flooded evaporator	Überfluteter Verdampfer	Subcooling	Unterkühlung
Fusible plug	Schmelzpfropfen	Suction line	Saugleitung
Gauge pressure	Überdruck	Suction temperature	Ansaugtemperatur
Glide	Temperaturgleit	Superheat	Überhitzung
Head pressure	Verdichtungsenddruck	Surge drum	Abscheider
Head pressure control	Sicherheitseinrichtung HD	Tightness test pressure	Dichtheitsprüfdruck
Heat	Wärme	Vacuum	Negativer Überdruck
Heat exchanger	Wärmeübertrager	Vacuum procedure	Vakuumverfahren
Heat pump	Wärmepumpe	Vapor	Dampf
Hermetic	Vollhermetisch	Viscosity	Viskosität
Hot gas bypass regulator	Heißgas-Bypass-Regler	Water cooled	wassergekühlt
Isolating valve	Absperrventil	Welded joint	Schweißverbindung

Formelzeichen und Indizes DIN 8941:1982-01

Formelzeichen	Bedeutung	SI-Einheit
A	Fläche, Oberfläche	m^2
a	Schallgeschwindigkeit	m/s
α	Temperaturleitfähigkeit	m^2/s
B	Anergie	J
b	spezifische Anergie	J/kg
C	Wärmekapazität	J/K
c	spezifische Wärmekapazität	J/(kg · K)
c_p	spezifische Wärmekapazität bei konstantem Druck	J/(kg · K)
c_V	spezifische Wärmekapazität bei konstantem Volumen	J/(kg · K)
D	Diffusionskoeffizient	m^2/s
d	Durchmesser	m
E	Energie	J
Ex	Exergie	J
$\dot{E}x$	Exergiestrom	W
ex	spezifische Exergie	J/kg
F	Kraft	N
F	Freie Energie, Helmholtz-Funktion	J
f	spezifische Freie Energie	J/kg
G	Freie Enthalpie, Gibbs-Funktion	J
g	spezifische Freie Enthalpie	J/kg
H	Enthalpie	J
h	spezifische Enthalpie	J/kg
Δh	Differenz der spezifischen Enthalpien	J/kg
Δh_d	spezifische Verdampfungsenthalpie	J/kg
Δh_f	spezifische Schmelzenthalpie	J/kg
Δh_{sub}	spezifische Sublimationsenthalpie	J/kg
I	elektrische Stromstärke	A
I	Massenstromdichte	$kg/(m^2 \cdot s)$
k	Wärmedurchgangskoeffizient	$W/(m^2 \cdot K)$
l	Länge	m
l_H	Kolbenhub	m
M	stoffmengenbezogene (molare) Masse	kg/mol
M_r	relative Molekülmasse	1
m	Masse	kg
$\dot{m}$	Massenstrom	kg/s
$\dot{m}_K$; $\dot{m}_R$; $\dot{m}_W$	Massenstrom des Kälteträgers, des Kältemittels, des Wärmeträgers	kg/s
n	Stoffmenge	mol
n	Polytropenexponent	1
n	Drehzahl	1/s
P	Leistung	W
P_{Kl}	Leistungsaufnahme des elektrischen Antriebsmotors an den Klemmen gemessen	W
P_e	effektive Leistungsaufnahme des Verdichters (Wellenleistung)	W
P_g	Leistungsaufnahme der Gesamtanlage	W
P_i	indizierte oder innere Leistung des Verdichters	W
P_t	Leistungsaufnahme beim theoretischen Vergleichsprozess	W
p	Druck	Pa

7

Formelzeichen und Indizes (Fortsetzung) **DIN 8941**:1982-01

Formelzeichen	Bedeutung	SI-Einheit
p_a	Druck bei Umgebungsbedingungen (Sättigungsdruck)	Pa
p_{abs}	absoluter Druck	Pa
p_{amb}	umgebender Atmosphärendruck (absolut)	Pa
p_c	Verflüssigungsdruck (absolut)	Pa
p_{ec}	Differenz zwischen absolutem Druck und umgebendem Atmosphärendruck	Pa
p_{e0}	Differenz zwischen Verdampfungsdruck und umgebendem Atmosphärendruck	Pa
p_{kr}	Kritischer Druck (absolut)	Pa
p_0	Verdampfungsdruck (absolut)	Pa
p_{tr}	Druck am Tripelpunkt (absolut)	Pa
Q	Wärme	J
$\dot{Q}$	Wärmestrom, Wärmeleistung	W
$\dot{Q}_A$	Wärmeleistung des Absorbers	W
$\dot{Q}_H$	Heizleistung im Austreiber	W
$\dot{Q}_{WP}$	Wärmeleistung der Wärmepumpe	W
$\dot{Q}_c$	Wärmeleistung (bei Verflüssigungsdruck), Verflüssigerleistung	W
$\dot{Q}_{cV}$	Verdichterwärmeleistung	W
$\dot{Q}_0$	Kälteleistung, Verdampferleistung	W
$\dot{Q}_{0e}$	Nutzkälteleistung	W
$\dot{Q}_{0g}$	Gesamtkälteleistung	W
$\dot{Q}_{0n}$	Nettokälteleistung	W
$\dot{Q}_{0V}$	Verdichterkälteleistung	W
$\dot{q}$	Wärmestromdichte	W/m^2
q_c	massenstrombezogene Wärmeleistung	J/kg
q_{cvt}	volumenstrombezogene Wärmeleistung bei Verflüssigungsdruck beim theoretischen Vergleichsprozess	J/m^3
q_{ev}	volumenstrombezogene Wärmeleistung bei Verflüssigungsdruck	J/m^3
q_0	massenstrombezogene Kälteleistung	J/kg
q_{0vt}	volumenstrombezogene Kälteleistung beim theoretischen Vergleichsprozess	J/m^3
q_{0v}	volumenstrombezogene Kälteleistung	J/m^3
R	individuelle (spezielle) Gaskonstante	J/(kg · K)
r	Radius	m
S	Entropie	J/K
$\dot{S}$	Entropiestrom	W/K
s	spezifische Entropie	J/(kg · K)
T	(thermodynamische) Temperatur	K
t	Celsiustemperatur	°C
$\Delta T = \Delta t$	Temperaturdifferenz	K
Δt_{Eu}	Unterkühlung des Kältemittels vor dem Expansionsventil	K
t_a	Umgebungstemperatur	°C
t_c	Verflüssigungstemperatur	°C
t_{cu}	Temperatur des unterkühlten Kältemittels	°C
Δt_{cu}	Unterkühlung des Kältemittels im Verflüssiger	K
t_{kr}	Kritische Temperatur	°C
t_i	Rauminnentemperatur	°C
t_0	Verdampfungstemperatur	°C

Formelzeichen und Indizes (Fortsetzung) **DIN 8941**:1982-01

Formelzeichen	Bedeutung	SI-Einheit
t_{0h}	Temperatur des überhitzten Saugdampfes	°C
Δt_{0h}	Überhitzung des Saugdampfes	K
t_s	Siedetemperatur (Verdampfungstemperatur) bei Normzustand	°C
U	elektrische Spannung	V
U	innere Energie	J
u	spezifische innere Energie	J/kg
V	Volumen	m^3
$\dot{V}$	Volumenstrom	m^3/s
$\dot{V}_{V1}$	Ansaugvolumenstrom des Verdichters	m^3/s
V_g	geometrisches Hubvolumen	m^3
$\dot{V}_g$	zeitbezogenes geometrisches Hubvolumen	m^3/s
v	spezifisches Volumen	m^3/kg
w	massenstrombezogene Leistung	J/kg
W	Arbeit	J
W_t	Arbeit des theoretischen Vergleichsprozesses	J
w	Geschwindigkeit	m/s
w_t	massenstrombezogene Leistung beim theoretischen Vergleichsprozess	J/kg
x	Dampfgehalt	kg/kg
x	Wassergehalt	kg/kg
z	Zylinderzahl	–
α	Wärmeübergangskoeffizient	$W/(m^2 \cdot K)$
α_l	(thermischer) Längenausdehnungskoeffizient	1/K
γ	(thermischer) Volumenausdehnungskoeffizient	1/K
Δ	Differenz	–
ε	Leistungszahl	1
ε_C	Leistungszahl des Carnot-Prozesses	1
ε_K	Kälteleistungszahl der Kühlmaschine	1
ε_W	Wärmeleistungszahl (am Verflüssiger)	1
ε_{WP}	Leistungszahl der Wärmepumpe	1
ε_e	Leistungszahl bezogen auf die effektive Leistungsaufnahme	1
ε_g	Leistungszahl der Gesamtanlage	1
ε_i	Leistungszahl bezogen auf die indizierte oder innere Leistung	1
ε_t	Leistungszahl des theoretischen Vergleichsprozesses	1
ζ	Wärmeverhältnis	1
η	dynamische Viskosität	$Pa \cdot s$
η	Gütegrad, Wirkungsgrad	1
η_C	Gütegrad bezogen auf den Carnot-Prozess	1
η_e	Gütegrad bezogen auf die effektive Antriebsleistung	1
η_{el}	Wirkungsgrad des Elektromotors	1
η_{ex}	exergetischer Wirkungsgrad (thermodynamischer Gütegrad)	1
η_i	Gütegrad bezogen auf die indizierte oder innere Leistung	1
η_m	mechanischer Wirkungsgrad	1
$\varkappa$	Isentropenexponent	1
λ	Wärmeleitfähigkeit	$W/(m \cdot K)$
λ	Liefergrad	m^3/m^3
ν	kinematische Viskosität	m^2/s

Formelzeichen und Indizes (Fortsetzung) DIN 8941:1982-01

Formelzeichen	Bedeutung	SI-Einheit
ξ	Massengehalt	kg/kg
ξ_a	Massengehalt an der Kältemittel armen Lösung	kg/kg
$\xi_{Öl}$	Ölmassenstrom bezogen auf den geförderten Kältemittelmassenstrom	kg/kg
ξ_r	Massengehalt an der Kältemittel reichen Lösung	kg/kg
$\Delta\varrho$	Entgasungsbreite	kg/kg
ϱ	Dichte	kg/m^3
σ	Oberflächenspannung	N/m
σ	schädliches Volumen bezogen auf Hubvolumen	1
σ	Toleranz, Messunsicherheit	-
τ	Zeit	s
τ_l	Laufzeit	s
τ_r	relative Laufzeit	1
τ_s	Stillstandszeit	s
φ	relative Feuchte	1

Indizes

Index	Bedeutung	Index	Bedeutung
A	Absorber	WT	Flüssigkeits-Saugdampf-Wärmeaustauscher
B	Sammler	Z	Zwischenkühler
C	Carnot	c	Verflüssiger
D	Druckstufe	e	effektiv
E	Drosselorgan	g	gesamt
H	Austreiber, Heizung	h	überhitzter Dampf
HD	Hochdruckstufe	i	indiziert bzw. innen
K	Kälteträger	0	Verdampfer (gesprochen: null)
Kl	bezogen auf die Klemmen	p	isobar
KR	Kühlraum	s	isentrop
L	Ventilator	t	theoretisch
M	Motor, Antriebsmaschine	u	unterkühlte Flüssigkeit
MR	Maschinenraum	v	isochor
ND	Niederdruckstufe	z	Zustand zwischen zwei Verdichtungsstufen
Öl	Kältemaschinenöl	1	Eintritt
P	Pumpe	2	Austritt
R	Kältemittel	I, II, III	1., 2., 3. Stufe
S	Saugstufe	′	gültig für siedende Flüssigkeit
T	isotherm	″	gültig für gesättigten Dampf
U	Unterkühler, Nachkühler	*	gültig für schmelzenden oder sublimierenden Feststoff
V	Verdichter	**	gültig für gefrierende Flüssigkeit
W	Wärmeträger		

Beispiele

p_{c1}	Druck am Eingang des Verflüssigers	t_{E2HD}	Temperatur am Ausgang des Drosselorgans der Hochdruckstufe
p_{c2}	Druck am Ausgang des Verflüssigers	p_{V1ND}	Druck am Eingang des Verdichters der Niederdruckstufe
p_{o1}	Druck am Eingang des Verdampfers	p_{o2}	Druck am Ausgang des Verdampfers

7

Formelzeichen und Indizes (Fortsetzung) DIN 8941:1982-01

Einstufiger Kältekreisprozess im log *p*, *h*-Diagramm

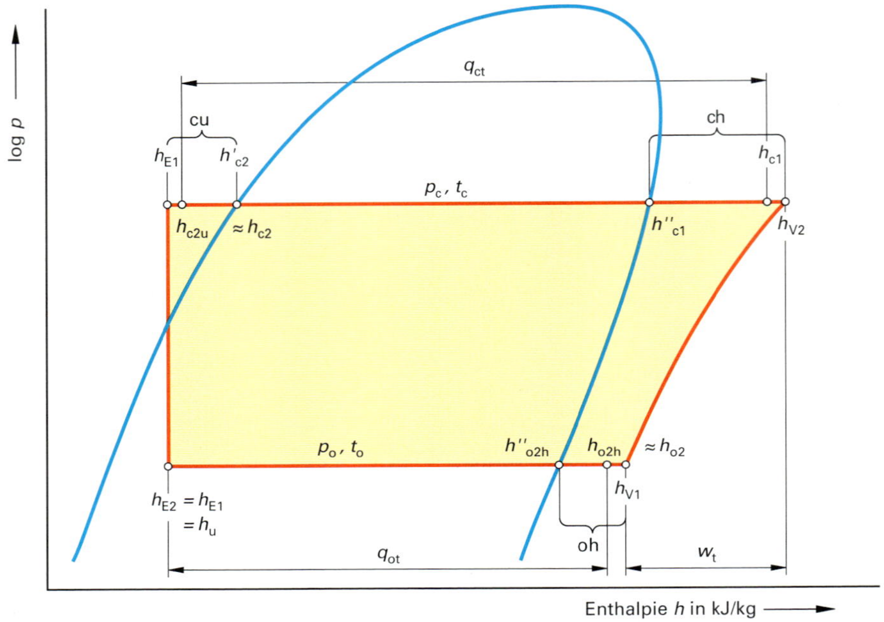

Anmerkung: Es sind außer Formelzeichen auch nur Indizes (ch, cu und oh) eingetragen.

Einstufiger Kältekreisprozess im Fließbild

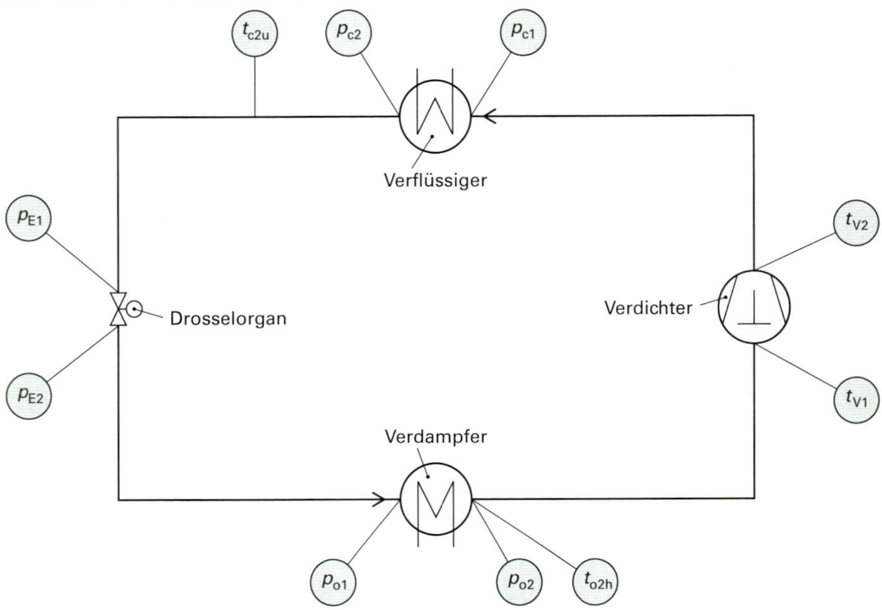

Anmerkung: Es sind einige – für Leistungsversuche wesentliche – Druck- und Temperatur-Messstellen eingetragen.

Formelzeichen und Indizes (Fortsetzung)

DIN 8941:1982-01

Einstufiger Kältekreisprozess mit innerem Wärmeaustausch im log *p*, *h*-Diagramm

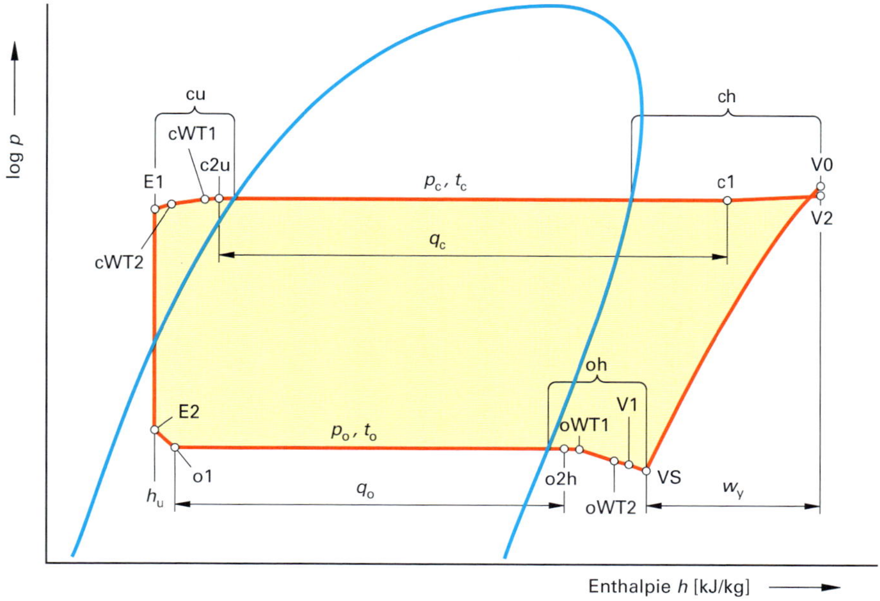

Anmerkung: Außer p_c, t_c, p_o, t_o, q_c, q_o und w_v sind nur die Indizes der entsprechenden Drücke, Temperaturen oder Enthalpien eingetragen.

Einstufiger Kältekreisprozess mit Flüssigkeits-Saugdampf-Wärmeaustauscher im Fließbild

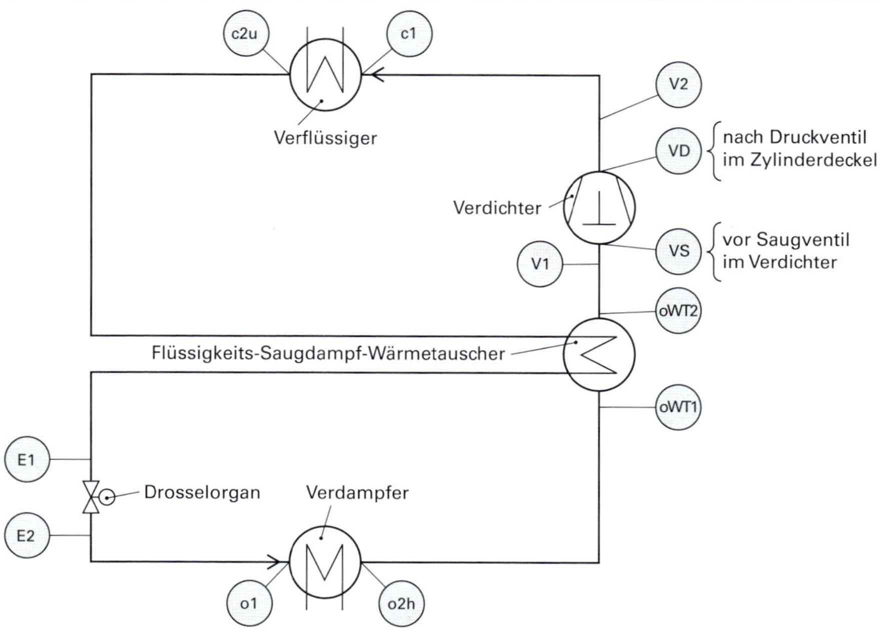

Anmerkung: Es sind nur die Indizes der entsprechenden Drücke und Temperaturen eingetragen.

7

Formelzeichen und Indizes (Fortsetzung) DIN 8941:1982-01

Zweistufiger Kältekreisprozess mit einstufiger Entspannung und Zwischenkühlung im log *p*, *h*-Diagramm

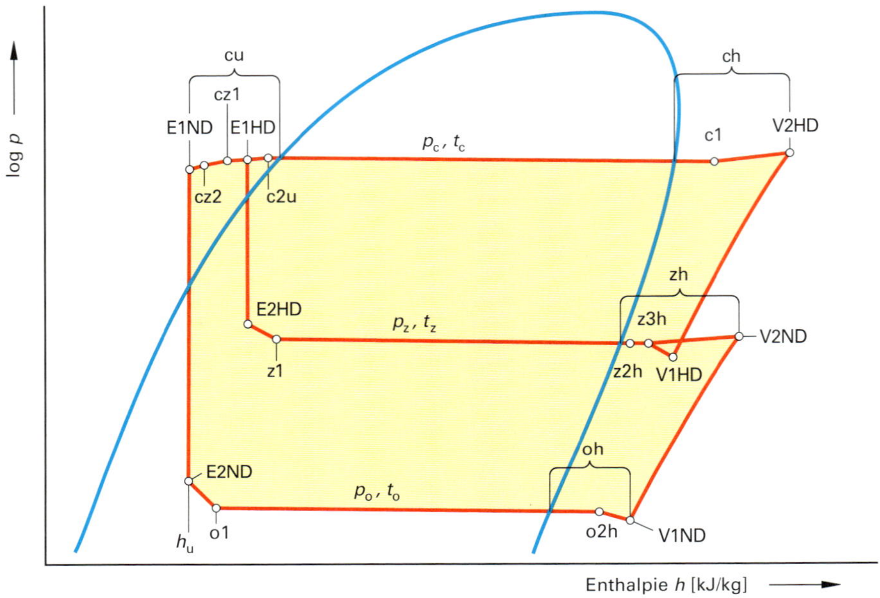

Anmerkung: Außer h_u, p_c, t_c, t_o, p_z und t_z sind nur die Indizes der entsprechenden Drücke, Temperaturen und Enthalpien eingetragen.

Zweistufiger Kältekreisprozess mit einstufiger Entspannung und Zwischenkühler im Fließbild

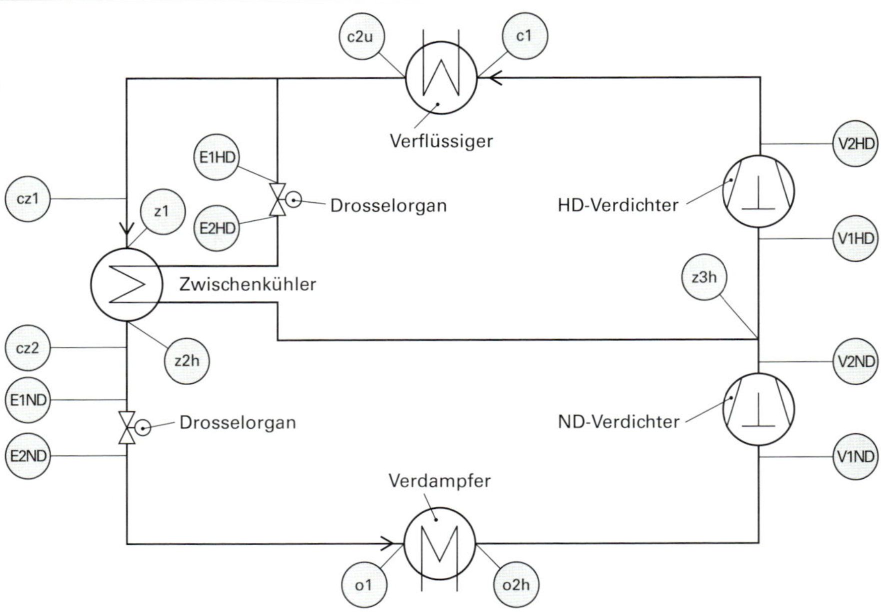

Anmerkung: Es sind nur die Indizes der entsprechenden Drücke und Temperaturen und Enthalpien eingetragen.

7

Formelzeichen und Indizes (Fortsetzung) DIN 8941:1982-01

Zweistufiger Kältekreisprozess mit zweistufiger Entspannung und innerem Wärmeaustausch im log *p*, *h*-Diagramm

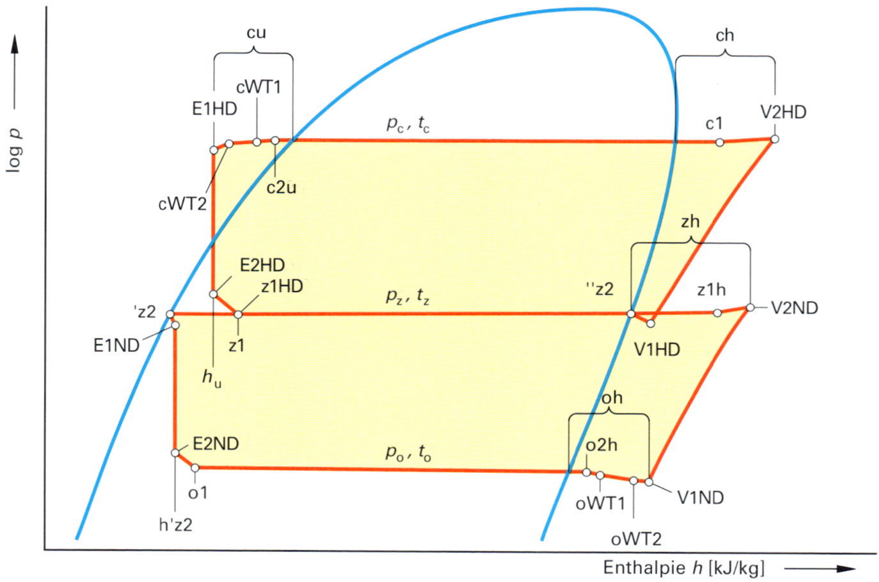

Anmerkung: Außer h_u, p_c, p_o, t_c, t_o, p_z und t_z sind nur die Indizes der entsprechenden Drücke, Temperaturen und Enthalpien eingetragen.

Zweistufiger Kältekreisprozess mit zweistufiger Entspannung und Saugdampf-Flüssigkeits-WT im Fließbild

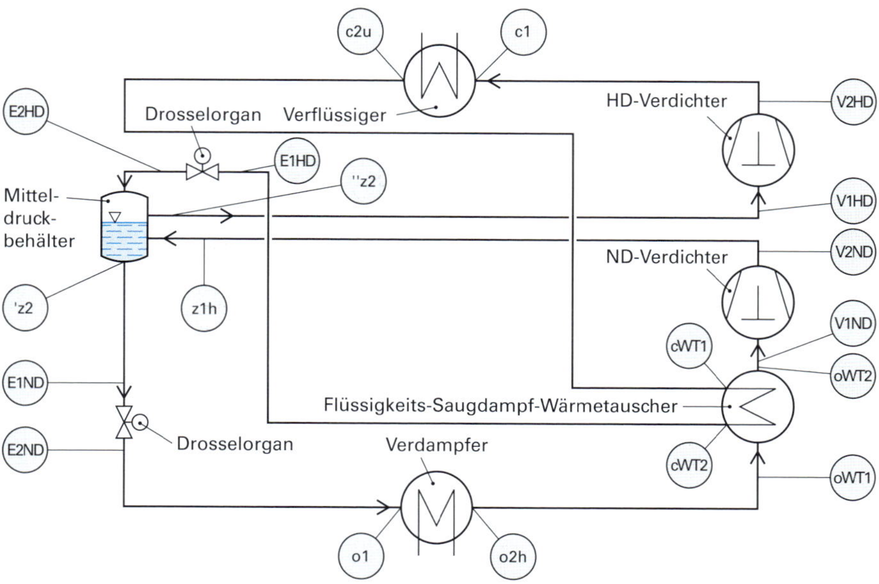

Anmerkung: Es sind nur die Indizes der entsprechenden Drücke und Temperaturen und Enthalpien eingetragen.

7

Kühlguttabelle

Kühlgut		Lagertemperatur t °C	Lagerfeuchte φ %	höchster Gefrierpunkt t °C	spezifische Wärmekapazität c oberhalb des Gefrierpunktes kJ/(kg · K)	spezifische Wärmekapazität c unterhalb des Gefrierpunktes kJ/(kg · K)	spez. Schmelzenthalpie q kJ/kg	spez. Atmungswärmestrom a kJ/(kg · d)
Ananas		4 / 16	85 – 90	– 1,1	3,68	1,88	283	7,2
Äpfel		– 1 / 4	87 – 95	– 2	3,85	1,88	281	1,3
Aprikosen	frisch	– 0,5 / 1	80 – 90	– 1,1	3,68	1,93	283	1,3
	gefroren	– 18	90					
	getrocknet	– 1 / 0	75 – 80					
Artischocken		– 0,5 / 0	85 – 90	1,2	3,64	1,88	279	
Auberginen		7 / 10	85 – 90	0,8	3,94	2,01	307	
Avocado		7 / 13	85 – 90	– 0,3	3,01	1,67	219	25,6
Bananen		12 / 14	85 – 95	– 1,0	3,47	1,76	251	8,1
Beafsteak		– 1 / 0	88 – 92	– 2,0	3,2	1,67	231	
Bier	im Ausschank	bis 7	90	– 2,2	3,81		300	
	im Gärkeller	3,5 / 6						
	im Lagerkeller	1 / 1,5						
	in Fässern	2 / 4,5						
	obergärig im Fass	5 / 8						
Birnen		– 2 / 2	85 – 95	– 1,7	3,77	1,88	274	1,0
Blumenkohl	frisch	– 2 / 0	85 – 95	– 1,1	3,89	1,97	307	4,5
	gefroren	– 18	90					
Bohnen	frisch	0 / 7	85 – 95	– 1,0	3,85	1,97	297	15,9
	gefroren	– 18	90					
Brombeeren		– 0,5 / 0,5	85 – 95	– 1,2	3,68	1,93	293	4,7
Brot	frisch	8 / 10	70		2,93			
	gefroren	– 18	90					
Butter	frisch	– 1 / 4	75 – 90	-5,6	2,3	1,42	197	
	gefroren	– 18	80 – 85					
Buttermilch		0	85					
Champignons		0 / 2	80 – 90	– 0,9	3,89	1,97	302	9,2
Datteln, getrocknet		0	unter 75	– 15,7	1,51	1,08	67	
Dauerwurst	geräuchert	4 / 7	80 – 90		2,85	1,59	200	
	gefroren	– 18	90 – 95					
Dauerzwiebeln		– 2 / 0	75 – 80	– 1,2	3,77	1,93	288	6,0
Eier	gekocht	– 2 / 0		– 2,2	3,05	1,76	246	
	frisch	0	75 – 85					
Eipulver		0 / 1	unter 75		1,09	0,92	26	
Eis-Lagerraum (Kunsteis)		– 6 / – 4		0	4,19	2,1	335	
Endivien (Eskarol)		0	90 - 95	– 0, 6	3,94	2,01	307	
Erbsen	frisch	– 0,5 / 0	85 – 95	– 1,1	3,31	1,76	246	9,2
	gefroren	– 18	90					
Erdbeeren		– 1 / 1	85 – 95	– 1,2	3,89	1,93	300	3,2
Feigen, getrocknet		0 / 4	50 – 60		1,63	1,13	80	
Fische	allgemein	4	über 90	– 2,2	3,6	1,88	283	
	geräuchert	– 8 / 10	50 – 90		3,1	1,63	214	

Kühlgut		Lagertemperatur t °C	Lagerfeuchte φ %	höchster Gefrierpunkt t °C	spezifische Wärmekapazität c oberhalb des Gefrierpunktes kJ/(kg · K)	spezifische Wärmekapazität c unterhalb des Gefrierpunktes kJ/(kg · K)	spez. Schmelzenthalpie q kJ/kg	spez. Atmungswärmestrom a kJ/(kg · d)
Fleisch	frisch	0,5/1,5	85	– 1,5	3,18	1,76	251	
	gefroren	– 18	85 – 90					
Geflügel	frisch	0	85 – 90	– 2,8	3,18	1,76	247	
	gefroren	– 18	85 – 90					
Gurken		7/10	90	– 0,6	4,06	2,05	318	
Hammel – fleisch	frisch	– 1/0	80 – 90	– 1,5	3,06	1,72	222	
	gefroren	– 18	90 – 95					
Hefe, gepresst (Bäckerhefe)		– 0,5/5	75	– 1,4	3,22	1,72	237	
Heidelbeeren		0	85 – 95	– 1,3	3,60	1,88	274	
Himbeeren	frisch	– 0,5 – 1	85 – 95	– 0,9	3,64	1,88	281	6,4
	gefroren	– 18	90					
Hummer	lebend	2			3,39	1,8	260	
	gefroren	– 23						
Johannisbeeren		– 1 – 1	85 – 95	– 1,0	3,72	1,88	279	2,3
Kaffee, grün		2/3	80 – 85		1,26	1,0	33	
Kalbfleisch	frisch	– 1/1	85 – 90	– 1,5	3,16	1,72	232	
	gefroren	– 18	90 – 95					
Kaninchen		0	80 – 90		3,1	1,67	228	
Kartoffeln	Früh-	3/10	85 – 90	– 0,6	3,56	1,84	270	3,0
	Spät-	3/10	85 – 90	– 1,5	3,43	1,8	255	1,8
Käse allgemein		1/7	85 – 75		2,51	1,67	176	
Kaviar		– 4/ – 2	85 – 90		2,85	1,59	201	
Kirschen	frisch	0/1	85 – 95	– 2,0	3,64	1,84	276	
	gefroren	– 18	90					
Knoblauch		0/1	65 – 80	– 2,0	2,89	1,67	207	
Kohl		– 1,5/1	85 – 95	– 0,6	3,89	1,97	306	1,4
Kohlrabi		– 1/0,5	85 – 95	– 1	3,85	1,97	297	
Kokosnüsse		0/2	80 – 85	– 0, 9	2,43	1,42	156	
Kürbis		1/3	80 – 85	– 0,8	3,85	1,97	302	
Lamm- fleisch	frisch	– 1/1	85 – 90	– 1,5	3,18	2,13	232	
	gefroren	– 18	90 – 95					
Limonen		8/10	85 – 90	– 1,6	3,73	1,93	283	
Logenbeeren		– 0,5/0	90 – 95	– 1,3	3,60	1,88	274	
Mais	grün	– 0,5/1,5	80 – 95	– 1,0	3,31	1,76	246	10,8
	gefroren	– 18	90					
Mandarinen		0/3	80 – 90	– 1,1	3,77	1,93	291	
Mango		13	85 – 90	– 0,9	3,56	1,84	272	
Margarine		8	75 – 80		2,34	1,26	126	
Meerrettich		– 1/0	90 – 95	– 2,0	3,27	1,76	242	
Melonen	allgemein	2/4	80 – 90	– 1,0	3,89	1,97	301	1,5
	Wassermelonen	4/10						
	Honigmelonen	7/10						1,2

Kühlguttabelle (Fortsetzung)

Kühlgut		Lagertemperatur t °C	Lagerfeuchte φ %	höchster Gefrierpunkt t °C	spezifische Wärmekapazität c oberhalb des Gefrierpunktes kJ/(kg · K)	spezifische Wärmekapazität c unterhalb des Gefrierpunktes kJ/(kg · K)	spez. Schmelzenthalpie q kJ/kg	spez. Atmungswärmestrom a kJ/(kg · d)
Milch		0/2	80 – 85	– 0,6	3,85	1,93	293	
Milchpulver		7/13	70		1,46		9	
Mirabellen		0	85 – 90		3,81	1,97	293	1,5
Möhren		– 1/1	80 – 90	– 1,4	3,77	1,93	276	3,9
Moosbeeren		2/4	85 – 95	– 0, 9	3,77	1,93	288	
Muscheln		– 0,5/–1	85 – 95	– 2,2	3,62	1,88	277	
Nektarinen		– 0,5/1	85 – 90	– 0,9	3,68	1,93	251	
Nüsse, Hasel- und Walnüsse		0/10	65 – 75	– 6,5	1,05	0,92	21	0,7
Obst	allgemein	0	80 – 90	– 2,0	3,64	1,97	281	
	gefroren	– 18	80 – 90					
	getrocknet	bis 12	70 –75		1,76	1,13	100	
Oliven		7/10	85 – 90	– 1,2	3,35	1,76	251	1,0
Orangen		0/9	85 – 90		3,85	1,84	285	2,4
Pampelmusen		0/15	85 – 90	– 1, 1	3,81	1,93	293	0,7
Paprika		– 0,5	85 – 90		3,94			2,4
Pastinaken		0	90 – 95	– 0, 9	3,52	1,84	260	
Petersilie		– 1/1	85 – 95	– 1,1	3,68	1,88	283	
Pfeffer		7/10	90 – 95	– 0,7	3,94	1,97	307	3,2
Pfirsiche		– 0,5/1	85 – 90	– 1,1	3,77	1,93	293	
Pflaumen	frisch	– 0,5/2	85 – 95	– 1,2	3,68	1,88	274	
	getrocknet	4,5	75					
Pilze		0	90	– 0, 9	3,89	1,97	302	9,2
Porree		– 0,5/0	85 – 95	– 0,7	3,77	1,93	293	3,7
Preiselbeeren		0/4	85 – 90	– 2,9				0,8
Quark		1	75 – 80		2,93	1,88	268	
Quitten		– 0,5/0,5	80 – 90	– 2,0	3,68	1,88	283	
Radieschen		0/1	85 – 90					4,6
Rahm		0/2	80		2,8	1,59	197	
Rettiche		0/1	90 – 95		3,98	2,01	311	2,0
Rhabarber		0/0,5	90 – 95	– 1,5	4,02	2,01	311	3,0
Rindfleisch		– 0,5/1,5	85 – 90	–1,5	3,52	1,8	255	
Rosenkohl		– 2/0	85 – 95	– 0,8	3,68	1,93	283	6,7
Rote Rüben		– 1/0	85 – 95	– 1,1	3,85	1,93	293	3,1
Rotkohl		– 1/0	90 – 95					2,2
Rüben, Futter-,		0	90 – 95	–1,1	3,89	1,97	302	2,6
Sahne		0/2	80		3,27	1,76	242	
Salat, Blatt–		0/1	85 – 95	–0,3	4,02	2,01	316	3,9
Schalentiere, frisch		– 1/0,5	85 – 90		3,39	1,8	259	
Schinken	frisch	0/1	85 – 90		2,64	1,51	179	
	gefroren	– 18	90					
	geräuchert	– 8/– 4	65 – 70					
	gesalzen	15/18	60 – 80		2,34	1,38	149	

Kühlguttabelle (Fortsetzung)

Kühlgut		Lagertemperatur t °C	Lagerfeuchte φ %	höchster Gefrierpunkt t °C	spezifische Wärmekapazität c oberhalb des Gefrierpunktes kJ/(kg · K)	spezifische Wärmekapazität c unterhalb des Gefrierpunktes kJ/(kg · K)	spez. Schmelzenthalpie q kJ/kg	spez. Atmungswärmestrom a kJ/(kg · d)
Schmalz	Butter-	– 5/0	75 – 80		2,3	1,67	146	
	Schweine-	0/1	80					
	gefroren	– 18	90 – 95					
Schmelzkäse		5/7	90					
Schokolade		4/6	75		3,18		126	
Schwarzwurzel		0,5	90	– 1,1	3,93	2,21	312	
Sellerie	Blatt	– 0,5/0	85 – 95	– 0,5	3,98	2,01	313	
	Knollen	– 1/0,5	85 – 95	– 0,9	3,94	1,93	393	1,9
	Stangen	0/0,5	90	– 1,1	3,94	1,97	310	
Spargel		0/1	85 – 95	– 1,0	3,94	2,01	314	4,9
Spargelkohl (Brokkoli)		0	90 – 95	– 0,6	3,85	1,97	302	8,7
Speck	frisch	– 3/– 1	75 – 80	– 2,0	1,8	1,21	71	
	gefroren	– 18	90 – 95					
	geräuchert	12/15	70 – 75					
	gesalzen	15/18	85					
Speiseeis		– 18			2,93	1,63	207	
Spinat		– 1/0	85 – 90	– 0,8	3,94	2,01	307	11,1
Stachelbeeren		– 0,5/1	85 – 95	– 1,7	3,85	1,93	301	1,4
Talg		2	95		1,26	1,0	39,4	
Teig		1/8	80 – 85		1,88			
Tomaten	reif	0/2	85 – 90	– 0,7	3,94	2,05	314	1,4
	grün	5/15	85 – 90	– 0,6	3,98	2,01	311	0, 7
Trockengemüse		0/20	niedrig		1,51	1,09	67	
Vollmilch pasteurisiert		0,5		– 0,6	3,85	1,93	293	
Walderdbeeren		– 0,5/0	75	– 1,1	3,89	1,93	305	3,1
Wein	allgemein	10	85		3,77			
	Rotwein	10/14						
	Weißwein	8/10						
Weintrauben		– 1/3	85 – 90		3,6	1,84	270	
Weißkohl		0	90 – 95	– 0,8	3,89	1,97	307	4,5
Weißrübe		0	90 – 95	– 1,0	3,89	1,97	302	2,2
Wild	frisch	– 2/2	70 – 85	– 1,8	3,35	1,67	247	
	gefroren	– 18	80 – 90					
Wirsing		0	90 – 95	– 0,8	3,82	1,96	305	5,5
Wurst	frisch	0/1	85 – 90	– 2,0	3,72	2,34	216	
	gekocht	1/4	80 – 90					
	gefroren	– 18	90					
	geräuchert	2/6	80 – 90		2,85	1,59	200	
Zitronen		2/6	80 – 90	– 1,5	3,81	1,93	285	
Zwetschgen (Pflaumen)		0/1	80 – 90	– 1,2	3,68	1,88	274	0,6
Zunge, geräuchert		1/5	80 – 85	– 1,9	3,15	1,87	242	
Zwiebeln		– 0,5/0	85 – 90	-0,8	3,77	1,93	288	1,4

7

Belegungmassen m_B

Kühlgut		Verpackung	m_B kg/m³	Kühlgut		Verpackung	m_B kg/m³
Äpfel		Kisten	400	Kakao		Säcke	410
Apfelschnitten		Kisten	450	Kartoffeln		lose	650
Apfelsinen		Kisten	360			Säcke	360
Bananen		Bund	200	Käse		Kisten	450
		Kartons	300	Klippfisch		Kisten	600
Bier		Fässer	560	Kopra		lose	450
		Kisten	600	Linsen		Säcke	600
Bohnen		Säcke	520	Mais		Säcke	700
		lose	650	Makkaroni		Kisten	200
Brot		lose	220	Malz		Fässer	420
Butter		Fässer	600			Säcke	650
		Kartons	900	Mandarinen		Kisten	450
Därme		Fässer	450	Mandeln	geschält	Säcke	500
Eier		Kisten	320		ungeschält	Säcke	350
Eigelb		Fässer	560	Mehl		Säcke	700
Eigelb, gefroren		Blechdosen	900	Milch		Kisten	800
Eis	Scherben-	lose	400	Muscheln		Körbe	400
	25 kg Block	lose	700	Öl		Fässer	650
Erbsen		Säcke	600	Pfeffer		Säcke	400
Erdnüsse	geschält	Säcke	360	Pflaumen, trocken		lose	800
	ungeschält	Säcke	220			Kisten	600
Fett		Kisten	820	Reis		Säcke	700
Fisch in Salzlake		50 kg-Fässer	300	Rinderviertel, gefroren		lose	300
Flaschen, leer		Kisten	360	Roggen		lose	700
Fleisch	gefroren	lose	300			Säcke	600
	gekühlt	lose	350	Rosinen		Kisten	540
	Salz-	Barrel	650	Rüben		lose	600
	Trocken-	Ballen	650	Sardinen		Fässer	900
Gerste		Säcke	560	Schmalz		Kübel	550
Getreide, mittlerer Wert		lose	600	Schweine, gefroren		lose	370
Hafer		Säcke	520	Sojabohnen		Säcke	820
Hammel, gefroren		lose	300	Speck		Fässer	650
Heringe		Fässer	720	Wein		Fässer	400
Honig		Fässer	820			Kisten	650
Ingwer		Kisten	420	Weizen		Säcke	650
Kaffee	ungeschält	Säcke	450			lose	770
	geschält	Säcke	500	Zwiebeln		Säcke	450

7

Belegungskoeffizient η_B

Mit dem Belegungskoeffizienten η_B wird die tatsächlich nutzbare Stellfläche in einem Kühlraum berücksichtigt. Bei Kühlgut, das auf Paletten gelagert wird, ist die tatsächlich mögliche Belegung abhängig von den Abständen der Paletten von den Kühlraumwänden und von den Abständen der Paletten untereinander, außerdem von der Breite der Gänge zwischen den Paletten.

Lagerungsart	Belegungskoeffizient η_B
Gekühlte Güter bei Langlagerung auf Paletten	0,7
Gekühlte Güter bei Sortimentslagerung auf Paletten	0,5
Gefrierlagerung auf Paletten	0,8

Belegungmassen m_B (Fortsetzung)

Tatsächliche Belegung

Der Rechenwert der tatsächlichen Belegung von Kühlräumen mit Kühlgut errechnet sich:

$$m = A_{KR} \cdot h_{St} \cdot m_B \cdot \eta_B$$

tatsächliche Kühlgutmasse

m	tatsächliche Kühlgutmasse	kg
A_{KR}	Grundfläche des Kühlraums	m^2
h_{St}	Stapelhöhe des Kühlgutes	m
m_B	→ Belegungsmasse	kg/m^3
η_B	→ Belegungskoeffizient	1

B Kühlraumabmessungen 12 × 6 × 2,80 m $L \times B \times H$, Kühlgut Kartoffeln in Säcken auf Paletten, Sortimentslagerung. Wie viel kg Kartoffeln werden gelagert?

$A_{KR} = 12\ m \cdot 6\ m = 72\ m^2$ $h_{St} = 0{,}9\ m$ $m_B = 360\ kg/m^3$ $\eta_B = 0{,}5$

$\boldsymbol{m} = A_{KR} \cdot h_{St} \cdot m_B \cdot \eta_B = 72\ m^2 \cdot 0{,}9\ m \cdot 360\ kg/m^3 \cdot 0{,}5 = \mathbf{11\,664\ kg}$

Atmungswärme

Kühlgut	spezifische Atmungswärme *a* in kJ/(kg · d)					
	0 °C	2 °C	5 °C	10 °C	15 °C	20 °C
Ananas (reif)	–	–	3,9	6,1	6,8	7,5
Äpfel (Frühsorten)	1,6	1,8	2,7	5,2	7,9	10,7
Äpfel (Spätsorten)	0,9	1,2	1,8	2,7	5,0	6,2
Apfelsinen	0,9	1,1	1,6	3,0	4,8	5,9
Aprikosen	1,5	2,3	4,8	8,8	13,4	17,2
Bananen (grün)	–	–	4,4	8,5	11,3	13,4
Bananen (reif)	–	–	5,1	10,1	14,3	20,9
Birnen (Frühsorten)	1,3	2,3	4,0	5,5	13,8	23,0
Birnen (Spätsorten)	0,9	1,9	3,6	4,8	10,9	18,8
Brombeeren	5,8	8,9	11,9	24,3	37,3	50,3
Erdbeeren	4,0	5,5	7,9	15,2	20,9	25,9
Himbeeren	7,9	9,9	14,2	24,3	50,3	62,8
Johannisbeeren (schwarz)	2,8	4,6	7,0	15,7	30,1	48,2
Johannisbeeren (rot)	1,7	2,6	4,0	8,1	17,6	26,8
Kirschen (süß)	1,8	2,7	3,9	8,6	14,2	19,0
Kirschen (sauer)	1,9	2,9	4,7	9,4	15,7	20,9
Mirabellen	1,5	2,8	5,4	8,8	15,0	18,6
Pampelmusen	0,9	1,0	1,3	2,2	3,7	4,8
Pfirsiche	1,6	1,9	3,5	7,9	11,4	15,7
Pflaumen	1,8	3,0	5,6	10,9	16,1	20,3
Stachelbeeren	1,7	2,5	3,9	7,6	16,3	27,6
Weintrauben	0,8	1,4	2,1	3,1	4,2	6,7
Zitronen (gelb)	0,8	1,1	1,7	2,6	2,8	5,1
Zwetschgen	1,3	2,7	5,2	7,9	13,0	17,3
Blumenkohl (mit ganzem Blatt)	5,4	6,0	6,7	11,9	22,4	24,7
Bohnen (grüne)	6,0	7,1	10,4	17,8	35,6	49,8
Bohnen (dicke)	2,5	3,7	6,5	12,5	21,3	33,9
Endiviensalat	11,5	13,4	17,6	24,0	32,6	47,7
Erbsen	9,0	12,3	16,3	23,0	39,8	55,7

B Wie groß ist die (Atmungs-) Wärme, die bei der Lagerung von 1200 kg frischen Himbeeren bei 0 °C in 24 Stunden entsteht?

$\boldsymbol{Q} = m \cdot a \cdot \tau = 1200\ kg \cdot 7{,}9\ kJ/(kg \cdot d) \cdot 1\ d = \mathbf{9480\ kJ}$

7

Luftwechsel

Luftwechselraten (Praxiswerte) durch Türöffnen

Luftwechselraten bei Kühlraumtemperaturen über 0 °C

Kühlraumvolumen V_{KR} m³	Luftwechsel i_{Lu} 1/d	Kühlraumvolumen V_{KR} m³	Luftwechsel i_{Lu} 1/d
2,5	70	100	9
3,0	63	150	7
4,0	53	200	6
5,0	47	250	5,3
7,5	38	300	4,8
10	32	400	4,1
15	26	500	3,6
20	22	600	3,2
25	19,5	800	2,8
30	17,5	1000	2,4
40	15,0	1500	1,95
50	13,0	2000	1,65
60	12,0	2500	1,45
80	10,0	3000	1,3

Luftwechselraten bei Kühlraumtemperaturen unter 0 °C

Kühlraumvolumen V_{KR} m³	Luftwechsel i_{Lu} 1/d	Kühlraumvolumen V_{KR} m³	Luftwechsel i_{Lu} 1/d
2,5	52	100	6,8
3,0	47	150	5,4
4,0	40	200	4,6
5,0	35	250	4,1
7,5	28	300	3,7
10	24	400	3,1
15	19	500	2,8
20	16,5	600	2,5
25	14,5	800	2,1
30	13,0	1000	1,9
40	11,5	1500	1,5
50	10,0	2000	1,3
60	9,0	2500	1,1
80	7,7	3000	1,05

$$\dot{V}_{Lu} = V_{KR} \cdot i_{Lu} \cdot f$$

$\dot{V}_{Lu}$	Luftwechselvolumenstrom	m³/d
V_{KR}	Kühlraumvolumen	m³
i_{Lu}	Luftwechsel je Tag	1/d
f	Berichtigungsfaktor	1

7

Berichtigungsfaktor f:
Für erschwerte Bedingungen ist $f = 2$. Bei längerer Lagerdauer ist $f = 0{,}6$.

Luftwechselraten (Berechnung) durch Türöffnen bei Kühlräumen < 40 m³

$$i_{Lu} = \frac{\dot{V}_{Lu} \cdot i_{Tür} \cdot \tau}{V_{KR}}$$

i_{Lu}	Luftwechsel je Tag	1/d
$\dot{V}_{Lu}$	Luftvolumenstrom	m³/s
$i_{Tür}$	Anzahl Türöffnungen je Tag	1/d
τ	durchschnittliche Türöffnungsdauer	s
V_{KR}	Kühlraumvolumen	m³

Rechenwerte:
Durchschnittliche Türöffnungsdauer: $\tau = 16$ s.
Luftvolumenstrom $\dot{V}_{Lu} = 0{,}17$ m³/s.

Für empfindliches Kühlgut sollte der Luftwechsel i_{Lu} mindestens 3 – 5 sein.

Luftwechsel (Fortsetzung)

Luftwechselraten (Berechnung) nach Bäckström

$$i_{Lu} = \frac{70}{\sqrt{V_{KR}}}$$

(Zahlenwertgleichung)

i_{Lu}	Luftwechsel je Tag	1/d
V_{KR}	Kühlraumvolumen	m^3

B Kühlraumvolumen 60 m^3

$i_{Lu} = \frac{70}{\sqrt{60}} = 9{,}03$ Der Luftwechsel beträgt 9,03 1/d.

Enthalpie der Luft

Enthalpiedifferenz Δh der Luft (Praxiswerte) für Kühlräume in kJ/m^3

Kühlraum temperatur t_{KR} in °C	Außenluftzustand t_a in °C							
	+ 5		+ 10		+ 15		+ 20	
	70%	80%	70%	80%	70%	80%	50%	60%
+15	–	–	–	–	–	–	2,8	7,0
+10	–	–	–	–	10,6	13,8	16,6	20,9
+5	–	–	9,6	12,0	22,8	26,2	29,0	33,5
0	9,1	10,9	20,8	23,3	34,4	37,9	40,8	45,4
–5	19,2	20,9	31,0	33,5	44,6	48,2	51,2	55,8
–10	28,7	30,5	40,8	43,4	54,8	58,4	61,4	66,1
–15	37,8	39,7	50,2	52,8	64,5	68,2	71,3	76,1
–18	42,8	44,7	55,4	58,0	69,8	73,5	76,8	81,6
–20	46,1	48,0	58,8	61,5	73,4	77,1	80,4	85,3
–25	55,1	57,1	68,0	70,8	82,9	86,8	90,1	95,1
–30	64,2	66,2	77,5	80,1	92,6	96,5	99,8	105,0
–35	73,3	75,3	86,7	89,6	102,0	106,0	110,0	115,0
–40	83,3	85,4	97,1	100,0	113,0	117,0	121,0	126,0

Kühlraum temperatur t_{KR} in °C	Außenluftzustand t_a in °C							
	+ 25		+ 30		+ 35		+ 40	
	50%	60%	50%	60%	50%	60%	50%	60%
+15	16,8	23,3	34,5	42,7	56,4	66,4	81,4	96,5
+10	30,9	37,5	48,8	57,2	70,1	81,3	96,5	112,0
+5	43,7	50,5	62,1	70,6	83,9	95,4	111,0	127,0
0	55,9	62,9	74,9	83,7	97,4	109,0	125,0	141,0
–5	66,4	73,5	85,5	94,4	108,0	120,0	136,0	153,0
–10	77,0	84,2	96,6	106,0	120,0	132,0	148,0	165,0
–15	87,2	94,6	107,0	116,0	131,0	143,0	160,0	177,0
–18	92,8	100,2	113,0	122,6	137,0	149,6	166,6	184,2
–20	96,6	104,0	117,0	127,0	141,0	154,0	171,0	189,0
–25	107,0	114,0	127,0	137,0	152,0	165,0	183,0	201,0
–30	117,0	125,0	138,0	148,0	163,0	177,0	195,0	213,0
–35	127,0	135,0	149,0	159,0	174,0	188,0	207,0	225,0
–40	138,0	147,0	161,0	171,0	187,0	201,0	220,0	231,0

$$\dot{Q}_{Lu} = \frac{V_{KR} \cdot i_{LU} \cdot \Delta h}{86400 \frac{s}{d}}$$

$\dot{Q}_{Lu}$	Wärmeleistung durch Lufterneuerung	kW
V_{KR}	Kühlraumvolumen	m^3
i_{Lu}	Luftwechselrate	1/d
Δh	Enthalpiedifferenz der Luft	kJ/m^3

Für genauere Berechnungen sollte das → *h, x*-Diagramm für feuchte Luft herangezogen werden.

7

Personenwärme

Wärmestrom von Personen

Kühlraumtemperatur t_{KR} in °C	20	15	10	5	0	– 5	– 10	– 15	– 18	– 20	– 25
Wärmestrom $\dot{Q}_{Person}$ in W	180	200	210	240	270	300	330	360	378	390	420

Umgebungstemperaturen

Umgebungstemperaturen t_a von Kühlräumen (Praxiswerte)

Außentemperatur, vorwiegend im Schatten	25 °C
Außentemperatur, vorwiegend unter Sonne	32 °C
Innenräume	20 °C – 25 °C
Kellerräume, teilweise unter der Erdoberfläche	20 °C
Kellerräume, ganz unter der Erdoberfläche	15 °C
unter Gebäudedächern	35 °C – 40 °C
Erdboden unter Kühlraumboden	15 °C
Erdboden an Kühlraummauern	18 °C

Zuschlag für Kühlräume, die direkter Sonneneinstrahlung ausgesetzt sind

Art der Oberfläche	Ost	Süd	West	Flachdach
Dunkel gefärbte Wände und Dächer	4,4 K	2,8 K	4,4 K	11 K
Mittel gefärbte Flächen (z.B. Holz, Beton, in Farben rot, grün, grau)	3,3 K	2,2 K	3,3 K	8,3 K
Leicht gefärbte Flächen (weiße Steine, weiße Fassaden)	2,2 K	1,0 K	2,2 K	5 K

Der Zuschlag wird zu den Praxiswerten für die Umgebungstemperaturen hinzugerechnet. Für genauere Berechnungen sollte **VDI 2078** herangezogen werden.

B Ein frei stehender Kühlraum (Erdkontakt) befindet sich vorwiegend unter Sonne → t_a = 32 °C. Sein dunkles Flachdach ist der direkten Sonneneinstrahlung ausgesetzt → Zuschlag 11 K. Außerdem ist die weiße Westfassade der direkten Sonneneinstrahlung ausgesetzt → Zuschlag 2,2 K.

Welche Oberflächentemperaturen haben
a) Kühlraumboden b) Westwand c) Kühlraumdecke d) übrige Wände?

Lösungen:
a) ***t* = 15 °C** b) ***t* = 34,2 °C** (32 °C + 2,2 K) c) ***t* = 43 °C** (32 °C + 11 K) d) ***t* = 32 °C**

Kühlraumdämmung

k-Werte für Kühlzellenelemente aus → Polyurethanschaum (Praxiswerte in W/(m² · K))

Wanddicke *s*	mm	50	60	75	80	100	120	125	150
empfohlene Temperaturdifferenz ΔT	K	20	30	34	38	45	56	60	70
k-Wert	W/m² · K	0,39	0,34	0,26	0,25	0,20	0,17	0,16	0,14

7

k-Werte für Dämmung aus → Polystyrol in W/(m² · K)

Rohdichte ϱ in kg/m³	Dämmdicke *s* in mm							
	60	80	100	120	140	160	180	200
24	0,47	0,34	0,28	0,23	0,19	0,18	0,16	0,14
32	0,50	0,37	0,30	0,25	0,21	0,19	0,17	0,15
64	0,53	0,41	0,33	0,27	0,24	0,21	0,18	0,16
88	0,58	0,44	0,35	0,29	0,25	0,22	0,19	0,17

Kältebedarf

Berechnungsbogen Kältebedarf

Wärmestrom durch Wände							
1	Kühlraum für:	Lagertemperatur °C			Lagerfeuchte %		
		Außentemperatur °C			Außenfeuchte %		
2	Kühlraumabmessungen außen $L \times B \times H$				Dämmdicke m		
		Fläche m^2	k-Wert $W/(m^2 \cdot K)$	ΔT K	$\dot{Q} = A \cdot k \cdot \Delta T$ W	$\dot{Q}$ kW	$Q = \dot{Q} \cdot 86\,400$ s kJ
3	Wand 1						
4	Wand 2						
5	Wand 3						
6	Wand 4						
7	Boden						
8	Decke						
9	Tür						
Kühlgutwärme							
10	Einbringmasse je Tag m					kg	
11	Einbringtemperatur					°C	
12	höchster Gefrierpunkt					°C	
13	spez. Wärmekapazität oberhalb des Gefrierpunktes c				kJ/(kg · K)	ΔT K	
14	spez. Wärmekapazität unterhalb des Gefrierpunktes c				kJ/(kg · K)	ΔT K	
15	spez. Erstarrungsenthalpie q				kJ/kg		
16	$Q = m \cdot c \cdot \Delta T$					kJ	
17	$Q = m \cdot c \cdot \Delta T$					kJ	
18	$Q = m \cdot q$					kJ	
Atmungswärme							
19	Kühlgutmasse m		kg		spez. Atmungswärme a	kJ/d	
20	$Q = m \cdot a$					kJ	
Luftwechsel							
21	V_{KR}		m^3		Luftwechselrate i_{Lu}	1/d	
22	Enthalpiedifferenz der Luft Δh					kJ/m^3	
23	$Q_{LU} = V_{KR} \cdot i_{Lu} \cdot \Delta h \cdot 1$ d					kJ	
Personenwärme							
24	Personenwärmestrom $\dot{Q}_{Person}$		kW		Aufenthaltsdauer τ h =	s	
25	$Q = \dot{Q}_{Person} \cdot \tau$					kJ	
Beleuchtung							
26	Wärmeleistung P		kW		Einschaltdauer τ h =	s	
27	$Q = P \cdot \tau$					kJ	
Maschinen							
28	Wärmeleistung P		kW		Einschaltdauer τ h =	s	
29	$Q = P \cdot \tau$						
30					**Gesamtwärme**	**kJ**	
Berechnung der benötigten Kälteleistung							
31	Geplante Laufzeit des Verdichters τ				h =	s	
32	$\dot{Q} = \frac{Q}{\tau} = \frac{\text{Gesamtwärme}}{\text{geplante Laufzeit}}$					$\dot{Q} =$	kW

7

Kältebedarf (Fortsetzung)

Berechnungsbogen Kältebedarf (Erläuterungen)

Zeile 1	Ermittlung der Lagerbedingungen für das Kühlgut	→ Kühlguttabelle
	Ermittlung der Außenbedingungen	Vorgabe
		→ Tabelle Umgebungstemperaturen
Zeile 2	Außenabmessung des Kühlraums	Vorgabe
Zeilen 3 – 9	Berechnung der Flächen	eigene Berechnung
	Ermittlung des *k*-Wertes (→ *U*-Wertes) der Kühlraumwände (Boden, Decke, Tür)	Herstellerunterlagen
		eigene Berechnung
		→ Tabelle Kühlraumdämmung
	Berechnung ΔT (Wände, Boden, Decke, Tür)	Außentemperatur – Kühlraumtemperatur
	Berechnung des Wärmestroms in W und kW	eigene Berechnung
	Berechnung der täglichen Wärmemenge	eigene Berechnung
Zeile 10	tägliche Kühlgut-Einbringmasse	Vorgabe
Zeile 11	Temperatur des eingebrachten Kühlgutes	Vorgabe
Zeile 12	höchster Gefrierpunkt des Kühlgutes	→ Kühlguttabelle
Zeilen 13 – 15	Wärmekapazitäten und Erstarrungsenthalpie	→ Kühlguttabelle
	Temperaturdifferenzen	Einbringtemperatur – höchster Gefrierpunkt
		höchster Gefrierpunkt – Lagertemperatur
Zeilen 16 – 18	Berechnung der Wärmemengen	eigene Berechnung
Zeile 19	gesamte (atmende) Kühlgutmasse im Kühlraum	Vorgabe durch den Betreiber
		→ Tabelle Belegungsmassen
	spez. Atmungswärme des Kühlgutes	→ Tabelle Atmungswärme
Zeile 20	Berechnung der täglichen Atmungswärme	eigene Berechnung
Zeile 21	Kühlraumvolumen (Zeile 2, Dämmschichtdicke beachten!)	eigene Berechnung
	Luftwechselrate	→ Tabelle Luftwechselraten (Praxiswerte)
		→ Luftwechselraten (Berechnung)
		→ Luftwechselraten (nach Bäckström)
Zeile 22	Enthalpiedifferenz zwischen Außen- und Kühlraumluft	→ *h*, *x*-Diagramm
		→ Tabelle Enthalpie der Luft
Zeile 23	Berechnung der täglichen Wärmemenge durch Lufterneuerung	eigene Berechnung
Zeile 24	Personenwärme	→ Tabelle Personenwärme
	Aufenthaltsdauer der Person (-en) im Kühlraum	Vorgabe durch den Betreiber
Zeile 25	Berechnung der täglichen Wärmemenge durch die Kühlraumbegehung durch Personen	eigene Berechnung
Zeile 26	Wärmeleistung der Kühlraumbeleuchtung	Vorgabe
	Einschaltdauer der Kühlraumbeleuchtung	Vorgabe
		→ Zeile 24 Aufenthaltsdauer von Personen
Zeile 27	Berechnung der täglichen Wärmemenge durch die Kühlraumbeleuchtung	eigene Berechnung
Zeile 28	Wärmeleistung der Maschinen im Kühlraum	Vorgabe
	Einschaltdauer der Maschinen im Kühlraum	Vorgabe
Zeile 29	Berechnung der täglichen Wärmemenge durch die Verwendung von Maschinen im Kühlraum	eigene Berechnung
Zeile 30	Gesamtwärmemenge (für einen Tag)	Addition aller Wärmemengen, eigene Berechnung
Zeile 31	Geplante tägliche Laufzeit des Verdichters	Vorgabe
Zeile 32	Kältebedarf (erforderliche Kälteleistung)	Division des Wertes in Zeile 30 durch den Wert in Zeile 31, eigene Berechnung

Kältebedarf (Fortsetzung)

Berechnungsbogen Kältebedarf (Beispiel)

Wärmestrom durch Wände							
1	Kühlraum für: Wurst	Lagertemperatur	−18 °C	Lagerfeuchte	90 %		
		Außentemperatur	25 °C	Außenfeuchte	60 %		
2	Kühlraumabmessungen außen $L \times B \times H$	$6{,}20 \times 3{,}55 \times 2{,}50$		Dämmdicke	0,1 m		
		Fläche m²	k-Wert W/(m² · K)	ΔT K	$\dot{Q} = A \cdot k \cdot \Delta T$ W	$\dot{Q}$ kW	$Q = \dot{Q} \cdot 86\,400$ s kJ
3	Wand 1	15,5	0,20	43	15,5 · 0,2 · 43 = 133	0,133	11 491
4	Wand 2	15,5	0,20	43	15,5 · 0,2 · 43 = 133	0,133	11 491
5	Wand 3	8,9	0,20	43	8,9 · 0,2 · 43 = 77	0,077	6 653
6	Wand 4	6,9	0,20	43	6,9 · 0,2 · 43 = 59	0,059	5 098
7	Boden	22,0	0,20	33	22,0 · 0,2 · 33 = 145	0,145	12 528
8	Decke	22,0	0,20	43	22,0 · 0,2 · 43 = 189	0,189	16 330
9	Tür	2,0	0,23	43	2,0 · 0,23 · 43 = 20	0,02	1 728
Kühlgutwärme							
10	Einbringmasse je Tag m				350	kg	
11	Einbringtemperatur				12	°C	
12	höchster Gefrierpunkt				−2,0	°C	
13	spez. Wärmekapazität oberhalb des Gefrierpunktes c	3,72 (kJ/kg · K)			ΔT 14	K	
14	spez. Wärmekapazität unterhalb des Gefrierpunktes c	2,34 (kJ/kg · K)			ΔT 16	K	
15	spez. Erstarrungsenthalpie q	216 kJ/kg					
16	$Q = m \cdot c \cdot \Delta T$				$Q = 350 \cdot 3{,}72 \cdot 14 = 18\,228$	kJ	18 228
17	$Q = m \cdot c \cdot \Delta T$				$Q = 350 \cdot 2{,}34 \cdot 16 = 13\,104$	kJ	13 104
18	$Q = m \cdot q$				$Q = 350 \cdot 216 = 75\,600$	kJ	75 600
Atmungswärme							
19	Kühlgutmasse m	kg		spez. Atmungswärme a	—	kJ/d	
20	$Q = m \cdot a$				—	kJ	
Luftwechsel							
21	V_{KR} $6{,}0 \cdot 3{,}35 \cdot 2{,}3 = 46{,}2$	m³		Luftwechselrate i_{Lu}	10,6	1/d	
22	Enthalpiedifferenz der Luft Δh				100,2	kJ/m³	
23	$Q_{LU} = V_{KR} \cdot i_{Lu} \cdot \Delta h \cdot 1$ d				$Q_{LU} = 46{,}2 \cdot 10{,}6 \cdot 100{,}2 \cdot 1 =$ 49070	kJ	49 070
Personenwärme							
24	Personenwärmestrom $\dot{Q}_{Person}$ 0,378	kW		Aufenthaltsdauer τ 0,75 h =	2700	s	
25	$Q = \dot{Q}_{Person} \cdot \tau$			$Q = 0{,}378 \cdot 2700 =$	1021	kJ	1 021
Beleuchtung							
26	Wärmeleistung P 0,24	kW		Einschaltdauer τ 0,75 h =	2700	s	
27	$Q = P \cdot \tau$			$Q = 0{,}24 \cdot 2700 =$	648	kJ	648
Maschinen							
28	Wärmeleistung P —	kW		Einschaltdauer τ — h =	—	s	
29	$Q = P \cdot \tau$				—		
30				**Gesamtwärme**		kJ	**222 990**
Berechnung der benötigten Kälteleistung							
31	Geplante Laufzeit des Verdichters τ			20 h =	72000	s	
32	$\dot{Q} = \frac{Q}{\tau} = \frac{\text{Gesamtwärme}}{\text{geplante Laufzeit}}$			$\dot{Q} = \frac{222\,990}{72\,000} = 3{,}1$		$\dot{Q} =$	3,1 kW

Einstufige Verdichtung

Grundschaltung

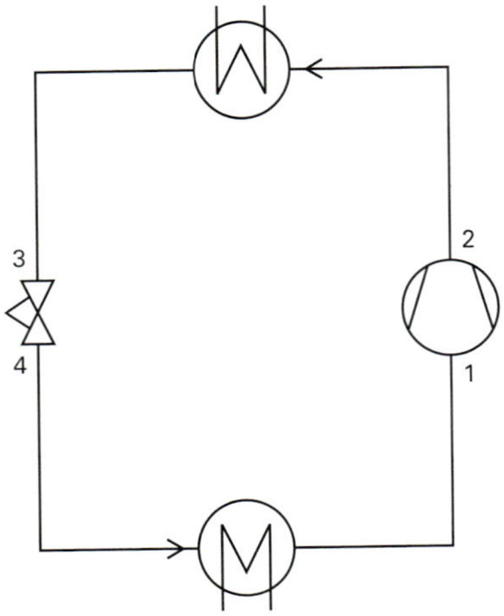

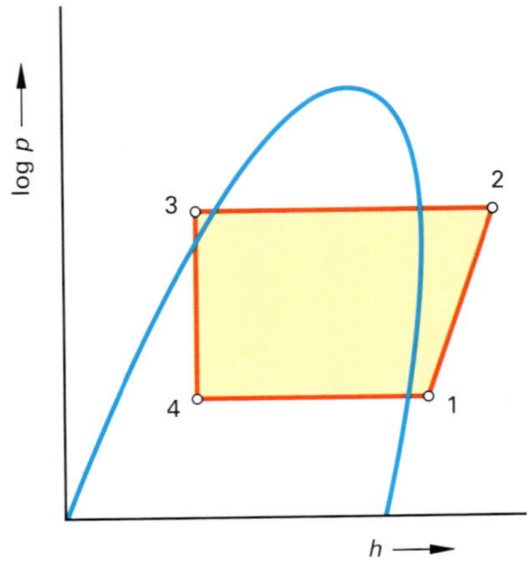

Nr.	Enthalpie	Erklärung
1	h_{V1}	Enthalpie am Verdichtereingang (= Enthalpie am Verdampferausgang h_{02}) (Bild oben: 1)
2	h_{V2}	Enthalpie am Verdichterausgang (= Enthalpie am Verflüssigereingang h_{c1}) (Bild oben: 2)
3	h_{E1}	Enthalpie am Drosselorganeingang (= Enthalpie am Verflüssigerausgang h_{c2}) (Bild oben: 3)
4	h_{E2}	Enthalpie am Drosselorganausgang (= Enthalpie am Verdampfereingang h_{01}) (Bild oben: 4)

$$\dot{m}_R = \frac{\dot{Q}_0}{\Delta h_0}$$
erforderlicher Kältemittelmassenstrom für die geforderte Kälteleistung

$$\dot{Q}_0 = \dot{m}_R \cdot \Delta h_0$$
Verdampferleistung

$$\dot{Q}_V = \dot{m}_R \cdot \Delta h_V$$
Verdichterleistung

$$\dot{Q}_c = \dot{m}_R \cdot \Delta h_c$$
Verflüssigerleistung

$$\dot{V}_{V1} = \dot{m}_R \cdot v_{V1}$$
Ansaugvolumenstrom des Verdichters

$$\lambda = \frac{\dot{V}_{V1}}{\dot{V}_g}$$
Liefergrad

$$\dot{V}_g = \frac{d^2 \cdot \pi}{4} \cdot l_h \cdot z \cdot n$$
geometrischer Hubvolumenstrom

$\dot{m}_R$	Kältemittelmassenstrom	kg/s
$\dot{Q}_0$	Verdampferleistung	kW
Δh_0	Enthalpiedifferenz Verdampfer	kJ/kg
$\dot{Q}_V$	Verdichterleistung	kW
Δh_V	Enthalpiedifferenz Verdichter	kJ/kg
$\dot{Q}_c$	Verflüssigerleistung	kW
Δh_c	Enthalpiedifferenz Verflüssiger	kJ/kg
$\dot{V}_{V1}$	Ansaugvolumenstrom des Verdichters	m^3/s
v_{V1}	spezifisches Volumen des Kältemittels am Verdichtereingang	m^3/kg
λ	Liefergrad	1
$\dot{V}_g$	geometrischer Hubvolumenstrom	m^3/s
d	Zylinderbohrung	m
l_H	Kolbenhub	m
z	Zylinderzahl	1
n	Drehzahl	1/s

7

Einstufige Verdichtung (Fortsetzung)

Grundschaltung, Verdichtung verlustbehaftet

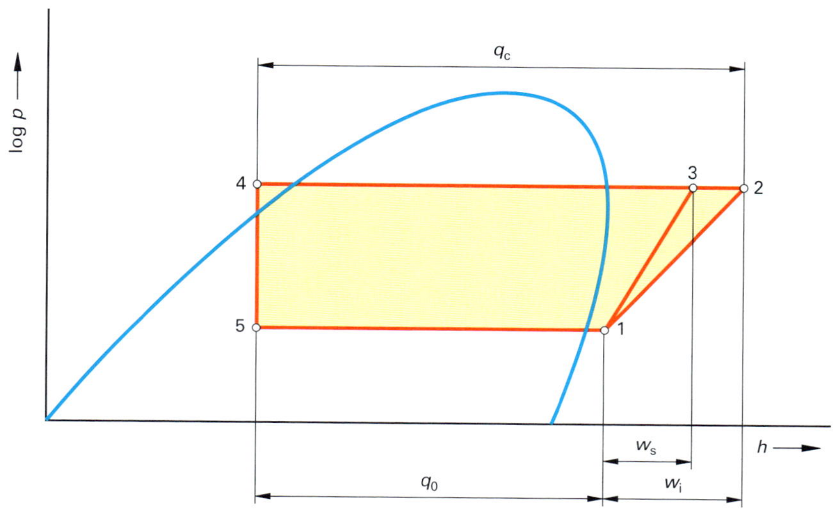

Nr.	Enthalpie	Erklärung
1	h_{V1}	Enthalpie am Verdichtereingang (= Enthalpie am Verdampferausgang h_{02})
2	h_{V2}	Enthalpie am Verdichterausgang (= Enthalpie am Verflüssigereingang h_{c1})
3	h_{V2s}	Enthalpie nach isentroper Verdichtung
4	h_{c2}	Enthalpie am Verflüssigerausgang (= Enthalpie am Drosselorganeingang h_{E1})
5	h_{01}	Enthalpie am Verdampfereingang (= Enthalpie am Drosselorganausgang h_{E2})

$$q_0 = \frac{\dot{Q}_0}{\dot{m}_R}$$
massenstrombezogene (spezifische) Kälteleistung

$$q_{0V} = \frac{\dot{Q}_0}{\dot{m}_R \cdot v_{V1}}$$
volumenstrombezogene (volumetrische) Kälteleistung

$$w_s = h_{V2s} - h_{V1}$$
spezifische Verdichterarbeit bei isentroper Verdichtung

$$w_i = h_{V2} - h_{V1}$$
spezifische Verdichterarbeit bei indizierter Verdichtung

$$P_s = \dot{m}_R \cdot w_s$$
Verdichterleistung bei isentroper Verdichtung

$$P_i = \dot{m}_R \cdot w_i$$
Verdichterleistung bei indizierter Verdichtung

$$\eta_i = \frac{w_s}{w_i}$$
Gütegrad bezogen auf die indizierte Leistung

q_o	massenstrombezogene (spezifische) Kälteleistung	kJ/kg
$\dot{Q}_0$	Verdampferleistung	kW
$\dot{m}_R$	Kältemittelmassenstrom	kg/s
q_{0V}	volumenstrombezogene (volumetrische) Kälteleistung	kJ/m³
v_{V1}	spezifisches Volumen des Kältemittels am Verdichtereingang	m³/kg
w_s	spezifische Verdichterarbeit bei isentroper Verdichtung	kJ/kg
h_{V2s}	Enthalpie des Kältemittels nach isentroper Verdichtung	kJ/kg
h_{V1}	Enthalpie des Kältemittels am Verdichtereingang	kJ/kg
w_i	spezifische Verdichterarbeit bei indizierter Verdichtung	kJ/kg
h_{V2}	Enthalpie des Kältemittels am Verdichterausgang	kJ/kg
P_s	Verdichterleistung bei isentroper Verdichtung	kW
P_i	Verdichterleistung bei indizierter Verdichtung	kW
η_i	indizierter Gütegrad	1

7

Einstufige Verdichtung (Fortsetzung)

Grundschaltung mit zusätzlicher Überhitzung in der Saugleitung

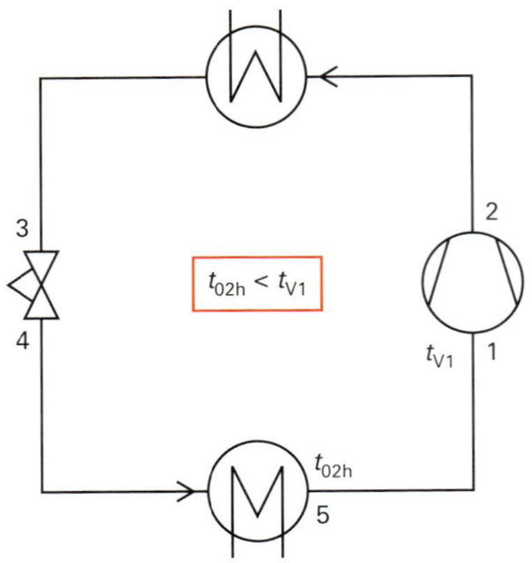

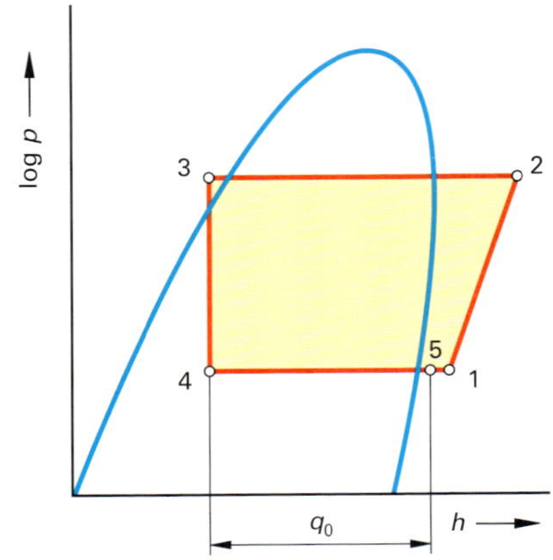

Nr.	Enthalpie	Erklärung
1	h_{V1}	Enthalpie am Verdichtereingang
2	h_{V2}	Enthalpie am Verdichterausgang (= Enthalpie am Verflüssigereingang h_{c1})
3	h_{c2}	Enthalpie am Verflüssigerausgang (= Enthalpie am Drosselorganeingang h_{E1})
4	h_{01}	Enthalpie am Verdampfereingang (= Enthalpie am Drosselorganausgang h_{E2})
5	h_{02}	Enthalpie am Verdampferausgang

Äußerer Wärmeübertrager

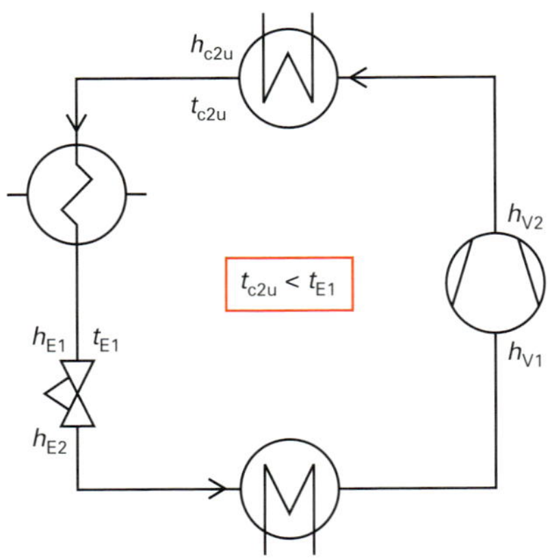

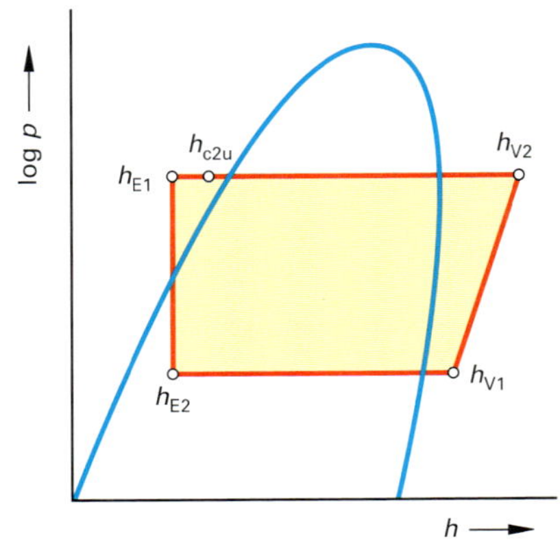

$$\Delta t_{cu} = t_{c2u} - t_{E1}$$

zusätzliche Unterkühlung durch den äußeren Wärmeübertrager

t_{c2u} Temperatur Verflüssigerausgang
t_{E1} Temperatur Drosselorganeingang

Durch die zusätzliche Unterkühlung Δt_{cu} im äußeren Wärmeübertrager steigt die nutzbare Enthalpiedifferenz um den Betrag $h_{c2u} - h_{E1}$. Dadurch steigt die → Kältezahl E der Anlage.

Einstufige Verdichtung (Fortsetzung)

Innerer Wärmeübertrager

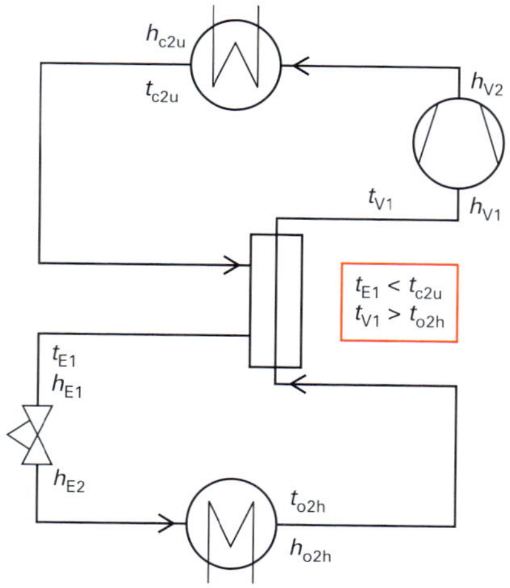

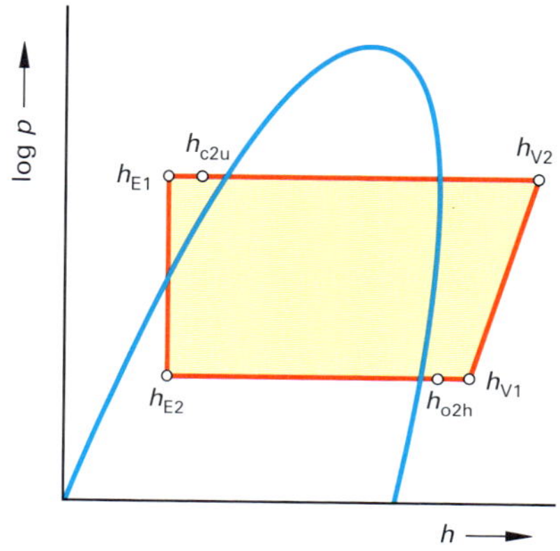

Der Enthalpiegewinn ($h_{c2u} - h_{E1}$), der eine Vergößerung von q_0 bewirkt, hat gleichzeitig eine zusätzliche Saugdampfüberhitzung zur Folge. Dadurch steigt – gegenüber einer Schaltung ohne inneren Wärmeübertrager – die Verdichtungsendtemperatur t_{V2} und gleichzeitig nimmt die Dichte des Saugdampfes ab.

Enthalpie	Erklärung
q_0	$h_{02h} - h_{E2}$
Δh_V	$h_{V2} - h_{V1}$
Δh_c	$h_{V2} - h_{c2u}$
Δh_{WT}	$h_{c2u} - h_{E1} = h_{V1} - h_{02h}$

Zweistufige Verdichtung

Grundlagen

Mit steigendem Druckverhältnis p_c/p_0, d.h. bei steigender Verflüssigungstemperatur und/oder fallender Verdampfungstemperatur wird der → Liefergrad λ des Verdichters kleiner, besonders bei → Hubkolbenverdichtern wegen des Einflusses der → Rückexpansion. Damit sinkt der → Ansaugvolumenstrom $\dot{V}_{V1}$ des Verdichters, somit der geförderte → Kältemittelmassenstrom $\dot{m}_R$ und damit die → Kälteleistung $\dot{Q}_0$. Gleichzeitig steigt die isentrope Verdichtungsarbeit w_s stark an. Da der auf die indizierte Leistung bezogene → Gütegrad η_i mit steigendem Druckverhältnis sinkt, erhöht sich die indizierte spezifische Verdichterarbeit sehr stark. In Abhängigkeit vom verwendeten Kältemittel steigt die Verdichtungsendtemperatur t_{V2}.

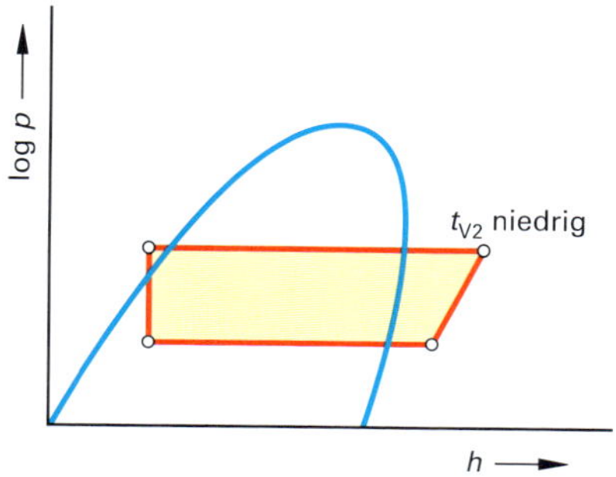

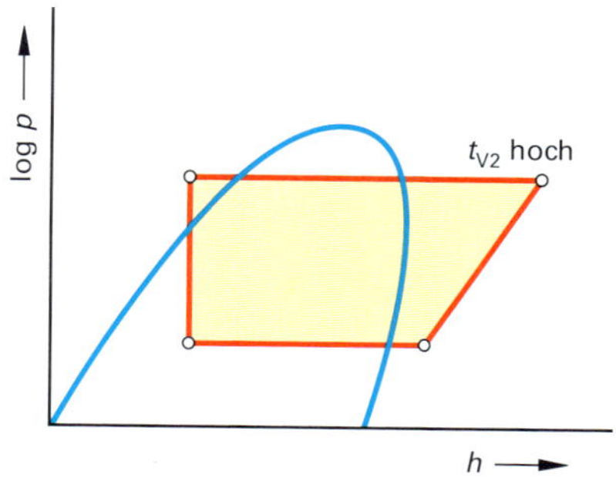

7

Zweistufige Verdichtung (Fortsetzung)

$$p_z = \sqrt{p_c \cdot p_0}$$

optimaler Zwischendruck

p_z	optimaler Zwischendruck	bar
p_c	Verflüssigungsdruck	bar
p_0	Verdampfungsdruck	bar

Bei der zweistufigen Verdichtung wird durch den Zwischendruck p_z das Druckverhältnis p_c/p_0 in zwei einzelne Verdichtungsstufen geteilt, deren Druckverhältnisse gleich groß sind: $p_c/p_z = p_z/p_0$.

Einstufige Entspannung, Zwischenkühlung durch Kühlmittel

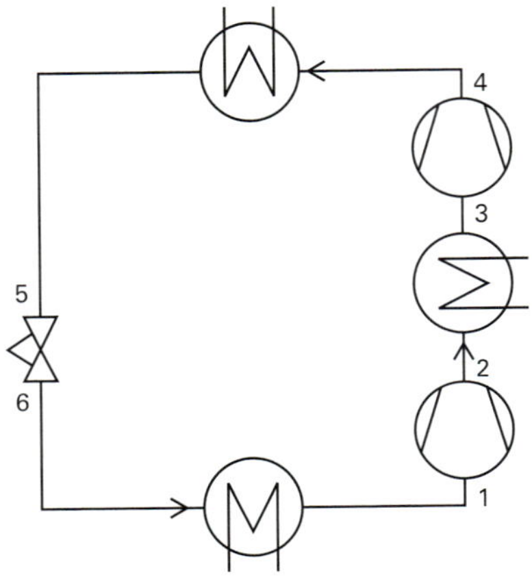

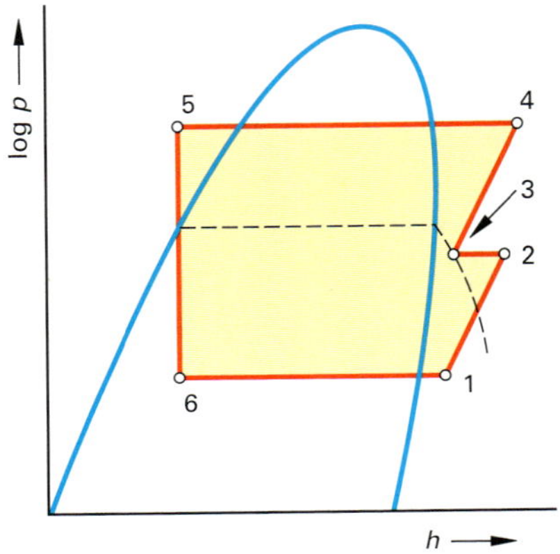

$$\dot{m}_{ND} \cdot (h_2 - h_5) = \dot{m}_{HD} \cdot (h_3 - h_5)$$

Einstufige Entspannung, Zwischenkühlung durch Kältemitteleinspritzung

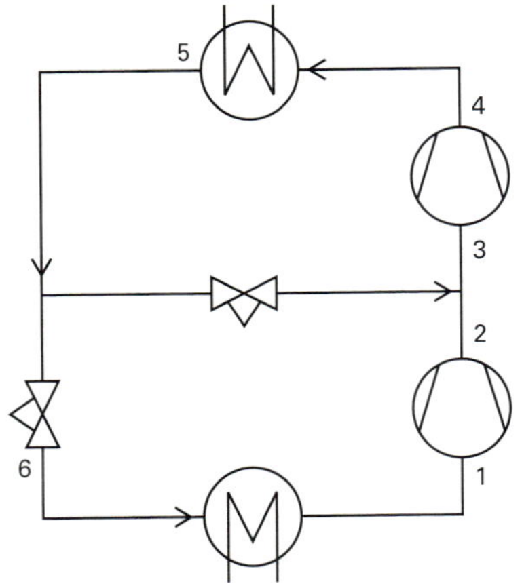

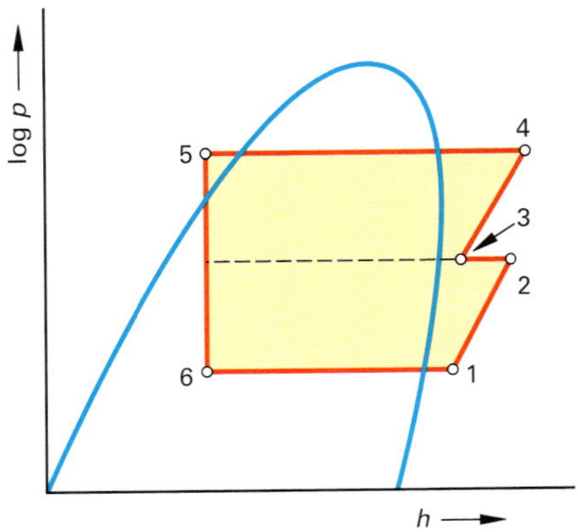

$$\dot{m}_{ND} \cdot (h_2 - h_5) = \dot{m}_{HD} \cdot (h_3 - h_5)$$

Bei zweistufiger Verdichtung wird durch Zwischenkühlung durch Kühlmittel oder Kältemitteleinspritzung die Verdichtungsendtemperatur gesenkt.

7

Zweistufige Verdichtung (Fortsetzung)

Einstufige Entspannung, Zwischenkühlung durch Kältemitteleinspritzung nach Unterkühlung

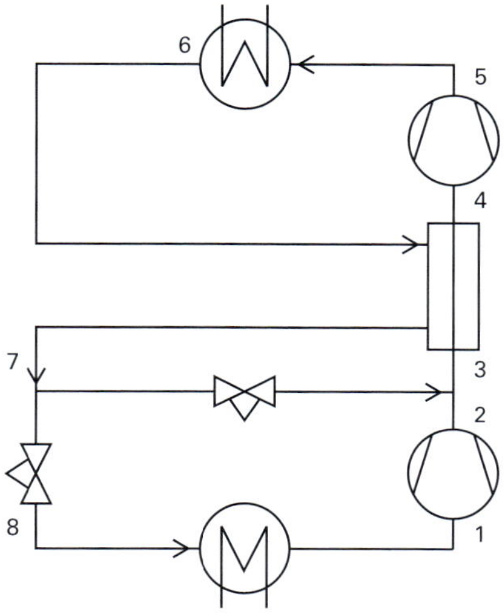

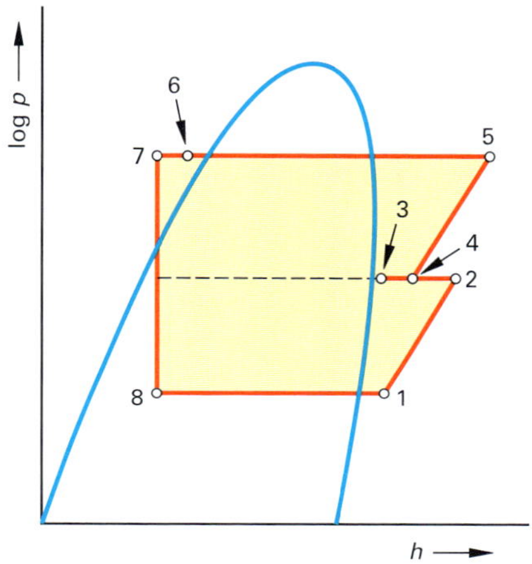

$$\dot{m}_{ND} \cdot (h_2 - h_7) = \dot{m}_{HD} \cdot (h_3 - h_7)$$

Zweistufige Entspannung mit Zwischendruckbehälter

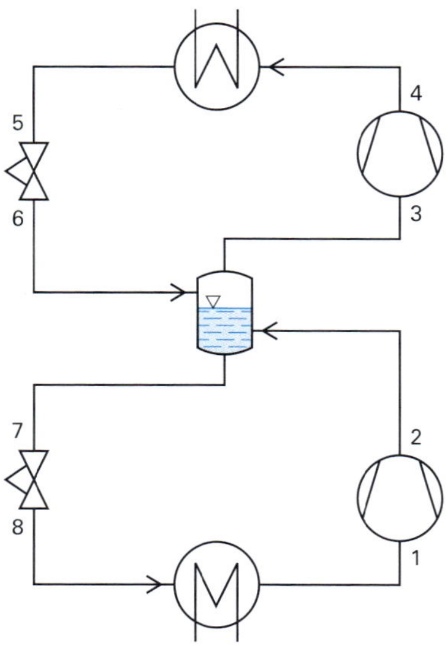

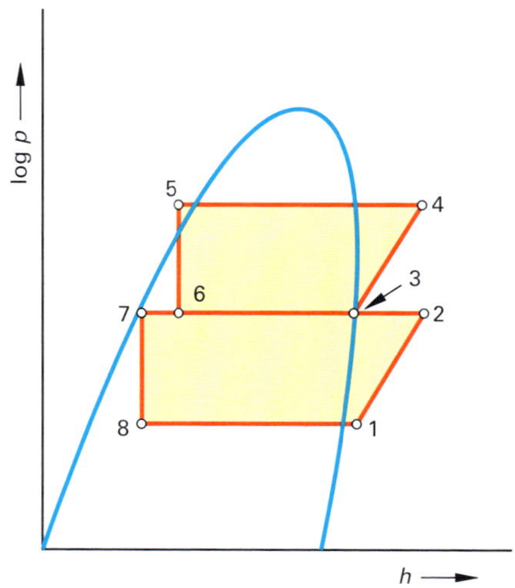

$$\dot{m}_{ND} \cdot (h_2 - h_7) = \dot{m}_{HD} \cdot (h_3 - h_6)$$

Massenstromberechnung

$\dot{m}_{ND}$	Massenstrom Niederdruckstufe	kg/s
h_1, h_8, h_3, h_6	spezifische Enthalpie	kJ/kg
$\dot{m}_{HD}$	Massenstrom Hochdruckstufe	kg/s

7

Zweistufige Verdichtung (Fortsetzung)

Einstufige Entspannung, Flüssigkeitskühlung im Zwischendruckbehälter

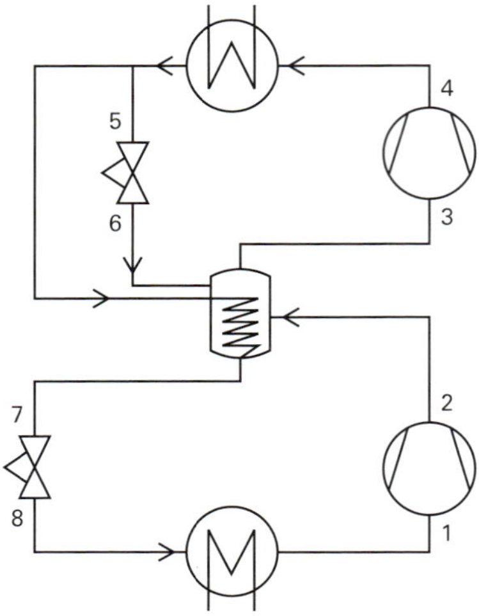

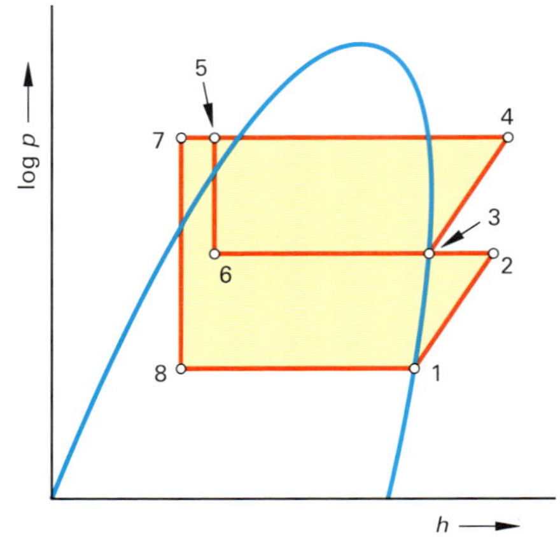

$$\dot{m}_{ND} \cdot (h_2 - h_7) = \dot{m}_{HD} \cdot (h_3 - h_6)$$

Massenstromberechnung

$\dot{m}_{ND}$	Massenstrom Niederdruckstufe	kg/s
h_1, h_8, h_3, h_6	spezifische Enthalpie	kJ/kg
$\dot{m}_{HD}$	Massenstrom Hochdruckstufe	kg/s

Einstufige Entspannung, Zwischenkühlung durch Kältemitteleinspritzung in Wärmeübertrager

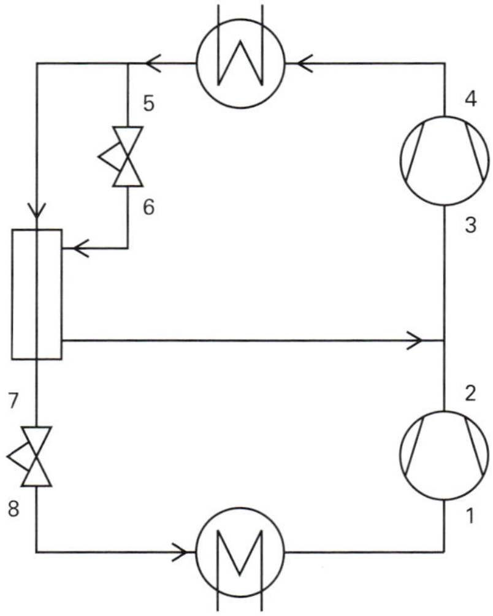

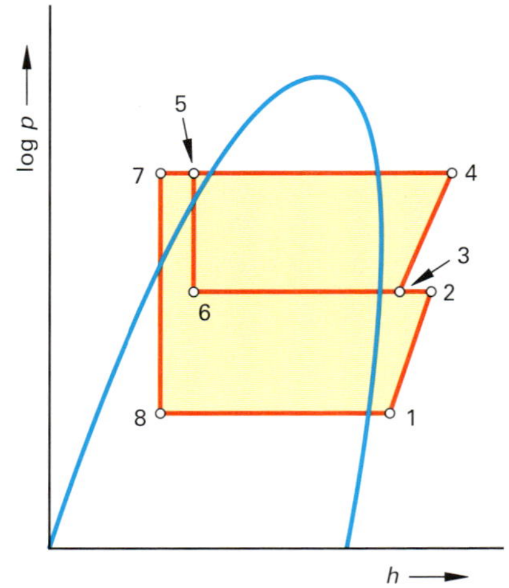

$$\dot{m}_{ND} \cdot (h_2 - h_7) = \dot{m}_{HD} \cdot (h_3 - h_6)$$

Massenstromberechnung

$\dot{m}_{ND}$	Massenstrom Niederdruckstufe	kg/s
h_1, h_8, h_3, h_6	spezifische Enthalpie	kJ/kg
$\dot{m}_{HD}$	Massenstrom Hochdruckstufe	kg/s

Kaskaden-Kälteanlagen

In Kaskaden-Kälteanlagen zirkulieren in zwei oder mehreren Kreisläufen („zweistufige“, „dreistufige“ bzw. „mehrstufige“ Kaskade) unterschiedliche Kältemittel.

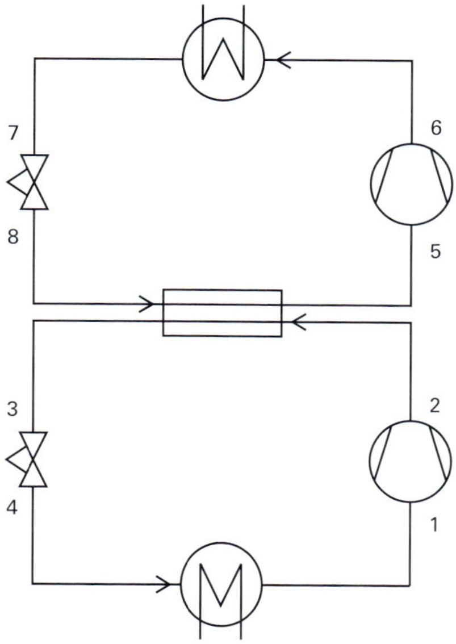

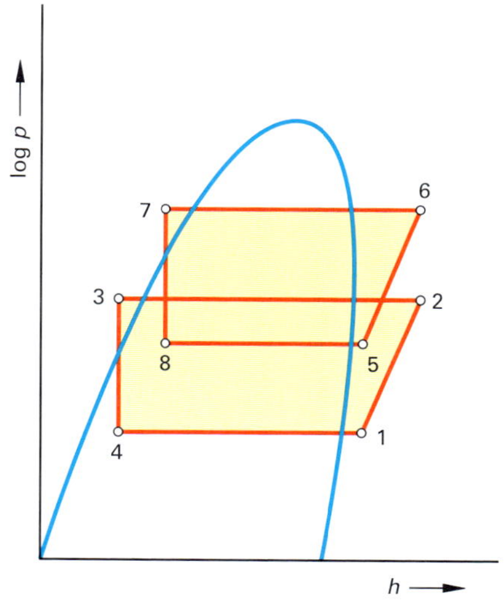

$$\dot{Q}_{c\ 1.\ Stufe} = \dot{Q}_{0\ 2.\ Stufe}$$

Enthalpiedifferenz	Erklärung
$\Delta h_{0\ Gesamtanlage} = \Delta h_{0\ 1.\ Stufe}$	$h_1 - h_4$
$\Delta h_{c\ 1.\ Stufe}$	$h_2 - h_3$
$\Delta h_{0\ 2.\ Stufe}$	$h_5 - h_8$
$\Delta h_{c\ 2.\ Stufe} = \Delta h_{c\ Gesamtanlage}$	$h_6 - h_7$

$$\dot{Q}_{0\ Gesamtanlage} = \dot{m}_{R\ 1.\ Stufe} \cdot \Delta h_{0\ 1.\ Stufe}$$

Kälteleistung der Gesamtanlage

$$\dot{Q}_{c\ Gesamtanlage} = \dot{m}_{R\ 2.\ Stufe} \cdot \Delta h_{c\ 2.\ Stufe}$$

Verflüssigungsleistung der Gesamtanlage

$$\dot{m}_{1.\ Stufe} \cdot (h_2 - h_3) = \dot{m}_{2.\ Stufe} \cdot (h_5 - h_8)$$

Verhältnis der Massenströme

$\dot{m}_{R\ 1.Stufe}$	Kältemittelmassenstrom der 1. Stufe	kg/s
$\Delta h_{0\ 1.Stufe}$	Enthalpiedifferenz der 1. Stufe	kJ/kg
$\dot{m}_{R\ 2.Stufe}$	Kältemittelmassenstrom der 2. Stufe	kg/s
$\Delta h_{0\ 2.Stufe}$	Enthalpiedifferenz der 2. Stufe	kJ/kg

Die Verflüssigungsleistung der Gesamtanlage ist die Summe der Kälteleistung der 1. Stufe, der Verdichtungsleistung der 1. Stufe und der Verdichtungsleistung der 2. Stufe.

Pumpenkälteanlagen

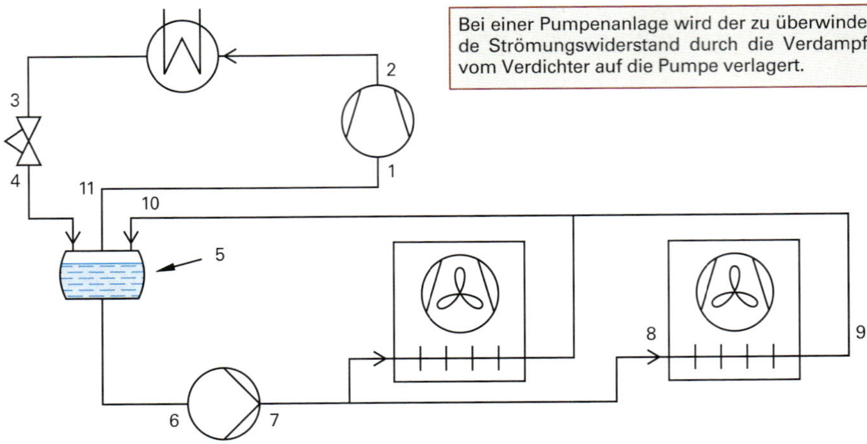

Bei einer Pumpenanlage wird der zu überwindende Strömungswiderstand durch die Verdampfer vom Verdichter auf die Pumpe verlagert.

Nr.	Enthalpie / Erklärung
1	h_{V1}
2	h_{V2}
3	h_{E1}
4	h_{E2}
5	h'_{ND}
6	h_{P1}
7	h_{P2}
8	h_{01}
9	h_{02}
10	h_{B1}
11	h_{B2}
5 – 6	Schweredruck des flüssigen Kältemittels
6 – 7	Druckerhöhung durch die Kältemittelpumpe, Wärmeaufnahme des Kältemittels
7 – 8	Druckabfall in den Leitungen zu den Verdampfern
8 – 9	Wärmeaufnahme in den Verdampfern (Verdampfung) bei gleichzeitigem Druckabfall
9 – 10	Druckabfall in den Rücklaufleitungen

Kälteleistung der Pumpenanlage

$$\dot{Q}_0 = \dot{m}_{R\ Pumpe} \cdot (h_{10} - h_7)$$

Erforderliche Pumpenleistung

$$P_{Pumpe} = \dot{m}_{R\ Pumpe} \cdot (h_7 - h_6)$$

Eine gleichmäßige Verdampfung erzielt man, wenn man den Massenstrom durch die Pumpe um das 2-fache bis max. 8-fache größer als den Massenstrom durch den Verdichter wählt.

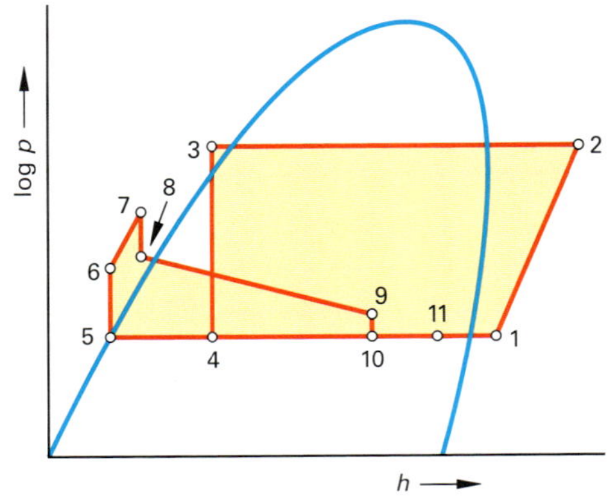

7

Absorptionsanlagen

Prinzip einer Absorptionsanlage mit Ammoniak/Wasser

→ Absorption ist die Fähigkeit eines Stoffes (z.B. Wasser), gasförmige Stoffe (z.B. Ammoniak, NH_3) zu absorbieren („aufzusaugen"). Z. B. kann 1 dm^3 Wasser von 0 °C etwa 1000 dm^3 Ammoniak absorbieren!

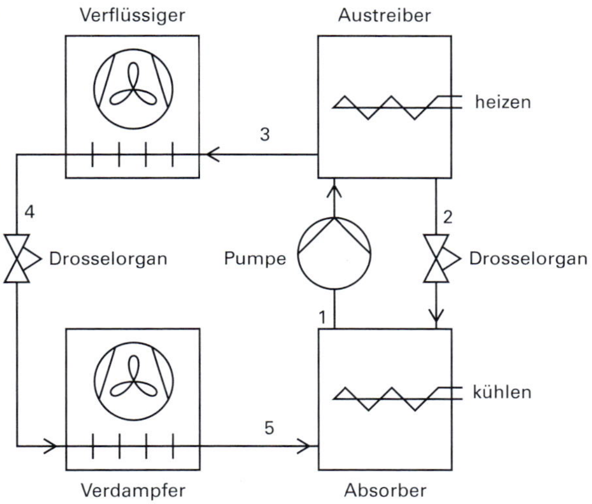

Punkt	Zustand des → Arbeitsstoffpaares
1	NH_3-reiche Lösung (Ammoniak-reiche Lösung)
2	NH_3-arme Lösung (Ammoniak-arme Lösung)
3	NH_3-Dampf (Ammoniakdampf)
4	NH_3-Flüssigkeit (Ammoniakflüssigkeit)
5	NH_3-Dampf (Ammoniakdampf)

Beschreibung des Kreislaufes:

Im Absorber nimmt das Wasser (Lösungsmittel) den vom Verdampfer kommenden Kältemitteldampf auf (das Wasser absorbiert den Ammoniakdampf). Durch Kühlung des Absorbers entsteht eine (NH_3-) **reiche Lösung** (hoher Ammoniakanteil). Die **reiche Lösung** (Punkt 1) wird durch die Pumpe auf Verflüssigungsdruck p_c gebracht und in den Austreiber (Kocher, Trennsäule) gefördert. Der Austreiber wird von außen erwärmt (elektrische Energie, Gas, Prozesswärme). Durch die Wärmezufuhr verdampft das Ammoniak stärker als das Wasser, dadurch entsteht eine **arme Lösung** (niedriger Ammoniakanteil, (Punkt 2)), die über ein Drosselorgan auf Verdampfungsdruck entspannt und dem Absorber wieder zugeführt wird. Das im Austreiber ausgetriebene Ammoniak (Punkt 3) wird im Verflüssiger verflüssigt. Die Ammoniakflüssigkeit (Punkt 4) wird im Drosselorgan auf Verdampfungsdruck p_0 entspannt und verdampft unter Wärmeaufnahme im Verdampfer. Der im Verdampfer entstehende Ammoniakdampf (Punkt 5) wird von der **Ammoniak-Lösung** (aus dem Austreiber zurückgeführt) im Absorber wieder absorbiert.

Wasser = Lösungsmittel (Absorptionsmittel) / **Ammoniak** (NH_3) = Kältemittel (Arbeitsstoff)

Überkritische Anlagen

Überkritischer Prozess = Transkritischer Prozess
Unterkritischer Prozess = Subkritischer Prozess

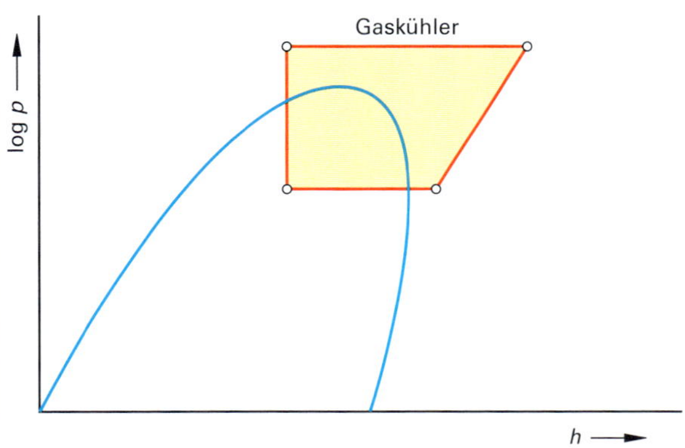

Merkmale:

Beim **überkritischen (transkritischen)** Kaltdampfkompressionsprozess wird das Heißgas nicht durch einen → Verflüssiger im → Nassdampfgebiet verflüssigt, sondern in einem **Gaskühler oberhalb der → kritischen Temperatur lediglich abgekühlt.** Die Verflüssigung findet erst bei der Entspannung auf Verdampfungsdruck statt.

Verbreitet für überkritische Anlagen ist das Kältemittel → Kohlenstoffdioxid (R744), das sich wegen seiner niedrigen kritischen Temperatur (31,06 °C) für einen **unterkritischen (subkritischen)** Prozess nicht eignet.

Der überkritische Prozess kann in einer → Kaskaden-Kälteanlage mit einem unterkritischen Prozess kombiniert werden.

7

Bauarten

Unterscheidung nach der Arbeitsweise

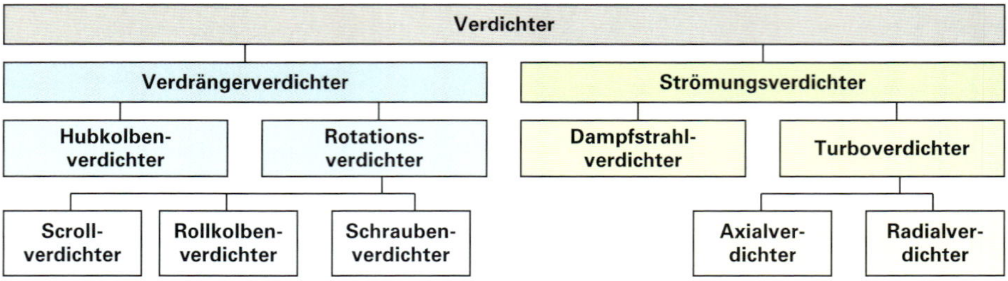

In **Verdrängungsverdichtern** wird das Kältemittel in einem abgeschlossenen Raum durch Volumenreduzierung verdichtet.
In **Strömungsverdichtern** wird dem Kältemittel in einem Laufrad Bewegungsenergie zugeführt. Diese wird anschließend durch Reduzierung der Geschwindigkeit in Druckenergie umgewandelt.

Unterscheidung nach dem Verhältnis Verdichter/Antriebsmotor

Offener Verdichter	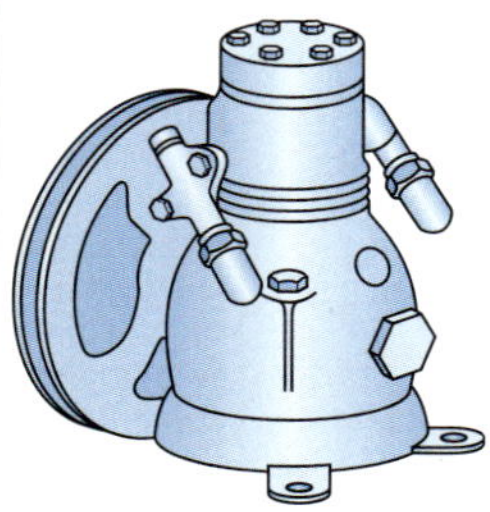	Verdichter und Antriebsmotor sind in zwei getrennten Gehäusen untergebracht. Dadurch kommt der Antriebsmotor nicht mit dem Kältemittel in Berührung. Der Antrieb erfolgt durch einen direkt angekuppelten Motor oder durch einen → Riementrieb. Kennzeichen des offenen Verdichters ist die aus dem Gehäuse geführte Antriebswelle, die eine Wellenabdichtung benötigt. Bei offenen Verdichtern kann man durch die Auswahl der Riemenscheibe und der Leistung des Antriebsmotors die Kälteleistung leicht anpassen.
Halbhermetischer Verdichter (semihermetischer Verdichter)	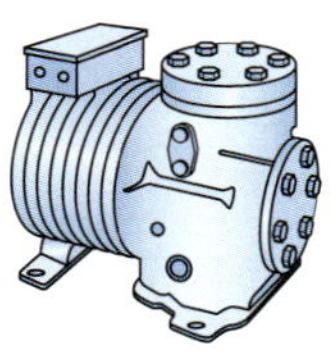	Verdichter und Antriebsmotor befinden sich in einem verschraubten Gehäuse und haben eine gemeinsame waagerechte Welle. Für Servicearbeiten kann man das Gehäuse öffnen. Der Antriebsmotor kommt mit dem Kältemittel bzw. mit dem Kältemittel-Öl-Gemisch in Berührung.
Hermetischer Verdichter (Kapsel, vollhermetischer Verdichter)	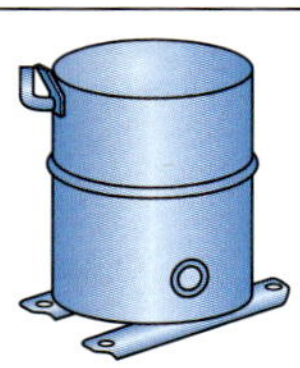	Verdichter und Antriebsmotor befinden sich in einem verschweißten Gehäuse und haben eine gemeinsame senkrechte Welle. Wegen des verschweißten Gehäuses sind weder Verdichter noch Antriebsmotor zugänglich. Der Antriebsmotor kommt mit dem Kältemittel bzw. mit dem Kältemittel-Öl-Gemisch in Berührung.

Weitere Unterscheidungen

Strömungsrichtung des Kältemittels im Verdichter	Gleichstromverdichter
	Wechselstromverdichter
Anzahl der Verdichtungsstufen	einstufig
	zweistufig
Art der Motorkühlung	fremdgekühlt
	sauggasgekühlt
Art der Schmierung	druckgeschmiert
	schleudergeschmiert

Merkmale

Hubkolbenverdichter

- Kleinste Förderströme und höchste Enddrücke möglich
- Hohes einstufiges Druckverhältnis
- Hoher Wirkungsgrad
- Empfindlich gegen Flüssigkeit
- Geringe Leckrate
- Breiter Anwendungsbereich
- zahlreiche Verschleissteile
- Fördermengen lassen sich oft gut und energiesparend den Betriebsbedingungen anpassen
- Pulsierender Förderstrom
- Ventile erforderlich

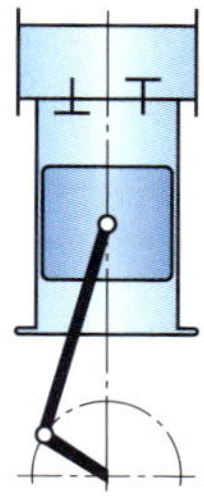

Schraubenverdichter

- Charakteristik des Hubkolbenverdichters aber Laufruhe wie Turboverdichter (ersetzt unter 10 bar Enddruck in weiten Bereichen den Hubkolbenverdichter)
- Einstufige Verdichtung auch bei hohem Druckverhältnis möglich
- Wenig Verschleißteile
- Gleichmäßiger Förderstrom
- Lange Standzeiten
- Sehr gute Regelbarkeit

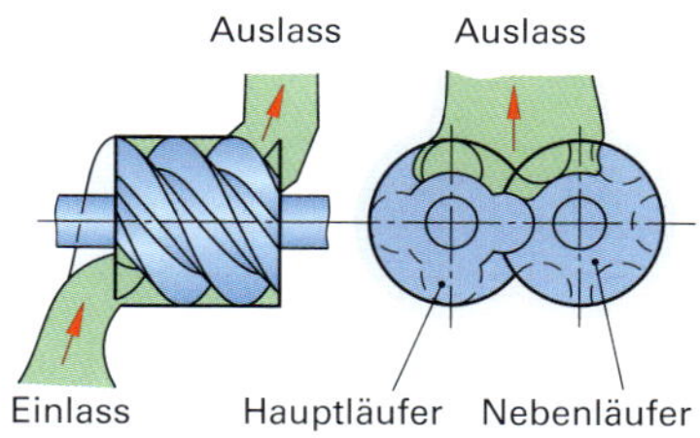

Scrollverdichter

- Relativ unempfindlich gegen Flüssigkeitsschläge
- Gleichmäßiger Förderstrom
- Ventile nicht erforderlich
- Internes Rückschlagventil verhindert ein Rückströmen des Kältemittels nach dem Ausschalten
- Große Laufruhe
- Geringe Geräuschentwicklung

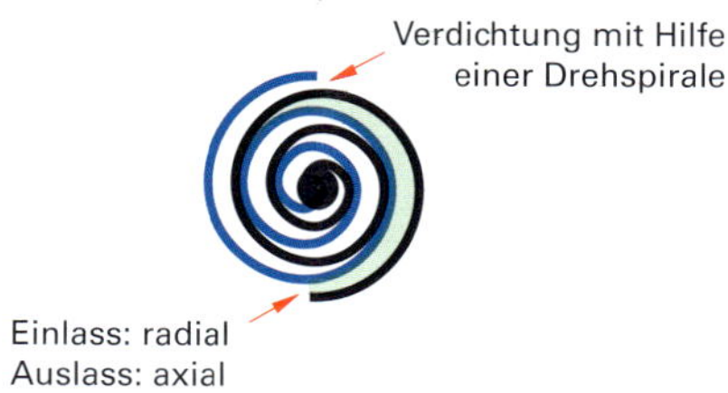

Turboverdichter

- Große Volumenströme möglich
- Gute Regelbarkeit und gute Anpassung an die jeweiligen Betriebsbedingungen
- Wenig Verschleißteile
- Wenig empfindlich gegen Flüssigkeit
- Große Laufruhe
- Gleichmäßiger Förderstrom

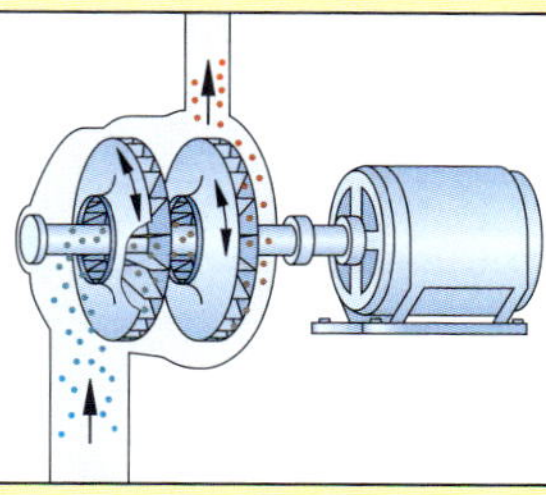

Drehschieberverdichter

- Gleichmäßiger Förderstrom bei relativ kleinen Drehzahlen
- Verschleißteile leicht ausbaubar
- Große Wartungsintervalle
- Relativ unempfindlich

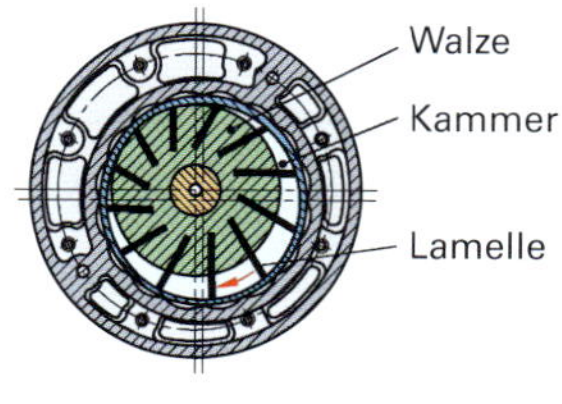

7

Berechnungsgrundlagen

→ Wärmeausdehnung von Gasen und Dämpfen

→ Erster Hauptsatz

→ Spezifische Wärme von Gasen

→ Thermodynamische Zustandsänderungen

→ Kreisprozesse

→ Isotherme Verdichtung

$$P_t = p_{V1} \cdot \dot{V}_{V1} \cdot \ln \frac{p_{V1}}{p_{V2}}$$

Theoretischer Leistungsbedarf eines Verdichters

$$p_{V1} \cdot V_{V1} = p_{V2} \cdot V_{V2}$$

Gleichung für die Zustandsänderung

→ Adiabate (isentrope) Verdichtung

$$P_t = p_{V1} \cdot \dot{V}_{V1} \cdot \frac{\varkappa}{\varkappa - 1} \cdot \left[\left(\frac{p_{V1}}{p_{V2}}\right)^{\frac{\varkappa - 1}{\varkappa}} - 1\right]$$

Theoretischer Leistungsbedarf eines Verdichters

$$\varkappa = \frac{c_p}{c_v}$$

Adiabaten-(Isentropen-)exponent

$$\frac{T_{V1}}{T_{V2}} = \frac{\dot{V}_{V1}}{\dot{V}_{V2}}$$

Gleichung für die Zustandsänderung

→ Polytrope Verdichtung (reale Verdichtung)

$$P_t = p_{V1} \cdot \dot{V}_{V1} \cdot \frac{n}{n-1} \cdot \left[\left(\frac{p_{V1}}{p_{V2}}\right)^{\frac{n-1}{n}} - 1\right]$$

Theoretischer Leistungsbedarf eines Verdichters

$$y = \frac{n}{n-1} \cdot \frac{p_{V1}}{p_{V2}} \cdot \left[\left(\frac{p_{V2}}{p_{V1}}\right)^{\frac{n-1}{n}} - 1\right]$$

Spezifische Arbeit beim Verdichten

$$\frac{p_{V2}}{p_{V1}} = \left[1 + \frac{(n-1) \cdot \varrho_{V1} \cdot Y}{n \cdot p_{V1}}\right]^{\frac{n-1}{n}}$$

Druckverhältnis bei der spezifischen Arbeit

$$\dot{V}_{V1} = \frac{\dot{V}_n \cdot \varrho_n}{\varrho_{V1}}$$

$$\dot{V}_{V1} = \frac{\dot{V}_n \cdot p_n \cdot T_{V1}}{p_{V1} \cdot T_n}$$

Umrechnung des Normvolumenstroms in den Volumenstrom im Ansaugzustand

P_t	Theoretischer Leistungsbedarf eines Verdichters	W
p_{V1}	Druck am Verdichtereingang	Pa
$\dot{V}_{V1}$	Ansaugvolumenstrom des Verdichters	m³/s
p_{V2}	Druck am Verdichterausgang	Pa
$\dot{V}_{V2}$	Volumenstrom am Verdichterausgang	m³/s
$\varkappa$	Adiabatenexponent des Kältemittels (Isentropenexponent)	1
c_p	Spezifische Wärmekapazität bei konstantem Druck	J/kg · K
c_V	Spezifische Wärmekapazität bei konstantem Volumen	J/kg · K
n	Polytropenexponent	1
ϱ_{V1}	Dichte des Kältemittels am Verdichtereingang	kg/m³
Y	Spezifische Arbeit des Verdichters	J/kg
T_{V1}	Temperatur des Kältemittels am Verdichtereingang	K
T_{V2}	Temperatur des Kältemittels am Verdichterausgang	K
$\dot{V}_n$	Normvolumenstrom (bei p_n = 101325 Pa und T_n = 273,15 K)	m³/s
T_n	Normtemperatur (273,15 K)	K
ϱ_n	Normdichte (bei p_n = 101325 Pa und T_n = 273,15 K)	kg/m³

7

Auswahl von Verdichtern

Hubkolbenverdichter für R134a, Hersteller Copeland (Auswahl)

Verdichtertyp		t_c	Verdampfungstemperatur t_0 in °C						
Volumenstrom		°C	– 20	– 15	– 10	– 5	0	5	10
DKM-5X	$\dot{Q}$ kW	30	0,84	1,09	1,39	1,74	2,16	2,64	3,20
		40	0,69	0,92	1,18	1,50	1,86	2,29	2,79
		50	0,54	0,74	0,97	1,25	1,57	1,94	2,38
$\dot{V}_g$ = 4,0 m³/h	P kW	30	0,43	0,47	0,50	0,52	0,53	0,54	0,53
		40	0,46	0,51	0,55	0,59	0,63	0,65	0,66
		50	0,48	0,54	0,60	0,65	0,70	0,74	0,78
DKSJ-10X	$\dot{Q}$ kW	30	1,38	1,78	2,25	2,81	3,50	4,25	5,10
		40	1,17	1,53	1,97	2,48	3,10	3,80	4,60
		50	0,95	1,28	1,67	2,13	2,68	3,30	4,05
$\dot{V}_g$ = 6,3 m³/h	P kW	30	0,65	0,70	0,75	0,79	0,81	0,82	0,81
		40	0,69	0,77	0,84	0,91	0,96	1,00	1,02
		50	0,71	0,81	0,91	1,00	1,09	1,16	1,22
DKSL-20X	$\dot{Q}$ kW	30	2,04	2,62	3,35	4,15	5,15	6,25	7,60
		40	1,74	2,27	2,90	3,65	4,55	5,55	6,75
		50	1,44	1,91	2,47	3,15	3,90	4,80	5,85
$\dot{V}_g$ = 9,1 m³/h	P kW	30	0,96	1,06	1,15	1,23	1,29	1,32	1,33
		40	1,00	1,12	1,24	1,36	1,47	1,56	1,62
		50	1,01	1,16	1,31	1,46	1,61	1,74	1,86
DLF-20X	$\dot{Q}$ kW	30	2,66	3,50	4,50	5,65	7,05	8,65	10,50
		40	2,17	2,90	3,80	4,85	6,05	7,50	9,15
		50	1,70	2,36	3,15	4,05	5,10	6,35	7,80
$\dot{V}_g$ = 12,9 m³/h	P kW	30	1,16	1,30	1,41	1,50	1,57	1,60	1,59
		40	1,23	1,40	1,56	1,71	1,82	1,92	1,97
		50	1,27	1,47	1,67	1,86	2,03	2,17	2,29
DLL-30X	$\dot{Q}$ kW	30	3,85	5,05	6,45	8,15	10,15	12,45	15,10
		40	3,15	4,20	5,50	7,00	8,80	10,85	13,20
		50	2,48	3,45	4,55	5,90	7,45	9,25	11,35
$\dot{V}_g$ = 18,2 m³/h	P kW	30	1,77	1,96	2,13	2,27	2,39	2,48	2,52
		40	1,85	2,10	2,35	2,58	2,79	2,98	3,14
		50	1,90	2,21	2,53	2,84	3,15	3,44	3,72
DLHA-50X	$\dot{Q}$ kW	30	5,95	7,70	9,70	12,15	15,00	18,30	22,10
		40	5,05	6,60	8,45	10,60	13,15	16,10	19,60
		50	4,20	5,60	7,20	9,10	11,35	14,00	17,00
$\dot{V}_g$ = 26,6 m³/h	P kW	30	2,59	2,86	3,10	3,32	3,50	3,63	3,69
		40	2,70	3,05	3,39	3,71	4,00	4,26	4,47
		50	2,77	3,18	3,60	4,02	4,43	4,81	5,15
D4SA-100X	$\dot{Q}$ kW	30	13,50	17,30	21,80	27,10	33,50	40,50	49,00
		40	11,10	14,55	18,60	23,30	28,80	35,00	42,50
		50	9,00	12,05	15,60	19,60	24,40	30,00	36,50
$\dot{V}_g$ = 56,0 m³/h	P kW	30	4,84	5,40	5,95	6,45	6,85	7,05	7,00
		40	5,20	5,90	6,60	7,30	7,95	8,45	8,80
		50	5,50	6,30	7,10	8,00	8,85	9,60	10,30
D6SH-200X	$\dot{Q}$ kW	30	23,90	30,50	38,00	47,50	58,00	70,50	85,00
		40	20,50	26,20	33,00	41,50	51,00	62,00	75,00
		50	17,20	22,30	28,30	35,50	44,00	53,50	65,00
$\dot{V}_g$ = 106,0 m³/h	P	30	9,90	11,00	12,00	13,00	13,80	14,50	15,00
		40	10,40	11,80	13,20	14,50	15,80	16,90	18,00

Auswahl von Verdichtern (Fortsetzung)

Hubkolbenverdichter für R134a, Hersteller Copeland (Auswahl), technische Daten

Verdichtertyp	Bohrung mm	Hub mm	Anzahl Zylinder	Anschluss Saugleitung (inch)	Anschluss Druckleitung (inch)	Ölmenge l	Max. Betriebsstrom A	Blockierter Rotorstrom A
DKM-5X	34,9	23,8	2	1/2	1/2	0,7	1,8	12,2
DKSJ-10X	39,7	29,4	2	5/8	1/2	0,7	2,7	15,5
DKSL-20X	47,6	29,4	2	5/8	1/2	0,7	4,7	20,4
DLF-20X	50,8	36,5	2	7/8	5/8	2,0	4,5	37,6
DLL-30X	60,4	36,5	2	1 1/8	5/8	2,0	7,3	53,0
DLHA-50X	60,4	50,8	2	1 1/8	5/8	1,6	12,4	85,3
D4SA-100X	63,5	50,8	4	1 5/8	1 1/8	4,5	20,9	104,0
D6SH-200X	68,3	55,6	6	2 1/8	1 3/8	4,3	41,7	160,0

Scrollverdichter für R410A, Hersteller Copeland (Auswahl): Kälteleistung $\dot{Q}_0$ und Leistungsaufnahme P

Verdichtertyp		t_c	Verdampfungstemperatur t_0 in °C						
Volumenstrom		°C	– 20	– 15	– 10	– 5	0	5	10
ZP23K3E-TFD	$\dot{Q}$ kW	30	2,34	2,95	3,65	4,50	5,50	6,60	7,85
		40	2,00	2,54	3,20	3,95	4,85	5,80	6,95
		50			2,69	3,35	4,10	5,00	5,95
$\dot{V}_g = 4{,}1\ m^3/h$	P kW	30	1,09	1,13	1,14	1,13	1,11	1,10	1,11
		40	1,39	1,42	1,43	1,43	1,42	1,43	1,46
		50			1,84	1,83	1,83	1,84	1,88
ZP32K3E-TFD	$\dot{Q}$ kW	30	3,20	4,25	5,40	6,60	7,90	9,20	10,50
		40	2,49	3,45	4,50	5,65	6,80	8,00	9,20
		50			3,50	4,55	5,65	6,75	7,80
$\dot{V}_g = 5{,}4\ m^3/h$	P kW	30	1,61	1,58	1,53	1,49	1,44	1,40	1,37
		40	2,11	2,06	2,00	1,94	1,89	1,84	1,80
		50			2,65	2,56	2,48	2,40	2,35
ZP54K3E-TFD	$\dot{Q}$ kW	30	5,95	7,30	8,90	10,70	12,80	15,20	17,90
		40	5,10	6,40	7,85	9,50	11,40	13,55	15,90
		50			6,55	8,10	9,85	11,75	13,90
$\dot{V}_g = 9{,}4\ m^3/h$	P kW	30	2,51	2,50	2,47	2,44	2,41	2,38	2,36
		40	3,31	3,26	3,21	3,16	3,12	3,10	3,10
		50			4,26	4,14	4,05	3,98	3,95
ZP90KCE-TFD	$\dot{Q}$ kW	30	9,30	11,75	14,50	17,60	21,00	24,90	29,20
		40	7,65	9,95	12,50	15,40	18,70	22,30	26,40
		50			10,30	12,90	15,90	19,20	23,00
$\dot{V}_g = 14{,}6\ m^3/h$	P kW	30	3,96	3,96	3,95	3,94	3,96	4,01	4,09
		40	5,05	5,05	5,05	5,00	4,99	4,99	5,05
		50			6,45	6,40	6,35	6,30	6,30
ZP120KCE-TFD	$\dot{Q}$ kW	30	12,85	16,10	19,70	23,80	28,40	33,50	39,50
		40	10,65	13,65	17,10	21,00	25,30	30,00	35,50
		50			14,15	17,60	21,60	26,00	31,00
$\dot{V}_g = 19{,}8\ m^3/h$	P kW	30	5,20	5,20	5,20	5,15	5,20	5,25	5,35
		40	6,65	6,65	6,60	6,55	6,55	6,55	6,60
		50			8,45	8,40	8,30	8,25	8,25

Die angegebenen Kälteleistungen beziehen sich auf 0 K Unterkühlung und 10 K Sauggasüberhitzung.

Bauarten von Verflüssigern

Luftgekühlte Verflüssiger		Wassergekühlte Verflüssiger	
Statisch belüftete Verflüssiger	Zwangsbelüftete Verflüssiger	Durchlaufverflüssiger	Wassersparende Verflüssiger
• Drahtverflüssiger • Lamellenverflüssiger • Glattrohrverflüssiger	• Lamellenverflüssiger mit Axialventilator • Lamellenverflüssiger mit Radialventilator	• Koaxialverflüssiger • Bündelrohrverflüssiger • Röhrenkesselverflüssiger • Plattenverflüssiger	• Verdunstungsverflüssiger • Durchlaufverflüssigerbauarten (siehe links) in Verbindung mit einer Wasserrückkühlung über Kühlturm

Begriffe und Definitionen

nach **DIN EN 327**:2014-11

Ventilatorbelüfteter Kältemittelverflüssiger (= Verflüssiger)	Eine Kälteanlagenkomponente, die Kältemitteldampf durch Wärmeabgabe an Luft, welche von Ventilatoren über die trockene Wärmeübertragungsfläche gefördert wird, verflüssigt. Der Wärmetauscher umfasst Verteiler- und Sammelrohre.
Leistung	Gesamte, vom Kältemittel abgegebene Wärmeleistung. Diese Wärmeleistung ist gleich dem Produkt aus dem Massendurchfluss des Kältemittels und der Differenz zwischen den → Enthalpien des Kältemittels am Eintritts- und Austrittsstutzen des Verflüssigers.
Verflüssigungsdruck	Kältemitteldruck am Eintrittsstutzen des Verflüssigers.
Verflüssigungstemperatur	Dem Verflüssigungsdruck entsprechende → Taupunkttemperatur des Kältemittels.
Verdampfungstemperatur	Dem Verdampfungsdruck entsprechende → Taupunkttemperatur des Kältemittels.
Lufttemperatur	Alle Lufttemperaturen sind → Trockenkugeltemperaturen.
Lufteintrittstemperatur	Unter Berücksichtigung der örtlichen Luftgeschwindigkeiten gemittelte → Trockenkugeltemperatur der in den Verflüssiger eintretenden Luft.
Überhitzungstemperatur	Temperatur des Kältemitteldampfes am Eintrittsstutzen des Verflüssigers.
Unterkühlungstemperatur	Temperatur des verflüssigten Kältemittels am Austrittsstutzen des Verflüssigers.
Eintrittstemperaturdifferenz	Differenz zwischen der Verflüssigungstemperatur und der Lufteintrittstemperatur.
Überhitzung	Differenz zwischen der Überhitzungstemperatur und der Verflüssigungstemperatur.
Unterkühlung	Differenz zwischen der dem → Absolutdruck des Kältemittels am Austrittsstutzen des Verflüssigers entsprechenden Siedepunkttemperatur und der Unterkühlungstemperatur.
Leistungsaufnahme Ventilatoren	Von den Ventilatoren aufgenommene elektrische Leistung, gemessen an den elektrischen Anschlussklemmen des Motors (der Motore).
Nenn-Luftvolumendurchfluss	Luftvolumendurchfluss durch den Verflüssiger bei trockener und sauberer Oberfläche des Verflüssigers.
Innenvolumen	Kältemittel enthaltendes Volumen zwischen den beiden Anschlüssen des Verflüssigers.
Verschmutzungswiderstand	→ Wärmeübergangswiderstand einer Schicht unerwünschter Ablagerungen auf der Wärmetauscheroberfläche, die seine Wärmeübergangsleistung vermindert.

Die Normleistung von luftgekühlten Verflüssigern wird an sauberen und trockenen Verflüssigern bei folgenden Betriebsbedingungen gemessen:

Lufteintrittstemperatur in den Verflüssiger = 25 °C, Eintrittstemperaturdifferenz = 15 K, Unterkühlung ≤ 3 K, wobei die Überhitzung bei R134a auf 25 K, bei R22 auf 45 K und bei R717 auf 50 K festgelegt wird.

Bei anderen Kältemitteln wird die Überhitzung auf den Wert festgelegt, der sich bei → isentroper Verdichtung des Kältemittels bei einer Verdampfungstemperatur von – 10 °C, einer Verdichtereintrittstemperatur von + 10 °C und einer Verflüssigungstemperatur von 40 °C ergibt.

> Der Einfluss der Überhitzung auf die Leistung eines Verflüssigers ist gering: in weiten Bereichen liegt er unter +/– 0,2% je K Überhitzung.

Verflüssigerauswahl

Leistungsdaten und technische Daten der Verflüssigerbaureihe GVM (Hersteller Güntner)

Typ	GVM ... N (Normalausführung)							
	Nenn-leistung	Luft-volumen-strom	Leistungs-aufnahme	Schalldruck-pegel	Rohr-volumen	Fläche	Anschlüsse Eintritt	Anschlüsse Austritt
	kW	m^3/h	kW	dB(A) 10 m	dm^3	m^2	mm	mm
035.1A/1	5,0	2370	0,16	43	1,7	8	10	10
035.1B/1	6,3	2200	0,16	43	2,5	12	18	18
035.1A/2	10,0	4750	0,31	46	2,9	16	18	18
035.1B/2	13,6	4410	0,32	46	4,4	24	18	18
040.1B/1	8,1	2760	0,21	43	3,0	15	18	18
040.1C/1	9,9	2580	0,22	43	4,0	20	18	18
040.1B/2	16,6	5520	0,42	46	5,3	30	18	18
040.1C/2	19,9	5170	0,44	46	7,1	40	22	22
Nennleistung für Kältemittel R404A								
Typ 035: Ventilator 350 mm, Typ 040: Ventilator 400 mm, /1: 1 Ventilator, /2: 2 Ventilatoren								

Typ	GVM ... L (Leise Ausführung)							
	Nenn-leistung	Luft-volumen-strom	Leistungs-aufnahme	Schalldruck-pegel	Rohr-volumen	Fläche	Anschlüsse Eintritt	Anschlüsse Austritt
	kW	m^3/h	kW	dB(A) 10 m	dm^3	m^2	mm	mm
035.1A/1	3,7	1450	0,06	33	1,7	8	10	10
035.1B/1	4,3	1300	0,06	33	2,5	12	18	18
035.1A/2	7,4	2900	0,13	36	2,9	16	18	18
035.1B/2	9,4	2600	0,13	36	4,4	24	18	18
040.1B/1	6,4	1980	0,11	34	3,0	15	18	18
040.1C/1	7,7	1830	0,11	34	4,0	20	18	18
040.1B/2	13,5	3960	0,22	37	5,3	30	18	18
040.1C/2	15,5	3670	0,22	37	7,1	40	22	22
Nennleistung für Kältemittel R404A								
Typ 035: Ventilator 350 mm, Typ 040: Ventilator 400 mm, /1: 1 Ventilator, /2: 2 Ventilatoren								

Typ	GVM ... S (Sehr leise Ausführung, nur Ventilatoren 400 mm)							
	Nenn-leistung	Luft-volumen-strom	Leistungs-aufnahme	Schalldruck-pegel	Rohr-volumen	Fläche	Anschlüsse Eintritt	Anschlüsse Austritt
	kW	m^3/h	kW	dB(A) 10 m	dm^3	m^2	mm	mm
040.1B/1	5,4	1550	0,08	28	3,0	15	18	18
040.1C/1	6,3	1400	0,08	28	4,0	20	18	18
040.1B/2	11,4	3100	0,16	31	5,3	30	18	18
040.1C/2	12,6	2800	0,16	31	7,1	40	22	22
Nennleistung für Kältemittel R404A								
Typ 040: Ventilator 400 mm, /1: 1 Ventilator, /2: 2 Ventilatoren								

Korrekturfaktoren f_R für andere Kältemittel

Kältemittel	f_R
R134a	0,93
R407A	0,83
R507A	1,0

7

Verflüssigerauswahl (Auswahl)

$$\dot{Q}_c = \dot{Q}_N \cdot f_N \cdot f_R$$

Ermittlung der tatsächlichen Verflüssigerleistung

$\dot{Q}_c$	tatsächliche Verflüssigerleistung	kW
$\dot{Q}_N$	Nennleistung (Katalogleistung)	kW
f_N	Korrekturfaktor für andere Lufteintrittstemperaturen	1
f_R	Korrekturfaktor für andere Kältemittel	1

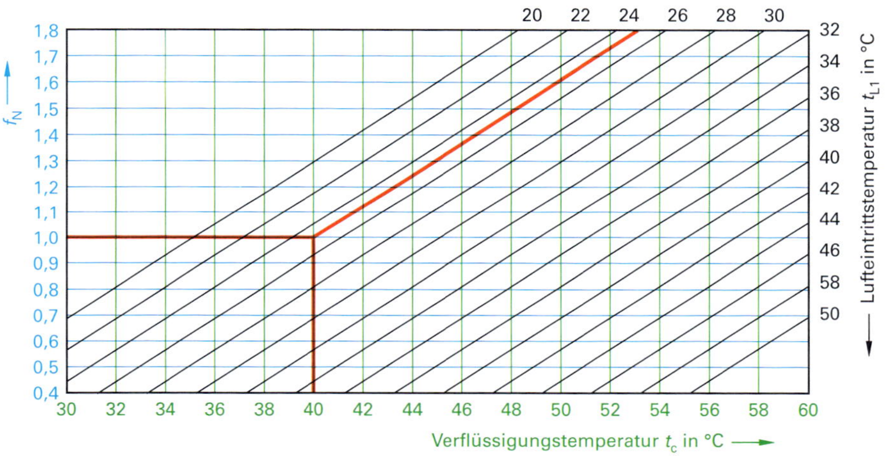

Änderung des → Schalldruckpegels

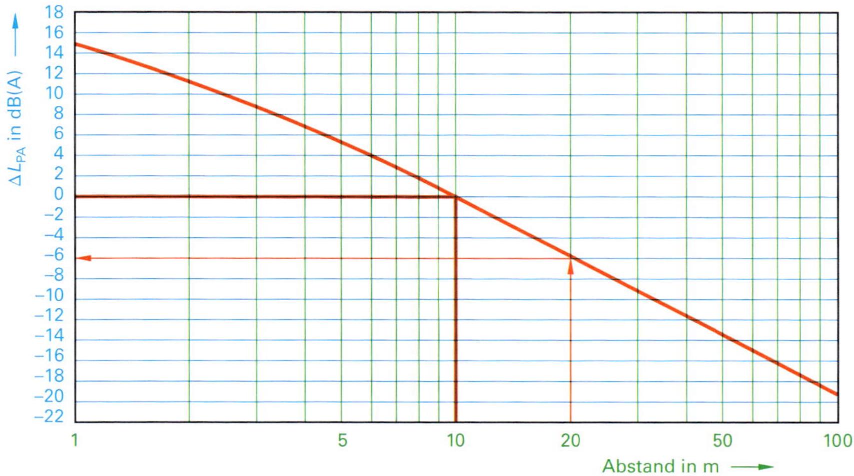

B Der Verflüssiger GVM 035.1B/2 L erzeugt einen Schalldruckpegel (im Abstand von 10 m) von 36 dB(A). Wie ist der Schalldruckpegel in einem Abstand von 20 m?

Lösung:
Der Schalldruckpegel des genannten Verflüssigers reduziert sich um 6 dB(A) ⇒ 36 – 6 = 30.
In einer Entfernung von 20 m ist der Schalldruckpegel des Verflüssigers **30 dB(A).**

7

Kapillarrohre

Auswahl von Kapillarrohren

Für die Auswahl von Kapillarrohren sind bestimmend:

- Kälteleistung $\dot{Q}_0$
- Verdampfungstemperatur t_0
- Verflüssigungstemperatur t_c
- Flüssigkeitstemperatur vor dem Kapillarrohr t_{E1}

Empfehlung: Kapillarrohrlänge 1,5 m – 2,5 m, dabei nicht länger als der 5000-fache Innendurchmesser des Kapillarrohres.

Richtwert für den Betrieb einer Kapillarrohranlage: Eine Veränderung der Verflüssigungstemperatur um 10 K zieht eine Veränderung der Verdampfungstemperatur um ca. 5 K nach sich.

Kapillarrohrauswahl: Kälteleistung $\dot{Q}_0$ in W, Länge l in m, Innendurchmesser d_i in mm

R404A

t_0	– 30 °C				– 25 °C				– 20 °C				– 15 °C			
t_c	35 °C		50 °C		35 °C		50 °C		35 °C		50 °C		35 °C		50 °C	
$\dot{Q}_0$	l	d_i	l	d_i	l	d_i	l	d_i	l	d_i	l	d_i	l	d_i	l	d_i
150	1,88	0,8	2,69	0,8	1,85	0,8	2,71	0,8	1,85	0,8	2,80	0,8	1,88	0,8	1,52	0,7
300	1,82	1	1,52	0,9	1,80	1	1,51	0,9	1,81	1	1,54	0,9	1,87	1	1,62	0,9
450	2,19	1,2	2,08	1,1	2,17	1,2	2,06	1,1	2,20	1,2	2,09	1,1	1,27	1,2	1,30	1
600	1,58	1,25	2,23	1,25	1,57	1,25	2,20	1,25	1,59	1,25	1,82	1,2	1,65	1,25	2,32	1,25
750	1,83	1,4	1,46	1,25	1,81	1,4	1,44	1,25	1,84	1,4	1,46	1,25	1,91	1,4	1,52	1,25
1000	2,06	1,6	2,10	1,5	2,05	1,6	2,07	1,5	2,08	1,6	2,09	1,5	2,16	1,6	2,17	1,5

R407C

t_0	– 5 °C				0 °C				5 °C				10 °C			
t_c	35 °C		50 °C		35 °C		50 °C		35 °C		50 °C		35 °C		50 °C	
$\dot{Q}_0$	l	d_i	l	d_i	l	d_i	l	d_i	l	d_i	l	d_i	l	d_i	l	d_i
400	1,43	1	2,32	1	1,59	1	1,59	0,9	1,82	1	1,93	0,9	2,16	1	2,48	0,9
800	2,21	1,4	1,92	1,25	2,49	1,4	2,24	1,25	1,64	1,25	2,22	1,2	1,99	1,25	1,92	1,1
1200	2,01	1,6	2,19	1,5	2,27	1,6	1,80	1,4	1,93	1,5	2,19	1,4	2,36	1,5	1,60	1,25
1500	2,36	1,8	1,96	1,6	1,48	1,6	2,27	1,6	1,74	1,6	2,00	1,5	2,14	1,6	1,83	1,4
2000	2,29	2	2,01	1,8	1,54	1,8	2,33	1,8	1,81	1,8	1,58	1,6	2,23	1,8	2,03	1,6
2500	1,48	2	2,19	2	1,69	2,5	2,55	2	1,99	2	1,83	1,8	2,46	2	2,36	1,8

R600a

t_0	– 30 °C				– 20 °C				– 10 °C				0 °C			
t_c	35 °C		50 °C		35 °C		50 °C		35 °C		50 °C		35 °C		50 °C	
$\dot{Q}_0$	l	d_i	l	d_i	l	d_i	l	d_i	l	d_i	l	d_i	l	d_i	l	d_i
100	2,18	0,9	2,03	0,8	1,53	0,8	1,51	0,7	1,32	0,8	2,53	0,8	1,52	0,9	1,44	0,8
200	2,51	1,2	1,69	1	1,39	1	1,57	0,9	1,5	1	1,75	0,9	2,08	1,1	2,31	1
300	2,48	1,4	2,37	1,25	2,01	1,25	2,09	1,1	2,36	1,25	1,56	1	2,22	1,25	1,42	1
400	2,00	1,5	2,38	1,4	2,06	1,4	2,21	1,25	1,44	1,25	2,39	1,2	1,46	1,25	2,38	1,2
500	1,78	1,6	2,17	1,5	1,9	1,5	1,44	1,25	2,41	1,5	1,98	1,25	1,82	1,4	2,10	1,25
600	2,25	1,8	2,10	1,6	1,84	1,6	1,79	1,4	1,73	1,5	1,43	1,25	1,91	1,5	1,59	1,25

R134a

t_0	– 10 °C				– 5 °C				0 °C				5 °C			
t_c	35 °C		50 °C		35 °C		50 °C		35 °C		50 °C		35 °C		50 °C	
$\dot{Q}_0$	l	d_i	l	d_i	l	d_i	l	d_i	l	d_i	l	d_i	l	d_i	l	d_i
150	1,96	1	2,39	0,9	1,89	1	2,36	0,9	1,80	1	2,27	0,9	1,69	1	2,14	0,9
300	1,82	1,25	2,10	1,1	1,89	1,25	2,16	1,1	1,95	1,25	2,28	1,1	1,99	1,25	2,38	1,1
450	2,16	1,5	1,74	1,25	2,31	1,5	1,92	1,25	2,46	1,5	2,10	1,25	1,74	1,4	2,29	1,25
600	1,74	1,6	2,51	1,5	1,89	1,6	1,99	1,4	2,05	1,6	2,23	1,4	2,21	1,6	2,49	1,4
750	2,05	1,8	2,26	1,6	2,25	1,8	1,85	1,5	2,46	1,8	2,1	1,5	1,50	1,6	2,38	1,5

Expansionsventile

Auswahl von Expansionsventilen

Für die Auswahl von thermostatischen Expansionsventilen sind bestimmend:

- Kälteleistung $\dot{Q}_0$
- Verdampfungstemperatur t_0
- Verflüssigungstemperatur t_c
- Flüssigkeitstemperatur vor dem Expansionsventil t_{E1}
- Druckdifferenz über dem Expansionsventil $\Delta p_{\text{Expansionsventil}}$

Die Leistungsangaben für Expansionsventile in den Herstellerkatalogen („Katalogleistung") beziehen sich auf bestimmte Betriebsbedingungen („Katalogbedingungen"). Die Betriebsbedingungen in realen Kälteanlagen weichen fast immer von den „Katalogbedingungen" ab. Deshalb wird die benötigte Anlagenleistung mittels Korrekturfaktoren auf die „Katalogbedingungen" umgerechnet. Dabei bestimmen die Kälteleistung, die Verdampfungstemperatur, die Verflüssigungstemperatur und die Flüssigkeitstemperatur vor dem Expansionsventil den erforderlichen Kältemittelmassenstrom. Die Druckdifferenz über dem Expansionsventil (wirksamer Druckabfall) ist bestimmend für die Kältemitteldurchflussmenge durch das Ventil.

$$\Delta p_{\text{Expansionsventil}} = p_c - p_0 - \Sigma\Delta p$$ **wirksamer Druckabfall am Expansionsventil**

p_c	Verflüssigungsdruck	bar
p_0	Verdampfungsdruck	bar
$\Sigma\Delta p$	Summe aller Druckabfälle	bar

$\Sigma\Delta p$ Druckabfälle durch

- Rohrleitung und Rohrbiegungen (→ gleichwertige Rohrlänge)
- Einbauteile wie Trockner, Magnetventile, Absperrventile usw.
- Verteiler und Verteilerrohre
- Flüssigkeitssteigleitung

Die Druckdifferenz über dem Expansionsventil $\Delta p_{\text{Expansionsventil}}$ ist der Unterschied zwischen dem Verflüssigungsdruck p_c und dem Verdampfungsdruck p_0 abzüglich der Druckabfälle, die durch Rohrleitungen, Einbauteile und Flüssigkeitssteigleitungen ($\Sigma\Delta p$) hervorgerufen werden.

Druckabfall Δp in bar pro m Flüssigkeitssteigleitung

t_{cu}	R22	R134a	R290	R404A	R407C	R410A	R507
25 °C	0,1168	0,1086	0,0483	0,1024	0,1116	0,1038	0,1028
30 °C	0,1148	0,1165	0,0475	0,1000	0,1094	0,1013	0,1003
35 °C	0,1128	0,1145	0,0467	0,0974	0,1071	0,0986	0,0977
40 °C	0,1107	0,1125	0,0458	0,0946	0,1047	0,0957	0,0948
45 °C	0,1085	0,1104	0,0449	0,0916	0,1022	0,0925	0,0916
50 °C	0,1062	0,1081	0,0440	0,0882	0,0995	0,0890	0,0881
55 °C	0,1037	0,1058	0,0430	0,0843	0,0965	0,0849	0,0840

Typische Anlagenbedingungen (Ermittlung der Differenz $p_c - p_0$) **t_c und t_0 in °C, p_c und p_0 in bar**

R22				R134a				R290				R404A				R407C				R410A			
t_c	p_c	t_0	p_0	t_c	p_c	t_0	p_0	t_c	p_c	t_0	p_0	t_c	p_c	t_0	p_0	t_c	p_c	t_0	p_0	t_c	p_c	t_0	p_0
60	24,3	10	6,8	60	16,8	10	4,1	60	21,2	10	6,4	60	28,8	10	8,2	60	27,7	10	6,4	60	38,4	10	10,8
55	21,8	5	5,8	55	14,9	5	3,5	55	19,1	5	5,5	55	25,9	5	7,0	55	24,8	5	5,5	55	34,4	5	9,3
50	19,4	0	5,0	50	13,2	0	2,9	50	17,1	0	4,7	50	23,1	0	6,0	50	22,2	0	4,6	50	30,7	0	8,0
45	17,3	−5	4,2	45	11,6	−5	2,4	45	15,3	−5	4,1	45	20,6	−5	5,1	45	19,7	−5	3,9	45	27,3	−5	6,8
40	15,3	−10	3,5	40	10,2	−10	2,0	40	13,7	−10	3,5	40	18,3	−10	4,3	40	17,5	−10	3,2	40	24,3	−10	5,7
35	13,5	−15	3,0	35	8,9	−15	1,6	35	12,2	−15	2,9	35	16,2	−15	3,6	35	15,5	−15	2,6	35	21,4	−15	4,8
30	11,9	−20	2,5	30	7,7	−20	1,3	30	10,8	−20	2,4	30	14,3	−20	3,0	30	13,6	−20	2,1	30	18,9	−20	4,0
25	10,4	−25	2,0	25	6,7	−25	1,1	25	9,5	−25	2,0	25	12,5	−25	2,5	25	11,9	−25	1,7	25	16,6	−25	3,3
20	9,1	−30	1,6	20	5,7	−30	0,8	20	8,4	−30	1,7	20	11,0	−30	2,0	20	10,4	−30	1,4	20	14,5	−30	2,7

Expansionsventile (Fortsetzung)

Auswahl von Expansionsventilen, Beispiel Fabrikat Alco

Die folgenden Tabellen beziehen sich auf ein thermostatisches **Expansionsventil TI, Fabrikat Alco,** mit auswechselbaren Düseneinsätzen.

Ventileinsatz	Nennleistung[1] Q_n in kW				
	R134a	R22	R404A	R407C	R507
TIO-00x	0,3	0,5	0,4	0,5	0,4
TIO-000	0,8	1,3	1,0	1,4	1,0
TIO-001	1,9	3,2	2,3	3,5	2,3
TIO-002	3,1	5,3	3,9	5,7	3,9
TIO-003	5,0	8,5	6,2	9,2	6,2
TIO-004	8,3	13,9	10,1	15,0	10,1
TIO-005	10,1	16,9	12,3	18,3	12,3
TIO-006	11,7	19,5	14,2	21,1	14,2

[1] Die Nennleistungen beziehen sich auf eine Verdampfungstemperatur (→ gesättigter Dampf) von + 4 °C, eine Verflüssigungstemperatur (→ gesättigte Flüssigkeit) von + 38 °C sowie eine Unterkühlung der Flüssigkeit vor dem Expansionsventil von 1 K.

Weichen die Betriebsbedingungen von den Katalogbedingungen (t_0 = +4 °C, t_c = 38 °C, Δt_{cu} = 1 K) ab, müssen die Betriebsbedingungen korrigiert werden:

$$Q_n = Q_0 \cdot K_t \cdot K_{\Delta p}$$ **Nennleistung**

- Q_n Nennleistung des Ventils (siehe Tabelle oben)
- Q_0 benötigte Kälteleistung
- K_t Korrekturfaktor für Verdampfungs- und Verflüssigungstemperatur
- $K_{\Delta p}$ Korrekturfaktor für den → wirksamen Druckabfall am Expansionsventil

Korrekturfaktor K_t für R134a

t_{E1} °C	Verdampfungstemperatur t_0 in °C												
	+ 30	+ 25	+ 20	+ 15	+ 10	+ 5	0	– 5	– 10	– 15	– 20	– 25	– 30
+ 60	1,22	1,25	1,27	1,30	1,33	1,36	1,40	1,44	1,48	1,75	2,08	2,46	2,94
+ 55	1,14	1,16	1,18	1,21	1,23	1,26	1,29	1,33	1,36	1,60	1,90	2,25	2,68
+ 50	1,07	1,08	1,10	1,13	1,15	1,17	1,20	1,23	1,26	1,48	1,76	2,07	2,46
+ 45	1,00	1,02	1,04	1,06	1,08	1,10	1,12	1,15	1,17	1,38	1,63	1,92	2,28
+ 40	0,93	0,96	0,98	0,99	1,01	1,03	1,05	1,08	1,10	1,29	1,52	1,79	2,12
+ 35	0,90	0,91	0,92	0,94	0,96	0,97	0,99	1,01	1,03	1,21	1,43	1,68	1,99
+ 30	0,85	0,86	0,88	0,89	0,91	0,92	0,94	0,96	0,98	1,14	1,35	1,58	1,87
+ 25		0,82	0,83	0,85	0,86	0,87	0,89	0,91	0,92	1,08	1,27	1,49	1,76
+ 20			0,80	0,81	0,82	0,83	0,85	0,89	0,88	1,02	1,21	1,41	1,67
+ 15				0,77	0,78	0,79	0,81	0,82	0,84	0,97	1,15	1,34	1,58
+ 10					0,75	0,76	0,77	0,78	0,80	0,93	1,09	1,28	1,51
+ 5						0,73	0,74	0,75	0,76	0,89	1,04	1,22	1,44
0							0,71	0,72	0,73	0,85	1,00	1,17	1,37
– 5								0,69	0,70	0,82	0,96	1,12	1,31
– 10									0,68	0,79	0,92	1,07	1,26

Korrekturfaktor $K_{\Delta p}$ für R134a

Δp bar	2,0	2,5	3,0	3,5	4,0	4,5	5,0	5,5	6,0	6,5	7,0	7,5	8,0
$K_{\Delta p}$	1,75	1,57	1,43	1,32	1,24	1,17	1,11	1,06	1,01	0,97	0,94	0,90	0,88
Δp bar	8,5	9,0	9,5	10,0	10,5	11,0	11,5	12,0	13,0	14,0	15,0	16,0	17,0
$K_{\Delta p}$	0,85	0,83	0,80	0,78	0,76	0,75	0,73	0,72	0,69	0,66	0,64	0,62	0,60

Expansionsventile (Fortsetzung)

Fühlerfüllungen

Füllungsart	Flüssigfüllung (Universalfüllung)	Gasfüllung (MOP-Füllung)	Adsorptionsfüllung (MOP-Ballast-Füllung)
Füllungsverlagerung	nicht möglich	möglich	nicht möglich
max. Fühlertemperatur	75 °C	140 °C	130 °C
MOP – Funktion	nicht möglich	möglich	möglich
Ansprechzeit	mittel	kurz	lang

MOP-Punkte

MOP: Maximum Operating Pressure
Der MOP ist derjenige Verdampfungsdruck, bei dem das Expansionsventil die Einspritzung in den Verdampfer drosselt und dadurch einen Anstieg des Saugdruckes verhindert. So wird der Verdichtermotor vor Überlast geschützt.
Die MOP-Funktion entspricht der Funktion eines → Saugdruckreglers.

Öffnungsdruck in Abhängigkeit von der Fühlertemperatur

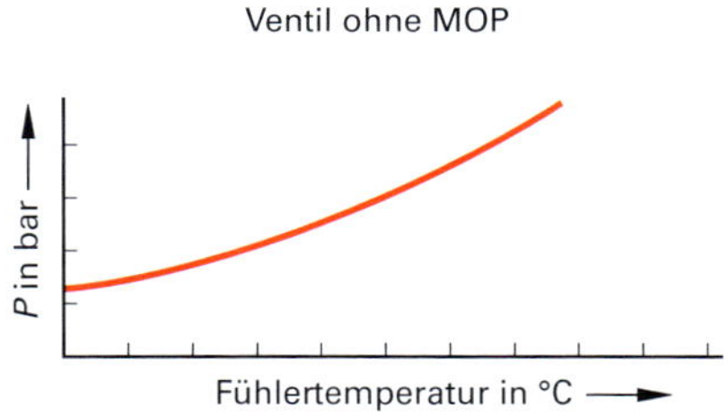

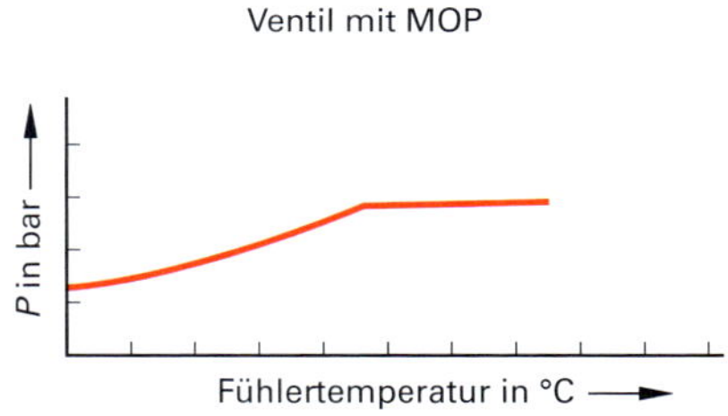

Hersteller Alco

Kältemittel	MOP-Code	MOP Überdruck	Ventil geschlossen
R134a	M1	3,8 bar	+ 14 °C
R22	H1	6,9 bar	+ 15 °C
R407C	N1	6,9 bar	+ 17 °C
R410A	Z1	13,4 bar	+ 20 °C

Hersteller Danfoss

Kältemittel	+ 15 °C	0 °C	– 10 °C	– 20 °C
R22	100 psig 6,9 bar	60 psig 4,0 bar	35 psig 3,5 bar	20 psig 1,5 bar
R134a	55 psig 5 bar	30 psig 3,1 bar	15 psig 2,1 bar	
R404A R507	120 psig 9,3 bar	75 psig 6,2 bar	50 psig 4,4 bar	30 psig 3,1 bar
R407C	95 psig 6,6 bar	50 psig 3,6 bar		15 psig 1,1 bar

Fühleranbringung

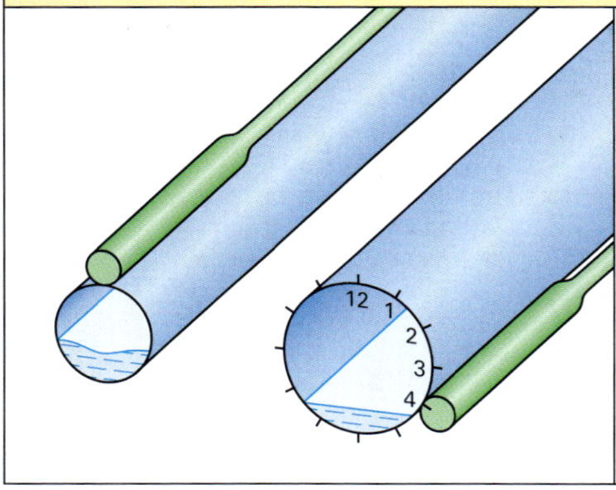

- an der Saugleitung direkt nach dem Verdampfer vor einem eventuellen Ölhebebogen
- an einem waagerechten Rohr
- falls eine Anbringung nur an einem senkrechten Rohr möglich ist: Fühlerkapillare nach oben
- bei Saugleitungsdurchmessern bis 22 mm oben auf dem Rohr
- bei Saugleitungsdurchmessern über 22 mm an der unteren Rohrhälfte auf „4 Uhr"
- bei Fühleranbringung im Luftstrom ist eine Wärmedämmung vorzusehen
- Druckausgleichsleitungen (Rohrdurchmesser 6 mm, keine Kapillare!) oben anschließen
- Fühleranbringung in Strömungsrichtung vor der Druckausgleichsleitung

7

Begriffe und Definitionen	nach **DIN EN 328**:2014-11
Ventilatorluftkühler (Luftkühler)	Komponente eines Kühlsystems, das Wärme von der Luft zu einem Kältemittel oder Wärmeträger leitet. Die Luft wird mechanisch durch eingebaute Ventilatoren und Ventilatorantrieb über eine Wärmeübertragungsfläche geleitet.
Wärmeübertragungsfläche (luftseitig)	Gesamte äußere Oberfläche eines Kühlkörpers, die mit dem Luftstrom durch den Körper überstrichen wird.
Inneres Volumen	Volumen aller kältemittelführenden Teile des Luftkühlers zwischen den beiden Anschlüssen.
Sensible (trockene) Luftkühlerleistung	Wärmestrom, welcher der Luft durch Abkühlung entzogen wird, wobei der → Taupunkt gleich oder niedriger als die Verdampfungstemperatur des Kältemittels oder die Kälteträgereintrittstemperatur liegt.
Latente Luftkühlerleistung	Wärmestrom, der der Luft durch Verflüssigung von Wasserdampf oder Reifbildung einschließlich der Unterkühlung an der Luftkühleroberfläche entzogen wird.
Gesamt-Luftkühlerleistung	Summe der zur selben Zeit gemessenen sensiblen und latenten Luftkühlerleistung.
Brutto-Luftkühlerleistung	Gesamter Wärmestrom, der durch das Kältemittel oder Kälteträger aufgenommen wird.
Netto-Luftkühlerleistung	Kälteleistung, die zur Kühlung der Luft verwendet werden kann. Ist gleich Bruttokälteleistung abzüglich der Ventilatorleistung.
Ventilatorleistung	Vom (von) Motor(en) an den Anschlussklemmen aufgenommene elektrische Leistung.
Verdampfungsdruck	Absolutdruck des Kältemittels am Auslassanschluss des Luftkühlers.
Lufteinlasstemperatur	Durchschnittliche Trockenkugeltemperatur der Luft am Luftkühlereinlass unter Berücksichtigung der örtlichen Luftgeschwindigkeit.
Verdampfungstemperatur	Mit dem Verdampfungsdruck korrespondierende Taupunkttemperatur des Kältemittels.
Überhitzungstemperatur	Temperatur des Kältemitteldampfes am Austrittanschluss des Luftkühlers, gemessen an der Rohrwand an der vom Hersteller für die Anbringung des Expansionsventilfühlers empfohlenen Stelle oder nach der Saugdampf-Flüssigkeits-Wärmetauscher (inneren Wärmetauscher), wenn dieser Bestandteil des Luftkühler ist.
Unterkühlungstemperatur	Temperatur des flüssigen Kältemittels am Einlassanschluss der Expansionsvorrichtung (nicht unbedingt Teil des Luftkühlers).
Eintrittstemperaturdifferenz	Differenz zwischen Eintrittstemperatur der Luft und der Verdampfungstemperatur.
Überhitzung	Differenz zwischen Überhitzungstemperatur und Verdampfungstemperatur.
Überhitzungsverhältnis	Verhältnis von Überhitzung und Eintrittstemperaturdifferenz.
Unterkühlung	Differenz zwischen der zum absoluten Druck des Kältemittels korrespondierenden Siedetemperatur am Eintrittsanschluss der Expansionsvorrichtung und der unterkühlten Kältemitteltemperatur.
Direktexpansionsbetrieb	Verdampfungsprozess, bei dem das Kältemittel mittels einer Expansionsvorrichtung in den Luftkühler als Flüssigkeits-Dampf-Gemisch eintritt und in einem überhitzten Zustand verlässt.
Nennluftstrom	Volumenstrom durch den Luftkühler bei sauberer und trockener luftseitiger Oberfläche.

Temperaturdifferenz am Verdampfer

7

$$t_{KR} = \frac{t_{L1} + t_{L2}}{2}$$ **Kühlraumtemperatur**

$$Dt_1 = t_{L1} - t_0$$ **Eintrittstemperaturdifferenz**

$$Dt_1 = (t_{KR} - t_0) \cdot 1{,}2$$ **Eintrittstemperaturdifferenz (überschlägig)**

Den Leistungsangaben der Verdampferhersteller liegt die Eintrittstemperaturdifferenz Dt_1 zugrunde.

t_{KR}	Kühlraumtemperatur	°C
t_{L1}	Lufteintrittstemperatur	°C
t_{L2}	Luftaustrittstemperatur	°C
Dt_1	Eintrittstemperaturdifferenz	K
t_0	Verdampfungstemperatur	°C

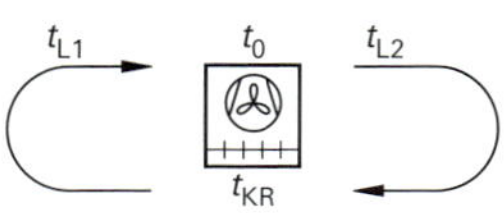

Bestimmung der Verdampfungstemperatur

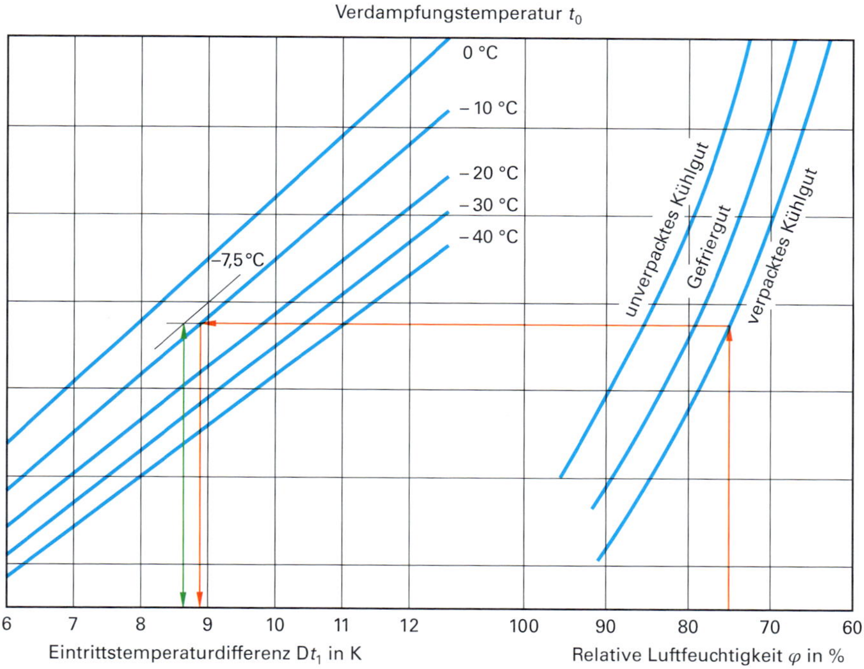

Quelle: Karl Breidenbach: Der Kälteanlagenbauer Band 2, 4. Auflage, S. 110, C. F. Müller Verlag 2004

B Lagerbedingungen (→ Kühlguttabelle): verpacktes Kühlgut, Kühlraumtemperatur $t_{KR} = 0$ °C, rel. Feuchte $\varphi = 75\%$

⇒ für $t_0 = -10$ °C (geschätzt) ergibt sich (Diagramm) $Dt_1 = 9{,}0$ K und damit $t_0 = t_{KR} - \frac{Dt_1}{1{,}2} = 0 - \frac{9}{1{,}2} = -7{,}5$ °C

⇒ Überprüfung (für $t_0 = -7{,}5$ °C): $Dt_1 = 8{,}6$ K, damit $\boldsymbol{t_0} = t_{KR} - \frac{Dt_1}{1{,}2} = 0 - \frac{8{,}6}{1{,}2} = \mathbf{-7{,}2}$ **°C** (= hinreichend genau)

Bei einer Verdampfungstemperatur von ca. $t_0 = -7{,}2$ °C wird bei den gegebenen Bedingungen eine rel. Luftfeuchte von 75 % erreicht.

Lamellenabstände

Empfohlene Lamellenabstände (Angabe Küba)	
4,5 mm	• Anlagen mit Verdampfungstemperaturen ≥ 0 °C • Kühlräume mit kleiner Differenz zwischen Kühlraum und Verdampfungstemperatur • Gefrierlagerräume mit geringem Feuchtigkeitsanfall • Flaschenkühlung
7,0 mm	• Fleischabkühlräume • Tiefkühlräume • Gefrierräume
12,0 mm	• Kühlräume mit hohem Feuchtigkeitsanfall und Verdampfungstemperaturen ≤ – 3 °C • Anlagen, die nicht öfter als einmal täglich abgetaut werden können

Bei Kühlraumtemperaturen ≤ 0 °C ist der Tauwasserablauf zu beheizen und zu dämmen.
Bei Kühlraumtemperaturen ≤ – 25 °C werden doppelte, gedämmte Tropfwannen bzw. eine Außendämmung des Ventilatorbleches empfohlen.

7

Überhitzungsverhältnis

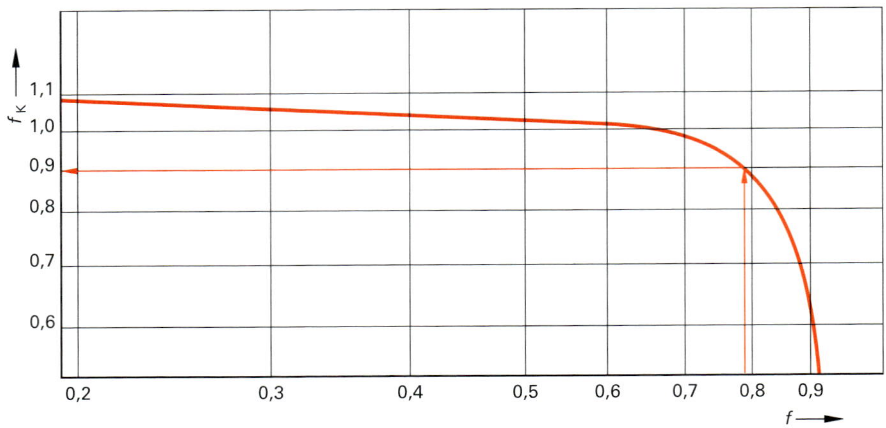

Korrekturfaktor f_k für die Leistung von Ventilatorluftkühlern in Abhängigkeit vom Überhitzungsverhältnis f

$$\dot{Q}_0 = \dot{Q}_{0N} \cdot f_K$$ **Verdampferleistung**

$$f = \frac{t_{0h} - t_0}{t_{L1} - t_0}$$ **Überhitzungsverhältnis**

Den Leistungsangaben der Verdampferhersteller liegt ein Überhitzungsverhältnis von 0,65 zugrunde.

$\dot{Q}_0$	Verdampferleistung bei abweichendem Überhitzungsverhältnis	kW
$\dot{Q}_{0N}$	Verdampfernennleistung bei $f = 0,65$	kW
f_K	Korrekturfaktor für abweichende Überhitzungsverhältnisse	1
f	Überhitzungsverhältnis	1
t_{0h}	Überhitzungstemperatur	°C
t_0	Verdampfungstemperatur	°C
t_{L1}	Lufteintrittstemperatur am Luftkühler	°C

B Leistungsangabe eines Verdampfers: $\dot{Q}_{0N} = 10$ kW (bezogen auf ein Überhitzungsverhältnis $f = 0,65$). Tatsächliche Betriebsbedingungen: Verdampfungstemperatur $t_0 = -8$ °C, Überhitzungstemperatur $t_{0h} = -1$ °C, Lufteintrittstemperatur $t_{L1} = 1$ °C

$$f = \frac{t_{0h} - t_0}{t_{L1} - t_0} = \frac{(-1\text{ °C}) - (-8\text{ °C})}{1\text{ °C} - (-8\text{ °C})} \Rightarrow = \mathbf{0,78} \Rightarrow \text{aus Diagramm: } f_K = 0,90 \Rightarrow \dot{Q}_0 = \dot{Q}_{0N} \cdot f_K$$

$$\dot{Q}_0 = 10\text{ kW} \cdot 0,90 = \mathbf{9,0\text{ kW}}$$

Verdampferauswahl

Die Kälteleistung eines Luftkühlers hängt ab

- von der Temperatur und der Feuchtigkeit der eintretenden Luft
- vom Massenstrom der Luft und des Kältemittels oder Kälteträgers
- von der Verdampfungstemperatur oder von der Eintrittstemperatur des Kälteträgers
- vom Grad der Überhitzung und der Unterkühlung
- vom Grad der Bereifung

7

Normbedingungen für die Kälteleistung von Luftkühlern (Betrieb mit Kältemittel)

Normbedingung	Lufteintritts-temperatur t_{L1}	Verdampfungs temperatur t_0	Unterkühlungs temperatur t_{E1u}
SC1	+ 10 °C	0 °C	30 °C
SC2	0 °C	– 8 °C	30 °C
SC3	– 18 °C	– 25 °C	20 °C
SC4	– 25 °C	– 31 °C	20 °C
SC5	– 34 °C	– 40 °C	20 °C

Verdampferauswahl (Fortsetzung)

Leistungsdaten und technische Daten der Verdampferbaureihe SGB ... C (Hersteller Küba)

Gehäuse:	Aluminium, weiß pulverbeschichtet
Kühler:	Berohrung Cu, Lamellen Al, Endbleche Al, Rohrsystem Durchmesser 15 mm, Teilung 50 x 50 mm
Ventilatoren:	Einsatzbereich – 40 °C bis + 45 °C, → Schutzart IP 44, Isolationsklasse F, mit eingebautem Protektor
Elektrische Abtauung:	Anschlussfertig verdrahtet, Heizstäbe in Rohrhülsen montiert, Wannenheizung auf Zwischenblech montiert

Model	Leistung $\dot{Q}_{0N}$ R404A $t_{L1} = 0$ °C $\Delta t_1 = 8$ K	Kühlfläche	Luftstrom	Blasweite	Rohrinhalt	Anschlüsse Eintritt	Anschlüsse Austritt	Ventilatoren Flügel		Spannung	je Ventilator		
	kW	m²	m³/h	m	dm³	mm	mm	St.	mm	V	1/min	W	A
SGB 011C	0,91	4,9	700	8	1,3	10	15	1	250	230	1301	32	0,15
SGB 021C	1,13	6,5	640	8	1,7	10	15	1	250		1301	32	0,15
SGB 031C	1,74	8,3	1300	12	2,1	10	15	1	300		1295	86	0,38
SGB 041C	2,00	11,1	1180	12	2,8	10	15	1	300		1295	86	0,38
SGB 051C	2,91	15,3	1770	14	3,8	10	18	1	400		1307	105	0,46
SGB 061C	3,34	19,2	1760	14	4,8	10*	22	1	400		1307	105	0,46
SGB 071C	4,81	22,9	2800	20	5,7	10*	22	1	400		1362	205	0,90
SGB 081C	5,98	34,2	2900	20	8,9	10*	22	1	400		1362	205	0,90
SGB 091C	8,43	41,0	4530	26	10,7	10*	28	1	500	400	1417	360	0,86
SGB 101C	9,50	54,5	1660	26	13,7	10*	35	1	500		1417	360	0,86
SGB 012C	1,82	9,6	1400	12	2,3	10	15	2	250	230	1301	32	0,15
SGB 022C	2,27	12,8	1280	12	3,1	10	18	2	250		1301	32	0,15
SGB 032C	3,47	16,4	2600	17	3,9	10	18	2	300		1295	86	0,38
SGB 042C	4,00	21,8	2360	17	5,3	10	22	2	300		1295	86	0,38
SGB 052C	5,82	30,3	3540	19	7,6	10*	28	2	400		1307	105	0,46
SGB 062C	6,68	37,8	3520	19	9,1	10*	28	2	400		1307	105	0,46
SGB 072C	9,63	45,3	5600	28	10,7	10*	35	2	400		1362	205	0,90
SGB 082C	11,95	67,8	5800	28	16,7	10*	35	2	400		1362	205	0,90
SGB 092C	16,87	81,3	9060	37	19,9	15*	35	2	500	400	1417	360	0,86
SGB 102C	19,01	108	9320	37	26,1	15*	42	2	500		1417	360	0,86
SGB 013C	2,73	14,3	2100	15	3,4	10	15	3	250	230	1301	32	0,15
SGB 023C	3,40	19,1	1920	15	4,5	10	18	3	250		1301	32	0,15
SGB 033C	5,21	24,4	3900	21	5,8	10	28	3	300		1295	86	0,38
SGB 043C	6,00	32,6	3690	21	8,1	10*	28	3	300		1295	86	0,38
SGB 053C	8,74	45,2	5310	24	11,1	10*	35	3	400		1307	105	0,46
SGB 063C	10,03	56,5	5280	24	13,2	10*	35	3	400		1307	105	0,46
SGB 073C	14,44	67,7	8400	34	16,3	15*	35	3	400		1362	205	0,90
SGB 083C	17,93	101	8700	34	24,5	22*	42	3	400		1362	205	0,90
SGB 093C	25,30	122	13600	45	29,7	22*	54	3	500	400	1417	360	0,86
SGB 103C	28,51	162	14000	45	38,6	22*	54	3	500		1417	360	0,86

* Mehrfacheinspritzung
Den Leistungsangaben liegt Überhitzungsverhältnis von 0,65 zugrunde.
Typenbezeichnung mit elektrischer Abtauheizung: SGBE
Lamellenabstand 7 mm (Kennbuchstabe B: SG**B)**

7

Verdampferauswahl (Fortsetzung)

Leistungsdaten und technische Daten der Verdampferbaureihe SGB (Hersteller Küba)

Qv-Diagramm (R 404 A/R 507 A)

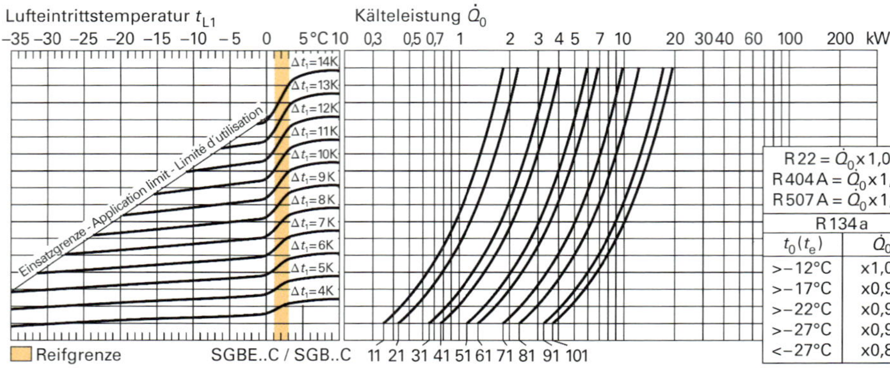

R 22 = $\dot{Q}_0$ x 1,00	
R 404 A = $\dot{Q}_0$ x 1,00	
R 507 A = $\dot{Q}_0$ x 1,04	
R 134 a	
$t_0 (t_e)$	$\dot{Q}_0$
>−12 °C	x1,00
>−17 °C	x0,96
>−22 °C	x0,93
>−27 °C	x0,90
<−27 °C	x0,86

Qv-Diagramm (R 404 A/R 507 A)

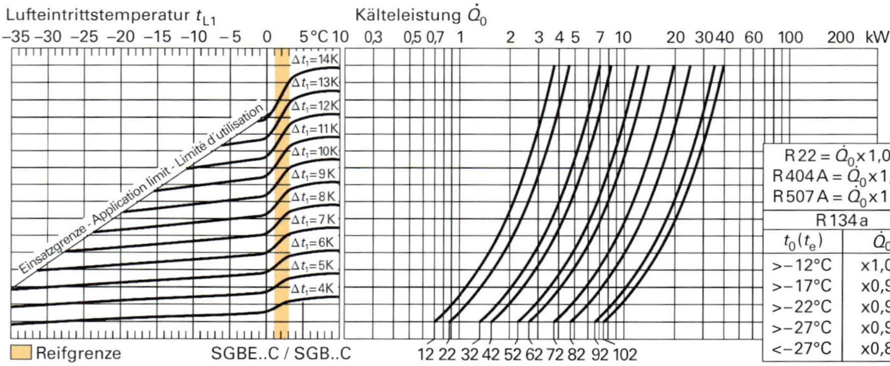

R 22 = $\dot{Q}_0$ x 1,00	
R 404 A = $\dot{Q}_0$ x 1,00	
R 507 A = $\dot{Q}_0$ x 1,04	
R 134 a	
$t_0 (t_e)$	$\dot{Q}_0$
>−12 °C	x1,00
>−17 °C	x0,96
>−22 °C	x0,93
>−27 °C	x0,90
<−27 °C	x0,86

Qv-Diagramm (R 404 A/R 507 A)

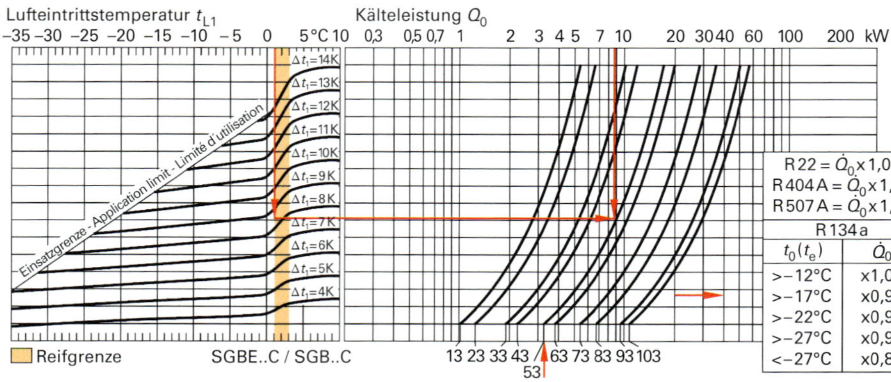

R 22 = $\dot{Q}_0$ x 1,00	
R 404 A = $\dot{Q}_0$ x 1,00	
R 507 A = $\dot{Q}_0$ x 1,04	
R 134 a	
$t_0 (t_e)$	$\dot{Q}_0$
>−12 °C	x1,00
>−17 °C	x0,96
>−22 °C	x0,93
>−27 °C	x0,90
<−27 °C	x0,86

B Betriebsbedingungen: R134a, $t_0 = -7$ °C, Lufteintrittstemperatur $t_{L1} = 1$ °C, Eintrittstemperaturdifferenz $\Delta t_1 = 8$ K, Kälteleistung $\dot{Q}_0 = 8{,}5$ kW ⇒ Korrekturfaktor für R134a = 1,0 ⇒ **SGB 053**

7

Allgemeine Regeln und Sachverhalte

Kennzeichnung von Rohrleitungen

Allgemeine Kennzeichnung

Die Kennzeichnung von Rohrleitungen nach dem Durchflussstoff erfolgt nach **DIN 2403**:2018-10 durch

- **Schilder** mit Namen, Formel, Kennzahl oder Kurzzeichen des Durchflussstoffes oder mit der dem Durchflussstoff zugeordneten Gruppenfarbe nach **RAL-Farbregister** 840 HR,
- **Farbringe** in der Gruppenfarbe oder
- **Farbanstrich** der gesamten Rohrleitung in der Gruppenfarbe.

Kennzeichnung von Rohrleitungen in Kälteanlagen (nach **DIN 2405**:2023-10)

Rohrleitungen in Kälteanlagen mit neutralem Anstrich werden **nach dem Durchflussstoff durch farbige Schilder** mit **Spitze zur Angabe der Durchflussrichtung** gekennzeichnet. Die Schilder enthalten das **Kurzzeichen des Durchflussstoffes** sowie gegebenenfalls zusätzliche Kennzeichnungen, z. B. Stoffzustand (Dampf oder Flüssigkeit) und Stufenzahl.

Werden **Rohrleitungen insgesam**t mit der Farbe für den Durchflussstoff **gestrichen,** so ist die **Durchflussrichtung** deutlich **erkennbar** in ausreichenden Abständen **durch Pfeile** zu kennzeichnen. Die zusätzliche Kennzeichnung ist entsprechend anzuordnen.

Weitere wichtige Rohrnormen:

DIN EN 14276-2:2020-11 „Druckgeräte für Kälteanlagen und Wärmepumpen – **Rohrleitungen"**

DIN EN 14276-1:2020-11 „Druckgeräte für Kälteanlagen und Wärmepumpen – **Behälter"**

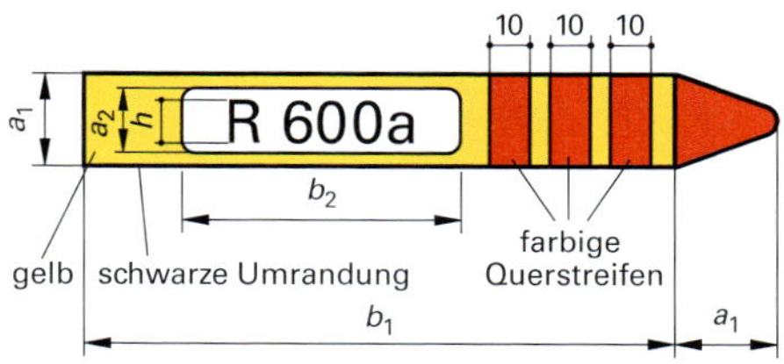

Die Farbe des Schildes ist gelb RAL1003.
Bei brennbaren → Kältemitteln ist die Schildspitze rot RAL 3003.
Maße der Schilder nach **DIN 825**:2004-12.
Ausführung der Schilder nach **DIN 2403**: 2018-10.

Der **Stoffzustand** wird durch 10 mm breite Querstreifen gekennzeichnet:

Stoffzustand	**Farbe**	
Saugleitung – kalte Gase	blau	RAL 5009
Druckleitung – heiße Gase	rot	RAL 3003
Flüssigkeitsleitungen	grün	RAL 6010

Schildabmessungen			
Schildgröße $a_1 \times b_1$	a_2	b_2	h
26 × 148	18	74	12,5
52 × 297	37	148	25

Sollen bei **mehrstufigen Kälteanlagen** die Rohrleitungen der einzelnen Stufen besonders gekennzeichnet werden, so kann dies durch Anbringen einer der jeweiligen Stufe entsprechenden Anzahl von Querstreifen verwirklicht werden, ausgehend vom Niederdruckverdampfer der ersten Stufe.

Der **Durchflussstoff** wird hinter dem Querstreifen allgemein durch sein Kurzzeichen (→ Kältemittel) mit schwarzen Buchstaben auf weißem Grund angegeben. Als Kurzbezeichnung kann auch die chemische Formel des Kältemittels verwendet werden.

Kennzeichnung von Rohrleitungen für flüssiges Kühlgut sowie → Kühlsolen und Wärmeträger

Durchflussstoff	**Farbe**		**Durchflussstoff**	**Farbe**	
Sole (Lauge)	violett	RAL 4008	Luft	grau	RAL 7004
Flüssiges Kühlgut (z. B. Milch, Bier, Wein, Fruchtsäfte, Öl)	braun	RAL 8002	Wasser	grün	RAL 6032
			Wasserdampf	rot	RAL 3001

Nennweiten von Rohrleitungen

Die **Nennweiten** von Rohren, Rohrverbindungen, Armaturen und Formstücken entsprechen den ungefähren Innendurchmessern (lichten Weiten) in mm und sind ein kennzeichnendes Merkmal zueinander passender Teile. Die Nennweite selbst erhält keine Einheit. Sie wird durch die Kennbuchstaben **DN** und nachgestelltem Zahlenwert bezeichnet, der ungefähr dem Innendurchmesser in mm entspricht. Abweichungen vom tatsächlichen Innendurchmesser resultieren aus unterschiedlichen Wanddicken bei gleichem Außendurchmesser. Dies ergibt sich zwangsläufig aus dem Herstellungsprozess, da die Fertigung von gestuften Außendurchmessern ausgeht.

7

Allgemeine Regeln und Sachverhalte (Fortsetzung)

Rohr DN 400 mit Vorschweißflansch DN 400

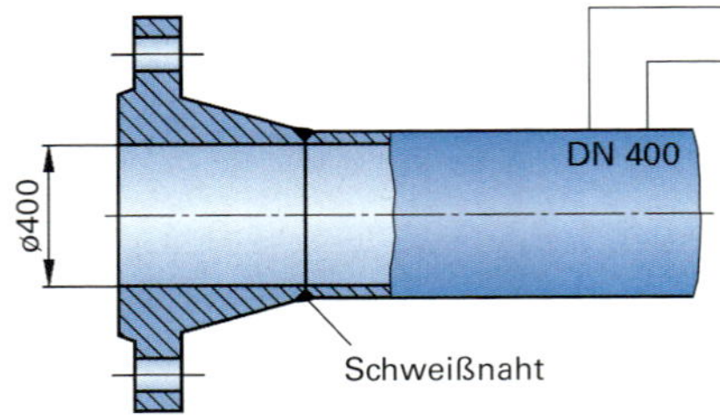

Nennweite

Innendurchmesser (lichte Weite) $d_i \approx$ 400 mm

z. B. Rohr 406,4 x 3,2 (d_i = 400 mm) aber auch
Rohr 406,4 x 6,3 (d_i = 393,8 mm)

Stufung der Nennweiten in mm (fett: bevorzugt) (nach **DIN EN ISO 6708**: 1995-09)

3	12	**40**	**100**	**300**	**700**	**1400**	**2400**	**3600**
4	**15**	**50**	**125**	**350**	**800**	**1500**	**2600**	**3800**
5	16	**60**	**150**	**400**	**900**	**1600**	**2800**	**4000**
6	**20**	**65**	175[2)]	**450**	**1000**	**1800**	**3000**	
8	**25**	70[1)]	**200**	**500**	**1100**	**2000**	**3200**	
10	**32**	**80**	**250**	**600**	**1200**	**2200**	**3400**	

[1)] Nur für drucklose Abflussrohre [2)] Nur für den Schiffbau

Berechnung der erforderlichen Nennweite:

$$d_{i,erf} = 2000 \cdot \sqrt{\frac{q_V}{v \cdot \pi}}$$

erforderlicher Innendurchmesser

→ **Kontinuitätsgleichung** (Durchflussgleichung)

In der Regel wird die Nennweite gewählt, die $d_{i,\,erf}$ am nächsten liegt. Achtung: Die obige Gleichung ist eine Zahlenwertgleichung.

$d_{i,\,erf}$	erforderlicher Innendurchmesser	mm
q_V	→ Volumenstrom	m^3/s
v	→ Strömungsgeschwindigkeit	m/s

B $q_V = 20$ l/min; $v = 5$ m/s; $d_{i,erf} = ?$

$$q_V = 20\ \frac{l}{\text{min}} = \frac{20}{1000 \cdot 60}\ \frac{m^3}{s} = 0{,}000\overline{3}\ \frac{m^3}{s}$$

$$d_{i,erf} = 2000 \cdot \sqrt{\frac{0{,}000\overline{3}}{5 \cdot \pi}} = 9{,}21 \text{ mm} \rightarrow \textbf{DN 10}$$

Maßnormen für Stahlrohre

Stahlrohre im allgemeinen Rohrleitungsbau: (→ Gestreckte Längen)

Maße und längenbezogene Massen bzw. technische Lieferbedingungen sind festgelegt in

DIN EN10220:2003-03; **DIN EN10217-1...6**:2019-08 und **-7**:2021-06; **DIN EN 10224**:2005-12; **DIN EN 10296-1**:2004-02 und **-2**:2006-03; **DIN EN 10208 (z)** (Ersatznorm: **DIN EN ISO 3183**:2020-02)

DIN EN ISO 1127: 2019-03 für **nichtrostende Stahlrohre**

Stahlrohre für Kälteanlagen (nach **DIN 8905-1**:1983-10):

Anwendungsbereich der DIN 8905-1 und **-3**:1983-10

Diese Norm gilt für Kältemittel führende Rohre, wie sie in Kälteanlagen mit hermetischen und halbhermetischen Verdichtern als Leitungs-, Konstruktions- und Kapillar-Drosselrohre Anwendung finden.
Sie enthält über die allgemeinen technischen Lieferbedingungen für Rohre aus Stahl nach **DIN** sowie doppelwandig gerollte und gelötete Stahlrohre, aus Kupfer nach Aluminium nach **DIN EN 754-7**:2016-10 hinaus zusätzliche **Anforderungen** an **Beschaffenheit, Reinheit und Trockenheit.**

Diese zusätzlichen technischen Lieferbedingungen werden durch ein **„R"** bei Stahl hinter dem Kurzzeichen für den Lieferzustand, bei Kupfer und Aluminium hinter dem Werkstoffkurzzeichen, zum Ausdruck gebracht. Für Kapillar-Drosselrohre gelten zusätzlich die Festlegungen in **DIN 8905-3**:1983-10.

Allgemeine Regeln und Sachverhalte (Fortsetzung)

In **DIN 8906**:1990-06 vorgeschlagene **Vorzugsmaße**

Außendurchmesser d_a[1)] Nennmaß mm	Wanddicke s[1)] Nennmaß mm	Längenbezogene Masse m' kg/m
2	0,5	0,018
3	1	0,049
4	1	0,074
5	1	0,099
6	1	0,123
8	1	0,173
10	1	0,222
12	1	0,271
15	1	0,345
18	1,5	0,610
22	1,5	0,758
28	2	1,28
35	2	1,62
42	2,5	2,45

[1)] Andere Maße sind zu vereinbaren.

Werkstoffe im Lieferzustand GBK, Gütegrad A nach **DIN EN 10305-1, -2, -4, -6**:2016-08 und **-3, -5**:2024-02.

Nahtlose Stahlrohre: E235 (alt St35)

Geschweißte Stahlrohre: S235JRG2 (alt: RSt34-2 bzw. RSt37-2)

B **Bezeichnung** eines Stahlrohres Gütegrad A, aus St 35 im Lieferzustand GBK mit den zusätzlichen Lieferbedingungen „R" mit Außendurchmesser d_a = 1 5 mm und Wanddicke s = 1 mm:

Rohr DIN 8905 – A – E235 GBK – R – 15 x 1

G: weichgeglüht
B: wärmebehandelt auf beste Bearbeitbarkeit bei der Zerspanung
K: kaltverformt
R: zusätzliche Anforderungen an Beschaffenheit (Oberfläche), Reinheit und Trockenheit

Bei **Genaulänge** von z. B. 4000 mm:
… 15 x 1 x 4000

Stahlrohre sind für organische und anorganische → **Kältemittel** einsetzbar.

Maßnormen für Aluminiumrohre

Zur Anwendung kommen Aluminiumrohre nach **DIN EN 754-7**:2020-11

In **DIN 8905-1**:1983-10 vorgeschlagene Vorzugsmaße von Aluminiumrohren nach **DIN EN 754-7**:2016-10

Außendurchmesser d_a[1)] Nennmaß mm	Wanddicke s[1)] Nennmaß mm	Längenbezogene Masse m' kg/m
6	0,75	0,034
8	1	0,060
10	1,5	0,107

[1)] Andere Maße sind zu vereinbaren.

Aluminium-Rohrwerkstoffe und deren Verwendung in der Rohrleitungstechnik

Kurzzeichen	Zusatz	Zugfestigkeit in N/mm²	Verwendungshinweise
Al99,5 F7	R	65	Leitungsrohre, Konstruktionsrohre
Al99,5 W7	R	65	
Al99,5 F10	R	100	Leitungsrohre

R: Zusätzliche Lieferbedingung ≙ Cu

Weitere wichtige Rohrnorm: DIN EN 14276-1, -2:2020-11 (→ Seite 413) „Druckgeräte"

DIN 28000-4:2014-07 (Graphische Symbole für Armaturen, Rohrleitungen und Stellantriebe)

Verbindungstechniken

→ **Fügen** (insbesondere Schrauben-, Klebe-, Löt- und Schweißverbindungen)
→ **Kraftschlüssige Verbindung, Formschlüssige Verbindung, Stoffschlüssige Verbindung**

Lösbare Rohrverbindungen

	Kraftschluss	Formschluss
Flanschverbindungen		•
Schneidringverbindungen		•
Schraubfittings		•
Klemmringverschraubungen	•	

Nicht lösbare Rohrverbindungen

	Stoffschluss	Formschluss
Klebeverbindungen	x	
Lötverbindungen	•	
Schweißverbindungen	•	
Bördelverbindungen		x
Lokring®-Verbindung		•

x kaum verwendet

7

Allgemeine Regeln und Sachverhalte (Fortsetzung)

Flanschverbindungen (→ Flanschdichtflächen)

Flanschverbindungen (Auswahl)

Flanschart	Abbildung	DN	PN
Blind- flansche		10 bis 500	6 bis 100
Stahlguss- flansche	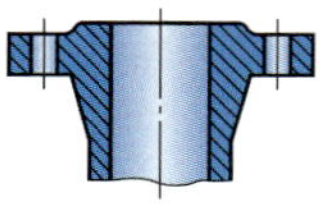	10 bis 2200	16 bis 400
Gusseisen- flansche		10 bis 4000	1 bis 40
Gewinde- flansche	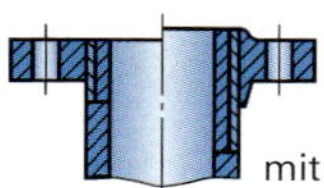 glatt, mit Ansatz	6 bis 100	6 bis 16
Lose Flansche	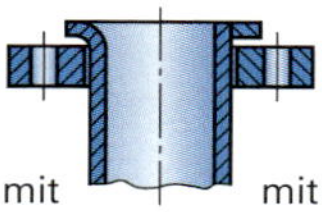 mit Bördel, mit Bund	10 bis 1200	6 bis 320

Anschlussmaße bei Flanschverbindungen

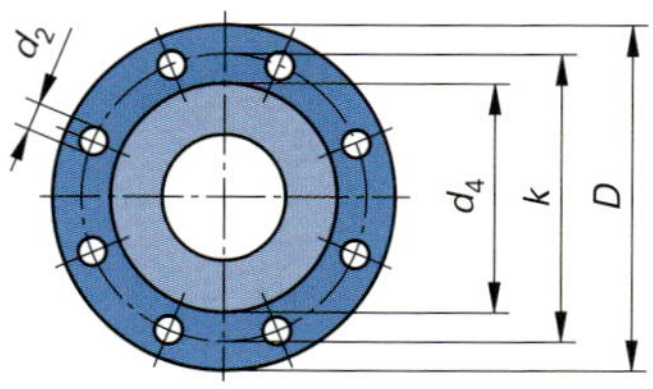

d_2 = Schraubenlochdurchmesser
d_4 = Dichtleistendurchmesser
k = Lochkreisdurchmesser
D = Außendurchmesser

Die Anzahl der Schraubenlöcher muss jeweils durch 4 teilbar sein. Die Löcher liegen symmetrisch zu den Hauptachsen, aber nie darin.

Formen von Flansch-Dichtflächen

Form/Name	DIN	Kurz- zei- chen	Dich- tung nach DIN	PN
 ohne Dichtleiste	**EN 1092-1** 2018-12	A	**EN 1092-1** 2018-12	alle
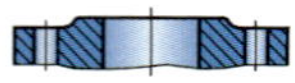 mit Dichtleiste	**EN 1092-1** 2018-12	B1, B2	**EN 1514-1,** 1997-08 **EN 1514-2** 2021-03	1… 40 64… 400
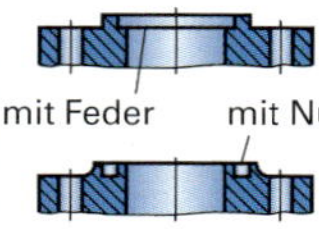 mit Feder, mit Nut	**EN 1092-1** 2018-12 und **2512** 2003-05 (z)	C D	**EN 1514-1** 1997-08	10… 160
 mit Eindrehung für Linsendichtung	**2696** 2021-06	L	**2696** 2021-06	60… 400
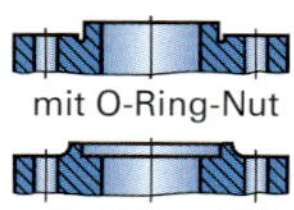 mit O-Ring-Nut mit O-Ring-Nut-Vorsprung	**EN 1092-1** 2018-12	H G	**EN 1514-8** 2005-02	10… 40
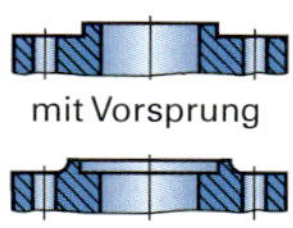 mit Vorsprung mit Rücksprung	**EN 1092-1** 2018-12	E F	**EN 1514-1** 1997-08	10… 100
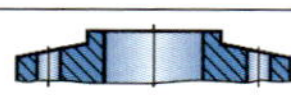 Abschrägung für Membran-Schweißdichtung	**2695** 2021-06	M	**2695** 2021-06	63… 400

7

Unter einem **Flansch** versteht man eine Platte mit Schraubenlöchern, die am Ende eines Teils fest angebracht ist, um dieses Teil mit einem anderen Teil, an dem ein gleicher Flansch oder nur korrespondierende Schraubenlöcher angebracht sind, durch Schrauben zu verbinden. Häufig wird mit der Zwischenlage einer **Dichtung** gearbeitet.

Durch ringförmige Flansche werden hauptsächlich Rohre verbunden oder Rohre an Gehäuse angeschraubt. Aber auch ganze Gehäuseteile werden durch **Längsflansche** verbunden.

Lageröffnungen werden vielfach durch Aufsetzen eines Deckels auf einen am Gehäuse angebrachten **Rundflansch** verschlossen. Rohre mit kleinerem Durchmesser werden durch **Ovalflansche,** meist mit zwei Löchern, angeschlossen. Auch Wellen können durch Flansche starr miteinander verbunden werden. Man spricht dann von **Starrkupplungen.**

Bei Trägem (→ Profilträger) und anderen Bauteilen heißen die abstehenden Teile der Gurte ebenfalls Träger.

Bei der Vereinigung deutscher Flanschenfabriken e.V. ist der deutsche Flanschenkatalog zu erhalten.

Allgemeine Regeln und Sachverhalte (Fortsetzung)

Schneidringverbindungen

Vor dem Anzug

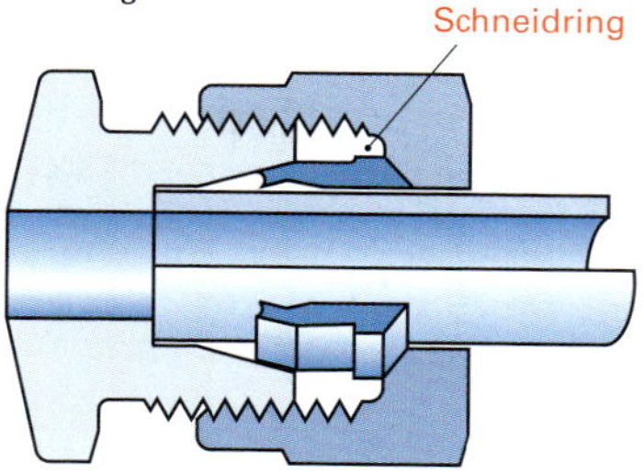

Nach dem Anzug

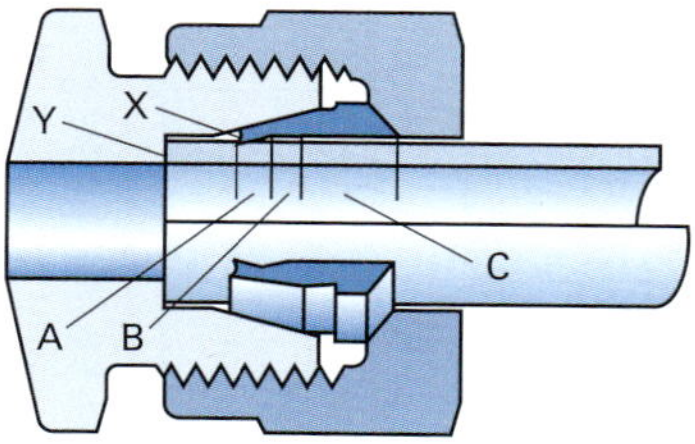

DIN 2353:2013-01 „Lötlose Rohrverschraubunge mit Schneidring"

A: Schneidender Teil
B: Verkeilender Teil
C: Schiebender Teil
X: Hohlschneide des Schneidrings ist in die Rohrwand eingedrungen
Y: Rohranschlag, Axialverschiebungen werden dadurch ausgeschlossen

Hauptanwendungsgebiete: Hydraulik- und Pneumatikleitungen

Wegen der → Kerbwirkung ist zu beachten:

Bei **Kältemittel führenden Leitungen** aus Stahl sollten keine zusätzlichen mechanischen Spannungen und Schwingungen auftreten. Für Kupferleitungen sind Schneidringverbindungen nach **DIN 8975** (z) nicht zulässig.

Nach **DVGW-Arbeitsblatt GW2** dürfen im Installationsbereich des Gas- und Wasserfaches Schneidringverbindungen nur gemäß Tabelle auf Seite 419 eingesetzt werden.

Größe der Fittings (Stahl nach DIN EN 10241:2000-08, Temperguss nach DIN EN 10242:1995-03)

Kurzzeichen	1/8	1/4	3/8	1/2	3/4	1	1 1/4	1 1/2	2	2 1/2	3	4	5	6
DN	6	8	10	15	20	25	32	40	50	65	80	100	125	150
Mittlere Einschraublänge in mm	7	10	10	13	15	17	19	19	24	27	30	36	–	–

Form und Benennung von Fittings

Benennung	T-Stück	Kreuz	Winkel	Muffen

Form

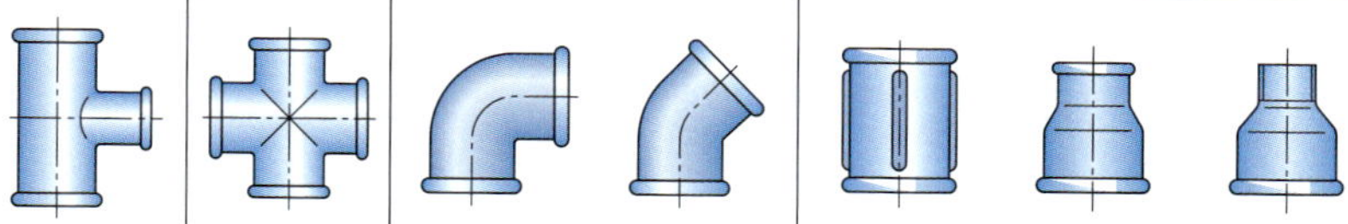

Benennung	Bogen	Winkel-Verteiler	T-Verteiler

Form

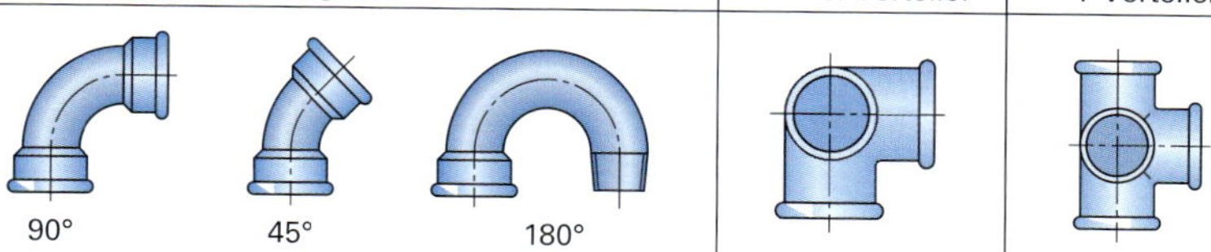

Benennung	Reduziernippel	Doppelnippel	Kappe	Stopfen	Bogen-T

Form

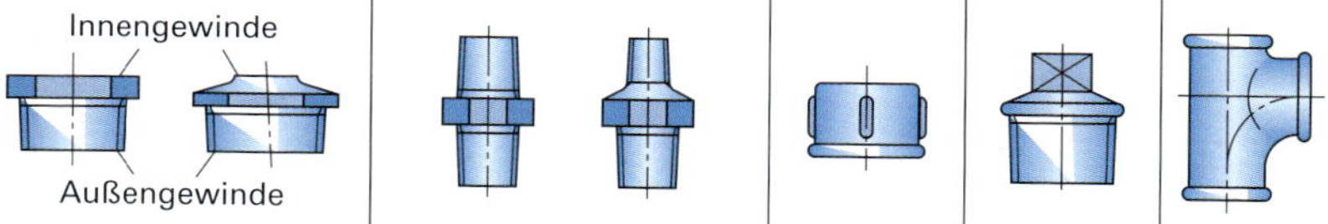

7

Allgemeine Regeln und Sachverhalte (Fortsetzung)

Rohrverschraubungen

Benennung	Verschraubung	Winkel-Verschraubung
Form	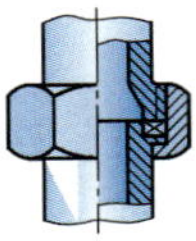	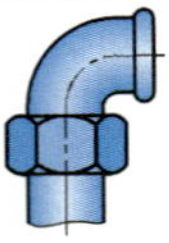

Für **Schraubfittinge** und **Rohrverschraubungen** wird → **Whitworth-Rohrgewinde** nach **DIN** verwendet.

Verwendung von **Stahlfittingen** nach **DIN EN 10241**:2000-08 vornehmlich in der chemischen Industrie; **Tempergussfittinge** nach **DIN EN 10242**:1995-03 im Gas- und Wasserbau sowie in der Heizungstechnik.

Klemmringverschraubungen

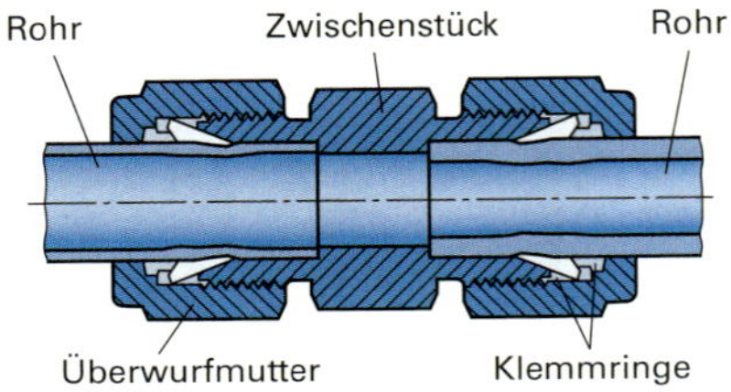

Die Klemmringe deformieren den Rohrwerkstoff, wodurch die Dichtwirkung erreicht wird.

Rohre – auch mit verschiedenen Wandstärken – können lösbar miteinander verbunden werden.

Nebenstehendes Bild zeigt das **Swagelok**®-System. Ein umfangreiches Programm an Schraubfittings steht auf dem Markt zur Verfügung.

Zugelassen für den **Kälte- und Klimaanlagenbau**. Montagevorschriften beachten!

Für Klemmringverschraubungen bei Kupferrohren ist **DIN EN 1254-2**:2021-10 **„Klemmverbinder für Kupferrohre"** maßgebend.

Nebenstehende Tabelle führt die Durchmesser auf, die die Mindestquerschnittsfläche der Bohrung durch jeden Fitting bestimmen.

Betriebstemperaturen und entsprechende maximale Betriebsdrücke für Fittings mit Klemmverbindungen für den Einsatz mit Flüssigkeiten nach **DIN EN 1254-2**:2021-10

Betriebstemperatur °C	Maximaler Druck für Nenndurchmesser in bar			
	6 mm bis 15 mm	> 15 mm bis 28 mm	> 28 mm bis 54 mm	> 54 mm bis 108 mm
30	25	16	16	10
65	25	13	10	6
95	16	10	7	4

Für den Einsatz in Anwendungen außerhalb des Anwendungsbereichs dieser Tabelle an den Hersteller wenden.

Nenndurchmesser *D* in mm	**Mindest-Durchgangsdurchmesser** *K* in mm	**Mindest-Querschnittsfläche** *K* in mm
6	4,0	12,6
8	6,0	28,3
10	7,0	38,5
12	9,0	63,6
14	10,0	78,5
14,7 15	11,0	95,0
16	12,0	113,1
18	14,0	153,9
20 21 22	18,0	254,5
25 26	21,0	346,4
27,4 28	23,0	415,5
34 35	29,0	660,5
40	35,0	962,1
40,5 42	36,0	1017,9
53,6 54	47,0	1734,9
64	55,0	2375,8
66,7	57,0	2551,8
70	60,0	2827,4
76,1	65,0	3318,3
80	68,0	3631,7
88,9	76,0	4536,5
106 108	92,0	6647,6
133	113,0	10028,7
159 160	135,0	14313,9

Allgemeine Regeln und Sachverhalte (Fortsetzung)

DVGW-Zulassung bis PN 20 und TÜV-Zulassung bis PN 200 für Swagelok®-System

DKI-Zusammenstellung „Lösbare Rohrverbindungen", Arten, Einsatzgebiete, DIN- und DVGW-Zulassungen (Verbinden von Kupfer-Rohren)

Verbindungsart	Trinkwasser	Stadt- und Erdgas	Flüssiggas (TRF-Bereich)[6]	Heizung	Öl
konisch/konisch bzw. konisch/kugelig oder flachdichtende Verschraubung	ohne Einschränkung	ohne Einschränkung	nur für Armaturen- und Geräteanschlüsse, wenn DIN/DVGW- oder DVGW-registriert	ohne Einschränkung	nur bis DN 25
Klemmringverschraubung, metall. dichtend[1]	ohne Einschränkung	nur wenn DIN/ DVGW- oder DVGW-registriert	nur für Armaturen- und Geräteanschlüsse, wenn DIN/DVGW- oder DVGW- registriert	ohne Einschränkung	nur bis DN 25
Schneidringverschraubung[1]	nicht zugelassen[4]	nicht zugelassen[4]	möglich[5]	möglich	möglich[7]
Klemmverschraubung, weichdichtend[2]	ohne Einschränkung	nur, wenn DIN/ DVGW- oder DVGW-registriert	nur für Armaturen- und Geräteanschlüsse, wenn DIN/DVGW- oder DVGW-registriert	ohne Einschränkung	nur bis DN 25
Rohrkupplungen[3]	ohne Einschränkung	nur, wenn DIN/ DVGW- oder DVGW-registriert	nur für Armaturen- und Geräteanschlüsse, DVGW-registriert	ohne Einschränkung	nicht zugelassen
Flanschverbindung	ohne Einschränkung	ohne Einschränkung	nicht zugelassen	ohne Einschränkung	ohne Einschränkung

[1] bei Ringrohren nur mit Stützhülsen [2] muss zugänglich verlegt sein [3] nur für Stangenrohre
[4] der Einbau, z.B. als Geräteanschluss ist zulässig, wenn die Verschraubung DVGW-registriert ist
[5] können nur verwendet werden, wenn sie vom DVGW für Flüssiggas anerkannt sind
[6] für Anwendungsbereiche nach TRR 100 sind gesonderte Bestimmungen zu beachten
[7] nur bis DN 25 zulässig, an Rohrleitungen zur Versorgung von Ölfeuerungsanlagen bis DN 32

Rohr-Lötverbindungen in der Kupferrohrinstallation (→ Stoffschlüssige Verbindungen, Lötverbindungen)

Nicht zugelassen sind Weichlötverbindungen in Leitungen für Stadt-, Erd-, Fern- und Flüssiggas sowie in Leitungen für die Ölversorgung.

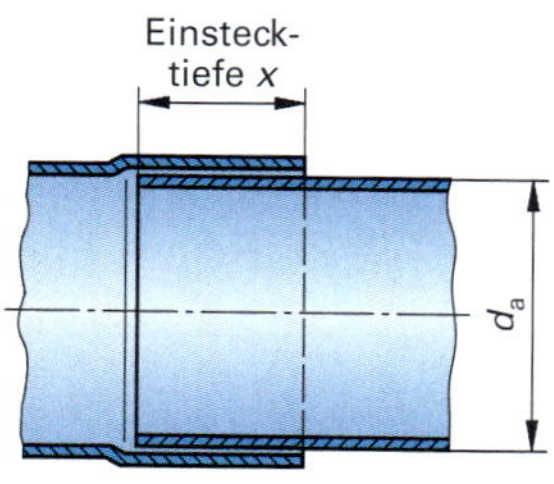

Mindesteinstecktiefe beim Weichlöten (nach **DVGW-GW2)**

d_a in mm	x in mm	d_a in mm	x in mm
6	5	35	15
8	6	42	18
10	7	54	22
12	7	64	25
15	8	76,1	30
18	9	88,9	34
22	11	108,0	41
28	13		

Hartlotverbindungen sind zugelassen für
- Trinkwasserinstallation (heiß und kalt)
- Heizungsinstallation
- Gas- und Flüssiggasinstallation
- Heizölinstallation
- Kälte- und Klimaanlagenbau

Maßgebend ist **DIN EN1254-1**:2021-10 „Kapillarlötfittings für Kupferrohre (Weich- und Hartlöten)"

Verbindungen mit Kupferrohr-Lötfitting (→ Steighöhe in einer Kapillare)

Innenlötende (s.Tabelle Seite 420)

a)

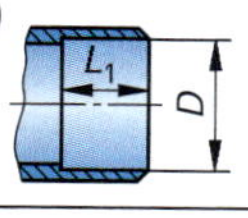

$L_1 = L_A + L_{\bar{A}}$ [1]

b)

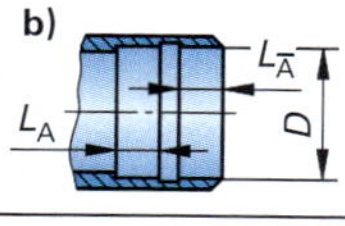

Außenlötende (s.Tabelle Seite 420)

a)

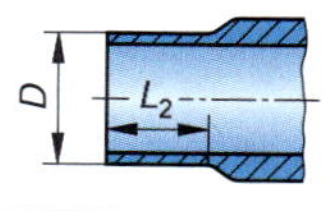

b)

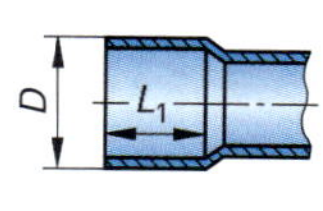

7

Allgemeine Regeln und Sachverhalte (Fortsetzung)

Die Mindest-Lötlänge muss dem für die jeweiligen Durchmesser angegeben Wert entsprechen (s. Tabelle).

[1] Innenlötende b): Die Länge L_1 für Innenlötenden mit integriertem Weich- bzw. Hartlötring (...) darf nicht die Breite der Nut mit einschließen.

↓

$$L_1 = L_A + L_Ä$$

L_1 Länge des Innenlötendes
L_A Länge von der Nut bis zum inneren Ende des Innenlötendes
$L_Ä$ Länge von der Nut bis zum äußeren Ende des Innenlötendes

[2] Außenlötende a): Wenn der Durchmesser des Außenlötendes kleiner als der übrige Fittingdurchmesser ist, muss die Außenlötlänge auf L_2 erhöht werden (s. Tabelle).

Für das **Verhältnis Nenndurchmesser *D* zu Mindest-Durchgangsdurchmesser** des Fittings gelten die Werte der Tabelle auf Seite 418.

Mindest-Lötlängen

Nenndurchmesser D	Lötlänge L_1	Lötlänge L_2
6	5,8	7,8
8	6,8	8,8
10	7,8	9,8
12	8,6	10,6
14 14,7 15 16	10,6	12,6
18	12,6	14,6
21 22	15,4	17,4
25	16,4	18,4
27,4 28	18,4	20,4
34 35	23	25
40 40,5 42	27	29
53,6 54	32	34
64	32,5	34,5
66,7 70 76,1	33,5	36,5
80	35,5	38,5
88,9	37,5	40,5
106 108	47,5	51,5

Form und Benennung von Fittings

Benennung	Muffe mit Innenlötende	Reduziermuffe	Absatznippel	Übergangsnippel	Übergangsnippel und Übergangsmuffe sind Verbindungselemente zwischen Zoll- und mm-Leitungen	Übergangsmuffe
Form	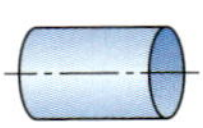	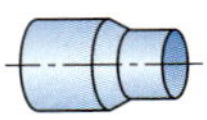	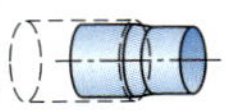	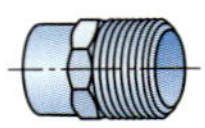		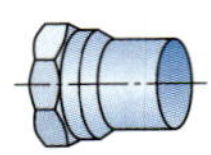

Benennung	Kappe mit Innenlötende	Ausdehnungsbogen mit Innenlötenden	Winkel 90° mit Innenlötenden	Reduzierwinkel 90° mit Innenlötenden
Form	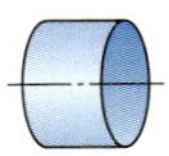	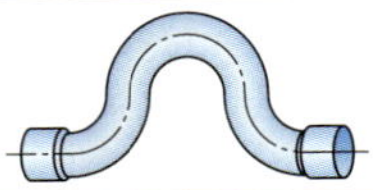	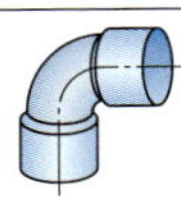	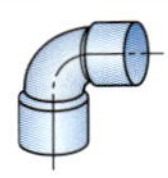 Reduzierung z. B. von 22 mm auf 15 mm

Benennung	Winkel 90° mit Innen- und Außenlötende	Bogen 45° mit Innen- und Außenlötende	Bogen 45° mit Innenlötende	Doppelbogen mit Innenlötende
Form	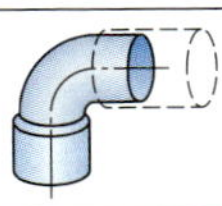		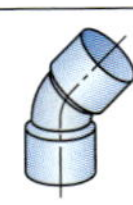	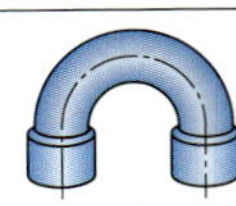

Benen-	Kurze Bogen 90° mit Innen- und Außenlötende	Kurze Bogen 90° mit Innenlötende	Im **Kälte- und Klimaanlagenbau** werden i.d.R. Bogen verwendet. Solche gibt es auch als **lange Bogen**. Diese sind strömungsgünstiger als Winkel.	T-Stück mit Innenlötende
Form	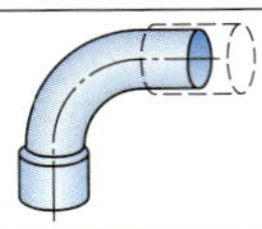	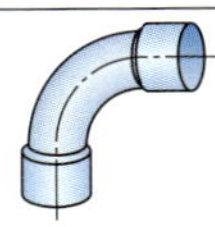		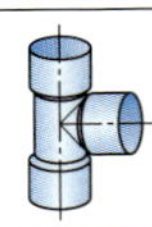

7

Allgemeine Regeln und Sachverhalte (Fortsetzung)

Benennung	Reduzier-T-Stück mit Innenlötende	Ölsyphon
Form	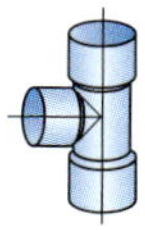 Beispiele 10-15-10 28-15-22 35-28-28	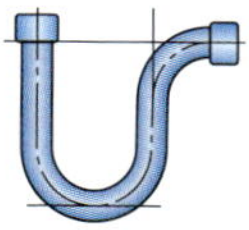

Weitere **Sonderformen** sind erhältlich, z.B. **Überspringstück**

Gültige Maße aus DIN-Normen bzw. Herstellerunterlagen. Fragen Sie Ihren Fachgroßhändler!

Bemaßung: siehe folgendes Beispiel.

B (Bemaßungsbeispiel)

Bogen 180° (Maße in mm)				
d	*a*	*c*	*r*	*s*
10	23	30	15	0,8
12	27	36	18	1
15	34	45	22,5	1
18	40	54	27	1
22	48	66	33	1
28	60	84	42	1,2
35	93	140	70	1,5
42	111	168	84	1,5
54	140	216	108	1,5

Bogen 90° (Form A und B) (Maße in mm)					
d	*a*	*b*	*r*	*s*	*z* ≈
6	15	17	9	0,8	9
8	19	21	12	0,8	12
10	23	25	15	0,8	15
12	27	29	18	1	18
15	34	36	22,5	1	22,5
18	40	42	27	1	27
22	48	50	33	1	33
28	60	62	42	1,2	42
35	76	78	53	1,5	53
42	111	113	84	1,5	84
54	140	142	108	1,5	108

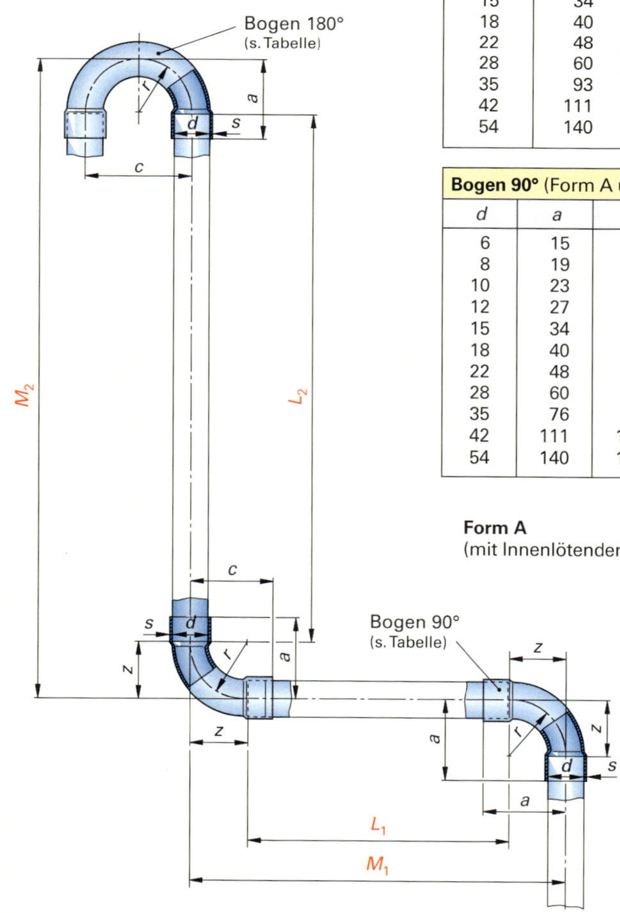

Form A
(mit Innenlötenden)

Form B
(mit Innen- und Außenlötende)

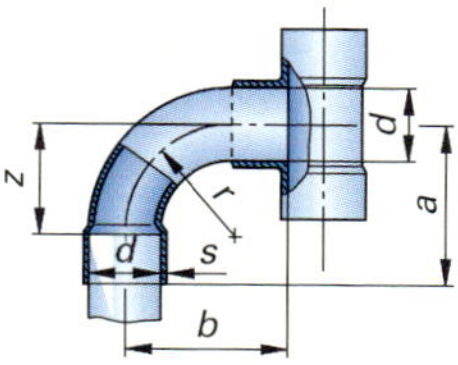

gegeben: $d = 35$ mm; $L_1 = 2750$ mm; $M_2 = 4390$ mm.
Zu bestimmen sind M_1 und L_2.

$M_1 = L_1 + 2 \cdot z = 2750 \text{ mm} + 2 \cdot 53 \text{ mm} = 2750 \text{ mm} + 106 \text{ mm}$

$\mathbf{M_1 = 2856 \text{ mm}}$

$L_2 = M_2 - z - r = 4390 \text{ mm} - 53 \text{ mm} - 70 \text{ mm} = \mathbf{4267 \text{ mm}}$

L Rohrlänge
M Achsabstand

7

Allgemeine Regeln und Sachverhalte (Fortsetzung)

Betriebstemperaturen und maximale Betriebsdrücke von eingebauten Kupfer-Lötfittings (nach **DIN EN 1254-1**:2021-10)

Verfahren	Weichlot-/ Hartlot-legierungen	Betriebs-Temperatur[1)] °C	Max. Betriebsdrücke (MOP) für Nenndurchmesser[1), 2)] in bar: von 6 mm bis einschließlich 34 mm	über 34 mm bis einschließlich 54 mm	über 54 mm bis einschließlich 108 mm
Weichlöten (Werkstoff nach EN ISO 9453)	Lote mit einem Bleigehalt > 50 %	30	65	16	10
		65	10	10	6
		110	6	6	4
	Lote mit einem Zinngehalt > 95 %	30	25	25	16
		65	25	16	16
		110	16	10	10
Hartlöten (Werkstoff nach EN ISO 9453)		30	25	25	16
		65	25	16	16
		110	16	10	10

[1)] Für den Einsatz außerhalb des Anwedungsbereiches dieser Tabelle an den Hersteller wenden.
[2)] Dazwischen liegende Druckstufen werden durch Interpolation ermittelt.

Anmerkung 1: In einigen Mitgliedstaaten sind Weichlotlegierungen mit Blei oder Hartlotlegierungen mit Cadmium als Legierungselemente in Trinkwasseranlagen nicht zulässig.

Anmerkung 2: Beispiele für Weichlotlegierungen: Blei/Zinn 50/50 %; Blei/Zinn 60/40 %; Zinn/Silber 95/5 %; Zinn/Kupfer Cu 3% max. 0,4 % min. Rest Sn.

Anmerkung 3: Beispiele für Hartlotlegierungen: Silber/Kupfer cadmiumfrei 55 % bis 40 % Ag; Silber mit Cadmium 30 % oder 40 % Ag; Kupfer/Phosphor 94/6 %; Kupfer/Phosphor mit 2 % Silber 92/6/2 %

Anmerkung 4: Nicht alle Kupferlegierungen für die Herstellung von Fittings können hartgelötet werden, einige Werkstoffe können unterschiedliche Hartlöttechniken erfordern (Hinweise siehe EN 1254-20:2021, Anhang A).

Rohr-Schweißverbindungen (→ Stoffschlüssige Verbindungen, Schweißverbindungen)

Löt- und schweißgerechte Flansche

Flansch-art	Abbildung	DN	PN
Flansche zum Löten oder Schweißen	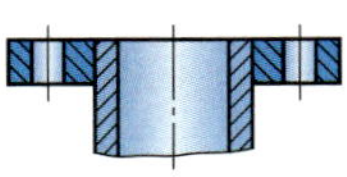	10 bis 500	6 bis 320
Lose Flansche mit Vor-schweiß-bund	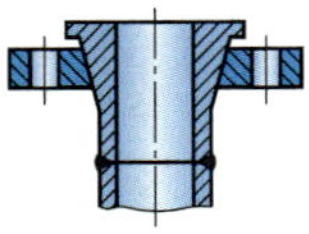	10 bis 1200	6 bis 320
Vor-schweiß-flansche	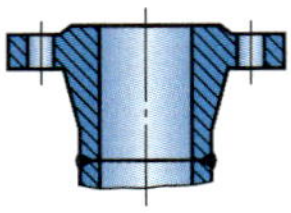	10 bis 4000	1 bis 400

Schweißen von Kupferrohren

empfohlen: 1,5 mm Mindestwanddicke

zugelassen für

- Trinkwasser- und Heizungsinstallation
- Gas- und Heizölinstallation
- Kältemittel führende Leitungen (jedoch nicht für Ammoniak NH_3) (→ Kältemittel)

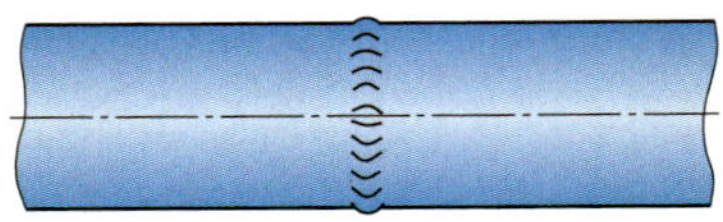

Rohr-Schweißverbindungen werden i.d.R. stumpf hergestellt.

Kennzeichen v. Rohr-Schweißverbindungen

Druck	sehr hoch (→ Festigkeit)
Temperatur	sehr hoch (→ Festigkeit)
Durchfluss-richtung	beliebig
Lösbarkeit	nicht lösbar
Vorteile	Höchste Betriebssicherheit, keine Leckagegefahr, wirtschaftlich (keine Wartung), gute Übertragung von → Momenten und Längskräften in der Leitung
Nachteile	Nahtstelle muss gut zugänglich sein, Rohrleitungsteile müssen aus gleichem Material bestehen, nicht alle Materialien sind gut schweißbar
Anwen-dungs-schwer-punkte	Chemieanlagen allgemein, bei giftigen und explosiven Stoffen, bei hohen Betriebsdrücken und hohen Betriebstemperaturen.

Allgemeine Regeln und Sachverhalte (Fortsetzung)

DKI-Empfehlung für Schweißzusätze und Schweißverfahren beim Schweißen von Kupferrohren

Werkstoff-Kurzzeichen bzw. Werkstoffnummer	Schmelzbereich in °C	Beispiele für die Verwendung: Grundwerkstoffe		Schweißverfahren[1]) G	WIG	MIG
SG-CuAg 2.1211	1070 … 1080	SF-Cu	2	2	1	
SG-CuSn 2.1006	1020 … 1050	SF-Cu	1	2	2	
SG-CuSi3 2.1461	910 … 1025	SF-Cu, CuZn-, CuSi-Legierungen		0	2	2
SG-CuZn40Si 2.0366	890 … 910	CuZn-Legierungen		2	1	0

1) → **Kennzeichen für Schweiß- und Lötverfahren**
0 = nicht geeignet
1 = geeignet
2 = empfohlen

Brennergröße

Rohrabmessung	Nr.
28 x 1,5 … 42 x 1,5	2
54 x 2 … 108 x 2,5	3
133 x 3 … 267 x 3	4

Rohrverbindung durch Lokring®-Klemmverbindung

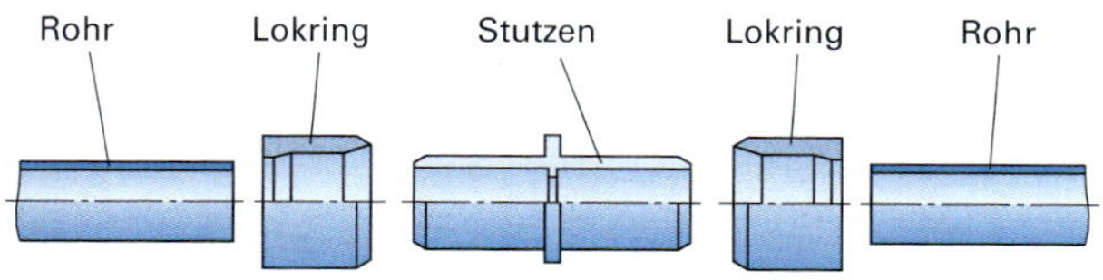

Lokring - Kupplung

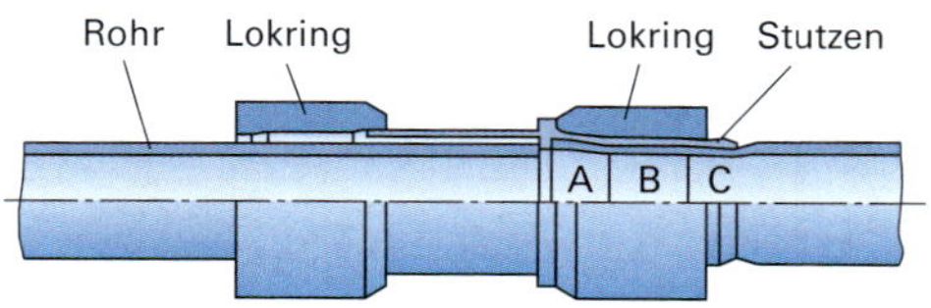

Die Lokring-Kupplung besteht aus zwei Lokringen und einem bearbeiteten rohrförmigen Stutzen, der die beiden zu verbindenen Rohre aufnimmt.

Vor der Montage, die mit einem speziellen zangenartigen Werkzeug erfolgt, werden die Rohre mit einem Gleit-Dichtmittel eingeschmiert.

A = Einführungsbereich
B = zylindrischer Bereich
C = Hauptabdichtungsbereich

Die **Lokring-Verbindung** ist eine unlösbare Verbindung (lötfrei). Sie ist für den **Kälte- und Klimaanlagenbau zugelassen.**

Rohrwerkstoffkombination	Lokring-Werkstoff	Rohrwerkstoffkombination	Lokring-Werkstoff
Al-Al	Al	Cu-Cu	Ms
Al-Cu	Al	Cu-St	Ms
Al-St	Al	St-St	Ms

Wichtige Regeln für die Rohrinstallation im Kälte- und Klimaanlagenbau

- Zum Weichlöten in der Regel immer Fittings verwenden, Ausnahme **Muffen/Kelchen.**
- Weichlotempfehlung des DKI bei Kupferrohren nur bis DN 28 und bis –10 °C.
- Einbinden von Armaturen in Rohrleitungen nur durch Hartlot- oder Schweißverbindungen.
- Rohrdurchmesser > DN 50 und Kältemitteldruckleitungen hartgelötet oder geschweißt.
- Fittinglose Verbindung in der Regel hartgelötet.
- Lösbare Verbindungen nur dort einsetzen, wo dies nicht zu vermeiden ist. Die größere Sicherheit gegen Kältemittelverluste bietet eine nicht lösbare Verbindung.
- Schneidringverschraubungen dürfen nicht eingesetzt werden.
- An **Kälteanlagen** darf nur **hartgelötet** werden. → DIN EN 378 ist maßgebend

Sicherheitstechnische Grundsätze bei Kältemittel-Rohrleitungen

Anwendungsbereich und Unfallverhütung:

DIN EN 378-1:2021-06 und **-2**:2018-04 ist anzuwenden auf Kältemittelrohrleitungen und Rohrleitungsteile (Einbauten, Schrauben, Flansche …) von Kälteanlagen und Wärmepumpen. DGUV Regel 100-500 Kapitel 2.35 „Betreiben von Kälteanlagen, Wärmepumpen und Kühleinrichtungen“ ist anzuwenden.

7

Kupferrohr

nach **DIN EN 12735-1**:2020-06

Die Bezeichnung für Kupferrohre nach der Norm **DIN EN 12735-1**:2020-06 besteht aus:

- Benennung (Kupferrohr
- Nummer dieser europäischen Norm
- Zustandsbezeichnung (Tabelle „Mechanische Eigenschaften")
- Querschnittsmaße (Nennmaße): Außendurchmesser x Wanddicke (Tabelle)

B Kupferrohr EN 12735-1 – R290 – 28 × 1,5

- 28 × 1,5: Querschnittsmaße (Nennmaße) in mm
- R290: Zustandsbezeichnung (Festigkeit)
- EN 12735-1: Nummer der Norm
- Kupferrohr: Benennung

Außendurchmesser und Wanddicken

Außendurchmesser (Nennmaß) *d*			Wanddicke (Nennmaß) *e* in mm						
Metrische Reihe mm	Zollreihe mm	Zollreihe in	0,8	1,0	1,25	1,5	1,65	2,0	2,5
	3,17	1/8	●						
	3,97	5/32	●	●					
	4,76	3/16	●						
6			■ ●	●					
	6,35	1/4	●	●					
	7,94	5/16	●	●					
8			■ ●	●					
	9,52	3/8	●	●					
10			■ ●	■ ●					
12				■ ●					
	12,7	1/2	●	■ ●					
15				■ ●					
	15,87	5/8		■ ●					
18				■ ●					
	19,05	3/4		●	■				
22				■ ●					
	22,22	7/8		●	■				
	25,4	1		■					
28						■			
	28,57	1 1/8		■	■				
	34,92	1 3/8			■				
35						■			
	41,27	1 5/8			■				
42						■			
	53,97	2 1/8			■		■		
54								■	
64								■	
	66,67	2 5/8			■		■	■	
76,1								■	
	79,37	3 1/8					■		■
	88,9	3 1/2						■	
	92,07	3 5/8					■		■
	104,77	4 1/8					■		■
108									■

- ■ in geraden Längen erhältlich, üblicherweise in Längen von 3 m, 5 m oder 6 m
- ● in Ringen erhältlich, üblicherweise in Längen von 25 m oder 50 m

Die Zusammensetzung des Rohres muss folgenden Anforderungen entsprechen:

Cu + Ag: mindestens 99,9%

0,015% ≤ P ≤ 0,04%

Diese Kupfersorte wird entweder mit **Cu-DHP** oder **CW024A** bezeichnet.

Kupferrohr (Fortsetzung)

nach **DIN EN 12735-1**:2020-06

Mechanische Eigenschaften von Kupferrohr

Zustand: Bezeichnung nach EN 1173	Zustand: gebräuchliche Benennung	Zugfestigkeit R_m MPa min.	Bruchdehnung A % min.	Härte (nicht verbindlich) HV5
R220	geglüht	220	40	(40 bis 70)
R250	halbhart	250	30	(75 bis 100)
R290	hart	290	3	(min. 100)

Anmerkung: 1 MPa entspricht 1 N/mm^2

Anmerkung: Falls erforderlich, muss die Prüfung der → Vickershärte nach **DIN EN ISO 6507-1**:2024-01 durchgeführt werden.

Praxisrelevante Eigenschaften

Abmessungen mm	Metermasse kg/m	Querschnittsfläche mm^2	Metervolumen dm^3/m	Zul. Betriebsdruck[1] bar
geglühtes Rohr (Ringe, R220)				
6 × 1	0,14	12,6	0,013	200
8 × 1	0,2	28,3	0,028	143
10 × 1	0,25	50,3	0,050	111
12 × 1	0,31	78,5	0,079	91
15 × 1	0,39	132,7	0,133	71
16 × 1	0,42	153,9	0,154	66
18 × 1	0,48	201,1	0,201	59
22 × 1	0,59	314,2	0,314	48
hartes Rohr (Stangen, R290)				
6 × 1	0,14	12,6	0,013	200
8 × 1	0,20	28,3	0,028	143
10 × 1	0,25	50,3	0,050	111
12 × 1	0,31	78,5	0,079	91
15 × 1	0,39	132,7	0,133	71
16 × 1	0,42	153,9	0,154	67
18 × 1	0,48	201,1	0,201	59
22 × 1	0,59	314,2	0,314	48
28 × 1	0,76	530,9	0,531	37
28 × 1,5	1,11	490,9	0,491	57
35 × 1,5	1,40	804,2	0,804	45
42 × 1,5	1,70	1194,6	1,195	37
54 × 2	2,91	1963,5	1,963	38
64 × 2	3,47	2827,4	2,827	32
76,1 × 2	4,14	4082,8	4,083	27
108 × 2,5	7,37	8332,3	8,332	24

[1] Die Berechnung von Betriebsdrücken und Wanddicken erfolgt nach den AD 2000-Merkblättern B0 „Berechnung von Druckbehältern" und B1 „Zylinder und Kugelschalen unter innerem Überdruck".

$$p_B = \frac{20 \cdot R_m \cdot s}{(d_a - s) \cdot S}$$

Zulässiger Betriebsdruck eines Rohres

$$s = \frac{d_a \cdot p_B}{\left(20 \cdot \frac{R_m}{S}\right) \cdot S}$$

Erforderliche Wanddicke eines Rohres

p_B	höchstzulässiger Betriebsdruck	bar
d_a	Rohraußendurchmesser	mm
R_m	Zugfestigkeit/Werkstoffzustand	MPa
s	Wanddicke	mm
20	Berechnungskonstante	bar · mm^2/N
S	Sicherheitsbeiwert (bei hartgelöteten Verbindungen ist nach AD2000-Merkblatt B0 mit der Sicherheit $S = 4$ zu rechnen)	1

Gleichwertige Rohrlängen (→ Druckverluste in Rohrleitungen und Kanälen)

Gleichwertige Rohrlängen für Bogen					Gleichwertige Rohrlängen für Reduziermuffen (bezogen auf den kleineren Anschluss)			
Rohraußendurchmesser mm	Bogen 90° m	Bogen 45° m	Bogen 180° m	Überspringbogen m	Reduziermuffe mm	m	Reduziermuffe mm	m
6	0,10	0,10			8 – 6	0,10	28 – 18	0,60
8	0,10	0,10			10 – 6	0,15	28 – 22	0,70
10	0,15	0,15	0,25		10 – 8	0,15	35 – 15	0,70
12	0,20	0,15	0,30	0,70	12 – 8	0,20	35 – 18	0,75
15	0,25	0,20	0,40	1,00	12 – 10	0,20	35 – 22	0,85
18	0,30	0,20	0,50	1,40	15 – 10	0,30	35 – 28	0,95
22	0,40	0,25	0,60	1,80	15 – 12	0,30	42 – 22	1,00
28	0,45	0,30	0,75		18 – 10	0,30	42 – 28	1,10
35	0,60	0,40	0,80		18 – 12	0,35	42 – 35	1,30
42	0,70	0,60	1,00		18 – 15	0,40	54 – 28	1,40
54	0,90	0,75	1,35		22 – 12	0,40	54 – 35	1,50
64	1,10	0,75	1,80		22 – 15	0,50	54 – 42	1,80
76,1	1,30	0,90	2,20		22 – 18	0,55	76 – 54	2,60
88,9	1,55	1,05	2,55		28 – 10	0,50	76 – 64	3,30

Gleichwertige Rohrlängen von T-Stücken in m

T-Stück mm	Abgang trennend 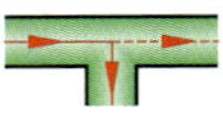	Abgang vereinigend 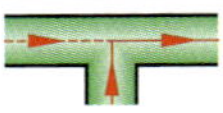	Durchgang vereinigend 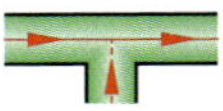	Durchgang trennend 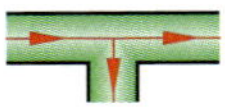	Gegenlauf trennend 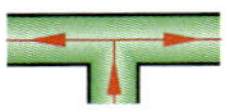	Gegenlauf vereinigend 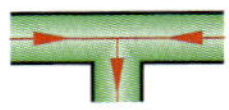
6	0,30	0,20	0,15	0,05	0,30	0,70
8	0,45	0,30	0,20	1,10	0,45	1,10
10	0,60	0,45	0,30	0,15	0,60	1,45
12	0,80	0,55	0,35	0,20	0,80	1,80
15	1,00	0,70	0,45	0,25	1,00	2,35
18	1,25	0,85	0,60	0,30	1,25	2,90
22	1,55	1,10	0,70	0,35	1,55	3,60
28	1,95	1,35	0,90	0,45	1,95	4,50
35	2,50	1,75	1,15	0,60	2,50	5,75
42	3,00	2,10	1,40	0,70	3,00	7,00
54	3,90	2,70	1,80	0,90	3,90	9,00
64	4,70	3,25	2,15	1,10	4,70	10,80
76	5,60	3,90	2,60	1,30	5,60	13,00
89	6,95	4,60	3,05	1,50	6,95	15,30

7

Gleichwertige Rohrlängen von Erweiterungen (bezogen auf den kleineren Anschluss) in m

Erweiterung mm	m	Erweiterung mm	m	Erweiterung mm	m	Erweiterung mm	m
6 – 8	0,10	10 – 28	1,00	15 – 28	0,90	22 – 42	1,10
6 – 10	0,25	12 – 15	0,30	15 – 35	1,10	28 – 35	0,95
8 – 10	0,15	12 – 18	0,45	18 – 22	0,55	28 – 42	1,10
8 – 12	0,35	12 – 22	0,60	18 – 28	0,90	28 – 54	1,45
10 – 12	0,20	12 – 28	0,90	18 – 35	1,10	35 – 42	1,30
10 – 15	0,45	15 – 18	0,40	22 – 28	0,70	35 – 54	1,50

Bemessung von Rohrleitungen

R134a

R134a, Kälteleistung in kW, t_c = 40 °C

	Saugleitung Δp = 0,04 K/m					Heißdampfleitung Δp = 0,02 K/m			Flüssigkeitsleitung Δp = 0,02 K/m		
t_0 Rohr	– 10 °C	– 5 °C	0 °C	5 °C	10 °C	– 10 °C	0 °C	10 °C	– 10 °C	0 °C	10 °C
10 × 1	0,29	0,36	0,45	0,55	0,67	0,96	1,0	1,1	4,9	4,6	4,8
12 × 1	0,56	0,70	0,86	1,1	1,3	1,8	1,9	2,1	8,5	8,9	9,2
15 × 1	1,1	1,4	1,7	2,1	2,5	3,6	3,9	4,1	16,9	17,6	18,3
18 × 1	1,9	2,4	2,9	3,6	4,4	6,3	6,7	7,0	29,3	30,5	31,8
22 × 1	3,4	4,2	5,2	6,3	7,6	10,9	11,6	12,2	51,0	53,2	55,3
28 × 1,5	6,3	7,8	9,6	11,7	14,2	20,3	21,5	22,6	95,0	99,1	103
35 × 1,5	11,8	14,7	18,0	21,9	26,6	38,0	40,2	42,4	179	186	194
42 × 1,5	19,7	24,4	29,9	36,4	44,1	62,9	66,6	70,2	297	310	322
54 × 2	38,7	47,8	58,6	71,4	86,2	123	130	137	582	608	632
64 × 2	63,9	78,9	96,8	118	142	203	214	226	962	1004	1044
76,1 × 2	103	128	156	190	229	327	345	364	1555	1622	1688
88,9 × 2	158	194	238	289	349	497	525	553	2370	2473	2573

R134a, Korrekturfaktor für unterschiedliche Verflüssigungstemperaturen

t_c	Saugleitung	Heißdampfleitung	Flüssigkeitsleitung
20 °C	1,206	0,718	0,964
30 °C	1,104	0,859	0,993
40 °C	1,000	1,000	1,000
50 °C	0,892	1,131	0,982

$$\dot{Q}_{tat} = \dot{Q}_{Tab} \cdot \left(\frac{l_{Tab}}{l_{glw}} \cdot \frac{\Delta T_{tat}}{\Delta T_{Tab}}\right)^{0,55}$$

tatsächliche Kälteleistung bei Betriebsbedingungen

$$\Delta T_{tat} = \Delta T_{Tab} \cdot \left(\frac{l_{glw}}{l_{Tab}}\right) \cdot \left(\frac{\dot{Q}_{tat}}{\dot{Q}_{Tab}}\right)^{1,8}$$

tatsächlicher Druckabfall bei Betriebsbedingungen

$\dot{Q}_{tat}$	tatsächliche Kälteleistung bei Betriebsbedingungen	kW
$\dot{Q}_{Tab}$	Tabellenwert der Kälteleistung	kW
l_{Tab}	Tabellenwert der Rohrleitungslänge	m
l_{glw}	gleichwertige Rohrlänge	m
ΔT_{tat}	tatsächlicher Druckabfall bei Betriebsbedingungen	K
ΔT_{Tab}	Tabellenwert des Druckabfalls	K

B Anlagenbedingungen: R134a, t_0 = – 5 °C, t_c = 50 °C, $\dot{Q}_0$ = 10 kW, ΔT_{tat} = 1,5 K (bzw. gewünschtes ΔT), l_{glw} = 12

$$\dot{Q}_{Tab} = \frac{\dot{Q}_{tat}}{\left(\frac{l_{Tab}}{l_{Tab}} \cdot \frac{\Delta T_{tat}}{\Delta T_{Tab}}\right)^{0,55}} = \frac{12\text{ kW}}{\left(\frac{1\text{ m}}{12\text{ m}} \cdot \frac{1,5\text{ K}}{0,04\text{ K}}\right)^{0,55}} = 5,34\text{ kW}$$

⇒ In der Tabelle muss eine Leistung von 5,34 kW gesucht werden.

⇒ 22 × 1 mit $\dot{Q}_{Tab}$ = 4,2 kW ⇒ Leistungskorrektur (t_c = 50 °C) ⇒ 4,2 kW · 0,892 = 3,75 kW

⇒ 28 × 1,5 mit $\dot{Q}_{Tab}$ = 7,8 kW ⇒ Leistungskorrektur (t_c = 50 °C) ⇒ 7,8 kW · 0,892 = 6,96 kW

Gewählt **28 × 1,5** ⇒ $\Delta T_{tat} = \Delta T_{Tab} \cdot \left(\frac{l_{glw}}{l_{Tab}}\right) \cdot \left(\frac{\dot{Q}_{tat}}{\dot{Q}_{Tab}}\right)^{1,8} = 0,04\text{ K} \cdot \left(\frac{12\text{ m}}{1\text{ m}}\right) \cdot \left(\frac{10\text{ kW}}{6,96\text{ kW}}\right)^{1,8} = \mathbf{0,92\text{ K}}$

Gewählt **22 × 1** ⇒ $\Delta T_{tat} = \Delta T_{Tab} \cdot \left(\frac{l_{glw}}{l_{Tab}}\right) \cdot \left(\frac{\dot{Q}_{tat}}{\dot{Q}_{Tab}}\right)^{1,8} = 0,04\text{ K} \cdot \left(\frac{12\text{ m}}{1\text{ m}}\right) \cdot \left(\frac{10\text{ kW}}{3,75\text{ kW}}\right)^{1,8} = \mathbf{2,8\text{ K}}$

Bemessung von Rohrleitungen (Fortsetzung)

R404A

R404A, Kälteleistung in kW, t_c = 40 °C

	Saugleitung Δp = 0,04 K/m					Heißdampfleitung Δp = 0,02 K/m			Flüssigkeitsleitung Δp = 0,02 K/m		
t_0 Rohr	– 10 °C	– 5 °C	0 °C	5 °C	10 °C	– 10 °C	0 °C	10 °C	– 10 °C	0 °C	10 °C
10 × 1	0,12	0,19	0,31	0,58	0,84	1,0	1,2	1,5	3,4	3,9	4,4
12 × 1	0,23	0,38	0,60	1,1	1,6	2,0	2,4	2,8	6,5	7,5	8,5
15 × 1	0,45	0,75	1,2	2,2	3,2	3,9	4,7	5,5	12,9	14,7	16,8
18 × 1	0,79	1,3	2,1	3,8	5,5	6,8	8,0	9,5	22,3	25,5	29,0
22 × 1	1,4	2,3	3,6	6,6	9,5	11,8	13,9	16,4	38,8	44,3	50,4
28 × 1,5	2,6	4,2	6,6	12,2	17,6	21,7	25,7	30,4	72,1	76,4	93,6
35 × 1,5	4,8	7,9	12,5	22,8	32,9	40,6	48,0	56,8	135	154	175
42 × 1,5	8,0	13,2	20,7	37,8	54,6	67,2	79,5	93,9	224	256	291
54 × 2	15,8	25,9	40,5	74,0	107	131	155	183	438	500	569
64 × 2	26,2	42,8	66,9	122	175	215	255	301	722	824	938
76,1 × 2	42,4	69,2	108	196	282	347	410	484	1165	1329	1513
88,9 × 2	64,7	106	164	299	429	527	623	735	1773	2023	2303

R404A, Korrekturfaktor für unterschiedliche Verflüssigungstemperaturen

t_c	Saugleitung	Heißdampfleitung	Flüssigkeitsleitung
20 °C	1,330	0,832	1,119
30 °C	1,170	0,931	1,079
40 °C	1,000	1,000	1,000
50 °C	0,814	1,014	0,872

R407C

R407C, Kälteleistung in kW, t_c = 40 °C

	Saugleitung Δp = 0,04 K/m					Heißdampfleitung Δp = 0,02 K/m			Flüssigkeitsleitung Δp = 0,02 K/m		
t_0 Rohr	– 10 °C	– 5 °C	0 °C	5 °C	10 °C	– 10 °C	0 °C	10 °C	– 10 °C	0 °C	10 °C
10 × 1	0,47	0,58	0,71	0,86	1,0	1,4	1,5	1,6	6,0	6,2	6,4
12 × 1	0,91	1,1	1,4	1,7	2,0	2,7	2,9	3,1	11,5	11,9	12,3
15 × 1	1,8	2,2	2,7	3,3	3,9	5,4	5,7	6,0	22,8	23,6	24,4
18 × 1	3,1	3,8	4,7	5,6	6,8	9,3	9,9	10,4	39,5	40,9	42,1
22 × 1	5,4	6,7	8,1	9,8	11,7	16,2	17,1	18,1	68,7	71,1	73,3
28 × 1,5	10,1	12,4	15,0	18,2	21,8	30,0	31,7	33,4	128	132	136
35 × 1,5	18,9	23,2	28,2	34,0	40,7	56,1	59,4	62,5	239	248	255
42 × 1,5	31,5	38,5	46,7	56,3	67,5	93,0	98,3	103	397	411	424
54 × 2	61,7	75,4	91,5	110	132	182	192	202	778	805	830
64 × 2	102	124	151	182	217	299	316	332	1283	1328	1369
76,1 × 2	164	201	243	293	350	481	508	534	2070	2143	2209
88,9 × 2	250	306	370	445	532	731	773	812	3153	3263	3364

R404A, Korrekturfaktor für unterschiedliche Verflüssigungstemperaturen

t_c	Saugleitung	Heißdampfleitung	Flüssigkeitsleitung
20 °C	1,206	0,737	1,003
30 °C	1,105	0,870	1,013
40 °C	1,000	1,000	1,000
50 °C	0,888	1,116	0,958

Bemessung von Rohrleitungen (Fortsetzung)

R410A

R410A, Kälteleistung in kW, t_c = 40 °C

	Saugleitung Δp = 0,04 K/m					Heißdampfleitung Δp = 0,02 K/m			Flüssigkeitsleitung Δp = 0,02 K/m		
t_0 Rohr	– 40 °C	– 30 °C	– 20 °C	– 5 °C	5 °C	– 40 °C	– 20 °C	5 °C	– 40 °C	– 20 °C	5 °C
10 × 1	0,23	0,37	0,56	1,0	1,4	1,8	2,1	2,4	6,9	7,3	7,8
12 × 1	0,44	0,71	1,1	1,9	2,7	3,5	4,0	4,6	13,2	14,1	14,9
15 × 1	0,88	1,4	2,2	3,8	5,4	6,9	7,8	9,00	26,0	27,7	29,5
18 × 1	1,5	2,4	3,7	6,6	9,3	11,9	13,5	15,4	44,9	47,9	50,9
22 × 1	2,7	4,3	6,5	11,4	16,2	20,6	23,4	26,7	78,0	83,2	88,4
28 × 1,5	5,0	7,9	12,1	21,2	29,9	38,1	43,3	49,4	145	154	164
35 × 1,5	9,4	14,9	22,6	39,7	56,0	71,3	80,9	92,3	271	289	307
42 × 1,5	15,6	24,7	37,5	65,8	92,7	118	132	153	449	479	509
54 × 2	30,7	48,6	73,5	129	181	230	261	297	878	936	995
64 × 2	50,9	80,3	121	212	298	379	429	489	1446	1542	1639
76,1 × 2	82,3	130	196	341	479	610	691	787	2331	2485	2641
88,9 × 2	126	198	298	519	728	927	1050	1195	3545	3781	4018

R410A, Korrekturfaktor für unterschiedliche Verflüssigungstemperaturen

t_c	Saugleitung	Heißdampfleitung	Flüssigkeitsleitung
20 °C	1,238	0,793	1,036
30 °C	1,124	0,906	1,034
40 °C	1,000	1,000	1,000
50 °C	0,858	1,052	0,921

R507

R507, Kälteleistung in kW, t_c = 40 °C

	Saugleitung Δp = 0,04 K/m					Heißdampfleitung Δp = 0,02 K/m			Flüssigkeitsleitung Δp = 0,02 K/m		
t_0 Rohr	– 40 °C	– 20 °C	0 °C	5 °C	10 °C	– 40 °C	0 °C	10 °C	– 40 °C	0 °C	10 °C
10 × 1	0,12	0,32	0,71	0,85	1,0	1,1	1,5	1,5	3,4	4,3	4,5
12 × 1	0,24	0,61	1,4	1,6	1,9	2,1	2,8	2,9	6,6	8,4	8,7
15 × 1	0,47	1,2	2,7	3,2	3,8	4,0	5,5	5,8	13,0	16,5	17,3
18 × 1	0,80	2,1	4,6	5,5	6,6	6,9	9,4	10,0	22,5	28,5	29,8
22 × 1	1,4	3,6	8,0	9,6	11,5	12,0	16,3	17,3	39,1	49,6	51,9
28 × 1,5	2,6	6,8	14,9	17,8	21,3	22,2	30,1	31,9	72,6	92,0	96,2
35 × 1,5	5,0	12,7	27,8	33,3	39,7	41,6	56,3	59,7	136	172	180
42 × 1,5	8,3	21,0	46,1	55,2	65,8	68,8	93,2	98,7	226	286	299
54 × 2	16,3	41,2	90,1	108	128	134	182	192	441	559	585
64 × 2	26,9	68,1	148	177	211	220	298	316	727	922	964
76,1 × 2	43,6	110	239	285	340	355	480	509	1172	1486	1554
88,9 × 2	66,5	167	363	434	516	539	729	773	1784	2262	2365

R507, Korrekturfaktor für unterschiedliche Verflüssigungstemperaturen

t_c	Saugleitung	Heißdampfleitung	Flüssigkeitsleitung
20 °C	1,297	0,805	1,083
30 °C	1,154	0,914	1,060
40 °C	1,000	1,000	1,000
50 °C	0,830	1,039	0,891

Längendehnung von Kupferrohren

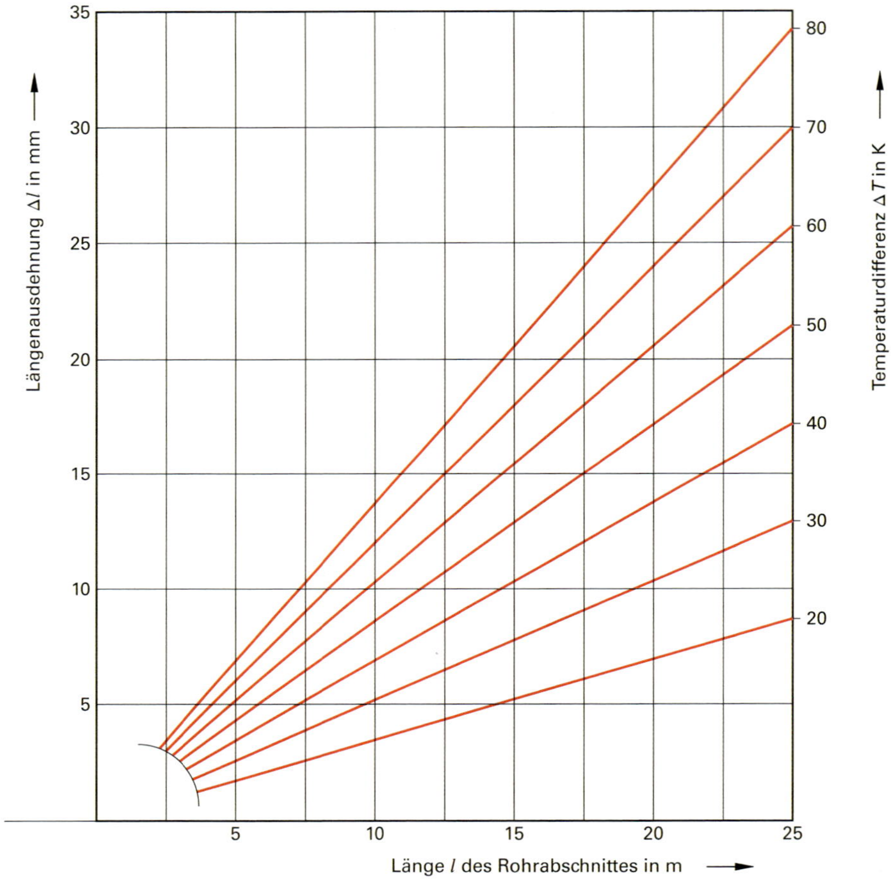

Schenkellänge l_S in Abhängigkeit von Rohrabmessungen und Ausdehnung

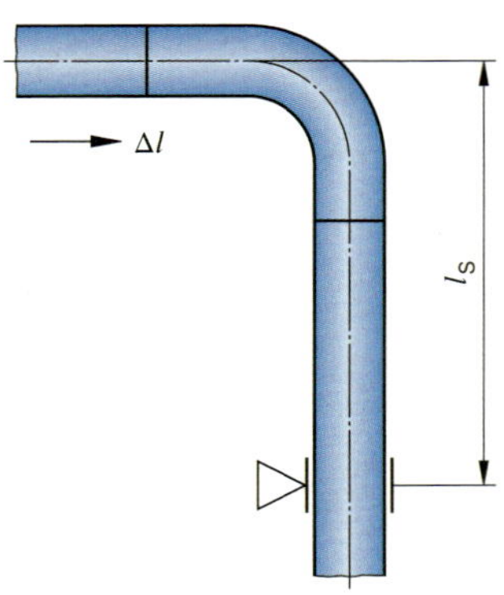

Rohraußendurchmesser d_a in mm	Thermisch bedingte Längenausdehnung Δl			
	5 mm	10 mm	15 mm	20 mm
	Mindestschenkellänge l_S in mm			
12	475	670	820	950
15	530	750	920	1060
18	580	820	1000	1160
22	640	910	1110	1280
28	725	1025	1250	1450
35	810	1145	1400	1620
42	890	1250	1540	1780
54	1010	1420	1740	2010
64	1095	1549	1897	2191
76,1	1195	1689	2069	2389
108	1423	2012	2465	2846

7

Längendehnung von Kupferrohren (Fortsetzung)

Schenkellänge l_S in Abhängigkeit von Rohrabmessungen und Ausdehnung

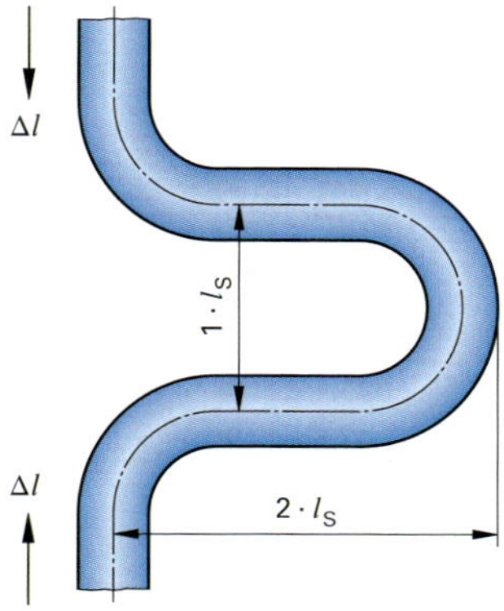

Rohraußendurchmesser d_a in mm	Dehnungsaufnahme Δl in mm							
	12	25	38	50	75	100	125	150
	Maß R in mm							
12	195	281	347	398	488	562	627	691
15	218	315	387	445	548	649	709	772
18	240	350	430	495	600	700	785	850
22	263	382	468	540	660	764	850	930
28	299	431	522	609	746	869	960	1056
35	333	479	593	681	822	960	1072	1185
42	366	528	647	744	912	1055	1178	1287
54	414	599	735	845	1037	1194	1333	1463
64	450	650	801	919	1126	1300	1453	1592
76,1	491	709	874	1002	1228	1418	1585	1736
108	585	844	1041	1194	1463	1689	1888	2068

Strömungsgeschwindigkeiten

Empfohlene Strömungsgeschwindigkeiten in m/s

Medium	Saugdampf	Heißdampf	Flüssigkeit
R134a	4 – 10	7 – 15	0,4 – 1,5
R404A/R407C/R410A	6 – 12	7 – 15	0,4 – 1,5
R717	15 – 20	15 – 25	0,5 – 2,2
Wasser			1,0 – 2,2
Sole			0,4 – 1,0

Ölrückführung

R134a

Mindestverdampfungsleistung für die Ölrückführung in **Saugsteigleitungen,** Flüssigkeitstemperatur t_{E1} = 40 °C

t_0 °C	t_{0h} °C	Rohraußenabmessungen in mm										
		12	15	18	22	28	35	42	54	64	76,1	108
– 10	– 5	0,27	0,50	0,84	1,44	2,73	4,85	7,83	15,01	25,96	39,34	81,16
	5	0,25	0,45	0,76	1,29	2,45	4,34	7,01	13,44	23,25	35,24	72,70
	15	0,24	0,44	0,73	1,25	2,37	4,21	6,79	13,02	22,52	34,13	70,41
– 5	0	0,30	0,54	0,91	1,56	2,96	5,24	8,47	16,23	28,08	42,56	87,81
	10	0,27	0,50	0,84	1,43	2,72	4,83	7,79	11,94	25,84	39,17	80,81
	20	0,26	0,48	0,81	1,39	2,63	4,67	7,55	14,47	25,03	37,93	78,25
5	10	0,36	0,66	1,10	1,87	3,56	6,32	10,20	19,57	33,34	51,29	105,8
	20	0,34	0,62	1,03	1,76	3,35	5,94	9,59	18,38	31,79	48,18	99,41
	30	0,32	0,58	0,98	1,67	3,17	5,62	9,08	17,40	30,10	45,62	94,12
10	15	0,39	0,72	1,21	2,06	3,92	6,96	11,23	21,54	37,25	56,46	116,5

Korrekturfaktoren für abweichende Flüssigkeitstemperaturen t_{E1}

t_{E1} = 20 °C	1,20
t_{E1} = 30 °C	1,10
t_{E1} = 50 °C	0,89

B Anlagenbedingungen: R134a, t_0 = – 10 °C, t_{0h} = 5 °C, t_{E1} = 45 °C, $\dot{Q}_0$ = 10 kW, Saugsteigleitung 28 x 1,5
Ist die Ölrückführung in der Saugsteigleitung gewährleistet?
Erforderliche Verdampfungsleistung bei – 10 °C/5 °C laut Tabelle: 2,45 kW
Korrekturfaktor für t_{E1} = 45 °C; laut Tabelle (interpoliert): 0,945
2,45 kW · 0,945 = 2,32 kW < 10 kW
Die Ölrückführung ist gewährleistet.

Ölrückführung (Fortsetzung)

R134a Mindestverdampfungsleistung für die Ölrückführung in **Heißdampfsteigleitungen,** $t_0 = -5$ °C

t_c	t_{V2}	Rohraußenabmessungen in mm										
°C	°C	12	15	18	22	28	35	42	54	64	76,1	108
30	70	0,49	0,90	1,52	2,59	4,92	8,73	14,09	27,01	46,72	70,81	145,1
	80	0,46	0,85	1,43	2,43	4,26	8,20	13,23	25,37	43,89	66,51	137,2
	90	0,45	0,83	1,39	2,37	4,51	8,01	12,93	24,79	42,87	64,97	134,1
40	80	0,51	0,93	1,56	2,66	5,06	8,98	14,50	27,79	48,08	72,86	150,3
	90	0,48	0,87	1,47	2,50	4,76	8,44	13,62	26,12	45,18	68,48	141,3
	100	0,47	0,85	1,43	2,44	4,64	8,23	13,28	25,47	44,05	66,76	137,7
50	90	0,51	0,94	1,57	2,68	5,09	9,04	14,59	27,97	48,39	73,33	151,3
	100	0,48	0,88	1,48	2,51	4,78	8,48	13,69	26,25	45,40	68,81	141,9

Korrekturfaktoren für abweichende Verdampfungstemperaturen t_0

$t_0 = -10$ °C	0,97	$t_0 = 5$ °C	1,04
$t_0 = 0$ °C	1,02	$t_0 = 10$ °C	1,06

R404A Mindestverdampfungsleistung für die Ölrückführung in **Saugsteigleitungen,** $t_{E1} = 40$ °C

t_0	t_{0h}	Rohraußenabmessungen in mm										
°C	°C	12	15	18	22	28	35	42	54	64	76,1	108
– 40	– 35	0,13	0,25	0,42	0,72	1,27	2,35	3,85	7,18	11,32	17,86	43,72
	– 30	0,13	0,24	0,41	0,71	1,24	2,30	3,77	7,00	11,06	17,44	42,68
	– 15	0,13	0,24	0,40	0,69	1,21	2,25	3,69	6,86	10,80	17,05	41,73
– 30	– 25	0,17	0,33	0,53	0,96	1,68	3,09	5,06	9,42	14,87	23,45	57,39
	– 15	0,17	0,32	0,51	0,93	1,63	3,01	4,95	9,20	14,50	22,89	56,01
	– 5	0,16	0,32	0,51	0,91	1,59	2,95	4,83	8,99	14,18	22,37	54,74
– 10	– 5	0,27	0,53	0,88	1,53	2,69	4,98	8,16	15,17	23,94	37,77	92,44
	5	0,26	0,51	0,86	1,50	2,61	4,84	7,95	14,78	23,32	36,79	90,05
	15	0,26	0,49	0,82	1,46	2,55	4,73	7,76	14,44	22,76	35,92	87,91
0	5	0,34	0,64	1,08	1,89	3,31	6,13	10,06	18,72	29,53	46,57	114,0
	15	0,33	0,63	1,05	1,84	3,22	5,96	9,79	18,21	28,72	45,30	110,8

Korrekturfaktoren für abweichende Flüssigkeitstemperaturen t_{E1}

$t_{E1} = 30$ °C	1,17	$t_{E1} = 50$ °C	0,82

R404A Mindestverdampfungsleistung für die Ölrückführung in **Heißdampfsteigleitungen,** $t_0 = -5$ °C

t_c	t_{V2}	Rohraußenabmessungen in mm										
°C	°C	12	15	18	22	28	35	42	54	64	76,1	108
30	70	0,53	1,00	1,68	2,94	5,13	9,52	15,61	29,05	45,83	72,12	176,4
	80	0,50	0,98	1,65	2,88	5,02	9,31	15,27	28,41	44,81	70,49	172,2
	90	0,49	0,96	1,62	2,81	4,90	9,12	14,95	27,84	43,90	69,03	168,0
40	80	0,51	0,99	1,67	2,91	5,08	9,42	15,44	28,73	45,32	70,11	171,2
	90	0,50	0,97	1,63	2,84	4,96	9,20	15,08	28,06	44,26	68,45	167,0
	100	0,49	0,95	1,60	2,78	4,85	9,00	14,75	27,46	43,30	66,97	163,8
50	90	0,48	0,92	1,56	2,73	4,76	8,83	14,47	26,93	42,48	64,89	158,6
	100	0,47	0,90	1,52	2,66	4,64	8,61	14,11	26,26	41,42	63,26	154,4
	110	0,46	0,88	1,49	2,59	4,54	8,41	13,80	25,73	40,50	61,85	151,2

Korrekturfaktoren für abweichende Verdampfungstemperaturen t_0

$t_0 = -40$ °C	0,82	$t_0 = -20$ °C	0,93
$t_0 = -30$ °C	0,87	$t_0 = 0$ °C	1,02

Magnetventile

Definitionen und Begriffe

Direktgesteuert	Die Kraft zum Öffnen des Ventils wird allein durch die Magnetspule erzeugt.
Servogesteuert	Die Magnetspule erzeugt nur die Kraft zum Öffnen des Pilotsitzes. Die Kraft zum Öffnen des Hauptsitzes wird durch das durchströmende Medium aufgebracht. Dies erfordert einen bestimmten → Mindestdruckabfall, ca. 0,05 bar – 0,07 bar.
Mindestdruckabfall	Servogesteuerte Magnetventile benötigen einen bestimmten Mindestdruckabfall um nach der Ventilöffnung offen zu bleiben. Wird der Mindestdruckabfall während der Öffnungsphase unterschritten (weil z.B. das Magnetventil zu groß bemessen wurde), schließt das Ventil. Das führt zu Funktionsstörungen und Pulsationen in der Anlage. Direkt gesteuerte Magnetventile brauchen keinen Mindestdruckabfall.
MOPD (Maximale Öffnungsdruckdifferenz)	Die maximale Öffnungsdruckdifferenz ist die maximale Druckdifferenz zwischen Ein- und Austritt des Magnetventils, die noch geschaltet werden kann.
NC	**N**ormally **C**losed (stromlos geschlossen). Bei Betätigung der Magnetspule öffnet das Ventil.
NO	**N**ormally **O**pen (stromlos geöffnet). Bei Betätigung der Magnetspule schließt das Ventil.

Leistungsdaten von Magnetventilen Fabrikat Alco

Typ	Nennleistung[1] $\dot{Q}_n$ in kW									Δp_{min} bar
	Flüssigkeit			Heißgas			Sauggas			
	R134a	R404A R507	R407C	R134a R507	R404A R507	R407C	R134a	R404A	R407C	
110RB2	3,5	2,5	3,6	1,6	1,7	2,1	–	–	–	0
200RB3	6,6	4,6	6,8	3,0	3,2	3,9	–	–	–	0,05
200RB4	15,5	10,9	16,1	7,1	7,5	9,2	–	–	–	0,05
200RB6	27,3	18,9	28,0	12,5	13,1	16,1	–	–	–	0,05
240RA8	36,3	25,2	37,3	16,7	17,4	21,4	4,2	4,6	5,2	0,05
240RA9	76,2	52,9	78,4	35,1	36,5	44,9	8,8	9,7	10,9	0,05
240RA12	85,7	59,5	88,1	39,4	41,1	50,5	9,9	10,9	12,3	0,05

[1] Die Nennleistungen beziehen sich auf eine Verdampfungstemperatur (→ gesättigter Dampf) von + 4 °C und eine Verflüssigungstemperatur (→ gesättigte Flüssigkeit) von 38 °C bei einer Unterkühlung von 1 K sowie einen Druckabfall im Ventil von 0,15 bar (bei Heißgasanwendung 1 bar und Sauggastemperatur + 18 °C).

Auswahl von Magnetventilen, Beispiel Fabrikat Alco

Weichen die Betriebsbedingungen von den Katalogbedingungen (t_0 = + 4 °C, t_c = 38 °C, Δt_{cu} = 1 K) ab, müssen die Betriebsbedingungen korrigiert werden:

Nennleistung

$$Q_n = Q_0 \cdot K_t \cdot K_{\Delta p}$$

Q_n Nennleistung des Ventils (siehe Tabelle oben)
Q_0 benötigte Kälteleistung
K_t Korrekturfaktor für Verdampfungs- und Flüssigkeitstemperatur
$K_{\Delta p}$ Korrekturfaktor für den → wirksamen Druckabfall am Magnetventil

R134a Sauggasanwendung

Verdampfungstemperatur °C	Korrekturfaktor K_t – Verflüssigungstemperatur °C								
	60	55	50	45	40	35	30	25	20
+ 10	1,03	0,97	0,92	0,88	0,84	0,80	0,76	0,74	0,71
0	1,40	1,32	1,25	1,20	1,14	1,10	1,04	1,01	0,96
– 10	1,71	1,62	1,53	1,47	1,40	1,34	1,27	1,23	1,18
– 20	2,20	2,08	1,97	1,88	1,80	1,72	1,64	1,58	1,51
– 30	2,79	2,63	2,50	2,39	2,27	2,19	2,07	2,01	1,92

Korrekturfaktor $K_{\Delta p}$

Δp in bar	0,05	0,10	0,15	0,20	0,25	0,30	0,35	0,40	0,45
$K_{\Delta p}$	1,73	1,22	1,00	0,87	0,77	0,71	0,65	0,61	0,48

7

Magnetventile (Fortsetzung)

Auswahl von Magnetventilen, Beispiel Fabrikat Alco

R134a Flüssigkeitsanwendung

Flüssigkeits-temperatur °C	Korrekturfaktor K_t				
	Verdampfungstemperatur °C				
	10	0	–10	–20	–30
60	1,33	1,40	1,48	1,56	1,67
55	1,23	1,29	1,36	1,43	1,52
50	1,15	1,20	1,26	1,32	1,39
45	1,08	1,12	1,17	1,22	1,29
40	1,01	1,05	1,10	1,14	1,20
35	0,96	0,99	1,03	1,07	1,12
30	0,91	0,94	0,98	1,01	1,06
25	0,86	0,89	0,92	0,95	1,00
20	0,82	0,85	0,88	0,91	0,94
15	0,78	0,81	0,84	0,86	0,89
10	0,75	0,77	0,80	0,82	0,85
5		0,74	0,76	0,78	0,81
0		0,71	0,73	0,75	0,78
– 5			0,70	0,72	0,74
– 10			0,68	0,69	0,71

Korrekturfaktor $K_{\Delta p}$

Δp in bar	0,05	0,1	0,15	0,20	0,25	0,30	0,35	0,40	0,45	0,50	0,55	0,60	0,65
$K_{\Delta p}$	1,73	1,22	1,00	0,87	0,77	0,71	0,65	0,61	0,58	0,55	0,52	0,50	0,48

R134a Heißgasanwendung

	Korrekturfaktor K_t								
	Verdampfungstemperatur °C								
	10	5	0	– 5	– 10	– 15	– 20	– 25	– 30
K_t	0,96	1,00	1,03	1,06	1,10	1,16	1,17	1,20	1,24

Korrekturfaktor $K_{\Delta p}$

Δp in bar	0,55	0,50	0,70	1,00	1,50	2,00	2,50	3,00	4,00
$K_{\Delta p}$	1,72	1,49	1,22	1,00	0,86	0,78	0,73	0,70	0,65

Es ist unwahrscheinlich, dass es ein Magnetventil gibt, das in der Anlage genau den gewünschten Druckabfall erzeugt. Deswegen muss nach der Auswahl eines Magnetventils der tatsächliche Druckabfall des ausgewählten Magnetventils berechnet werden.

$$\Delta p_0 = \Delta p_n \cdot \frac{Q_0^2}{Q_n^2}$$

Druckabfall

Δp_0	tatsächlicher Druckabfall	bar
Δp_n	Druckabfall bei Standardbedingungen	bar
Q_0	benötigte Kälteleistung	kW
Q_n	Nennleistung des Magnetventils	kW

B Magnetventil für die Flüssigkeitsleitung

Betriebsbedingungen der R134a-Anlage: $Q_0 = 7{,}5$ kW, $t_0 = -10$ °C, $t_c = 40$ °C, $t_{cu} = 35$ °C, gewünschter Druckabfall $\Delta p = 0{,}10$ bar

→ $K_t = 1{,}03$, → $K_{\Delta p} = 1{,}22$

$\mathbf{Q_n = Q_0 \cdot K_t \cdot K_{\Delta p} = 7{,}5\ kW \cdot 1{,}03 \cdot 1{,}22 = 9{,}42\ kW}$ **→ 200RB4 mit $Q_n = 15{,}5$ kW**

Überprüfung des tatsächlichen Druckabfalls: $\Delta p_0 = \Delta p_n \cdot \frac{Q_0^2}{Q_n^2} = 0{,}1 \cdot \frac{7{,}5^2}{15{,}5^2} = 0{,}02$ bar $< 0{,}05$ bar (Mindestdruckabfall für RB2004) →

Das Magnetventil 200RB4 ist zu groß, es muss das nächst kleinere Magnetventil **200RB3** eingebaut werden (nach Überprüfung Δp!).

Filtertrockner

Definitionen und Begriffe (→ Trockenmittel)

Durchflussleistung	Die Durchflussleistung bezieht sich nach **DIN 8949**:2000-01 auf einen Druckverlust von 0,07 bar bei einer Flüssigkeitstemperatur von 30 °C und einer Verdampfungstemperatur von –15 °C
Wasseraufnahmefähigkeit	Die Wasseraufnahmefähigkeit gibt an, wie viel g Wasser der Trockner bei folgenden Bedingungen aufnehmen kann: Flüssigkeitstemperatur 24 °C oder 54 °C, Restfeuchte 50 → PPM, siehe **DIN 8949**:2000-01.

Durchflussleistungen und technische Daten von Filtertrocknern Fabrikat Alco

Typ	Durchflussleistung in kW									
	0,14 bar Druckverlust				0,07 bar Druckverlust				Anschluss	
	R134a	R404A R507	R407C	R410A	R134a	R404A R507	R407C	R410A	Löt	Bördel
ADK-032	9,7	6,9	10,1	10,5	6,7	4,8	7,0	7,2		6
ADK-036MMS	11,0	7,8	11,4	11,8	7,3	5,2	7,6	7,9	6	
ADK-052	10,1	7,2	10,5	10,9	6,9	4,9	7,2	7,5		6
ADK-056MMS	13,7	9,8	14,3	14,8	9,2	6,5	9,5	9,9	6	
ADK-053	19,5	13,9	20,3	21,0	13,0	9,2	13,5	14,0		10
ADK-0510MMS	22,1	15,7	23,0	23,8	15,0	10,7	15,6	16,1	10	
ADK-082	10,4	7,4	10,8	11,2	7,1	5,1	7,4	7,7		6
ADK-086MMS	14,7	10,4	15,3	15,8	9,8	7,0	10,2	10,5	6	
ADK-083	21,9	15,6	22,8	23,6	15,0	10,7	15,6	16,2		10
ADK-0810MMS	22,1	15,7	23,0	23,8	15,0	10,7	16,6	16,2	10	
ADK-084	35,8	25,5	37,3	38,6	23,5	16,7	24,5	25,3		12
ADK-0812MMS	36,2	25,8	37,7	39,0	24,1	17,2	25,1	26,0	12	

Größe	Wasseraufnahme in g								Säureaufnahme in g
	Flüssigkeitstemperatur 24 °C				Flüssigkeitstemperatur 54 °C				
	R134a	R404A R507	R407C	R410A	R134a	R404A R507	R407C	R410A	
ADK-03	4,9	4,9	3,4	2,8	4,4	4,6	2,9	2,4	0,8
ADK-05	11,8	11,8	8,2	6,8	10,6	10,9	7,0	5,8	2,3
ADK-08	17,9	18,0	12,4	10,3	16,2	16,6	10,7	8,8	3,3

Auswahl von Filtertrocknern, Beispiel Fabrikat Alco

Weichen die Betriebsbedingungen von den Katalogbedingungen (t_0 = –15 °C, t_{cu} = 30 °C) ab, müssen die Betriebsbedingungen korrigiert werden:

$$Q_n = Q_0 \cdot K_t$$

Q_n Nennleistung
Q_0 benötigte Kälteleistung
K_t Korrekturfaktor für Verdampfungs- und Flüssigkeitstemperatur

Flüssigkeitstemperatur °C	Korrekturfaktor K_t								
	Verdampfungstemperatur °C								
	10	5	0	– 5	– 10	– 15	– 20	– 25	– 30
55	1,25	1,28	1,31	1,34	1,38	1,41	1,45	1,50	1,54
50	1,16	1,19	1,21	1,24	1,27	1,30	1,34	1,38	1,42
45	1,09	1,11	1,13	1,16	1,18	1,21	1,24	1,27	1,31
40	1,02	1,04	1,06	1,08	1,11	1,13	1,16	1,19	1,22
35	0,96	0,98	1,00	1,02	1,04	1,06	1,08	1,11	1,14
30	0,91	0,93	0,94	0,96	0,98	1,00	1,02	1,04	1,07
25	0,86	0,88	0,89	0,91	0,93	0,95	0,96	0,98	1,01
20	0,82	0,84	0,85	0,87	0,88	0,90	0,92	0,93	0,95
15	0,79	0,80	0,81	0,83	0,84	0,85	0,87	0,89	0,90

Verdampfungsdruckregler

Leistungsdaten und technische Daten von Verdampfungsdruckreglern, Fabrikat Danfoss

Typ	Nennleistung[1] in kW			Anschluss	
	R134a	R404A R507	R407C	Bördel mm	Löt mm
KVP 15	2,8	3,6	3,7	16	16
KVP 22	2,8	3,6	3,7		22
KVP 28	6,1	7,7	7,9		28

[1]) Die Nennleistungen beziehen sich auf eine Verdampfungstemperatur von – 10 °C, eine Verflüssigungstemperatur von 25 °C, einen Druckabfall im Regler von 0,2 bar bei einem Offset von 0,6 bar.

Auswahl von Verdampfungsdruckreglern, Fabrikat Danfoss

Typ	Reglerleistung Q_0 in kW für R134a, Offset 0,6 bar								
	Druckabfall im Regler Δ_p in bar	Verdampfungstemperatur t_0 in °C							
		–15	–10	–5	0	5	10	15	20
KVP 12 KVP 15 KVP 22	0,1	1,8	2,1	2,3	2,6	2,9	3,2	3,6	3,9
	0,2	2,5	2,8	3,2	3,6	4,0	4,5	5,0	5,5
	0,3	2,9	3,4	3,8	4,3	4,9	5,4	6,0	6,6
	0,4	3,2	3,7	4,3	4,9	5,5	6,1	6,8	7,6
	0,5	3,4	4,0	4,6	5,3	6,0	6,8	7,5	8,3
KVP 28 KVP 35	0,1	3,9	4,5	5,0	5,6	6,2	6,9	7,6	8,4
	0,2	5,3	6,1	6,9	7,8	8,7	9,6	10,6	11,7
	0,3	6,3	7,2	8,2	9,3	10,4	11,6	12,9	14,2
	0,4	6,9	8,0	9,2	10,5	11,8	13,2	14,6	16,2
	0,5	7,3	8,6	10,0	11,4	12,9	14,5	16,1	17,9

Weichen die Betriebsbedingungen von den Katalogbedingungen (t_0 = –10 °C, t_c = 25 °C, Δp = 0,2 bar, Offset 0,6 bar) ab, müssen die Betriebsbedingungen korrigiert werden:

$$Q_0 = Q_A \cdot f_1 \cdot f_2$$

Q_0 Nennleistung des Reglers
Q_A benötigte Kälteleistung (Anlagenleistung)
f_1 Korrekturfaktor für Flüssigkeitstemperatur
f_2 Korrekturfaktor für Offset

	Korrekturfaktor f_1								
	Flüssigkeitstemperatur t_{cu} °C								
	10	15	20	25	30	35	40	45	50
R134a	0,88	0,92	0,96	1,0	1,05	1,10	1,16	1,23	1,31
R404A	0,84	0,89	0,94	1,0	1,07	1,16	1,26	1,40	1,57
R507	0,84	0,89	0,94	1,0	1,07	1,16	1,26	1,40	1,57
R407C	0,88	0,91	0,95	1,0	1,05	1,11	1,18	1,26	1,35

	Korrekturfaktor f_2						
	Offset in bar						
	0,2	0,4	0,6	0,8	1,0	1,2	1,4
KVP 12, 15, 22	2,5	1,4	1,0	0,77	0,67	0,59	
KVP 28, 35		1,4	1,0	0,77	0,67	0,59	0,53

B Betriebsbedingungen der R134a-Anlage: Q_A = 4,2 kW, t_0 = –10 °C, t_{cu} = 35 °C, Mindestverdampfungstemperatur p_{0min} (d.h. diejenige Verdampfungstemperatur, die nicht unterschritten werden darf) = –16 °C
→ p_0 = 2,01 bar, p_{0min} = 1,58 bar → Offset = 2,01 – 1,58 = 0,43 bar → f_2 = 1,34 → t_{cu} = 35 °C → f_1 = 1,10
$Q_0 = Q_A \cdot f_1 \cdot f_2 = 4{,}2 \cdot 1{,}10 \cdot 1{,}34 = 6{,}2$ kW → **KVP 28/35** bei einem Druckabfall von 0,1 bar
Der Typ KVP 12/15/22 würde in dieser Anlage einen Druckabfall von ca. 0,55 bar erzeugen

Aufstellung von Kälteanlagen (nach **DIN EN 378-1**:2021-06)

Beispiele von Anlagen, direkte Systeme

Direkte Systeme

Direktes System

Kältemittelführende Teile sind innerhalb des Personen-Aufenthaltsbereiches untergebracht, in dem das Kältemittel bei einer Leckage austreten könnte.

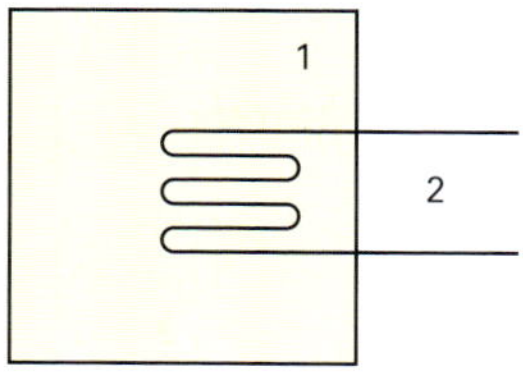

Offenes Sprühsystem

Der Wärmeträger befindet sich an der Stelle in direkter Verbindung mit kältemittelführenden Teilen, an der der indirekte Kreislauf zum Personen-Aufenthaltsbereich hin offen ist. Bei einer Leckage könnte Kältemittel in den Personen-Aufenthaltsbereich gelangen.

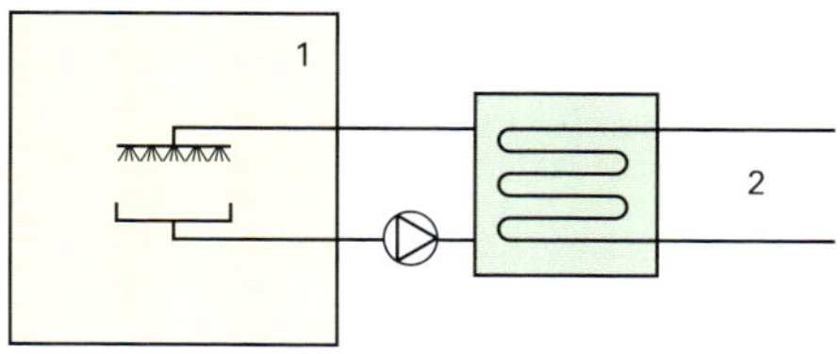

Direktes Kanalsystem

Die kanalgeführte Luft befindet sich an der Stelle in direkter Verbindung mit kältemittelführenden Teilen, an der die konditionierte Luft in den Personen-Aufenthaltsbereich eingeleitet wird. Bei einer Leckage könnte Kältemittel in den Personen-Aufenthaltsbereich gelangen.

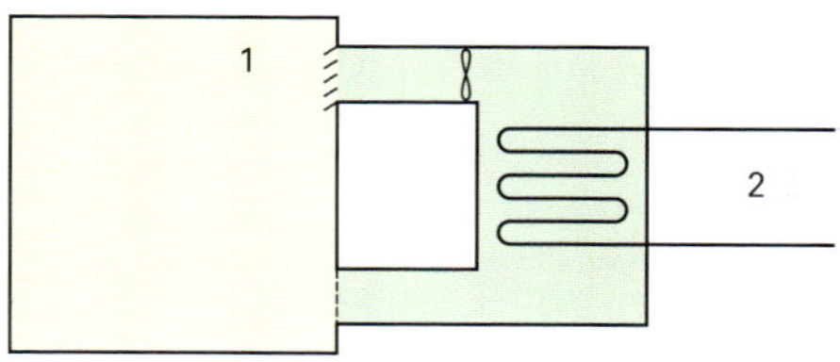

Offenes belüftetes Sprühsystem

Der Wärmeträger befindet sich an der Stelle in direkter Verbindung mit kältemittelführenden Teilen, an der der indirekte Kreislauf zum Personen-Aufenthaltsbereich hin offen ist. Bei einer Leckage könnte Kältemittel in den Personen-Aufenthaltsbereich gelangen.

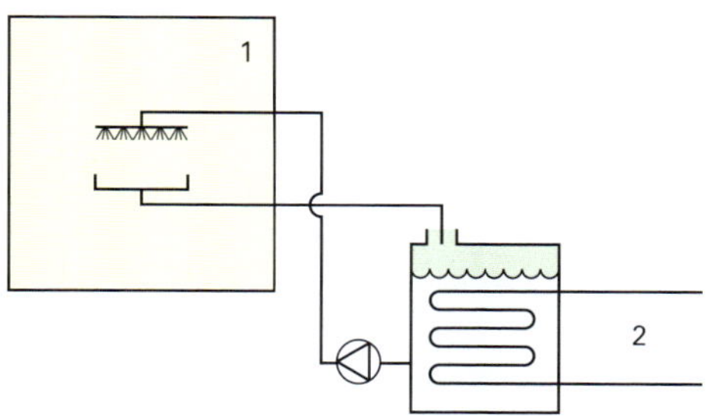

Legende: 1 Personen-Aufenthaltsbereich 2 kältemittelführende(s) Teil(e)

Beim direkten System befinden sich der Verdampfer oder der Verflüssiger der Kälteanlage in direkter Verbindung mit dem/der zu kühlenden oder zu erwärmenden Luft/Gut (Wärmeträger). Anlagen, in denen sich ein Sekundärkühlmittel in direkter Verbindung mit dem/der zu kühlenden oder zu erwärmenden Luft/Gut befindet (Sprüh- oder Kanalsysteme) gelten als direkte Systeme.

7

Aufstellung von Kälteanlagen (Fortsetzung) (nach **DIN EN 378-1:**2021-06)

Beispiele von Anlagen, indirekte Systeme

Indirekte Systeme

Indirekt geschlossenes System

Der Wärmeträger befindet sich in direkter Verbindung mit kältemittelführenden Teilen, die in den Personen-Aufenthaltsbereich führen. Bei einer Leckage im indirekten Kreislauf könnte Kältemittel in den Personen-Aufenthaltsbereich gelangen.

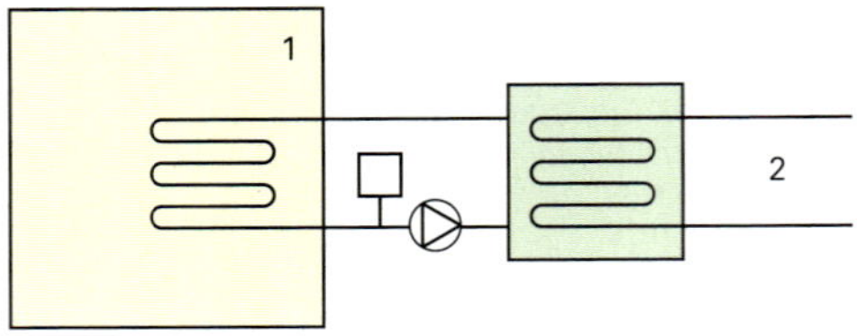

Indirekt belüftetes System

Der Wärmeträger befindet sich innerhalb eines belüfteten oder doppelwandigen Wärmeaustauschers in direkter Verbindung mit kältemittelführenden Teilen. Bei einer Leckage wird Kältemittel aus dem Wärmeaustauscher entlüftet und gelangt nicht in den indirekten Kreislauf.

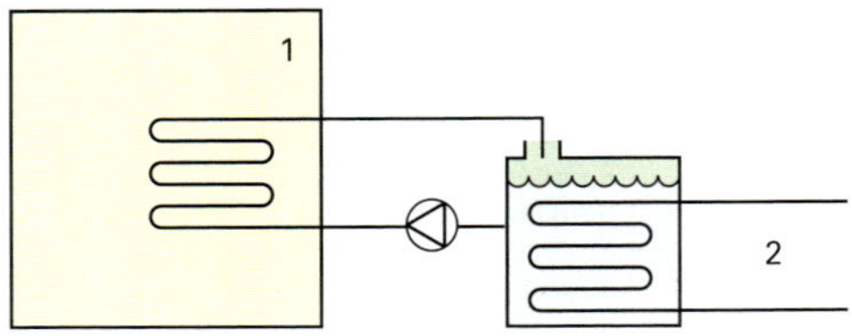

Indirekt belüftetes geschlossenes System

Der Wärmeträger befindet sich in direkter Verbindung mit kältemittelführenden Teilen und der indirekte Kreislauf enthält innerhalb des Kreislaufs eine Belüftung des Kältemittels. Bei einer Leckage wird Kältemittel aus dem Kreislauf entlüftet.

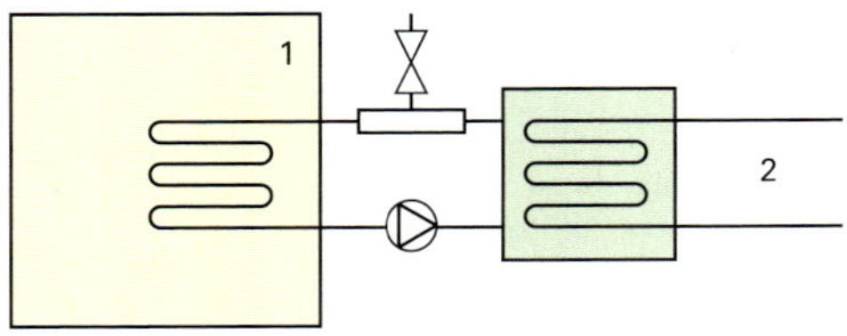

Doppelt indirektes System

Der Wärmeträger befindet sich in direkter Verbindung mit kältemittelführenden Teilen und die Wärme wird über einen zweiten indirekten Kreislauf ausgetauscht, der in den Personen-Aufenthaltsbereich führt. Bei einer Leckage kann das Kältemittel nicht in den Personen-Aufenthaltsbereich gelangen.

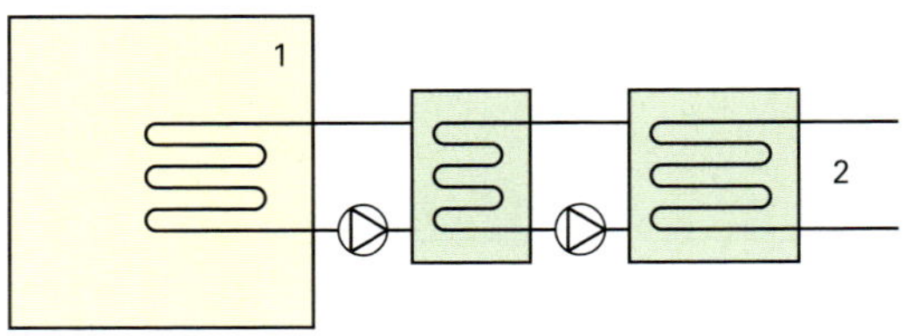

Indirektes Hochdrucksystem

Der Wärmeträger weist einen höheren Druck auf als die kältemittelführenden Teile. Bei einer Leckage kann das Kühlmittel nicht in den indirekten Kreislauf gelangen.

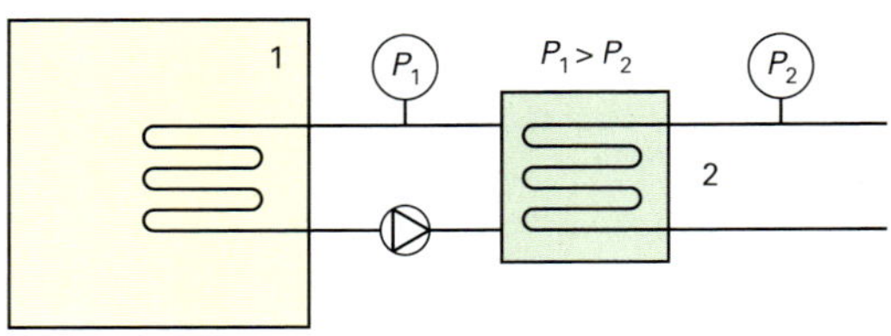

7

Legende: 1 Personen-Aufenthaltsbereich 2 kältemittelführende(s) Teil(e)

Beim indirekten System kühlt der Verdampfer oder erwärmt der Verflüssiger den → Wärmeträger, der durch einen geschlossenen Kreislauf mit Wärmetauschern fließt. Die Wärmetauscher stehen in direkter Verbindung mit dem zu behandelnden Gut.

Aufstellung von Kälteanlagen (Fortsetzung) (nach DIN EN 378-1:2021-06; DIN EN 378-2:2018-04)

Nr.:	Potenzielle Gefährdungen durch die Aufstellung von Kälteanlagen DIN EN 378-1:2021-06
1)	**Bei direktem Einfluss extremer Temperaturen,** z.B.:
	a) Materialversprödung bei tiefen Temperaturen b) Gefrieren eingeschlossener Flüssigkeiten c) thermische Beanspruchung d) Volumenänderung durch Temperaturänderungen e) Personenschäden, verursacht durch tiefe Temperaturen f) Berührung von heißen Oberflächen
2)	**Bei überhöhtem Druck,** z.B. infolge:
	a) Anstieg des Verflüssigungsdrucks, verursacht durch ungenügende Kühlung des Verflüssigers oder den Partialdruck nicht kondensierbarer Gase oder durch Ansammlung von Öl oder flüssigem Kältemittel im Verflüssiger b) Anstieg des Sattdampfdrucks, verursacht durch übermäßige Erwärmung von außen, z.B. eines Flüssigkeitskühlers, oder Abtauen eines Luftkühlers oder hohe Umgebungstemperatur bei Stillstand der Anlage c) Wärmeausdehnung von flüssigem Kältemittel in einem abgeschlossenen Raum unter hydrostatischer Beanspruchung, verursacht durch einen Anstieg der Außentemperatur d) Feuer
3)	**Bei direktem Einfluss der Flüssigphase,** z.B.:
	a) zu hohe Kältemittel-Füllmenge oder durch das Kältemittel überflutete Apparate b) Vorhandensein von Flüssigkeit in Verdichtern durch Ansaugen oder Kondensation im Verdichter c) Flüssigkeitsschläge in Rohrleitungen d) Verlust der Schmierung durch das Aufschäumen von Öl
4)	**Beim Entweichen von Kältemitteln,** z.B.:
	a) Feuer oder Explosion b) Toxizität oder Verätzung c) Hauterfrierung d) Erstickung e) Panik f) Umweltaspekte
5)	**Bei bewegten Teilen von Maschinen,** z.B.:
	a) Verletzungen b) Gehörschäden durch übermäßigen Lärm c) Schäden durch Schwingungen

Risiken durch die Aufstellung von Kälteanlagen DIN EN 378-2:2018-04

Nr. nach EN ISO 12100	Gefährdungen, gefährliche Situationen und gefährliche Ereignisse	Relevanter Abschnitt in EN 378-2:2016
1	**Mechanische Gefährdungen** durch: – Schnitt- und Durchtrennungsgefahr – Gefahr durch Hochdruckflüssigkeitsinjektion	 6.2.11 5.2.1, 5.2.2, 5.3.2, 6.2.3
2	**Elektrische Gefährdung** aufgrund von: – Berührung von Personen mit unter Spannung stehenden Teilen (direkter Kontakt) – Berührung von Personen mit Teilen, die durch Fehlzustände spannungsführend geworden sind (indirekter Kontakt) – elektrostatischen Phänomenen – thermischer Strahlung oder Vorgängen wie das Herausschleudern geschmolzener Teilchen oder chemischen Vorgängen bei Kurzschlüssen, Überlastungen usw.	 6.2.9 6.2.6.7, 6.2.9 6.2.9 6.2.9, 6.2.10
3	**Thermische Gefährdungen,** die zu Folgendem führen: – Verbrennungen, Verbrühungen und andere Verletzungen durch einen möglichen Kontakt mit Objekten oder Werkstoffen mit einer extrem hohen oder niedrigen Temperatur, durch Flammen oder Explosionen und durch die Strahlung von Wärmequellen – Gefährdungen durch Kontakt mit oder Inhalation von Flüssigkeiten, Gasen, Sprühnebeln, Dämpfen und Stäuben	 6.2.6, 6.2.10, 6.2.14 5.1.2, 5.3.1.4, 6.2.3.5, 6.2.4
7	**Gefährdung durch Materialien und Substanzen,** die zu Folgendem führen: – Gefährdungen durch Kontakt mit oder Inhalation von gesundheitsschädlichen Flüssigkeiten, Gasen, Sprühnebeln, Dämpfen – und Stäuben – Gefährdung durch Feuer oder Explosion	 5.1.2, 5.1.3.4, 6.2.3.5, 6.2.4 6.2.5.1, 6.2.6, 6.2.14
10	**Gefährdungen im Zusammenhang mit der Einsatzumgebung der Maschine** aufgrund von Verschmutzung und Sauerstoffmangel	5.1.2, 5.3.1.4, 6.2.4

7

Aufstellung von Kälteanlagen (Fortsetzung) (nach **DIN EN 378-2:**2018-04)

Anforderungen an Prüfungen der Eigensicherheit **DIN EN 378-2:**2018-04

Allgemeines: Die Anforderungen an die Prüfung der Eigensicherheit gelten nur für Einrichtungen, die nach den Fließbildern ab S. 451 zu der Option führen, die eine Durchführung der Prüfung der Eigensicherheit verlangt.

Bestimmung des maximalen Drucks bei Störungen, unterschieden in Hochdruck- und Niederdruckseite

Bestimmung des Drucks auf der Hochdruckseite (p_{HIS})
Zur Bestimmung des p_{HIS}-Drucks muss der Wärmeübertrager auf der Hochdruckseite der Kälteanlage der folgenden Prüfung unterzogen werden:
- Die Kälteanlage muss unter Berücksichtigung der vom Hersteller festgelegten Abstände zu angrenzenden Oberflächen aufgestellt werden.
- Die Kälteanlage muss mit Nennspannung oder mit dem oberen Grenzwert des Nennspannungsbereichs bei einer Umgebungstemperatur von 23 °C ± 5 °C betrieben werden.
- Bei Erreichen des Beharrungszustandes muss der Wärmeträger des Wärmeübertragers auf der Hochdruckseite eingeschränkt bzw. abgesperrt werden, je nachdem, welches bei laufender Kälteanlage die nachteiligste Bedingung ist.
- Wenn die Kälteanlage mit anlagenexternen Heizeinrichtungen ausgerüstet ist, müssen diese in Betrieb genommen werden. Der höchste während dieser Prüfung auftretende Druck ist p_{HIS}.

Bestimmung des Drucks auf der Niederdruckseite (p_{HIS})

Zur Bestimmung des pLIS-Drucks muss der Wärmeübertrager auf der Niederdruckseite der Kälteanlage der folgenden Prüfung unterzogen werden:
- Die Kälteanlage muss unter Berücksichtigung der vom Hersteller festgelegten Abstände zu angrenzenden Oberflächen aufgestellt werden.
- Die Kälteanlage darf nicht in Betrieb sein, um die Bedingungen im Stillstand zu simulieren.
- Die Temperatur des Wärmeträgers im Wärmeübertrager der Niederdruckseite muss auf der vom Hersteller festgelegten maximalen Temperatur gehalten werden.
- Bei Wasser als Wärmeträger wird dieser Zustand 30 min aufrechterhalten.
- Ist der Wärmeträger Luft, dann muss dieser Zustand 1 h konstant gehalten werden.
- Bei Kälteanlagen oder Abschnitten der Anlage, die während des Transports unter tropischen Klimabedingungen flüssiges Kältemittel enthalten, muss die Kälteanlage oder der befüllte Anlagenteil 1 h auf einer Temperatur von 70 °C konstant gehalten werden.
- Der höchste auf der Niederdruckseite auftretende Druck ist p_{HIS}.

Bemerkung: Die Temperatur von 70 °C ist die höchste Temperatur, die in einem Behälter während des Transports unter tropischen Klimabedingungen erwartet wird.

Relevanz von Zündquellen zur Erzeugung eines Feuers **DIN EN 378-2:**2018-04

In EN 1127 werden Typen von Zündquellen beschrieben. Bei der Beurteilung, ob Zündquellen vorhanden sind, sollten alle relevanten Typen beurteilt werden. Die unten dargestellte Tabelle gibt an, welche Zündquellen üblicherweise für die Beurteilung von Kälteanlagen relevant sind.

Abschnitt in EN 1127-1	In EN 1127-1 aufgelistete Zündquellen	Üblicherweise unter normalen Betriebsbedingungen relevant	Beispiele
5.1	Heiße Oberflächen	Ja	Elektrische Heizungen
5.2	Flammen und heiße Gase	Ja	Gasheizungen
5.3	Mechanisch erzeugte Funken	Ja	Im Betrieb
5.4	Elektrische Anlagen	Ja	Elektrische Funken durch sich öffnende Schaltkreise
5.5	Elektrische Ausgleichsströme und kathodischer Schutz	Nein	
5.6	Statische Elektrizität	Ja	Große Kunststoffoberflächen
5.7	Blitzschlag	Nein	Es ist ein sehr unwahrscheinliches Ereignis
5.8	Elektromagnetische Wellen im Frequenzbereich von 104 Hz bis 3 × 1011 Hz (Hochfrequenz)	Nein	
5.9	Elektromagnetische Wellen im Frequenzbereich von 3 × 1011 Hz bis 3 × 1015 Hz	Nein	
5.10	Ionisierende Strahlung Nein		
5.11	Ionisierende Strahlung Nein		
5.12	Adiabatische Kompression und Stoßwellen	Nein	Ein Luftverdichter, der Luft im Bereich eines Lecks ansaugt
5.13	Exotherme Reaktionen einschließlich Selbstentzündung von Stäuben	Nein	

7

Aufstellung von Kälteanlagen (Fortsetzung) (nach **DIN EN 378-1**:2021-06, **-2**:2018-04 und **-3**:2020-12)

Klassifikation der Aufstellungsorte von Kälteanlagen

Klasse	Aufstellungsort	Eigenschaft
I	Mechanische Geräte im Personen-Aufenthaltsbereich	Die Kälteanlage oder kältemittelführende Teile befinden sich im Personen-Aufenthaltsbereich, dann entspricht die Anlage der Klasse I, es sie denn, sie entspricht der Klasse II.
II	Verdichter im Maschinenraum oder im Freien	Alle Verdichter und Druckbehälter befinden sich im Maschinenraum oder im Freien, dann entspricht die Anlage der Klasse III, außer die Anlage entspricht der Klasse II. Rohrschlangen und Rohrleitungen mit Ventilen können sich im Personen-Aufenthaltsbereich befinden.
III	Im Maschinenraum oder im Freien	Alle kältemittelführenden Teile im Maschinenraum oder im Freien. Der Maschinenraum muss die Anforderungen nach EN-378-3:2020-12 erfüllen.
IV	Belüftetes Gehäuse	Alle kältemittelführenden Teile befinden sich in einem belüfteten Gehäuse. Das Gehäuse muss die Anforderungen nach DIN EN 378-2:2018-04 u. DIN EN 378-3:2020-12 erfüllen.

Bemerkungen:
- Kälteanlagen sowie Teile davon dürfen nicht in oder auf öffentlich genutzten Treppenaufgängen, Treppenabsätzen sowie Ein- oder Ausgängen aufgestellt werden, falls dadurch der freie Durchgang behindert wird.
- Wird in einem indirekten System, das einen Personen-Aufenthaltsbereich versorgt, ein Fluid verwendet, das nach DIN EN 378-1:2021-06 als Kältemittel gilt, muss die Füllmenge dieses Wärmeträgers auf der Grundlage der Anforderungen an ein direkt freisetzendes System errechnet werden (siehe folgende Abschnitte).

Kategorien der Zugangsbereiche

Kategorie	Bezeichnung	Allgemeine Eigenschaften	Beispiele
a	Allgemeiner Zugangsbereich	Räume, Gebäudeteile, in denen – Schlafeinrichtungen vorhanden sind. – Personen eingeschränkter Bewegungsfähigkeit sind – sich eine unkontrollierte Anzahl von Personen befindet – jede Person Zutritt hat, ohne mit den Sicherheitsvorkehrungen vertraut zu sein	Krankenhäuser, Gerichtsgebäude, Gefängnisse, Supermärkte, Schulen, Vortragsräume, Bahnhöfe, Hotels, Wohnungen, Restaurants
b	Überwachter Zugangsbereich	Räume, Gebäudeteile, Gebäude, in denen sich nur eine begrenzte Anzahl von Personen aufhalten darf, von denen einige mit den allgemeinen Sicherheitsvorkehrungen der Einrichtung vertraut sein müssen.	Büro- oder Geschäftsräume, Laboratorien, Räume für allgemeine Fabrikations- und Arbeitszwecke
c	Zugangsbereich nur Befugte	Räume, Gebäudeteile, Gebäude, zu denen nur befugte Personen Zutritt haben, die mit den allgemeinen und besonderen Sicherheitsvorkehrungen der Einrichtung vertraut sind, und in denen Materialien oder Güter hergestellt, verarbeitet oder gelagert werden.	Produktionsstätten, z.B. für Nahrungsmittel, Getränke, Industrie- und Speiseeis, Raffinerien, Kühlhallen, Molkereien, Schlachthöfe, nicht öffentliche Bereiche in Supermärkten

Bemerkung: Sofern für einen bestimmten Anwendungsfall mehrere Kategorien von Zugangsbereichen möglich sind, gelten die strengeren Anforderungen. Sind Personen- Aufenthaltsbereiche räumlich voneinander getrennt, z.B. durch abgedichtete Zwischenwände, Böden und Decken, dann gelten die Anforderungen für die jeweilige Kategorie.

Klassifikation der Kältemittel nach Sicherheitsgruppen

Toxizität durch die Buchstaben A oder B	**Brennbarkeit** durch die Zahlen 1,2, 2L oder 3	
A: geringe Toxizität	**1:** keine Flammausbreitung	**2L:** geringe Brennbarkeit bei niedriger Flammausbreitungsgeschwindigkeit
B: Erhöhte Toxizität	**2:** geringe Brennbarkeit	**3:** größere Brennbarkeit

Anforderungen an die Grenzwerte für die Kältemittel-Füllmenge

Die folgende Vorgehensweise ist anzuwenden:

a) Es ist die zutreffende Kategorie des Zugangsbereiches und die Klasse des Aufstellungsortes der Kälteanlage zu bestimmen (siehe oben)

b) Es ist die Toxizitätsklasse des verwendeten Kältemittels zu bestimmen.

c) Es ist der Grenzwert für die Kältemittel-Füllmenge für die Kälteanlage entsprechend der größten Toxizität zu bestimmen.
   1) Grenzwert für die Kältemittel-Füllmenge nach Toxizität (Siehe oben).
   2) 20 m^3 multipliziert mit dem Grenzwert für die Toxizität für dauerhaft geschlossene Kälteanlagen.
   3) 150 g für dauerhaft geschlossene Kälteanlagen mit einem Kältemittel der Toxizitätsklasse A.

d) Es sind die Brennbarkeitsklasse des verwendeten Kältemittels zu bestimmen.

e) Es ist der Grenzwert für die Kältemittel-Füllmenge für die Kälteanlage auf Grundlage der größten Brennbarkeit zu bestimmen:
   1) Grenzwert für die Kältemittel-Füllmenge aufgrund der Brennbarkeit nach Tabellen Seite 440 und 441.
   2) m_1 x 1,5 für dauerhaft geschlossene Kälteanlagen unter Verwendung der Brennbarkeitsklasse 2L.
   3) m_1 für dauerhaft geschlossene Kälteanlagen unter Verwendung der Brennbarkeitsklasse 2 oder 3.
   4) 150 g für dauerhaft geschlossene Kälteanlagen.

f) Es ist der geringste der nach c) und e) erhaltene Grenzwert der Kältemittel-Füllmenge anzuwenden. Für die Brennbarkeitsklasse 1 ist Punkt e) nicht anwendbar.

Aufstellung von Kälteanlagen (Fortsetzung) (nach **DIN EN 378-1**:2021-06)

Anforderungen an die Grenzwerte der Kältemittelfüllmenge aufgrund der Toxizität

Klasse	Kategorie des Zugangsbereiches		Klassifikation des Aufstellungsortes I	II	III	IV
A	a		*T* x *R* o. S. 443		Keine Begrenzung der Füllmenge	Die auf Toxizität beruhenden Anforderungen an die Füllmenge sind, in Abhängigkeit vom Ort des belüfteten Gehäuses nach dem Aufstellungsort I, II oder II zu beurteilen
	b	Obere Geschosse ohne Notausgänge oder Kellergeschosse	*T* x *R* S. 443	Keine Begrenzung der Füllmenge		
		Andere	Keine Begrenzung der Füllmenge			
	c	Obere Geschosse ohne Notausgänge oder Kellergeschosse	*T* x *R* S. 443			
		Andere	Keine Begrenzung der Füllmenge			
	a		Für dauerhaft geschlossene Sorptionsanlagen: *T* x *R* und ≤ 2,5 kg. Alle weiteren Anlagen: *T* x *R*			
		Obere Geschosse ohne Notausgänge oder Kellergeschosse	*T* x *R*	Füllmenge ≤ 25 kg		
B	b	Personendichte < 1 Person je 10 m³	Füllmenge ≤ 10 kg	Keine Begrenzung der Füllmenge	Keine Begrenzung der Füllmenge	
		Andere		Füllmenge ≤ 25 kg		
	c	Personendichte < 1 Person je 10 m³	Füllmenge ≤ 50 kg und Notausgänge sind vorhanden	Keine Begrenzung der Füllmenge		
		Andere	Füllmenge ≤ 10 kg	Füllmenge ≤ 25 kg		

Anforderungen an die Grenzwerte der Kältemittelfüllmenge aufgrund der Brennbarkeit

Klasse	Kategorie des Zugangsbereiches		Klassifikation des Aufstellungsortes I	II	III	IV
2L	a	Menschlicher Komfort	Entweder nach S. 445 und ≤ m_2 x 1,5 oder nach S. 443 und ≤ m_3 x 1,5; nach Tab. Kältemittelkonzentration		Keine Begrenzung der Füllmenge	Füllmenge des Kältemittels ≤ m_3 x1,5
		Andere Anwendungen	20% x LFL x Raumvolumen und ≤ m_2 x 1,5 oder nach S. 443 und ≤ m_3 x1,5			
	b	Menschlicher Komfort	Entweder nach S. 445 und ≤ m_2 x 1,5 oder nach S. 443 und ≤ m_3 x 1,5; nach Tab. Kältemittelkonzentration			
		Andere Anwendungen	20 % x LFL x Raumvolumen und ≤ m_2 x 1,5 oder nach S. 443 und ≤ m_3 x 1,5	20 % x LFL x Raumvolumen und ≤ 25 kg oder nach S. 441 und ≤ m_3 x 1,5		
	c	Menschlicher Komfort	Entweder nach S. 445 und ≤ m_2 x 1,5 oder nach S. 443 und ≤ m_3 x 1,5; nach Tab. Kältemittelkonzentration			
		Andere Anwendungen	20 % x LFL x Raumvolumen und ≤ m_2 x 1,5 oder nach S. 443 und ≤ m_3 x1,5	20 % x LFL x Raum volumen und ≤ 25 kg oder nach S. 441 und ≤ m_3 x 1,5		
		Personendichte < 1 Person je 10 m³	20 % x LFL x Raumvolumen und ≤ 50 kg oder nach S. 443 und ≤ m_3 x 1,5	Keine Begrenzung der Füllmenge		

T: Toxizitätsgrenze ATEL oder ODL, jeweils der niedrigere Wert, Siehe Tabelle Seite 441; *R*: Raumvolumen in m³
LFL: die untere Explosionsgrenze in kg/m³ entsprechend Tabelle S. 184 ff.; m_3: 26 m³ x LFL; m_3: 130 m³ x LFL

7

Aufstellung von Kälteanlagen (Fortsetzung) (nach **DIN EN 378-1**:2021-06)

Anforderungen an die Grenzwerte der Kältemittelfüllmenge aufgrund der Kältemittelkonzentration

Bei Toxizitätsklasse A und Brennbarkeitsklasse 1 oder 2L kann die zulässige Kältemittel-Füllmenge nach den RCL-, QLMV- oder QLAV-Werten berechnet werden

RCL: Grenzwert für die Kältemittel-Konzentration in kg/m^3
QLMV: Grenzwert für die Füllmenge bei Mindestbelüftung
QLAV: Grenzwert für die Füllmenge bei zusätzlicher Belüftung

Alle folgenden Bedingungen müssen erfüllt sein:
- Kältemittel A1 oder A2L
- Die Kältemittel-Füllmenge darf 150 kg und bei A2L-Kältemittel 1,5 x m^3 nicht überschreiten
- Kälteanlagen, bei denen die Nenn-Kälte- (Heiz-) Leistung des Innengeräts nicht mehr als 25% der Gesamt-Kälte- (Heiz-) Leistung des Gerätes für die Außenaufstellung beträgt und bei denen Rohre, die Geräte im betreffenden Personen-Aufenthaltsbereich versorgen, entsprechend der Leistung des Geräte nicht überdimensioniert bemessen sind
- Der Aufstellungsort der Kälteanlage entspricht der Klasse II
- Kälteanlagen, bei denen Wärmeübertrager im Innengerät und die Anlagensteuerung dafür ausgelegt sind, Schäden durch die Bildung von Eis zu vermeiden
- Kälteanlagen, bei denen im Personen-Aufenthaltsbereich mit Ausnahme der vor Ort hergestellten direkten Verbindungen der Inneneinheit mit den Rohren nur dauerhafte Verbindungen verwendet werden
- Kälteanlagen, bei denen kältemittelführende Rohre im betreffenden Personen-Aufenthaltsbereich so eingebaut sind, dass sie gegen versehentliche Beschädigung geschützt sind
- Die Türen des Personen-Aufenthaltsbereiches schließen nicht dicht
- Die Auswirkungen des Absinkens von Kältemittel-Gas sind abgeschwächt
- Maßnahmen bei der Lage von Personen-Aufenthaltsbereichen im tiefsten unterirdischen Geschoss werden getroffen

Bei Personen-Aufenthaltsbereichen, die 250 m^2 überschreiten, sind bei der Berechnung des Grenzwertes 250 m^2 zugrunde zu legen.

Die Gesamt-Füllmenge geteilt durch das Raumvolumen darf den QLMV-Wert nicht überschreiten.

Ansonsten sind angemessene Maßnahmen einzuleiten, wie z.B. Lüftungen, Sicherheits-Absperrventile, Gaswarnanlagen.

Beispiele für RCL-, QLMV- und QLAV-Werte verschiedener Kältemittel

Kältemittel	RCL in kg/m^3	QLMV in kg/m^3	QLAV in kg/m^3
R22	0,21	0,28	0,5
R134a	0,21	0,28	0,58
R407C	0,27	0,44	0,49
R410A	0,39	0,42	0,42
R744	0,072	0,074	0,18
R32	0,061	0,063	0,15
R1234yf	0,058	0,060	0,14
R1234ze	0,061	0,063	0,15

QLMV-Wert nach molarer Masse und RCL-Wert

RCL in kg/m^3	Molare Masse 50	75	100	125
	QLMV-Wert in kg/m^3			
0,05	0,051	0,051	0,051	0,051
0,1	0,106	0,108	0,108	0,109
0,15	0,168	0,173	0,175	0,176
0,2	0,242	0,254	0,260	0,264
0,25	0,336	0,367	0,383	0,394
0,3	0,480	0,564	0,633	0,689
0,35	0,724	–	–	–

Die QLMV-Werte sind als Anhaltswert genügend genau

Für nicht in der obigen Tabelle aufgelisteten Kältemittel muss der QLAV-Wert dem geringsten der folgenden Werte entsprechen:
- Für R744 ein Volumenanteil von 10 %
- ODL
- 50% der LFL für Kältemittel der Klasse 2L

B Für zwei Kälteanlagen, die mit R410A befüllt werden sollen, ist jeweils die maximal zulässige Füllmenge zu bestimmen:

Beispiel	Raumvolumen in m^3	Grenzwert der Füllmenge in kg	Grenzwert nach QLMV in kg	Grenzwert nach QLAV in kg	Schlussfolgerung
1	1000	150	420	420	maximal 150 kg
2	100	150	42	42	a) 42 kg b) 150 kg bei Anwendung zusätzlicher Maßnahmen (Siehe oben)

7

Aufstellung von Kälteanlagen (Fortsetzung) (nach **DIN EN 378-1**:2021-06)

Anforderungen an die Grenzwerte der Kältemittelfüllmenge aufgrund der Brennbarkeit (Fortsetzung)

<table>
<tr><th rowspan="2">Klasse</th><th colspan="3" rowspan="2">Kategorie des Zugangsbereiches</th><th colspan="4">Klassifikation des Aufstellungsortes</th></tr>
<tr><th>I</th><th>II</th><th>III</th><th>IV</th></tr>
<tr><td rowspan="7">2</td><td rowspan="2">a</td><td colspan="2">Menschlicher Komfort</td><td colspan="2">Entsprechend S. 445 und ≤ m_2</td><td rowspan="7">Keine Begrenzung der Füllmenge</td><td rowspan="7">Füllmenge des Kältemittels ≤ m_3</td></tr>
<tr><td colspan="2">Andere Anwendungen</td><td colspan="2">20 % x LFL x Raumvolumen und ≤ m_2</td></tr>
<tr><td rowspan="2">b</td><td colspan="2">Menschlicher Komfort</td><td colspan="2">Entsprechend S. 445 und ≤ m_2</td></tr>
<tr><td colspan="2">Andere Anwendungen</td><td colspan="2">20 % x LFL x Raumvolumen und ≤ m_2</td></tr>
<tr><td rowspan="3">c</td><td colspan="2">Menschlicher Komfort</td><td colspan="2">Entsprechend S. 445 und ≤ m_2</td></tr>
<tr><td rowspan="2">Anwendungen</td><td>Unterirdisch</td><td colspan="2">20 % x LFL x Raumvolumen und ≤ m_2</td></tr>
<tr><td>Überirdisch</td><td>20% x LFL x Raumvolumen u. ≤ 10 kg</td><td>20% x LFL x Raumvolumen u. ≤ 25 kg</td></tr>
<tr><td rowspan="9">3</td><td rowspan="3">a</td><td colspan="2">Menschlicher Komfort</td><td colspan="2">Entsprechend S. 445 und ≤ m_2 bzw. 1,5 kg</td><td rowspan="3">≤ 5 kg</td><td rowspan="9">Füllmenge des Kältemittels ≤ m_3</td></tr>
<tr><td rowspan="2">Andere Anwendungen</td><td>Unterirdisch</td><td colspan="2">Nur dauerhaft geschlossene Anlagen: 20 % x LFL x Raumvolumen und ≤ 1 kg</td></tr>
<tr><td>Überirdisch</td><td colspan="2">Nur dauerhaft geschlossene Anlagen: 20 % x LFL x Raumvolumen und ≤ 1,5 kg</td></tr>
<tr><td rowspan="3">b</td><td colspan="2">Menschlicher Komfort</td><td colspan="2">Entsprechend S. 445 und ≤ m_2 bzw. 1,5 kg</td><td rowspan="3">≤ 10 kg</td></tr>
<tr><td rowspan="2">Andere Anwendungen</td><td>Unterirdisch</td><td colspan="2">20 % x LFL x Raumvolumen und ≤ 1 kg</td></tr>
<tr><td>Überirdisch</td><td colspan="2">20 % x LFL x Raumvolumen und ≤ 2,5 kg</td></tr>
<tr><td rowspan="3">c</td><td colspan="2">Menschlicher Komfort</td><td colspan="2">Entsprechend S. 445 und ≤ m_2 bzw. 1,5 kg</td><td rowspan="3">Keine Begrenzung der Füllmenge</td></tr>
<tr><td rowspan="2">Andere Anwendungen</td><td>Unterirdisch</td><td colspan="2">20 % x LFL x Raumvolumen und ≤ 1 kg</td></tr>
<tr><td>Überirdisch</td><td>20 % x LFL x Raumvolumen u. ≤ 10 kg</td><td>20 % x LFL x Raumvolumen ≤ 25 kg</td></tr>
</table>

LFL: die untere Explosionsgrenze in kg/m³ entsprechend Tabelle S. 184 ff.
m_2: 26 m³ x LFL; m_2: 130m³ x LFL

Auszug der ATEL bzw. ODL-Werte von Kältemitteln nach DIN EN 378-1:2021-06

Kältemittel	ATEL/ODL-Wert in kg/m³	Kältemittel	ATEL/ODL-Wert in kg/m³	Kältemittel	ATEL/ODL-Wert in kg/m³
R22	0,21	R600	0,0024	R410A	0,42
R32	0,3	R600a	0,059	R422A	0,29
R125	0,37	R601	0,0029	R427A	0,29
R134a	0,21	R601a	0,0029	R438A	0,079
R142b	0,1	R717	0,00022	R448A	0,388
R143a	0,48	R744	0,072	R449A	0,357
R152a	0,14	R404A	0,52	R450A	0,345
R227ea	0,63	R407A	0,31	R451A	0,462
R290	0,09	R407B	0,33	R451B	0,461
R1233zd	0,086	R407C	0,29	R452A	0,423
R1234yf	0,47	R407D	0,25	R507A	0,53
R1234ze	0,28	R407E	0,27	R513A	0,319
R1270	0,0017	R407F	0,32		

ATEL: Konzentration für akute Toxizität; ODL: Grenzwert für das Auftreten von Sauerstoffmangel

Bemerkung: Für Kältemittel, die bis zum Jahr 2003 vermarktet wurden, gelten die zu der Zeit bestehenden praktischen Grenzwerte (Siehe Tabelle Seite 184 ff.). Falls die ATEL/ODL-Werte diesen praktischen Grenzwert überschreiten, müssen als Grenzwert die ATEL/ODL-Werte herangezogen werden.

7

Aufstellung von Kälteanlagen (Fortsetzung) (nach **DIN EN 378-1**:2021-06)

Komfort-Klimageräte und Wärmepumpen mit brennbaren Kältemitteln

Eine werksseitig dauerhaft geschlossene Anlage mit einer Füllmenge unter 150 g Kältemittel A2 oder A3 kann ohne Einschränkung in einem Personen-Aufenthaltsbereich aufgestellt werden, der kein Maschinenraum oder besonderer Maschinenraum ist.

Kältemittelführende Teile in einem Personen-Aufenthaltsbereich

Liegt die Füllmenge **unter 4 m³ x LFL,** darf die maximale Füllmenge in einem Raum wie folgt sein:

$$m_{max} = 2{,}5 \cdot LFL^{1{,}25} \cdot h_0 \cdot \sqrt{A}$$

Bei einer Füllmenge **über 4 m³ x LFL** muss die Mindest-Raumgröße in Abhängigkeit vom Einbau der Anlage errechnet werden:

$$A_{min} = \left(\frac{m}{2{,}5 \cdot LFL^{1{,}25} \cdot h_0}\right)^2$$

m_{max}	**zulässige maximale Füllmenge in einem Raum**	kg
m	Menge an Kältemittel in der Anlage	kg
A_{min}	**erforderliche Mindest-Raumfläche**	m²
A	Raumfläche	m²
LFL	untere Explosionsgrenze	kg/m³
h_0	Einbauhöhe des Gerätes 0,6 m bei Bodenaufstellung 1,8 m bei Wandmontage 1,0 m bei Fenstermontage 2,2 m bei Deckenmontage	m

B Wie groß ist zulässige maximale Füllmenge R290 in einem Raum mit 12 m² Fläche (Personenaufenthaltsbereich) bei einer Einbauhöhe von 2,20 m?

Stoffdaten: $LFL_{R290} = 0{,}038$ kg/m³
$4\ m^3 \cdot LFL_{R290} = 0{,}152$ kg

Lösung: $m_{max} = 2{,}5 \cdot LFL^{1{,}25} \cdot h_0 \cdot \sqrt{A}$ $m_{max} = 2{,}5 \cdot 0{,}038^{1{,}25}\ \text{kg/m}^3 \cdot 2{,}2\ \text{m} \cdot \sqrt{12\ \text{m}^2} = \mathbf{0{,}319\ kg}$

Nicht ortsfeste, werkseitig dauerhaft geschlossene Komfort-Klimageräte oder Wärmepumpen mit begrenzter Füllmenge

Bei nicht ortsfesten werksseitig dauerhaft geschlossenen Einzel-Baugruppen (d.h. eine Funktionsgruppe in einem Gehäuse) mit einer **Füllmenge von (4 m³) x** $LFL \leq m < (8\ m^3) \times LFL$ muss die maximale Füllmenge in einem Raum den folgenden Festlegungen entsprechen:

$$m_{max} = 0{,}25 \cdot A \cdot LFL \cdot 2{,}2$$

oder die erforderliche Mindest-Raumfläche, A_{min}, für die Aufstellung eines Gerätes mit einer Kältemittel-Füllmenge m (kg) muss wie folgt sein:

$$A_{min} = \frac{m}{0{,}25 \cdot LFL \cdot 2{,}2}$$

m_{max}	**zulässige maximale Füllmenge**	kg
m	Menge an Kältemittel in dem Gerät	kg
A_{min}	**erforderliche Mindest-Fläche**	m²
A	Raumfläche	m²
LFL	untere Explosionsgrenze	kg/m³

Anmerkung: Das Gerät kann in beliebiger Höhe über dem Boden angebracht werden.

Bei eingeschaltetem Gerät muss ein Ventilator kontinuierlich einen Mindest-Luftstrom wie unter normalen Beharrungsbedingungen zuführen, auch wenn der Verdichter durch den Temperaturregler abgeschaltet ist.

Besondere Anforderungen an mechanisch belüftete Gehäuse in einem Aufenthaltsbereich

Der Kältemittel-Kreislauf ist mit einem separaten Gehäuse versehen, das mit dem Raum nicht in Verbindung ist. Das Gehäuse der Anlage muss mit einem Belüftungssystem versehen sein, das über einen Lüftungskanal den Luftstrom von der Innenseite der Anlage zur Außenseite führt. Anlagen mit mechanisch belüfteten Gehäusen können mit Kältemitteln A2 oder A3 betrieben werden. Die maximale Füllmenge für diese Anlagen darf folgenden Wert nicht überschreiten:

$$m_{max} = 130 \cdot LFL$$

m_{max}	**zulässige maximale Füllmenge**	kg
LFL	untere Explosionsgrenze	kg/m³

Aufstellung von Kälteanlagen (Fortsetzung) (nach **DIN EN 378-1**:2021-06)

Bestimmung des maximal zulässigen Drucks p_S in Kälteanlagen

- **Verfahren 1:**
  Der Konstrukteur muss alle Berechnungs- oder Prüfverfahren dokumentieren. Für den Niedertemperaturkreis einer Kaskadenanlage muss der maximal zulässige Druck PS durch den Konstrukteur unter allen vorhersehbaren Bedingungen bestimmt werden.
- **Verfahren 2:**
  Die Tabelle unten zeigt festgelegte Konstruktionstemperaturen. Der Mindestwert für den maximal zulässigen Druck muss auf der Grundlage der in dieser Tabelle für die Bestimmung des Kältemittel-Sattdampfdrucks festgelegten Mindesttemperaturen bestimmt werden. Die Anwendung von festgelegten Temperaturen führt nicht immer zum Kältemittel-Sattdampfdruck in der Anlage, z. B. bei begrenzter Füllmenge. Bei einer Anlage mit begrenzter Füllmenge unter Stillstandbedingungen muss das isochore Verhalten berücksichtigt werden. Im Falle von Druckstufen oberhalb des kritischen Punkts muss Verfahren 1 angewendet werden.

Konstruktionstemperaturen

Umgebungsbedingungen	Außentemperatur in °C			
	≤ 32	≤ 38	≤ 43	≤ 55
	Konstruktionstemperaturen in °C			
Hochdruckseite mit luftgekühltem Verflüssiger	55	59	63	67
Hochdruckseite mit wassergekühltem Verflüssiger oder Wasser-Wärmepumpe	Maximale Austrittstemperatur des Wassers +8 K, jedoch nicht weniger als die Bemessungstemperatur der Niederdruckseite			
Hochdruckseite mit Verdunstungsverflüssiger	43	43	43	55
Niederdruckseite mit Wärmeübertrager, der den Umgebungstemperaturbedingungen der Außenseite ausgesetzt ist	32	38	43	55
Niederdruckseite mit Wärmeübertrager, der den Umgebungsbedingungen der Innenseite ausgesetzt ist	27	33	38	38

Bemerkungen

1) Für die Hochdruckseite werden die festgelegten Temperaturen als die höchsten angenommen, die während des Betriebs auftreten. Diese Temperaturen sind höher als die Temperaturen bei ausgeschaltetem Verdichter (Stillstand). Für die Niederdruckseite und/oder Zwischendruckseite genügt es, zur Berechnung des Drucks die Temperaturen zugrunde zu legen, die während des Verdichterstillstands erwartet werden. Diese Temperaturen sind Mindesttemperaturen und bestimmen somit, dass die Anlage nicht für einen maximal zulässigen Druck ausgelegt wird, der niedriger ist als der diesen Mindesttemperaturen entsprechende Sattdampfdruck des Kältemittels.
2) Für zeotrope Gemische ist der maximal zulässige Druck (pS) der Druck am Siedepunkt.
3) Der maximal zulässige Druck für jede Komponente darf nicht niedriger als der maximal zulässige Druck der Anlage oder des Abschnitts der Anlage sein.
4) Die Auswahl von Werkstoffen für Komponenten muss die Kerbschlagzähigkeit bei allen Temperaturen in Betracht ziehen, denen die Komponenten ausgesetzt werden können.

Genormtes Anziehdrehmoment für Bördelverbindungen bis maximal 20 mm Rohraußendurchmesser

Nenn-Außendurchmesser (nach DIN EN 12735-1:2020-06 und DIN EN 12735-2:2016-11)			Mindest-Wanddicke in mm	Anziehdrehmoment in Nm
Metrisches System in mm	Imperiales System in mm	Imperiales System in inch (Zoll)		
6			0,8	14 – 18
	6,35	1/4	0,8	14 – 18
	7,94	5/16	0,8	33 – 42
8			0,8	33 – 42
	9,52	3/8	0,8	33 – 42
10			0,8	33 – 42
12			0,8	50 – 62
	12,7	1/2	0,8	50 – 62
15			0,8	63 – 77
	15,88	5/8	0,95	63 – 77
18			1,0	90 – 110
	19,06	3/4	1,0	90 – 110

Aufstellung von Kälteanlagen (Fortsetzung) (nach **DIN EN 378-1**:2021-06)

Rohrleitungen

Für die ordnungsgemäße räumliche Anordnung der Rohrleitung sind insbesondere die Lage der einzelnen Rohre, die Strömungsverhältnisse (Zweiphasenströmung, Ölförderung bei Teillastbetrieb), Kondensationsprozesse, Wärmedehnung, Schwingung und eine gute Zugänglichkeit zu berücksichtigen.

Aus Sicherheitsgründen und zum Schutze der Umwelt müssen für die Verlegung von Rohrleitungen folgende Gesichtspunkte gelten:

- Es darf keine Gefahr für Personen bestehen, d.h., der freie Durchgang in Flucht- und Verkehrswegen darf nicht eingeschränkt sein. Bei Verwendung von Kältemitteln der Gruppen A2, B1, B2, A3 oder B3 dürfen keine lösbaren Verbindungen und Armaturen in öffentlich zugänglichen Bereichen liegen. Bei Verwendung anderer Kältemittel sind sie gegen unabsichtliche Betätigung oder Trennung zu schützen.

Bei Kältemitteln der Gruppen A2, B1, B2, A3 oder B3 dürfen keine lösbaren Verbindungen und Armaturen in öffentlich zugänglichen Bereichen liegen.

- Rohrleitungen sind durch räumliche Trennung gegen Wärmeeinwirkung von heißen Leitungen und Wärmequellen zu schützen.
- Löt-, Schweiß- oder mechanische Verbindungen von Anschlussrohren (z.B. bei Split-Anlagen) sind vor dem Öffnen der Armaturen herzustellen, damit der Durchfluss des Kältemittels zwischen den Anlagenteilen sichergestellt ist. Ein Ventil ist vorzusehen, um die Anschlussrohre und/oder jeden nicht befüllten Kälteanlagenteil abzusaugen.
- Kältemittelleitungen müssen geschützt oder mit einer Umhüllung versehen sein, um Beschädigungen zu vermeiden.
- Flexible Verbindungsteile (z.B. Verbindungsleitungen zwischen den Geräten im Innen- und Außenraum), die bei üblichen Arbeitsgängen verlagert werden dürfen, müssen gegen mechanische Schäden geschützt sein.
- Rohrleitungsabschnitte von Anlagenteilen, bei deren Einbau Hartlöt- oder Schweißarbeiten erforderlich sind, dürfen nicht mit Kältemitteln der Gruppen A2, A3, B2 oder B3 befüllt transportiert werden.
- Wenn bei der Verbindung von Anlagenteilen ein Teil bereits mit Kältemittel der Gruppen A2, A3 oder B2 gefüllt ist, sind keine lösbaren Verbindungen zulässig, ausgenommen sind vor Ort ausgeführte Verbindungen, durch die das Gerät im Innenraum direkt an die Rohrleitung angeschlossen wird. Diese müssen lösbar sein, um jegliche Zündgefahr zu vermeiden.
- Rohrleitungen dürfen nicht in Aufzugsschächten angeordnet werden.

In Personen-Aufenthaltsbereichen sind bei Kältemitteln der Gruppe B3 keine lösbaren Verbindungen zulässig.

Empfohlene maximale Abstände zwischen Halterungen für Kupferrohre

Außendurchmesser (mm)	Abstand (m)
15 – 22 weich	2
22 bis < 54 halbhart	3
54 bis 67 halbhart	4

Anmerkung: Weich und halbhart sind in **DIN EN 12735-1**:2020-06 definiert.

7

Empfohlene maximale Abstände zwischen Halterungen für Stahlrohre

Nennweite DN (nach **ISO 6708**:1995-07)	Abstand (m)
15 bis 25	2
32 bis 50	3
65 bis 80	4,5
100 bis 175	5
200 bis 350	6
400 bis 450	7

Kategorien für Kälteanlagen

(nach **DIN EN 378-2**:2018-04)

Bei der Festlegung der Kategorie der Gesamtanlage ist wie folgt vorzugehen:

- **Klassifikation des Kältemittels** (→ Einteilung der Kältemittel)
- **Festlegung des maximal zulässigen Druckes der Kälteanlage** (→ Schutz der Kälteanlage vor überhöhtem Druck)
- **Festlegung der maximal zulässigen Temperatur des Kältemittels**
  Wenn der Dampfdruck des Fluids bei maximal zulässiger Temperatur (am Siedepunkt) den normalen Atmosphärendruck um mehr als 0,5 bar (0,05 MPa) überschreitet, dann ist dieses Fluid als Gas zu betrachten, ansonsten gilt es als Flüssigkeit.
- **Festlegung von Kategorien für Bauteile** (Rohrleitungen, Druckbehälter, Sicherheitseinrichtungen, Verbindung von Druckgeräten, siehe unten)

Bevor die Kategorie der Gesamtkälteanlage festgelegt wird, müssen die Kategorien der verschiedenen Bauteile innerhalb der Kälteanlage festgelegt werden.

Kenngrößen für Rohrleitungen nach DIN EN 14276-2:2020-11

Fluid	Beschaffenheit	PS (bar)[1]	DN	PS x DN (bar)[1]	Kategorie/ Artikel
wenn	**und**	**und**	**und**	**und**	**dann**
Gruppe 1	Gas	≤ 0,5	–	–	DGRL trifft nicht zu[2]
		> 0,5	≤ 25	–	Art. 4.3 [c]
			> 25 und ≤ 100	≤ 1000	I
			> 100 und ≤ 350	> 1000 und ≤ 3500	II
			> 350	> 3500	III
	Flüssigkeit[4]	≤ 0,5	–	–	DGRL trifft nicht zu[2]
		> 0,5	≤ 25	–	Art. 4.3 [c]
			–	≤ 2000	Art. 4.3 [c]
		> 0,5 und ≤ 10	–	> 2000	I
		> 10 und ≤ 500	>25		II
		> 500		–	III
Gruppe 2	Gas	≤ 0,5	–	–	DGRL trifft nicht zu[2]
		> 0,5	≤ 32	–	Art. 4.3 [c]
			–	≤ 1000	Art. 4.3 [c]
			> 32 und ≤ 100	> 1000 und ≤ 3500	I
			> 100 und ≤ 250	> 3500 und ≤ 5000	II
			> 250	> 5000	III
	Flüssigkeit[4]	≤ 0,5	–	–	DGRL trifft nicht zu[2]
		> 0,5 und ≤ 10	–	–	Art. 4.3[3]
		–	–	≤ 5000	Art. 4.3[3]
		–	≤ 200	–	Art. 4.3[3]
		>10 und ≤ 500	> 200	> 5000	I
		> 500		–	II

[1] 1 bar = 0,1 MPa
[2] DGRL = Druckgeräterichtlinie
[3] Art. 4.3 = Verweis aus Artikel 4.3 der Druckgeräterichtlinie
[4] Flüssigkeiten gelten als Fluide mit einem Dampfdruck von max. 0,5 bar über dem normalen Atmosphärendruck (1,013 bar)

7

Kategorien für Kälteanlagen (Fortsetzung) (nach **DIN EN 378-2**:2018-04)

Kenngrößen für Druckbehälter nach EN 14276-1:2020-11

Fluid	Beschaffenheit	PS (bar)[1]	V (L)	PS x V (bar x L)[1]	Kategorie/ Artikel
wenn	**und**	**und**	**und**	**und**	**dann**
Gruppe 1	Gas	≤ 0,5	–	–	DGRL trifft nicht zu[2]
		> 0,5 und ≤ 200	≤ 1	–	Art. 4.3[3]
			> 1	≤ 25	Art. 4.3[3]
				> 25 und ≤ 50	I
				> 50 und ≤ 200	II
		> 200 und ≤ 1000	≤ 1	–	III
		≤ 1000	> 1	> 200 und ≤ 1000	III
				> 1000	IV
		> 1000	–	–	IV
	Flüssigkeit[4]	≤ 0,5	–	–	DGRL trifft nicht zu[2]
		> 0,5 und ≤ 500	≤ 1	–	Art. 4.3[3]
			> 1	≤ 200	Art. 4.3[3]
		> 0,5 und ≤ 10		> 200	I
		> 10 und ≤ 500			II
		> 500	<1	–	II
		> 500	>1	–	III
Gruppe 2	Gas	≤ 0,5	–		DGRL trifft nicht zu[2]
		> 0,5 und ≤ 1000	≤ 1	–	Art. 4.3[3]
			> 1	≤ 50	Art. 4.3[3]
				> 50 und ≤ 200	I
				> 200 und ≤ 1000	II
		> 1000 und ≤ 3000	≤ 1	–	III
			> 1	> 1000 und ≤ 3000	III
		> 0,5 und ≤ 4		> 1000	III
		> 4		> 3000	IV
		> 3000	–	–	IV
	Flüssigkeit[4]	≤ 0,5	–	–	DGRL trifft nicht zu[2]
		> 0,5 und ≤ 10	–	–	Art. 4.3[3]
		> 10 und ≤ 1000	≤ 10	–	Art. 4.3[3]
		> 10 und ≤ 1000	> 10	≤ 10 000	Art. 4.3[3]
		> 10 und ≤ 500	–	> 10 000	I
		> 1000	< 10	–	I
		> 500	> 10	> 10000	II

1) 1 bar = 0,1 MPa
2) DGRL = Druckgeräterichtlinie
3) Art. 4.3 = Verweis aus Artikel 4.3 der Druckgeräterichtlinie
4) Flüssigkeiten gelten als Fluide mit einem Dampfdruck von max. 0,5 bar über dem normalen Atmosphärendruck (1,013 bar)

7

Kategorien für Kälteanlagen (Fortsetzung) (nach **DIN EN 378-2**:2018-04)

Sicherheitseinrichtungen

Die Kategorie der Sicherheitseinrichtungen ist auf der Grundlage der Kategorie des zu schützenden Bauteils (Unterbaugruppe, Baugruppe) festzulegen. Diese Kategorie muss mindestens der Kategorie des abgesicherten Bauteils (Unterbaugruppe, Baugruppe) entsprechen.

Verbindung von Druckgeräten

Für die Festlegung der Kategorie sind nachstehend einige praktische Beispiele angegeben:

a. Nichtlösbare Verbindungen zwischen zwei Teilen müssen der höchsten Kategorie dieser beiden Teile entsprechen.

b. Anlagen können als eine Baugruppe von Unterbaugruppen betrachtet werden, die in Reihe geschaltet sind, sodass die nichtlösbare Verbindung unter die niedrigst mögliche Kategorie fällt.

Bei Anlagenteilen mit Verlängerungsrohren muss für die Festlegung der Kategorie der Verbindung die Kategorie des Verlängerungsrohres zugrunde gelegt werden. Die Anschlüsse an ein Verlängerungsrohr sollten keinen Einfluss auf die Festigkeit eines Behälters einer höheren Kategorie haben.

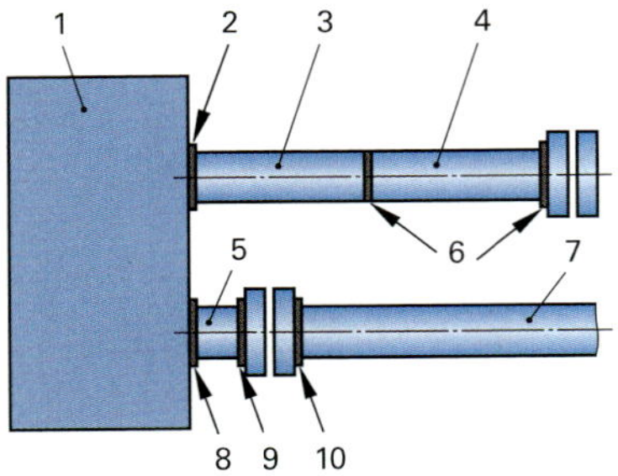

Beispiel: Verbindung von Druckgeräten

1 Behälter, Kategorie III
2 Nichtlösbare Verbindung, Kategorie III
3 Verlängerungsrohr, Kategorie I
4 Rohr, Kategorie I
5 Rohr, Kategorie II
6 Nichtlösbare Verbindung, Kategorie I
7 Rohr, Kategorie I
8 Nichtlösbare Verbindung, Kategorie III
9 Nichtlösbare Verbindung, Kategorie II
10 Nichtlösbare Verbindung, Kategorie I

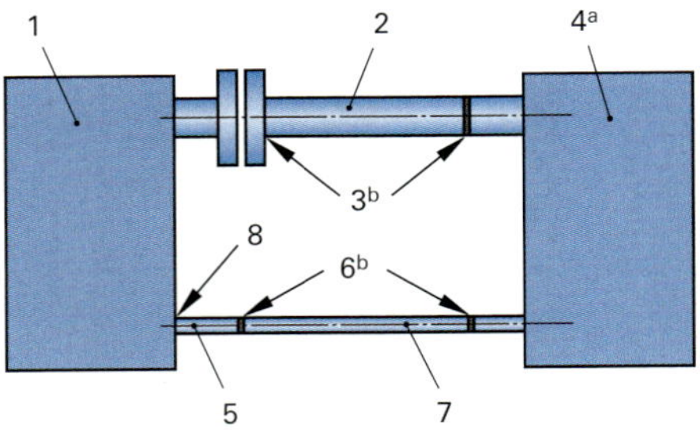

Beispiel: Anlage Kategorie II

1 Verflüssigersatz, Kategorie II
2 Rohr, Kategorie I
3 Nichtlösbare Verbindung, Kategorie I
4 Verdampfer, Kategorie I, mit elektr. Gebläse
5 Verlängerungsrohr, Artikel 3.3
6 Nichtlösbare Verbindung, Artikel 3.3
7 Rohr, Artikel 3.3
8 Nichtlösbare Verbindung, Kategorie II

a Diese fallen nicht in den Anwendungsbereich der Druckgeräterichtlinie, da sie der Niederspannungs-Richtlinie bzw. der Maschinen-Richtlinie entsprechen müssen.

b Diese nichtlösbaren Verbindungen fallen nicht in den Anwendungsbereich der Druckgeräterichtlinie, da sie Teil einer neuen Anlage sind, die der Niederspannungs-Richtlinie bzw. der Maschinen-Richtlinie entsprechen muss.

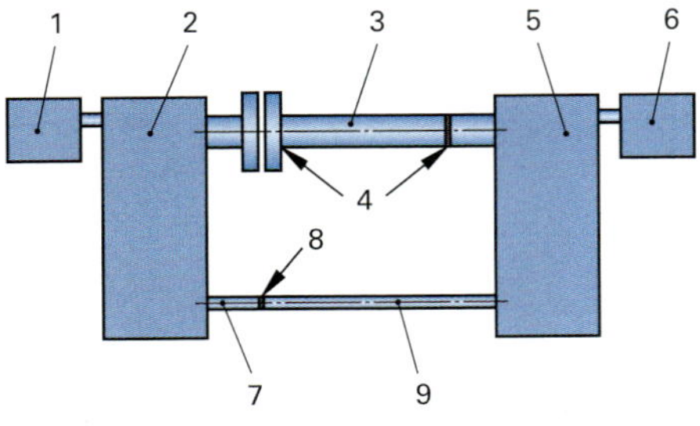

Beispiel: Anlage Kategorie II

1 Sicherheitseinrichtung (Kategorie III oder höher)
2 Verflüssigersatz, Kategorie III
3 Rohr, Kategorie II
4 Nichtlösbare Verbindung, Kategorie II
5 Behälter, Kategorie II
6 Sicherheitseinrichtung (Kategorie II oder höher)
7 Verlängerungsrohr, Kategorie I
8 Nichtlösbare Verbindung, Kategorie
9 Rohr, Kategorie I

7

Schutz der Kälteanlage vor überhöhtem Druck

(nach **DIN EN 378-2**:2018-04)

Grundsätze

Für alle Kälteanlagen müssen Maßnahmen gegen überhöhten Druck entsprechend des auf den nächsten 3 Seiten dargestellten Fließbildes ergriffen werden. Weiterhin gilt:

1) Die Maßnahmen gelten nicht für den Fall externer Brände.
2) Die Schutzeinrichtungen müssen baumustergeprüft und nach gesetzlicher Anforderungen zertifiziert sein.
3) Beim Einsatz von Schutzeinrichtungen müssen alle Abschnitte der Kälteanlage berücksichtigt werden.

Ablauf des Verfahrens, Teil A

START - Alle Schritte für jeden Teil der Kälteanlage wiederholen

Durch Flüssigkeitspumpe erzeugter überhöhter Innendruck?

- Ja → Es ist ein an der Druckseite der Pumpe montiertes Druckentlastungsventil erforderlich, das zur Ansaugseite der Pumpe oder in das Flüssigkeitsreservoir (z. B. Abscheider) abbläst. Alternative Maßnahmen können verwendet werden, um das gleiche Ergebnis sicherzustellen, z. B. Mindestdurchfluss-Leitungen.
- Nein ↓

Überhöhter Innendruck durch niedrige Temperatur/Einfrieren?

- Ja → Der Abschnitt der Kälteanlage ist durch einen Niederdruckbegrenzer für den Verdichter in Kombination mit einer Durchfluss-Überwachung im Sekundärkreislauf (z. B. Solekreislauf) zu schützen. Alternative Maßnahmen können verwendet werden, um das gleiche Ergebnis sicherzustellen.
- Nein ↓

Durch Flüssigkeitsausdehnung erzeugter überhöhter Innendruck?

- Ja → Soweit ausführbar, ist ein Druckanstieg infolge von Flüssigkeitsausdehnung durch in OFFEN-Stellung gesicherte Ventile zu vermeiden. In allen anderen Fällen sind Druckentlastungseinrichtungen anzuwenden, wie für „interne/externe Wärmequellen" gefordert. Alternative Maßnahmen können verwendet werden, um das gleiche Ergebnis sicherzustellen.
- Nein ↓

Durch interne/externe Wärmequelle(n) erzeugter überhöhter Innendruck?

- Ja → Soweit ausführbar, ist die Wärmequelle mit einer Sicherheitsschalteinrichtung zur Druckbegrenzung ausfallsicher zu stoppen. In allen anderen Fällen ist mindestens ein Druckentlastungsventil erforderlich. Für geschützte Druckgeräte der Kategorien II/III/IV müssen angemessene Vorkehrungen getroffen werden, um eine gefahrlose Demontage des Druckentlastungsventils zu ermöglichen. Dies kann zum Beispiel erreicht werden durch Einsatz von 2 Druckentlastungsventilen (von denen jedes über die erforderliche Abblaseleistung verfügt), die über ein Wechselventil oder 2 OFFEN gesicherte Ventile angeschlossen sind. Alternative Maßnahmen können verwendet werden, um das gleiche Ergebnis sicherzustellen.
- Nein ↓

Durch Verdichter erzeugter überhöhter Innendruck?

- Ja → Wenn zu schützende Druckgeräte der Kategorie ≤ I in der Kälteanlage enthalten sind, sind Schutzeinrichtungen nach Teil B dieses Bildes anzuwenden. In allen anderen Fällen sind Maßnahmen nach Teil C dieses Bildes anzuwenden.
- Nein ↓

Durch Antriebs-Wärmequelle der Sorptionsanlage verursachter überhöhter Innendruck?

- Ja → Es sind Maßnahmen nach Teil D dieses Bildes zu treffen.
- Nein ↓

ENDE

Schutz der Kälteanlage vor überhöhtem Druck (nach **DIN EN 378-2**:2018-04)

Ablauf des Verfahrens, Teil B

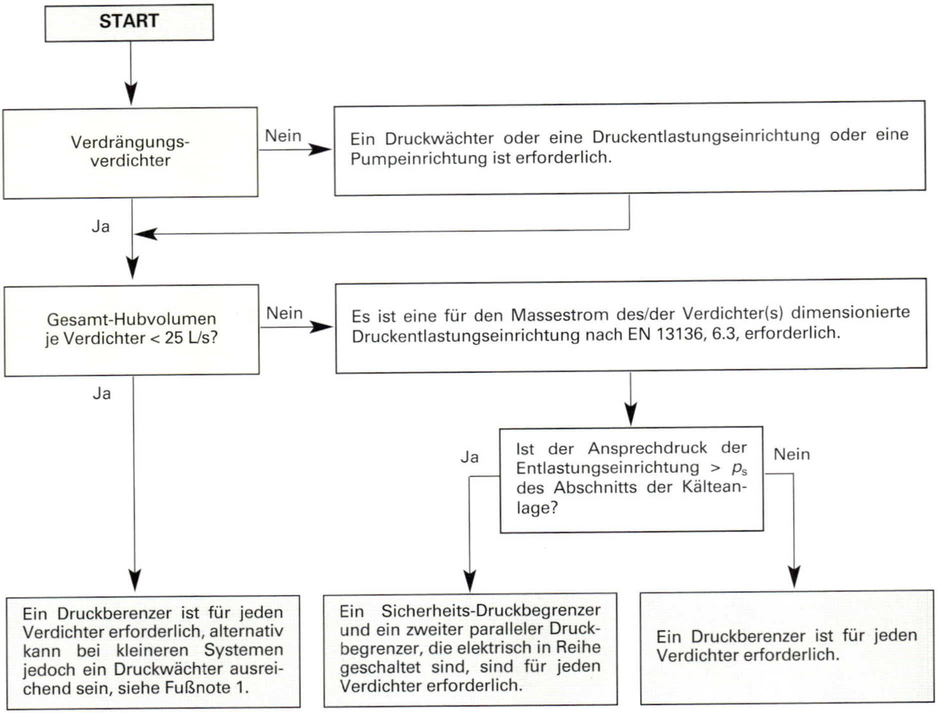

Bemerkung:

Bei kleineren Anlagen mit Kältemittel-Füllmengen unter 100 kg der Sicherheitsklasse A1 oder 30 kg der Sicherheitsklasse A2L oder 5 kg der Sicherheitsklasse A2/A3 wird ein Druckwächter als ausreichend angesehen, vorausgesetzt das automatische Reset beeinträchtigt nicht das Sicherheitsniveau.

Bemerkung zu EN 13136:
Die erforderliche Mindest-Abblasleistung von Druckentlastungseinrichtungen für unzulässigen Druck, hervorgerufen durch den Verdichter, wird aus dem geförderten Massenstrom berechnet:

$$Q_{md} = 60 \cdot V \cdot n \cdot \kappa_{10} \cdot \eta_V$$

Q_{md}	Erforderliche Mindest-Abblaseleistung	kg/h
V	Theoretisches Hubvolumen	m^3
n	Drehzahl	min^{-1}
κ_{10}	Dampfdichte des Kältemittels am Taupunkt bei 10 °C	kg/m^3
η_V	Volumetrischer Wirkungsgrad, bestimmt bei Saugdruck und dem Druck auf der Druckseite entsprechend dem Einstelldruck der Druckentlastungseinrichtung	

- In den Fällen, in denen sich kein Druckabsperrventil am Verdichter befindet, genügt eine Druckentlastungseinrichtung an der Hochdruckseite des Verdichters.
- Strömungsverdichter benötigen keine Druckentlastungseinrichtung, vorausgesetzt es ist nicht möglich, den maximal zulässigen Druck zu überschreiten.
- Abblasen zur Niederdruckseite kann zur Überhitzung des Verdichters führen.

Da der Einstelldruck der Druckentlastungseinrichtung üblicherweise höher ist, als der zulässige Druck der Kälteanlage, sollte es nicht als Schutz der Kälteanlage oder eines anderen Bauteils dienen, außer er ist gleich dem zulässigen maximalen Druck.

- Der effektive Strömungsquerschnitt einer Druckentlastungseinrichtung zum Schutz gegen unzulässigen Druck, verursacht durch Ausdehnung eingeschlossener Flüssigkeit, muss pro Liter eingeschlossenes Volumen mindestens 0,02 mm^2 betragen, der Mindestdurchmesser beträgt 1 mm.

Schutz der Kälteanlage vor überhöhtem Druck (nach **DIN EN 378-2**:2018-04)

Ablauf des Verfahrens, Teil C

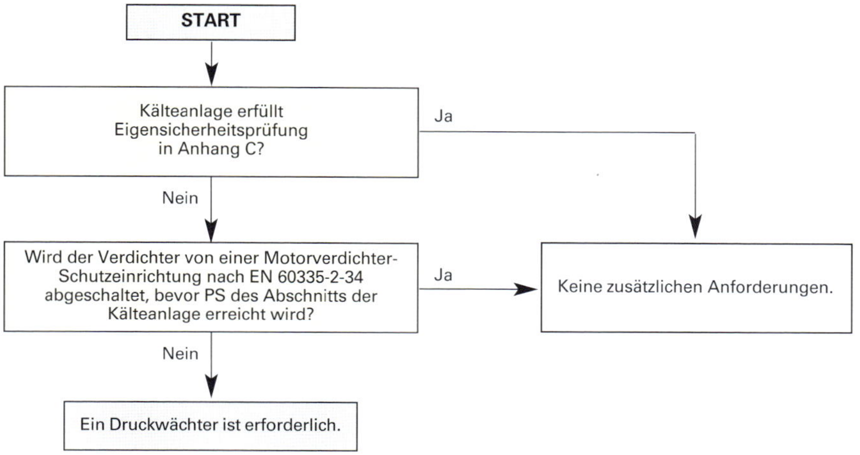

Ablauf des Verfahrens, Teil D

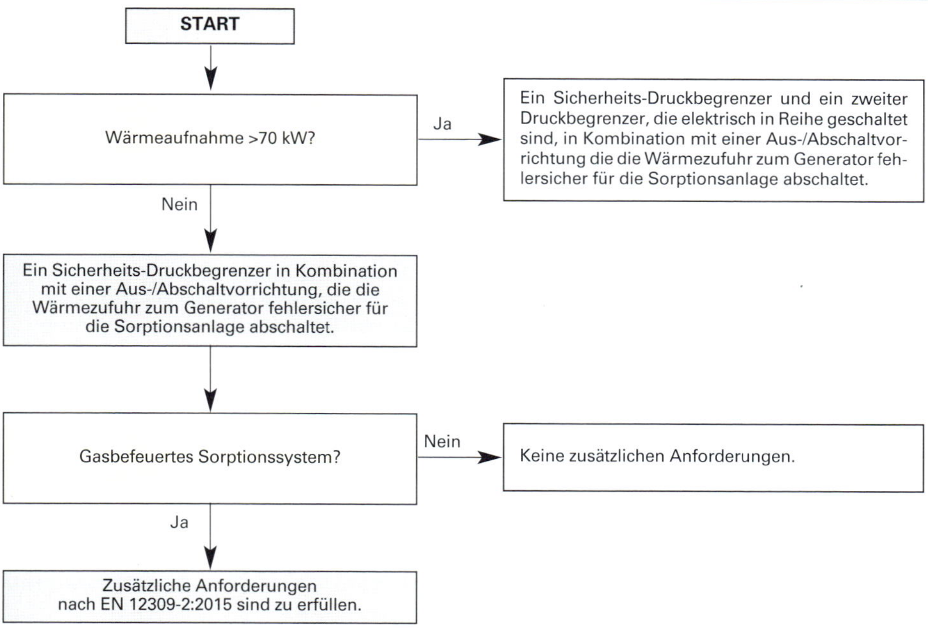

1) Die Einstellung der Schutzeinrichtungen muss wie folgt vorgenommen werden:
- Sofern der Druck von einer Sicherheitsschalteinrichtung zur Druckbegrenzung begrenzt wird: Die Sicherheitsschalteinrichtung zur Druckbegrenzung muss auf einen Druck von ≤ p_S eingestellt werden.
- Sofern der Druck von einer Druckentlastungseinrichtung begrenzt wird: Die Druckentlastungseinrichtung muss auf einen Druck ≤ p_S eingestellt werden. Die Druckentlastungseinrichtung muss bei einem Druck ≤ 1,1x p_S vollständig geöffnet sein.
- Sofern Druckentlastungseinrichtungen und Sicherheitsschalteinrichtungen zur Druckbegrenzung zum Schutz desselben Abschnitts einer Kälteanlage eingesetzt werden, muss die Einstellung der Sicherheitsschalteinrichtung zur Druckbegrenzung einen Wert von ≤ 0,9 mal der Einstellung der Druckentlastungseinrichtung besitzen.

7

Schutz der Kälteanlage vor überhöhtem Druck (Fortsetzung) (nach **DIN EN 378-2**:2018-04)

Anordnung von Druckentlastungseinrichtungen, Beispiel a)

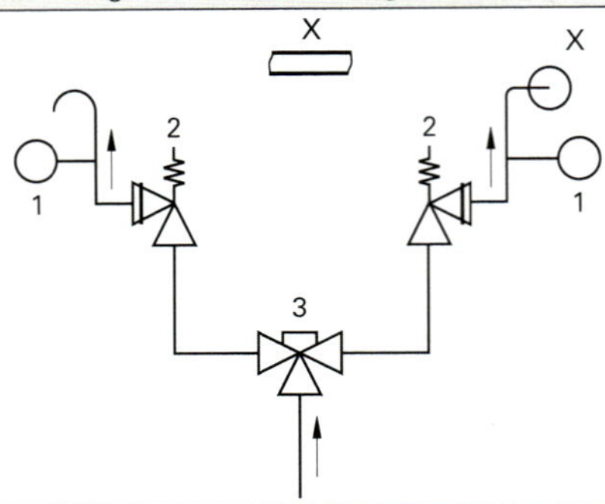

Legende

1) Feststellung der Kältemittelkonzentration
2) In die Atmosphäre abblasendes Druckentlastungsventil
3) Wechselventil, durch Kappe geschützt

Anordnung von Druckentlastungseinrichtungen, Beispiel b)

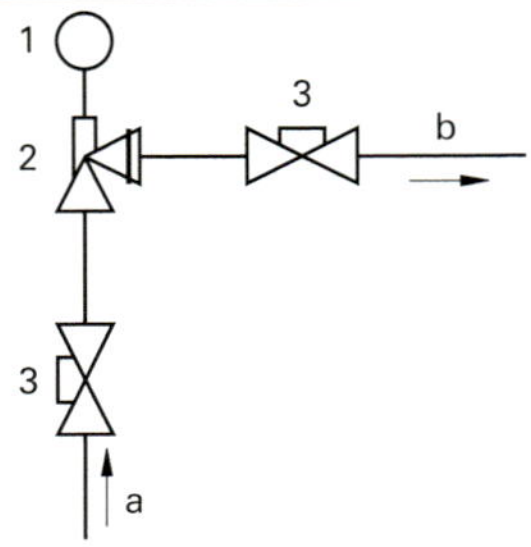

Legende

1) Balg-Überwachungseinrichtung
2) Druckentlastungseinrichtung als Überstromventil mit Gegendruckausgleich und Balgentlüftung zur Niederdruckseite
3) Gesichertes Ventil (siehe Bemerkung)

Anordnung von Druckentlastungseinrichtungen, Beispiel c)

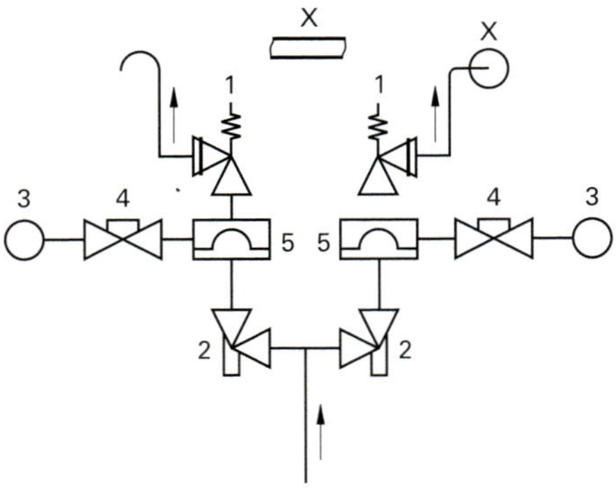

Legende

1) In die Atmosphäre abblasendes Druckentlastungsventil
2) Gesichertes Ventil (siehe Bemerkung
3) Druckwächter (eingestellt auf 0,5 bar)
4) Gesichertes Ventil mit Belüftung und Kappe
5) Berstscheibe mit Überwachungseinrichtung
   a) aus dem Behälter der Hochdruckseite oder einem Rohrleitungsabschnitt
   b) zur Niederdruckseite der Anlage

Bemerkungen zu den oben dargestellten Beispielen: Gesicherte Ventile sind zulässig

- zwischen dem Verdichter und seiner Entlastungsvorrichtung in Offenstellung.
- zwischen Druckentlastungseinrichtungen und dem Druckbehälter oder einem anderen Anlagenteil der Kälteanlage, den/das sie schützen, sofern sie in der offenen Stellung durch eine Plombe oder eine gleichwertige Maßnahme gesichert sind.
- vor und nach einem Überströmventil in Anlagen mit mehr als 100 kg Kältemittel, sofern sie in der offenen Stellung durch eine Plombe oder eine gleichwertige Maßnahme gesichert sind.

Wenn gesicherte Ventile mit einer Plombe oder einer gleichwertigen Maßnahme gesichert werden müssen, muss diese Plombe eine eindeutig identifizierbare Kennzeichnung eines Sachkundigen nach DIN EN 13313:2021-06 tragen. Wenn bei einem Freisetzen in die Atmosphäre das Kältemittel an oder unter den Tripelpunkt gelangt, kann sich das Kältemittel verfestigen. Die Druckentlastungseinrichtungen und zugehörigen Rohre müssen so angeordnet werden, dass jedes Blockieren des Kältemitteldurchflusses verhindert wird. Das Entlastungsventil darf entfernt vom Behälter oder der weiteren Ausrüstung angebracht werden, den/die es schützt, um sicherzustellen, dass es ohne jedes Risiko der Blockierung der Austrittsrohrleitung in die Atmosphäre abblasen kann, vorausgesetzt die Eintrittsrohrleitung des Entlastungsventils ist entsprechend nach DIN EN 13136:2020-08 bemessen. In die Atmosphäre abblasende Druckentlastungseinrichtungen dürfen parallel zu den Überström- Druckentlastungseinrichtungen eingebaut werden, um die Anlage gegen den sich aus den externen Wärmequellen ergebenden Überdruck zu schützen.

Schutz der Kälteanlage vor überhöhtem Druck (Fortsetzung) (nach **DIN EN 378-2**:2018-04)

Beispiele für die Anordnung von Druckentlastungseinrichtungen

Überstromventil mit Gegendruckausgleich zum Schutz der Hochdruckseite oder eines Rohrleitungsabschnitts des Druckbehälters gegen Flüssigkeitsausdehnung

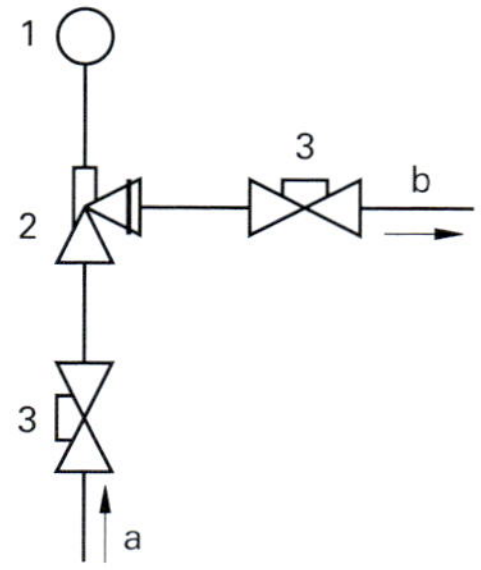

Legende

1 Balg-Überwachungseinrichtung, z.B. PS+, PS–, QS+
2 Druckentlastungsventil als Überstromventil mit Gegendruckausgleich und Balgentlüftung zur Niederdruckseite
3 Absperrventil
a) aus dem Behälter der Hochdruckseite oder einem Rohrleitungsabschnitt
b) zur Niederdruckseite der Anlage

Überstromventil mit Gegendruckausgleich zum Schutz der Niederdruckseite des Druckbehälters gegen Flüssigkeitsausdehnung und/oder Erwärmung von außen

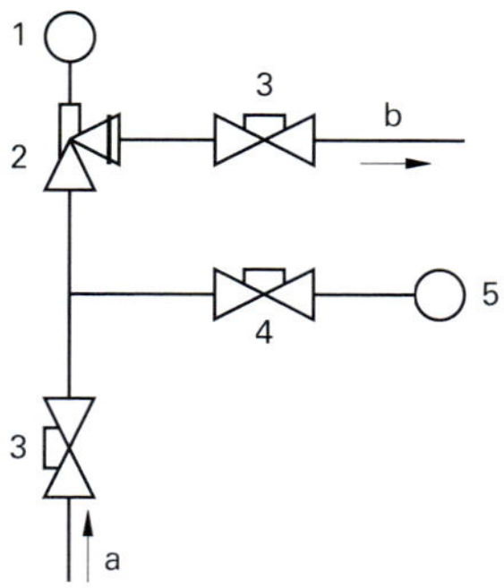

Legende

1 Balg-Überwachungseinrichtung, z.B. PS+, PS–, QS+
2 Druckentlastungsventil als Überstromventil mit Gegendruckausgleich und Balgentlüftung zur Niederdruckseite
3 Absperrventil
4 Absperrventil mit Belüftung und Kappe (empfohlen)
5 Druckwächter (eingestellt auf 2 bar (0,2 MPa) unter PS)
a) aus dem Behälter der Hochdruckseite oder einem Rohrleitungsabschnitt
b) zur Niederdruckseite der Anlage

Druckentlastungsventil zum Schutz gegen Flüssigkeitsausdehnung und/oder Erwärmung von außen, bestehend aus einem Überstromventil mit Gegendruckausgleich, das zur Niederdruckseite der Anlage abbläst, und einem Druckentlastungsventil, das in die Atmosphäre abbläst

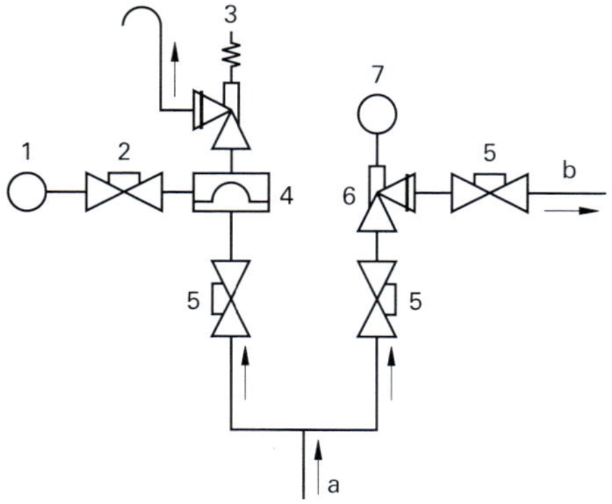

Legende

1 Druckwächter (eingestellt auf 0,5 bar bzw. 0,05 MPa unter PS)
2 Absperrventil mit Belüftung und Kappe (empfohlen)
3 in die Atmosphäre abblasende Druckentlastungseinrichtung
4 Berstscheibe mit Überwachungseinrichtung
5 Absperrventil
6 Druckentlastungsventil als Überstromventil mit Gegendruckausgleich und Balgentlüftung zur Niederdruckseite
7 Balg-Überwachungseinrichtung, z.B. PS+, PS–, QS+
a) Sammelrohrleitung aus dem Druckbehälter
b) zur Niederdruckseite der Anlage

7

Inbetriebnahme

(nach **DIN EN 378-2**:2018-04)

Prüfungen

Der Hersteller oder Errichter muss vor der Inbetriebnahme einer Kälteanlage alle Bauteile oder die gesamte Kälteanlage den folgenden Prüfungen unterziehen:

- → Druckfestigkeitsprüfung
- → Dichtheitsprüfung
- Funktionsprüfung der Sicherheitsschalteinrichtungen zur Druckbegrenzung
- → Konformitätsprüfung der gesamten Anlage

Die Ergebnisse dieser Prüfungen müssen aufgezeichnet werden.

Verbindungen müssen während der Durchführung der Druckfestigkeits- und der Dichtheitsprüfung für Sichtprüfungen zugänglich sein. Nach Druckfestigkeits- und Dichtheitsprüfung und vor dem ersten Einschalten der Anlage ist eine Funktionsprüfung aller elektrischen Sicherheitskreise durchzuführen. Die Ergebnisse dieser Prüfungen sind aufzuzeichnen.

Druckfestigkeitsprüfung Bauteile

Maßgebliche Vorschriften über die Prüfung einzelner Bauteile (Produktnormen):

Bauteil	Normen/Anforderungen
Wärmeaustauscher: • Rohrschlange ohne Luft (Rohr-in-Rohr) • Mehrfach-Rohrbündel-Wärmeaustauscher (Mantel u. Rohrbündel)	**DIN EN 14276-1** bzw. **DIN EN 13445, DIN EN 378-2**
Platten-Wärmeaustauscher	**DIN EN 14276-1** bzw. **DIN EN 13445, DIN EN 378-2**
Sammler und Rohrschlangen mit Luft Sekundär-Fluid	**DIN EN 14276-1** bzw. **DIN EN 14276, DIN EN 378-2**
Flüssigkeitssammler/Speicher/ Vorwärmer	**DIN EN 14276-1** bzw. **DIN EN 13445, DIN EN 378-2**
Ölabscheider	**DIN EN 14276-1** bzw. **DIN EN 13445, DIN EN 378-2**
Trockner	**DIN EN 14276-1** bzw. **DIN EN 13445, DIN EN 378-2**
Filter	**DIN EN 14276-1** bzw. **DIN EN 13445, DIN EN 378-2**
Schalldämpfer	**DIN EN 14276-1** bzw. **DIN EN 13445, DIN EN 378-2**
Hermetische Verdrängerverdichter	**DIN EN 60335** oder **DIN EN 12693**
Halbhermetische Verdrängerverdichter	**DIN EN 60335** oder **DIN EN 12693**
Offene Verdrängerverdichter	**DIN EN 12693**
Strömungsverdichter	**DIN EN 14276-1** oder **DIN EN 13445, DIN EN 60204-1**
Pumpen: Allgemeine Anforderungen Zusätzliche Anforderungen für Pumpen in Kälteanlagen und Wärmepumpen mit R717	**DIN EN 809** mit **DIN EN 60204-1** **DIN EN 378-2** Anhang A, **DIN EN 378-2**
Rohrleitungen	**DIN EN 14276-2** oder **DIN EN 13480-1 … 9**
Rohrleitungs-Verbindungen • → Nicht lösbare Verbindungen • → Lösbare Verbindungen	 **DIN EN 14276-2** **DIN EN 378-2**
Flexible Rohrleitungen	**DIN EN 1736**
Ventile	**DIN EN ISO 21922**
Sicherheitsventile	**DIN EN 13136** und **DIN EN ISO 4126-1, DIN EN 378-2**
Sicherheitsschalteinrichtungen zur Druckbegrenzung	**DIN EN 12263, DIN EN 378-2**
Absperrventile	**DIN EN ISO 21922**
Berstscheiben	**DIN EN ISO 4126-2** und **DIN EN 13136, DIN EN 378-2**
Schmelzpfropfen	**DIN EN 13136, DIN EN 378-2**
Flüssigkeitsstandanzeiger	**DIN EN 12178, DIN EN 378-2**
Druckmessgeräte	**DIN EN 837-1, DIN EN 837-2** und **DIN EN 837-3, DIN EN 378-2**
Lötwerkstoffe	**DIN EN 378-2**
Schweißwerkstoffe	**DIN EN 14276-2**

Inbetriebnahme (Fortsetzung)

Druckfestigkeitsprüfung Bauteile

Bauteile sind nach den Festlegungen ihrer entsprechenden Produktnorm zu prüfen. Wird die maßgebliche Produktnorm nicht berücksichtigt, müssen diese Bauteile den Druckfestigkeitsprüfungen wie folgt unterzogen werden:

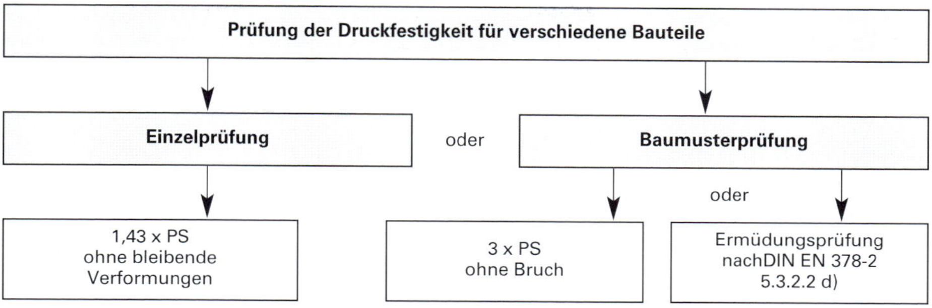

Alle erforderlichen Bescheinigungen sind im Namen des → Sachkundigen, der die Überwachung, Prüfung oder Kontrolle durchgeführt hat, auszustellen und von ihm zu unterzeichnen.

Die Dokumentation muss die folgenden Angaben enthalten:

- maximal zulässiger Druck
- maximal zulässige Temperatur
- verwendbares Kältemittel
- verwendbares Öl

Druckfestigkeitsprüfung Gesamtanlage

Werden alle Bauteile, Rohrleitungen und Verbindungen zuvor einer → Einzelprüfung oder einer → Baumusterprüfung unterzogen, dann ist eine Dichtheitsprüfung an der Gesamtanlage ausreichend.

Werden die Bauteile nicht zuvor geprüft, muss die Gesamtheit dieser Bauteile (Gesamtanlage) dem Prüfdruck unterzogen werden, der aus dem maximal zulässigen Druck (PS) (siehe „Schutz der Kälteanlage vor überhöhtem Druck") der Anlage abgeleitet wird.

Werden Rohrleitungen und Verbindungen nicht zuvor einer Prüfung unterzogen, dann gelten für diese Rohrleitungen und Rohrleitungsverbindungen die folgenden Anforderungen:

Rohrleitungen und Rohrleitungsverbindungen ≥ Kategorie II	**entweder**: Prüfung nach **DIN EN 14276-2**:2020-11
	oder: Separate Druckfestigkeitsprüfung 1,1 x PS, dazu müssen zusätzlich 10 % der nichtlösbaren Verbindungen ≥ Kategorie II nach DIN EN ISO 17638:2017-3, DIN EN ISO 17636:2023-05 oder DIN EN 17640: 2019-02 geprüft werden, Hartlötverbindungen nach DIN EN 12799: 2000-12 und Schweißverbindungen nach DIN EN ISO 10675: 2022-03. **Anmerkung:** Druckfestigkeitsprüfungen mit 1,1 x PS werden durchgeführt, wenn Prüfungen mit 1,43 x PS für die Anlage gefährlich sein können. Dieses Verfahren wird nur durchgeführt, wenn die anderen Verfahren für die Anlage schädlich sind.
Rohrleitungen und Rohrleitungsverbindungen ≤ Kategorie I	**entweder**: Prüfung wie für ≥ Kategorie II vorgesehen
	oder: Prüfung mit mindestens 1,1 x PS
	oder: Durchführung einer Baumusterprüfung nach **DIN EN 378-2**:2018-04 5.2.2.3 zusammen mit einer Dichtheitsprüfung
	Bei Eigensicherheit reicht eine Dichtheitsprüfung.

Der maximal zulässige Druck kann für jeden Abschnitt in der Anlage einzeln festgelegt werden. In diesem Fall kann auch für jeden Abschnitt ein anderer Prüfdruck festgelegt werden.

Inbetriebnahme (Fortsetzung)

Prüfung der Gesamtanlage vor der Inbetriebnahme (Fortsetzung)

Bevor die Kälteanlage in Betrieb genommen wird, muss die Gesamtanlage einschließlich der kompletten Kälteanlage auf Übereinstimmung mit den entsprechenden Zeichnungen, Fließbildern sowie → Rohrleitungs- und Instrumenten-Fließbildern (RI) der Anlage und elektrischen Schaltplänen verglichen werden.

Die Prüfung einer Kälteanlage muss durch einen → Sachkundigen erfolgen und die folgenden Punkte beinhalten:

Prüfung	Erläuterung
Prüfung der Unterlagen der Druckbehälter	
Prüfung der Sicherheitseinrichtungen	Einbau Sind die geforderten Sicherheitseinrichtungen • eingebaut? • funktionsfähig? • Einstellung so gewählt, dass Sicherheit gewährleistet? • in Übereinstimmung mit den entsprechenden Normen?
Prüfung ausgewählter Schweißnähte an Rohrleitungen	Übereinstimmung mit **DIN EN 14276-2**:2020-11
Prüfung ausgewählter Hartlötverbindungen an Rohrleitungen	Übereinstimmung mit **DIN EN 14276-2**:2020-11
Prüfung der Kältemittel-Rohrleitungen	Wo zutreffend, ist zu prüfen, ob die Rohrleitungen der Kälteanlagen nach den Festlegungen in den Zeichnungen, Spezifikationen und zutreffenden Normen verlegt wurden.
Prüfung und Dokumentierung der Anordnung von offenen Verdichtern, Pumpen, Ventilatoren usw. mit ihren Antrieben (Elektromotor bzw. Motor)	
Prüfung des Berichts über die Dichtheitsprüfung der Kälteanlage	
Sichtprüfung der Kälteanlage	• Anlagenbauteile auf Transport- und Lagerschäden prüfen • die Gesamtanlage mit den Plänen der Kälteanlage und den elektrischen Schaltplänen vergleichen • prüfen, ob alle Bauteile mit den Festlegungen übereinstimmen • prüfen, ob alle sicherheitstechnischen Dokumente und Einrichtungen, vorhanden sind • prüfen, ob alle für die Sicherheit und den Umweltschutz erforderlichen Vorrichtungen und Einrichtungen vorhanden sind und mit den Anforderungen der **DIN EN 378-2**:2018-04 übereinstimmen • prüfen, ob die Unterlagen für Druckbehälter, Bescheinigungen, Kennzeichnungsschilder, Bedienungs-Handbuch und sonstige Dokumente vorhanden sind • prüfen, ob Sammler genügend Fassungsvermögen haben • Anweisungen und Vorschriften zur Verhinderung von vorsätzlichem Abblasen von umweltschädlichen Kältemitteln in die Umgebung prüfen • wenn die Rohrleitung der allgemeinen Öffentlichkeit zugänglich ist, dürfen die Oberflächentemperaturen der Rohrleitungen keine Gefährdung darstellen • die Gesamtanlage mit den Plänen der Kälteanlage und den elektrischen Schaltplänen vergleichen; prüfen, ob die Stromzufuhr für die benötigte Energie ausreichend ist • Unterlagen für Druckbehälter prüfen, falls Druckbehälter ausgetauscht, geändert oder für ein anderes Kältemittel genutzt werden • durch Temperatur und Druck unter Betriebsbedingungen hervorgerufene Schwingungen und Bewegungen prüfen • Einbau der Ventile prüfen • Halterungen und Befestigungen (Werkstoffe, Verlauf, Verbindungen) prüfen

Inbetriebnahme (Fortsetzung)

Prüfung der Gesamtanlage vor der Inbetriebnahme (Fortsetzung)

Die Prüfung einer Kälteanlage muss durch einen → Sachkundigen erfolgen und die folgenden Punkte beinhalten:

Prüfung	Erläuterung
Sichtprüfung der Kälteanlage	• Qualität von Schweißnähten und anderen Verbindungen prüfen • Schutz gegen mechanische Schäden prüfen • Schutz gegen Wärme prüfen • Schutz beweglicher Teile prüfen • Zugänglichkeit für Instandhaltung oder Instandsetzung und für die Sichtprüfung der Rohrleitungen prüfen • Anordnung der Ventile prüfen • Qualität der Wärmedämmung und der Dampfsperren prüfen • prüfen, ob Wärmeaustauschflächen verschmutzt sind
Prüfung der Kennzeichnung	**Kälteanlage** Jede Kälteanlage sowie deren Hauptbauteile müssen durch Kennzeichnung identifizierbar sein. Diese Kennzeichnung muss immer sichtbar sein. • Name und Anschrift oder Kennung des Herstellers • Typbezeichnung, Serien-Nummer oder Erzeugnis-Nummer • Baujahr (das Baujahr darf Teil der Seriennummer sein und als Teil des Kennzeichnungsschildes verschlüsselt sein.) • Kältemittel-Kurzzeichen • Kältemittel-Füllmenge • maximal zulässiger Druck (PS), Hochdruck- und Niederdruckseite Das Kennzeichnungsschild muss ferner gegebenenfalls elektrische Daten nach den Anforderungen in **DIN EN 60335-2-40**:2014-01, **DIN EN 60335-2-24**:2019-11 oder **DIN EN 60335-2-89**:2016-06 enthalten
	Rohrleitungen und Ventile • Kennzeichnung nach **DIN 2405**:2023-10 (Rohrleitungen in Kälteanlagen, Kennzeichnung) • Die Abblaseleitungen von Druckentlastungsventilen sind zu kennzeichnen. Sammelleitungen für Überströmventile sind mit einem Kennzeichen zu versehen, wenn der Durchfluss durch die Rohrleitung nicht zu erkennen ist. • Ventile, mit denen Teile der Kälteanlage abgesperrt werden können, sind zu kennzeichnen. • Absperreinrichtungen und Haupt-, Steuer- und Regeleinrichtungen sind deutlich zu kennzeichnen, wenn ihre Funktion nicht klar erkennbar ist. • Haupt-Absperreinrichtungen, Steuer- und Regeleinrichtungen und Kältemittel-Versorgungsleitungen (Gas, Luft, Wasser, Elektrizität) sind ihrer Funktion entsprechend deutlich zu kennzeichnen. Einrichtungen, die nur von dazu befugten Personen betätigt werden dürfen, sollten gekennzeichnet sein.
	Dokumentation der Aufstellung Der Errichter muss dokumentieren, dass die Anlage nach den Konstruktions-Anforderungen aufgestellt wurde, und die Einstellung der Sicherheits-, Steuer- und Regeleinrichtungen angeben. Diese Dokumentation muss beim Errichter verbleiben und auf Verlangen vorgelegt werden.
	Bedienungshandbuch Der Hersteller muss eine angemessene Anzahl Bedienungshandbücher mitliefern sowie Sicherheitsanweisungen zur Verfügung stellen. Das Bedienungshandbuch muss mindestens die folgenden Angaben enthalten: • Verwendungszweck der Anlage • Beschreibung der Maschinen und Geräte • Fließbild und Schaltbild des Stromkreises der Kälteanlage • Anweisungen für das An- und Abschalten und den Stillstand der Anlage und von Anlagenteilen

7

Inbetriebnahme (Fortsetzung)

Prüfung der Gesamtanlage vor der Inbetriebnahme (Fortsetzung)

Die Prüfung einer Kälteanlage muss durch einen → Sachkundigen erfolgen und die folgenden Punkte beinhalten:

Prüfung	Erläuterung
	• Anweisungen für das Entsorgen von Betriebsflüssigkeiten und Bauteilen • Ursachen der häufigsten Fehler und die zu ergreifenden Maßnahmen, wie z.B. Anweisungen für die Lecksuche durch befugtes Personal und für die erforderliche Kontaktaufnahme mit sachkundigem Instandhaltungspersonal im Falle eines Lecks oder einer Betriebsstörung • die zu ergreifenden Vorsichtsmaßnahmen, um das Gefrieren von Wasser in Verflüssigern, Kühlem usw. bei niedrigen Umgebungstemperaturen oder durch das übliche Absinken von Druck/Temperatur in der Anlage zu verhindern • Vorsichtsmaßnahmen, die zu ergreifen sind, wenn die Anlage oder deren Teile angehoben oder transportiert werden • die auf der Kurzanweisung enthaltenen Angaben, gegebenenfalls vollständig • Hinweis auf Schutzmaßnahmen, Erste-Hilfe-Maßnahmen und das Verhalten bei Notfällen, wie z.B. Leckage, Feuer, Explosion • Instandhaltungsanweisungen für die gesamte Anlage mit einem Zeitplan für vorbeugende Instandhaltung gegen Leckagen • Anweisungen hinsichtlich Befüllung mit Kältemittel und Ablassen von Kältemittel • Anweisungen für den Umgang mit Kältemittel und den damit verbundenen Gefährdungen • Funktions- und Instandhaltungsanweisungen für die Sicherheits- und Alarmeinrichtungen und Kontrolllampen • Anleitungen für das Abfassen des Anlagenprotokolls • Anweisungen zur Vermeidung von Überdruck während des Betriebs, der Instandhaltung und Wartung • Angaben zur Geräuschemission: Festlegung des Standorts von Bedienungspersonal, falls erforderlich, mit Angabe des A-bewerteten Emissions-Schalldruckpegels dieses Standorts. Zusätzliche Angaben zum Schallleistungspegel, falls der äquivalente A-bewertete Schalldruckpegel 85 db(A) überschreitet. Mit den Angaben zur Geräuschemission müssen das angewendete Messverfahren und die jeweilige Messunsicherheit, K, nach dem in **DIN EN ISO 4871** festgelegten Doppelzahl-Protokoll angegeben werden. • ob eine persönliche Schutzausrüstung (PPE) erforderlich ist • Angabe, dass das Bedienpersonal vor Inbetriebnahme der Kälteanlage mit dem Betriebshandbuch vollständig vertraut ist
Prüfung der Kennzeichnung	**Angaben** Die folgenden Angaben müssen ausreichend geschützt an einer zugänglichen Stelle der Kälteanlage vorhanden sein. (Bei Split- oder Multisplit-Anlagen kann das Außengerät als Betriebsstelle betrachtet werden). Diese Kurzanweisung muss mindestens die folgenden Angaben enthalten: • Name, Adresse und Rufnummer des Errichters, seines Kundendienstes oder des Kundendienstes des Eigentümers oder Betreibers oder auf jeden Fall der für die Kälteanlage verantwortlichen Person sowie Adresse und Rufnummer von Feuerwehr, Polizei, Krankenhäusern und Zentren für Verbrennungsopfer • Art des Kältemittels (chemischen Formel und → Kurzzeichen) • Anweisungen für das Abschalten der Kälteanlage in Notfällen • die maximal zulässigen Drücke • Einzelheiten über die Entflammbarkeit, falls ein brennbares Kältemittel verwendet wird (Kältemittel der Gruppen A2, A3, B2, B3) • Einzelheiten über die Toxizität, falls ein giftiges Kältemittel verwendet wird (Kältemittel der Gruppen B1, B2, B3)

Inbetriebnahme (Fortsetzung)

Prüfung der Gesamtanlage vor der Inbetriebnahme (Fortsetzung)

Die Prüfung einer Kälteanlage muss durch einen → Sachkundigen erfolgen und die folgenden Punkte beinhalten:

Prüfung	Erläuterung
Prüfung der Kennzeichnung	**Zeichnungen** Bei mehrteiligen Anlagen, bei denen die Funktion des einzelnen Bauteiles nicht leicht zu erkennen ist, muss an oder in der Nähe der Anlage ein → Rohrleitungs- und Instrumenten-Fließbild (RI) angebracht sein, in dem die Absperr-, Steuer- und Regeleinrichtungen kenntlich gemacht sind. Dieses Fließbild ist nach **DIN EN 1861** zu erstellen.
	Anlagenprotokoll Bei einer **Kältemittel-Füllmenge von mehr als 3 kg** muss der Eigentümer oder Betreiber ein Anlagenprotokoll der Kälteanlage auf dem neuesten Stand halten. Der Errichter muss nach dem Aufstellen der Anlage ein Anlagenprotokoll erstellen. Dieses Anlagenprotokoll ist regelmäßig nach den Festlegungen in **DIN EN 378-4** nach Instandhaltungsarbeiten auf den laufenden Stand zu bringen. In das Anlagenprotokoll müssen folgende Angaben eingetragen werden: • Einzelheiten aller Instandhaltungs- und Instandsetzungsarbeiten • jedes Mal Menge und Art (neu, wiederverwendet oder recycelt) des eingefüllten Kältemittels, jedes Mal Menge des aus der Anlage abgelassenen Kältemittels • falls eine Analyse eines wiederverwendeten Kältemittels vorliegt, sind die Ergebnisse ebenfalls im Anlagenprotokoll festzuhalten • die Herkunft des wiederverwendeten Kältemittels • Änderungen und Austausch von Bauteilen der Anlage • Ergebnisse aller regelmäßigen Routineprüfungen • längere Stillstandzeiten

Die Prüfung der Gesamtanlage vor der Inbetriebnahme muss dokumentiert werden. Keine Kälteanlage darf in Betrieb genommen werden, wenn sie nicht dokumentiert ist.

Prüfung der Eigensicherheit

Festlegung des maximalen Druckes bei unüblichen Betriebsbedingungen

Festlegung des Druckes auf der Hochdruckseite (P_{HIS})	Der Wärmetaustauscher auf der Hochdruckseite wird der folgenden Prüfung unterzogen: • Die Kälteanlage muss unter Berücksichtigung der vom Hersteller festgelegten Abstände zu angrenzenden Oberflächen aufgestellt werden. • Die Kälteanlage wird mit Nennspannung oder dem oberen Grenzwert des Nennspannungsbereiches bei einer Umgebungstemperatur von 23 °C ± 5 °C betrieben. • Bei Erreichen des Beharrungszustandes wird der Wärmeträgerstrom des Wärmeaustauschers auf der Hochdruckseite eingeschränkt bzw. abgesperrt, d.h., es wird die ungünstigste Bedingung gewählt, ohne die Kälteanlage jedoch außer Betrieb zu setzen. • Wenn die Kälteanlage mit anlagenexternen Heizeinrichtungen ausgerüstet ist, müssen diese in Betrieb genommen werden. Der höchste, während dieser Prüfung auftretende Druck gilt als P_{HIS}
Festlegung des Druckes auf der Niederdruckseite (P_{LIS})	Der Wärmetaustauscher auf der Niederdruckseite wird der folgenden Prüfung unterzogen: • Die Kälteanlage ist nicht in Betrieb, um die Bedingungen im Stillstand zu simulieren. • Die Temperatur des Wärmeträgers im Wärmeaustauscher der Niederdruckseite muss auf der vom Hersteller festgelegten maximalen Temperatur gehalten werden. • Bei Wasser als Wärmeträger wird dieser Zustand 30 Minuten lang aufrechterhalten. Ist der Wärmeträger Luft, dann muss dieser Zustand 1 Stunde konstant gehalten werden.

7

Instandhaltung, Instandsetzung und Rückgewinnung (nach **DIN EN 378-4:**2019-12)

Allgemeine Anforderungen	
Betriebs-anweisungen	Personal, das mit dem Betreiben, der Überwachung und der Instandhaltung beauftragt ist, muss ausreichend unterwiesen und sachkundig sein.
	Der Errichter der Kälteanlage muss auf die Notwendigkeit einer ausreichenden Unterweisung des Bedienungspersonals hinweisen.
	Bei Anlagen mit mehr als 3 kg Kältemittel-Füllmenge muss das Bedienungspersonal Kenntnisse und Erfahrungen hinsichtlich Wirkungsweise, Betrieb und täglicher Überwachung der Anlage haben.
	Das Mischen unterschiedlicher Kältemittel in einer Anlage ist unzulässig.
Unterweisung des Bedienungs-personals	Vor der Inbetriebnahme einer neuen Kälteanlage muss sichergestellt sein, dass das Bedienungspersonal anhand des Bedienungs-Handbuches über • Aufbau • Überwachung • Betrieb • Instandhaltung der Kälteanlage, außerdem über • Sicherheitsmaßnahmen • persönliche Schutzausrüstung • Eigenschaften und Umgang mit dem verwendeten Kältemittel unterwiesen ist.
Dokumentation	Bei Anlagen mit mehr als 3 kg Kältemittel-Füllmenge ist der Eigentümer/Betreiber verpflichtet, ein Anlagenprotokoll zu führen und auf dem Laufenden zu halten. Das Anlagenprotokoll muss Folgendes enthalten: • Einzelheiten aller Instandhaltungs- und Instandsetzungsarbeiten • Menge und Art (neu, wiederverwendet, oder recycelt) des eingefüllten Kältemittels • Menge und Art des aus der Anlage abgelassenen Kältemittels • Analyseergebnis des wiederverwendeten Kältemittels, falls vorhanden • Herkunft des wiederverwendeten Kältemittels • Änderungen und Austausch von Bauteilen der Anlage • Ergebnisse aller Routineprüfungen • längere Stillstandzeiten
	Das Anlagenprotokoll muss • vom Eigentümer aufbewahrt und im Maschinenraum bereitgehalten werden oder • in einem Computer gespeichert sein, wobei der Ausdruck der Informationen dem Sachkundigen für Wartung oder Prüfung im Maschinenraum zugänglich sein muss.
Instandhaltung und Instandsetzung	
Allgemeines	Jede Kälteanlage muss vorbeugenden Instandhaltungsmaßnahmen nach dem Bedienungs-Handbuch unterzogen werden.
	Die Häufigkeit der Instandhaltungsmaßnahmen ist von der Art, Größe, Verwendung usw. der Anlage abhängig.
	Der Eigentümer/Betreiber muss sicherstellen, dass die Kälteanlage in zufriedenstellender Weise geprüft, regelmäßig überwacht und instandgehalten wird.
	Die regelmäßige Instandhaltung, die keinen Eingriff oder keine Einstellung der Kälteanlage beinhaltet und keine spezifischen Kenntnisse erfordert (z.B. Reinigung von Wärmetauschern auf der Luftseite, Reinigung des Verflüssigers), kann von einer Person mit entsprechender Sachkenntnis durchgeführt werden, die beim Betreiber/Eigentümer angestellt ist.
	Die Kälteanlage darf nur mit dem Kältemittel befüllt werden, das den Angaben in der Kurzanweisung oder der Spezifikation des Herstellers entspricht.
	Bei Kälteanlagen, die in einem Gehäuse untergebracht sind und als → indirektes System gelten, dürfen sich während Instandhaltungs- und Instandsetzungsarbeiten keine unbefugten Personen im → Aufstellungsbereich befinden.
Instandhaltung	Die Instandhaltung ist so durchzuführen, dass • Unfälle von Personen vermieden werden • Schaden an Gütern möglichst vermieden wird • die Bauteile der Anlage in einem guten Betriebszustand bleiben • der Verwendungszweck und die Nutzbarkeit der Anlage erhalten bleiben • Austreten von Kältemittel oder Öl festgestellt und der Schaden behoben wird • Energieverluste möglichst vermieden werden

7

Instandhaltung, Instandsetzung und Rückgewinnung (Fortsetzung)	
Instandhaltung	Umfang und Zeitplan der Instandhaltung sind im Bedienungs-Handbuch ausführlich zu beschreiben.
	Bei einem indirekten Kühl- oder Heizsystem muss der → Wärmeträger in regelmäßigen Abständen auf seine Zusammensetzung und das System auf das Vorhandensein von Kältemittel untersucht werden.
Instandsetzung	Instandsetzungen an kältemittelführenden Bauteilen sind in der folgenden Reihenfolge, falls anwendbar, durchzuführen: • Durchführung einer Gefahrenanalyse und Risikobewertung für die empfohlene Instandsetzung • unterweisen des Instandhaltungspersonals • abtrennen und sichern der instandzusetzenden Teile (z.B. Motorantrieb, Druckbehälter, Rohrleitung) • entleeren und absaugen • reinigen bzw. ausblasen (z.B. mit Stickstoff) • Freigabe für die Instandsetzung • Durchführung der Instandsetzung • Prüfung des instandgesetzten Bauteils (Druckprüfung, Dichtheitsprüfung, Funktionsprüfung) • Austauschen, Entleeren und Wiederauffüllen mit Kältemittel
	Für das Schweißen oder die Verwendung von Funken und Flammen erzeugenden Geräten sind ausgebildetes Personal und Schweiß- oder Lötanweisungen erforderlich.
	Kältemittel-Leckagen sind festzustellen und so schnell wie möglich von einem Sachkundigen zu beheben.
	Bei jeder regelmäßig durchgeführten Instandhaltung und nach jeder Instandsetzung müssen mindestens die folgenden Tätigkeiten durchgeführt werden: • Alle Sicherheits-, Steuer-, Regel- und Messeinrichtungen sowie Alarmsysteme müssen auf fehlerfreie Funktion und einwandfreien Betriebszustand geprüft werden • an dem betreffenden Teil der Kälteanlage sind Dichtheitsprüfungen durchzuführen • Absaugen • Korrigieren der Kältemittel-Füllmenge • Funktionsprüfung der Sicherheitseinrichtungen
	Schweiß- und Lötarbeiten dürfen nur von sachkundigem Personal durchgeführt werden und der entsprechende Abschnitt muss zuvor nach einem genehmigten Verfahren durchgespült werden.
	Der Austausch von Bauteilen oder Änderungen an der Kälteanlage müssen von einem Sachkundigen angeordnet und durchgeführt werden oder bei wartungsfreien Anlagen von einem zugelassenen Wartungsdienst.
Umstellung auf ein anderes Kältemittel	Planung der Umstellung: • feststellen, ob der Hersteller der Kälteanlage der Umstellung auf ein anderes Kältemittel zustimmt • prüfen, ob alle in der Kälteanlage verwendeten Werkstoffe und verbleibendes Öl mit dem neuen Kältemittel kompatibel sind • sicherstellen, dass der zulässige Druck nicht überschritten wird • prüfen, ob das neue Kältemittel eingesetzt werden kann, ohne dass erneut eine Prüfbescheinigung für die Druckbehälter erforderlich ist • die Motor-Leistung prüfen • das Fassungsvermögen des Flüssigkeitssammlers prüfen • die Auswirkungen bei einer Änderung der Kältemittel-Klassifizierung beachten
	Durchführung der Umstellung: • auf den Inhalt des Kältemittelbehälters besonders achten, um sicher zu sein, dass das richtige Kältemittel zugefüllt wird • überprüfen, ob das verbleibende Öl in einwandfreiem Zustand ist. Falls nicht, das Öl wechseln und die Kälteanlage vor der Rückgewinnungsphase mindestens eine Stunde lang mit dem ursprünglichen Kältemittel laufen lassen • Mischungen mit Rückständen von Kältemittel und Öl vermeiden • alle Angaben in Hinblick auf das verwendete Kältemittel entsprechend ändern • Anzeige-, Steuer-, Regel- und Sicherheitseinrichtungen, einschließlich Software, gegebenenfalls austauschen bzw. neu einstellen • das Anlagenprotokoll und die Dokumentation einschließlich der Kurzanweisung auf den neuesten Stand bringen • das ursprüngliche Kältemittel rückgewinnen

7

Instandhaltung, Instandsetzung und Rückgewinnung (Fortsetzung)

Anforderungen an Rückgewinnung, Wiederverwendung und Entsorgung

Alle Kältemittel sind für die Wiederverwendung rückzugewinnen, zu recyceln oder wiederaufzubereiten oder ordnungsgemäß zu entsorgen.

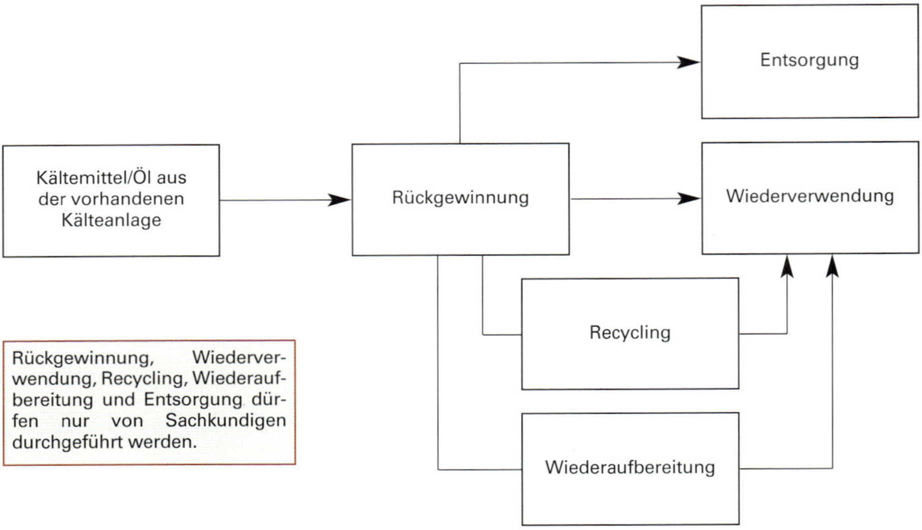

Rückgewinnung, Wiederverwendung, Recycling, Wiederaufbereitung und Entsorgung dürfen nur von Sachkundigen durchgeführt werden.

Handhabung von Kältemitteln	Kälteanlagen sollten erst nach einer Prüfung auf Druck und Dichtheit befüllt werden.
	Kältemittel-Behälter sollten nicht an Anlagen mit höherem Druck angeschlossen werden oder an Leitungen mit Flüssigkeitsdruck von flüssigem Kältemittel, bei denen der Druck ausreicht, um einen Rückfluss in den Behälter zu bewirken. Dieser Rückfluss kann zu einer Überfüllung und dadurch zu einem gefährlichen Druck im Behälter führen.
	Kältemittel, das in eine Anlage eingefüllt wird, sollte entweder nach Masse oder Volumen gemessen werden, wobei eine Waage oder volumetrische Fülleinrichtung (Füllzylinder) verwendet wird. Bei der Befüllung mit → zeotropen Gemischen wird das Kältemittel als Flüssigkeit nach den Anweisungen des Kältemittel-Herstellers eingefüllt. Bei der Befüllung einer Anlage sollte darauf geachtet werden, dass die maximal zulässige Füllmenge niemals überschritten wird, da sonst unter anderem die Gefahr besteht, dass Flüssigkeit in den Verdichter eindringt. Das Befüllen mit Kältemittel sollte vorzugsweise auf der Niederdruckseite der Anlage vorgenommen werden. Jede Stelle hinter einem geschlossenen Absperrventil in der Haupt-Flüssigkeitsleitung wird als eine Stelle auf der Niederdruckseite angesehen.
	Beim Befüllen von Kältemittel-Behältern sollte das maximale Fassungsvermögen nicht überschritten werden. Das Fassungsvermögen ist abhängig vom Inhalt des Behälters und der Dichte des flüssigen Kältemittels (80% Volumenanteil, Flüssigkeit bei 50 °C).
	Das Umfüllen von Kältemittel von einem Behälter in einen anderen sollte nach sicheren und anerkannten Verfahren durchgeführt werden. Zwischen den Behältern sollte eine Druckdifferenz hergestellt werden, entweder durch Kühlen des aufnehmenden Behälters oder Erwärmen des abgebenden Behälters. Das Erwärmen sollte mittels einer Heizmatte mit einer Reglereinstellung von **höchstens 55 °C** und einer Schmelzsicherung oder einem Temperaturbegrenzer ohne automatische Rückstellung, der auf eine Temperatur eingestellt ist, bei der der Sättigungsdruck des Kältemittels 85% des Einstellwertes der Druckentlastungseinrichtung des Behälters nicht überschreitet, erreicht werden. Unter keinen Umständen sollte zur Absenkung der Temperatur, um die Befüllung des Aufnahmebehälters zu erleichtern, Kältemittel aus dem aufnehmenden Behälter in die Atmosphäre abgeblasen werden. Eine direkte Erwärmung von Kältemittel-Behältern durch offene Flammen, Heizstrahler oder Heizeinrichtungen mit direktem Kontakt zur Steigerung der Strömungsgeschwindigkeit des Kältemittels sollte nicht erfolgen.

Instandhaltung, Instandsetzung und Rückgewinnung (Fortsetzung)

Anforderungen an Rückgewinnung und Wiederverwendung von Kältemittel

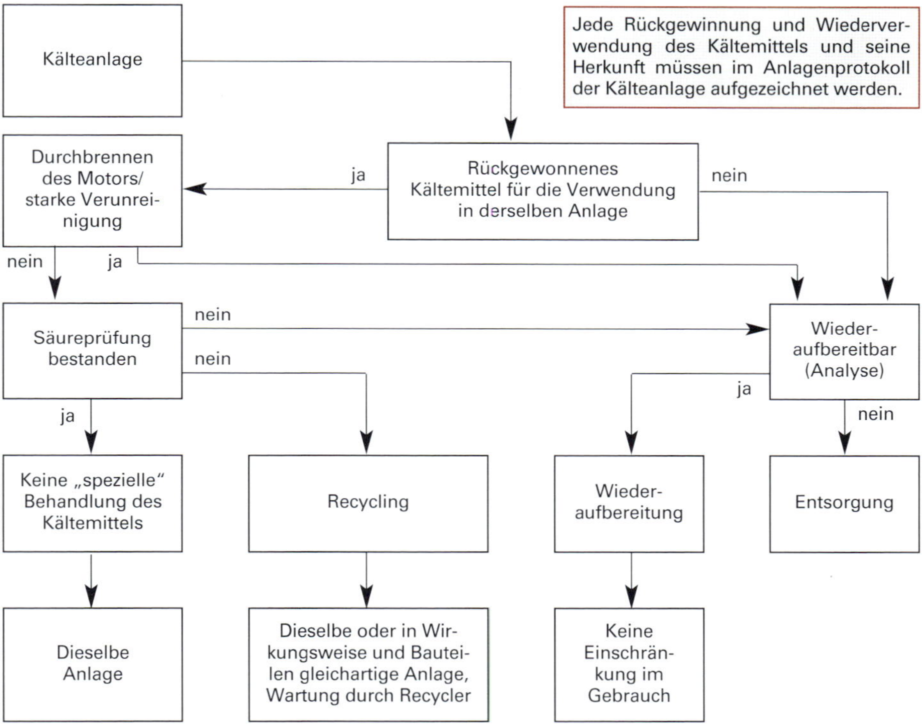

Rückgewinnung für allgemeine Wiederverwendung	Für die allgemeine Wiederverwendung muss rückgewonnenes Kältemittel wiederaufbereitet werden und den entsprechenden Anforderungen für ungebrauchte Kältemittel genügen.
Rückgewinnung für die Wiederverwendung in derselben Anlage	Bei → Halogenkohlenwasserstoff-Kältemittel muss eine Säureprüfung durchgeführt werden. Wird die Säureprüfung nicht bestanden, dann muss die gesamte Kältemittel-Füllmenge einem Recycling- oder Wiederaufbereitungs-Verfahren unterzogen und Filtertrockner in der Kälteanlage müssen ausgetauscht werden. Aus einer Kälteanlage rückgewonnenes Kältemittel (z.B. entnommene Überfüllung, Kältemittel, das während der Wartung der Anlage, bei einer nicht-kontaminierenden Instandsetzung vor Ort, bei einer größeren Überholung oder bei Austausch eines Bauteiles entnommen wird) kann üblicherweise wieder in dieselbe Anlage zurückgeführt werden. Das Kältemittel sollte durch einen Filtertrockner wieder eingefüllt werden, um jegliche Feuchtigkeit, die das Fluid während der Rückgewinnung verunreinigt haben könnte, zu entfernen.
Rückgewinnung für die Wiederverwendung in einer gleichartigen Anlage	Die Verwendung von recyceltem Kältemittel in einer Kälteanlage, die gleichartige Wirkungsweisen und Bauteile aufweist, muss folgenden Anforderungen entsprechen: • Die Anlage wird von dem Sachkundigen oder Unternehmen gewartet, der oder das das Kältemittel recycelt hat. • Die Vorgeschichte des Kältemittels und der Kälteanlage ist seit dem Tag der Inbetriebnahme bekannt. • Der Sachkundige oder das Unternehmen informiert den Eigentümer oder Betreiber, ob recyceltes Kältemittel verwendet wird, sowie über die Quelle, aus der es stammt, und über das Ergebnis der Prüfungen oder gegebenenfalls der Analyse. Falls das Kältemittel einer der obigen Bedingungen nicht entspricht oder wenn die Vorgeschichte des Kältemittels auf eine starke Kältemittelverunreinigung hinweist, z.B. Durchbrennen des Motors, dann ist das Kältemittel wiederaufzubereiten oder ordnungsgemäß zu entsorgen.

7

Instandhaltung, Instandsetzung und Rückgewinnung (Fortsetzung)

Prüfungen

Wiederholungsprüfungen bei Bedarf

Anlass der Wiederholungsprüfung	Äußere Sichtprüfung	Druckprüfung der Anlage	Kältemittel-Lecksuche
• nach eventuell die Festigkeit beeinträchtigenden Arbeiten • wenn sich die Anwendung geändert hat • wenn eine Umstellung auf ein anderes Kältemittel bei einem höheren Druck stattgefunden hat • nach einem Stillstand der Anlage von mehr als zwei Jahren.	X	X	X
• nach Instandsetzungen • nach wesentlichen Änderungen • nach Erweiterungen der Anlagen oder Bauteile	X	X	X
• nach dem Wiederaufstellen an einem anderen Ort	X		X
• wenn ein gravierender Verdacht auf Leckagen besteht			X

Wiederholungsprüfungen, periodisch

Kältemittel	GWP	Füllmenge m_F in kg bei einem CO_2-Äquivalent (CO_2 eq) von				Berechnung: CO_2 eq = GWP · m_F Z. B. 25,5 kg R32: CO_2 eq = 675 · 25,5 kg = 17212,5 kg = 17,21 t
		5 t	10 t	50 t	500 t	**Prüfintervall bei CO_2 eq:**
R32	675	7,4	14,8	74,1	740,7	≥ 5 t bis < 50 t (hermetische Anlage: ≥10 t bis < 50 t) ⇒ **jährlich**, mit LES[1] **alle 2 Jahre**
R134a	1430	3,5	7,0	35,0	349,7	
R404A	3922	1,3	2,6	12,7	127,5	
R407C	1774	2,8	5,6	28,2	281,9	≥ 50 t bis < 500 t ⇒ **halbjährlich**, mit LES[1] **jährlich**
R410A	2088	2,4	4,8	24,0	239,5	
R422D	2730	1,8	3,6	18,3	183,2	≥ 500 t ⇒ **vierteljährlich**, mit LES[1] (verpflichtend) **halbjährlich**
R507A	3985	1,3	2,6	12,5	125,5	
R1234yf	4	20,0	40,0	200	2000	
R744 (CO_2)	1					[1] Leckageerkennungssystem

Sicherheitseinrichtungen zur Druckbegrenzung	Einbau und Funktion	jährlich
Notsignale	Einbau und Funktion	jährlich
Alarmsysteme	Einbau und Funktion	jährlich
Druckentlastungseinrichtungen, die von außen zugänglich sind	Einbau, Funktion und richtiger Einstelldruck	alle fünf Jahre
Druckentlastungseinrichtungen	Dichtheit	jährlich
Berstscheiben	Dichtheit	jährlich
Schmelzpfropfen	Dichtheit	jährlich

Anforderungen an Umfüllen von Kältemittel

7 Das Umfüllen/Absaugen von Kältemittel ist wie folgt durchzuführen:

- Wenn der Verdichter der Kälteanlage nicht zum Umfüllen benutzt werden kann, dann ist an die Kälteanlage eine Rückgewinnungs-Einrichtung anzuschließen, um das Kältemittel entweder in einen anderen Teil der Kälteanlage oder in einen separaten Behälter umzufüllen.
- Vor der Wartung, Instandsetzung usw., bei der die Kälteanlage geöffnet worden ist, ist der Druck der Kälteanlage oder der betroffenen Teile auf 0,05 bar absolut oder niedriger abzusenken.
- Danach kann der Druck mit einer Vakuumpumpe weiter abgesenkt werden, bevor das Vakuum mit trockenem, sauerstofffreiem Stickstoff gebrochen wird.
- Vor der Entsorgung der Kälteanlage müssen die Kälteanlage oder Kälteanlageteile auf einen Druck von 0,3 bar absolut oder niedriger abgesaugt werden.

Die für das Umfüllen oder Entleeren erforderliche Zeit ist abhängig vom Druck. Der Vorgang sollte erst beendet werden, wenn der Druck nach dem Abschalten des Verdichters der Rückgewinnungs-Einrichtung konstant bleibt.

Instandhaltung, Instandsetzung und Rückgewinnung (Fortsetzung)

Leistungsprogramm für die Wartung von Kälteanlagen (nach **VDMA 24186-3**:2019-09)

Tätigkeit	Ausführung	
	periodisch	bei Bedarf
1. Verdrängungs- und Strömungsmaschinen		
Hubkolben- und Rotationsverdichter		
Äußerlich auf Verschmutzung, Beschädigung und Korrosion prüfen	X	
Funktionserhaltendes Reinigen[1]		X
Auf Befestigung und Laufgeräusch prüfen	X	
Saugdruck messen[2]	X	
Sauggastemperatur vor dem Verdichter messen[2]	X	
Verdichtungsdruck messen[2]	X	
Verdichtungsendtemperatur am Druckstutzen messen[2]	X	
Ölstand prüfen	X	
Öl auf Säuregehalt prüfen (Säuretest)	X	
Öl auswechseln[1]		X
Öldruck messen[2]	X	
Öldruck nachstellen		X
Öltemperatur vor und nach dem Ölkühler messen[2]	X	
Wassertemperatur vor und nach dem Ölkühler messen[2]	X	
Ölabscheider auf Funktion prüfen	X	
Kurbelwannenheizung auf Funktion prüfen	X	
Anlaufentlastung auf Funktion prüfen	X	
Leistungsregelung auf Funktion prüfen	X	
Wellenabdichtung auf Dichtheit prüfen	X	
Arbeitsventile prüfen[2]		X
Lagertemperaturen bei Verdichter prüfen	X	
Kältemittelseitig auf Dichtheit prüfen	X	
Antriebselemente	siehe Pos. 9	
MSR-Technik	siehe **VDMA 24186-4**:2018-05	
2. Wärmeaustauscher		
Wassergekühlte Verflüssiger		
Äußerlich auf Verschmutzung, Beschädigung und Korrosion prüfen	X	
Funktionserhaltendes Reinigen[1]		X
Verflüssigungstemperatur messen[2]	X	
Kältemittelseitige Unterkühlungstemperatur am Verflüssigeraustritt messen[2]	X	
Mediumstemperatur am Verflüssigerein- und -austritt messen[2]	X	
Frostschutztemperatur (Gefrierpunkt) der Wärmeträgermedien ermitteln[2]	X	
Kühlwasserregler auf Funktion prüfen	X	
Kühlwasserregler nachstellen		X
Pumpe	X	
Kältemittel- und wasserseitig auf Dichtheit prüfen	X	
Einfrierschutz prüfen	X	
Gefrierschutzmittel nachfüllen[1]		X
Verdunstungs-Verflüssiger		
Äußerlich auf Verschmutzung, Beschädigung und Korrosion prüfen	X	
Funktionserhaltendes Reinigen[1]		X
Verflüssigungstemperatur messen[2]	X	
Kältemittelseitige Unterkühlungstemperatur am Verflüssigeraustritt messen[2]	X	

[1] Leistungsumfang muss definiert u. vereinbart werden. [2] Messdaten sind im Messprotokoll zu erfassen.

7

Instandhaltung, Instandsetzung und Rückgewinnung (Fortsetzung)		
Leistungsprogramm für die Wartung von Kälteanlagen (Fortsetzung)		
Tätigkeit	Ausführung	
	periodisch	bei Bedarf
Feuchtkugeltemperatur messen[2)]	X	
Kältemittel- und wasserseitig auf Dichtheit prüfen	X	
Ventilator	siehe Pos. 5	
Wassereinspeisung und -verteilung prüfen	X	
Wasserstand prüfen	X	
Nachspeiseeinrichtung prüfen		X
Tropfenabscheider auf Funktion prüfen (Sichtprüfung)	X	
Abschlämmvorrichtung auf Funktion prüfen[3)]	X	
Abschlämm-Menge nach Auslegungsdaten einstellen		X
Ab- und Oberlauf auf Funktion prüfen	X	
Schmutzfänger[1)]	siehe Pos. 6	
Wannenheizung auf Funktion prüfen	X	
Pumpe	siehe Pos. 6	
Rohrbegleitheizung auf Funktion prüfen	X	
Antriebselemente	siehe Pos. 9	
MSR-Technik	siehe **VDMA 24186-4**:2018-05	
Hygienischen Zustand prüfen	X	
Luftgekühlte Verflüssiger		
Äußerlich auf Verschmutzung, Beschädigung und Korrosion prüfen	X	
Funktionserhaltendes Reinigen[1)]		X
Verflüssigungstemperatur messen[2)]	X	
Kältemittelseitige Unterkühlungstemperatur am Verflüssigeraustritt messen[2)]	X	
Mediumstemperatur am Verflüssigerein- und -austritt messen[2)]	X	
Ventilator	siehe Pos. 5	
Kondensationsdruckregelung auf Funktion prüfen	X	
Kältemittelseitig auf Dichtheit prüfen	X	
Verdampfer (Flüssigkeit/Kältemittel)		
Äußerlich auf Verschmutzung, Beschädigung und Korrosion prüfen	X	
Funktionserhaltendes Reinigen[1)]		X
Verdampfungsdruck im Verdampfer messen[2)]	X	
Kältemittelüberhitzungstemperatur ermitteln[2)]	X	
Mediumstemperatur am Verdampferein- und -austritt messen[2)]	X	
Frostschutztemperatur (Gefrierpunkt) der Wärmeträgermedien ermitteln[2]	X	
Kältemittelstand prüfen (bei überfluteten Verdampfern)	X	
Pumpe	siehe Pos. 6	
Wasser- und kältemittelseitig auf Dichtheit prüfen	X	
Verdampfer (Luft/Kältemittel)		
Äußerlich auf Verschmutzung, Beschädigung und Korrosion prüfen	X	
Funktionserhaltendes Reinigen[1)]		X
Verdampfungsdruck im Verdampfer messen[2)]	X	
Verdampfungstemperatur am Verdampferaustritt messen[2)]	X	
Kältemittelüberhitzungstemperatur ermitteln[2)]	X	
Mediumstemperatur am Verdampferein- und -austritt messen[2)]	X	
Ventilator	siehe Pos. 5	
Verdampfungsdruckregelung auf Funktion prüfen	X	

[1)] und [2)] siehe Seite 467. [3)] Wasserhaushaltsgesetz (WHG) beachten.

Instandhaltung, Instandsetzung und Rückgewinnung (Fortsetzung)		
Leistungsprogramm für die Wartung von Kälteanlagen (Fortsetzung)		
Tätigkeit	Ausführung	
	periodisch	bei Bedarf
Kondensatablauf auf Funktion prüfen	X	
Kondensatablauf reinigen[1)]		X
Abtau- und Kondensatablaufheizung auf Funktion prüfen	X	
Kältemittelseitig auf Dichtheit prüfen	X	
Hygienischen Zustand prüfen	X	
3 Anlagenteile im Kältekreislauf		
Rohrleitungen		
Äußerlich auf Verschmutzung, Beschädigung und Korrosion prüfen	X	
Isolierung auf Beschädigung prüfen	X	
Auf Befestigung prüfen	X	
Kompensatoren äußerlich auf Beschädigung prüfen	X	
Filtertrockner auf Verstopfung prüfen	X	
Filtertrockner auswechseln[1]		X
Flüssigkeitszustand im Schauglas der Flüssigkeitsleitung prüfen	X	
Flüssigkeitsindikator auf Verfärbung prüfen	X	
Flüssigkeitsstand im Kältemittelsammler prüfen	X	
Kältemittelseitig auf Dichtheit prüfen	X	
Armaturen		
Äußerlich auf Verschmutzung, Beschädigung und Korrosion prüfen	X	
Magnetventile auf Funktion prüfen	X	
Drosselorgane auf Funktion prüfen	X	
Drosselorgane nachstellen		X
Absperrventile auf Funktion prüfen	X	
Kältemittelseitig auf Dichtheit prüfen	X	
MSR- und Sicherheitseinrichtungen		
Äußerlich auf Verschmutzung, Beschädigung und Korrosion prüfen	X	
Auf Funktion prüfen	X	
Auf Auslegungsdaten einstellen		X
Kältemittelseitig auf Dichtheit prüfen	X	
MSR-Technik	siehe **VDMA 24186-4**:2018-05	
Mess- und Anzeigegeräte		
Äußerlich auf Verschmutzung, Beschädigung und Korrosion prüfen	X	
Druckanzeige auf Funktion prüfen (Plausibilitätsprüfung)	X	
Temperaturanzeige auf Funktion prüfen (Plausibilitätsprüfung)	X	
Niveauanzeige auf Funktion prüfen (Plausibilitätsprüfung)	X	
Kältemittelseitig auf Dichtheit prüfen	X	
4 Rückkühlanlagen		
Verdunstungsrückkühlanlagen (Kühltürme)		
Auf Verschmutzung, Inkrustation, Beschädigung und Korrosion prüfen	X	
Funktionserhaltendes Reinigen[1]		X
Auf Dichtheit prüfen (Sichtprüfung)	X	
Ventilator	siehe Pos. 5	
Wassereinspeisung und -verteilung prüfen	X	
Wasserstand prüfen	X	
Nachspeiseeinrichtung prüfen		X

[1)] Leistungsumfang muss definiert u. vereinbart werden.

7

Instandhaltung, Instandsetzung und Rückgewinnung (Fortsetzung)		
Leistungsprogramm für die Wartung von Kälteanlagen (Fortsetzung)		
Tätigkeit	Ausführung	
	periodisch	bei Bedarf
Tropfenabscheider auf Funktion prüfen (Sichtprüfung)	X	
Abschlämmvorrichtung auf Funktion prüfen[3)]	X	
Abschlämmenge nach Auslegungsdaten einstellen		X
Ab- und Überlauf auf Funktion prüfen	X	
Schmutzfänger[1)]	siehe Pos. 6	
Wannenheizung auf Funktion prüfen	X	
Pumpe	siehe Pos. 6	
Rohrbegleitheizung auf Funktion prüfen	X	
Antriebselemente	siehe Pos. 9	
MSR-Technik	siehe **VDMA 24186-4**:2018-05	
Hygienischen Zustand prüfen	X	
Trockenrückkühlanlagen		
Äußerlich auf Verschmutzung, Beschädigung und Korrosion prüfen	X	
Funktionserhaltendes Reinigen[1)]		X
Ventilator	siehe Pos. 5	
Frostschutzeinrichtungen prüfen	X	
Wasserseitig auf Dichtheit prüfen	X	
Antriebselemente	siehe Pos. 9	
MSR-Technik	siehe **VDMA 24186-4**:2018-05	
5 Luftfördereinrichtungen		
Ventilatoren		
Auf Verschmutzung, Beschädigung, Korrosion und Befestigung prüfen	X	
Funktionserhaltendes Reinigen[1)]		X
Laufrad auf Unwucht prüfen	X	
Schaufelverstelleinrichtung auf Funktion prüfen	X	
Lager auf Geräusch prüfen	X	
Lager mit Nachschmiereinrichtung fetten[4)]	X	
Flexible Verbindung auf Dichtheit prüfen	X	
Schwingungsdämpfer auf Funktion prüfen	X	
Schutzeinrichtung auf Funktion prüfen	X	
Drallregler auf Funktion prüfen[5)]	X	
Entwässerung auf Funktion prüfen, hygienischen Zustand prüfen	X	
Hygienischen Zustand prüfen	X	
Antriebselemente	siehe Pos. 9	
Luftkanäle und Filter[6, 7)]		
Zugängliche[8)] Kanalabschnitte einschließlich vorhandener Wärmedämmung auf äußere Beschädigung und Korrosion prüfen (Sichtprüfung)	X	
Abläufe auf Funktion prüfen	X	
Abläufe reinigen[1)]		X
Zugängliche flexible Verbindungen auf Dichtheit prüfen (Sichtprüfung)	X	
Zugängliche Kanalabschnitte stichprobenweise innen auf Verschmutzung prüfen[9)] (Sichtprüfung), hygienischen Zustand prüfen	X	

[1)] Der Leistungsumfang muss definiert und vereinbart werden. [3)] Wasserhaushaltsgesetz (WHG)beachten.
[4)] Fetten von nicht dauergeschmierten Lagern ohne Nachschmiereinrichtungen ist gesondert zu vereinbaren.
[5)] Siehe auch **VDMA 24186 Teil 4.** [6)] Für Hauswärmepumpen mit einer max. Antriebsleistung von 10 kW.
[7)] Das Reinigen ist keine Wartungstätigkeit im Sinne dieses Leistungsprogrammes.
[8)] Geräte und Anlagenteile müssen ohne Montagearbeiten frei zugänglich sein.
[9)] Der Umfang ist gesondert zu vereinbaren.

Instandhaltung, Instandsetzung und Rückgewinnung (Fortsetzung)		
Leistungsprogramm für die Wartung von Kälteanlagen (Fortsetzung)		
Tätigkeit	Ausführung	
	periodisch	bei Bedarf
Filter auf Verschmutzung, Beschädigung und Korrosion prüfen	X	
Filter reinigen bzw. auswechseln		X
6 Rohrnetz (Sekundärkreislauf)		
Pumpen		
Äußerlich auf Verschmutzung, Beschädigung und Korrosion prüfen	X	
Funktionserhaltendes Reinigen[1]		X
Auf Funktion prüfen	X	
Auf Dichtheit prüfen (Sichtprüfung)	X	
Niveauregulierung prüfen	X	
Antriebselemente	siehe Pos. 9	
MSR-Technik	siehe **VDMA 24186-4**:2018-05	
Absperr-, Abgleich- und Regelarmaturen		
Äußerlich auf Verschmutzung, Beschädigung und Korrosion prüfen	X	
Auf Funktion prüfen	X	
Auf Dichtheit prüfen (Sichtprüfung)	X	
Schmutzfänger		
Auf Verschmutzung prüfen	X	
Sieb reinigen[1]		X
Sieb auf Beschädigung prüfen	X	
Rohrleitungen und Ausdehnungsgefäße		
Äußerlich auf Verschmutzung, Beschädigung und Korrosion prüfen	X	
Funktionserhaltendes Reinigen[1]		X
Isolierung auf Beschädigung prüfen	X	
Thermometer auf Funktion prüfen (Plausibilitätsprüfung)	X	
Manometer auf Funktion prüfen (Plausibilitätsprüfung)	X	
Kompensatoren auf Beschädigung prüfen (Sichtprüfung)	X	
Wärmeträger von kreislaufverbundenen Systemen auf Frostsicherheit prüfen	X	
Rohrbegleitheizung auf Funktion prüfen	X	
Sicherheitseinrichtung auf Funktion prüfen	X	
Entlüften		X
Ausgleichsbehälter und dessen Anschlüsse auf Beschädigung, Korrosion, Befestigung und Dichtheit prüfen	X	
Druckhalte- und Absperrventil in der Ausdehnungsleitung prüfen	X	
Druckpolster im Ausdehnungsgefäß prüfen	X	
Druckpolster im Ausdehnungsgefäß aufbauen		X
Sicherheitsventil auf Funktion prüfen	X	
7 Absorber		
Absorber-Wärmeaustauscher		
Äußerlich auf Verschmutzung, Beschädigung und Korrosion prüfen	X	
Funktionserhaltendes Reinigen[1]		X
Mediumstemperaturen und Drücke an den Wärmetauscherein- und -austritten messen	X	
Kältemittel- und wasserseitig auf Dichtheit prüfen	X	
Sicherheitseinrichtungen prüfen	X	
Pumpen (siehe Pos. 6)		
Antriebselemente (siehe Pos. 9)		

[1] Der Leistungsumfang muss definiert und vereinbart werden.

7

Instandhaltung, Instandsetzung und Rückgewinnung (Fortsetzung)		
Leistungsprogramm für die Wartung von Kälteanlagen (Fortsetzung)		
Tätigkeit	Ausführung	
	periodisch	bei Bedarf
Absorber-Kreislauf (Lithium-Wasser)		
Absorber-Temperatur prüfen[2)]	X	
Austreiber-Temperatur prüfen[2)]	X	
Verdampfungstemperatur prüfen[2)]	X	
Kondensator-Temperatur prüfen[2)]	X	
Kältemitteltemperaturen prüfen[2)]	X	
Kältemitteldichten prüfen[2)]	X	
Temperaturen der Lösungen prüfen[2)]	X	
Konzentrationen der Lösungen prüfen[2)]	X	
Kältemittelfüllung prüfen	X	
Kältemittelfüllung korrigieren[1)]		X
Octyl-Alkohol prüfen	X	
Octyl-Alkohol korrigieren[1)]		X
Solefüllung prüfen	X	
Solefüllung korrigieren[1]		X
Temperaturregelung prüfen	X	
Leistungsregelung prüfen	X	
Inhibitor prüfen	X	
Inhibitor korrigieren[1]		X
Armaturen	siehe Pos. 3	
Vakuum-Prüfung	X	
8 Elektrische Einrichtungen (siehe auch VDMA 24186-1:2018-05 und **-5:**2019-09)		
Schalt- und Steuerschränke		
Auf Verschmutzung, Beschädigung, Korrosion und Befestigung prüfen	X	
Funktionserhaltendes Reinigen[1]		X
Anschlüsse auf festen Sitz prüfen	X	
Anschlüsse nachziehen		X
Funktionselemente (z.B. Bedien-, Mess- und Anzeigeeinrichtungen) prüfen	X	
Funktionselemente (z.B. Bedien-, Mess- und Anzeigeeinrichtungen) einstellen, justieren, festziehen		X
Steuer- und Schaltgeräte auf Funktion und Verschleiß prüfen	X	
Elektrische/elektronische/pneumatische Eingangssignale (z.B. Fühler, Ferneinsteller, Führungsgröße) auf Übereinstimmung mit Sollwerten prüfen	X	
Schutz- und Sicherheitseinrichtungen auf Funktion prüfen	X	
Steuerfunktion, Steuersignal und Sicherheitsketten prüfen	X	
Steuerfunktion und Steuersignale justieren		X
Sicherheitseinrichtungen		
Notschalter auf Funktion prüfen	X	
Be- und Entlüftung (Zu- und Abluft) prüfen	X	
9 Antriebselemente		
Elektromotoren		
Äußerlich auf Verschmutzung, Befestigung, Beschädigung u. Korrosion prüfen	X	
Funktionserhaltendes Reinigen[1]		X
Drehrichtung prüfen	X	
Anschlussklemmen auf festen Sitz prüfen	X	
Anschlussklemmen nachziehen		X

[1)] Leistungsumfang muss definiert und vereinbart werden. [2)] Messdaten sind im Messprotokoll zu erfassen.

7

Wechselstromkreis

DIN EN 60027-1:2007-09

Darstellung und Berechnung von sinusförmigen Wechselgrößen

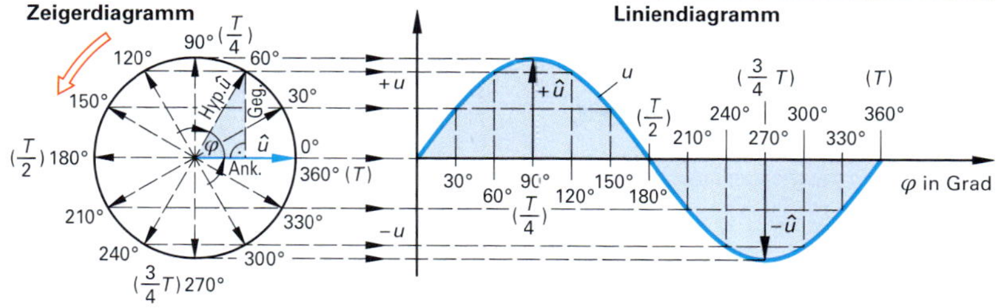

Das obige Bild zeigt den Zusammenhang zwischen dem **Zeigerdiagramm** und dem **Liniendiagramm**. Dabei lässt man einen Pfeil der Länge $\hat{u}$, den Zeiger mit der → Winkelgeschwindigkeit ω um den Nullpunkt des Koordinatensystems rotieren und erhält aus seiner Projektion auf die u-Achse den Momentanwert der Wechselspannung u.

Es sei noch darauf hingewiesen, dass der → **Drehwinkel** oft auch im → **Bogenmaß** (rad) angegeben wird.

Berechnungsformeln und Berechnungen:

$\omega = \frac{2 \cdot \pi}{T}$	$\omega = 2 \cdot \pi \cdot f$	**Kreisfrequenz**
$\varphi = \omega \cdot t$	$\varphi = \frac{2 \cdot \pi}{T} \cdot t$	**Drehwinkel**
$\varphi = \frac{2 \cdot \pi}{360°} \cdot \varphi°$		**Drehwinkel**
$u = \hat{u} \cdot \sin \omega t$		**Momentanwert der Wechselspannung**
$i = \hat{i} \cdot \sin \omega t$		**Momentanwert des Wechselstroms**
$U_{eff} = U = \frac{\hat{u}}{\sqrt{2}} = 0{,}707 \cdot \hat{u}$		**Effektivwert der Wechselspannung**
$I_{eff} = I = \frac{\hat{i}}{\sqrt{2}} = 0{,}707 \cdot \hat{i}$		**Effektivwert des Wechselstroms**

ω	Kreisfrequenz → Winkelgeschwindigkeit	s^{-1}
T	→ Periodendauer	s
f	→ Frequenz	Hz, s^{-1}
φ	→ Drehwinkel im Bogenmaß	rad
t	Zeit ab Drehbeginn von $\varphi = 0°$	s
$\varphi°$	Drehwinkel im Gradmaß	Grad
u	Momentanwert der Wechselspannung	V
$\hat{u}$	Scheitelwert der Wechselspannung	V
i	Momentanwert des Wechselstroms	A
$\hat{i}$	Scheitelwert des Wechselstroms	A
U_{eff}, U	Effektivwert der Wechselspannung	V
I_{eff}, I	Effektivwert des Wechselstroms	A

Der **Effektivwert eines Wechselstroms** ist betragsmäßig genauso groß wie der Gleichstromwert, der dieselbe Wärmewirkung in einem Widerstand hervorruft.

Phasenverschiebung:

Zwei sinusförmige Wechselgrößen sind **in Phase,** wenn sie gleichzeitig ihren positiven bzw. ihren negativen Scheitelwert erreichen. Ihre Phasenverschiebung ist Null. Im unteren Bild haben die Spannungen u_1 und u_2 eine Phasenverschiebung von $\Delta\varphi = 0°$.

Zwei sinusförmige Wechselgrößen sind **phasenverschoben,** wenn sie nicht gleichzeitig ihre positiven bzw. negativen Scheitelwerte erreichen. Im Bild haben die beiden Wechselspannungen u_1 und u_3 eine Phasenverschiebung von $\Delta\varphi = 60°$.

Die sinusförmige Wechselgröße „eilt voraus (nach)", die ihren positiven Scheitelwert zu einem früheren (späteren) Zeitpunkt erreicht. Im Bild eilt die Spannung u_1 der Spannung u_3 um 60° ($\pi/3$; $T/6$) voraus. Es ist:

$$u_1 = \hat{u}_1 \cdot \sin \omega t$$

$$u_2 = \hat{u}_2 \cdot \sin \omega t$$

$$u_3 = \hat{u}_3 \cdot \sin (\omega t - \pi/3)$$

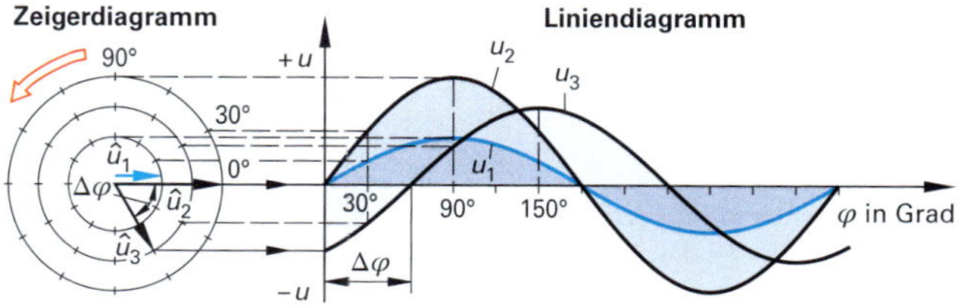

A

Wechselstromkreis (Fortsetzung)

Momentanwert der Spannung *u* **und der Stromstärke** *i*:

$u = \hat{u} \cdot \sin(\omega t - \varphi_1)$	**Spannung**
$i = \hat{i} \cdot \sin(\omega t - \varphi_2)$	**Stromstärke**

Unter dem **Nullphasenwinkel** $\Delta\varphi$ versteht man den Winkel, bei dem die betreffende sinusförmige Wechselgröße im Bereich $-\pi < \varphi < +\pi$ ihren positiven **Nulldurchgang** besitzt. (z.B. bei u_3: $\Delta\varphi = \pi/3$)

Wirkwiderstand *R* **im Wechselstromkreis:** (s. nachfolgende Bilder)

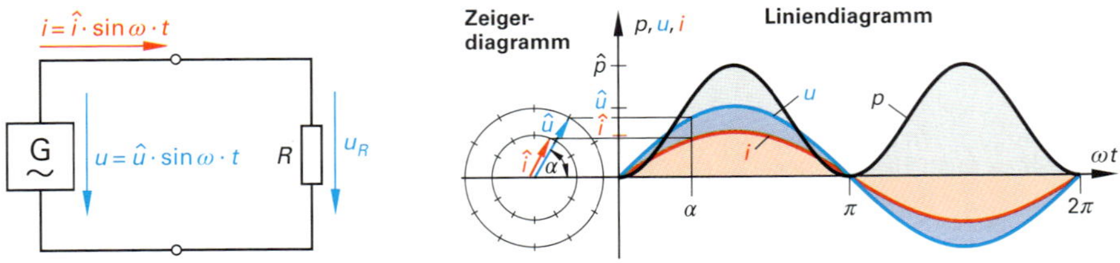

Bei einem Wirkwiderstand sind die Wechselspannung *u* und der Wechselstrom *i* in Phase

$u_R = \hat{u} \cdot \sin \omega t$	**Spannung**
$i_R = \hat{i} \cdot \sin \omega t$	**Stromstärke**
$R = \frac{u_R}{i_R}$; $R = \frac{\hat{u}}{\hat{i}}$; $R = \frac{U}{I}$	**Ohm'scher Widerstand**
$P = U \cdot I$	**Wirkleistung**
$p = \hat{u} \cdot \hat{i} \cdot \sin^2 \omega t$	**Augenblicksleistung**
$p = \frac{\hat{p}}{2} = \frac{\hat{u} \cdot \hat{i}}{2} = \frac{\hat{u}}{\sqrt{2}} \cdot \frac{\hat{i}}{\sqrt{2}}$	**Wirkleistung**

u_R	Spannung an *R* zur Zeit *t*	V
$\hat{u}$	Scheitelwert der Wechselspannung	V
ω	→ Winkelgeschwindigkeit	s^{-1}
t	→ Zeit ab positivem Nulldurchgang	s
i_R	Stromstärke durch *R* zur Zeit *t*	A
$\hat{i}$	Scheitelwert des Wechselstroms	A
R	Ohm'scher Widerstand	Ω
U	Effektivwert der elektrischen Spannung	V
I	Effektivwert des elektrischen Stromes	A
P	Wirkleistung	W
p	Leistung zur Zeit *t*	W
$\hat{p}$	Scheitelwert der elektrischen Leistung	W

Verlustfreier Kondensator im Wechselstromkreis: (s. nachfolgende Bilder)

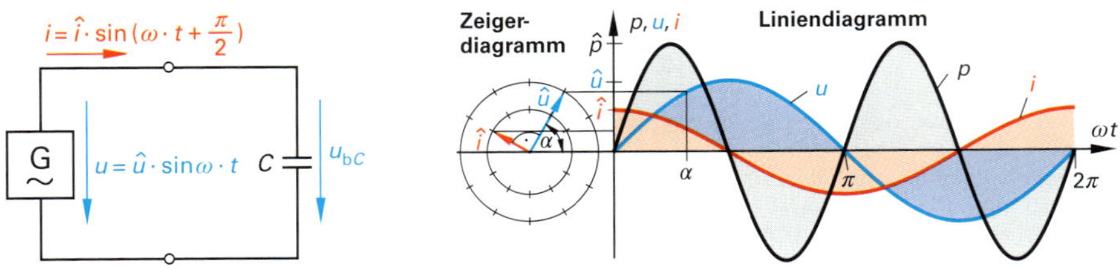

Beim **Kondensator** mit einem vernachlässigbaren Wirkwiderstand *R* eilt der Wechselstrom *i* der Wechselspannung *u* um $\varphi = 90° = \pi/2$ voraus.

$u_{bC} = \hat{u} \cdot \sin(\omega \cdot t)$	**Spannung**
$i_{bC} = \hat{i} \cdot \sin\left(\omega t + \frac{\pi}{2}\right)$	**Stromstärke**
$X_C = \frac{u_{bC}}{i_{bC}} = \frac{\hat{u}}{\hat{i}} = \frac{U}{I}$	**kapazitiver Blindwiderstand**

u_{bC}	Spannung an *C* zur Zeit *t*	V
$\hat{u}$	Scheitelwert der Wechselspannung	V
ω	Kreisfrequenz, Winkelgeschwindigkeit	s^{-1}
t	Zeit ab positivem Nulldurchgang der Spannung *u*	s
i_{bC}	Momentanwert des kapazitiven Blindstroms zur Zeit *t*	A

8

Wechselstromkreis (Fortsetzung)

$$X_C = \frac{1}{\omega \cdot C} = \frac{1}{2 \cdot \pi \cdot f \cdot C}$$

kapazitiver Blindwiderstand

$$Q_C = U \cdot I_{bC}$$

$$Q_C = \frac{U^2}{X_C} = X_C \cdot I_{bC}^2$$

kapazitive Blindleistung

$\hat{\imath}$	Scheitelwert des Stroms	A
X_C	kapazitiver Blindwiderstand	Ω
U	Effektivwert der Wechselspannung	V
I_{bC}	Effektivwert des kapazitiven Blindstroms	A
C	Kapazität des Kondensators	F
Q_C	kapazitive Blindleistung	W, var

Verlustfreie Spule im Wechselstromkreis (s. nachfolgende Bilder):

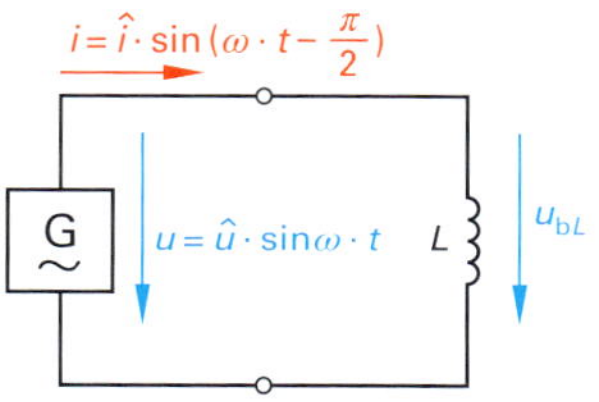

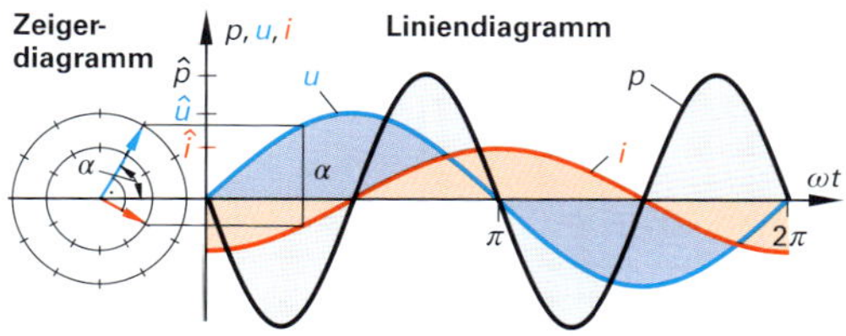

Bei der **Spule** mit einem vernachlässigbaren Widerstand R eilt der Wechselstrom i der Wechselspannung u um $\varphi = 90° = \pi/2$ hinterher.

$$u_{bL} = \hat{u} \cdot \sin \omega t$$

Spannung

$$i_{bL} = \hat{\imath} \cdot \sin\left(\omega t - \frac{\pi}{2}\right)$$

Stromstärke

$$X_L = \frac{u_{bL}}{i_{bL}} = \frac{\hat{u}}{\hat{\imath}} = \frac{U}{I}$$

$$X_L = \omega \cdot L = 2 \cdot \pi \cdot f \cdot L$$

induktiver Blindwiderstand

$$Q_L = U \cdot I_{bL}$$

$$Q_L = \frac{U^2}{X_L} = X_L \cdot I_{bL}^2$$

induktive Blindleistung

u_{bL}	induktive Blindspannung an L zur Zeit t	V
$\hat{u}$	Scheitelwert der Wechselspannung	V
ω	Kreisfrequenz, → Winkelgeschwindigkeit	s^{-1}
t	Zeit ab positivem Nulldurchgang der Wechselspannung u	s
i_{bL}	induktiver Blindstrom zur Zeit t	A
$\hat{\imath}$	Scheitelwert des Wechselstroms	A
X_L	induktiver Blindwiderstand	Ω
U	Effektivwert der Wechselspannung	V
I_{bL}	Effektivwert des induktiven Blindstroms	A
L	Induktivität der Spule	H
Q_L	induktive Blindleistung	W, var

Reihenschaltung von Wirkwiderstand, kapazitivem Widerstand und induktivem Widerstand:

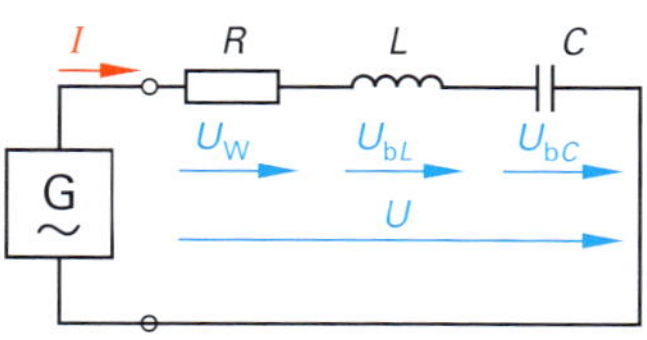

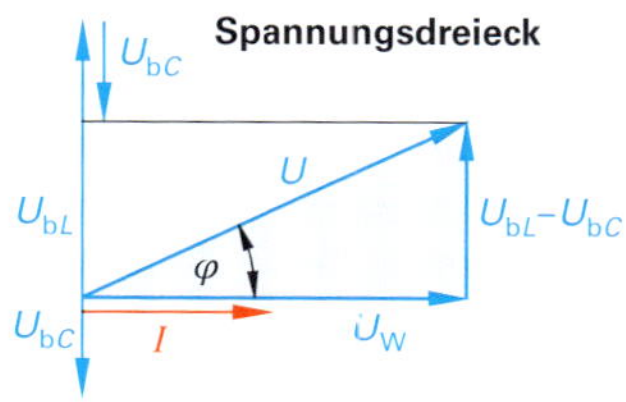

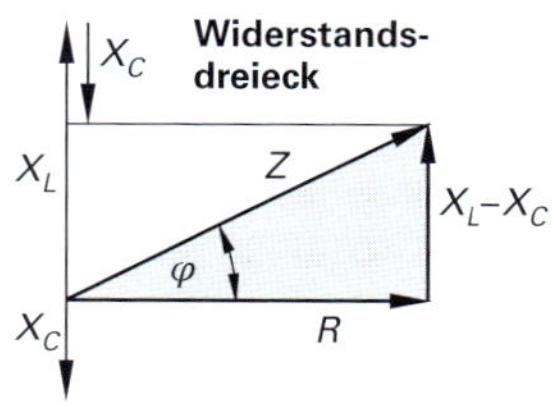

Bei der **Reihenschaltung** von R, C und L ist der Strom zu jedem Zeitpunkt in allen Bauteilen gleich groß. Zwischen der Spannung u und der Stromstärke i besteht eine Phasenverschiebung φ, die von den Größen R, C, L und der Kreisfrequenz ω abhängig ist.

$$i = i_w = i_{bC} = i_{bL}$$

Stromstärke

$$u = \hat{u} \cdot \sin \omega t$$

Spannung

i, i_w	Gesamtstrom, Wirkstrom	A
i_{bC}, i_{bL}	kapazitiver, induktiver Blindstrom	A
u	Spannung zur Zeit t	V
$\hat{u}$	Scheitelwert der Wechselspannung	V
t	Zeit ab positivem Nulldurchgang der Wechselspannung	s

A

Wechselstromkreis (Fortsetzung)

$i = \hat{\imath} \cdot \sin(\omega t - \varphi)$	**Stromstärke**
$Z = \frac{U}{I} = \sqrt{R^2 + (X_L - X_C)^2}$	**Scheinwiderstand**
$Z = \sqrt{R^2 + \left(\omega \cdot L - \frac{1}{\omega \cdot C}\right)^2}$	**Scheinwiderstand**
$U = \sqrt{U_w^2 + (U_{bL} - U_{bC})^2}$	**Gesamtspannung**
$S = U \cdot I = \sqrt{P^2 + (Q_L - Q_C)^2}$	**Scheinleistung**
$Q = Q_L - Q_C = S \cdot \sin\varphi$	**Blindleistung**
$\cos\varphi = \frac{R}{Z} = \frac{U_w}{U} = \frac{P}{S}$	**Leistungsfaktor**
$\sin\varphi = \frac{U_{bL} - U_{bC}}{U} = \frac{X_L - X_C}{Z}$	**Blindfaktor**
$\tan\varphi = \frac{X_L - X_C}{R} = \frac{\omega \cdot L - \frac{1}{\omega \cdot C}}{R}$	

$\hat{\imath}$	Scheitelwert des Stroms	A
φ	Phasenverschiebung	Grad, rad
Z	Scheinwiderstand	Ω
U	Effektivwert der Gesamtspannung	V
I	Effektivwert der Wechselstromstärke	A
R	Wirkwiderstand	Ω
X_L	induktiver Blindwiderstand	Ω
X_C	kapazitiver Blindwiderstand	Ω
ω	Kreisfrequenz	s^{-1}
L	Induktivität	H
C	Kapazität des Kondensators	F
U_w	Wirkspannung	V
U_{bL}	induktive Blindspannung	V
U_{bC}	kapazitive Blindspannung	V
S	Scheinleistung	W, VA
Q	gesamte Blindleistung	W, var
P	Wirkleistung	W
Q_L	induktive Blindleistung	W, var
Q_C	kapazitive Blindleistung	W, var
$\cos\varphi$	Leistungsfaktor	1
$\sin\varphi$	Blindfaktor	1

Sind in einer Schaltung nur **zwei der drei Bauteile *R, L* und *C*** in Reihe geschaltet, so ist der für das fehlende Bauteil geltende Ausdruck in den obigen Gleichungen zu streichen.

Parallelschaltung von Wirkwiderstand, kapazitivem Blindwiderstand und induktivem Blindwiderstand:

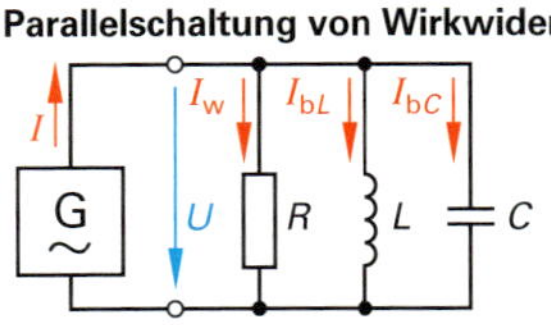

Schaltung

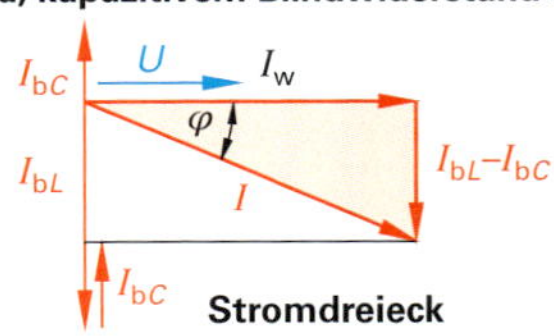

Stromdreieck

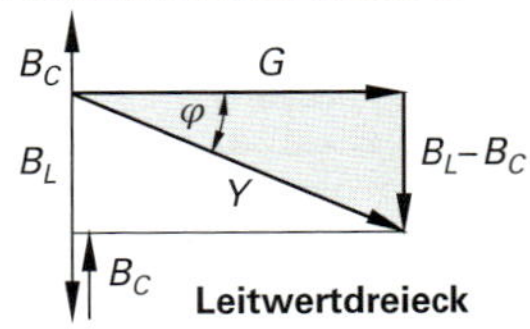

Leitwertdreieck

Bei der Parallelschaltung von *R, C* und *L* ist die Spannung zu jedem Zeitpunkt an allen Bauteilen gleich groß. Zwischen der Spannung u und der Stromstärke i besteht eine Phasenverschiebung φ, die von den Größen *R, C* und *L* und der Kreisfrequenz ω abhängig ist.

$u = u_w = u_{bC} = u_{bL}$	**Spannung**
$u = \hat{u} \cdot \sin\omega t$	**Spannung**
$i = \hat{\imath} \cdot \sin(\omega t + \varphi)$	**Stromstärke**
$Y = \frac{1}{Z}$; $Y = \frac{I}{U}$	**Scheinleitwert**
$B_L = \frac{1}{\omega \cdot L}$	**induktiver Blindleitwert**

u, u_w, u_{bC}, u_{bL}	Spannungen an allen parallel geschalteten Bauteilen (*R, C, L*) zur Zeit t	V
$\hat{u}$	Scheitelwert der Wechselspannung	V
t	Zeit ab positivem Nulldurchgang der Spannung	s
i	Stromstärke zur Zeit t	A
$\hat{\imath}$	Scheitelwert des Wechselstroms	A
φ	Phasenverschiebung	Grad, rad
B_L	induktiver Blindleitwert	S, 1/Ω
B_C	kapazitiver Blindleitwert	S, 1/Ω
ω	Kreisfrequenz,	s^{-1}

Fortsetzung nächste Seite

Wechselstromkreis (Fortsetzung)

$B_C = \omega \cdot C$	**kapazitiver Blindleitwert**
$Y = \sqrt{\frac{1}{R^2} + \left(\frac{1}{\omega \cdot L} - \omega \cdot C\right)^2}$	**Scheinleitwert**
$I = \sqrt{I_w^2 + (I_{bL} - I_{bC})^2}$	**Stromstärke**
$S = U \cdot I$	**Scheinleistung**
$S = \sqrt{P^2 + (Q_L - Q_C)^2}$	**Scheinleistung**
$Q = Q_L - Q_C = S \cdot \sin \varphi$	**Blindleistung**
$\cos \varphi = \frac{G}{Y} = \frac{I_w}{I} = \frac{P}{S}$	**Leistungsfaktor**
$\sin \varphi = \frac{I_{bL} - I_{bC}}{I} = \frac{B_L - B_C}{Y}$	**Blindfaktor**
$\tan \varphi = \frac{B_L - B_C}{G}$	
$\tan \varphi = R \cdot \left(\frac{1}{\omega \cdot L} - \omega \cdot C\right)$	
$\tan \delta = \frac{I_w}{I_{bC}}$ $\tan \delta = \frac{1}{Q}$	**Verlustfaktor**

B_C	kapazitiver Blindleitwert	S, 1/Ω
C	Kapazität des Kondensators	F
L	Induktivität	H
Y	Scheinleitwert	S, 1/Ω
Z	Scheinwiderstand	Ω
I	Effektivwert der Gesamtstromstärke	A
U	Effektivwert der Gesamtspannung	V
R	Wirkwiderstand	Ω
I_w	Wirkstrom	A
I_{bL}	induktiver Blindstrom	A
I_{bC}	kapazitiver Blindstrom	A
S	Scheinleistung	W, VA
P	Wirkleistung	W
Q_L	induktive Blindleistung	W, var
Q_C	kapazitive Blindleistung	W, var
Q	gesamte Blindleistung	W, var
G	Wirkleitwert	S, 1/Ω
φ	Phasenverschiebung	Grad, rad
$\cos \varphi$	Leistungsfaktor	1
$\sin \varphi$	Blindfaktor	1
$\tan \delta$	Verlustfaktor	1
Q	Gütefaktor	1

Sind in einer Schaltung nur zwei der drei Bauteile *R*, *L* und *C* parallel geschaltet, so ist der für das fehlende Bauteil geltende Ausdruck in den vorstehenden Gleichungen zu streichen.

Blindleistungskompensation: (s. nachfolgende Bilder)

Parallelkompensation

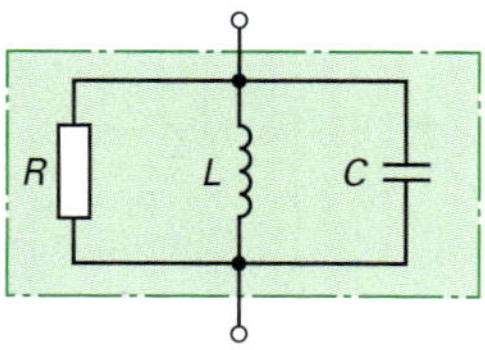

Reihenkompensation

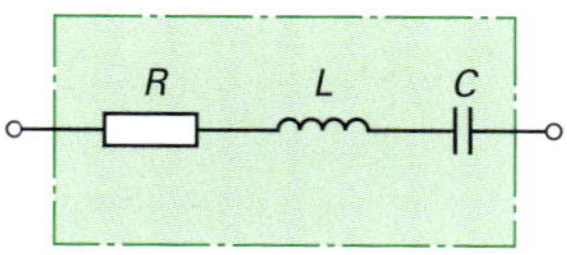

Leistungsdreieck

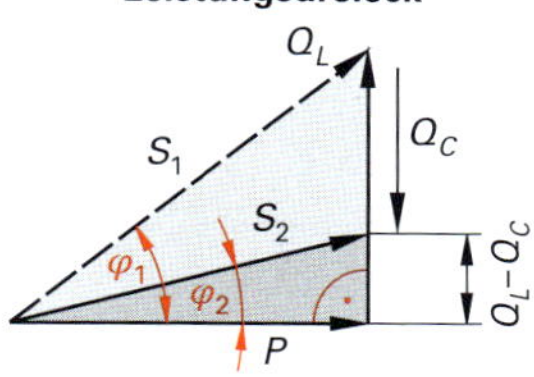

Den Vorgang, die häufig auftretende **induktive Blindleistung** Q_L durch **kapazitive Blindleistung** Q_C in ihrer Wirkung zu verringern, nennt man **Blindleistungskompensation.** Dabei ist man bestrebt, dass der **Phasenverschiebungswinkel** φ gegen Null und damit der Leistungsfaktor $\cos \varphi$ gegen 1 geht.

$Q_L = P \cdot \tan \varphi_1$	**Induktive Blindleistung**
$Q = P \cdot \tan \varphi_2$	**Blindleistung nach Kompensation**
$Q_C = P \cdot (\tan \varphi_1 - \tan \varphi_2)$	**Kapazitive Blindleistung**
$Q = Q_L - Q_C$	**Blindleistung nach Kompensation**

Q_L	induktive Blindleistung vor der Kompensation	W, var
P	Wirkleistung	W
φ	Phasenverschiebungswinkel vor der Kompensation	Grad, rad
Q_C	kapazitive Blindleistung zur Kompensation	W, var
Q	Blindleistung nach der Kompensation	W, var
φ	Phasenverschiebungswinkel nach der Kompensation	Grad, rad

Fortsetzung nächste Seite

A

Wechselstromkreis (Fortsetzung)

$Q_C = U \cdot I_{bC} = \frac{U^2}{X_C} = I_{bC}^2 \cdot X_C$	**kapazitive Blindleistung**
$C = \frac{Q_C}{2 \cdot \pi \cdot f \cdot U^2}$	**Kapazität** (Parallelkompensation)
$C = \frac{I_{bC}^2}{2 \cdot \pi \cdot f \cdot Q_C}$	**Kapazität** (Reihenkompensation)

Q_C	kapazitive Blindleistung zur Kompensation	W, var
U	Spannung	V
I_{bC}	kapazitiver Blindstrom	A
X_C	kapazitiver Blindwiderstand	Ω
C	Kapazität des Kompensationskondensators	F

Dreiphasenwechselspannung 3 AC (Drehstrom)

Entstehung der Dreiphasenwechselspannung: (→ Schwingungen und Wellen)

Ein Drehstromgenerator besteht im Wesentlichen aus dem Ständer mit den drei um jeweils 120° räumlich versetzt angeordneten, baugleichen **Spulen,** die auch **Stränge** genannt werden, und aus dem **Polrad.**

Das Polrad induziert während einer Umdrehung in jedem Strang jeweils eine Wechselspannung, die auch **Strangspannung** genannt wird, wobei die einzelnen Strangspannungen um jeweils 120° (2 · π/3) gegeneinander phasenverschoben sind.

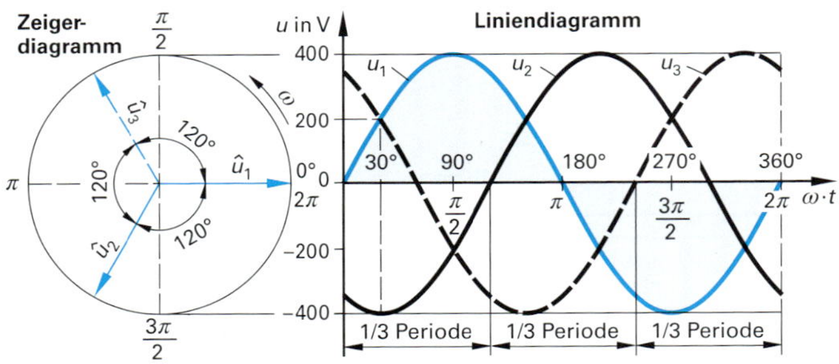

Spannungen und Ströme bei der Sternschalschaltung: (s. nachfolgende Bilder)

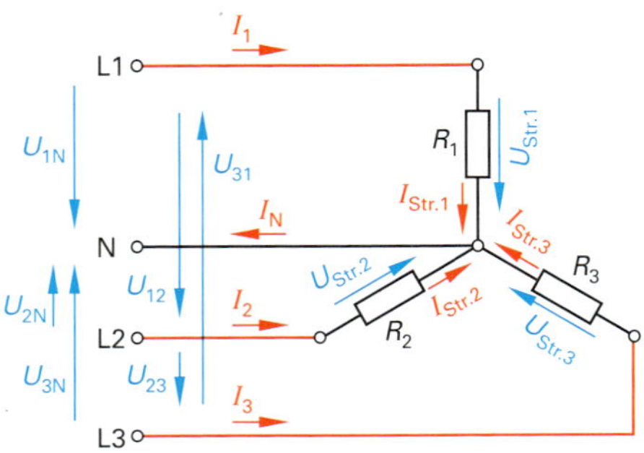

Bei **unsymmetrischer Belastung** kann der Neutralleiter durch geometrische Addition der drei Leiterströme bestimmt werden.

Index 1: Strang 1
Index 2: Strang 2
Index 3: Strang 3

Allgemein gilt:

Leiterströme:

$$I_1 = I_{Str.1} \quad I_2 = I_{Str.2} \quad I_3 = I_{Str.3}$$

Leiterspannungen:

$$U = U_{12} = U_{23} = U_{31}$$

Symmetrischer Belastungsfall

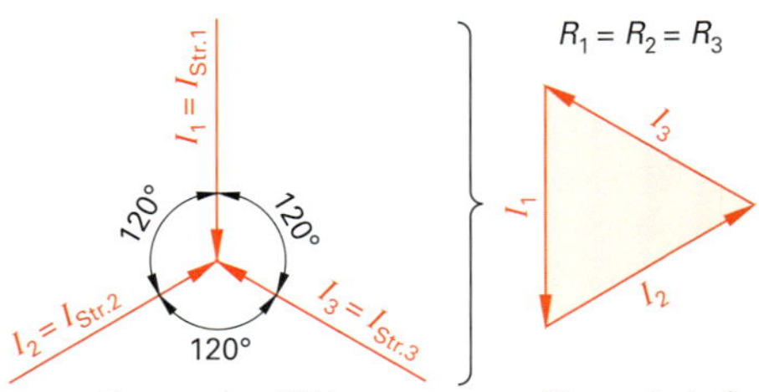

Stromzeigerbild Stromdreieck

Unsymmetrischer Belastungsfall

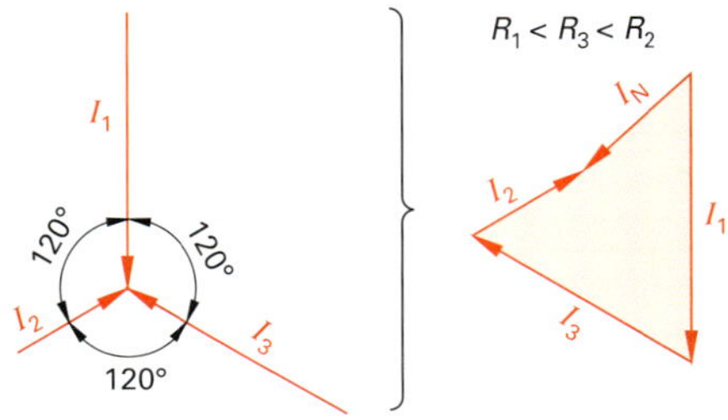

I_1, I_2, I_3	Leiterströme	A
$I_{Str.1}, I_{Str.2}, I_{Str.3}$	Strangströme	A
U	Außenleiterspannungen	V
U_{12}, U_{23}, U_{31}	Leiterspannungen	V

8

Dreiphasenwechselspannung 3 AC (Drehstrom)

Nur bei symmetrischer Belastung (**$R_1 = R_2 = R_3$**) gilt:

$$I_N = 0$$

Neutralleiterstrom

$$U = U_{Str.1} = U_{Str.2} = U_{Str.3}$$

Strangspannungen

I_N	Neutralleiterstrom	A
$\sqrt{3}$	Verkettungsfaktor	1

$$U = \sqrt{3} \cdot U_{Str.}$$

Leiterspannung

$$I = I_1 = I_2 = I_3$$

Leiterströme

$U_{Str.1}, U_{Str.2}, U_{Str.3}$	Strangspannungen	V

Spannungen und Ströme bei der Dreieckschaltung: (s. nachfolgende Bilder)

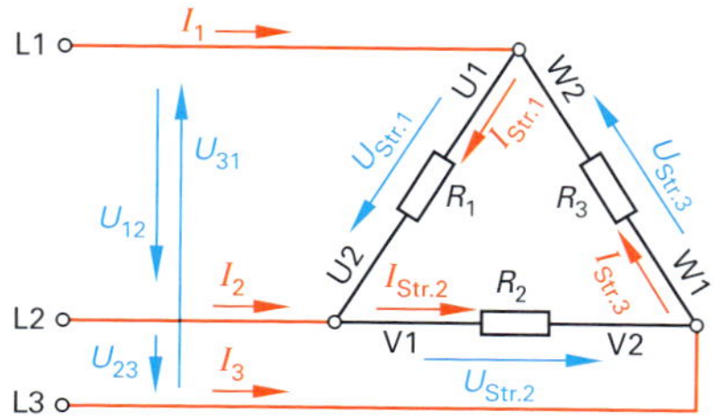

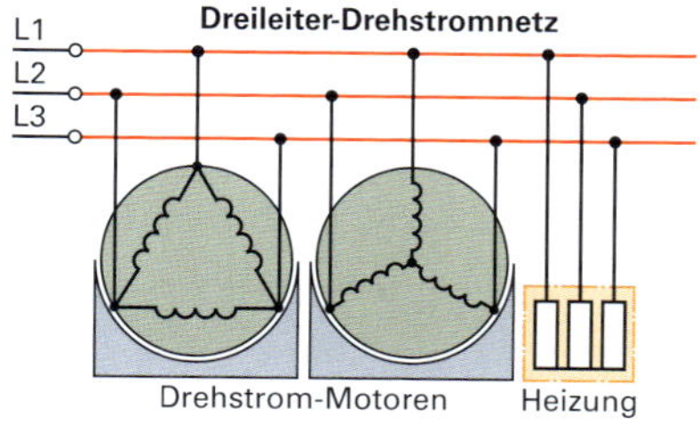

Symmetrischer Belastungsfall

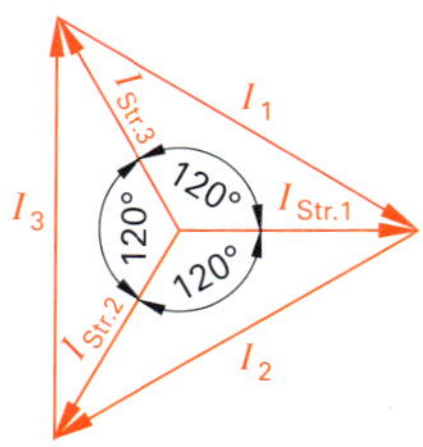

Unsymmetrischer Belastungsfall

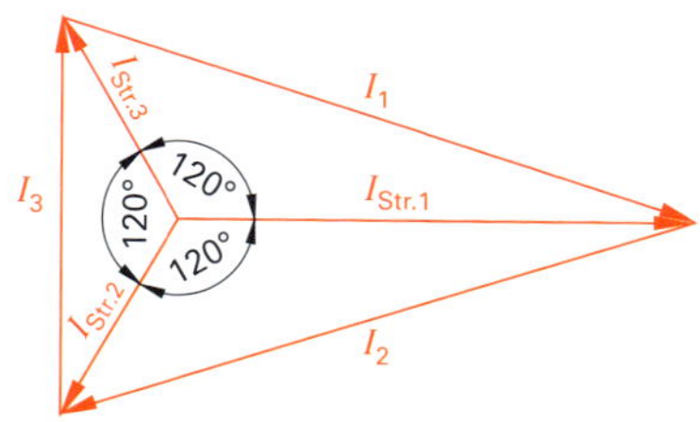

Allgemein gilt:

$$U = U_{12} = U_{23} = U_{31} = U_{Str.}$$

Leiterspannungen

$$U = U_{Str.1} = U_{Str.2} = U_{Str.3}$$

Strangspannungen

U	Außenleiterspannung	V
U_{12}, U_{23}, U_{31}	Leiterspannungen	V
$U_{Str.1}, U_{Str.2}, U_{Str.}$	Strangspannungen	V

Nur bei symmetrischer Belastung (**$R_1 = R_2 = R_3$**) gilt:

$$I = \sqrt{3} \cdot I_{Str.}$$

$$I = I_1 = I_2 = I_3$$

Leiterströme

$$I = I_{Str.1} = I_{Str.2} = I_{Str.3}$$

Strangströme

Index 1: Strang 1 **Index 2:** Strang 2
Index 3: Strang 3

I_1, I_2, I_3	Leiterströme	A
$I_{Str.1}, I_{Str.2}, I_{Str.3}$	Strangströme	A
$\sqrt{3}$	Verkettungsfaktor	1

Durch geometrische Addition der Strangströme können sowohl bei der **symmetrischen Belastung** als auch bei der **unsymmetrischen Belastung** die Außenleiterströme bestimmt werden.

Drehstromleistung bei symmetrischer Belastung:

$$S = 3 \cdot U_{Str.} \cdot I_{Str.}$$

$$S = 3 \cdot S_{Str.}$$

$$S = \sqrt{3} \cdot U \cdot I$$

Scheinleistung

S	gesamte Scheinleistung	W, VA
$U_{Str.}$	Strangspannung	V
$I_{Str.}$	Strangstrom	A
$S_{Str.}$	Scheinleistung eines Stranges	W, VA
U	Außenleiterspannung	V
I	Außenleiterstrom	A

Fortsetzung nächste Seite

A

Dreiphasenwechselspannung 3 AC (Drehstrom) (Fortsetzung)

$$P = S \cdot \cos \varphi$$ **Wirkleistung**

$$Q = S \cdot \sin \varphi$$ **Blindleistung**

Bei gleicher Netzspannung und gleichen Widerständen fließt bei der Dreieckschaltung (Δ) im Außenleiter die dreifache Stromstärke wie bei der Sternschaltung (Y).

Daraus folgt:

$$\frac{I_\Delta}{I_Y} = \frac{3}{1} \qquad \frac{S_\Delta}{S_Y} = \frac{3}{1} \qquad \frac{P_\Delta}{P_Y} = \frac{3}{1} \qquad \frac{Q_\Delta}{Q_Y} = \frac{3}{1}$$

P	gesamte Wirkleistung	W
Q	gesamte Blindleistung	W, var
φ	Phasenverschiebung	Grad, rad
I_Δ, I_Y	Außenleiterstrom bei der Dreieck- bzw. Sternschaltung	A
S_Δ, S_Y	Scheinleistung bei der Dreieck- bzw. Sternschaltung	W, VA
P_Δ, P_Y	Wirkleistung bei der Dreieck- bzw. Sternschaltung	W
Q_Δ, Q_Y	Blindleistung bei der Dreieck- bzw. Sternschaltung	W, var

Transformatoren

$$\ddot{u} = \frac{N_1}{N_2} \qquad \ddot{u} = \frac{U_1}{U_2}$$ **Übersetzungsverhältnis**

$$\frac{U_1}{U_2} = \frac{N_1}{N_2}$$ **Index 1:** Primärseite
Index 2: Sekundärseite

$$\frac{I_1}{I_2} = \frac{U_1}{U_2} \qquad \frac{I_1}{I_2} = \frac{N_2}{N_1} \qquad \frac{Z_1}{Z_2} = \frac{N_1^2}{N_2^2}$$

$$S_1 = U_1 \cdot I_1$$ **aufgenommene Scheinleistung**

$$S_2 = U_2 \cdot I_2$$ **abgegebene Scheinleistung**

$$P_1 = S_1 \cdot \cos \varphi_1$$ **aufgenommene Wirkleistung**

$$P_2 = S_2 \cdot \cos \varphi_2$$ **abgegebene Wirkleistung**

$$\eta_n = \frac{S_{2n}}{S_{1n}}$$ **Nennwirkungsgrad**

$$\eta_n = \frac{P_{2n}}{P_{1n}} = \frac{P_{2n}}{P_{2n} + P_V}$$ **Nennwirkungsgrad** (bei Ohm'scher Last)

$$P_V = P_{VCu} + P_{VFe}$$ **Gesamte Verlustleistung**

$$P_{VCu} = I_{1n}^2 \cdot R_1 + I_{2n}^2 \cdot R_2$$ **Kupferverlustleistung**

Der **Index n** steht für die jeweiligen Nenngrößen.

$\ddot{u}$	Übersetzungsverhältnis	1
N_1, N_2	Windungszahlen der beiden Spulen (Eingangs- und Ausgangs-Wicklung)	1
U_1, U_2	Spannungen	V
I_1, I_2	Ströme durch die beiden Spulen	A
Z_1, Z_2	Scheinwiderstände	Ω
S_1	aufgenommene Scheinleistung	W, VA
S_2	abgegebene Scheinleistung	W, VA
P_1	aufgenommene Wirkleistung	W
P_2	abgegebene Wirkleistung	W
φ_1	Phasenverschiebung zwischen U_1 und I_1	Grad, rad
φ_2	Phasenverschiebung zwischen U_2 und I_2	Grad, rad
η_n	Nennwirkungsgrad	1
P_V	gesamte Wirkverlustleistung	W
P_{VCu}	Kupferverlustleistung	W
P_{VFe}	Eisenverlustleistung	W
I_{1n}, I_{2n}	Nennströme durch die beiden Spulen	A
R_1, R_2	Wirkwiderstände der beiden Spulen	Ω

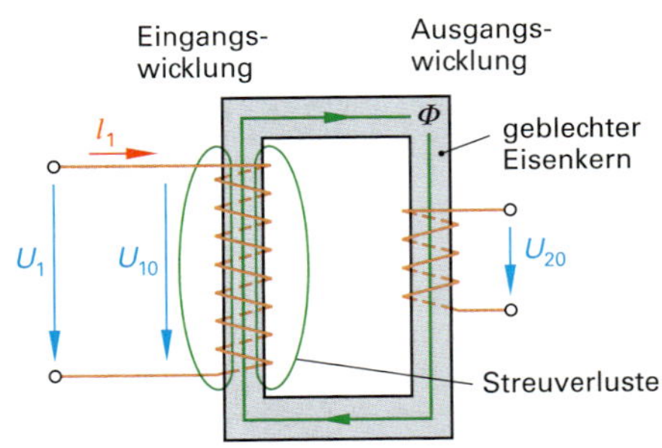

Φ = magnetischer Wechselfluss

Elektrische Maschinen

Zu den **elektrischen Maschinen** gehören die **Generatoren**, die mechanische Energie in elektrische Energie umwandeln und die **Elektromotoren**.

Berechnungsformeln finden Sie in der umfangreichen Fachliteratur.

Generatoren: (s. nebenstehendes Prinzipbild)

Gemäß dem Prinzip „Induktion durch Bewegung eines Leiters im Magnetfeld" wird bei der Rotation einer Leiterschleife in einem Magnetfeld eine Spannung u induziert. Die elektrische Verbindung der Leiterschleife mit einem Verbraucher oder einem Messgerät erfolgt über zwei Kohlebürsten, die auf Schleifringe angepresst werden. Die Schleifringe sind mit den Leiterenden der im Magnetfeld rotierenden Leiterschleife verbunden. Wird die Leiterschleife mit einer konstanten Drehzahl gedreht, so wird eine sinusförmige Wechselspannung erzeugt. Ist der Stromkreis über einen Ohm'sche Widerstand geschlossen, so fließt dort ein sinusförmiger → Wechselstrom.

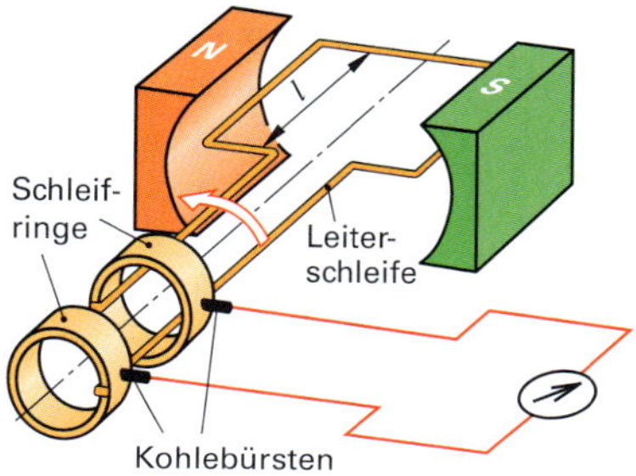

$$u_i = N \cdot B \cdot A \cdot \sin \omega t$$ **Induzierte Spannung**

u_i	induzierte Spannung zur Zeit t	s
N	Windungszahl der Leiterschleife	1
B	magnetische Flussdichte	T
A	Fläche der Leiterschleife	m^2
ω	Winkelgeschwindigkeit	s^{-1}
t	Zeit ab Drehbeginn	s

Elektromotoren:

Alle Elektromotoren lassen sich nach folgenden Kriterien unterscheiden:

1. Stromart: ⇒ Gleichstrommotoren und Wechselstrommotoren
2. Motornennleistung: ⇒ Kleinmotoren (1 W bis 1 kW)
   mittelstarke Motoren (1 kW bis etwa mehrere MW)
   leistungsstarke Motoren (10 kW bis etwa mehrere MW)
3. Motorprinzip: ⇒ Drehstrom: Kurzschlussläufermotor, Schleifringläufermotor
   Gleichstrom: fremderregter Motor, Nebenschlussmotor, Reihenschlussmotor, Doppelschlussmotor
4. Drehzahlverhalten: ⇒ Synchronverhalten
   Synchronmotor: Drehzahl ist unabhängig von der Belastung
   Asynchronmotor: Drehzahl sinkt bei Belastung

Das Grundprinzip des **Gleichstrommotors** beruht darauf, dass ein stromdurchflossener Leiter in einem Magnetfeld eine Kraft erfährt, die bei einer drehbar gelagerten Leiterschleife ein Drehmoment erzeugt.

Beim **Drehstrommotor,** der prinzipiell den selben Aufbau haben kann wie ein Drehstromgenerator, wird mit Hilfe des Dreiphasen-Wechselstroms und drei um jeweils 120° räumlich versetzt angeordneten baugleichen Spulen ein rotierendes Magnetfeld (Drehfeld) erzeugt. In diesem Drehfeld kann ein Läufer, der einen Dauermagneten oder eine von Gleichstrom durchflossene Ankerwicklung enthält, synchron mitdrehen. Eine solche Maschine nennt man **Synchronmotor**.

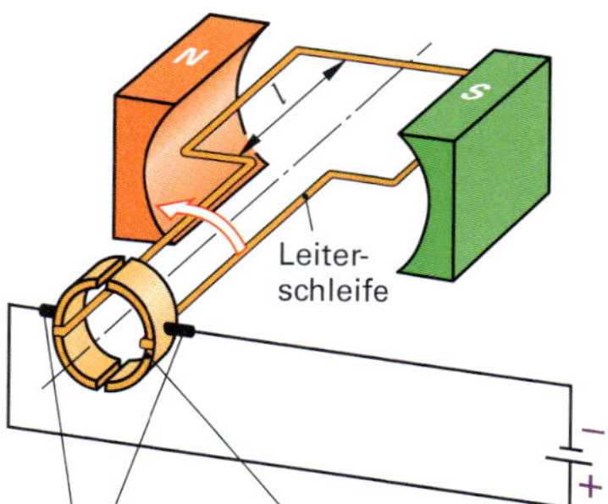

$$\Delta n = n_s - n$$ **Schlupfdrehzahl beim Asynchronmotor**

$$s = \frac{n_s - n}{n_s} \cdot 100\ \%$$ **Schlupf in %**

Δn	Schlupfdrehzahl	s^{-1}, min^{-1}
n_s	Drehfelddrehzahl	s^{-1}, min^{-1}
n	Läuferdrehzahl	s^{-1}, min^{-1}
s	Schlupf	1

A

Schutzmaßnahmen

Das folgende Bild zeigt das **Zeit, Strom-Gefährdungsdiagramm** bei Wechselstrom mit 50 Hz für erwachsene Personen. Daraus ist zu ersehen, dass nicht nur die Größe der **Körperstromstärke** I, sondern auch die **Einwirkzeit** t der **Fremdströme** von Bedeutung ist.

Bereich (I in mA bei t = 10 s	**Körperreaktionen**
① bis 0,5	Keine Reaktion des Körpers bis zur Wahrnehmbarkeitsschwelle zu erwarten.
② 0,5 bis 10	Keine schädlichen Wirkungen bis zur Loslassschwelle zu erwarten.
③ 10 bis 50	Gefahr von Herzkammerflimmern, organische Schäden nicht wahrscheinlich.
④ über 50	Herzkammerflimmern möglich (tödliche Stromwirkungen wahrscheinlich).

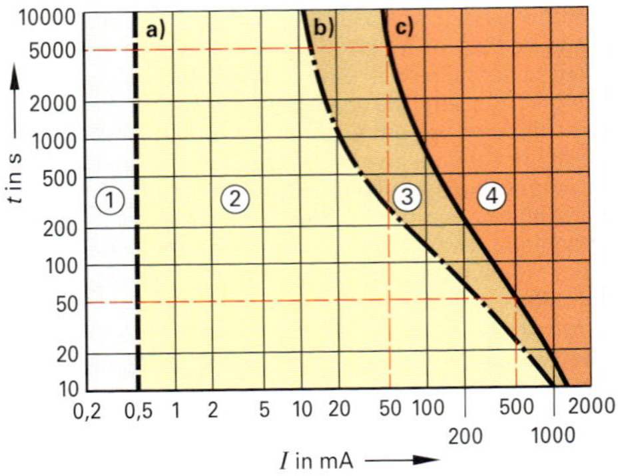

Im Diagramm bedeuten:
a) Wahrnehmbarkeitsschwelle
b) Loslassschwelle
c) Flimmerschwelle (Gefährdungskurve)

Mit einer **tödlichen Stromwirkung** ist zu rechnen, wenn die **Berührungsspannung** U_B beim Menschen 50 V bei Wechselspannung und 120 V bei Gleichspannung übersteigt. Die dabei auftretende Stromstärke I ist abhängig vom **Körperwiderstand** R_K, der sich aus dem inneren Körperwiderstand R_i und den Übergangswiderständen $R_{ü1}$ und $R_{ü2}$ zusammensetzt.

$$I_i = \frac{U_B}{R_K}$$ **Stromstärke**

$$R_K = R_i + R_{ü1} + R_{ü2}$$ **Körperwiderstand**

Schutzmaßnahmen gegen gefährliche Körperströme

Schutzmaßnahmen gegen direktes Berühren	**Schutzmaßnahmen gegen indirektes Berühren**	**Schutzmaßnahmen gegen direktes und indirektes Berühren**
Schutz durch:	Schutz durch:	Schutz durch:
Isolierung aktiver Teile, Abdeckung oder Umhüllung, Hindernisse, Abstand, FI-Schutzeinrichtung (als zusätzlicher Schutz)	Schutzisolierung, Schutztrennung, nichtleitende Räume, erdfreien örtlichen Potenzialausgleich, FI- Schutzschalter, FU-Schutzschalter, Überstromschutzorgane	Schutzkleinspannung, Funktionskleinspannung, Begrenzung der Entladungsenergie

Schutzmaßnahmen von elektrischen Betriebsmitteln und Schutzmaßnahmen gegen elektromagnetische Störungen

Schutz von elektrischen Leitungen und Betriebsmitteln	Schutz gegen elektromagnetische Störungen
Schmelzsicherungen, Geräteschutzsicherungen (Feinsicherungen), Leitungsschutzschalter, Funkenlöschung von Schaltern	Entstörkondensator, Entstördrossel und Entstörfilter, Abschirmung, Galvanische Trennung, Potenzialausgleich und Überspannungsschutz in der Energietechnik

Wichtige Normen sind:

DIN VDE 0100: Errichten von Starkstromanlagen bis 1000 V
DIN EN IEC 61936-1: Errichten von Starkstromanlagen über 1000 V
DIN VDE 0105: Betrieb von Starkstromanlagen

8

Elektromagnetische Schwingungen

Schwingkreise

Für den **Reihenschwingkreis** (linkes Bild) **und** für den **Parallelschwingkreis** (rechtes Bild) gilt:

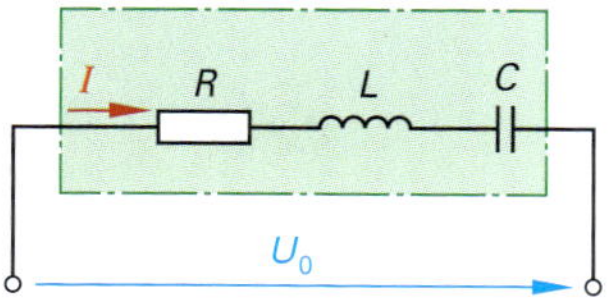

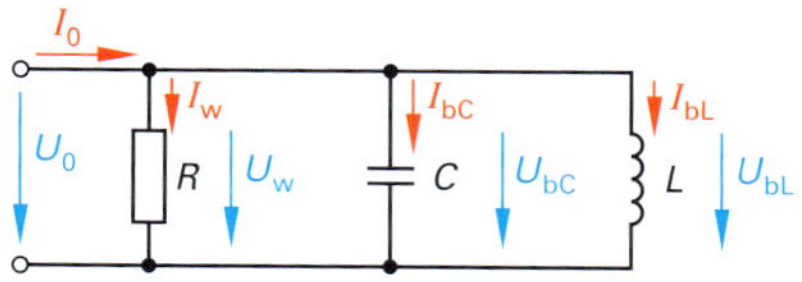

$f_0 = \frac{1}{2 \cdot \pi \cdot \sqrt{L \cdot C}}$	**Resonanzfrequenz**
$T_0 = 2 \cdot \pi \cdot \sqrt{L \cdot C}$	**Periodendauer**
$\widehat{W} = \frac{1}{2} \cdot L \cdot \hat{i}^2 = \frac{1}{2} \cdot C \cdot \hat{u}^2$	**maximale Schwingungsenergie**
$X_{L0} = X_{C0} = \sqrt{\frac{L}{C}}$	**Blindwiderstände**
$Z_0 = R$	**Scheinwiderstand**
$S_0 = P_0$	**Leistung**

f_0	Resonanzfrequenz	Hz, s^{-1}
L	Induktivität der Schwingkreisspule	H
C	Kapazität des Schwingkreiskondensators	F
T_0	Periodendauer	s
$\widehat{W}$	maximale Schwingungsenergie	J, Ws
$\hat{i}$	Scheitelwert der Stromstärke	A
$\hat{u}$	Scheitelwert der Spannung	V
X_{L0}	induktiver Resonanzblindwiderstand	Ω
X_{C0}	kapazitiver Resonanzblindwiderstand	Ω
Z_0	Scheinwiderstand bei Resonanz	Ω
R	Wirkwiderstand	Ω
S_0	Resonanzscheinleistung	W, VA
P_0	Resonanzwirkleistung	W

Die **Null im Index** weist jeweils auf den **Resonanzfall** hin.

Reihenschwingkreis im **Resonanzfall**:

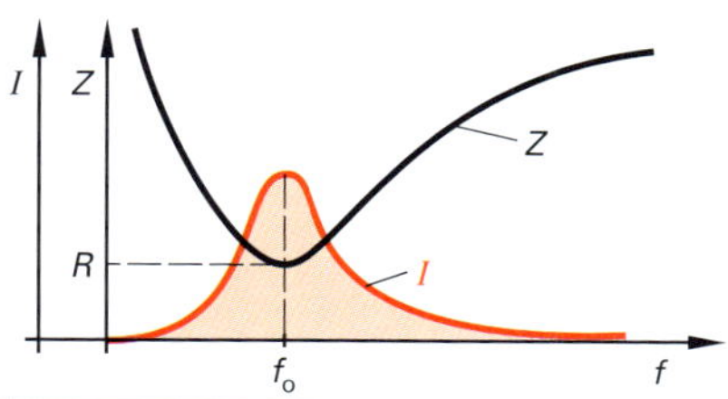

U_{bL0}	induktive Resonanzblindspannung	V
U_{bC0}	kapazitive Resonanzblindspannung	V
I_0	Resonanzstromstärke	A
L	Induktivität der Schwingkreisspule	H
C	Kapazität des Schwingkreiskondensators	F
U	Gesamtspannung	V
U_{R0}	Resonanzwirkspannung	V
Q_{L0}	induktive Resonanzblindleistung	W, var
Q_{C0}	kapazitive Resonanzblindleistung	W, var

$U_{bL0} = U_{bC0} = I_0 \cdot \sqrt{\frac{L}{C}}$	**Blindspannungen**
$U = U_{R0}$	**Spannung**
$Q_{L0} = Q_{C0} = I_0^2 \cdot \sqrt{\frac{L}{C}}$	**Blindleistungen**

Der **Reihenschwingkreis** hat im **Resonanzfall** den geringsten Scheinwiderstand Z und lässt bevorzugt den Wechselstrom mit der Frequenz f_0 durch.

Parallelschwingkreis im **Resonanzfall**:

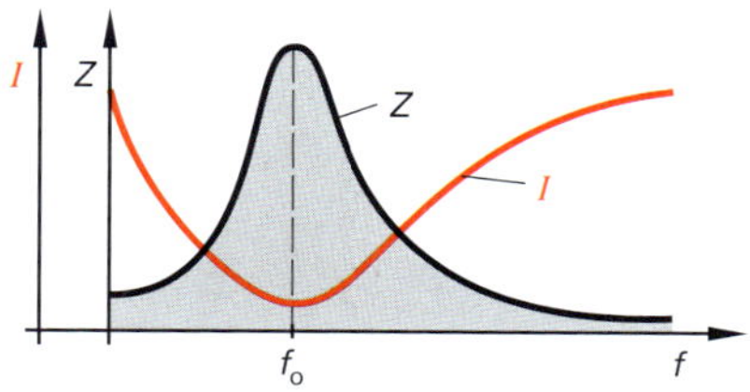

I_{bL0}	induktive Resonanzstromstärke	A
I_{bC0}	kapazitive Resonanzstromstärke	A
U	Gesamtspannung	V
L	Induktivität der Schwingkreisspule	H
C	Kapazität des Schwingkreiskondensators	F
I_0	Gesamtstrom (Resonanzstromstärke)	A
I_{R0}	Resonanzwirkstromstärke	A
Q_{L0}	induktive Resonanzblindleistung	W, var
Q_{C0}	kapazitive Resonanzblindleistung	W, var

$I_{bL0} = I_{bC0} = U \cdot \sqrt{\frac{C}{L}}$	**Resonanzstromstärken**
$I_0 = I_{R0}$	**Stromstärke**
$Q_{L0} = Q_{C0} = U^2 \cdot \sqrt{\frac{C}{L}}$	**Blindleistungen**

Der **Parallelschwingkreis** hat im **Resonanzfall** den größten Scheinwiderstand Z und durch ihn fließt dann der geringste Wechselstrom I mit der Frequenz f_0.

8

A

Elektromagnetische Schwingungen (Fortsetzung)

Hochpass – Tiefpass

RL-Hochpass

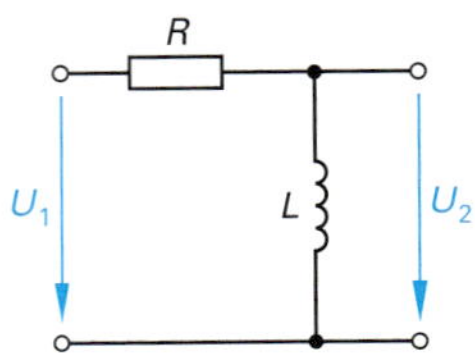

RC-Hochpass

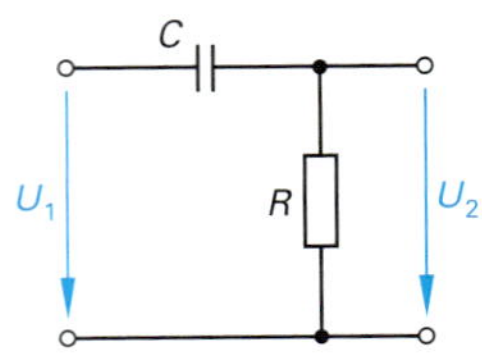

RC-Tiefpass

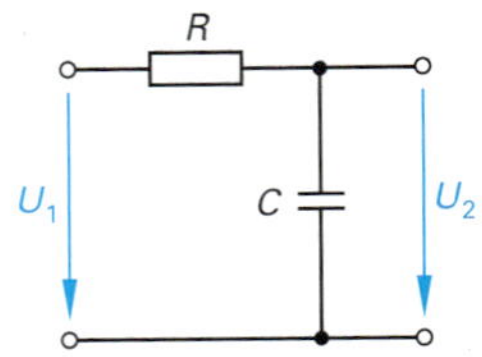

RL-Hochpass

$$\frac{U_2}{U_1} = \frac{1}{\sqrt{1 + \left(\frac{R}{\omega \cdot L}\right)^2}}$$

$$f_c = \frac{R}{2 \cdot \pi \cdot L}$$

RC-Hochpass

$$\frac{U_2}{U_1} = \frac{R}{\sqrt{R^2 + \left(\frac{1}{\omega \cdot C}\right)^2}}$$

$$f_c = \frac{1}{2 \cdot \pi \cdot R \cdot C}$$

RL-Tiefpass

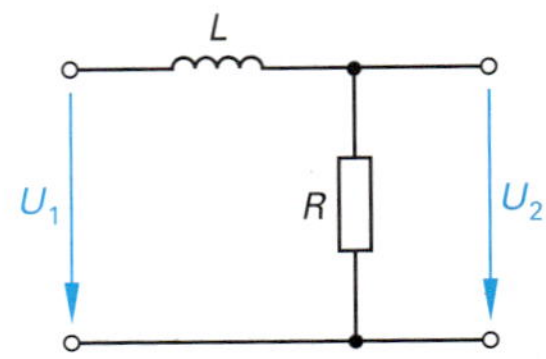

RL-Tiefpass

$$\frac{U_2}{U_1} = \frac{1}{\sqrt{1 + \left(\frac{\omega \cdot L}{R}\right)^2}}$$

$$f_c = \frac{R}{2 \cdot \pi \cdot L}$$

RC-Tiefpass

$$\frac{U_2}{U_1} = \frac{1}{\sqrt{1 + (\omega \cdot R \cdot C)^2}}$$

$$f_c = \frac{1}{2 \cdot \pi \cdot R \cdot C}$$

U_1	Eingangsspannung	V
U_2	Ausgangsspannung	V
R	Wirkwiderstand	Ω
C	Kapazität	F
L	Induktivität	H
f_c	Grenzfrequenz	Hz, s^{-1}
ω	→ Kreisfrequenz	s^{-1}

Index c: von cut off

Hertz'scher Dipol, elektromagnetische Wellen

Unter einem **Hertz'schen Dipol** versteht man einen Metallstab, in dem eine von einem **Hochfrequenzoszillator** erzeugte hochfrequente elektrische Schwingung stattfindet. Der Metallstab stellt einen offenen elektrischen Schwingkreis dar. Von diesem schwingenden Dipol lösen sich die → elektromagnetischen Wellen ab und breiten sich mit Lichtgeschwindigkeit aus.

Bei elektromagnetischen Wellen stehen die elektrische und die magnetische Feldstärke senkrecht zueinander und beide stehen senkrecht zur Ausbreitungsrichtung (s. nebenstehendes Bild).

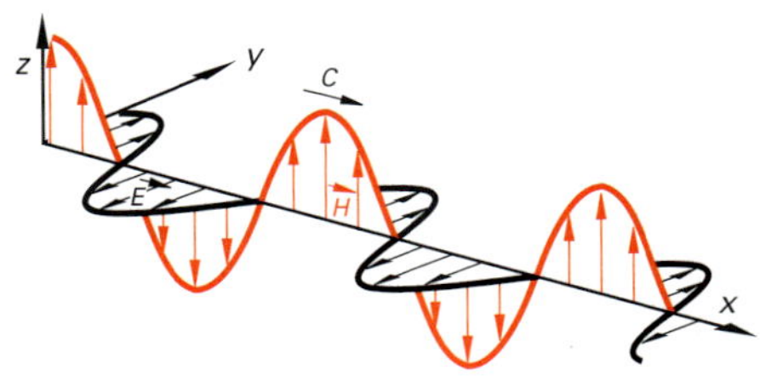

$$c = \frac{\lambda}{T}$$ $$c = \lambda \cdot f$$ **Ausbreitungsgeschwindigkeit**

(→ Grundgleichung der Wellenlehre)

$$l = \frac{\lambda}{2}$$ **Dipollänge**

c	→ Ausbreitungsgeschwindigkeit elektromagnetischer Wellen	m/s
c	→ Lichtgeschwindigkeit	m/s
λ	→ Wellenlänge	m
T	→ Periodendauer	s
f	→ Frequenz	s^{-1}
l	Länge des schwingenden Dipols	m

Der Empfang elektromagnetischer Wellen durch einen Empfangsdipol ist dann am besten, wenn die Länge des Dipols der halben Wellenlänge entspricht.

Mit Hilfe der Elektrotechnik ist es möglich, elektromagnetische Wellen mit Frequenzen zwischen beinahe 0 Hz und ungefähr 10^{12} Hz zu erzeugen. Die zugehörigen Wellenlängen liegen dabei zwischen mehreren Kilometern und Bruchteilen von Millimetern (→ Wellenspektrum).

Grundlagen der Halbleitertechnik

Werkstoffe, die bezüglich ihrer elektrischen Leitfähigkeit zwischen den elektrischen Leitern und den Isolierwerkstoffen stehen, werden als **Halbleiter** bezeichnet. Es handelt sich dabei hauptsächlich um die Elemente Germanium (Ge), Silizium (Si) und Selen (Se).

Wird ein reiner nichtleitender Halbleiterkristall mit 5-wertigen Fremdatomen dotiert, so wird dieser Kristall leitend, weil er freie bewegliche Elektronen erhält, wird er ein **N-Leiter.** Wird er dagegen mit 3-wertigen Fremdatomen dotiert, so wird dieser Kristall leitend, weil er freie „bewegliche" Elektronenlöcher (Defektelektronen) erhält; er wird ein **P-Leiter.**

Halbleiterdiode

Werden ein N- und ein P-Leiter zusammengebracht, so entsteht an der Grenzfläche ein PN-Übergang.

Ein aus einem N- und einem P-Leiter bestehendes Bauteil wird **Halbleiterdiode** genannt, weil es den Strom nur in einer Richtung durchlässt. Nebenstehendes Bild zeigt die **Strom-, Spannungskennlinien** einer Si-Diode und einer Ge-Diode.

Mit solchen Halbleiterdioden lassen sich Wechselspannungen und Wechselströme mit verschiedenen **Gleichrichterschaltungen** gleich richten:

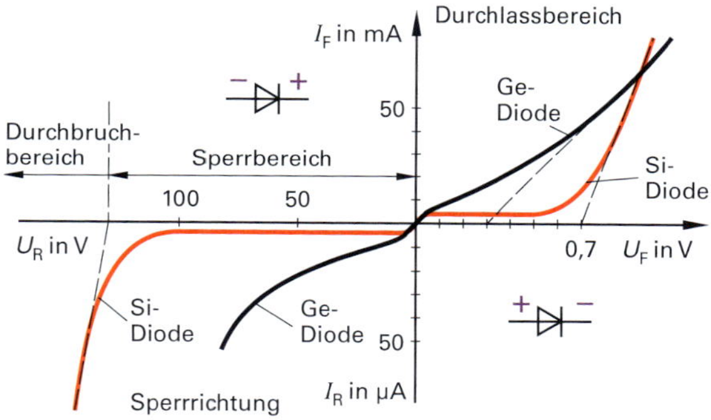

Einpuls-Gleichrichterschaltung

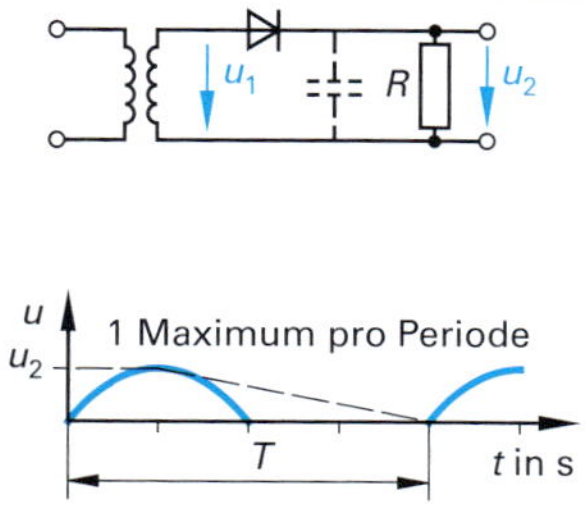

Zweipuls-Gleichrichterschaltung

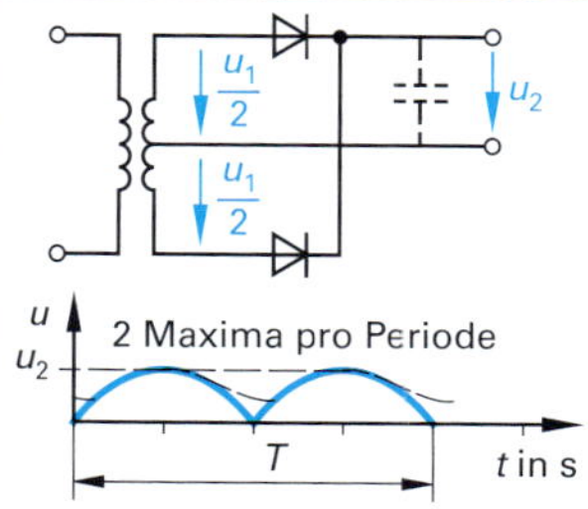

Dreipuls-Gleichrichterschaltung

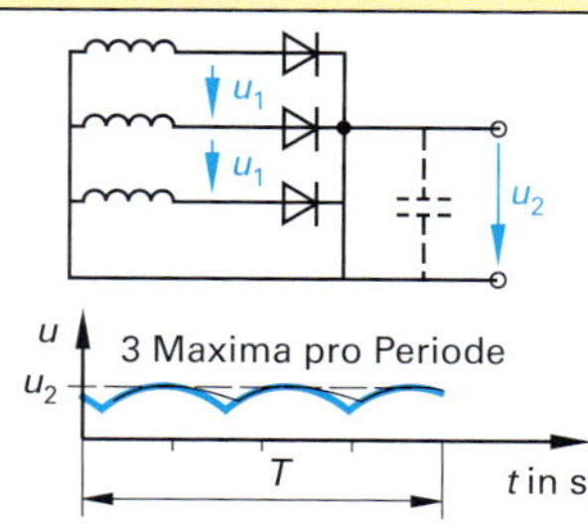

Transistor

Kollektor (C), **Emitter** (E), **Basis** (B)

$$I_C + I_B - I_E = 0$$ **Knotenregel**

$$U_{CB} + U_{BE} - U_{CE} = 0$$ **Maschenregel**

$$v = \frac{\Delta U_{CE}}{\Delta U_{BE}}$$ **Spannungsverstärkung**

Der Widerstandswert der Kollektor-Emitter-Strecke kann mit U_{BE} und I_B gesteuert werden. Kleine Strom- bzw. Spannungsänderungen (ΔI_B bzw. ΔU_{BE}) im Steuerstromkreis führen zu großen Strom- bzw. Spannungsänderungen (ΔI_C bzw. ΔU_{CE}).

NPN - Transitor

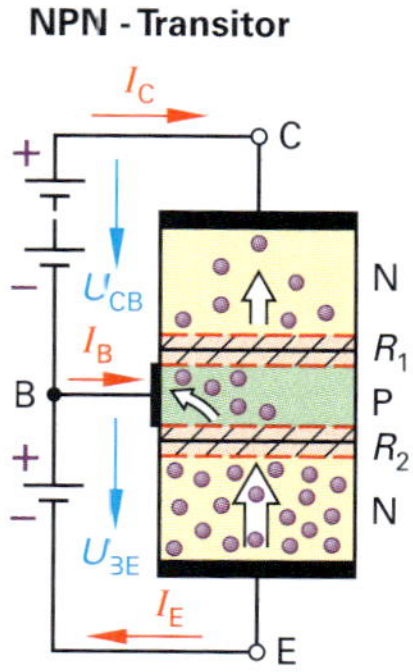

PNP - Transitor

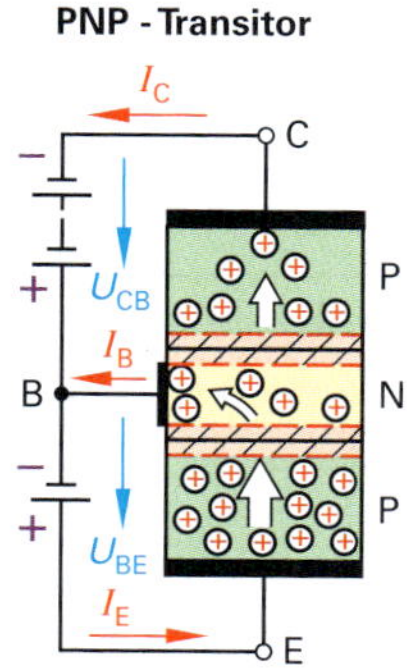

I_C	Kollektorstrom	A
I_B	Basisstrom	A
I_E	Emitterstrom	A
U_{CB}	Kollektor-Basis-Spannung	V
U_{BE}	Basis-Emitter-Spannung	V
v	Spannungsverstärkung	1
ΔU_{CE}	Spannungsschwankung	V
ΔU_{BE}	Spannungsschwankung	V

A

8

A

Leitungsberechnung bei unverzweigten Leitungen

Gleich- und Wechselstrom (nach **DIN VDE 0100-520. TAB. DIN 18015-1** und **DIN VDE 0298-4)**

$$\Delta U = U_1 - U_2$$

Spannungsfall (Spannungsunterschied)

$$\Delta u = \frac{\Delta U \cdot 100\,\%}{U}$$

Spannungsfall in % der Netznennspannung

$$P_{v\%} = \frac{P_v \cdot 100\,\%}{P}$$

prozentualer Leistungsverlust (bezogen auf Leistungsaufnahme der Last)

$$\gamma = \frac{\gamma_{20}}{1 + 0{,}004\ \mathrm{K}^{-1} \cdot \Delta\vartheta}$$

elektrische Leitfähigkeit

→ Tabelle (Allgemeine Gesetzmäßigkeiten im elektrischen Stromkreis)

$$\Delta\vartheta = \vartheta_b - 20\ °\mathrm{C}$$

Temperaturunterschied

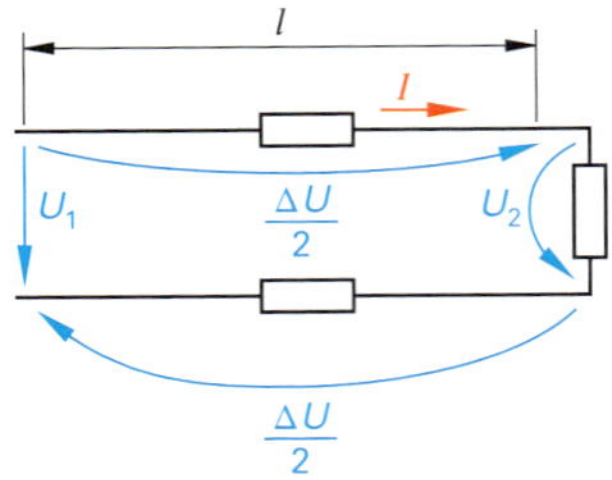

Zulässiger prozentualer Spannungsfall Δu	
≤ 3 %	Zwischen Zähler und Steckdose **(DIN 18015)**
≤ 4 %	Zwischen Hausanschlusskasten und Steckdose **(VDE 0100)**

Der Leiterquerschnitt ist so zu wählen, dass nach **DIN VDE 0298-4** der höchstzulässige Spannungsfall und die maximal zulässige Strombelastbarkeit I_z nicht überschritten werden.

Gleichstrom DC

$$\Delta U = \frac{2 \cdot P \cdot I}{\gamma \cdot A \cdot U}$$

Spannungsfall (Spannungsunterschied)

$$\Delta U = \frac{2 \cdot I \cdot l}{\gamma \cdot A}$$

Spannungsfall (Spannungsunterschied)

$$P_v = \frac{2 \cdot I^2 \cdot l}{\gamma \cdot A}$$

Leistungsverlust in der Leitung

$$P_{v\%} = \Delta u$$

prozentualer Leistungsverlust

$$A = \frac{2 \cdot I \cdot l}{\gamma \cdot \Delta U}$$

Leiterquerschnitt

U_1, U_2	Spannung am Leitungsanfang bzw. Leitungsende	V
U	Bemessungsspannung des Netzes und der Last	V
P	Leistungsaufnahme der Last	W
$P_{v\%}$	prozentualer Leistungsverlust (bezogen auf Leistungsaufnahme der Last)	1
γ_{20}	elektrische Leitfähigkeit bei 20 °C	m/Ω · mm²
ϑ_b	Betriebstemperatur	°C
I	Leiterstrom, Bemessungsstrom der Last	A
A	Leiterquerschnitt	mm²
l	Länge der Leitung	m
$\cos\varphi$	Leistungsfaktor	1
φ	Phasenverschiebungswinkel (phi)	Grad, rad

Einphasenwechselstrom AC	Dreiphasenwechselstrom 3 AC (Drehstrom)
$\Delta U = \frac{2 \cdot P \cdot I}{\gamma \cdot A \cdot U}$	$\Delta U = \frac{P \cdot I}{\gamma \cdot A \cdot U}$
$\Delta U = \frac{2 \cdot I \cdot l \cdot \cos\varphi}{\gamma \cdot A}$	$\Delta U = \frac{\sqrt{3} \cdot I \cdot l \cdot \cos\varphi}{\gamma \cdot A}$
$P_v = \frac{2 \cdot I^2 \cdot l}{\gamma \cdot A}$	$P_v = \frac{3 \cdot I^2 \cdot l}{\gamma \cdot A}$
$P_{v\%} = \frac{\Delta u}{\cos^2\varphi}$	$P_{v\%} = \frac{\Delta u}{\cos^2\varphi}$
$A = \frac{2 \cdot I \cdot l \cdot \cos\varphi}{\gamma \cdot \Delta U}$	$A = \frac{\sqrt{3} \cdot I \cdot l \cdot \cos\varphi}{\gamma \cdot \Delta U}$

Zeigerbild bei AC

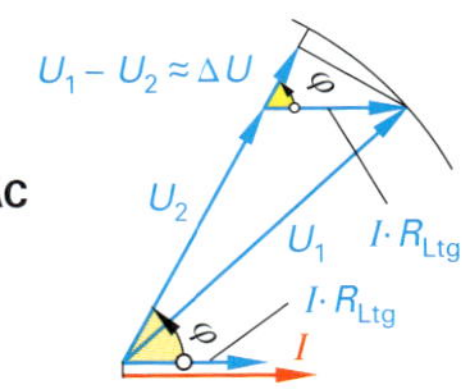

Schaltung bei 3AC

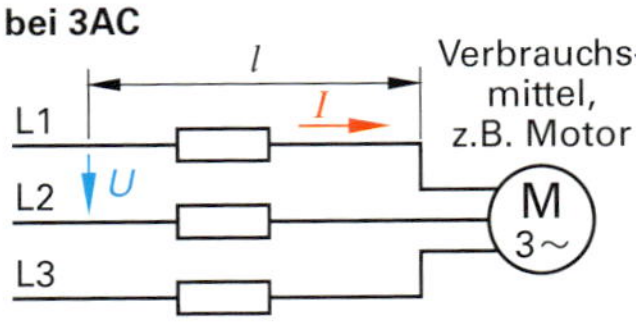

Hinweis: Leitungen für Wechselstrom werden bei Wirklast wie Leitungen für Gleichstrom berechnet. ($\cos\varphi = 1$)

8

Leitungsberechnung bei unverzweigten Leitungen (Fortsetzung) (DIN VDE 0298-4)

Berechnungsformeln und Bemerkungen

$$I_B = \frac{P}{U \cdot \cos\varphi}$$

Betriebsstrom des elektrischen Betriebsmittels (Verbraucher)

$$I_Z \geq I_n \geq I_B$$

Zulässige Strombelastbarkeit I_Z

- I_B Betriebsstrom, auch Nennstromstärke des elektrischen Betriebsmittels
- I_n Nennstromstärke der Überstromschutzeinrichtung
- I_Z Zulässige Strombelastbarkeit der elektrischen Leitung
- I_r Bemessungswert der Strombelastbarkeit von Kabel und Leitungen

Weicht die Umgebungstemperatur von 30 °C nicht ab und liegt keine Leitungshäufung vor, so kann aus der Tabelle 1, Seite 492 **„Bemessungswert I_r der Strombelastbarkeit von Kabel und Leitungen…"** sofort entnommen werden und dabei gilt:

$$I_n \leq I_r$$

Bemessungswert der Strombelastbarkeit

Weicht die Umgebungstemperatur von 30 °C ab, entnimmt man den Umrechnungsfaktor f_1 der Tabelle 1, Seite 490. Wenn eine Leitungshäufung vorliegt, dann ist zusätzlich der Umrechnungsfaktor f_2 der Tabelle 2, Seite 490 zu entnehmen.

Der Bemessungswert I_r der **Strombelastbarkeit der elektrischen Leitung** wird wie folgt berechnet:

$$I_r = \frac{I_Z}{f_1 \cdot f_2}$$

Für den so rechnerisch ermittelten Bemessungswert ist in der Tabelle für die Strombelastbarkeit von Kabeln und Leitung bei einer Umgebungstemperatur von ϑ_U = 30 °C u.U. ein entsprechend größerer Leiterquerschnitt A unter Berücksichtigung der *Verlegeart* und *Anzahl* der belasteten Adern auszuwählen.

Sind die Leiter länger als normal (z.B.: l = 80 m, 150 m, …), dann muss geprüft werden, wie groß der zulässige prozentuale Spannungsfall Δu sein darf. Anschließend ist der Spannungsfall ΔU zu berechnen.

$$\Delta U = \frac{\Delta u \cdot U_N}{100\,\%}$$

Es ist zu überprüfen, ob der mit

$$\Delta U = \frac{2 \cdot I \cdot l \cdot \cos\varphi}{\gamma \cdot A} \quad \text{bzw.} \quad \Delta U = \frac{\sqrt{3} \cdot I \cdot l \cdot \cos\varphi}{\gamma \cdot A}$$

berechnete Wert ΔU nicht zu groß für den ermittelten Leiterquerschnitt A ist. Ansonsten ist der nächst größere Leiterquerschnitt A auszuwählen.

Programmablaufplan zur Leitungsberechnung

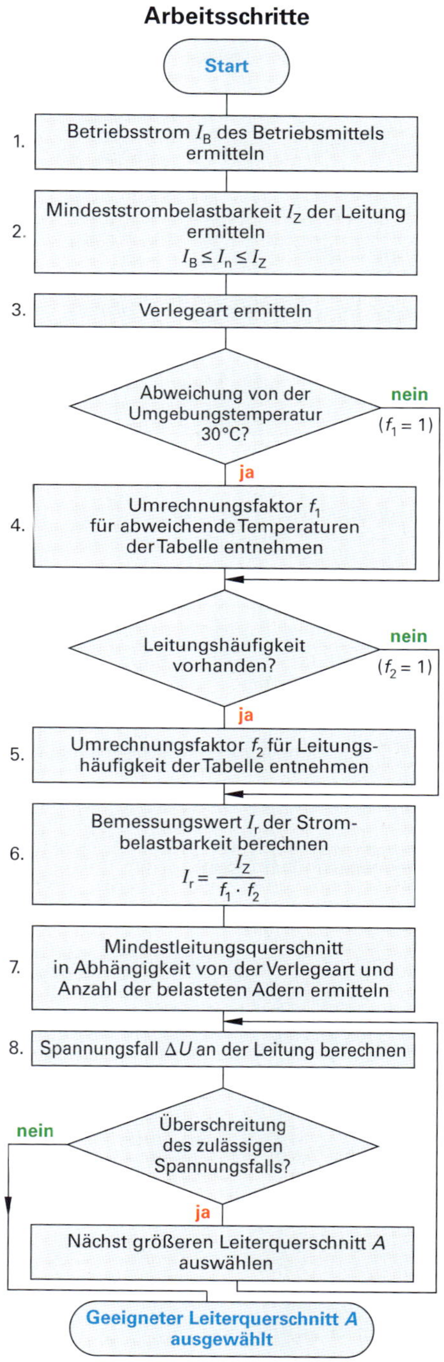

A

8

A

Leitungsberechnung bei unverzweigten Leitungen (Fortsetzung)

Hinweis: Bei der Leitungsberechnung sind bei **normaler Leitungslänge** (bis ca. 50 m) die **Arbeitsschritte 1 bis 7** und bei **normaler bis großer Leitungslänge** zusätzlich der anschließende **Schritt 8** durchzuführen.

Tabelle 1: Umrechnungsfaktor f_1 für andere Umgebungstemperaturen als 30 °C

Isolierwerkstoff	ϑ_b in °C	10	15	20	25	30	35	40	45	50	55	60
Naturkautschuk, synthetischer Kautschuk	60	1,29	1,22	1,15	1,08	1,0	0,91	0,82	0,71	0,58	0,41	–
Polyvinylchlorid	70	1,22	1,17	1,12	1,05	1,0	0,94	0,87	0,79	0,71	0,61	0,5
Ethylenpropylen-Kautschuk	80	1,18	1,14	1,1	1,05	1,0	0,95	0,89	0,84	0,77	0,71	0,63

Tabelle 2: Umrechnungsfaktor f_2 bei Häufung von Leitungen

Anordnung	Verlegeart	Anzahl der mehradrigen fest verlegten oder flexiblen Leitungen oder Anzahl der Wechselstromkreise oder Drehstromkreise aus einadrigen Leitungen											
		1	2	3	4	5	6	7	8	9	10	14	20
Gebündelt direkt auf der Wand, dem Fußboden, im Elektroinstallationsrohr oder Elektroinstallationskanal, auf oder in der Wand	V4, V5	1,0	0,8	0,7	0,65	0,6	0,57	0,54	0,52	0,5	0,48	0,43	0,38
Einlagig auf Wand oder Fußboden mit gegenseitiger Berührung	V6	1,0	0,85	0,79	0,75	0,73	0,72	0,72	0,71	0,7	0,7	0,7	0,7
Einlagig unter der Decke mit gegenseitiger Berührung	V7	0,95	0,81	0,72	0,68	0,66	0,64	0,63	0,62	0,61	0,61	0,61	0,61
Einlagig auf der Wand oder auf dem Fußboden $a = d$	V8	1,0	0,94	0,90	0,90	0,90	0,90	0,90	0,90	0,90	0,90	0,90	0,90
Einlagig unter der Decke $a = d$	V9	0,95	0,85	0,85	0,85	0,85	0,85	0,85	0,85	0,85	0,85	0,85	0,85

Verlegeart von Leitungen

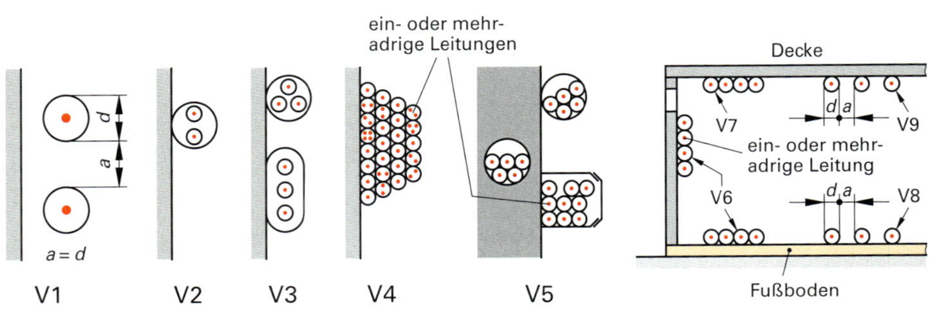

8

a	Leiterabstand	d	Durchmesser des Leiters
ϑ_u	Umgebungstemperatur	ϑ_b	höchstzulässige Betriebstemperatur
U_N	Bemessungsspannung	V	Verlegeart

A

Leitungsberechnung bei unverzweigten Leitungen (Fortsetzung)

Tabelle 3: Umrechnungsfaktoren f_2 bei Häufung von Leitungen auf Kabelwannen und Kabelpritschen

Anordnung und Art	Anzahl der Pritsche *n*	Umrechnungsfaktoren bei Anzahl der Leitungen 1	2	3	4	6	9
Ungelochte Kabelwanne 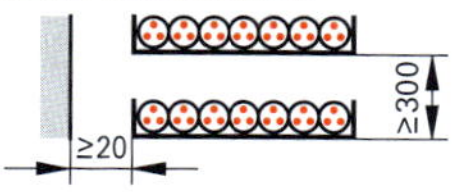	1	0,97	0,84	0,78	0,75	0,71	0,68
	2	0,97	0,83	0,76	0,72	0,68	0,63
	3	0,97	0,82	0,75	0,71	0,66	0,61
	6	0,97	0,81	0,73	0,69	0,63	0,58
Gelochte Kabelwanne (Kabelroste) 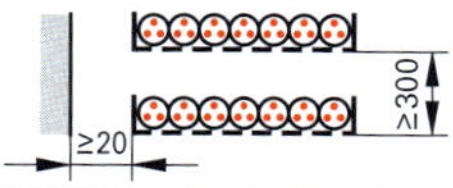	1	1,0	0,88	0,82	0,79	0,76	0,73
	2	1,0	0,87	0,80	0,77	0,73	0,68
	3	1,0	0,86	0,79	0,76	0,71	0,66
	6	1,0	0,84	0,77	0,73	0,68	0,64
Kabelpritsche 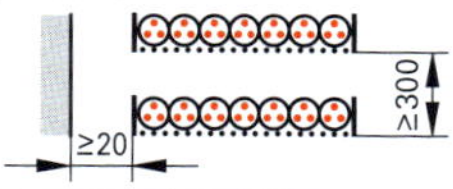	1	1,0	0,87	0,82	0,8	0,79	0,78
	2	1,0	0,86	0,81	0,78	0,76	0,73
	3	1,0	0,85	0,79	0,76	0,73	0,7
	6	1,0	0,83	0,76	0,73	0,69	0,66

Verlegeart		Beschreibung der Verlegebedingungen für feste Verlegung (DIN VDE 0298-4)
A1	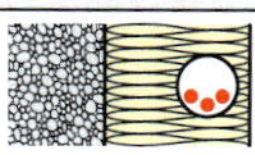	**Referenzverlegeart: Verlegung in wärmegedämmten Wänden** Aderleitungen im Elektroinstallationsrohr, Aderleitungen in Formleisten oder in Formteilen
A2	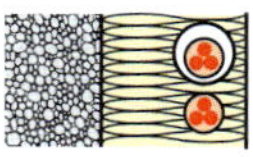	Mehradrige Kabel oder mehradrige Mantelleitungen im Elektroinstallationsrohr, mehradrige Kabel oder mehradrige Mantelleitungen in einer wärmegedämmten Wand.
B1	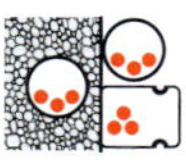	**Referenzverlegeart: Verlegung in Elektroinstallationsrohren** Aderleitungen im Elektroinstallationsrohr auf oder in der Wand, Aderleitungen, einadrige Kabel oder Mantelleitungen im Elektroinstallationskanal.
B2	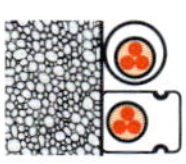	Mehradrige Kabel oder mehradrige Mantelleitungen im Elektroinstallationsrohr auf der Wand, mehradrige Kabel oder Mantelleitungen im Elektroinstallationskanal, mehradrige Kabel oder Mantelleitungen im Sockelleisten- oder im Unterflurkanal.
C	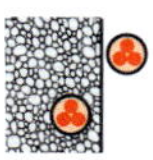	**Referenzverlegeart: Verlegung direkt auf dem Untergrund (Wand)** Ein- oder mehradrige Kabel oder Mantelleitungen auf oder in der Wand oder unter der Decke, Stegleitungen im oder unter Putz.
D		**Referenzverlegeart: Verlegung in der Erde** Mehradrige Kabel oder mehradrige ummantelte Installationsleitung im Elektroinstallationsrohr oder im Kabelschacht in der Erde.
E	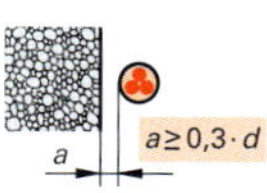	**Referenzverlegeart: Verlegung frei in der Luft** Mehradrige Kabel oder mehradrige Mantelleitungen frei in der Luft verlegt mit einem Mindestabstand $a \geq 0{,}3\ d$ zur Wand (d = Leitungsdurchmesser), Kabel oder Leitungen auf gelochten Kabelrinnen oder auf Kabelkonsolen.
F	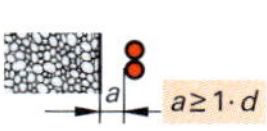	Einadrige Kabel oder einadrige Mantelleitungen mit gegenseitiger Berührung verlegt und mit einem Abstand zur Wand $a \geq 1 \cdot d$ zur Wand.
G	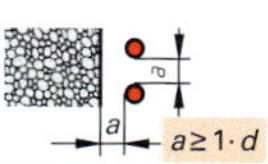	Einadrige Kabel oder einadrige Mantelleitungen mit einem gegenseitigen Abstand $a \geq 1 \cdot d$ verlegt und einem Mindestabstand $a \geq 1 \cdot d$ zur Wand, blanke Leiter oder Aderleitungen auf Isolatoren.

Umrechnungsfaktoren für aufgewickelte Leitungen				**Umrechnungsfaktoren bei Verlegung in Luft für vieladrige Leitungen mit Leiterbemessungsquerschnitten ≤ 10 mm²**							
Anzahl der Lagen				Anzahl der stromführenden Leiter							
1	2	3	4	5	7	10	14	19	24	40	61
0,80	0,61	0,49	0,42	0,75	0,65	0,55	0,50	0,45	0,40	0,35	0,30

Leitungsberechnung bei unverzweigten Leitungen (Fortsetzung)

Strombelastbarkeit von Kabeln und Leitungen für feste Verlegung in Gebäuden bei einer Umgebungstemperatur von ϑ_U = 30 °C (DIN VDE 0298-4:2023-06)

Verlegeart	**A1**		**A2**		**B1**		**B2**		**C**		**E**	
belastete Adern	2	3	2	3	2	3	2	3	2	3	2	3
Nennquerschnitt	**Bemessungswert I_r der Strombelastbarkeit in A**											
***A* in mm²**	Bemessungsstrom der Überstrom-Schutzeinrichtung in A (wenn $I_2 \leq 1{,}45 \cdot I_Z$)											
1,5	15,5	13,5	15,5	13	17,5	15,5	16,5	15	19,5	17,5	22	18,5
	13	13	13	13	16	13	16	13	16	16	20	16
2,5	19,5	18	18,5	17,5	24	21	23	20	27	24	30	25
	16	16	16	16	20	20	20	20	25	20	25	25
4	26	24	25	23	32	28	30	27	36	32	40	34
	25	20	25	20	32	25	25	25	35	32	40	32
6	34	31	32	29	41	36	38	34	46	41	51	43
	32	25	32	25	40	35	35	32	40	40	50	40
10	46	42	43	39	57	50	52	46	63	57	70	60
	40	40	40	35	50	50	50	40	63	50	63	50
16	61	56	57	52	76	68	69	62	85	76	94	80
	50	50	50	50	63	63	63	50	80	63	80	80
25	80	73	75	68	101	89	90	80	112	96	119	101
	80	63	63	63	100	80	80	80	100	80	100	100

Hinweis: Die Tabellenwerte gelten für Kupferleiter bei einer Betriebstemperatur von 70 °C.

I_n Nennstromstärke der Überstrom-Schutzeinrichtung
I_Z Zulässige Strombelastbarkeit der elektrischen Leitung
I_r Bemessungswert der Strombelastbarkeit von Kabel und Leitungen
I_2 Auslösestrom der Überstrom-Schutzeinrichtung (s. LS-Schalter)

Strombelastbarkeit von flexiblen oder wärmefesten Leitungen (DIN VDE 0298-4:2023-06)

Tabelle 1: Belastbarkeit flexibler Leitungen mit U_N ≤ 1000 V bei Umgebungstemperatur ϑ_U = 30 °C

Anzahl der stromführenden Leiter, Verlegeart	ϑ_b in °C Isolierwerkstoff	Belastung in A bei einem Nennquerschnitt in mm²												
		0,75	1,0	1,5	2,5	4	6	10	16	25	35	50	70	95
1 V1	70 PVC	15	19	24	32	42	54	73	98	129	158	198	245	292
2 oder 3 V2, V3	60 Gummi	6 *(6)*	10 *(10)*	16 *(16)*	25 *(20)*	32 *(25)*	40 –	63 –	– –	– –	– –	– –	– –	– –
2 oder 3 V2, V3	70 PVC	12	15	18	26	34	44	61	82	108	135	168	207	250

Tabelle 2: Umrechnungsfaktoren für die Belastbarkeit von Leitungen mit erhöhter Wärmebeständigkeit

Anzahl der stromführenden Leiter, Verlegeart	ϑ_b in °C Isolierwerkstoff	Umrechnungsfaktoren bei ϑ_U in °C												
		50	60	70	80	90	100	110	120	130	140	150	160	170
1,2 oder 3 V1, V2	90 PVC	1,00	0,87	0,71	0,5	–	–	–	–	–	–	–	–	–
1 V1	110 Ethylen-Vinylacetat Copolymer	1,00	1,00	1,00	1,00	0,82	0,58	–	–	–	–	–	–	–
1 V1	135 Ethylen-Etrafluorethylen	1,00	1,00	1,00	1,00	1,00	0,94	0,79	0,61	0,35	–	–	–	–

Überstrom-Schutzeinrichtungen (Niederspannungssicherungen)

Sicherungseinsätze

Bemessungs-stromstärke in *A*	Farbe des Kenn-melders	D	DO	D[1]	DO[1]	System	Gewinde	Passeinsatz	System, Bemessungs-spannung
2	Rosa			3,3	2,5	ND	E16	Passring	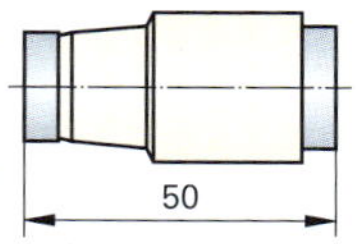 D-System Diazed, 500 V bis 100 A AC 660 V, DC 600 V bis 63 A
4	Braun	ND und DII	D01	2,3	1,8	DII	E27	Pass-schraube	
6	Grün			2,3	1,8				
10	Rot			2,6	2,0	DIII	E33	Pass-schraube	
16	Grau			2,8	2,2				
20	Blau	DIII	D02	3,3	2,5	DIV H	R 1 ¼″	Passhülse	
25	Gelb			3,9	3,0	D01	E14	Hülsenpass-einsatz	
32, 35	Schwarz	DIII		5,2	4,0				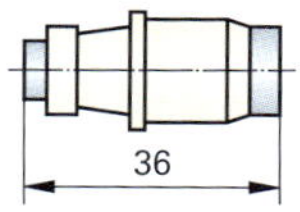 DO-System Neozed, AC 400 V, DC 250 V bis 100 A
50	Weiß			6,5	5,0	D02	E18	Hülsenpass-einsatz	
63	Kupferfarben			7,1	5,5				
80	Silber	DIV H	D03	8,5	6,5	D03	M30 × 2	Hülsenpass-einsatz	
100	Rot			9,1	7,0	[1] Bemessungsverlustvergleich			

Zeit-Strom-Bereiche für Leitungsschutzsicherungen

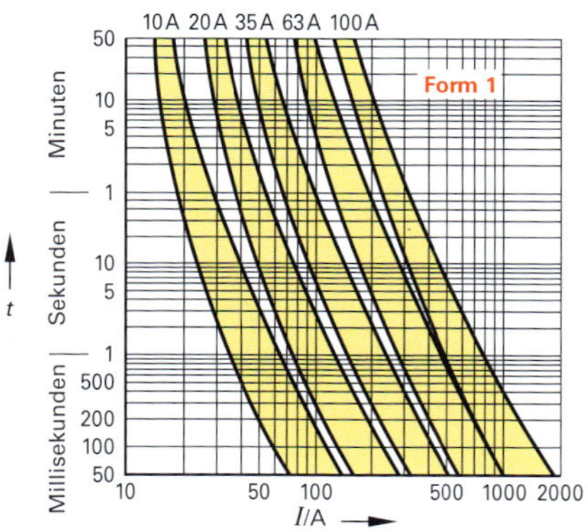

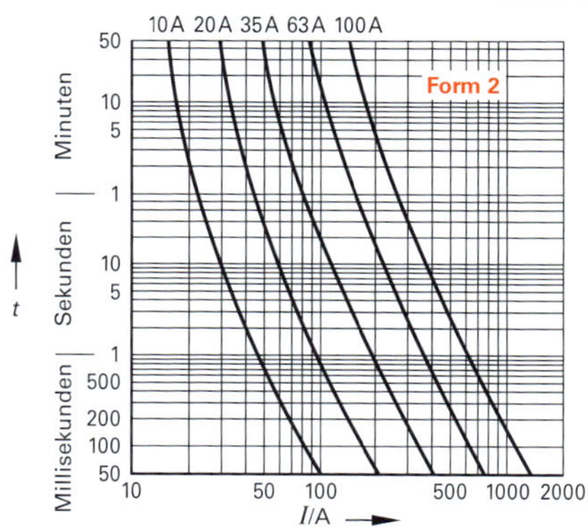

NH-Sicherungen

Bemessungsstrom in *A*		Größe	Bemessungsverlustleistung in W bei AC 50 Hz		Länge in mm	System-Bemessungs-spannung
Einsatz	Unterteil		500 V	600 V		
35 bis 100	100	00	7,5	9	80	bis 1250 A und AC 500 V; AC 600 V DC 400 V 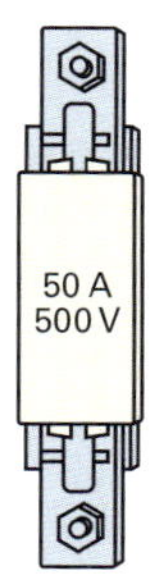
35 bis 160	160	0	16	19	125	
80 bis 250	250	1	23	28	135	
125 bis 400	400	2	34	41	150	
315 bis 630	630	3	48	58	150	
500 bis 1000	1000	4	80	90	200	
500 bis 1250	1250	4a	110	110	200	

A

Überstrom-Schutzeinrichtungen (Niederspannungssicherungen) (Fortsetzung)

Klassen bei Schmelzsicherungen für Niederspannung

Klasse	Name, Bemerkungen	Klasse	Name, Bemerkungen
Funktionsklassen			
g	*Ganzbereichssicherungen* übernehmen den Überlastschutz und den Kurzschlussschutz. Sie können Ströme bis zu ihrem Bemessungsstrom dauernd führen und Ströme vom kleinsten Schmelzstrom bis zum Bemessungsausschaltstrom sicher abschalten.	a	*Teilbereichssicherungen* schützen nur gegen Kurzschluss. Sie können Ströme bis zu ihrem Bemessungsstrom dauernd führen, jedoch nur Ströme oberhalb eines Vielfachen ihres Bemessungsstromes bis zum Bemessungsausschaltstrom abschalten.
Betriebsklassen		Arten von Schutzobjekten	
gL	Ganzbereichs-Kabel- und Leitungsschutz	L	Kabel- und Leitungsschutz
gR	Ganzbereichs-Halbleiterschutz	R	Halbleiterschutz
gB	Ganzbereichs-Bergbauanlagenschutz	M	Schaltgeräteschutz
gTr	Ganzbereichs-Transformatorenschutz	B	Bergbau- und Anlagenschutz
aM	Teilbereichs-Schaltgeräteschutz	Tr	Transformatorenschutz
aR	Teilbereichs-Halbleiterschutz	Die Niederspannungssicherungen werden durch 2 Buchstaben gekennzeichnet, z.B. durch gG	

Leitungsschutzschalter (LS-Schalter)

Auslöse-charakteristik	Anwendungsbeispiele	Thermischer Auslöser			Elektromagnetischer Auslöser		
		Prüfstrom	Auslösezeit				
		I_1 I_2	$I_n \leq$ 63 A	$I_n \leq$ 125 A	halten	lösen spätestens aus	Auslösezeit t
A	Schutz von Stromkreisen mit Wandlern bei großen Leitungslängen und mit der Abschaltbedingung innerhalb von 0,4 s, gemäß DIN VDE 0100-410	$1{,}13 \cdot I_n$	> 1 h	> 2 h	$2 \cdot I_n$	$3 \cdot I_n$	≥ 0,1 s
B	Leitungsschutz, meistens in Steckdosenstromkreisen				$3 \cdot I_n$	$5 \cdot I_n$	
C	Leitungsschutz, wenn höhere Anlaufströme vorkommen können	$1{,}45 \cdot I_n$	< 1 h	< 2 h	$5 \cdot I_n$	$10 \cdot I_n$	< 0,1 s
D	bei Transformatoren und Magnetventilen				$10 \cdot I_n$	$20 \cdot I_n$	

Bedingungen für Überstromschutz

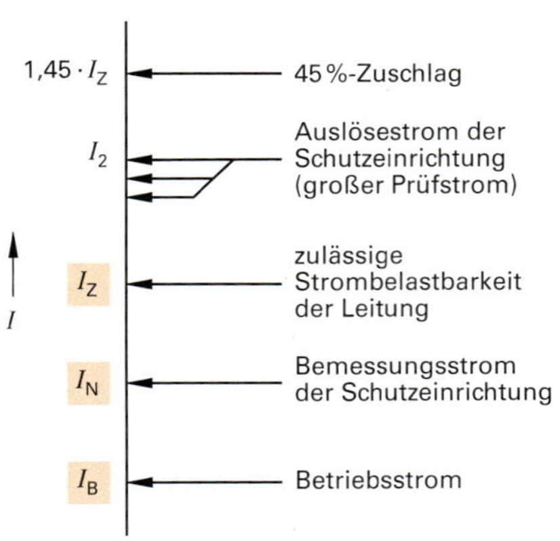

Auslösekennlinien der LS-Schalter

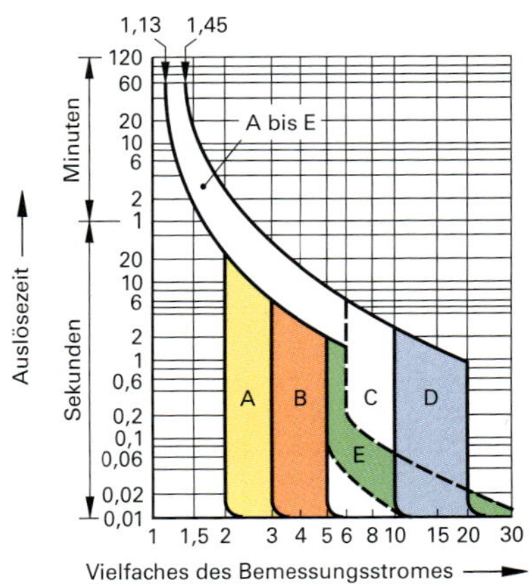

8

Überstrom-Schutzeinrichtungen (Niederspannungssicherungen) (Fortsetzung)

Gebrauchskategorien von Schützen, Motorstartern und Hilfsstromschaltern

Kategorie	Anwendungsbeispiele
AC-1	Nicht induktive oder schwach induktive Lasten, Widerstandsöfen
AC-2	Schleifringläufermotoren mit Anlassen, Ausschalten, Drehrichtungsumkehr
AC-3	Käfigläufermotoren mit Anlassen, Ausschalten während des Laufes
AC-4	Käfigläufermotoren mit Anlassen, Gegenstrombremsung, Drehrichtungsumkehr, Tippbetrieb
AC-5A	Schalten von Gasentladungslampen
AC-5B	Schalten von Glühlampen
AC-6A	Schalten von Transformatoren
AC-6B	Schalten von Kondensatorbatterien
AC-7A	schwach induktive Lasten in Haushaltsgeräten und ähnliche Anwendungen
AC-7B	Motorlast für Haushaltsgeräte

Kategorie	Anwendungsbeispiele
AC-8A AC-8B	Steuern von hermetisch abgeschlossenen Kühlkompressormotoren mit – manueller Rückstellung der Überlastauslösung – automatischer Rückstellung der Überlastauslösung
AC-11	Elektromagnete z.B. für Spannzeuge oder Hubmagnete
DC-1	Nicht induktive oder schwach induktive Lasten, Widerstandsöfen
DC-2	Fremderregte Motoren, Nebenschlussmotoren mit Anlassen, Ausschalten während des Laufes
DC-3	Motoren wie bei DC-2, aber mit Drehrichtungsumkehr und Tipp-Betrieb
DC-4	Reihenschlussmotoren mit Anlassen und Ausschalten während des Laufes
DC-5	Reihenschlussmotoren mit Anlassen, Drehrichtungsumkehr und Tipp-Betrieb

Schutzarten elektrischer Betriebsmittel

IP-Code-Buchstabe	Schutz gegen Berühren und gegen Eindringen von Fremdkörpern und Wasser IP (International Protection) = Internationale Schutzart		
	Ziffer oder Buchstabe	Bedeutung für den Schutz des Betriebsmittels	Bedeutung für den Schutz von Personen
Erste Stelle		**Gegen Eindringen von festen Fremdkörpern**	**Gegen Zugang zu gefährlichen Teilen mit**
z.B. IP 0X	0	nicht geschützt	nicht geschützt
	1	≥ 50 mm Durchmesser	Handrücken
	2	≥ 12,5 mm Durchmesser	Finger
z.B. IP 3X	3	≥ 2,5 mm Durchmesser	Werkzeug
	4	≥ 1,0 mm Durchmesser	Draht
	5	staubgeschützt	Draht
	6	staubdicht	Draht
Zweite Stelle		**Gegen Eindringen von Wasser mit schädlichen Wirkungen**	**Beispiele mit Sinnbildern**
z.B. IP X2	0	nicht geschützt	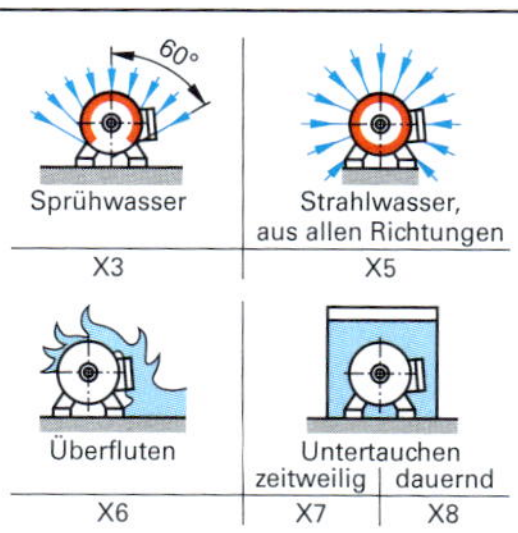
	1	senkrechte Tropfen	
	2	Tropfen (15° Neigung)	
	3	Sprühwasser	
	4	Spritzwasser	
z.B. IP X5	5	Strahlwasser	
	6	Starkes Strahlwasser	
	7	Zeitweiliges Untertauchen	
	8	Dauerndes Untertauchen	
Dritte Stelle (wahlweise)		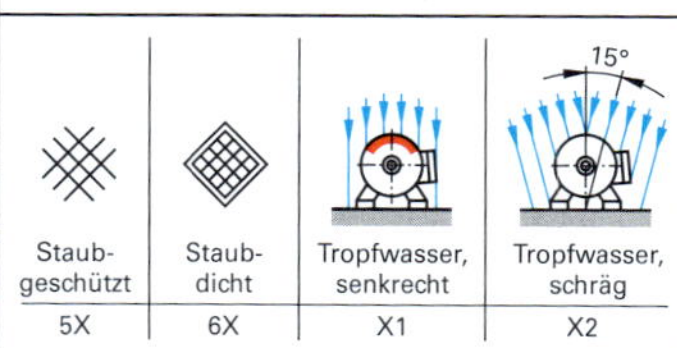	**Gegen Zugang zu gefährlichen Teilen mit**
IP 21B	A		Handrücken
	B		Finger
	C		Werkzeug
	D		Draht

8

A

Energieverteilungssysteme (Netzformen)

Netzform	Schaltung	Beschreibung
TN-S-Netz	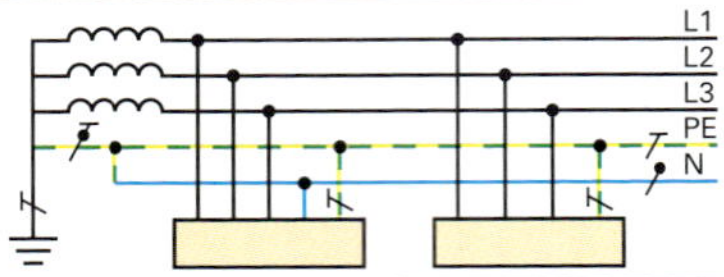	Der PE-Leiter ist mit dem N-Leiter verbunden, aber beide Leiter sind ab dem Hausanschlusskasten (HAK) separat verlegt. **Anwendbare Schutzmaßnahme:** Überstromschutzeinrichtung, FI-Schutzschalter
TN-C-Netz	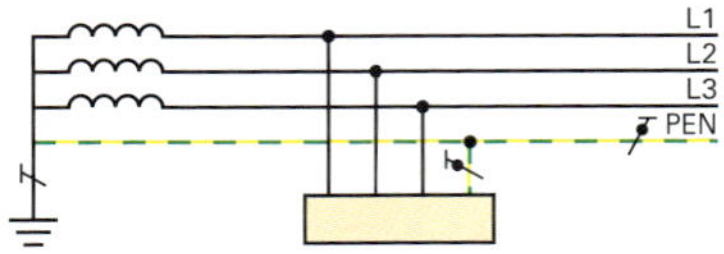	Der PE-Leiter ist mit dem N-Leiter im Sternpunkt zum PEN verbunden. **Anwendbare Schutzmaßnahme:** Überstromschutzeinrichtung
TN-C-S-Netz	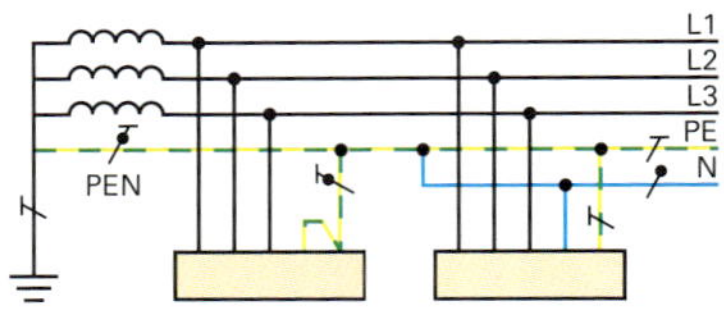	Der PEN-Leiter ist ab dem zweiten Netzteil Als PE- und N-Leiter separat verlegt. **Anwendbare Schutzmaßnahme:** Überstromschutzeinrichtung, nach der Trennung ist der FI-Schutzschalter möglich (kurz: RCD). RCD = Residual Current protective Device = Reststrom-Schutzgerät
IT-Netz	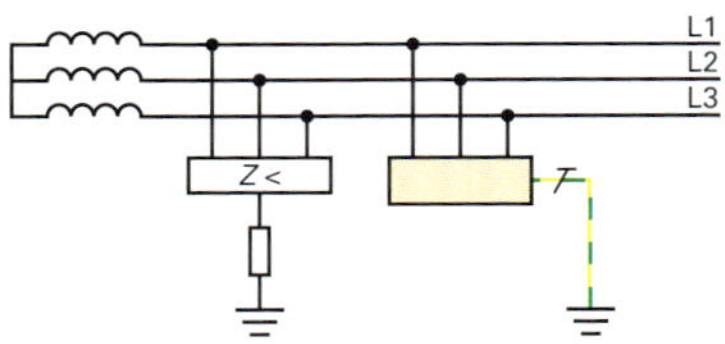	Bei dieser Netzart gibt es keine direkte Verbindung zwischen den aktiven Leitern (L_1, L_2, L_3) und geerdeten Teilen. Mit einer Isolationsüberwachungseinrichtung kann das Auftreten eines Körperschlusses gemeldet werden, der sonst ohne Folgen bleiben würde. **Anwendbare Schutzmaßnahme:** FI-Schutzschalter
TT-Netz	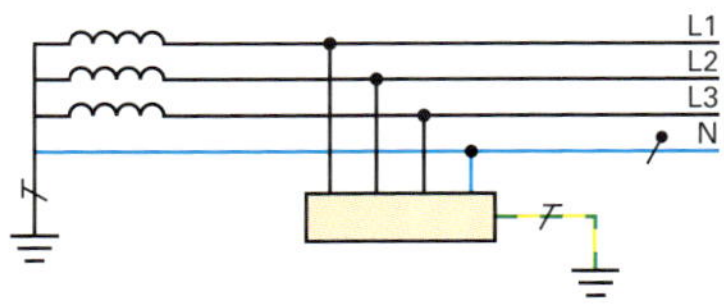	Bei dieser Netzart ist der PE-Leiter des Verbrauchers mit dem Erder verbunden, aber vom N-Leiter getrennt. **Anwendbare Schutzmaßnahme:** Überstromschutzeinrichtungen sind im Fehlerfall nicht ausreichend, meist ist ein FI-Schutzschalter nötig

Tabelle 1: Fachbegriffe zur Beschreibung der Netzarten

T ≙ Erde	direkte Erdung des Sternpunktes des Spannungserzeugers, z.B. des Drehstromtransformators.
N ≙ neutral	direkte Verbindung der Körper mit dem Sternpunkt des Erzeugers
S ≙ separat	Trennung von Neutralleiter und Schutzleiter

Unter dem Begriff **„Körper"** (auch **Masse** genannt) versteht man in der Elektrotechnik alle berührbaren elektrisch leitfähigen Teile eines elektrischen Gerätes oder einer Anlage, die normalerweise nicht unter Spannung stehen (z.B. ein metallisches Gehäuse), aber im **Fehlerfall,** z.B., wenn aufgrund eines **Körperschlusses** (Isolierfehlers) eine elektrische Verbindung zwischen einer Phase und dem metallischen Gehäuse eines Verbrauchers hergestellt wird, unter Spannung stehen können.

Der **„Schutzleiter"** (kurz: **PE**) ist ein Leiter, der für Schutzmaßnahmen gegen gefährliche Körperströme und Spannungen benötigt wird. Er wird z.B. mit dem Metallgehäuse eines elektrischen Gerätes elektrisch verbunden.

In der Elektrotechnik ist die **„Erde"** das elektrisch leitende Erdreich, dessen elektrisches Potenzial mit Null gleichgesetzt werden kann.

Ein **Erder** ist ein leitfähiges Teil, das mit der Erde eine gute elektrische Verbindung herstellt (z.B. ein Fundamenterder).

Die **„Betriebserde"** ist ein Erder, der mit dem Sternpunkt des Netztransformators verbunden ist, und somit den ordnungsgemäßen Betrieb der Anlage erlaubt.

MSR: Temperaturmessung

Einsatzgrenzen von Temperaturmessgeräten: (→ Temperatur)

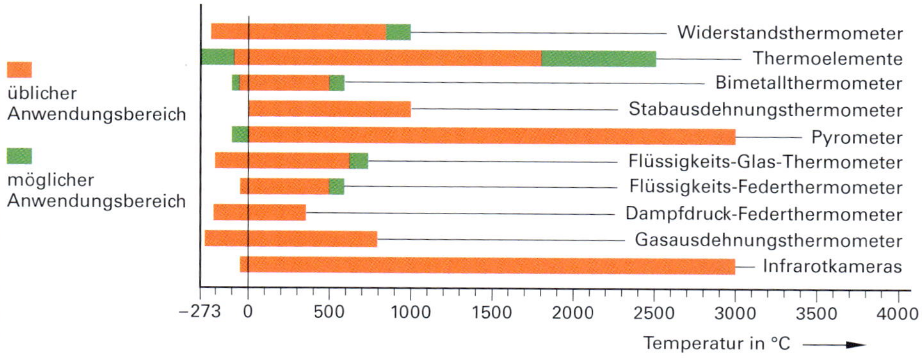

Temperaturmessgeräte im Vergleich

Widerstandsthermometer	Thermoelemente
Üblicher Anwendungsbereich: – 200 °C ... 600 °C Möglicher Anwendungsbereich: – 200 °C ... 1000 °C	Üblicher Anwendungsbereich: – 200 °C ... 1800 °C Möglicher Anwendungsbereich: – 270 °C ... 2500 °C
• Genaueste Betriebsthermometer • Erlaubte Abweichung für Pt 100 nach **DIN EN IEC 60751:2023-06** Klasse AA: ± (0,1 °C + 0,0017 °C · $\lvert\vartheta\rvert$) Klasse A: ± (0,15 °C + 0,002 °C · $\lvert\vartheta\rvert$) Klasse B: ± (0,3 °C + 0,005 °C · $\lvert\vartheta\rvert$) Klasse C: ± (0,6 °C + 0,01 °C · $\lvert\vartheta\rvert$) Produziert werden jedoch wesentlich genauere Geräte (bis zu 1/3 der erlaubten Abweichungen, in Spezialausführungen noch genauer) • Hochtemperatur-Widerstandsthermometer bis 1000 °C einsetzbar • Häufigstes Betriebsthermometer, wenn der Messwert fernübertragen oder für eine Regelung oder Steuerung verwendet werden soll • Für gasförmige und flüssige Medien geeignet • Für Temperaturdifferenzmessungen geeignet (günstig: Nickel-Widerstände) • Auch für Messungen nahe der Raumtemperatur geeignet (besser als Thermoelemente) • Einsatz ohne zusätzliches Messwerk möglich • Hilfsstromquelle erforderlich • Nullpunktunterdrückung nicht möglich • Größere Reaktionszeit als Thermoelemente • Bei langen Leitungen Kompensation des Leitungswiderstandes erforderlich • Meist Verwendung von Platin-Widerständen (z. B. Pt 100: $R = 100\ \Omega$ bei 0 °C). NTC-Widerstände sind im Bereich von –30 °C bis 150 °C genauer	• Kurze Reaktionszeit (je nach Bauart wesentlich kürzer als bei Widerstandsthermometern) • Punktförmige Messungen möglich • Messung von Oberflächentemperaturen möglich • Für Temperaturdifferenzmessungen geeignet • Keine Hilfsstromquelle erforderlich • Fernübertragung zu einer Messwarte ohne gesondertes Messwerk möglich • Für flüssige und gasförmige Messmedien geeignet • Für steuerungs- und regelungstechnische Anlagen geeignet • Einsatz hauptsächlich im Bereich hoher Temperaturen (für Messungen nahe der Raumtemperatur weniger geeignet) • Für genaue Messungen temperierte Vergleichsmessstelle erforderlich, im Allgemeinen mit 0 °C, 20 °C oder (meist) 50 °C • Korrektur von Änderungen der Vergleichsstellentemperatur auf elektrischem Wege (Korrektions- bzw. Kompensationsdose) • Im Allgemeinen lassen sich bei Bedarf mehrere Vergleichsmessstellen in einem Thermostaten unterbringen • Fehlergrenzen meist ± 1 % ... ± 2,5 %, unter besonderen Bedingungen ± 0,2 % erreichbar • Ohne Schutzrohr kurze Reaktionszeit, aber Korrosions- und Verschleißgefahr • Insbesondere bei Temperaturen bis 400 °C weniger genau als Widerstandsthermometer

8

MSR: Druckmessung (→ Druck)

Größte und kleinste Messbereiche der wichtigsten industriellen Druckmessgeräte:

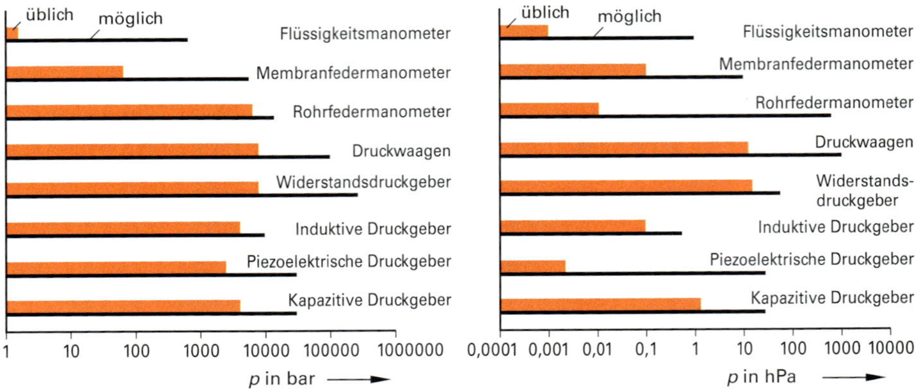

Die wichtigsten industriellen Druckmessgeräte im Vergleich

Rohr-(Kreis-, Spiral- oder Schrauben-) federmanometer	Plattenfedermanometer
Übliche Messbereiche: 600 hPa ... 7000 bar (Spezialausführungen bis 0,01 mbar) Minimaler Messfehler: 0,1 % des Messwertes, 0,06 % in Spezialausführungen Einsatztemperatur: – 25 °C ... > 100 °C	Übliche Messbereiche: 10 hPa ... 40 bar Minimaler Messfehler: 1,6 % des Messwertes, (0,6 % möglich) Einsatztemperatur: – 25 °C ... > 100 °C
• Für Flüssigkeiten und Gase geeignet • Lineare Skalen • Temperaturfehler kleiner als bei Plattenfedermanometer (aber größer als bei Kapselfedermanometer) • In besonderer Ausführung auch für Differenzdruckmessung geeignet • Leichter zu fertigen als Plattenfedermanometer • Einsatz in aggressiver Umgebung möglich • Größere Messwege als Plattenfedermanometer • Geräte mit elektrischem Ausgang erhältlich • Füllung mit Dämpfungsflüssigkeit (Glycerin oder Siliconöl) zur Dämpfung von Erschütterungen und schnellen Lastwechseln möglich • Für viskose und kristallisierende Messmedien weniger geeignet (evtl. Kombination mit Druckmittlern) • Empfindlich gegen Vibrationen, Erschütterungen und schnell wechselnde Drücke • Nur begrenzt gegen Überlast zu schützen (Überlastsicherheit meist bis ca. 1,3fach, möglich bis ca. 2fach) • Relativ geringe Stellkraft	• Für Flüssigkeiten und Gase geeignet • Unempfindlicher gegen Vibrationen, Erschütterungen und schnell wechselnde Drücke als Rohrfedermanometer • Durch Abfangen große Überlast (bis 10fach) möglich • Durch Beschichtung oder vorgelegte Folien besser gegen Korrosion zu schützen als Rohrfedermanometer • Je nach Konstruktion auch für hochviskose und kristallisierende Messmedien geeignet • Besonders für kleinere positive und negative Überdrücke geeignet • Relativ große Stellkraft • Kurze Einstellzeit • Zur Messung kleinerer Differenzdrücke bei relativ hohen statischen Drücken geeignet • Temperaturfehler z. T. doppelt so groß wie beim Rohrfedermanometer • Ausführungen mit Dämpfungsflüssigkeit (Glycerin oder Siliconöl) zur Dämpfung von Vibrationen, Erschütterungen und schnellen Lastwechseln

8

MSR: Durchflussmessung

Auswahl von Durchflussmessgeräten: (→ Kontinuitätsgleichung, Energiegleichung)

1 Schwebekörperdurchflussmesser
2 Drosselgeräte (Messblenden usw.)
3 magnetisch induktive Durchflussmesser
4 Ultraschall- und SAW-Durchflussmesser
5 Vortex-(Wirbel-)Durchflussmesser
6 Turbinendurchflussmesser
7 Thermische Durchflussmesser
8 Massendurchflussmesser (Coriolis-Prinzip)

Schema zur Grobauswahl

Betriebsbedingungen	1	2	3	4	5	6	7	8
Flüssiges Messmedium	G	G	G[1]	G	G	G	BG[2]	G
Gasförmiges Messmedium	G[3]	G[3]	N	G	G[3]	G	G	G
Hohe Viskosität	WG	WG	G	G	WG bis N	WG bis N	BG	G
Flussrichtung wechselnd	N	N[4]	G	G	N[4]	G[5]	BG[5]	G
Stark verschmutztes oder abrasives Messmedium	BG	WG	G	WG[6]	BG	N	WG	BG
Nichtleitendes Messmedium	G	G	N	G	G	G	G	G
Hohe Drücke	G	G	G	BG	BG	BG	G	G
Hohe Temperaturen	G	G	BG[5]	BG	BG[5]	BG[5]	G	BG
Niedrige Druckverluste gefordert	BG	WG	G	G	BG[5]	BG	G	G[5]
Sehr kleine Nennweiten	G	BG	G	BG	WG	BG	G	G
Große Nennweiten	N[7]	G	G	G	BG	BG	G	N
Nicht konstantes Strömungsprofil	BG	WG	G	WG	WG	WG	WG	G
Gasblasen im Messmedium	BG	WG	BG	WG	WG	N	–	BG

G: Geeignet BG: Bedingt geeignet WG: Weniger geeignet N: Nicht geeignet

Die Zahlenwerte der folgenden Tabelle entsprechen den Katalogangaben der wichtigsten Hersteller auf dem deutschen Markt, sie sind als Werte zu betrachten, die unter günstigen Bedingungen und evtl. von bestimmten Bauausführungen zu erreichen sind, entsprechen also meist nicht den Standardwerten (vgl. obige Tabelle).

Eigenschaften von Durchflussmessgeräten

Eigenschaften		1	2	3	4	5	6	7	8
Erreichbare Messgenauigkeit in % (M: Messwert, E: Skalenendwert)		0,3 M <1 E	0,5 M	0,2 M 0,1 E	0,5 M	0,25 M	0,25 M 0,15 E	1 M	0,15 M
Bereich $q_{V\max}/q_{V\min}$ (Dynamik), je nach Ausführung bis		100 : 1	30 : 1	1000 : 1	100 : 1	100 : 1	30 : 1	300 : 1	1000 : 1
Maximale Betriebsdrücke in bar		500[8]	> 100	> 350	> 250[9]	> 320	> 3000	> 400	> 1000
Betriebstemperaturen in °C	min. max.	– 50 500	– 40 900	– 40 250	– 200 400	– 200 500	– 100 > 350	– 50 500	– 200 420
Nennweiten (DN)	min. max.	3 300	15 >12 000	1 >3000	6 > 4000	15 350	3 > 500	3 > 6000	3 200[10]
Strömungsgeschwindigkeit in m/s (Flüssigk.)	min. max.	0,5 8	 8	< 0,1 12,5[9]	0,1 10	0,4 9	0,2 9	0,01 75[11]	< 0,1 10
Volumenströme (Flüssigkeiten)	min. (l/min) max. (m^3/h)	< 0,0003 > 200[12]	7 > 26 000	0,008 113 000	3 100 000	0,1 2500	0,1 600	0,003 5000[11]	0,002 1500

1) Mindestleitfähigkeit erforderlich
2) In der Regel nur für Gase
3) Auch für Dämpfe
4) Geeignete Ausführungen erhältlich
5) Je nach Ausführung
6) Nur Dopplerprinzip
7) Als Nebenstrommesser geeignet
8) Mit Metallkonus bzw. -zylinder
9) Vom Prinzip her nicht begrenzt
10) In besonderer Bauart bis 600
11) Gase
12) Als Hauptstrommesser
13) SAW-Technologie nicht für Gase u. Dämfe, Eigenschaften: $-20\ °C \Leftarrow \vartheta \Leftarrow 110\ °C$, max. PN 25

MSR: Durchflussmessung (Fortsetzung)

Durchflussmessverfahren im Vergleich

Schwebekörperdurchflussmesser

- Gut geeignet für sehr kleine Volumenströme (in Sonderausführungen bis ca. $q_V = 1\ cm^3/h$)
- I. a. keine Einlaufstrecke erforderlich (Einbau unmittelbar nach Krümmern, Ventilen usw. möglich)
- Relativ geringer Druckverlust
- Als Nebenstromdurchflussmesser auch für große Nennweiten geeignet
- Gute Stabilität
- Überlastbar
- Bewährtes und häufig eingesetztes Verfahren
- Lineare Skalenteilung
- Messbereichsänderung z. T. durch Austausch des Messrohres möglich
- Bei Glasausführung Messmedium beobachtbar
- Ex-Schutz-Ausführungen möglich
- Messmethode abhängig von Dichte, Temperatur und Viskosität des Messmediums

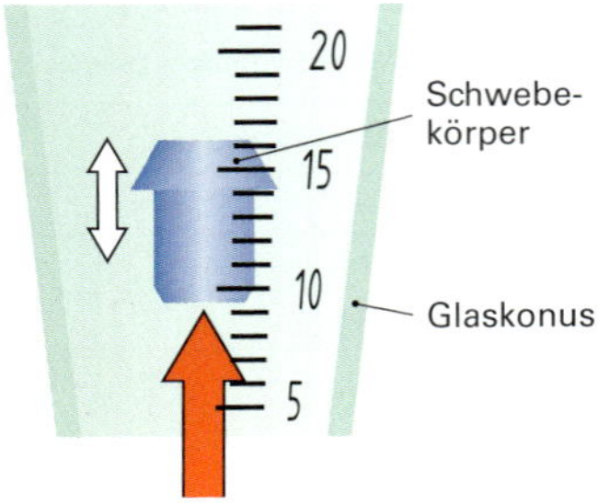

(→ statischer und dynamischer Auftrieb)

- Strömungsrichtung festgelegt
- Für pulsierende Strömung nicht geeignet
- In Glasausführung Bruchgefahr
- Senkrechte Einbaulage gefordert (Ausnahme: Geräte, die gegen Federdruck arbeiten)

Drosselgeräte (Blenden, Düsen, Venturi-Rohr usw.)

- Genormte Ausführungen von Blenden und Düsen nach **DIN EN ISO 5167-1, -4**:2023-08
- Großer Nennweitenbereich
- Keine bewegten Teile
- Für die meisten Gase und Flüssigkeiten anwendbar
- Bei Blenden sehr kurze Einbaulänge und geringes Gewicht
- Blenden bevorzugt für Gase und Dämpfe
- Ex-Schutz möglich
- V-Konus-Geräte: relativ unempfindlich gegen Abnutzung, relativ geringer Druckverlust und relativ kurze Ein- und Auslaufstrecke
- Stabförmige Staudrucksonden: geringer Druckverlust, ohne Betriebsunterbrechung installierbar, z. T. ein- und ausfahrbar (um Rohrmolchen zu ermöglichen) und z. T. für Umkehrung der Strömungsrichtung geeignet
- Von den genormten Geräten besitzen die Blenden die höchste Genauigkeit. Normdüsen zeigen einen etwas geringeren Druckverlust und geringere Abriebempfindlichkeit, Normventuridüsen und -Rohre den geringsten bleibenden Druckverlust aber auch den höchsten Preis.
- Pulsationen können bei allen Geräten die Messung stören

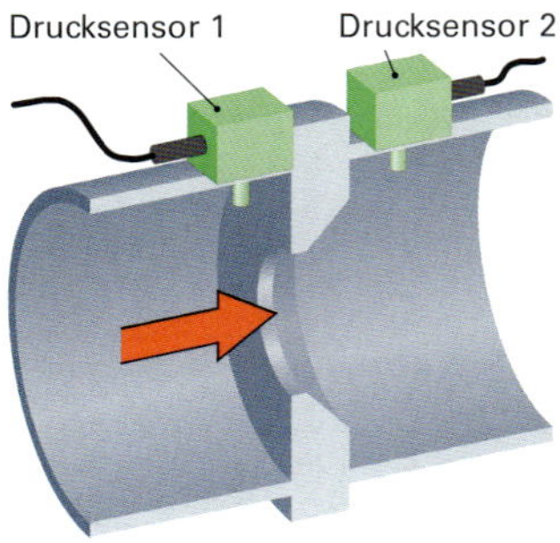

(→ Durchfluss- und Energiegleichung)

- Z. T. hoher Druckverlust (besonders bei Blenden)
- Genauigkeit der Messergebnisse stark vom Abnutzungsgrad der Geräte abhängig
- Z. T. aufwendige Installation
- Für hohe Viskositäten weniger geeignet
- Nicht linearer Zusammenhang zwischen Durchfluss und der Messgröße Δp
- Messprinzip stark dichteabhängig
- Messprinzip sehr empfindlich gegen Störungen der Zu- und Ablaufströmung (Ein- und Auslaufstrecken erforderlich)

8

MSR: Durchflussmessung (Fortsetzung)

Durchflussmessverfahren im Vergleich (Fortsetzung)

Magnetisch-Induktive Durchflussmesser (MID)

- Keine Querschnittsänderung der Rohrleitung, deshalb nahezu kein Druckverlust
- Beliebige Einbaulage
- Unabhängig von Temperatur, Druck, Dichte und Viskosität
- Minimaler Einfluss des Strömungsprofils (kurze Ein- und Auslaufstrecken)
- Großer Nennweitenbereich
- Wechsel der Strömungsrichtung möglich
- Auch für teilgefüllte Rohrleitungen einsetzbar
- Unempfindlich gegen Feststoffpartikel im Messmedium
- Anpassung an wechselnde Messmedien nicht erforderlich
- Auch für hohe Strömungsgeschwindigkeiten geeignet
- Keine bewegten Teile
- Für alle leitfähigen Medien geeignet (auch für Breie, Pasten, aggressive Medien, hochviskose Medien usw.)
- Eichamtliche Zulassung möglich

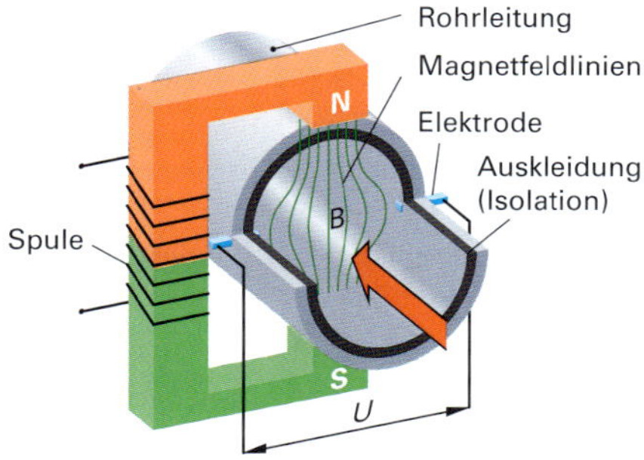

- Ex-Schutz möglich
- Auch bei pulsierenden Strömungen einsetzbar
- Hohe Genauigkeit, bei großen Nennweiten ungenauer
- Mindestleitfähigkeit von ca. 1 μS/cm beim Messmedium erforderlich
- Von Energieversorgung abhängig
- Messfehler durch Ablagerungen möglich

Ultraschalldurchflussmesser

- Nahezu kein Druckverlust (keine Querschnittsänderung der Rohrleitung, wenn auf Außenwand montiert)
- Für nachträgliche Installation (auch ohne Betriebsunterbrechung) gut geeignet
- Einsatz auch bei sehr großen Nennweiten möglich
- Hohe Lebensdauer
- Messmethode unabhängig von Dichte, Druck, Leitfähigkeit und in den meisten Fällen auch unabhängig von der Temperatur des Messmediums
- Für alle durchschallbaren homogenen Messmedien geeignet
- Auch für offene Gerinne und Wehre geeignet
- Beim Doppler-Prinzip Feststoffanteile bis $w = 15$ % möglich
- Transportable, netzunabhängige Geräte möglich
- Keine bewegten und abnutzbaren Teile
- Preisgünstig besonders bei großen Nennweiten
- Der Zustand der Rohrwand und Ablagerungen können den Messwert beeinflussen
- Ex-Schutz möglich

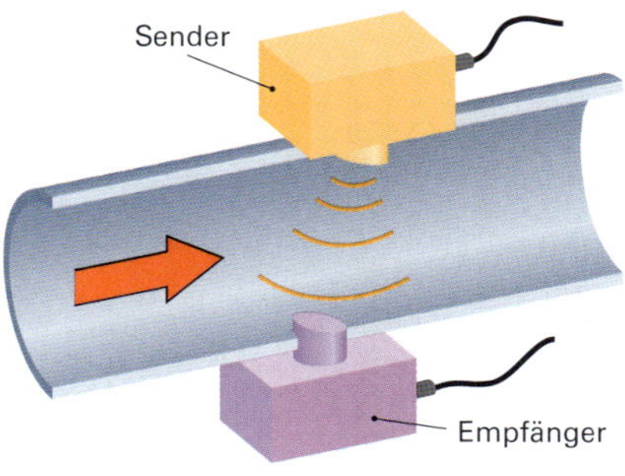

(→ Akustik)

- Hauptsächlich für Flüssigkeiten
- Laufzeitverfahren nur für homogene Flüssigkeiten (bis max. 2 % Feststoffanteil, je nach Verfahren, Gasblasen können die Messung ebenfalls stören, je nach Aufwand der Auswertung)
- Methode ungünstig bei stark gestörtem Strömungsprofil (angewiesene Ein- und Auslaufstrecken unbedingt einhalten!)
- Bei hohen Genauigkeitsanforderungen nur bedingt geeignet

MSR: Durchflussmessung (Fortsetzung)

Durchflussmessverfahren im Vergleich (Fortsetzung)

Wirbeldurchflussmesser (Vortex-Durchflussmesser)

- Geeignet für Gase, Dämpfe und niedrigviskose Flüssigkeiten
- Unabhängig von Dichte, Druck, Leitfähigkeit und Temperatur
- Im üblichen Anwendungsbereich unabhängig von der Viskosität des Messmediums
- Hohe Langzeitstabilität (nur eine anfängliche Kalibrierung erforderlich) und Überlastsicherheit
- Einfacher Einbau
- Gut geeignet für Dampfleitungen mit Neigung zu Wasserschlägen
- Zunehmende Einsatzhäufigkeit bei nichtleitenden Messmedien (gute Alternative zu Messblenden)
- Keine beweglichen Teile
- Mit Zwillingssonden Strömungsrichtung umkehrbar
- Z. T. Einbaulage beliebig
- Praktisch trägheitsfreie Messwerterfassung
- Ex-Schutz möglich
- Geringer Verschleiß
- Bei stärkeren Vibrationen Systeme mit Kompensation erforderlich

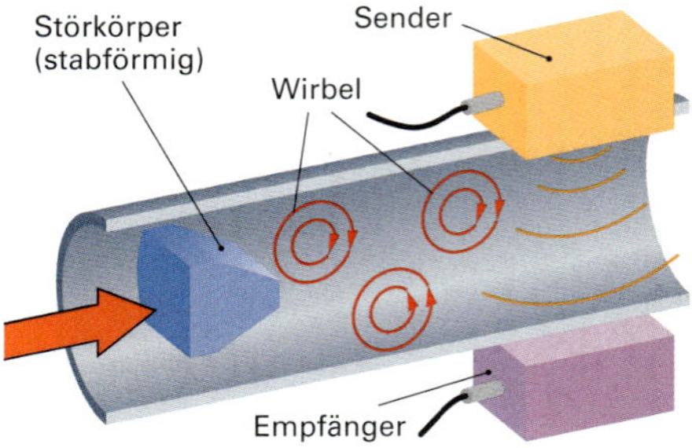

- Nicht geeignet bei starken Pulsationen
- Nur für einphasige Messmedien geeignet
- Rohrleitung muss vollständig gefüllt sein
- Ungestörtes Strömungsprofil erforderlich (Ein- und Auslaufstrecke müssen beachtet werden)
- Ablagerungen am Staukörper können die Messgenauigkeit beeinflussen
- Messfehler durch zu kleine oder zu große → *Reynolds*-Zahlen

Turbinendurchflussmesser

- Geringer Druckverlust
- Zum Teil keine Ein- und Auslaufstrecken erforderlich (je nach Ausführung)
- Einbaulage beliebig
- Richtungswechsel der Strömung möglich (je nach Ausführung)
- Für Messmedien mit geringen bis mittleren Viskositäten
- Hohe Genauigkeit bei konstanter Viskosität durch Präzisionsturbinen erreichbar
- Für sehr hohe Drücke geeignet
- Beheizte Ausführungen möglich
- Ex-Schutz möglich
- Bei sehr tiefen Temperaturen einsetzbar
- Die Viskosität des Messmediums muss im Allgemeinen bekannt sein
- Keine Drallströmung zulässig
- Vibrationen können den Messwert beeinflussen

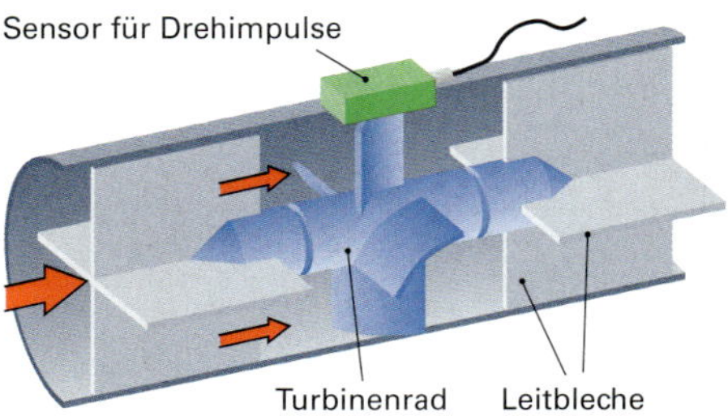

- Keine Messbereichsüberschreitungen zulässig
- Das Messmedium soll möglichst keine Feststoffe, insbesondere keine Fasern enthalten (eventuell Filter vorschalten)
- Geräte, die für Flüssigkeiten vorgesehen sind, dürfen nicht für Gase verwendet werden (Gefahr des Überdrehens wegen höherer Geschwindigkeiten)

8

MSR: Grundlagen der Steuerungs- und Regelungstechnik

Definition der Begriffe *Steuern* und *Regeln* (nach DIN IEC 60050-351:2014-09)

(→ Symbole für Messen, Steuern und Regeln)

Steuern
Vorgang in einem System, bei dem eine oder mehrere Größen (Eingangsgrößen) andere Größen (Ausgangsgrößen) aufgrund der dem System eigentümlichen Gesetzmäßigkeiten beeinflussen. Kennzeichnend ist hierbei der offene Wirkungsweg, d.h. die beeinflussten Ausgangsgrößen wirken nicht über die Eingangsgrößen auf sich selbst zurück.

Regeln
Vorgang, bei dem fortlaufend eine Größe (Regelgröße oder Istwert x) erfasst, mit einer anderen Größe (Führungsgröße w) verglichen und im Sinne einer Angleichung an die Führungsgröße beeinflusst wird. Kennzeichnend ist hierbei der geschlossene Wirkungsablauf, d.h. die Regelgröße beeinflusst sich im Wirkungskreis des Regelkreises fortlaufend selbst. Dabei ist es auch als fortlaufend anzusehen, wenn sich der Vorgang aus hinreichend häufigen Wiederholungen gleichartiger Einzelvorgänge zusammensetzt (z.B. bei Abtastern und Zweipunktgliedern).

Formelzeichen der Steuerungs- und Regelungstechnik (Auswahl nach DIN EN 60027-6:2008-04)

Formelzeichen	Bedeutung
e	Regeldifferenz, Differenz zwischen Führungsgröße und Regelgröße **$e = w - r$.** Nach **DIN 19221(z)** wird e anstelle der negativen Regelabweichung verwendet.
E_0	Sprunghöhe der Eingangsgröße
K_D	Kennwert des D-Reglers, Differenzierbeiwert
K_I	Kennwert des I-Reglers, Integrierbeiwert
K_P	Kennwert des P-Reglers, Proportionalbeiwert
K_{PM}	Proportionalbeiwert der Messeinrichtung
K_{PR}	Proportionalbeiwert des Reglers
K_{PRE}	Proportionalbeiwert der Regeleinrichtung
K_{PS}	Proportionalbeiwert der Regelstrecke
K_{PST}	Übertragungsbeiwert des Stellers
K_R	Übertragungsbeiwert des Reglers im Beharrungszustand
Q	Ausgleichswert der Strecke
r	Rückführungsgröße
S	Strecke
t	Zeitdauer ab Änderung der Regelabweichung
t_k	Zeitpunkt (k = 0, 1, 2, ...)
T	Periodendauer, Schwingungsdauer (T_o)
T_D	Differenzierzeit
T_g	Ausgleichszeit
T_h	Halbwertszeit
T_I	Integrierzeit
T_n	Nachstellzeit
T_t	Totzeit
T_{tE}	Ersatztotzeit
T_u	Verzugszeit
T_v	Vorhaltezeit
T_y	Stellzeit
U_t	Totzone
U_{sd}	Schaltdifferenz
u	Eingangsgröße
v	Ausgangsgröße
V_0	Kreisverstärkung
v_y	Stellgeschwindigkeit
v_g	Begrenzung
v_m	Überschwingweite
w	Führungsgröße
W_h	Führungsbereich
x	Regelgröße, Istwert (z.B. aktuelle Temperatur)
Δx	Regelabweichung (**$\Delta x = x - w$**)
X_h	Messbereich des Reglers
X_p	Proportionalbereich
y	Stellgröße
Y_h	Stellbereich
y_R	Reglerausgangsgröße
z	Diskrete Bildvariable
z	Störgröße
Z_h	Störbereich
δ	Dämpfungsgrad
λ	Eigenwert
ω	Kreisfrequenz
ω_0	Kennkreisfrequenz
ω_d	Eigenkreisfrequenz
ω_r	Resonanzkreisfrequenz

8

MSR: Grundlagen der Steuerungs- und Regelungstechnik (Fortsetzung)

Struktur des Regelkreises

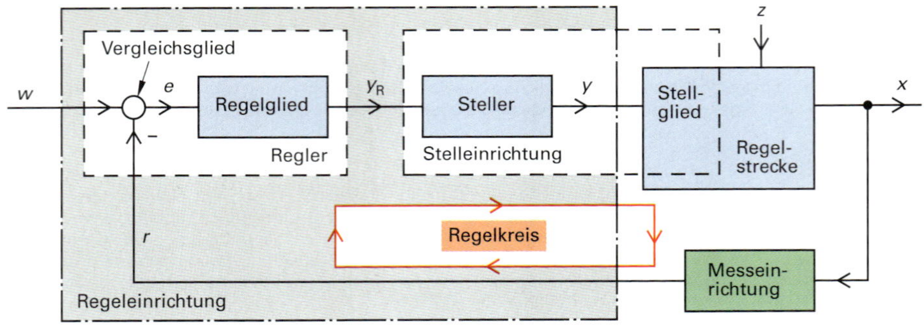

Hinweis: Wird bei Regeleinrichtungen keine Messeinrichtung berücksichtigt, so gilt vereinfacht:
$r = x \rightarrow e = w - r$

MSR: Grundtypen unstetiger Regler im Vergleich

Reglertyp, Blockschaltbild und Verlauf der Reglerausgangsgröße	Bemerkungen, Übergangsfunktion und technische Anwendungsbeispiele
Zweipunkt-Regler 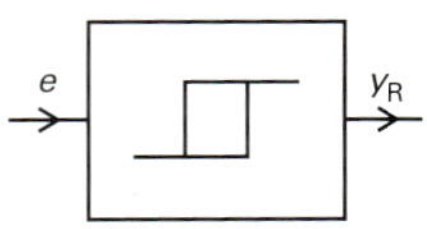 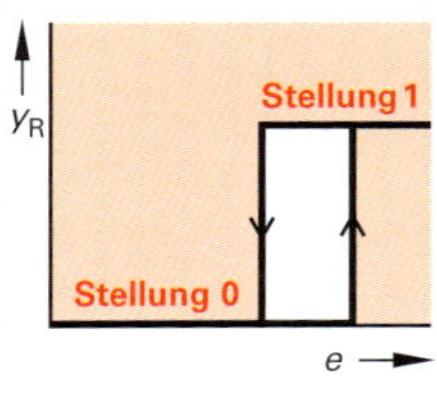	Zu den unstetigen Reglern gehören die Zweipunkt- und die Dreipunktregler. Beim Zweipunktregler gibt es nur zwei Schaltstellungen des Reglerausgangs $y_R = 0$ (AUS) oder $y = y_h = 1$ (EIN). y_R ist abhängig von der Regelgröße x, genauer von der Regeldifferenz e. Bei der Übergangsfunktion ist zu erkennen, dass die Umschaltzeitpunkte nicht nur vom Verlauf der Stellgröße y abhängt, sondern auch vom Trägheitsverhalten (Totzeitverhalten) der Regelstrecke. Die Zweipunktregler eignen sich für einfache regelungstechnische Aufgaben. **Beispiel:** Temperaturregelung eines elektrisch beheizten Backofens. **Stellgröße y:** Der Heizstrom wird aus- und eingeschaltet. **Regelgröße x:** Die Temperatur bleibt nicht beim Sollwert stehen, sondern schwankt um den Mittelwert $\overline{x}$ herum. **Schwankungsbreite ΔX:** Differenz zwischen dem höchsten und dem niedrigsten Wert von x. **Schaltdifferenz x_{sd}:** Regler schaltet nicht bei der Solltemperatur ab, sondern erst bei der etwas höheren Temperatur x_0 aus bzw. bei x_u ein. **Verzugszeit T_u:** Nach dem Abschalten steigt die Temperatur noch geringfügig an und vergrößert so Δx. 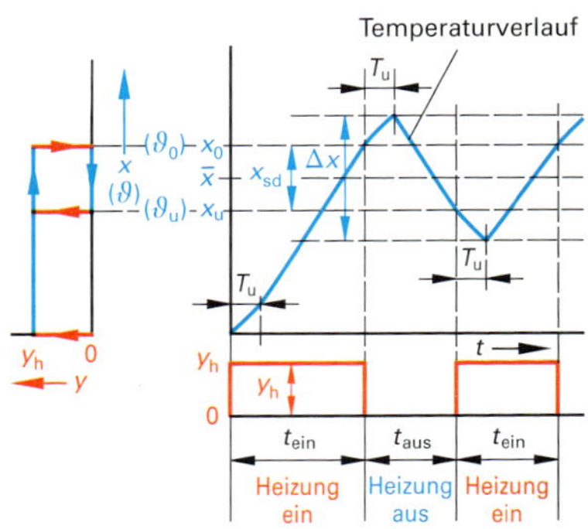
Dreipunkt-Regler 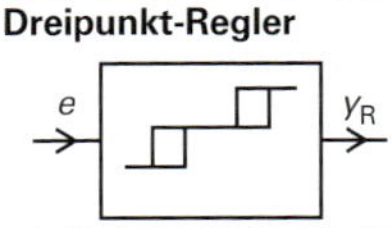 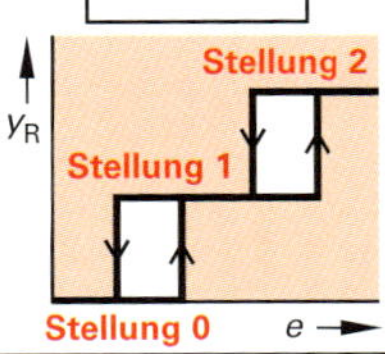	Prinzipiell besteht der Dreipunktregler aus zwei Zweipunktreglern und hat drei Schaltstellungen. Z.B. treten bei einem Glühofen folgende Stellgrößen auf: $y_R = 0$ (AUS) oder $y = 1$ (z.B. Stellung 1= Heizstufe 1) und $y = 2$ (Stellung 2 = höhere Heizstufe 2, bei weiterem Wärmebedarf wird ein Heizwiderstand hinzugeschaltet). **Vorteile** gegenüber der Zweipunkt-Regelung: 1. **Schwankungsbreite Δx:** ist kleiner 2. **die gesteuerte Leistungsänderung Δy** ist ebenfalls kleiner Die Dreipunktregler eignen sich auch für **Klimaanlagen.** Stellgrößen: $+y_h$ (Heizen), $y = 0$ (AUS), $-y_h$ (Kühlen). 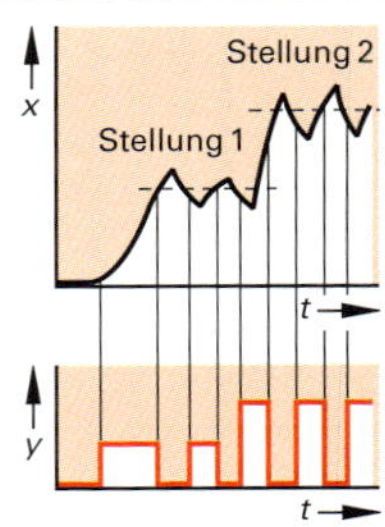

MSR: Grundtypen stetiger Regler im Vergleich

Reglertyp, Schaltzeichen	Charakteristik/Bemerkungen	Übertragungsfunktion
P-Regler 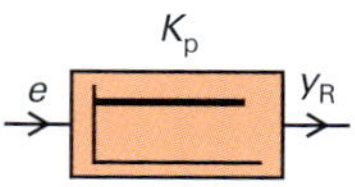	*Proportional-Regler* • Jeder Regelabweichung Δx ist eine bestimmte Stellgröße Δy zugeordnet • Schnelle Reaktion • *Paralleles* Arbeiten *mehrerer geregelter Anlagen* ist möglich • Im Allgemeinen gut geeignet für *Füllstands-* und *Drehzahlregelungen* • Bleibende Regelabweichung muss in Kauf genommen werden (Proportionalabweichung) • Weniger geeignet für Temperatur-, Druck- und Volumenstromregelungen	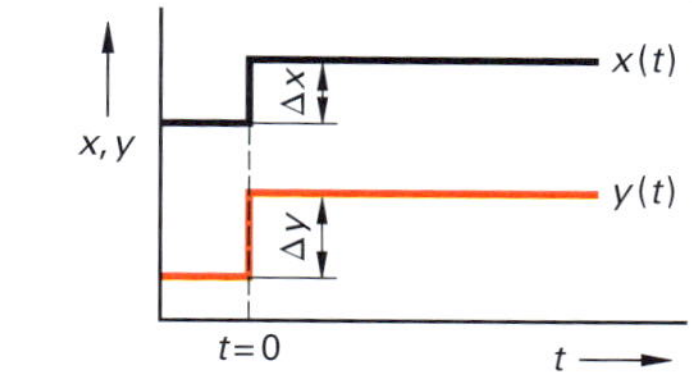 $\Delta y = K_p \cdot \Delta x$ $\Delta y = Y_h / x_p$ mit $Y_p = 100$ %
I-Regler 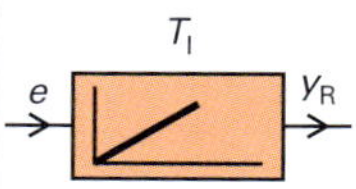	*Integral-Regler* • Stellgeschwindigkeit v_y ist proportional zur Regelabweichung Δx • Vollständige Beseitigung der Regelabweichung • Auch für Strecken mit Totzeit geeignet. Lange Ausregelzeit • Während der Ausregelzeit z.T. erhebliche Abweichungen vom Sollwert • Neigung zur Instabilität (Aufschaukelung im Zusammenspiel mit Resonanzschwingungen) bei Regelstrecken ohne Ausgleich	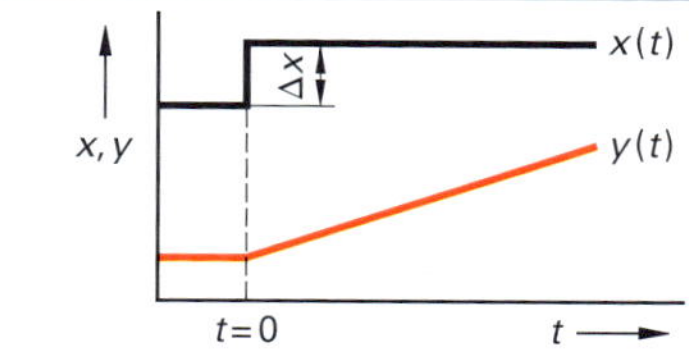 $\Delta y = K_I \cdot \Delta x \cdot t$ $v_y = \Delta y / t = K_I \cdot \Delta x$ mit $K_I = Y_h / (X_p \cdot T_n) = \Delta y / (\Delta x \cdot t)$
PI-Regler 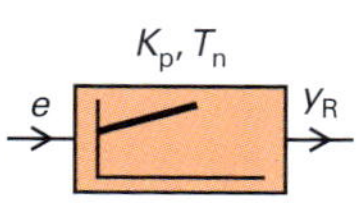	*Proportional-Integral-Regler* • Kombination aus proportionalem und integralem Verhalten (schnelle Anfangsverstellung und anschließender Beseitigung der Regelabweichung) • Häufigster Regler • Höhere Regelgüte als P- und I-Regler • Auch für komplexere Regelaufgaben geeignet (z.B. Strecken mit Verzugs- und Ausgleichszeit) • Für Industrieöfen und Reaktoren geeignet • Komplizierter aufgebaut als P- und I-Regler • 2 Einstellungsvariablen: T_n und K_p	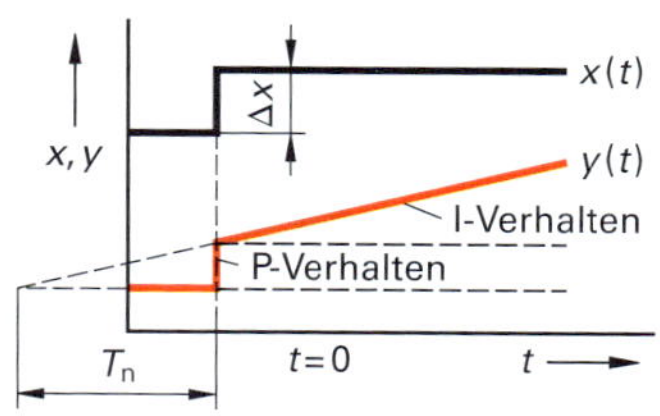 $\Delta y = K_p \cdot \Delta x + K_I \cdot \Delta x \cdot t$ $\Delta y = K_p \cdot \Delta x \cdot (1 + t/T_n)$ K_p und K_I siehe bei P- und I-Regler
PID-Regler 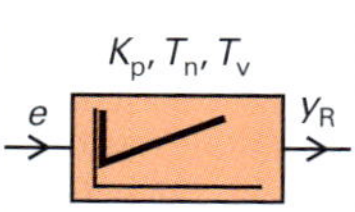	*Proportional-Integral-Differential-Regler* • Kombination aus Proportional-, Integral- und Differential-Verhalten • Starke Anfangswirkung durch schnelle Anfangsverstellung als Nadelimpuls über den Proportionalanteil hinaus (Vorhaltewirkung), dann Zurücknahme auf die Höhe des Proportionals und Übergang zum I-Verhalten • Höchste Regelgüte • Keine bleibende Regelabweichung • Für komplexe Regelaufgaben (Strecken hoher Ordnung) geeignet • Höchster gerätetechnischer Aufwand • Schwierig einzustellen 3 Variablen: T_v, T_n und K_p	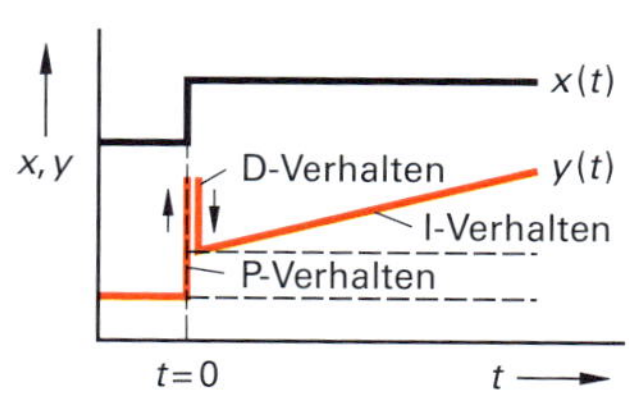 $\Delta y = K_p \cdot \Delta x \cdot (1 + t/T_n + T_v/t)$ K_p siehe bei P- Regler

8

MSR: Regler (Regelgeräte) und Regelanlagen

(→ Symbole für Messen, Steuern und Regeln)

Betriebsvorteile von Steuerungs- und Regelungsanlagen

Verringerung des Energiebedarfs und damit der Energiekosten
Erhöhter Komfort durch minimierten Aufwand bei der Bedienung
Reduzierung der Umweltbelastungen
Vergrößerung der Betriebssicherheit, etwa durch Ab- oder Einschalten im Störfall
Simulationsmöglichkeit verschiedenster Betriebszustände
Einhaltung der geforderten Zustandsgrößen wie Druck, Temperatur, Feuchte, Volumenstrom (→ Messgrößen)
Einhaltung der thermischen Behaglichkeit,
d.h. des gewünschten Raumluftzustandes, Erhöhung der Wirtschaftlichkeit u.a.

Steuerungskriterium nach	**Bemerkung**
der Betriebsart	Automatik, Teilautomatik, Handsteuerung
der Informationsdarstellung	analog, digital, binär
dem Programm	speicherprogrammiert, verbindungsprogrammiert, austauschprogrammiert, frei programmiert
der Signalverarbeitung	synchron, asynchron
dem Ablauf	zeitabhängig, druckabhängig, prozessabhängig

Regelung von klimatechnischen und lufttechnischen Anlagen

Regler

Unmittelbare Regler	**Mechanisch-elektrische Regler**	**Elektrische Regler**	**Pneumatische Regler**
Keine **Hilfsenergie** erforderlich. Funktion beruht auf mechanischen Gesetzen. Beispiel: Luftausdehnung wirkt über eine → Kapillare auf einen Steuerkolben (thermostatisches Heizkörperventil). Auch als Druckregler. Häufiger Einsatz in **Sicherheitsregelkreisen.**	**Reaktionselemente** schließen oder öffnen einen elektrischen Umschaltkontakt. Häufig bei **Temperatur-, Druck-, Feuchtereglern.** Beispiele für Reaktionselemente: **Bimetall** bei Temperaturregelung, **hygroskopische Stoffe** bei Feuchteregelung, Membran bei Druckregelung.	Hilfsenergie ist → elektrischer Strom. Die zu regelnde Größe wird im **Messfühler** in ein analoges elektrisches Signal umgesetzt, welches im Regler verarbeitet wird. Reglerbauteile sind heute meist → elektronische Bauteile. Es handelt sich somit meist um elektronische Regler.	Hilfsenergie zur Kraftverstärkung ist Druckluft. Es muss saubere Druckluft zur Verfügung stehen. Bei großen Anlagen billiger als elektrische Regler. Man unterscheidet: *drehwirkend (d.w.)* *umgekehrt wirkend (u.w.)* Für Temperatur-, Feuchte- und Druckregelung.
P-Regler	**Unstetige Regler**	**P-, I-, PI-, PID-Regler**	**P-Regler**

Fühler

Fühler = **Sensor** erfasst die **Regelgröße** und formt die Messgröße in eine Größe um, die der Regler verarbeiten kann.

Temperaturfühler	**Druckfühler**	**Feuchtefühler**	**Enthalpiefühler**
(→ Temperatur) Temperaturempfindliches Element verändert Ausgang bei einer Temperaturänderung (Eingang), z.B. Bimetall, Thermoelement.	(→ Druck) Auf Druck oder Druckdifferenz (Eingang) reagierendes Element. Reaktion ist Änderung des Ausganges. Beispiele: → Potentiometer, Druckdose (z.B.Membran).	(→ Feuchte) Auf Feuchte oder Feuchtedifferenz reagierendes Element, z.B. Haare, Baumwolle etc. Auch Änderung des elektrischen Widerstandes durch Feuchteänderung.	(→ Enthalpie) Enthalpieänderung, z.B. zwischen Ein- und Ausgangsluftstrom, ist die Eingangsgröße. Bestimmend ist die Temperatur und die Feuchte (→ *h, x*-Diagramm).

Thermostat → Schaltelement (Regler und Fühler) zur **Temperaturregelung**
Pressostat → Schaltelement (Regler und Fühler) zur **Druckregelung**
Hygrostat → Schaltelement (Regler und Fühler) zur **Feuchteregelung**

MSR: Regler (Regelgeräte) und Regelanlagen (Fortsetzung)

Regelanlagen: Meist Kombination von mehreren Reglern in unterschiedlichster Anordnung zur

- **Regelung einer Heizungsanlage**
- **Regelung einer Lüftungsanlage**
- **Regelung einer Klimaanlage**
- **Regelung einer Kälteanlage**

Wartung von MSR-Einrichtungen und Gebäudeautomatisierungssystemen (VDMA 24186:2007-01)

Übersicht zum VDMA-Einheitsblatt 24186-4

1 Versorgungseinrichtungen
1.1 Unterbrechungsfreie Stromversorgung (USV-Anlagen)
1.2 Druckluftversorgung
2 Schaltschränke, Bedientableaus, Steuerungen
2.1 Schaltschränke und Bedientableaus
2.2 Steuerungen
3 Messwertgeber, Sicherheits- und Behälterüberwachungseinrichungen
3.1 Messwertgeber (z.B. Temperatur, Druck, Feuchte)
3.2 Sicherheitseinrichtungen (z.B. Wächter, Begrenzer)
3.3 Behälterüberüberwachungseinrichtungen
4 Regler, Zusatzmodule, Optimierungsgeräte
4.1 Regler (analoge, digitale)
4.2 Zusatzmodule zu MSR-Einrichtungen
4.3 Optimierungsgeräte mit oder ohne Regelung
5 Stellgeräte
5.1 Stellantrieb
5.2 Stellglieder (z.B. Ventile, Hähne, Klappen, Medium: Wasser)
5.3 Stellglieder (z.B. Jalousieklappen, Medium: Luft)
6 Datenübertragungseinrichtungen, Peripheriegeräte
6.1 Datenübertragungseinrichtungen (z.B. Modems, Gleichstromdatenübertragungseinrichtungen, Multiplexer, Bussysteme)
6.3 Anzeiger, Plotter, Drucker, Bildschirme, Tastaturen
7 Gebäudeleitsysteme
7.1 Zentralen, Unterzentralen, Unterstationen
8 Software
8.1 Software für Zentralen, Unterzentralen, Unterstationen

Zweck dieses VDMA-Einrichtungsblattes ist es, die für die Wartung von MSR-Einrichtungen und Gebäudeautomatisierungssystemen notwendigen Tätigkeiten bzw. Leistungen einheitlich festzulegen.

Beispiel: **7 Gebäudeleitsysteme**

Einrichtungen-Nr.	Geräte-Nr.	Tätigkeiten-Nr.	**Tätigkeiten an Einrichtungen und Geräten**	Ausführung, periodisch	Ausführung, bei Bedarf
7	1		**Zentralen/Unterzentralen/ Unterstationen**		
7	1	1	Auf fach- und funktionsgerechte Installation und Umgebungs bedingungen prüfen	x	
7	1	2	Datensicherung durchführen	x	
7	1	3	Auf Verschmutzung, Korrosion und Beschädigung prüfen	x	
7	1	4	Funktionserhaltendes Reinigen		x
7	1	5	Eigenspannungsversorgung prüfen (z.B. Pufferbatterie)	x	
7	1	6	Belüftung prüfen	x	
7	1	7	Luftfilter prüfen	x	
7	1	8	Luftfilter reinigen bzw. austauschen		x

Einrichtungen-Nr.	Geräte-Nr.	Tätigkeiten-Nr.	**Tätigkeiten an Einrichtungen und Geräten**	Ausführung, periodisch	Ausführung, bei Bedarf
7	1	9	Anschlussverbindungen auf elektrische/mechanische Funktion prüfen	x	
7	1	10	Funktionselemente(z.B. Bedien- und Anzeigeeinrichtungen) prüfen	x	
7	1	11	Funktionselemente (z.B. Bedien- und Anzeigeeinrichtungen) einstellen,	x	
			justieren, festziehen		x
7	1	12	Funktionskontrolle mit Hilfe von Testprogrammen durchführen	x	
7	1	13	Stichprobenartiger On-line-Test	x	
7	1	14	Doppel-oder Mehrfachrechner-Betrieb prüfen	x	
7	1	15	Nachjustieren		x

Weitere wichtige VDMA-Einheitsblätter: VDMA 24 186
Teil 0: Allgemeine Hinweise
Teil 1: Lufttechnische Geräte und Anlagen
Teil 2: Heiztechnische Anlagen
Teil 3: Kältetechnische Anlagen (s. nächste Seite)

Regelung von kältetechnischen Anlagen

Neben dem Erreichen einer guten **Wirtschaftlichkeit** und einer großen **Betriebssicherheit** ist als wichtigstes Ziel das **Gleichgewicht zwischen Verdampferkälteleistung** und der → **Kühllast**. Es werden **stetige Regler** und **unstetige Regler** verwendet.

8

MSR: Regler (Regelgeräte) und Regelanlagen (Fortsetzung)

Kühlstellenregelung:
Dies ist eine Temperaturregelung des → Kühlgutes. Dieses befindet sich an der Kühlstelle, d.h. am Ort des Verdampfers und seiner Umgebung. Die Kühlstellentemperatur wird dabei innerhalb eines festgelegten Temperaturbereiches gehalten, d.h. zwischen einer Minimal- und einer Maximaltemperatur.

Verdampferfüllungsregelung:
Bei dieser Art der Regelung wird sichergestellt, dass das auf → **Verdampfungsdruck** entspannte flüssige → **Kältemittel** im Verdampfer vollständig verdampft.

Schaltschema

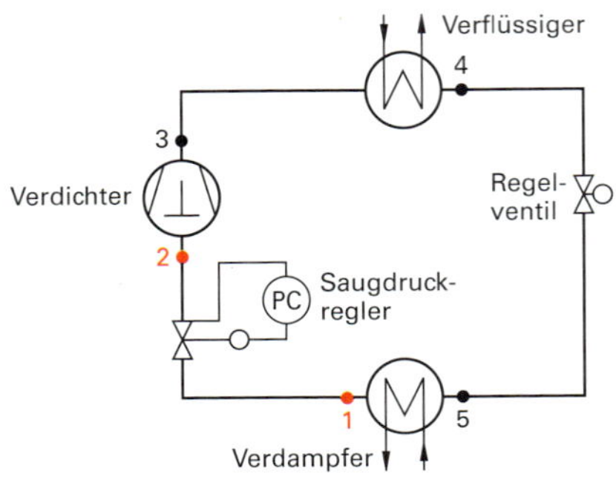

log *p*,*h*-Diagramm

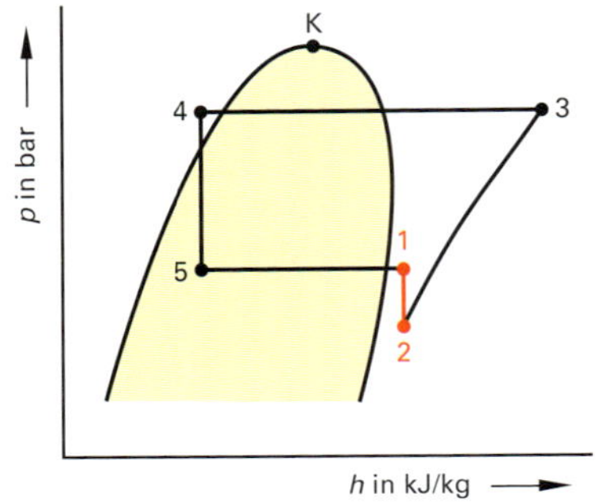

(→ linkslaufende Kreisprozesse)

Verdichterleistungsregelung:
Enthält eine Kälteanlage mehrere Kühlstellen, die unabhängig voneinander geregelt werden und auch unabhängig voneinander in Betrieb sind, ändert sich der Sauggasmassenstrom. Dieser Änderung entsprechend muss die Verdichterleistung geregelt werden. Meist geschieht dies durch

- Abschaltung einzelner Zylinder in –/+ Kolbenverdichtern,
- Verwendung mehrerer parallel arbeitender und einzeln abschaltbarer Verdichter im Verbundbetrieb
- →Turboverdichter mit Saugdruckregelung
- Verdichten gegen teilweise geschlossenen Schieber mit → Schraubenverdichter
- Kolben- oder Schraubenverdichter mit **Drehzahlregelung** u.a.

Wartung von MSR-Einrichtungen bei kältetechnischen Anlagen (nach **VDMA 24186**:2007-08)

Teil 3 regelt diesen Komplex im Abschnitt 3: Anlagenteile (→ Kältekreislauf)

Einrichtungen-Nr.	Geräte-Nr.	Tätigkeiten-Nr.	**Tätigkeiten an Einrichtungen und Geräten**	Ausführung, periodisch	Ausführung, bei Bedarf
3	3		**MSR- und Sicherheitseinrichtungen**		
3	3	1	Äußerlich auf Verschmutzung, Beschädigung u. Korrosion prüfen	x	
3	3	2	Auf Funktion prüfen	x	
3	3	3	Auslegungsdaten einstellen	x	
3	3	4	Auf Dichtheit prüfen	x	
3	4		**Mess- und Anzeigegeräte**		
3	4	1	Äußerlich auf Verschmutzung, Beschädigung u. Korrosion prüfen	x	
3	4	2	Manometer auf Anzeigegenauigkeit prüfen	x	
3	4	3	Thermometer auf Anzeigegenauigkeit prüfen	x	
3	4	4	Niveaumessgeräte auf Anzeigegenauigkeit prüfen		
3	4	5	Durchflussmessgeräte auf Funktion prüfen	x	
3	4	6	Auf Dichtheit prüfen	x	

Sicherheitstechnische Anforderungen regelt die **DIN EN 378-1** „Kälteanlagen und Wärmepumpen – Sicherheitstechnische und umweltrelevante Anforderungen“

Übersicht

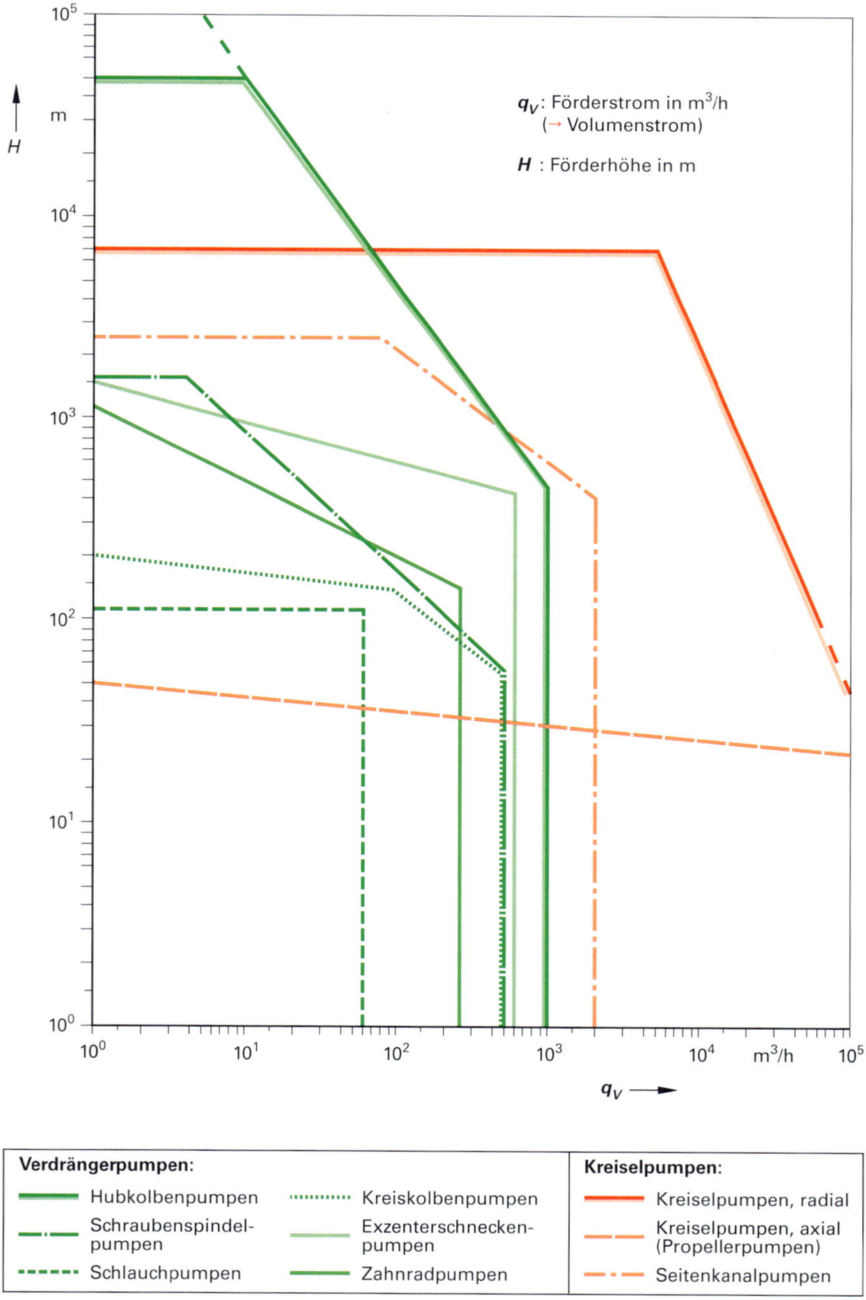
q_V: Förderstrom in m³/h
(→ Volumenstrom)
H : Förderhöhe in m
H
m
10^0
10^1
10^2
10^3
10^4
10^5
m³/h
q_V
Verdrängerpumpen:
Hubkolbenpumpen
Schraubenspindelpumpen
Schlauchpumpen
Kreiskolbenpumpen
Exzenterschneckenpumpen
Zahnradpumpen
Kreiselpumpen:
Kreiselpumpen, radial
Kreiselpumpen, axial (Propellerpumpen)
Seitenkanalpumpen

Kreiselpumpen mit axialem Eintritt (nach **DIN EN ISO 22858**:2011-12)

Viele Pumpenhersteller bieten ein um einige Pumpengrößen erweitertes Grundprogramm nach DIN EN ISO 2858:2011-12 an.

Pumpengröße: Die Bezeichnung setzt sich aus Nennweite und Laufradnenndurchmesser zusammen. So gilt z. B. für die Pumpengröße 80 – 50 – 200: Das Flanschanschlussmaß für den Eintritt ist DN 80, für den Austritt DN 50, der Laufraddurchmesser beträgt 200 mm.

Die in der folgenden Übersichtstabelle angegebenen Nennförderhöhen und Nennförderströme sind Berechnungs- bzw. Auslegungswerte, mit denen man meist den Betriebspunkt des besten Wirkungsgrades anstrebt (also nur Richtwerte). Die genauen Werte müssen beim jeweiligen Pumpenhersteller erfragt werden.

Nennleistung (Nennförderströme und Nennförderhöhen) von Kreiselpumpen PN 16

Pumpengröße	Drehzahl $n = 1450\ \text{min}^{-1}$		Drehzahl $n = 2900\ \text{min}^{-1}$	
	Nennförderstrom Q in m^3/h	Nennförderhöhe H in m	Nennförderstrom Q in m^3/h	Nennförderhöhe H in m
50 – 32 – 125 50 – 32 – 160 50 – 32 – 200 50 – 32 – 250	6,3	5 8 12,5 20	12,5	20 32 50 80
65 – 50 (40) – 125 65 – 50 (40) – 160 65 – 40 – 200 65 – 40 – 250 65 – 40 – 315	12,5	5 8 12,5 20 32	25	20 32 50 80 125
80 – 65 (50) – 125 80 – 65 (50) – 160 80 – 50 – 200 80 – 50 – 250 80 – 50 – 315	25	5 8 12,5 20 32	50	20 32 50 80 125
100 – 80 (65) – 125 100 – 80 (65) – 160 100 – 65 – 200 100 – 65 – 250 100 – 65 – 315	50	5 8 12,5 20 32	100	20 32 50 80 125
125 – 80 – 160 125 – 80 – 200 125 – 80 – 250 125 – 80 – 315 125 – 80 – 400	80	8 12,5 20 32 50	160 –	32 50 80 125 –
125 – 100 – 200 125 – 100 – 250 125 – 100 – 315 125 – 100 – 400	100 alternativ 125	12,5 20 32 50	200 alternativ 250 –	50 80 125 –
150 – 125 – 250 150 – 125 – 315 150 – 125 – 400	200	20 32 50	–	–
200 – 150 – 250 200 – 150 – 315 200 – 150 – 400	315 alternativ 400	20 32 50	–	–

Auswahl weiterer Normen zu Pumpen:

DIN EN ISO 16330:	Oszillierende Verdrängerpumpen – Technische Anforderungen
DIN 24250:	Kreiselpumpen; Benennung und Benummerung von Einzelteilen
DIN EN ISO 17769-1:	Flüssigkeitspumpen – Allgemeine Begriffe für Pumpen und Pumpenanlagen – Definitionen, Größen, Formelzeichen und Einheiten
DIN 24251:	Wasserhaltungspumpen
DIN EN ISO 14847:	Rotierende Verdrängerpumpen – Technische Anforderungen
DIN EN 734:	Seitenkanalpumpen PN 40; Nennleistung; Hauptmaße; Bezeichnungssystem
DIN EN 733:	Kreiselpumpen mit axialem Eintritt PN 10 mit Lagerträger
DIN EN ISO 2858:	Kreiselpumpen mit axialem Eintritt PN 16 – Bezeichnung; Nennleistung; Abmessungen
DIN 24289-1:	Oszillierende Verdrängerpumpen und -aggregate; technische Festlegungen

Berechnung der Pumpenleistung (Antriebsleistung)

Berechnungsgang:

① Ermittlung der Verlusthöhe H_J der Anlage (Rohrreibungs- und Druckverluste in Formstücken und Armaturen)

② Ermittlung der Förderhöhe H_A der Anlage (Summe aus geodätischer, Druck-, Verlust- und evtl. Geschwindigkeitshöhe)

③ Berechnung der Förderleistung P_u in Abhängigkeit vom Förderstrom q_V, der Anlagenförderhöhe H_A und der Dichte ϱ des Fördermediums und

Berechnung der Pumpenleistung P aus der Förderleistung P_u mit Hilfe des Wirkungsgrades η

❶ Ermittlung der Verlusthöhe H_J

$$H_J = \frac{v^2}{2 \cdot g} \cdot \left(\frac{\lambda \cdot L}{d_i} + \Sigma\zeta \right)$$

$$\lambda = \frac{64}{Re}$$

Für laminare Strömung ($Re < 2320$) und glatte (neue) Rohre:

$$\lambda = \frac{0{,}309}{\left(\lg \frac{Re}{7}\right)^2}$$

Näherungsweise (nach *Eck*) für turbulente Strömung ($Re > 2320$) und glatte (neue) Rohre.

$$Re = \frac{v \cdot d_i \cdot \varrho}{\eta}$$

(→ **Kontinuitätsgleichung, Energiegleichung, Druckverluste in Rohren und Rohrleitungssystemen)**

- H_J Verlusthöhe in m
- v Strömungsgeschwindigkeit in m/s
- g Fallbeschleunigung in m/s² ($g = 9{,}81$ m/s²)
- λ Rohrwiderstandszahl, Rohrreibungszahl, Rohrreibungsbeiwert (ohne Einheit)
- L Länge der geraden Rohrleitung in m
- d_i Innendurchmesser der Rohrleitung in m
- ζ → Druckverlustzahl für Formstücke und Armaturen
- Re → Reynolds'sche Zahl (ohne Einheit)
- ϱ Dichte des Fördermediums in kg/m³
- η → Dynamische Viskosität des Fördermediums in Pa · s

❷ Ermittlung der Förderhöhe H_A

$$H_A = z + \frac{p_{A2} - p_{A1}}{\varrho \cdot g} + \frac{u_{A2}^2 - u_{A1}^2}{2 \cdot g} + H_J$$

Ein- und Austrittsdruck p_{A1} und p_{A2} entsprechen z. B. den Drücken über vorhandenen Flüssigkeitsspiegeln auf der Ein- und Austrittsseite.

Die Differenz der mittleren Geschwindigkeiten kann in der Praxis meist vernachlässigt werden. Es ergibt sich dann vereinfacht:

$$H_A = z + \frac{p_{A2} - p_{A1}}{\varrho \cdot g} + H_J$$

- H_A Förderhöhe der Anlage in m
- z Geodätische Förderhöhe in m
- p_{A1} Eintrittsdruck der Anlage (Überdruck) in Pa
- p_{A2} Austrittsdruck der Anlage (Überdruck) in Pa
- u_{A1} Mittlere Geschwindigkeit im Eintritt der Anlage in m/s
- u_{A2} Mittlere Geschwindigkeit im Austritt der Anlage in m/s
- ϱ Dichte des Fördermediums in kg/m³
- g Fallbeschleunigung in m/s² ($g = 9{,}81$ m/s²)
- H_J Gesamtverlusthöhe der Anlage in m

Ermittlung der geodätischen Förderhöhe *z* bei verschiedenen Ausführungsformen der Anlage:

a) *Offene Behälter*

$$H_A \approx z + H_J$$

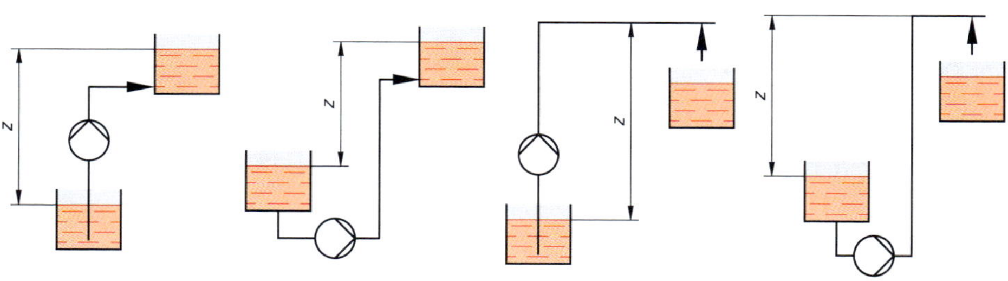

8

Berechnung der Pumpenleistung (Antriebsleistung) (Fortsetzung)

b) ***Offener Behälter auf der Saugseite, geschlossener auf der Druckseite***

$$H_A = z + \frac{p_{A2}}{\varrho \cdot g} + H_J$$

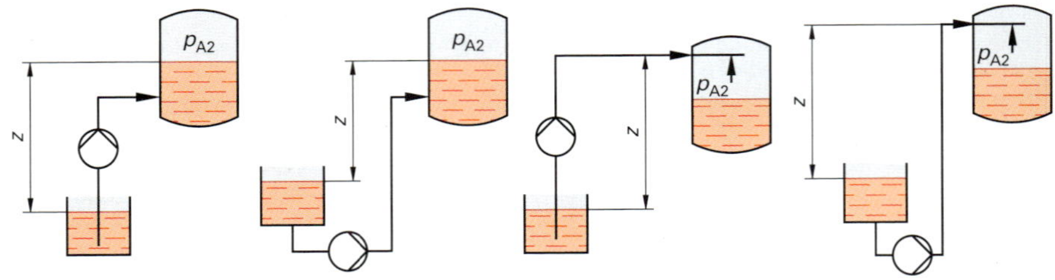

c) ***Geschlossener Behälter auf der Saugseite, offener auf der Druckseite***

$$H_A = z + \frac{p_{A1}}{\varrho \cdot g} + H_J$$

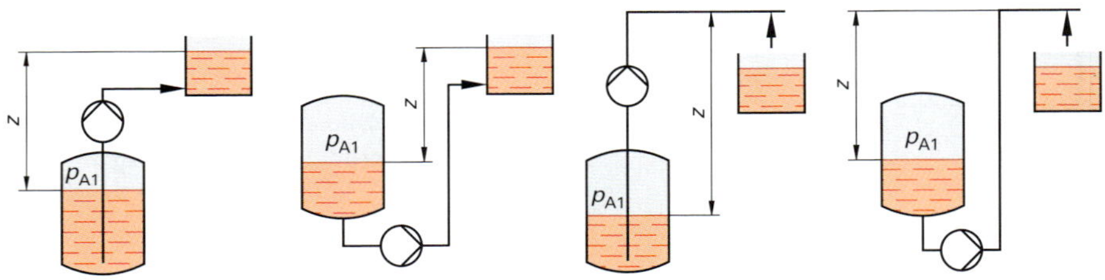

Weiter zu ②

d) ***Geschlossene Behälter auf Druck- und Saugseite***

$$H_A = z + \frac{p_{A2} - p_{A1}}{\varrho \cdot g} + H_J$$

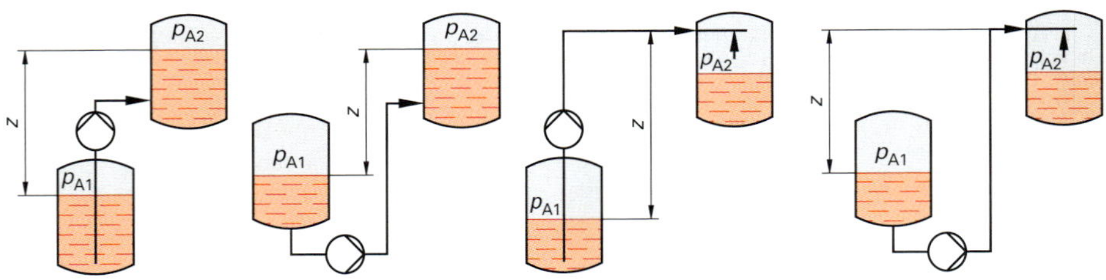

e) ***Kreislaufsysteme (Umwälzanlage),*** z. B. Heizkreislauf oder Kühlkreislauf

$$H_A = H_J$$

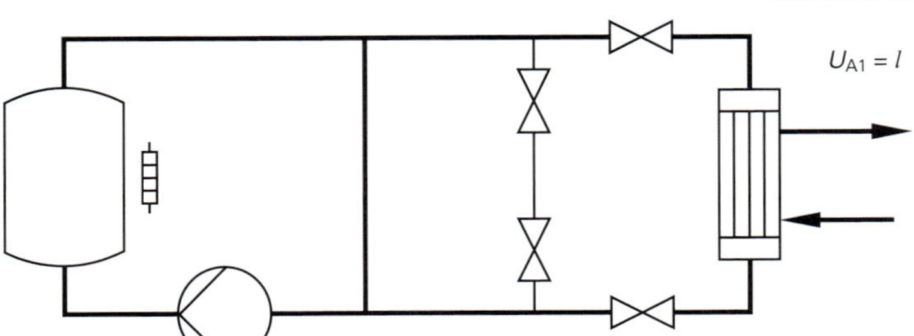

$U_{A1} = l$

$z = 0$
$p_{A1} = p_{A2}$
$u_{A1} = u_{A2}$

Berechnung der Pumpenleistung (Antriebsleistung) (Fortsetzung)

❸ Berechnung der Förderleistung P_u
(→ Leistung, Wirkungsgrad)

$$P_u = q_V \cdot \varrho \cdot g \cdot H_A \quad \text{bzw.} \quad P_u = q_V \cdot \varrho \cdot g \cdot H$$

Bei konstantem Förderzustand gilt $H_A = H$

Beim Anfahren der Pumpe (Beschleunigung der Flüssigkeit) ist $H > H_A$. Dann gilt:

$$H = z_1 - z_2 + \frac{p_2 - p_1}{\varrho \cdot g} + \frac{u_2^2 - u_1^2}{2 \cdot g}$$

$$P = \frac{P_u}{\eta}$$

P Leistungsbedarf der Pumpe in W
P_u Förderleistung der Pumpe in W
q_V Förderstrom in m^3/s
ϱ Dichte des Fördermediums in kg/m^3
g Fallbeschleunigung in m/s^2 ($g = 9{,}81\ m/s^2$)
H_A Förderhöhe der Anlage in m
H Förderhöhe der Pumpe in m
z_1 Höhenlage des Eintritts in die Pumpe in m
z_2 Höhenlage des Austritts aus der Pumpe in m
p_1 Eintrittsdruck (Überdruck) der Pumpe in Höhe von z_1 in Pa
p_2 Austrittsdruck (Überdruck) der Pumpe in Höhe von z_2 in Pa
u_1 Mittlere Geschwindigkeit im Eintritt der Pumpe in m/s
u_2 Mittlere Geschwindigkeit im Austritt der Pumpe in m/s
η Pumpenwirkungsgrad

Wirkungsgradbereiche:

Kreiselpumpen:	0,5 ... 0,9, meist 0,55 ... 0,85
Hubkolbenpumpen:	0,8 ... 0,95 (bei kleinen Pumpen bis 0,6)
Seitenkanalpumpen:	0,3 ... 0,5
Zahnradpumpen:	0,75 ... 0,92
Exzenterschneckenpumpen:	< 0,7
Schraubenspindelpumpen:	0,65 ... 0,85
Kreiskolbenpumpen:	0,5 ... 0,75
Schlauchpumpen:	0,15 ... 0,4

Kälte- und Wärmeträgerpumpen, Kältemittelpumpen:
Liegen die Orte des Kältebedarfs weit auseinander, dann erfolgt die Versorgung mit Kälte meist mit Hilfe von **Pumpenanlagen**. Dies kann sowohl mit umgepumpten → Kälteträgern (Kühlsolen), mit → Wärmeträgern als auch mit direkt umgepumptem → Kältemittel geschehen.

Die → Leistungszahl von **Kältemittelpumpenanlagen** ist größer als von Kälteträgerpumpenanlagen. In beiden Fällen spricht man von **Kälteversorgung durch Pumpenbetrieb**.

Bei der **Kältemittelpumpe** ist darauf zu achten, dass das Kältemittel nicht durch die Druckabsenkung am Saugrohr vorverdampft. Es muss völlig flüssig zu den einzelnen Verdampfern gelangen.

Zu den **Wärmeträgerpumpen** (→ Wärmeträger) gehören auch die **Umwälzpumpen** in Heizungsanlagen. Meist sind dies **Wasserpumpen**.

Pumpenkennlinien (q_V-H-Kennlinien):

Oszillierende und rotierende Verdrängerpumpen

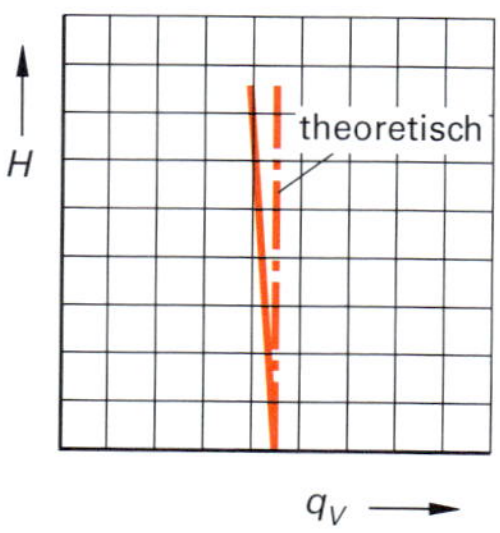

Seitenkanalpumpen

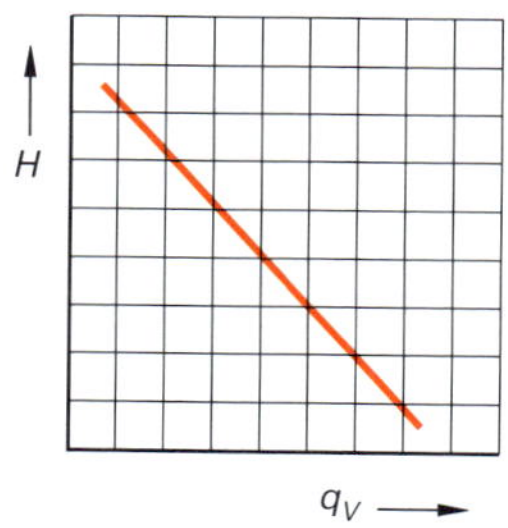

Axial- und Radialkreiselpumpen

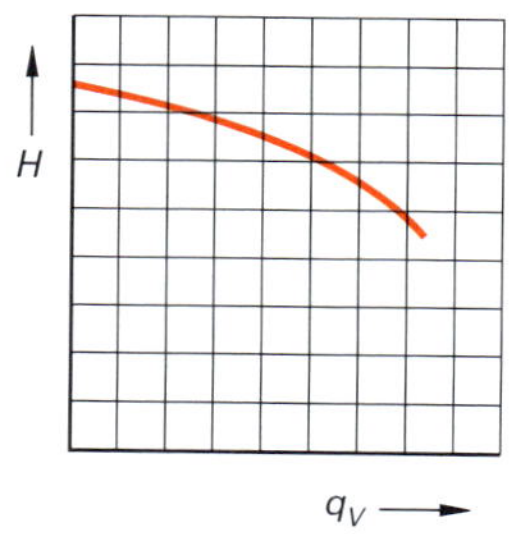

q_V Förderstrom in m^3/h
H Förderhöhe in m

Berechnung der Pumpenleistung (Antriebsleistung) (Fortsetzung)

NPSHA-Werte:
Für das **kavitationsfreie Arbeiten einer Pumpe** (d. h. ohne störende und schädigende Dampfblasenbildung) gilt die Bedingung:

$$\text{NPSHA} \geq \text{NPSHR}$$

bzw. sicherer:

$$\text{NPSHA} \geq \text{NPSHR} + 0{,}5\ \text{mm}$$

Dabei gilt:

$$\text{NPSHA} = \pm\, z_1 + \frac{p_1 + p_{amb} - p_v}{\varrho \cdot g} + \frac{u_1^2}{2 \cdot g}$$

oder

$$\text{NPSHA} = \pm\, z_{A1} + \frac{p_{A1} + p_{amb} - p_v}{\varrho \cdot g} + \frac{u_{A1}^2}{2 \cdot g} - H_{JA1\text{-}1}$$

In beiden Formeln gilt + z für Zulaufbetrieb und – z für Saugbetrieb

Für Saugbetrieb und $u_{A1} \approx 0$ im Saugbehälter:

$$\text{NPSHA} = -\, z_{A1} + \frac{p_{A1} + p_{amb} - p_v}{\varrho \cdot g} - H_{JA1\text{-}1}$$

Näherungsgleichungen zur Ermittlung von NPSHR bei Kreiselpumpen:

$$\text{NPSHR} = (0{,}3 \ldots 0{,}5) \cdot n \cdot \sqrt{q_V}$$ nach VDMA

oder etwas genauer:

$$\text{NPSHR} = 0{,}0014 \cdot n_q^{1{,}33}$$ nach *Thoma*

$$n_q = n \cdot \frac{\sqrt{q_{Vopt}}}{H_{opt}^{0{,}75}}$$ n in 1/min!

Genaue Werte erhält man vom Pumpenhersteller (Pumpenkennlinien nach Prüfstandslauf)

NPSH	Netto positive Saughöhe head (Netto-Energiehöhe, d. h. absolute Energie- bzw. Druckhöhe abzüglich der Verdampfungsdruckhöhe im Eintrittsquerschnitt der Pumpe) in m
NPSHA	Vorhandene NPSH (von Seiten der Anlage) in m
NPSHR	Erforderliche NPSH in m (kleinster NPSH-Wert, bei dem Kavitationswirkungen noch vermieden werden können)
z_1	Höhenlage des Eintritts der Pumpe, bezogen auf die Bezugsebene durch die Pumpe (z. B. Laufradmittelpunkt) in m
z_{A1}	Höhenlage des Eintritts der Anlage, bezogen auf die Bezugsebene durch die Pumpe (z. B. Laufradmittelpunkt) in m
p_1	Eintrittsdruck (Überdruck) der Pumpe (in Höhe von z_1) in Pa (→ Druck)
p_{A1}	Eintrittsdruck (Überdruck) der Anlage (in Höhe von z_{A1}, also über dem Flüssigkeitsspiegel) in Pa
p_{amb}	→ Luftdruck in der Umgebung der Pumpe in Pa
p_v	Dampfdruck bzw. Sättigungsdruck der Förderflüssigkeit (absolut) bei gegebener Temperatur am Eintritt in Pa
ϱ	→ Dichte der Förderflüssigkeit in kg/m³
g	→ Fallbeschleunigung in m/s² (g = 9,81 m/s²)
u_1	Mittlere Geschwindigkeit im Eintritt der Pumpe in m/s
u_{A1}	Mittlere Geschwindigkeit im Eintritt der Anlage (z. B. im Ansaug- bzw. Zulaufbehälter) in m/s
$H_{JA1\text{-}1}$	Eintrittsseitige Verlusthöhe (vom Eintrittsquerschnitt der Anlage bis zum Eintrittsquerschnitt der Pumpe) in m
n	Drehzahl in 1/s (für die Berechnung von n_q in 1/min)
q_V	→ Förderstrom in m³/s
n_q	Spezifische Drehzahl in 1/min
H_{opt}	Bestförderhöhe (Förderhöhe der Pumpe im Punkt des besten Wirkungsgrades) in m
q_{Vopt}	Bestförderstrom (Förderstrom im Punkt des besten Wirkungsgrades) in m³/s

Saugbetrieb

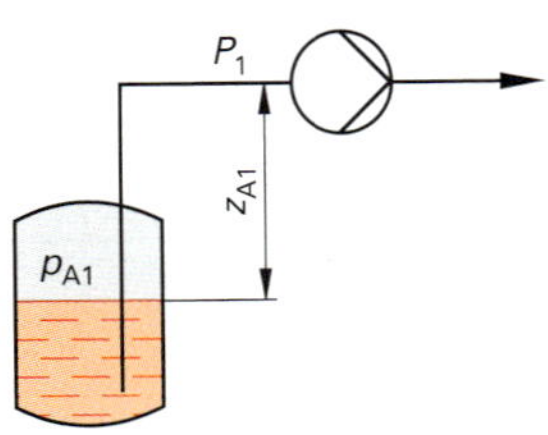

Zulaufbetrieb

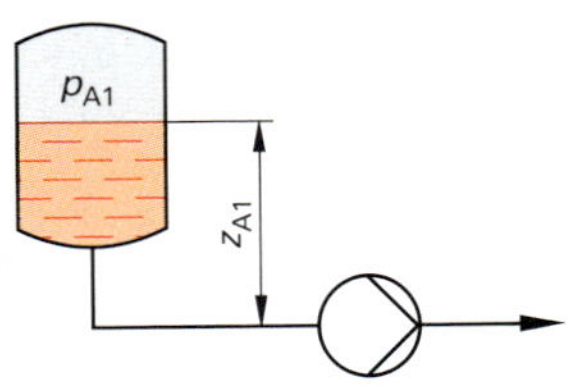

8

Betriebspunkt einer Pumpe

Der Betriebspunkt einer Pumpe stellt sich jeweils dort ein, wo die Förderhöhe H_A der Anlage gleich der Förderhöhe H der Pumpe ist, wo sich also Pumpenkennlinie und Anlagenkennlinie im H, q_V-Diagramm schneiden.

Die Pumpenkennlinien werden im allgemeinen exakt von den Pumpenherstellern vorgegeben. Die Anlagenkennlinie kann mit der folgenden Formel ermittelt werden:

$$H_A = z + \frac{p_{A2} - p_{A1}}{\varrho \cdot g} + \frac{u_{A2}^2 - u_{A1}^2}{2 \cdot g} + H_J$$

Statischer Teil:

$$H_{stat} = z + \frac{p_{A2} - p_{A1}}{\varrho \cdot g}$$

Dynamischer Teil:

$$H_{dyn} = \frac{u_{A2}^2 - u_{A1}^2}{2 \cdot g} + H_J$$

In der Regel geht man bei der Auswahl einer Pumpe vom gewünschten bzw. erforderlichen Förderstrom $\dot{V}$ aus und ermittelt daraus die erforderliche Förderhöhe H_A der Anlage oder H der Pumpe.

- H Förderhöhe der Pumpe in m (siehe auch „Berechnung der erforderlichen Pumpenleistung") → Förderhöhe
- H_A Förderhöhe der Anlage in m
- z Geodätische Förderhöhe in m (Höhenunterschied zwischen Eintritts- und Austrittsquerschnitt der Anlage, siehe „Berechnung der erforderlichen Pumpenleistung")
- p_{A1} Eintrittsdruck der Anlage (Überdruck im Eintrittsquerschnitt) in Pa
- p_{A2} Austrittsdruck der Anlage (Überdruck im Austrittsquerschnitt) in Pa
- u_{A1} Mittlere Geschwindigkeit im Eintritt der Anlage, (z. B. im Behälter auf der Eintrittsseite) in m/s
- u_{A2} Mittlere Geschwindigkeit im Austritt der Anlage (z. B. im Behälter auf der Austrittsseite) in m/s
- ϱ Dichte der Förderflüssigkeit in kg/m^3
- g Fallbeschleunigung in m/s^2 (g = 9,81 m/s^2)
- H_J Gesamtverlusthöhe der Anlage in m (siehe „Berechnung der erforderlichen Pumpenleistung")
- q_V Förderstrom in m^3/s (auch → Volumenstrom $\dot{V}$)

Pumpenkennlinie und Betriebspunkt können durch Veränderung der Pumpendrehzahl oder durch Veränderung des Laufraddurchmessers (z. B. durch Abdrehen) verschoben werden.

Betriebspunkt einer Kreiselpumpe bei konstanter Drehzahl n:

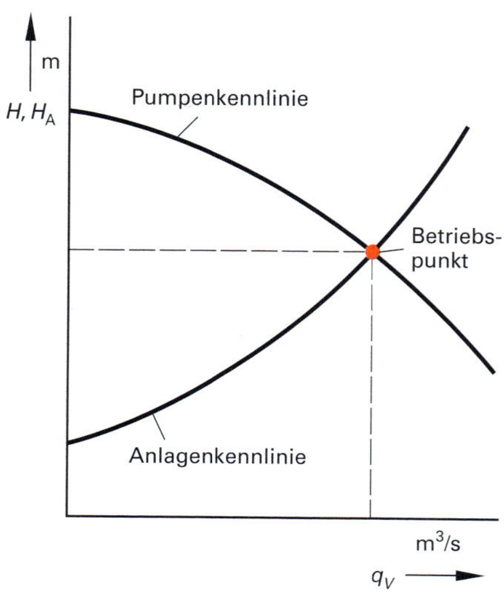

Statischer und dynamischer Teil der Förderhöhe einer Anlage

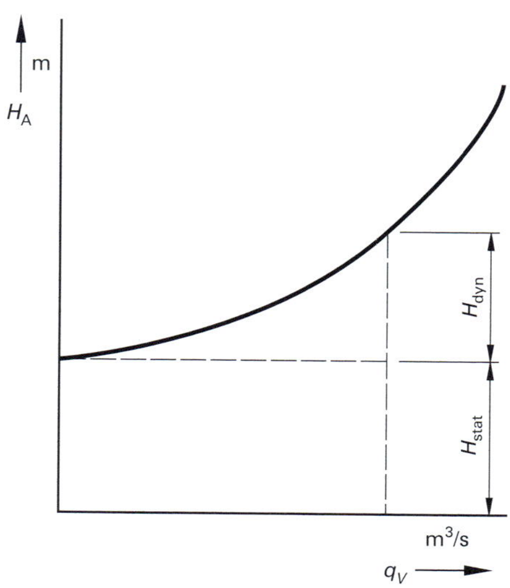

Sonnenkollektoranlagen

Technische Kenngrößen von Kollektoranlagen

$$\text{Solarer Deckungsgrad} = \frac{\text{Solarenergie}}{\text{Zusatzenergie} + \text{Solarenergie}}$$

Der solare Deckungsgrad gibt an, wie groß der prozentuale Anteil der Energie ist, der von dem gesamten Energieverbrauch mit der Solaranlage erzeugt wird.

Betriebsart	Solarer Deckungsgrad (Durchschnittswerte)	Solarer Ertrag (kWh/m² pro Jahr)
Vorwärmanlage	25 bis 35 %	400 bis 500
Optimierte Anlage	35 bis 50 %	350 bis 400
Hohe Brennstoffeinsparung	> 50 %	220 bis 350

Vorwärmanlage: Es wird versucht, die Anlage so zu dimensionieren, dass die Kosten für die solar erzeugte Wärme möglichst gering sind.

Optimierte Anlage: Die Systemkosten pro m² Kollektorfläche sind um so niedriger, je größer die Anlage ist. Andererseits gilt auch, je größer die Anlage, desto niedriger der Ertrag pro m² Kollektorfläche. Beide Tendenzen müssen in der Praxis mit der **Kosten-Nutzen-Analyse** optimiert werden.

$$\eta_{optisch} = \eta_{trans} \cdot \eta_{absorb}$$

Optischer Wirkungsgrad

$$\eta_{trans} = \frac{\text{durch die Glasscheibe eintretende Strahlungsleistung}}{\text{eingestrahlte Leistung}}$$

Transmissionsgrad

$$\eta_{absorb} = \frac{\text{absorbierte Wärmeleistung}}{\text{durch die Glasscheibe eintretende Leistung}}$$

Absorptionsgrad

k-Wert = Energieverlust in W pro m² Kollektorfläche und °C Temperaturdifferenz zwischen Absorber und Umgebung

Thermischer Verlustfaktor

Mit Hilfe des **Glaswirkungsgrades η_{gl}** können die Gläser von Kollektorabdeckungen in folgende Leistungsklassen eingeteilt werden:

unbehandelte Gläser		behandelte Gläser (ohne AR, z.B. schmutzabweisend, Anti-Reflex)		AR-behandelte Gläser	
Klasse U1	$\eta_{gl} \geq 0.900$	Klasse Z1	$\eta_{gl} \geq 0.900$	Klasse X1	$\eta_{gl} \geq 0.950$
Klasse U2	$\eta_{gl} \geq 0.885$	Klasse Z2	$\eta_{gl} \geq 0.885$	Klasse X2	$\eta_{gl} \geq 0.935$
Klasse U3	$\eta_{gl} \geq 0.870$	Klasse Z3	$\eta_{gl} \geq 0.870$	Klasse X3	$\eta_{gl} \geq 0.920$
Klasse U4	$\eta_{gl} \geq 0.850$	Klasse Z4	$\eta_{gl} \geq 0.850$	Klasse X4	$\eta_{gl} \geq 0.890$
Kein Solarglas	$\eta_{gl} < 0.850$	Kein Solarglas	$\eta_{gl} < 0.850$	Kein Solarglas	$\eta_{gl} < 0.890$

Hinweis:
Der **Glaswirkungsgrad** beschreibt den Einfluss der Kollektorabdeckung auf den Kollektorfeldertrag einer (Referenz) Solaranlage zur Wassererwärmung. Dieser Glaswirkungsgrad setzt sich zusammen aus:

- dem solaren Transmissionsgrad
- der Degradation durch Umwelteinflüsse
- dem winkelabhängigen solaren Transmissionsgrad

Planungsschritte bei der Dimensionierung einer Solaranlage

1. Ausgangsdaten ermitteln: Warmwasserbedarf, Dachneigung und -ausrichtung, Art der Heizung
2. Solardaten erfassen: standortabhängige Solardaten ermitteln, evtl. Schattenwurf berücksichtigen
3. Kollektorfläche: Kollektorfeldgröße mit Hilfe von Faustformeln (z.B. bei Warmwasser 1,5 m² pro Person), Computerprogrammen oder Nomogrammen bestimmen
4. Speichergröße: Dimensionierung mit Hilfe von Faustformeln (z.B. bei Warmwasser 50 Liter pro m² Kollektorfläche)
5. Anlage: Dimensionierung der Rohrleitungen, Rohrisolierung, Pumpe, Ausdehnungsgefäß, Armaturen, E-Patrone, Frostschutzmenge, Wärmetauscher, Regelungstechnik, ...
6. Kalkulation- und Wirtschaftlichkeitsberechnungen unter Berücksichtigung von Förderungsmöglichkeiten

Sonnenkollektoranlagen (Fortsetzung)

Aufbau einer Kollektoranlage und standortabhängige Einflussfaktoren

Anlagenschema einer Warmwasseraufbereitungsanlage mit Heizungsunterstützung

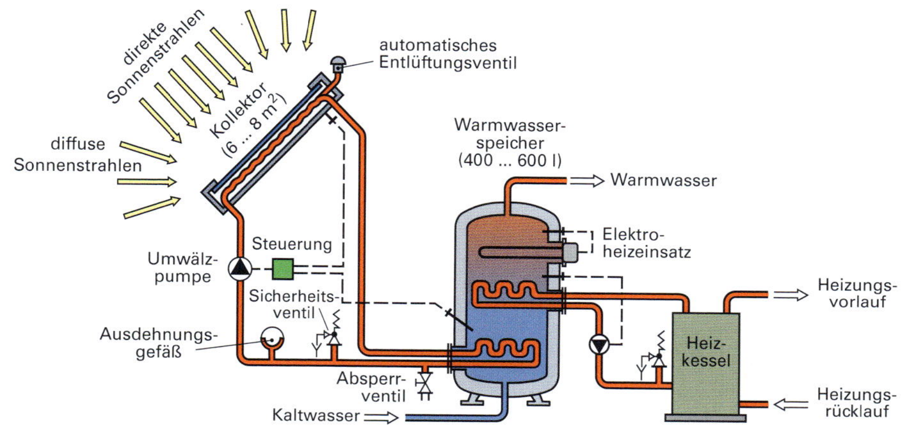

Einfluss von Dachneigung und Ausrichtung auf den Anlagenwirkungsgrad

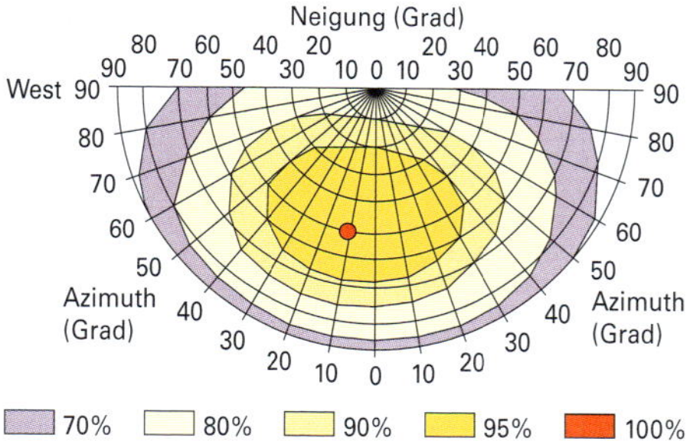

Abhängigkeit des Solarertrags von Neigung und Ausrichtung der Kollektorfläche

Dachneigung

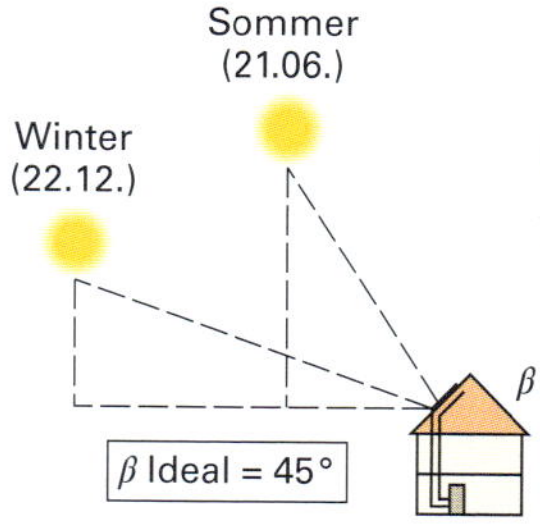

Ausrichtung

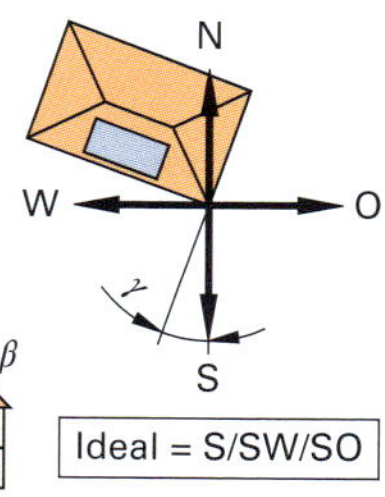

Bauart des Kollektors	$\eta_{optisch}$	k-Wert in W/(m² · K)	Prozesstemperatur in °C
Absorber ohne Glasscheibe	0,82 bis 0,97	10 bis 30	bis 40
Flachkollektor	0,66 bis 0,83	2,9 bis 5,3	20 bis 80
Vakuum-Flachkollektor	0,81 bis 0,83	2,6 bis 4,3	20 bis 120
Speicherkollektor	0,5 bis 0,84	2,6 bis 4,3	20 bis 70
Vakuum-Röhrenkollektor	0,62 bis 0,84	0,7 bis 2,0	50 bis 150
Luftkollektor	0,62 bis 0,84	8 bis 30	20 bis 50

Flachkollektor

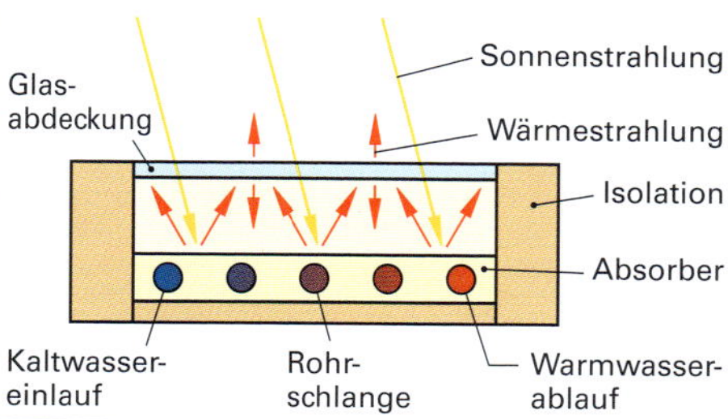

Vakuum-Röhrenkollektor

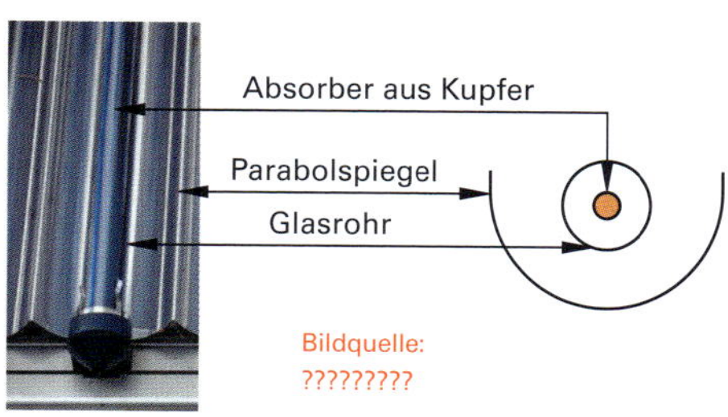

Bildquelle: ?????????

8

Fotovoltaikanlagen

Technische Kenngrößen und Begriffe von Fotovoltaikanlagen

Aufbau einer Solarzelle

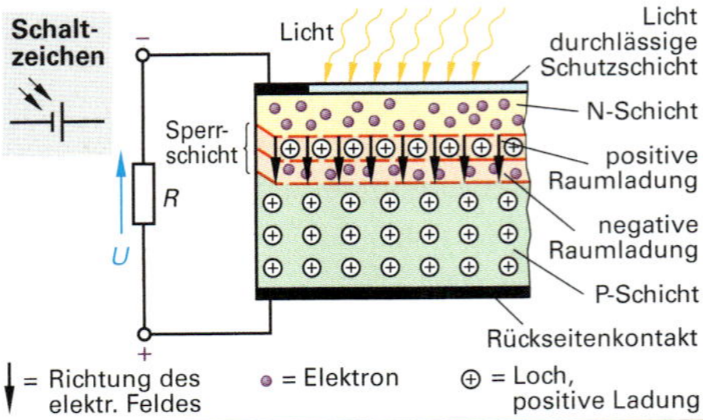

I_k, E_v- und U_0, E_v-Kennlinie

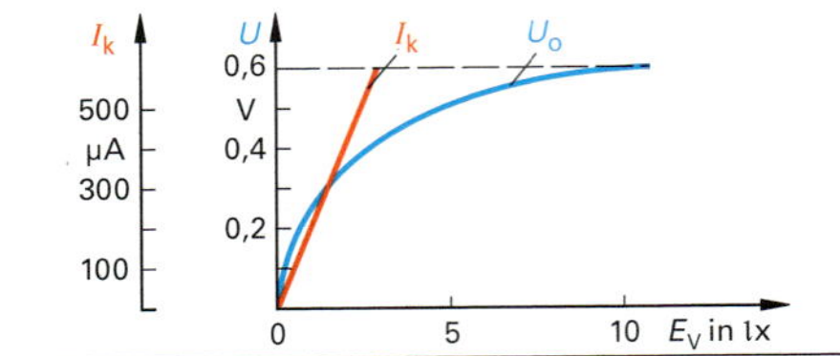

E_V	Beleuchtungsstärke:	lx (Lux)
I_k	Kurzschlussstromstärke	A
U_0	Zellenspannung, Leerlaufspannung	V

Bei größer werdender **Beleuchtungsstärke** steigt U_0 zunächst stark an und strebt dann gegen einen Grenzwert. Die **Kurzschlussstromstärke** I_k ist proportional zu E_V. Die entnehmbare elektrische Leistung ist abhängig von E_V, der **Zellentemperatur** ϑ und von der Größe der gesamten aktiven **Solarzellenfläche** A.

Technischer Begriff	**Erläuterungen**
Beleuchtungsstärke E_v	$E_v = \frac{\Phi_v}{A}$ Die Beleuchtungsstärke (1 lx = 1 lm/m^2) ist der Quotient aus dem Lichtstrom Φ_v (Einheit: Lumen, lm) und der Empfängerfläche A (Einheit: m^2)
Kurzschlussstromstärke I_k	Der Kurzschlussstrom ist die Stromstärke, die nur vom Innenwiderstand der Solarzelle begrenzt wird
Zellenspannung U_0	Das ist die Spannung, die eine Solarzelle im unbelasteten Fall maximal abgeben kann.
Peak-Leistung	Unter der **Peak-Leistung** (Einheit: W_p) versteht man die maximal entnehmbare elektrische Leistung einer Fotovoltaikanlage.
Energierücklaufzeit	Die **Energierücklaufzeit** ist die diejenige Zeit, die nötig ist, um die elektrische Energie über die Sonneneinstrahlung zu erhalten, die betragsmäßig genau so groß ist, wie die Energie, die nötig ist, um die Solarzellen industriell herzustellen.
Strang	Die Schaltung eines Solargenerators kann aus parallel geschalteten Strängen bestehen. Jeder Strang besteht aus einer Reihenschaltung von Solarmodulen.
PV-Anlage	Eine Fotovoltaikanlage, die Sonnenlicht in elektrische Energie umwandelt.
Solargenerator	Der Solargenerator ist der Teil der PV-Anlage, der das Sonnenlicht mit Hilfe von Solarmodulen in elektrische Energie umwandelt.
Solarmodul	Jedes Solarmodul besteht aus einer Vielzahl von Fotozellen, die miteinander elektrisch verschaltet sind und Gleichstrom erzeugen.
Generatoranschlusskasten (GAK)	Besteht aus den Komponenten String-Sammelklemmen, DC-Lasttrennschalter oder einem Sicherungstrenner zur Ausgangsseite hin, je nach Wahl wird er mit Hülsen oder PV-Sicherungen ausgestattet. Sie können zur Strommessung der Stränge optional auch mit Stromsensoren ausgerüstet werden. Die Klemmen können lagebedingt auch in einem separaten Gehäuse direkt am Modulfeld installiert werden. Schalter und Ableiter sitzen beim Wechselrichter.
Freischalteinrichtung	Wenn Reparaturarbeiten durchgeführt werden sollen, muss das betroffene Teilnetz spannungsfrei gemacht werden. Es wird „freigeschaltet". Das heißt, wenn PV-Anlagen in ein Teilnetz einspeisen, muss freigeschaltet werden. Zum Freischalten der PV-Anlage gibt es prinzipiell zwei Möglichkeiten: 1. Abschaltung von Hand und 2. Automatische Abschaltung.
Wechselrichter	Wandelt die vom Solargenerator erzeugte Gleichspannung in Wechselspannung um. Der Wechselrichter ist mit einer Netzüberwachung ausgerüstet.
Selektiver Hauptleitungsschutzschalter	Ist ein Leitungsschutzschalter, der den Strom bei einem Kurzschluss nicht wie normale Leitungsschutzschalter sofort, sondern nur verzögert abschaltet. Die Selektivität zu nachgeschalteten Sicherungen u. normalen Leitungsschutzschaltern ist gewährleistet.
Hausanschlusskasten	Ist ein von der EVU montierter Kasten, mit dem ein Haus an das öffentliche Stromnetz angeschlossen ist. Er ist die Übergabestelle vom Verteilungsnetz zur Verbraucheranlage.

Fotovoltaikanlagen (Fortsetzung)

Schaltungsarten von Solarmodulen

Schaltungsart	Erläuterungen
Reihenschaltung von Solarmodulen	Die Solarmodule werden in Reihe geschaltet, wenn die Systemspannung erhöht werden soll. Dabei gilt: $U = U_1 + U_2 + \dots$

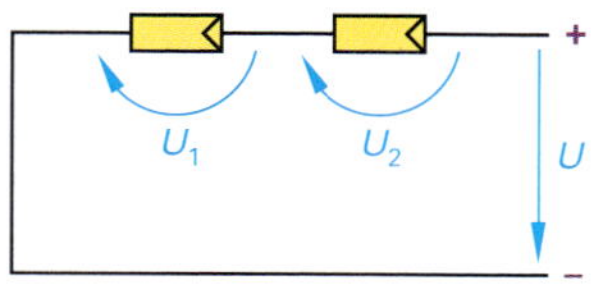

Um handelsübliche elektrische 230-V-Geräte betreiben zu können, werden Wechselrichter benötigt, die die Gleichspannung in Wechselspannung umwandelt. Der Wirkungsgrad der Anlage ist bei höheren Systemspannungen (z.B. 100 V) auf der Generatorseite günstiger.

Parallelschaltung von Solarmodulen

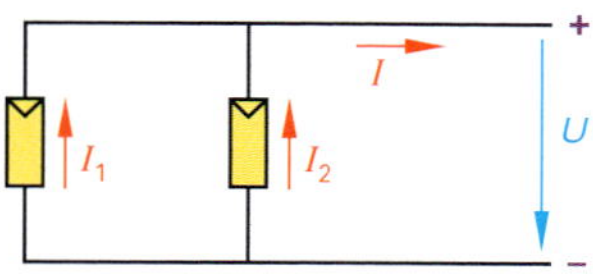

Die Solarmodule werden parallel geschaltet, wenn der erzeugte Gesamtstrom höher sein soll. Dabei gilt: $I = I_1 + I_2 + \dots$

Bei 12-V-Netzen, wie sie z.B. in Wohnwagen, Wohnmobilen und auf Segelbooten vorkommen, werden höhere Ströme benötigt, um die nötige gesamte elektrische Leistung zu erhalten. Diese Solaranlagen werden im Inselbetrieb betrieben, dabei wird die erzeugte elektrische Energie mit Hilfe eines Ladereglers in Akkumulatoren gespeichert.

Schaltungsbeispiel eines Solargenerators

4 x 5 x 120 Wp-Solarmodule

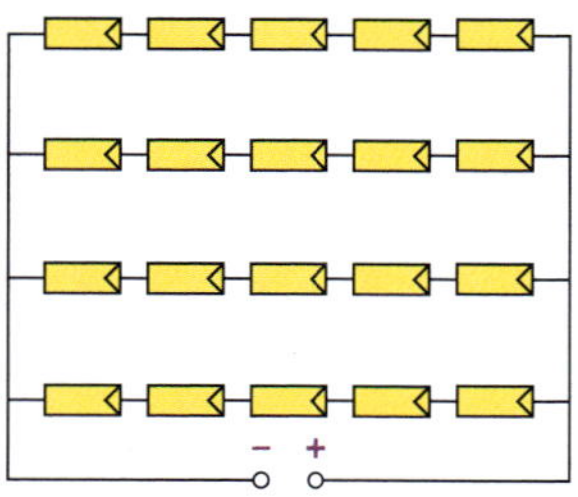

89,5 V/2400 Wp

Werden bei den Solargeneratoren höhere Systemleistungen gefordert, so werden die Solarmodule entsprechend in Reihe geschaltet. Jede einzelne Reihenschaltung wird als Strang bezeichnet. Diese Stränge werden ihrerseits miteinander parallel geschaltet, um den gewünschten Gesamtstrom zu erhalten. Dabei ist zu beachten, dass bei einer zu installierenden Solaranlage nur die gleichen Modultypen von derselben Herstellerfirma installiert werden.

Das abgebildete Beispiel zeigt vier parallel geschaltete Stränge. Jeder Strang besteht aus einer Reihenschaltung mit fünf 120 W_P-Modulen ($U_n = 17{,}9$ V; $I_n = 6{,}7$ A). Dabei gilt für die

Gesamte Spitzenleistung:	$P_G = 20 \cdot 120\ W_P = 2400\ W_P$
Gesamte Nennstromstärke:	$I_{ges} = 4 \cdot 6{,}7\ A = 26{,}8\ A$
Gesamte Gleichspannung:	$U_{ges} = 5 \cdot 17{,}9\ V = 89{,}5\ V$

Geeignet ist z.B. ein Wechselrichter mit folgenden Daten:

Eingangsspannung:	80 – 90 VDC;
Ausgangsspannung:	230 VAC, 50 Hz

Berechnungsformeln für Fotovoltaikanlagen

$A_L = L_F \cdot A_G$	**Benötigte Land- oder Dachfläche**
$P_M = G'_N \cdot \eta_M$	**Spitzenleistung des Moduls**
$G'_N = \dfrac{P_G}{A_G \cdot \eta_M}$	**Globale Bestrahlungsstärke ca. 1 kW/m²**
$A_G = n \cdot A_M$	**Gesamtfläche des Solargenerators**
$P_G = n \cdot P_M$	**Spitzenleistung des Solargenerators**

L_F	Landfaktor ca. 2 bis 3	1
η_M	Wirkungsgrad des Solarmoduls	1
n	Anzahl der Solarmodule	1
A_M	Fläche eines Solarmoduls	m^2
A_G	Generator-Gesamtfläche	m^2
P_G	Generator-Spitzenleistung	W_P
P_M	Modul-Spitzenleistung	W_P

Der jahresdurchschnittliche Ertrag pro installierte kW_P liegt zwischen 750 kWh und 850 kWh.
Für 1 kW_P benötigt man ca. 10 m^2 Dachfläche.

Planungsschritte bei der Dimensionierung einer netzgekoppelten Fotovoltaikanlage

1. Ermittlung des Energiebedarfs in kWh
2. Dimensionierung des Solargenerators
3. Solardaten ermitteln (zu erwartende durchschnittliche Strahlungsleistung, Dachneigung und -ausrichtung, evtl. Schattenwurf berücksichtigen)
4. Dimensionierung folgender Komponenten: Gleichspannungshöhe, maximaler Laststrom, Leiterquerschnitte, Wahl des geeigneten Wechselrichters
5. Kalkulation- und Wirtschaftlichkeitsberechnungen unter Berücksichtigung von Förderungsmöglichkeiten.

8

Fotovoltaikanlagen (Fortsetzung)

Aufbau einer Fotovoltaikanlage

Netzparallelbetrieb

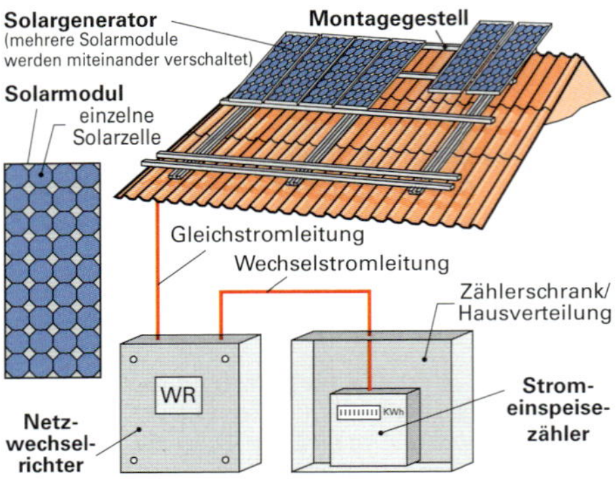

Inselbetrieb

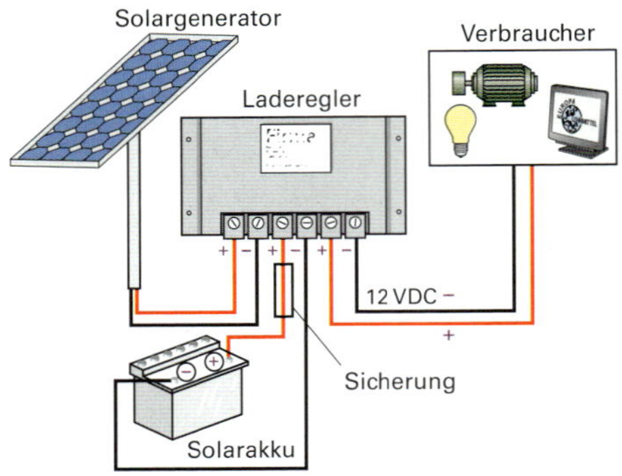

Schaltplan einer Fotovoltaikanlage im Netzparallelbetrieb

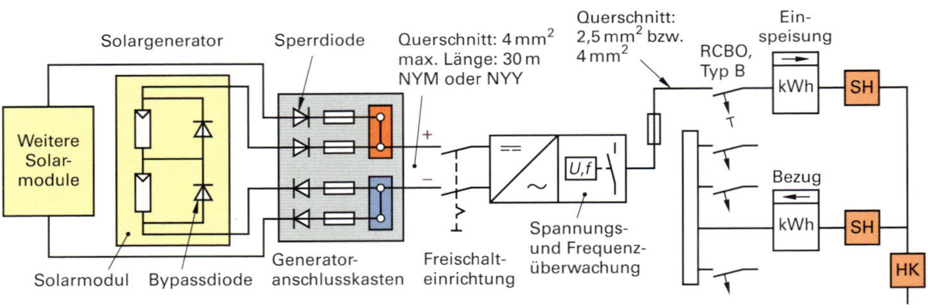

SH: Selektiver Hauptleitungsschutzschalter
HK: Hausanschlusskasten

Vergleich von Solarmodulen einer Fotovoltaikanlage

Amorphe Silizium-Module	Monokristalline Module	Polykristalline Module
Aussehen: dunkelbraune und homogen aussehende Oberfläche	**Aussehen:** dunkelblaue und homogen aussehende Oberfläche	**Aussehen:** blaue perlmuttartig schillernde Oberfläche
Vorteile: Wenn ein flexibles Substrat verwendet wird und die Silicium-Schichten sehr dünn sind, sind flexible Module möglich. Diese flexiblen Module können auch auf gekrümmten Oberflächen installiert werden.	**Vorteile:** – Bei den Solarzellen erreichen sie die höchsten Wirkungsgrade und zwar Werte von 14% bis 17%. – Manche Hersteller garantieren Ausgangsleistungen für eine Dauer bis zu 25 Jahren. – Die Energieerträge sind höher als bei den polykristallinen Modulen.	**Vorteile:** – Diese Module erreichen mit den monokristallinen Modulen vergleichbare Wirkungsgrade von 12% bis 14%. – Manche Hersteller garantieren Ausgangsleistungen für eine Dauer von 25 Jahren. – Manche Hersteller bieten umschaltbare Module an (z.B.: 12 V/24 V).
Nachteile: Sie sind nur für kleinere Leistungen geeignet. Der Wirkungsgrad ist relativ gering, sinkt über die Jahre sehr stark. Alterungsbedingt sinkt er auf 7%.	**Nachteile:** Die Preise für diese Module sind im Vergleich zu den anderen Modulen etwas höher (Faustregel: ca. 10%).	**Nachteile:** – Sie haben einen schlechteren Wirkungsgrad als die monokristallinen Module. – Die Energieerträge sind etwas niedriger als bei den monokristallinen Modulen.

8

Windkraftanlagen

Technische Begriffe und Berechnungsformeln

$P_W = \frac{1}{2} \cdot \varrho_L \cdot v_1^3 \cdot A_1 - \frac{1}{2} \cdot \varrho_L \cdot v_2^3 \cdot A_2$	**Windleistung** (in der Rotorfläche)
$P_W = \frac{1}{2} \cdot \varrho_L \cdot v_1^3 \cdot A_0$	**Maximale Windleistung** (in der Rotorfläche)
$P = c_p \cdot \frac{1}{2} \cdot \varrho_L \cdot v_1^3 \cdot A_0$	**Entnommene Leistung**
$v_{Rotor} = d \cdot \pi \cdot n$	**Rotorgeschwindigkeit**
$\lambda = \frac{v_{Rotor}}{v_0}$	**Schnelllaufzahl**

c_p	Leistungsbeiwert (idealer Wert $c_p = 0{,}593$)	1
ϱ_L	Luftdichte ($\approx$ 1,29 kg/m³)	kg/m³
v_1	Windgeschwindigkeit vor dem Rotor	m/s
v_2	Windgeschwindigkeit nach dem Rotor	m/s
v_0	Windgeschwindigkeit	m/s
A_1, A_2	von der Luft durchströmte Flächen	m²
d	Außendurchesser der Rotorblätter	m

Prinzipieller Strömungsverlauf um eine freifahrende Turbine

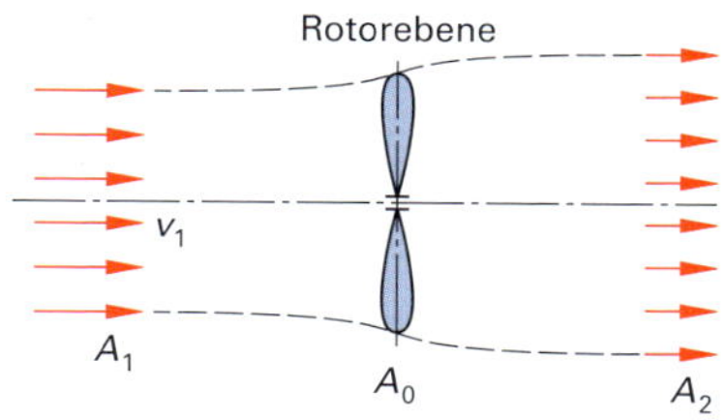

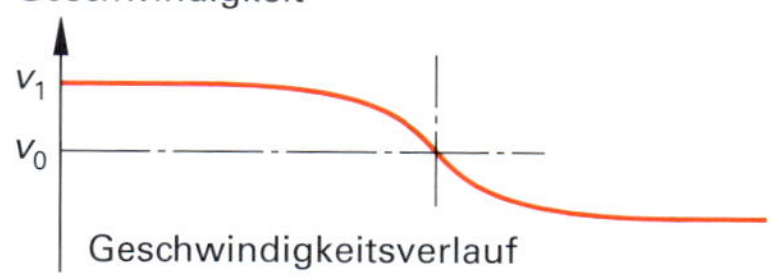

Geschwindigkeitsverlauf

Zusammenhang zwischen der Windgeschwindigkeit und der am Generator abnehmbaren Leistung bei Horizontalwindgeneratoren

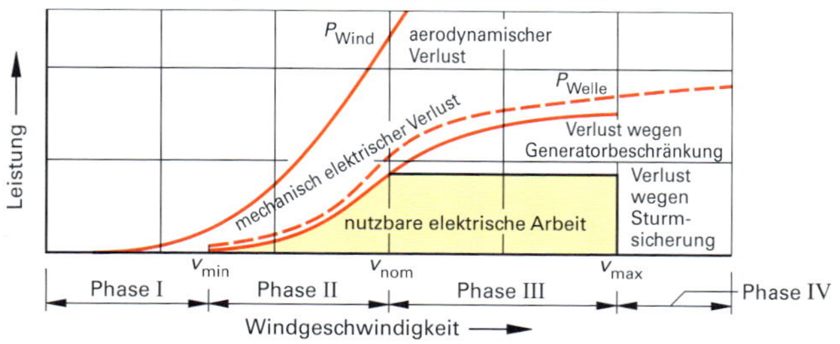

Tabelle 1: Nutzbare Leistung

d	P_n
80 m —	2500 kW
72 m —	2000 kW
64 m —	1500 kW
54 m —	1500 kW
48 m —	1000 kW
44 m —	750 kW
40 m —	600 kW
33 m —	500 kW
27 m —	225 kW
0 m —	

Hinweis: Gemäß Tabelle 1 können die entnehmbaren Leistungen P_n in Abhängigkeit vom Rotordurchmesser d geschätzt werden.

Phasen der Betriebsführung und Regelung (s. Bild)	
Phase I	In dieser Phase reicht die Windenergie nicht aus, um das Anlaufmoment der Anlage zu überwinden. Es wird keine elektrische Energie erzeugt.
Phase II	Die Maschine läuft an, der Konverter gibt Energie ab. In erster Näherung steigt die Leistung des Konverters mit der dritten Potenz der Windgeschwindigkeit.
Phase III	Der Generator hat seine Nennleistung erreicht. Mit Hilfe der Regelung wird nur die maximal erlaubte Generatorleistung aus dem Wind entnommen. Dabei kann die überschüssige Energie nicht genutzt werden.
Phase IV	Hat die Windgeschwindigkeit die von der Anlagenbauart und vom Anlagentyp abhängige Obergrenze erreicht, muss die Anlage abgeschaltet werden, um Schäden zu vermeiden.

Betriebsarten von Windkraftanlagen	
1.	Eine WKA wird zur Energieversorgung für einzelne Verbraucher zum Zwecke von zusätzlicher Unabhängigkeit eingesetzt.
2.	Inselbetrieb, zur Energieversorgung mehrerer elektrischer Verbraucher
3.	Bivalenter Betrieb, Energieversorgung zusammen mit anderen Energieversorgungssystemen
4.	Netzparallelbetrieb, im Verbund mit dem öffentlichen Energienetz.

8

Windkraftanlagen (Fortsetzung)

Technische Begriffe und Berechnungsformeln (Fortsetzung)

Technische Kenngröße	Kleine Anlage	Mittlere Anlage	Große Anlage
Elektrische Leistung	80 kW	300 kW	1200 kW
Turmhöhe	30 m	38 m	50 m
Rotordurchmesser	21 m	33 m	60 m
Rotorblattzahl	3	3	3
Rotorfläche	346 m^2	855 m^2	2827 m^2
Anlaufgeschwindigkeit	2,5 m/s	3,0 m/s	5,0 m/s
Nenngeschwindigkeit	13,0 m/s	12 m/s	12 m/s
Abschaltgeschwindigkeit	25,0 m/s	25,0 m/s	24,0 m/s
Spezifische Leistung	231 W/m^2	351 W/m^2	425 W/m^2
Technische Lebensdauer	20 a	20 a	20 a

Hinweis: Tab. 1 zeigt einen Ausschnitt für den Betrieb von WKA's u. wichtige Windstärkestufen nach Beaufort.

Tabelle 1: Windstärken und ihre Auswirkungen

→ Windstärke nach Beaufort	Geschwindigkeit in m/s (in km/h)	Auswirkungen des Windes im Binnenland	Auswirkungen des Windes auf See
2 leichte Brise	1,6 – 3,3 (6 – 11)	Wind im Gesicht fühlbar, Blätter säuseln	Kurze,kleine Wellen; Kämme brechen sich nicht
7 steifer Wind	13,9 – 17,1 (50 – 61)	Bäume in Bewegung, Behinderung beim Gehen	Die See türmt sich
10 schwerer Sturm	24,5 – 28,4 (89 – 102)	Entwurzelte Bäume, bedeutende Schäden	Sehr hohe Wellenberge, See weiß durch Schaum

Aufbau einer Windkraftanlage

Rotorart	Wirkungsweise	Rotorart	Wirkungsweise
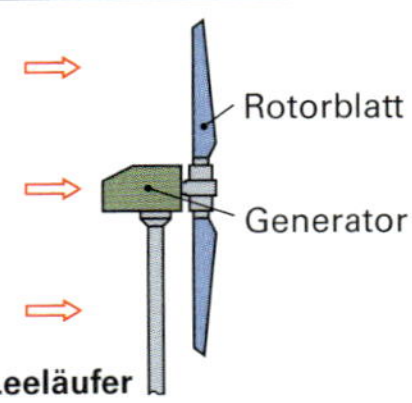 **Leeläufer**	Der Rotor dreht sich auf der windabgewandten Seite des Turmes. Die Rotorblätter stellen sich selbst quer zum Wind. Sie sind aber dadurch im Windschatten des Turmes, der die Leistung verringert.	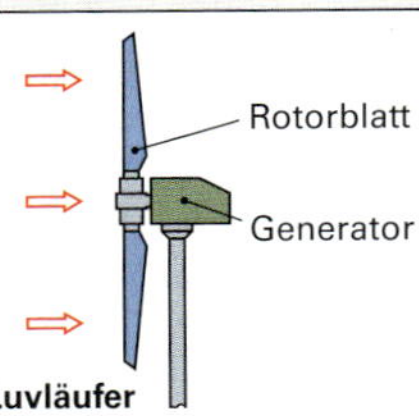 **Luvläufer**	Der Rotor dreht sich auf die dem Wind zugewandte Seite, so ist die Leistung geringfügig höher als beim Leeläufer. Der Turmkopf muss mit einem Windnachführungssystem in Position gebracht werden.

Eine Windenergieanlage besteht aus folgenden Komponenten:

Rotor: Der Rotor besteht aus den Rotorblättern, einer Rotornabe, den Drehkränzen und bei den nach **Pitch** geregelten Anlagen sind Antriebe zur **Blattverstellung** eingebaut. Bei Anlagen ohne Blattverstellung ist das Profil der Blätter so ausgebildet, dass beim Erreichen der Nennleistung die Strömung am Profil abreißt. Diese Regelung wird **Stall-Regelung** genannt.

Hauptwelle: Die Hauptwelle (Triebstrang) besteht aus der **Rotorwelle,** die über eine Schrumpfscheibenverbindung mit dem Getriebe gekoppelt ist, der **elastischen Kupplung** und dem **Generator**.

Getriebe: Das Getriebe hat die Aufgabe, die Drehzahl des Windrotors so zu übersetzen, dass die zum Betrieb des Generators erforderliche Drehzahl erreicht wird.

Generator: Mehr als 90% der weltweit betriebenen Windenergieanlagen werden mit netzgekoppelten **Asynchrongeneratoren** ausgestattet.

Bremssystem: Ohne Bremssystem würde sich der Rotor beim Überschreiten des Winddrucks über einen gewissen Schwellenwert aus dem Wind drehen.

Gondel: Die Gondel besteht aus einem Bodenrahmen und der Kabine.

8

Nachführung: In Nabenhöhe wird die Windrichtung kontinuierlich gemessen. Wird eine zulässige Abweichung überschritten, so wird die Gondel aktiv nachgeführt. Getriebemotoren, die einen gelagerten Drehkranz verstellen, realisieren die Nachführung.

Turm, Fundament, Trafostation

Windkraftanlagen (Fortsetzung)

Aufbau einer Windkraftanlage (Fortsetzung)

Beispiel einer drehzahlvariablen 2500-kW-Windenergieanlage

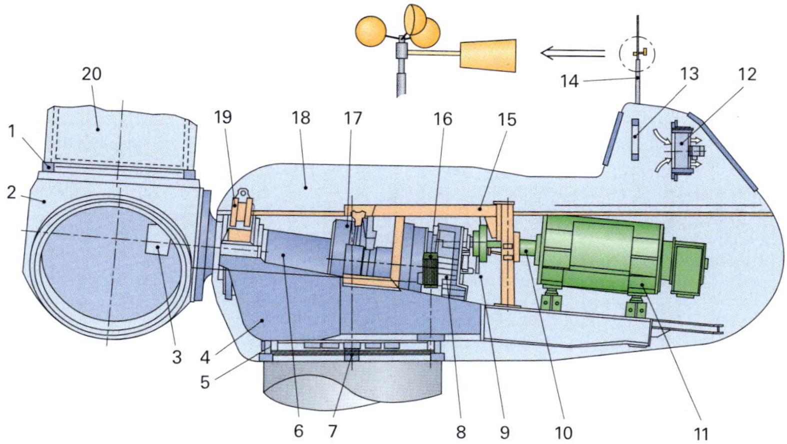

1 Blattdrehkranz	6 Rotorwelle	11 Generator	16 Azimutantrieb
2 Rotornabe	7 Azimutbremsen	12 Generatorkühler	17 Getriebelager
3 Pitchantrieb	8 Getriebe	13 Getriebekühler	18 Kabine
4 Maschinenträger	9 Sicherheitsbremse	14 Wettermast	19 Hauptlager
5 Azimutlager	10 Generatorkupplung	15 Bordkran	20 Rotorblatt

Typ	3-Blatt-Rotor mit horizontaler Achse
Leistungsregelung	Aktive Blattverstellung
Nennleistung (Generator)	2500 kW
Nennspannung (Generator)	660 V (Effektivwert der Wechselspannung)
Frequenz (Generator)	50 Hz
Drehzahl (Generator)	700 bis 1300 min^{-1}
Startwind	2,5 m/s (Windstärke 2, s. Tabelle 1 auf der vorhergehenden Seite)
Nennelistung bei Windgeschwindigkeit	15 m/s (Windstärke 7, s. Tabelle 1 auf der vorhergehenden Seite)
Stoppwind	25 m/s (Windstärke 10, s. Tabelle 1 auf der vorhergehenden Seite)
Rechnerische Lebensdauer	25 Jahre
Rotordurchmesser	80 m
Nabenhöhe	80 m (Stahlrohrturm), 109 m (Gittermast)
Jährlicher Energieertrag	1139,9 MWh bei $\bar{v}$ = 4 m/s, 10 678,8 MWh bei $\bar{v}$ = 10 m/s

Eine Auswahl umwelt- und wirtschaftspolitischer Themen

Naturschutz: Standortabhängige Konflikte können durch eine sorgfältige Standortwahl unter Beachtung wichtiger Randbedingungen vermieden werden (z.B. Einhaltung von Tabuzonen).

Landschaftsbelastung: Ist schwierig zu beantworten, weil hierbei oft subjektive Eindrücke eine Rolle spielen. Die Belastung der Landschaft durch unsere heutige Energieversorgung ist nicht gering, regional sogar sehr groß (z.B. Braunkohletagebau). Gemäß Leitfaden von 6/2006 „Erneuerbare Energien" von NABU könnte eine konsequente Nutzung der dezentralen Energieversorgung mit Erneuerbarer Energie die große Zahl an Hochspannungsmasten (200 000) mit den dazugehörigen Trassen zahlenmäßig deutlich gesenkt werden.

Gesundheitsgefährdung: Durch Anwendung restriktiver Abstandsregelungen zu Wohngebäuden, die Technische Anleitung Lärm (TA) als gesetzliche Regelung und die verbesserten technischen Normen tragen inzwischen zum Schutz der Anwohner wesentlich bei.

Energiepreise: Strompreise bilden sich nicht nur nach Angebot und Nachfrage, sondern an der Leipziger Strombörse richten sie sich maßgeblich nach den Kosten des sogenannten Grenzkraftwerks. Das Grenzkraftwerk ist das Kraftwerk, dessen Strom gerade noch benötigt wird, um die Stromnachfrage zu decken. Alle anderen Kraftwerke, die den günstigeren Strom produzieren, erwirtschaften so eine höhere Rendite. Verkauft wird aber in der Regel der Strom zum höheren Preis des Grenzkraftwerks.

Prinzip, Definition und Bezeichnung der Wärmepumpe (→ Linkslaufende Kreisprozesse)

Der britische Physiker William Thomsen (→ Kelvin) hat bereits 1852 das **Prinzip der Wärmepumpe** beschrieben. Zunächst hatte diese Erfindung keine praktische Bedeutung, da noch keine brauchbaren Verdichter zur Verfügung standen*). Es wird dabei Wärmeenergie der Umgebung (Erde, Wasser, Luft) entzogen, diese entsprechend dem → Carnot-Prozess auf ein höheres thermisches Niveau „hochgepumpt“ und kann dann nach dem 2. Hauptsatz der Thermodynamik in einen zu heizenden Raum fließen.

Prinzip der Wärmepumpe:

Durch den Einsatz einer Wärmepumpe ist es möglich, die in der Materie vorhandene Wärmeenergie auf ein höheres Niveau zu „heben“. Damit kann sie – nach dem → 2. Hauptsatz der Thermodynamik – ihrer Aufgabe gerecht werden, einem Raum mit höherer Temperatur Wärmeenergie zuzuführen, d.h. ihn zu heizen. In nebenstehendem Bild ist dieser Vorgang schematisch dargestellt. Es ist zu erkennen:

Die dem Raum zugeführte Wärmeenergie Q_2 setzt sich aus der Summe von → mechanischer Energie W, die von einem → Verdichter zugeführt wird, und der Wärmeenergie Q_1, die die Wärmepumpe der Umgebung mit niedrigerer Temperatur entzieht, zusammen.

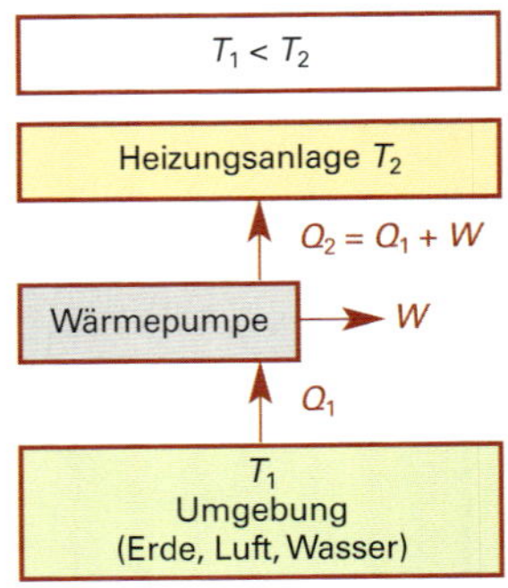

> Der Transport von Wärmeenergie entgegen einem Temperaturgefälle ist nach dem 2. HS nur mit einem Aufwand an zusätzlicher Energie möglich. Dies ist mit einer Wärmepumpe realisierbar.

*) Die erste und nennenswerte Wärmepumpenanlage wurde von der Firma Sulzer-Escher-Wys in Zürich gebaut. Sie existiert als Technikdenkmal. Geheizt wird ein Schwimmbad, Wärmequelle ist Flusswasser.

> **Wärmepumpen** werden nach **DIN EN 14511-1**:2023-08 nach den → Wärmeträgern bezeichnet.

Erste Stelle: Wärmeträger für den Außenwärmeaustauscher
Zweite Stelle: Wärmeträger für den Innenwärmeaustauscher

Wärmeträger		**Bezeichnung der Wärmepumpe**
Außenwärmeaustauscher	Innenwärmeaustauscher	
Luft	Luft	Luft/Luft-Wärmepumpe
Wasser	Luft	Wasser/Luft-Wärmepumpe
Sole	Luft	Sole/Luft-Wärmepumpe
Luft	Wasser	Luft/Wasser-Wärmepumpe
Wasser	Wasser	Wasser/Wasser-Wärmepumpe
Sole	Wasser	Sole/Wasser-Wärmepumpe

Nebenstehendes Bild zeigt das Schema einer von einer Wärmepumpe gespeisten Heizungsanlage. In diesem Fall wird die Wärmeenergie von der Wärmepumpe aus der Umgebungsluft entnommen. Der thermodynamische → Kreisprozess ist ein → linkslaufender Kreisprozess und er wird als → **Wärmepumpenprozess** bezeichnet.

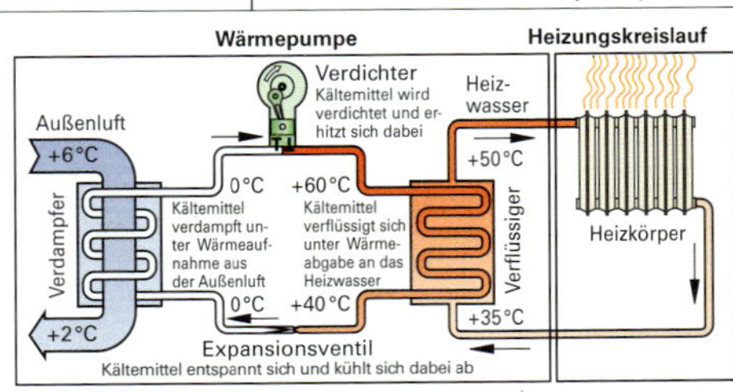

Es ist zu ersehen, dass der → **Verdampfer** der Umgebung Wärmeenergie entzieht, und zwar durch die Verdampfung von → **Kältemittel.**

Das Kältemittel verdampft bei niedriger Temperatur.
Der Kältemitteldampf wird dann von einem → **Verdichter** verdichtet und in überhitzter Form einem → **Kondensator** (Verflüssiger) zugeführt. Dort findet bei hohem Druck und damit hoher Temperatur die → **Verflüssigung** statt. Die dabei frei werdende Wärme wird dem Heizmedium, z.B. Wasser, zugeführt. Ein → **Wärmeaustauscher** gibt die Wärme an die zu heizende Umgebung ab. Die den Kondensator verlassende Kältemittelflüssigkeit (Kondensat) wird in einer Drosselstelle (→ **Expansionsventil)** auf den Verdampfungsdruck entspannt, sodass der Wärmepumpenprozess erneut beginnen kann. **Energiebilanz:**

> **75% Umweltwärme + 25% Verdichterenergie (Strom oder Kraftstoff) = 100% Nutzenergie**

Forderungen für einen wirtschaftlichen Betrieb:
- Möglichst hohes Temperaturniveau.
- Das Temperaturniveau soll möglichst immer bei Wärmebedarf konstant zur Verfügung stehen.
- Das die Wärme abgebende Medium muss in ausreichender Menge vorhanden sein.

8

Einteilung nach verschiedenen Kriterien

Art der Wärmequelle:
- Außenluft
- Abluft
- Grundwasser
- Oberflächenwasser
- Erdreich

u.a.

Art des Verfahrens:
- Kompression elektrisch
- Kompression Verbrennungsmotor
- → Absorption, Wärmeabgabe der Arbeitsstoffpaare → Stoffkunde
- → Adsorption, Wärmeabgabe der Arbeitsstoffpaare → Stoffkunde
- → Peltiereffekt

u.a.

Art der Wärmenutzung:
- Kühlen
- Gefrieren
- Heizung
- Warmwasser

u.a.

Art des physikalischen Effektes:
- Verdampfungswärme
- Beim Mischen zweier Stoffe entstehende Wärmeenergie
- Thermoelektrischer Effekt

u.a

Gütezahlen einer Wärmepumpe

Leistungszahl ε: Definition bei → linkslaufendem Kreisprozess. ε errechnet sich aus dem Quotienten aus Wärmeenergie Q, die in den Heizkreis abgegeben wird und der eingesetzten Energie W. Sie ist eine dimensionslose Zahl und liegt üblicherweise bei 4 bis 5. Die **maximale Leistungszahl ε_{max}** entspricht dem **Kehrwert des Carnot-Wirkungsgrades η_c.**

Gütegrad η: Der Gütegrad einer Wärmepumpe entspricht dem **Quotienten der Leistungszahl ε und der maximalen Leistungszahl ε_{max}.**

Jahresarbeitszahl β: Die Jahresarbeitszahl gibt den Quotienten der jährlich gelieferten Heizwärme zur jährlich aufgenommenen Antriebsenergie an.

$$\varepsilon = Q/W$$

$$\eta = \varepsilon/\varepsilon_{max}$$

$$\beta = Q_H/B_A$$

Q_h = Jahreswärmebedarf in Wh

B_A = Jahresenergiebedarf in Wh

Energieflussbilder nach Sankey

Ein **Energieflussbild** (nach dem Amerikaner H.R Sankey auch **Sankey-Diagramm** genannt) zeigt die Energieströme der technischen Anlage. Dies bedeutet, dass der prozentuale Anteil der zufließenden und abfließenden Energiebeträge zeichnerich maßstäblich dargestellt werden kann. Es erfasst also **Aufwand, Verluste und Nutzen.**

Energieflussbild in einer Wohnung:

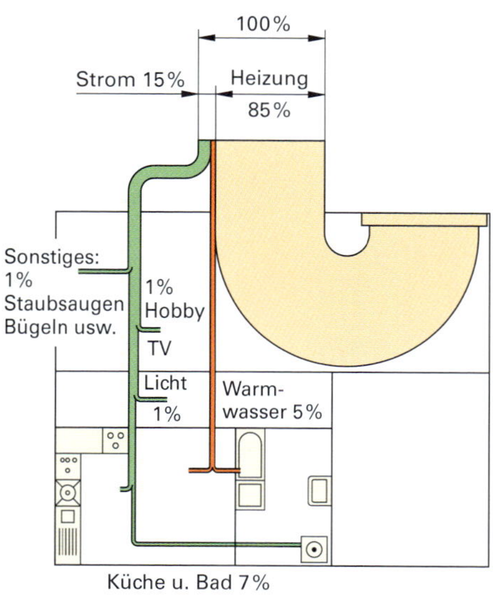

Energieflussbild einer Ölheizung:

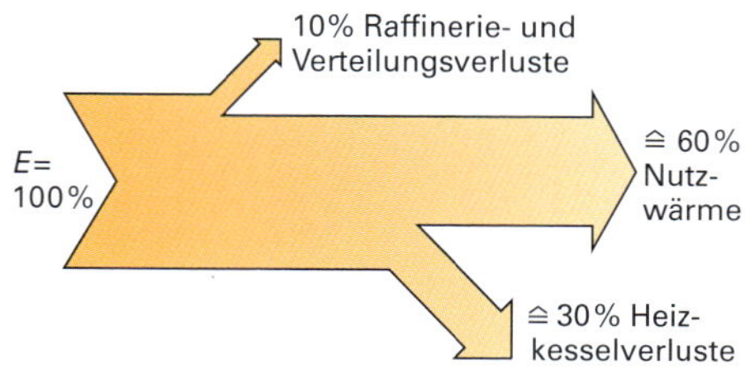

Energieflussbild einer gasmotorisch angetriebenen Wärmepumpe:

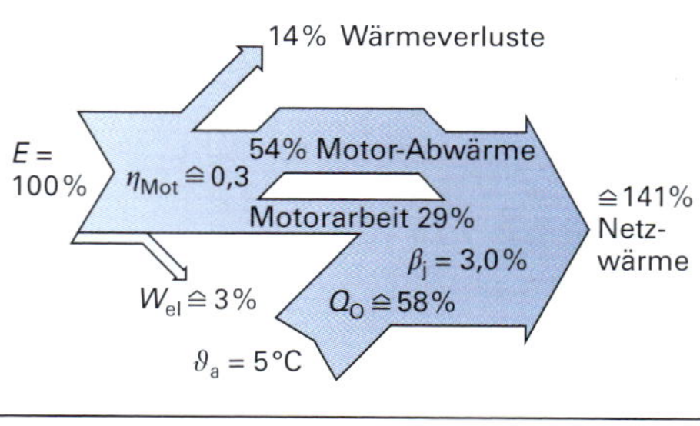

Medium des Wärmeentzuges, Wärmequelle

Erdreich
Erdwärmekollektoren

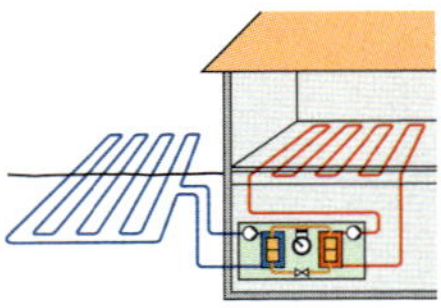

Erdreich
Erdwärmesonde

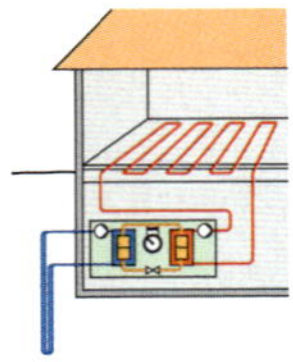

An der Oberfläche des Erdreiches werden beachtliche Beträge Sonnenenergie absorbiert. Wärmeentzug aus der Erde entweder durch in das Erdreich eingegrabene **Rohrregister (Erdreichkollektoren)** bei einem Rohrabstand von ca. 0,5 m und einer Verlegetiefe von ca. 1,0 m oder **Sonden** bis 100 m Tiefe. Sondenabstand mindestens 5 m.

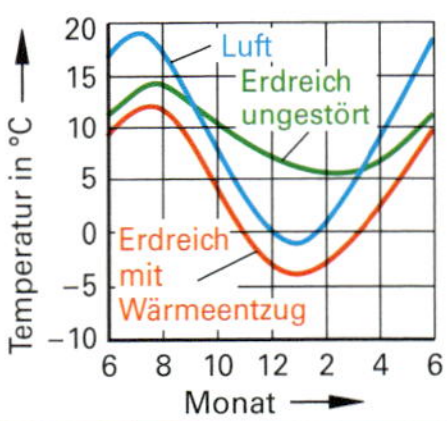

Nebenstehendes Bild zeigt den Verlauf von Luft- und Erdreichtemperatur. Einfrieren des Erdreiches ist unbedingt zu vermeiden.

Grundwasser
Brunnen

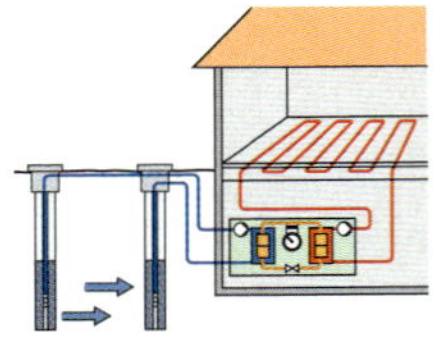

Grundwasser hat den Vorteil, eines annähernd konstanten Temperaturjahresganges von ca. 8 bis 10 °C zu haben. Die mögliche Fördermenge von Brunnenwasser kann verlässlich vor der Installation durch eine Probebohrung ermittelt werden. Heizleistung je m^3 Grundwasser ca. 6 kW bis 8 kW. Anstelle von Grundwasser kann auch bei entsprechenden Bedingungen **Abwasser** verwendet werden.

Luft
atmosphärische Umgebung

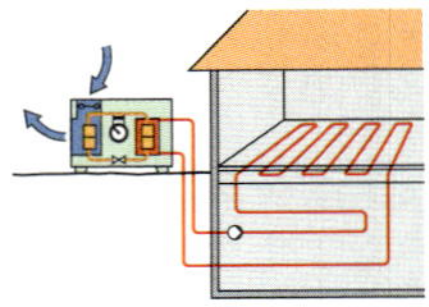

Die Wärmeenergie der atmosphärischen Luft kann ohne behördliche Genehmigung genutzt werden. Da die Lufttemperatur (außen) immer dann klein ist, wenn am Ort der Heizung der größte Wärmebedarf existiert gilt:

> Die Wärmepumpe ist für den maximalen Bedarf an Wärmeenergie am kältesten Tag auszulegen.

Die folgenden **Betriebsweisen** sind möglich:

Monovalent	Die Wärmepumpe deckt als alleiniger Wärmeerzeuger den gesamten Wärmebedarf.
Bivalent	Die Wärmepumpe heizt bis zum → **Bivalenzpunkt** allein, danach heizt sie zusammen mit einem zweiten Wärmeerzeuger. Ist der zweite Wärmeerzeuger eine Elektroheizung, spricht man vom **monoenergetischen Betrieb.**
Bivalent-alternativ	Die Wärmepumpe heizt bis zum Bivalenzpunkt allein, danach heizt ein zweiter Wärmeerzeuger alleine weiter.

Definitionen nach **VDI 4640-1**:2010-06:

Erdwärme-kollektoren	Wärmeüberträger, die horizontal oder schräg in den oberen fünf Metern des Untergrundes eingebaut werden (auch: **Erdreichkollektoren).**
Erdwärme-sonden	Wärmeüberträger, die vertikal oder schräg in den Untergrund eingebaut werden (auch: **vertikale Erdreichwärmeüberträger).**
Geothermische Energie	In Form von Wärme gespeicherte Energie unterhalb der Oberfläche der festen Erde (auch: **Erdwärme).**
Neutrale Zone	Bereich im Untergrund, unmittelbar unter der Erdoberfläche, ab dem die durchschnittliche Temperatur um nicht mehr als 0,1 K schwankt. Sie liegt in der Regel in etwa 10 bis 20 m Tiefe.
Untergrund	Unter der Erdoberfläche befindliche Materie. Der Begriff umfasst somit Minerale der Böden und Gesteine, Porenfüllungen (Gase und Flüssigkeiten) sowie organische Materie (z.B. Wurzeln).
Umweltenergie	**Umweltwärme** ist die als Wärme gespeicherte Energie in der Luft, in Oberflächenwasser (Flüsse, Seen, Meer etc.) und in sonstiger natürlicher Materie (z.B. Schnee) oberhalb der Oberfläche der festen Erde. **Umweltkälte** ist die Nutzung eines Mediums bei niedrigen Temperaturen (z.B. Außenluft im Winter) zu Kühlzwecken.
Leistungszahl ε	Momentanes Verhältnis von abgegebener → Wärmeleistung zur aufgenommenen elektrischen Antriebsleistung, bezogen auf bestimmte Betriebsbedingungen gemäß **VDI 2067**: 2012-09.
Jahresarbeits-zahl β	Verhältnis aus jährlich gelieferter Wärme zur jährlich aufgenommenen elektrischen Antriebsenergie, gemäß **VDI 4650-1**:2016-12.

Planung von Wärmepumpen

DIN EN 12831-1:2017-09

Planungsablauf einer Sole/Sole- bzw. Wasser/Wasser-Wärmepumpe

Ermittlung der Normheizlast	→ Ermittlung nach **DIN EN 12831-3**:2017-09 oder überschlägig oder Berechnungverfahren nach HEA (für Gebäude bis Baujahr 1980)
↓ Ermittlung des Warmwasserbedarfs	→ Ermittlung nach **DIN 4708**:1994-04 oder überschlägig
↓ Wahl der Wärmepumpe	
↓ Ermittlung der Zuschläge	→ EVU-Zuschlag + Zuschlag Warmwasser
↓ Festlegung der Heizflächentemperatur	→ < 35 °C beim Neubau oder max. 55 °C beim Altbau
↓ Wahl der Wärmequelle	→ Erdsonde oder Erdkollektor oder Kompaktkollektor oder Grundwassernutzung
↓ Wahl des Hydrauliksystems	

Überschlägige Ermittlung der Heizleistung nach Erfahrungswerten (1)

$$\dot{Q}_N = \dot{Q}_H \cdot \frac{A}{b_{VH}}$$

Wärmebedarf in kW (Zahlenwertgleichung)

$\dot{Q}_H$	Jahres-Heizwärmebedarf	kW/(m² · a)
A	zu beheizende Fläche	m²
b_{VH}	Vollnutzungsstunden	1800 – 2100 h/a

Haustyp	Dämmung/Fenster	Heizleistung pro m² zu beheizende Fläche
Neubau (min. **EnEV 2007**)	ja/Isolierglas	30 – 45 W/m²
Hausbestand	ja/Doppelverglasung	80 W/m²
Hausbestand	nein/Doppelverglasung	100 W/m²

Überschlägige Ermittlung der Heizleistung nach Erfahrungswerten (2)

$$\dot{Q}_N = \frac{\text{Ölverbrauch}\ \frac{l}{a}}{250\ \frac{l}{kW \cdot a}}$$

Heizleistung in kW

$$\dot{Q}_N = \frac{\text{Erdgasverbrauch}\ \frac{m^3}{a}}{250\ \frac{m^3}{kW \cdot a}}$$

Heizleistung in kW

B Der bisherige Ölverbrauch betrug 2100 Liter pro Jahr.

$$\dot{Q}_N = \frac{2100\ \frac{l}{a}}{250\ \frac{l}{kW \cdot a}} = \mathbf{8{,}4\ kW}$$

Eine genaue Heizlastermittlung muss nach **DIN EN 12831**:2017-09 erfolgen.

Planung von Wärmepumpen (Fortsetzung)

Luft/Wasser-Wärmepumpe

Ermittlung der Norm-Außentemperatur nach **DIN EN 12831-1**:2017-09

Ort	Klimazone nach DIN	Norm-Außentemperatur °C	Jahresmittel der Außentemperatur °C
Aachen	6	–8,8	10,1
Berlin Mitte	4	–11,2	10,9
Bochum	5	–7,8	11,1
Braunschweig	3	–10,8	10,2
Darmstadt	12	–10	10,8
Dortmund	5	–8,8	10,6
Dresden	4	–12,3	10,5
Düsseldorf	5	–11,9	6,8
Fehmarn	2	–7	9,2
Frankfurt am Main	12	–9,2	11,2
Freiburg	12	–10	11,1
Garmisch-Partenkirchen	15	–15,3	7
Göttingen	7	–12,3	8,7
Hamburg	1	–9,8	9,9
Hanau	12	–10,1	10,7
Hannover	3	–11	9,9
Jena	9	–12,8	9,7
Karlsruhe	12	–9,9	11,2
Kiel	2	–7,9	9,6
Köln	5	–7	12,1
Krefeld	5	–7	11,7
Leipzig	4	–12,9	9,7
Magdeburg	4	–12,5	9,6
Mainz	12	–9,5	10,9
Mannheim	12	–10,1	11,5
München	13	–12,2	9,3
Münster	5	–9,2	10,2
Nürnberg	13	–11,2	10,7
Oberstdorf	15	–16,7	6,5
Passau	13	–11,8	8,9
Stuttgart	12	–11,3	9,5
Sylt	1	–6,9	9,4
Ulm	13	–12,3	9
Winterberg	6	–13,2	6,8
Zwickau	9	–13,1	9,6

Die Tabelle enthält auszugsweise die Norm-Außentemperaturen für Städte mit mehr als 20 000 Einwohnern (tiefstes Zweitagesmittel der Lufttemperatur, das 10-mal in 20 Jahren erreicht oder unterschritten wird). Für Orte, die hier nicht enthalten sind, ist als Außentemperatur der Wert des nächstgelegenen in der Tabelle aufgeführten Ortes ähnlicher klimatischer Lage anzusetzen. Die tiefste Außentemperatur wird für den Eintrag in das Leistungsdiagramm der Luft/Wasser Wärmepumpe benötigt.

Bauten- und Anlagenschutz

Bauwerke und technische Anlagen sind den unterschiedlichsten physikalischen Einflüssen ausgesetzt. Begrenzt man diese Einflüsse auf Bauwerke, dann werden diese physikalischen Einflüsse auch als **Bauphysik** bezeichnet. Die entsprechenden Schutzmaßnahmen werden unter den Begriffen **Bautenschutz** bzw. **Anlagenschutz** zusammengefasst:

Wichtige Gebiete im **Bautenschutz** und **Anlagenschutz**				
Wärme- und Kälteschutz	**Feuchtigkeitsschutz**	**Schallschutz**	**Brandschutz**	**Korrosionsschutz**

Ebenso wie der **Wärmeschutz** ist der **Kälteschutz** ein Teilbereich der **Wärmedämmung.**

Kälteschutz: Umgebungstemperatur > Anlagentemperatur
Wärmeschutz: Umgebungstemperatur < Anlagentemperatur
Die Grenze liegt nicht bei 0 C.

Wichtige technische Regeln des Wärme- und Kälteschutzes

Vorbemerkung: In den vielfältigen Normen und technischen Regeln sind viele → **physikalische Größen** unterschiedlich bezeichnet. Handelt es sich dabei um noch gültige Regelwerke, dann ist die Verwendung – so oder so – unbedenklich. Im Rahmen der Europäisierung der Normen (EN) werden viele Normen ersatzlos gestrichen, ersetzt oder teilweise ersetzt. **Nur die neuesten Ausgaben der Regelwerke sind verbindlich.**

Teilweise Ersatz für **DIN 4108-1** (z) „Wärmeschutz im Hochbau" ist **DIN EN ISO 7345**: 2018-07 „Wärmeverhalten von Gebäuden und Baustoffen". Frühere – aber meist durch andere Normen und Richtlinien noch abgedeckte Formelzeichen und Größen – sind darin ersetzt oder hinzugefügt. Die folgende Tabelle zeigt die Zusammenhänge der wichtigsten Größen:

Physikalische Größe	**Formelzeichen nach DIN EN ISO 7345**: 2018-07	**Formelzeichen noch üblich und verwendbar**	**Einheit**
Wärmestrom	Φ	$\dot{Q}$	W
Wärmestromdichte	q	q	W/m^2
Wanddicke	d	s, δ	m
Wärmeleitfähigkeit	λ	λ	$W/(m \cdot K)$
Wärmedurchlasswiderstand	$R = d/\lambda$	R	$(m^2 \cdot K)/W$
Wärmedurchlasskoeffizient	$L = 1/R$	Λ	$W/(m^2 \cdot K)$
Wärmedurchgangskoeffizient	U	k Wärmedurchgangszahl (***k*-Wert**)	$W/(m^2 \cdot K)$

DIN EN ISO 7345:2018-07 „Wärmeverhalten von Gebäuden und Baustoffen", physikalische Größen und Definitionen, ersetzt teilweise **DIN 4108-1** (z)

DIN 4108-2:2024-03 „Wärmeschutz und Energieeinsparung in Gebäuden", Mindestanforderungen an den Wärmeschutz

DIN 4108:2024-03 „Wärmeschutz und Energieeinsparung in Gebäuden", Klimabedingter Feuchteschutz

DIN 4108-7:2011-01 „Wärmeschutz und Energieeinsparung in Gebäuden", Luftdichtheit von Gebäuden

DIN EN 12831-1:2017-09 „Energetische Bewertung von Gebäuden", **Ersatz für DIN 4701-1**:1983-03, **4701-2**:1983-03, **4701-3**:1989-08.

DIN V 4701-10 (z) „Energetische Bewertung heiz- und raumlufttechnischer Anlagen"

Energieeinsparverordnung 2015, Kommentar zu **DIN V 4701-10**:2003-08 (z)

VDI 2055, B1 … B3 „Wärme- und Kälteschutz von betriebstechnischen Anlagen in der Industrie und in der technischen Gebäudeausrüstung"

AGI-Arbeitsblätter (→ Dämm- und Sperrstoffe)

Zu beachten: Die meisten technischen Regeln enthalten eine Vielzahl von **normativen Verweisen.** Diese sind gegebenenfalls zu berücksichtigen.

B Die internationale Norm **DIN EN ISO 7345**:2018-07 ist Teil der folgenden Begriffsnormen für Wärmeschutz:

DIN EN ISO 7345 „Wärmeverhalten von Gebäuden und Baustoffen – Physikalische Größen u. Definitionen"
DIN EN ISO 9251 „Wärmeschutz – Zustände der Wärmeübertragung und Stoffeigenschaften, Begriffe"
DIN EN ISO 9346 „Wärme- und feuchtetechnisches Verhalten von Gebäuden und Baustoffen – Physikalische Größen für den Stofftransport, Begriffe"
DIN EN ISO 9229 „Wärmedämmung" – Begriffe
DIN EN ISO 9288 „Wärmeschutz – Wärmeübertragung durch Strahlung, physikalische Größen und Definitionen"

Aufbau von Dämmkonstruktionen

(→ Dämm- und Sperrstoffe, Bauzeichnungen, Wärmetransport)

Wichtige Technische Regelwerke (TR):

TR	Titel
DIN EN 13814	Lastannahmen für Bauten
DIN 4102	Brandverhalten von Baustoffen und Bauteilen
DIN 4140: 2023-05	Dämmarbeiten an betriebstechnischen Anlagen in der Industrie und in der technischen Gebäudeausrüstung – Ausführung von Wärme und Kältedämmung
DIN EN ISO 8497: 1996-09	Wärmschutz-Bestimmung der Wärmetransporteigenschaften im stationären Zustand von Wärmedämmungen für Rohrleitungen
VDI 2055 B1 – B3	Wärme- und Kälteschutz für betriebs- und haustechnische Anlagen

AGI = Arbeitsgemeinschaft Industriebau

TR	Titel
AGI-	
–Q02	Begriffe
–Q03	Ausführung von Dämmarbeiten
–Q101 **–Q103** **–Q104** **–Q111** **–Q112** **–Q135** **–Q136** **–Q152** **–Q153** **–Q154**	spezielle Themen über Wärme- und Kältedämmarbeiten

Wärmeschutz: Objekttemperatur ist höher als die Umgebungstemperatur.
Kälteschutz: Objekttemperatur ist niedriger als die Umgebungstemperatur.

Allgemeine Anforderungen:
Um das Objekt fachgerecht dämmen zu können, sind folgende Voraussetzungen zu erfüllen:

- Korrosionsschutzarbeiten am Objekt sind, falls erforderlich, ausgeführt.
- Bei Kältedämmungen **muss** das Objekt korrosionsgeschützt sein.
- Das Objekt muss trocken sein.
- Die Mindestabstände sind eingehalten (s. unten).
- Die Oberfläche weist keine groben Verunreinigungen auf.
- Halterungen zur Aufnahme der Tragkonstruktion sind nach AGI Q153 am Objekt angebracht.
- Fundamente sind fertiggestellt.
- Dichtkragen und Dichtscheiben sind am Objekt angebracht.
- Stutzen am Objekt sind mindestens so lang, dass die Flansche außerhalb der Dämmung liegen und ohne Behinderung verschraubt werden können.
- Auflager sind so ausgeführt, dass Dämmstoffe, Dampfbremsen und Ummantelungen fachgerecht angeschlossen werden können.
- Die Dämmung kann ohne Behinderungen, z.B. durch Gerüste, aufgebracht werden.
- Schweiß- und Klebearbeiten am Objekt sind ausgeführt.

Mindestabstände (nach **DIN 4140**:2023-05)
Rohrleitungen:

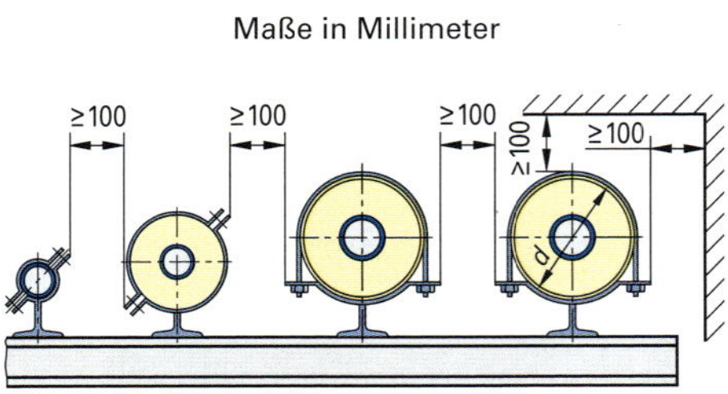

Abstände zwischen gedämmten Objekten:
(Legende zum Bild siehe Seite 531 rechts oben)

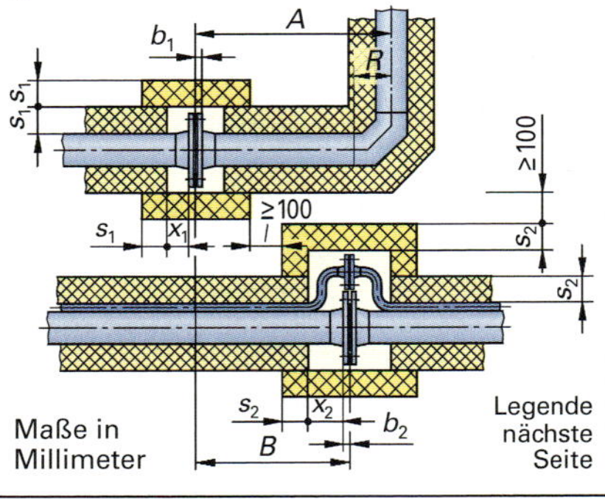

8

Aufbau von Dämmkonstruktionen (Fortsetzung)

Behälter, Apparate, Kolonnen, Tanks:

Maße in Millimeter

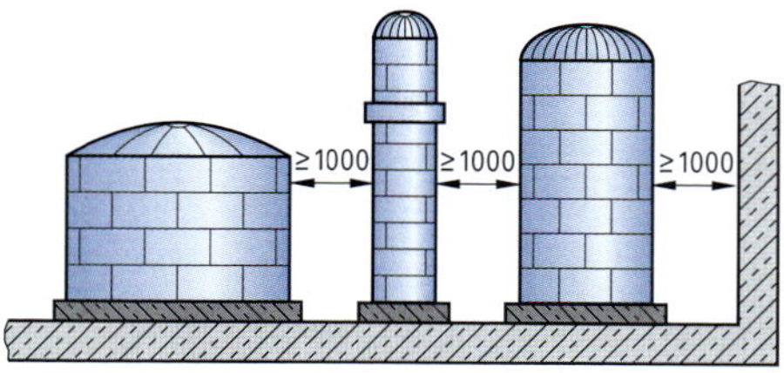

Legende zum Bild auf Seite 530 unten rechts

R Bogenradius
x_n Schraubengesamtlänge + 20 mm
s_n Dämmschichtdicke
b_n Flanschblattdicke
A Mindestabstände
B Abstand zwischen 2 Flanschen

Bei Flanschen gilt: $A \geq R + 2\,s_1 + x_1 + b_1 + 150$

Für den Abstand zwischen 2 Flanschen gilt:
$B \geq s_1 + x_1 + b_1 + s_2 + x_2 + b_2 + 100$

> Verlegung fugendicht mit Minimum an Wärmebrücken (Kältebrücken). Bei mehrlagiger Dämmung Fugen versetzen.

Schallschutztechnische Anforderungen: (→ Akustik)

Jede Wärmedämmung besitzt **akustische Eigenschaften,** die durch folgende konstruktive Maßnahmen – einzeln oder in Kombination – beeinflusst werden können:

- Änderung des lichten Abstandes zwischen Objekt und Ummantelung;
- Änderung der Dämmschichtdicke und/oder der → Rohdichte des Dämmstoffes;
- Akustische Entkoppelung der Ummantelung vom Objekt mit elastischen Elementen in der Trag- und Stützkonstruktion (z.B. Omegafederbügel, Gummielemente, Stahlwollekissen);
- Innenseitige Beschichtung der Ummantelung mit körperschallabsorbierenden Werkstoffen wie z.B. selbstklebenden Bitumenpappen oder Spritzmassen;
- Änderung der → flächenbezogenen Masse der Ummantelung durch Werkstoffwahl oder Mehrfachaufbringung;
- Mehrschaliger Dämmaufbau mit mindestens zwei separaten Dämmschichten und Ummantelungen.

Ummantelungen:

Die Ummantelung ist ein **mechanischer Schutz** und/oder **Witterungsschutz.**

> Ummantelungen sind erforderlich, wenn Umgebungseinflüsse die Eigenschaften des Dämmstoffes beeinträchtigen können.

> Die Blechdicken liegen – je nach dem Ummantelungsumfang – zwischen 0,5 und 1,2 mm bei vorgeschriebener **Überlappung (DIN 4140**:2023-05)

Oberflächentemperatur für Stoffe der Ummantelung (nach **DIN 4140**:2023-05)

Lfd. Nr.	Stoffe	Oberflächentemperatur[1]		
		bis 50 °C	bis 60 °C	über 60 °C
1	Verzinktes Stahlblech, aluminiertes Stahlblech, Al-Zn-beschichtetes Stahlblech[2]			x
2	Nichtrostendes austenitisches Stahlblech			x
3	Aluminiumblech			x
4	Aluminiumfolie, Grobkorn			x
5	Kunststoffbeschichtetes Stahlblech[3]		x	
6	Kunststoffbeschichtetes Aluminiumblech[3]		x	
7	Bitumen-Klebeband mit PE-oder Aluminiumfolie	x		
8	Bandagierte Bitumenmäntel	x		
9	Bitumenbahnen	x		
10	Bänder aus Kunststoff	x		
11	Kunststofffolien	x		
12	Kunstharzgebundene Massen	x		
13	Hydraulisch abbindende Massen	x		

[1] Soll der Einsatz bei höheren Temperaturen erfolgen, sind die Herstellerangaben zu beachten.
[2] Bei schutzlackversiegelten Blechen bis 100 °C.
[3] Bei Beschichtung mit PVDE (Polyvinyldifluorid) bis 110 °C.

Aufhängung gedämmter Leitungen: (→ Rohrleitungen und Kanäle)

Auch bei **Aufhängungen** ist eine **maximale Stauchung der Dämmung von 10%** zugelassen (→ Dämm- und Sperrstoffe).

8

Aufbau von Dämmkonstruktionen (Fortsetzung)

Befestigungsmöglichkeiten für Dämmstoffe (nach **DIN 4140**:2023-05)

	Spannband	Bindedraht	Mattenhaken, Ösen	Verknüpfungen mit Spezialzange	Stifte und Klipse	Kleben[1]	Klebeband, Folie	Haken und Ösen mit Bindedraht	Klettband, Druckknöpfe, Gurt mit Schnallen	thermisches Schweißen	Spiralschraubverbinder	Profilschiene	Montagewinkel	Stopfen, Schütten, Blasen hinter Doppelmantel	Einblasen, Schütten, Stopfen hinter Ummantelung
Faserige Dämstoffe															
lose Wolle, granulierte Wolle														o	x
Matten, Bahnen, Filze	x	x			x	x									
Lamellenmatten	x	x			x	x									
Drahtnetzmatten	x	x	x	x	x										
Dämmmatratzen	x	x	x	x	x										
Zöpfe, Schnüre, Bänder	x	x													
Platten	x				x	x					x	x			
Schalen; Segmente	x	x					o								
Module		x				x							o		
Granulate															
Schüttdämmstoffe														o	x
Mikroporöse Dämmstoffe															
Kieselsäure – Platten	x				x	x						x			
– Schalen	x	x				x									
– gerippt/gesteppt	x	x				x	x								
– Granulat															x
Aerogel															
Matten	o	o			x		o								
Calciumsilicat															
Platten, Schalen	x	x				x					x				
Segmente	x	x				x									
Harte Schaumstoffe (z.B. PUR/PIR; EPS; XPS; PF; MRF)															
Platten	o					o					x	o			
Schalen, Segmente	o	o				o	o								
Schaumglas															
Platten	o				o	o									
Schalen, Segmente	o					o									
FEF															
Platten, Bahnen						o									
Schläuche						o	o								
PEF															
Platten, Bahnen						x	x			o					
Schläuche					x	x	x			o					

x Wärmedämmung
o Wärme- und Kältedämmung
[1] Bei Klebeverbindungen kann eine zusätzliche mechanische Befestigung erforderlich sein.

8

Aufbau von Dämmkonstruktionen (Fortsetzung)

Bauten- und Anlagenschutz (Fortsetzung)

Lage der Dampfbremse und Dehnungsmöglichkeit:

(→ Wasserdampfpartialdruck, Diffusion, Wärmedehnung von Schaumstoffen)

In der Regel vollflächig mit dem Dämmstoff verklebt. Sie müssen auch an Abschottungen, Endstellen, Einbauten, Durchdringungen, Übergängen, Abgängen und Auflagern voll wirksam sein. Die Dampfbremse (Sperrschicht) wird immer **auf der Seite des höheren Wasserdampfpartialdruckes** (i.d.R. auf der Seite der höheren Temperatur) angebracht.

Wegen der Wärmeausdehnung muss die Dämmkonstruktion eine Dehnungsmöglichkeit, meist in Form einer **Dehnfuge** erhalten.

Beispiele (nach **DIN 4140**:2023-05):

Auflager für Behälter mit ebenem Boden (Ringauflager)

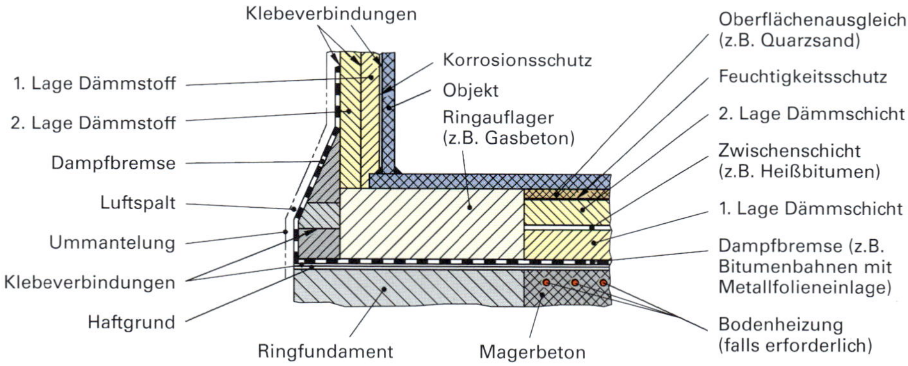

Dehnfugen bei waagerechter Anordnung von Objekten

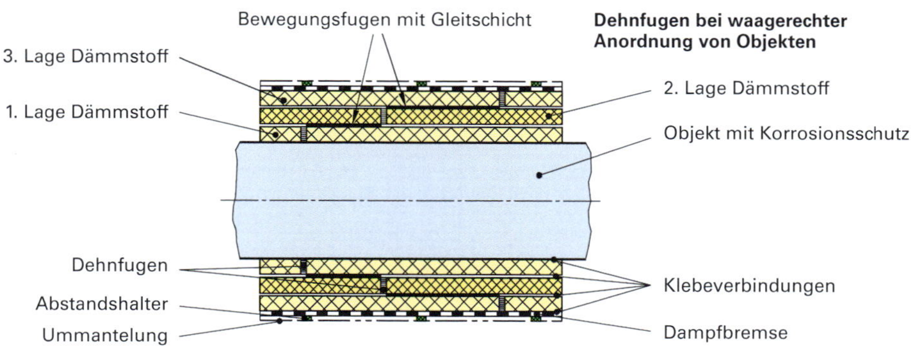

Dehnfugen bei senkrechter Anordnung von Objekten (Dämmstoff Schaumglas)

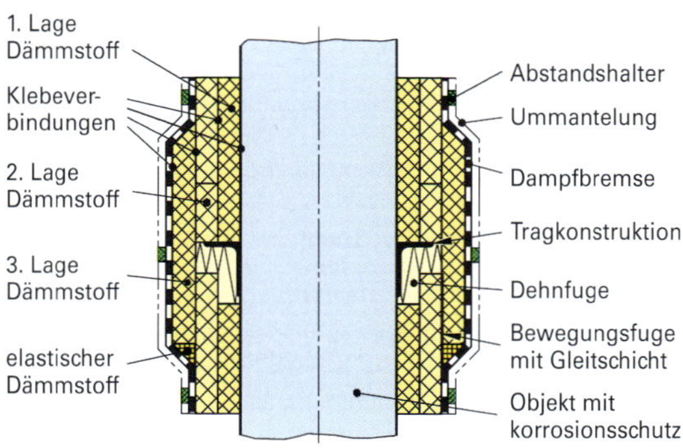

DIN 1356-1:1995-02 (→ Bauzeichnungen)	
Dämmstoffe	
Dampfbremse (Sperrstoffe)	
Dichtstoffe	

Berechnung von Dämmkonstruktionen

Wärme- und Kältekontraktion

Dämmungen werden i.d.R. bei **Umgebungstemperatur** aufgebracht. Beim Einstellen der **Betriebstemperatur** erfolgt → Wärmeausdehnung.
Diese ist bei Dämmstoffen meist viel größer als bei Metallen (→ thermischer Längenausdehnungskoeffizient, Dämm- und Sperrstoffe, Wärmespannung)

Der thermische Längenausdehnungskoeffizient ist von der → Rohdichte und bei Schaumstoffen von der **Entnahmerichtung** (quer oder längs zur Schäumrichtung) abhängig.

Herstellerangaben beachten.

Es wird immer vorausgesetzt, dass die obere bzw. die untere Anwendungstemperatur (→ Dämm- und Sperrstoffe, Anhaltswerte; **DIN 4140**:2023-05) nicht über- bzw. unterschritten wird, da sonst **irreversible Verformungen,** Versprödungen o.a. eintreten können.

Eine zusätzliche irreversible Verformung (bei Hartschäumen) kann durch **Schwund (Schrumpf)** nach der Schaumproduktion durch Stabilisierung des Molekulargefüges (bis zu zwei Jahren) auftreten.

Nur abgelagerte Schaumstoffe verwenden.

Herstellerangaben beachten.

Druckbeanspruchung

Dämmstoffe haben nur in Ausnahmefällen eine statische Funktion (→ Statik, Festigkeitslehre).

Bodendämmungen (s. Bild) unterliegen einer → Druckbeanspruchung. Zulässige Druckspannungen gemäß **AGI-Arbeitsblatt Q03** (→ Dämm- und Sperrstoffe) und **DIN 4140**:2023-05, Tabelle 8. Die dort angegebenen Werte beziehen sich auf eine statisch aufgebrachte Dauerlast (statische Beanspruchung).

Herstellerangaben beachten.

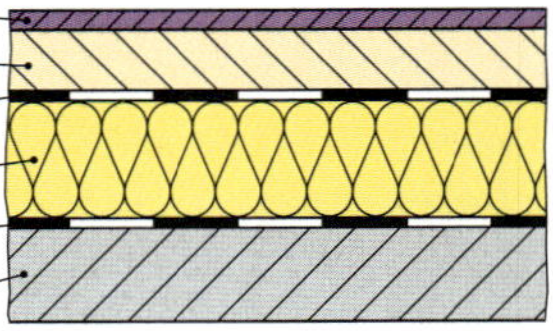

B Bei einem PUR-Hartschaum ist die zulässige Druckspannung mit $\sigma_{d\,zul} = 0{,}2$ N/mm² angegeben. Die Gewichtskraft des eingesetzten Kühlgutes wird gleichmäßig auf die Bodenfläche übertragen. Wie groß darf die Belastung pro m² sein?

$\sigma_{d\,zul} = F_{zul} / S_{vorh} \rightarrow \mathbf{F_{zul}} = \sigma_{d\,zul} \cdot S_{vorh} = 0{,}2 \text{N/mm}^2 \cdot 1\,000\,000 \text{ mm}^2 = 200000 \text{ N} = \mathbf{200 \text{ kN}}$

Achtung: Bei **punktförmiger Belastung** (Gabelstapler) darf die maximale Spannung den Wert für eine statisch aufgebrachte Dauerlast nicht überschreiten. Berechnung mit den **Hertz'schen Gleichungen.**

Berechnung der Norm-Heizlast (Wärmebedarf von Gebäuden)

(→ Sonnenstrahlung, Atmosphäre, Kühllast, Kühllastzonen, Behaglichkeit, Wärmeabgabe des Menschen)

Grundlegende Norm ist die **DIN EN 12831-1**:2017-09 „Energetische Bewertung von Gebäuden - Norm-Heizlast". Diese Norm ist **Ersatz für DIN 4701-1-2-3**.

Normative Verweise der DIN EN 12831-1:2017-09:

DIN EN 673:2011-04 „Glas im Bauwesen – Bestimmung des Wärmedurchgangskoeffizienten (***U***-Wert = ***k***-Wert) – Berechnungsverfahren"

DIN EN ISO 6946:2018-03 „Bauteile – Wärmedurchlasswiderstand und Wärmedurchgangskoeffizient- Berechnungsverfahren"

DIN EN ISO 10077-1:2020-10 „Wärmetechnisches Verhalten von Fenstern, Türen und Abschlüssen – Berechnung des Wärmedurchgangskoeffizienten – Teil 1: Allgemeines, Teil 2: Numerisches Verfahren"

DIN EN ISO 10211:2018-03 „Wärmebrücken im Hochbau – Wärmeströme und Oberflächentemperaturen – Teil 1: Allgemeine Berechnugsverfahren, Teil 2: Linienförmige Wärmebrücken"

DIN EN ISO 10456:2010-05 „Baustoffe und -produkte – Verfahren zur Bestimmung der wärmeschutztechnischen Nenn- und Bemessungswerte"

Berechnung von Dämmkonstruktionen (Fortsetzung)

DIN EN ISO 13370: 2018-03 „Wärmetechnisches Verhalten von Gebäuden – Wärmetransfer über das **Erdreich** – Berechnungsverfahren"

DIN EN ISO 14683: 2018-03 „Wärmebrücken im Hochbau – Längenbezogener **Wärmedurchgangskoeffizient** – Vereinfachte Verfahren und Anhaltswerte"

Randbedingungen zur Berechnung der *U*-Werte nach **DIN EN 12831-1**:2017-09 (auch → ***k***-Wert und ***K***-Wert):

Vorbemerkung: Die im Teil Technische Physik (→ Wärmetransport) aufgezeigten Gesetze werden von den Größen und Einheiten der neuen Normung nicht tangiert, da natürlich auch die neue Normung an die Gesetze der Physik gebunden ist. Auf analoge Bezeichnungen wird hingewiesen.

Formelzeichen zeichen und Einheit	**Benennung der Randbedingungen**	**Hinweis auf die entsprechende EN-Norm**
R_{si} in $(m^2 \cdot K)/W$	Wärmeübergangswiderstand innerer Oberflächen $R_{si} = \frac{1}{\alpha_i}$ α_i = Wärmeübergangszahl innen (→ Wärmetransport)	**DIN EN ISO 6946**:2018-03
R_{se} in $(m^2 \cdot K)/W$	Wärmeübergangswiderstand äußerer Oberflächen $R_{se} = \frac{1}{\alpha_a}$ α_a = Wärmeübergangszahl außen (→ Wärmetransport)	**DIN EN ISO 6946**:2018-03
λ in $W/(m \cdot K)$	Wärmeleitfähigkeit (homogene Baustoffe): • Bestimmung von geforderten Auslegungswerten (Vorgehensweise) • Tabellenwerte für die Auslegung (Werte auf der sicheren Seite) • Arten des Wärmeübergangs an das Erdreich • Standort im Gelände und Feuchtebedingungen	**DIN EN ISO 10456**:2010-05 **DIN EN ISO 13370**:2018-03 Nationale Normen
R in $(m^2 \cdot K)/W$	Wärmedurchlasswiderstand von nichthomogenen Baustoffen	**DIN EN ISO 6946**:2018-03
R_a in $(m^2 \cdot K)/W$	Wärmedurchlasswiderstände von Luftschichten oder Hohlräumen: • Unbelüftete, leicht und gut belüftete Luftschichten • In Verbundfenstern und Doppelfenstern	**DIN EN ISO 6946**:2018-03 **DIN EN ISO 10077-1**:2020-10
U in $W/(m^2 \cdot K)$	Wärmedurchgangskoeffizient, Wärmedurchgangszahl (auch *k*-Wert oder *K*-Wert): • allgemeine Berechnungsmethode • Fenster, Türen (berechnete Werte und Tabellenwerte) • Rahmen (numerische Methode) • Verglasung	 **DIN EN ISO 6946**:2018-03 **DIN EN ISO 10077-1**:2020-10 **DIN EN ISO 10077-2**:2018-01 **DIN EN 673**:2011-04

Wärmedurchlasswiderstand bei mehreren homogenen und ebenen Schichten (DIN EN ISO 6946:2018-03)

$$R_T = R_{si} + R_1 + R_2 + \ldots + R_n + R_{se}$$

$$R_1 \ldots R_n = \frac{\delta_1}{\lambda_1} = \frac{d_1}{\lambda_1} = \ldots \frac{\delta_n}{\lambda_n} = \frac{d_n}{\lambda_n}$$

R_{si}	innerer Wärmeübergangswiderstand	$(m^2 \cdot K)/W$
R_{sa}	äußerer Wärmeübergangswiderstand	$(m^2 \cdot K)/W$
$R_1, R_2 \ldots R_n$	anteilige Wärmeleitwiderstände jeder Schicht (→ Wärmetransport)	$(m^2 \cdot K)/W$
$\lambda_1, \lambda_2 \ldots \lambda_n$	Wärmeleitfähigkeit	$W/(m \cdot K)$
$d_1, d_2 \ldots d_n$	Schichtdicke (Wanddicke)	m

Für die Schichtdicke ist auch der Formelbuchstabe *s* zulässig

Wird der Wärmedurchlasswiderstand R_T als Endergebnis angegeben, muss er auf zwei Dezimalstellen genau gerundet werden (→ Runden von Zahlen).

Wärmedurchgangskoeffizient (→ Wärmedurchgangszahl = ***k*-Wert**)

$$U = \frac{1}{R_T}$$

$$U = k$$

U Wärmedurchgangskoeffizient $\frac{W}{(m^2 \cdot K)}$

***U*-Wert = *k*-Wert**

8

Berechnung von Dämmkonstruktionen (Fortsetzung)

Randbedingungen zur Berechnung der *U*-Werte
nach **DIN EN 12831-1**:2017-09 (auch → ***k***-Wert)

λ-Werte:
immer temperaturabhängig! **Herstellerangaben beachten** [(→ Dämm- und Sperrstoffe, Tabelle 1 in **DIN EN 12524** (z)]

λ-Werte in **DIN 4108-4**:2020-11 für Baustoffe

R_{se}-Werte
bei unterschiedlichen Windgeschwindigkeiten (→ Windstärkeskala, **DIN EN ISO 6946**:2018-03, **VDI-Richtlinie 2055-1**:2008-09)

Windgeschwindigkeit in m/s	R_{se} in $(m^2 \cdot K)/W$	
1	0,08	
2	0,06	
3	0,05	
4	0,04	$R_{se} = \frac{1}{\alpha_a}$
5	0,04	
7	0,03	
10	0,02	

B Vergleichsrechnung ***k*-Wert** (noch in vielen technischen Regeln) –
***U*-Wert (DIN EN ISO 6946**:2018-03) für eine zweischichtige ebene Wand

***k*-Wert-Berechnung** (→ Wärmetransport)

gegeben:
$\alpha_a = 11{,}7\ W/(m^2 \cdot K)$, $\alpha_i = 556\ W/(m^2 \cdot K)$,
$\delta_1 = 0{,}13\ m$, $\delta_2 = 0{,}02\ m$
$\lambda_1 = 0{,}45\ W/(m \cdot K)$, $\lambda_2 = 46{,}7\ W/(m \cdot K)$

$$k = \frac{1}{\frac{1}{\alpha_a} + \frac{\delta_1}{\lambda_1} + \frac{\delta_2}{\lambda_2} + \frac{1}{\alpha_i}} = \frac{1}{\frac{1}{11{,}7} + \frac{0{,}13}{0{,}45} + \frac{0{,}02}{46{,}7} + \frac{1}{556}} \frac{W}{m^2 \cdot K}$$

$$\mathbf{k = 2{,}6551\ \frac{W}{m^2 \cdot K}}$$

***U*-Wert-Berechnung**

$R_{se} = 1/\alpha_a = 1/11{,}7 = 0{,}855\ (m^2 \cdot K)/W$
$R_{si} = 1/\alpha_i = 1/556 = 0{,}0018\ (m^2 \cdot K)/W$
$R_1 = d_1/\lambda_1 = 0{,}13/0{,}45$
$= 0{,}2889\ (m^2 \cdot K)/W$
$R_2 = d_2/\lambda_2 = 0{,}02/46{,}7$
$= 0{,}00043\ (m^2 \cdot K)/W$
$R_T = R_{si} + R_1 + R_2 + R_{se}$
$R_T = (0{,}0018 + 0{,}2889 + 0{,}00043$
$+ 0{,}0855)\ (m^2 \cdot K)/W$
$R_T = 0{,}37663\ (m^2 \cdot K)/W$
$U = 1/R_T = 1/0{,}37663\ (m^2 \cdot K)/W$
$\mathbf{U = 2{,}6551\ W/(m^2 \cdot K)}$

Wärmetechnische Eigenschaften des Erdreiches
(nach **DIN EN ISO 13370**:2018-03)

Kategorie	Beschreibung	Wärmeleitfähigkeit λ in $W/(m \cdot K)$	Volumenbezogene → Wärmekapazität (→ Dichte ϱ mal → spezifische Wärmekapazität c) in $J/(m^3 \cdot K)$
1	Ton oder Schluff	1,5	$3{,}0 \cdot 10^6$
2	Sand oder Kies	2,0	$2{,}0 \cdot 10^6$
3	homogener Felsen	3,5	$2{,}0 \cdot 10^6$

Wärmeübergangswiderstände
Beim → Wärmestrom in das und aus dem Erdreich nach **DIN EN ISO 13370**:2018-03:

Wärmestrom innen, und zwar von oben nach unten	$R_{si} = 0{,}17\ (m^2 \cdot K)/W$
Wärmestrom innen, und zwar waagerecht	$R_{si} = 0{,}13\ (m^2 \cdot K)/W$
Wärmestrom innen, und zwar von unten nach oben	$R_{si} = 0{,}10\ (m^2 \cdot K)/W$
Wärmestrom außen für sämtliche Fälle (alle Strömungsrichtungen)	$R_{se} = 0{,}04\ (m^2 \cdot K)/W$

Gebäudeenergiegesetz GEG
(2020-11)

GEG: Gebäudeenergiegesetz führt das Energieeinspargesetz (EnEG), die Energieeinsparverordnung (EnEV) und das Erneuerbare-Energien-Wärmegesetz (EEWärmeG) in einem Gesetz zusammen.
Seit 1. November 2020 in Kraft, zuständig für die Umsetzung sind die Bundesländer.
Ziel: Legt fest, welche energetischen Anforderungen beheizte und klimatisierte Gebäude erfüllen müssen und enthält Vorgaben zur Heizungs- und Klimatechnik sowie zum Wärmedämmstandard und Hitzeschutz.

Gebäudeenergiegesetz GEG

Normative Verweise zum GEG

Norm	Titel der Norm	Bezug zum GEG
	Energetische Bewertung von Gebäuden	Berechnungsgrundlagen und -verfahren gemäß § 21, Berechnungsrandbedingungen gemäß § 25
DIN V 18599-1:2018-09	Allgemeine Bilanzierungsverfahren, Begriffe, Zonierung und Bewertung der Energieträger	
DIN V 18599-2:2018-09	Nutzenergiebedarf für Heizen und Kühlen von Gebäudezonen	
DIN V 18599-4:2018-09	Nutzenergiebedarf für Beleuchtung	
DIN V 18599-9:2018-09	End- und Primärenergiebedarf von stromproduzierenden Anlagen	
DIN V 18599-10:2018-09	Nutzungsrandbedingungen, Klimadaten	
DIN V 18599-11:2018-09	Gebäudeautomation	
DIN 4108 Beiblatt 2: 2019-06	Wärmeschutz und Energieeinsparung – Wärmebrücken – Planungs- und Ausführungsbeispiele	Einfluss von Wärmebrücken nach § 24
	Energetische Bewertung von Gebäuden	Vorgaben zum Jahres-Primärenergiebedarf für Heizung, Warmwasserbereitung, Lüftung und Kühlung gemäß § 18 Randbedingungen auf der Anlagenseite
DIN V 18599-5:2018-09	Energiebedarf von Heizsystemen	
DIN V 18599-6:2018-09	Endenergiebedarf von Lüftungsanlagen, Luftheizungsanlagen und Kühlsystemen für den Wohnungsbau	
DIN V 18599-7:2018-09	Endenergiebedarf von Raumlufttechnik- und Klimakältesystemen für den Nichtwohnungsbau	
DIN V 18599-8:2018-09	Nutz- und Endenergiebedarf von Warmwasserbereitungssystemen	
DIN EN ISO 6946: 2018-03	Bauteile → Wärmedurchlasswiderstand und und Wärmedurchgangskoeffizient, Berechnungsverfahren	Ermittlung von → Wärmedurchgangskoeffizienten (*U*-Wert = *k*-Wert) für opake (nicht durchsichtige) Bauteile nach § 49
DIN EN ISO 10077-1: 2020-10	Wärmetechnisches Verhalten von Fenstern, Türen und Abschlüssen – Berechnung des Wärmedurchgangskoeffizienten: Allgemeines	Ermittlung von Wärmedurchgangskoeffizienten für transparente Bauteile nach Anhang 1 und Anhang 3
DIN EN ISO 9972: 2018-12	Wärmetechnisches Verhalten von Gebäuden, Bestimmung der Luftdurchlässigkeit von Gebäuden, Differenzdruckverfahren	Festlegung der Nachweismethode für die Dichtheit von Gebäuden nach § 26
DIN 4108-2:2013-02	Wärmeschutz und Energieeinsparung in Gebäuden: Mindestanforderungen an den Wärmeschutz	Mindestwärmeschutz nach § 11, sommerlicher Wärmeschutz nach § 14
DIN EN ISO 717-1: 2021-05	Akustik- Bewertung der Schalldämmung in Gebäuden und von Bauteilen → Luftschalldämmung, Deutsche Fassung der DIN ISO 717-1: 2021-05	Festlegung des → Schalldämmmaßes für Sonderverglasungen in Anlage 7
DIN 4102-13:1990-05	→ Brandverhalten von Baustoffen und Bauteilen – Brandschutzverglasungen: Begriffe, Anforderungen und Prüfungen	Festlegung von Isolierglas-Sonderaufbauten in Anlage 7

Berechnung der Dämmschichtdicke nach wirtschaftlichen Gesichtspunkten

Unter der **wirtschaftlichen Dämmschichtdicke** versteht man die Dicke, bei der die Summe von **Investitionskosten** und **Betriebskosten** zu einem Minimum wird.

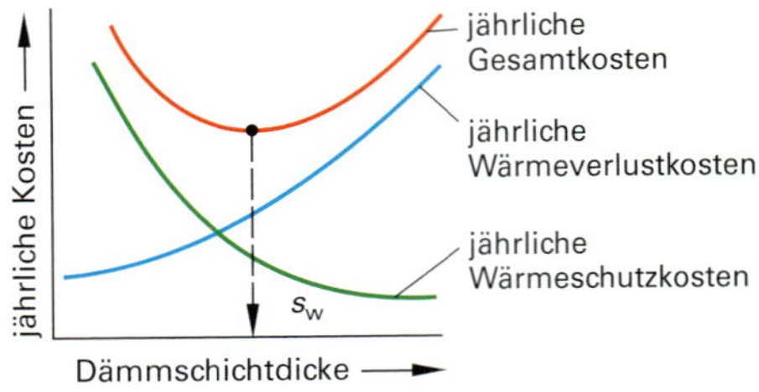

Investitionskosten pro Jahr: **Wärmeschutzkosten**
Energiekosten pro Jahr: **Wärmeverlustkosten**

VDI 2055-1:2008-09 **unterscheidet die statische von der dynamischen Berechnungsmethode** (letztere mit **Dynamisierungsfaktor** f).

Rechnerische Methode: Wirtschaftliche Dämmschichtdicke s_W für ebene Wände

$$s_W = 0{,}19 \cdot \sqrt{f \cdot \lambda_B \cdot (\vartheta_M - \vartheta_L) \cdot \beta \cdot W} - \frac{\lambda_B}{\alpha_a} \cdot 10^3 \text{ in mm}$$

Der Term $\frac{\lambda_B}{\alpha_a} \cdot 10^3$ kann im Allgemeinen vernachlässigt werden.

$$f = \frac{S_1}{S_2}$$

$$S_1 = \frac{1 - \left(\frac{1 + p/100}{1 + z/100}\right)^n}{1 - \frac{1 + p/100}{1 + z/100}}$$

$$S_2 = \frac{1 - \left(\frac{1}{1 + z/100}\right)^n}{1 - \frac{1}{1 + z/100}}$$

Analytisch/grafische Methode: Wirtschaftliche Dämmschichtdicke s_W für Rohrleitungen (Diagramm) mithilfe von

Betriebskennzahl

$$B = \frac{\lambda_B\,(\vartheta_i - \vartheta_a) \cdot \beta \cdot W \cdot f}{b \cdot d_i \cdot \varkappa_0} \cdot 3{,}6 \cdot 10^{-6}$$

und

Kostenkennzahl

$$K_D = 50 \cdot \frac{d_i \cdot \varkappa'}{\varkappa_0}$$

$$s_W = \sigma \cdot d_i$$

Legende s. nächste Seite

Diagramm zur Ermittlung der wirtschaftlichen Dämmschichtdicke s_W in Abhängigkeit von Betriebskennzahl B und Kostenkennzahl K_D für Rohrleitungen

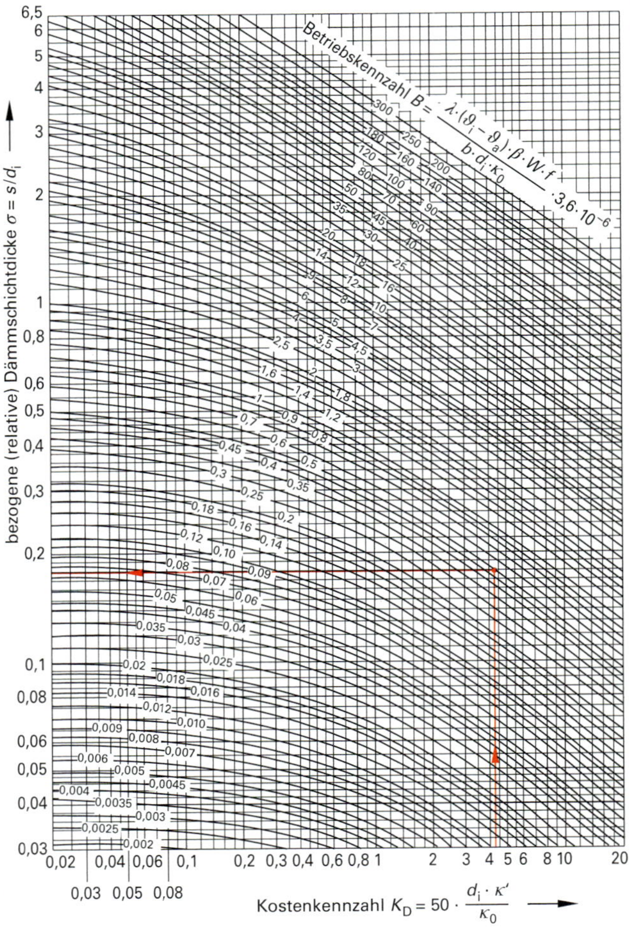

8

Berechnung der Dämmschichtdicke nach wirtschaftlichen Gesichtspunkten (Fortsetzung)

f	Dynamisierungsfaktor	1
λ	Betriebswärmeleitfähigkeit	W/(m · K)
ϑ_M	Mediumtemperatur	°C
ϑ_L	Lufttemperatur	°C
β	Nutzungsdauer pro Jahr	h/a
W	Wärmepreis	€/GJ
b	Kapitaldienstfaktor	1/a, %/a
α_a	Wärmeübergangszahl außen	W/(m² · K)
S_1, S_2	s. Gleichungen Seite 538	1
p	Energiepreissteigerung	%/a
z	Zinssatz	%/a
n	Nutzungsdauer	a
ϑ_i	Innentemperatur	°C
ϑ_a	Außentemperatur	°C
d_i	Innendurchmesser	m
$\varkappa_0$	spezifische Kosten der Wärmedämmung bei $s \rightarrow 0$	€/m²
$\varkappa'$	Kostensteigerung einer Rohrdämmung von 1 m² bei Vergrößerung der Dämmschichtdicke s um 1 cm	€/(m² · cm)
σ	bezogene bzw. relative Dämmschichtdicke	1
s_W	wirtschaftliche Dämmschichtdicke	m

Feuchtigkeitsschutz

Durchfeuchtung einer Dämmung hat immer eine Minderung oder den völligen Verlust des Wärme- bzw. des Kälteschutzes zur Folge. **DIN 4108-3**:2024-03 unterscheidet folgende mögliche **Mechanismen der Durchfeuchtung**:

- **Tauwasserbildung bei Wasserdampfdiffusion** (→ Diffusion)
- **Kapillare Wasseraufnahme** (→ Kapillarwirkung)
- **Wasserdampfkonvektion und Belüftung**

Die normativen Verweise der **DIN 4108-3**:2024-03 sind zu beachten.

Durchfeuchtung der Dämmung infolge Wasserdampfdiffusion

(nach **DIN 4108-3**:2024-03**, VDI 2055, Blatt 1**:2008-09)

(→ Diffusion, Diffusionsstromdichte, Wärmetransport, Feuchte Luft)

Technische Begriffe zur Wasserdampfdiffusion:

Wasserdampf-Diffusionswiderstandszahl μ
(→ Wasserdampfdiffusionswiderstandsfaktor)

Wasserdampfdiffusionsäquivalente Luftschichtdicke:

$$s_d = \mu \cdot d$$ **eine Schicht**

$$s_d = \mu_1 \cdot d_1 + \mu_2 \cdot d_2 + \ldots + \mu_n \cdot d_n$$ **mehrere Schichten**

μ	→ Wasserdampf-Diffusionswiderstandszahl	1
d	Schichtdicke	m
n	Anzahl der Einzelschichten	1

Diffusionsoffene Schicht: $s_d \leq 0{,}5$ m
Diffusionshemmende Schicht: $10 \text{ m} < s_d \leq 100$ m
Diffusionsdichte Schicht: $s_d \geq 1500$ m

Bei einer wasserdampfäquivalenten Luftschichtdicke $\boldsymbol{s_d} \geq$ **1500 m** kann die Dämmkonstruktion als **diffusionsdicht** angenommen werden!

Gegenüberstellung bisheriger Formelzeichen (z.B. VDI 2055, Blatt 1:2008-09**) und der DIN 4108-3**:2024-03 (nur Abweichungen):

Physikalische Größe	Bisheriges Symbol (in anderen Normen und Richtlinien meist noch gültig)	Symbol nach DIN 4108-3:2024-03
Dicke	s	d
Celsiustemperatur	ϑ	θ
Wärmeübergangswiderstand, innen	$1/\alpha_i$	R_{si}
Wärmeübergangswiderstand, außen	$1/\alpha_a$	R_{se}
Wärmedurchgangskoeffizient	k, K	U
Wasserdampfdiffusionsstromdichte	I	g

α (→ Wärmeübergangszahl)

Tauwasserbildung im Innern der Bauteile ist von der Größe des → **Wasserdampfpartialdruckes** und dieser von der Größe der → **Diffusionsstromdichte** abhängig.

Wenn der Wasserdampfpartialdruck (Wasserdampfteildruck) $\boldsymbol{p_D}$ im Innern eines Bauteiles den → **Wasserdampfsättigungsdruck** $\boldsymbol{p_s}$ erreicht, kondensiert der Diffusionsstrom, d.h. Tauwasserbildung.

8

Wasserdampfdiffusion

Die Feststellung einer Tauwasserbildung (oder nicht) erfolgt nach **DIN** „Wärmeschutz und Energieeinsparung in Gebäuden“ mit einem **Diffusionsdiagramm** (auch **Glaserdiagramm** genannt), bestehend aus der **Wasserdampfpartialdrucklinie p_D** und der **Wasserdampfsättigungslinie p_s**.
Diese werden über der $\boldsymbol{\Sigma\,(\mu \cdot s)}$ (→ Diffusion) aufgetragen.

Ermittlung der Wasserdampfpartialdrucklinie

$$i = \frac{D}{R_B \cdot T \cdot \mu} \cdot \frac{p_0 - p_1}{s}$$

Diffusionsstromdichte in einer Wand
(→ Diffusion durch Wände)

$$\Delta p_D = p_0 - p_1$$

$$\Delta p_D = \frac{i \cdot s \cdot R_B \cdot T \cdot \mu}{D}$$

Differenz des Wasserdampfpartialdruckes in der Wandschicht

In der Praxis wird i.d.R. mit der **idealisierten Wasserdampfpartialdrucklinie** gearbeitet. Dies ist die geradlinige Verbindung der Wasserdampfteildrücke an den beiden Außenbegrenzungen der Dämmung.

Konstruktion der Wasserdampfpartialdrucklinie

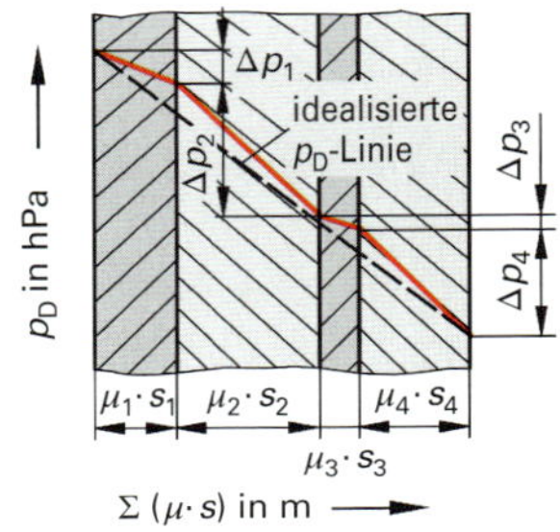

Ermittlung der Wasserdampfsättigungslinie (→ Verdampfen)

Die zu den **Wandgrenztemperaturen** gehörigen Sättigungsdrücke $\boldsymbol{p_s}$ werden mit der → **Dampfdruckkurve** bzw. mit der → **Wasserdampftafel** ermittelt und in das Glaserdiagramm eingetragen.

$$p_s = f\,(\vartheta_s)$$

Siedefunktion
(→ Verdampfen)

$$\Delta\vartheta = \vartheta_a - \vartheta_i$$

$$k = U\,!$$

Temperaturdifferenzen

$$\Delta\vartheta_a = k \cdot \Delta\vartheta \cdot \frac{1}{\alpha_a}$$

$$\Delta\vartheta_1 = k \cdot \Delta\vartheta \cdot \frac{s_1}{\lambda_1}$$

$$\Delta\vartheta_2 = k \cdot \Delta\vartheta \cdot \frac{s_2}{\lambda_2}$$

....
....

$$\Delta\vartheta_i = k \cdot \Delta\vartheta \cdot \frac{1}{\alpha_i}$$

Konstruktion der Wasserdampfpartialdrucklinie

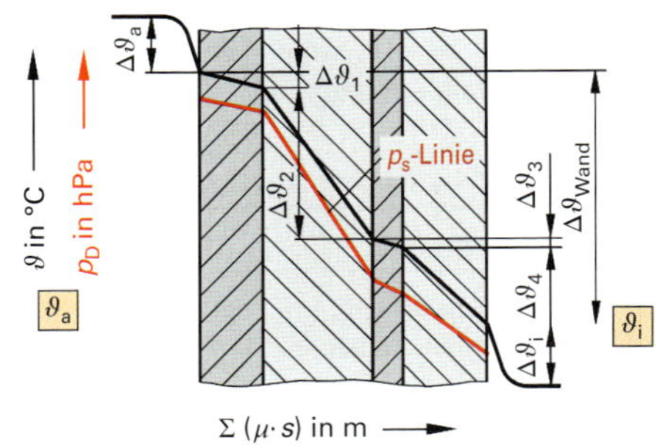

Glaser-Regel:

a) Berührt die Wasserdampfsättigungslinie die Wasserdampfpartialdrucklinie nicht, tritt kein Tauwasser auf.

b) Berühren oder durchdringen sich die p_s-Linie und die idealisierte p_D-Linie, tritt Tauwasser und damit Durchfeuchtung auf.

i	Diffusionsstromdichte	kg/(m² · h)
D	→ Diffusionskoeffizient	m²/h
R_B	→ Spezielle Gaskonstante	J/(kg · K)
T	absolute Temperatur	K
μ	→ Diffusionswiderstandsfaktor (für Wasserdampf)	1
p	→ Wasserdampfpartialdruck in den Diagrammen	N/m², bar hPa
s	Wanddicke (Schicht)	m
ϑ_a	Außentemperatur	°C
ϑ_i	Innentemperatur	°C
α_a	→ Wärmeübergangszahl außen	W/(m² · K)
α_i	→ Wärmeübergangszahl innen	W/(m² · K)
$\Delta\vartheta$	Gesamttemperaturdifferenz	°C
k	→ Wärmedurchgangszahl	W/(m² · K)

Wasserdampfdiffusion (Fortsetzung)

Keine Durchfeuchtung

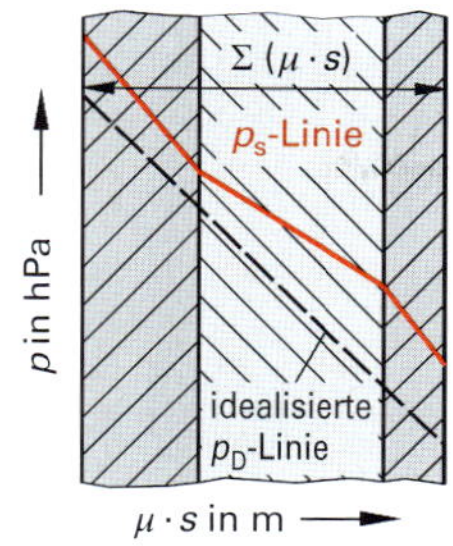

Durchfeuchtungspunkt

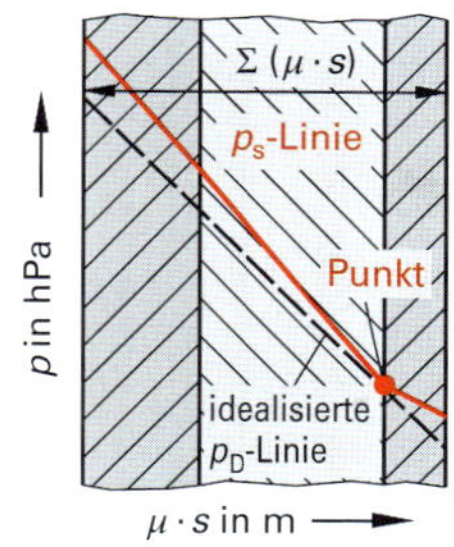

● ≙ Tauwasserebene

Durchfeuchtungszone

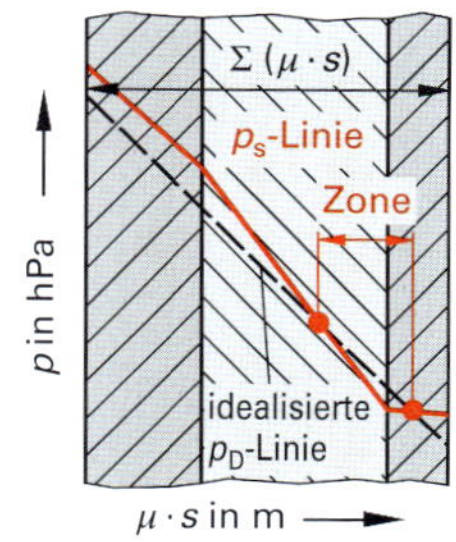

Bei einer Durchfeuchtung bleibt diese nicht auf den Punkt oder die Zone beschränkt, sondern breitet sich infolge der → **Kapillarwirkung** in der gesamten Konstruktion aus.

Bemessung der Dampfbremse

Bei Durchfeuchtung ist der $(\mu \cdot s)$-Wert der Dampfbremse zu vergrößern. → Der **$(\mu \cdot s)$-Wert der Dampfbremse** kann rechnerisch oder grafisch ermittelt werden.

Durchfeuchtung der Dämmung infolge Wasserdampfkondensation

Vermeidung von Schwitzwasser an der Oberfläche einer Dämmung:

(**VDI 2055, Blatt 1**:2008-09, **DIN 4108-3**:2024-03)

Gleichung von Cammerer
(für Rohrdämmung)

$$\ln \frac{d_a}{d_i} \cdot d_a = \frac{2 \cdot \lambda_B}{\alpha_a} \cdot \frac{\vartheta_M - \vartheta_a}{\vartheta_a - \vartheta_L}$$

(Legende: Seite 542)

Obige Gleichung ist in nebenstehendem Diagramm nachvollziehbar.

ϑ_a entspricht der → **Taupunkttemperatur ϑ_s.**

$\Delta\vartheta_{Tau}$ = $\vartheta_a - \vartheta_L$ Differenz in K bzw. °C zwischen Luft- und Oberflächentemperatur bei Beginn der Tauwasserbildung (Tabelle auf Seite 542).

d_i = Innendurchmesser der Dämmung entspricht dem Außendurchmesser der Rohrleitung.

Zur Ermittlung der Dämmschichtdicke muss der Außendurchmesser solange variiert werden, bis die linke Seite ≥ der rechten Seite der obigen Gleichung ist.

Grafische Ermittlung der Dämmschichtdicke von Rohrleitungen und ebenen Wänden bei Verhinderung von Tauwasser
(→ feuchte Luft) an der Oberfläche der Dämmung

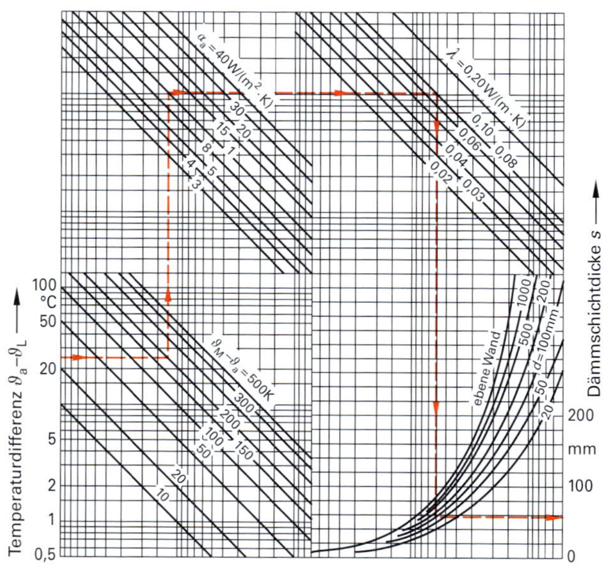

Wasserdampfkondensation

Lufttemperatur °C	Maximaler Wasserdampfgehalt g/m^3	Zulässige Abkühlung $\Delta\vartheta_{Tau}$ der Luft in °C bis zur Tauwasserbildung bei einer relativen Luftfeuchte von													
		30%	35%	40%	45%	50%	55%	60%	65%	70%	75%	80%	85%	90%	95%
–30	0,35	11,1	9,8	8,6	7,5	6,6	5,7	4,9	4,2	3,5	2,8	2,2	1,6	1,1	0,6
–25	0,55	11,5	10,1	8,9	7,8	6,8	5,9	5,1	4,3	3,6	2,9	2,3	1,7	1,1	0,6
–20	0,90	12,0	10,4	9,1	8,0	7,0	6,0	5,2	4,5	3,7	2,9	2,3	1,7	1,1	0,6
–15	1,40	12,3	10,8	9,6	8,3	7,3	6,4	5,4	4,6	3,8	3,1	2,5	1,8	1,2	0,6
–10	2,17	12,9	11,3	9,9	8,7	7,6	6,6	5,7	4,8	3,9	3,2	2,5	1,8	1,2	0,6
–5	3,27	13,4	11,7	10,3	9,0	7,9	6,8	5,8	5,0	4,1	3,3	2,6	1,9	1,20	0,6
0	4,8	13,9	12,2	10,7	9,3	8,1	7,1	6,0	5,1	4,2	3,5	2,7	1,9	1,3	0,7
2	5,6	14,3	12,6	11,0	9,7	8,5	7,4	6,4	5,4	4,6	3,8	3,0	2,2	1,5	0,7
4	6,4	14,7	13,0	11,4	10,1	8,9	7,7	6,7	5,8	4,9	4,0	3,1	2,3	1,5	0,7
6	7,3	15,1	13,4	11,8	10,4	9,2	8,1	7,0	6,1	5,1	4,1	3,2	2,3	1,5	0,7
8	8,3	15,6	13,8	12,2	10,8	9,6	8,4	7,3	6,2	5,1	4,2	3,2	2,3	1,50	0,8
10	9,4	16,0	14,2	12,6	11,2	10,0	8,6	7,4	6,3	5,2	4,2	3,3	2,4	1,6	0,8
12	10,7	16,5	14,6	13,0	11,6	10,1	8,8	7,5	6,3	5,3	4,3	3,3	2,4	1,6	0,8
14	12,1	16,9	15,1	13,4	11,7	10,3	8,9	7,6	6,5	5,4	4,3	3,4	2,5	1,6	0,8
16	13,6	17,4	15,5	13,6	11,9	10,4	9,0	7,8	6,6	5,5	4,4	3,5	2,5	1,7	0,8
18	15,4	17,8	15,7	13,8	12,1	10,6	9,2	7,9	6,7	5,6	4,5	3,5	2,6	1,7	0,8
20	17,3	18,1	15,9	14,0	12,3	10,7	9,3	8,0	6,8	5,6	4,6	3,6	2,6	1,7	0,8
22	19,4	18,4	16,1	14,2	12,5	10,9	9,5	8,1	6,9	5,7	4,7	3,6	2,6	1,7	0,8
24	21,8	18,6	16,4	14,4	12,6	11,1	9,6	8,2	7,0	5,8	4,7	3,7	2,7	1,8	0,8
26	24,4	18,9	16,6	14,7	12,8	11,2	9,7	8,4	7,1	5,9	4,8	3,7	2,7	1,8	0,9
28	27,2	19,2	16,9	14,9	13,0	11,4	9,9	8,5	7,2	6,0	4,9	3,8	2,8	1,8	0,9
30	30,3	19,5	17,1	15,1	13,2	11,6	10,1	8,6	7,3	6,1	5,0	3,8	2,8	1,8	0,9
35	39,4	20,2	17,7	15,7	13,7	12,0	10,4	9,0	7,6	6,3	5,1	4,0	2,9	1,9	0,9
40	50,7	20,9	18,4	16,1	14,2	12,4	10,8	9,3	7,9	6,5	5,3	4,1	3,0	2,0	0,9
45	64,5	21,6	19,0	16,7	14,7	12,8	11,2	9,6	8,1	6,8	5,5	4,3	3,1	2,1	0,9
50	82,3	22,3	19,7	17,3	15,2	13,3	11,6	9,9	8,4	7,0	5,7	4,4	3,2	2,1	0,9
55	104,4	23,0	20,2	17,8	15,6	13,7	11,8	10,2	8,6	7,1	5,8	4,5	3,2	2,1	0,9
60	130,2	23,7	20,9	18,4	16,1	14,1	12,2	10,5	8,9	7,3	5,9	4,6	3,3	2,1	0,9
65	161,3	24,5	21,6	19,0	16,6	14,5	12,6	10,8	9,1	7,6	6,1	4,7	3,4	2,1	0,9
70	198,2	25,2	22,2	19,5	17,1	15,0	13,0	11,1	9,4	7,8	6,2	4,8	3,4	2,1	0,9
75	242,0	26,0	22,9	20,1	17,7	15,4	13,3	11,4	9,6	8,0	6,4	4,9	3,5	2,2	0,9
80	293,4	26,8	23,6	20,7	18,2	15,8	13,7	11,7	9,9	8,2	6,6	5,0	3,6	2,2	0,9

$\Delta\vartheta_{Tau}$ lässt sich auch mit dem → *h,x*-Diagramm ermitteln.

B $\alpha_a = 4{,}65\ W/(m^2 \cdot K)$; $\vartheta_M = 40\ °C$; $\vartheta_L = 20\ °C$; $\lambda_B = 0{,}035\ W/(m \cdot K)$; $\varphi = 80\ \%$; → $\vartheta_a = \vartheta_s = 16{,}4\ °C$ ($\Delta\vartheta_{Tau} = 3{,}6\ °C$); $d_i = 28\ mm$; $d_a = ?$, $s = ?$

Lösung durch mehrmalige Schätzung und Rechnung mit Gleichung von Cammerer:

$d_a = 0{,}144\ m = 144\ mm$ → $\mathbf{s = 58\ mm}$

Probe: $\ln \frac{d_a}{d_i} \cdot d_a = \frac{2 \cdot \lambda_B}{\alpha_a} \cdot \frac{\vartheta_M - \vartheta_a}{\vartheta_a - \vartheta_L}$

$$\ln \frac{0{,}144\ m}{0{,}028\ m} \cdot 0{,}144\ m = \frac{2 \cdot 0{,}035\ W/(m \cdot K)}{4{,}65\ W/(m^2 \cdot K)} \cdot \frac{-40\ °C - 16{,}4\ °C}{16{,}4\ °C - 20\ °C}$$

0,2358 m = 0,2358 m

d_a	Außendurchmesser der Dämmung	m
d_i	Innendurchmesser der Dämmung = Außendurchmesser der Rohrleitung	m
λ_B	Betriebswärmeleitfähigkeit	$W/(m \cdot K)$
α_a	Wärmeübergangszahl außen an der Dämmung	$W/(m^2 \cdot K)$
ϑ_M	Mediumtemperatur	°C
ϑ_L	Raumlufttemperatur	°C
ϑ_a	Oberflächentemperatur der Dämmung, bei der gerade Tauwasser entsteht = Sättigungstemperatur der → feuchten Luft (ϑ_s)	°C

B Rechnen Sie nebenstehendes Beispiel mit den gleichen Daten, jedoch für a) $\varphi = 60\%$ und b) $\varphi = 30\%$ durch.

8

Technische Regeln

Gesetze, Verordnungen, Technische Regeln:
In Deutschland ist die Verantwortung für den Brandschutz den Bundesländern übertragen. Diese regeln den Brandschutz durch **Verordnungen** und **Gesetze.** Deshalb wird der Brandschutz nur an wenigen Stellen in bundeseinheitlichen Gesetzen behandelt.

VDI-Richtlinie 3819, Beiblatt 1 „Brandschutz für Gebäude" (2016-10) ermöglicht eine umfassende Übersicht (auch auf die Bundesländer bezogen) mit einer **Zusammenstellung aller relevanten Gesetze, Verordnungen und technischen Regeln.**

Wichtige technische Regeln des Brandschutzes im Kälte- und Klimaanlagenbau

VDI 3819 (s. oben)	„Brandschutz für Gebäude"
DIN 4102-1:1998-05	„Brandverhalten von Baustoffen und Bauteilen – Baustoffe"
DIN 4102-2:1977-09	„Brandverhalten von Baustoffen und Bauteilen – Bauteile"
DIN 4102-3:1977-09	„Brandverhalten von Baustoffen und Bauteilen – Brandwände und nicht tragende Außenwände"
DIN 4102-4:2016-05	„Brandverhalten von Baustoffen und Bauteilen – Zusammenstellung und Anwendung klassifizierter Baustoffe"
DIN EN 1366-1:2020-11, **-2**:2015-09	„Feuerwiderstandsprüfungen für Installationen – Lüftungsleitungen und Brandschutzklappen"
DIN 4102-11:1985-12	„Brandverhalten von Baustoffen und Bauteilen – Rohrummantelungen, Rohrabschottungen, Isolationsschächte und -Kanäle, Abschlüsse von Isolationsöffnungen"
DIN EN 1366-2:2015-09	„Feuerwiderstandsprüfungen für Installationen – Brandschutzklappen"
MLAR: 2020-09	„Muster-Richtlinie über brandschutztechnische Anforderungen an Leitungsanlagen **(Muster-Leitungsanlagen-Richtlinie)".** Siehe auch **VdS 3536**:2022-03

Ausgewählte Inhalte der DIN 4102

Baustoffklassen (DIN 4102-1:1998-05)	**Klasse**	**Bauaufsichtliche Benennung**
Entsprechend ihrem Brandverhalten werden die Baustoffe in **Baustoffklassen** eingeteilt. Die Kurzzeichen und Benennungen nebenstehender Tabelle dürfen nur verwendet werden, wenn das Brandverhalten auf der Grundlage der **DIN 4102** ermittelt wurde. Die Baustoffklassen werden ausschließlich auf der Grundlage der **DIN 4102** ermittelt.	**A** A1 A2 **B** B1 B2 B3	Nichtbrennbare Baustoffe brennbare Baustoffe schwerentflammbare Baustoffe normalentflammbare Baustoffe leichtentflammbare Baustoffe

Baustoffe, die nach den **Landesbauordnungen** unter den Begriff **Bauprodukt** fallen, bedürfen einer allgemeinen **bauaufsichtlichen Zulassung.**
Die Ermittlung der Brandklassen erfolgt in der **Ofenprüfung** nach **DIN 4102-1**:1998-05 (fünf Proben 40 mm · 40 mm · 40 mm) und/oder der **Brandschachtprüfung** nach **DIN 4102-15**:1990-05 und/oder der **Prüfung der Rauchentwicklung** nach **DIN 4102-1**:1998-05.

Klasse	**Brandverhalten** (Tabelle 1) nach **DIN 4102-1**:1998-05
A1	Wärmeabgabe unbedenklich (Anstieg der Prüf-Ofentemperatur < 50 °C), entzündbare Gase dürfen nicht entstehen, d.h. keine **Entflammung,**
A2	Wärmeabgabe und Brandausbreitung sehr gering, entzündbare Gase sehr gering, Rauchentwicklung unbedenklich,
B1	schwerentflammbar: In der Brandschachtprüfung darf sich die Brandausbreitung nicht wesentlich über einen Primärbrandbereich (z.B. Papierkorb in einer Raumecke) erstrecken,
B2	normalentflammbar: Kriterium ist die Kantenbeflammung bzw. Flächenbeflammung –hervorgerufen durch einen Brenner – vor Ende der 20. Sekunde,
B3	leichtentflammbar: brennbare Stoffe, die nicht B1 oder B2 sind gelten als B3.

Kann das Brandverhalten des Baustoffs nach **DIN 4102-1**:1998-05 klassifiziert werden, dann ist von einer anerkannten **Materialprüfungsanstalt** (Land oder Bund, s. Erläuterungen in **DIN 4102-3**:1977-09) ein Prüfzeugnis zu erstellen.

Die Kennzeichnung der Baustoffklassen ist auf den Baustoffen selbst, auf einem Beipackzettel, oder auf der Verpackung oder auf dem Lieferschein bzw. einer Anlage zum Lieferschein anzubringen.

Brandverhalten

Brandverhalten (Tabelle 1) nach **DIN 4102-2**:1977-09	**Feuerwiderstandsklasse**	Feuerwiderstandsdauer in min
Raumabschließende Bauteile müssen während der Feuerwiderstandsdauer den Durchgang des Feuers verhindern. Die Prüfkriterien der **DIN 4102-2** sind einzuhalten, z.B. die Durchbiegungsgeschwindigkeit.	F 30 F 60 F 90 F 120 F 180	≥ 30 ≥ 60 ≥ 90 ≥ 120 ≥ 180

Bei statisch bestimmt gelagerten Bauteilen, die ganz oder überwiegend auf Biegung (→ Statik, Festigkeitslehre) beansprucht werden, darf die **Durchbiegungsgeschwindigkeit** während der Feuerwiderstandsdauer (30 min, 60 min, 90 min, 120 min, 180 min) nicht überschritten werden.

Durchbiegungsgeschwindigkeit (DIN 4102-2: 1977-09)

$$\frac{\Delta f}{\Delta t} = \frac{l^2}{9000 \cdot h}$$

l	Stützweite	cm
h	(statische) Höhe des Bauteils	cm
Δf	Durchbiegungsintervall	cm
Δt	Zeitintervall	min
$\Delta f/\Delta t$	Durchbiegungsgeschwindigkeit	cm/min

Bei nicht unter Gebrauchslast prüfbaren **Stahlstützen** darf die Stahltemperatur an keiner Messstelle den Wert 500 °C überschreiten.

Das Zeugnis der Klassifizierung **(Prüfzeugnis)** sieht einen Abschnitt **„Besondere Hinweise"** vor. Hier sind zusätzliche verallgemeinernde oder einschränkende Angaben über die **Gültigkeit der Klassifizierung** aufzuführen. Dazu gehören insbesondere Angaben über eine mögliche Beeinträchtigung durch zusätzliche Bekleidungen.

Anmerkung: Durch übliche Anstriche oder Beschichtungen bis zu etwa 0,5 mm Dicke werden die Bauteile in ihrer Feuerwiderstandsdauer nicht beeinträchtigt.

Bei den Brandversuchen nach **DIN 4102-2**:1977-09 muss die mittlere Temperatur im Brandraum entsprechend der **Einheits-Temperaturzeitkurve,** kurz **ETK** (s. Tabelle und Bild) innerhalb eines in der Norm festgelegten Toleranzbereiches (bei einer Prüfdauer von 30 min ± 10%, bei längerer Prüfdauer ± 5%) ansteigen. Die ETK wird nach der folgenden Gleichung ermittelt:

$$T - T_0 = 345 \lg (8\,t + 1)$$

T	Brandtemperatur	K
T_0	Temperatur der Probekörper bei Versuchsbeginn	K
t	Zeit	min

T in min	$(T - T_0)$ in K
0	0
5	556
10	658
15	719
30	822
60	925
90	986
120	1029
180	1090
240	1133
360	1194

Einheits-Temperaturzeitkurve

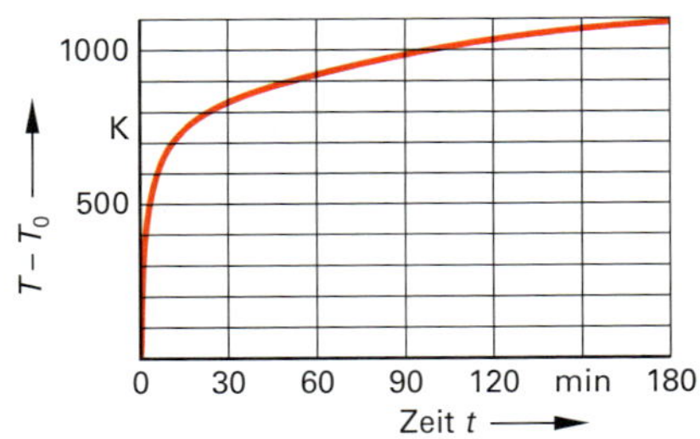

In der **Kurzbezeichnung** sieht **DIN 4102**:1977-09 eine **Kombination aus Baustoffklasse** und **Feuerwiderstandsklasse** vor. Außerdem können bei der Angabe der Feuerwiderstandsklasse statt dem Buchstaben F andere Buchstaben verwendet werden, und zwar:

- **F** → Wände, Decken, Stützen, Balken, Treppen
- **W** → nichttragende Außenwände, Brüstungen, Schürzen
- **T** → Türen, Tore
- **G** → Verglasungen
- **L** → Lüftungsleitungen
- **K** → Klappen für Lüftungsleitungen
- **R** → Rohrleitungen
- **I** → Installationsschächte und -kanäle

B

F 90 – A
Feuerwiderstandsklasse F 90 und aus nichtbrennbaren Baustoffen

L 120 – AB
Lüftungsleitung mit Feuerwiderstandsklasse F 120 und in wesentlichen Teilen aus nichtbrennbaren Baustoffen

T 180 – A
Brandschutztür

8

Brandverhalten (Fortsetzung)

DIN 4102-4:1994-03 **„Brandverhalten von Baustoffen und Bauteilen“** liefert eine Zusammenstellung und regelt die brandschutztechnische Anwendung von Baustoffen, Bauteilen und Sonderbauteilen (inzwischen ersetzt durch Ausgabe 2016-05). Die folgende Tabelle zeigt die **Register-Abschnittsnummerierung von DIN 4102-4** (gilt nicht mehr für die Ausgabe 2016-05):

Bereich	Untergruppe	Inhalt	Nr.
Allgemeines		Anwendungsbereich, Grundlagen, Brandschutzbemessung	1
Baustoffe		Klassifizierte Baustoffe	2
Massivbauteile		Bemessungsgrundlagen	
		Balken – statisch bestimmt gelagert	3.2
		Balken – statisch unbestimmt gelagert	3.3
		Platten	3.4
		Hohldielen, Porenbetonplatten	3.5
		Fertigteile	3.6
		Rippendecken ohne Zwischenbauteile	3.7
		Plattenbalkendecken	3.8
		Stahlsteindecken	3.9
		Rippen- und Balkendecken mit Zwischenbauteilen	3.10
		Decken mit eingebetteten Stahlträgern	3.11
		Dächer	3.12
		Stützen	3.13
		Zugglieder	3.14
	Wände	Bemessungsgrundlagen	4.1
		Stahlbetonwände	4.2
		gegliederte Stahlbetonwände	4.3
		Leichtbetonwände mit geschlossenem Gefüge	4.4
		Mauerwerk und Wandbauplatten	4.5
		Leichtbetonwände mit haufwerksporigem Gefüge	4.6
		Porenbeton, bewehrt	4.7
		Brandwände	4.8
HWL, GKF		Holzwolle-Leichtbauplatten-Wände	4.9
		Gipskarton-Bauplatten-Wände	4.10
Holzbauteile		Fachwerkwände	4.11
		Holztafelwände	4.12
		Vollholz-Blockbalken-Wände	4.13
		Bemessungsgrundlagen	5.1
		Holztafeldecken	5.2
		Holzbalkendecken	5.3
		Dächer	5.4
		Balken	5.5
		Stützen	5.6
		Zugglieder	5.7
		Verbindungen	5.8
Stahlbauteile		Bemessungsgrundlagen	6.1
		Träger	6.2
		Stützen	6.3
		Zugglieder	6.4
Unterdecken		Träger- und Stahlbetondecken mit Unterdecken	6.5
Verbundbauteile		Bemessungsgrundlagen	7.1
		Verbundträger	7.2
		Verbundstützen	7.3

(Fortsetzung nächste Seite)

Brandverhalten (Fortsetzung)

Sonderbauteile (Brandwände siehe Abschnitt 4.8)	nichttragende Außenwände	(W)	8.1
	Feuerschutzabschlüsse	(T)	8.2
	Fahrschachtabschlüsse		8.3
	Brandschutzverglasungen	(G)	8.4
	Lüftungsleitungen	(L)	8.5
	Installationsschächte und -kanäle	(I)	8.6
	Bedachungen		8.7

Im Folgenden werden einige für den Anlagenbau **besonders wichtige Unterpunkte der DIN 4102-4**:2016-05 betrachtet, und zwar im Zusammenhang mit Normen, die auf diese Unterpunkte nochmals im Speziellen eingehen, **z. B. DIN 4102-3**:1977-09 **„Brandwände und nichttragende Außenwände“**, **DIN 4102-6** (z) **„Lüftungsleitungen“** und **DIN 4102-11**:1985-12 **„Rohrummantelungen, Rohrabschottungen, Installationsschächte“**.

DIN 4102-3:1977-09 und **DIN 4102-4**:2016-05 befassen sich mit **Brandwänden** und **nichttragenden Außenwänden.**

Brandwände sind Wände zur Trennung oder **Abgrenzung von Brandabschnitten.** Sie sind dazu bestimmt, die Ausbreitung von Feuer auf andere Gebäude oder Gebäudeabschnitte zu verhindern. Sie müssen mindestens **F 90 (W 90)** nach **DIN 4102-2**:1977-09 erfüllen.

Nichttragende Außenwände dürfen auch im Brandfall nur durch ihr Eigengewicht beansprucht werden. Sie dürfen bei einer Brandbeanspruchung von innen entsprechend ihrer Feuerwiderstandklasse nach **DIN 4102-2**:1977-09 (W 30, W 60, W 90, W 120, W 180) nicht zusammenbrechen.

Aussagen über das **Brandverhalten von Lüftungsleitungen** macht **DIN 4102-6** (z). Diese müssen alleine oder in Verbindung mit anderen Bauteilen (z.B. **Brandschutzklappen)** verhindern, dass sie während der Feuerwiderstandsdauer nach folgender Tabelle **Feuer und Rauch** in andere Geschosse oder Brandabschnitte übertragen.

Feuerwiderstandklasse von Rohren und Formstücken für Lüftungsleitungen	Feuerwiderstandsklasse von Absperrvorrichtungen gegen Brandübertragung in Lüftungsleitungen (Brandschutzklappen)	Feuerwiderstandsdauer in Minuten
L 30	K 30	≥ 30
L 60	K 60	≥ 60
L 90	K 90	≥ 90
L 120	–	≥ 120

Die Feuerwiderstandsklasse von Lüftungsleitungen muss durch Prüfzeugnis (Klassifizierung) nach **DIN 4102-6** (z) nachgewiesen werden. Nach **DIN 4102-4**:2016-05 setzt die Klassifizierung voraus, dass Decken, Balken, Träger usw., an denen die Lüftungsleitungen befestigt oder aufgelagert werden, den Feuerwiderstandsklassen F 30 bis F 120 angehören.

Waagerechte Leitungen dürfen nach **DIN 4102-4**:2016-05 nur an Stahlbeton-Balken oder -Decken bzw. Dächern befestigt werden.

Die **Befestigungen** dürfen einen **Abstand von höchstens 1,5 m** haben.

Dübel mit brandschutztechnischer Eignung sind entsprechend dem Prüfzeugnis zu verwenden. Werden jedoch Dübel ohne brandschutztechnischen Eignungsnachweis verwendet, dann müssen sie aus Stahl (mindestens M8) bestehen. Solche Dübel sind doppelt so tief wie klassifizierte Dübel – mindestens 60 mm tief – einzubauen. Zugbelastung höchstens 500 N (→ Gewichtskraft).

Abhängungen müssen eine Mindestdicke von 1,5 mm haben und sind so zu dimensionieren, dass die vorhandenen mechanischen Spannungen (→ Festigkeitslehre) die Grenzwerte nebenstehender Tabelle nicht überschreiten.

Feuerwiderstandsklasse	L 30, L 60	L 90, L 120
Zulässige Zugspannung σ_{zzul} in allen senkrecht angeordneten Teilen in N/mm^2	9	6
Zulässige Scherspannung τ_{azul} in Schrauben der → Festigkeitsklasse 4.6 in N/mm^2	15	10

Folgende Bilder zeigen nach **DIN 4102-4**:2016-05 (in Verbindung mit nachfolgender Stückliste) Aufhängungen von **Rechteckleitungen** und von **Rundleitungen** jeweils mit Bandstahl und mit Gewindestange.

Die Abhängungen sind U-förmig und eng anliegend um die Leitungen herumzuführen. Sie werden von der → Dämmschicht überdeckt.

8

Brandverhalten (Fortsetzung)

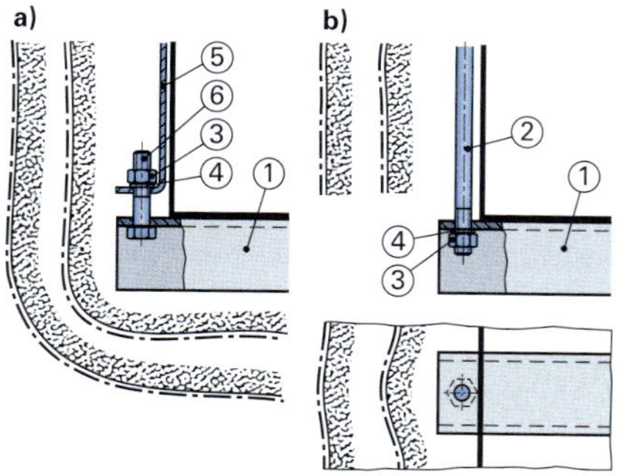

Abhängung von Rechteckleitungen
a) mit Bandstahl b) mit Gewindestange

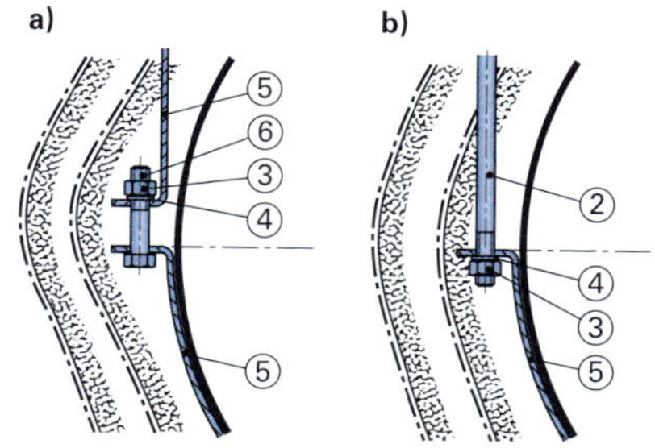

Abhängung von runden Leitungen
a) mit Bandstahl b) mit Gewindestange

Position	Bezeichnung	Werkstoff	Werkstoff-Nr.	Maße
1	U-Profil	mind. S 235 JRG 1 (St 37-2)	1.0037	60 x 50 x 5 x 5
2	Gewindestab	mind. S 235 JRG 1 (St 37-2)	1.0037	[1])
3	Sechskantmutter (gesichert)	mind. Festigkeitsklasse 4.6	––––	[1])
4	Unterlegscheibe	Stahl	––––	[1])
5	Bandstahl	mind. S 235 JRG 1 (St 37-2)	1.0037	[1])
6	Sechskantschraube	mind. Festigkeitsklasse 4.6	––––	[1])

[1]) Bemessung entsprechend der zulässigen Spannungen σ_{zzul} und τ_{azul} (obige Tabelle)

DIN 4102-11:1985-12 regelt den Brandschutz von Rohrummantelungen, Rohrabschottungen, Installationsschächten und Installationskanälen. Des Weiteren macht diese Norm Angaben über den Brandschutz bei Abschlüssen von **Revisionsöffnungen**.

Installationsschächte (vorwiegend senkrecht angeordnet) und **Installationskanäle** (vorwiegend waagerecht angeordnet) müssen entsprechend der Angaben für Lüftungsleitungen (**DIN 4102-4**:2016-05 und **DIN 4102-6** (z)) ausgeführt werden. Sie nehmen vorwiegend Leitungen aller Art – insbesondere Elektroleitungen – auf. **Feuerwiderstandsklassen: I 30, I 60, I 90, I 120**

Durch Schacht- bzw. Kanalwände durchgeführte **Leitungen** sind im Bereich der Wände voll einzumörteln, sofern nicht Durchführungen verwendet werden, die allgemein bauaufsichtlich zugelassen sind.

Beispiel einer Brandschutzklappe

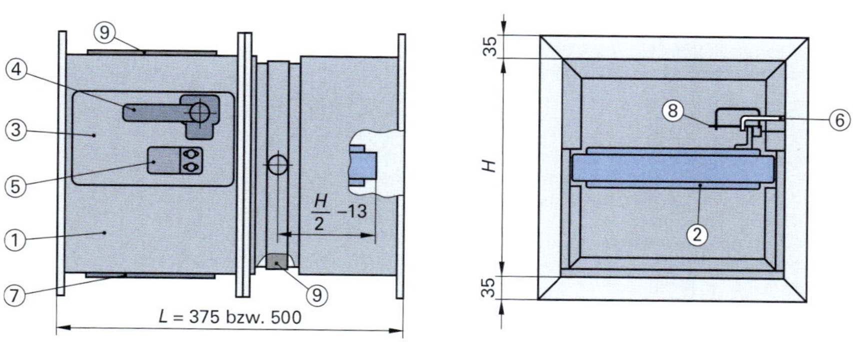

① Gehäuse ② Absperrklappe ③ Auslöseeinrichtung ④ Handhebel ⑤ Einrastvorrichtung ⑥ Antriebsgestänge ⑦ Inspektionsdeckel ⑧ Schmelzlot ⑨ Dichtstreifen

8

Brandverhalten (Fortsetzung)

Als Maßnahme gegen Brandübertragung bei Rohrleitungen gelten **Rohrabschottungen.** Sie sind gemäß **DIN 4102-11**:1985-12 an der Durchführung durch ein Bauteil (z.B. Wand oder Decke), an das Anforderungen an die Feuerwiderstandsdauer gestellt sind, eingebaut. **Feuerwiderstandsklassen: R 30, R 60, R 90, R 120.** Auch **Rohrummantelungen** (vollständige oder teilweise Ummantelung oder Unterputzverlegung der Rohre) gelten nach **DIN 4102-11**:1985-12 als Maßnahme gegen Brandübertragung bei Rohrleitungen.

Nach **DIN 4102-6** (z) müssen **Brandschutzklappen** (Seite 547) (Absperrvorrichtungen gegen Brandübertragung in Lüftungsleitungen) leicht, sicher und so dicht schließen, dass ein Luftvolumenstrom von 10 m^3/h je laufendem Meter Umfang des kleinsten lichten Querschnittes des Gehäuses in der Ebene der geschlossenen Absperrvorrichtung nicht überschritten wird.

Zusammenfassung DIN 4102

Bauteil		**DIN 4102**	**Feuerwiderstandsklasse entsprechend einer Feuerwiderstandsdauer in Minuten**				
			≥ 30	**≥ 60**	**≥ 90**	**≥ 120**	**≥ 180**
Wände, Decken, Stützen*)		Teil 2	F 30	F 60	F 90	F 120	F 180
Brandwände	Sonderbauteile	Teil 3	F 90 (F 120, F 1 80) + Stoßbeanspruchung				
Nichttragende Außenwände*), Brüstungen	Sonderbauteile	Teil 3	W 30	W 60	W 90	W 120	W 180
Feuerschutzabschlüsse (Türen, Tore, Klappen)	Sonderbauteile	Teil 5	T 30	T 60	T 90	T 120	T 180
Brandschutzverglasungen – strahlungsundurchlässig	Sonderbauteile	Teil 13	F 30	F 60	F 90	F 120	
– strahlungsdurchlässig	Sonderbauteile	Teil 13	G 30	G 60	G 90	G 120	
Rohre und Formstücke für Lüftungsleitungen	Sonderbauteile	Teil 6	L 30	L 60	L 90	L 120	
Absperrvorrichtungen in Lüftungsleitungen	Sonderbauteile	Teil 6	K 30	K 60	K 90		
Kabelabschottungen	Sonderbauteile	Teil 9	S 30	S 60	S 90	S 120	S 180
Installationsschächte und -kanäle	Sonderbauteile	Teil 11	I 30	I 60	I 90	I 120	
Rohrdurchführungen	Sonderbauteile	Teil 11	R 30	R 60	R 90	R 120	
Funktionserhalt elektrischer Leitungen		Teil 12	E 30	E 60	E 90		

*) Für die Bewertung im bauaufsichtlichen Nachweisverfahren werden die Bezeichnungen der Feuerwiderstandsklassen mit Zusatzbezeichnungen für die verwendeten Baustoffe versehen **(DIN 4102** Teil 2 Tabelle 2)

- A wenn das Bauteil in dem für die Klassifizierung maßgebenden Querschnitt aus nichtbrennbaren Baustoffen besteht (z.B. F 90-A)
- AB wenn das Bauteil in den wesentlichen Teilen aus nichtbrennbaren Baustoffen besteht (als wesentlich gelten alle tragenden und aussteifenden Teile, bei raumabschließenden Bauteilen auch eine in Bauteilebene durchgehende Schicht) (z.B. F 90-AB)
- B wenn das Bauteil über die Klassifizierung AB hinausgehend brennbare Baustoffe enthält (z.B. F 30-B)

Feuerwiderstandsprüfungen für Leitungen und Brandschutzklappen erfolgen

- für **Leitungen** nach **DIN EN 1366-1**:2020-11
- für **Brandschutzklappen** nach **DIN EN 1366-2**:2015-09

Nach **DIN EN 1366** ist ein Prüfbericht und nach **DIN 4102-6** (z) ein Prüfzeugnis zu erstellen.

Das Prüfzeugnis enthält
- Prüfzeugnisnummer, Antragsteller
- Gegenstand und Anwendungsbereich
- Austellungsdatum, Geltungsdauer

Kriterien für den Anwendungsbereich können sein
- Leitungswerkstoff (z.B. Kupfer, Edelstahl, Grauguss) wegen unterschiedlicher → Wärmeleitung
- Isolierung (z.B. Typ, Dicke)
- Rohraußendurchmesser
- Mörtelgruppe
- Abstände der Leitungen bzw. der Rohrabschottungen

Bei der Installation sind alle Kriterien des Prüfzeugnisses einzuhalten, da andernfalls die **Gewährleistung** entfällt.

Gesetze und Verordnungen der Bundesländer

VDI-Richtlinie 3819, Beiblatt 1:2016-10

Bundesland	Name der Bauordnung	Kurzbezeichnung	Datum
Baden-Württemberg	Landesbauordnung für Baden-Württemberg	LBO	11.11.2014
Bayern	Bayrische Bauordnung	BayBO	17.11.2014
Berlin	Bauordnung für Berlin	BauO Bln	29.06.2011
Brandenburg	Brandenburgische Bauordnung	BbgBO	01.07.2016
Bremen	Bremesche Landesbauordnung	BremLBO	27.05.2014
Hamburg	Hamburgische Bauordnung	HBauO	28.01.2014
Hessen	Hessische Bauordnung	HBO	13.12.2012
Mecklenburg-Vorpommern	Landesbauordnung Mecklenburg-Vorpommern	LBauo	20.05.2011
Niedersachsen	Niedersächsische Bauordnung	NBauO	23.07.2014
Nordrhein-Westfalen	Bauordnung für das Land Nordrhein-Westfalen	BauO NRW	20.05.2014
Rheinland-Pfalz	Landesbauordnung Rheinland-Pfalz	LBauO	09.03.2011
Saarland	Bauordnung für das Saarland	LBO	11.12.2012
Sachsen	Sächsische Bauordnung	SächsBO	01.05.2014
Sachsen-Anhalt	Bauordnung des Landes Sachsen-Anhalt	BauO LSA	17.06.2014
Schleswig-Holstein	Landesbauordnung für das Land Schleswig-Holstein	LBO	17.01.2011
Thüringen	Thüringer Bauordnung	ThürBO	13.03.2014

Diverse und **spezielle Gesetze und Vorordnungen** der einzelnen Bundesländer, die sich – ebenso wie die Bauordnungen – zum Teil sehr unterscheiden, sind zu beachten.

B **Gebäudetypen in der Bauordnung des Landes Nordrhein-Westfalen (BauONRW)** (siehe dort)

Gebäudetyp 1: Freistehende Wohngebäude mit nicht mehr als einer Wohnung

Gebäudetyp 2: Wohngebäude geringer Höhe mit nicht mehr als zwei Wohnungen

Gebäudetyp 3: Gebäude geringer Höhe

Gebäudetyp 4: Andere Gebäude

Der Gebäudetyp ist für die Festlegung der Feuerwiderstandsklasse maßgebend.

Gemäß HBO Hessen erfolgt die Handhabung bezogen auf z.B. NRW sehr unterschiedlich:

B **Gebäudeklassen in der Hessischen Bauordnung (HBO)** (siehe dort)

Gebäudeklasse 1: Freistehendes Gebäude bis zu 7 m Höhe mit max. 2 Nutzungseinheiten und insges. nicht mehr als 400 m^2 sowie freistehende landwirtschaftl. Gebäude

Gebäudeklasse 2: Gebäude bis 7 m Höhe mit max. 2 Nutzungseinheiten und insgesamt nicht mehr als 400 m^2

Gebäudeklasse 3: Sonstige Gebäude bis zu 7 m Höhe

Gebäudeklasse 4: Gebäude bis zu 13 m Höhe und keine Nutzungseinheit mit jeweils nicht mehr als 400 m^2 in einem Geschoss

Gebäudeklasse 5: Sonstige Gebäude bis zu 22 m Höhe

Sonderbauten: § 2 (8) z. B. Hochhäuser über 22 m Höhe, Verkaufsräume über 2000 m^2, Krankenhäuser, Kindergärten, Schulen, fliegende Bauten, Hochregalanlagen u.a.

Die **Gebäudeklasse** ist für die Festlegung der **Feuerwiderstandsklasse** (z.B. T 30) und die **Baustoffklasse** (z.B. B 2) maßgebend. Dies regelt die in § 13 der HBO – der mit „Brandschutz" überschrieben ist – erwähnte Anlage 1.

Schallmedium

Definition

Unter → **Schallschutz** versteht man technische Maßnahmen, die die Weiterleitung von Schall verhindern bzw. vermindern. Dazu sind **Schallschutzmaßnahmen** erforderlich. Man unterscheidet:

- **Schallschutzmaßnahmen am Ort der Lärmentstehung**
  z.B. Kapselung der Schallquelle, Schallschutzwände, Schalldämpfer
- **Schallschutzmaßnahmen am Ort der Lärmeinwirkung**
  z.B. Gehörschutzstöpsel, Schallschutzhelme, Schallschutzanzüge

Die Gesetze der → **Akustik** sind für das Erreichen eines guten Schallschutzes unbedingt zu beachten.

Berechnung von Schalldämmungen (→ Schalldämmmaß)

Schallbezeichnung in Abhängigkeit vom Aggregatzustand des Schallübertragungsmediums

- **Luftschall- oder Gasschallübertragung**
  Ausbreitungsmedium ist gas- oder dampfförmig

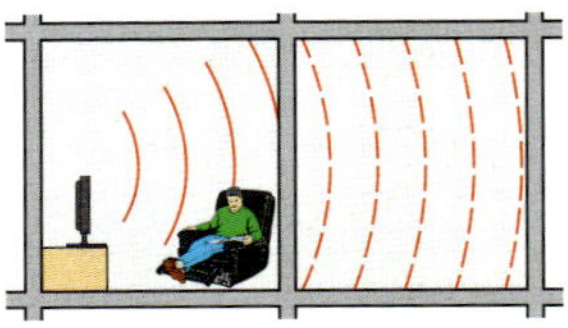

- **Flüssigkeitsschallübertragung**
  Ausbreitungsmedium ist eine Flüssigkeit

Schall wird von einem Medium auf ein berührendes anderes Medium übertragen.

In einem **Vakuum,** d.h. ohne Anwesenheit eines Mediums, gibt es keinen Schall.

- **Körperschallübertragung**
  Ausbreitungsmedium ist ein fester Körper

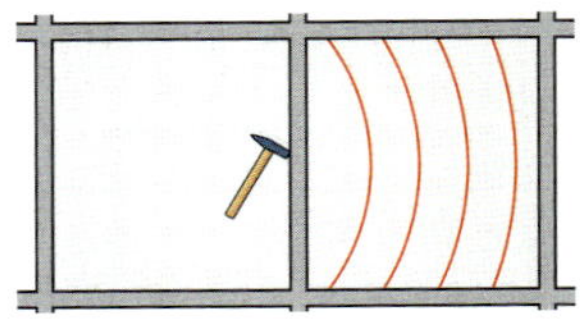

- **Trittschall** entsteht beim Begehen oder ähnlicher Anregung einer Decke oder Treppe als Körperschall und wird teilweise durch **Luftschall** abgestrahlt.

Wichtige Verordnungen und technische Regeln des Schallschutzes

Bezeichnung	Titel	Datum
VDI 2081, Blatt 1	Raumlufttechnik – Geräuscherzeugung und Lärmminderung	2022-04
VDI 2569	Schallschutz und akustische Gestaltung in Büros	2019-10
VDI 2720, Blatt 1	Schallschutz durch Abschirmung im Freien	1997-03
VDI 2720, Blatt 2	Schallschutz durch Abschirmung in Räumen	1983-04
VDI 3727, Blatt 2	Körperschalldämpfung; Anwendungshinweis	1984-11
DIN 4109-1, 2, 4	Schallschutz im Hochbau	1, 2: 2018-01; 4: 2016-07
TA-Lärm	Technische Anleitung zum Schutz gegen Lärm	2017-06
DIN EN ISO 12354-1	Luftschalldämmung zwischen Räumen	2017-11
DIN EN ISO 12354-2	Trittschalldämmung zwischen Räumen	2017-11
DIN EN ISO 12354-3	Luftschalldämmung von Außenbauteilen gegen Außenlärm	2017-11
DIN EN ISO 12354-4	Schallübertragung von Räumen ins Freie	2017-11
DIN EN 12354-5	Installationsgeräusche	2023-08
DIN EN 12354-6	Schallabsorption in Räumen	2004-04
DIN 4109-1	Schallschutz im Hochbau – Mindestanforderungen	2018-01

Immissionsrichtwerte für Immissionsorte außerhalb von Gebäuden (→ TA Lärm, Akustik)

	Tag	Nacht
a) in Industriegebieten	70 dB (A)	
b) in Gewerbegebieten	65 dB (A)	50 dB (A)
c) in Kerngebieten, Dorfgebieten und Mischgebieten	60 dB (A)	45 dB (A)
d) in allgemeinen Wohngebieten und in Kleinsiedlungsgebieten	55 db (A)	40 dB (A)
e) in reinen Wohngebieten	50 dB (A)	35 dB (A)
f) in Kurgebieten, für Krankenhäuser und Pflegeanstalten	45 dB (A)	35 dB (A)

Schallmedium (Fortsetzung)

Immissionsrichtwerte für Immissionsorte außerhalb von Gebäuden (Fortsetzung)

Die Zuordnung der Gebiete ergibt sich aus der Festlegung in den unterschiedlichen örtlichen Bebauungsplänen.

Tagzeit: 06.00-22.00 Uhr, **Nachtzeit**: 22.00-06.00 Uhr

Die Nachtzeit kann um eine Stunde hinausgeschoben oder vorverlegt werden (bei besonderer örtlicher oder zwingender betrieblicher Verhältnisse). Einzelne kurzzeitige Geräuschspitzen dürfen die Immissionswerte am Tage um nicht mehr als 30 dB (A) und in der Nacht um nicht mehr als 20 dB (A) überschreiten. Tieffrequente Geräusche und Verkehrslärm werden nach der TA-Lärm besonders berücksichtigt.

Immissionswerte für Immissionsorte innerhalb von Gebäuden — DIN 4109-1:2018-01

	Tag	Nacht
Bei Geräuschübertragung innerhalb von Gebäuden betragen die Immissionsrichtwerte für den Beurteilungspegel nach DIN 4109-1: 2018-01:	35 dB (A)	25 dB (A)

Geräuschbewertung

International wird meist auf der Basis der NR- und NC-Geräuschbewertung geplant. Von RLT-Anlagen verursachte Geräusche liegen im Mittel bei der NR- bzw. NC-Bewertung um 5 dB (A) niedriger als der zugehörige A-Schalldruckpegel. Die Kennzahl der höchsten, gerade berührten Kurve – egal bei welcher Oktavmittelfrequenz – ist die dB-Maßzahl für das Geräusch.

In der akustischen Messtechnik ist es üblich, den Frequenzbereich von 20 bis 15000 Hz in 8 Abschnitte, die Oktaven; zu unterteilen. Jeder dieser Oktaven wird ein Oktavenmittelwert zugeordnet:

Oktav-Nummer	1.	2.	3.	4.	5.	6.	7.	8.
Frequenzbereich in Hz	20 bis 90	90 bis 176	176 bis 352	352 bis 704	704 bis 1408	1408 bis 2816	2816 bis 5600	5600 bis 15000
Oktavmittelwert in Hz	63	125	250	500	1000	2000	4000	8000

NR-Geräuschbewertungskurven

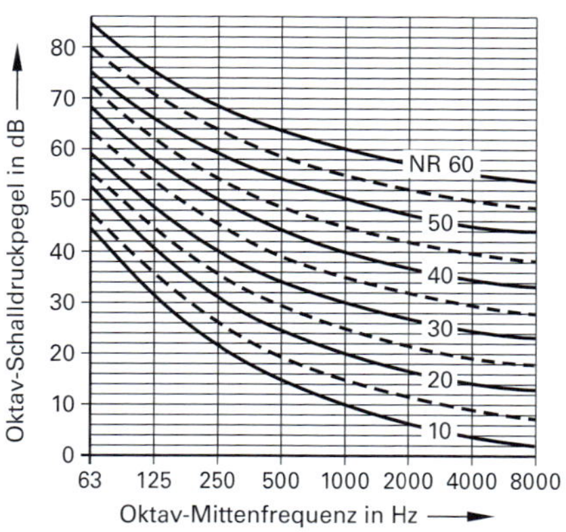

NC-Geräuschbewertungskurven

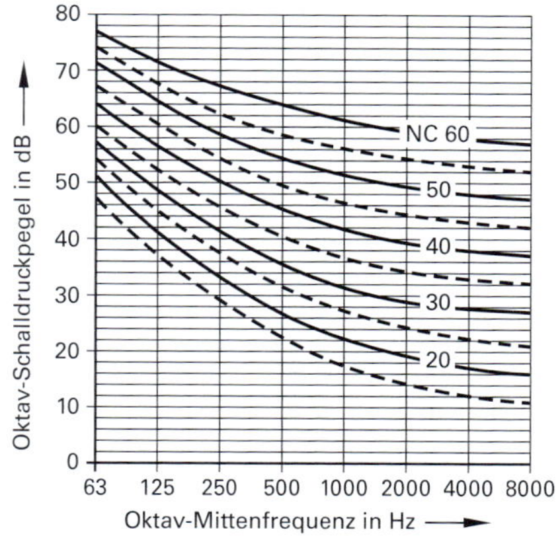

Regeln für den praktischen Schallschutz

Schallschutz bei Rohrleitungsanlagen

- Normgerechte Bemessung der Nennweiten
- Verwendung geräuscharmer Armaturen
- Einbau von Druckminderern
- Befestigung der Rohrschellen an schweren Wänden mit einer flächenbezogenen Masse von mindestens 220 kg/m^2.
- Einlegen von Schalldämmeinlagen zwischen Rohr und Rohrschelle.
- Umhüllen der Rohre mit elastischen Dämmstoffen.

Schallschutz bei Sanitäreinrichtungen

- Trennen der Einrichtungsgegenstände vom Baukörper durch elastische Dämmstoffe
- Verfugen des Zwischenraumes zur Wand oder zu Fliesen mit dauerelastischen Dämmstoffen.
- Elastisches Anschließen von Rohren an Aggregate, wie z.B. Pumpen oder Hebeanlagen.
- Schalldämmelement möglichst nah an der Schallquelle einbauen.

Regeln für den praktischen Schallschutz

Schutzbedürftige Räume

DIN 4109-1, -2:2018-01, -4:2016-07

Raumart	Beispiel	A-Schalldruckpegel in dB (A)[1] Anforderungen hoch	niedrig	Mittlere → Nachhallzeit in s
Arbeitsräume	ˣ Einzelbüro	35	40	0,5
	Großraumbüro	45	50	0,5
	Werkstätten	50	–	1,5
	Chemie-Labor	52[2]	52[2]	2,0
Versammlungsräume	Konzertsaal, Opernhaus	25	30	1,5
	Theater, Kino	30	35	1,0
	Konferenzraum	35	40	1,0
Wohnräume	ˣ Hotelzimmer	30	35	0,5
Sozialräume	ˣ Ruheraum, Pausenraum	30	35	1,0
	Wasch-und WC-Raum	45	55	2,0
Unterrichtsräume	Lesesaal	30	35	1,0
	ˣ Klassen- und Seminarraum	35	40	1,0
	ˣ Hörsaal	35	40	1,0
Krankenhaus Gemäß **DIN 1946-4**: 2018-09	ˣ Bettenzimmer, Ruheraum	30	30	1,0
	Operationsraum	40	40	2,0
	Untersuchungsraum	40	40	2,0
	Labore	45	45	2,0
	Bäder und Schwimmbäder	50	50	2,0
	Umkleideräume und andere Räume	50	50	2,0
	Bettenzimmer, normal	35	35	1,0
Räume mit Publikumsverkehr	Museen	35	40	1,5
	Gaststätten	40	55	1,0
	Verkaufsräume	45	60	1,0
	Schalterhalle	40	45	1,5
Sportstätten	Turn- und Sporthallen	45	50	2,0
	Schwimmbäder	45	50	2,0
Sonstige Räume	Rundfunkstudio	15	25	0,5
	Fernsehstudio	25	30	0,5
	EDV-Raum	45	60	1,5
	Reiner Raum (Reinraum)	55	60	1,5
	Küche	50	60	1,5
	Schutzraum	45	55	2,0

→ Schalldämpfer in der RLT-Anlage
→ DIN EN 16798-3:2017-11

[1] zeitlicher Mittelwert [2] dieser Wert darf nach **DIN 1946-7**:2009-07 nicht überschritten werden.
ˣ diese Räume gehören nach **DIN 4109**-1:2018-01 zu den „schutzbedürftigen Räumen"

Schallschutz durch Kapselung

Schalldämmende Kapselung ist als **passive Schallschutzmaßnahme** oft die einzige Möglichkeit zur Verminderung der Schallabstrahlung von Maschinen und Geräten.

Nebenstehendes Bild zeigt ein **Beispiel für die Schallübertragungswege einer Kapselung** (→ Schallschutzmaßnahmen).

Weg A: Luftschallübertragung über die Kapselwandung.

Weg B: Luftschallübertragung über die Undichtigkeiten und unvermeidbaren Öffnungen, z.B. Öffnungen über Be- und Entlüftung, zum Materialein- und -auslauf, Durchführung von Leitungen und Maschinenteilen.

Weg C: Körperschallübertragung und anschließende Abstrahlung als Luftschall.

Die besondere Bedeutung der Kapselung liegt darin, dass bereits in unmittelbarer Nähe der Schallquellen der Schalldruckpegel herabgesetzt wird.

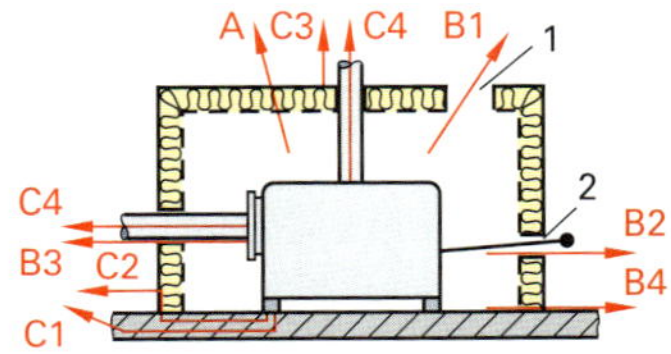

Strömungsgeräusche

VDI-Richtlinie 2081, Blatt 1: 2019-03

- Ermittlung von **Ventilatorgeräuschen**
- **Strömungsgeräusche** von raumlufttechnischen Geräten und Komponenten.

Korrosionserscheinungen

Korrosion ist nach DIN die Reaktion eines Werkstoffes mit seiner Umgebung, wobei eine messbare Veränderung des Werkstoffes eintritt, die zur Beeinträchtigung der Funktion von Bauteilen aus diesem Werkstoff führen kann.

Bei Metallen liegen überwiegend elektrochemische Vorgänge zugrunde, bei Nichtmetallen sind es in der Regel chemische, biologische oder physikalische Prozesse.

Erscheinungsformen der Korrosion

Korrosionserscheinung	Korrosionsbild	Beschreibung
Gleichmäßiger Flächenabtrag	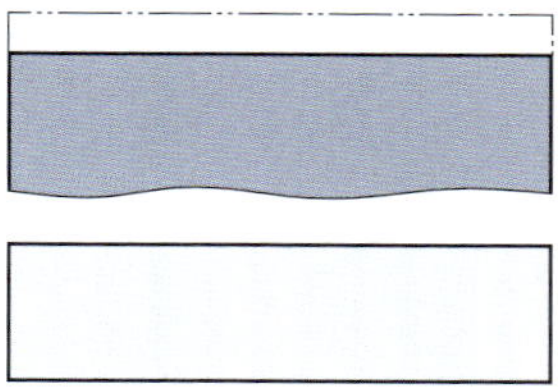	Der Werkstoff wird von der Oberfläche her relativ gleichmäßig abgetragen. Dies ist nur bei sehr konstanten und örtlich gleichartigen Korrosionsbedingungen möglich und deshalb in der Praxis selten. Lebensdauerberechnungen von Bauteilen sind hier relativ gut möglich.
Muldenfraß	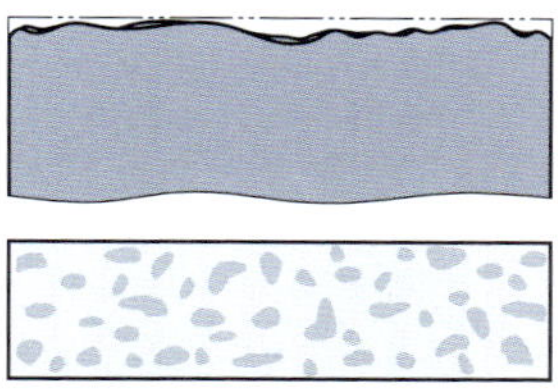	Ungleichmäßiger Flächenabtrag aufgrund örtlich nicht einheitlicher Korrosionsbedingungen. Bei den Mulden ist der mittlere Durchmesser größer als die Tiefe.
Lochfraß	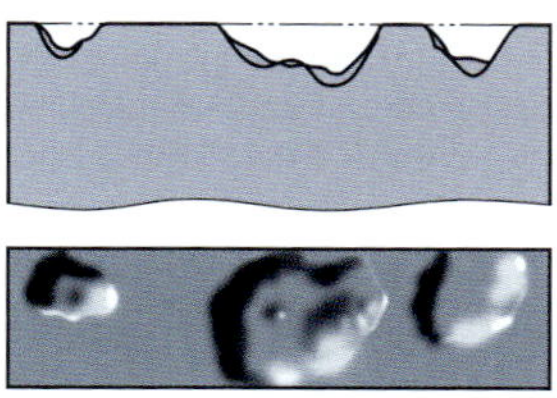	Kraterförmige, die Oberfläche unterhöhlende oder nadelstichartige Vertiefungen, wobei die Tiefe in der Regel größer ist als der mittlere Durchmesser. Neben der Angriffsstelle meist kein oder geringer Flächenabtrag. Gefahr der Kerbwirkung. Unter Deckschichten im Anfangsstadium oft schlecht erkennbar.
Korrosionsrisse		Inter- oder transkristalline Rissbildungen, die von der Oberfläche ausgehen oder nur im Inneren des Werkstückes vorliegen können. Zum Teil von außen nicht erkennbar und eventuell erst bei der Schadensanalyse durch metallographische Verfahren nachweisbar.
Selektive Angriffsform	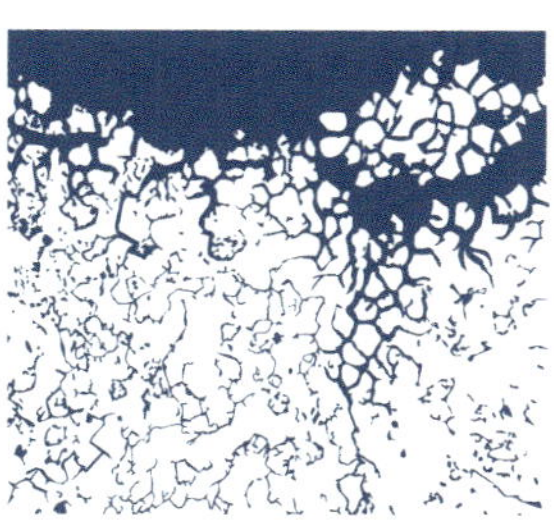	Selektiver (auswählender) Angriff der korngrenzennahen Bereiche, evtl. bis zur vollständigen Zerstörung der Metallkörner. Ausprägung als interkristalline Angriffsform bzw. Kornzerfall oder als selektiver Angriff von Seigerungszonen (schichtförmiger Korrosionsangriff), ferner als Spongiose bzw. Graphitierung (Auflösung des Ferrit- und Perlitgefüges) oder als Entzinkung (Auflösung der Zinkphase in Kupfer-Zink-Legierungen). Gefährliche Korrosionserscheinung, die häufig erst in der Schadensanalyse durch metallographische Verfahren erkannt wird.

Korrosionsarten

Korrosionsarten ohne gleichzeitige mechanische Beanspruchung

Korrosionsart	Beschreibung	Bemerkung
Gleichmäßige Flächenkorrosion	Annähernd gleichmäßige Reduzierung der Materialdicke infolge gleichmäßiger Korrosionsbedingungen über die gesamte Oberfläche (homogene Mischelektrode mit überall gleichen Teilstromdichten für den Abtrag des metallischen Werkstoffes).	Relativ harmlose Form der Korrosion. Im allgemeinen gut zu erkennen und abzuschätzen. In reiner Ausprägung relativ selten. Gegenmaßnahmen: schützende Beschichtung, Wahl eines beständigen Materials (z. B. säure- oder rostbeständige Stähle), Maßnahmen von Seiten des Angriffsmediums (z. B. Entgasung, Änderung des pH-Wertes, Zusatz von → Inhibitoren und Zusatz von Hydrazin oder Phenylhydrazin zum Binden des freien Sauerstoffs).
Muldenkorrosion	Ungleichmäßige Flächenkorrosion mit einer örtlich unterschiedlichen Abtragungsrate (heterogene Mischelektrode). Unebene, mit Mulden bedeckte Materialoberfläche.	Ursache: Korrosion infolge von Inhomogenitäten der Werkstoffoberfläche (z. B. Schlackenzonen) oder infolge von Konzentrationsunterschieden im Elektrolyt (z. B. bedingt durch die Strömungscharakteristik oder durch eine ungleichmäßige Temperaturverteilung). Das Ausmaß (die Tiefe der Mulden) ist oft erst nach mechanischer Entfernung von Ablagerungen und Korrosionsprodukten zu erkennen. Gegenmaßnahmen: siehe *gleichmäßige Flächenkorrosion.*
Lochkorrosion	Elektrolytischer Metallabtrag an eng begrenzten Oberflächenbereichen. Es entstehen dabei kraterförmige, nadelstichartige oder die Oberfläche oder Deckschicht unterhöhlende Löcher. Die Tiefe der Löcher ist gleich oder größer als der Durchmesser. Außerhalb der Angriffsstellen liegt nahezu keine Korrosion vor.	Ursache: Korrosionselemente (wie bei der Muldenkorrosion), häufig an Poren, Rissen oder anderen Fehlstellen korrosionshemmender Deckschichten, die nachträglich aufgebracht wurden (z. B. Verzinnung), verarbeitungstechnisch entstanden sind (z. B. Oxidhaut beim Walzen) oder aus Einwirkungen des Angriffsmediums resultieren. Gefahr der Kerbwirkung bei Belastung. Typisch ist die Lochkorrosion an säure- oder rostbeständigen ferritischen und austenitischen Stählen bei Angriff durch Chloride und andere Halogenide. Die Anfälligkeit der Stähle steigt dabei mit zunehmender Temperatur und Halogenidkonzentration. Lochkorrosion tritt auch bei passivierbaren Nickelbasislegierungen und bei Aluminium auf. Gegenmaßnahmen: Geeignete Werkstoffauswahl, z. B. Stähle mit hohem Chrom- **und** Molybdängehalt (Wirksumme: w(Cr) in % mal w(Mo) in % > 30), Hastelloy C 22, NiCr 21 Mo 14 W, Titan in oxidierenden Medien, Zirkonium in reduzierenden Medien und Tantal in oxidierenden und reduzierenden Medien.
Spaltkorrosion	Korrosion in Spalten mit hoher Korrosionsrate. Bei unlegierten Stählen meist muldenförmig oder gleichmäßig, bei säure- und rostbeständigen Stählen ähnlich der Lochkorrosion.	Ursache: Ausbildung von Korrosionselementen in engen Spalten, z. B. durch unterschiedliche Belüftung, Anreicherung von aggressiven Phasen oder Absenkung des pH-Wertes im Spalt durch Hydrolyse von Korrosionsprodukten. Gegenmaßnahmen: Vermeidung von Spalten (insbesondere von Flächenabständen < 1 mm) bei der konstruktiven Gestaltung, beim Schweißen (z. B. nicht durchgeschweißte Wurzeln von Schweißnähten) und bei Verschraubungen.

8

Korrosionsarten (Fortsetzung)

Korrosionsarten ohne gleichzeitige mechanische Beanspruchung (Fortsetzung)

Korrosionsart	Beschreibung	Bemerkung
Kontaktkorrosion (galvanische Korrosion)	Korrosion des unedleren Werkstoffes an der Kontaktstelle zweier metallischer Konstruktionsteile mit unterschiedlichen freien Korrosionspotentialen.	Ausschließlich konstruktionsbedingte Korrosion. Bedingung ist die elektrisch leitende Verbindung zweier metallischer Werkstoffe mit unterschiedlichem Korrosionspotential bei gleichzeitiger Anwesenheit eines Elektrolyten. Der unedlere, sich auflösende Werkstoff bildet die Anode. Dabei ist die Korrosionsgeschwindigkeit näherungsweise dem Flächenverhältnis der Kathode zur Anode proportional und abhängig von der Differenz der Standardpotentiale der beteiligten Werkstoffe in der elektrochemischen Spannungsreihe der Metalle. Demgemäß sollten möglichst keine Materialkombinationen mit großer Potenzialdifferenz gebildet werden. **Elektrochemische Spannungsreihe** wichtiger Gebrauchsmetalle (gemessen gegen die Normal-Wasserstoff-Elektrode): Mg: –2,40 V Zn: – 0,76 V Sn: – 0,16 V Ag: + 0,80 V Al: –1,69 V Fe: – 0,44 V Pb: – 0,13 V Au: + 1,38 V Ti: –1,63 V Ni: – 0,25 V Cu: + 0,35 V Pt: + 1,20 V Unter Korrosionsbedingungen wird bei vielen technischen Werkstoffen das Potential infolge Oberflächenpassivierung verschoben, so z. B. in Salzlösung mit w(NaCl) ≈ 3 %: Mg: – 1,32 V St 37:– 0,40 V Cr-Ni-Stahl: + 0,4 V Zn: – 0,78 V Cu: + 0,1 V Ni 99,6: + 0,46V Al 99,5:– 0,67 V Ti: + 0,37 V Somit ist z. B. die Kombination von unlegiertem Stahl mit nichtrostendem Stahl ungünstig.
Korrosion durch unterschiedliche Belüftung	Erscheinungsbild abhängig von der Form der Konstruktionsteile. Tritt z. B. als Spaltkorrosion auf.	Ursache: Korrosionselement bei unterschiedlicher Belüftung von Oberflächenzonen. Dabei werden die weniger belüfteten Teile abgetragen. Abhilfe durch konstruktive Maßnahmen, z. B. durch Spaltvermeidung.
Selektive Korrosion	Auflösung einzelner Gefüge oder Legierungsbestandteile, z. B. im korngrenzennahen Bereich **(interkristalline Korrosion)** oder parallel zur Verformungsrichtung quer durch die Metallkörner **(transkristalline Korrosion)**.	Beispiele: Entzinkung von Cu-Zn-Legierungen (Auflösung der unedleren Zn-Komponente), Angriff längs von Seigerungszonen (Schichtkorrosion) und Korngrenzenangriff (Fortschreiten der Korrosion entlang der Korngrenzen bis ins Metallinnere, bis hin zum völligen Kornzerfall). Ursache: unedle Ausscheidungen und Anreicherung von Spurenelementen an den Korngrenzen und Verarmung der korngrenzennahen Bereiche infolge von Ausscheidungsvorgängen. Anfällig sind hier die nichtrostenden Cr- und Cr-Ni-Stähle in bestimmten Temperaturbereichen (z. B. beim Abkühlen nach dem Schweißen), da hier an den Korngrenzen Chromcarbide abgeschieden werden. Beständig sind Cr-Ni-Stähle, die mit Ti oder Nb und Ta legiert sind oder einen sehr geringen C-Gehalt besitzen.

Weitere Korrosionsarten:

Korrosion unter Ablagerungen (als Spalt- oder Kontaktkorrosion), **Verzunderung** (in Gasen bei sehr hohen Temperaturen, z. B. durch direkte Reaktion des Metalles mit dem Luftsauerstoff, etwa beim Walzen oder Schmieden), **mikrobiologische Korrosion** (unter Mitwirkung von Mikroorganismen, z. B. von sulfatreduzierenden, Schwefelsäure bildenden oder Wasserstoff depolarisierenden Bakterien), **Kondenswasserkorrosion** (durch Angriff von Kondenswasser, das bei Taupunktunterschreitung auf der Materialoberfläche entsteht) und **Säurekondensatkorrosion** (durch z. B. aus Verbrennungsgasen nach Taupunktunterschreitung kondensierende Säure).

Korrosionsarten (Fortsetzung)

Korrosionsarten mit gleichzeitiger mechanischer Beanspruchung

Korrosionsart	Beschreibung	Bemerkung
Spannungsrisskorrosion	Inter- oder transkristalline Rissbildung. In der Folge auftretende Brüche zeigen oft wenig verformte Trennungszonen und kein sichtbares Korrosionsprodukt.	Ursache: überwiegend statische → Zugbeanspruchungen (auch als Eigenspannungen nach Verformungsprozessen im Werkstoff) und gleichzeitiger Angriff eines Mediums an örtlichen Zerstörungen oder Fehlstellen in Deck- oder Passivschichten (z. B. von Chrom-Nickel-Stählen). Bei austenitischen nichtrostenden Stählen und bei Aluminiumwerkstoffen greifen vor allem chloridhaltige Lösungen an und führen zu transkristalliner Korrosion, Kupfer- und Kupferlegierungen sind besonders durch ammoniakhaltige Lösungen gefährdet.
Schwingungsrisskorrosion	Risse mit nachkorrodierten Rissflanken, die von einer flächig korrodierten aktiven Oberfläche zahlreich ins Werkstoffinnere gehen oder Einzelriss bei passivierter Oberfläche, der einen glatten Bruch verursachen kann.	Ursache: Kombination aus korrosivem Angriff und → schwellender oder wechselnder Zugbeanspruchung (Schwingung). Meist transkristalline Rissbildung an Gleitstellen. Gegenmaßnahmen: geeignete Werkstoffauswahl (evtl. nach geeignetem Korrosionsversuch), große Oberflächengüte beim Werkstoff und Maßnahmen zur → Schwingungsdämpfung.

Weitere Korrosionsarten, die sich unter gleichzeitiger mechanischer Beanspruchung entwickeln, sind:

Erosionskorrosion: Korrosion an durch mechanischen Oberflächenabtrag vorgeschädigten Stellen, z. B. an durchbrochenen Passivschichten in Rohrbögen.

Kavitationskorrosion: Korrosion an durch Flüssigkeitskavitation aufgerauten oder verformten Flächen, z. B. an Pumpenlaufrädern.

Reibkorrosion: Korrosion an durch Reibungsbeanspruchung vorgeschädigten Oberflächen.

Dehnungsindizierte Korrosion: Korrosion infolge einer durch Dehnung oder Schrumpfung zerstörten Schutzschicht.

Korrosionsschutz

Korrosionsschutzmaßnahmen

Maßnahmen von Seiten des Werkstoffes	Maßnahmen an der Phasengrenze	Maßnahmen von Seiten des Mediums	Elektrochemischer Korrosionsschutz
• **Auswahl eines geeigneten Werkstoffes** sowohl hinsichtlich der Beständigkeit (Beständigkeitstabellen, z. B. DECHEMA-Publikationen) als auch hinsichtlich der mechanischen Beanspruchung (oberflächenhärtbare Werkstoffe bei Erosionsbeanspruchung, dauerschwingfest bei Wechselbeanspruchung usw.)	• **Metallische Überzüge** – ***Galvanisieren*** Elektrolytische Metallabscheidung, z.B. Zink auf Stahl, Nickel auf Kupfer und Chrom auf verkupfertem und danach vernickeltem Stahl. Problematisch bei Hohlkörpern und Rohrinnenwänden. Z. T. hohe Porösität. – ***Plattieren*** Aufbringen einer Metallschicht unter Druck und erhöhter Temperatur.	• **Beseitigung bzw. Verringerung von Bestandteilen, die korrosionsfördernd wirken** – ***Verringerung der Sauerstoffkonzentration*** in Wässern durch Erhitzen, binden mit Hydrazin, Phenylhydrazin oder Natriumsulfit, Stickstoffsättigung, Evakuierung oder Entgasung mit Dampf im Gegenstrom.	• **Kathodischer Korrosionsschutz mit Fremdstrom** System aus zu schützendem Bauteil (durch Anschluss an den negativen Pol einer Gleichstromquelle) und eine Fremdstromanode aus Graphit, platiniertem Titan, Silicium-Gusseisen oder Magnetit. Anwendung bei Rohrleitungen und Behältern im Erdreich und zum Innenschutz von Behältern.

Fortsetzung nächste Seite

Korrosionsschutz

Korrosionsschutzmaßnahmen (Fortsetzung)

Maßnahmen von Seiten des Werkstoffes	Maßnahmen an der Phasengrenze	Maßnahmen von Seiten des Mediums	Elektrochemischer Korrosionsschutz
• **Korrosionsgerechte Konstruktion** – Verwendung von Werkstoffen mit glatter Oberfläche (polierte Stähle, Glas, Kunststoffe usw.) – Vermeidung von Materialspannungen (innere Spannungen, wie z. B. in nicht wärmetechnisch nachbehandelten Schweißeinflusszonen, Bördelkanten und dauerbelasteten Federn) – Vermeidung von engen Spalten – Vermeidung von Konstruktionen, die eine Restfeuchtigkeit erlauben (z. B. nicht vollständig entleerbare Behälter und Hohlräume ohne Drainageöffnung) – Wärmedämmungen an Behältern und Rohren zur Vermeidung der Kondensation von Luftfeuchtigkeit – Vermeidung des Kontaktes von Werkstoffen mit großer Potenzialdifferenz (evtl. isolierende Zwischenstücke oder Schutzanstrich) – Auswahl von Schweißzusatzwerkstoffen, die etwas edler sind, als das Grundmetall (günstige Kombination aus kleiner Kathode und großer Anode)	Porenfreier Überzug beliebiger Dicke. Typische Plattierungswerkstoffe: Nickel, Kupfer, Aluminium und deren Knetlegierungen und nichtrostender Stahl (auf unlegiertem Stahl). – ***Schmelztauchen*** Eintauchen des Werkstückes in die Schmelze des Beschichtungsmetalls (Zn, Sn, Al, Pb), z. B. Feuerverzinken – ***Thermisches Spritzen*** Aufspritzen des Metalls in geschmolzenem Zustand. Meist poröse, inhomogene Oberfläche, aber guter Haftgrund für organische Beschichtungen. Beispiel: Zink- und organische Deckschicht (Duplex-System) – ***Aufdampfen*** Physikalisches (PVD) und chemisches (PVC) Verfahren. Guter Verschleißschutz. Z. B. Säureschutz in Behältern durch aufgedampftes Tantal. • **Anorganische und organische Überzüge** – ***Emaillieren*** Glasfluss oxidischer Zusammensetzung auf Stahloberflächen. Empfindlich gegen Schlag, Schwingungen und schnelle Temperaturwechsel. Weniger empfindlich: Glasemail – ***Gummi- oder Kunststoffschichten*** als Lacke, Spachtelmassen, Pulver, Folien und Bahnen. Zum Streichen, Kleben, Spritzen, Wirbelsintern oder Aufschrumpfen. Thermisch empfindlich. Geringe Härte.	– ***Neutralisation*** mit $CaCO_3$ (Kalk) – ***Alkalisierung*** von Wasser mit Ammoniak oder Hydrazin (Beseitigung von CO_2) – ***Entsalzung*** in Ionenaustauschern – ***Binden von Luftfeuchtigkeit*** z. B. in LiCl- oder $CaCl_2$-Schichten (Umlufttrockner) oder durch Polykieselsäure (Silikagel) als Packungsbeilage und in eng begrenzten Räumen. • **Zusatz von Inhibitoren** – ***Physikalische → Inhibitoren*** Adsorption durch die Metalloberfläche und Blockierung aktiver Stellen – ***Chemische Inhibitoren*** Schutzschichtbildung durch chemische Reaktion mit dem Metall (Chemiesorption) oder mit Komponenten des Angriffsmediums – ***Anodische Inhibitoren*** Korrosionspotential verschiebt sich zu edlerem Wert (bei zu geringer Dosierung kein geschlossener Oberflächenfilm und damit gefährliche örtliche Korrosion (kleine Anode, große Kathode) – ***Kathodische Inhibitoren*** Korrosionspotential verschiebt sich zum unedleren Wert	Schutz großer Bauteile und langer Rohrstrecken möglich (Rohre zusätzlich mit Schutzanstrich). • **Kathodischer Korrosionsschutz mit Opferanode** Durch Auflösung einer Anode aus Magnesium, Magnesiumlegierung, Zink, Zinklegierung oder Aluminium wird der Schutzstrom erzeugt und über eine leitende Verbindung dem zu schützenden Bauteil (aus edlerem Material) zugeführt. Anwendung: Außenschutz von Rohren und Behältern im Erdreich, Innenschutz von Behältern (z. B. Wasserbehältern und Wassererhitzern). Beim Einsatz von Opferanoden im Inneren von chemischen Anlagen ist auf Reaktionen des Mediums mit dem Anodenmaterial und (in Säuren) auf Wasserstoffentwicklung zu achten.

Inhibitoren

Die Wirksamkeit von Inhibitoren wird maßgeblich von den Prozessbedingungen bestimmt. Genauen Aufschluss erhält man oft erst nach mindestens einjähriger Durchführung von Versuchen, die den tatsächlichen Betriebsbedingungen möglichst nahe kommen. Richtwert für die Konzentration von Inhibitoren:

Massenanteil $\boldsymbol{w}$**(Inhibitor)** ≈ **0,1 % ... 2,0 %**

Auswahl wichtiger Inhibitoren

Anodische Inhibitoren	Anwendungsbereiche	Bemerkung
Natriumbenzoat C_6H_5COONa Natriumnitrit $NaNO_2$ Natriumsilikat $Na_2O \cdot 2\ SiO_2$ Dinatriumhydrogenphosphat Na_2HPO_4	Neutrale und schwach alkalische wässrige Flüssigkeiten, Atmosphäre, geschlossene Kühl- und Heizkreisläufe, insbesondere bei Eisenmetallen und Aluminium.	**Achtung:** Bei Unterdosierung (anodische Bezirke nicht vollständig benetzt) **Lochfraßgefahr** (Ausnahme: Benzoate). Natriumsilikat und Dinatriumphosphat sind nur wirksam, wenn die Wässer genügend Calciumhydrogencarbonat enthalten.
Kathodische Inhibitoren	**Anwendungsbereiche**	**Bemerkung**
Zinksulfat $ZnSO_4$ Calciumcarbonat $CaCO_3$	Säuren bei Eisenwerkstoffen, weiches Wasser	Weiches Wasser ist korrosiver als hartes.
Polyphosphate	Neutrale und schwach alkalische wässrige Flüssigkeiten, Kesselspeisewasser, hartes Wasser	Unterbindung von Kesselsteinschichten
Mischinhibitoren	**Anwendungsbereiche**	**Bemerkung**
Gemisch aus Natriumnitrit, Natriumbenzoat und Dinatriumhydrogenphosphat	Salz- oder säurehaltige Wässer, Ölpipelines, Öltanker	Anodisch wirkendes Inhibitorgemisch
Gemisch aus Zinksulfat und Natriumchromat	Geschlossene Heiz- und Kühlkreisläufe	Mischung aus einem kathodischen und einem anodischen Inhibitor, die eine schwerlösliche Zinkchromatschicht auf der Oberfläche erzeugt

Detaillierte Angaben über Art, Wirksamkeit und Dosierung von Inhibitoren erhält man in der Regel bei den Werkstoffherstellern und -verarbeitern.

Vorbereitung von Metalloberflächen vor dem Beschichten

Arbeitsschritt	Verfahren	Zweck	Arbeitsschritt	Verfahren	Zweck
Mechanisches Reinigen und Erzeugen einer günstigen Oberflächenbeschaffenheit	Bürsten, Schleifen, Sandstrahlen, Suspensionsstrahlen (Suspension aus Sand, Wasser und Inhibitor), Polieren, Flammstrahlen (Acetylen-Sauerstoff-flamme)	Beseitigung von Walzzunder, Rost und organischen und anorganischen Verschmutzungen und – je nach Erfordernis – Aufrauen oder Glätten der Oberfläche	Chemisches Reinigen und Erzeugen einer günstigen Oberflächenbeschaffenheit	Beizen von Stahl mit Schwefel-, Phosphor- oder Salzsäure und Beizen von Aluminium mit Natronlauge, Entfetten mit organischen Lösemitteln (Tri- und Tetrachlorethylen, Brennspiritus) oder/und Seifenlösung, chemisches oder elektrochemisches Polieren	Beseitigung von Walzzunder, Rost und Fettrückständen und – je nach Erfordernis – Aufrauen oder Glätten der Oberfläche

Normen zu Korrosion und Korrosionsschutz

Auswahl von DIN-Normen zu Korrosion, Korrosionsschutz und Korrosionsprüfung

DIN-Nr.	Titel
DIN EN 12285-1:2018-12	Werksgefertigte Tanks aus Stahl
DIN EN ISO 8044:2020-08	Korrosion von Metallen und Legierungen – Grundbegriffe
DIN 50905-1:2022-09	Korrosion der Metalle; Korrosionsuntersuchung; Grundsätze
DIN 50905-2:2022-09	Korrosion der Metalle; Korrosionsuntersuchung; Korrosionsgrößen bei gleichmäßiger Flächenkorrosion
DIN 50905-3:2022-09	Korrosion der Metalle; Korrosionsuntersuchung; Korrosionsgrößen bei ungleichmäßiger und örtlicher Korrosion ohne mechanische Belastung
DIN 50905-4:2022-09	Korrosion der Metalle; Korrosionsuntersuchung; Durchführung von chemischen Korrosionsversuchen ohne mechanische Belastung in Flüssigkeiten in Laboratorien
DIN EN ISO 3651-2:1998-08	Prüfung nichtrostender Stähle auf Beständigkeit gegen interkristalline Korrosion
DIN 50918:2018-09	Korrosion der Metalle; Elektrochemische Korrosionsuntersuchungen
DIN 50919:2022-02	Korrosion der Metalle; Korrosionsuntersuchungen der Bimetallkorrosion in Elektrolytlösungen
DIN 50920-1:1985-10 (z)	Korrosion der Metalle; Korrosionsuntersuchungen in strömenden Flüssigkeiten; Allgemeines
DIN EN ISO 3651-1:1998-08	Korrosion der Metalle; Prüfung nichtrostender austenitischer und ferritisch-austenitischer (Duplex)-Stähle auf Beständigkeit gegen örtliche Korrosion in stark oxidierenden Säuren
DIN 50927:1985-08 (z)	Planung und Anwendung des elektrochemischen Korrosionsschutzes für die Innenflächen von Apparaturen, Behältern und Rohren (Innenschutz).
DIN 50930-1:2005-03	Korrosionsschutz metallischer Werkstoffe – Hinweise zur Abschätzung der Korrosionswahrscheinlichkeit in Wasserverteilungs- und -speichersystemen

Gefahrensymbole und Gefahrenbezeichnungen

Das **G**lobal **H**armonisierte **S**ystem (GHS) der Vereinten Nationen vereinheitlicht weltweit die Einstufung und Kennzeichnung von Chemikalien (ab 20.01.2009 in Kraft, verbindlich ab 01.12.2010 für Stoffe und ab 01.06.2015 für Gemische).

Die kennzeichnenden Elemente des Systems sind:

- **Gefahrenpiktogramme** (Gefahrensymbole) , z.B.  *(entzündbare Stoffe)*
- **Signalwort (Gefahr** oder **Achtung**)
- **Gefahrenhinweise (H-Sätze,** ähnlich den bisherigen R-Sätzen), z.B. H220

H | 2 | 20

- 20 → **Laufende Nummer** (hier für *extrem entzündbares Gas)*
- 2 → **Gruppierung** (**2** Physikalische Gefahren **3** Gesundheitsgefahren **4** Umweltgefahren)
- H → **Gefahrenhinweis** (**H**azard Statement)

- **Sicherheitshinweise (P-Sätze,** ähnlich den bisherigen S-Sätzen), z.B. P240

P | 2 | 40

- 40 → **Laufende Nummer** (40 für *Behälter und zu befüllende Anlage erden)*
- 2 → **Gruppierung** (**1** Allgemein **2** Prävention **3** Reaktion **4** Lagerung **5** Entsorgung)
- P → **Sicherheitshinweis** (**P**recautionary Statement)

Piktogramm	Kodierung und Bezeichnung	Piktogramm	Kodierung und Bezeichnung
	GHS01 Explodierende Bombe Instabile explosive Stoffe und Gemische, Explosive Stoffe/Gemische und Erzeugnisse mit Explosivstoff, Selbstzersetzliche Stoffe und Gemische, Organische Peroxide		GHS06 Totenkopf mit gekreuzten Knochen Akute Toxizität (oral, dermal, inhalativ)
	GHS02 Flamme Entzündbare Gase, Entzündbare Aerosole, Entzündbare Flüssigkeiten, Entzündbare Feststoffe, Selbstzersetzliche Stoffe und Gemische, pyrophore Flüssigkeiten, pyrophore Feststoffe, Selbsterhitzungsfähige Stoffe und Gemische, Stoffe und Gemische, die bei Berührung mit Wasser entzündbare Gase abgeben, Organische Peroxide		GHS07 Ausrufezeichen Akute Toxizität (oral, dermal, inhalativ), Reizung der Haut, Augenreizung, Sensibilisierung der Haut, Spezifische Zielorgan-Toxizität (einmalige Exposition), Atemwegsreizung, narkotisierende Wirkungen
	GHS03 Flamme über einem Kreis Oxidierende Gase, Oxidierende Flüssigkeiten, Oxidierende Feststoffe		GHS08 Gesundheitsgefahr Sensibilisierung der Atemwege, Keimzellmutagenität, Karzinogenität, Reproduktionstoxizität, Spezifische Zielorgan-Toxizität (einmalige Exposition), Spezifische Zielorgan-Toxizität (wiederholte Exposition), Aspirationsgefahr
	GHS04 Gasflasche Gase unter Druck: verdichtete Gase, verflüssigte Gase, tiefgekühlt verflüssigte Gase, gelöste Gase		
	GHS05 Ätzwirkung Auf Metalle korrosiv wirkend, Hautätzend, Schwere Augenschädigung		GHS09 Umwelt Gewässergefährdend – akut gewässergefährdend – chronisch gewässergefährdend

8

H-Sätze (Gefahrenhinweise)

Gefahrenhinweise für physikalische Gefahren

H200 Instabil, explosiv

H201 Explosiv, Gefahr der Massenexplosion.

H202 Explosiv; große Gefahr durch Splitter, Spreng- und Wurfstücke.

H203 Explosiv; Gefahr durch Feuer, Luftdruck oder Splitter, Spreng- und Wurfstücke.

H204 Gefahr durch Feuer oder Splitter, Spreng- und Wurfstücke.

H205 Gefahr der Massenexplosion bei Feuer.

H220 Extrem entzündbares Gas.

H221 Entzündbares Gas.

H222 Extrem entzündbares Aerosol.

H223 Entzündbares Aerosol.

H224 Flüssigkeit und Dampf extrem entzündbar.

H225 Flüssigkeit und Dampf leicht entzündbar.

H226 Flüssigkeit und Dampf entzündbar.

H228 Entzündbarer Feststoff.

H240 Erwärmung kann Explosion verursachen.

H241 Erwärmung kann Brand o. Explosion verursachen.

H242 Erwärmung kann Brand verursachen.

H250 Entzündet sich in Berührung mit Luft von selbst.

H251 Selbsterhitzungsfähig; kann in Brand geraten.

H252 In großen Mengen selbsterhitzungsfähig; kann in Brand geraten.

H260 In Berührung mit Wasser entstehen entzündbare Gase, die sich spontan entzünden können.

H261 In Berührung mit Wasser entstehen entzündbare Gase.

H270 Kann Brand verursachen oder verstärken; Oxidationsmittel.

H271 Kann Brand oder Explosion verursachen; starkes Oxidationsmittel.

H272 Kann Brand verstärken; Oxidationsmittel.

H280 Enthält Gas unter Druck; kann bei Erwärmung explodieren.

H281 Enthält tiefkaltes Gas; kann Kälteverbrennungen oder -verletzungen verursachen.

H290 Kann gegenüber Metallen korrosiv sein.

Gefahrenhinweise für Gesundheitsgefahren

H300 Lebensgefahr bei Verschlucken.

H301 Giftig bei Verschlucken.

H302 Gesundheitsschädlich bei Verschlucken.

H304 Kann bei Verschlucken und Eindringen in die Atemwege tödlich sein.

H310 Lebensgefahr bei Hautkontakt.

H311 Giftig bei Hautkontakt.

H312 Gesundheitsschädlich bei Hautkontakt.

H314 Verursacht schwere Verätzungen der Haut und schwere Augenschäden.

H315 Verursacht Hautreizungen.

H317 Kann allergische Hautreaktionen verursachen.

H318 Verursacht schwere Augenschäden.

H319 Verursacht schwere Augenreizung.

H330 Lebensgefahr bei Einatmen.

H331 Giftig bei Einatmen.

H332 Gesundheitsschädlich bei Einatmen.

H334 Kann bei Einatmen Allergie, asthmaartige Symptome oder Atembeschwerden verursachen.

H335 Kann die Atemwege reizen.

H336 Kann Schläfrigkeit / Benommenheit verursachen.

H340 Kann genetische Defekte verursachen <Expositionsweg angeben, sofern schlüssig belegt ist, dass diese Gefahr bei keinem anderen Expositionsweg besteht>.

H341 Kann vermutlich genetische Defekte verursachen <Expositionsweg angeben, sofern schlüssig belegt ist, dass diese Gefahr bei keinem anderen Expositionsweg besteht>.

H350 Kann Krebs erzeugen <Expositionsweg angeben, sofern schlüssig belegt ist, dass diese Gefahr bei keinem anderen Expositionsweg besteht>.

H351 Kann vermutlich Krebs erzeugen <Expositionsweg angeben, sofern schlüssig belegt ist, dass diese Gefahr bei keinem anderen Expositionsweg besteht>.

H360 Kann die Fruchtbarkeit beeinträchtigen oder das Kind im Mutterleib schädigen <konkrete Wirkung angeben, sofern bekannt> <Expositionsweg angeben, sofern schlüssig belegt ist, dass die Gefahr bei keinem anderen Expositionsweg besteht>.

H361 Kann vermutlich die Fruchtbarkeit beeinträchtigen oder das Kind im Mutterleib schädigen <konkrete Wirkung angeben, sofern bekannt> <Expositionsweg angeben, sofern schlüssig belegt ist, dass die Gefahr bei keinem anderen Expositionsweg besteht>

H362 Kann Säuglinge über die Muttermilch schädigen.

H370 Schädigt die Organe <oder alle betroffenen Organe nennen, sofern bekannt> <Expositionsweg angeben, sofern schlüssig belegt ist, dass diese Gefahr bei keinem anderen Expositionsweg besteht>.

H371 Kann die Organe schädigen <oder alle betroffenen Organe nennen, sofern bekannt> <Expositionsweg angeben, sofern schlüssig belegt ist, dass diese Gefahr bei keinem anderen Expositionsweg besteht>.

H372 Schädigt die Organe <alle betroffenen Organe nennen> bei längerer oder wiederholter Exposition <Expositionsweg angeben, wenn schlüssig belegt ist, dass diese Gefahr bei keinem anderen Expositionsweg besteht>.

H373 Kann die Organe schädigen <alle betroffenen Organe nennen, sofern bekannt> bei längerer oder wiederholter Exposition <Expositionsweg angeben, wenn schlüssig belegt ist, dass diese Gefahr bei keinem anderen Expositionsweg besteht>.

Gefahrenhinweise für Umweltgefahren

H400 Sehr giftig für Wasserorganismen.

H410 Sehr giftig für Wasserorganismen mit langfristiger Wirkung.

H411 Giftig für Wasserorganismen, mit langfristiger Wirkung.

H412 Schädlich für Wasserorganismen, mit langfristiger Wirkung.

H413 Kann für Wasserorganismen schädlich sein, mit langfristiger Wirkung.

P-Sätze (Sicherheitshinweise)

Allgemein

P101 Ist ärztlicher Rat erforderlich, Verpackung oder Kennzeichnungsetikett bereithalten.

P102 Darf nicht in die Hände von Kindern gelangen.

P103 Vor Gebrauch Kennzeichnungsetikett lesen.

Prävention

P201 Vor Gebrauch besondere Anweisungen einholen.

P202 Vor Gebrauch alle Sicherheitshinweise lesen und verstehen.

P210 Von Hitze/Funken/offener Flamme/heißen Oberflächen fernhalten. Nicht rauchen.

P211 Nicht gegen offene Flamme oder andere Zündquelle sprühen.

P220 Von Kleidung/.../brennbaren Materialien fernhalten/entfernt aufbewahren.

P221 Mischen mit brennbaren Stoffen/... unbedingt verhindern.

P222 Kontakt mit Luft nicht zulassen.

P223 Kontakt mit Wasser wegen heftiger Reaktion und möglichem Aufflammen unbedingt verhindern.

P230 Feucht halten mit ...

P231 Unter inertem Gas handhaben.

P232 Vor Feuchtigkeit schützen.

P233 Behälter dicht verschlossen halten.

P234 Nur im Originalbehälter aufbewahren.

P235 Kühl halten.

P240 Behälter und zu befüllende Anlage erden.

P241 Explosionsgeschützte elektrische Betriebsmittel/Lüftungsanlagen/Beleuchtung/... verwenden.

P242 Nur funkenfreies Werkzeug verwenden

P243 Maßnahmen gegen elektrostatische Aufladungen treffen.

P244 Druckminderer frei von Fett und Öl halten.

P250 Nicht schleifen/stoßen/.../reiben.

P251 Behälter steht unter Druck: Nicht durchstechen oder verbrennen, auch nicht nach der Verwendung.

P260 Staub/Rauch/Gas/Nebel/Dampf/Aerosol nicht einatmen.

P261 Einatmen von Staub/Rauch/Gas/Nebel/Dampf/Aerosol vermeiden.

P262 Nicht in die Augen, auf die Haut oder die Kleidung gelangen lassen.

P263 Kontakt während der Schwangerschaft und der Stillzeit vermeiden.

P264 Nach Gebrauch ... gründlich waschen.

P270 Bei Gebrauch nicht essen, trinken oder rauchen.

P271 Nur im Freien oder in gut belüfteten Räumen verwenden.

P272 Kontaminierte Arbeitskleidung nicht außerhalb des Arbeitsplatzes tragen.

P273 Freisetzung in die Umwelt vermeiden.

P280 Schutzhandschuhe/Schutzkleidung/Augenschutz/Gesichtsschutz tragen.

P281 Vorgeschriebene persönliche Schutzausrüstung verwenden.

P282 Schutzhandschuhe/Gesichtsschild/Augenschutz mit Kälteisolierung tragen.

P283 Schwer entflammbare/flammhemmende Kleidung tragen.

P284 Atemschutz tragen.

P285 Bei unzureichender Belüftung Atemschutz tragen.

Kombinationen

P231 + P232 Unter inertem Gas handhaben. Vor Feuchtigkeit schützen.

P235 + P410 Kühl halten. Vor Sonnenbestrahlung schützen.

Reaktion

P301 BEI VERSCHLUCKEN:

P302 BEI BERÜHRUNG MIT DER HAUT:

P303 BEI BERÜHRUNG MIT DER HAUT (oder dem Haar):

P304 BEI EINATMEN:

P305 BEI KONTAKT MIT DEN AUGEN:

P306 BEI KONTAMINIERTER KLEIDUNG:

P307 BEI Exposition:

P308 BEI Exposition oder falls betroffen:

P309 BEI Exposition oder Unwohlsein:

P310 Sofort GIFTINFORMATIONSZENTRUM oder Arzt anrufen.

P311 GIFTINFORMATIONSZENTRUM o. Arzt anrufen.

P312 Bei Unwohlsein GIFTINFORMATIONSZENTRUM oder Arzt anrufen.

P313 Ärztlichen Rat einholen/ärztliche Hilfe hinzuziehen.

P314 Bei Unwohlsein ärztlichen Rat einholen/ärztliche Hilfe hinzuziehen.

P315 Sofort ärztlichen Rat einholen/ärztliche Hilfe hinzuziehen.

P320 Besondere Behandlung dringend erforderlich (siehe ... auf diesem Kennzeichnungsetikett).

P321 Besondere Behandlung (siehe ... auf diesem Kennzeichnungsetikett).

P322 Gezielte Maßnahmen (siehe ... auf diesem Kennzeichnungsetikett).

P330 Mund ausspülen.

P331 KEIN Erbrechen herbeiführen.

P332 Bei Hautreizung:

P333 Bei Hautreizung oder -ausschlag:

P334 In kaltes Wasser tauchen/nassen Verband anlegen.

P335 Lose Partikel von der Haut abbürsten.

P336 Vereiste Bereiche mit lauwarmem Wasser auftauen. Betroffenen Bereich nicht reiben.

P-Sätze (Sicherheitshinweise) (Fortsetzung)

Reaktion (Fortsetzung)

P337 Bei anhaltender Augenreizung:

P338 Eventuell vorhandene Kontaktlinsen nach Möglichkeit entfernen. Weiter ausspülen.

P340 Die betroffene Person an die frische Luft bringen und in einer Position ruhigstellen, die das Atmen erleichtert.

P341 Bei Atembeschwerden an die frische Luft bringen und in einer Position ruhigstellen, die das Atmen erleichtert.

P342 Bei Symptomen der Atemwege:

P350 Behutsam mit viel Wasser und Seife waschen.

P351 Einige Minuten lang behutsam mit Wasser ausspülen.

P352 Mit viel Wasser und Seife waschen.

P353 Haut mit Wasser abwaschen/duschen.

P360 Kontaminierte Kleidung und Haut sofort mit viel Wasser abwaschen und danach Kleidung ausziehen.

P361 Alle kontaminierten Kleidungsstücke sofort ausziehen.

P362 Kontaminierte Kleidung ausziehen und vor erneutem Tragen waschen.

P363 Kontaminierte Kleidung vor erneutem Tragen waschen.

P370 Bei Brand:

P371 Bei Großbrand und großen Mengen:

P372 Explosionsgefahr bei Brand.

P373 KEINE Brandbekämpfung, wenn das Feuer explosive Stoffe/Gemische/Erzeugnisse erreicht.

P374 Brandbekämpfung mit üblichen Vorsichtsmaßnahmen aus angemessener Entfernung.

P375 Wegen Explosionsgefahr Brand aus der Entfernung bekämpfen.

P376 Undichtigkeit beseitigen, wenn gefahrlos möglich.

P377 Brand von ausströmendem Gas: Nicht löschen, bis Undichtigkeit gefahrlos beseitigt werden kann.

P378 … zum Löschen verwenden.

P380 Umgebung räumen.

P381 Alle Zündquellen entfernen, wenn gefahrlos möglich.

P390 Verschüttete Mengen aufnehmen, um Materialschäden zu vermeiden.

P391 Verschüttete Mengen aufnehmen.

Kombinationen

P301 + P310 BEI VERSCHLUCKEN: Sofort GIFTINFORMATIONSZENTRUM oder Arzt anrufen.

P301 + P312 BEI VERSCHLUCKEN: Bei Unwohlsein GIFTINFORMATIONSZENTRUM oder Arzt anrufen.

P301 + P330 + P331 BEI VERSCHLUCKEN: Mund ausspülen. KEIN Erbrechen herbeiführen.

P302 + P334 BEI KONTAKT MIT DER HAUT: In kaltes Wasser tauchen/nassen Verband anlegen.

P302 + P350 BEI KONTAKT MIT DER HAUT: Behutsam mit viel Wasser und Seife waschen.

P302 + P352 BEI KONTAKT MIT DER HAUT: Mit viel Wasser und Seife waschen.

P303 + P361 + P353 BEI KONTAKT MIT DER HAUT (oder dem Haar): Alle beschmutzten, getränkten Kleidungsstücke sofort ausziehen. Haut mit Wasser abwaschen/duschen.

P304 + P340 BEI EINATMEN: An die frische Luft bringen und in einer Position ruhigstellen, die das Atmen erleichtert.

P304 + P341 BEI EINATMEN: Bei Atembeschwerden an die frische Luft bringen und in einer Position ruhig stellen, die das Atmen erleichtert.

P305 + P351 + P338 BEI KONTAKT MIT DEN AUGEN: Einige Minuten lang behutsam mit Wasser spülen. Vorhandene Kontaktlinsen nach Möglichkeit entfernen. Weiter spülen.

P306 + P360 BEI KONTAKT MIT DER KLEIDUNG: Kontaminierte Kleidung und Haut sofort mit viel Wasser abwaschen und danach Kleidung ausziehen.

P307 + P311 Bei Exposition: GIFTINFORMATIONSZENTRUM oder Arzt anrufen.

P308 + P313 Bei Exposition oder falls betroffen: Ärztlichen Rat einholen/ärztliche Hilfe hinzuziehen.

P309 + P311 Bei Exposition oder Unwohlsein: GIFTINFORMATIONSZENTRUM oder Arzt anrufen.

P332 + P313 Bei Hautreizung: Ärztlichen Rat einholen/ärztliche Hilfe hinzuziehen.

P333 + P313 Bei Hautreizung oder -ausschlag: Ärztlichen Rat einholen/ärztliche Hilfe hinzuziehen.

P335 + P334 Lose Partikel von der Haut abbürsten. In kaltes Wasser tauchen/nassen Verband anlegen.

P337 + P313 Bei anhaltender Augenreizung: Ärztlichen Rat einholen/ärztliche Hilfe hinzuziehen.

P342 + P311 Bei Symptomen der Atemwege: GIFTINFORMATIONSZENTRUM oder Arzt anrufen.

P370 + P376 Bei Brand: Undichtigkeit beseitigen, wenn gefahrlos möglich.

P370 + P378 Bei Brand: … zum Löschen verwenden.

P370 + P380 Bei Brand: Umgebung räumen.

P370 + P380 + P375 Bei Brand: Umgebung räumen. Wegen Explosionsgefahr Brand aus der Entfernung bekämpfen.

P371 + P380 + P375 Bei Großbrand und großen Mengen: Umgebung räumen. Wegen Explosionsgefahr Brand aus der Entfernung bekämpfen.

P-Sätze (Sicherheitshinweise) (Fortsetzung)

Aufbewahrung

P401	… aufbewahren.
P402	An einem trockenen Ort aufbewahren.
P403	An einem gut belüfteten Ort aufbewahren.
P404	In einem geschlossenen Behälter aufbewahren.
P405	Unter Verschluss aufbewahren.
P406	In Korrosionsbeständigem/… Behälter mit korrosionsbeständiger Auskleidung aufbewahren.
P407	Luftspalt zwischen Stapeln/Paletten lassen.
P410	Vor Sonnenbestrahlung schützen.
P411	Bei Temperaturen von nicht mehr als … °C/… aufbewahren.
P412	Nicht Temperaturen von mehr als 50 °C aussetzen.
P413	Schüttgut in Mengen von mehr als … kg bei Temperaturen von nicht mehr als … °C aufbewahren.
P420	Von anderen Materialien entfernt aufbewahren.
P422	Inhalt in/unter … aufbewahren.

Kombinationen

P402 + P404	In einem geschlossenen Behälter an einem trockenen Ort aufbewahren.
P403 + P233	Behälter dicht verschlossen an einem gut belüfteten Ort aufbewahren.
P403 + P235	Kühl an einem gut belüfteten Ort aufgewahren.
P410 + P403	Vor Sonnenbestrahlung geschützt an einem gut belüfteten Ort aufbewahren.
P410 + P412	Vor Sonnenbestrahlung schützen und nicht Temperaturen von mehr als 50 °C aussetzen.
P411 + P235	Kühl und bei Temperaturen von nicht mehr als … °C aufbewahren.

Entsorgen

P501	Inhalt/Behälter … zuführen.

Ergänzende Gefahrenmerkmale und ergänzende Kennzeichnungselemente – EUH-Sätze Teil 1

Physikalische Eigenschaften

EUH 001	In trockenem Zustand explosionsgefährlich.
EUH 006	Mit und ohne Luft explosionsfähig.
EUH 014	Reagiert heftig mit Wasser.
EUH 018	Kann bei Verwendung explosionsfähige/entzündbare Dampf/Luft-Gemische bilden.
EUH 019	Kann explosionsfähige Peroxide bilden.
EUH 044	Explosionsgefahr bei Erhitzen unter Einschluss.

Gesundheitsgefährliche Eigenschaften

EUH 029	Entwickelt bei Berührung mit Wasser giftige Gase.
EUH 031	Entwickelt bei Berührung mit Säure giftige Gase.
EUH 032	Entwickelt bei Berührung mit Säure sehr giftige Gase.
EUH 066	Wiederholter Kontakt kann zu spröder oder rissiger Haut führen.
EUH 070	Giftig bei Berührung mit den Augen.
EUH 071	Wirkt ätzend auf die Atemwege.

Umweltgefährliche Eigenschaften

EUH 059	Die Ozonschicht schädigend.

Ergänzende Kennzeichnungselemente/Informationen über bestimmte Stoffe und Gemische – EUH-Sätze Teil 2

Gefahrenhinweise für physikalische Gefahren

EUH 201/201A	Enthält Blei. Nicht für den Anstrich von Gegenständen verwenden, die von Kindern gekaut oder gelutscht werden könnten. Achtung! Enthält Blei.
EUH 202	Cyanacrylat. Gefahr. Klebt innerhalb von Sekunden Haut und Augenlider zusammen. Darf nicht in die Hände von Kindern gelangen.
EUH 203	Enthält Chrom (VI). Kann allergische Reaktionen hervorrufen.
EUH 204	Enthält Isocyanate. Kann allergische Reaktionen hervorrufen.
EUH 205	Enthält epoxidhaltige Verbindungen. Kann allergische Reaktionen hervorrufen.
EUH 206	Achtung! Nicht zusammen mit anderen Produkten verwenden, da gefährliche Gase (Chlor) freigesetzt werden können.
EUH 207	Achtung! Enthält Cadmium. Bei der Verwendung entstehen gefährliche Dämpfe. Hinweise des Herstellers beachten. Sicherheitsanweisungen einhalten.
EUH 208	Enthält <Name des sensibilisierenden Stoffes>. Kann allergische Reaktionen hervorrufen.
EUH 209/209A	Kann bei Verwendung leicht entzündbar werden. Kann bei Verwendung entzündbar werden.
EUH 210	Sicherheitsdatenblatt auf Anfrage erhältlich.
EUH 401	Zur Vermeidung von Risiken für Mensch und Umwelt die Gebrauchsanleitung einhalten.

Kennzeichnung von Gefahrgut-Transportfahrzeugen

Nach dem Europäisches Übereinkommen über die internationale Beförderung gefährlicher Güter auf der Straße **(ADR)** und der **GGVSEB** (Gefahrgutverordnung Straße, Eisenbahn und Binnenschifffahrt) gelten folgende Kennzeichnungen für den Gefahrgut-Transport:

Nummerierte Warntafeln

(vorn und hinten und gegebenenfalls seitlich am Fahrzeug anzubringen)

Quadratische Tafel, durch waagerechten Strich zweigeteilt. Grundfarbe: Orange

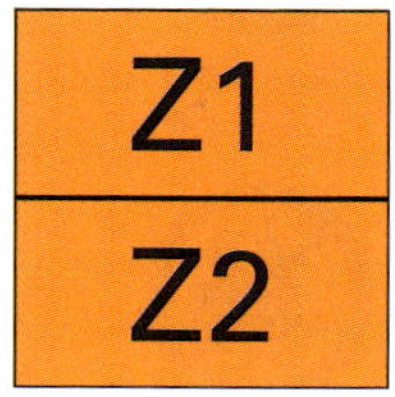

Z1: Nummer aus 2 oder 3 Ziffern, die Aufschluss über die **Art der Gefahr** gibt. Sie wird **Gefahrnummer** (auch **Kemler-Zahl)** genannt.

1. Ziffer: Hauptgefahr Z.B 7 steht für die Hauptgefahr „radioaktiver Stoff“

2\. und **3. Ziffer: Zusatzgefahren** Z.B 168 steht für die Hauptgefahr 1: „explosiv“ und die Zusatzgefahren 6 und 8: „giftig“ und „ätzend“.

Die **Verdoppelung einer Ziffer** weist grundsätzlich auf die Zunahme der Gefahr hin. Z.B. 66 steht für einen sehr giftigen Stoff.

Bestimmte Doppelziffern oder Dreifachziffern haben aber auch eine besondere Bedeutung. Z.B. 90 steht für einen umweltgefährdenden Stoff.

Ein **X** vor der Gefahrennummer bedeutet: Der Stoff darf **nicht mit Wasser** (auch Nebel, Schnee, Regen) **in Berührung kommen,** da sonst eine gefährliche Reaktion entstehen kann. Z.B. X323 steht für eine entzündbare Flüssigkeit, die mit Wasser gefährlich reagiert, wobei entzündliches Gas entweicht.

Eine Null als zweite Ziffer wird angefügt, wenn eine einzige Ziffer die Gefahr, die von dem Stoff ausgeht, ausreichend beschreibt. Z.B. 30 bedeutet „entzündlich“ ohne weitere Zusatzgefahr (33 würde z.B. „leicht entzündlich“ bedeuten.

Z2: Nummer die Auskunft über die **Chemikalie** selbst gibt. Sie wird **UN-Nummer** (auch **Stoffnummer)** genannt. Beispiel: 1830 steht für Schwefelsäure

Beispiel für eine Warntafel:

Warntafel

für den Transport von Natrium

Endzündbarer fester Stoff

Reagiert in gefährlicher Weise mit Wasser

Entweichen von Gas durch Druck oder chemische Reaktion

Gefahr der Entzündbarkeit

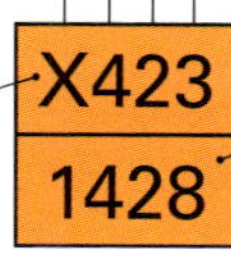

Gefahrenzahl

(Kemlerzahl, Gefahrnummer zur Kennzeichnung der Gefahr)

UN-Nummer

(Stoffnummer zur Kennzeichnung des Stoffes)

Bedeutung der Gefahrenzahlen

0	Ohne Bedeutung (Zusatzzahl um Zweistelligkeit zu erzeugen)	5	Oxidierende (brandfördernde) Wirkung
1	Als 2. oder 3. Ziffer: Explosionsgefahr	6	Giftigkeit oder Ansteckungsgefahr
2	Entweichen von Gas durch Druck oder chemische Reaktion	7	Radioaktivität
3	Entzündbarkeit von flüssigen Stoffen (Dämpfen) und Gasen oder selbsterhitzungsfähiger flüssiger Stoff	8	Ätzwirkung
4	Entzündbarkeit von festen Stoffen oder selbsterhitzungsfähiger fester Stoff	9	Möglichkeit einer spontanen heftigen Reaktion

Beispiele für besondere Nummern

22	tiefgekühlt verflüssigtes Gas, erstickend	90	umweltgefährdender Stoff, verschiedene gefährliche Stoffe
44	entzündbarer fester Stoff, der sich bei erhöhter Temperatur in geschmolzenem Zustand befindet	43	selbstentzündlicher (pyrophorer) fester Stoff
X333	pyrophorer (an der Luft selbstentzündender) flüssiger Stoff, der mit Wasser gefährlich reagiert	539	entzündbares organisches Peroxid

Verbotszeichen (Kategorie P) – Auswahl DIN EN ISO 7010:2020-07 und DIN 4844-2:2021-11

 Allgemeines Verbotszeichen	 Rauchen verboten	 Keine offene Flamme; Feuer, offene Zündquelle und Rauchen verboten		 Für Fußgänger verboten	 Kein Trinkwasser
 Für Flurförderzeuge verboten	 Kein Zutritt für Personen mit Herzschrittmachern oder implantierten Defibrillatoren		 Mitführen von Metallteilen oder Uhren verboten	 Aufsteigen verboten	 Berühren verboten
 Mit Wasser löschen verboten	 Keine schwere Last	 Eingeschaltete Mobiltelefone	 Kein Zutritt für Personen mit Implantaten aus Metall	 Hineinfassen verboten	 Mit Wasser spritzen verboten
 Schieben verboten	 Sitzen verboten	 Auf die Fläche steigen verboten	 Aufzug im Brandfall nicht benutzen	 Mitführen von Hunden verboten	 Essen und Trinken verboten
 Abstellen oder Lagern verboten	 Betreten der Fläche verboten	 Benutzen des unvollständigen Gerüstes verboten		 Verbot, dieses Gerät in der Badewanne, Dusche oder über mit Wasser gefülltem Becken zu benutzen	
 Personenbeförderung verboten	 Benutzen von Handschuhen verboten	 Fotografieren verboten	 Knoten von Seilen verboten	 Schalten verboten	 Nicht zulässig für Seitenschleifen
 Nicht zulässig für Nassschleifen	 Nicht zulässig für Freihand- und handgeführtes Schleifen	 Metallbeschlagenes Schuhwerk verboten	 Für schwangere Frauen verboten	 Benutzen von Datenbrillen (smart glases) verboten	 Laufen verboten

Warnzeichen (Kategorie W) – Auswahl — DIN EN ISO 7010:2020-07 und DIN 4844-2:2021-11

Allgemeines Warnzeichen	Warnung vor Biogefährdung	Warnung vor radioaktiven Stoffen	Warnung vor Laserstrahl	Warnung vor ionisierender Strahlung	
Warnung vor magnetischem Feld	Warnung vor Hindernissen am Boden	Warnung vor Absturzgefahr	Warnung vor explosionsgefährlichen Stoffen	Warnung vor niedriger Temperatur/Frost	Warnung vor Rutschgefahr
Warnung vor elektrischer Spannung	Warnung vor Flurförderzeugen	Warnung vor schwebender Last	Warnung vor giftigen Stoffen	Warnung vor heißer Oberfläche	Warnung vor automatischem Anlauf
Warnung vor Quetschgefahr	Warnung vor Hindernissen im Kopfbereich	Warnung vor feuergefährlichen Stoffen	Warnung vor spitzem Gegenstand	Warnung vor ätzenden Stoffen	Warnung vor Handverletzungen
Warnung vor gegenläufigen Rollen	Warnung vor Gefahren durch das Aufladen von Batterien	Warnung vor optischer Strahlung	Warnung vor brandfördernden Stoffen	Warnung vor Gasflaschen	
Warnung vor Stacheldraht	Warnung vor herabfallenden Gegenständen	Warnung vor unvermittelt auftretendem lauten Geräusch	Warnung vor Erstickungsgefahr	Warnung vor Lichtbogen	

Gebotszeichen (Kategorie M) – Auswahl — DIN EN ISO 7010:2020-07 und DIN 4844-2:2021-11

Allgemeines Gebotszeichen	Anleitung beachten	Gehörschutz benutzen	Augenschutz benutzen	Vor Benutzung erden	Netzstecker ziehen

Gebotszeichen (Kategorie M; Fortsetzung) DIN EN ISO 7010:2020-07 und DIN 4844-2:2021-11

Fußschutz benutzen	Handschutz benutzen	Schutzkleidung benutzen	Hände waschen	Handlauf benutzen	Gesichtsschutz benutzen
Kopfschutz benutzen	Warnweste benutzen	Maske benutzen	Atemschutz benutzen	Auffanggurt benutzen	Schweißmaske benutzen
Rückhaltesystem benutzen	Hautschutzmittel benutzen	Übergang benutzen	Fußgängerweg benutzen	Schutzschürze benutzen	Gasflasche sichern
Vor Wartung oder Reparatur freischalten	Weitgehend licht-undurchlässigen Augenschutz benutzen	Kleinkinder durch weitgehend licht-undurchlässige Augenabschirmung schützen	Antistatisches Schuhwerk benutzen	Umgebungsluft-unabhängigen Atemschutz verwenden	Gasdetektor benutzen

Rettungszeichen (Kategorie E) – Auswahl DIN EN ISO 7010:2020-07 und DIN 4844-2:2021-11

Notausgang (links)	Notausgang (rechts)	Erste Hilfe	Notruftelefon	Sammelstelle	Arzt
Augenspül-einrichtung	Notdusche	Krankentrage	Notausstieg mit Fluchtleiter	Rettungs-ausstieg	Not-Halt-Knopf
Notausgangsvorrichtung, n. Zerschlagen e. Scheibe zu erreichen	Automatisierter externer Defibrillator (AED)	Öffnung durch Linksdrehung	Öffnung durch Rechtsdrehung	Wieder-belebungsgerät	Fluchtretter

Brandschutzzeichen – Auswahl DIN EN ISO 7010:2020-07 und DIN 4844-2:2021-11

Feuerlöscher	Löschschlauch	Feuerleiter	Mittel u. Geräte zur Brandbekämpfung	Brandmelder	Brandmelde-telefon

Sachwortverzeichnis

Meist finden Sie noch Hinweise auf den Folgeseiten der angegebenen Seitenzahlen.

E

F

L

M

S

T

U

V